Vogl et al.

Fremdenrecht

Fremdenrecht

Kommentar

Stand: 07. 04. 2006

von

**Mathias Vogl
Wolfgang Taucher
René Bruckner
Thomas Marth
Hans-Peter Doskozil**

Liebe, geliebte Clara!

DANKE für Deine Unterstützung im letzten Jahr und vorher. Vielleicht darf ich auch mal reinschauen?

Thomas, im Juni 06

R E C H T

Wien · Graz 2006

Bibliografische Information Der Deutschen Bibliothek

Die Deutsche Bibliothek verzeichnet diese Publikation in der Deutschen Nationalbibliografie; detaillierte bibliografische Daten sind im Internet über http://dnb.ddb.de abrufbar.

Alle Rechte vorbehalten.

ISBN 3-7083-0367-9
Neuer Wissenschaftlicher Verlag GmbH
Argentinierstraße 42/6, A-1040 Wien
Tel.: ++43 1 535 61 03-24
Fax: ++43 1 535 61 03-25
e-mail: office@nwv.at

Geidorfgürtel 20, A-8010 Graz
e-mail: office@nwv.at

Internet: www.nwv.at

© NWV Neuer Wissenschaftlicher Verlag, Wien · Graz 2006

Vorwort

Am 1. Jänner 2006 ist das Fremdenrechtspaket 2005 (BGBl I 2005/100) in Kraft getreten. Mit diesem umfangreichen Gesetzespaket wurden das Asylrecht, das Fremdenpolizeirecht und das Migrationsrecht neu kodifiziert, eine Vielzahl europarechtlicher Vorschriften (Verordnungen und Richtlinien) innerstaatlich durchgeführt bzw umgesetzt sowie insgesamt elf weitere Bundesgesetze punktuell novelliert. Auf Grund des unmittelbaren Zusammenhangs mit den Änderungen des Fremdenrechts erfolgte zeitgleich eine Novellierung des Ausländerbeschäftigungsgesetzes. Rechtzeitig zum In-Kraft-Treten des Fremdenrechtspakets 2005 wurden auch mehrere Durchführungsverordnungen zu den neuen bundesgesetzlichen Bestimmungen erlassen.

Da wir als fachliche Experten des Innenressorts im gesamten Gesetzwerdungsprozess eng eingebunden waren, haben wir dies zum Anlass genommen, einen umfassenden und praxisorientierten Kommentar zum Fremdenrecht herauszugeben. Er soll insbesondere Praktikern innerhalb und außerhalb des behördlichen Gesetzesvollzugs, aber auch Rechtsanwendern und sonstigen Interessierten in den Gebietskörperschaften, im Bereich der Interessenvertretungen, der Wissenschaft und Lehre sowie im Bereich der Nichtregierungsorganisationen helfen, sich in den neu geregelten und in der Folge ausführlich kommentierten Rechtsbereichen möglichst rasch zurechtzufinden. Besonderes Augenmerk wurde auch auf das Herausarbeiten der vielfältigen Querverschränkungen zwischen den verschiedenen Materien gelegt.

Das vorliegende Werk enthält
- kommentierte Gesetzestexte der asyl- und fremdenrechtlichen Kerngesetze (Asylgesetz 2005, Fremdenpolizeigesetz 2005, Niederlassungs- und Aufenthaltsgesetz, Grundversorgungsgesetz- Bund 2005, Grundversorgungsvereinbarung – Art 15a, Bundesgesetz über den unabhängigen Bundesasylsenat, Grenzkontrollgesetz) in der **zum 7. April 2006 geltenden Fassung** samt Materialienverzeichnissen; im Hinblick auf vorhandene Kommentare zum Asylgesetz 1997 und zum Fremdengesetz 1997 wurde von einer Aufnahme dieser Materien Abstand genommen; Gesetze ohne Paragraphenbezeichnung beziehen sich auf das jeweils kommentierte Gesetz;
- die wesentlichen erläuternden Bemerkungen zu den Stammfassungen und allen Novellen; die Erläuterungen der Materialien wurden im Hinblick auf teilweise Änderungen der Paragrafenbezeichnungen in Korrelation zum jeweils passenden Paragrafen gesetzt;
- alle wesentlichen Verordnungen (die zu den Kerngesetzen ergangenen wurden kommentiert) samt Querverweisen bei den zu Grunde liegenden gesetzlichen Bestimmungen;
- alle wesentlichen „Nebengesetze" wie das Ausländerbeschäftigungsgesetz, europarechtlichen (Verordnungen, Richtlinien, Rahmenbeschlüsse, Übereinkommen, Assoziationsabkommen und

5

Vorwort

- beschlüsse), völkerrechtlichen (insbesondere auch Rückübernahme- und Grenzabkommen, Dublinabsprachen und den Prümer Vertrag) und landesrechtlichen Normen samt Querverweisen bei den zu Grunde liegenden gesetzlichen Bestimmungen;
– Hinweise auf wesentliche Judikatur; bei Judikaturhinweisen, die sich – wie derzeit nicht anders möglich – auch auf frühere Kerngesetze (wie etwa das Asylgesetz 1997 oder frühere Asylgesetze) beziehen, sei auf die Rechtssprechung des VwGH verwiesen, wonach bei einer Entscheidung zu einem formell neuen Gesetz ein Abgehen von der bisherigen Rechtsprechung des VwGH keine Verstärkung des nunmehr entscheidenden Senates erfordert (vgl etwa VwGH 21.03.2002, 99/20/0401-8);
– Gesetzestexte, auf die in Bestimmungen der Kerngesetze verwiesen wird; nicht aufgenommen wurden Textauszüge aus den primärrechtlichen Rechtsgrundlagen des Titels IV des EG-Vertrages und aus den Allgemeinen Verwaltungsverfahrensgesetzen, deren Kenntnis vorausgesetzt werden darf;
– Paragrafenspiegel (Asylgesetz 1997 – Asylgesetz 2005; Fremdengesetz 1997 – Fremdenpolizeigesetz 2005);
– ein Judikaturverzeichnis;
– ein Literaturverzeichnung;
– ein umfangreiches Stichwortverzeichnis.

Abkürzungen richten sich in der Regel nach den von *Friedl/ Loebenstein* herausgegebenen Abkürzungs- und Zitierregeln der österreichischen Rechtssprache und europarechtlicher Quellen[5] (2001). Abkürzungen in rechtlichen Normen oder Judikatur wurden weitestgehend in der vorgefundenen Originalform beibehalten. Soweit auf natürliche Personen bezogene Bezeichnungen nur in männlicher Form angeführt sind, beziehen sie sich auf Männer und Frauen in gleicher Weise.

Die Autoren ersuchen, Anregungs- und Verbesserungsvorschläge, denen sie dankbar entgegensehen, an folgende E-Mail-Adresse zu richten: rene.bruckner@bmi.gv.at.

Dem Neuen Wissenschaftlichen Verlag mit *Mag. Herbert Klein* an der Spitze ist für die Aufnahme in das Verlagsprogramm zu danken.

Für vielfältige Unterstützung bei der Erstellung danken wir *Monika Lang, Verena Leeb, Manuela Elsigan* und *Christine Schleifer-Tippl*.

Zitiervorschlag: *Vogl/Taucher/Bruckner/Marth/Doskozil*, Fremdenrecht (2006) § 1 AsylG 2005 Z 1.

Mathias Vogl   Wolfgang Taucher   René Bruckner

Thomas Marth   Hans-Peter Doskozil

Inhaltsverzeichnis

Vorwort 5

Abkürzungsverzeichnis 35

I Vorbemerkungen zum Fremdenrechtspaket 2005 45

II Kerngesetze 49

A Bundesgesetz über die Gewährung von Asyl (Asylgesetz 2005 – AsylG 2005) 49

1. Hauptstück:
Anwendungsbereich und Begriffsbestimmungen 55

§ 1. Anwendungsbereich 55
§ 2. Begriffsbestimmungen 55

2. Hauptstück:
Status des Asylberechtigten und des subsidiär Schutzberechtigten 64

1. Abschnitt: Status des Asylberechtigten 64

§ 3. Status des Asylberechtigten 64

2. Abschnitt: Unzuständigkeit Österreichs 66

§ 4. Drittstaatsicherheit 66
§ 5. Zuständigkeit eines anderen Staates 70

3. Abschnitt: Ausschluss von der Zuerkennung und Aberkennung des Status des Asylberechtigten 74

§ 6. Ausschluss von der Zuerkennung des Status des Asylberechtigten 74
§ 7. Aberkennung des Status des Asylberechtigten 77

4. Abschnitt: Status des subsidiär Schutzberechtigten 79

§ 8. Status des subsidiär Schutzberechtigten 79
§ 9. Aberkennung des Status des subsidiär Schutzberechtigten ... 81

5. Abschnitt: Gemeinsame Bestimmungen 83

§ 10. Verbindung mit der Ausweisung 83
§ 11. Innerstaatliche Fluchtalternative 85

3. Hauptstück: Rechte und Pflichten der Asylwerber ... 88

1. Abschnitt: Aufenthalt im Bundesgebiet während des Asylverfahrens ... 88

§ 12. Faktischer Abschiebeschutz ... 88
§ 13. Aufenthaltsrecht ... 90
§ 14. Wiedereinreise ... 92

2. Abschnitt: Mitwirkungspflichten ... 93

§ 15. Mitwirkungspflichten von Asylwerbern im Verfahren ... 93

4. Hauptstück: Verfahrensrecht ... 98

1. Abschnitt: Allgemeines Verfahren ... 98

§ 16. Handlungsfähigkeit ... 98
§ 17. Verfahrensablauf ... 100
§ 18. Ermittlungsverfahren ... 104
§ 19. Befragungen und Einvernahmen ... 105
§ 20. Einvernahmen von Opfern bei Eingriffen in die sexuelle Selbstbestimmung ... 110
§ 21. Beweismittel ... 112
§ 22. Entscheidungen ... 113
§ 23. Zustellungen ... 116
§ 24. Einstellung des Verfahrens und ungerechtfertigtes Entfernen aus der Erstaufnahmestelle ... 118
§ 25. Gegenstandslosigkeit und Zurückziehen von Anträgen ... 120
§ 26. Festnahmeauftrag ... 122
§ 27. Einleitung eines Ausweisungsverfahrens ... 125

2. Abschnitt: Sonderbestimmungen für das Zulassungsverfahren ... 128

§ 28. Zulassungsverfahren ... 128
§ 29. Verfahren in der Erstaufnahmestelle ... 131
§ 30. Opfer von Gewalt ... 134

3. Abschnitt: Sonderbestimmungen für das Flughafenverfahren ... 137

§ 31. Anreise über einen Flughafen und Vorführung ... 137
§ 32. Sicherung der Zurückweisung ... 139
§ 33. Besondere Verfahrensregeln für das Flughafenverfahren ... 141

4. Abschnitt: Sonderbestimmungen für das Familienverfahren ... 142

§ 34. Familienverfahren im Inland ... 142
§ 35. Anträge im Familienverfahren bei Berufsvertretungsbehörden ... 144

5. Abschnitt: Berufungen ... 146
§ 36. Wirkung von Berufungen ... 146
§ 37. Zuerkennung der aufschiebenden Wirkung einer Berufung .. 153
§ 38. Aberkennung der aufschiebenden Wirkung einer Berufung .. 155
§ 39. Sichere Herkunftsstaaten ... 157
6. Abschnitt: Sonderbestimmungen für das Verfahren in 2. Instanz ... 175
§ 40. Vorbringen in der Berufung ... 175
§ 41. Verfahren in der zweiten Instanz ... 177
§ 42. Leitentscheidungen ... 179

5. Hauptstück:
Mitwirkung der Organe des öffentlichen Sicherheitsdienstes ... 181

§ 43. Stellen des Antrages auf internationalen Schutz bei einer Sicherheitsbehörde oder bei Organen des öffentlichen Sicherheitsdienstes ... 181
§ 44. Befragung, Durchsuchung und erkennungsdienstliche Behandlung ... 182
§ 45. Durchführung der Vorführung ... 186
§ 46. Vorführung nach Befassung der Fremdenpolizeibehörde ... 187
§ 47. Eingriffe in das Recht auf persönliche Freiheit ... 188
§ 48. Abnahme von Karten ... 190
§ 49. Ausübung unmittelbarer Zwangsgewalt ... 191

6. Hauptstück:
Karten für Asylwerber und subsidiär Schutzberechtigte ... 192

§ 50. Verfahrenskarte ... 192
§ 51. Aufenthaltsberechtigungskarte ... 193
§ 52. Karte für subsidiär Schutzberechtigte ... 194
§ 53. Entzug von Karten ... 194

7. Hauptstück:
Verwenden personenbezogener Daten ... 196

§ 54. Allgemeines ... 196
§ 55. Verwenden erkennungsdienstlicher Daten ... 197
§ 56. Zentrale Verfahrensdatei; Informationsverbund ... 200
§ 57. Besondere Übermittlungen ... 202

8. Hauptstück:
Österreichische und internationale Behörden, Rechts- und Flüchtlingsberater ... 207

1. Abschnitt: Österreichische Behörden, Staatendokumentation und Amtsbeschwerde ... 207

§ 58. Bundesasylamt ... 207
§ 59. Erstaufnahmestellen ... 209
§ 60. Staatendokumentation ... 210
§ 61. Unabhängiger Bundesasylsenat ... 213
§ 62. Amtsbeschwerde ... 215

2. Abschnitt: Internationaler Schutz der Asylwerber und Flüchtlinge 215
§ 63. Internationaler Schutz der Asylwerber und Flüchtlinge ... 215

3. Abschnitt: Rechtsberatung, Förderung der Asylwerber und Flüchtlinge, Rückkehrhilfe ... 217
§ 64. Rechtsberatung im Zulassungsverfahren ... 217
§ 65. Anforderungsprofil für Rechtsberater ... 219
§ 66. Flüchtlingsberater ... 220
§ 67. Rückkehrhilfe ... 221
§ 68. Integrationshilfe ... 222

9. Hauptstück:
Schlussbestimmungen ... 224
§ 69. Sprachliche Gleichbehandlung ... 224
§ 70. Gebühren ... 224
§ 71. Verweisungen ... 224
§ 72. Vollziehung ... 224
§ 73. Zeitlicher Geltungsbereich ... 225
§ 74. Verhältnis zur Genfer Flüchtlingskonvention ... 225
§ 75. Übergangsbestimmungen ... 225

B Bundesgesetz über die Ausübung der Fremdenpolizei, die Ausstellung von Dokumenten für Fremde und die Erteilung von Einreisetitel (Fremdenpolizeigesetz 2005 – FPG) ... 229

1. Hauptstück:
Anwendungsbereich und Begriffsbestimmungen ... 236
§ 1. Anwendungsbereich ... 236
§ 2. Begriffsbestimmungen ... 238

2. Hauptstück:
Zuständigkeit und besondere Verfahrensregeln ... 246
1. Abschnitt: Zuständigkeit ... 246
§ 3. Fremdenpolizeibehörden und Organe des öffentlichen Sicherheitsdienstes ... 246
§ 4. Gemeindewachkörper ... 249

Inhaltsverzeichnis

§ 5. Sachliche Zuständigkeit im Inland 250
§ 6. Örtliche Zuständigkeit im Inland 251
§ 7. Sachliche Zuständigkeit im Ausland 255
§ 8. Örtliche Zuständigkeit im Ausland 255
§ 9. Berufungen 256
§ 10. Amtsbeschwerde 261

2. Abschnitt: Besondere Verfahrensregeln 262

§ 11. Verfahren vor den österreichischen Vertretungsbehörden 262
§ 12. Sonderbestimmungen für Minderjährige 265

3. Hauptstück:
Grundsätze bei der Vollziehung der Aufgaben und Befugnisse
der Fremdenpolizei 267

§ 13. Grundsätze bei der Vollziehung 267
§ 14. Verständigungspflicht durch Organe des öffentlichen
Sicherheitsdienstes 269

4. Hauptstück:
Rechtmäßigkeit der Einreise, des Aufenthalts und der
Ausreise Fremder 272

1. Abschnitt: Rechtmäßigkeit der Einreise, Passpflicht und
Sichtvermerkspflicht 272

§ 15. Voraussetzung für die rechtmäßige Einreise in das
Bundesgebiet 272

2. Abschnitt: Bestimmungen zur Passpflicht 275

§ 16. Allgemeine Bestimmungen 275
§ 17. Einschränkung der Passpflicht 276
§ 18. Ausnahmen von der Passpflicht 277
§ 19. Übernahmserklärung 278

3. Abschnitt: Bestimmungen zur Sichtvermerkspflicht 279

§ 20. Form und Wirkung der Visa 279
§ 21. Erteilung von Visa 281
§ 22. Humanitäre Visa 287
§ 23. Gesundheitszeugnis 288
§ 24. Sonderbestimmungen zur Erteilung von Visa zu
Erwerbszwecken 290
§ 25. Verfahren bei der Erteilung von Visa 291
§ 26. Ungültigerklärung von Visa 293
§ 27. Ungültigkeit und Gegenstandslosigkeit von Visa 294

4. Abschnitt: Ausnahmen von der Sichtvermerkspflicht 295

§ 28. Transitreisende 295
§ 29. Träger von Privilegien und Immunitäten 296
§ 30. Sonstige Ausnahmen von der Sichtvermerkspflicht 296

5. Abschnitt: Voraussetzung für den rechtmäßigen Aufenthalt und die rechtmäßige Ausreise 299

§ 31. Voraussetzung für den rechtmäßigen Aufenthalt im Bundesgebiet 299
§ 32. Pflichten des Fremden zum Nachweis der Aufenthaltsberechtigung 302

5. Hauptstück:
Befugnisse der Organe des öffentlichen Sicherheitsdienstes 305

§ 33. Auskunftsverlangen 305
§ 34. Identitätsfeststellung 306
§ 35. Überprüfung der Rechtmäßigkeit der Einreise und des Aufenthalts 308
§ 36. Betreten von Grundstücken, Betriebsstellen, Arbeitsstellen, Räumen und Fahrzeugen 309
§ 37. Durchsuchen von Personen 311
§ 38. Sicherstellen von Beweismitteln 313
§ 39. Festnahme 314
§ 40. Rechte des Festgenommenen 318
§ 41. Hinderung an der Einreise und Zurückweisung 320
§ 42. Sicherung der Zurückweisung 322
§ 43. Transitsicherung 324
§ 44. Zurückweisung in Begleitung 325
§ 45. Zurückschiebung 326

6. Hauptstück:
Abschiebung, Gebietsbeschränkung und Durchbeförderung 328

§ 46. Abschiebung 328
§ 47. Gebietsbeschränkung 329
§ 48. Durchbeförderung 331
§ 49. Durchbeförderungsabkommen 332

7. Hauptstück:
Refoulementverbot 333

§ 50. Verbot der Abschiebung, Zurückschiebung und Zurückweisung 333
§ 51. Feststellung der Unzulässigkeit der Abschiebung in einen bestimmten Staat 336

8. Hauptstück:
Aufgaben und Befugnisse der Fremdenpolizeibehörden ... 339

1. Abschnitt: Behördliche Maßnahmen zur Ausübung der Fremdenpolizei ... 339

§ 52. Aufgaben der Fremdenpolizeibehörden auf dem Gebiet der Fremdenpolizei ... 339

2. Abschnitt: Ausweisung ... 340

§ 53. Ausweisung Fremder ohne Aufenthaltstitel ... 340
§ 54. Ausweisung Fremder mit Aufenthaltstitel ... 343
§ 55. Aufenthaltsverfestigung bei Fremden mit Niederlassungsbewilligung ... 346
§ 56. Aufenthaltsverfestigung bei Fremden mit einem Aufenthaltstitel „Daueraufenthalt – EG" oder mit „Daueraufenthalt-Familienangehöriger" ... 350
§ 57. Rechtsmittel gegen Ausweisungen ... 350
§ 58. Aberkennung der aufschiebenden Wirkung einer Berufung .. 351
§ 59. Gegenstandslosigkeit der Ausweisung ... 352

3. Abschnitt: Aufenthaltsverbot und Rückkehrverbot ... 352

§ 60. Voraussetzungen für das Aufenthaltsverbot ... 352
§ 61. Unzulässigkeit eines Aufenthaltsverbotes ... 366
§ 62. Voraussetzungen für das Rückkehrverbot ... 368
§ 63. Gültigkeitsdauer des Aufenthaltsverbotes oder des Rückkehrverbotes ... 370
§ 64. Aberkennung der aufschiebenden Wirkung einer Berufung .. 371
§ 65. Aufhebung und außer Kraft treten des Aufenthaltsverbotes oder des Rückkehrverbotes ... 372

4. Abschnitt: Gemeinsame Verfahrensbestimmungen ... 373

§ 66. Schutz des Privat- und Familienlebens ... 373
§ 67. Ausreiseverpflichtung und Durchsetzungsaufschub ... 375
§ 68. Auflagen für den Durchsetzungsaufschub ... 377
§ 69. Widerruf des Durchsetzungsaufschubes ... 377
§ 70. Besondere Verfahrensbestimmungen ... 378

5. Abschnitt: Vollstreckung von Rückführungsentscheidungen von EWR-Staaten ... 378

§ 71. ... 378

6. Abschnitt: Besondere Bewilligungen ... 379

§ 72. Wiedereinreise während der Gültigkeitsdauer eines Aufenthaltsverbots ... 379
§ 73. Besondere Bewilligung nach Zurückweisung, Zurückschiebung und Ausweisung ... 381

7. Abschnitt: Festnahme-, Übernahme- und Durchsuchungsauftrag 381

§ 74. Festnahmeauftrag und Übernahmeauftrag 381
§ 75. Durchsuchungsauftrag 383

8. Abschnitt: Schubhaft und gelinderes Mittel 384

§ 76. Schubhaft 384
§ 77. Gelinderes Mittel 389
§ 78. Vollzug der Schubhaft 391
§ 79. Durchführung der Schubhaft 395
§ 80. Dauer der Schubhaft 397
§ 81. Aufhebung der Schubhaft 400

9. Hauptstück: Besonderer Rechtsschutz 401

§ 82. Beschwerde an den unabhängigen Verwaltungssenat 401
§ 83. Entscheidung durch den unabhängigen Verwaltungssenat ... 403

10. Hauptstück: Sonderbestimmungen für freizügigkeitsberechtigte EWR-Bürger und Schweizer Bürger sowie für begünstigte Drittstaatsangehörige und Familienangehörige von nicht freizügigkeitsberechtigten EWR-Bürgern, Schweizern und Österreichern 406

§ 84. EWR-Bürger und Schweizer Bürger 406
§ 85. Begünstigte Drittstaatsangehörige 406
§ 86. Sonderbestimmungen für den Entzug der Aufenthaltsberechtigung und für verfahrensfreie Maßnahmen 407
§ 87. Familienangehörige von nicht freizügigkeitsberechtigten EWR-Bürgern, Schweizern und Österreichern 409

11. Hauptstück: Österreichische Dokumente für Fremde 410

1. Abschnitt: Fremdenpässe und Konventionsreisepässe 410

§ 88. Ausstellung von Fremdenpässen 410
§ 89. Fremdenpässe für Minderjährige 411
§ 90. Gültigkeitsdauer der Fremdenpässe 412
§ 91. Geltungsbereich der Fremdenpässe 412
§ 92. Versagung eines Fremdenpasses 413
§ 93. Entziehung eines Fremdenpasses 413
§ 94. Konventionsreisepässe 414

2. Abschnitt: Sonstige österreichische Ausweise für Fremde 414

§ 95. Lichtbildausweis für Träger von Privilegien und
Immunitäten 414
§ 96. Rückkehrausweis für Staatsbürger eines Mitgliedstaates
der Europäischen Union 415
§ 97. Reisedokument für die Rückführung von
Drittstaatsangehörigen 416

12. Hauptstück:
Erkennungs- und Ermittlungsdienst 417

§ 98. Verwenden personenbezogener Daten 417
§ 99. Verwenden erkennungsdienstlicher Daten 417
§ 100. Ermittlung erkennungsdienstlicher Daten 420
§ 101. Zentrales Fremdenregister; Informationsverbundsystem 421
§ 102. Datenverwendung im Rahmen des Zentralen
Fremdenregisters 423
§ 103. Zentrales Fremdenregister; Sperren des Zugriffes und
Löschung 425
§ 104. Zentrale Verfahrensdatei; Informationsverbundsystem 426
§ 105. Verständigungspflichten 428
§ 106. Mitwirkungspflichten 430
§ 107. Zulässigkeit der Verwendung der Daten des Zentralen
Melderegisters 430
§ 108. Internationaler Datenverkehr 431

13. Hauptstück:
Bekämpfung der Aufenthaltsehe und Aufenthaltsadoption 433

§ 109. Verständigungspflicht von Behörden 433
§ 110. Verständigungspflicht der Niederlassungs- und
Aufenthaltsbehörden 433

14. Hauptstück:
Beförderungsunternehmer 434

§ 111. Pflichten der Beförderungsunternehmer 434
§ 112. Sanktionen gegen Beförderungsunternehmer 435

15. Hauptstück:
Kosten und Strafbestimmungen 437

1. Abschnitt: Kosten 437
§ 113. 437
2. Abschnitt: Strafbestimmungen 438
§ 114. Schlepperei 438
§ 115. Beihilfe zu unbefugtem Aufenthalt 443

15

Inhaltsverzeichnis

§ 116. Ausbeutung eines Fremden 444
§ 117. Eingehen und Vermittlung von Aufenthaltsehen 445
§ 118. Aufenthaltsadoption und Vermittlung von
Aufenthaltsadoptionen eigenberechtigter Fremder 447
§ 119. Erschleichung eines Einreise- oder Aufenthaltstitels 448
§ 120. Unbefugter Aufenthalt 450
§ 121. Sonstige Übertretungen 451
§ 122. Subsidiarität 453

**16. Hauptstück:
Schluss- und Übergangsbestimmungen 454**

§ 123. Sprachliche Gleichbehandlung 454
§ 124. Verweisungen 454
§ 125. Übergangsbestimmungen 454
§ 126. In-Kraft-Treten 455
§ 127. Vollziehung 455

**C   Bundesgesetz über die Niederlassung und den
Aufenthalt in Österreich (Niederlassungs- und
Aufenthaltsgesetz – NAG) 457**

**1. TEIL:
ALLGEMEINER TEIL 462**

1. Hauptstück: Geltungsbereich und Begriffsbestimmungen 462

§ 1.   Geltungsbereich 462
§ 2.   Begriffsbestimmungen 464

2. Hauptstück: Behördenzuständigkeiten 474

§ 3.   Sachliche Zuständigkeit 474
§ 4.   Örtliche Zuständigkeit im Inland 477
§ 5.   Örtliche Zuständigkeit im Ausland 477
§ 6.   Nationale Kontaktstelle 478
§ 7.   Dezentrale Informationszentren 479

3. Hauptstück: Aufenthalts- und Niederlassungsberechtigungen 480

§ 8.   Arten und Form der Aufenthaltstitel 481
§ 9.   Dokumentation und Form des gemeinschaftsrechtlichen
       Aufenthalts- und Niederlassungsrechts 485
§ 10. Ungültigkeit und Gegenstandslosigkeit von Aufenthaltstiteln
       und Dokumentationen des Aufenthalts- und
       Niederlassungsrechts 487

4. Hauptstück: Allgemeine Voraussetzungen 491

Inhaltsverzeichnis

§ 11. Allgemeine Voraussetzungen für einen Aufenthaltstitel 491
§ 12. Quotenpflichtige Niederlassung 498
§ 13. Niederlassungsverordnung 504
§ 14. Integrationsvereinbarung 508
§ 15. Kostenbeteiligungen 519
§ 16. Kursangebot 521

5. Hauptstück: Integrationsförderung und Beirat für Asyl- und Migrationsfragen 523

§ 17. Integrationsförderung 523
§ 18. Beirat für Asyl- und Migrationsfragen 524

6. Hauptstück: Verfahren 526

§ 19. Allgemeine Verfahrensbestimmungen 526
§ 20. Gültigkeitsdauer von Aufenthaltstiteln 531
§ 21. Verfahren bei Erstanträgen 533
§ 22. Verfahren zur erstmaligen Erteilung eines Aufenthaltstitels bei Berufsvertretungsbehörden im Ausland 534
§ 23. Verfahren zur erstmaligen Erteilung eines Aufenthaltstitels bei Inlandsbehörden 536
§ 24. Verlängerungsverfahren 539
§ 25. Verfahren im Fall des Fehlens von Erteilungsvoraussetzungen für die Verlängerung eines Aufenthaltstitels 543
§ 26. Zweckänderungsverfahren 545
§ 27. Niederlassungs- und Bleiberecht von Familienangehörigen mit Niederlassungsbewilligungen 547
§ 28. Rückstufung und Entziehung eines unbefristeten Niederlassungsrechts 551
§ 29. Mitwirkung des Fremden 553
§ 30. Aufenthaltsehe und Aufenthaltsadoption 555
§ 31. Rahmenbedingungen 556
§ 32. Selbständige Erwerbstätigkeit 557
§ 33. Unselbständige Erwerbstätigkeit 558

7. Hauptstück: Verwenden personenbezogener Daten 560

§ 34. Allgemeines 560
§ 35. Verwenden erkennungsdienstlicher Daten 561
§ 36. Zentrale Verfahrensdatei; Informationsverbundsystem 562
§ 37. Mitteilungs- und Mitwirkungspflichten 564
§ 38. Internationaler und gemeinschaftsrechtlicher Datenverkehr ... 566
§ 38. Zulässigkeit der Verwendung der Daten des zentralen Melderegisters 568
§ 40. Niederlassungsregister 568

17

2. TEIL:
BESONDERER TEIL 573

1. Hauptstück: Niederlassung von Drittstaatsangehörigen 573
   - § 41. Niederlassungsbewilligung – Schlüsselkraft 573
   - § 42. Niederlassungsbewilligung – ausgenommen Erwerbstätigkeit 577
   - § 43. Niederlassungsbewilligung – unbeschränkt 579
   - § 44. Niederlassungsbewilligung – beschränkt 580
   - § 45. Aufenthaltstitel „Daueraufenthalt – EG" 581
   - § 46. Bestimmungen über die Familienzusammenführung 586

2. Hauptstück: Familienangehörige und andere Angehörige von dauernd in Österreich wohnhaften Zusammenführenden 589
   - § 47. Aufenthaltstitel „Familienangehöriger" und „Niederlassungsbewilligung – Angehöriger" 589
   - § 48. Aufenthaltstitel „Daueraufenthalt – Familienangehöriger" 597

3. Hauptstück: Niederlassung von langfristig aufenthaltsberechtigten Drittstaatsangehörigen aus anderen Mitgliedstaaten und ihren Familienangehörigen 599
   - § 49. Drittstaatsangehörige mit einem Aufenthaltstitel „Daueraufenthalt – EG" eines anderen Mitgliedstaates 599
   - § 50. Familienangehörige von Drittstaatsangehörigen mit einem Aufenthaltstitel „Daueraufenthalt – EG" eines anderen Mitgliedstaates 601

4. Hauptstück: Gemeinschaftsrechtliches Niederlassungsrecht 602
   - § 51. Niederlassungsrecht für EWR-Bürger 602
   - § 52. Niederlassungsrecht für Angehörige von EWR-Bürgern 604
   - § 53. Anmeldebescheinigung 605
   - § 54. Daueraufenthaltskarten 608
   - § 55. Fehlen des Niederlassungsrechts 612
   - § 56. Sonderfälle der Niederlassung von Angehörigen von EWR-Bürgern 614
   - § 57. Schweizer Bürger und deren Angehörige sowie Angehörige von Österreichern 615

5. Hauptstück: Aufenthaltsbewilligungen 616
   - § 58. Rotationsarbeitskräfte 616
   - § 59. Betriebsentsandte 617
   - § 60. Selbständige 618
   - § 61. Künstler 621
   - § 62. Sonderfälle unselbständiger Erwerbstätigkeit 622

§ 63. Schüler ... 624
§ 64. Studierende ... 627
§ 65. Inhaber eines Aufenthaltstitels „Daueraufenthalt – EG"
 eines anderen Mitgliedstaates ... 629
§ 66. Sozialdienstleistende ... 630
§ 67. Forscher ... 631
§ 68. Aufnahmevereinbarung ... 633
§ 69. Aufrechterhaltung der Familiengemeinschaft ... 634

6. Hauptstück: Zertifizierung von Einrichtungen ... 635
§ 70. Zertifizierte nichtschulische Bildungseinrichtung ... 635
§ 71. Zertifizierte Forschungseinrichtung ... 637

7. Hauptstück: Aufenthaltstitel aus humanitären Gründen ... 639
§ 72. Aufenthaltsbewilligung aus humanitären Gründen ... 639
§ 73. Niederlassungsbewilligung aus humanitären Gründen ... 642
§ 74. Inlandsantragstellung ... 644
§ 75. Zustimmung zur Erteilung eines Aufenthaltstitels aus
 humanitären Gründen ... 645

8. Hauptstück: Aufenthaltsrecht für Vertriebene ... 646
§ 76. Vertriebene ... 646

3. TEIL:
STRAF-, SCHLUSS- UND ÜBERGANGSBESTIMMUNGEN ... 648

§ 77. Strafbestimmungen ... 648
§ 78. Amtsbeschwerde ... 649
§ 79. Sprachliche Gleichbehandlung ... 650
§ 80. Verweisungen ... 650
§ 81. Übergangsbestimmungen ... 650
§ 82. In-Kraft-Treten ... 655
§ 83. Vollziehung ... 656

D Bundesgesetz, mit dem die Grundversorgung von
 Asylwerbern im Zulassungsverfahren und bestimmten
 anderen Fremden geregelt wird
 (Grundversorgungsgesetz - Bund 2005 - GVG-B 2005) ... 657

§ 1. Begriffsbestimmungen ... 661
§ 2. Gewährung der Versorgung ... 662
§ 3. Ausschluss von der Versorgung und Kostenersatz ... 665
§ 4. Durchführung der Versorgung ... 666
§ 5. Verhalten in und Betreten von Betreuungsstellen
 des Bundes ... 667

Inhaltsverzeichnis

§ 6. Versorgung nach erfolgter Zulassung 668
§ 7. Erwerbstätigkeit durch Asylwerber 670
§ 8. Betreuungsinformationssystem und Datenschutzbestimmungen 672
§ 9. Behörden 674
§ 10. Verwaltungsübertretungen 676
§ 11. Schaffung von Vorsorgekapazitäten 676
§ 12. Rückkehrberatung und Rückkehrhilfe 677
§ 13. Sprachliche Gleichbehandlung 677
§ 13a. 678
§ 14. Verweisungen 681
§ 15. Vollziehung 681
§ 16. 681

E **Vereinbarung zwischen dem Bund und den Ländern gemäß Art. 15a B-VG über gemeinsame Maßnahmen zur vorübergehenden Grundversorgung für hilfs- und schutzbedürftige Fremde (Asylwerber, Asylberechtigte, Vertriebene und andere aus rechtlichen oder faktischen Gründen nicht abschiebbare Menschen) in Österreich (Grundversorgungsvereinbarung-Art. 15a B-VG – GVV-Art 15a)** 683

Artikel 1: Zielsetzung 688
Artikel 2: Begriffsbestimmungen/Zielgruppe 689
Artikel 3: Aufgaben des Bundes 692
Artikel 4: Aufgaben der Länder 694
Artikel 5: Bund-Länder Koordinationsrat 695
Artikel 6: Grundversorgung 696
Artikel 7: Sonderbestimmungen für unbegleitete minderjährige Fremde 698
Artikel 8: Sonderbestimmungen für Massenfluchtbewegungen 699
Artikel 9: Kostenhöchstsätze 700
Artikel 10: Kosten 701
Artikel 11: Kostentragung bei Asylwerbern 702
Artikel 12: Kostenverschiebungen durch legistische Maßnahmen, Abwicklung der Schülerfreifahrt 704
Artikel 13: Datenaustausch 705
Artikel 14: Sprachliche Gleichstellung 706
Artikel 15: Dauer 706
Artikel 16: Übergangsbestimmungen und Inkrafttreten 707

F Bundesgesetz über den unabhängigen Bundesasylsenat (UBASG) ... 709

1. Abschnitt: Allgemeine Bestimmungen ... 713
   - § 1. Einrichtung; Außenstelle ... 713
2. Abschnitt: Organisation ... 714
   - § 2. Zusammensetzung, Ernennung der Mitglieder ... 714
   - § 3. Unvereinbarkeit ... 714
   - § 4. Unabhängigkeit, Ende des Amtes ... 715
   - § 5. Vollversammlung ... 716
   - § 6. Leitung ... 716
   - § 7. Geschäftsverteilung ... 717
   - § 8. Geschäftszuweisung ... 719
   - § 9. Aufgaben des Vorsitzenden eines Senates und des Berichters eines Senates ... 719
   - § 10. Beratung und Abstimmung ... 720
   - § 11. Geschäftsordnung ... 720
   - § 12. Tätigkeitsbericht, Controlling und Geschäftsausweise ... 720
3. Abschnitt: Dienst- und Besoldungsrecht ... 723
   - § 13. Allgemeines ... 723
   - § 13a. Dienstzeit ... 724
   - § 14. Dienstaufsicht ... 725
   - § 15. Leistungsfeststellung ... 725
   - § 16. Besoldung ... 726
4. Abschnitt: Schlußbestimmungen ... 727
   - § 17. Verweisung auf andere Rechtsvorschriften ... 727
   - § 17a. Sprachliche Gleichbehandlung ... 727
   - § 18. Inkrafttreten ... 727
   - § 19. Vollziehung ... 727

G Bundesgesetz über die Durchführung von Personenkontrollen aus Anlaß des Grenzübertritts (Grenzkontrollgesetz - GrekoG) ... 729

1. Abschnitt: Begriffsbestimmungen ... 735
   - § 1. ... 735
2. Abschnitt: Räumliche Gliederung ... 739
   - § 2. Kennzeichnung der Grenzen ... 739
   - § 3. Grenzübergangsstelle ... 739

21

§ 4.	Kundmachung von Verordnungen	741
§ 5.	Kennzeichnung von Grenzübergangsstellen	742
§ 6.	Gestaltung von Grenzübergangsstellen	743
§ 7.	Grenzkontrollbereich	744

3. Abschnitt: Behörden und Organe des öffentlichen Sicherheitsdienstes ... 746

| § 8. | Behördenzuständigkeit | 746 |
| § 9. | Organe des öffentlichen Sicherheitsdienstes | 748 |

4. Abschnitt: Grenzverkehr ... 750

§ 10.	Grenzübertritt	750
§ 11.	Grenzkontrollpflicht	752
§ 12.	Durchführung der Grenzkontrolle	753
§ 13.	Durchgangsverkehr	761
§ 14.	Zwischenstaatliche Vereinbarungen	763
§ 15.	Verwenden personenbezogener Daten	764

5. Abschnitt: Straf-, Übergangs- und Schlußbestimmungen ... 766

§ 16.	Strafbestimmungen	766
§ 17.	Übergangsbestimmungen	767
§ 18.	Inkrafttreten	768
§ 19.	Verweisungen	769
§ 20.	Außerkrafttreten	769
§ 21.	Vollziehung	769

III Nebengesetze ... **771**

A Bundes-Verfassungsgesetz (B-VG) ... **771**

B Bundesverfassungsgesetz vom 29. November 1988 über den Schutz der persönlichen Freiheit (PersFrSchG) ... **775**

C Bundesverfassungsgesetz vom 3. Juli 1973 zur Durchführung des Internationalen Übereinkommens über die Beseitigung aller Formen rassischer Diskriminierung (RassDiskrVerbG) ... **779**

D Gesetz vom 27. October 1862, zum Schutze des Hausrechtes (HausRSchG) ... **781**

Inhaltsverzeichnis

E   Gebührengesetz 1957 (GebG) 783

F   Konsulargebührengesetz 1992 (KGG 1992) 787

G   Familienlastenausgleichsgesetz 1967 (FLAG) 793

H   Kinderbetreuungsgeldgesetz (KBGG) 795

I   Tilgungsgesetz 1972 (TilgG) 797

J   Verfassungsgerichtshofgesetz 1953 (VfGG) 799

K   Verwaltungsgerichtshofgesetz 1985 (VwGG) 801

L   Ausländerbeschäftigungsgesetz (AuslBG) 803

IV Europarechtliche Normen* cd-1

A   Verordnungen cd-1

1   VO 2725/2000 über die Einrichtung von „Eurodac" für den
    Vergleich von Fingerabdrücken zum Zwecke der effektiven
    Anwendung des Dubliner Übereinkommens (EurodacVO) cd-1

2   VO (EG) 539/2001 zur Aufstellung der Liste der Drittländer,
    deren Staatsangehörige beim Überschreiten der
    Außengrenzen im Besitz eines Visums sein müssen, sowie
    der Liste der Drittländer, deren Staatsangehörige von dieser
    Visumpflicht befreit sind (VisapflichtVO) cd-19

3   VO (EG) 1091/2001 über den freien Personenverkehr mit
    einem Visum für den längerfristigen Aufenthalt
    (VisalängerfrAE-VO) cd-36

4   VO (EG) 333/2002 über die einheitliche Gestaltung des
    Formblatts für die Anbringung eines Visums, das die
    Mitgliedstaaten den Inhabern eines von dem betreffenden
    Mitgliedstaat nicht anerkannten Reisedokuments erteilen
    (VisaformVO) cd-39

---

*   Die mit der Zeichenfolge cd- versehenen Pagina weisen darauf hin, dass sich
    diese Kapitel auf der diesem Werk als integrierendem Bestandteil zugehöri-
    gen CD-ROM befinden und dort zu finden sind.

23

Inhaltsverzeichnis

5 VO (EG) 1030/2002 zur einheitlichen Gestaltung des Aufenthaltstitels für Drittstaatenangehörige (AufenthaltstitelVO)... cd-43

6 VO (EG) 343/2003 zur Festlegung der Kriterien und Verfahren zur Bestimmung des Mitgliedstaats, der für die Prüfung eines von einem Drittstaatsangehörigen in einem Mitgliedstaat gestellten Asylantrags zuständig ist (Dublin II)...... cd-52

7 VO (EG) 415/2003 über die Erteilung von Visa an der Grenze, einschließlich der Erteilung derartiger Visa an Seeleute auf der Durchreise (VisaVO)..................................... cd-71

8 VO (EG) 1560/2003 mit Durchführungs-bestimmungen zur VO (EG) 343/2003 (Dublin II-DVO).. cd-80

9 VO (EG) zur Verpflichtung der zuständigen Behörden der Mitgliedstaaten zum systematischen Abstempeln der Reisedokumente von Drittausländern beim Überschreiten der Außengrenzen der Mitgliedstaaten und zur diesbezüglichen Änderung der Bestimmungen des Schengener Durchführungsübereinkommens und des Gemeinsamen Handbuchs (AbstempelVO).. cd-98

10 VO (EG) 1683/95 über eine einheitliche Visagestaltung (VisagestaltungsVO).. cd-104

B Richtlinien..**cd-109**

1 Richtlinie 2001/51/EG zur Ergänzung der Regelungen nach Artikel 26 SDÜ (SDÜ-ErgRL)... cd-109

2 Richtlinie 2001/55/EG über Mindestnormen für die Gewährung vorübergehenden Schutzes im Falle eines Massenzustroms von Vertriebenen und Maßnahmen zur Förderung einer ausgewogenen Verteilung der Belastungen, die mit der Aufnahme dieser Personen und den Folgen dieser Aufnahme verbunden sind, auf die Mitgliedstaaten (VorlSchutzRL).. cd-113

3 Richtlinie 2002/90/EG zur Definition der Beihilfe zur unerlaubten Ein- und Durchreise und zum unerlaubten Aufenthalt (BeihilfeRL).. cd-130

4 Richtlinie 2003/9/EG zur Festlegung von Mindestnormen für die Aufnahme von Asylbewerbern in den Mitgliedstaaten (AufnahmeRL)... cd-133

5 Richtlinie 2003/86/EG betreffend das Recht auf Familienzusammenführung (FamZusRL)............................. cd-147

6   Richtlinie 2003/109/EG betreffend die Rechtsstellung der
    langfristig aufenthaltsberechtigten Drittstaatsangehörigen
    (LangfrRL) cd-160

7   Richtlinie 2003/110/EG über die Unterstützung bei der
    Durchbeförderung im Rahmen von
    Rückführungsmassnahmen auf dem Luftweg (LuftDB-RL) cd-178

8   Richtlinie 2004/38/EG über das Recht der Unionsbürger und
    ihrer Familienangehörigen, sich im Hoheitsgebiet der
    Mitgliedstaaten frei zu bewegen und aufzuhalten usw.
    (UnionsbürgerRL) cd-185

9   Richtlinie 2004/81/EG über die Erteilung von Aufenthaltstiteln
    für Drittstaatsangehörige, die Opfer des Menschenhandels
    sind oder denen Beihilfe zur illegalen Einwanderung geleistet
    wurde und die mit den zuständigen Behörden kooperieren
    (OpferschutzRL) cd-209

10 Richtlinie 2004/82/EG über die Verpflichtung von
    Beförderungsunternehmen, Angaben über die beförderten
    Personen zu übermitteln (BefördRL) cd-218

11 Richtlinie 2004/83/EG über Mindestnormen für die
    Anerkennung und den Status von Drittstaatsangehörigen
    oder Staatenlosen als Flüchtlinge oder als Personen, die
    anderweitig internationalen Schutz benötigen, und über den
    Inhalt des zu gewährenden Schutzes (StatusRL) cd-224

12 Richtlinie 2004/114/EG über die Bedingungen für die
    Zulassung von Drittstaatsangehörigen zur Absolvierung eines
    Studiums oder zur Teilnahme an einem Schüleraustausch,
    einer unbezahlten Ausbildungsmaßnahme oder einem
    Freiwilligendienst (StudentenRL) cd-247

13 Richtlinie 2005/71/EG über ein besonderes
    Zulassungsverfahren für Drittstaatsangehörige zum Zwecke
    der wissenschaftlichen Forschung (ForscherRL) cd-259

14 Richtlinie 2005/85/EG über Mindestnormen für Verfahren in
    den Mitgliedstaaten zur Zuerkennung und Aberkennung der
    Flüchtlingseigenschaft (VerfahrensRL) cd-271

15 Richtlinie 2001/40/EG über die gegenseitige Anerkennung
    von Entscheidungen über die Rückführung von
    Drittstaatsangehörigen (RückführungsRL) cd-305

C   **Sonstige Normen** **cd-311**

1   Beschluss 1/80 des Assoziationsrates EWG – Türkei vom
    19. September 1980 über die Entwicklung der Assoziation
    (Assoziationsratsbeschluss EWG–Türkei) cd-311

2 Übereinkommen zur Durchführung des Übereinkommens von Schengen (SDÜ)... cd-313

3 Rahmenbeschluss betreffend die Verstärkung des strafrechtlichen Rahmens für die Bekämpfung der Beihilfe zur unerlaubten Ein- und Durchreise und zum unerlaubten Aufenthalt (BeihilfeRB)... cd-326

4 Gemeinsame konsularische Instruktion an die diplomatischen Missionen und die konsularischen Vertretungen, die von Berufskonsularbeamten geleitet werden (Gemeinsame Konsularische Instruktion - GKI)... cd-331

5 Abkommen zwischen der Europäischen Gemeinschaft und ihren Mitgliedstaaten einerseits und der Schweizerischen Eidgenossenschaft andererseits über die Freizügigkeit (Freizügigkeitsabkommen EG-CH)... cd-422

6 Empfehlung bezüglich der Einführung eines Standardreisedokuments für die Rückführung von Staatsangehörigen dritter Länder (RückführungsE)................ cd-439

7 Beschluss zur Ausarbeitung eines Rückkehrausweises (96/409/GASP) (RückkehrsausweisB)....................................... cd-441

8 Übereinkommen zwischen der Europäischen Gemeinschaft und der Republik Island und dem Königreich Norwegen über die Kriterien und Regelungen zur Bestimmung des zuständigen Staates für die Prüfung eines in einem Mitgliedstaat oder in Island oder Norwegen gestellten Asylantrags (Dublin EG - IS/N).. cd-447

9 Abkommen zwischen der Europäischen Gemeinschaft und dem Königreich Dänemark über die Kriterien und Verfahren zur Bestimmung des Staates, der für die Prüfung eines in Dänemark oder in einem anderen Mitgliedstaat der Europäischen Union gestellten Asylantrags zuständig ist, sowie über „Eurodac" für den Vergleich von Fingerabdrücken zum Zwecke der effektiven Anwendung des Dubliner Übereinkommens (Dublin/Eurodac EG – DK)........................... cd-457

10 Protokoll zum Übereinkommen zwischen der Europäischen Gemeinschaft und der Republik Island und dem Königreich Norwegen über die Kriterien und Regelungen zur Bestimmung des zuständigen Staates für die Prüfung eines in einem Mitgliedstaat oder in Island oder Norwegen gestellten Asylantrags (Dublin IS/N – DK)................................. cd-466

Inhaltsverzeichnis

V Völkerrechtliche Normen cd-471

A Konvention über die Rechtsstellung der Flüchtlinge (GFK) cd-471

B Protokoll über die Rechtsstellung der Flüchtlinge (Protokoll GFK) cd-489

C Konvention zum Schutze der Menschenrechte und Grundfreiheiten (EMRK) cd-493

D Zusatzprotokolle zur Konvention zum Schutze der Menschenrechte und Grundfreiheiten (ZPEMRK) cd-497

1 Protokoll Nr. 6 über die Abschaffung der Todesstrafe (6. ZPEMRK) cd-497

2 Protokoll Nr. 11 über die Umgestaltung des durch die Konvention eingeführten Kontrollmechanismus (11. ZPEMRK) cd-500

3 Protokoll Nr. 13 über die vollständige Abschaffung der Todesstrafe (13. ZPEMRK) cd-503

E Rückübernahmeabkommen cd-507

1 Abkommen zwischen der Bundesregierung der Republik Österreich einerseits und den Regierungen des Königreiches Belgien, des Großherzogtums Luxemburg und des Königreiches der Niederlande andererseits betreffend die Übernahme von Personen an der Grenze („Belgien, Luxemburg, Niederlande") cd-507

2 Abkommen zwischen der Österreichischen Bundesregierung und der Regierung der Republik Bulgarien über die Übernahme von Personen, die unerlaubt in das Gebiet der anderen Vertragspartei eingereist sind (Rückübernahmeabkommen) cd-513

3 Abkommen zwischen der Bundesregierung der Republik Österreich und der Regierung der Bundesrepublik Deutschland über die Rückübernahme von Personen an der Grenze (Rückübernahmeabkommen) cd-520

4 Abkommen zwischen der Österreichischen Bundesregierung und der Regierung der Republik Estland über die Übernahme von Personen (Rückübernahmeabkommen) cd-525

27

Inhaltsverzeichnis

5 Abkommen zwischen der Bundesregierung der Republik Österreich und der Regierung der Französischen Republik betreffend die Übernahme von Personen an der Grenze („Frankreich") cd-532

6 Abkommen zwischen der Europäischen Gemeinschaft und der Regierung der Sonderverwaltungsregion Hongkong der Volksrepublik China über die Rückübernahme von Personen mit unbefugtem Aufenthalt cd-536

7 ABKOMMEN zwischen der Bundesregierung der Republik Österreich und der Regierung der Italienischen Republik über die Übernahme von Personen an der Grenze („Italien") ... cd-549

8 Abkommen zwischen der Regierung der Republik Österreich und der Regierung der Republik Kroatien über die Übernahme von Personen an der Grenze cd-555

9 Abkommen zwischen der Österreichischen Bundesregierung und der Regierung der Republik Lettland über die Übernahme von Personen, die illegal eingereist sind oder sich illegal aufhalten (Rückübernahmeabkommen) cd-558

10 Abkommen zwischen der Österreichischen Bundesregierung und der Regierung der Republik Litauen über die Übernahme von Personen, die illegal in das Gebiet der anderen Vertragspartei eingereist sind (Rückübernahmeabkommen) cd-565

11 Abkommen zwischen der Europäischen Gemeinschaft und der Sonderverwaltungsregion Macau der Volksrepublik China über die Rückübernahme von Personen mit unbefugtem Aufenthalt cd-572

12 Abkommen zwischen der Österreichischen Bundesregierung und der Regierung der Republik Polen über die Übernahme von illegal aufhältigen Personen cd-586

13 Abkommen zwischen der Österreichischen Bundesregierung und der Regierung von Rumänien über die Rückübernahme von Personen (Rückübernahmeabkommen) cd-593

14 Abkommen zwischen der Österreichischen Bundesregierung, dem Schweizerischen Bundesrat und dem Fürstentum Liechtenstein über die Übernahme von Personen (Rückübernahmeabkommen) („Schweiz, Liechtenstein") cd-605

15 Abkommen zwischen der Österreichischen Bundesregierung und dem Ministerrat von Serbien und Montenegro über die Rückführung und die Rückübernahme von Personen mit unbefugtem Aufenthalt (Rückübernahmeabkommen) cd-611

16 Abkommen zwischen der Österreichischen Bundesregierung
und der Regierung der Slowakischen Republik über die
Rückübernahme von Personen mit unbefugtem Aufenthalt
(Rückübernahmeabkommen) („Slowakei") cd-622

17 Abkommen zwischen der Regierung der Republik Österreich
und der Regierung der Republik Slowenien über die
Übernahme von Personen an der gemeinsamen Grenze cd-629

18 Abkommen zwischen der Europäischen Gemeinschaft und
der Demokratischen Sozialistischen Republik Sri Lanka über
die Rückübernahme von Personen mit unbefugtem
Aufenthalt cd-632

19 Abkommen zwischen der Österreichischen Bundesregierung
und der Regierung der Tschechischen Republik über die
Übergabe und Übernahme von Personen mit unbefugtem
Aufenthalt (Rückübernahmeabkommen) („Tschechien") cd-647

20 Notenwechsel betreffend den Abschluß eines Abkommens
zwischen Österreich und Tunesien über die Heimbeförderung
tunesischer und österreichischer Staatsangehöriger cd-661

21 Abkommen zwischen der Regierung der Republik Österreich
und der Regierung der Republik Ungarn über die Übernahme
von Personen an der gemeinsamen Grenze cd-663

F Dublinabsprachen cd-667

1 Verwaltungsvereinbarung zwischen der Bundesregierung
der Republik Österreich und der Regierung der Republik
Ungarn über die Zusammenarbeit im Interesse der
Anwendung der VO (EG) 343/2003 .... cd-667

2 Verwaltungsabsprache zwischen dem Bundesministerium für
Inneres der Republik Österreich und dem Ministerium für
Inneres der Republik Slowenien über praktische Modalitäten
zur erleichterten Anwendung der VO (EG) 343/2003 .... cd-671

3 Vereinbarung über die praktische Umsetzung der VO (EG)
343/2003 zwischen dem Bundesministerium für Inneres der
Republik Österreich und dem Innenministerium der
Slowakischen Republik („Slowakei") cd-675

4 Arbeitsabsprache über praktische Maßnahmen im
Zusammenhang mit der Anwendung des Dubliner
Übereinkommens („Deutschland") cd-678

29

Inhaltsverzeichnis

5   Verwaltungsvereinbarung zwischen dem Bundesministerium
    für Inneres der Republik Österreich und zwischen dem
    Ministerium des Inneren der Tschechischen Republik über
    praktische Modalitäten zur Durchführung der VO (EG)
    343/2003 („Tschechien") cd-680

G   **Vertrag zwischen dem Königreich Belgien, der
    Bundesrepublik Deutschland, dem Königreich
    Spanien, der Französischen Republik, dem
    Großherzogtum Luxemburg, dem Königreich der
    Niederlande und der Republik Österreich über die
    Vertiefung der grenzüberschreitenden Zusammen-
    arbeit, insbesondere zur Bekämpfung des
    Terrorismus, der grenzüberschreitenden Kriminalität
    und der illegalen Migration (Prümer Vertrag)** **cd-685**

H   **Grenzabkommen** **cd-757**

1   Vereinbarung zwischen der Österreichischen
    Bundesregierung und der Regierung der Republik Ungarn
    über die Errichtung von Grenzabfertigungsstellen und über
    die Zusammenarbeit bei der Kontrolle des Grenzverkehrs
    („Ungarn") cd-757

2   Vereinbarung zwischen der Österreichischen
    Bundesregierung und der Regierung der Republik Slowenien
    über die Errichtung von gemeinsamen
    Grenzabfertigungsstellen („Slowenien") cd-768

3   Vereinbarung zwischen der Österreichischen Bundes-
    regierung und der Regierung der Slowakischen Republik
    zur Errichtung von Grenzabfertigungsstellen sowie über die
    Durchführung der Grenzabfertigung im Eisenbahnverkehr
    während der Fahrt („Slowakei") cd-779

4   Vertrag zwischen der Republik Österreich und der
    Tschechischen Republik über den Grenzübertritt auf
    touristischen Wegen und über den Grenzübertritt in
    besonderen Fällen („Tschechien") cd-785

I   **Abkommen zwischen der Österreichischen
    Bundesregierung im Folgenden „Regierung"
    genannt, und dem Hohen Flüchtlingskommissär der
    Vereinten Nationen im Folgenden „UNHCR"
    genannt, betreffend die Mitwirkung von UNHCR an
    Asylverfahren, in denen der Antrag anlässlich der
    Grenzkontrolle nach Einreise über einen Flugplatz
    gestellt wurde (Abkommen UNHCR – Österreich)** **cd-789**

J Abkommen zwischen der Österreichischen
   Bundesregierung, dem Schweizerischen Bundesrat
   und der Regierung des Fürstentums Liechtenstein
   über den gegenseitigen Datenaustausch in
   Asylangelegenheiten (AsyldatAbk Ö–CH/FL) cd-793

VI Verordnungen 845

A Verordnung der Bundesministerin für Inneres zur
   Durchführung des Asylgesetzes 2005 (Asylgesetz-
   Durchführungsverordnung 2005 - AsylG-DV 2005) 845

B Verordnung der Bundesministerin für Inneres über
   den Beirat für die Führung der Staatendokumentation
   (Staatendokumentationsbeirat-Verordnung) 851

C Verordnung der Bundesministerin für Inneres zur
   Durchführung des Fremdenpolizeigesetzes 2005
   (Fremdenpolizeigesetz-Durchführungsverordnung –
   FPG-DV) 863

D Verordnung der Bundesministerin für Inneres zur
   Durchführung des Niederlassungs- und
   Aufenthaltsgesetzes (Niederlassungs- und
   Aufenthaltsgesetz-Durchführungsverordnung –
   NAG-DV) 875

E Verordnung der Bundesministerin für Inneres über die
   Integrationsvereinbarung (Integrationsvereinbarungs-
   Verordnung – IV-V) 891

F Verordnung der Bundesregierung, mit der die Anzahl
   der quotenpflichtigen Niederlassungsbewilligungen
   und die Höchstzahlen der
   Beschäftigungsbewilligungen für befristet
   beschäftigte Fremde für das Jahr 2006 festgelegt
   werden (Niederlassungsverordnung 2006 – NLV 2006) 907

Inhaltsverzeichnis

G Verordnung der Bundesministerin für Inneres, mit der das unbefugte Betreten und der unbefugte Aufenthalt in den Betreuungseinrichtungen des Bundes verboten wird 2005 (Betreuungseinrichtungen-BetretungsV 2005 – BEBV 2005) 915

H Hausordnung für die Betreuungseinrichtungen des Bundes (GVG-B 2005 Hausordnung) 919

I Verordnung des Bundesministers für Inneres, mit der Richtlinien für das Einschreiten der Organe des öffentlichen Sicherheitsdienstes erlassen werden (Richtlinien-Verordnung - RLV) 923

J Verordnung des Bundesministers für Verkehr, Innovation und Technologie über die zulässigen Ein- und Ausflüge nach und von Flugfeldern (Flugfelder-Grenzüberflugsverordnung 1996 - F-GÜV 1996) 931

K Verordnung des Bundesministers für öffentliche Wirtschaft und Verkehr vom 29. Mai 1987 betreffend das Überfliegen der Bundesgrenze (Grenzüberflugsverordnung - GÜV) 935

L Geschäftsordnung des Unabhängigen Bundesasylsenats (UBAS-GO) 939

M Verordnung des Bundeskanzlers über die Pauschalierung der Aufwandersätze im Verfahren vor dem Verwaltungsgerichtshof (VwGH-Aufwandersatzverordnung 2003) 951

N Verordnung des Bundesministers für Inneres betreffend Form und Inhalt der Reisepässe und Paßersätze (Passform-Verordnung) 953

O Verordnung des Bundesministers für Inneres vom 12. November 1971 über die Ermächtigung von Grenzkontrollstellen zur Ausstellung von Dokumenten, die österreichischen Staatsbürgern die Ausreise in grenznahe Gebiete von Nachbarstaaten der Republik

Österreich und die Wiedereinreise aus diesen
erleichtern (GrenzübertrittskartenV) 955

P   Verordnung des Bundesministers für Inneres vom
    27. Feber 1970 über die Kennzeichnung von
    Grenzübergängen und Grenzkontrollstellen (Greko-
    KennzV) 959

VII Landesrechtliche Normen 963

A   Grundversorgungsgesetze 963

1   Gesetz vom 5. Juli 2005, mit dem die Landesbetreuung von
    hilfs- und schutzbedürftigen Fremden geregelt wird
    (Steiermärkisches Betreuungsgesetz – StBetrG) 963

2   Gesetz vom 15. Dezember 2005, mit dem die
    Grundsicherung in Tirol geregelt wird (Tiroler
    Grundsicherungsgesetz – TGSG) 970

3   Gesetz vom 15. Dezember 2005, mit dem das Tiroler
    Grundversorgungsgesetz erlassen wird 983

4   (Vbg) Gesetz über die Sozialhilfe (Sozialhilfegesetz – SHG) 993

5   Gesetz über Maßnahmen zur vorübergehenden
    Grundversorgung für hilfs- und schutzbedürftige Fremde
    (Asylwerber, Asylberechtigte, Vertriebene und andere aus
    rechtlichen oder faktischen Gründen nicht abschiebbare
    Menschen) in Wien (Wiener Grundversorgungsgesetz –
    WGVG) 999

6   Gesetz vom 4.4.2006 über Maßnahmen zur
    vorübergehenden Grundversorgung für hilfs- und
    schutzbedürftige Fremde (Asylwerber, Asylberechtigte,
    Vertriebene und andere aus rechtlichen oder faktischen
    Gründen nicht abschiebbare Menschen) in Kärnten (Kärntner
    Grundversorgungsgesetz – K-GrvG) 1003

B   Ermächtigungsverordnungen (EVO) nach § 3 Abs 1
    NAG 1013

1   Verordnung des Landeshauptmannes von Burgenland vom
    23. Dezember 2005, mit der die Bezirksverwaltungsbehörden
    ermächtigt werden in Angelegenheiten des Niederlassungs-
    und Aufenthaltsgesetzes im Namen des
    Landeshauptmannes zu entscheiden (EVO Burgenland) 1013

2 Verordnung des Landeshauptmannes von Kärnten vom 22. November 2005, Zl. 1WFrG-1/279-2005, über die Ermächtigung der Bezirkshauptmannschaften zur Entscheidung nach dem Bundesgesetz über die Niederlassung und den Aufenthalt in Österreich (EVO Kärnten) 1014

3 Verordnung über die Vollziehung des Niederlassungs- und Aufenthaltsgesetzes (EVO Niederösterreich) 1015

4 Verordnung des Landeshauptmanns von Oberösterreich über die Ermächtigung der Bezirksverwaltungsbehörden zur Entscheidung nach dem Niederlassungs- und Aufenthaltsgesetz – NAG (EVO Oberösterreich) 1016

5 Verordnung der Landeshauptfrau von Salzburg vom 22. Dezember 2005 über die Ermächtigung der Bezirksverwaltungsbehörden zu allen Entscheidungen im Zusammenhang mit der Erteilung, Versagung und Entziehung von Aufenthaltstiteln sowie mit der Dokumentation von bestehenden Aufenthalts- und Niederlassungs- rechten nach dem Niederlassungs- und Aufenthaltsgesetz (NAG-Ermächtigungsverordnung 2006) 1017

6 Verordnung des Landeshauptmannes von Steiermark vom 21. Oktober 2005 betreffend die Ermächtigung von Bezirksverwaltungsbehörden zur Entscheidung über Aufenthaltstitel und Dokumentationen des gemeinschaftsrechtlichen Aufenthalts- und Niederlassungsrechts (EVO Steiermark) 1018

7 Verordnung des Landeshauptmannes vom 16. Dezember 2005 über die Ermächtigung der Bezirksverwaltungsbehörden zur Entscheidung nach dem Niederlassungs- und Aufenthaltsgesetz (EVO Tirol) 1019

8 Verordnung des Landeshauptmannes über die Ermächtigung der Bezirkshauptmannschaften zur Entscheidung nach dem Niederlassungs- und Aufenthaltsgesetz (EVO Vorarlberg) 1020

Paragrafenspiegel AsylG – AsylG 2005 1021

Paragrafenspiegel FrG – FPG bzw NAG 1029

Judikaturverzeichnis 1045

Literaturverzeichnis 1053

Stichwortverzeichnis 1055

Die Autoren 1067

Abkürzungsverzeichnis

§(§)	Paragraf(en)
€	Euro
6. ZPEMRK	Protokoll Nr 6 zur EMRK über die Abschaffung der Todesstrafe BGBl 1985/138
11. ZPEMRK	Protokoll Nr 11 zur EMRK über die Umgestaltung des durch die Konvention eingeführten Kontrollmechanismus BGBl III 1998/30
13. ZPEMRK	Protokoll Nr 13 zur EMRK über die vollständige Abschaffung der Todesstrafe BGBl III 2005/22
aA	andere(r) Ansicht
aaO	am angegebenen Ort
AB	a) Ausschussbericht (mit Zusatz, zB „AB 205 XX. GP") b) AB Fremdenrechtspaket 2005, 1055 XXII. GP
ABGB	Allgemeines bürgerliches Gesetzbuch JGS 946
ABl	Amtsblatt der Europäischen Union: Ausgabe C: Mitteilungen und Bekanntmachungen Ausgabe L: Rechtsvorschriften
Abs	Absatz
AbstempelVO	VO (EG) 2133/2004 zur Verpflichtung der zuständigen Behörden der Mitgliedstaaten zum systematischen Abstempeln der Reisedokumente von Drittausländern beim Überschreiten der Aussengrenzen der Mitgliedstaaten und zur diesbezüglichen Änderung der Bestimmungen des Schengener Durchführungsübereinkommens und des Gemeinsamen Handbuchs, ABl 2004 L 369 S 5
AdLR, ÄdLR	Amt (Ämter) der Landesregierung
ADV	automationsunterstützte Datenverarbeitung
AF	Ausschussfeststellung
AFIS	automationsunterstütztes Fingerabdruck-Identifizierungs-System
AHG	Amtshaftungsgesetz BGBl 1949/20
AIS	Asylwerberinformationssystem
AMS	Arbeitsmarktservice
Anh	Anhang
AnhO	Anhalteordnung BGBl II 1999/128
Anm	Anmerkung
argum	argumento (folgt aus)
ARHG	Auslieferungs- und Rechtshilfegesetz BGBl 1979/529
Art	Artikel
AsyldatAbk Ö-CH/FL	Abkommen zwischen der Österreichischen Bundesregierung, dem Schweizerischen Bundesrat und der Regierung des Fürstentums Liechtenstein über den gegenseitigen Datenaustausch in Asylangelegenheiten BGBl III 2006/65
AsylG	Asylgesetz 1997 BGBl I 1997/76
AsylG 2005	Asylgesetz 2005 BGBl I 2005/
AsylG-DV 2005	Asylgesetz-Durchführungsverordnung 2005 BGBl II 2005/448
AT	Allgemeiner Teil
AufenthaltstitelVO	VO (EG) 1030/2002 zur einheitlichen Gestaltung des Aufenthaltstitels für Drittstaatsangehörige, ABl 2002 L 157 S 1
Aufl	Auflage

Abkürzungsverzeichnis

AufnahmeRL	RL 2003/9/EG zur Festlegung von Mindestnormen für die Aufnahme von Asylwerbern in den Mitgliedstaaten, ABl 2003 L 31 S 18
AuslBG	Ausländerbeschäftigungsgesetz BGBl 1975/218
AVG	Allgemeines Verwaltungsverfahrensgesetz 1991 BGBl 51
B	a) Beschluss
	b) Bescheid
BAA	Bundesasylamt
BBetrG	Bundesbetreuungsgesetz BGBl 1991/405
BDG	Beamten-Dienstrechtsgesetz 1979 BGBl 333
BefördRL	RL 2004/82/EG über die Verpflichtung von Beförderungsunternehmen, Angaben über die beförderten Personen zu übermitteln, ABl 2004 L 261 S 24
BeihilfeRL	RL 2002/90/EG zur Definition der Beihilfe zur unerlaubten Ein- und Durchreise und zum unerlaubten Aufenthalt, ABl 2002 L 328 S 17
BekBeihilfeRB	Rahmenbeschluss des Rates v 28.11.2002 betreffend die Verstärkung des strafrechtlichen Rahmens für die Bekämpfung der Beihilfe zur unerlaubten Ein- und Durchreise und zum unerlaubten Aufenthalt, ABl 2002 L 328 S 17
belBeh	belangte Behörde
Beschw	Beschwerde
Bf	Beschwerdeführer(in)
BG	a) Bundesgesetz
	b) Bezirksgericht
BGBl	Bundesgesetzblatt
bgld	burgenländisch
BH	Bezirkshauptmannschaft
Blg	Beilage, -n
BlgBR	Beilage(-n) zu den stenographischen Protokollen des Bundesrates
BlgNR	Beilage(-n) zu den stenographischen Protokollen des Nationalrates
BM	Bundesminister
BMI	Bundesminister/-ium für Inneres
BMJ	Bundesminister/-ium für Justiz
BMLV	Bundesminister/-ium für Landesverteidigung
BMWA	Bundesminister/-ium für Wirtschaft und Arbeit
BMSG	Bundesminister/-ium für soziale Sicherheit, Generationen und Konsumentenschutz
BPD	Bundespolizeidirektion
BR	Bundesrat
BReg	Bundesregierung
BVB	Bezirksverwaltungsbehörde
BVG	Bundesverfassungsgesetz
B-VG	Bundes-Verfassungsgesetz BGBl 1930/1 (Wv)
bzgl	bezüglich
bzw	beziehungsweise
CETS	Council of Europe Treaty Series (seit 2004, bis 2003: ETS „European Treaty Series")
CPT	European Committee for the Prevention of Torture and Inhuman or Degrading Treatment or Punishment
DASTA	Datenstation

Abkürzungsverzeichnis

dBGBl	deutsches Bundesgesetzblatt
dgl	dergleichen
dh	das heißt
DNA	Desoxyribonucleinsäure
DR	Decisions and Reports (amtliche Sammlung der Entscheidungen und Berichte der Europäischen Menschenrechtskommission; 1975-1998)
DRiZ	Deutsche Richterzeitung
DSG	Datenschutzgesetz BGBl 1978/565
DSG 2000	Datenschutzgesetz BGBl I 1999/165
DSK	Datenschutzkommission
dStPO	(deutsche) Strafprozessordnung dBGBl I 1987/1074
Dublin II	VO (EG) 343/2003 zur Festlegung der Kriterien und Verfahren zur Bestimmung des Mitgliedstaates, der für die Prüfung eines von einem Drittstaatsangehörigen in einem Mitgliedstaat gestellten Asylantrags zuständig ist, ABl 2003 L 50 S 1
Dublin II-DVO	VO (EG) 1560/2003, ABl 2003 L 222 S 3
Dublin EG-IS/N	Übereinkommen zwischen der Europäischen Gemeinschaft und der Republik Island und dem Königreich Norwegen über die Kriterien und Regelungen zur Bestimmung des zuständigen Staates für die Prüfung eines in einem Mitgliedstaat oder in Island oder Norwegen gestellten Asylantrags ABl 2001 L 93 S 40
Dublin/Eurodac EG-DK	Abkommen zwischen der Europäischen Gemeinschaft und dem Königreich Dänemark über die Kriterien und Verfahren zur Bestimmung des Staates, der für die Prüfung eines in Dänemark oder in einem anderen Mitgliedstaat der Europäischen Union gestellten Asylantrags zuständig ist, sowie über „Eurodac" für den Vergleich von Fingerabdrücken zum Zwecke der effektiven Anwendung des Dubliner Übereinkommens ABl 2006 L 66 S 38
Dublin IS/N-DK	Protokoll zum Übereinkommen zwischen der Europäischen Gemeinschaft und der Republik Island und dem Königreich Norwegen über die Kriterien und Regelungen zur Bestimmung des zuständigen Staates für die Prüfung eines in einem Mitgliedstaat oder in Island oder Norwegen gestellten Asylantrags ABl 2006 L 57 S 16
E	a) Entschließung b) Entscheidung
EASt	Erstaufnahmestelle(n)
EB	Erläuternde Bemerkungen
EBRV	Erläuternde Bemerkungen zur Regierungsvorlage
EDE	erkennungsdienstliche Evidenz
EDV	elektronische Datenverarbeitung
EG	a) Europäische Gemeinschaft(en) b) EG-Vertrag idF des Vertrages von Amsterdam
EGMR	Europäischer Gerichtshof für Menschenrechte
E-GovG	E-Government-Gesetz BGBl I 2004/10
EGV	EG-Vertrag vor dem Vertrag von Amsterdam
EGVG	Einführungsgesetz zu den Verwaltungsverfahrensgesetzen 1991 BGBl 50
EisbG	Eisenbahngesetz 1957 BGBl 1957/60
EKF	Erkennungsdienst, Kriminaltechnik und Fahndung
EKIS	Elektronisches kriminalpolizeiliches Informationssystem

EMRK	Europäische Menschenrechtskonvention BGBl 1958/210
Erk	Erkenntnis
Erl	Erlass
ErwG	Erwägungsgrund
EU	Europäische Union
EuGH	Gerichtshof der Europäischen Gemeinschaften
EuGRZ	Europäische Grundrechte-Zeitschrift
EURODAC	gemeinsames europäisches System für den Vergleich von Fingerabdrücken zum Zweck der effektiven Anwendung des Dubliner Übereinkommens
EurodacVO	VO (EG) 2725/2000, ABl 2000 L 316 S 1
EUROPOL	Europäisches Polizeiamt BGBl III 1998/123
EUV	Vertrag über die Europäische Union (EU-Vertrag)
EVO	Ermächtigungsverordnung des LH nach § 3 Abs 1 NAG
EWG	Europäische Wirtschaftsgemeinschaft
f	folgend (-e, -er)
FamZusRL	RL 2003/86/EG betreffend das Recht auf Familienzusammenführung, ABl 2003 L 251 S 12
FBG	Flughafen-Bodenabfertigungsgesetz BGBl I 1998/97
ff	und der/die folgenden
F-GÜV 1996	Flugfelder-Grenzüberflugsverordnung 1996 BGBl 1996/372 idF BGBl II 2002/237
FIS	Fremdeninformationssystem
FLAG	Familienlastenausgleichsgesetz 1967 BGBl 376
FN	Fußnote
ForscherRL	RL 2005/71/EG über ein besonderes Zulassungsverfahren für Drittstaatsangehörige zum Zwecke der wissenschaftlichen Forschung, ABl 2005 L 289 S 15
FPG	Fremdenpolizeigesetz 2005 BGBl I 100
FPG-DV	Fremdenpolizeigesetz 2005-Durchführungsverordnung BGBl II 2005/450
FrG	Fremdengesetz 1997 BGBl I 1997/75
FrG-Nov 2002	Fremdengesetz-Novelle 2002 BGBl I 2002/126
FSG	Führerscheingesetz BGBl I 1997/120
G	Gesetz
GDfdöS	Generaldirektion für die öffentliche Sicherheit
GebG	Gebührengesetz 1957 BGBl 267
GedS	Gedächtnisschrift
gem	gemäß
GewO	Gewerbeordnung 1994 BGBl 194
GFK	Konvention über die Rechtsstellung der Flüchtlinge (Genfer Flüchtlingskonvention) BGBl 1955/55
ggf	gegebenenfalls
ggst	gegenständlich
GKI	Gemeinsame konsularische Instruktionen an die diplomatischen Missionen und die konsularischen Vertretungen, die von Berufskonsularbeamten geleitet werden ABl 2003 C 310 S 1
GOG	Bundesgesetz über die Geschäftsordnung des Nationalrats BGBl 1975/410
GP	Gesetzgebungsperiode
GrekoG	Grenzkontrollgesetz BGBl 1996/435

Greko-KennzV	Verordnung über die Kennzeichnung von Grenzübergängen und Grenzkontrollstellen BGBl 1970/105
GrenzübertrittskartenV	Verordnung des Bundesministers für Inneres über die Ermächtigung von Grenzkontrollstellen zur Ausstellung von Dokumenten, die österreichischen Staatsbürgern die Ausreise in grenznahe Gebiete von Nachbarstaaten der Republik Österreich und die Wiedereinreise aus diesen erleichtern BGBl 1971/425
GÜV	Grenzüberflugsverordnung BGBl 1987/249 idF BGBl 1992/103
GVG-B 2005	Grundversorgungsgesetz – Bund 2005 BGBl 1991/405 idF BGBl I 2005/100
GVV-Art 15a	Grundversorgungsvereinbarung nach Art. 15a B-VG BGBl I 2004/80
GZ	Geschäftszahl
HausRSchG	Gesetz zum Schutze des Hausrechtes RGBl 1862/88
Hptst	Hauptstück
Hrsg	Herausgeber
HS	Halbsatz
id(g)F	in der (geltenden) Fassung
idR	in der Regel
IDR	Identitätsdokumentenregister
ieS	im engeren Sinn
insb	insbesondere
iSd	im Sinne des/der
IV	Integrationsvereinbarung
iVm	in Verbindung mit
IV-V	Integrationsvereinbarungs-Verordnung BGBl II 2005/449
iwS	im weiteren Sinn
JBl	Juristische Blätter
JGS	Justizgesetzsammlung, Gesetze und Verordnungen im Justizfach (1780-1848)
JMZ	Justizministerium Zahl
JRP	Journal für Rechtspolitik
Jud	Judikatur
KBGG	Kinderbetreuungsgeldgesetz BGBl I 2001/103
KFZ	Kraftfahrzeug
KGG 1992	Konsulargebührengesetz 1992 BGBl 100
KPA	Kriminalpolizeilicher Aktenindex
ktn	kärntnerisch, Kärntner
LangfrRL	RL 2003/109/EG betreffend die Rechtsstellung der langfristig aufenthaltsberechtigten Drittstaatsangehörigen, ABl 2004 L 16 S 44
leg cit	legis citatae (der zitierten Vorschrift)
LFG	Luftfahrtgesetz BGBl 1957/253 idF BGBl I 2005/123
LGBl	Landesgesetzblatt
LH	Landeshauptmann/-frau bzw Landeshauptleute
lit	litera (Buchstabe)
LReg	Landesregierung(en)
LuftDB-RL	RL 2003/110/EG über die Unterstützung bei der Durchbeförderung auf dem Luftweg, ABl 2003 L 321 S 26 idF ABl 2003 L 236 S 18

Abkürzungsverzeichnis

maW	mit anderen Worten
ME	Ministerialentwurf (mit GZ)
MeldeG	Meldegesetz 1991 BGBl 1992/9
Mio	Million(en)
mwN	mit weiteren Nachweisen
NAG	Niederlassungs- und Aufenthaltsgesetz BGBl I 2005/100
NAG-DV	Niederlassungs- und Aufenthaltsgesetz-Durchführungsverordnung BGBl II 2005/451
NJW	Neue Juristische Wochenschrift
NLV 2006	Niederlassungsverordnung 2006 BGBl II 2005/426
nö	niederösterreichisch
Nov	Novelle
Nr	Nummer
NR	Nationalrat
oa	oben angeführt
og	oben genannt
OGH	Oberster Gerichtshof
ÖGZ	Österreichische Gemeinde-Zeitung
ÖIF	Österreichischer Integrationsfonds
ÖJZ	Österreichische Juristen-Zeitung
ÖJZ-LSK	Leitsatzkartei in Österreichische Juristen-Zeitung
OK	Organisierte Kriminalität
OLG	Oberlandesgericht
oö	oberösterreichisch
OpferschutzRL	RL 2004/81/EG über die Erteilung von Aufenthaltstiteln für Drittstaatsangehörige, die Opfer des Menschenhandels sind oder denen Beihilfe zur illegalen Einwanderung geleistet wurde und die mit den zuständigen Behörden kooperieren, ABl 2004 L 261 S 19
Os	Oberster Gerichtshof in Strafsachen
PassG	Passgesetz 1992 BGBl 839
PC	Personal Computer
PersFrSchG	BVG über den Schutz der persönlichen Freiheit BGBl 1988/684
PI	Personeninformation
PKW	Personenkraftwagen
PolKG	Polizeikooperationsgesetz BGBl I 1997/104
Protokoll GFK	Protokoll über die Rechtsstellung der Flüchtlinge BGBl 1974/78
PStG	Personenstandsgesetz BGBl 1983/60
RassDiskrVerbG	BVG zur Durchführung des Internationalen Übereinkommens über die Beseitigung aller Formen rassischer Diskriminierung BGBl 1973/390
RGBl	Reichsgesetzblatt
RGV	Reisegebührenvorschrift 1955 BGBl 133
RIS	Rechtsinformationssystem des Bundes
RJD	Reports of Judgments and Decisions (Urteilsammlung des EGMR mit Jahr und Band)
RL	Richtlinie
RLV	Richtlinien-Verordnung BGBl 1993/266
Rs	Rechtssache
RSB	Rechtsschutzbeauftragte(r)

Rspr	Rechtsprechung
RückführungsE	Empfehlung bezüglich der Einführung eines Standardreisedokuments für die Rückführung von Staatsangehörigen dritter Länder, ABl 1996 C 274 S 18
RückführungsRL	RL 2001/40/EG über die gegenseitige Anerkennung von Entscheidungen über die Rückführung von Drittstaatsangehörigen, ABl 2001 L 140 S 34
RückkehrausweisB	Beschluss zur Ausarbeitung eines Rückkehrausweises (96/409/GASP), ABl 1996 L 168 S 4
RV	a) Regierungsvorlage (mit Zusatz, zB „RV 114 XX. GP") b) RV Fremdenrechtspaket 2005, 952 XXII. GP
Rz	Randzahl (-ziffer)
S	a) Seite(n) b) Sitzung des NR oder BR
s	siehe
sbg	salzburgerisch, Salzburger
SchFG	Schiffahrtsgesetz BGBl I 1997/62
SDÜ	Schengener Durchführungsübereinkommen BGBl III 1997/90
SDÜ-ErgRL	RL 2001/51/EG zur Ergänzung der Regelungen nach Art 26 SDÜ, ABl L 187 S 45
SGG	Suchtgiftgesetz BGBl 1951/234
SIAK	Sicherheitsakademie
SIAK-Journal	Zeitschrift für Polizeiwissenschaft und polizeiliche Praxis
SID	Sicherheitsdirektion
SIS	Schengener Informationssystem
Slg	Sammlung
sog	so genannt (in jeweils grammatikalisch richtiger Form)
SMG	Suchtmittelgesetz BGBl I 1997/112
SPG	Sicherheitspolizeigesetz BGBl 1991/566
SPGNov 2005	SPG-Novelle 2005 BGBl I 2004/151
StA	Staatsanwaltschaft
StaatendokuV	Staatendokumentationsverordnung BGBl II 2005/413
StatusRL	RL 2004/83/EG über Mindestnormen für die Anerkennung und den Status von Drittstaatsangehörigen oder Staatenlosen als Flüchtlinge oder als Personen, die anderweitig internationalen Schutz benötigen, und über den Inhalt des zu gewährenden Schutzes, ABl 2004 L 304 S 12
StbG	Staatsbürgerschaftsgesetz 1985 BGBl 311 (Wv)
StF	Stammfassung
StGB	Strafgesetzbuch BGBl 1974/60
StGBl	Staatsgesetzblatt für die Republik Österreich
StGG	Staatsgrundgesetz über die allgemeinen Rechte der Staatsbürger RGBl 1867/142
stmk	steiermärkisch
StPO	Strafprozeßordnung 1975 BGBl 631
stRspr	ständige Rechtsprechung
StudentenRL	RL 2004/114/EG über die Bedingungen für die Zulassung von Drittstaatsangehörigen zur Absolvierung eines Studiums oder zur Teilnahme an einem Schüleraustausch, einer unbezahlten Ausbildungsmaßnahme oder einem Freiwilligendienst, ABl 2004 L 375 S 12
StVO	Straßenverkehrsordnung 1960 BGBl 159
TilgG	Tilgungsgesetz 1972 BGBl 68

tir	Tiroler
TP	Tarifpost
TrAufG	Truppenaufenthaltsgesetz BGBl I 2001/57
ua	unter anderem, und andere
UBAS	unabhängiger Bundesasylsenat
UBASG	Bundesgesetz über den unabhängigen Bundesasylsenat BGBl I 1977/77
UBAS-GO	Geschäftsordnung des UBAS
UbG	Unterbringungsgesetz BGBl 1990/155
ÜG 1929	Übergangsgesetz 1929 BGBl 393
ÜGB	Übergangsbestimmung
UnionsbürgerRL	RL 2004/38/EG über das Recht der Unionsbürger und ihrer Familienangehörigen, sich im Hoheitsgebiet der Mitgliedstaaten frei zu bewegen und aufzuhalten, ABl 2004 L 158 S 77
UVS	unabhängiger Verwaltungssenat
v	von, vom
VA	Voranschlagsansatz
vbg	vorarlbergerisch, Vorarlberger
VerfahrensRL	Richtlinie 2005/85/EG über Mindestnormen für Verfahren in den Mitgliedstaaten zur Zuerkennung und Aberkennung der Flüchtlingseigenschaft, ABl 2005 L 326 S 13
VfGG	Verfassungsgerichtshofgesetz 1953 BGBl 85
VfGH	Verfassungsgerichtshof
VfSlg	Sammlung der Erkenntnisse und wichtigsten Beschlüsse des Verfassungsgerichtshofes
VGH	deutscher (Landes-)Verwaltungsgerichtshof
vgl	vergleiche
vH	von Hundert
VisaformVO	VO (EG) 333/2003 über die einheitliche Gestaltung des Formblattes für die Anbringung eines Visums, das die Mitgliedstaaten den Inhabern eines von dem bestreffenden Mitgliedstaat nicht anerkannten Reisedokuments erteilen, ABl 2002 L 53 S 4
VisagestaltungsVO	VO (EG) 1683/95 über eine einheitliche Visagestaltung, ABl 1995 L 164 S 1
VisalängerfrAE-VO	VO (EG) 1091/2001 über den freien Personenverkehr mit einem Visum für den längerfristigen Aufenthalt, ABl 2001 L 150 S 4
VisapflichtVO	VO (EG) 539/2001 zur Aufstellung der Liste der Drittländer, deren Staatsangehörige beim Überschreiten der Außengrenze auch im Besitz eines Visums sein müssen, sowie die Liste der Drittländer, deren Staatsangehörige von dieser Visumpflicht befreit sind, ABl 2001 L 81 S 1 (StF)
VisaVO	VO (EG) 415/2003 über die Erteilung von Visa an der Grenze einschließlich der Erteilung derartiger Visa an Seeleute auf der Durchreise, ABl 2003 L 64 S 1
VO	Verordnung (insb EG)
VorlSchutzRL	RL 2001/55/EG über Mindestnormen für die Gewährung vorübergehenden Schutzes im Falle eines Massenzustroms von Vertriebenen und Maßnahmen zur Förderung einer ausgewogenen Verteilung der Belastungen, die mit der Aufnahme dieser Personen und den Folgen dieser Auf-

	nahme verbunden sind, auf die Mitgliedstaaten, ABl 2001 L 212 S 12
VStG	Verwaltungsstrafgesetz 1991 BGBl 52
VVG	Verwaltungsvollstreckungsgesetz 1991 BGBl 53
VwGG	Verwaltungsgerichtshofgesetz 1985 BGBl 10
VwGH	Verwaltungsgerichtshof
VwSen	Verwaltungssenat
WaffG 1996	Waffengesetz 1996 BGBl I 1997/12
WaffGG	Waffengebrauchsgesetz 1969 BGBl 149
wr	wienerisch, Wiener
Wv	Wiederverlautbarung
WVK	Wiener Vertragsrechtskonvention (Wiener Übereinkommen über das Recht der Verträge 1969) BGBl 1980/40
Z	Zahl, Ziffer
zB	zum Beispiel
ZfV	Zeitschrift für Verwaltung
Zl	Zahl
ZPEMRK	Zusatzprotokoll zur Konvention zum Schutze der Menschenrechte und Grundfreiheiten
ZustG	Zustellgesetz BGBl 1982/200
ZVR	Zentrales Vereinsregister

I Vorbemerkungen zum Fremdenrechtspaket 2005

Eines der umfassendsten Gesetzesvorhaben in der Geschichte des Innenressorts fand mit dem In-Kraft-Treten des Fremdenrechtspakets 2005 am 1. Jänner 2006 seinen förmlichen Abschluss. Der Weg bis dahin war in zeitlicher Hinsicht ein relativ kurzer, aber in Relation zum Umfang dieses legistischen Produkts dafür ein umso intensiverer. In der Folge soll die Genese des Fremdenrechtspakets 2005 in Form eines kurzen Überblicks dargestellt werden.

Ausgangspunkt war bereits die Asylgesetz-Novelle 2003 (BGBl I 2003/101), die mit 1. Mai 2004 in Kraft trat und mit der das AsylG 1997 erheblich umgestaltet wurde. So wurde vor allem ein vor der materiellen Prüfung angesiedeltes Zulassungsverfahren etabliert und das Familienverfahren wesentlich vereinfacht. Diese AsylG-Novelle war bereits im Vorfeld der Beschlussfassung politisch heiß umstritten und wurde vor seinem In-Kraft-Treten von den Ländern Oberösterreich und Wien dem Verfassungsgerichtshof (VfGH) mit dem Ersuchen vorgelegt, einen Großteil der neuen Normen als verfassungswidrig aufzuheben. Nach In-Kraft-Treten der Novelle hat auch der unabhängige Bundesasylsenat (UBAS) mehrere Anträge auf Aufhebung von bestimmten Normen beim VfGH gestellt. Über die Anträge der beiden Länder und über einen Teil der Anträge des UBAS hat der VfGH mit Erkenntnis vom 15. Oktober 2004 (G 237/03 ua) abgesprochen, wobei die Wortfolge „auf Grund einer medizinisch belegbaren Traumatisierung" in § 32 Abs 1 Z 4 und jeweils der zweite Satz der §§ 32 Abs 2 und 5a Abs 1 sowie § 34 Abs 1 Z 3 als verfassungswidrig aufgehoben wurden. Im Übrigen wurden die Anträge ebenso wie die noch offenen Anträge des UBAS zurück- oder abgewiesen (G 58/04 und G 84/04 ua vom 29.11.2004, G 78/04 ua vom 17.03.2005 sowie G 117/04, G 148/04 und G 173/04 vom 18.03.2005).

Da das Asylgesetz 1997 – vor allem durch die Änderungen der AsylG-Novelle 2003 – nur mehr schwer lesbar war, wurde die politische Entscheidung gefasst, das Asylrecht im Rahmen einer Neukodifikation zur Gänze neu zu regeln.

Am 21. Oktober 2004 wurde auf Grund eines dringlichen Antrags ein Entschließungsantrag des Nationalrates beschlossen, in dem der Bundesminister für Inneres ersucht wurde (im Hinblick auf Art 41 Abs 1 B-VG hätte korrekterweise die Bundesregierung ersucht werden müssen), dem Nationalrat ehebaldigst eine diesbezügliche Regierungsvorlage vorzulegen (StProtNR XXII. GP 81, 49 ff).

Diesem Antrag folgend beschloss die Bundesregierung am 7. Dezember 2004 als Tagesordnungspunkt 19 über den gemeinsamen Bericht des Bundesministers für Inneres und der Bundesministerin für Justiz die weitere Vorgangsweise zur Neukodifizierung des Asylrechts.

Im Rahmen der Vorbereitungsarbeiten war vom Bundesministerium für Inneres (BMI) ein interner Diskussionsentwurf erstellt worden, der am 26. Jänner 2005 durch einen selbständigen Entschließungsantrag der SPÖ im NR (519/A(E) XXII. GP), diesen auf die Verfassungskonformität

45

I Vorbemerkungen zum Fremdenrechtspaket 2005

überprüfen zu lassen, der Öffentlichkeit zugänglich und schließlich Gegenstand heftiger politischer Diskussionen wurde.

Ein vollkommen neu strukturierter Text eines neuen Asylgesetzes ging am 7. März 2005 formell in Begutachtung. Gleichzeitig wurden der Entwurf eines neu zu erlassenden Fremdenpolizeigesetzes 2005 (FPG) und Änderungen in vier anderen Bundesgesetzen (EGVG, UBASG, PStG und BBtrG), die in einem untrennbaren Zusammenhang standen, zur Begutachtung ausgesendet.

Am 23. März 2005 wurde überdies ein Entwurf mit der Erlassung eines Niederlassungs- und Aufenthaltsgesetzes (NAG) und mit Änderungen im FrG, GebG, FLAG und KBGG zur Begutachtung ausgesendet. Der Entwurf des NAG löste die bisher im FrG enthaltenen migrationsrechtlichen Bestimmungen aus diesem heraus und fasste diese – ergänzt um neue Regelungen, die auf Grund zahlreicher gemeinschaftsrechtlicher Vorschriften innerstaatlich umzusetzen waren – in kodifizierter Form neu zusammen. Mit den beiden separaten Gesetzesentwürfen eines FPG und eines NAG wurde vorgeschlagen, die beiden bisher im FrG gemeinsam enthaltenen Regelungsbereiche des Fremdenpolizeirechts und des Zuwanderungsrechts klar zu trennen.

Wesentlicher Beweggrund für die Trennung dieser beiden Rechtsbereiche war vor allem der Umstand, dass durch die umfangreichen inhaltlichen Änderungen, die auf Grund der umzusetzenden europarechtlichen Vorschriften vorzunehmen waren, das FrG nicht mehr als geeigneter Ort einer möglichst systemkonformen innerstaatlichen Umsetzung angesehen werden konnte. So waren alleine im Migrationsbereich sechs RL umzusetzen und eine VO (AufenthaltstitelVO) durchzuführen. Die FamZusRL (RL 2003/86/EG) war von den Mitgliedstaaten bereits bis zum 3. Oktober 2005 umzusetzen. Andererseits wurde die zum damaligen Zeitpunkt politisch zwar akkordierte, formell aber noch nicht beschlossene ForscherRL von Österreich als erstem Mitgliedstaat bereits im NAG innerstaatlich umgesetzt, obwohl die Mitgliedstaaten die Umsetzung der dann am 12. Oktober 2005 – und somit nach der Kundmachung des Fremdenrechtspakets am 16. August 2005 – formell angenommenen RL erst bis 12. Oktober 2007 vornehmen müssen.

Nach Auswertung der zahlreich eingegangenen Stellungnahmen zu den einzelnen Begutachtungsentwürfen wurde schließlich auch das etwas später in Begutachtung ausgesandte NAG mit den übrigen zu erlassenden Materiengesetzen zu einem aus 14 Artikel bestehenden, umfassenden Gesetzespaket zusammengeführt. Neben der Erlassung eines AsylG 2005, eines FPG und eines NAG wurden Änderungen im B-VG, FrG, BBetrG, PStG, UBASG, EGVG, SPG, GebG, FLAG, KBGG und TilgG vorgeschlagen.

Dieses Gesetzespaket wurde am 10. Mai 2005 von der Bundesregierung als Regierungsvorlage (RV) mit dem Titel „Fremdenrechtspaket 2005" beschlossen (RV 952 XXII. GP) und an den NR zur Behandlung übermittelt.

In weiterer Folge kam es während des parlamentarischen Prozesses zu intensiven Beratungen in mehreren Sitzungen des Innenausschusses des NR, in dem auch ein Hearing mit Experten abgehalten wurde.

Schließlich wurde die RV vom Innenausschuss in zahlreichen Punkten abgeändert (AB 1055 XXII. GP). So wurde etwa die gänzliche Aufhebung des Fremdengesetzes 1997 (FrG) beschlossen, nachdem auch die Bestimmungen über die Niederlassungsverordnung (NLV) in das NAG integriert werden konnten. In der RV war noch die Umbenennung des FrG in „Niederlassungsverordnungs-Gesetz (NLV-G)" vorgesehen, das als „Torso" lediglich die Bestimmungen über die NLV (§ 18 FrG), die teilweise im Verfassungsrang standen, enthalten sollte.

Am 7. Juli 2005 wurde das Fremdenrechtspaket 2005, das auch noch in zweiter Lesung kleinere Änderungen erfahren hat, vom Plenum des NR mit großer Mehrheit beschlossen. Neben den Regierungsparteien ÖVP und FPÖ/BZÖ stimmte auch die SPÖ diesem Paket zu. Dagegen stimmten lediglich die Grünen und die freiheitliche Abgeordnete Rosenkranz. Gleichzeitig mit dem Fremdenrechtspaket 2005 wurde mit nur einer Gegenstimme der freiheitlichen Abgeordneten Rosenkranz ein Entschließungsantrag beschlossen, mit dem die Bundesregierung ersucht wurde, die – im Rahmen des parlamentarischen Prozesses bereits begonnnen – Bestrebungen zur Schaffung eines Bundesasylgerichts als II. Instanz in Asylsachen fortzuführen und dem NR so rasch wie möglich einen entsprechenden Gesetzesentwurf zuzuleiten (E 120 NR/XXII. GP).

Nach der weiteren Behandlung des Gesetzesbeschlusses im Innenausschuss des Bundesrates (BR) und dem Beschluss des BR am 21. Juli 2005, keinen Einspruch zu erheben, wurde das Fremdenrechtspaket 2005 am 16. August 2005 im BGBl I mit der Nummer 100 kundgemacht. Es ist mit 1. Jänner 2006 formell in Kraft und das Fremdengesetz 1997 (FrG) zur Gänze außer Kraft getreten.

Bereits einen Tag nach der Beschlussfassung des Fremdenrechtspakets 2005 im NR – am 8. Juli 2005 – wurde von den Regierungsparteien ein Initiativantrag zur Novellierung des FPG, des NAG und des AuslBG eingebracht (685/A XXII. GP). Hauptgegenstand dieses vor allem von Interessensvertretern der Landwirtschaft motivierten Initiativantrages war die Neuregelung der Vorschriften über die vereinfachte Zulassung von zur sichtvermerksfreien Einreise berechtigten Saisonniers und Erntehelfern nach § 5 AuslBG. Zusätzlich wurde die Gelegenheit genutzt, einige Redaktionsversehen in den genannten Gesetzen zu bereinigen (AB 1154 XXII. GP). Diesem Antrag erteilte die NR am 19. Oktober 2005 mit Mehrheit der Regierungsparteien seine Zustimmung. Gegen diesen Gesetzesbeschluss des NR erhob der BR am 1. Dezember 2005 Einspruch (Einspr 1259 XXII. GP). Vom NR wurde am 21. Dezember 2005 ein Beharrungsbeschluss gefasst. Mit der Kundmachung dieser Novelle am 30. Dezember 2005 (BGBl I 2005/157) konnten die Änderungen im FPG, NAG und AuslBG gleichzeitig mit den übrigen Bestimmungen des Fremdenrechtspakets 2005 mit 1. Jänner 2006 in Kraft treten.

II Kerngesetze

A Bundesgesetz über die Gewährung von Asyl (Asylgesetz 2005 – AsylG 2005)

– BGBl I 2005/100 (NR: GP XXII RV 952 AB 1055 S 116. BR: AB 7338 S 724)

Allgemeiner Teil (RV 952 XXII. GP)

Im Jahr 2003 wurde das Asylgesetz 1997 einer grundlegenden Novelle unterzogen, durch die vor allen Dingen ein Zulassungsverfahren am Beginn des Asylverfahrens eingeschoben wurde. Des Weiteren waren unter anderem Reformen zur Verfahrensbeschleunigung im Familienverfahren und im Verfahrensrecht sowie die Verbindung von Ausweisungen in allen negativen Verfahrensabschlüssen und die stärkere Einbindung der Organe des öffentlichen Sicherheitsdienstes Teil dieser Novelle. Einerseits durch die Novelle und andererseits aufgrund der EU-Osterweiterung kam es zu einem erheblichen Absinken der Asylantragstellungen, wobei sich die Antragszahlen weiterhin auf – im Vergleich zur Region um Österreich – hohem Niveau bewegen.

Auch nach In-Kraft-Treten der AsylG-Nov 2003 ist der Bereich des Asylverfahrens aus mehreren Gründen nicht mit anderen Verwaltungsverfahren vergleichbar. Einerseits handelt es sich bei Asylverfahren weiterhin um Verfahren mit hoher Antragsdichte (Antragszahlen: 2001: 30.135, 2002: 39.354, 2003: 32.364 und 2004: 24.676) und andererseits erhalten Asylwerber bereits zu Beginn des Verfahrens eine mit der angestrebten Berechtigung vergleichbare Rechtsstellung; ihr Aufenthalt im Bundesgebiet wird nämlich für die Dauer des Asylverfahrens geduldet bzw. ist sogar rechtmäßig, auch wenn sie – ohne einen Asylantrag gestellt zu haben – gar nicht in Österreich sein dürften. Darüber hinaus werden Asylwerber während des Verfahrens – soweit sie hilfsbedürftig sind – von der öffentlichen Hand untergebracht und versorgt. Auch zeigt die Praxis, dass sich ein leidlicher Teil der Asylwerber dem Verfahren entzieht. Dadurch ergeben sich erhebliche Probleme für Österreich; einerseits gilt es die öffentliche Ordnung im Fremdenpolizeibereich – und auch im Zuwanderungsbereich – aufrecht zu erhalten, andererseits gibt es durchaus – und das auch in der öffentlichen Wahrnehmung – ein Problem mit manchen Asylwerbern im Bereich der Sicherheits- und Kriminalpolizei. Darüber hinaus sind im Rahmen der europäischen Zuständigkeitsregeln – vor allem Dublin – Vereinbarung und Dublin – Verordnung – Verfristungsregeln normiert. Besteht die Zuständigkeit eines anderen Dublin-Staates und kann der Fremde – etwa weil er sich dem Verfahren entzogen hat – nicht binnen Frist überstellt werden, geht die Zuständigkeit auf Österreich über.

Daher sind schnelle, auf die Besonderheiten des Asylverfahrens abstellende und diese berücksichtigende Verfahrensregeln unbedingt erforderlich.

Noch vor In-Kraft-Treten der Novelle wurde das Asylgesetz 1997 in der Fassung der Asylgesetz-Novelle 2003 von den Landesregierungen Wiens und Oberösterreichs beim Verfassungsgerichtshof mit dem Antrag angefochten, Teile des Gesetzes als verfassungswidrig aufzuheben, nach In-Kraft-Treten der Novelle hat der unabhängige Bundesasylsenat noch zahlreiche Anträge beim Verfassungsgerichtshof gestellt, Teile des Asylgesetzes 1997 in der Fassung Asylgesetz-Novelle 2003 als verfassungswidrig aufzuheben.

Der Verfassungsgerichtshof hat über diese Anträge mit Erkenntnis vom 15.10.2004 (G 237, 238/03 ua) und vom 17. März 2005 (G 78/04 ua) sowie mit Beschluss vom 29. November 2004 (G 58/04) abgesprochen. Im Verfahren G 237, 238/03 [richtig: G237, 238/03 ua] wurden 4 Bestimmungen des Asylgesetz 1997 in der Fassung Asylgesetz-Novelle 2003 als verfassungswidrig aufgehoben; der Großteil der Anträge wurde jedoch entweder zurück- oder abgewiesen.

Neben der Prüfung durch den Verfassungsgerichtshof wurde im Bereich des Bundesministeriums für Inneres eine Evaluierung der Asylgesetz-Novelle 2003 vorgenommen, die gezeigt hat, dass die neuen Konzepte grundsätzlich funktionieren, jedoch in einigen Bereichen Feinabstimmungen notwendig sind.

Seit Herbst 2004 wird im Bundesministerium für Inneres – unter Einbindung aller relevanten Organisationseinheiten des Innen- und sonst betroffener Ressorts, der Länder, UNHCR und bedeutender NGO's – an der Erstellung eines Entwurfs zur Neukodifikation des Asylrechts gearbeitet.

Schwerpunkte des nunmehr vorliegenden Entwurfs sind

- eine lesbare – systematisch und klar im Aufbau – Fassung des Asylrechts vorzulegen;
- für eine Grundlage einer adäquaten personellen Verstärkung der Asylbehörden zu sorgen und eine einheitliche möglichst professionelle Länderdokumentation zu schaffen;
- in bestimmten Fällen den unabhängigen Bundesasylsenat die Möglichkeit zur Führung von Musterverfahren zu ermöglichen;
- Dublin-Verfahren so rechtzeitig sichern zu können, dass diese Instrument effizient angewendet werden kann;
- die Traumatisierungsbestimmungen so zu fassen, dass die bloße Behauptung nicht mehr in jedem Fall zur Zulassung des Verfahrens und somit zur Zuständigkeit Österreichs führt;
- die Mitwirkungspflichten von Asylwerbern genau zu beschreiben und diese – soweit nötig – durchzusetzen;
- Sonderverfahren so weit wie möglich abzuschaffen;
- das Flughafenverfahren noch effizienter zu gestalten;
- Lösungen für straffällige Asylwerber zu schaffen.

Eine Neukodifikation ist erforderlich geworden, da das Asylgesetz 1997 seit seiner Erlassung viermal teilweise umfangreich novelliert wurde und ebenso oft Bestimmungen durch den Verfassungsgerichthof aufgehoben wurden. Mit der Asylgesetz-Novelle 2003 wurde das System durch die Einführung des Zulassungsverfahrens erheblich umgestellt, so dass das Asylgesetz 1997 nur noch sehr schwer lesbar ist; des weiteren war es 2003 notwendig, Bestimmungen über die Schubhaft in das Asylgesetz 1997 aufzunehmen. Zudem gilt es auch neues EU-Recht, wie die sogenannte [richtig: so genannte] Status-Richtlinie, zu berücksichtigen. Da gleichzeitig ein Entwurf eines Fremdenpolizeigesetzes 2005 vorgelegt wird, ist es möglich, die fremdenpolizeilichen Bestimmungen in dieses überzuführen.

Derzeit stellt sich in Dublin-Verfahren sehr oft das Problem, dass der zuständige Mitgliedstaat zwar zustimmt, sich der Asylwerber jedoch zwischen der Mitteilung, dass ein Dublin-Verfahren eingeleitet wird und der Einvernahme zur Wahrung des Parteiengehörs dem Verfahren entzieht. Daher wird künftig mit der Mitteilung, dass ein Dublin-Verfahren eingeleitet wird, zeitgleich ein Ausweisungsverfahren eingeleitet (§ 27 AsylG 2005) und die Fremdenpolizeibehörde davon verständigt. Dieser ist dann die Verhängung der Schubhaft möglich (§ 76 Abs. 2 Z 2 FPG 2005). Darüber hinaus ist gemäß § 76 Abs. 2 Z 4 FPG die Verhängung von Schubhaft dann möglich, wenn auf Grund bestimmter, näher determinierter, Tatsachen anzunehmen ist, Österreich sei nicht für die Führung des Asylverfahrens zuständig. Dies wird vor allem bei Eurodac-Treffern der Fall sein.

Derzeit wird im Zulassungsverfahren von Asylwerbern, auf Grund einer fehlenden Definition des Begriffs „Traumatisierung" und andererseits auf Grund des Umstands, dass Verfahren von Traumatisierten jedenfalls zuzulassen, Dublin-Verfahren nicht mehr möglich und materielle Verfahren einzuleiten sind, oft behauptet, sie seien traumatisiert. Es wird daher vorgeschlagen, einerseits den Begriff einer unabhängigen [richtig: belastungsabhängigen] krankheitswertigen psychischen Störung zu definieren – die Definition wurde unter Mitwirkung der derzeit im Verfahren befindlichen Gutachter erarbeitet – und andererseits im Falle einer solchen Störung nur noch eine inhaltliche Entscheidung im raschen Zulassungsverfahren zu verunmöglichen, während eine Zurückweisung – also ein Dublin-Verfahren, ein sicheres Drittstaatsverfahren und eine Zurückweisung wegen entschiedener Sache – möglich sein sollte. In diesen Fällen wird eine Durchführung der Ausweisung unter Beachtung des Art. 3 EMRK – bezogen auf die Maßnahme selbst – möglich sein.

Derzeit kennt das Asylgesetz 1997 keine expliziten und somit auch keine durchsetzbaren Mitwirkungspflichten von Asylwerbern. Dieser Umstand wird von Asylwerbern immer wieder benutzt, um Verfahren zu verzögern oder sich dem Verfahren zu entziehen. Es wird daher vorgeschlagen, einerseits die für das Führen des Verfahrens notwendigen Mitwirkungspflichten klar und deutlich zu normieren (§ 15) und andererseits für eine verhältnismäßige Durchsetzung zu sorgen. Wenn ein Asylwerber das Verfahren verzögert, ohne sich dem Verfahren zu entziehen – sein Aufenthaltsort ist etwa bekannt, er kommt aber nicht zu seinen Verhandlungen – gibt § 19 AVG den Behörden die Möglichkeit einer zwangsweise [richtig: zwangsweisen] Vorführung in die Hand. Entzieht sich der Asylwerber hingegen dem Verfahren – er missachtet etwa seine Mitwirkungspflichten und gibt nicht bekannt, wo er sich aufhält – so soll das Bundesasylamt künftig die Möglichkeit haben, ihn zur Festnahme auszuschreiben. Wird der Fremde nach Einstellung des Asylverfahrens aufgegriffen, so kann dieser der Behörde vorgeführt und können die notwendigen Verfahrenshandlungen, die für eine Entscheidung noch benötigt und ohne den

II Kerngesetze: A Asylgesetz 2005 – AsylG 2005

Asylwerber nicht durchführbar sind – etwa eine Einvernahme – durchgeführt werden, um schließlich zu einer Entscheidung zu gelangen. Entzieht sich der Asylwerber dem Verfahren vor dem UBAS und hat das Bundesasylamt in erster Instanz eine – natürlich nicht rechtskräftige – Ausweisung ausgesprochen, wird ex lege ein Ausweisungsverfahren eingeleitet. Wird der Fremde aufgegriffen, sind seine Festnahme und die anschließende In-Schubhaftnahme möglich. Somit ist die zu erwartende Ausweisung gesichert; das Verfahren vor dem UBAS ist beschleunigt zu führen.

Derzeit sind Verfahren in zweiter Instanz normalerweise auch dann mit einer mündlichen Verhandlung durchzuführen, wenn dies nicht nötig wäre. Es wird daher vorgeschlagen, eine Leitentscheidung vorzusehen, in den Fällen, denen wesentliche Bedeutung zukommt, in einem großen Senat behandelt werden sollen, um in gleichgelagerten Fällen von einer Verhandlung Abstand nehmen zu können, wenn die relevanten Fragen durch die Leitentscheidung geklärt sind.

Derzeit wird immer wieder in Verfahren, die von der ersten Instanz als offensichtlich unbegründet abgewiesen werden (Sonderverfahren), das Verfahren von der zweiten Instanz zurückverwiesen, alleine weil die Unbegründetheit eines Antrages keine „offensichtliche" darstellt. Es wird daher vorgeschlagen, in jedem Fall der ersten Instanz die volle Prüfung der notwendigen Tatsachen – auch wenn der Antrag offensichtlich unbegründet scheint – durchzuführen, im Gegenzug aber in bestimmten Fällen der Berufung die aufschiebende Wirkung abzuerkennen (§§ 36, 38). Für die Wirkung des Rechtsmittels wird das – vom Verfassungsgerichtshof als verfassungskonform interpretierte – System der Zuerkennung der aufschiebenden Wirkung gewählt. Damit kann sich die zweite Instanz bei der Überprüfung auf die vollen Erhebungen der ersten Instanz stützen und so schnell wie möglich entscheiden, ohne das Verfahren an die erste Instanz zurückverweisen zu müssen.

Das Flughafenverfahren funktioniert durchaus zufriedenstellend [richtig: zufrieden stellend]. Es wird jedoch – auch aus dem Grund der Lesbarkeit – vorgeschlagen, die wesentlichen Normen an einer Stelle zusammenzufassen und auch Fremde, die im Rahmen der Abschiebung über einen Flughafen – also meist „auf der Gangway" – um Asyl ansuchen, in dieses System einzubeziehen. Diese Verfahren sind in längstens 6 Wochen durchzuführen.

Derzeit kommt es immer wieder vor, dass straffällige Fremde – auch knapp vor Ende der Strafhaft – einen Asylantrag stellen und dann nicht in Schubhaft angehalten werden können. Darüber hinaus gibt es derzeit ein durchaus nicht zu unterschätzendes Problem mit Asylwerbern, die straffällig werden. Es wird ein differenzierter Lösungsansatz vorgeschlagen. Gegen Fremde die nach Begehung einer Straftat – etwa aus der Strafhaft – einen Asylantrag stellen, besteht häufig ein rechtskräftiges, zumindest aber ein durchsetzbares Aufenthaltsverbot. Dies soll künftig auch dadurch sichergestellt werden sollen, dass die Gerichte explizit verpflichtet werden, die Fremdenpolizeibehörden über relevante Umstände zu informieren (§ 104 FPG). Diese Fremden können trotz Asylantrag in Schubhaft genommen werden (§ 76 Abs. 2 Z 3 FPG). Selbstverständlich muss ein Asylverfahren geführt werden, dieses ist jedoch prioritär zu behandeln und binnen einer Frist von maximal 3 Monaten pro Instanz zu entscheiden (§ 22 Abs. 3 AsylG 2005).

Für Asylweber, die eine strafbare Handlung nach der Stellung des Asylantrags begehen oder über die – obwohl die strafbare Handlung vor Stellung des Antrags begangen wurde – keine Ausweisung oder kein Aufenthaltsverbot verhängt wurde, sieht § 27 AsylG 2005 die Einleitung eines Ausweisungsverfahrens vor, wenn es eine negative Entscheidungsprognose gibt (nach dem vorliegenden Verfahrensstand ist weder mit der Zuerkennung des Status eines Asylberechtigten noch mit der eines subsidiär Schutzberechtigten zu rechnen) und es wegen der Straffälligkeit ein besonderes öffentliches Interesse an der beschleunigten Durchführung des Verfahrens gibt. Rechtsfolge ist einerseits, dass Schubhaft verhängt werden kann (§ 76 Abs. 2 Z 2 FPG) und andererseits, dass das Asylverfahren wiederum binnen je 3 Monaten pro Instanz zu erledigen ist (§ 27 Abs. 8 AsylG 2005).

Verfahren werden in Zukunft – wie schon im Rahmen der AsylG-Nov 2003 normiert – mit einem Zulassungsverfahren beginnen, in dem eine erste Prüfung des Antrags vorgenommen wird; diese wird sich vor allem auf die Zurückweisung des Antrags – also auf Drittstaats-, Dublin- und Folgeantragsentscheidungen – konzentrieren, aber auch inhaltliche Entscheidungen zulassen. Während dieses kurzen Verfahrens, das Gesetz geht, ausgenommen in Dublin-Verfahren, im Regelfall von einer maximal 20-tägigen Dauer aus, ist der kein anderes Aufenthaltsrecht genießende Asylwerber vor aufenthaltsbeendenden Maßnahmen geschützt, ein vorübergehendes Aufenthaltsrecht kommt ihm allerdings erst mit Zulassung zu. Die Wirkung der Berufung gegen eine Zurückweisungsentscheidung und die damit verbundene Ausweisung wird an das durch die Dublin-Verordnung vorgezeichnetes System angepasst; ihr kommt eine aufschiebende Wirkung nur zu, wenn diese im Einzelfall vom unabhängigen Bundesasylsenat zuerkannt wird, wobei allerdings mit der faktischen Abschiebung so lange zuzuwarten ist, dass der Rechtsmittelinstanz die Prüfung der Zuerkennung der aufschiebenden Wirkung ermöglicht wird.

Nach Zulassung des Verfahrens wird in Zukunft auch eine Zurückweisungsentscheidung möglich sein; die Zulassung des Verfahrens ist also nur eine „Prognoseentscheidung" über die Zulässigkeit des Antrags. Das Hauptaugenmerk wird jedoch der inhaltlichen Entscheidung gelten.

Es wird vorgeschlagen, das inhaltliche Verfahren um das „Sonderverfahren" Abweisung als „offensichtlich unbegründet" zu reduzieren. Es wird daher immer eine volle inhaltliche Prüfung des Antrags durchzuführen sein; in bestimmten, klaren Konstellationen kann der Berufung die aufschiebende Wirkung durch das Bundesasylamt unter nachfolgender Prüfung durch den unabhängigen Bundesasylsenat aberkannt werden. Mit der faktischen Abschiebung wird so lange zugewartet, dass dem unabhängigen Bundesasylsenat die Überprüfung der Aberkennung der aufschiebenden Wirkung ermöglicht wird.

Darüber hinaus werden die Sondernormen zum Flughafenverfahren und zum Familienverfahren jeweils in einem eigenen Abschnitt zusammengefasst und klarer dargestellt. Im Flughafenverfahren soll es weiterhin die bewährte Einbindung von UNHCR im bisherigen Ausmaß geben. Ein

Flughafenverfahren ist binnen 6 Wochen durch beide Instanzen zu entscheiden; auf Grund der kurzen Frist erscheint es sachgerecht, mit der Effektuierung der Ausweisung bis zur rechtskräftigen Entscheidung – gegebenenfalls auch durch den unabhängigen Bundesasylsenat – zuzuwarten.

Zur Erleichterung der Arbeit der Asylbehörden wird beim Bundesasylamt eine öffentliche Länderdokumentation eingerichtet, auf diese können österreichische Behörden, Gerichte und die Gerichtshöfe des öffentlichen Rechts sowie gewisse ausländische Behörden kostenfrei, andere interessierte Personen gegen Entgelt greifen.

Darüber hinaus soll beim unabhängigen Bundesasylsenat eine Senatsentscheidung für Fragen von grundsätzlicher Bedeutung ermöglicht werden; diese soll eine Art „Leitentscheidung" für die Asylbehörden darstellen.

1. Hauptstück: Anwendungsbereich und Begriffsbestimmungen

Anwendungsbereich

§ 1. Dieses Bundesgesetz regelt
1. die Zuerkennung und die Aberkennung des Status des Asylberechtigten und des subsidiär Schutzberechtigten an Fremde in Österreich;
2. in welchen Fällen eine Entscheidung nach diesem Bundesgesetz mit einer Ausweisung zu verbinden ist;
3. das Verfahren zur Erlangung einer Entscheidung nach den Z 1 und 2.

Übersicht:
1. Hinweise auf europarechtliche Normen
2. Materialien
3. Anmerkung

1. Siehe IV.B.11. Art 1 StatusRL; IV.B.14. Art 3 VerfahrensRL.

2. RV 952 XXII. GP

§ 1 stellt den Anwendungsbereich dieses Bundesgesetzes dar; das AsylG 2005 regelt die Anerkennung von Fremden als Asylberechtigte oder subsidiär Schutzberechtigte, wenn sie in Österreich einen Antrag auf internationalen Schutz stellen sowie deren Aberkennung; somit wird klar zum Ausdruck gebracht, dass es mit Ausnahme von Anträgen im Familienverfahren (§ 35) keine Anträge im Ausland gibt. Des Weiteren regelt dieses Bundesgesetz auch, wann eine gänzlich negative Entscheidung – einem Antrag wird weder durch Zuerkennung des Status des Asylberechtigten noch des subsidiär Schutzberechtigten entsprochen – mit einer Ausweisung zu verbinden ist. Letztlich regelt das AsylG das Verfahren zur Erlangung einer Entscheidung über die Zuerkennung oder Aberkennung des Status nach Z 1 sowie über eine Ausweisung.

3. Anm: Ein Antrag aus dem Ausland wird – von den Fällen des § 35 abgesehen – zurückzuweisen sein. Hingegen ist ein Verfahren nach durchführbarer, wenn auch nicht rechtskräftiger und auch durchgeführter Ausweisung weiterzuführen, da ansonsten § 14 sinnlos wäre. Siehe auch § 3 Abs 1, der auf das Stellen des Antrags in Österreich abstellt.

Begriffsbestimmungen

§ 2. (1) Im Sinne dieses Bundesgesetzes ist
1. die Genfer Flüchtlingskonvention: die Konvention über die Rechtsstellung der Flüchtlinge vom 28. Juli 1951, BGBl. Nr. 55/1955, in der durch das Protokoll über die Rechtsstel-

lung der Flüchtlinge vom 31. Jänner 1967, BGBl. Nr. 78/1974, geänderten Fassung;
2. die EMRK: die Konvention zum Schutze der Menschenrechte und Grundfreiheiten, BGBl. Nr. 210/1958;
3. das Protokoll Nr. 6 zur Konvention: das Protokoll Nr. 6 zur Konvention zum Schutze der Menschenrechte und Grundfreiheiten über die Abschaffung der Todesstrafe, BGBl. Nr. 138/1985;
4. das Protokoll Nr. 11 zur Konvention: das Protokoll Nr. 11 zur Konvention zum Schutze der Menschenrechte und Grundfreiheiten über die Umgestaltung des durch die Konvention eingeführten Kontrollmechanismus, BGBl. III Nr. 30/1998;
5. das Protokoll Nr. 13 zur Konvention: das Protokoll Nr. 13 zur Konvention zum Schutze der Menschenrechte und Grundfreiheiten über die vollständige Abschaffung der Todesstrafe, BGBl. III Nr. 22/2005;
6. der EU-Vertrag: der Vertrag über die Europäische Union in der Fassung BGBl. III Nr. 85/1999, geändert durch BGBl. III Nr. 4/2003 und BGBl. III Nr. 20/2004;
7. das Dublin Übereinkommen: das am 15. Juni 1990 in Dublin unterzeichnete Übereinkommen über die Bestimmung des zuständigen Staates für die Prüfung eines in einem Mitgliedstaat der Europäischen Gemeinschaften gestellten Asylantrags, BGBl. III Nr. 165/1997;
8. die Dublin – Verordnung: die Verordnung 2003/343/EG zur Festlegung der Kriterien und Verfahren zur Bestimmung des Mitgliedstaates, der für die Prüfung eines von einem Drittstaatsangehörigen gestellten Asylantrags in einem Mitgliedstaat gestellten Asylantrags zuständig ist, ABl. L 50 vom 25.2.2003, S. 1;
9. die Statusrichtlinie: die Richtlinie 2004/83/EG über Mindestnormen für die Anerkennung und den Status von Drittstaatsangehörigen oder Staatenlosen als Flüchtlinge oder als Personen, die anderweitig internationalen Schutz benötigen, und über den Inhalt des zu gewährenden Schutzes, ABl. L 304 vom 30.9.2004, S. 12;
10. die Grundversorgungsvereinbarung: die Vereinbarung zwischen dem Bund und den Ländern gemäß Art. 15a B-VG über gemeinsame Maßnahmen zur vorübergehenden Grundversorgung für hilfs- und schutzbedürftige Fremde (Asylwerber, Asylberechtigte, Vertriebene und andere aus rechtlichen oder faktischen Gründen nicht abschiebbare Menschen) in Österreich, BGBl. I Nr. 80/2004;
11. Verfolgung: jede Verfolgungshandlung im Sinne des Art. 9 Statusrichtlinie;
12. ein Verfolgungsgrund: ein in Art. 10 Statusrichtlinie genannter Grund;
13. ein Antrag auf internationalen Schutz: das – auf welche Weise auch immer artikulierte – Ersuchen eines Fremden in Österreich, sich dem Schutz Österreichs unterstellen zu dürfen; der

Antrag gilt als Antrag auf Zuerkennung des Status des Asylberechtigten und bei Nichtzuerkennung des Status des Asylberechtigten als Antrag auf Zuerkennung des Status des subsidiär Schutzberechtigten;
14. ein Asylwerber: ein Fremder ab Einbringung eines Antrags auf internationalen Schutz bis zum rechtskräftigen Abschluss, zur Einstellung oder Gegenstandslosigkeit des Verfahrens;
15. der Status des Asylberechtigten: das dauernde Einreise- und Aufenthaltsrecht, das Österreich Fremden nach den Bestimmungen dieses Bundesgesetzes gewährt;
16. der Status des subsidiär Schutzberechtigen: das vorübergehende, verlängerbare Einreise- und Aufenthaltsrecht, das Österreich Fremden nach den Bestimmungen dieses Bundesgesetzes gewährt;
17. ein Herkunftsstaat: der Staat, dessen Staatsangehörigkeit der Fremde besitzt, oder - im Falle der Staatenlosigkeit - der Staat seines früheren gewöhnlichen Aufenthaltes;
18. ein Mitgliedstaat: jeder Staat, der Vertragspartei des EU-Vertrages (Z 6) ist;
19. ein EWR-Staat: jeder Staat, der Vertragspartei des Abkommens über den Europäischen Wirtschaftsraum (EWR-Abkommen) ist;
20. ein Drittstaat: jeder Staat, der nicht Mitgliedstaat der Europäischen Union ist;
21. EWR-Bürger: jedermann, der Staatsangehöriger eines EWR-Staates (Z 19) ist;
22. Familienangehöriger: wer Elternteil eines minderjährigen Kindes, Ehegatte oder zum Zeitpunkt der Antragstellung unverheiratetes minderjähriges Kind eines Asylwerbers oder eines Fremden ist, dem der Status des subsidiär Schutzberechtigten oder des Asylberechtigten zuerkannt wurde, sofern die Familieneigenschaft bei Ehegatten bereits im Herkunftsstaat bestanden hat;
23. ein Folgeantrag: jeder einem bereits rechtskräftig erledigten Antrag nachfolgender weiterer Antrag;
24. Zivilperson: jede Person, die Teil der Zivilbevölkerung im Sinne der Art. 50 Abs. 1 des Zusatzprotokolls vom 10. Dezember 1977, BGBl. Nr. 527/1982, zu den Genfer Abkommen vom 12. August 1949 über den Schutz der Opfer internationaler bewaffneter Konflikte, BGBl. Nr. 155/1953, ist und

(2) Im Sinne dieses Bundesgesetzes sind erkennungsdienstliche Daten: Lichtbilder, Papillarlinienabdrücke der Finger, äußerliche körperliche Merkmale und die Unterschrift.

Übersicht:

1. Hinweise auf europarechtliche Normen
2. Hinweise auf völkerrechtliche Normen
3.-4. Materialien
5.-9. Anmerkungen

1. Siehe IV.A.6. Dublin II; IV.B.4. AufnahmeRL; IV.B.11. StatusRL; IV.B.14. VerfahrensRL.

2. Siehe V.A. GFK; V.B. Protokoll GFK; V.C. EMRK; V.D.1.–3. ZPEMRK.

3. RV 952 XXII. GP

§ 2 enthält die für dieses Bundesgesetz relevanten Begriffsbestimmungen, wobei die Z 1 bis 10 auf Rechtsquellen abstellen, deren meist langer Titel mit einem Begriff umschrieben wird, um in der Folge die Rechtstexte möglichst lesbar halten zu können.

Zu den Z 1 bis 5:

Diese Ziffern bezeichnen das völkerrechtliche Fundament für den Bereich des Asylwesens, nämlich die Genfer Flüchtlingskonvention, die Europäische Menschenrechtskonvention und das 6., 11. und 13. Zusatzprotokoll zur Menschenrechtskonvention genau und verweisen auf die Fundstellen im BGBl. Die EMRK und ihrer Zusatzprotokolle stehen in Österreich im Verfassungsrang.

Zu Z 6:

Der EU-Vertrag ist der Vertrag über die Europäische Union, unterzeichnet am 7. Februar 1992 in Maastricht und in Kraft seit 1. November 1993. Geändert wurde er durch den Vertrag von Amsterdam (unterzeichnet am 2. Oktober 1997, in Kraft seit 1. Mai 1999) sowie durch den Vertrag von Nizza (unterzeichnet am 26. Februar 2001, in Kraft seit 1. Februar 2003). Die aktuelle Fassung findet sich in ABl. Nr. C 325 vom 24. Dezember 2002, S 2002/C 325/01.

Zu Z 7:

Das Dublin Übereinkommen wurde als Vorläufer der Dublin Verordnung am 15. Juni 1990 unterzeichnet. Das Dublin Übereinkommen ist derzeit nur mehr noch in Bezug auf Dänemark anzuwenden.

Zu Z 8:

Die Dublin – Verordnung ist in Kraft seit 15.03.2003. Die unmittelbar anwendbare Verordnung regelt Kriterien und Verfahren zur Bestimmung des Mitgliedstaats, der für die Prüfung eines von einem Drittstaatsangehörigen in einem Mitgliedstaat gestellten Asylantrags zuständig ist. Für die Prüfung eines Asylantrags ist immer nur ein einziger Mitgliedstaat zuständig. Die Verordnung ist an die Stelle des am 15. Juni 1990 unterzeichneten Dubliner Übereinkommens getreten, das weiterhin im Verhältnis zu Dänemark anzuwenden ist. Die Dublin-Verordnung ist also wesentliches Ordnungselement für ein effizientes europäisches Asylverfahren und soll „Asyltourismus", Folgeanträge und Doppelzuständigkeiten verhindern. Mitgliedstaaten der Dublin-Verordnung sind auf vertraglicher Basis auch Norwegen und Island (sog. Dubliner Parallelabkommen, ABl. L 93/38 vom 3. und 4. 2001, S 0038 – 0039). Die Schweiz steht derzeit hinsichtlich eines Beitritts in Verhandlungen mit der EU.

§ 2

Zu Z 9:

Die Statusrichtlinie ist seit 20.10.2004 in Kraft. Die Mitgliedstaaten haben ihrer Umsetzungsverpflichtung bis zum 10.10.2006 nachzukommen. Durch diese Richtlinie sollen Unterschiede in den Rechtsvorschriften der Mitgliedstaaten abgebaut und einheitliche Mindestgarantien für Flüchtlinge und subsidiär Schutzberechtigte geschaffen werden. Die einheitliche Auslegung internationaler Verpflichtungen – wie der Genfer Flüchtlingskonvention und der Europäischen Menschenrechtskonvention – bildet das Fundament eines gemeinsamen Europäischen Asylsystems. Durch die Richtlinie ist im Wesentlichen klargestellt, wann einem Fremden der Status eines Asylberechtigten oder eines subsidiär Schutzberechtigten zuzuerkennen ist.

Zu Z 10:

Die Grundversorgungsvereinbarung wird in Umsetzung der RL 2003/9/EG des Rates vom 27. Jänner 2003 im Bereich des Bundes durch das Grundversorgungsgesetz – Bund 2005, BGBl I Nr. 80/2004 ausgeführt. Einige Länder haben zum Teil schon eigene Umsetzungsgesetze erlassen (Steiermark LGBl. Nr. 70/2004, Tirol LGBl. Nr. 27/2004, Wien LGBl Nr. 46/2004).

Zu Z 11:

Als Verfolgungshandlung im Sinne des Artikel 9 Statusrichtlinie sind nach Abs. 1 leg. cit. jene Handlungen zu verstehen, die aufgrund ihrer Art oder Wiederholung so gravierend sind, dass sie eine schwerwiegende Verletzung der grundlegenden Menschenrechte darstellen, insbesondere der Rechte, von denen gemäß Art. 15 Absatz 2 der Europäischen Konvention zum Schutze der Menschenrechte und Grundfreiheiten keine Abweichung zulässig ist, oder die in einer Kumulierung unterschiedlicher Maßnahmen, einschließlich einer Verletzung der Menschenrechte, bestehen, die so gravierend ist, dass eine Person davon – wie in ähnlicher beschriebenen Weise – betroffen ist.

Eine demonstrative Aufzählung der Handlungen findet sich in Art. 9 Absatz 2 Statusrichtlinie. Insbesondere wird die Anwendung physischer oder psychischer Gewalt, einschließlich sexueller Gewalt, gesetzliche, administrative, polizeiliche und/oder justizielle Maßnahmen, die als solche diskriminierend sind oder in diskriminierender Weise angewandt werden, unverhältnismäßige oder diskriminierende Strafverfolgung oder Bestrafung, Verweigerung gerichtlichen Rechtsschutzes mit dem Ergebnis einer unverhältnismäßigen oder diskriminierenden Bestrafung, Strafverfolgung oder Bestrafung wegen Verweigerung des Militärdienstes in einem Konflikt, wenn der Militärdienst Verbrechen oder Handlungen umfassen würde, die unter die Ausschlussklauseln des Art. 12 Absatz 2 Statusrichtlinie fallen, und Handlungen, die an die Geschlechtszugehörigkeit anknüpfen oder gegen Kinder gerichtet sind, als Verfolgungshandlung gewertet. Unter Art.12 Absatz 2 leg. cit. fallen Verbrechen gegen den Frieden, Kriegsverbrechen oder Verbrechen gegen die Menschlichkeit oder Verbrechen gegen internationale Verträge, die jene Verbrechen näher festlegen sowie schwere, nichtpolitische Straftaten und Handlungen die den Zielen und Grundsätzen der Art. 1 und 2 der Charta der Vereinten Nationen zuwiderlaufen.

Die Beschneidung von Frauen bedarf keiner expliziten Erwähnung, da diese – als gegen eine bestimmte soziale Gruppe gerichtet – in Art. 9 Abs. 2 lit. a und lit. f Statusrichtlinie erfasst ist.
Verfolgung kann nur von einem Verfolger ausgehen. Verfolger können gemäß Art. 6 Statusrichtlinie der Staat, den Staat oder wesentliche Teile des Staatsgebiets beherrschende Parteien oder Organisationen oder andere Akteure sein, wenn der Staat oder die das Staatsgebiet beherrschenden Parteien oder Organisationen nicht in der Lage oder nicht Willens sind, Schutz vor dieser Verfolgung zu gewähren.

Zu Z 12:

Als Verfolgungsgründe im Sinne des Art. 10 Abs. 1 der Statusrichtlinie gelten Rasse (umfasst insbesondere die Aspekte Hautfarbe, Herkunft und Zugehörigkeit zu einer bestimmten ethnischen Gruppe), Religion (umfasst insbesondere theistische, nichttheistische und atheistische Glaubensüberzeugungen, die Teilnahme bzw. Nichtteilnahme an religiösen Riten im privaten oder öffentlichen Bereich, allein oder in Gemeinschaft mit anderen, sonstige religiöse Betätigungen oder Meinungsäußerungen und Verhaltensweisen Einzelner oder der Gemeinschaft, die sich auf eine religiöse Überzeugung stützen oder nach dieser vorgeschrieben sind), Nationalität (beschränkt sich nicht auf die Staatsangehörigkeit oder das Fehlen einer solchen, sondern bezeichnet insbesondere auch die Zugehörigkeit zu einer Gruppe, die durch ihre kulturelle, ethnische oder sprachliche Identität, gemeinsame geografische oder politische Ursprünge oder ihre Verwandtschaft mit der Bevölkerung eines anderen Staates bestimmt wird) und politische Gesinnung (insbesondere dass der Asylwerber in einer Angelegenheit, die die in Art. 6 genannten potenziellen Verfolger sowie deren Politiken oder Verfahren betrifft, eine Meinung, Grundhaltung oder Überzeugung vertritt, wobei es unerheblich ist, ob der Asylwerber aufgrund dieser Meinung, Grundhaltung oder Überzeugung tätig geworden ist.). Eine Gruppe gilt insbesondere als eine bestimmte soziale Gruppe, wenn die Mitglieder dieser Gruppe angeborene Merkmale oder einen Hintergrund, der nicht verändert werden kann, gemein haben, oder Merkmale oder eine Glaubensüberzeugung teilen, die so bedeutsam für die Identität oder das Gewissen sind, dass der Betreffende nicht gezwungen werden sollte, auf sie zu verzichten, und die Gruppe in dem betreffenden Land eine deutlich abgegrenzte Identität hat, da sie von der sie umgebenden Gesellschaft als andersartig betrachtet wird. Je nach den Gegebenheiten im Herkunftsland kann als eine soziale Gruppe auch eine Gruppe gelten, die sich auf das gemeinsame Merkmal der sexuellen Ausrichtung gründet. Als sexuelle Ausrichtung dürfen keine Handlungen verstanden werden, die nach dem nationalen Recht der Mitgliedstaaten als strafbar gelten; geschlechterbezogene Aspekte werden berücksichtigt, rechtfertigen aber für sich allein genommen noch nicht die Annahme, dass Verfolgung vorliegt.

Nach Artikel 10 Absatz 2 Statusrichtlinie ist es unerheblich, ob der Antragsteller tatsächlich die Merkmale, die zur Verfolgung geführt haben aufweist oder ob diese ihm von seinem Verfolger fälschlicherweise zugeschrieben werden. Wesentlich ist viel mehr, dass der Antragsteller verfolgt wird, weil ihm verfolgungsrelevante Merkmale – fälschlich oder nicht – unterstellt werden.

Zu Z 13:

Der Passus „Antrag auf internationalen Schutz" entspricht der Statusrichtlinie (Art. 2 lit. g) und wurde zum Zweck der Einheitlichkeit übernommen. Der gegenständliche Begriff bezeichnet das Ersuchen eines Fremden oder Staatenlosen um Schutz durch einen Mitgliedstaat, wenn davon ausgegangen werden kann, dass der Antragsteller die Zuerkennung der Flüchtlingseigenschaft oder die Gewährung des subsidiären Schutzstatus anstrebt.

Zur Stellung eines Antrags auf internationalen Schutz – der inhaltlich dem bisherigen Asylantrag entspricht – reicht es aus, wenn der Fremde vor einem Organ des öffentlichen Sicherheitsdienstes, einer Sicherheitsbehörde oder einer Erstaufnahmestelle – auf welche Art auch immer – um Schutz vor Verfolgung ersucht; ersucht der Fremde vor einer anderen Behörde um Schutz, hat diese die Sicherheitsbehörde oder ein Organ des öffentlichen Sicherheitsdienstes zu verständigen.

Nur durch diesen weiten Ansatz der Definition des Antrags auf internationalen Schutz kann den internationalen und europarechtlichen Verpflichtungen entsprochen werden.

Zu Z 14:

Der Begriff „Asylwerber" entspricht geltender Rechtslage und bedarf keiner Änderung. Eingebracht ist der Antrag, wenn er vom Fremden persönlich – auch im Rahmen einer Vorführung – bei der Erstaufnahmestelle gestellt wird (§ 17 Abs. 2 AsylG).

Fremde sind nicht mehr Asylwerber, wenn entweder das Verfahren rechtskräftig abgeschlossen oder nach § 24 des Gesetzes eingestellt wurde. Mit Aufhebung eines rechtskräftigen Bescheides durch einen der Gerichtshöfe des öffentlichen Rechts oder mit Fortsetzung des Verfahrens nach § 24 des Gesetzes lebt die Asylwerbereigenschaft ebenso wieder auf, wie auch dann, wenn dem außerordentlichen Rechtsmittel des Asylwerbers in einem Verfahren vor den Gerichtshöfen des öffentlichen Rechts die aufschiebende Wirkung zukommt.

Zu Z 15:

Der Status des Asylberechtigten wird Flüchtlingen nach der Genfer Flüchtlingskonvention gewährt.

Bei einem ‚Flüchtling' handelt es sich um einen Fremden, der sich aus wohlbegründeter Furcht, aus Gründen der Rasse, Religion, Nationalität, Zugehörigkeit zu einer bestimmten sozialen Gruppe oder der politischen Gesinnung verfolgt zu werden, außerhalb seines Heimatlandes befindet und nicht in der Lage oder im Hinblick auf diese Furcht nicht gewillt ist, sich des Schutzes dieses Landes zu bedienen; oder wer staatenlos ist und sich infolge obiger Umstände außerhalb des Landes seines gewöhnlichen Heimatstaates befindet und in der Lage oder im Hinblick auf diese Furcht nicht gewillt ist, in dieses Land zurückzukehren und auf den kein Ausschlussgrund nach diesem Bundesgesetz Anwendung findet.

Zu Z 16:

Der subsidiäre Schutzstatus ist die Anerkennung eines Fremden oder Staatenlosen durch einen Mitgliedstaat als Person, die Anspruch auf subsidiären Schutz hat. Subsidiär schutzberechtigt ist ein Fremder, der die

Voraussetzungen für die Anerkennung als Asylberechtigter zwar nicht erfüllt, aber stichhaltige Gründe für die Annahme vorgebracht hat, dass er bei einer Rückkehr in sein Herkunftsland oder, bei einem Staatenlosen, in das Land seines vorherigen gewöhnlichen Aufenthalts tatsächlich Gefahr liefe, einen ernsthaften Schaden im Sinne des Artikel 15 der Statusrichtlinie zu erleiden, und der den Schutz dieses Landes nicht in Anspruch nehmen kann oder wegen dieser Gefahr nicht in Anspruch nehmen will, sofern kein Ausschlussgrund nach diesem Bundesgesetz Anwendung findet.

Zu Z 17:

Der Begriff des Herkunftsstaates gründet in Art. 1 Abschnitt A Z 2 der Genfer Flüchtlingskonvention, wo von „Heimatland" und in Art. 2 lit. k der Statusrichtlinie, wo von „Herkunftsland" gesprochen wird. Inhaltlich entspricht der Begriff der Definition der genannten Stellen, und wurde aus der geltenden Rechtslage übernommen.

Zu Z 20:

Drittstaat ist jeder Staat, der nicht Mitgliedstaat der Europäischen Union ist. Schweiz und Liechtenstein sind die einzigen Nachbarstaaten Österreichs, die als Drittstaaten anzusehen sind.

Zu Z 22:

Unter „Familienangehörige" fallen insbesondere der Ehegatte, die [richtig: minderjährigen] Kinder, sofern diese ledig sind, unabhängig davon, ob es sich dabei um eheliche, nicht eheliche oder im Sinne des nationalen Rechts adoptierte Kinder handelt, und – im Falle von ledigen, minderjährigen Kindern – die Eltern des Fremden. Der unverheiratete Partner sowie minderjährige Kinder des Partners, der mit dem Statusberechtigten eine dauerhafte Beziehung führt, fallen nicht darunter, da nach den fremdenrechtlichen Rechtsvorschriften unverheiratete Paare nicht auf vergleichbare Weise wie verheiratete Paare behandelt werden. Die Familieneigenschaft hat bei Ehegatten bereits im Herkunftsstaat zu bestehen; nach Verlassen des Herkunftsstaates geborene Kinder werden von der Begriffsbestimmung jedenfalls erfasst.

Zu Z 23:

Folgeantrag ist jeder weitere Antrag auf internationalen Schutz, der einem bereits rechtskräftig erledigten Antrag zeitlich nachfolgt. Der Begriff ist weiter als der Begriff des § 68 Abs. 1 AVG, der auf einen Folgeantrag zu einer entschiedenen Sache abstellt. Die Zurückweisung eines Antrags ist natürlich nur nach den Regeln des § 68 Abs. 1 AVG möglich (vgl. §§ 36 f); die Folgeantragsdefinition bezieht sich auf die Normen des § 3.

Zu Z 24:

Unter einer Zivilperson sind alle Personen zu verstehen, die nicht Kombattanten im Sinne des Genfer Abkommens zum Schutz der Opfer internationaler bewaffneter Konflikte und des damit zusammenhängenden Zusatzprotokolls sind. Kombattanten sind Mitglieder der Streitkräfte eines Staates, Mitglieder anderer Milizen und Freiwilligenkorps, soweit sie einen der am betreffenden Konflikt verantwortlichen Kommandanten an der

Spitze haben, Mitglieder organisierter Widerstandsbewegungen und die Bevölkerung eines unbesetzten Gebietes, die beim Herannahen des Feindes aus eigenem Antrieb zu den Waffen greift. Alle anderen Personen fallen unter den Begriff der Zivilbevölkerung (siehe auch *Zemanek*, Das Völkervertragsrecht, Österr. Handbuch des Völkerrechts[3] 1/1997, Rz 2598 ff).

Zu Z 25 [jetzt: § 2 Abs. 2]:

Durch die einschränkende Bezeichnung in den Begriffsbestimmungen wird klargestellt, dass von einem Asylwerber nach den Bestimmungen dieses Bundesgesetzes an erkennungsdienstlichen Daten nur Lichtbilder, Papillarlinienabdrücke der Finger und die Unterschrift ermittelt werden dürfen. Nach den Bestimmungen dieses Bundesgesetzes ist etwa die Ermittlung eines DNA-Profils jedenfalls unzulässig. Andere Rechtsvorschriften, insbesondere das SPG bleiben unberührt

4. AB 1055 XXII. GP

Es werden Redaktionsversehen beseitigt.

5. Anm: Die Vorgängerbestimmung war § 1 AsylG.

6. Anm: Z 13 definiert den **Antrag auf internationalen Schutz** neu und – konform zur StatusRL – als Asylantrag im engeren Sinne samt Ex-lege-Antrag zur Prüfung des Vorliegens subsidiären Schutzes.

7. Anm: Z 22 verlangt für den Begriff des **Familienangehörigen** nach dem AsylG 2005 bei Ehegatten, dass die Familieneigenschaft bereits im Herkunftsstaat bestanden haben muss. Zu den Sonderbestimmungen für Familienangehörige vgl § 34 f.

8. Anm: Der **Folgeantrag** nach Z 23 findet sich in § 3 Abs 2 im Rahmen der Statusprüfung gesondert erwähnt; die Folgeantragsdefinition umfasst jedenfalls sämtliche nachfolgende Anträge, unabhängig davon, ob die Voraussetzungen von res iudicata vorliegen. Das AsylG 2005 kennt kein besonderes Verfahrensrecht für Folgeanträge, im Falle von res iudicata gelten die Sonderregeln für zurückzuweisende Anträge (vgl etwa § 29 Abs 3 Z 4 im Zulassungsverfahren oder § 37 betreffend der Wirkung von Berufungen).

9. Anm: Eine **Sprachanalyse** ermöglicht nicht das Wiedererkennen, ist daher nicht unter „Erkennungsdienst" zu subsumieren und unterliegt nicht den für erkennungsdienstliche Daten iSd Abs 2 geltenden Beschränkungen des § 55. Die EB zu §§ 8 und 15 Abs 1 Z 2 gehen weiterhin vom Einsatz von Sprachanalysen im Asylverfahren aus („Sprachanalysen sind für die Führung des Asylverfahrens unabdingbar ...").

2. Hauptstück: Status des Asylberechtigten und des subsidiär Schutzberechtigten

1. Abschnitt: Status des Asylberechtigten

Status des Asylberechtigten

§ 3. (1) Einem Fremden, der in Österreich einen Antrag auf internationalen Schutz gestellt hat, ist, soweit dieser Antrag nicht wegen Drittstaatsicherheit oder Zuständigkeit eines anderen Staates zurückzuweisen ist, der Status des Asylberechtigten zuzuerkennen, wenn glaubhaft ist, dass ihm im Herkunftsstaat Verfolgung im Sinne des Art. 1 Abschnitt A Z 2 Genfer Flüchtlingskonvention droht.

(2) Die Verfolgung kann auch auf Ereignissen beruhen, die eingetreten sind, nachdem der Fremde seinen Herkunftsstaat verlassen hat (objektive Nachfluchtgründe) oder auf Aktivitäten des Fremden beruhen, die dieser seit Verlassen des Herkunftsstaates gesetzt hat, die insbesondere Ausdruck und Fortsetzung einer bereits im Herkunftsstaat bestehenden Überzeugung sind (subjektive Nachfluchtgründe). Einem Fremden, der einen Folgeantrag (§ 2 Z 23) stellt, wird in der Regel nicht der Status des Asylberechtigten zuerkannt, wenn die Verfolgungsgefahr auf Umständen beruht, die der Fremde nach Verlassen seines Herkunftsstaates selbst geschaffen hat, es sei denn, es handelt sich um in Österreich erlaubte Aktivitäten, die nachweislich Ausdruck und Fortsetzung einer bereits im Herkunftsstaat bestehenden Überzeugung sind.

(3) Der Antrag auf internationalen Schutz ist bezüglich der Zuerkennung des Status des Asylberechtigten abzuweisen, wenn
1. dem Fremden eine innerstaatliche Fluchtalternative (§ 11) offen steht oder
2. der Fremde einen Asylausschlussgrund (§ 6) gesetzt hat.

(4) Einem Fremden ist von Amts wegen und ohne weiteres Verfahren der Status des Asylberechtigten zuzuerkennen, wenn sich die Republik Österreich völkerrechtlich dazu verpflichtet hat.

(5) Die Entscheidung, mit der einem Fremden von Amts wegen oder auf Grund eines Antrags auf internationalen Schutz der Status des Asylberechtigten zuerkannt wird, ist mit der Feststellung zu verbinden, dass diesem Fremden damit kraft Gesetzes die Flüchtlingseigenschaft zukommt.

Übersicht:
1. Hinweise auf europarechtliche Normen
2. Hinweise auf völkerrechtliche Normen
3. Materialien
4.-5. Anmerkungen

1. Siehe IV.B.11. StatusRL Art 3 u 28.

2. Siehe V.A. GFK.

3. RV 952 XXII. GP

Abs. 1 bezeichnet die Voraussetzungen, unter denen einem Fremden der Status eines Asylberechtigten zuerkannt wird. Dies sind einerseits der Antrag auf internationalen Schutz und andererseits, dass glaubhaft ist, dass die Voraussetzungen des Art. 1 Abschnitt A Z 2 GFK vorliegen. Diese liegen vor, wenn sich jemand aus wohlbegründeter Furcht, aus Gründen der Rasse, Religion, Nationalität, Zugehörigkeit zu einer bestimmten sozialen Gruppe oder der politischen Gesinnung verfolgt zu werden, außerhalb seines Heimatlandes befindet und nicht in der Lage oder im Hinblick auf diese Furcht nicht gewillt ist, sich des Schutzes dieses Landes zu bedienen. Ebenso liegen die Voraussetzungen bei Staatenlosen, die sich infolge obiger Umstände außerhalb des Landes ihres gewöhnlichen Aufenthaltes befinden und nicht in der Lage oder im Hinblick auf diese Furcht nicht gewillt sind, in dieses Land zurückzukehren. Nicht zuerkannt wird der Status des Asylberechtigten in Österreich, sofern der Asylwerber Drittstaatsicherheit in Anspruch nehmen kann oder ein anderer EU-Mitgliedstaat zur Führung des Verfahrens zuständig ist. In diesen Fällen ist der Antrag zurückzuweisen und mit einer Ausweisung in den zuständigen Staat zu verbinden. Da davon auszugehen ist, dass die Statusrichtlinie der Genfer Flüchtlingskonvention entspricht, erübrigt sich eine wortwörtliche Übernahme der Art. 6 und 7 der Statusrichtlinie.

Abs. 2 bezieht sich auf die ‚Nachfluchtgründe' unter Berücksichtigung des Art. 5 Statusrichtlinie. Die begründete Furcht vor Verfolgung beruht somit auf Ereignissen, die eingetreten sind, nachdem der Antragsteller den Herkunftsstaat oder der Staatenlose den Staat seines gewöhnlichen Aufenthaltes verlassen hat, insbesondere dann, wenn diese Ausdruck und Fortsetzung einer bereits im Herkunftsland bestehenden Überzeugung sind. Nach der Statusrichtlinie können die Mitgliedstaaten festlegen, dass ein Antragsteller, der einen Folgeantrag stellt, in der Regel nicht als Asylberechtigter anerkannt wird, wenn die Verfolgungsgefahr auf Umständen beruht, die der Antragsteller – nach Verlassen seines Herkunftsstaates – selbst herbeigeführt hat (Art. 5 Abs. 3 leg. cit.). Ausgenommen sind Aktivitäten, die in Österreich erlaubt sind und auf einer Überzeugung gründen, die nachweislich bereits im Herkunftsstaat bestanden hat, wie etwa Fortsetzung einer politischen oder sexuellen Orientierung oder Einstellung.

Abs. 3 stellt klar, dass Anträge auf internationalen Schutz Fremder, denen eine innerstaatliche Fluchtalternative offen steht oder die einen Asylausschlussgrund gesetzt haben, abzuweisen sind. Die näheren Regeln finden sich in den §§ 11 und 6.

Abs. 4 übernimmt die bisherigen Regelungen des § 9 AsylG 1997 nahezu wortgleich. Von Amts wegen ist Fremden der Status des Asylberechtigten zuzuerkennen, wenn sich Österreich völkerrechtlich dazu verpflichtet hat. Es handelt sich hierbei um Normen für so genannte Kontingentsflüchtlinge, die verwaltungsökonomisch ohne allenfalls weiteres Verfahren von der Republik anerkannt werden, wenn sich Österreich völkerrechtlich dazu verpflichtet hat. Durch diese Normen soll in auf Grund der völkerrechtlichen Verpflichtung klaren Fällen der Verwaltungsaufwand so gering wie möglich gehalten werden.

Abs. 5 übernimmt die bisherigen Regelungen des § 12 AsylG 1997. Wird dem Fremden von Amts wegen oder auf Grund eines Antrags auf internationalen Schutz Asyl gewährt, so ist im selben Bescheid auch festzustellen, dass ihm dadurch kraft Gesetzes die Flüchtlingseigenschaft zukommt. Die Flüchtlingseigenschaft entsteht – bei Vorliegen der Voraussetzungen der Genfer Flüchtlingskonvention – schon mit dem Verlassen des Verfolgerstaates. Die bescheidmäßige Feststellung der Flüchtlingseigenschaft hat nur deklaratorischen Charakter.

Durch die Normen des § 3 bleiben – wie in § 74 normiert – die Bestimmungen der Genfer Flüchtlingskonvention unberührt.

4. Anm: Die Vorgängerbestimmungen waren die §§ 7, 9 und 12 AsylG. Über § 3 Abs 1 wird die Flüchtlingseigenschaft des Art 1 A 2 der GFK grundsätzlich weiterhin Ausgangsbasis für den Status des Asylberechtigten sein. Zwischen „**Verfolgung** im Sinne des Art 1 Abschnitt A Z 2" GFK und dem Verfolgungsbegriff der StatusRL (§ 2 Z 11) ist Kongruenz anzunehmen. Nach Abs 3 hindert das Vorliegen einer innerstaatlichen Fluchtalternative oder eines Asylausschlussgrundes die Zuerkennung des Status des Asylberechtigten.

5. Anm: Abs 2 bestätigt grundsätzlich – konform zur GFK – die Möglichkeit des Entstehens der Flüchtlingseigenschaft auch erst nach Verlassen des Herkunftsstaates („Sur Place-Flüchtling"). Die Unterscheidung zwischen objektiven und subjektiven **Nachfluchtgründen** wird erstmals gesetzlich verankert. Unter objektiven Nachfluchtgründen sind all jene Gründe zu verstehen, welche – ohne Zutun des Antragstellers – aufgrund geänderter Umstände im Herkunftsstaat die in Abs 1 definierte Verfolgungsgefahr für den Antragsteller auslösen. Abs 2 sieht bei subjektiven Nachfluchtgründen und bei Vorliegen eines Folgeantrages Einschränkungen hinsichtlich des Erlangens des Status des Asylberechtigten vor. Dies entspricht Art 5 der StatusRL, hindert im Falle einer entsprechenden Gefährdung(sprognose) jedoch nicht die Zuerkennung subsidiären Schutzes.

2. Abschnitt: Unzuständigkeit Österreichs

Drittstaatsicherheit

§ 4. (1) **Ein Antrag auf internationalen Schutz ist als unzulässig zurückzuweisen, wenn der Fremde in einem Staat, zu dem ein Vertrag über die Bestimmungen der Zuständigkeit zur Prüfung eines Asylantrages oder eines Antrages auf internationalen Schutz oder die Dublin – Verordnung nicht anwendbar ist, Schutz vor Verfolgung finden kann (Schutz im sicheren Drittstaat).**

(2) Schutz im sicheren Drittstaat besteht, wenn einem Fremden in einem Staat, in dem er nicht gemäß § 8 Abs. 1 bedroht ist, ein Verfahren zur Einräumung der Rechtsstellung eines Flüchtlings nach der

Genfer Flüchtlingskonvention offen steht oder im Wege über andere Staaten gesichert ist (Asylverfahren), er während dieses Verfahrens in diesem Staat zum Aufenthalt berechtigt ist und er dort Schutz vor Abschiebung in den Herkunftsstaat - auch im Wege über andere Staaten - hat, sofern er in diesem gemäß § 8 Abs. 1 bedroht ist. Dasselbe gilt bei gleichem Schutz vor Zurückweisung, Zurückschiebung oder Abschiebung für Staaten, die in einem Verfahren zur Einräumung der Rechtsstellung eines Flüchtlings nach der Genfer Flüchtlingskonvention bereits eine Entscheidung getroffen haben.

(3) Die Voraussetzungen des Abs. 2 sind in einem Staat widerlegbar dann gegeben, wenn er die Genfer Flüchtlingskonvention ratifiziert und gesetzlich ein Asylverfahren eingerichtet hat, das die Grundsätze dieser Konvention, der EMRK und des Protokolls Nr. 6, Nr. 11 und Nr. 13 zur Konvention umgesetzt hat.

(4) Trotz Schutz in einem sicheren Drittstaat ist der Antrag auf internationalen Schutz nicht als unzulässig zurückzuweisen, wenn eine mit der Zurückweisung verbundene Ausweisung zu einer Verletzung von Art. 8 EMRK führen würde. Die Zurückweisung wegen Schutzes in einem sicheren Drittstaat hat insbesondere zu unterbleiben, wenn
1. der Asylwerber EWR-Bürger ist;
2. einem Elternteil eines minderjährigen, unverheirateten Asylwerbers in Österreich der Status des Asylberechtigten oder des subsidiär Schutzberechtigten zuerkannt wurde oder
3. dem Ehegatten oder einem minderjährigen, unverheirateten Kind des Asylwerbers in Österreich der Status des Asylberechtigten oder des subsidiär Schutzberechtigten zuerkannt wurde.

(5) Kann ein Fremder, dessen Antrag auf internationalen Schutz gemäß Abs. 1 als unzulässig zurückgewiesen wurde, aus faktischen Gründen, die nicht in seinem Verhalten begründet sind, nicht binnen drei Monaten nach Durchsetzbarkeit des Bescheides zurückgeschoben oder abgeschoben werden, tritt der Bescheid außer Kraft.

Übersicht:

1. Hinweise auf europarechtliche Normen
2. Hinweise auf völkerrechtliche Normen
3.-4. Materialien
5.-7. Anmerkungen

1. Siehe V.B.14. VerfahrensRL Art 25 ff u Art 36.

2. Siehe V.C. EMRK; V.D. ZPEMRK.

3. RV 952 XXII. GP

§ 4 entspricht – bis auf leichte textliche Anpassungen – § 4 AsylG 1997.
Die Drittstaatsklausel ist als (negative) Prozessvoraussetzung konstruiert. Folglich sind im Falle der Drittstaatssicherheit Anträge auf internationalen Schutz als unzulässig zurückzuweisen. Für Staaten, mit denen

ein Vertrag über die Bestimmung der Zuständigkeit zur Prüfung eines Asylantrages oder Antrages auf internationalen Schutz besteht, oder die Dublin-Verordnung anwendbar ist, kommt § 4 nicht in Betracht, zumal für sie ein besonderes Zuständigkeitsregime nach § 5 greifen soll.

Die Drittstaatsicherheit entspricht inhaltlich der geltenden Rechtslage und ist als Prognose formuliert. Dieser Grundsatz der Prognose steht im Einklang mit der Entschließung der für Einwanderungsfragen zuständigen Minister der Europäischen Gemeinschaften zu einem einheitlichen Konzept in Bezug auf Aufnahmedrittländer. Demnach liegt Drittstaatsicherheit dann vor, wenn Betroffene im Falle der Rückkehr oder Abschiebung in diesen Staat sicher sein werden, und nicht bereits dann, wenn sie zu einem bestimmten Zeitpunkt in der Vergangenheit sicher waren oder gewesen wären. Damit soll eine Aussage darüber getroffen werden können, ob der Drittstaatschutz – worauf es letztendlich ankommt – auch tatsächlich effektuierbar ist.

Inhaltlich formuliert auch die genannte Entschließung der für Einwanderungsfragen zuständigen Minister der Europäischen Gemeinschaften die Bedingungen und Kriterien für die Bezeichnung eines Aufnahmedrittstaates, die in jedem Einzelfall vom Staat zu beurteilen wären: Für das Leben und die Freiheit des Asylwerbers darf in diesen Drittstaaten keine Bedrohung gemäß Art. 33 der Genfer Flüchtlingskonvention bestehen. Der Asylwerber darf in dem Drittstaat weder Folter noch unmenschliche oder erniedrigende Behandlung zu gewärtigen haben (vgl. insbesondere Art. 3 EMRK). Entweder muss dem Asylwerber bereits Schutz in einem Drittstaat gewährt worden sein oder er muss an der Grenze oder im Hoheitsgebiet des Drittstaates die Möglichkeit gehabt haben, sich um Schutz an die Behörden dieses Staates zu wenden, bevor er sich in den Mitgliedstaat begeben hat, oder die Voraussetzungen für seine Aufnahme in einem Drittstaat müssen offensichtlich gegeben sein. Der Asylwerber muss im Aufnahmedrittstaat einen tatsächlichen Schutz gegen Aus- oder Zurückweisung im Sinne des Genfer Abkommens genießen.

Der vorliegende Entwurf versucht das Anliegen einer handhabbaren Drittstaatklausel durch ein Nebeneinanderstellen der eben beschriebenen Anforderungen (Abs. 2) und eines Grundsatzes, dass Staaten, die ein gewisses Maß an völkerrechtlicher Verpflichtung eingegangen sind (GFK, EMRK) und den dadurch vorgegebenen Standard in ihrer Rechtsordnung umgesetzt haben, in der Regel sichere Drittstaaten sein werden (Abs. 3).

Für Staaten außerhalb Europas soll nicht die formale Anwendbarkeit der EMRK entscheidend sein, sondern, dass diese Staaten die Standards der genannten europäischen Menschenrechtsnormen erfüllen; in Europa wird ein Staat, der die EMRK nicht ratifiziert hat, nicht als sicherer Drittstaat in Betracht kommen. Dies bedeutet, dass im Falle einer Einreise aus einem Staat, der diese Kriterien erfüllt ohne konkrete und spezifische Behauptung des Betroffenen dennoch einer unmittelbaren Gefahr im Drittstaat ausgesetzt zu sein, von gegebenem Schutz im sicheren Drittstaat auszugehen sein wird. Dies wird regelmäßig bei den Nachbarstaaten Schweiz und Liechtenstein anzunehmen sein. Die sich aus Abs. 2 ergebende Verpflichtung zur Einzelfallprüfung wird durch eine Gefährdungsbehauptung unmittelbar ausgelöst. Damit ist Antragstellern die Möglichkeit eingeräumt, die Vermutung, er könne Schutz vor Verfolgung finden, zu widerlegen. Unbedeutend ist, ob der Drittstaat im Einzelfall dem Fremden selbst ein Asylverfahren zugänglich macht oder ihn in einen weiteren sicheren Drittstaat, mit dem etwa ein Rückübernahmeabkommen besteht, überstellt und der Fremde in diesem „Viertstaat" ein den internationalen Standards entsprechendes Asylverfahren erhält.

Auf die Drittstaatsicherheit darf nicht zurückgegriffen werden, wenn die Durchführung einer damit zu verbindenden Ausweisung eine Verletzung von Art. 8 EMRK darstellen würde. Dies wird gesetzlich dann fingiert, wenn die Asylwerber Staatsangehörige eines EWR-Staates sind oder wenn Eltern minderjähriger, unverheirateter Kinder, Ehegatten oder minderjährigen Kindern in Österreich Asyl gewährt und zwischenzeitig nicht aberkannt wurde. Wenn Asylsuchende enge Bindungen zu Österreich haben, entspricht es humanitären Gesichtspunkten, wenn sie in Österreich um Asyl ansuchen. Von ähnlichen Erwägungen geht Art. 4 des Dubliner Übereinkommens aus. In diesem Sinne wird auch im Beschluss Nr. 15 (XXX) des EXCOM (Exekutiv-Komitee für das Programm des Hohen Flüchtlingskommissars der vereinten Nationen) unter anderem ausgeführt: „Im Interesse der Familienzusammenführung und aus humanitären Gründen sollten die Staaten zumindest Ehegatten und minderjährigen oder abhängigen Kindern einer jeden Person, der bereits vorläufige Zuflucht oder dauerndes Asyl gewährt worden ist, die Aufnahme in ihr Land erleichtern."

Stellt sich im nachhinein heraus, dass ein Fremder, dessen Antrag auf internationalen Schutz wegen Drittstaatsicherheit zurückgewiesen wurde, aus faktischen Gründen, die nicht in seinem Verhalten begründet sind, nicht in diesen Staat reisen kann und auch durch fremdenpolizeiliche Maßnahmen nicht dazu verhalten werden kann, sich in diesen sicheren Staat zu begeben, so soll der Bescheid, mit dem der Asylantrag zurückgewiesen wurde, von Gesetzes wegen außer Kraft treten (Abs. 5). Der Zeitpunkt des Außerkrafttretens dieses Bescheides richtet sich nach dem Einlangen der Mitteilung der Fremdenpolizeibehörde bei den Asylbehörden. Entscheidungsfristen beginnen mit diesem Zeitpunkt neu zu laufen.

4. AB 1055 XXII. GP

Es werden Redaktionsversehen beseitigt.

5. Anm: Die Vorgängerbestimmungen waren die §§ 4, 4a und 5a AsylG. Gem § 4 Abs 1 stellt sich die Frage der Unzuständigkeit wegen Drittstaatsicherheit mangels Anwendbarkeit des Dublin-Vertrages und der Dublin II jedenfalls im Verhältnis zur **Schweiz** und zu **Liechtenstein**.

6. Anm: Zumal auch **Flüchtlinge mit Anerkennung** in einem anderen EU-Staat nicht unter das Dublin-Regime fallen, stellt sich bei nachfolgender Antragstellung in Österreich bei diesem Personenkreis vorrangig die Frage der Unzuständigkeit wegen Drittstaatsicherheit.

7. Anm: Abs 5: Zur Durchsetzbarkeit vgl § 36 f.

Zuständigkeit eines anderen Staates

§ 5. (1) Ein nicht gemäß § 4 erledigter Antrag auf internationalen Schutz ist als unzulässig zurückzuweisen, wenn ein anderer Staat vertraglich oder auf Grund der Dublin – Verordnung zur Prüfung des Asylantrages oder des Antrages auf internationalen Schutz zuständig ist. Mit dem Zurückweisungsbescheid hat die Behörde auch festzustellen, welcher Staat zuständig ist.

(2) Gemäß Abs. 1 ist auch vorzugehen, wenn ein anderer Staat vertraglich oder auf Grund der Dublin – Verordnung dafür zuständig ist zu prüfen, welcher Staat zur Prüfung des Asylantrages oder des Antrages auf internationalen Schutz zuständig ist.

(3) Sofern nicht besondere Gründe, die in der Person des Asylwerbers gelegen sind, glaubhaft gemacht werden oder bei der Behörde offenkundig sind, die für die reale Gefahr des fehlenden Schutzes vor Verfolgung sprechen, ist davon auszugehen, dass der Asylwerber in einem Staat nach Abs. 1 Schutz vor Verfolgung findet.

Übersicht:
1. Hinweise auf europarechtliche Normen
2. Materialien
3.-5. Anmerkungen
6. Judikatur

1. Siehe IV.A.6. Dublin II; IV.A.8. Dublin II-DVO; IV.C.8 Dublin EG – IS/N; IV.C.9. Dublin/Eurodac EG – DK; IV.C.10. Dublin IS/N – DK; V.F. Dublinabsprachen (Ungarn, Slowenien, Slowakei, Deutschland, Tschechien).

2. RV 952 XXII. GP

Für den Fall, dass die Regelungen der Drittstaatsicherheit nicht anwendbar sind, soll geprüft werden, ob ein Staat, der die Dublin - Verordnung anzuwenden hat oder sonst vertraglich zuständig ist – derzeit etwa nach dem Dublin Übereinkommen – für die Prüfung des Antrags zuständig ist.

Nach dem derzeit mit Dänemark anwendbaren Dubliner Übereinkommen ergibt sich eine Zuständigkeitsregelung, die sich wie folgt zusammenfassen lässt:

Primär zuständig ist nach Art. 4 erster Satz des Dubliner Übereinkommens der Staat, in dem ein als Flüchtling im Sinne der Genfer Flüchtlingskonvention anerkannter Familienangehöriger des Asylwerbers seinen legalen Wohnsitz hat, wenn der Asylwerber zustimmt oder dies wünscht. Zu Art. 4 des Dubliner Übereinkommens subsidiär zuständig ist gemäß Art. 5 Abs. 1 und 2 jener Staat, der dem Asylsuchenden eine gültige Aufenthaltserlaubnis oder ein gültiges Visum erteilt hat. Unter Aufenthaltserlaubnis ist jede von den Behörden eines Mitgliedstaates erteilte Erlaubnis zu verstehen, mit der der Aufenthalt eines Ausländers im Hoheitsgebiet dieses Staates gestattet wird, mit Ausnahme der Visa und Aufenthaltsberechtigungen, die während der Prüfung eines Antrags auf Aufenthaltserlaubnis oder eines Asylantrages ausgestellt werden. Ist allerdings das

§ 5

Visum mit schriftlicher Zustimmung eines anderen Dublin-Staates erteilt worden, so ist dieser für die Prüfung des Asylantrages zuständig. Stellt der Asylwerber, der ein Transitvisum besitzt, seinen Antrag in einem anderen Mitgliedstaat, in dem er nicht visumpflichtig ist, so ist dieser Mitgliedstaat für die Prüfung des Asylantrages zuständig. Stellt der Asylwerber, der ein Transitvisum besitzt, seinen Antrag in dem Staat, der ihm dieses Visum erteilt hat und der von den diplomatischen oder konsularischen Behörden des Bestimmungsmitgliedstaats eine schriftliche Bestätigung erhalten hat, derzufolge der von der Visumpflicht befreite Ausländer die Voraussetzungen für die Einreise in diesen Staat erfüllt, so ist letzterer für die Prüfung des Asylantrages zuständig. Besitzt ein Asylwerber mehrere gültige Aufenthaltsgenehmigungen oder Visa verschiedener Mitgliedstaaten, so ist für die Prüfung des Asylantrages jener Staat zuständig, der die Aufenthaltserlaubnis (das Visum) mit der längsten Gültigkeitsdauer bzw. die zuletzt ablaufende Aufenthaltserlaubnis (das zuletzt ablaufende Visum) erteilt hat. Ein Einreisevisum geht einem Transitvisum grundsätzlich vor. Besitzt ein Asylwerber eine seit weniger als zwei Jahren abgelaufene Aufenthaltsgenehmigung oder ein seit weniger als sechs Monaten abgelaufenes Visum, auf Grund dessen er in das Hoheitsgebiet eines Mitgliedstaates einreisen konnte, so sind die vorstehenden Kriterien weiter anwendbar, solange der Ausländer das Hoheitsgebiet der Mitgliedstaaten nicht verlassen hat. Wurde die Frist von zwei Jahren bzw. von sechs Monaten überschritten und hat der Asylwerber das gemeinsame Hoheitsgebiet nicht verlassen, so ist der Mitgliedstaat zuständig, in dem der Antrag gestellt wird. Hat der Asylwerber aus einem Drittstaat die Grenze eines Mitgliedstaates illegal auf dem Land-, See- oder Luftweg überschritten, so ist gemäß Art. 6 des Dubliner Übereinkommens des weiteren der Mitgliedstaat, über den er nachweislich eingereist ist, für die Antragsprüfung zuständig. Die Prüfung des Asylantrages obliegt gemäß Art. 7 Abs. 1 des Dubliner Übereinkommens in weiterer Folge dem Mitgliedstaat, der für die Kontrolle der Einreise des Fremden in das Hoheitsgebiet der Mitgliedstaaten zuständig ist, es sei denn, dass der Ausländer, nachdem er legal in einen Mitgliedstaat, in dem für ihn kein Visumzwang besteht, eingereist ist, seinen Asylantrag in einem anderen Mitgliedstaat stellt, in dem er ebenfalls kein Einreisevisum vorweisen muss. In diesem Fall ist der letztgenannte Staat für die Prüfung des Asylantrages zuständig. Ein Mitgliedstaat, der die Durchreise durch die Transitzone seiner Flughäfen ohne Visum zulässt, gilt gemäß Art. 7 Abs. 2 des Dubliner Übereinkommens solange nicht als zuständig, bis ein Abkommen über die Modalitäten des Grenzübergangs an den Außengrenzen in Kraft tritt. Wird ein Asylantrag beim Transit in einem Flughafen eines Mitgliedstaates gestellt, so ist gemäß Art. 7 Abs. 3 des Dubliner Übereinkommens dieser Staat zuständig. Kann auf der Grundlage der übrigen Kriterien kein für die Prüfung des Asylantrages zuständiger Staat bestimmt werden, so ist der erste Mitgliedstaat, bei dem der Asylantrag gestellt wird, für die Prüfung zuständig (Art. 8 des Dubliner Übereinkommens).

Die Dublin Verordnung sieht in Übernahme einiger Grundsätze des Dubliner Übereinkommens folgendes System vor:

Jeder Mitgliedstaat prüft einen von einem Drittstaatsangehörigen gestellten Asylantrag zunächst nach den Zuständigkeitskriterien der Art. 6 bis 15 Dublin Verordnung. Diese Kriterien entsprechen im Wesentlichen jenen des Dubliner Übereinkommens, wobei insbesondere der Grundsatz der Wahrung der Familieneinheit stärker betont wird und eine gesonderte Bestimmung für Unbegleitete Minderjährige eingefügt wurde. Wenn der Mitgliedstaat aufgrund dieser Prüfung der Auffassung ist, ein anderer Mitgliedstaat sei für die inhaltliche Prüfung des Asylantrages zuständig, stellt er an diesen ein Aufnahmegesuch. Wird dieses nicht abgelehnt, ist der Asylwerber ehest möglich in den zuständigen Mitgliedstaat zu überstellen. Wenn die Zuständigkeit eines Mitgliedstaates zur Prüfung eines von einem Drittstaatsangehörigen gestellten Asylantrages nach den Kriterien der Art. 6 bis 15 Dublin Verordnung feststeht, der Asylwerber sich aber unerlaubt in einen anderen Mitgliedstaat begibt, kann dieser Mitgliedstaat ein Wiederaufnahmeersuchen gemäß Art. 16 Dublin Verordnung an den zuständigen Mitgliedstaat stellen. Wird dieses Ersuchen nicht abgelehnt, ist der Asylwerber ehest möglich in den zuständigen Mitgliedstaat rückzuüberstellen. Da die Zuständigkeit hier bereits feststeht, ist das Wiederaufnahmeverfahren als beschleunigtes Verfahren konzipiert.

Die Dublin Verordnung sieht Verschweigungsfristen vor, die die Zuständigkeit eines Staates auch im Falle seiner Verschweigung während der Konsultationen begründen können.

Der vorliegende Entwurf verzichtet darauf, die Bestimmungen des Dubliner Übereinkommens, die die Relation zwischen den betroffenen Staaten regeln gesondert ins innerstaatliche Recht zu transformieren. Im Falle eines Antrages wird daher die Asylbehörde, die zur Ansicht gelangt, es wäre nach dem Dubliner Übereinkommen ein anderer Staat für die Durchführung des Asylverfahrens zuständig, dafür Sorge zu tragen haben, dass es zu dem völkerrechtlich vereinbarten Konsultationsverfahren kommt. Anschließend wird sie das Ergebnis mit den Mitteln, die ihr § 5 zur Verfügung stellt, im Asylverfahren umzusetzen haben. Dementsprechend wurden nur jene Bestimmungen in den Entwurf aufgenommen, die die Rechte der Asylwerber unmittelbar betreffen. Diese Ausführungen gelten sinngemäß auch für die Dublin Verordnung mit der Maßgabe, dass hier die Umsetzung einer unmittelbar wirksamen Norm des Gemeinschaftsrechts angesprochen ist.

Wenn sich die Zuständigkeit eines anderen Staates ergibt, ist der Antrag zurückzuweisen. Mit dieser Zurückweisungsentscheidung ist auch der zuständige Staat zu benennen. Zugleich ist gegen den Asylwerber die Ausweisung auszusprechen. Wird ein Antrag nach dieser Bestimmung wegen gegebener Zuständigkeit eines anderen Staates zurückgewiesen, steht einer Berufung gegen die mit der zurückweisenden Entscheidung verbundenen Ausweisung die aufschiebende Wirkung nur zu, wenn diese vom unabhängigen Bundesasylsenat zuerkannt wird (§ 37).

Wenn eine Überstellung – etwa wegen Transportunfähigkeit des Asylwerbers – längere Zeit nicht möglich ist, ergeben sich aus dem Dubliner Übereinkommen und der Dublin Verordnung Fristen, nach denen Österreich zuständig wird. Diese Fristen sind uneinheitlich, je nach dem Grund des Überstellungshindernisses. Wenn eine Überstellung auf Grund von Fristenablauf nicht mehr erfolgen kann, so ist der Bescheid nach § 5 von

§ 5

Amts wegen zu beheben und in die inhaltliche Prüfung des Verfahrens einzutreten. Auf eine entsprechende Normierung wurde verzichtet, da sich dies bereits aus den Vorschriften des Dubliner Übereinkommens und der Dublin Verordnung ergibt. Es ist davon auszugehen, dass diese Staaten Asylwerbern ein faires, den rechtsstaatlichen und völkerrechtlichen Vorschriften entsprechendes Asylverfahren einräumen. Im zweiten Erwägungsgrund der Präambel zur Dublin-Verordnung ist ausdrücklich festgehalten, dass sich die Mitgliedstaaten als „sichere Staaten" – insbesondere die Grundsätze des Non-Refoulements beachtend – für Drittstaatsangehörige ansehen. Daher normiert Abs. 3 eine Beweisregel, nach der der Asylwerber besondere Gründe vorbringen muss, die für die reale Gefahr eines fehlenden Verfolgungsschutzes sprechen. Unter realer Gefahr ist eine ausreichend reale, nicht nur auf Spekulationen gegründete Gefahr möglicher Konsequenzen für den Betroffenen im Zielstaat zu verstehen (vgl. etwa VwGH 99/20/0573, vom 19. 2. 2004 mwN auf die Judikatur des EGMR). Im Erkenntnis des VwGH vom 31. März 2005 (Zl 2002/20/0582) führt dieser – noch zum AsylG 1997 – aus, dass für die Frage der Zulässigkeit einer Abschiebung in einen anderen Mitgliedstaat aufgrund der Dublin Übereinkommen, es nicht darauf ankommt, dass dieser Mitgliedstaat dem Asylwerber alle Verfahrensrechte nach Art. 13 EMRK einräumt. Verlangt sei statt einer detaillierten Bewertung der diesbezüglichen Rechtslage des anderen Mitgliedstaats lediglich eine ganzheitliche Bewertung der möglichen Gefahr einer Verletzung des Art. 3 EMRK durch Österreich durch die Überstellung. Dabei ist auf die „real risk" Judikatur des EGMR abzustellen. Die Gefahrenprognose hat sich auf die persönliche Situation des Betroffenen zu beziehen. Dies wird durch die neue Beweisregel des Abs. 3 für Verfahren nach § 5 hervorgehoben, wobei der Gesetzgeber davon ausgeht, dass die Behörde entweder notorisch von solchen Umständen – die nur nach einer entscheidenden Änderung zum jetzigen Zustand im jeweiligen Staat vorliegen können – weiß oder diese vom Asylwerber glaubhaft gemacht werden müssen.

3. Anm: Die Vorgängerbestimmung waren die §§ 5 und 5a AsylG.

4. Anm: Abs 3 normiert eine besondere Beweisregel, welche von der mittelbaren und unmittelbaren Verfolgungssicherheit in den EU-Migliedstaaten ausgeht. Zu dieser normativen Vergewisserung hat der VfGH im Erk B 336/05 vom 17.06.2005 wie folgt ausgeführt: *„Bei Mitgliedstaaten der Europäischen Union erfolgt die „entsprechende Vergewisserung" nicht durch die Mitgliedstaaten, sondern durch die Organe der Europäischen Union, im konkreten Fall durch den Rat bei Erlassung der Dublin II-VO, sodass die Mitgliedstaaten nicht nachzuprüfen haben, ob ein bestimmter Mitgliedstaat generell sicher ist. Insofern ist auch der Verfassungsgerichtshof an die gemeinschaftsrechtlichen Vorgaben gebunden. Indem die Dublin II-VO den Asylbehörden der Mitgliedstaaten aber ein Eintrittsrecht einräumt, ist eine Nachprüfung der grundrechtlichen Auswirkungen einer Überstellung eines Asylwerbers in einen anderen Mitgliedstaat im Einzelfall auch gemeinschaftsrechtlich zulässig."*

5. Anm: Die Anwendung des Abkommens Dublin/Eurodac EG-DK (IV.C.8.) ist mit 01.04.2006 in Kraft getreten. Im Verhältnis Dänemark einerseits und Norwegen und Island andererseits entfaltet das Protokoll Dublin IS/N-DK (IV.C.10.) mit 01.05.2006 Wirksamkeit. Somit ist von einer Anwendbarkeit der Dublin II (IV.A.6.) auf 27 Staaten für Asylanträge, die nach dem 01.05.2006 gestellt werden, auszugehen. Für Asylanträge, die vor dem 01.05.2006 gestellt wurden, ist im Verhältnis zu Dänemark materiell das Dublin Übereinkommen und für den Übernahmeformalismus Dublin II anzuwenden.

6. Jud: VfGH 17.06.2005, B 336/05; VwGH 19.02.2004, 99/20/0573; 31.03.2005, 2002/20/0582.

3. Abschnitt: Ausschluss von der Zuerkennung und Aberkennung des Status des Asylberechtigten

Ausschluss von der Zuerkennung des Status des Asylberechtigten

§ 6. (1) Ein Fremder ist von der Zuerkennung des Status eines Asylberechtigten ausgeschlossen, wenn
1. und so lange er Schutz gemäß Art. 1 Abschnitt D der Genfer Flüchtlingskonvention genießt;
2. einer der in Art. 1 Abschnitt F der Genfer Flüchtlingskonvention genannten Ausschlussgründe vorliegt;
3. er aus gewichtigen Gründen eine Gefahr für die Sicherheit der Republik Österreich darstellt oder
4. er von einem inländischen Gericht wegen eines besonders schweren Verbrechens rechtskräftig verurteilt worden ist und wegen dieses strafbaren Verhaltens eine Gefahr für die Gemeinschaft bedeutet. Einer Verurteilung durch ein inländisches Gericht ist eine Verurteilung durch ein ausländisches Gericht gleichzuhalten, die den Voraussetzungen des § 73 StGB, BGBl. Nr. 60/1974, entspricht.

(2) Wenn ein Ausschlussgrund nach Abs. 1 vorliegt, kann der Antrag auf internationalen Schutz in Bezug auf die Zuerkennung des Status des Asylberechtigten ohne weitere Prüfung abgewiesen werden. § 8 gilt.

Übersicht:

1.	Hinweise auf europarechtliche Normen
2.	Hinweise auf völkerrechtliche Normen
3.	Hinweis auf innerstaatliche Norm
4.	Materialien
5.-7.	Anmerkungen
8.	Judikatur

1. Siehe IV.B.11. Art 12 u 14 StatusRL.

2. Siehe V.A. GFK.

3. Textauszug StBG:

§ 73. *Sofern das Gesetz nicht ausdrücklich auf die Verurteilung durch ein inländisches Gericht abstellt, stehen ausländische Verurteilungen inländischen gleich, wenn sie ein Rechtsbrecher wegen einer Tat schuldig sprechen, die auch nach österreichischem Recht gerichtlich strafbar ist, und in einem den Grundsätzen des Art. 6 der europäischen Konvention zum Schutze der Menschenrechte und Grundfreiheiten, BGBl. Nr. 210/1958, entsprechenden Verfahren ergangen sind.*

4. RV 952 XXII. GP

Nach Art. 1 Abschnitt D der Genfer Flüchtlingskonvention sind die Bestimmungen der Genfer Flüchtlingskonvention von vornherein auf Personen nicht anwendbar, die derzeit von anderen Organen oder Organisationen der Vereinten Nationen als dem Hochkommissär der Vereinten Nationen für Flüchtlinge Schutz oder Hilfe erhalten.

In den Fällen des Vorliegens von Ausschlusstatbeständen nach Art. 1 Abschnitt F der Genfer Flüchtlingskonvention und des Vorliegens eines Gefährdungstatbestandes im Sinne des Art. 33 Z 2 leg. cit. ist jede Art von Asylgewährung ausgeschlossen. Nach Art. 1 Abschnitt F der Genfer Flüchtlingskonvention sind die Bestimmungen der Genfer Flüchtlingskonvention von vornherein auf Personen nicht anwendbar, hinsichtlich derer ernsthafte Gründe für den Verdacht bestehen, dass sie ein Verbrechen gegen den Frieden, ein Kriegsverbrechen oder ein Verbrechen gegen die Menschlichkeit begangen haben, und zwar im Sinne jener internationalen Einrichtungen, die ausgearbeitet wurden, um Bestimmungen gegen solche Verbrechen zu schaffen, bevor sie als Flüchtling in das Gastland zugelassen wurden, (außerhalb des Zufluchtlandes) ein schweres nicht politisches Verbrechen begangen haben oder sich Handlungen schuldig gemacht haben, die sich gegen die Ziele und Prinzipien der Vereinten Nationen richten. Gemäß Art. 33 Z 1 der Genfer Flüchtlingskonvention darf kein vertragsschließender Staat einen Flüchtling in irgendeiner Form in ein Gebiet ausweisen oder zurückweisen, wo sein Leben oder seine Freiheit aus Gründen seiner Rasse, seiner Religion, seiner Nationalität, seiner Zugehörigkeit zu einer bestimmten sozialen Gruppe oder seiner Ansichten bedroht wäre. Nach Z 2 dieser Regelung kann der Vorteil dieser Bestimmung jedoch von einem Flüchtling nicht in Anspruch genommen werden, der aus gewichtigen Gründen eine Gefahr für die Sicherheit seines Aufenthaltslandes darstellt oder der, wegen eines besonders schweren Verbrechens rechtskräftig verurteilt, eine Gefahr für die Gemeinschaft des betreffenden Landes bedeutet.

Das Vorliegen eines Asylausschlusstatbestandes nach Art. 33 Z 2 der Genfer Flüchtlingskonvention bedeutet nicht zwangsläufig, dass auch eine Abschiebung, Zurückschiebung oder Zurückweisung zulässig wäre. So hat etwa Art. 3 der EMRK Vorrang gegenüber Art. 33 Z 2 der Genfer Flüchtlingskonvention. Dem Fremden kann in diesen Fällen zwar der Status des Asylberechtigten verweigert oder aberkannt werden, gleichzeitig ist aber die Zuerkennung des Status des subsidiär Schutzberechtigten zu prüfen. Die Z 3 und 4 des Abs. 1 entsprechen inhaltlich dem bisherigen § 13 Abs. 2 AsylG. Unter den Begriff ‚besonders schweres Verbrechen' fallen nach Kälin, Grundriss des Asylverfahrens (1990), S 182 und 228 (ua. mit Hinweis auf den UNHCR) und Rohrböck, (Das Bundesgesetz über die Gewährung von Asyl (1999) Rz 455, mit weiteren Hinweisen auf die internationale Lehre), nach herrschender Lehre des Völkerrechts nur Straftaten, die objektiv besonders wichtige Rechtsgüter verletzen. Typischerweise schwere Verbrechen sind etwa Tötungsdelikte, Vergewaltigung, Kindesmisshandlung, Brandstiftung, Drogenhandel, bewaffneter Raub und dergleichen (vgl. VwGH 10. 6.1999, 99/01/0288). Zu denken wäre aber auch – auf Grund der Gefährlichkeit und Verwerflichkeit an besondere Formen der Schlepperei, bei der es zu einer erheblichen Gefährdung, nicht unbedeutenden Verletzung oder gar Tötung oder während der es zu erheblichen – mit Folter vergleichbaren – Eingriffen in die Rechte der Geschleppten kommt. Die aktuelle Judikatur in Österreich, wie in anderen Mitgliedstaaten der Genfer Flüchtlingskonvention, verdeutlicht, dass der aus dem Jahre 1951 stammende Begriff des „besonders schweren Verbrechens" des Art 33 Z 2 der Genfer Flüchtlingskonvention einer Anpassung an sich ändernde gesellschaftliche Normenvorstellungen zugänglich ist.

Abs. 2 stellt klar, dass der Antrag auf internationalen Schutz bei Vorliegen eines Ausschlussgrundes abgewiesen werden kann, ohne dass es zu einer Prüfung kommt, ob dem Antragsteller der Status eines Asylberechtigten ohne Vorliegen der Ausschlusstatbestände zukommen würde. Damit kann verwaltungsökonomisch auf den Tatbestand Bezug genommen werden, der am leichtesten zu prüfen ist – der Ausschlusstatbestand oder das Nicht-Vorliegen der Flüchtlingseigenschaft.

5. Anm: Die Vorgängerbestimmung war § 13 AsylG.

6. Anm: Abs 1 Z 3 und 4 stellen die unterschiedlichen Tatbestände des **Art 33 Abs 2 GFK** dar. Nach der Judikatur des VwGH sind unter **Z 3** *„Umstände zu verstehen, die sich gegen den Staat richten und dessen Bestand gefährden. Eine Gefährdung des Bestandes des Aufenthaltslandes ist aber nur dann gegeben, wenn der Flüchtling die Grundlage der staatlichen Ordnung oder gar die Existenz des Zufluchtlandes ernsthaft gefährdet."* (VwGH 06.02.1996, 95/20/0079; vgl auch 15.12.1993, 93/01/0900).

7. Anm: Abs 2 eröffnet die Möglichkeit für eine Prüfreihenfolge „exclusion before inclusion". Damit ist bei Vorliegen einer der Ausschlussgründe eine weitere Prüfung der Flüchtlingseigenschaft nicht mehr erforderlich, jedenfalls aber eine Prüfung der Gründe des subsidiären Schutzes ex lege verpflichtend.

8. Jud: VwGH 10.06.1999, 99/01/0288; 06.02.1996, 95/20/0079; 15.12.1993, 93/01/0900.

Aberkennung des Status des Asylberechtigten

§ 7. (1) Der Status des Asylberechtigten ist einem Fremden von Amts wegen mit Bescheid abzuerkennen, wenn
1. ein Asylausschlussgrund nach § 6 vorliegt;
2. einer der in Art. 1 Abschnitt C der Genfer Flüchtlingskonvention angeführten Endigungsgründe eingetreten ist oder
3. der Asylberechtigte den Mittelpunkt seiner Lebensbeziehungen in einem anderen Staat hat.

(2) Die Behörde kann einem Fremden den Status eines Asylberechtigten gemäß Abs. 1 Z 2 nicht aberkennen, wenn die Aberkennung durch das Bundesasylamt – wenn auch nicht rechtskräftig – nicht innerhalb von 5 Jahren nach Zuerkennung erfolgt und der Fremde seinen Hauptwohnsitz im Bundesgebiet hat. Kann nach Satz 1 nicht aberkannt werden, hat die Behörde die nach dem Bundesgesetz über die Niederlassung und den Aufenthalt in Österreich - NAG, BGBl. I Nr. 100/2005 zuständige Behörde vom Sachverhalt zu verständigen. Teilt diese der Behörde mit, dass sie dem Fremden einen Aufenthaltstitel rechtskräftig erteilt hat, kann auch einem solchen Fremden der Status eines Asylberechtigten gemäß Abs. 1 Z 2 aberkannt werden.

(3) Die Aberkennung nach Abs. 1 Z 1 und 2 ist mit der Feststellung zu verbinden, dass dem Betroffenen die Flüchtlingseigenschaft kraft Gesetzes nicht mehr zukommt. Dieser hat nach Rechtskraft der Aberkennung der Behörde Ausweise und Karten, die den Status des Asylberechtigten oder die Flüchtlingseigenschaft bestätigen, zurückzustellen.

Übersicht:

1. Hinweise auf europarechtliche Normen
2. Hinweise auf völkerrechtliche Normen
3. Hinweis auf innerstaatliche Norm
4. Materialien
5. Anmerkung

1. Siehe IV.B.11. Art 11, 12 u 14 StatusRL; IV.B.14. Art 37 f VerfahrensRL.

2. Siehe V.A. GFK.

3. Siehe II.C. § 45 NAG.

4. RV 952 XXII. GP

Die Asylaberkennungstatbestände des Abs. 1 entsprechen – abgesehen davon, dass versucht wurde, die einzelnen Tatbestände übersichtlicher zu fassen – im Wesentlichen dem geltenden Recht. Die soziale Verfestigung wird nach einer Dauer von fünf Jahren – sofern eine Aberkennung nicht erstinstanzlich ausgesprochen wurde – unwiderleglich vermutet, was der Verfestigung im Niederlassungswesen entspricht. Das Abzielen auf die Dauer von 8 Jahren seit Einbringung des für die Asylgewährung maßgeblichen Antrages scheint im Hinblick auf weitere Verfahrensbeschleunigungen, die insbesondere auch durch dieses Bundesgesetz erreicht werden sollen und darauf, dass eine Verzögerung der sozialen Verfestigung um 3 Jahre aus Gründen die etwa ausschließlich Behörden zuzuschreiben sind, eine einseitige Schlechterstellung des Asylwerbers darstellen würde, verzichtbar.

Der Transfer der Verantwortung auf einen anderen Staat im Falle des „Weiterwanderns" entspricht auch dem System des Übergangs der Zuständigkeit zur Ausstellung eines Reisedokuments nach der GFK (vgl. Z 11 des Anhangs zur GFK). Abs. 3 stellt klar, dass es in diesem Fall (Abs. 1 Z 3) zu keiner Feststellung, dem Betroffenen käme die Flüchtlingseigenschaft nicht mehr zu, kommt.

Das aufenthaltsrechtliche Anschlussstück für die Bestimmung findet sich in § 45 Abs. 5 NAG. Eine Überleitung von Asylberechtigten in das Regime des NAG ist nicht möglich, wenn der Fremde den Mittelpunkt seiner Lebensbeziehungen in einem anderen Staat hat und ihm dort Schutz vor Verfolgung im Sinne der Genfer Flüchtlingskonvention gewährt wurde, wenn der Fremde aus gewichtigen Gründen eine Gefahr für die Sicherheit der Republik Österreich darstellt oder er von einem Gericht rechtskräftig wegen eines besonders schweren Verbrechens verurteilt eine Gefahr für die Gemeinschaft bedeutet. Mit der Erteilung der Zusicherung, eine Aufenthaltsbewilligung zu erteilen, kann diesfalls trotz eines mehr als fünf Jahre dauernden Aufenthaltes der Status des Asylberechtigten aberkannt werden; in diesen Fällen sowie dann, wenn der Fremde die österreichische Staatsbürgerschaft erwirbt, ist der Konventionsreisepass gemäß § 94 in Verbindung mit § 93 FPG zu entziehen und einzuziehen.

Die Aberkennungstatbestände sind taxativ geregelt. Die Aberkennung des Status als Asylberechtigter ist nur denkbar, wenn die betreffende Person zum Entziehungszeitpunkt den Status des Asylberechtigten genießt. Dies gilt auch dann, wenn dem Fremden vor Inkrafttreten dieses Bundesgesetzes die Rechtsstellung eines Flüchtlings zuerkannt worden ist (§ 75 Abs. 5).

Mit der Aberkennung des Status des Asylberechtigten ist – bis auf den Fall der Weiterwanderung – die Feststellung zu verbinden, dass die Betroffenen nicht mehr kraft Gesetzes Flüchtlinge sind. Wird der Status eines Asylberechtigten aberkannt, ist gemäß § 8 zu überprüfen, ob der Status eines subsidiär Schutzberechtigten zuzuerkennen ist oder ob gegebenenfalls die Entscheidung mit einer Ausweisung zu verbinden ist (§ 10). Dies dient einer Verfahrenskonzentration und damit der Verfahrensökonomie.

5. Anm: Die Vorgängerbestimmung war § 14 AsylG. Eine Statusaberkennung ist als contrarius actus zur Anerkennung mit deren Rechtskraft wirksam: Bis zu diesem Zeitpunkt behält der Fremde den Status des Asylberechtigten, samt den sich daraus ergebenden Rechten und Pflichten. Eine Aberkennung aufgrund geänderter Umstände im Herkunftsland ist nach **Abs 2** binnen 5 Jahren ab Zuerkennung zumindest in 1. Instanz auszusprechen. Eine spätere Aberkennung ist nur bei rechtskräftiger Erteilung eines Aufenthaltstitels nach dem NAG zulässig. Nach § 45 Abs 5 NAG ist dem Fremden ein Aufenthaltstitel „Daueraufenthalt-EG" von Amts wegen zu erteilen, es sei denn es liegt ein Fall nach §§ 47 oder 48 vor. Diesfalls ist ein Aufenthaltstitel „Daueraufenthalt-Familienangeöriger" zu erteilen. Wird ein Aufenthaltstitel erteilt, so hat die Asylbehörde das entsprechende Aberkennungsverfahren fortzusetzen. Zum redaktionellen Versehen in § 12 Abs 8 NAG vgl II.C. 10. zu § 12 NAG.

4. Abschnitt: Status des subsidiär Schutzberechtigten

Status des subsidiär Schutzberechtigten

§ 8. (1) Der Status des subsidiär Schutzberechtigten ist einem Fremden zuzuerkennen,
1. der in Österreich einen Antrag auf internationalen Schutz gestellt hat, wenn dieser in Bezug auf die Zuerkennung des Status des Asylberechtigten abgewiesen wird oder
2. dem der Status des Asylberechtigten aberkannt worden ist,

wenn eine Zurückweisung, Zurückschiebung oder Abschiebung des Fremden in seinen Herkunftsstaat eine reale Gefahr einer Verletzung von Art. 2 EMRK, Art. 3 EMRK oder der Protokolle Nr. 6 oder Nr. 13 zur Konvention bedeuten würde oder für ihn als Zivilperson eine ernsthafte Bedrohung des Lebens oder der Unversehrtheit infolge willkürlicher Gewalt im Rahmen eines internationalen oder innerstaatlichen Konfliktes mit sich bringen würde.

(2) Die Entscheidung über die Zuerkennung des Status des subsidiär Schutzberechtigten nach Abs. 1 ist mit der abweisenden Entscheidung nach § 3 oder der Aberkennung des Status des Asylberechtigten nach § 7 zu verbinden.

(3) Anträge auf internationalen Schutz sind bezüglich der Zuerkennung des Status des subsidiär Schutzberechtigten abzuweisen, wenn eine innerstaatliche Fluchtalternative (§ 11) offen steht.

(4) Einem Fremden, dem der Status des subsidiär Schutzberechtigten zuerkannt wird, ist von der zuerkennenden Behörde gleichzeitig eine befristete Aufenthaltsberechtigung als subsidiär Schutzberechtigter zu erteilen. Die Aufenthaltsberechtigung gilt ein Jahr und wird im Falle des weiteren Vorliegens der Voraussetzungen über Antrag des Fremden vom Bundesasylamt verlängert. Nach einem Antrag des Fremden besteht die Aufenthaltsberechtigung bis zur rechtskräftigen Entscheidung über die Verlängerung des Aufenthaltsrechts, wenn der Antrag auf Verlängerung vor Ablauf der Aufenthaltsberechtigung gestellt worden ist.

(5) In einem Familienverfahren gemäß § 34 Abs. 1 Z 2 gilt Abs. 4 mit der Maßgabe, dass die zu erteilende Aufenthaltsberechtigung gleichzeitig mit der des Familienangehörigen, von dem das Recht abgeleitet wird, endet.

(6) Kann der Herkunftsstaat des Asylwerbers nicht festgestellt werden, ist der Antrag auf internationalen Schutz bezüglich des Status des subsidiär Schutzberechtigten abzuweisen. Diesfalls ist eine Ausweisung aus dem Bundesgebiet zu verfügen, wenn diese gemäß § 10 Abs. 2 nicht unzulässig ist. § 10 Abs. 3 gilt.

(7) Der Status des subsidiär Schutzberechtigten erlischt, wenn dem Fremden der Status des Asylberechtigten zuerkannt wird.

Übersicht:
1. Hinweise auf europarechtliche Normen
2. Hinweise auf völkerrechtliche Normen
3. Hinweis auf innerstaatliche Normen
4. Materialien
5.-6. Anmerkungen
7. Judikatur

1. Siehe IV.B.11. Art 1, 2, 15 u 24 StatusRL.

2. Siehe V.C. EMRK; V.D. ZPEMRK.

3. Siehe II.B. §§ 50 f FPG.

4. RV 952 XXII. GP

Die bewährte Verbindung der Entscheidung über den Status des Asylberechtigten mit der Entscheidung, ob diesem Asylwerber der Status des subsidiär Schutzberechtigten zukommt, entweder nach einem Antrag auf internationalen Schutz oder nach Entziehung des Status eines Asylberechtigten, wird beibehalten. Dieses System entspricht des Weiteren auch dem System der Statusrichtlinie.

Wird einem Fremden der Status des Asylberechtigten nicht zuerkannt oder einem Fremden der Status eines Asylberechtigten aberkannt, hat die Behörde daher von Amts wegen zu prüfen, ob dem Fremden der Status eines subsidiär Schutzberechtigten zuzuerkennen ist. Ein selbständiges Antragsrecht auf den Status des subsidiär Schutzberechtigten besteht nicht.

Der Rechtszug richtet sich auch bei einem Ausspruch nach § 8 an den unabhängigen Bundesasylsenat.

Wird dem Fremden, dem der Status eines Asylberechtigten entzogen wird, der Status des subsidiär Schutzberechtigten nicht zuerkannt, ist diese Feststellung – ob des Rechtsschutzgedankens – ebenfalls gleichzeitig im Aberkennungsbescheid auszusprechen und unter den Voraussetzungen des § 10 mit einer Ausweisung zu verbinden.

Schutz nach § 8 ist auch im Bezug auf Zivilpersonen, die vor kriegerischen Handlungen, die sie in Leben oder Unversehrtheit bedrohen, fliehen, anwendbar. Einerseits ist davon auszugehen, dass die Ausweisung eines Fremden in einen Staat, wo er in besonderer Gefahr läuft, Opfer eines bewaffneten Konflikts zu werden, im Hinblick auf Art 2 und 3 EMRK per se bedenklich wäre und anderseits entspricht dieser Schutzumfang den Vorgaben der Statusrichtlinie.

Unter realer Gefahr ist eine ausreichend reale, nicht nur auf Spekulationen gegründete Gefahr möglicher Konsequenzen für den Betroffenen im Zielstaat zu verstehen (vgl. etwa VwGH 99/20/0573, vom 19. 2. 2004 mwN auf die Judikatur des EGMR)

Fremden, denen der Status des subsidiär Schutzberechtigten zuerkannt wird, ist im Sinne des Art. 24 Abs. 2 Statusrichtlinie unverzüglich nach Zuerkennung ein Aufenthaltstitel auszustellen. Dieser Aufenthaltstitel wird durch die Karte für subsidiär Schutzberechtigte dokumentiert (§ 52). Das mit der Karte bestehende Aufenthaltsrecht hat nach den europarechtlichen Vorgaben mindestens ein Jahr zu dauern und wird anschließend über Antrag gegebenenfalls verlängert. Bis zur Entscheidung, ob das Aufenthaltsrecht verlängert wird, kommt dem betreffenden Fremden – wie schon nach der Bestimmung des § 15 Abs. 2 AsylG 1997 – ex lege ein Aufenthaltsrecht zu.

Nach Abs. 5 wird allerdings normiert, dass im Falle eines Familiennachzugs der Familienangehörige – er fällt meist nicht unter den Begriff eines Fremden, dem von sich aus der Status des subsidiär Schutzberechtigten zusteht – einen Aufenthaltstitel bekommt, der die gleiche Befristung wie der des „Ankerfremden" hat. Somit ist gewährleistet, dass die Verfahren in Zukunft „unter einem" geführt werden können.

In Abs. 6 wird normiert, dass nur dann der Status eines subsidiär Schutzberechtigen zuzuerkennen ist, wenn festgestellt werden kann, aus welchem Staat der Asylwerber kommt; das wird jedenfalls dann möglich sein, wenn der Asylwerber glaubwürdige Angaben über seinen Herkunftsstaat macht, die nicht – etwa im Wege einer Sprachanalyse – falsifiziert wurden. Es soll somit verhindert werden, dass sich Asylwerber, die am Verfahren nicht mitwirken und einen offensichtlich falschen Herkunftsstaat angeben – tatsächlich aber, etwa mangels Gefährdungslage, ihre Staatsangehörigkeit verschleiern – einen Vorteil gegenüber einem Asylwerber aus dem gleichen Herkunftsstaat haben, der diesen aber wahrheitsgemäß angibt. Ist der Herkunftsstaat nicht bekannt, ist der Asylwerber zwar nach § 10 aus dem Bundesgebiet auszuweisen, es kann aber praktisch unmöglich sein, ihn in seinen tatsächlichen Herkunftsstaat abzuschieben. Wird die Abschiebung möglich, so ist vor der Durchführung der Abschiebung deren Zulässigkeit durch die Fremdenpolizeibehörden zu überprüfen.

Abs. 7 räumt in verwaltungsökonomischer Weise dem Status des Asylberechtigten Vorrang vor dem eines zeitlich früher gewährten Status des subsidiären Schutzes ein.

5. Anm: Die Vorgängerbestimmungen fanden sich in den §§ 8 und 15 AsylG. Außerhalb eines Asylverfahrens haben die Fremdenpolizeibehörden den Regelungsinhalt des § 8 aufgrund §§ 50 f FPG zu beachten.

6. Anm: In Ausnahme zum Grundsatz der zielstaatsbezogenen Ausweisung (vgl 7. zu § 10) ist in den Fällen des **Abs 6** die Ausweisung generell – eben „aus dem Bundesgebiet" – auszusprechen.

7. Jud: VwGH 19.02.2004, 99/20/0573.

Aberkennung des Status des subsidiär Schutzberechtigten

§ 9. (1) Einem Fremden ist der Status eines subsidiär Schutzberechtigten von Amts wegen mit Bescheid abzuerkennen, wenn

1. die Voraussetzungen für die Zuerkennung des Status des subsidiär Schutzberechtigten (§ 8 Abs. 1) nicht oder nicht mehr vorliegen;
2. er den Mittelpunkt seiner Lebensbeziehungen in einem anderen Staat hat oder
3. er die Staatsangehörigkeit eines anderen Staates erlangt hat und eine Zurückweisung, Zurückschiebung oder Abschiebung des Fremden in seinen neuen Herkunftsstaat keine reale Gefahr einer Verletzung von Art. 2 EMRK, Art. 3 EMRK oder der Protokolle Nr. 6 oder Nr. 13 zur Konvention oder für ihn als Zivilperson keine ernsthafte Bedrohung des Lebens oder der Unversehrtheit infolge willkürlicher Gewalt im Rahmen eines internationalen oder innerstaatlichen Konfliktes mit sich bringen würde.

(2) Die Aberkennung des Status des subsidiär Schutzberechtigten ist mit dem Entzug der Aufenthaltsberechtigung als subsidiär Schutzberechtigter zu verbinden. Der Fremde hat nach Rechtskraft der Aberkennung Karten, die den Status des subsidiär Schutzberechtigten bestätigen, der Behörde zurückzustellen.

Übersicht:

1. Hinweis auf europarechtliche Norm
2. Hinweis auf völkerrechtliche Norm
3. Hinweis auf innerstaatliche Norm
4. Materialien
5. Anmerkung

1. Siehe IV.B.11. Art 16 StatusRL.

2. Siehe V.C. EMRK; VI.D. ZPEMRK.

3. Siehe § 53.

4. RV 952 XXII. GP

Die Aberkennungstatbestände des Status des subsidiär Schutzberechtigten sind taxativ geregelt.

Asylberechtigten ist ihr Status unter anderem abzuerkennen wenn sie den Mittelpunkt ihrer Lebensbeziehungen in einem anderen Staat haben (vgl. § 7). Würde diese Regelung nun nur für Asylberechtigte gelten, würde dies eine Schlechterstellung derselben gegenüber jenen Fremden, denen der Status des subsidiär Schutzberechtigten zuerkannt wurde, zur Folge haben, da deren Status nicht entzogen werden könnte. Eine Anpassung ist daher geboten.

Im Unterschied zur Aberkennung des Status des Asylberechtigten ist eine Aberkennung des Status des subsidiär Schutzberechtigten – auch wenn der Fremde etwa strafbare Handlungen begeht – so lange nicht möglich, als dem Fremden in seinem Herkunftsstaat eine Verletzung der Art. 2 und 3 EMRK droht oder er dort von der Todesstrafe bedroht ist. Dies entspricht dem Absolutheitsgebot des Art 3 EMRK; der Status des subsidiär Schutzberechtigten steht einer allfälligen strafrechtlichen Verfolgung in Österreich auch wegen strafbarer Handlungen im Ausland nicht entgegen. Möglich ist der Entzug hingegen dann, wenn der Fremde in einen sicheren Staat weiter gezogen ist, die Voraussetzungen für die Erteilung nicht mehr vorliegen – etwa weil sich die Lage im Herkunftsstaat des Fremden entsprechend gebessert hat – oder er gar die Staatsangehörigkeit eines anderen Staates erlangt hat. Dann kann sich der Fremde dem Schutz dieses Staates unterstellen und benötigt nicht mehr den Schutz Österreichs.

Wird dem Fremden der Status des subsidiär Schutzberechtigten aberkannt, ist dies mit Bescheid festzustellen. Der Bescheid ist unter den Voraussetzungen des § 10 mit einer Ausweisung zu verbinden. Erwächst der Bescheid in Rechtskraft hat der Fremde die ausgestellte Karte (§ 53 dieses Bundesgesetzes) dem Bundesasylamt zurückzustellen.

5. Anm: Zu § 9 findet sich keine explizite Vorgängerbestimmung, siehe jedoch § 15 AsylG.

5. Abschnitt: Gemeinsame Bestimmungen

Verbindung mit der Ausweisung

§ 10. (1) Eine Entscheidung nach diesem Bundesgesetz ist mit einer Ausweisung zu verbinden, wenn
1. der Antrag auf internationalen Schutz zurückgewiesen wird;
2. der Antrag auf internationalen Schutz sowohl bezüglich der Zuerkennung des Status des Asylberechtigten als auch der Zuerkennung des Status des subsidiär Schutzberechtigten abgewiesen wird;
3. einem Fremden der Status des Asylberechtigten aberkannt wird, ohne dass es zur Zuerkennung des Status des subsidiär Schutzberechtigten kommt oder
4. einem Fremden der Status des subsidiär Schutzberechtigten aberkannt wird.

(2) Ausweisungen nach Abs. 1 sind unzulässig, wenn
1. dem Fremden im Einzelfall ein nicht auf dieses Bundesgesetz gestütztes Aufenthaltsrecht zukommt oder
2. diese eine Verletzung von Art. 8 EMRK darstellen würden.

(3) Wenn die Durchführung der Ausweisung aus Gründen, die in der Person des Asylwerbers liegen, eine Verletzung von Art. 3 EMRK darstellen würde und diese nicht von Dauer sind, ist gleichzeitig mit der Ausweisung auszusprechen, dass die Durchführung für die notwendige Zeit aufzuschieben ist.

(4) Eine Ausweisung, die mit einer Entscheidung gemäß Abs. 1 Z 1 verbunden ist, gilt stets auch als Feststellung der Zulässigkeit der Zurückweisung, Zurückschiebung oder Abschiebung in den betreffenden Staat. Besteht eine durchsetzbare Ausweisung, hat der Fremde unverzüglich auszureisen.

Übersicht:
1. Hinweis auf europarechtliche Norm
2. Hinweise auf völkerrechtliche Normen
3. Hinweise auf innerstaatliche Normen
4. Materialien
5.-7. Anmerkungen
8. Judikatur

1. Siehe IV.A.8. Art 9 Dublin II-DVO.

2. Siehe V.C EMRK.

3. Siehe II.B. §§ 31 u 67 ff FPG.

4. RV 952 XXII. GP

Wird ein Antrag auf internationalen Schutz gänzlich – das heißt im Hinblick auf die Zuerkennung des Status des Asylberechtigten als auch des subsidiär Schutzberechtigten – abgewiesen oder zurückgewiesen oder wird der Status des Asylberechtigten ohne dass es zur Zuerkennung des Status des subsidiär Schutzberechtigten kommt oder der Status des subsidiär Schutzberechtigten entzogen, hat die Behörde zu prüfen, ob die Entscheidung mit einer Ausweisung zu verbinden ist.

Vom unabhängigen Bundesasylsenat wurde vermeint, die mit der Asylentscheidung verbundene Ausweisung sei keine „Asylsache" im Sinne des Art. 129c B-VG und daher beim Verfassungsgerichtshof die Aufhebung der entsprechenden Normen des AsylG in der Fassung der Asylgesetz-Novelle 2003 beantragt. Darüber hat der Verfassungsgerichtshof am 17. März 2005 (G 78/04 ua) erkannt und festgestellt, dass der Verfassungsgesetzgeber „... *von einem Verständnis des Begriffs ‚Asylsachen' ausging, das nicht auf den konkreten Inhalt des unter einem beschlossenen AsylG 1997 beschränkt war, sondern auch Regelungen einbezog, die ihrer Art nach schon bei der Erlassung der B-VG-Novelle 1997 in asylrechtlichen Vorschriften enthalten waren. Kam aber zu diesem Zeitpunkt auf Grund des (... § 9 Abs. 1) AsylG 1991 den Asylbehörden (auch) die Vollziehung gesetzlicher Regelungen zu, die die Verhängung der Schubhaft zur Sicherung der Ausweisung von Asylwerbern, somit einen Teilbereich der Aufenthaltsbeendigung, betrafen, so muss angenommen werden, dass auch die Verfügung der aufenthaltsbeendenden Maßnahme noch zu den ‚Asylsachen' iSd Art 129c B-VG zählt. ..."*

Der Entwurf geht somit in Aufrechterhaltung dieses mit der Asylgesetznovelle 2003 eingeführten, verwaltungsökonomischen Systems davon aus, dass im Regelfall ab- und zurückweisende Asylentscheidungen in einem mit einer Ausweisung zu verbinden sind. Ausgenommen sind Fälle, in denen dem Fremden ein nicht auf das Asylgesetz gestütztes Aufenthaltsrecht zukommt oder eine Ausweisung gegen Art. 8 EMRK verstoßen würde.

Der Fall des nicht auf das Asylgesetz gestützten Aufenthaltsrechts wird vor allem bei – vom Fremden irrtümlich angenommen – Vorliegen von Nachfluchtgründen vorliegen. Wenn ein Fremder, der sich schon rechtmäßig in Österreich niedergelassen hat, durch eine Änderung der Lage in seinem Herkunftsstaat bei einer allfälligen Rückkehr irrtümlich glaubt verfolgt zu werden; der Fremde soll durch die (erfolglose) Stellung des Asylantrags nicht schlechter gestellt werden als ein Fremder, der in der gleichen Lage keinen Asylantrag gestellt hat.

Der Fall einer drohenden Verletzung nach Art. 8 EMRK wird vor allem dann gegeben sein, wenn der Fremde Familienangehörige im Bundesgebiet hat, mit denen ein gemeinsames, nach Art. 8 EMRK relevantes Familienleben nicht in einem anderen Staat geführt werden kann und keine der Ausnahmen des Art 8 Abs. 2 vorliegt; der weitere Aufenthalt hat sich diesfalls nach den niederlassungsrechtlichen Bestimmungen zu richten.

Liegen die Gründe, warum ein Fremder (vorläufig) nicht abgeschoben werden darf, in der Person des Betroffenen, so ist gleichzeitig mit der Ausweisung auszusprechen für welche Zeitdauer diese aufzuschieben ist. Als Gründe kommen etwa eine fortgeschrittene Schwangerschaft, Spitalsaufenthalt oder vorübergehender sehr schlechter Gesundheitszustand in Frage. Selbstverständlich bedeutet die Ausweisung noch nicht, dass diese in jedem Fall sofort zu vollstrecken ist; so wird eine Ausweisung kein Grund sein, eine rechtskräftig ausgesprochene Haftstrafe zu beenden; vielmehr ist die Ausweisung erst nach der Haftstrafe umzusetzen. Die Umsetzung der Ausweisung richtet sich nach den fremdenpolizeilichen Bestimmungen.

Ist eine Ausweisung auf Dauer nicht durchsetzbar, so wird – auch über Antrag – nach den niederlassungsrechtlichen Bestimmungen über humanitäre Aufenthaltstitel eine Lösung im Einzelfall zu suchen sein.

5. Anm: Die Vorgängerbestimmungen fanden sich in den §§ 5a und 8 AsylG. Nach Ablauf des Abschiebungsaufschubs nach Abs 3 ist die Zulässigkeit der Abschiebung durch die zuständige Fremdenpolizeibehörde nach den Bestimmungen der §§ 67 ff FPG zu beurteilen.

6. Anm: Unzweifelhaft ist auch eine zurückweisende Entscheidung nach § 68 AVG „eine Entscheidung nach diesem Bundesgesetz" im Sinne des Abs 1 (so im Ergebnis auch *Fessl*, Anmerkungen zu Ausweisung nach dem AsylG 2005 und zum sogenannten Ausweisungsverfahren, ZUV 2005, 137).

7. Anm: Ausweisungen nach § 10 sind zielstaatsbezogen auszusprechen. Dieser Klarstellung des VfGH im Erk G 78/04 u.a. vom 17.03.2005 (ebenso: VwGH 30.06.2005, 2005/20/0108) ist der Gesetzgeber gefolgt. Dies bringt auch § 37 Abs 1 klar zum Ausdruck („*... Abschiebung des Fremden in den Staat, in den die Ausweisung lautet ...*"). Zur Ausnahme vgl 6. zu § 8.

8. Jud: VfGH 17.03.2005, G 78/04 ua; VwGH 30.06.2005, 2005/20/0108.

Innerstaatliche Fluchtalternative

§ 11. (1) Kann Asylwerbern in einem Teil ihres Herkunftsstaates vom Staat oder sonstigen Akteuren, die den Herkunftsstaat oder einen wesentlichen Teil des Staatsgebietes beherrschen, Schutz gewährleis-

tet werden, und kann ihnen der Aufenthalt in diesem Teil des Staatsgebietes zugemutet werden, so ist der Antrag auf internationalen Schutz abzuweisen (Innerstaatliche Fluchtalternative). Schutz ist gewährleistet, wenn in Bezug auf diesen Teil des Herkunftsstaates keine wohlbegründete Furcht nach Art. 1 Abschnitt A Z 2 Genfer Flüchtlingskonvention vorliegen kann und die Voraussetzungen zur Zuerkennung des Status des subsidiär Schutzberechtigten (§ 8 Abs. 1) in Bezug auf diesen Teil des Herkunftsstaates nicht gegeben sind.

(2) Bei der Prüfung, ob eine innerstaatliche Fluchtalternative gegeben ist, ist auf die allgemeinen Gegebenheiten des Herkunftsstaates und auf die persönlichen Umstände der Asylwerber zum Zeitpunkt der Entscheidung über den Antrag abzustellen.

Übersicht:
1. Hinweis auf europarechtliche Norm
2. Hinweis auf völkerrechtliche Norm
3. Materialien
4. Anmerkung

1. Siehe IV.B.11. Art 8 StatusRL.

2. Siehe V.A. Art 1 GFK.

3. RV 952 XXII. GP

Die Statusrichtlinie sieht bei der Prüfung des Antrags auf internationalen Schutz vor, feststellen zu können, dass ein Antragsteller keinen internationalen Schutz benötigt, weil in einem Teil des Herkunftsstaates keine begründete Furcht vor Verfolgung bzw. keine tatsächliche Gefahr, einen ernsthaften Schaden zu erleiden, besteht und von dem Antragsteller vernünftigerweise erwartet werden kann, dass er in diesem Landesteil eine zumutbare Alternative zum Verlassen des Herkunftsstaates besitzt. Ein Aufenthalt in diesem Landesteil ist selbstredend nur dann zumutbar, wenn für den Antragsteller vorab die reale, zumutbare Möglichkeit der tatsächlichen Erreichbarkeit dieses verfolgungs- und gefahrenfreien Gebiets besteht.

Bei Prüfung der Frage, ob ein Teil des Herkunftsstaates die genannten Voraussetzungen erfüllt, sind nur die dortigen allgemeinen Gegebenheiten und die persönlichen Umstände des Antragstellers zum Zeitpunkt der Entscheidung über den Antrag zu berücksichtigen. Es ist also möglich, dass dem Antragsteller zum Zeitpunkt der Flucht durchaus keine innerstaatliche Fluchtalternative offen gestanden ist, diese aber – etwa nach einer Intervention der internationalen Gemeinschaft – zum Zeitpunkt der Entscheidung wieder besteht. Diesfalls kann vom Antragsteller erwartet werden, in seinen Herkunftsstaat zurückzukehren, wenn ihm dort weder Verfolgung noch eine Verletzung der Art. 2 oder 3 EMRK oder des 6. oder des 13. ZPEMRK droht.

Als ernsthafter Schaden wird – gemäß Art. 15 Statusrichtlinie – die Verhängung oder Vollstreckung der Todesstrafe oder Folter oder unmenschliche oder erniedrigende Behandlung oder Bestrafung eines Antragstellers im Herkunftsland oder eine ernsthafte individuelle Bedrohung des Lebens oder der Unversehrtheit einer Zivilperson infolge willkürlicher Gewalt im Rahmen eines internationalen oder innerstaatlichen bewaffneten Konflikts anzusehen sein.

Unter sonstigen Akteuren sind – auch unter Rückgriff auf Art 6 und 7 der Statusrichtlinie – neben dem explizit erwähnten Staat - Parteien oder Organisationen zu verstehen, die den Staat oder einen wesentlichen Teil des Staatsgebiets beherrschen. Darunter werden alle – unter Berücksichtigung des Normzwecks – Machthaber und staatsähnlichen Entitäten zu verstehen sein, von denen angenommen wird, dass sie nicht bloß kurzfristig über den betreffenden Staatsteil die Kontrolle über haben. Unter Parteien werden – unabhängig vom rechtlichen Status – Organisationen zu verstehen sein, die ein politisches Ziel – wenn auch nicht mit in Österreich zulässigen Mitteln – verfolgen. Unter Organisationen werden auch die Europäische Union, die UNO oder eine ihrer Teilorganisationen und Verteidigungsbündnisse zu verstehen sein.

4. Anm: Normen über die Innerstaatliche Fluchalternative finden sich erstmals explizit im AsylG.

3. Hauptstück: Rechte und Pflichten der Asylwerber

1. Abschnitt: Aufenthalt im Bundesgebiet während des Asylverfahrens

Faktischer Abschiebeschutz

§ 12. (1) Ein Fremder, der in Österreich einen Antrag auf internationalen Schutz gestellt hat, kann bis zur Erlassung einer durchsetzbaren Entscheidung, bis zur Gegenstandslosigkeit des Verfahrens oder nach einer Einstellung bis zu dem Zeitpunkt, an dem eine Fortsetzung des Verfahrens gemäß § 24 Abs. 2 nicht mehr zulässig ist, weder zurückgewiesen, zurückgeschoben oder abgeschoben werden (faktischer Abschiebeschutz); § 32 bleibt unberührt. Sein Aufenthalt im Bundesgebiet ist geduldet. Ein auf Grund anderer Bundesgesetze bestehendes Aufenthaltsrecht bleibt unberührt. § 36 Abs. 4 gilt.

(2) Ein Fremder, der einen Antrag auf internationalen Schutz gestellt hat und dem kein Aufenthaltsrecht zukommt, ist für die Dauer des Zulassungsverfahrens, längstens jedoch für 20 Tage lediglich im Gebiet der Bezirksverwaltungsbehörde, in dem er versorgt wird, geduldet. Darüber hinaus ist sein Aufenthalt im gesamten Bundesgebiet geduldet, wenn und solange dies
1. zur Erfüllung von gesetzlichen Pflichten notwendig ist;
2. notwendig ist, um Ladungen von Gerichten und Verwaltungsbehörden Folge zu leisten oder
3. für die Inanspruchnahme einer medizinischen Versorgung und Behandlung notwendig ist.

Nach Ablauf des 20. Tages nach Stellung des Antrages auf internationalen Schutz ist der Fremde, solange ihm faktischer Abschiebeschutz zukommt, im gesamten Bundesgebiet geduldet.

Übersicht:
1. Hinweise auf europarechtliche Normen
2. Hinweis auf innerstaatliche Norm
3.-5. Materialien
6.-7. Anmerkungen
8. Judikatur

1. Siehe IV.B.4. Art 7 AufnahmeRL; IV.B.14. Art 7 VerfahrensRL.

2. Siehe II.B. § 120 FPG.

3. RV 952 XXII. GP

Fremde, die einen Antrag auf internationalen Schutz gestellt haben, genießen – wie auch nach der geltenden Rechtslage – bis zur Entscheidung über die Zulassung ihres Asylverfahrens faktischen Abschiebeschutz, das heißt sie dürfen weder zurückgewiesen, noch zurückgeschoben oder abgeschoben werden. Die Sicherung der Zurückweisung im Flughafenverfahren (§ 32) ist aber möglich. Die allgemeine Regel des faktischen Abschiebeschutzes ab Stellen eines Antrages auf internationalen Schutz wird durch die spezielle Norm des § 36 Abs. 4 entsprechend ergänzt.

Asylwerber haben bis zur Zulassung des Verfahrens kein Aufenthaltsrecht, sie werden aber – die ersten 20 Tage nur im Bereich der Bezirksverwaltungsbehörde, in der sie versorgt werden, danach im Bundesgebiet – geduldet. Ein unbefugtes Verlassen des Duldungsbereiches stellt eine Verwaltungsübertretung nach dem FPG dar; den diese Asylwerber außerhalb des Duldungsgebiets betretenden Organen des öffentlichen Sicherheitsdienstes stehen die Möglichkeiten des VStG zur Verfügung. Zur Information des Asylwerbers wird eine entsprechend genauer Orientierungshilfe zu den Grenzen des vorgegebenen Bezirksverwaltungsbereiches zu geben sein; nicht strafbar ist nach den Strafbestimmungen des FPG ein zeitlich und örtlich kurzes Verlassen des Duldungsgebiets, wenn der Asylwerber nicht erkennen konnte, dass er das Gebiet bereits verlassen hat.

Für bestimmte Fälle ist das Verlassen des Duldungsgebietes erlaubt, insbesondere, um einer gesetzlichen Pflicht – zu denken wäre etwa an die Schulpflicht – nachkommen zu können.

Art. 7 der EU-Aufnahmerichtlinie räumt den Mitgliedstaaten die Möglichkeit ein, ein bestimmtes Gebiet festzulegen, in dem sich der Asylwerber frei bewegen kann. Das zugewiesene Gebiet darf die unveräußerliche Privatsphäre nicht beeinträchtigen und muss hinreichenden Spielraum dafür bieten, dass Gewähr für eine Inanspruchnahme der Vorteile aus dieser Richtlinie gegeben ist. In Fällen, in denen dies zum Beispiel aus rechtlichen Gründen oder aus Gründen der öffentlichen Ordnung erforderlich ist, können die Mitgliedstaaten dem Asylbewerber nach einzelstaatlichem Recht einen bestimmten Ort zuweisen. Auch die Judikatur der Europäischen Kommission für Menschenrechte spricht sich nicht gegen die Zuweisung des Aufenthaltes auf ein bestimmtes Gebiet aus (vgl. *Udayanan und Sivakumaran*, EuGRZ 1987, 335; *Paramanathan*, DR 51, 237; *Aygün*, DR 63, 195).

Die Gebietsbeschränkung dient dem Asylverfahren, um die Erreichbarkeit des Asylwerbers während des Zulassungsverfahrens sicherzustellen. Gemäß § 62 FPG kann einem zugelassenen Asylwerber das Aufenthaltsrecht (§ 13) entzogen werden, wenn dies aus fremdenpolizeilichen Gründen notwendig ist. Diesfalls bleibt jedoch der faktische Abschiebeschutz jedenfalls bestehen.

Binnen 3 Tagen nach Einbringen des Antrags ist dem Asylwerber eine Verfahrenskarte (§ 50) auszustellen.

Nach der Zulassung steht dem Asylwerber ein Aufenthaltsrecht nach § 13 zu.

4. AB 1055 XXII. GP

In § 12 soll durch den Entfall der gegenständlichen Wortfolge klargestellt werden, dass einem Asylwerber, auch wenn ihm ein Aufenthaltsrecht zukommt, faktischer Abschiebeschutz gewährt wird; damit ist das „Baukastensystem" des Aufenthaltsschutzes während des Asylverfahrens durchgängig abgebildet.

5. AF 1055 XXII. GP

Der Ausschuss für innere Angelegenheiten stellt fest, dass eine Verletzung der sich aus § 12 AsylG 2005 ergebenden Verpflichtung vorliegt, wenn der Asylwerber über die örtliche Beschränkung seines Aufenthaltsrechts nachweislich ordnungsgemäß belehrt wurde und gegen dieses nachweislich verstoßen hat. Die Belehrung wird vor allem eine Karte im übersichtlichen Maßstab, als auch die Nennung der Ortschaften, die im „Duldungsbereich" liegen, zu umfassen haben. Sinnvoll wird des Weiteren sein, jene Ortschaften zu nennen, die unmittelbar an den Duldungsbereich angrenzen.

6. Anm: Die Vorgängerbestimmung fand sich in § 19 Abs 1 AsylG. Der faktische Abschiebeschutz **beginnt** mit Stellung eines Antrags auf internationalen Schutz, wohingegen die Asylwerbereigenschaft nach § 2 Z 14 erst ab Einbringung eines Antrages entsteht. Zur Unterscheidung zwischen gestelltem und eingebrachtem Antrag vgl § 17. Faktischer Abschiebeschutz **endet** mit Durchsetzbarkeit einer Entscheidung, Gegenstandslosigkeit oder Einstellung des Verfahrens. Im Fall der Einstellung des Verfahrens lebt der faktische Abschiebeschutz mit Fortsetzung des Verfahrens wieder auf, jedoch nicht mehr 2 Jahre nach Einstellung (§ 24 Abs 2).

7. Anm: Die Duldung des Aufenthalts (Abs 1 2. Satz) stellt im Hinblick auf die **Strafbestimmung** des § 120 Abs 1 Z 2 FPG einen Rechtfertigungsgrund für das Gebiet dar, für welches die Duldung gilt. Eine Strafbarkeit nach § 120 Abs 1 Z 2 FPG kommt - soweit das Gebiet der Duldung nicht überschritten wurde - nach dem Wortlaut des Gesetzes nicht in Betracht. Um eine straflose Asylantragstellung zu ermöglichen, wird der dem Asylantrag unmittelbar vorangehende Aufenthalt im Bundesgebiet, soweit die Antragstellung so schnell wie möglich erfolgt, im Rahmen der Auslegung des § 12 AsylG 2005 nicht in Betracht kommen. Auf den Strafausschließungsgrund des § 120 Abs 5 FPG für den Fall der auch nachträglichen Zuerkennung eines Status nach dem AsylG ist hinzuweisen. Wenn der Asylwerber sich vor Zulassung des Verfahrens und binnen der 20-Tagesfrist des Abs 2 außerhalb des Gebietes der Duldung aufhält und ihm weder der Status des Asylberechtigten noch des subsidiär Schutzberechtigten zukommt (vgl § 120 Abs 5 FPG), besteht keine Rechtfertigung für seinen Aufenthalt außerhalb des Gebietes der Duldung; dieser ist somit nach § 120 Abs 1 Z 2 FPG strafbar.

8. Jud: EGMR, *Udayanan und Sivakumaran* = EuGRZ 1987, 335; EGMR, *Paramanathan*, DR 51, 237; EGMR, *Aygün*, DR 63, 195.

Aufenthaltsrecht

§ 13. Ein Asylwerber, dessen Asylverfahren zugelassen ist, ist bis zur Erlassung einer durchsetzbaren Entscheidung, bis zur Einstellung oder Gegenstandslosigkeit des Verfahrens oder bis zum Entzug des Aufenthaltsrechts (§ 62 Abs. 1 FPG) zum Aufenthalt im Bundesgebiet berechtigt. Ein auf Grund anderer Bundesgesetze bestehendes Aufenthaltsrecht bleibt unberührt. Wird Asylwerbern gemäß § 62 FPG ihr Aufenthaltsrecht entzogen, kommt ihnen faktischer Abschiebeschutz (§ 12) zu.

Übersicht:
1. Hinweise auf europarechtliche Normen
2. Hinweis auf innerstaatliche Norm
3 Materialien
4. Anmerkung

1. Siehe IV.A.6. Art 19 Dublin II; IV.B.14. Art 7 VerfahrensRL.

2. Siehe II.B. § 62 FPG.

3. RV 952 XXII. GP

Das Rechtsinstitut der vorläufigen Aufenthaltsberechtigung soll der Rolle einer Sicherungsmaßnahme vor einer Ausweisung für potentiell Verfolgte bis zur Entscheidung im Asylverfahren gerecht werden; es ist darauf hinzuweisen, dass Asylwerber unter Umständen schon Flüchtlinge – wenn auch noch nicht Asylberechtigte – sind und diesen zur Umsetzung der GFK ein Aufenthaltsrecht zu gewähren ist. Dies bedeutet, dass die vorläufige Aufenthaltsberechtigung – unabhängig von einer Einbringungsfrist – grundsätzlich immer entstehen soll, wenn eine Verfolgungsgefahr im Einzelfall bzw. eine Zuständigkeit Österreichs nicht mit hinreichender Sicherheit auszuschließen ist. Eine Verfolgungsgefahr ist insbesondere dann mit hinreichender Sicherheit auszuschließen, wenn über einen früheren Asylantrag bereits negativ entschieden wurde, ohne dass sich der maßgebliche Sachverhalt in der Zwischenzeit geändert hätte. Die vorläufige Aufenthaltsberechtigung entsteht nur dann, wenn sich der Asylwerber im Bundesgebiet aufhält und kann demnach nicht selbständiger Rechtsgrund für die Gestattung der Einreise sein. Es ist darauf hinzuweisen, dass sich ein Asylwerber, der in einen anderen als seinen Herkunftsstaat freiwillig ausreist, dem Asylverfahren entzieht; dieses ist dann einzustellen. Das weitere Vorgehen richtet sich dann nach den §§ 26 f und gegebenenfalls nach den einschlägigen Bestimmungen nach dem FPG. Mit Einstellung oder Gegenstandslosigkeit des Verfahrens endet das vorübergehende Aufenthaltsrecht ex lege.

Die Zuerkennung der vorläufigen Aufenthaltsberechtigung erfolgt durch die Aushändigung der Aufenthaltsberechtigungskarte und nicht durch einen Bescheid.

4. Anm: Mit Zulassung eines Antrages auf internationalen Schutz (zur Zulassung vgl 4. zu § 28) tritt zum faktischen Abschiebeschutz des § 12 ein vorläufiges Aufenthaltsrecht hinzu. Dem Asylwerber ist eine **Aufenthaltsberechtigungskarte** nach § 51 auszustellen. Das vorläufige Aufenthaltsrecht endet unter denselben Umständen wie der faktische Abschiebeschutz (vgl 6. zu § 12) oder mit Erlassung eines **Rückkehrverbots**

nach § 62 FPG; dann wird das Aufenthaltsrecht des § 13 ex lege entzogen, die Duldung des § 12 besteht weiter. Diesen Personen ist die Karte nach § 51 zu entziehen und stattdessen eine (neue) Verfahrenskarte nach § 50 auszustellen.

Wiedereinreise

§ 14. (1) Einem Asylwerber, dessen Berufung gegen eine mit einer zurückweisenden oder abweisenden Entscheidung des Bundesasylamtes verbundenen Ausweisung keine aufschiebende Wirkung zukam, ist an der Grenzübergangsstelle unter Vorlage der Berufungsentscheidung die Wiedereinreise zu gestatten, wenn seiner Berufung Folge gegeben wurde und er seine Verfahrensidentität nachweisen kann. Sein Verfahren ist, wenn das Asylverfahren nicht mit der Berufungsentscheidung rechtskräftig entschieden wurde, zuzulassen.

(2) Ein Asylwerber, gegen den eine durchsetzbare, aber nicht rechtskräftige Ausweisungsentscheidung durchgesetzt wird, ist nachweislich darüber zu belehren, dass er sich für Zustellungen im Asylverfahren eines Zustellbevollmächtigten bedienen kann und dass er der Behörde auch im Ausland seinen Aufenthaltsort und seine Anschrift bekannt zu geben und Änderungen so rasch wie möglich zu melden hat (§ 15 Abs. 1 Z 4). Darüber hinaus ist ihm die Postanschrift des Bundesasylamtes und des unabhängigen Bundesasylsenates mitzuteilen. Soweit möglich, ist ihm ein schriftliches Informationsblatt in einer ihm verständlichen Sprache auszufolgen.

(3) Zum Nachweis der Verfahrensidentität genügt ein positiver Abgleich mit vorhandenen erkennungsdienstlichen Daten. Eine hierzu nötige erkennungsdienstliche Behandlung hat nur nach Antrag des Betroffenen zu erfolgen. Die im Rahmen dieser Behandlung ermittelten Daten sind nach dem erfolgten Abgleich zu löschen.

(4) Die Entscheidung über die Berufung gegen eine zurückweisende oder abweisende Entscheidung des Bundesasylamtes ist, wenn der Berufung gegen die damit verbundene Ausweisung eine aufschiebende Wirkung nicht zukam, soweit möglich, an der letzten der Behörde bekannten Zustelladresse zuzustellen; liegt die Zustelladresse im Ausland, gilt die Zustellung mit Eintreffen der Entscheidung an dieser Adresse als bewirkt.

Übersicht:

1. Hinweis auf europarechtliche Norm
2. Materialien
3. Anmerkung

1. Siehe IV.B.11. Art 39 VerfahrensRL.

2. RV 952 XXII. GP

Wurde eine durchsetzbare – aber nicht rechtskräftige – Ausweisungsentscheidung – durchgeführt, etwa im Falle einer zurückweisenden oder abweisenden Entscheidung erster Instanz, deren Berufung keine aufschiebende Wirkung zuerkannt wurde oder aberkannt wurde, und wird der Berufung in zweiter Instanz Folge gegeben, so ist dem Asylwerber die Wiedereinreise unter Vorlage der Berufungsentscheidung zu ermöglichen. Solch eine Konstellation sieht bereits der Entwurf der Richtlinie des Rates über Mindestnormen für Verfahren in den Mitgliedstaaten zur Zuerkennung oder Aberkennung der Flüchtlingseigenschaften, 14203/04, ASILE 64, in seinem Art. 38 Abs. 3 lit. b vor.

Für diesen Zweck ist es notwendig den Asylwerber darauf hinzuweisen, dass die Möglichkeit besteht, sich eines Zustellbevollmächtigten zu bedienen. Außerdem ist aus Zustellgründen die Bekanntgabe der Anschrift im Ausland notwendig. Andernfalls kann die Entscheidung dem Asylwerber nicht zugestellt werden. Für die Zustellung gilt, soweit sich aus diesem Bundesgesetz nichts anderes ergibt, das Zustellgesetz. Abs. 4 stellt klar, dass die Zustellung im Ausland bereits mit Eintreffen an der Zustelladresse erfolgt ist, da der Nachweis einer rechtsgültigen Zustellung im Ausland auf schwerwiegende praktische Probleme, die zu einer für das Asylverfahren untragbaren Rechtsunsicherheit führen könnt [richtig: könnten], stoßen kann. Aus diesem Grund trifft auch den Asylwerber die Verpflichtung der Behörde eine Adressenänderung zur Kenntnis zu bringen. Um dem Asylwerber, der vor Rechtskraft der Entscheidung abgeschoben wird, die Wahrnehmung seiner Verfahrensrechte zu ermöglichen und zu erleichtern, wurden weitere Belehrungspflichten geschaffen, denen im Regelfall auch durch Aushändigung eines Informationsblattes nachzukommen ist. Der Asylwerber soll sich auch nach Abschiebung so organisieren können, dass ihm eine Teilnahme an seinem Verfahren möglich ist.

Nach der Wiedereinreise ist dem Asylwerber eine Aufenthaltsberechtigungskarte auszustellen, wenn nur die Entscheidung des Bundesasylamtes behoben wurde, ohne dass der UBAS in der Sache entschieden hat.

3. Anm: Eine Norm, wann die Wiedereinreise eines ausgewiesenen Asylwerbers zu dulden ist, fand sich in § 19 Abs 3 AsylG. Wird nach durchgesetzter Ausweisung verspätet vom unabhängigen Bundesasylsenat der Berufung die aufschiebende Wirkung zuerkannt, ist § 14 nicht anzuwenden; allerdings ist der betreffende Asylwerber – im Hinblick auf das Verbot der Zurückweisung ohne durchsetzbare Entscheidung des § 12 Abs 1 – an der Grenze nicht zurückzuweisen.

2. Abschnitt: Mitwirkungspflichten

Mitwirkungspflichten von Asylwerbern im Verfahren

§ 15. (1) Ein Asylwerber hat am Verfahren nach diesem Bundesgesetz mitzuwirken; insbesondere hat er
    1. ohne unnötigen Aufschub seinen Antrag zu begründen und alle zur Begründung des Antrags auf internationalen Schutz erforderlichen Anhaltspunkte über Nachfrage wahrheitsgemäß darzulegen;

2. bei Verfahrenshandlungen und bei Untersuchungen durch einen Sachverständigen persönlich und rechtzeitig zu erscheinen, und an diesen mitzuwirken. Unfreiwillige Eingriffe in die körperliche Integrität sind unzulässig;
3. an der erkennungsdienstlichen Behandlung nach diesem Bundesgesetz mitzuwirken;
4. der Behörde, auch nachdem er Österreich, aus welchem Grund auch immer, verlassen hat, seinen Aufenthaltsort und seine Anschrift bekannt zu geben und Änderungen so rasch wie möglich, während des Aufenthalts in Österreich längstens binnen sieben Tagen, zu melden. Hierzu genügt es, wenn ein in Österreich befindlicher Asylwerber seiner Meldepflicht nach dem Meldegesetz 1991 – MeldeG, BGBl. Nr. 9/1992 nachkommt;
5. der Behörde alle ihm zur Verfügung stehenden Dokumente und Gegenstände am Beginn des Verfahrens, oder soweit diese erst während des Verfahrens hervorkommen oder zugänglich werden, unverzüglich zu übergeben, soweit diese für das Verfahren relevant sind.

(2) Wenn ein Asylwerber einer Mitwirkungspflicht nach Abs. 1 aus von ihm nicht zu vertretenden Gründen nicht nachkommen kann, hat er dies unverzüglich der Behörde, bei der zu diesem Zeitpunkt das Verfahren geführt wird, mitzuteilen. Die Mitteilung ist zu begründen.

(3) Zu den in Abs. 1 Z 1 genannten Anhaltspunkten gehören insbesondere
1. der Name des Asylwerbers;
2. alle bisher in Verfahren verwendeten Namen samt Aliasnamen;
3. das Geburtsdatum;
4. die Staatsangehörigkeit, im Falle der Staatenlosigkeit der Herkunftsstaat;
5. Staaten des früheren Aufenthaltes;
6. der Reiseweg nach Österreich;
7. frühere Asylanträge und frühere Anträge auf internationalen Schutz, auch in anderen Staaten;
8. Angaben zu familiären und sozialen Verhältnissen;
9. Angaben über den Verbleib nicht mehr vorhandener Dokumente;
10. Gründe, die zum Antrag auf internationalen Schutz geführt haben, und
11. Gründe und Tatsachen, nach denen die Behörde ausdrücklich fragt, soweit sie für das Verfahren von Bedeutung sind.

(4) Der Asylwerber ist zu Beginn des Verfahrens auf seine Mitwirkungspflichten und die Folgen einer allfälligen Verletzung dieser nachweislich hinzuweisen. Ihm ist darüber hinaus – soweit möglich – ein schriftliches Informationsblatt in einer ihm verständlichen Sprache auszufolgen.

Übersicht:
1. Hinweise auf europarechtliche Normen
2. Hinweis auf innerstaatliche Norm
3.-4. Materialien

§ 15

5.-6. Anmerkungen
7. Judikatur

1. Siehe IV.B.4. Art 7 AufnahmeRL; IV.B.11. Art 4, 20, 23 u 29 StatusRL; IV.B.11. Art 11 u 33 VerfahrensRL.

2. Siehe II.B. § 119 FPG.

3. RV 952 XXII. GP

Bei der Führung von Asylverfahren wurde in der Praxis leider immer wieder beobachtet, dass in vielen Fällen eine Verschleppung des Verfahrens durch Asylwerber, etwa durch Nichtmitwirkung an der Feststellung der Identität, Nichtanwesenheit bei geplanten Einvernahmen, dauerhaftes Entziehen des Verfahrens durch „Untertauchen" gewollt ist und auch bewusst herbeigeführt wird, um sich – trotz eines aussichtslosen Antrags – für längere Zeit im Bundesgebiet aufhalten zu können. Um derartigen Missbrauch hintanzuhalten und auch eine Verfahrensbeschleunigung zu erzielen, wird vorgeschlagen, genau determinierte, festgeschriebene Mitwirkungspflichten von Asylwerbern im Verfahren zu normieren.

Ziel aller Mitwirkungspflichten im Asylverfahren kann es nur sein, im Verfahren schnellstmöglich zu einer Entscheidung zu kommen und taktische Verzögerungen hintanzuhalten.

Z 1 verpflichtet den Asylwerber, seinen Antrag hinreichend zu begründen und über Nachfrage die jedenfalls notwendigen Angaben wahrheitsgemäß darzulegen. Dazu zählen gemäß Abs. 3 jedenfalls Name samt Aliasnamen, Geburtsdatum, Staatsangehörigkeit bzw. der Herkunftsstaat, Länder des früheren Aufenthalts, der Reiseweg, frühere Asylanträge und Anträge auf internationalen Schutz, Angaben zu familiären und sozialen Verhältnissen und Informationen über den Verbleib von nicht mehr vorhandenen Dokumenten und Gründe, die nach Ansicht des Asylwerbers zum Schutzersuchen geführt haben. Darüber hinaus hat der Asylwerber alle Gründe und Tatsachen bekannt zu geben, nach denen die Behörde ausdrücklich fragt. Natürlich ist das Fragerecht der Behörde auf den Zweck des Verfahrens beschränkt; Fragen nach der sexuellen Orientierung des Asylwerbers werden etwa nur zulässig sein, wenn es Hinweise auf eine Verfolgung aus diesem Grunde gibt. Der Asylwerber hat diese Anhaltspunkte wahrheitsgemäß darzulegen. Auf den Wahrheitsbegriff wurde vor allem deshalb abgestellt, da diesem gegenüber anderen Verwaltungsverfahren erhöhte Priorität zukommt; eine Beurteilung in Asylangelegenheiten ist, sofern keine Dokumente oder sonstige Beweismittel vorliegen, fast ausschließlich an Hand der Angaben des Asylwerbers und im Hinblick auf seine Glaubwürdigkeit möglich.

Eine unmittelbare Durchsetzung dieser Mitwirkungspflicht ist wohl nicht möglich, deren Nichtbeachtung wird aber selbstverständlich im Verfahren und der Entscheidung zu würdigen sein (vgl. § 18 Abs. 2).

Z 2 stellt auf die persönliche Anwesenheit (Verfahrenshandlungen, bei denen eine Vertretung ausgeschlossen ist) und die Rechtzeitigkeit des Erscheinens ab. Unter Untersuchungen durch einen Sachverständigen sind etwa Sprachanalysen sowie die ärztliche Untersuchungen, soweit diese für das Verfahren notwendig sind, wie etwa die sachverständige Beurteilung von behaupteten Folterspuren, zu verstehen. Der Entwurf stellt klar, dass es auf Grund dieser Bestimmungen zu keinen unfreiwilligen Eingriffen in die körperliche Integrität kommen darf, etwa auch nicht zu Mundhöhlenabstrichen; diese werden für die Führung eines Asylverfahrens nicht benötigt. (vgl. die Entscheidung des EGMR *Herczegfalvy / Österreich* 24.9.1992 = EuGRZ 1992, 535 = ÖJZ 1993, 96).

Sprachanalysen sind für die Führung des Verfahrens unabdingbar, um im Zweifel feststellen zu können, ob die von Asylwerbern angegebenen Herkunftsstaaten zutreffend sein können.

Die Einhaltung der Termine von Verfahrenshandlungen ist Asylwerbern, die zum überwiegenden Teil nur wegen des offenen Asylverfahrens zum Aufenthalt in Österreich berechtigt sind und auch ein Interesse an einer möglichst raschen Entscheidung der Behörde haben sollten, zuzumuten. Zu den Terminen hat der Asylwerber so rechtzeitig zu erscheinen, dass der pünktliche Beginn der Verfahrenshandlung gesichert ist. Eine lediglich kurzfristige, etwa wenige Minuten dauernde Verspätung wird allerdings noch keine Konsequenzen nach sich ziehen können; eine darüber hinaus gehende Verspätung wird unbeachtlich sein, wenn der Asylwerber zwar nicht zeitgerecht erschienen ist, die Verfahrenshandlung aber aus Gründen, die von der Behörde zu vertreten sind, noch nicht begonnen werden hätten können. Weiß der Asylwerber schon im Vorhinein, dass ihm eine Einhaltung des Termins unmöglich sein wird oder kann er den Termin aus von ihm nicht zu vertretenden Gründen nicht nachkommen, hat er die zuständige Behörde unverzüglich nach Wegfall des Hinderungsgrundes darüber zu verständigen. Diese Mitteilung ist nur bei entsprechend plausibler gleichzeitiger Begründung beachtlich.

Nach Art. 7 Abs. 6 der Aufnahmerichtlinie haben Asylbewerber den zuständigen Behörden ihre aktuelle Adresse und schnellstmöglich etwaige Adressenänderungen mitzuteilen. Z 4 gilt für Asylwerber, die sich in Österreich wie auch im Ausland aufhalten. Der Behörde muss aus verfahrenstechnischen und verfahrensökonomischen Gründen (um Ladungen, Entscheidungen, etc. zustellen zu können) die jeweils letzte – zustellfähige – Anschrift des Asylwerbers zur Kenntnis gelangen oder zumindest möglich sein, ohne unnötigen Aufwand die letzte Adresse zu eruieren. Für Asylwerber, die ihren Aufenthalt in Österreich haben, wird eine Meldung binnen sieben Tagen vorgeschrieben – diese ist auch praktisch ohne Probleme möglich. Wenn der Asylwerber seiner Meldepflicht nach dem Meldegesetz nachkommt, ist dieser Zweck erfüllt. Asylwerber, die sich im Ausland befinden, haben sich so schnell wie möglich an die Behörde zu wenden. Hier ist die Normierung einer Frist nicht möglich, da eine abstrakte Norm jedenfalls keine Rücksicht auf die Dauer des Postwegs nehmen kann.

Unter Dokumenten und Gegenständen, welche für das Asylverfahren relevant sind (§ 15 Abs. 1 Z 5), sind jedenfalls solche zu verstehen, die Hinweise, die Aufschluss über verfahrensrelevante Tatsachen geben können, beinhalten. Dies sind etwa Zugfahrkarten aus einem Dublin-Staat oder Reisedokumente. Die Entscheidung, welche Beweismittel relevant sind, hat die Behörde zu treffen. Der Asylwerber hat alles vorzulegen, was für das Verfahren von Bedeutung sein könnte.

Zur direkten Durchsetzung der Mitwirkungspflichten stehen den Asylbehörden die Möglichkeit der Vorführung nach § 19 AVG und dem Bundesasylamt die Möglichkeit der Erlassung eines Festnahmeauftrags (§ 26) zur Verfügung. Zu einer Vorführung wird es dann kommen, wenn der Asylwerber an Verfahren nicht mitwirkt, sein Aufenthaltsort aber bekannt ist. Ist der Aufenthaltsort des Asylwerbers nicht bekannt – hat er sich also dem Verfahren entzogen – hat das Bundesasylamt bei Einstellung des Verfahrens in 1. Instanz einen Festnahmeauftrag zu erlassen (§ 26). Entzieht sich der Asylwerber dem Verfahren vor dem UBAS, gilt nach § 27 Abs. 1 Z 2 ein Ausweisungsverfahren ex lege als eingeleitet.

Mitwirkungspflichten und die Konsequenz einer Nichtmitwirkung – vor allem auch in Hinblick auf die Berücksichtigung im Rahmen der Beweiswürdigung (§ 18 Abs. 2) – sind dem Asylwerber zu Beginn des Verfahrens zur Kenntnis zu bringen. Hiefür ist ihm – soweit möglich – ein schriftliches Informationsblatt in einer ihm verständlichen Sprache auszufolgen. Dieses ist in den gängigsten Sprachen aufzulegen; Derzeit [richtig: derzeit] liegen die Informationsblätter in 41 verschiedenen Sprachen auf. Weitere Sprachen – sofern sich die Notwendigkeit dafür stellt – werden ebenso aufgenommen. Asylwerber, die nur andere Sprachen verstehen, Minderjährige sowie Asylwerber, die nur über unzureichende Lese- und Schreibkenntnisse verfügen, sind auf andere Art und Weise, etwa in Form einer mündlichen Belehrung (durch Dolmetscher) über die eine Niederschrift anzufertigen ist, nachweislich über die Mitwirkungspflichten und die Folgen einer allfälligen Verletzung in Kenntnis zu setzen.

4. AB 1055 XXII. GP

Es werden Redaktionsversehen beseitigt.

5. Anm: Das AsylG kannte lediglich die Mitwirkungsverpflichtung des § 23 Abs 2, wonach der Asylwerber die Änderung der Zustelladresse der Asylbehörde bekannt zu geben hatte.

6. Anm: Ein Asylwerber kommt seiner Meldepflicht insbesondere nach, wenn er sich innerhalb von drei Tagen nach der Unterkunftnahme in einer Wohnung bei der Meldebehörde anmeldet und innerhalb von drei Tagen vor oder nach Aufgabe der Unterkunft bei der Meldebehörde abmeldet (vgl §§ 3 f MeldeG).

7. Jud: EGMR 24.09.1992, *Herczegfalvy/Österreich* = EuGRZ 1992, 535 = ÖJZ 1993, 96.

4. Hauptstück: Verfahrensrecht

1. Abschnitt: Allgemeines Verfahren

Handlungsfähigkeit

§ 16. (1) Für den Eintritt der Handlungsfähigkeit nach diesem Bundesgesetz ist ungeachtet der Staatsangehörigkeit des Fremden österreichisches Recht maßgeblich.

(2) In Verfahren nach diesem Bundesgesetz ist jeder Elternteil für sich zur Vertretung des Kindes befugt. Widerstreiten die Erklärungen beider Elternteile bei ehelichen Kindern, ist die zeitlich frühere Erklärung relevant; ein Berufungsverzicht kann nicht gegen den erklärten Willen eines Elternteils abgegeben werden. Die Vertretung für das uneheliche Kind kommt bei widerstreitenden Erklärungen der Elternteile der Mutter zu, soweit nicht der Vater alleine mit der Obsorge betraut ist. Ein Minderjähriger, dessen Interessen von seinem gesetzlichen Vertreter nicht wahrgenommen werden können, ist berechtigt Anträge auf internationalen Schutz zu stellen.

(3) Ein mündiger Minderjähriger, dessen Interessen von seinem gesetzlichen Vertreter nicht wahrgenommen werden können, ist berechtigt, Anträge zu stellen und einzubringen. Gesetzlicher Vertreter für Verfahren nach diesem Bundesgesetz ist mit Einbringung des Antrags auf internationalen Schutz (§ 17 Abs. 2) der Rechtsberater in der Erstaufnahmestelle, nach Zulassung des Verfahrens und nach Zuweisung an eine Betreuungsstelle der örtlich zuständige Jugendwohlfahrtsträger jenes Bundeslandes, in dem der Minderjährige einer Betreuungsstelle zugewiesen wurde. Widerspricht der Rechtsberater vor der ersten Einvernahme im Zulassungsverfahren einer erfolgten Befragung (§ 19 Abs. 1) eines mündigen Minderjährigen, ist diese in seinem Beisein zu wiederholen.

(4) Entzieht sich der mündige Minderjährige dem Verfahren (§ 24 Abs. 1) oder lässt sich aus anderen Gründen nach Abs. 3 kein gesetzlicher Vertreter bestimmen, ist der Jugendwohlfahrtsträger, dem die gesetzliche Vertretung zuletzt zukam, gesetzlicher Vertreter bis nach Abs. 3 wieder ein gesetzlicher Vertreter bestimmt wurde. Hatte im bisherigen Verfahren nur der Rechtsberater die gesetzliche Vertretung inne, bleibt dieser gesetzlicher Vertreter, bis die gesetzliche Vertretung nach Abs. 3 erstmals einem Jugendwohlfahrtsträger zufällt.

(5) Bei einem unmündigen Minderjährigen, dessen Interessen von seinen gesetzlichen Vertretern nicht wahrgenommen werden können, ist der Rechtsberater ab Ankunft in der Erstaufnahmestelle gesetzlicher Vertreter. Solche Fremde dürfen nur im Beisein des Rechtsberaters befragt (§ 19 Abs. 1) werden. Im Übrigen gelten die Abs. 3 und 4.

Übersicht:

1.	Hinweise auf europarechtliche Normen
2.-3.	Hinweise auf innerstaatliche Normen

§ 16

4. Materialien
5.-6. Anmerkungen
7. Judikatur

1. Siehe IV.B.4. Art 19 AufnahmeRL; IV.B.11. Art 6, 12 u 17 StatusRL; IV.B.14 Art 6, 12 u 17 VerfahrensRL.

2. Textauszug ABGB

§ 21. (1) Minderjährige und Personen, die aus einem anderen Grund als dem ihrer Minderjährigkeit alle oder einzelne ihrer Angelegenheiten selbst gehörig zu besorgen nicht vermögen, stehen unter dem besonderen Schutz der Gesetze.
(2) Minderjährige sind Personen, die das 18. Lebensjahr noch nicht vollendet haben; haben sie das 14. Lebensjahr noch nicht vollendet, so sind sie unmündig.

3. Zur Definition der „Betreuungsstelle" vgl II.D. § 1 Z 4 GVG-B 2005.

4. RV 952 XXII. GP

Mit Abs. 1 soll klargestellt werden, dass es sich bei § 16 AsylG um eine lex specialis zum Internationalen Privatrechts-Gesetz (IPRG) handelt.

Bei ehelichen Kindern ist jeder Elternteil für sich zur Vertretung des Kindes befugt. Können sich die Eltern nicht einigen, so ist jene Vertretungshandlung relevant, die zeitlich früher gesetzt wurde. Lediglich ein Berufungsverzicht kann nicht gegen den erklärten Willen eines Elternteils abgegeben werden; dies soll eine übereilte Fehlentscheidung hintanhalten. Daraus ergibt sich auch, dass der Elternteil, der Berufung ergreift, die erste Willenserklärung abgibt. Bei unehelichen Kindern kommt die Vertretungshandlung bei keiner Einigung der Mutter alleine zu, es sei denn, dem Vater kommt alleine die Obsorge zu. Dies entspricht auch dem System des § 166 erster Satz ABGB. Zur gemeinsamen Obsorge siehe OGH 7 Ob 144/02f. Ein gerichtliches Obsorgeverfahren durch [Richtig: Die Einleitung eines gerichtlichen Obsorgeverfahrens durch] den Vater eines unehelichen Kindes steht dem nicht entgegen.

Mündige Minderjährige (vom 14. bis zum vollendeten 18. Lebensjahr) können selbst Anträge stellen und einbringen. Gesetzlicher Vertreter für dieses Bundesgesetz wird mit Einbringung des Antrages der Rechtsberater in der Erstaufnahmestelle. Die Vertretung soll nach Zulassung und Zuweisung an eine Betreuungsstelle an den örtlich zuständigen Jugendwohlfahrtsträger übergehen; zugelassen zum Verfahren ist der Asylwerber mit Erhalt der Aufenthaltsberechtigungskarte. Wird eine inhaltliche Entscheidung im Zulassungsverfahren getroffen, ist das Verfahren mit dem Zeitpunkt zugelassen, wo einer Berufung die aufschiebende Wirkung zukommt oder zuerkannt wird (§ 28 Abs. 3)

Im Unterschied zum mündigen Minderjährigen kann der unmündige Minderjährige nicht selbstständig einen Asylantrag einbringen. Mit Stellung des Antrags, die noch vom unmündigen Minderjährigen selbst erfolgen kann, wird der Rechtsberater gesetzlicher Vertreter ab Eintreffen in der

Erstaufnahmestelle; entsprechende Vorführungen nach Antragstellung bei einem Organ des öffentlichen Sicherheitsdienstes haben diesfalls ohnehin ohne Verzug zu erfolgen, zumal eine Befragung nach § 19 Abs. 1 nur in Beisein des Rechtsberaters zulässig ist.

Von § 16 bleiben die nach den allgemeinen Bestimmungen gewählten gewillkürten Vertreter unberührt.

Zur Befragung von unbegleitet minderjährigen Fremden schlägt der Entwurf eine differenzierte Vorgehensweise vor. Unbegleitet [richtig: Unbegleitete] unmündige minderjährigen Fremden [richtig: minderjährige Fremde] dürfen nur im Beisein einer Rechtsberaters befragt werden, während unbegleitet mündige minderjährigen Fremden [richtig: unbegleitete mündige minderjährige Fremde] zwar auch etwa im Rahmen der Vorführung befragt werden dürfen – also ohne Anwesenheit des Rechtsberaters – diese Befragung aber auf Verlangen des Rechtsberaters in seiner Anwesenheit zu wiederholen ist. Damit ist der unbegleitete minderjährige Fremde jedenfalls vor den verfahrensrechtlichen Folgen einer ihn überfordernden Befragung geschützt.

5. Anm: Die Vorgängerbestimmungen fanden sich in § 25 AsylG. Als mit der Minderjährigkeit des Vertretenen bedingte gesetzliche Vertretung endet die Vertretung durch den Rechtsberater oder die Jugendwohlfahrt mit Erreichen der Volljährigkeit auch während des Verfahrens.

6. Anm: Zur Vertretung durch den Rechtsberater bis zur Zuweisung an eine Betreuungsstelle nach Zulassung vgl VfGH 09.03.2005, B 1477/04, B 1290/04; VwGH 12.04.2005, 2004/01/0460.

7. Jud: VfGH 09.03.2005, B 1477/04, B 1290/04; VwGH 12.04.2005, 2004/01/0460; OGH 25.09.2002, 7 Ob 144/02f.

Verfahrensablauf

§ 17. (1) Ein Antrag auf internationalen Schutz ist gestellt, wenn ein Fremder in Österreich vor einem Organ des öffentlichen Sicherheitsdienstes, einer Sicherheitsbehörde oder bei einer Erstaufnahmestelle (§ 59) um Schutz vor Verfolgung ersucht.

(2) Der Antrag auf internationalen Schutz ist eingebracht, wenn er vom Fremden persönlich – auch im Rahmen einer Vorführung (§ 43 Abs. 2) – bei der Erstaufnahmestelle (§ 59) gestellt wird.

(3) Ein Antrag auf internationalen Schutz von einem in Österreich nachgeborenen Kind eines Asylwerbers oder Fremden, dem der Status des Asylberechtigten oder der Status des subsidiär Schutzberechtigten zukommt, kann auch bei einer Außenstelle des Bundesasylamtes eingebracht werden; diese Anträge können auch schriftlich gestellt und eingebracht werden. Das Familienverfahren (§ 34) eines minderjährigen, unverheirateten Kindes eines Fremden, dem der Status des Asylberechtigten oder des subsidiär Schutzberechtigten zukommt oder dessen Verfahren zugelassen und noch nicht

rechtskräftig entschieden wurde, ist mit Einbringen des Antrags zugelassen.

(4) Nach Einbringung des Antrages auf internationalen Schutz ist das Verfahren mit dem Zulassungsverfahren zu beginnen.

(5) Ersucht ein Fremder vor einer Behörde im Inland, die nicht in Abs. 1 genannt ist, um internationalen Schutz, hat diese Behörde die örtlich zuständige Sicherheitsbehörde oder das nächste Organ des öffentlichen Sicherheitsdienstes zu verständigen.

(6) Unterbleibt die Vorführung nach § 45 Abs. 1 und 2, gilt der Antrag auf internationalen Schutz nach Durchführung der Befragung und gegebenenfalls der Durchsuchung und der erkennungsdienstlichen Behandlung als eingebracht; dem Asylwerber ist binnen drei Tagen eine Verfahrenskarte auszustellen. Das Zulassungsverfahren eines Asylwerbers, dessen Vorführung gemäß § 45 Abs. 1 Z 2 unterblieb, kann auch durch eine Außenstelle des Bundesasylamtes geführt werden; es ist binnen angemessener Frist zu beginnen. Die Fristen nach dem 2. Abschnitt beginnen diesfalls mit der Setzung einer Verfahrenshandlung durch die Behörde.

(7) Ein in der Rechtsmittelfrist gestellter weiterer Antrag auf internationalen Schutz gilt als Berufung oder Berufungsergänzung gegen den zurückweisenden oder abweisenden Bescheid des Bundesasylamtes.

(8) Wird während eines anhängigen Berufungsverfahrens ein weiterer Antrag auf internationalen Schutz gestellt oder eingebracht, wird dieser Antrag im Rahmen des anhängigen Berufungsverfahrens mitbehandelt. Ein diesfalls gestellter schriftlicher Antrag auf internationalen Schutz gilt als Berufungsergänzung; das Bundesasylamt hat diesen Antrag unverzüglich dem unabhängigen Bundesasylsenat zu übermitteln.

(9) Der Bundesminister für Inneres hat ein Merkblatt über die einem Asylwerber obliegenden Pflichten und zustehenden Rechte aufzulegen. Dieses ist spätestens bei Antragseinbringung in der Erstaufnahmestelle in einer dem Asylwerber verständlichen Sprache zu übergeben. Dieses Merkblatt ist in jenen Sprachen bereitzuhalten, von denen anzunehmen ist, dass die Asylwerber sie verstehen. In diesem Merkblatt ist insbesondere auf die Verpflichtung des Asylwerbers, sich den Behörden für Zwecke eines Verfahrens nach diesem Bundesgesetz zur Verfügung zu halten sowie auf die Rechtsfolgen einer Verletzung hinzuweisen.

Übersicht:

1. Hinweise auf europarechtliche Normen
2.-3. Materialien
4.-8. Anmerkungen

1. Siehe IV.B.4. Art 5 u 6 AufnahmeRL; IV.B.14. Art 6 u 10 VerfahrensRL.

2. RV 952 XXII. GP

In Abs. 1 und 2 wird der Unterschied zwischen der Stellung eines Antrages auf internationalen Schutz und dem Einbringen desselben beschrieben.

Der Entwurf geht – wie schon bislang – von dieser Differenzierung aus, da Fremde ab Stellung eines Asylantrags vor aufenthaltsbeendenden Maßnahmen zu schützen sind, das Asylverfahren aber erst mit Einbringung des Antrags und persönlichem Erscheinen des Fremden in der Erstaufnahmestelle begonnen werden kann.

Ist eine Vorführung nach § 43 Abs. 1 nicht zulässig und wird ein gestellter Antrag nicht binnen 14 Tagen persönlich in der Erstaufnahmestelle eingebracht, ist das Verfahren von der Behörde als gegenstandslos abzulegen (§ 25 Abs. 1 Z 2).

In einer Konstellation fallen Stellung und Einbringung des Antrages auf internationalen Schutz zeitlich zusammen, nämlich dann, wenn der Antrag direkt in der Erstaufnahmestelle gestellt wird.

Unterbleibt die Vorführung zur Erstaufnahmestelle aus den Gründen des § 45 Abs. 1 oder 2, so gilt der gestellte Antrag nach Durchführung der Befragung, Durchsuchung und erkennungsdienstliche Behandlung als eingebracht (§ 17 Abs. 6). In den Fällen des § 45 Abs. 1 Z 2 muss das Zulassungsverfahren nicht zwingend in der Erstaufnahmestelle geführt werden. Diese Regelung zielt auf die Bewältigung von spontanen größeren Fluchtbewegungen ab, welche zu nicht vorhersehbaren Unterbringungsengpässen in den Erstaufnahmestellen führen. Diesfalls kann einerseits durch Vorgabe des Bundesasylamtes die Vorführverpflichtung zur Erstaufnahmestelle durchbrochen werden, trotz eingebrachtem Antrag auf internationalen Schutz ein sofortiger Fristenlauf nach dem 2. Abschnitt des 4. Hauptstücks vermieden werden und nach den Grundsätzen der Zweckmäßigkeit und Wirtschaftlichkeit ein Zulassungsverfahren alternativ auch in einer der Außenstellen des Bundesasylamtes geführt werden. In Österreich nachgeborene Kinder von Fremden, denen bereits der Status des Asylberechtigten oder der Status des subsidiär Schutzberechtigten zukommt, wird der jeweilige Status der Eltern oder des Elternteils dem Kind im Familienverfahren zuerkannt. Die Eltern können für das Kind entweder mündlich oder schriftlich den Asylantrag bei jeder Außenstelle des Bundesasylamtes stellen und einbringen. Es handelt sich um einen reinen Formalakt, der jedoch notwendig ist, um dem Kind die Erlangung eines Titels zu ermöglichen. Gleiches gilt bei nachgeborenen Kindern von Asylwerbern. Der Antrag eines solchen Kindes ist – es bedarf meist keiner näheren schnellen Überprüfung oder erkennungsdienstlichen Behandlung – ex lege zugelassen; auf die Eheleute lässt sich dieses System nicht ausdehnen, da gerade hier eine nähere Überprüfung, ob wirklich von einer relevanten Ehe ausgegangen werden kann, am Anfang des Verfahrens in der Erstaufnahmestelle erfolgen wird.

Stellt ein Asylwerber in der Berufungsfrist einen neuen Antrag wird dieser nicht als Folgeantrag behandelt, sondern als Berufung. Somit wird einerseits dem im österreichischen Recht nicht bewanderten Asylwerber der Zugang zur Berufungsinstanz erleichtert, andererseits der Behörde ein Werkzeug gegen fortlaufende Folgeanträge in die Hand gegeben. Ob der Berufung dann die aufschiebende Wirkung zukommt, ergibt sich aus dem

§ 17

5. Abschnitt. Wird jedoch während eines anhängigen Berufungsverfahrens – also nach Vorlage der Berufung bei der Behörde 2. Instanz – ein neuer Antrag gestellt, ist dieser in dem Berufungsverfahren mit zu entscheiden und gilt als Berufungsergänzung.

Anzumerken bleibt, dass für das Verfahren gem. Art. II Abs. 2 Z 43a und 34b EGVG grundsätzlich das AVG anzuwenden ist; die Normen des Asylgesetzes stellen lediglich notwendige Abweichungen für das Asylverfahren dar.

Abs. 9 normiert die bisher in § 26 AsylG 1997 bestehenden Informationspflichten.

3. AB 1055 XXII. GP

Es werden Redaktionsversehen beseitigt.

4. Anm: Vorgängerbestimmungen fanden sich in § 23 AsylG bzgl neuer Anträge während eines laufenden Verfahrens, in § 24 AsylG bzgl Stellen und Einbringen der Anträge, in § 24a AsylG bzgl der Vorschaltung des Zulassungsverfahrens und in § 26 AsylG bzgl der Belehrung.

5. Anm: Das AsylG 2005 hält die Unterscheidung zwischen **Stellen und Einbringen** eines Antrages auf internationalen Schutz aufrecht. Bereits das Stellen eines Antrages löst faktischen Abschiebeschutz nach § 12 aus, eingebrachte Anträge insbesondere die Asylwerbereigenschaft nach § 2 Z 14 und den Beginn der 20-Tagesfrist im Zulassungsverfahren (vgl 5. zu § 28). Das **Stellen** des Antrages wird durch Abs 1 auf ein Schutzbegehren vor einem Organ der öffentlichen Sicherheit oder einer Sicherheitsbehörde beschränkt. Vor der Erstaufnahmestelle (siehe VI.A. § 3 AsylG-DV) ist sowohl das Stellen als auch das Einbringen eines Antrags möglich. Andere Behörden – wohl auch die Außenstellen des Bundesasylamtes (zur Ausnahmeregelung siehe unten 6.) und der unabhängige Bundesasylsenat – haben bei Schutzbegehren von Fremden die örtlich zuständige Sicherheitsbehörde oder ein Organ des öffentlichen Sicherheitsdienstes zu verständigen, um einen gestellten Antrag zu erwirken (§ 17 Abs 5). Das Stellen des Antrages löst sodann die Mitwirkung durch Organe des öffentlichen Sicherheitsdienstes in Form einer Erstbefragung (§ 19), erkennungsdienstliche Behandlung (§ 44 Abs 5), allenfalls eine Durchsuchung von Kleidung und mitgeführten Behältnissen (§ 44 Abs 2), sowie allfällige Sicherstellung von Dokumenten und Gegenständen (§ 44 Abs 4) aus.

6. Anm: Anträge auf internationalen Schutz können nur bei einer Erstaufnahmestelle persönlich – sei es auch im Rahmen einer Vorführung – **eingebracht** werden. In Abweichung vom Grundprinzip der persönlichen Einbringung in einer EASt fingiert **Abs 6** einen Antrag nach Befragung, gegebenenfalls Durchsuchung und erkennungsdienstlicher Behandlung durch Organe des öffentlichen Sicherheitsdienstes als eingebracht, wenn in Ausnahme zum Grundsatz der Vorführung zur EASt (§ 43) diese aus den Gründen des § 45 Abs 1 oder 2 unterbleibt (zu den Ausnahmen vgl 4.

zu § 45; zu den Fristen im Zulassungsverfahren vgl 5. zu § 28).

7. Anm: Schriftliche Anträge auf internationalen Schutz sind grundsätzlich nicht möglich: diese gelten bereits mit Einlangen bei der Behörde als gegenstandslos (§ 25 Abs 1 Z 4). **Abs 3** normiert eine Ausnahme sowohl zur Unzulässigkeit schriftlicher Anträge, als auch zum Grundsatz der persönlichen Einbringung in einer EASt: Nachgeborene Kinder eines Asylwerbers, eines Asylberechtigten oder eines Fremden, dem der Status subsidiär Schutzberechtigten zukommt, können sowohl schriftliche Anträge einbringen und dies auch bei einer der Außenstellen des Bundesasylamtes.

8. Anm: Das Gesetz geht vom Grundsatz aus, dass je Asylwerber immer nur ein Verfahren anhängig sein darf. Darüber hinausgehende Asylanträge sind – soweit sie nicht nach den Bestimmungen des § 17 umzudeuten sind – zurückzuweisen.

Ermittlungsverfahren

§ 18. (1) **Die Behörde hat in allen Stadien des Verfahrens von Amts wegen darauf hinzuwirken, dass die für die Entscheidung erheblichen Angaben gemacht oder lückenhafte Angaben über die zur Begründung des Antrages geltend gemachten Umstände vervollständigt, die Beweismittel für diese Angaben bezeichnet oder die angebotenen Beweismittel ergänzt und überhaupt alle Aufschlüsse gegeben werden, welche zur Begründung des Antrages notwendig erscheinen. Erforderlichenfalls sind Beweismittel auch von Amts wegen beizuschaffen.**

(2) **Im Rahmen der Beurteilung der Glaubwürdigkeit des Vorbringens eines Asylwerbers ist auf die Mitwirkung im Verfahren Bedacht zu nehmen.**

Übersicht:

1. Hinweise auf europarechtliche Normen
2. Materialien
3.-4. Anmerkungen

1. Siehe IV.B.11. Art 4 StatusRL; IV.B.14. Art 12 u 33 VerfahrensRL.

2. RV 952 XXII. GP

Auch im Asylgesetz 2005 wird – wie schon bisher – im Einklang mit dem allgemeinen Verwaltungsverfahrensrecht das Prinzip der materiellen Wahrheit und der Grundsatz der Offizialmaxime für das Verfahren festgeschrieben. Das bedeutet, dass die Behörde den Sachverhalt von Amts wegen festzustellen hat (vgl. § 39 Abs. 2 AVG). Natürlich wird die Behörde in ihrer Entscheidung die Vorbringen und die Mitwirkung des Asylwerbers während des Verfahrens zu berücksichtigen haben, da sich viele Umstände gerade in Asylverfahren nur aus den Angaben des Asylwerbers erschließen können.

Abs. 2 stellt klar, dass das Verhalten eines Asylwerbers während des Verfahrens im Rahmen einer gebotenen Gesamtbetrachtung der Beweiswürdigung beachtlich ist. Wer Interesse an der Schutzgewährung hat, wird auch am Verfahren zu Erlangung des Schutzes mitwirken; wer hingegen die Asylbehörden über Tatsachen zu täuschen versucht, glaubt zumindest keine echten Schutzgründe zu haben. Der Schluss, dass eine – auch mehrmalige – Verletzung von Mitwirkungspflichten jedenfalls zur Abweisung des Antrags führen, ist natürlich nicht zulässig; bei der Beurteilung der Glaubwürdigkeit des Vorbringens wird die Beachtung der Mitwirkungspflichten ein relevanter, aber nicht der einzige Maßstab sein.

3. Anm: Die Vorgängerbestimmung zu Abs 1 fand sich in § 28 AsylG. Zur Stellung der Asylbehörden als Spezialbehörden siehe 4. zu § 58 und 3. zu § 61.

4. Anm: Von einer nach Abs 2 relevanten Verletzung der Mitwirkung kann nur bei einer oder mehreren Verletzungen der Mitwirkungspflichten nach § 15 Abs 1 ausgegangen werden.

Befragungen und Einvernahmen

§ 19. (1) Ein Fremder, der einen Antrag auf internationalen Schutz gestellt hat, ist durch Organe des öffentlichen Sicherheitsdienstes nach Antragstellung oder im Zulassungsverfahren in der Erstaufnahmestelle zu befragen. Diese Befragung dient insbesondere der Ermittlung der Identität und der Reiseroute des Fremden und hat sich nicht auf die näheren Fluchtgründe zu beziehen.
(2) Soweit dies ohne unverhältnismäßigen Aufwand möglich ist, ist der Asylwerber persönlich von dem zur jeweiligen Entscheidung berufenen Organ des Bundesasylamtes einzuvernehmen. Eine Einvernahme im Zulassungsverfahren kann unterbleiben, wenn das Verfahren zugelassen wird. Ein Asylwerber ist vom Bundesasylamt, soweit er nicht auf Grund von in seiner Person gelegenen Umständen, nicht in der Lage ist, durch Aussagen zur Feststellung des maßgeblichen Sachverhaltes beizutragen, zumindest einmal im Zulassungsverfahren und – soweit nicht bereits im Zulassungsverfahren über den Antrag entschieden wird – zumindest einmal nach Zulassung des Verfahrens einzuvernehmen. § 24 Abs. 3 bleibt unberührt.
(3) Eine Einvernahme kann unter Verwendung technischer Einrichtungen zur Tonaufzeichnung dokumentiert werden.
(4) Vor jeder Einvernahme ist der Asylwerber ausdrücklich auf die Folgen einer unwahren Aussage hinzuweisen. Im Zulassungsverfahren ist der Asylwerber darüber hinaus darauf hinzuweisen, dass seinen Angaben verstärkte Glaubwürdigkeit zukommt.
(5) Ein Asylwerber darf in Begleitung einer Vertrauensperson sowie eines Vertreters zu Einvernahmen vor der Behörde erscheinen; auch wenn ein Rechtsberater anwesend ist, kann der Asylwerber durch eine Vertrauensperson oder einen Vertreter begleitet werden.

Minderjährige Asylwerber dürfen nur in Gegenwart eines gesetzlichen Vertreters einvernommen werden.

(6) Wird ein Asylwerber – aus welchem Grund auch immer – angehalten, ist er der Asylbehörde über deren Ersuchen vorzuführen. Die Anhaltung, insbesondere eine Schubhaft, wird durch die Vorführung nicht unterbrochen.

Übersicht:
1. Hinweise auf europarechtliche Normen
2. Hinweise auf innerstaatliche Normen
3.-4. Materialien
5.-6. Anmerkungen

1. Siehe IV.B.11. Art 4 StatusRL; IV.B.14. Art 12 f VerfahrensRL.

2. Siehe VI.I. RLV.

3. RV 952 XXII. GP

Im Zulassungsverfahren soll nach dem Entwurf auf den Formalismus von zwei zwingend vorgeschriebenen Einvernahmen durch Organwalter verzichtet werden, da sich gezeigt hat, dass die Befragungen durch die Organe des öffentlichen Sicherheitsdienstes zur Reiseroute – also im Bezug auf Entscheidungen nach §§ 4 und 5 – bereits entsprechendes, asylverfahrensrelevantes Sachverhaltssubstrat enthalten können.

Bei Befragungen durch die Organe des öffentlichen Sicherheitsdienstes – die sich schon in der Diktion von Einvernahmen durch das Bundesasylamt unterscheiden – ist auf die näheren Fluchtgründe nicht einzugehen, da gerade Flüchtlinge Schwierigkeiten haben könnten, sich hierzu gegenüber einem uniformierten Staatsorgan – vor dem sie möglicherweise erst vor kurzem aus ihrem Herkunftsstaat geflohen sind – zu verbreitern. Die Befragung hat den Zweck die Identität und die Reiserouten des Fremden festzustellen, nicht jedoch im Detail befragend [richtig: zu befragen], welche Gründe ihn bewogen haben, seinen Herkunftsstaat zu verlassen. Eine generelle Aufnahme der antragsbegründenden Fluchtgründe, ohne kontradiktorische Befragung, ist auch im Rahmen der Befragung nach § 19 Abs.1 möglich.

Abs. 2 entspricht größtenteils geltender Rechtslage. Jeder Asylwerber soll nicht nur unverzüglich (§ 51 AVG) einvernommen, sondern nach Möglichkeit von dem zur Entscheidung berufenen Organwalter persönlich angehört werden. Die abweichende Formulierung soll dem Gedanken der Unmittelbarkeit näher kommen ohne zu verkennen, dass die Entscheidungen der ersten Instanz dem Behördenleiter (§ 58) zuzurechnen sind. Eine Einvernahme im Zulassungsverfahren kann nur unterbleiben, wenn schon vor dieser feststeht, dass das Verfahren zugelassen wird – im inhaltlichen Verfahren in der Außenstelle ist jedenfalls eine Befragung vorzunehmen. Dieses Grundprinzip der Anhörung im Verfahren wird nur durch den abschließend normierten Sonderfall des § 24 Abs. 3 durchbrochen.

§ 19

Aus anderen Erwägungen als jene des § 24 Abs. 3 kann nach Abs. 2 von der Einvernahme des Asylwerbers in jenen Fällen abgesehen werden, in denen durch die Einvernahme kein Beitrag zur Feststellung des maßgeblichen Sachverhaltes erwartet werden kann, etwa weil sie auf Grund einer schwerwiegenden psychischen Erkrankung oder auf Grund ihres Alters dazu nicht in der Lage sind.

Abs. 3 stellt klar, dass – wenn es im Einzelfall sinnvoll ist – die Einvernahme durch eine Tonbandaufnahme dokumentiert werden kann. Im Rahmen derartiger Einvernahmen ist selbstverständlich trotzdem auch eine Niederschrift (§ 14 AVG) anzufertigen. Die Entscheidung, ob eine Tonaufzeichnung durchgeführt wird, trifft die Behörde.

Abs. 4 ergänzt § 50 AVG und wurde gesondert aufgenommen, um auf die Bedeutung wahrheitsgemäßer Angaben und die verstärkte Glaubwürdigkeit im Rahmen des Asylverfahrens hinzuweisen. Es hat sich in der Praxis gezeigt, dass den Angaben im Zulassungsverfahren höherer Beweiswert zukommt. In engem Zusammenhang hierzu steht einerseits die Wahrheitspflicht des § 15 Abs. 1 Z 1, sowie die Berücksichtigung der Mitwirkungspflichten im Rahmen der Beurteilung der Glaubwürdigkeit nach § 18 Abs. 2.

Abs. 5 entspricht inhaltlich weitgehend der geltenden Rechtslage. Jeder Antragsteller darf in Begleitung einer Vertrauensperson oder eines Vertreters vor der Behörde erscheinen (§ 10 AVG). Der Passus ‚oder eines Vertreters' wurde zusätzlich eingefügt. Vertrauenspersonen sind weder Partei noch Beteiligte im Asylverfahren und demnach nicht berechtigt, eigene Äußerungen abzugeben oder in die Vernehmung einzugreifen. Dies schließt allerdings nicht aus, dass eine Vertrauensperson Zeuge oder Zeugin im Asylverfahren sein kann. Vertreter können Rechtsanwälte, gesetzlicher Vertreter oder Rechtsberater sein. Möglich ist auch die gleichzeitige Anwesenheit einer Vertrauensperson und eines Vertreters. Minderjährige Asylwerber dürfen nur in Gegenwart eines gesetzlichen Vertreters (Vertreter im Zulassungsverfahren kann auch der Rechtsberater sein, sofern es sich um einen unbegleiteten Minderjährigen handelt) einvernommen werden. Dieser Grundsatz ist bereits in Z 25 der Entschließung des Rates der Europäischen Union über die Mindestgarantien für Asylverfahren festgelegt. Die Rolle des gesetzlichen Vertreters unterscheidet sich grundsätzlich von der einer bloßen Vertrauensperson.

Abs. 6 sichert einerseits die Verfahrensführung vor der Asylbehörde bei Anträgen von angehaltenen Asylwerbern und stellt gleichzeitig klar, dass durch eine Vorführung zur Führung des Asylverfahrens keine Haftbeendigung oder -unterbrechung eintritt.

4. AF 1055 XXII. GP

Zu § 19 AsylG 2005 stellt der Ausschuss für innere Angelegenheiten fest, dass die Zulässigkeit der Begleitung von Asylwerbern zu anderen Verfahrenshandlungen als Einvernahmen nach den Bestimmungen des AVG zu beurteilen sein wird. Gemäß § 10 Abs. 5 AVG kann sich jeder Beteiligte eines Rechtsbeistandes bedienen und in seiner Begleitung vor der Behörde erscheinen. Nach Lehre und Rechtsprechung ist der Begriff weit auszulegen. Ausgeschlossen sind lediglich Personen, die durch die Tätigkeit als Rechtsbeistand Winkelschreiberei begehen.

5. Anm: Bestimmungen zu Befragungen und Einvernahmen kannte das AsylG etwa in den §§ 24a Abs 2 und 27 Abs 1 und 2, ohne die strikte Unterscheidung des AsylG zwischen Befragungen und Einvernahmen vorwegzunehmen.

6. Anm: Befragungen und Einvernahmen regelt das AsylG 2005 wie folgt:
Das Asylgesetz 2005 kennt
- (erste) Befragungen nach § 19 Abs 1;
- Einvernahmen durch Organwalter der Asylbehörde 1. Instanz sowie
- die Einvernahme zur Wahrung des Parteiengehörs im Zulassungsverfahren gem § 29 Abs 4.

1. Befragung nach § 19 Abs 1
Diese hat unmittelbar in Reaktion auf das Stellen eines Antrages auf internationalen Schutz durch Organe des öffentlichen Sicherheitsdienstes zu erfolgen. Wird der Antrag persönlich direkt in der EASt gestellt und damit gleichzeitig eingebracht, erfolgt die Befragung in der EASt, jedoch auch durch Organe des öffentlichen Sicherheitsdienstes. Die Befragung dient insbesondere der Ermittlung der Identität und Reiseroute des Fremden und hat sich nicht auf die näheren Fluchtgründe zu beziehen. Dies bedeutet jedoch nicht, dass allgemeine Fragen nach dem Fluchtmotiv nicht zulässig wären, jedoch jede tiefergehende – insbesondere kontradiktorische – Befragung zu den Fluchtgründen in diesem Verfahrensstadium durch Organe des öffentlichen Sicherheitsdienstes zu unterlassen sind. Die Äußerungen des Betroffenen zu den Fluchtgründen sind lediglich zu dokumentieren, eine Nachfrage hat zu unterbleiben.

§ 44 Abs 1 spricht auch von „erster Befragung" und macht überdies deutlich, dass auch jeder nachfolgende Antrag ein und derselben Person zu einer „ersten Befragung" durch Organe des öffentlichen Sicherheitsdienstes führt. Der Terminus der „ersten Befragung" verdeutlicht einerseits das zeitliche Element einer Befragung zu Beginn des Verfahrens, andererseits jedoch auch, dass dieser erstmaligen Befragung zu den Themen der Identität, Reiseroute und (im Sinne des § 19 Abs 1 eingeschränkt) zu den Fluchtgründen weitere „Befragungen" zu diesen Verfahrensthemen im Rahmen der nachfolgende(n) Einvernahme(n) durch Organwalter des BAA nachfolgen können.

2. Einvernahmen durch Organwalter der Asylbehörde 1. Instanz
Jede „Befragung" durch Organwalter des BAA wird als „Einvernahme" bezeichnet und dient grundsätzlich der Ermittlung des entscheidungsrelevanten Sachverhaltes.

Einvernahmen folgen dem Prinzip der relativen Unmittelbarkeit des § 19 Abs 2 und können unter Verwendungen technischer Einrichtungen zur Tonaufzeichnung dokumentiert werden (§ 19 Abs 3). Der Asylwerber ist zu Beginn entsprechend zu belehren (§ 19 Abs 4). Eine besondere Belehrungspflicht enthält § 20 Abs 1 für Einvernahmen von Opfern bei Eingriffen in die sexuelle Selbstbestimmung. Diese besondere Belehrung soll dem Asylwerber eine Wahlmöglichkeit hinsichtlich der Einvernahme durch einen Organwalter desselben oder eines anderen Geschlechts eröffnen.

Asylwerber dürfen überdies – neben ihrem Vertreter – auch eine Vertrauensperson zur Einvernahme hinzuziehen (§ 19 Abs 5). Hinsichtlich weiterer Verfahrenshandlungen vgl oben 3. zu § 19.

3. Einvernahme zur Wahrung des Parteiengehörs nach § 29 Abs 4
Die Einvernahme zur Wahrung des Parteiengehörs stellt eine Sonderform der Einvernahme im Zulassungsverfahren dar. Sie bedingt entsprechende vorbereitende Veranlassungen (Information des Rechtsberaters, Aushändigung einer Aktenabschrift, Rechtsberatung), ist innerhalb eines 24 Stunden nicht zu unterschreitenden Zeitraums anzuberaumen und erfordert die unabdingbare Teilnahme des Rechtsberaters an dieser Einvernahme. Zu Beginn dieser Einvernahme ist dem Asylwerber das bisherige Beweisergebnis vorzuhalten.

4. Anzahl an Einvernahmen:
Grundsätzlich steht es der Behörde frei, die nötige Anzahl der erforderlichen Einvernahmen festzulegen und orientiert sich dies am generellen Erfordernis der Ermittlung des entscheidungsrelevanten Sachverhalts. Dies gilt auch für das Zulassungsverfahren, verdeutlicht durch § 29 Abs 3 1. Satz, welcher Mitteilungen im Gegenstand an die „Durchführung der notwendigen Ermittlungen knüpft".

Nach § 19 Abs 2 gilt grundsätzlich, dass in der Regel einer Entscheidung der Asylbehörde 1. Instanz zumindest eine Einvernahme im Zulassungsverfahren (welche jedoch im Zulassungsverfahren auch in Form der Einvernahme zur Wahrung des Parteiengehörs nach § 29 Abs 4 durchgeführt werden kann) und nach Zulassung zumindest einmal eine Einvernahme – sodann in einer der Außenstellen des BAA – vorauszugehen hat.

Das AsylG 2005 kennt jedoch **Ausnahmen** von dieser Regel, wobei grundsätzlich stets vom Erfordernis der Ermittlung des entscheidungsrelevanten Sachverhaltes ausgegangen wird:

a) Gem § 19 Abs 2 kann **eine Zulassung zum Verfahren** (vgl zur Zulassung 4. zu § 28) **ohne Einvernahme** erfolgen. Zeigt beispielsweise bereits das vorliegende (Ermittlungs-)Ergebnis aus Befragung durch Organe des öffentlichen Sicherheitsdienstes, erkennungsdienstlicher Behandlung (insbesondere der Abgleich nach der EurodacVO) und allenfalls einer Durchsuchung von Kleidung und Behältnissen des Antragstellers, dass weder eine Zurückweisung des Antrages wegen Unzuständigkeit oder res iudicata, noch eine abweisende – aber auch keine stattgebende – Entscheidung im Zulassungsverfahren geboten erscheint, so kann verwaltungsökonomisch eine Zulassung auch ohne Einvernahme erfolgen. In der Regel wird es jedoch im weiteren Verfahren in einer Außenstelle des BAA zu einer Einvernahme kommen.

b) Des Weiteren legt § 19 Abs 2 als Ausnahme fest, dass eine Einvernahme unterbleiben kann, wenn der Asylwerber nicht in der Lage ist, durch eine Aussage zur Feststellung des maßgeblichen Sachverhalts beizutragen. Um nicht völlig sinnentleert zu sein, wäre **Abs 2** richtigerweise wohl folgender Wortlaut zu geben: *„... soweit er auf Grund in seiner Person gelegenen Umstände nicht in der Lage ist, durch Aussagen zur*

Feststellung des maßgeblichen Sachverhaltes beizutragen, ...". Dies verdeutlichen auch die EB, welche beispielsweise die Fälle schwerwiegender psychischer Erkrankungen oder das Alter des Antragstellers nennen, somit gerade in der Person des Asylwerbers gelegene Umstände.

c) **§ 24 Abs 3** normiert eine Ausnahme vom Grundprinzip des § 19 Abs 2, wenn der entscheidungsrelevante Sachverhalt feststeht und der Asylwerber sich dem Verfahren im Sinne des § 24 Abs 1 entzogen hat (zum Begriff des Entziehens vgl 3. zu § 26). Folgende Fallkonstellationen werden beispielsweise von § 24 Abs 3 umfasst:

aa) Zeigt bereits das vorliegende (Ermittlungs-)Ergebnis aus Befragung durch Organe des öffentlichen Sicherheitsdienstes, erkennungsdienstlicher Behandlung (insbesondere der Abgleich nach der EurodacVO) und allenfalls einer Durchsuchung von Kleidung und Behältnissen des Antragstellers, dass der Antrag nach § 5 zurückzuweisen sein wird, und hat sich der Asylwerber dem Verfahren entzogen, so ist eine entsprechende Entscheidung auch ohne Einvernahme des Fremden zulässig (Dies gilt nicht bei ungerechtfertigtem Entfernen des Asylwerbers aus der EASt: Diesfalls kann allenfalls ein Festnahmeauftrag erlassen werden; vgl diesbezüglich 3. zu § 26).

bb) In einem Verfahren betreffend eines Folgeantrages zeigt bereits die Zusammenschau von erstem Verfahren und bisherigem Ermittlungsverfahren (etwa die Befragung oder zusätzliche schriftliche Eingaben des Antragstellers), dass res iudicata vorliegt. Diesfalls ist eine entsprechende zurückweisende Entscheidung auch ohne Einvernahme des Fremden zulässig.

cc) Im Zuge eines Zulassungsverfahrens ist eine abweisende Entscheidung beabsichtigt, und wurden diesbezüglich bereits ausreichende Ermittlungen durch Einvernahme(n) durchgeführt. Dennoch erfolgt – etwa aus den Gründen der Fristverstreichung nach § 28 Abs 2 – vorerst eine Zulassung zum Verfahren und der Antragsteller entzieht sich dem Verfahren. Diesfalls kann eine Entscheidung durch eine Außenstelle des BAA auch ohne Einvernahme erfolgen, sofern der entscheidungsrelevante Sachverhalt feststeht.

Einvernahmen von Opfern bei Eingriffen in die sexuelle Selbstbestimmung

§ 20. (1) Gründet ein Asylwerber seine Furcht vor Verfolgung (Art. 1 Abschnitt A Z 2 der Genfer Flüchtlingskonvention) auf Eingriffe in seine sexuelle Selbstbestimmung, ist er von einem Organwalter desselben Geschlechts einzuvernehmen, es sei denn, dass er anderes verlangt. Von dem Bestehen dieser Möglichkeit ist der Asylwerber nachweislich in Kenntnis zu setzen.

(2) Für Verhandlungen vor dem unabhängigen Bundesasylsenat ist das Verlangen nach Abs. 1 spätestens zum Zeitpunkt der Berufung zu stellen. Wenn der betroffene Asylwerber dies wünscht, ist die Öffentlichkeit in diesen Fällen von der Verhandlung auszuschließen. Von dieser Möglichkeit ist er nachweislich in Kenntnis zu setzen. Im Übrigen gilt § 67e AVG.

§ 20

Übersicht:
1. Hinweis auf europarechtliche Norm
2. Hinweise auf innerstaatliche Normen
3 Materialien
4.-6. Anmerkungen
7. Judikatur

1. Siehe IV.B.11. Art 20 StatusRL.

2. Siehe VI.I.

3. RV 952 XXII. GP

Ausdrücklich wird normiert, dass Asylwerber, die behaupten Opfer von sexuellen [richtig: sexueller] Misshandlung zu sein oder solchen Gefahren ausgesetzt zu werden, von Personen desselben Geschlechts einzuvernehmen sind. In diesem Sinne hat etwa das Exekutiv-Komitee für das Programm des Hohen Flüchtlingskommissars der Vereinten Nationen die Staaten aufgefordert, wo immer dies notwendig ist, ausgebildete weibliche Anhörer in den Verfahren zur Feststellung des Flüchtlingsstatus zur Verfügung zu stellen, und den entsprechenden Zugang der weiblichen Asylsuchenden zu diesen Verfahren, auch wenn die Frauen von männlichen Familienmitgliedern begleitet werden, zu sichern (Beschluss Nr. 64 [XLI] über Flüchtlingsfrauen und Internationalen Rechtsschutz lit. a Abschnitt iii). Dass die Gefahr, vergewaltigt oder sexuell misshandelt zu werden, in aller Regel unter den Tatbestand des Art. 1 Abschnitt A der Genfer Flüchtlingskonvention fällt, liegt auf der Hand und Bedarf keiner weiteren Erörterung (vgl. dazu insbesondere den Beschluss des Exekutiv-Komitees für das Programm des Hohen Flüchtlingskommissars der Vereinten Nationen Nr. 73 [XLIV] betreffend Rechtsschutz für Flüchtlinge und sexuelle Gewalt). Unberührt bleibt von der Neufassung der Bestimmung die Absicht des Gesetzgebers hiermit internationale Beschlüsse umzusetzen (in diesem Sinne auch VwGH Erk. 2001/01/0402 vom 03.12.2003); daher sind, wenn es notwendig und möglich ist, etwa auch weibliche Dolmetscher für entsprechende Verfahren zu bestellen.

Abs. 2 stellt auf die zeitliche Komponente ab. Das Ersuchen ist spätestens mit der Berufung zu stellen um vor allem dem Recht auf den gesetzlichen Richter entsprechen zu können. Der unabhängige Bundesasylsenat hat nach den vorgeschlagenen Bestimmungen zur Änderung des UBASG bei seiner Geschäftseinteilung auf diese Fälle Bedacht zu nehmen. Klargestellt wird auch, dass bei Opfern von Eingriffen in die sexuelle Selbstbestimmung die Möglichkeit des Ausschlusses der Öffentlichkeit über Wunsch des Asylwerbers besteht. Über diese Möglichkeit sind Asylwerber nachweislich in Kenntnis zu setzen.

4. Anm: Die Vorgängerbestimmung fand sich in § 24b Abs 2 und 2a AsylG. Zu Befragungen und Einvernahmen nach dem AsylG 2005 vgl 5. zu § 19.

5. Anm: § 20 gilt für Verhandlungen vor dem UBAS und somit implizit auch für nachfolgende Entscheidungen des UBAS. Soweit nicht spätestens in der Berufung anderes verlangt wird, ist der Akt – wenn eine Verhandlung nötig erscheint – nach der Geschäftsverteilung des UBAS an ein Mitglied abzutreten, das dasselbe Geschlecht wie der Berufungswerber hat.

6. Anm: § 20 bezieht sich nicht explizit auf Dolmetscher; in diesem Zusammenhang hat der VwGH allerdings im Erk 03.12.2003, 2001/01/0402, zur Bestimmung des § 27 Abs 3 (idF vor der Asylgesetznovelle 2003) ausgeführt: *„Dass sich darüber hinaus in den von der genannten Bestimmung erfassten Konstellationen in allen Stadien des Asylverfahrens auch die Beiziehung eines Dolmetschers gleichen Geschlechts als geboten erweist, versteht sich bei verständiger Würdigung dieser Vorschrift nach Ansicht des Verwaltungsgerichtshofes von selbst ...".*

7. Jud: VwGH 03.12.2003, 2001/01/0402.

Beweismittel

§ 21. Sichergestellte oder gemäß § 15 Abs. 1 Z 5 übergebene Dokumente und Gegenstände sind dem Asylwerber so schnell wie möglich zurückzustellen, wenn sie für das Verfahren nach diesem Bundesgesetz, in einem Verfahren nach einem Vertrag über die Zuständigkeit zur Prüfung des Asylantrags oder des Antrages auf internationalen Schutz oder der Dublin – Verordnung nicht mehr benötigt werden. Die Sicherstellung nach anderen Bundesgesetzen bleibt unberührt. Die Beweismittel sind erforderlichenfalls der zuständigen Behörde oder dem zuständigen Gericht zu übergeben. Dem Betroffenen ist über Verlangen Auskunft zu geben und die Übergabe nach Satz 3 zu bestätigen.

Übersicht:
1. Hinweis auf europarechtliche Norm
2. Materialien
3. Anmerkung
4. Judikatur

1. Siehe IV.B.11. Art 4 StatusRL.

2. RV 952 XXII. GP

Bei der Regelung über die Sicherstellung von Dokumenten und Gegenständen wurde Art. 1 des 1. ZPEMRK berücksichtigt. Die Abnahme von Dokumenten ist kein Eingriff in das Eigentum, es sei denn, dass durch die Abnahme des Dokuments eine aus dem Privatrecht entspringende Nutzungsbefugnis beschränkt wird (vgl. VfGH 15.10.2004, G 237, 238/03). Alle sichergestellten Beweismittel sind nach Einsicht durch die Asylbehörde so schnell wie möglich den Eigentümern zurückzustellen. Bestehen Zweifel an der Echtheit von Urkunden, so wird – auch für das Asylverfahren – die Überprüfung dieser Dokumente, und somit ein weiteres Aufbewahren im Bereich des Bundesasylamtes, notwendig sein. Mit dieser flexiblen Regel soll dem Gedanken der Verhältnismäßigkeit Rechnung getragen werden; Dokumente dürfen nur so lange sichergestellt bleiben, bis sie für das Verfahren nicht mehr notwendig sind.

Asylwerber sind damit nicht in einer anderen Lage, als jede Partei eines Verfahrens, die Dokumente oder andere Gegenstände der Behörde vorlegen muss, und daher kurzfristig über sie nicht verfügen kann. Ein solcher, auf Beweismittel beschränkter kurzfristiger Eingriff in das Eigentumsrecht, ist aber durch das öffentliche Interesse an der korrekten Ermittlung des Sachverhaltes gerechtfertigt (VfGH 15.10.2004, G 237, 238/03).

Klargestellt wird auch, dass eine Rückgabe von Beweismitteln dann nicht zu erfolgen hat, wenn diese für andere behördliche oder gerichtliche Verfahren (etwa wegen Verdachts der Urkundenfälschung) sicherzustellen sind. Diese Beweismittel sind der zuständigen Behörde oder dem zuständigen Gericht zu übergeben, der Asylwerber ist darüber über Verlangen zu informieren und die Übergabe ist ihm von der Asylbehörde zu bestätigen.

3. Anm: Das AsylG kannte keine explizite Vorgängerbestimmung zu § 1.

4. Jud: VfGH 15.10.2004, G 237, 238/03.

Entscheidungen

§ 22. (1) Entscheidungen über Anträge auf internationalen Schutz ergehen in Bescheidform. Bescheide haben den Spruch, die Rechtsmittelbelehrung und – in letzter Instanz – den Hinweis nach § 61a AVG in einer dem Asylwerber verständlichen Sprache zu enthalten. Wird der Antrag gemäß § 4 als unzulässig zurückgewiesen, so ist dem Bescheid eine in dieser Sprache gehaltene Übersetzung der maßgeblichen Gesetzesbestimmungen beizugeben. Eine unrichtige Übersetzung begründet lediglich das Recht unter den Voraussetzungen des § 71 AVG wiedereingesetzt zu werden.

(2) Einen Bescheid, mit dem ein Antrag auf internationalen Schutz gemäß § 4 zurückgewiesen wird, ist eine auch in der Amtssprache des sicheren Drittstaates abgefasste Bestätigung beizufügen, dass der Antrag auf internationalen Schutz wegen des im sicheren Drittstaat bestehenden Schutzes nicht inhaltlich geprüft worden ist und dass der gegen diesen Bescheid eingebrachten Berufung eine aufschiebende Wirkung nicht zuerkannt wurde.

(3) Verfahren über Anträge auf internationalen Schutz sind, wenn sich der Asylwerber in Schubhaft befindet, von den Behörden der ersten und zweiten Instanz prioritär zu behandeln. Diese Fälle sind schnellstmöglich, längstens jedoch binnen je drei Monaten zu entscheiden. Wird der Asylwerber während des Verfahrens, aber vor Ablauf der jeweiligen Entscheidungsfrist, aus der Schubhaft entlassen, sind die Verfahren nach der Frist des § 73 AVG zu Ende zu führen; § 27 bleibt unberührt.

(4) Die Behörde hat die zuständige Fremdenpolizeibehörde über die Durchsetzbarkeit von Entscheidungen zu verständigen.

(5) Kommt die Richtlinie 2001/55/EG über vorübergehenden Schutz im Falle eines Massenzustroms von Vertriebenen und Maßnahmen zur Förderung einer ausgewogenen Verteilung der Belastung, die mit der Aufnahme dieser Personen und den Folgen dieser Aufnahme verbunden sind, auf die Mitgliedstaaten zur Anwendung oder wird eine Verordnung gemäß § 76 NAG erlassen, ist der Fristenlauf von Verfahren Betroffener nach diesem Bundesgesetz für die Dauer des vorübergehenden Schutzes gehemmt.

Übersicht:
1. Hinweise auf europarechtliche Normen
2. Hinweise auf innerstaatliche Normen
3. Materialien
4. Anmerkung

1. Siehe IV.B.14. Art 9 f u 23 VerfahrensRL; IV.B.2. VorlSchutzRL.

2. Siehe § 76 NAG.

3. RV 952 XXII. GP

Wie bereits nach der derzeitigen Rechtslage (vgl. § 29 Abs. 1 erster Satz Asylgesetz 1997) haben Bescheide nach diesem Bundesgesetz den Spruch, die Rechtsmittelbelehrung und den Hinweis nach § 61a AVG in einer dem Asylwerber verständlichen Sprache zu enthalten. Gleiches gilt für die maßgeblichen Gesetzesbestimmungen, wenn der Antrag gemäß § 4 wegen Drittstaatsicherheit zurückgewiesen wurde. Die Regelung der Übersetzungspflicht ist unabdingbare Voraussetzung dafür, dass der Betroffene die ihm zustehenden Rechtsschutzmöglichkeiten zweckentsprechend wahrnehmen kann. Allerdings soll eine falsche Übersetzung nicht zu einer Nichtigkeit des Bescheides und des Verfahrens führen. Vielmehr wird der Asylwerber in den Stand vor Erlassung dieses Bescheids auf Antrag wiedereingesetzt, ihm ist ein neuer – seine rechtsschutzstaatlichen Garantien sicherstellender – Bescheid auszufolgen.

Wird ein Antrag wegen bestehender Drittstaatsicherheit (§ 4) zurückgewiesen, so wird dem abweisenden Bescheid eine Bestätigung beigefügt werden, dass der Asylantrag – eben aus Gründen der bestehenden Drittstaatsicherheit – in Österreich nicht inhaltlich geprüft wurde. Diese Bestätigung soll dem Fremden bei nachfolgender Asylantragstellung im sicheren Drittstaat die Beweisführung ersparen, dass sein Asylantrag von Österreich nicht inhaltlich geprüft und nicht über seinen Flüchtlingsstatus abgesprochen worden ist. Diese Regelung wurde mit der AsylG-Nov 1999 in das Asylgesetz 1997 auf Anregung des UNHCR und des Bundesasylamtes aufgenommen.

Befindet sich der Asylwerber in Schubhaft, so haben die Behörden erster und zweiter Instanz diese Anträge prioritär zu behandeln. Um die Freiheitsbeschränkung für in Schubhaft befindliche Fremde möglichst kurz zu halten, soll im Hinblick auf das Verhältnismäßigkeitsgebot die Entscheidungsfrist für die Asylbehörden deutlich verkürzt werden. Die schnellstmögliche Behandlung, „jedenfalls binnen je drei Monaten" bedeutet, dass die Entscheidungen des Bundesasylamtes (erste Instanz), als auch des unabhängigen Bundesasylsenates (zweite Instanz) jeweils binnen einer Frist von maximal drei Monaten zu ergehen haben. Somit muss nach spätestens 6 Monaten eine allfällig zweitinstanzliche Entscheidung vorliegen.

Wird der Asylwerber aus der Schubhaft entlassen, lebt die Frist des § 73 AVG wieder auf, das heißt, beiden Instanzen stehen je 6 Monate zur Bescheiderlassung zur Verfügung; ausgenommen sind aus Gründen der Rechtssicherheit lediglich Fälle, in denen bereits Säumnis eingetreten ist, also die Behörde nicht binnen 3 Monaten entschieden hat. Die Säumnis kann diesfalls mit Devolutionsantrag gemäß § 73 Abs. 2 AVG bzw. mit Säumnisbeschwerde nach Art. 130 Abs. 1 lit. b B-VG i.V.m. Art 132 B-VG an den Verwaltungsgerichtshof geltend gemacht werden.

Wird der Asylwerber zwar aus der Schubhaft entlassen, ist jedoch ein Ausweisungsverfahren nach § 27 eingeleitet, gelten die Entscheidungsfristen des § 27 Abs. 8; die Asylbehörden haben diesfalls trotz Ende der Anhaltung binnen einer Frist von maximal je 3 Monaten zu entscheiden.

3. Anm: Auf Asylverfahren ist bzgl der **Entscheidungsfrist** – soweit das AsylG keine abweichenden Normen kennt – § 73 AVG anzuwenden; somit steht jeder Behörde ein Entscheidungszeitraum von sechs Monaten zu, bevor Säumigkeit eintritt. Die Frist beginnt mit „Einlangen" des Antrages, was im Asylverfahren 1. Instanz dem Einbringen des Antrages gleichzustellen sein wird. In 2. Instanz ist der Beginn des Fristenlaufs der Zeitpunkt, mit dem die Berufung beim Bundesasylamt (§ 63 Abs 5 AVG) oder – im Falle des direkten Einbringens der Berufungsbehörde – beim UBAS eingebracht wird.

Allerdings kennt das AsylG abweichende Entscheidungsfristen:

1. Eingeleitetes Ausweisungsverfahren

Wird ein Ausweisungsverfahren von der Behörde eingeleitet (§ 27 Abs 2), so beträgt die Entscheidungsfrist drei Monate.

Wird das Ausweisungsverfahren eingestellt, ist davon auszugehen, dass eine prioritäre Behandlung nicht mehr notwendig ist und daher wieder die Entscheidungsfrist nach § 73 AVG zur Verfügung steht, wobei § 22 Abs 3 vorletzter Satz wohl sinngemäß anzuwenden ist und somit eine einmal eingetretene Säumnis nicht mehr saniert wird, wenn das Ausweisungsverfahren eingestellt wird. Dies ergibt sich aus dem Regelungszweck des § 22 Abs 3, der aus Gründen der Rechtssicherheit Fälle, bei denen bereits Säumnis eingetreten ist, weiterhin als säumig behandeln will. Diese Überlegungen treffen in genau gleicher Weise auch auf die Entscheidungsfristen nach § 27 zu; offenbar handelt es sich beim Fehlen von einer § 22 Abs 3 vorletzter Satz entsprechenden Texierung um eine planwidrige Lücke, die mittels Analogie zu schließen ist.

2. Verhängte Schubhaft

Befindet sich ein Asylwerber in Schubhaft, beträgt die Entscheidungsfrist drei Monate (§ 22 Abs 3). Die ggst Norm trifft keine Sonderregel für den Beginn des Laufes der Frist. Dies ist weiter nicht problematisch. Entweder befindet sich der Fremde zu Beginn des Verfahrens bereits in Schubhaft (§ 76 Abs 2 Z 3 und 4, ev Z 1 FPG) oder er wird erst nach Entscheidung der Behörde erster Instanz in Schubhaft genommen (§ 76 Abs 2 Z 1 FPG). Jedenfalls spricht in solchen Fällen nichts gegen den Beginn der Frist im Sinne des § 73 AVG; die Behörde weiß von Beginn des Verfahrens an, dass dieses binnen verkürzter Frist zu entscheiden ist.

Wird der Fremde nach Einleitung eines Ausweisungsverfahrens in Schubhaft genommen, sind die (unter 1. dargestellten) Regeln des § 27 zur Fristberechnung heranzuziehen (siehe § 22 Abs 3 letzter Satz).

3. Weitere Entscheidungsfristen
Siehe Anmerkungen zu § 29 für Fristen im Zulassungsverfahren, § 31 für Fristen im Flughafenverfahren und § 36 für das Berufungsverfahren.

Zustellungen

§ 23. (1) Die Erstaufnahmestelle, in der sich der Asylwerber befindet oder die Unterkunft, in der der Asylwerber versorgt wird, sind Abgabestelle für eine persönliche Zustellung nach dem Bundesgesetz über die Zustellung behördlicher Dokumente – ZustG, BGBl. Nr. 200/1982.

(2) Ladungen im Zulassungsverfahren sind nur dem Asylwerber persönlich und – soweit eine Vertretung nach § 16 vorliegt oder es sich um Verfahrenshandlungen handelt, bei denen der Rechtsberater anwesend sein muss – einem Rechtsberater zuzustellen. Hat der Asylwerber auch einen gewillkürten Vertreter, ist dieser vom Rechtsberater über Ladungen und den Stand des Verfahrens schnellstmöglich zu verständigen, wenn der Asylwerber dies wünscht.

(3) Bei Zustellungen von zurück- oder abweisenden Entscheidungen, die mit einer durchsetzbaren Ausweisung (§ 10) verbunden sind, ist, soweit dem Asylwerber zum Zeitpunkt der Zustellung faktischer Abschiebeschutz (§ 12) oder ein Aufenthaltsrecht nach diesem Bundesgesetz (§ 13) zukommt, jedenfalls der Asylwerber als Empfänger zu bezeichnen. Wird diesfalls eine Zustellung an einer Abgabestelle (§ 2 Z 5 ZustG) vorgenommen, hat diese durch Organe des öffentlichen Sicherheitsdienstes zu erfolgen, soweit sie nicht durch eigene Organe der Behörde im Amt vorgenommen wird. Eine allenfalls notwendige Hinterlegung hat bei der nächsten Sicherheitsdienststelle zu erfolgen.

(4) Hat der Asylwerber einen Zustellbevollmächtigten ist in den Fällen des Abs. 3 auch an diesen zuzustellen. Von der Zustellung abhängige Fristen beginnen erst mit Zustellung an den Zustellbevollmächtigten zu laufen.

(5) Die Abs. 2 bis 4 gelten nicht bei Anträgen von Asylwerbern, die zum Zeitpunkt der beabsichtigten Zustellung ein nicht auf dieses Bundesgesetz gegründetes Aufenthaltsrecht haben.

(6) Ergeht eine Zustellung auf Grund der Angaben des Asylwerbers zu seinem Alter an einen Rechtsberater oder Jugendwohlfahrtsträger (§ 16) als gesetzlichen Vertreter, so ist diese auch wirksam bewirkt, wenn der Asylwerber zum Zeitpunkt der Zustellung volljährig ist.

§ 23

Übersicht:
1. Hinweis auf europarechtliche Norm
2. Materialien
3.-4. Anmerkungen
5. Judikatur

1. Siehe IV.B.14. Art 10 VerfahrensRL.

2. RV 952 XXII. GP

Zustellungen nach diesem Bundesgesetz sind – soweit nicht ausdrücklich eine Abweichung normiert wird – nach dem Zustellgesetz durchzuführen. Abs. 1 entspricht der geltenden Rechtslage. Abs. 1 stellt klar, dass die Erstaufnahmestelle und die Unterkunft, in der der Asylwerber versorgt wird, auch Abgabestelle des Asylwerbers sind.

Abs. 2 ändert die derzeitige Rechtslage insofern, als Ladungen im Zulassungsverfahren dem Asylwerber persönlich und auch dem Rechtsberater in der Erstaufnahmestelle, wenn dieser an der Verfahrenshandlung, für die geladen wird, mitzuwirken hat obligatorisch zuzustellen sind. Dies entspricht zwar der derzeitigen Praxis, soll aber nun auch im Gesetz seine Abbildung finden. Durch diese Bestimmung werden darüber hinausgehend gewillkürte Vertreter des Asylwerbers nicht ausgeschlossen, diese sind auf Wunsch des Asylwerbers über Ladungen und den Stand des Verfahrens, also vor allem über die Erlassung von Entscheidungen, vom Rechtsberater schnellstmöglich in Kenntnis zu setzten. Die Regelung stellt ein zentrales Element der Verfahrensbeschleunigung im Zulassungsverfahren und einen Beitrag zur Einhaltung der naturgemäß knappen Fristen, in diesem Stadium des Verfahrens dar. Die Einbindung gewillkürter Vertreter wird durch die Verständigungspflicht gewahrt.

Wenn das Asylverfahren im Zeitpunkt der Zustellung mit einer durchsetzbaren zurück- oder abweisenden Entscheidung endet, scheint es wesentlich, diese so schnell wie möglich sichern zu können.

Daher wird vorgeschlagen – unter Inanspruchnahme der Möglichkeiten des § 9 Abs. 3 Zustellgesetz – gesetzlich anzuordnen, dass dem in Österreich befindlichen Asylwerber, gegen den eine durchsetzbare Ausweisung erlassen werden soll, zwingend als Empfänger zu bezeichnen. Da § 9 Abs. 3 ZustellG nur eine subsidiäre Verfahrensregel darstellt, handelt es sich bei dieser Vorschrift nicht um ein Abgehen von den einheitlichen Verfahrensvorschriften, das nach Art. 11 Abs. 2 B-VG zu begründen ist. Die Normierung ist erforderlich, weil nur so eine – die asylrechtliche Ausweisung sichernde – fremdenpolizeiliche Maßnahme, etwa die Verhängung von Schubhaft oder eines gelinderen Mittel ergriffen werden kann, um zu gewährleisten, dass sich der abgewiesene Asylwerber dem Zugriff der Fremdenpolizeibehörde entzieht. Um jedoch zu gewährleisten, dass ein gewillkürter Vertreter voll in das Verfahren eingebunden wird, wird diesem die Entscheidung schnellst möglich zugestellt. Fristen, die an die Zustellung der Entscheidung gebunden sind – also vor allem Rechtsmittelfristen – beginnen erst mit Zustellung an den gewillkürten Vertreter zu laufen. Da mit der faktischen Durchsetzung der Ausweisung – also mit der

Zurück- oder Abschiebung – gemäß § 36 Abs. 4 jedenfalls bis zum Ende der Rechtmittelfrist zugewartet wird, erleidet der Asylwerber kein Rechtsschutzdefizit. Die Regel erreicht zielgenau den gewünschten Inhalt – eine Sicherung des Verfahrens durch und in der Verantwortung der Fremdenpolizei ist möglich, während der Asylwerber in seinem Rechtsschutz keineswegs eingeschränkt wird.

Nicht notwendig sind die besonderen Zustellregeln, wenn der Asylwerber ein nicht auf dieses Bundesgesetz gegründetes Aufenthaltsrecht hat. Abs. 6 stellt klar, dass Asylwerber, die die Behörde über ihr Alter falsch informieren, daraus keinen Vorteil im Sinne eines „provozierten Zustellmangels" ziehen dürfen. Wird nach der Angabe, minderjährig zu sein, an den Vertreter zugestellt, ist die Zustellung auch rechtswirksam bewirkt, wenn der Asylwerber in Wahrheit schon volljährig ist. Diese Norm ist ein typisches Instrument zur „Verfahrensmißbrauchsbekämpfung".

3. Anm: Bestimmungen über die Zustellung im Zulassungsverfahren fanden sich bisher in § 24a Abs 9 AsylG. Darüber hinaus kennt das AsylG keine besonderen Zustellregeln.

4. Anm: Für die Erlassung des Bescheides ist lediglich die Zustellung an den Asylwerber relevant; wird daher – was der Gesetzgeber nicht intendiert hat – zuerst an den Vertreter zugestellt, beginnen die Fristen erst mit Erlassung des Bescheides, also Zustellung an den Asylwerber zu laufen.

5: Jud: Zur Zulässigkeit der Zustellung mittels Telefax bis 31.12.2007 siehe VwGH 31.06.2006, 2005/05/0309; 26.01.2006, 2004/06/0170.

Einstellung des Verfahrens und ungerechtfertigtes Entfernen aus der Erstaufnahmestelle

§ 24. (1) Ein Asylwerber entzieht sich dem Asylverfahren, wenn
1. der Behörde sein Aufenthaltsort wegen Verletzung seiner Mitwirkungspflichten (§ 15) weder bekannt noch sonst durch die Behörde leicht feststellbar ist oder
2. er das Bundesgebiet freiwillig verlässt, und das Verfahren nicht als gegenstandslos abzulegen ist (§ 25 Abs. 1).

(2) Asylverfahren sind einzustellen, wenn sich der Asylwerber dem Verfahren entzogen hat (Abs. 1) und eine Entscheidung ohne eine allenfalls weitere Einvernahme oder Verhandlung nicht erfolgen kann. Ein eingestelltes Verfahren ist von Amts wegen fortzusetzen, sobald die Feststellung des maßgeblichen Sachverhaltes möglich ist. Mit Fortsetzung des Verfahrens beginnt die Entscheidungsfrist nach § 73 Abs. 1 AVG zu laufen. Nach Ablauf von zwei Jahren nach Einstellung des Verfahrens ist eine Fortsetzung des Verfahrens nicht mehr zulässig. Ist das Verfahren vor dem Bundesasylamt einzustellen, ist nach § 26 vorzugehen.

(3) Steht der entscheidungsrelevante Sachverhalt fest und hat sich der Asylwerber dem Verfahren entzogen (Abs. 1), steht die Tat-

sache, dass der Asylwerber von der Behörde bisher nicht einvernommen wurde, einer Entscheidung nicht entgegen.

(4) Ein Asylwerber entfernt sich ungerechtfertigt aus der Erstaufnahmestelle, wenn er trotz Aufforderung zu den ihm vom Bundesasylamt im Zulassungsverfahren gesetzten Terminen nicht kommt und in der Erstaufnahmestelle nicht angetroffen werden kann. Insbesondere ist ein Krankenhausaufenthalt kein ungerechtfertigtes Entfernen aus der Erstaufnahmestelle.

Übersicht:
1. Hinweise auf europarechtliche Normen
2 Materialien
3.-4. Anmerkungen

1. Siehe IV.B.14. Art 12, 20 u 33 VerfahrensRL.

2. RV 952 XXII. GP

Abs. 1 definiert, wann sich ein Asylwerber dem Verfahren entzieht. Hierzu bedarf es einerseits der Verletzung einer in § 15 normierten Mitwirkungspflicht, andererseits darf der Aufenthaltsort des Asylwerbers durch die Behörde nicht leicht feststellbar sein. Ebenso entzieht sich ein Asylwerber dem Verfahren, wenn er freiwillig – also nicht in Befolgung einer gesetzlichen Pflicht, etwa einer Ausweisung – das Bundesgebiet verlässt und nicht in seinen Herkunftsstaat heimreist: Sofern nicht im Sinne des Abs. 3 zu entscheiden ist, führt das Verlassen des Bundesgebietes bei Abreise in den Herkunftsstaate [richtig: Herkunftsstaat], etwa nach Inanspruchnahme einer Rückkehrberatung oder Rückkehrhilfe, zur Gegenstandslosigkeit im Sinne des § 25 Abs. 1 Z 3. Ein sonstiges Verlassen des Bundesgebietes, etwa eine Weiterwanderung in einen anderen EU-Mitgliedstaate, führt entsprechend Abs. 1 zur Einstellung des Verfahrens und – bei Vorliegen der Vorraussetzungen – zur Erlassung eines Festnahmeauftrages (§ 26) oder Einleitung eines Ausweisungsverfahrens (§ 27 Abs.1 Z 2).

Der Asylwerber hat nach § 15 Abs. 1 Z 4 seine Anschrift und jede Änderung seines Aufenthaltsortes – auch im Ausland – so rasch wie möglich bekannt zu geben oder sich nach den Bestimmungen des MeldeG zu melden. Im Inland besteht eine Frist von sieben Tagen, in dieser Zeit hat die Meldung zu erfolgen.

Leicht feststellbar ist der Aufenthaltsort eines Asylwerbers jedenfalls dann, wenn es der Behörde möglich ist, durch Abfragen im Rahmen des Zentralen Melderegisters (ZMR) oder des Betreuungsinformationssystems/Grundversorgungssystems (BIS/GVS) die Anschrift und den tatsächlichen Aufenthaltsort des Asylwerbers zu ermitteln. Keinesfalls umfasst sind langwierige Ermittlungen oder gar Einvernahmen von Zeugen.

Nach Abs. 2 wird das Verfahren eingestellt, wenn sich der Asylwerber dem Verfahren entzogen hat und sein Antrag – auch trotz einer Befragung oder einer Einvernahme – noch nicht entscheidungsreif ist. In diesen Fällen hat das Bundesasylamt einen Festnahmeauftrag (§ 26) zu erlassen und das Verfahren einzustellen, bei einzustellenden Verfahren vor dem unabhängigen Bundesasylsenat wird ex lege ein Ausweisungsverfahren eingeleitet, dass die Festnahme und gegebenenfalls die Schubhaft des wieder aufgegriffenen Asylwerbers ermöglicht.

Der Festnahmeauftrag des Bundesasylamtes ist den Sicherheitsbehörden zur Kenntnis zu bringen und es ist eine Ausschreibung vorzunehmen, sodass es den Organen des öffentlichen Sicherheitsdienstes möglich ist, den Fremden bei Aufgriff festzunehmen. Wird der Asylwerber aufgegriffen, ist er nach Rücksprache mit dem Bundesasylamt vorzuführen. Dieses hat die für die Entscheidungsreife fehlenden Verfahrenshandlungen, die nur im Beisein des Asylwerbers erfolgen können, zu führen; anschließend ist die Anhaltung zu beenden. Sollte sich der Asylwerber neuerlich dem Verfahren entziehen, kann dieses bei Vorliegen der Vorraussetzungen des Abs. 3 entscheiden werden.

Nach Abs. 2 ist eine Fortsetzung des Verfahrens nach Ablauf von 2 Jahren nicht mehr zulässig. Nach dieser Zeit wäre für ein Asylverfahren ein neuerlicher Antrag notwendig, anderenfalls ist der Betroffene als Fremder im Sinne des Fremdenpolizeigesetzes zu behandeln.

Im Falle eines Verfahrens vor dem UBAS gilt ex lege ein Ausweisungsverfahren als eingeleitet, wenn sich der vom Bundesasylamt mit einer Ausweisung belegte Asylwerber dem Verfahren entzieht. Wird er aufgegriffen, kann er von den Organen des öffentlichen Sicherheitsdienstes festgenommen und von der Fremdenpolizeibehörde in Schubhaft genommen werden. Das Asylverfahren ist – während der Schubhaft – fortzusetzen und binnen 3 Monaten zu Ende zu führen.

Abs. 4 normiert, wann sich ein Asylwerber ungerechtfertigt aus der Erstaufnahmestelle entfernt. Dabei handelt es sich auch im Zulassungsverfahren um keine Konfinierung in der Erstaufnahmestelle, sondern eine Pflicht, sich rechtzeitig zu den Terminen in der Erstaufnahmestelle einzufinden. Die strengeren Regeln für das Zulassungsverfahren begründen sich auf Grund der kurzen, der Behörde zur Verfügung stehenden Fristen, die ihrerseits für ein geordnetes und rasches Asylverfahren unerlässlich sind.

3. Anm: § 24 ist gemäß den Übergangsbestimmungen auch auf Verfahren anzuwenden, die am 31.12.2005 anhängig waren. Bei der Entscheidung, ob diesfalls eine „Verletzung seiner Mitwirkungspflichten" vorliegt, ist – der für diese Verfahren eigentlich nicht geltende – § 15 sinngemäß anzuwenden. Die Vorgängerbestimmung des AsylG fand sich in § 30.

4. Anm: Zu den Tatbeständen des Entziehens nach Abs 1 und zum Tatbestand des ungerechtfertigten Entfernens aus der EASt nach Abs 4 vgl 3. zu § 26. Zur Bedeutung des Abs 3 vgl 6. zu § 19.

Gegenstandslosigkeit und Zurückziehen von Anträgen

§ 25. (1) Ein Antrag auf internationalen Schutz ist als gegenstandslos abzulegen
1. im Familienverfahren, wenn dem Fremden nach Befassung des Bundesasylamtes die Einreise nicht gewährt wird;

2. wenn der Antrag vor einem Organ des öffentlichen Sicherheitsdienstes gestellt wird und der zum Aufenthalt in Österreich berechtigte Fremde diesen nicht binnen vierzehn Tagen persönlich in einer Erstaufnahmestelle einbringt (§ 43 Abs. 1);
3. wenn der Fremde freiwillig in den Herkunftsstaat abreist, mit seiner Ausreise oder
4. wenn der Antrag, soweit dies nicht gemäß § 17 Abs. 3 zulässig war, schriftlich gestellt wurde.

(2) Das Zurückziehen eines Antrags auf internationalen Schutz ist im Verfahren erster Instanz nicht möglich, es sei denn, der Asylwerber ist in Österreich rechtmäßig niedergelassen (§ 2 Abs. 2 NAG). Das Zurückziehen eines Antrags auf internationalen Schutz in Verfahren zweiter Instanz gilt als Zurückziehung der Berufung. Anbringen, mit denen Anträge auf internationalen Schutz zurückgezogen werden sollen, sind nach Belehrung des Asylwerbers über die Rechtsfolgen als gegenstandslos abzulegen, wenn das Anbringen nicht als Zurückziehen der Berufung gilt.

Übersicht:
1. Hinweis auf europarechtliche Norm
2 Materialien
3.-4. Anmerkungen

1. Siehe IV.B.14. Art 19 VerfahrensRL.

2. RV 952 XXII. GP

Abs. 1 regelt, wann Anträge auf internationalen Schutz als gegenstandslos abzulegen sind, und stellt einen wesentlichen Beitrag zur Verfahrensökonomie dar. In diesen Fällen ist eine Weiterbearbeitung des Antrags entweder nicht möglich, weil dem Antragsteller die Einreise nicht gestattet wurde oder nicht sinnvoll, weil der Antragsteller offensichtlich kein Interesse an einem Asylverfahren hat oder freiwillig in den Herkunftsstaat abgereist ist. Eine Gegenstandslosigkeit steht einem neuerlichen Antrag nicht entgegen, sie begründet auch keine res iudicata.

Abs. 2 normiert, dass die Zurückziehung eines Antrags auf internationalen Schutz im Verfahren vor dem Bundesasylamt normalerweise nicht möglich ist. Damit soll verhindert werden, dass auf Grund einer Zurückziehung die – dann ungeprüfte – Behauptung im Raum stehen würde, dass der Fremde Flüchtling sei und Österreich seinen Verpflichtungen aus der Genfer Flüchtlingskonvention nicht nachkomme. Das ist aber nicht notwendig, wenn sich der Asylwerber rechtmäßig in Österreich niedergelassen hat und – auch ohne die Zuerkennung des Status des Asylberechtigten – unbefristet in Österreich leben darf.

Darüber hinaus soll eine Verschleppung des Verfahrens durch wiederholte Zurückziehungen und Neuantragsstellungen verhindert werden. Anders stellt sich die Situation vor dem unabhängigen Bundesasylsenat dar. Hier ist die Zurückziehung des Antrags möglich, gilt aber als Zurückziehung der Berufung, sodass der Bescheid 1. Instanz in Rechtskraft erwächst. Auch mit dieser Regelung sollten ungerechtfertigte Folgeanträge hintangehalten werden.

3. Anm: Die Vorgängerbestimmungen zu Abs 1 fanden sich in § 31 Abs 1 und 3 AsylG, zu Abs 2 in den §§ 23 Abs 3 und 31 Abs 2 AsylG.

4. Anm: Gegen die Ablage eines Antrages als gegenstandslos gibt es keinen Rechtsbehelf, zumal auch Gegenstandslosigkeit keinerlei Wirkung im Sinne von res iudicata erzeugt.

Festnahmeauftrag

§ 26. (1) Das Bundesasylamt kann gegen einen Fremden, der
1. **sich dem Verfahren entzogen hat (§ 24 Abs. 1) oder**
2. **sich ungerechtfertigt aus der Erstaufnahmestelle entfernt hat (§ 24 Abs. 4)**
einen Festnahmeauftrag erlassen.
(2) Die Anhaltung eines Fremden, gegen den ein Festnahmeauftrag erlassen wurde, ist dem Bundesasylamt unverzüglich anzuzeigen. Dieses hat mitzuteilen, wann und in welche Erstaufnahme- oder Außenstelle des Bundesasylamtes der Fremde vorzuführen ist. Die Anhaltung auf Grund eines Festnahmeauftrages darf 72 Stunden nicht übersteigen und ist nach Durchführung der erforderlichen Verfahrenshandlungen zu beenden.
(3) Ein Festnahmeauftrag ist zu widerrufen, wenn
1. **das Verfahren eingestellt wurde und die Fortsetzung des Verfahrens nicht mehr zulässig ist (§ 24 Abs. 2);**
2. **der Asylwerber aus eigenem der Behörde seinen Aufenthaltsort bekannt gibt und nicht auf Grund bestimmter Tatsachen anzunehmen ist, er werde sich wieder dem Verfahren entziehen oder**
3. **sich der Asylwerber im Zulassungsverfahren aus eigenem wieder in der Erstaufnahmestelle einfindet und nicht auf Grund bestimmter Tatsachen anzunehmen ist, er werde sich aus dieser wieder ungerechtfertigt entfernen.**
(4) Das Bundesasylamt hat die Erlassung und den Widerruf eines Festnahmeauftrags den Sicherheitsbehörden bekannt zu geben.

Übersicht:

1 Materialien
2.-4. Anmerkungen

1. RV 952 XXII. GP

Entzieht sich der Asylwerber dem Verfahren vor der ersten Instanz oder entfernt er sich ungerechtfertigt aus der Erstaufnahmestelle, so hat das Bundesasylamt einen Festnahmeauftrag zu erlassen. Die Zurück- oder Abweisung eines nicht entscheidungsreifen Antrags auf internationalen Schutz, ausschließlich mit der Begründung, der Asylwerber habe sich dem Verfahren entzogen, wäre im Hinblick auf die Genfer Flüchtlingskonvention – der Antragsteller könnte schließlich tatsächlich Flüchtling sein – und auf die EMRK – er könnte schließlich subsidiär Schutzberechtigter sein – nicht zulässig.

In Hinblick auf Art 2 Abs. 2 Z 4 des Bundesverfassungsgesetzes über den Schutz der persönlichen Freiheit handelt es sich beim Festnahmeauftrag um die Erzwingung einer durch das Gesetz vorgeschriebenen Verpflichtung, im Konkreten um die Verpflichtungen des § 15 Abs. 1. Hat der Asylwerber seine Mitwirkungspflichten verletzt und sich dem Verfahren entzogen, so bedarf es einer verhältnismäßigen Handhabe der Durchsetzung der Mitwirkungspflichten. In diesen Fällen soll der Asylwerber der Behörde vorzuführen sein, wenn diese ohne seine Anwesenheit keine Entscheidung – in dem vom Antragsteller initiierten Verfahren – treffen kann. Nach der Vorführung hat die Behörde alle erforderlichen (noch offenen) Verfahrenshandlungen durchzuführen. Erst nach Durchführung der erforderlichen Verfahrenshandlungen ist die Festnahme zu beenden.

Dazu soll der Behörde ein Zeitraum von maximal 72 Stunden zur Verfügung stehen. Einerseits erscheint dieser Zeitraum kurz genug, um mit den Rechtsschutzmechanismen des Art 129a Abs. 1 Z 2 B-VG, ohne eine eigene Haftprüfung etablieren zu müssen, das Auslangen zu finden und andererseits erscheint dieser Zeitraum im Hinblick auf die Durchführung der notwendigen Verfahrenshandlungen ausreichend bemessen zu sein. Im Rahmen einer Vorführung kann die Behörde bei Vorliegen der Voraussetzungen auch ein Ausweisungsverfahren einleiten.

Die Einleitung eines Ausweisungsverfahrens erfolgt nicht mit Bescheid; vielmehr ist die Festnahme, so eine erfolgt, als Maßnahme unmittelbarer verwaltungsbehördlicher Befehls- und Zwangsgewalt nach Art 129a Abs. 1 Z 2 B-VG bei den unabhängigen Verwaltungssenaten in den Ländern bekämpfbar.

Abs. 2 stellt klar, dass ein Festnahmeauftrag 72 Stunden nicht übersteigen darf und nach Durchführung der erforderlichen Verfahrenshandlungen zu beenden ist.

Abs. 3 stellt die Fälle dar, in denen ein Festnahmeauftrag zu widerrufen ist, weil entweder kein zu sicherndes Asylverfahren mehr vorhanden ist oder der Asylwerber sich selbst wieder der Behörde stellt und sein Verhalten offenbar nicht zur Verfahrensverzögerung sondern nur aus einem entschuldbaren Versehen heraus gesetzt wurde. Dann ist der Festnahmeauftrag – in einer abstrakten Betrachtung – nicht mehr verhältnismäßig und zu widerrufen.

2. Anm: Das AsylG kannte keine § 26 entsprechende Norm zur Sicherung der Mitwirkung am Asylverfahren.

3. Anm: Der Festnahmeauftrag wirkt einer durch das Verhalten des Asylwerbers herbeigeführten Verfahrensverzögerung entgegen und dient grundsätzlich der Erzwingung einer durch Gesetz normierten Verpflichtung, insbesondere der Mitwirkungspflichten nach § 15. Damit ist jedenfalls die Erlassung eines Festnahmeauftrages unzulässig, wenn die persönliche Mitwirkung des Asylwerbers aufgrund konkreter Umstände anzunehmen ist oder für die Entscheidung in 1. Instanz nicht (mehr) erforderlich ist (hinsichtlich der Auswirkung des § 24 Abs 3 diesbezüglich siehe 6. zu § 19). Ausgehend von dieser Zweckbestimmung ist die Erlassung eines Festnahmeauftrages einzelfallbezogen zu prüfen und unterliegt dieser dem verfassungsrechtlichen Verhältnismäßigkeitsgrundsatz. Ein Festnahmeauftrag darf nur durch die Asylbehörde 1. Instanz und nur für die erstinstanzliche Verfahrensführung erlassen werden.

Abs 1 normiert letztendlich **drei** unterschiedliche **Gründe**, welche die Erlassung eines Festnahmeauftrages ermöglichen:

1. Festnahmeauftrag nach § 26 Abs 1 Z 1 iVm § 24 Abs 1 Z 1

Der Fremde hat sich gem § 24 Abs 1 Z 1 dem Verfahren **entzogen**, wenn der Behörde sein **Aufenthaltsort** wegen Verletzung der Mitwirkungspflichten nicht bekannt ist, noch sonst durch die Behörde leicht feststellbar ist. Nach § 15 Abs 1 Z 4 hat der Asylwerber der Behörde seinen Aufenthaltsort und seine Anschrift bekannt zu geben und Änderungen so rasch wie möglich, während eines Aufenthalts im Inland längstens binnen sieben Tagen zu melden, wobei dieser Mitwirkungspflicht auch durch ordnungsgemäße Meldung nach dem MeldeG nachgekommen wird. Leicht feststellbar ist der Aufenthaltsort durch die Behörde jedenfalls durch Nachschau in den Registern (Asylwerberinformationssystem oder Betreuungsinformationssystem) oder auch durch Nachfragen bei einem Vertreter des Antragstellers.

2. Festnahmeauftrag nach § 26 Abs 1 Z 1 iVm § 24 Abs 1 Z 2

Des Weiteren hat sich ein Asylwerber gem § 24 Abs 1 Z 2 dem Verfahren **entzogen**, wenn er das **Bundesgebiet** freiwillig **verlässt** und der Antrag nicht als gegenstandslos abzulegen ist, womit jedes freiwillige Verlassen des Bundesgebietes ohne freiwillige Abreise in den Herkunftsstaat (§ 25 Abs 1 Z 3) Grundlage eines Festnahmeauftrages sein kann. Somit kann beispielsweise ein Festnahmeauftrag für einen Fremden erlassen werden, welcher sich in einen anderen EU-Mitgliedstaat begibt, und zwar auch, wenn der Fremde seiner Mitwirkungsverpflichtung durch Bekanntgabe des Aufenthaltsortes nach § 15 Abs 1 Z 4 nachkommt. Führt der Voraufenthalt dieses Fremden in Österreich etwa zu einer Zuständigkeit Österreichs nach der Dublin II und zu dessen Rücküberstellung nach Österreich, so kann ein diesbezüglicher Festnahmeauftrag nach dessen Rückkehr die weitere Verfahrensführung in erster Instanz gewährleisten.

3. Festnahmeauftrag nach § 26 Abs 1 Z 2 iVm § 24 Abs 4

Ein **ungerechtfertigtes Entfernen aus der EASt** kann nur während aufrechtem Zulassungsverfahren angenommen werden, wenn der Asylwerber trotz Aufforderung zu den ihm gesetzten Terminen nicht kommt und nicht in der EASt angetroffen werden kann. Unter Terminen sind nicht nur Ladungen zur Einvernahme zu verstehen, sondern sämtliche Termine im Rahmen des Zulassungsverfahrens, welche eine entsprechende Mitwirkung des Asylwerbers und dessen zeitgerechtes Erscheinen zur Durchführung eines ordnungsgemäßen Zulassungsverfahrens bedingen. Liegt kein Grund für eine gerechtfertigte Abwesenheit des Asylwerbers vor, so kann diesfalls ein Festnahmeauftrag auch erlassen werden, wenn der Aufenthaltsort des Antragstellers (außerhalb der EASt) bekannt ist; es genügt, dass der Asylwerber zu den im gesetzten Terminen nicht kommt und nicht in der EASt angetroffen werden kann.

4. **Anm:** **Abs 3** normiert die Gründe für einen **Widerruf** des Festnahmeauftrages. Darüber hinaus ist jedenfalls der Festnahmeauftrag zu widerrufen, wenn dessen Zweck auch anders erreicht werden kann oder erreicht wurde. Damit ist ein Festnahmeauftrag nach Durchführung der notwendigen Verfahrenshandlungen zu widerrufen, also spätestens bei Entscheidungsreife des Verfahrens. **Abs 2** normiert eine Frist von 72 Stunden als höchstzulässige **Dauer** der Festnahme aufgrund eines Festnahmeauftrages nach dem AsylG 2005, wobei innerhalb dieser Frist die Festnahme über die Vorführung vor die Behörde hinaus bis zur Durchführung der notwendigen Verfahrenshandlungen ermöglicht wird.

Einleitung eines Ausweisungsverfahrens

§ 27. (1) Ein Ausweisungsverfahren nach diesem Bundesgesetz gilt als eingeleitet, wenn
  1. im Zulassungsverfahren eine Bekanntgabe nach § 29 Abs. 3 Z 4 oder 5 erfolgt und
  2. das Verfahren vor dem unabhängigen Bundesasylsenat einzustellen (§ 24 Abs. 2) war und die Entscheidung des Bundesasylamtes in diesem Verfahren mit einer Ausweisung (§ 10) verbunden war.

(2) Die Behörde hat darüber hinaus ein Ausweisungsverfahren einzuleiten, wenn die bisher vorliegenden Ermittlungen die Annahme rechtfertigen, dass der Antrag auf internationalen Schutz sowohl in Hinblick auf die Gewährung des Status des Asylberechtigten als auch des subsidiär Schutzberechtigten ab- oder zurückzuweisen sein wird und wenn ein besonderes öffentliches Interesse an der beschleunigten Durchführung eines Verfahrens besteht. Die Einleitung des Ausweisungsverfahrens ist mit Aktenvermerk zu dokumentieren.

(3) Ein besonderes öffentliches Interesse an einer beschleunigten Durchführung des Verfahrens besteht insbesondere bei einem Fremden,
  1. der wegen einer gerichtlich strafbaren Handlung, die von Amts wegen zu verfolgen ist und vorsätzlich begangen wurde, rechtskräftig verurteilt worden ist;
  2. gegen den wegen einer gerichtlich strafbaren Handlung, die in die Zuständigkeit des Gerichtshofes erster Instanz fällt und nur vorsätzlich begangen werden kann, eine Anklage durch die Staatsanwaltschaft erhoben worden ist oder
  3. der bei der Begehung eines Verbrechens (§ 17 StGB) auf frischer Tat betreten worden ist.

(4) Ein gemäß Abs. 1 Z 1 eingeleitetes Ausweisungsverfahren ist einzustellen, wenn das Verfahren zugelassen wird. Ein gemäß Abs. 1 Z 2 eingeleitetes Ausweisungsverfahren ist einzustellen, wenn die bisher vorliegenden Ermittlungen die Annahme rechtfertigen, dass der Antrag auf internationalen Schutz weder im Hinblick auf die Gewährung des Status eines Asylberechtigten noch des Status des subsidiär Schutzberechtigten ab- oder zurückzuweisen sein wird oder wenn der Asylwerber aus eigenem dem unabhängigen Bundesasylsenat seinen Aufenthaltsort bekannt gibt und nicht auf Grund

bestimmter Tatsachen anzunehmen ist, er werde sich wieder dem Verfahren entziehen.
(5) Ein gemäß Abs. 2 von der Behörde eingeleitetes Ausweisungsverfahren ist einzustellen, wenn die Voraussetzungen für die Einleitung nicht mehr vorliegen.
(6) Die Einstellung eines Ausweisungsverfahrens steht einer späteren Wiedereinleitung nicht entgegen.
(7) Die Einleitung und die Einstellung eines Ausweisungsverfahrens ist der zuständigen Fremdenpolizeibehörde mitzuteilen.
(8) Ein Verfahren, bei dem ein Ausweisungsverfahren eingeleitet worden ist, ist schnellstmöglich, längstens jedoch binnen je drei Monaten nach Einleitung des Ausweisungsverfahrens oder nach Ergreifung einer Berufung, der aufschiebende Wirkung zukommt, zu entscheiden.

Übersicht:
1. Hinweis auf europarechtliche Norm
2. Hinweis auf innerstaatliche Norm
3 Materialien
4.-5. Anmerkungen

1. Siehe IV.B.14. Art 23 VerfahrensRL.

2. Textauszug StGB

Einteilung der strafbaren Handlungen

§ 17 (1) *Verbrechen sind vorsätzliche Handlungen, die mit lebenslanger oder mit mehr als dreijähriger Freiheitsstrafe bedroht sind.*
(2) Alle anderen strafbaren Handlungen sind Vergehen.

3. RV 952 XXII. GP

Ein Ausweisungsverfahren ist ex lege eingeleitet, wenn dem Asylwerber im Zulassungsverfahren mitgeteilt wird, dass beabsichtigt wird, seinen Antrag abzuweisen oder zurückzuweisen (§ 29 Abs. 3 Z 4 und 5). Es handelt sich hierbei um Zurückweisungsentscheidungen – also Entscheidungen den Antrag wegen Unzuständigkeit Österreichs oder den Antrag wegen Vorliegens von res iudicata zurückzuweisen – oder um gänzlich abweisende Entscheidungen. In diesen Fällen ist nach dem vorliegenden Ermittlungsstand die Ausweisung des Asylwerbers wahrscheinlich, daher ist es sachgerecht, die Einleitung eines Ausweisungsverfahrens anzuordnen. Ex lege eingeleitete Ausweisungsverfahren enden mit der Zulassung des Verfahrens; andere Ausweisungsverfahren sind mit einem contrarius actus zu beenden, etwa wenn die negative Entscheidungsprognose wegfällt. Wird kein Ausweisungsverfahren mehr geführt, ist eine allfällige Schubhaft – die Voraussetzungen sind weggefallen – zu beenden. Die Asylbehörde hat die Fremdenpolizeibehörde zu verständigen. Das Ende eines Ausweisungsverfahrens steht der späteren Wiedereinleitung nicht entgegen.
Es zeigt sich in der Praxis immer wieder, dass Fremde, die in Öster-

reich strafbare Taten begehen, einen Asylantrag stellen, um dadurch ihre In-Schubhaft-Nahme bzw. ihre Abschiebung zu verhindern. Stellt der Fremde aus der gerichtlichen Strafhaft – also nach rechtskräftiger Verurteilung – einen Antrag auf internationalen Schutz, soll dies der Verhängung von Schubhaft künftig nicht entgegenstehen; durch die vorgeschlagenen Übermittlungsbestimmungen (§ 104 FPG) sollen die Fremdenpolizeibehörden in die Lage versetzt werden, von einer Verurteilung frühzeitig Kenntnis zu erlangen, um damit in diesen Fällen noch während der Strafhaft eine Ausweisung bzw. ein Aufenthaltsverbot erlassen zu können; Schubhaft soll – auch nach einer Asylantragstellung – gemäß § 76 Abs. 2 Z 1 FPG möglich sein.

Wird eine gerichtliche Straftat erst während des Asylverfahrens begangen, soll die Verhängung von Schubhaft nach § 76 Abs. 2 Z 2 FPG ein von den Asylbehörden eingeleitetes Ausweisungsverfahren voraussetzen. Dieses wird in § 27 des Entwurfs geregelt. Einerseits bedarf es einer negativen Entscheidungsprognose; das heißt, die Behörde vermeint – ohne sich selbst zu präjudizieren – dem Asylwerber werde nach dem vorliegenden Ermittlungsstand weder der Status eines Asylberechtigten noch eines subsidiär Schutzberechtigten zuerkannt werden, andererseits muss ein besonderes öffentliches Interesse an der beschleunigten Durchführung des Verfahrens vorliegen. Dieses Interesse stellt einerseits auf die Wahrscheinlichkeit der Begehung einer gerichtlichen Straftat und andererseits indirekt proportional auf die tatsächliche Schwere dieser ab; je schwerer die Tat wiegt, desto früher soll die Einleitung des Ausweisungsverfahrens aus öffentlichem Interesse möglich sein (Abs. 3). Die Einleitung in solchen Fällen erfolgt durch Verfahrensanordnung, gegen die gemäß § 63 Abs. 2 AVG ein abgesondertes Rechtsmittel nicht möglich ist. Die Aufzählung in Abs. 3 ist demonstrativ und umfasst die typischen Fälle; ebenfalls an die Einleitung eines Ausweisungsverfahrens wird wohl zu denken sein, wenn der Asylwerber ein Verbrechen vor einem Organ des öffentlichen Sicherheitsdienstes glaubwürdig gesteht oder wenn es zu mehreren Vorsatztaten kommt, die einzeln zwar nicht in Z 3 fallen aber in einer Gesamtschau ein gleiches öffentliches Interesse an der Durchführung des Ausweisungsverfahrens ergeben.

Die Einleitung eines Ausweisungsverfahrens erfolgt mit Aktenvermerk, also einer Verfahrensanordnung (§ 63 AVG); diese muss keinen Bedacht auf die allfällige Rechtmäßigkeit von Schubhaft nehmen, da Schubhaft von den Fremdenpolizeibehörden nach eigener Prüfung mit Bescheid zu verhängen ist. Dieser Bescheid ist nach den Bestimmungen des FPG bekämpfbar.

Liegen die Voraussetzungen für die Einleitung des Ausweisungsverfahrens nicht mehr vor, so ist dieses von der zuständigen Behörde einzustellen. Die Einleitung als auch die Einstellung des Ausweisungsverfahrens ist der Fremdenpolizeibehörde mitzuteilen.

Folgen der Einleitung eines Ausweisungsverfahrens sind einerseits die Möglichkeit der Schubhaftverhängung durch die Fremdenpolizeibehörde und andererseits die Beschleunigung des Verfahrens durch die gesetzliche Anordnung des Abs. 8, diese Verfahren – auch wenn Schubhaft nicht verhängt wird – im öffentlichen Interesse und auch aus Gründen der Verfahrensökonomie prioritär zu behandeln und binnen einer Frist von maximal 3 Monaten pro Instanz abzuschließen.

4. Anm: Das AsylG kannte keine § 27 entsprechende Vorgängerbestimmung.

5. Anm: Das Gesetz unterscheidet zwischen Ausweisungsverfahren, die ex lege als eingeleitet gelten (Abs 1) und Ausweisungsverfahren, die durch die Behörde eingeleitet werden (Abs 2). Lediglich eine solche Einleitung ist durch Aktenvermerk zu dokumentieren. Die Einleitung eines Ausweisungsverfahrens stellt zwar einen Schubhafttatbestand dar, entbindet die Fremdenpolizeibehörde aber nicht von der Prüfung des Vorliegens der sonstigen gesetzlichen Voraussetzungen (siehe EB zur RV zu den §§ 39 und 76 FPG). In den Fällen des Abs 1 verkürzt sich die Entscheidungsfrist nur, wenn und während die Voraussetzungen des § 22 Abs 3 vorliegen. Siehe dazu 3.1. zu § 22.

2. Abschnitt: Sonderbestimmungen für das Zulassungsverfahren

Zulassungsverfahren

§ 28. (1) Ist der Antrag voraussichtlich nicht zurückzuweisen, ist das Verfahren zuzulassen, soweit das Verfahren nicht vor Zulassung inhaltlich entschieden wird. Die Zulassung erfolgt durch Ausfolgung einer Aufenthaltsberechtigungskarte (§ 51); eines Bescheides bedarf es dann nicht. Die Zulassung steht einer späteren zurückweisenden Entscheidung nicht entgegen.

(2) Entscheidet das Bundesasylamt nicht binnen zwanzig Tagen nach Einbringen des Antrags auf internationalen Schutz, dass der Antrag zurückzuweisen ist, ist der Antrag zuzulassen, es sei denn es werden Konsultationen gemäß der Dublin – Verordnung oder eines Vertrages über die Zuständigkeit zur Prüfung eines Asylantrages oder eines Antrages auf internationalen Schutz geführt. Das Führen solcher Konsultationen ist dem Asylwerber innerhalb der 20-Tages-Frist mitzuteilen. Diesfalls gilt die 20-Tages-Frist nicht. Diese gilt überdies nicht, wenn der Asylwerber am Verfahren nicht mitwirkt, dieses gegenstandslos wird oder er sich diesem entzieht. Ist der Asylwerber aus in seiner Person gelegenen Gründen nicht in der Lage, am Verfahren mitzuwirken, ist der Lauf der Frist nach Satz 1 gehemmt.

(3) Eine Stattgebung oder Abweisung des Antrags im Zulassungsverfahren ersetzt die Zulassungsentscheidung (Abs. 1). Wird der Antrag im Zulassungsverfahren abgewiesen, gilt dieser Antrag als zugelassen, wenn oder sobald der Berufung gegen diese Entscheidung aufschiebende Wirkung zukommt.

(4) Dem Asylwerber in der Erstaufnahmestelle ist eine ärztliche Untersuchung zu ermöglichen.

Übersicht:
1. Hinweis auf europarechtliche Norm
2. Materialien
3.-5. Anmerkungen

1. Siehe IV.B.14. Art 24 VerfahrensRL.

2. RV 952 XXII. GP

Abs. 1 stellt den Zweck des Zulassungsverfahrens dar. Im Gegensatz zu bisher ist die Zulassungsentscheidung eine Prognoseentscheidung; ein Verfahren ist zuzulassen, wenn der Antrag auf internationalen Schutz voraussichtlich – das heißt wahrscheinlich nach dem derzeitigen Wissensstand der Behörde – nicht zurückzuweisen oder ausnahmsweise im Zulassungsverfahren abzuweisen ist. Der Antrag ist zurückzuweisen, wenn ein anderer Dublin-Staat (§ 5) oder ein sicherer Drittstaat (§ 4) für das Verfahren zuständig ist oder wenn es sich um Anbringen handelt, das „die Abänderung eines der Berufung nicht oder nicht mehr unterliegenden Bescheides begehrt ..." (§ 68 Abs. 1 AVG) – also um einen ungerechtfertigen Folgeantrag. Wird der Antrag zugelassen, so erhält der Asylwerber eine Aufenthaltsberechtigungskarte und ist somit zum Aufenthalt im Bundesgebiet berechtigt (§ 13). Die Praxis nach der AsylG-Nov 2003 hat jedoch gezeigt, dass manche Zurückweisungstatbestände erst nach dem Zulassungsverfahren zu Tage treten; hier musste umständlich das Zulassungsverfahren wieder aufgenommen werden. Um dies in Zukunft zu verhindern und klarer darzustellen, dass Zulassungsverfahren und materielles Verfahren nur Teile eines Asylverfahrens sind, steht eine Zulassung einer späteren Zurückweisung nicht entgegen. Damit ist auch klargestellt, dass eine Zulassung alleine keine „Prüfung eines Asylantrages" im Sinne von Art 2 lit. e der Dublin-Verordnung darstellt. Dies wird aber die Ausnahme sein.

Das Zulassungsverfahren beginnt mit Einbringung des Asylantrages und ist binnen 20 Tagen zu beenden, soweit nicht Konsultationen nach der Dublin – Verordnung oder einer vertraglichen Zuständigkeitsvereinbarung eingeleitet werden; aus Gründen der Rechtssicherheit ist die Einleitung dieser Konsultationen mit Verfahrensanordnung dem Asylwerber anzuzeigen; eine Mitteilung nach § 29 Abs. 3 Z 4, die binnen 20 Tagen erfolgt, genügt. Eine gesondert nationale Regelung von Fristen im Zulassungsverfahren bei Führung von Konsultationsverfahren bedarf es nicht, zumal hier einerseits die Behörde auch von der Mitwirkung einer konsultierten Partnerbehörde eines EU-Mitgliedstaates abhängig ist, andererseits die Dublin-Verordnung ein entsprechendes fristsetzendes Regelungswerk beinhaltet. Wird der Antrag auf internationalen Schutz andernfalls nicht binnen 20 Tagen zurückgewiesen, ist das Verfahren zugelassen, es sei denn, der Asylwerber hat sich dem Verfahren entzogen (siehe § 24 Abs. 1), es war einzustellen (siehe § 24 Abs. 2) oder es wurde als gegenstandslos abgelegt (siehe § 25 Abs. 1). Ist der Asylwerber aus in seiner Person gelegenen Gründen nicht in der Lage, etwa wegen eines Krankenhausaufenthaltes am Verfahren mitzuwirken, ist die 20-Tages-Frist gehemmt.

Diesfalls läuft die Frist erst ab Wegfall des Hindernisses (Entlassung aus dem Krankenhaus) wieder weiter.

Weiterhin soll auch in klaren – sowohl positiven als auch negativen – Fällen während des Zulassungsverfahrens eine inhaltliche, das heißt stattgebende oder abweisende Entscheidung möglich sein; dann bedarf es keiner Zulassungsentscheidung. Der Entwurf stellt nun in Abs. 3 klar fest, mit welchem Zeitpunkt ein Verfahren, in dem eine solche inhaltliche Entscheidung im Zulassungsverfahren erlassen wird, als zugelassen gilt. Das ist vor allem einerseits für die Ausfolgung der Aufenthaltsberechtigungskarte und andererseits für die Festlegung des Vertreters von unbegleiteten Minderjährigen (siehe § 16) wichtig.

Abs. 4 stellt klar, dass Asylwerbern in der Erstaufnahmestelle – gedacht ist hier an die „technische Straße", die ganz zu Beginn des Zulassungsverfahrens steht und erkennungsdienstliche Behandlung, Durchsuchung, Erstbefragung und ärztliche Untersuchung umfasst – eine ärztliche Untersuchung ermöglicht wird. Weitere medizinische Hilfe regelt das Grundversorgungsgesetz – Bund und die die Grundversorgungsvereinbarung – Art 15a B-VG ausführenden Landesgesetze.

3. Anm: Die Vorgängerbestimmung fand sich in § 24a AsylG.

4. Anm: Grundsätzlich wurde die Zulassung zum Verfahren als **Prognoseentscheidung** ausgestaltet, sodass auch nach Zulassung in begründeten Fällen eine Zurückverweisungsentscheidung ohne weiteres ermöglicht wird (Abs 1), nach § 5 etwa so lange dies europarechtlich zulässig ist.

Ein Verfahren gilt als zugelassen,
- nach Fristenablauf (vgl unten 5.),
- bei Stattgebung im Zulassungverfahren,
- bei abweisender Entscheidung im Zulassungsverfahren, wenn und sobald der Berufung gegen dieser Entscheidung aufschiebende Wirkung zukommt (Abs 3).

Die Zulassung erfolgt durch Ausfolgung einer Aufenthaltsberechtigungskarte.

5. Anm: Fristen im Zulassungsverfahren:

Beginnend ist eine **Erstbefragung** im Sinne von § 19 binnen einer Frist von 48 bis 72 Stunden durch Organe des öffentlichen Sicherheitsdienstes durchzuführen (§ 29 Abs 2). Für Entscheidungen im Zulassungsverfahren durch das Bundesasylamt wurde grundsätzlich die 20-Tagesfrist des AsylG 2003 übernommen, jedoch der Entfall der Frist sowie die Hemmung des Fristenlaufes neu gestaltet. Die 20-Tagesfrist **beginnt** mit der Einbringung des Antrages auf internationalen Schutz (zur Unterscheidung zwischen Stellen und Einbringen des Antrages vgl 5. zu § 17). **Ausnahme**: Bei Unterbringungsengpässen in der EASt gem § 45 Abs 1 Z 2 kann das Zulassungsverfahren durch eine Außenstelle des Bundesasylamtes geführt werden und ist binnen angemessener Frist zu beginnen (§ 17 Abs 6). Der Fristenlauf beginnt diesfalls mit der Setzung einer Verfahrenshandlung.

Ein Zulassungsverfahren ist somit binnen 20 Tagen nach Einbringen des Antrags in der EASt zu erledigen (§ 28 Abs 2). Nach Ablauf der Frist

ist der Antrag durch die Ausfolgung der Aufenthaltsberechtigungskarte zuzulassen (anders noch das Verfahren nach dem AsylG idF AsylG-Nov 2003 – siehe die Ex lege-Zulassung des § 24 a Abs 8 AsylG).

1. Entfall der Frist
Wird binnen Frist ein **Konsultationsverfahren** nach dem Dublin-Vertrag oder der Dublin II eingeleitet, entfällt – unabhängig vom Ausgang der Konsultationen – jede weitere Frist mit Mitteilung hierüber an den Asylwerber. Nach Mitteilung gelten sodann die Fristen des Vertrages oder der VO. Damit trägt die Frist des § 28 Abs 2 zwar zu einer beschleunigten Einleitung von Konsulationsverfahren bei, ohne jedoch besondere, von der Dublin II abweichende weitere Entscheidungsfristen national festzulegen. Zur grundsätzlichen Ausgestaltung der Zulassung zu einer Prognoseentscheidung vgl oben 4.

Die 20-Tagesfrist gilt überdies nicht, wenn der Asylwerber am Verfahren **nicht mitwirkt**, dieses **gegenstandslos** wird (§ 25) oder er sich dem Verfahren **entzieht** (§ 24 Abs 1). Unter „nicht mitwirken" wird eine Verletzung der Mitwirkungspflichten des § 15 zu verstehen sein. Zu den Tatbeständen des „Entziehens" vgl 3. zu § 26.

2. Hemmung des Fristenlaufes
Ist der Asylwerber aus von ihm nicht vertretbaren Gründen (etwa auf Grund seines schlechten Gesundheitszustandes oder eines Aufenthalts im Krankenhaus) nicht in der Lage am Verfahren mitzuwirken, wird der Lauf der Frist gehemmt; die Frist beginnt mit Wegfall des Hindernisses neu zu laufen (siehe EB).

Verfahren in der Erstaufnahmestelle

§ 29. (1) Zulassungsverfahren sind mit Einbringen von Anträgen auf internationalen Schutz zu beginnen und in einer Erstaufnahmestelle des Bundesasylamtes zu führen, soweit sich aus diesem Bundesgesetz nichts anderes ergibt. § 17 Abs. 3 und 6 gilt. Unverzüglich nach Einbringung des Antrages ist dem Asylwerber eine Orientierungsinformation und eine Erstinformation über das Asylverfahren in einer ihm verständlichen Sprache zu geben.

(2) Nach Einbringung des Antrags auf internationalen Schutz hat binnen 48 - längstens jedoch nach 72 - Stunden eine Befragung des Asylwerbers durch Organe des öffentlichen Sicherheitsdienstes (§ 19 Abs. 1) zu erfolgen, soweit eine solche Befragung im ausreichenden Umfang nicht bereits im Rahmen der Vorführung erfolgt ist. Samstage, Sonntage und gesetzliche Feiertage hemmen die Frist gemäß Satz 1.

(3) Nach Durchführung der notwendigen Ermittlungen hat die Behörde je nach Stand des Ermittlungsverfahrens
  1. **dem Asylwerber eine Aufenthaltsberechtigungskarte (§ 51) auszufolgen;**
  2. **seinem Antrag auf internationalen Schutz durch Zuerkennung des Status eines Asylberechtigten stattzugeben (§ 3) oder**
  3. **dem Asylwerber mit Verfahrensanordnung (§ 63 Abs. 2 AVG) mitzuteilen, dass beabsichtigt ist, seinem Antrag auf internationalen Schutz durch Zuerkennung des Status des subsidiär**

Schutzberechtigten (§ 8 Abs. 1) stattzugeben und bezüglich des Status des Asylberechtigten abzuweisen;
4. dem Asylwerber mit Verfahrensanordnung (§ 63 Abs. 2 AVG) mitzuteilen, dass beabsichtigt ist, seinen Antrag auf internationalen Schutz zurückzuweisen (§§ 4, 5 und § 68 Abs. 1 AVG) oder
5. dem Asylwerber mit Verfahrensanordnung (§ 63 Abs. 2 AVG) mitzuteilen, dass beabsichtigt ist, seinen Antrag auf internationalen Schutz abzuweisen.

(4) Bei Mitteilungen nach Abs. 3 Z 3 bis 5 hat die Behörde den Asylwerber zu einem Rechtsberater zu verweisen. Dem Asylwerber ist eine Aktenabschrift auszuhändigen und eine 24 Stunden nicht zu unterschreitende Frist zur Vorbereitung einzuräumen. Der Asylwerber und der Rechtsberater sind unter einem zu einer Einvernahme zur Wahrung des Parteiengehörs nach Verstreichen dieser Frist zu laden. In dieser Frist hat eine Rechtsberatung (§§ 64, 65) zu erfolgen; dem Rechtsberater ist unverzüglich eine Aktenabschrift, soweit diese nicht von der Akteneinsicht ausgenommen ist (§ 17 Abs. 3 AVG), zugänglich zu machen (§ 57 Abs. 1 Z 3). Die Rechtsberatung hat, wenn der Asylwerber in der Erstaufnahmestelle versorgt wird, in dieser stattzufinden. Wird der Asylwerber angehalten, kann die Rechtsberatung auch in den Hafträumen erfolgen.

(5) Bei der Einvernahme zur Wahrung des Parteiengehörs hat der Rechtsberater anwesend zu sein. Zu Beginn dieser Einvernahme ist dem Asylwerber das bisherige Beweisergebnis vorzuhalten. Der Asylwerber hat die Möglichkeit, weitere Tatsachen und Beweismittel anzuführen oder vorzulegen.

Übersicht:
1   Materialien
2. Anmerkung
3. Judikatur

1. RV 952 XXII. GP

Mit Abs. 1 wird klar gestellt, wo das Zulassungsverfahren örtlich zu führen ist. Nicht in der Erstaufnahmestelle zu führen sind Verfahren von in Österreich nachgeborenen Kindern (§ 17 Abs. 3) und Verfahren nach Verfügung des Bundesasylamtes im Sinne von § 45 Abs. 1 Z 2 (§ 17 Abs. 6), sofern diese in einer Außenstelle des Bundesasylamtes geführt werden.

Abs. 2 normiert, dass die Befragung des Asylwerbers längstens binnen 72 Stunden nach Einbringen des Asylantrages in der Erstaufnahmestelle durch die Organe des öffentlichen Sicherheitsdienstes durchzuführen ist, soweit nicht schon eine Befragung im Rahmen der Vorführung (§§ 43ff Abs. 1 in Verbindung mit 19 Abs. 1) durchgeführt wurde. Für unbegleitete Minderjährige gelten besondere Schutzvorschriften (siehe § 16).

Diese Befragung, die Ergebnisse der „technischen Straße" also der erkennungsdienstlichen Behandlung und des nachfolgenden Eurodac-Abgleichs, der Durchsuchung und der daraus unter Umständen resultierenden Dokumentenuntersuchung sowie sonstige vorliegende Ergebnisse allfällig weiterer Ermittlungen der Asylbehörde führen zu einem Bild über die Zulässigkeit des Asylantrags. Die vorliegenden Tatsachen sind von der Behörde zu beurteilen, und diese Beurteilung ist dem Asylwerber mitzuteilen; es wird vor allem entweder zur Ausfolgung einer Aufenthaltsberechtigungskarte oder zur Mitteilung kommen, dass beabsichtigt ist, den Antrag auf internationalen Schutz zurückzuweisen. In besonders klaren Fällen wird es zur Zuerkennung des Status des Asylberechtigten, des subsidiär Schutzberechtigten oder zur Mitteilung kommen, das beabsichtigt ist, den Antrag (gänzlich) abzuweisen.

Will die Behörde das Verfahren weder zulassen oder dem Antrag vollinhaltlich – nämlich durch die Zuerkennung des Status des Asylberechtigten – stattgeben, so ist der Asylwerber zu einem Rechtsberater zu verweisen und unter einem – das heißt gleichzeitig – zu einer Einvernahme zu laden. In dieser kann er sein Parteiengehör nach erfolgter Rechtsberatung und im Beisein des Rechtsberaters abgeben. Um dem Asylwerber die Vorbereitung des Parteiengehörs zu ermöglichen, ist im Entwurf eine „Mindestwartefrist" von 24 Stunden angeführt. Diese ist von der Behörde durchaus mit Blick auf die Komplexität des Verfahrens und im Hinblick auf die persönlichen Umstände des Asylwerbers einzelfallbezogen festzulegen. Dem Rechtsberater und dem Asylwerber sind jedenfalls die notwendigen Unterlagen zur Verfügung zu stellen und Akteneinsicht (§ 17 AVG) zu gewähren. Beim Rechtsberater ist die Zurverfügungstellung auch auf automationsunterstützem Wege möglich; die notwendige Übermittlungsbestimmung findet sich in § 57 Abs. 1 Z 3. Bei jeder weiteren Einvernahme zur Wahrung des Parteiengehörs kann der Asylwerber im Beisein des Rechtsberaters weitere Tatsachen oder Beweismittel vorbringen und vorlegen. Das Institut des Rechtsberaters soll – auch im Hinblick auf die Ausführungen des VfGH in VfSlg. 15529/1999 – einerseits das Verstehen der Verfahrenshandlung durch die Hilfe eines geeigneten Beraters, der nicht der Behörde angehört, ermöglichen und andererseits der Formulierung der Parteienstellungnahme mit dem notwendigen Sachverstand dienen.

Wird der Asylwerber in Straf- oder Schubhaft angehalten so kann die Rechtsberatung in den jeweiligen Crafträumen erfolgen.

Im Einzelfall können – auch während des Zulassungsverfahrens weitere Einvernahmen durch Behördenorgane stattfinden; finden diese vor der Mitteilung nach Abs. 3 statt – etwa um bei einem Staatsbürger eines sicheren Staates nach Verfolgung zu fragen und den Antrag danach gegebenenfalls gleich inhaltlich prüfen zu können – findet die Einvernahme ohne Rechtsberater, nach einer Mitteilung nach Abs. 3 bis zur allfälligen Zulassung des Verfahrens jedenfalls immer im Beisein des Rechtsberaters statt.

2. Anm: Die Vorgängerbestimmung fand sich in § 24a AsylG. Zur Bedeutung des **Abs 3 1. Satz,** sowie der Einvernahme zur Wahrung des Parteiengehörs nach **Abs 4** vgl 6. zu § 19.

3. Jud: VfSlg 15.529.

Opfer von Gewalt

§ 30. Ist im Zulassungsverfahren mit hoher Wahrscheinlichkeit davon auszugehen, dass der Asylwerber durch Folter oder durch ein gleichwertiges Ereignis an einer belastungsabhängigen krankheitswertigen psychischen Störung leidet, die
1. ihn hindert, seine Interessen im Verfahren wahrzunehmen oder
2. für ihn die Gefahr eines Dauerschadens oder von Spätfolgen darstellt

hat eine Mitteilung nach § 29 Abs. 3 Z 5 nicht zu erfolgen. Der Antrag ist im Zulassungsverfahren nicht abzuweisen. Im weiteren Verlauf des Verfahrens ist auf die besonderen Bedürfnisse des Asylwerbers Bedacht zu nehmen. § 10 Abs. 3 gilt.

Übersicht:
1. Hinweis auf europarechtliche Norm
2.-4. Materialien
5.-6. Anmerkungen

1. Siehe IV.B.11. Art 20 StatusRL.

2. RV 952 XXII. GP

Da Asylwerber, die durch Folter oder durch ein gleichwertiges Ereignis an einer psychischen Störung leiden eine besonders schützenswerte Gruppe sind, ist es erforderlich, für diese Menschen im Verfahren besondere Sicherheitsmechanismen vorzusehen. Daher wird in diesem Kontext – im Gegensatz zur AsylG-Nov 2003 – vorgesehen, dass die Verfahren solcher Menschen im Zulassungsverfahren nicht abzuweisen – also nicht negativ inhaltlich zu entscheiden – sind, wenn im Zulassungsverfahren in der Einvernahme oder in einer weiteren Einvernahme medizinisch belegbare Tatsachen mit hoher Wahrscheinlichkeit die Annahme rechtfertigen, dass sie durch Folter oder ein gleichwertiges Ereignis, an einer belastungsabhängigen krankheitswertigen psychischen Störung leiden. Eine Zurückweisung soll allerdings in Hinkunft möglich sein.

Die Änderung im System stellt besser auf den Schutzzweck, den diese Menschen im Verfahren brauchen, ab; da eine Zurückweisungsentscheidung nach den §§ 4 und 5 keine inhaltliche Entscheidung über die Zuerkennung des Status des Asylberechtigten ist, sondern den Asylwerber lediglich an den – nach internationalen Normen – zuständigen Staat verweist, der in der Regel entweder ein Mitgliedstaat der Europäischen Union oder ein sicherer Drittstaat ist und demnach über ein entsprechendes Asylverfahren verfügen muss, wird die psychische Störung zu keiner wesentlichen Beeinträchtigung seiner Interessen führen. Festzuhalten ist, dass es hier um keine Rückführung in den Herkunftsstaat geht, sondern um eine Überstellung in den zuständigen Staat zur Aufnahme eines Asylverfahrens unter entsprechenden Betreuungsgarantien, welche im Rahmen der Europäischen Union durch die seit 6. Februar 2006 geltende Aufnahmerichtlinie harmonisiert sind. So haben überdies *Univ. Prof. Dr. P. Hofmann, T. Lahousen, R. Bonelli* in ihrem Artikel ‚Psychopharmakologische Therapie der posttraumatischen

Belastungsstörung' *(Friedmann, Hofmann, Lueger-Schuster, Steinbauer, Vyssoki (Hrsg.)* Psychotrauma – die Posttraumatische Belastungsstörung, Springer 2004, S. 95 f) auf die große Bedeutung und hohe Wirksamkeit der medikamentösen Behandlung der posttraumatischen Belastungsstörung hingewiesen. Die medikamentöse Behandlung wird durch die Überstellung in einen Dritt- oder Dublinstaat nicht beeinträchtigt und spricht dieser Umstand daher gegen eine gesundheitsschädigende Vorgangsweise.

In wie weit eine Abschiebung nach durchsetzbarer zurückweisender Entscheidung samt verbundener Ausweisung rechtlich möglich ist oder sich, etwa auf Grund einer schweren Krankheit, durch die eine Abschiebung eine Verletzung von Art. 3 EMRK darstellen würde, verbietet, hat die Fremdenpolizeibehörde zu beurteilen.

Hingegen würde eine (die Fluchtgründe inhaltlich prüfende) Abweisung – etwa oder gerade dann, wenn der betreffende Asylwerber keine Angaben zu seinen Fluchtgründen macht – seine Interessen zweifelsohne erheblich beeinträchtigen; die Durchsetzung einer mit einer Abweisung verbundenen Ausweisung würde ihn wieder in seinen Herkunftsstaat zurückbringen.

Wesentlich ist hierbei, dass die psychische Störung durch Folter oder ein gleichwertiges Ereignis eingetreten ist. Nachdem nur in Einzelfällen eindeutig sofort feststellbar ist, ob eine belastungsabhängige krankheitswertige psychische Störung vorliegt oder nicht, muss auf eine Wahrscheinlichkeitsprognose abgestellt werden. Zur Belegbarkeit dieser psychischen Störung können Sachverständige aus allen notwendigen Fachrichtungen beigezogen werden.

Weiters wird normiert, welche psychischen Störungen verfahrensrelevant sind. Es muss sich um eine belastungsabhängige, krankheitswertige psychische Störung handeln, die nur dann relevant ist, sofern sie den Asylwerber hindert, seine Interessen im Verfahren wahrzunehmen oder für den Asylwerber die Gefahr eines Dauerschadens oder Spätfolgen darstellt.

Eine psychische Störung hat dann Krankheitscharakter wenn schwerwiegende Auswirkungen auf das Wohlbefinden zu befürchten sind, die die Aufrechterhaltung der vitalen Funktionen (massive Schlafstörungen, die einer Behandlung bedürfen, Appetitlosigkeit, etc.) gefährden oder wenn bereits eine Vernachlässigung der eigenen Interessen gegeben ist.

Insbesondere sind [richtig: ist] bei der Feststellung des Krankheitswertes die Auswirkung der belastungsabhängigen krankheitswertigen psychischen Störung auf den weiteren Verfahrensvollzug von Bedeutung. Im Einzelfall ist, bei der Prüfung ob einer psychischen Störung und der damit verbundenen Symptomatik ein Krankheitswert zugesprochen wird, jedenfalls auch auf die Glaubwürdigkeit des Betroffenen abzustellen. Dem sachverständigen Arzt ist dabei eine möglichst breite Beurteilungsgrundlage durch die Behörde zur Verfügung zu stellen.

Der Begriff der belastungsabhängigen krankheitswertigen psychischen Störung stellt einen grundsätzlich weiten (dem Stand der Wissenschaft entsprechenden) Begriff dar. Entscheidend ist aber die Prüfung der Auswirkungen, die letztlich eine – im Hinblick auf den Schutzzweck während des Asylverfahrens – Einschränkung auf die real Schutzbedürftigen erlaubt.

Gefordert ist nicht eine Diagnose, die sich auf die Aufzählung bestimmter (auch erlernbarer) Symptome beschränkt, sondern deren Auswirkungen beurteilt (insbesondere unter dem Gesichtspunkt einer beeinträchtigten Verfolgungsmöglichkeit eigener Interessen im Verfahren).

Können die Folgen der Z 1 oder 2 mit hoher Wahrscheinlichkeit vom sachverständigen Arzt ausgeschlossen werden, so hat die Feststellung des Arztes dahin gehend zu lauten, dass eine verfahrensrelevante psychische Störung im Sinne des Asylgesetzes nicht oder mit hoher Wahrscheinlichkeit nicht vorliegt. Keinesfalls ist in die Beurteilung des sachverständigen Arztes eine Bewertung von Gegebenheiten, Situationen, Umständen, etc. des Herkunftsstaates, etwaige Folgen (fehlende Behandlungsmöglichkeiten etc.) für den Asylwerber im Falle der Ausweisung, aufzunehmen. Diese Beurteilung obliegt den Behörden.

Als fachlich qualifizierter Sachverständiger [richtig: sachverständiger] Arzt zur Beurteilung der psychischen Störung nach diesem Bundesgesetz wird sowohl ein Facharzt der Psychiatrie, ein Facharzt für Psychiatrie-Neurologie oder ein Facharzt für Neurologie-Psychiatrie, ein praktischer Arzt mit dem „PSY III-Diplom" angesehen werden können. Zum Begriff des „PSY III-Diploms" siehe auch die Diplomordnung der Österreichischen Ärztekammer vom 12. 12. 2003 in der Fassung vom 3. 12. 2004 (Rechtsgrundlage § 118 Abs. 2 Z 3 ÄrzteG) und die Diplomordnung-ÖÄK-Psy-Diplome vom 24. 11. 2004.

3. AB 1055 XXII. GP

Durch die Klarstellung in § 30 wird verdeutlicht, dass es im Zulassungsverfahren zu einer zurückweisenden, mit einer Ausweisung verbundenen Entscheidung kommen kann, die etwa eine nach der EU-Verordnung mit dem zuständigen Staat akkordierte Überstellung in diesen Staat zulässig macht. Die zeitlich unmittelbar folgende Durchsetzung der Ausweisung – die Überstellung selbst – ist jedoch auch im Hinblick auf den Gesundheitszustand des Antragstellers an den Anforderungen des Art. 3 EMRK zu messen. Diese Prüfung obliegt den Asylbehörden.

4. AF 1055 XXII. GP

Zu § 30 AsylG 2005 in Verbindung mit § 10 Abs 3 stellt der Ausschuss für innere Angelegenheiten fest, dass eine Überstellung auch in einen „Dublinstaat" oder einen sicheren Drittstaat im Hinblick auf den Verhältnismäßigkeitsgrundsatz und Art. 3 EMRK jedenfalls so lange zu unterbleiben hat, als deren Durchführung eine in den Bereich des Art. 3 EMRK reichende Verschlechterung des Krankheitsverlaufes oder der Heilungsmöglichkeiten von bestehenden belastungsabhängigen krankheitswertigen psychischen Störungen bewirken würde. Nicht zulässig wird etwa eine Überstellung von Hochschwangeren, Transportunfähigen und akut Schwerkranken sein.

5. Anm: Regelungen zum Schutz von traumatisierten Personen fanden sich in § 24b Abs 1 AsylG; allerdings war die Rechtsfolge einer Traumatisierung, dass das Verfahren zuzulassen war und somit Entscheidungen nach den §§ 4 und 5 in keinem Fall möglich waren.

6. **Anm:** Der letzte Satz mit dem Hinweis auf § 10 Abs 3 ist redundant, zumal diese Bestimmung für alle Fälle einer Ausweisung gilt.

3. Abschnitt: Sonderbestimmungen für das Flughafenverfahren

Anreise über einen Flughafen und Vorführung

§ 31. (1) Ein Fremder, der nach Anreise über einen Flughafen (§ 1 Z 1 Flughafen-Bodenabfertigungsgesetz – FBG, BGBl. I Nr. 97/1998), in dem eine Erstaufnahmestelle am Flughafen eingerichtet ist, einen Antrag auf internationalen Schutz stellt, ist dieser Erstaufnahmestelle vorzuführen, soweit das Bundesasylamt nicht auf Grund der vorliegenden Informationen die Einreise gestattet. Auf Flughafenverfahren sind, soweit sich aus diesem Abschnitt nichts anderes ergibt, die Bestimmungen des 2. Abschnitts anzuwenden. Wird die Einreise gestattet, ist dieser Fremde einer Erstaufnahmestelle im Inland vorzuführen; auf das weitere Verfahren sind die Bestimmungen dieses Abschnitts dann nicht anzuwenden.

(2) Die Einreise ist zu gestatten, wenn auf Grund des Standes des Ermittlungsverfahrens die Zurückweisung oder die Abweisung im Flughafenverfahren nicht oder nicht mehr wahrscheinlich ist.

(3) Stellt ein Fremder während der Abschiebung über einen Flughafen, auf dem eine Erstaufnahmestelle am Flughafen eingerichtet ist, einen Antrag auf internationalen Schutz, ist er der Erstaufnahmestelle am Flughafen vorzuführen. Auf ihn sind die Bestimmungen dieses Abschnitts anzuwenden.

Übersicht:

1.	Hinweise auf europarechtliche Normen
2.	Hinweise auf völkerrechtliche Normen
3.	Hinweis auf innerstaatliche Norm
4.	Materialien
5.-6.	Anmerkungen

1. Siehe IV.B.14. Art 21 u 35 VerfahrensRL.

2. Siehe V.I. Abkommen Österreich – UNHCR.

3. Textauszug FBG

§ 1. Im Sinne dieses Gesetzes gilt:
1. Flughafen ist ein öffentlicher Flugplatz, der für den internationalen Luftverkehr bestimmt ist und über die hiefür erforderlichen Einrichtungen verfügt;
2.-8. ...

4. RV 952 XXII. GP

Wie schon bisher ist für Fremde, die über einen Flughafen einreisen, ein Sonderverfahren vorgesehen. Es hat sich gezeigt, dass dieses Sonderverfahren durchaus in der Lage ist, Asylwerber, die direkt am Flughafen ankommen, effektiv und schnell – und vor allem durch die Einbindung von UNHCR – auch mit der notwendigen Rechtssicherheit zu behandeln.

Nach Einreise über einen Flughafen – es handelt sich dabei um öffentliche Flugplätze, die für den internationalen Luftverkehr bestimmt sind und über die hierfür erforderlichen Einrichtungen verfügen – ist der Asylwerber, wenn eine Entscheidung im Flughafenverfahren möglich erscheint und es auf dem betreffenden Flughafen eine Erstaufnahmestelle gibt, dieser vorzuführen. Wird die Einreise gestattet, so ist der Fremde – soweit er keinen vom Asylgesetz unabhängigen Aufenthaltstitel hat – einer Erstaufnahmestelle im Binnenland vorzuführen. Derzeit besteht eine Erstaufnahmestelle am Flughafen Schwechat.

Abs. 2 stellt klar, dass die Einreise zu gestatten ist, wenn auf Grund des Standes des Ermittlungsverfahrens die Zurückweisung oder die Abweisung im Flughafenverfahren nicht oder nicht mehr wahrscheinlich ist. So können sich bereits aus der Befragung nach § 19 Abs. 1 für das Bundesasylamt vorliegende Informationen ergeben, welche eine unverzügliche Vorführung zu einer Erstaufnahmestelle im Binnenland erforderlich machen.

Es hat sich in der Praxis gezeigt, dass es immer wieder vorkommt, dass Fremde während einer Abschiebung über einen Flughafen einen Asylantrag stellen. Diese sollen nach dem Entwurf – sie befinden sich schon im oder unmittelbar vor dem Flughafen – im Flughafenverfahren behandelt werden. Durch die Behandlung im Flughafenverfahren wird ihr Ansuchen unter Einbindung des UNHCR behandelt. Durch diese Regelung sollen vor allem Fälle erfasst werden, in denen die Antragstellung offensichtlich nur einer Verlängerung des Aufenthalts in Österreich dienen soll.

5. Anm: Vorgängerbestimmungen zum Flughafenverfahren fanden sich in den §§ 6 Abs 1 Z 4, 18 Abs 2, 24 a Abs 1, 32 Abs 9 32a Abs 3, 39a Abs 4 und § 39 Abs 3 AsylG.

6. Anm: Zu den Fristen im Flughafenverfahren: Im Flughafenverfahren darf die Sicherung der Zurückweisung niemals länger als sechs Wochen dauern (§ 32 Abs 4 letzter Satz). Da ohne Sicherung der Zurückweisung ein Flughafenverfahren nicht geführt werden kann, ist somit auch die Verfahrensdauer auf sechs Wochen befristet.

Das **Bundesasylamt** hat – davon geht der Gesetzgeber als Regelfall aus – dem in das Flughafenverfahren eingebundenen UNHCR binnen einer Woche die beabsichtigte Entscheidung mitzuteilen (§ 32 Abs 2), wenn eine Entscheidung nach § 4 oder eine abweisende Entscheidung (siehe § 33 Abs 1) beabsichtigt ist (siehe § 33 Abs 2). Ist eine Entscheidung nach § 5 beabsichtigt, sind binnen der sieben Tage die Konsultationen einzuleiten; dieser Umstand ist dem Asylwerber mitzuteilen. Eine

Überschreitung der Frist führt – unter den Voraussetzungen des § 73 AVG – zur Säumnis des Bundesasylamtes; ist das Bundesasylamt allerdings säumig, so kann es allenfalls dazu führen, dass die gesamte Verfahrensführung (inkl Verfahren 1. Instanz, UNHCR-Mitwirkung, Rechtsmittelfrist und Verfahren 2. Instanz) nicht binnen der absoluten Frist von sechs Wochen erfolgen kann. Da die Sicherung der Zurückweisung nur „so lange dies unbedingt nötig ist" (siehe § 32 Abs 4 letzter Satz) aufrechterhalten werden darf, wäre daher die Sicherung der Zurückweisung zu beenden, wenn absehbar ist, dass der Zweck der Sicherung der Zurückweisung nicht mehr erreicht werden kann.

UNHCR ist bei der Zustimmung zur Abweisung oder Zurückweisung des Antrages nach § 4 an die im Abkommen Österreich – UNHCR (siehe VI.1.) festgelegten Antwortfristen gehalten. Bis zur Entscheidung des UNHCR, ob eine Zustimmung erfolgt – längstens jedoch sechs Wochen – kann die Sicherung der Zurückweisung aufrecht erhalten werden (§ 32 Abs 3 Z 1).

Ist eine Abweisung oder Zurückweisung des Antrages nach § 4 erlassen worden – und sei es auch rechtswidrig ohne Zustimmung des UNHCR – kann die Zurückweisung bis zum Ende der Berufungsfrist weiterhin gesichert werden. Im Flughafenverfahren gilt eine **Berufungsfrist** von lediglich sieben Tagen.

Wurden Konsultationen zur Erlangung einer Zustimmung für eine Entscheidung nach § 5 begonnen, sind diese so rechtzeitig zu beenden, dass dem Asylwerber 7 Tage Berufungsfrist und der 2. Instanz nach Möglichkeit zwei Wochen, zumindest aber die jedenfalls nötige Zeit, für die Entscheidung 2. Instanz offen bleibt. Sobald sich ergibt, dass eine rechtskräftige Entscheidung (siehe § 33 Abs 5 letzter Satz) in der Sechs-Wochen-Frist nicht mehr möglich ist, ist die Sicherung der Zurückweisung zu beenden.

Der **UBAS** hat für die Entscheidung zwei Wochen Zeit (§ 33 Abs 4); zu den Folgen einer Säumnis siehe oben die Ausführungen zur Säumnis des Bundesasylamtes.

Sicherung der Zurückweisung

§ 32. (1) Ein Fremder, der einer Erstaufnahmestelle am Flughafen vorgeführt worden ist, kann, soweit und solange die Einreise nicht gestattet wird, dazu verhalten werden, sich zur Sicherung einer Zurückweisung an einem bestimmten Ort im Grenzkontrollbereich oder im Bereich dieser Erstaufnahmestelle aufzuhalten (Sicherung der Zurückweisung); er darf jederzeit ausreisen.

(2) Die beabsichtigte Entscheidung erster Instanz ist binnen einer Woche nach Vorführung dem Hochkommissär der Vereinten Nationen für Flüchtlinge mitzuteilen. Wenn der Antrag wegen Unzuständigkeit Österreichs auf Grund der Dublin – Verordnung oder eines Vertrages über die Zuständigkeit zur Prüfung des Asylantrages oder eines Antrages auf internationalen Schutz zurückzuweisen ist, sind binnen einer Woche die Konsultationen einzuleiten; dies ist dem Asylwerber mitzuteilen.

(3) Darüber hinaus kann die Sicherung der Zurückweisung aufrechterhalten werden

1. bis zum Ablauf des Tages, an dem die Zustimmung oder Ablehnung des Hochkommissärs der Vereinten Nationen für Flüchtlinge (§ 63) eingelangt ist;
2. bis zum Ende der Berufungsfrist oder
3. für die Dauer des Berufungsverfahrens.

(4) Die Sicherung der Zurückweisung ist zu beenden, wenn das Bundesasylamt mitteilt, dass dem Asylwerber die Einreise zu gestatten ist. Die Sicherung der Zurückweisung darf nur so lange dies unbedingt nötig ist, jedenfalls nicht länger als sechs Wochen aufrechterhalten werden.

Übersicht:
1. Hinweise auf europarechtliche Normen
2. Materialien
3. Anmerkung
4. Judikatur

1. Siehe IV.B.4. Art 14 AufnahmeRL; IV.B.14. Art 21 u 35 VerfahrensRL.

2. RV 952 XXII. GP

Es wird klargestellt, dass Fremde, die einer Erstaufnahmestelle am Flughafen vorgeführt werden, zurückgewiesen werden können. Da diese Fremden durchaus jederzeit ausreisen können, handelt es sich bei der Zurückweisung um keine Anhaltung. Vielmehr dient die Zurückweisung der Fremdenpolizei und wird nur der Vollständigkeit und der leichteren Lesbarkeit halber im Asylgesetz normiert.

Die Abs. 2 und 3 stellen klar, dass die Sicherung der Zurückweisung bis zur rechtskräftigen Entscheidung erfolgen kann. Das Bundesasylamt hat seine Entscheidungsabsicht innerhalb einer Woche ab Vorführung in die Erstaufnahmestelle am Flughafen dem UNHCR zur Einholung der Zustimmung nach § 33 Abs. 2 vorzulegen, anschließend hat der Asylwerber – nach entsprechender Äußerung des UNHCR – eine Berufungsfrist von sieben Tagen. Die Entscheidung des unabhängigen Bundesasylsenates hat binnen zwei Wochen zu ergehen. Bei der Zeitspanne, die UNHCR erfahrungsgemäß benötigt, handelt es sich um wenige Tage. Dies ist durch das Abkommen zwischen der österreichischen Bundesregierung und dem UNHCR betreffend die Mitwirkung von UNHCR am Asylverfahren in denen der Antrag anlässlich der Grenzkontrolle nach Einreise über einen Flugplatz gestellt wurde (BGBl III Nr. 32/2003, vgl. Art. III, wonach UNHCR verpflichtet ist, grundsätzlich binnen 48 Stunden längstens jedoch innerhalb von 96 Stunden dem Bundesasylamt zu antworten) entsprechend gesichert.

Wenn die Einreise vom Bundesasylamt gestattet wird, ist die Sicherung der Zurückweisung selbstverständlich zu beenden. Darüber hinaus wird klargestellt, dass die Sicherung der Zurückweisung nur für den unbedingt notwendigen Zeitraum und jedenfalls nicht länger als sechs Wochen aufrechterhalten werden darf.

3. Anm: Zu den Vorgängerbestimmungen siehe 5. zu § 31.

4. Jud: Zur Grenzziehung zwischen Beschränkung und Entzug der Freiheit in Flughafenverfahren vgl OGH 15.03.2005, 1 Ob 250/04b.

Besondere Verfahrensregeln für das Flughafenverfahren

§ 33. (1) In der Erstaufnahmestelle am Flughafen ist die Abweisung eines Antrages nur zulässig, wenn sich kein begründeter Hinweis findet, dass dem Asylwerber der Status des Asylberechtigten oder des subsidiär Schutzberechtigten zuzuerkennen wäre und
1. der Asylwerber die Asylbehörde über seine wahre Identität, seine Staatsangehörigkeit oder die Echtheit seiner Dokumente trotz Belehrung über die Folgen zu täuschen versucht hat;
2. das Vorbringen des Asylwerbers zu seiner Bedrohungssituation offensichtlich nicht den Tatsachen entspricht;
3. der Asylwerber keine Verfolgung im Herkunftsstaat geltend gemacht hat oder
4. der Asylwerber aus einem sicheren Herkunftsstaat (§ 39) stammt.

(2) Die Abweisung eines Antrags auf internationalen Schutz nach Abs. 1 und eine Zurückweisung des Antrags wegen bestehenden Schutzes in einem sicheren Drittstaat (§ 4) darf durch das Bundesasylamt nur mit Zustimmung des Hochkommissärs der Vereinten Nationen für Flüchtlinge erfolgen. Im Flughafenverfahren genügt eine Einvernahme.

(3) Die Berufungsfrist gegen eine Entscheidung des Bundesasylamtes im Flughafenverfahren beträgt sieben Tage.

(4) Der unabhängige Bundesasylsenat hat im Flughafenverfahren binnen zwei Wochen ab Vorlage der Berufung zu entscheiden. Eine Verhandlung im Berufungsverfahren ist in der Erstaufnahmestelle am Flughafen durchzuführen. Dem betreffenden Asylwerber ist mitzuteilen, dass es sich um eine Verhandlung der Berufungsbehörde handelt.

(5) Im Flughafenverfahren ist über die Ausweisung nicht abzusprechen. Die Zurückweisung darf erst nach Rechtskraft der gänzlich ab- oder zurückweisenden Entscheidung durchgesetzt werden.

Übersicht:
1. Hinweise auf europarechtliche Normen
2. Materialien
3.-5. Anmerkungen

1. Siehe IV.B.14. Art 21 u 35 VerfahrensRL.

2. RV 952 XXII. GP

Eine Ab- und Zurückweisung des Antrages auf internationalen Schutz kann im Flughafenverfahren nur unter bestimmten, klar definierten Voraussetzungen erfolgen. Die für Flughafenverfahren zulässigen Abweisungsgründe sind in § 33 Abs. 1 Z 1 bis 4 abschließend geregelt. Dies betrifft einerseits Anträge mit Missbrauchs- oder Täuschungsabsicht (Z 1) oder Vorbringen, welchen mangels Verfolgungsgefahr der Erfolg versagt bleiben muss. Um nicht den Tatbestand der Z 3 („der Asylwerber keine Verfolgung im Herkunftsstaat geltend macht") zu erfüllen, ist jedenfalls ein Vorbringen des Antragstellers, welches über das, bloße Behauptungen in den Raum stellend hinausgeht und gewisses Sachverhaltssubstrat im Vorbringen verlangt, zu verstehen. Das Bundesasylamt darf nur abweisen oder – von Dublin-Verfahren abgesehen – zurückweisen, wenn UNHCR der Entscheidung zustimmt. Wird gegen die Entscheidung Berufung erhoben, hat der unabhängiger Bundesasylsenat binnen zwei Wochen zu entscheiden; um eine Einreise des Fremden bloß für den Zweck der Berufungsverhandlung hintanzuhalten, hat auch die Verhandlung vor dem unabhängiger Bundesasylsenat in der Erstaufnahmestelle am Flughafen zu erfolgen; es ist dem Asylwerber allerdings klar zu machen, dass es sich bei der Verfahrenshandlung um eine Verhandlung des unabhängigen Bundesasylsenates handelt.

Im Flughafenverfahren hat die Ausweisung – der Fremde hat Österreich rechtlich noch nicht betreten – zu unterbleiben, nach der negativen Entscheidung kann viel mehr die Zurückweisung effektuiert werden. Bei Fremden, die erst im Rahmen der Abschiebung über einen Flughafen einen Asylantrag stellen, wurde über die Ausweisung – und damit über ihren Refoulementschutz – bereits abgesprochen.

3. Anm: Zu den Vorgängerbestimmungen siehe 5. zu § 31.

4. Anm: Generell sind Flughafenverfahren Zulassungsverfahren mit weiteren Sondernormen (siehe § 31 Abs 1 vorletzter Satz); es sind daher die Formvorschriften für Zulassungsverfahren zu beachten. Als „zugelassen" sind Anträge im Flughafenverfahren daher erst – aber jedenfalls – mit Gestattung der Einreise anzusehen.

5. Anm: In Flughafenverfahren wird es auch bei Abweisungen nur eines einheitlichen – auf die §§ 33 Abs 1, 3 und 8 Bezug nehmenden – Spruches bedürfen; eines Spruches nach § 10 bedarf es – mangels erfolgter Einreise – nicht.

4. Abschnitt: Sonderbestimmungen für das Familienverfahren

Familienverfahren im Inland

§ 34. (1) Stellt ein Familienangehöriger (§ 2 Z 22) von
1. einem Fremden, dem der Status des Asylberechtigten zuerkannt worden ist;
2. einem Fremden, dem der Status des subsidiär Schutzberechtigten (§ 8) zuerkannt worden ist oder

3. einem Asylwerber
einen Antrag auf internationalen Schutz, gilt dieser als Antrag auf Gewährung desselben Schutzes.

(2) Die Behörde hat auf Grund eines Antrages eines Familienangehörigen eines Fremden, dem der Status des Asylberechtigten zuerkannt worden ist, dem Familienangehörigen mit Bescheid den Status eines Asylberechtigten zuzuerkennen, wenn die Fortsetzung eines bestehenden Familienlebens im Sinne des Art. 8 EMRK mit dem Familienangehörigen in einem anderen Staat nicht möglich ist.

(3) Die Behörde hat auf Grund eines Antrages eines im Bundesgebiet befindlichen Familienangehörigen eines Fremden, dem der Status des subsidiär Schutzberechtigten zuerkannt worden ist, mit Bescheid den Status eines subsidiär Schutzberechtigten zuzuerkennen, es sei denn,
1. dass die Fortsetzung eines bestehenden Familienlebens im Sinne des Art. 8 EMRK mit dem Angehörigen in einem anderen Staat möglich ist oder
2. dem Asylwerber der Status des Asylberechtigten zuzuerkennen ist.

(4) Die Behörde hat Anträge von Familienangehörigen eines Asylwerbers gesondert zu prüfen; die Verfahren sind unter einem zu führen, und es erhalten alle Familienangehörigen den gleichen Schutzumfang. Entweder ist der Status des Asylberechtigten oder des subsidiär Schutzberechtigten zuzuerkennen, wobei die Zuerkennung des Status des Asylberechtigten vorgeht, es sei denn, alle Anträge wären als unzulässig zurückzuweisen oder abzuweisen. Jeder Asylwerber erhält einen gesonderten Bescheid.

Übersicht:

1. Hinweise auf europarechtliche Normen
2. Hinweis auf völkerrechtliche Norm
3. Materialien
4. Anmerkung

1. Siehe IV.A.8. Art 6 ff u 14 f Dublin II; IV.B.4. Art 8 AufnahmeRL; IV.B.11. Art 2/h u 23 StatusRL; IV.B.14. Art 9 VerfahrensRL.

2. Siehe V.C. Art 8 EMRK.

3. RV 952 XXII. GP

Der vorgeschlagene § 34 – er entspricht im Wesentlichen dem § 10 AsylG 1997 – dient der Beschleunigung der Asylverfahren von Asylwerbern im Familienverband; das durch die AsylG-Nov 2003 geschaffene Regelungssystem ersetzt die so genannte „Asylerstreckung".

Die Bestimmungen des § 34 sind auf die Ehegatten und minderjährigen, unverheirateten Kinder eines Asylberechtigten oder eines Asylwerbers oder sonst Schutzberechtigten anzuwenden; deren Antrag auf internationalen Schutz wird ex lege als Antrag auf Gewährung desselben Schutzes nach den Bestimmungen des § 34 zu behandeln sein.

Ziel der Bestimmungen ist Familienangehörigen (§ 2 Z 22) den gleichen Schutz zu gewähren, ohne sie um ihr Verfahren im Einzelfall zu bringen. Wenn einem Familienmitglied der Status eines Asylberechtigten zuerkannt wird, soll dieser allen anderen Familienmitgliedern – im Falle von offenen Verfahren zur gleichen Zeit von der gleichen Behörde – zuerkannt werden.

Abs. 2 und 3 normieren, dass einem Familienmitglied dann der Status eines Asylberechtigten oder subsidiär Schutzberechtigten zuzuerkennen ist, wenn die Fortsetzung des Familienlebens mit dem Angehörigen, dem der betreffende Status schon zuerkannt wurde, in einem anderen Staat als Österreich nicht möglich ist. Ein in Österreich Asylberechtigter, der – angenommen – mit einer Staatsbürgerin eines Mitgliedstaates der Europäischen Union verheiratet ist, wird sein Familienleben wohl auch in eben diesem Mitgliedstaat der Europäischen Union fortsetzen können, weshalb die Asylgewährung durch Österreich für seine Ehefrau widersinnig wäre.

Die Asylverfahren einer Familie sind unter einem zu führen, wobei jeder Antrag auf internationalen Schutz gesondert zu prüfen ist; es erhalten alle Familienmitglieder einen eigenen Bescheid, mit dem über die Asylgewährung oder über die subsidiäre Schutzgewährung abgesprochen wird. Jener Schutzumfang, der das stärkste Recht gewährt, ist auf alle Familienmitglieder anzuwenden. Das gemeinsame Führen der Verfahren hat den Vorteil, dass möglichst zeitgleich über die Berechtigungen, die Österreich einer Familie gewährt, abgesprochen wird. Diese Vereinfachung und Straffung der Verfahren wird auch im Berufungsverfahren fortgesetzt. Eine von einem Familienmitglied eingebrachte Berufung gegen einen abweisenden oder zurückweisenden Bescheid hat zur Folge, dass diese Berufung auch die Bescheide der anderen Familienmitglieder in Berufung zieht (§ 36 Abs. 3).

Da es sich bei Verfahren nach dieser Bestimmung um eine Zuerkennung des Status des Asylberechtigten handelt, ist selbstverständlich § 6 anwendbar; § 11 hingegen nur, wenn dies auch auf den „Ankerflüchtling" zutrifft.

Die gemeinsame Behandlung der Anträge auf internationalen Schutz heißt jedoch nicht, dass die Einvernahmen gemeinsam geführt werden. Die Einvernahmen haben selbstredend getrennt geführt zu werden; dies ist wichtig, um z.B. Frauen, die Opfer von sexueller Gewalt wurden, nicht vor ihrem Ehemann befragen zu müssen, zumal es in einer derartigen Situation schwierig genug ist, über traumatisierende Erlebnisse generell zu sprechen; die Abwesenheit des Ehepartners ist in solchen Fällen unabdingbar.

4. Anm: Die Vorgängerbestimmungen für Familienverfahren fanden sich in den §§ 10 und 16 AsylG.

Anträge im Familienverfahren bei Berufsvertretungsbehörden

§ 35. (1) Der Familienangehörige eines Fremden, dem der Status des Asylberechtigten oder des subsidiär Schutzberechtigten zuerkannt wurde und der sich im Ausland befindet, hat einen Antrag gemäß § 34 Abs. 1 bei der mit konsularischen Aufgaben betrauten österreichischen Berufsvertretungsbehörde im Ausland (Berufsvertretungsbehörde) zu stellen. Dieser Antrag gilt außerdem als Antrag auf Erteilung eines Einreisetitels.

(2) Befindet sich der Familienangehörige eines Fremden, dem der Status des subsidiär Schutzberechtigten zuerkannt wurde, im Ausland, ist diesem über Antrag nach der ersten Verlängerung der befristeten Aufenthaltsberechtigung des Fremden, dem der Status des subsidiär Schutzberechtigten bereits zuerkannt wurde, die Einreise zu gewähren, es sei denn, es wäre auf Grund bestimmter Tatsachen anzunehmen, dass die Voraussetzungen für die Zuerkennung des Status des subsidiär Schutzberechtigten nicht mehr vorliegen oder in drei Monaten nicht mehr vorliegen werden. Darüber hinaus gilt Abs. 4.

(3) Wird ein Antrag nach Abs. 1 und Abs. 2 gestellt, hat die Berufsvertretungsbehörde dafür Sorge zu tragen, dass der Fremde ein in einer ihm verständlichen Sprache gehaltenes Antrags- und Befragungsformular ausfüllt; Gestaltung und Text dieses Formulars hat der Bundesminister für Inneres im Einvernehmen mit dem Bundesminister für auswärtige Angelegenheiten und nach Anhörung des Hochkommissärs der Vereinten Nationen für Flüchtlinge (§ 63) so festzulegen, dass das Ausfüllen des Formulars der Feststellung des maßgeblichen Sachverhalts dient. Außerdem hat die Berufsvertretungsbehörde den Inhalt der ihr vorgelegten Dokumente aktenkundig zu machen. Der Antrag im Familienverfahren ist unverzüglich dem Bundesasylamt zuzuleiten.

(4) Die Berufsvertretungsbehörde hat dem Fremden nach Abs. 1 oder 2 ohne weiteres ein Visum zur Einreise zu erteilen, wenn das Bundesasylamt mitgeteilt hat, dass die Gewährung des Status des Asylberechtigten oder des subsidiär Schutzberechtigten wahrscheinlich ist. Eine derartige Mitteilung darf das Bundesasylamt nur erteilen, wenn das zu befassende Bundesministerium für Inneres mitgeteilt hat, dass eine Einreise den öffentlichen Interessen nach Art. 8 Abs. 2 EMRK nicht widerspricht. Die Berufsvertretungsbehörde hat weiters den Fremden zu informieren, dass der Antrag erst nach persönlicher Stellung in der Erstaufnahmestelle als eingebracht gilt (§ 17 Abs. 2).

Übersicht:

1.	Hinweise auf europarechtliche Normen
2.	Hinweis auf innerstaatliche Normen
3	Materialien
4.-5.	Anmerkungen

1. Siehe IV.B.14. Art 3 VerfahrensRL.

2. Siehe VI.A. § 1 AsylG-DV 2005.

3. RV 952 XXII. GP

§ 35 ermöglicht den Familienangehörigen eines Asylberechtigten oder eines subsidiär Schutzberechtigten die Antragstellung in einer österreichischen Berufsvertretungsbehörde im Ausland. Die originäre Antragstellung an einer Berufsvertretungsbehörde ist hingegen nicht zulässig; in speziellen Fällen wird zwar keine originäre Antragstellung zulässig sein, die fremdenpolizeilichen Bestimmungen (z.B. die Erteilung eines Einreisetitels) bleiben jedoch unberührt. Nach Abs. 2 sind Familienangehörige subsidiär Schutzberechtigter erst nach der ersten Verlängerung der befristeten Aufenthaltsberechtigung (§ 8 Abs. 4) des in Österreich den Status eines subsidiär Schutzberechtigten innehabenden Fremden antragslegitimiert. Überdies hat das Bundesasylamt im Rahmen einer Prognoseentscheidung festzustellen, dass die Gefährdungsvoraussetzungen des § 8 Abs. 1 im Zeitpunkt der Mitteilung nach Abs. 4 noch vorliegen und auch in naher Zukunft keine diesbezügliche Änderung zu erwarten ist.

Bei Anträgen im Familienverfahren, die bei einer österreichischen Berufsvertretungsbehörde gestellt werden, gilt ebenfalls die generelle Norm, dass der Antrag auf internationalen Schutz erst eingebracht ist, wenn der Asylwerber diesen persönlich in der Erstaufnahmestelle im Inland stellt.

Neu ist der Vorschlag, vor Einreise das Bundesministerium für Inneres zu befassen; hiermit soll verhindert werden, dass gefährliche Fremde – etwa Terroristen – unter dem Regime der Familienzusammenführung nach Österreich kommen.

Gegen die Mitteilung des Bundesasylamtes ist kein Rechtmittel möglich, wohl aber kann nach den Vorschriften des FPG gegen die Verweigerung des Visums ein – je nach Fall – ordentliches oder außerordentliches Rechtsmittel ergriffen werden.

4. Anm: Zu den Vorgängerbestimmungen siehe 3. zu § 34.

5. Anm: Die Zuerkennung eines Status nach diesem Bundesgesetz setzt also die Einreise und das Einbringen des Antrags in einer EASt voraus. Personen, die ihren Antrag nicht in Österreich gestellt oder eingebracht haben, kann kein Status nach diesem Bundesgesetz zuerkannt werden (siehe hiezu auch 3. zu § 1). Anträge nach § 35 können aufgrund des klaren Gesetzeswortlautes nur mehr bei der Berufsvertretungsbehörde eingebracht werden.

5. Abschnitt: Berufungen

Wirkung von Berufungen

§ 36. (1) Einer Berufung gegen eine Entscheidung, mit der ein Antrag zurückgewiesen wird, kommt eine aufschiebende Wirkung nicht zu. Einer Berufung gegen eine mit einer solchen Entscheidung verbundenen Ausweisung kommt die aufschiebende Wirkung nur zu, wenn sie vom unabhängigen Bundesasylsenat zuerkannt wird.

§ 36

(2) Der Berufung gegen andere Entscheidungen und der damit verbundenen Ausweisung kommt die aufschiebende Wirkung zu, wenn sie nicht aberkannt wird.

(3) Wird gegen eine zurückweisende oder abweisende Entscheidung im Familienverfahren auch nur von einem betroffenen Familienmitglied Berufung erhoben, gilt diese auch als Berufung gegen die die anderen Familienangehörigen (§ 2 Z 22) betreffenden Entscheidungen; keine dieser Entscheidungen ist dann der Rechtskraft zugänglich. Allen Berufungen gegen Entscheidungen im Familienverfahren kommt aufschiebende Wirkung zu, sobald zumindest einer Berufung im selben Familienverfahren aufschiebende Wirkung zukommt.

(4) Kommt einer Berufung gegen eine Ausweisung die aufschiebende Wirkung nicht zu, ist die Ausweisung durchsetzbar. Mit der Durchführung der diese Ausweisung umsetzenden Abschiebung oder Zurückschiebung ist bis zum Ende der Rechtsmittelfrist, wird ein Rechtsmittel ergriffen bis zum Ablauf des siebenten Tages ab Berufungsvorlage zuzuwarten. Der unabhängige Bundesasylsenat hat das Bundesasylamt unverzüglich vom Einlangen der Berufungsvorlage und von der Gewährung der aufschiebenden Wirkung in Kenntnis zu setzen.

(5) Wird eine Berufung gegen eine durchsetzbare Entscheidung ergriffen oder einer solchen die aufschiebende Wirkung zuerkannt, hat die Behörde die zuständige Fremdenpolizeibehörde zu verständigen.

Übersicht:

1. Hinweis auf europarechtliche Normen
2. Materialien
3.-6. Anmerkungen
7. Judikatur

1. Siehe IV.A.6. Art 19 Dublin II; IV.B.14. Art 6 u 39 VerfahrensRL.

2. RV 952 XXII. GP

Einer Berufung gegen eine zurückweisende Entscheidung kommt eine aufschiebende Wirkung nicht zu. Einer Zuständigkeitsentscheidung – und sowohl Entscheidungen nach §§ 4 und 5 als auch im weiteren Sinne eine Entscheidung nach § 68 Abs. 1 AVG sind Zuständigkeitsentscheidungen – muss keine aufschiebende Wirkung zukommen, da diese die Position des Berufungswerbers im Rechtsmittelverfahren nicht ändert; es kann also dahingestellt bleiben, ob ein Rechtsmittel gegen eine Zuständigkeitsentscheidung einer aufschiebenden Wirkung überhaupt zugänglich ist; (in diesem Sinne auch VfGH 15.10.2004, G 237, 238/03 ua.).

Im Hinblick auf Art. 19 Abs. 2 Dublin – Verordnung ist der Ausschluss der aufschiebenden Wirkung bzgl. Dublin – Verfahren – ausgenommen Dänemark – grundsätzlich sogar europarechtlich geboten. Wann der Berufung in solchen Verfahren durch den unabhängigen Bundesasylsenates [richtig: Bundesasylsenat] demnach die aufschiebende Wirkung zuerkannt wird, ergibt sich aus § 37.

Abs. 2 stellt klar, dass einer Berufung gegen eine andere als zurückweisende Entscheidung – das sind abweisende Entscheidungen samt der damit verbunden Ausweisung sowie Entscheidungen betreffend die Aberkennung des Status des Asylberechtigten oder des subsidiär Schutzberechtigten – aufschiebende Wirkung zukommt, wenn diese nicht aberkannt wird. Näheres zur Aberkennung regelt § 38.

Abs. 3 vervollständigt das System des Familienverfahrens; wird von einem Familienmitglied gegen eine zurück- oder abweisende Entscheidung Berufung ergriffen, gelten alle verbundenen Verfahren als mit angefochten; kommt einer Berufung aufschiebende Wirkung zu, kommt sie allen Berufungen zu. Damit wird erreicht, dass alle Anträge von Familienmitgliedern (im Sinne von § 2 Z 22) von der gleichen Behörde zum gleichen Zeitpunkt entschieden werden können.

Abs. 4 unterscheidet zwischen der Durchsetzbarkeit und der Zulässigkeit der Durchführung fremdenpolizeilicher Maßnahmen. Trotz Durchsetzbarkeit ist eine Effektuierung der Abschiebung erst nach verstrichener Rechtsmittelfrist oder im Falle eines Rechtsmittels 7 Tage nach Berufungsvorlage an den UBAS zulässig sofern von diesem entweder nach § 37 eine aufschiebende Wirkung nicht zuerkannt wurde oder nach § 38 die Aberkennung der aufschiebenden Wirkung nicht vom UBAS durch Zuerkennung einer aufschiebenden Wirkung suspendiert wurde.

Abs. 5 sichert die entsprechende Kommunikation zur Fremdenpolizeibehörde, um diese über die Durchsetzbarkeit und die rechtliche Zulässigkeit der Durchführung fremdenpolizeilicher Maßnahme nach Abs. 4 in Kenntnis zu setzen.

3. Anm: Die entsprechende Vorgängerbestimmung war § 32 Abs 2 bis 4a, 7 und 8 AsylG. § 32 Abs 2 AsylG sah – in Verbindung mit § 5a Abs 1 AsylG – vor, dass einer Berufung gegen eine so genannte „Dublin-Entscheidung" nach § 5 AsylG und der damit verbundenen Ausweisung die aufschiebende Wirkung jedenfalls nicht zukommt. § 32 Abs 2 2. Satz AsylG und § 5a Abs 1 2. Satz AsylG wurden vom VfGH als verfassungswidrig aufgehoben (G 237/03 ua v 15.10.2004). Das bestehende System entspricht dem der vom VfGH als mangels vorgebrachter Verfassungswidrigkeiten nicht aufgehobenen Bestimmungen des § 32 Abs 3 bis 4a AsylG, die im Regime des AsylG nur für Entscheidungen wegen offensichtlich unbegründeter Anträge Anwendung finden.

4. Anm: Im Folgenden soll ein Überblick gegeben werden, welche Voraussetzungen gegeben sein müssen, damit über einen Asylwerber oder einen Fremden, der einen Asylantrag gestellt hat, nach den einschlägigen Bestimmungen des FPG eine Festnahme zur Sicherung der Schubhaft (siehe § 39 Abs 2 FPG) ausgesprochen oder Schubhaft verhängt werden darf; aus Gründen der Übersichtlichkeit findet sich die gesamte Betrachtung an dieser Stelle, auch wenn es sich um keinen Fall einer durchsetzbaren Entscheidung handelt.

Soweit nichts Besonderes vermerkt ist, darf immer dann, wenn Schubhaft verhängt werden kann, auch eine Festnahme ausgesprochen werden, da § 39 Abs 3 Z 1 bis 4 FPG inhaltlich § 76 Abs 2 Z 1 bis 4 FPG entspricht. Im Folgenden wird daher nur auf die Voraussetzungen für die Verhängung der Schubhaft abgestellt; diese gelten für die Festnahme gleichfalls. Ob die Fremdenpolizeibehörde bei Vorliegen der formellen Voraussetzungen tatsächlich Schubhaft verhängen kann, wird diese – vor allem nach Durchführung einer Verhältnismäßigkeitsabwägung – aus eigenem zu beurteilen haben.

1. Fall – Erlassung einer durchsetzbaren Ausweisung (§§ 39 Abs 3 Z 1 und 76 Abs 2 Z 1 FPG)

Voraussetzung ist, dass in einem Asylverfahren entweder eine rechtskräftige oder aber zumindest eine durchsetzbare Ausweisung erlassen wurde. Damit sind alle Ausweisungsentscheidungen des unabhängigen Bundesasylsenates aber auch die Ausweisungsentscheidungen des Bundesasylamtes betroffen, wenn und so lange Berufungen gegen Letztere die aufschiebende Wirkung nicht zukommt. Durchführbar (siehe unten 5.) muss die Ausweisung gerade nicht sein. Sobald einer Berufung gegen eine Entscheidung die aufschiebende Wirkung zuerkannt wird oder aber in einem Verfahren der Beschwerde die aufschiebende Wirkung zukommt, ist die Schubhaft zu beenden, es sei denn, Schubhaft wird aufgrund eines anderen Tatbestandes aufrecht erhalten. Dies ist etwa der Fall, wenn Schubhaft bei zurückweisenden Entscheidungen aufgrund einer Mitteilung nach § 29 Abs 3 Z 4, welche ex lege ein Ausweisungsverfahren einleitet, verhängt wurde (§ 76 Abs 2 Z 2 FPG) oder bei Asylwerbern bereits aufgrund des Tatbestandes des § 76 Abs 2 Z 4 Schubhaft verhängt wurde.

Im Falle einer Aberkennung der aufschiebenden Wirkung bei abweisenden Entscheidungen nach § 38 leitet zwar ebenfalls die gegenständliche Mitteilung nach § 29 Abs 3 Z 5 ex lege ein Ausweisungsverfahren ein. Wird jedoch hier durch den UBAS aufschiebende Wirkung zuerkannt, führt dies zur Zulassung des Verfahrens nach § 28 Abs 3 und demnach zur Einstellung des eingeleiteten Ausweisungsverfahrens nach § 27 Abs 4. Damit ist jedoch auch der Schubhaftgrund des § 76 Abs 2 Z 2 bei abweisenden Entscheidungen nicht mehr gegeben.

Zur Sicherung von Ausweisungsentscheidungen nach dem AsylG siehe 3. zu § 75.

2. Fall – Eingeleitetes Ausweisungsverfahren (§§ 39 Abs 3 Z 2 und 76 Abs 2 Z 2 FPG)

Ein Ausweisungsverfahren wird entweder ex lege (§ 27 Abs 1) oder durch die Behörde eingeleitet (§ 27 Abs 2 und 3). Die Verhängung der Schubhaft ist immer nur zwischen Einleitung und Einstellung des Ausweisungsverfahrens zulässig; eine bei Einstellung des Ausweisungsverfahrens bestehende Schubhaft ist sofort aufzuheben, die Fremdenpolizeibehörde ist unverzüglich zu informieren. Folge der Einleitung eines Ausweisungsverfahrens sind kürzere Entscheidungsfristen für die Asylbehörden (§ 27 Abs 8) und die Möglichkeit der Fremdenpolizeibehörde, Schubhaft zu verhängen. Die Verantwortung für die Verhängung von Schubhaft liegt ausschließlich bei der Fremdenpolizeibehörde, die allerdings die Rechtmäßigkeit der Einleitung des Ausweisungsverfahrens nicht zu prüfen hat, da diese lediglich den Charakter einer Tatbestandsvoraussetzung hat. Aus dem Sinn des Gesetzes ergibt sich, dass nicht bereits dann ein Ausweisungsverfahren als eingeleitet gilt, wenn das Bundesasylamt eine Ausweisung ausgesprochen hat, die mit einer Berufung, der die aufschiebende Wirkung zukommt, bekämpft wird. Andernfalls wären die Regeln des § 27 Abs 1 Z 2 inhaltsleer; dies wiederum kann dem Gesetzgeber nicht unterstellt werden (siehe etwa VwSlg 6035A).

Die Einleitung ex lege erfolgt, wenn entweder in der EASt eine Mitteilung gemäß § 29 Abs 3 Z 4 (Zurückweisung des Antrags wird beabsichtigt) oder Z 5 (Abweisung des Antrags wird sowohl bezüglich der Zuerkennung des Status des Asylberechtigten als auch des subsidiär Schutzberechtigten beabsichtigt) erfolgt (§ 27 Abs 1 Z 1) oder wenn sich der Asylwerber dem Verfahren vor dem unabhängigen Bundesasylsenat entzogen hat (§ 24 Abs 1), so dass dieses einzustellen (§ 24 Abs 2 AsylG 2005) war (§ 27 Abs 1 Z 2).

Ein gemäß § 27 Abs 1 Z 1 eingeleitetes Ausweisungsverfahren ist ex lege eingestellt, wenn es zu einer Zulassung des Verfahrens – etwa auch gemäß 41 Abs. 3 – kommt (§ 27 Abs 4 1. Satz).

Ein gemäß § 27 Abs 1 Z 2 eingeleitetes Ausweisungsverfahren ist vom unabhängigen Bundesasylsenat – wohl nicht in Bescheidform und daher auch nicht im Rahmen einer Amtsbeschwerde bekämpfbar – einzustellen, wenn entweder im Rahmen einer Prognoseentscheidung abzusehen ist, dass es zur Zuerkennung des Status des Asylberechtigten oder des subsidiär Schutzberechtigten kommen wird (§ 27 Abs 4 2. Satz, 1. Halbsatz) und daher vermutlich keine zu sichernde Ausweisung erlassen werden wird oder wenn der Asylwerber sich aus eigenem beim unabhängigen Bundesasylsenat – auch über das Bundesasylamt – meldet und nicht auf Grund bestimmter Tatsachen anzunehmen sein wird, dass er sich wieder dem Verfahren entzieht (§ 27 Abs 4 2. Satz, 2. Halbsatz). Diese Annahme wird nach einem ersten, kurz andauernden Entziehen wohl kaum zu rechtfertigen sein. Die Einstellung des Ausweisungsverfahrens wird – analog zur Einleitung gemäß § 27 Abs 2 – mit Aktenvermerk zu dokumentieren sein.

Die Behörde – also je nach Verfahrensstand das Bundesasylamt oder der unabhängige Bundesasylsenat – hat darüber hinaus ein Ausweisungsverfahren einzuleiten, wenn – im Rahmen einer Prognosenetscheidung auf Grund des derzeitigen Verfahrensstandes – die Annahme gerechtfertigt ist, dass der Antrag sowohl bezüglich der Zuerkennung des Status des Asylberechtigten als auch des subsidiär Schutzberechtigten ab- oder zurückzuweisen sein wird (Anm zum Gesetzestext: Der Gesetzestext ist hier nicht ganz treffsicher, da ein Antrag nach diesem Bundesgesetz in seiner Gesamtheit zurückgewiesen wird – weil entweder keine Zuständigkeit Österreichs gegeben ist oder entschiedene Sache vorliegt – oder eben nicht, aber niemals im Hinblick nur auf den Status des Asylberechtigten oder nur auf den Status des subsidiär Schutzberechtigten) und ein besonderes öffentliches Interesse an der beschleunigten Durchführung des Asylverfahrens besteht (§ 27 Abs 2). Das besondere öffentliche Interesse wird in § 27 Abs 3 näher dargestellt; es ist vor allem bei mittlerer und schwerer Kriminalität gegeben. Dass ein öffentliches Interesse an der In-

Schubhaftnahme des Antragstellers besteht, hat in die Abwägung nicht mit einzufließen. Die Einleitung erfolgt nicht mittels Bescheid, sie ist lediglich durch einen Aktenvermerk zu dokumentieren. Liegen die Voraussetzungen für die Einleitung nicht mehr vor, ist das Ausweisungsverfahren einzustellen; die Zuständigkeit hierfür „wandert" mit der Zuständigkeit über den Antrag, sodass ein vom Bundesasylamt eingeleitetes Ausweisungsverfahren unter Umständen vom unabhängigen Bundesasylsenat einzustellen ist. Die Voraussetzungen für die Einleitung sind nicht mehr gegeben, wenn entweder auf Grund neuer Erhebungsergebnisse oder neuer Tatsachen die Prognoseentscheidung, es werde weder der Status des Asylberechtigten noch der des subsidiär Schutzberechtigten zuerkannt werden, aufrecht erhalten werden oder wenn das öffentliche Interesse nicht mehr vorliegt. Das wird in den Fällen des § 27 Abs 3 Z 2 und 3 auch dann der Fall sein, wenn es etwa zu einem Freispruch in einem anhängigen Gerichtsverfahren oder zu einer diversionellen Erledigung (§§ 90a ff StPO) gekommen ist. Die Einstellung des Ausweisungsverfahrens wird – analog zur Einleitung gemäß § 27 Abs 2 AsylG 2005 – mit Aktenvermerk zu dokumentieren sein.

Die unterschiedlichen Formulierungen der §§ 39 Abs 3 Z 2 und 76 Abs 2 Z 2 FPG scheinen keinen unterschiedlichen Regelungsinhalt zu intendieren.

3. Fall – Vor Antrag bestehende Ausweisung oder bestehendes Aufenthaltsverbot nach dem FPG (§§ 39 Abs 3 Z 3 und 76 Abs 2 Z 3 FPG)
Stellt ein Fremder, nachdem gegen ihn nach fremdenpolizeilichen Vorschriften eine Ausweisung oder ein Aufenthaltsverbot verhängt worden ist, einen Asylantrag, kann Schubhaft verhängt werden. Die Ausweisung oder das Aufenthaltsverbot müssen entweder rechtskräftig oder zumindest durchsetzbar sein. Wenn die Ausweisung oder das Aufenthaltsverbot behoben werden oder zumindest der Spruchteil, aus dem sich die Durchsetzbarkeit ergibt, behoben wird, ist die Schubhaft – so sie nicht aus anderen Gründen aufrechterhalten werden kann – aufzuheben. Eine bereits durchgesetzte Ausweisung – der Fremde hat sich auf Grund dieser Ausweisung bereits ins Ausland begeben oder wurde in Vollziehung der Ausweisung abgeschoben – kommt als Rechtsgrundlage für die Verhängung der Schubhaft nicht in Betracht.

Aufenthaltsverbote, die vor In-Kraft-Treten des FPG erlassen wurden, gelten gemäß § 125 Abs 3 FPG als Aufenthaltsverbote nach diesem Bundesgesetz und sind daher eine taugliche Rechtsgrundlage für die Verhängung der Schubhaft nach dieser Bestimmung, soweit auf sie nicht § 125 Abs 4 FPG – der die Anhängigkeit bei einem Höchstgericht voraussetzt – anzuwenden ist. Da für Ausweisungen eine entsprechende Übergangsbestimmung fehlt, kommen diese, soweit sie vor In-Kraft-Treten des FPG erlassen wurden, als Rechtsgrundlage für eine Schubhaft nicht in Betracht.

4. Fall – Vermutliche Zurückweisung des Antrags wegen Unzuständigkeit Österreichs (§§ 39 Abs 3 Z 4 und 76 Abs 2 Z 4 FPG)
Als weitere Rechtsgrundlage für die Verhängung von Schubhaft kommt die auf Grund des Ergebnisses der Befragung, der Durchsuchung und erkennungsdienstlichen Behandlung – es handelt sich hier um eine taxati-

ve Aufzählung – begründete Annahme, dass der bereits gestellte, wenn auch noch nicht eingebrachte Antrag mangels Zuständigkeit Österreichs zurückgewiesen werden wird. Diese Annahme wird vor allem dann gegeben sein, wenn es zu einem positiven EURODAC-Abgleich, der die Zuständigkeit eines anderen „Dublin-Staates" nahe legt, gerechtfertigt sein. Sobald es zu einer Zulassung des Verfahrens kommt, wird die Schubhaft jedenfalls aufzuheben sein; die Annahme, ein anderer „Dublin-Staat" sei zuständig, wird dann jedenfalls nicht mehr aufrecht zu erhalten sein. Allerdings kann nur auf Grund einer Zulassung oder inhaltlichen Entscheidung durch die Asylbehörde noch nicht geschlossen werden, dass die Festnahme oder die Verhängung der Schubhaft jedenfalls nicht rechtmäßig war, da Voraussetzung lediglich eine (vertretbare) Annahme der Unzuständigkeit Österreichs ist.

Die Beurteilung hat durch die Fremdenpolizeibehörde, bezüglich der Festnahme durch die Organe des öffentlichen Sicherheitsdienstes unter Fachaufsicht der Fremdenpolizeibehörde zu erfolgen. Das Bundesasylamt kann lediglich um Information ersucht werden.

5. Anm: Durch das AsylG 2005 wird – aus Rechtsschutzgründen – als ein neuer Begriff jener der **„durchführbaren" Ausweisung** eingeführt. Der Gesetzgeber wollte bestimmte Ausweisungsentscheidungen – die des unabhängigen Bundesasylsenates aber auch die des Bundesasylamtes, gegen deren Berufung eine aufschiebende Wirkung nicht zukommt – sichern können. Voraussetzung hierfür war die Unterscheidung zu normalen Ausweisungsentscheidungen des Bundesasylamtes, bei denen eine Sicherung nicht sinnvoll erschien. Hierzu bediente sich der Gesetzgeber der – im Verwaltungsrecht üblichen – Unterscheidung in durchsetzbare und nicht durchsetzbare Entscheidungen. Entscheidungen des unabhängigen Bundesasylsenates sind immer durchsetzbar, die des Bundesasylamtes nur, wenn der gegen sie gerichteten Berufung eine aufschiebende Wirkung nicht zukommt. Um allerdings die Bescheide des Bundesasylamtes vor Umsetzung – also Durchführung – zumindest in einem beschleunigten Verfahren überprüfbar zu machen, hat der Gesetzgeber diese Bescheide für einen gewissen Zeitraum für nicht durchführbar erklärt. Der Zeitraum umfasst die Berufungsfrist und – soweit Berufung ergriffen wird – sieben Tage ab Berufungsvorlage. Erst nach dieser Frist kann die Ausweisung effektuiert – also durchgeführt – werden.

Eine nicht durchsetzbare Entscheidung – der Berufung gegen die Entscheidung wurde etwa die aufschiebende Wirkung zuerkannt – ist niemals durchführbar.

6. Anm: Die Formulierung in § 38 Abs 1 Z 6, wonach Tatbestandsvoraussetzung das Vorliegen einer durchsetzbaren Ausweisung und eines durchsetzbaren Aufenthaltsverbotes darstellt, ist, da die Bestimmung ansonsten völlig sinnentleer wäre (die gleichzeitige Erlassung einer Ausweisung und eines Aufenthaltsverbotes sieht das FPG nicht vor), im Sinne der EB dahingehend zu verstehen, dass *„gegen einen Asylwerber bereits vor Stellung des Asylantrages ein durchsetzbares Aufenthaltsverbot* **oder** *eine durchsetzbare Ausweisung erlassen worden ist"*.

7. Jud: VfGH 15.10.2004, G 237, 238/03 ua.

Zuerkennung der aufschiebenden Wirkung einer Berufung

§ 37. (1) Wird gegen eine mit einer zurückweisenden Entscheidung über einen Antrag auf internationalen Schutz verbundene Ausweisung Berufung ergriffen, hat der unabhängige Bundesasylsenat dieser binnen sieben Tagen ab Berufungsvorlage die aufschiebende Wirkung zuzuerkennen, wenn anzunehmen ist, dass eine Zurückweisung, Zurückschiebung oder Abschiebung des Fremden in den Staat, in den die Ausweisung lautet, eine reale Gefahr einer Verletzung von Art. 2 EMRK, Art. 3 EMRK oder der Protokolle Nr. 6 oder Nr. 13 zur Konvention bedeuten würde oder für ihn als Zivilperson eine ernsthafte Bedrohung des Lebens oder der Unversehrtheit infolge willkürlicher Gewalt im Rahmen eines internationalen oder innerstaatlichen Konfliktes mit sich bringen würde.

(2) Bei der Entscheidung, ob einer Berufung gegen eine Ausweisung, die mit einer Entscheidung nach § 5 verbunden ist, die aufschiebende Wirkung zuerkannt wird, ist auch auf die gemeinschaftsrechtlichen Grundsätze der Art. 19 Abs. 2 und 20 Abs. 1 lit. e der Dublin – Verordnung und die Notwendigkeit der effektiven Umsetzung des Gemeinschaftrechts Bedacht zu nehmen.

(3) Über eine Berufung gegen eine zurückweisende Entscheidung nach Abs. 1, der in Bezug auf die Ausweisung die aufschiebende Wirkung zuerkannt wurde, hat der unabhängige Bundesasylsenat binnen zwei Wochen zu entscheiden.

(4) Ein Ablauf der Frist nach Abs. 1 steht der Zuerkennung der aufschiebenden Wirkung nicht entgegen.

Übersicht:

1.	Hinweis auf europarechtliche Normen
2.	Hinweis auf völkerrechtliche Norm
3.	Materialien
4.-6.	Anmerkungen

1. Siehe IV.A.6. Art 19 Dublin-V; IV.B.11. Art 15 Status-RL; IV.B.14 Art 6 u 39 VerfahrensRL.

2. Siehe V.C. EMRK; V.D. ZPEMRK.

3. RV 952 XXII. GP

Einer Berufung gegen eine Ausweisung, die mit einer Zurückweisung, also einer Entscheidung nach §§ 4 und 5 oder § 68 Abs. 1 AVG verbunden wird, kommt eine aufschiebende Wirkung nur zu, wenn diese zuerkannt wird (§ 36 Abs. 1). Die Zuerkennung ist Angelegenheit des unabhängigen Bundesasylsenates, womit ein System vorgeschlagen wird, dass den Rechtsschutzwerber nicht mit allen Folgen einer potentiell negativen [richtig: rechtswidrigen] Entscheidung belastet.

Zum Vollzug der die Zuständigkeitsnormen durchsetzenden Ausweisung ist es allerdings notwendig, dieser in den vorliegenden klaren Fällen im Regelfall ex lege keine aufschiebende Wirkung zuzuerkennen.

Es handelt sich schließlich nur um Fälle, wo ein anderer Staat zur Führung des Asylverfahrens zuständig ist oder um unzulässige Folgeanträge. Im ersten Fall ist dies entweder ein Dublin-Staat – wo die notwendige Zustimmung im Rahmen des Konsultationsverfahrens dieses Staates ein weiteres Indiz für die Richtigkeit der Entscheidung darstellt – oder ein sicherer Drittstaat. In einem solchen wird eine Prüfung des Asylantrags schon aus der Definition des § 4 heraus jedenfalls gewährleistet sein.

Im Falle einer Zurückweisung wegen entschiedener Sache haben die Asylbehörden bereits einmal den ganzen Fall geprüft, und es ist zu keiner relevanten Änderung des Sachverhalts gekommen.

Um jedoch Einzelfälle – wo der Berufungswerber durch das Fehlen der aufschiebenden Wirkung der Berufung über Gebühr belastet wird – auffangen zu können, kann der unabhängige Bundesasylsenat nach den Determinanten des Abs. 1 die Zuerkennung der aufschiebenden Wirkung einer Berufung aussprechen; diesfalls hat die Entscheidung des unabhängigen Bundesasylsenates über die Berufung binnen zwei Wochen zu ergehen. Damit soll einerseits im Interesse des Asylwerbers rasch Klarheit in einem die Fluchtgründe des Antragstellers unberücksichtig lassenden bloßen Zuständigkeitsverfahren geschaffen werden.

Handelt es sich andererseits um eine Entscheidung zur Umsetzung der Dublin – Verordnung ist – und das ist europarechtlich geboten – auf die gemeinschaftsrechtlichen Grundsätze, unter anderem, dass der Berufung nur in Ausnahmefällen die aufschiebende Wirkung zukommen soll, und der effektiven Umsetzung des Gemeinschaftsrechts, Bedacht zu nehmen. Darunter wird auch der Grundsatz der möglichst schnellen inhaltlichen Entscheidung durch den zuständigen Staat und die Vermeidung langjähriger Zuständigkeitsverfahren zu subsumieren sein.

Angesichts des Umstandes, dass verfahrensgegenständlich die Überstellung in einen anderen Mitgliedstaat der Europäischen Union ist und nicht die Abschiebung in den Herkunftsstaat ist, bedarf es eines im besonderen Maße substantiierten konkreten, auf seine Person bezogenen Vorbringens des Asylwerbers im Hinblick auf eine mögliche Verletzung der EMRK durch die sofortige Durchsetzbarkeit der Entscheidung nach § 5 AsylG. Nur in diesen Fällen können allfällig weitere Ermittlungspflichten der Behörden ausgelöst werden und kann von einer ernsthaften Möglichkeit einer Stattgebung der Berufung ausgegangen werden, die bei der Entscheidung über die Zuerkennung der aufschiebenden Wirkung mit zu berücksichtigen ist. Andernfalls kann die erkennende Behörde regelmäßig entsprechend des 2. Erwägungsgrundes der Präambel der Dublin VO davon ausgehen, dass sich die Mitgliedstaaten insbesondere hinsichtlich der Beachtung des „Non Refoulement"-Grundsatzes als sicher ansehen können und die Mitgliedstaaten ihre sämtlichen völkerrechtlichen, menschenrechtlichen und gemeinschaftsrechtlichen Verpflichten [richtig: Verpflichtungen] einhalten werden. Dieser in § 5 Abs. 3 verankerte Grundsatz ist auch bei der Annahme des Bestehens einer realen Gefahr im Sinne der die aufschiebende Wirkung zu gewährenden Determinanten des Abs. 1 zu berücksichtigen.

Im Unterschied zu § 38 ist hier eine Entscheidungsfindung durch den unabhängigen Bundesasylsenat binnen 2 oder nach § 41 Abs. 2 binnen 8 Wochen ausreichend, weil es – soweit es sich nicht um einen Folgeantrag handelt – nicht darum geht, den Asylwerber in den potentiellen Verfolgerstaat zu verbringen, sondern die Ausweisung Richtung „Dublinstaat" gerichtet ist. Im Falle eines unzulässigen Folgeantrags gibt es bereits eine inhaltliche Prüfung des Antrags, gegen die ein Rechtsmittel möglich war.

4. Anm: Die entsprechende Vorgängerbestimmung war § 32 Abs 2 AsylG, zu dessen Aufhebung durch den VfGH siehe 3. zu § 36.

5. Anm: Unter „Berufungsvorlage" ist der Zeitpunkt zu verstehen, ab dem dem UBAS sowohl die Berufung als auch der erstinstanzliche Akt vorliegt. Jedenfalls keine Berufungsvorlage ist das Einbringen der Berufung bei der Berufungsbehörde selbst. Bei Parteien spricht das AVG nur von „Berufung" und Berufungsantrag, nicht von der Berufungsvorlage (siehe etwa §§ 63 und 67 AVG).

6. Anm: Wenngleich Abs 1 nur von einer Prüfung der Art 2 und 3 EMRK sowie des 6. und 13. ZPEMRK spricht, wird wohl auch Art 8 EMRK vom UBAS zu beachten sein, zumal einerseits § 10 Abs 2 Z 2 für alle Fälle einer Ausweisung gilt und andererseits die EMRK in Österreich unmittelbar anwendbar ist (vgl etwa *Öhlinger*, Verfassungsrecht[6] [2005] Rz 131).

Aberkennung der aufschiebenden Wirkung einer Berufung

§ 38. (1) Einer Berufung gegen eine abweisende Entscheidung über einen Antrag auf internationalen Schutz und der damit verbundenen Ausweisung kann das Bundesasylamt die aufschiebende Wirkung aberkennen, wenn
1. **der Asylwerber aus einem sicheren Herkunftsstaat (§ 39) stammt;**
2. **sich der Asylwerber vor der Antragstellung schon mindestens drei Monate in Österreich aufgehalten hat, es sei denn, dass er den Antrag auf internationalen Schutz auf Grund besonderer, nicht von ihm zu vertretender Umstände nicht binnen drei Monaten nach der Einreise stellen konnte. Dem gleichzuhalten sind erhebliche, verfolgungsrelevante Änderungen der Umstände im Herkunftsstaat;**
3. **der Asylwerber die Asylbehörde über seine wahre Identität, seine Staatsangehörigkeit oder die Echtheit seiner Dokumente trotz Belehrung über die Folgen zu täuschen versucht hat;**
4. **der Asylwerber Verfolgungsgründe nicht vorgebracht hat;**
5. **das Vorbringen des Asylwerbers zu seiner Bedrohungssituation offensichtlich nicht den Tatsachen entspricht oder**
6. **gegen den Asylwerber vor Stellung des Antrags auf internationalen Schutz eine durchsetzbare Ausweisung und ein durchsetzbares Aufenthaltsverbot erlassen worden ist.**

(2) Der unabhängige Bundesasylsenat hat der Berufung, der die aufschiebende Wirkung vom Bundesasylamt aberkannt wurde, binnen

sieben Tagen ab Berufungsvorlage mit Bescheid die aufschiebende Wirkung zuzuerkennen, wenn anzunehmen ist, dass eine Zurückweisung, Zurückschiebung oder Abschiebung des Fremden in seinen Herkunftsstaat eine reale Gefahr einer Verletzung von Art. 2 EMRK, Art. 3 EMRK oder der Protokolle Nr. 6 oder Nr. 13 zur Konvention bedeuten würde oder für ihn als Zivilperson eine ernsthafte Bedrohung des Lebens oder der Unversehrtheit infolge willkürlicher Gewalt im Rahmen eines internationalen oder innerstaatlichen Konfliktes mit sich bringen würde.

(3) Ein Ablauf der Frist nach Abs. 2 steht der Zuerkennung der aufschiebenden Wirkung nicht entgegen.

Übersicht:

1. Hinweis auf europarechtliche Norm
2. Hinweis auf völkerrechtiche Normen
3. Materialien
4.-5. Anmerkungen
6. Judikatur

1. Siehe IV.B.14. Art 39 VerfahrensRL.

2. Siehe V.C. EMRK, V.D. ZPEMRK.

3. RV 952 XXII. GP

§ 38 stellt eine lex specialis zu § 64 Abs. 2 AVG dar; in nicht in § 38 geregelten Fällen ist die Aberkennung der aufschiebenden Wirkung einer Berufung nicht möglich.

Natürlich geht einer Entscheidung über die Aberkennung der aufschiebenden Wirkung einer Berufung eine vollinhaltliche Prüfung voraus, in der sich die Behörde bereits mit allen Vorbringen des Asylwerbers auseinander zu setzen hat.

Die in Abs. 1 genannten Fälle stellen nach der Erfahrung der Praxis jene Fälle dar, in denen das Rechtsschutzinteresse mangels echter Gefährdung des Antragsstellers am geringsten ist. Wer aus einem sicheren Herkunftsstaat kommt, keine Verfolgungsgründe geltend gemacht hat oder offensichtlich zur Bedrohungssituation die Unwahrheit sagt, wollte aller Erfahrung nach nicht Schutz, sondern einen Aufenthalt in Österreich aus anderen Gründen erreichen. Ähnlich verhält es sich bei einem längeren Aufenthalt im Inland; kommt es zu einer relevanten Änderung der Umstände im Herkunftsstaat, ist dem Antragsteller ein entsprechender Status zu gewähren und § 38 ist nicht anwendbar. Gleiches gilt bei der versuchten Täuschung über die Echtheit von Dokumenten. Alleine der Umstand, dass falsche Dokumente verwendet wurden, spricht selbstverständlich noch nicht für einen Missbrauchsfall, entscheidend und typisch für solche Fälle ist jedoch der Versuch einer Täuschung der Asylbehörde über die Echtheit der Dokumente. Abs. 1 Z 2 geht von einem mindestens dreimonatigen Aufenthalt im Bundesgebiet vor Antragstellung aus; ob dieser rechtmäßig war oder nicht, ist nicht relevant. Während eines Zeitraums von rund 90 Tagen ist es einem schutzsuchenden Fremden durchaus zumutbar, einen Asylantrag zu stellen. Es ist darauf hinzuweisen, dass, wenn es zu einer relevanten Veränderung der Umstände im Herkunftsstaat gekommen ist, der Tatbestand der Z 2 nicht erfüllt ist. Wenn der Asylwerber in Österreich niedergelassen ist, kann es gemäß § 10 zu keiner Ausweisung kommen.

Weiters stellt Z 6 darauf ab, dass gegen einen Asylwerber bereits vor Stellung des Asylantrags ein durchsetzbares Aufenthaltsverbot oder eine durchsetzbare Ausweisung erlassen worden ist und er den Antrag auf internationalen Schutz nur stellt, um die Durchsetzung dieses fremdenpolizeilichen Titels zu verhindern. Auch hier gilt es zwar, den Antrag zu prüfen, jedoch muss – auch in Hinblick auf eine funktionierende Fremdenpolizei – die Entscheidung erster Instanz gegebenenfalls vor Rechtskraft durchsetzbar sein. Um entsprechende Rechtssicherheit gewährleisten zu können – eine Abschiebung in Durchsetzung einer Ausweisung, die mit einer abweisenden Entscheidung verbunden wurde, geht in den Herkunftsstaat –, kennt der Entwurf einen höheren Rechtsschutzstandard als das AVG. Zwar wird der Berufung – wie im AVG – durch die Behörde 1. Instanz die aufschiebende Wirkung aberkannt, allerdings wird die Durchführung der die durchsetzbare Entscheidung umsetzenden Ausweisung bis zu einer Überprüfung durch den unabhängigen Bundesasylsenat ausgesetzt; die Entscheidung ist – etwa im Hinblick auf Schubhaft – weiterhin durchsetzbar, aber dem unabhängiger Bundesasylsenat kommt noch die Möglichkeit einer entsprechenden Korrektur binnen sieben Tagen ab Berufungsvorlage zu. Zur Verfassungskonformität siehe VfGH 237, 238/03 ua.

4. Anm: Die Vorgängerbestimmung war § 32 Abs 3 bis 4a AsylG.

5. Anm: Neben der Zuerkennung der aufschiebenden Wirkung nach Abs 2 hat der UBAS – wenn die Voraussetzungen für eine Aberkennung nach Abs 1 nicht vorliegen – den die Aberkennung der aufschiebenden Wirkung betreffenden Spruchpunkt nach § 66 Abs 4 AVG zu beseitigen und das Berufungsverfahren gegen die übrigen angefochtenen Spruchpunkte nach den allgemeinen Regeln weiter zu führen.

6. Jud: VfGH 15.10.2004, G 237, 238/03 ua.

Sichere Herkunftsstaaten

§ 39. (1) Sichere Herkunftsstaaten im Sinne des § 38 Abs. 1 Z 1 sind
1. Belgien;
2. Dänemark;
3. Deutschland;
4. Estland;
5. Finnland;
6. Frankreich;
7. Griechenland;
8. Irland;
9. Italien;

10. Lettland;
11. Litauen;
12. Luxemburg;
13. Malta;
14. die Niederlande;
15. Polen;
16. Portugal;
17. Schweden;
18. die Slowakei;
19. Slowenien;
20. Spanien;
21. die Tschechische Republik;
22. Ungarn;
23. das Vereinigte Königreich und
24. Zypern.

(2) Wird über begründeten Vorschlag eines Drittels der Mitgliedstaaten, des Europäischen Parlaments oder der Kommission durch den Rat mit einer Mehrheit von vier Fünftel seiner Mitglieder festgestellt, dass die eindeutige Gefahr einer schwerwiegenden Verletzung von in Artikel 6 Abs. 1 EU-Vertrag genannten Grundsätzen durch einen Mitgliedstaat besteht (Art. 7 Abs. 1 EU-Vertrag), ist Berufungen gegen Entscheidungen über Anträge von Asylwerbern aus diesem Herkunftsstaat die aufschiebende Wirkung nicht abzuerkennen.

(3) Kommt es – nachdem ein Verfahren nach Art. 7 Abs. 1 EU-Vertrag eingeleitet worden ist – zu keiner Feststellung nach Art. 7 Abs. 2 EU-Vertrag oder werden alle in diesem Zusammenhang verhängten Maßnahmen (Art 7 Abs. 3 EU-Vertrag) aufgehoben (Art 7 Abs. 4 EU-Vertrag), kann Berufungen gegen Anträge von Asylwerbern aus diesem Herkunftsstaat die aufschiebende Wirkung wieder aberkannt werden.

(4) Weitere sichere Herkunftsstaaten sind
1. Australien;
2. Island;
3. Kanada;
4. Liechtenstein;
5. Neuseeland;
6. Norwegen;
7. die Schweiz;
8. Bulgarien und
9. Rumänien.

(5) Die Bundesregierung ist ermächtigt, mit Verordnung festzulegen, dass
1. Berufungen von Asylwerbern, die aus einem in Abs. 4 genannten Herkunftsstaat stammen, die aufschiebende Wirkung nicht mehr aberkannt werden kann und
2. andere als in Abs. 4 genannte Staaten als sichere Herkunftsstaaten gelten.

Dabei ist vor allem auf das Bestehen oder Fehlen von staatlicher Verfolgung, Schutz vor privater Verfolgung und Rechtsschutz gegen erlittene Verletzungen von Menschenrechten Bedacht zu nehmen.

Übersicht:
1.-2. Hinweise auf europarechtliche Normen
3. Materialien
4.-7. Anmerkungen
8. Judikatur

1. Siehe IV.B.14. Art 29 f VerfahrensRL.

2. Textauszug EUV

Artikel 6 (ex-Artikel F)

(1) Die Union beruht auf den Grundsätzen der Freiheit, der Demokratie, der Achtung der Menschenrechte und Grundfreiheiten sowie der Rechtsstaatlichkeit; diese Grundsätze sind allen Mitgliedstaaten gemeinsam.

(2)–(4) ...

Artikel 7 (ex-Artikel F.1)

(1) Auf begründeten Vorschlag eines Drittels der Mitgliedstaaten, des Europäischen Parlaments oder der Kommission kann der Rat mit der Mehrheit von vier Fünfteln seiner Mitglieder nach Zustimmung des Europäischen Parlaments feststellen, dass die eindeutige Gefahr einer schwerwiegenden Verletzung von in Artikel 6 Absatz 1 genannten Grundsätzen durch einen Mitgliedstaat besteht, und an diesen Mitgliedstaat geeignete Empfehlungen richten. Der Rat hört, bevor er eine solche Feststellung trifft, den betroffenen Mitgliedstaat und kann nach demselben Verfahren unabhängige Persönlichkeiten ersuchen, innerhalb einer angemessenen Frist einen Bericht über die Lage in dem betreffenden Mitgliedstaat vorzulegen. Der Rat überprüft regelmäßig, ob die Gründe, die zu dieser Feststellung geführt haben, noch zutreffen.

(2) Auf Vorschlag eines Drittels der Mitgliedstaaten oder der Kommission und nach Zustimmung des Europäischen Parlaments kann der Rat, der in der Zusammensetzung der Staats- und Regierungschefs tagt, einstimmig feststellen, dass eine schwerwiegende und anhaltende Verletzung von in Artikel 6 Absatz 1 genannten Grundsätzen durch einen Mitgliedstaat vorliegt, nachdem er die Regierung des betroffenen Mitgliedstaats zu einer Stellungnahme aufgefordert hat.

(3) Wurde die Feststellung nach Absatz 2 getroffen, so kann der Rat mit qualifizierter Mehrheit beschließen, bestimmte Rechte auszusetzen, die sich aus der Anwendung dieses Vertrags auf den betroffenen Mitgliedstaat herleiten, einschließlich der Stimmrechte des Vertreters der Regierung dieses Mitgliedstaats im Rat. Dabei berücksichtigt er die möglichen Auswirkungen einer solchen Aussetzung auf die Rechte und Pflichten natürlicher und juristischer Personen. Die sich aus diesem Vertrag ergebenden Verpflichtungen des betroffenen Mitgliedstaats sind für diesen auf jeden Fall weiterhin verbindlich.

(4) Der Rat kann zu einem späteren Zeitpunkt mit qualifizierter Mehrheit beschließen, nach Absatz 3 getroffene Maßnahmen abzuändern oder aufzuheben, wenn in der Lage, die zur Verhängung dieser Maßnahmen geführt hat, Änderungen eingetreten sind.

(5) Für die Zwecke dieses Artikels handelt der Rat ohne Berücksichtigung der Stimme des Vertreters der Regierung des betroffenen Mitgliedstaats. Die Stimmenthaltung von anwesenden oder vertretenen Mitgliedern steht dem Zustandekommen von Beschlüssen nach Absatz 2 nicht entgegen. Als qualifizierte Mehrheit gilt derselbe Anteil der gewogenen Stimmen der betreffenden Mitglieder des Rates, wie er in Artikel 205 Absatz 2 des Vertrags zur Gründung der Europäischen Gemeinschaft festgelegt ist. Dieser Absatz gilt auch, wenn Stimmrechte nach Absatz 3 ausgesetzt werden.

(6) Für die Zwecke der Absätze 1 und 2 beschließt das Europäische Parlament mit der Mehrheit von zwei Dritteln der abgegebenen Stimmen und mit der Mehrheit seiner Mitglieder.

3. RV 952 XXII. GP

Wie schon im AsylG 1997 werden die Staaten der Europäischen Union als sichere Herkunftsstaaten festgesetzt. Ob zwar der Entwurf davon ausgeht, dass diese Staaten ebenso sichere Drittstaaten sind, ist dies für die Eigenschaft als sicherer Herkunftsstaat nicht relevant. Vielmehr stellt sich die Frage, in wie weit diese Staaten für den Schutz der Rechte ihrer Staatsbürger und allfälliger aufhältiger Staatenloser sorgen. Dabei ist bei den Mitgliedstaaten der Europäischen Union im Hinblick auf den gemeinsamen Acquis und die durchgängige Anwendbarkeit der EMRK sowie den hierdurch gewährten Rechtsschutz beim EGMR und darüber hinaus den Rechtsschutz beim EuGH mit an Sicherheit grenzender Wahrscheinlichkeit davon auszugehen, dass diese für ihre Staatsbürger und in diesen Staaten aufhältigen Staatenlosen sicher sind. Die Abs. 2 und 3 regeln, dass bei Wirksam werden des Sanktionsmodells gegen einen Mitgliedstaat – Voraussetzung ist die zumindest drohende schwerwiegende Verletzung der Menschenrechte – dieser EU-Mitgliedstaat für die Dauer des Verfahrens nach dem EU-Vertrag kein sicherer Herkunftsstaat mehr ist.

Abs. 4 regelt weitere sichere Herkunftsstaaten. Derzeit gibt es bei den Staaten – die bereits einer Prüfung durch den VfGH (15. 10. 2005, G 237, 238/03 ua) unterlagen – keine Hinweise darauf, dass es in diesen demokratischen Staaten, die alle die für ihre Region geltenden internationalen Verträge zum Schutz der Menschenrechte unterzeichnet haben, zu für die Zuerkennung des Status des Asylberechtigten oder subsidiär Schutzberechtigten relevanter Verfolgung kommt.

Zu den neu aufgenommenen Staaten ist eine normative Vergewisserung im Rahmen des Gesetzwerdungsprozesses durchgeführt worden, deren Ergebnisse nachfolgend zusammenfassend dargestellt werden.

Zu Rumänien:

1. Wie sind die allgemeinen politischen Verhältnisse einzuschätzen?

Die Republik Rumänien hat am 22. Juni 1995 ihren Beitritt zur Europäischen Union (EU) beantragt, wobei es seit Ende 1999 zu entsprechenden Verhandlungen mit Rumänien gekommen ist. Der Europäische Rat stellte am 16. und 17. Dezember 2004 in Brüssel fest, dass es aufgrund der Fortschritte Rumäniens bei der Umsetzung des Besitzstands und der von Rumänien eingegangenen Verpflichtungen, insbesondere in den Bereichen Justiz und Inneres sowie Wettbewerbspolitik, möglich gewesen ist, alle offenen Kapitel in den Verhandlungen mit diesem Bewerberland am 14. Dezember 2004 förmlich abzuschließen, Rumänien ist also aller Voraussicht nach ab Januar 2007 Mitglied der EU.

2. Welche aktuellen Entwicklungen konnten bezüglich eines bestehenden oder zu entwickelnden effektiven demokratischen Systems beobachtet werden?

Rumänien verfügt inzwischen über stabile demokratische Verhältnisse und Rechtsstaatlichkeit garantierende Institutionen.

Im Juni 2004 fanden Kommunalwahlen statt, die ersten landesweiten Wahlen dieser Art seit 2000; nach allgemeinem Urteil sind sie frei und ordnungsgemäß verlaufen.

Bei der Parlamentswahl im November 2004, die zusammen mit der ersten Runde der Präsidentschaftswahlen stattfand, lag Basescus rechtsliberale „Allianz für Gerechtigkeit und Wahrheit" (DA) mit 31,3 Prozent hinter der regierenden Koalition aus Sozialdemokraten (PSD) und Humanistischer Partei (PUR), die 36,6 Prozent erreichte. Die Sozialdemokraten sind aus der alten Kommunistischen Partei Nicolae Ceausescus hervorgegangen.

Bei der Stichwahl um die Präsidentschaft am 12. Dezember 2004 setzte sich in Traian Basescu, der Vorsitzende der liberal-konservativen Demokratischen Partei (PD), gegen den amtierenden Premierminister Adrian Nastase von der sozialdemokratischen Partei (PSD) durch.

Die neue Regierung in Rumänien hat nach ihrer Vereidigung eine Vielzahl gesellschaftlicher Reformen angekündigt. Der liberale Ministerpräsident Calin Popescu Tariceanu versprach eine umfassende Pressefreiheit, ein unabhängiges Justizsystem und eine funktionierende Marktwirtschaft. Der 52-Jährige stellte in seiner Antrittsrede vor dem Parlament außerdem Maßnahmen zum Kampf gegen die Korruption und eine bessere Gesundheitsversorgung in Aussicht. Mit seiner Politik will Tariceanu Rumänien auf den für 2007 geplanten Beitritt zur Europäischen Union vorbereiten.

3. Welche repressiven Maßnahmen gegenüber oppositionellen Gruppen wurden in letzter Zeit gesetzt?

Keine. Die Opposition kann frei und ohne Behinderungen ihrer Aktivitäten nachgehen.

4. Welche aktuellen Tendenzen gibt es in Bezug auf gewaltsame Übergriffe von Staatsorganen oder anderer Gruppen auf die Zivilbevölkerung, insbesondere aufgrund derer ethnischen oder religiösen Zugehörigkeit?

Im April 2004 hat Rumänien die Veröffentlichung eines Berichts des Europaratsausschusses für die Prävention von Folter genehmigt. Der Bericht bezieht sich auf zwei Besuche vor Ort in Polizeistationen, Haftanstalten und psychiatrischen Kliniken. Der Ausschuss kommt zu dem Schluss, dass bereits einiges getan wurde, um Misshandlungen durch

Polizeibeamte einzudämmen, doch gleichzeitig ruft er die Behörden dazu auf, in diesem Bereich weiter wachsam zu sein.

Trotz positiver Legislativmaßnahmen wird immer noch über Misshandlungen in Polizeistationen, Haftanstalten und in psychiatrischen Kliniken berichtet. Besonders bedenklich ist die gelegentlich auftretende unverhältnismäßige Gewalt von Seiten der Beamten der Vollzugsorgane, eingeschlossen der gesetzeswidrige Einsatz von Feuerwaffen. Den Berichten zufolge wird Gewalt am häufigsten gegen benachteiligte Gruppen und somit auch gegen Roma angewandt.

Nur eine relativ geringe Zahl von Mitarbeitern des öffentlichen Dienstes wurde wegen mutmaßlichen gewaltsamen Übergriffen gegen die Zivilbevölkerung in strafrechtlicher Hinsicht zur Verantwortung gezogen.

5. Welche aktuellen Entwicklungen gibt es in Bezug auf existierende oder drohende internationale bzw. innerstaatliche bewaffnete Konflikte?

Keine. Die rumänische Außenpolitik ist bemüht gute Kontakte zu den Nachbarstaaten aufzubauen. Ernste innerstaatliche Konfliktpotentiale sind augenblicklich nicht zu erkennen.

6. Welche Gesetzesvorschriften sieht die Rechtsordnung vor, um einen effektiven Schutz für Minderheiten zu gewährleisten und wie sieht deren praktische Umsetzung aus?

In Rumänien leben nach Schätzungen 1 800 000 bis 2 500 000 Roma. Im täglichen Leben sind Diskriminierungen gegen die Roma-Minderheit weiterhin allerorten anzutreffen, und die soziale Ungleichbehandlung dieser Gruppe ist nach wie vor stark ausgeprägt; ihre Lebensverhältnisse sind schlecht und sie haben kaum Zugang zu Sozialdiensten. Die 2002 verabschiedete Roma-Politik wurde in den Sektoren Bildung, Gesundheit, Beschäftigung und Beziehungen zur Polizei weiter umgesetzt. Das Staatliche Roma-Amt ist befugt, Maßnahmen zugunsten der Roma in die Wege zu leiten bzw. mit den beteiligten Ministerien zu koordinieren.

Im Bildungssektor hat sich die Lage spürbar verbessert. Eine wachsende Anzahl von Lehrern hat sich im Sinne eines ganzheitlichen diskriminierungsfreien Ansatzes auf die besonderen Bildungsbedürfnisse der Roma-Kinder spezialisiert; gleichzeitig wird die Mitarbeit der Eltern gefördert und werden bessere Lehrpläne entwickelt. Im Rahmen der staatlichen Politik zur Verbesserung der Lage der Roma sind ferner örtliche Entwicklungspläne aufgestellt worden und wird auch das Problem getrennter Bildungssysteme behandelt. Die Maßnahmen in den Bereichen Gesundheit, Beschäftigung und Beziehungen zur Polizei sind eine gute Grundlage für künftige Aktivitäten.

Die Beziehungen zu den anderen Minderheiten sind frei von ernsteren Problemen. Das Gesetz über die zweisprachige Beschilderung wurde selbst in Orten mit einer unter 20 % (gesetzlicher Schwellenwert) liegenden Minderheitenbevölkerung angewandt. Seit das Recht der Bürger, sich vor Gericht in Zivilverfahren ihrer Muttersprache zu bedienen, in die geänderte Verfassung aufgenommen wurde, machen die Ungarn in bestimmten Gebieten erheblichen Gebrauch von der Regelung. Das Polizeigesetz lässt die Einstellung von Beamten zu, die Minderheitensprachen beherrschen, doch solche Fälle sind immer noch recht selten.

Im Schuljahr 2003-2004 ist der minderheitensprachliche Unterricht auf der Sekundarstufe gemessen an der Zahl der Unterrichtsklassen und der Schüler leicht zurückgegangen. Da sich an der Bildungspolitik nichts geändert hat, könnte dies auf demographische Veränderungen zurückzuführen sein. Die private ungarische Universität von Kolozsvár (Klausenburg - Cluj) ist weiter in Betrieb, mit Zweigniederlassungen in Csík Szereda (Miercurea Ciuc), Nagyvárad (Oradea) und Marosvásárhely (Târgu Mureş). Auf Regierungsebene wurde in einem Protokoll vereinbart, im Rahmen der staatlichen Universität Cluj zwei ungarische Fakultäten einzurichten, doch die praktische Umsetzung steht noch aus. Die Lage der Minderheitengruppe der ungarischsprachigen Csángó verbessert sich weiterhin, und in zehn Gemeinden wurde inzwischen Ungarisch als Wahlfach eingeführt.

7. Wie ist die derzeitige Situation der Haftbedingungen in den Gefängnissen einzuschätzen?

Die überfüllten Strafvollzugsanstalten sind nach wie vor ein großes Problem, und das, obwohl die Zahl der Einsitzenden von 47.070 im Juni 2003 auf 41.929 im Juni 2004 zurückgegangen ist. Die Aufnahmefähigkeit der Haftanstalten ist unverändert geblieben. Die Haftbedingungen sind unzureichend, und die der Generaldirektion der Strafvollzugsanstalten zur Verbesserung der Lage zugewiesenen Haushaltsmittel reichen nicht aus. Die Zahl der in den Haftanstalten Beschäftigten ist zwar absolut gestiegen, ist aber nach wie vor zu niedrig. Der Personalmangel ist vor allem im Sozial- und Ausbildungsbereich besonders gravierend, und die 41 im August 2000 eingerichteten Zentren für soziale Wiedereingliederung und Überwachung leiden nach wie vor unter Personalmangel.

In Rumänien befinden sich 2600 Personen in Untersuchungshaft (7 % aller Haftanstaltsinsassen). Wegen der chronischen Überbelegung der Haftanstalten ist es nicht immer möglich, Personen in Untersuchungshaft von abgeurteilten Straftätern zu trennen, wie es sowohl die rumänische Gesetzgebung als auch die von Rumänien ratifizierten internationalen Übereinkünfte fordern. Durch die Änderung der Strafprozessordnung im Mai 2004 wurde die Dauer der Inhaftierung vor dem ersten Urteil in der Sache auf 180 Tage begrenzt.

Mit der Strafgesetzbuchänderung vom Juni 2004 gibt es jetzt für leichtere Fälle die Möglichkeit des offenen bzw. halboffenen Vollzugs. Es bietet zudem für verurteilte Minderjährige Alternativlösungen zur Anstaltsunterbringung.

8. Welche aktuellen Tendenzen in Bezug auf die wirtschaftliche und soziale Grundversorgung der Bevölkerung konnten wahrgenommen werden?

Die wirtschaftliche und soziale Lage hat sich in Rumänien in letzter Zeit gebessert, wenngleich noch immer viele Bevölkerungsschichten Probleme haben mit den zur Verfügung stehenden Mitteln das Auslangen zu finden. Der Kampf gegen soziale Ausgrenzung und Armut ist nach wie vor Priorität der Regierung, und in dieser Hinsicht hat der Gesetzgebungsprozess im Berichtszeitraum einige Fortschritte gebracht. Der Rechtsrahmen für die Sozialfürsorge ist fertig gestellt und wurde inzwischen durch Durchführungsbestimmungen über die von gemeinnützigen Organisationen zu erbringenden Versorgungsleistungen ergänzt. Rumänien ist der revidierten Europäischen Sozialcharta beigetreten.

In Bezug auf die Förderung von wirtschaftlich benachteiligten Personen sind allgemein Fortschritte zu Verzeichnen. Dies betrifft insbesondere Kinder nach dem Verlassen von Kinderheimen, junge Menschen, denen die Eingliederung auf dem Arbeitsmarkt nicht gelingt, Familien von Landwirten, Rentner, Obdachlose und Roma. Es wurden mehrere Untersuchungen zu Armut und sozialer Ausgrenzung durchgeführt. Armut ist noch immer weit verbreitet, doch hat sich die Situation gegenüber dem Vorjahr leicht verbessert.

Was die soziale Sicherung angeht, wurde zuletzt eine beträchtliche Zahl von Rechtsvorschriften verabschiedet, u. a. über die Organisation des Sozialdienstsystems. Beschlossen wurde außerdem ein Sozialprogramm für 2003-2004 zur Konsolidierung der Sozialpolitik der Regierung und Förderung der sozialen Solidarität.

Im Bereich der Rentenreform war vor allem die Annahme des Gesetzes über die betriebliche Altersversorgung im Juni 2004 von Bedeutung. Ferner wurden u. a. einige Beiträge zum Sozialversicherungshaushalt gesenkt und vorbeugende Maßnahmen gegen Arbeitslosigkeit eingeführt. Rumänien hat die Satzung der staatlichen Rentenversicherung fertig gestellt und eine Informationskampagne zur Unterstützung der Rentenreform gestartet.

9. Welche Feststellungen können zum Gerichtssystem getroffen werden, insbesondere was dessen Unabhängigkeit betrifft?

Die rumänischen Gerichte sind von Gesetz wegen frei und unabhängig. 2003 kam es zu einer umfassenden Reform des Justizwesens, welche insbesondere darauf abzielte, die Unabhängigkeit der Gerichte weiter zu festigen. Dennoch hat eine kürzlich durchgeführte amtliche Untersuchung ergeben, dass die Mehrheit der Richter im Amt politisch unter Druck gesetzt werden. Es ist allgemein üblich, dass die Exekutive Vorschläge zur Besetzung von Spitzenpositionen mit Schaltfunktion im Justizwesen macht.

Ein weiters Problem stellen die lange Verfahrensdauer in vielen Fällen dar. So kam es 2004 in Zivilrechtsangelegenheit zu einem Rückstau von ca. 24000 Fällen. Nicht zuletzt aufgrund des erheblichen Richtermangels, so dass 480 von 4312 Stellen unbesetzt sind.

10. Ist der betreffende Staat dem Internationalen Pakt über bürgerliche und politische Rechte beigetreten und wie sehen die aktuellen Tendenzen bei der praktischen Umsetzung dieser Rechte aus?

Rumänien hat den Pakt über bürgerliche und politische Recht ratifiziert und ist 9. Dezember 1974 in Kraft getreten.

11. Ist der betreffende Staat dem Übereinkommen gegen Folter beigetreten und welche aktuellen Tendenzen bei der praktischen Handhabung des Übereinkommens gibt es?

Das Übereinkommen ist am 17.1.1991 für Rumänien in Kraft getreten.

12. Sehen die Rechtsvorschriften des betreffenden Staates die Todesstrafe vor und welche Fälle gab es in letzter Zeit, wo diese exekutiert wurde?

Die Todesstrafe ist in der rumänischen Rechtsordnung nicht vorgesehen und wird auch nicht vollzogen.

13. Welche Rechtsschutzmaßnahmen können Bürger bei möglichen Verletzungen von Rechten und Freiheiten ergreifen und wie sieht der Ablauf derartiger Verfahren in der Praxis aus?

Die rumänische Rechtsordnung sieht vor, dass jeder Bürger, der glaubt in seinen Rechten verletzt worden zu sein, Anzeige erstatten kann, die gegebenenfalls an die Staatsanwaltschaft weitergeleitet wird.

Der eigens eingerichtete Ombudsmann befasst sich in Rumänien mit den Beschwerden von Personen, die sich von der öffentlichen Verwaltung in ihren bürgerlichen Rechten und Freiheiten beeinträchtigt fühlen. Dank der Verfassungsänderung vom Oktober 2003 hat der Ombudsmann nun die Möglichkeit, zur Verfassungsmäßigkeit von Gesetzen noch vor deren Verkündung Stellung zu beziehen. Das Personal des Amtes des Ombudsmanns wurde aufgestockt. Der Ombudsmann ist dem Parlament gegenüber zu Rechenschaft verpflichtet. Von September 2003 bis August 2004 gingen bei ihm 5 143 Petitionen ein: das sind 658 mehr als im letzten Berichtsjahr.

Im Zusammenhang mit Misshandlungen in polizeilichem Gewahrsam hat Rumänien im April 2004 seinen Vorbehalt gegen Artikel 5 der Europaratskonvention über den Schutz der Menschenrechte und Grundfreiheiten behoben und somit den Weg freigemacht für eine Angleichung des innerstaatlichen Rechts an die Praxis, die der Europäische Menschenrechtsgerichtshof in Sachen ‚präventiver Freiheitsentzug' befolgt. So hat Rumänien dann im Mai 2004 das Protokoll Nr. 14 zu besagter Europaratskonvention unterzeichnet, das eine Änderung des in der Konvention vorgesehenen Kontrollsystems zum Gegenstand hat.

Der Rat für die Bekämpfung von Diskriminierung hat seine Arbeit fortgesetzt, Beschwerden bearbeitet und diskriminierende Handlungen geahndet. Im Berichtszeitraum gingen beim Rat 367 Beschwerden ein, in 203 Fällen wurde eine Lösung herbeigeführt und in 14 Fällen wurden Sanktionen verfügt. Die meisten Beschwerden bezogen sich auf Fälle, in denen jeweils die Volkszugehörigkeit den Anlass zu diskriminierenden Handlungen bot; am zweithäufigsten waren Fälle, die mit Ruhestandgeldansprüchen im Zusammenhang standen. Die Bearbeitung der Fälle verlief im Allgemeinen schleppend. Dies liegt hauptsächlich am Personalmangel, mangelnder Qualifizierung des Personals und unzulänglicher Infrastruktur. Ein weiterer Grund ist die schlechte Zusammenarbeit mit anderen öffentlichen Einrichtungen, wenn es um den Austausch von Informationen geht. Der Rat hat sich jedoch als fähig erwiesen, Unterstützung für seine Entscheidungen zu gewinnen: in Gerichtsentscheidungen wurde üblicherweise der Tatbestand der Diskriminierung bestätigt, wenn auch die Bußgeldentscheidungen in manchen Fällen für ungültig erklärt wurden. Deshalb geht es nun darum, die Ermittlungstechnik, die Erfassung wichtiger Informationen und die Voraussetzungen für rechtzeitige Entscheidungen zu verbessern. Die kürzlich vorgenommene Personalaufstockung und die Umstrukturierung mögen sich in diesem Zusammenhang als vorteilhaft erweisen. Eine angemessene Bereitstellung von Haushaltsmitteln müsste gewährleistet sein.

14. Wie ist der aktuelle Stand beim Schutz wesentlicher Grundrechte der Bürger, insbesondere der Meinungs- Versammlung- Vereins- Presse- und Religionsfreiheit?

Das Recht auf freie Meinungsäußerung ist in der Verfassung verankert. Im Juni 2004 wurde eine „Beleidigung" als Straftatbestand aus dem Strafgesetzbuch gestrichen, so dass man nunmehr für üble Nachrede nicht mehr zu einer Haftstrafe verurteilt werden kann; damit sind die Anforderungen in Bezug auf die Beweislast an die Regelung des Europäischen Gerichtshofs für Menschenrechte angeglichen. Diese Entwicklung dürfte die Berichterstattung der Journalisten erleichtern.

Trotz dieser Fortschritte können strukturelle Probleme die Meinungsfreiheit in der Praxis beeinträchtigen. Zahlreiche Medienunternehmen können sich wirtschaftlich nicht selbst tragen, so dass ihre Existenz in die Abhängigkeit von politischen oder kommerziellen Interessen geraten kann. Unabhängige Studien sind zu dem Schluss gekommen, dass die Berichterstattung durch die finanzielle Interessenlage beeinflusst werden kann, was dann schließlich zur Selbstzensur führt. In Anbetracht dieser Lage hat die Regierung toleriert, dass eine Reihe der wichtigsten Medienunternehmen, eingeschlossen die großen privaten Fernsehsender, erhebliche Schulden haben auflaufen lassen. Dies kann sich auf die Unabhängigkeit der Redaktionen auswirken; Medienbeobachtungsstudien sind zu der Feststellung gekommen, dass die Nachrichtensendungen der Fernsehanstalten weit weniger regierungskritisch sind als die gedruckte Presse.

Das 2001 verabschiedete Gesetz über den freien Zugang der Öffentlichkeit zu Informationen erweist sich als wichtiges Instrument für die Förderung der öffentlichen Rechenschaftspflicht. Solang es jedoch keine Einrichtung gibt, die speziell für eine Gewährleistung der wirksamen Umsetzung dieses Gesetzes zuständig ist, wird die Anwendung schwankend bleiben.

Die freie Religionsausübung wird durch die Verfassung garantiert, und diese Freiheit wird in der Praxis respektiert. In Rumänien gibt es 16 anerkannte Religionsgemeinschaften, zu denen inzwischen auch die Zeugen Jehovas und die nun offiziell anerkannte Evangelische Kirche Rumäniens zählen. Die Regierung registriert von ihr nicht offiziell als Religionsgemeinschaften anerkannte Glaubensgemeinschaften entweder als religiöse Wohltätigkeitsorganisationen oder als Kulturverbände. Die offiziell nicht anerkannten Glaubensrichtungen können sich frei artikulieren, genießen aber nicht die gesetzlichen Vergünstigungen der offiziell anerkannten Glaubensgemeinschaften. Das noch kommunistisch geprägte Dekret über die Konfessionen von 1948 ist nach wie vor die Rechtsgrundlage. Es räumt dem Staat erhebliche Kontrollbefugnisse über das religiöse Leben ein und müsste deshalb reformiert werden.

Im Bereich der Vereinigungsfreiheit wurde im Zuge der Organisation der Kommunalwahlen vom März 2004 ein Gesetz erlassen, mit dem die Anmeldung alternativer politischer Organisationen der Minderheitenvolksgruppen zu den Wahlen durch administrative Hürden erheblich erschwert wurde. Als Folge davon war es der Ungarischen Bürgerallianz nicht möglich, am Wahlgang teilzunehmen. Dieses Gesetz und das Parteiengesetz von 2002, das die Registrierung politischer Parteien durch hohe Auflagen erschwert, führen dazu, dass die Schwierigkeiten für neue oder nur über eine regionale Basis verfügende Parteien am politischen Leben teilzunehmen, immer größer werden. Die regierungsunabhängigen Organisationen (NGO's) spielen im öffentlichen Leben nach wie vor kaum eine Rolle. Die Versammlungsfreiheit unterliegt keinen Beschränkungen.

15. Welche Verurteilungen durch den Europäischen Gerichtshof für Menschenrechte wegen Verletzung grundlegender Rechte und Freiheiten gab es in letzter Zeit?

Der Europäische Gerichtshof für Menschenrechte hat im Falle Rumäniens im Jahre 2004 12 Urteile gefällt. Die meisten dieser Urteile haben ihren Ursprung in der vom Obersten Gerichtshof verfügten Aufhebung von endgültigen Urteilen betreffend die Rückübertragung von in kommunistischer Zeit enteignetem Vermögen. Eine weitere Gruppe von Urteilen haben die vor allem von Kommunalverwaltungen und der Polizei verabsäumte Vollstreckung abschließender Gerichtsurteile zum Hintergrund. Eine Reihe anderer Fälle wurde im Wege einer Einigung zwischen den rumänischen Behörden und den Beschwerdeführern beigelegt, bevor ein abschließendes Urteil erging.

16. Welchen internationalen Konventionen, die dem Schutz der Menschenrechte dienen, ist der betreffende Staat beigetreten und wie sieht deren praktische Umsetzung aus?

Rumänien hat die wichtigsten Menschenrechtsübereinkommen ratifiziert. Das Zusatzprotokoll Nr. 12 zum Europäischen Menschenrechtsübereinkommen – Verbot jeder wie auch immer begründeten Diskriminierung – ist immer noch nicht ratifiziert. Im Mai 2004 hat Rumänien das Protokoll Nr. 14 zum Übereinkommen über den Schutz der Menschenrechte und Grundfreiheiten unterzeichnet, mit dem das System zur Kontrolle der Umsetzung des Übereinkommens geändert wurde. Folgende wichtige Vereinbarungen sind für Rumänien in Kraft getreten:

EMRK (Europäische Menschenrechtskonvention)
Europäisches Übereinkommen zur Verhütung von Folter
Europäische Sozialcharta (revidierte Fassung)
Rahmenübereinkommen zum Schutz nationaler Minderheiten
Internationaler Pakt über bürgerliche und politische Rechte
Internationaler Pakt über wirtschaftliche, soziale und kulturelle Rechte
CAT (Übereinkommen gegen Folter)
Übereinkommen zur Beseitigung jeder Form von Rassendiskriminierung
Übereinkommen zur Beseitigung jeder Form von Diskriminierung der Frau
Übereinkommen über die Rechte des Kindes

17. Conclusio:

Die derzeitige Situation in Rumänien steht einer Beurteilung als Sicherer Herkunftsstaat nicht entgegen. Vor allem ist in Anbetracht des 2007 zu erwartenden EU-Beitritts und den damit verbundenen Bemühungen des Landes ist mit einer weiteren Verbesserung der ohnehin bereits zufrieden stellenden Lage zu rechnen. Das Land steht auch unter ständiger Kontrolle der Kommission, die gegebenenfalls eventuelle Hinweise, die einer Beurteilung als Sicherer Herkunftsstaat entgegenstehen könnten, sofort prüfen würde.

Zu Bulgarien:

1. Wie sind die allgemeinen politischen Verhältnisse einzuschätzen?

Bulgarien ist nach der Verfassung von 1991 eine Republik mit parlamentarischer Regierungsform (Einkammersystem), ein Einheitsstaat mit örtlicher Selbstverwaltung, ein Rechtsstaat mit Gewaltenteilung. Die Volksversammlung übt die Gesetzgebungsgewalt und die parlamentarische Kontrolle aus. Sie wird nach Verhältniswahlrecht auf die Dauer von vier Jahren gewählt (letzte Wahl: 17.6.2001). Der Präsident ist das Staatsoberhaupt und wird auf die Dauer von fünf Jahren gewählt (Direktwahl). Er hat einen Stellvertreter und ist Oberbefehlshaber der Streitkräfte. Derzeitiger Staatspräsident (gewählt im zweiten Wahlgang am 18.11.2001) ist Georgi Parvanov (BSP). Der Ministerrat bestimmt die Innen- und Außenpolitik Bulgariens und setzt sie auch um. Er besteht aus dem Ministerpräsidenten, drei Stellvertretern (Vize-Ministerpräsidenten) und den Ministern.

Als nichtständiges Mitglied im Sicherheitsrat der Vereinten Nationen (bis Ende 2003) nimmt Bulgarien außenpolitisch Verantwortung wahr. Bulgarien wird ab 2004 den Vorsitz in der Organisation für Sicherheit und Zusammenarbeit in Europa (OSZE) übernehmen. Weiterhin kommt dem Land große Bedeutung als Transitland für Verkehr und Energieversorgung in Europa zu. Auf dem Treffen der Staats- und Regierungschefs der NATO in Prag am 21. November 2002 wurde Bulgarien eingeladen, dem Bündnis beizutreten. Das Beitrittsprotokoll wurde am 26.03.2003 unterzeichnet, der Beitritt erfolgte 2004.

Die EU will den Beitrittsvertrag mit Bulgarien im April 2005 unterzeichnen. Das beschloss der EU-Gipfel Ende 2004 in Brüssel. Danach sollen die Außenminister im April 2005 ihre Unterschriften unter die Verträge setzen, die den Beitritt des Landes für Januar 2007 vorsehen.

2. Welche aktuellen Entwicklungen konnten bezüglich eines bestehenden oder zu entwickelnden effektiven demokratischen Systems beobachtet werden?

Bulgarien verfügt nunmehr über stabile demokratische Verhältnisse und Rechtsstaatlichkeit garantierende Institutionen.

Die Parlamentwahlen vom 17.06.2001 gewann mit großem Vorsprung die „Nationale Bewegung Simeon II" (NDSV). Die NDSV wurde im April 2001 als politische Bewegung des ehemaligen Monarchen Bulgariens, Simeon II, aus dem Hause Sachsen-Coburg-Gotha, gegründet, der lange Jahre im spanischen Exil lebte. Nach den Wahlen bildete er eine Koalitionsregierung der Mitte aus NDSV und MRF („Bewegung für Rechte und Freiheiten" – Partei der türkischen Minderheit). Sie verlor im März 2004 durch die Abspaltung einer Gruppe von Abgeordneten ihre absolute Mehrheit der Stimmen in der Volksversammlung. In der parlamentarischen Opposition befinden sich die rechtszentristische UDK („Union der Demokratischen Kräfte") und die linke BSP. Der frühere bulgarische Ministerpräsident und früherer Vorsitzender der UDK, Kostov, gründete im Mai 2004 eine neue Partei im rechten Spektrum namens „Demokraten für ein starkes Bulgarien". Den von der BSP im März 2004 eingebrachten Misstrauensantrag (der fünfte in der laufenden Legislaturperiode) konnte die Regierung erfolgreich abwehren. Parlamentswahlen stehen regulär wieder im

§ 39

Sommer 2005 an. Maßgeblich für den Einzug ins Parlament ist eine Vier-Prozent-Klausel.

3. Welche repressiven Maßnahmen gegenüber oppositionellen Gruppen wurden in letzter Zeit gesetzt?

In Bulgarien kann die politische Opposition im ganzen Land frei und ohne Beeinträchtigung operieren. Dies zeigt schon die Tatsache, dass es im Land eine ungemein vielfältige Parteienlandschaft gibt.

4. Welche aktuellen Tendenzen gibt es in Bezug auf gewaltsame Übergriffe von Staatsorganen oder anderer Gruppen auf die Zivilbevölkerung, insbesondere aufgrund derer ethnischen oder religiösen Zugehörigkeit?

Nach wie vor treffen Berichte über Misshandlungen in polizeilichem Gewahrsam und im Verlauf von Verhören ein. Die Behörden haben weitere Schritte unternommen, um gegen diese Zustände beispielsweise durch Schulungsmaßnahmen vorzugehen, und in mehreren Fällen ist es zu Disziplinarmaßnahmen gekommen.

Aus verschiedenen Quellen wird verlautet, dass die Polizei sich noch nicht an die neuen Vorschriften zum Gebrauch von Feuerwaffen und die im vergangenen Jahr verabschiedeten Dienstanweisungen betreffend die Verhörmethoden hält.

Weiters gibt es Berichte über rassistische Äußerungen in der Öffentlichkeit und rassistisch motivierte Übergriffe namentlich gegen Roma ein. Ein entschiedeneres Auftreten der Bürgergesellschaft und auch der Medien in der Sache könnte zu einer Verbesserung des sozialen Klimas beitragen, um die bislang immer wieder auftretenden Ausbrüche von Intoleranz gegenüber bestimmten Gruppen der Gesellschaft zu vermeiden.

5. Welche aktuellen Entwicklungen gibt es in Bezug auf existierende oder drohende internationale bzw. innerstaatliche bewaffnete Konflikte?

Bulgarien pflegt gute Kontakte mit all seinen Nachbarn. Sogar mit der Türkei, mit der das Verhältnis traditionell belastet ist kam es in letzter Zeit zu einer merklichen Entspannung.

6. Welche Gesetzesvorschriften sieht die Rechtsordnung vor, um einen effektiven Schutz für Minderheiten zu gewährleisten und wie sieht deren praktische Umsetzung aus?

Das umfassende Antidiskriminierungsgesetz trat im Januar 2004 in Kraft, doch die im Gesetz vorgesehene unabhängige Kommission für den Schutz gegen Diskriminierung wurde noch nicht eingesetzt. Es bleibt zunächst abzuwarten, inwieweit sich dieses Gesetz in diesem Bereich tatsächlich auswirkt. Im Juli 2004 hat sich ein Amtsgericht in seiner Urteilsfindung jedoch bereits auf dieses Gesetz berufen, als es darum ging, einen Roma in einem Fall von Diskriminierung beim Zugang zu Versorgungsdienstleistungen zu entschädigen.

Zu erwähnen wäre z.B. die freie politische Betätigungsmöglichkeit von Minderheiten in Bulgarien. So finden sich im Nationalparlament und den Regionalregierungen viele ethnische Parteien, wie die VRMO-DPMNE (Mazedonier) oder die türkische DPS.

Mitglieder von einigen ethnischen und kulturellen Minderheiten, insbesondere die Roma leben weiterhin am Rande der Gesellschaft. Die praktische Umsetzung des Rahmenprogramms für die gerechte Integration der

Roma in die bulgarische Gesellschaft steckt noch in den Anfängen, und Ungleichbehandlung und eine *de facto* Diskriminierung in den Bereichen Bildung, Beschäftigung, Inanspruchnahme der Gesundheitsversorgung und öffentlicher Versorgungsdienste ist nach wie vor an der Tagesordnung. Auch über Ausschreitungen der Polizei im Umgang mit den Roma wird weiterhin berichtet.

Die Ausarbeitung eines Langzeitaktionsplans im Zusammenhang mit der Initiative „Jahrzehnt der sozialen Eingliederung der Roma" wurde inzwischen in die Wege geleitet. Der bereits bestehende Aktionsplan für die Jahre 2003-2004 zur Umsetzung des Rahmenprogramms sieht spezifische Aktivitäten, einen Zeitplan und Mittel für die Umsetzung vor. In so wichtigen Bereichen wie Bildung, Gesundheitsversorgung und Wohnungsbau sind jedoch keine angemessenen legislativen Reformen vorgesehen. Für die Verwirklichung einiger Ziele dieses Plans und so auch für den vorgesehenen gemeinsamen Schulunterricht stehen nicht die erforderlichen finanziellen Mittel zur Verfügung. Eine Reihe der beschäftigungswirksamen Aktionen des Plans richten sich nicht gezielt an die Roma.

Insgesamt gesehen gibt es eine Reihe von Initiativen, die sich mit der Lage der Roma- Minderheit auseinandersetzen, doch es wird noch erheblicher gezielter Anstrengungen bedürfen, bevor von einer wesentlichen Verbesserung der Lebensumstände der Roma die Rede sein kann.

Die Kapazitäten und der Status des für Minderheitenangelegenheiten zuständigen Rats für ethnische und demographische Angelegenheiten im Ministerrat reichen nicht aus, um dem Rat die für einen wirksamen Schutz der Minderheitenrechte erforderliche Machtbefugnis zu verleihen. Die Funktion des Rats innerhalb der bulgarischen Verwaltung bleibt noch zu klären. Zurzeit fehlt es ihm an politischem Einfluss und an Personal, um seinem Auftrag gerecht zu werden.

Die türkische Minderheit ist in das politische Leben integriert und verfügt auf gesamtstaatlicher und kommunaler Ebene über gewählte Vertreter. Die soziale und wirtschaftliche Integration der Türken in Bulgarien und anderer Minderheitengruppen, die in wirtschaftlich weniger entwickelten Regionen leben, muss noch verstärkt betrieben werden.

7. Wie ist die derzeitige Situation der Haftbedingungen in den Gefängnissen einzuschätzen?

Die Haftbedingungen in den Gefängnissen und während der Untersuchungshaft, insbesondere in Polizeiwachen, sind verbesserungswürdig, dabei sind Berichten zufolge die Bedingungen für Untersuchungshäftlinge weiterhin schlimmer als für Strafgefangene in Gefängnissen.

Einige Haftanstalten sind noch immer unterirdisch und sehr wenige haben Bewegungshöfe im Freien. Überfüllung ist nach wie vor ein ernsthaftes Problem. Es fehlen nicht nur finanzielle Mittel, auch mangelhafte Verwaltung und Organisation tragen zu den Problemen bei. Das Justizministerium hat die Haushaltsmittel für die tägliche Lebensmittelversorgung in den Gefängnissen zwar um 20 % erhöht, die Mittel sind aber noch immer sehr niedrig angesetzt. Was die medizinische Versorgung von Gefängnisinsassen anbetrifft, wurde mit dem nationalen Krankenversicherungsfonds ein Abkommen über ärztliche Eingangs- und regelmäßige Folgeuntersuchungen geschlossen. Aus einigen Gefängnissen werden aber noch

immer körperliche Misshandlungen von Gefängnisinsassen durch das Gefängnispersonal gemeldet.
Inzwischen wurde ein Renovierungsprogramm eingeleitet, um die Unterbringung in den Vollzugsanstalten zu verbessern. In den Jahren 2002 und 2003 wurden neun Haftanstalten geschlossen, und 2004 sind weitere dreizehn Schließungen durchgeführt worden. Es wurden vier neue Bauten errichtet und drei renoviert.

8. Welche aktuellen Tendenzen in Bezug auf die wirtschaftliche und soziale Grundversorgung der Bevölkerung konnten wahrgenommen werden?

Die wirtschaftliche Lage vieler Bulgaren ist nach wie vor als schlecht zu bezeichnen, wobei jedoch eine fundamentale Grundversorgung der Bevölkerung gesichert ist. Eine Million von insgesamt acht Millionen Bulgaren leben unter der Armutsgrenze. Mit einem durchschnittlichen Monatslohn von 120 Euro ist der Lebensstandard sehr niedrig.

Im europäischen Vergleich verlief das bulgarische Wirtschaftswachstum in den letzten Jahren überdurchschnittlich (2003: 4%). Überdurchschnittlich hoch liegt jedoch auch die Arbeitslosenquote (zwischen 18 und 20%).

Zahlreiche Roma haben nach wie vor keinen Zugang zur Gesundheitsversorgung. Das bestehende System der Unterstützung der Gesundheitsversorgung arbeitsloser Roma aus den Haushaltsmitteln der Kommunen stößt in den ärmsten Kommunen auf Widerstand. Die geplante Strategie zur Verbesserung des Gesundheitsstandards der Roma lässt noch auf sich warten.

Im Bereich des sozialen Schutzes hat Bulgarien Rechts- und Verwaltungsvorschriften eingeleitet, um eine dauerhafte finanzielle Stabilität der Sozialversicherung zu gewährleisten, einschließlich Rechtsvorschriften zur Regelung von freiwilligen und betrieblichen Pensionskassen. Das Sozialversicherungsgesetzbuch umfasst: Versicherung gegen allgemeine Erkrankungen, Arbeitsunfälle, Berufserkrankungen, Mutterschaftsurlaub, Altersvorsorge und Tod, als auch zusätzliche obligatorische Altersvorsorge.

Die staatliche Sozialversicherung ist obligatorisch für alle Arbeitnehmer, die bei bulgarischen oder ausländischen, natürlichen oder Rechtspersonen tätig sind, gleichgültig ob sie fest angestellt oder freiberuflich tätig sind.

9. Welche Feststellungen können zum Gerichtssystem getroffen werden, insbesondere was dessen Unabhängigkeit betrifft?

Die unabhängige, von Einmischungen seitens der Politik freie, Tätigkeit der Gerichte ist großteils gewahrt uns somit ein wichtiger Garant für die Rechtsstaatlichkeit.

Bulgarien hat im Justizbereich wichtige Reformen fortgesetzt und eine Reihe wichtiger Gesetze geändert und verabschiedet. Dazu zählt das im April 2004 verabschiedete neue Gerichtsverfassungsgesetz. Durch die Änderung wurden klarere Vorschriften betreffend die Ernennung und Beförderung von Richtern und die Einsetzung der zwei neuen Ausschüsse im Rahmen des Obersten Justizrats (Ausschuss für Beurkundungen und Ausschuss für Vorschläge) eingeführt, die über Ernennungen und Entlassungen des Führungspersonals im Bereich der Justizverwaltung befinden.

Im ersten Halbjahr 2004 fand unter Teilnahme von 1 977 Bewerbern ein allgemeines Auswahlverfahren im Hinblick auf die Besetzung von Richterstellen statt. Des Weiteren wurden im März 2004 Änderungen zum

Strafgesetzbuch (Definition des Straftatbestands), ein Gesetz zur Einführung eines Bodenkatasters sowie ein Gesetz betreffend Änderungen im Verfassungsgericht (Einführung von Präventivmaßnahmen zur Verhinderung von Gesetzeswidrigkeiten) verabschiedet.

Mehrere Urteile des Europäischen Gerichtshofs für Menschenrechte zeigen jedoch, dass es in Bulgarien noch immer zu einer erheblichen Verzögerung von Verfahren kommt.

10. Ist der betreffende Staat dem Internationalen Pakt über bürgerliche und politische Rechte beigetreten und wie sehen die aktuellen Tendenzen bei der praktischen Umsetzung dieser Rechte aus?

Bulgarien ist Vertragsstaat. In Kraft ist der Pakt für Bulgarien seit 23. März 1976.

11. Ist der betreffende Staat dem Übereinkommen gegen Folter beigetreten und welche aktuellen Tendenzen bei der praktischen Handhabung des Übereinkommens gibt es?

In Bulgarien am 26.6.1987 in Kraft getreten.

12. Sehen die Rechtsvorschriften des betreffenden Staates die Todesstrafe vor und welche Fälle gab es in letzter Zeit, wo diese exekutiert wurde?

In Bulgarien ist die Todesstrafe abgeschafft worden und es finden keine Exekutionen statt.

13. Welche Rechtsschutzmaßnahmen können Bürger bei möglichen Verletzungen von Rechten und Freiheiten ergreifen und wie sieht der Ablauf derartiger Verfahren in der Praxis aus?

Das Gesetz über die Einrichtung des Amtes des Ombudsmanns trat im Januar 2004 in Kraft, doch die Wahl des Ombudsmanns hat noch nicht stattgefunden. Die Aufgabe des Ombudsmanns besteht u. a. darin, angesichts von Verstößen gegen die Menschenrechte und Grundfreiheiten Empfehlungen zur Lösung bis hin zur Beseitigung der Ursachen auszusprechen. Der Ombudsmann wird auf Beschwerden von Einzelpersonen hin tätig und vermittelt zwischen der Verwaltung und den benachteiligten Personen, wobei es keine Rolle spielt, welcher Staatsangehörigkeit, welchen Geschlechts, bzw. welcher politischen oder religiösen Zugehörigkeit die Person ist.

Die Behörden haben weitere Schritte unternommen, um gegen Übergriffe der Polizei beispielsweise durch Schulungsmaßnahmen vorzugehen, und in mehreren Fällen ist es zu Disziplinarmaßnahmen gekommen. Doch aus verschiedenen Quellen wird berichtete, dass noch immer Übergriffe der Polizei nur bedingt geahndet werden, jedoch haben die Strafgerichte auch 2004 einige Polizeibeamte wegen verübter Übergriffe gegen Zivilpersonen verurteilt, wobei derartige Verfahren zumeist sehr schleppend vor sich gehen und sich regelmäßig zeitlich verzögern.

14. Wie ist der aktuelle Stand beim Schutz wesentlicher Grundrechte der Bürger, insbesondere der Meinungs- Versammlung- Vereins- Presse- und Religionsfreiheit?

Das Recht auf freie Meinungsäußerung ist in der Verfassung verankert und findet in entsprechenden Rechtsvorschriften seinen Niederschlag, die laufend ergänzt werden. Üble Nachrede von Seiten eines Journalisten ist immer noch eine strafbare, kriminelle Handlung, und Verleumdung kann mit einem Bußgeld von bis zu 7 000 EUR geahndet werden. Die Gerichte werden immer häufiger mit solchen Fällen befasst, doch Verurteilungen von Journalisten sind selten, allein das Risiko einer gerichtlichen Verfolgung könnte zu vermehrter Selbstzensur führen.

Im Bereich des Rechts auf freier Religionsausübung hat es aufgrund nicht eindeutiger Verfahrenshinweise im Gesetz über die Religionsgemeinschaften auf kommunaler Ebene Schwierigkeiten bei der Umsetzung der Registrierpflicht gegeben. Im Juli 2004 hat die Staatliche Behörde aus Anlass von Streitigkeiten innerhalb der seit 1992 gespaltenen Orthodoxen Kirche Bulgariens um die Rückgabe von Eigentum Polizeirazzien in mehr als 200 orthodoxen Kirchen durchgeführt. Einige Mitglieder des Klerus wurden vorübergehend in Gewahrsam genommen.

Das Recht auf Versammlungs- und Vereinsfreiheit ist in Bulgarien ausreichend gewahrt. Die Bürgergesellschaft spielt im öffentlichen Leben weiterhin eine wichtige Rolle. Einige öffentliche und private Konsultativgremien wie der Staatliche Rat für Rehabilitierung und soziale Integration, der Rat für Sozialhilfe und der Staatliche Kinderfürsorgerat streben ein Mitspracherecht regierungsunabhängiger Organisationen bei der Vorbereitung von Gesetzesvorlagen an. Es könnte mehr für die Entwicklung von regierungsunabhängigen Organisationen und deren Mitwirkung bei der Vorbereitung des EU-Beitritts getan werden.

15. Welche Verurteilungen durch den Europäischen Gerichtshof für Menschenrecht wegen Verletzung grundlegender Rechte und Freiheiten gab es in letzter Zeit?

Im Jahr 2004 hat der Europäische Gerichtshof für Menschenrechte viermal wegen Verstoßes gegen Artikel 3 (Verbot unmenschlicher und entwürdigender Behandlung bzw. Strafen) und dreimal wegen Verstoßes gegen Artikel 5 (Recht auf Freiheit und Sicherheit) gegen Bulgarien entschieden.

Infolge der Entscheidung des Europäischen Gerichtshofs für Menschenrechte in der Rechtssache Yankov gegen Bulgarien vom Dezember 2003 ist Bulgarien entsprechend sensibilisiert worden, um eine entwürdigende Behandlung von Inhaftierten zu verhindern und um ihr Recht auf freie Meinungsäußerung zu gewährleisten.

16. Welchen internationalen Konventionen, die dem Schutz der Menschenrechte dienen, ist der betreffende Staat beigetreten und wie sieht deren praktische Umsetzung aus?

Bulgarien hat die wichtigsten Menschenrechtsübereinkommen ratifiziert. Die Europäische Konvention zum Schutz der Menschenrechte und Grundfreiheiten ist nunmehr Teil der bulgarischen Verfassung und somit bulgarisches Recht; laut Verfassung hat die Konvention Vorrang vor innerstaatlichem Recht. Die bulgarischen Gerichte haben erst seit kurzem damit begonnen, die unmittelbare Rechtskraft von Urteilen des Europäischen Gerichtshofs für Menschenrechte anzuerkennen.

17. Conclusio:

Aufgrund der positiven Entwicklungen ist Bulgarien als Sicherer Herkunftsstaat zu sehen. Hauptkriterien, aufgrund derer ein Staat als sicher angesehen wird, sind die Achtung der Menschenrechte und die Anwendung der internationalen Konventionen. Diese Kriterien werden in Bulgarien erfüllt.

Darüber hinaus wird Bulgarien 2007 voraussichtlich Mitglied der Europäischen Union, wodurch ein hoher Standard in Bezug auf die Achtung fundamentaler Menschenrechte garantiert wird.

Abs. 5 gibt der Bundesregierung bei Vorliegen von Änderungen in sicheren Herkunftsstaaten die Möglichkeit, diese mit Verordnung als nicht mehr sicher zu erklären, sodass es in Verfahren, in denen der Antragsteller aus einem solchen Staat kommt, zu keiner Aberkennung der aufschiebenden Wirkung der Berufung mehr kommen darf.

Darüber hinaus hat die Bundesregierung die Möglichkeit, andere als die in Abs. 4 genannte Staaten zu sicheren Staaten zu erklären; dabei hat sie vor allem darauf abzustellen, ob es in dem Staat zu relevanter Verfolgung oder Verletzung von Menschenrechten kommt. Ein Staat, der die Todesstrafe vollzieht, kann daher keinesfalls durch Verordnung zu einem sicheren Herkunftsstaat erklärt werden.

4. AF 1055 XXII. GP

Zu § 39 AsylG 2005 stellt der Ausschuss für innere Angelegenheiten fest, dass die Liste sicherer Herkunftsstaaten erst bei der Frage, ob einer allfälligen Berufung die aufschiebende Wirkung aberkannt werden kann, relevant ist. Zuvor hat die Behörde über den Antrag auf internationalen Schutz zu entscheiden. Es ist darüber abzusprechen, ob dem Asylwerber der Status des Asylberechtigten oder subsidiär Schutzberechtigten zuzuerkennen ist oder nicht. Erst wenn weder der Status des Asylberechtigten oder des subsidiär Schutzberechtigten zuerkannt wurde, kann die Behörde entscheiden, ob der allfälligen Berufung des Asylwerbers die aufschiebende Wirkung aberkannt wird oder nicht. Erst bei dieser Entscheidung kommt der Liste sicherer Herkunftsstaaten Relevanz zu, letztlich ist auch diese Entscheidung eine, die im Einzelfall unter Beachtung der gesetzlichen Determinanten des § 38 und unter nachprüfender Kontrolle durch den unabhängigen Bundesasylsenat zu entscheiden ist.

5. Anm: Vorgängerbestimmung zur Liste sicherer Herkunftsstaaten war § 6 Abs 2 AsylG; diese Liste war eine der alternativen Voraussetzungen, um einen Antrag als offensichtlich unbegründet (§ 6 AsylG) abweisen zu können. Das AsylG kennt diese Form des Sonderverfahrens nicht mehr; es erfolgt immer eine volle inhaltliche Prüfung, wenn der Asylwerber aus einem sicheren Herkunftsstaat kommt, kann der Berufung allerdings die aufschiebende Wirkung aberkannt werden (siehe auch §§ 36 u 38). Die Liste des § 6 AsylG wurde im Verfahren G 237/03 ua vom VfGH geprüft und nicht als verfassungswidrig aufgehoben.

6. Anm: Im unter 3. genannten Verfahren hat der VfGH ausgeführt: *„... Sicherheit im Herkunftsstaat bedeutet vielmehr, dass der Staat in seiner Rechtsordnung und Rechtspraxis alle in seinem Hoheitsgebiet lebenden Menschen vor einem dem Art 3 EMRK und der Genfer Flüchtlingskonvention widersprechenden Verhalten seiner Behörden ebenso schützt* *wie gegen die Auslieferung an einen „unsicheren" Staat. Das Schutzniveau muss jenem der Mitgliedstaaten der EU entsprechen, was auch dadurch unterstrichen wird, dass die anderen sicheren Herkunftsstaaten in § 6 Abs 2 AsylG (Anm: 1997) in einem Zug mit den Mitgliedstaaten der EU genannt werden."*.

Dass die Staaten der EU nun in einem eigenen Absatz genannt werden, bedeutet nicht, dass der Gesetzgeber davon ausgeht, dass es einen qualitativen Unterschied zu den anderen genannten Staaten gibt. Die Nennung in verschiedenen Absätzen begründet sich lediglich im unterschiedlichen Verfahren, das jeweils zur Feststellung der Unsicherheit des betreffenden Staates führt. Es kann auch weiterhin davon ausgegangen werden, dass die in § 39 genannten Staaten im Regelfall sicher sind. Bei der Absprache über einen Antrag eines aus einem solchen Staat stammenden Antragstellers kann daher – soweit dieser das Gegenteil nicht glaubhaft gemacht hat – davon ausgegangen werden, dass es zu keiner relevanten Verfolgung oder bei Abschiebung zur Verletzung der in § 38 Abs 2 genannten Rechte der EMRK kommt.

Eine Verordnung nach § 39 Abs 5 besteht derzeit nicht.

7. Anm: Die Bundesregierung – und ihr folgend der Gesetzgeber – hat die Sicherheit der in Abs 4 genannten Staaten im Sinne einer „normativen Vergewisserung" abstrakt und nachvollziehbar überprüft. Es ist also – soweit im Einzelfall nichts Spezifisches vorgebracht wird oder amtsbekannt ist – davon auszugehen, dass Anträge von Staatsangehörigen dieser Staaten bei inhaltlicher Prüfung abzuweisen sein werden.

8. Jud: VfGH 15.10.2004, G 237, 238/03 ua.

6. Abschnitt: Sonderbestimmungen für das Verfahren in 2. Instanz

Vorbringen in der Berufung

§ 40. (1) In einer Berufung gegen eine Entscheidung des Bundesasylamtes dürfen neue Tatsachen und Beweismittel nur vorgebracht werden,
1. wenn sich der Sachverhalt, der der Entscheidung zu Grunde gelegt wurde, nach der Entscheidung erster Instanz maßgeblich geändert hat;
2. wenn das Verfahren erster Instanz mangelhaft war;
3. wenn diese dem Asylwerber bis zum Zeitpunkt der Entscheidung erster Instanz nicht zugänglich waren oder
4. wenn der Asylwerber nicht in der Lage war, diese vorzubringen.

(2) Über die Zulässigkeit des Vorbringens neuer Tatsachen und Beweise muss nicht entschieden werden, wenn diese für die Entscheidung des unabhängigen Bundesasylsenates nicht maßgeblich sind.

Übersicht:
1. Materialien
2.-3. Anmerkungen
4. Judikatur

1. RV 952 XXII. GP

Die mit der AsylG-Nov 2003 vorgeschlagene Fassung des § 32 AsylG 1997 trug dem Konzept Rechnung, dass die Kompetenzen des Bundesasylamtes als Tatsacheninstanz erweitert werden. Aus diesem Grunde durften im Rahmen einer gegen einen zurückweisenden oder abweisenden Bescheid des Bundesasylamtes eingebrachten Berufung nur dann neue Tatsachen oder Beweismittel vorgebracht werden, wenn sich der Sachverhalt geändert hat oder der Asylwerber zum Zeitpunkt der Entscheidung erster Instanz keinen Zugang zu diesen Tatsachen oder Beweismitteln hatte oder wenn das Verfahren mangelhaft war oder der Asylwerber aufgrund einer medizinisch belegbaren Traumatisierung im Verfahren erster Instanz nicht in der Lage war, seine Asylgründe geltend zu machen. In weiterer Folge hat sich der Verfassungsgerichtshof in seinem Erk G 237, 238/03 ua v. 15.10.2004 mit der Bestimmung auseinandergesetzt und sie – bis auf die Wortfolge „aufgrund einer medizinisch belegbaren Traumatisierung" – als verfassungskonform bestätigt.

Da auch der vorliegende Entwurf von der § 32 Abs. 1 Asylgesetz 1997 zugrunde liegenden Grundidee der Aufteilung der Kompetenzen zwischen Bundesasylamt und unabhängigem Bundesasylsenat ausgeht, wurde der Inhalt des § 32 Abs. 1 Asylgesetz 1997 in der vom VfGH korrigierten Fassung übernommen.

Abs. 2 stellt nur klar, dass eine Entscheidung über die Zulässigkeit des Vorbringens dann nicht zu erfolgen hat, wenn diese Vorbringen für die Sachentscheidung nicht relevant sind.

2. Anm: Bezüglich Abs 1 war die Vorgängerbestimmung § 32 Abs 1 AsylG 1997, der im Verfahren G 327/03 ua v 15.10.2004 vom VfGH bezüglich einer Wortfolge als verfassungswidrig aufgehoben wurde. Der ebenso vom Prüfumfang dieser Verfassungsgerichtshofbeschwerde umfasste, aber nicht aufgehobene Großteil der Bestimmung wurde in das AsylG 2005 übernommen.

3. Anm: Das Verbot des Vorbringens neuer Tatsachen nach Abs 1 richtet sich nur gegen die Berufung. Neue Tatsachen, die in der Verhandlung vorgebracht werden, sind im Hinblick auf § 18 Abs 1 beachtlich und können zu Ermittlungspflichten der Behörde führen. Wird die Berufung lediglich mit neuen Tatsachen begründet und ist deren Vorbringen im Hinblick auf Abs 1 unzulässig, hat der UBAS einen Verbesserungsauftrag nach § 13 Abs 3 AVG zu erteilen und – soweit dem Verbesserungsauftrag nicht nachgekommen wird – die somit unbegründete Berufung zurückzuweisen.

4. Jud: VfGH 15.10.2004, G 237, 238/03 ua.

Verfahren in der zweiten Instanz

§ 41. (1) Zu Verhandlungen vor dem unabhängigen Bundesasylsenat ist das Bundesasylamt zu laden; diesem kommt das Recht zu, Anträge und Fragen zu stellen.

(2) Der unabhängige Bundesasylsenat erkennt über Berufungen gegen Entscheidungen, mit denen ein Antrag im Zulassungsverfahren zurückgewiesen wurde, binnen acht Wochen, soweit der Berufung gegen die mit der Entscheidung verbundenen Ausweisung die aufschiebende Wirkung nicht zuerkannt wurde.

(3) In einem Verfahren über eine Berufung gegen eine zurückweisende Entscheidung und die damit verbundene Ausweisung ist § 66 Abs. 2 AVG nicht anzuwenden. Ist der Berufung gegen die Entscheidung des Bundesasylamts im Zulassungsverfahren statt zu geben, ist das Verfahren zugelassen. Der Berufung gegen die Entscheidung im Zulassungsverfahren ist auch statt zu geben, wenn der vorliegende Sachverhalt so mangelhaft ist, dass die Durchführung oder Wiederholung einer mündlichen Verhandlung unvermeidlich erscheint.

(4) Über die Zuerkennung der aufschiebenden Wirkung einer Berufung, der diese von Gesetz wegen nicht zukommt (§ 37) oder der diese vom Bundesasylamt aberkannt wurde (§ 38), und über Berufungen gegen zurückweisende Entscheidungen im Zulassungsverfahren kann der unabhängige Bundesasylsenat ohne Abhaltung einer mündlichen Verhandlung entscheiden. In anderen Verfahren gilt § 67d AVG.

(5) In Verfahren gegen eine Entscheidung im Flughafenverfahren hat der unabhängige Bundesasylsenat, wenn der Sachverhalt hinreichend festgestellt wurde, eine inhaltliche Entscheidung zu treffen.

(6) Wird gegen eine Ausweisung ein ordentliches Rechtsmittel ergriffen und hält sich der Fremde zum Zeitpunkt der Erlassung der Berufungsentscheidung nicht mehr im Bundesgebiet auf, so hat der unabhängige Bundesasylsenat nur festzustellen, ob die Ausweisung zum Zeitpunkt der Erlassung rechtmäßig war. War die Ausweisung nicht rechtmäßig, ist die Wiedereinreise unter einem zu gestatten.

Übersicht:

1.	Materialien
2.-4.	Anmerkungen
5.	Judikatur

1. RV 952 XXII. GP

Abs. 1 stellt die Rolle des Bundesasylamtes während des Berufungsverfahrens dar. Es ist keine Amtspartei – ihm kommt kein Berufungsrecht zu –, aber es soll durch sein im Verfahren in erster Instanz erworbenes Wissen das Verfahren zweiter Instanz bei der Wahrheitsfindung unterstützen können. Hierzu steht ihm die Möglichkeit offen, Fragen und Anträge zu stellen.

Abs. 2 normiert Sonderregeln für Verfahren über Berufungen gegen zurückweisende Entscheidungen im Zulassungsverfahren, welchen nicht nach § 37 aufschiebende Wirkung zuerkannt wurde. Diese sind binnen 8 Wochen zu entscheiden.

Aus der Regelung des Abs. 3 geht hervor, dass der Unabhängige Bundesasylsenat in Verfahren über Zurückweisungsentscheidungen von § 66 Abs. 2 AVG nicht Gebrauch machen darf; vielmehr ist im Falle von Erhebungsmängel [richtig: Erhebungsmängeln] die Entscheidung zu beheben, das Verfahren zuzulassen und an das Bundesasylamt zur Durchführung eines materiellen Verfahrens zurückzuweisen. Dieses kann allerdings im materiellen Verfahren – die Zulassung steht ja einer späteren Zurückweisung nicht entgegen – wieder zu der Ansicht kommen, dass der Antrag unzulässig war. Jedenfalls ist das Bundesasylamt an die Entscheidung des Unabhängigen Bundesasylsenates gebunden. Daher wird es wohl – soweit sich die Umstände nicht entscheidend ändern – nicht abermals eine gleichlautende und begründete Entscheidung erlassen können.

Abs. 4 wird einerseits den verfahrensökonomischen Grundsätzen gerecht und stellt klar, dass bei Verfahren, die sich mit den sehr formalen Fragen einer Zurückweisung beschäftigen, eine Verhandlung, die vor allem der Glaubwürdigkeitsbeurteilung des Asylwerbers dienen soll, nicht erforderlich ist. Weiters ist diese Bestimmung unerlässlich, um diese Verfahren – oft befindet sich der Berufungswerber zum Zeitpunkt der sonst anzuordnenden Verhandlung bereits im Ausland – trotzdem sachgerecht und unter Vermeidung unnötiger Aufwendungen führen und entscheiden zu können. Der unabhängige Bundesasylsenat kann ohne Abhaltung einer mündlichen Verhandlung die aufschiebende Wirkung zuerkennen.

Abs. 5 normiert die Möglichkeit des unabhängigen Bundesasylsenates, im Flughafenverfahren in der Sache inhaltlich zu entscheiden, wenn die Sache auf Grund des vorliegenden Akteninhalts und der Verhandlung entscheidungsreif ist. Damit ist – der bisherigen Judikatur des Verwaltungsgerichtshofes zu § 6 AsylG 1997 folgend – der unabhängige Bundesasylsenat jedenfalls gehalten, die Frage des Vorliegens eines der Tatbestände im Flughafenverfahren (§ 33 Abs. 1 Z 1 bis 4), unabhängig von jenem Tatbestand, auf welchen sich das Bundesasylamt in seiner Entscheidung gestützt hat, zu prüfen.

Abs. 6 stellt klar, dass im Falle des Aufenthalts des Berufungswerbers im Ausland der unabhängige Bundesasylsenat die Rechtmäßigkeit der Ausweisungsentscheidung zum Zeitpunkt der Erlassung zu prüfen hat. Im Falle der Rechtswidrigkeit der Ausweisungsentscheidung, ist die Wiedereinreise nach § 14 zu gestatten.

2. Anm: Bezüglich Abs 4 ist § 32 Abs 6 AsylG die Vorgängerbestimmung. Abs 1 bildet § 67b Z 1 AVG ab. Neben dem Recht, Anträge und Fragen zu stellen, ist der Berufungsbescheid dem Bundesasylamt zuzustellen (vgl § 62, aus dem sich die Notwendigkeit der Zustellung an das Bundesasylamt schlüssig ergibt).

3. Anm: Abs 3 1. Satz kann sich – einer systematischen und verfassungskonformen Interpretation folgend – nur auf Zurückweisungsentscheidungen im Zulassungsverfahren beziehen. Ansonsten müsste der UBAS bei einer stattzugebenden Berufung gegen eine Zurückweisungsentscheidung des Verfahrens – faktisch als erste Instanz – die inhaltliche Entscheidung treffen. Dies ließe sich allerdings nicht mit seiner Stellung als „oberste

Berufungsbehörde" (siehe Art 129c B-VG) in Einklang bringen. Darüber hinaus würde der Asylwerber einer Entscheidungsinstanz verlustig gehen.

4. Anm: Bei einer verspätet eingebrachten Berufung reicht die aus der Einbringung der Berufung erwachsene Zuständigkeit der Berufungsbehörde nur soweit, dass sie die Berufung gemäß § 66 Abs 3 AVG durch verfahrensrechtlichen Bescheid zurückzuweisen hat (VwGH 19.05.1994, 93/07/0167).

5. Jud: VwGH 19.05.1994, 93/07/0167.

Leitentscheidungen

§ 42. (1) Das zur Entscheidung zuständige Mitglied kann die Sache dem zuständigen großen Senat zur Entscheidung vorlegen, wenn es der Auffassung ist, dass die zu lösende Frage von grundsätzlicher Bedeutung ist und in einer großen Anzahl von anhängigen oder in naher Zukunft anstehenden Verfahren maßgeblich sein könnte. In weiteren gleich gelagerten Verfahren kann der unabhängige Bundesasylsenat ohne Abhaltung einer mündlichen Verhandlung entscheiden, wenn durch die Leitentscheidung die für die Entscheidung maßgeblichen Fragen geklärt sind.

(2) Leitentscheidungen sind in anonymisierter Form zu veröffentlichen. In der Veröffentlichung ist auf später ergehende, auf die Leitentscheidung Bezug nehmende Erkenntnisse der Gerichtshöfe des öffentlichen Rechts hinzuweisen.

Übersicht:
1. Hinweise auf innerstaatliche Normen
2. Materialien
3. Anmerkung

1. Siehe II.F. § 7 UBASG; VI.L. UBAS-GO.

2. RV 952 XXII. GP

Das Verfahren zur Erlangung einer Leitentscheidung wird durch eine Vorlage des Anlassfalles eines Senatsmitglieds an den großen Senat – dieser besteht aus 3 Senaten und dem zufolge 9 Senatsmitgliedern – eingeleitet und dient dazu, Fragen grundsätzlicher Bedeutung zu lösen, wenn anzunehmen ist, dass die Frage in einer größeren Anzahl von zukünftigen Verfahren relevant sein wird. Dem Senat kommt die Entscheidung im Anlassfall zu und er hat darüber hinaus die Leitentscheidung, die sich mit der oder den Fragen, denen grundsätzliche Bedeutung – ob in rechtlicher oder faktischer Hinsicht – zukommt, zu formulieren.

Die über den Einzelfall hinausgehende Rechtsfolge ist, dass der unabhängige Bundesasylsenat in gleich gelagerten Fällen ohne Abhaltung einer mündlichen Verhandlung entscheiden kann, wenn die maßgeblichen Fragen geklärt sind.

Wenn zur Entscheidung eine Glaubwürdigkeitsfrage zu beantworten steht, und diese – etwa bei völliger Verfehlung des Vorbringens – nicht schon aus dem Akteninhalt klar hervorgeht, hat das Senatsmitglied jedenfalls auch in Folgeverfahren eine Verhandlung vorzunehmen. Klar gestellt wird, dass sehr wohl in jedem Fall ein Einzelverfahren geführt wird, jedoch fließt die umfassend geklärte Rechts- und Tatsachenentscheidung der Leitentscheidung in jedes Einzelverfahren mit ein.

Der unabhängige Bundesasylsenat hat zu veranlassen, dass Leitentscheidungen – etwa im RIS oder auf seiner eigenen Homepage – in anonymisierter Form veröffentlicht werden.

3. Anm: Das AsylG kannte keine Leitentscheidungen.

5. Hauptstück: Mitwirkung der Organe des öffentlichen Sicherheitsdienstes

Stellen des Antrages auf internationalen Schutz bei einer Sicherheitsbehörde oder bei Organen des öffentlichen Sicherheitsdienstes

§ 43. (1) Stellt ein Fremder, der zum Aufenthalt in Österreich berechtigt ist, einen Antrag auf internationalen Schutz bei einer Sicherheitsbehörde oder einem Organ des öffentlichen Sicherheitsdienstes, ist er aufzufordern, diesen Antrag binnen vierzehn Tagen in einer Erstaufnahmestelle einzubringen. Dem Bundesasylamt ist die Stellung des Antrags mittels einer schriftlichen Meldung zur Kenntnis zu bringen.

(2) Stellt ein Fremder, der nicht zum Aufenthalt in Österreich berechtigt ist, einen Antrag auf internationalen Schutz bei einer Sicherheitsbehörde oder einem Organ des öffentlichen Sicherheitsdienstes, ist er von Organen des öffentlichen Sicherheitsdienstes zur Sicherung der Ausweisung der Erstaufnahmestelle vorzuführen. Ebenso ist ein Fremder, der gemäß Abs. 1 einen Antrag auf internationalen Schutz gestellt hat und vor Einbringung und Gegenstandslosigkeit (§ 25 Abs. 1) des Antrags auf internationalen Schutz aber nach Ablauf seines Aufenthaltsrechtes betreten wird, der Erstaufnahmestelle vorzuführen.

Übersicht:
1. Hinweis auf europarechtliche Normen
2. Materialien
3. Anmerkung

1. Siehe IV.B.14. Art 6 VerfahrensRL.

2. RV 952 XXII. GP

Abs. 1 und 2 sind insoweit zu differenzieren als Abs. 1 von Fremden, die zum Aufenthalt in Österreich berechtigt sind, und Abs. 2 von Fremden ausgeht, die nicht zum Aufenthalt in Österreich berechtigt sind.

Fremde die zum Aufenthalt in Österreich berechtigt sind und einen Antrag auf internationalen Schutz bei einer Sicherheitsbehörde oder einem Organ des öffentlichen Sicherheitsdienstes stellen, sind von diesen aufzufordern, den Antrag persönlich binnen 14 Tagen in einer Erstaufnahmestelle einzubringen. Das Bundesasylamt ist über die Stellung des Asylantrages in Kenntnis zu setzen. Erscheint der Fremde nicht binnen 14 Tagen bei einer Erstaufnahmestelle des Bundesasylamtes, um den gestellten Asylantrag auch einzubringen, ist dieser als gegenstandslos abzulegen (§ 25 Abs. 1); dies steht einer späteren Antragstellung oder -einbringung nicht entgegen.

Fremde, die nicht zum Aufenthalt in Österreich berechtigt sind und einen Antrag auf internationalen Schutz bei einer Sicherheitsbehörde oder einem Organ des öffentlichen Sicherheitsdienstes stellen, sind – wie schon im Asylgesetz 1997 – von diesem der Erstaufnahmestelle vorführen [richtig: vorzuführen]. Vorzuführen sind auch Fremde, die zwar bei Stellung eines Antrages auf internationalen Schutz zum Aufenthalt in Österreich berechtigt waren, jedoch das Aufenthaltsrecht vor Einbringung oder Gegenstandslosigkeit des Asylantrages abgelaufen ist und nach dessen Ablauf von Organen des öffentlichen Sicherheitsdienstes betreten werden. Diese Vorführung dient der Sicherung des Ausweisungsverfahrens.

3. **Anm:** Die Regelungen des Abs 1 konnten bisher nur schlüssig aus dem AsylG herausgelesen werden, da § 18 Abs 1 AsylG nur eine Vorführung zur Sicherung der Ausweisung kennt. Diese kommt für Fremde mit Aufenthaltsrecht nicht in Betracht. Die Regelungen des Abs 2 haben ihre Vorgängerbestimmungen in § 18 Abs 1 AsylG.

Befragung, Durchsuchung und erkennungsdienstliche Behandlung

§ 44. (1) Die Organe des öffentlichen Sicherheitsdienstes haben einen Fremden,
1. **der der Erstaufnahmestelle vorzuführen ist;**
2. **dessen Vorführung nach § 45 Abs. 1 und 2 unterbleibt oder**
3. **der einen Antrag auf internationalen Schutz einbringt und in diesem Verfahren noch keiner Befragung unterzogen worden ist, einer ersten Befragung (§ 19 Abs. 1) zu unterziehen.**

(2) Die Kleidung und mitgeführten Behältnisse eines Fremden,
1. der der Erstaufnahmestelle vorzuführen ist;
2. dessen Vorführung nach § 45 Abs. 1 und 2 unterbleibt oder
3. der einen Antrag auf internationalen Schutz einbringt,

sind zu durchsuchen, soweit nicht ausgeschlossen werden kann, dass der Fremde Gegenstände und Dokumente, die Aufschluss über seine Identität, seine Staatsangehörigkeit, seinen Reiseweg oder seine Fluchtgründe geben können, mit sich führt und diese auch nicht auf Aufforderung vorlegt.

(3) Darüber hinaus sind die Organe des öffentlichen Sicherheitsdienstes ermächtigt, die Kleidung und mitgeführten Behältnisse eines Asylwerbers zu durchsuchen, wenn auf Grund bestimmter Tatsachen in Verbindung mit einer Einvernahme anzunehmen ist, dass der Asylwerber Dokumente und Gegenstände mit sich führt, zu deren Herausgabe er gemäß § 15 Abs. 1 Z 5 verpflichtet ist und diese auch über Aufforderung nicht freiwillig heraus gibt.

(4) Bei einer Durchsuchung oder freiwilligen Herausgabe nach Abs. 2 oder 3 sind alle Dokumente und Gegenstände, die Aufschluss über die Identität, die Staatsangehörigkeit, den Reiseweg oder die Fluchtgründe des Fremden geben können, sicherzustellen. Die Sicherstellung ist dem Asylwerber schriftlich zu bestätigen. Die sichergestellten Dokumente und Gegenstände sind der Erstaufnahmestelle gleichzeitig mit der Vorführung des Fremden zu übergeben. Unterbleibt die Vorführung (§ 45 Abs. 1 und 2), so sind sichergestellte Dokumente und Gegenstände dem Bundesasylamt so schnell wie möglich zu übermitteln.

(5) Ein Fremder, der das 14. Lebensjahr vollendet hat und
1. der der Erstaufnahmestelle vorzuführen ist;
2. dessen Vorführung nach § 45 Abs. 1 und 2 unterbleibt oder
3. der einen Antrag auf internationalen Schutz eingebracht hat, ist erkennungsdienstlich zu behandeln, soweit dies nicht bereits erfolgt ist.

(6) Die Befugnisse der Abs. 2 bis 5 stehen auch hiezu ermächtigten Organen des Bundesasylamtes (§ 58 Abs. 7) zu. Für diese Organe gilt die Verordnung des Bundesministers für Inneres, mit der Richtlinien für das Einschreiten der Organe des öffentlichen Sicherheitsdienstes erlassen werden - RLV, BGBl. Nr. 266/1993.

Übersicht:

1.-2. Hinweis auf innerstaatliche Normen
3. Materialien
4.-7. Anmerkungen
8. Judikatur

1. Siehe VI.I. RLV.

2. Textauszug SPG

Beschwerden wegen Verletzung von Richtlinien für das Einschreiten

§ 89. (1) Insoweit mit einer Beschwerde an den unabhängigen Verwaltungssenat die Verletzung einer gemäß § 31 festgelegten Richtlinie behauptet wird, hat der unabhängige Verwaltungssenat sie der zur Behandlung einer Aufsichtsbeschwerde in dieser Sache zuständigen Behörde zuzuleiten.

(2) Menschen, die in einer binnen sechs Wochen, wenn auch beim unabhängigen Verwaltungssenat (Abs. 1), eingebrachten Aufsichtsbeschwerde behaupten, beim Einschreiten eines Organs des öffentlichen Sicherheitsdienstes, von dem sie betroffen waren, sei eine gemäß § 31 erlassene Richtlinie verletzt worden, haben Anspruch darauf, daß ihnen die Dienstaufsichtsbehörde den von ihr schließlich in diesem Punkte als erwiesen angenommenen Sachverhalt mitteilt und sich hiebei zur Frage äußert, ob eine Verletzung vorliegt.

(3) Wenn dies dem Interesse des Beschwerdeführers dient, einen Vorfall zur Sprache zu bringen, kann die Dienstaufsichtsbehörde eine auf die Behauptung einer Richtlinienverletzung beschränkte Beschwerde zum Anlaß nehmen, eine außerhalb der Dienstaufsicht erfolgende Aussprache des Beschwerdeführers mit dem von der Beschwerde betroffenen Organ des öffentlichen Sicherheitsdienstes zu ermöglichen. Von einer Mitteilung (Abs. 2) kann insoweit Abstand genommen werden, als der Beschwerdeführer schriftlich oder niederschriftlich erklärt, klaglos gestellt worden zu sein.

(4) Jeder, dem gemäß Abs. 2 mitgeteilt wurde, daß die Verletzung einer Richtlinie nicht festgestellt worden sei, hat das Recht, binnen 14 Tagen die Entscheidung des unabhängigen Verwaltungssenates zu verlangen, in dessen Sprengel das Organ eingeschritten ist; dasselbe gilt, wenn

eine solche Mitteilung (Abs. 2) nicht binnen drei Monaten nach Einbringung der Aufsichtsbeschwerde ergeht. Der unabhängige Verwaltungssenat hat festzustellen, ob eine Richtlinie verletzt worden ist.
(5) In Verfahren gemäß Abs. 4 vor dem unabhängigen Verwaltungssenat sind die §§ 67c bis 67g und 79a AVG sowie § 88 Abs. 5 dieses Bundesgesetzes anzuwenden. Der unabhängige Verwaltungssenat entscheidet durch eines seiner Mitglieder.

2. RV 952 XXII. GP

§ 44 determiniert den Aufgabenbereich der Organe des öffentlichen Sicherheitsdienstes. Unter diesen fallen – neben der Vorführung in die Erstaufnahmestelle nach § 43 – die Befragung, und bei Vorliegen der gesetzlichen Voraussetzungen die Durchsuchung der Kleidung und mitgeführten Behältnisse oder Gepäckstücke und die erkennungsdienstliche Behandlung.

Die Organe des öffentlichen Sicherheitsdienstes sind ermächtigt, Fremde zu durchsuchen, wenn diese Dokumente und Gegenstände, die Aufschluss über den Fluchtweg oder Fluchtgründe geben könnten, trotz Aufforderung nicht vorweisen; bei der Durchsuchung sind alle Dokumente und Gegenstände sicherzustellen, die Aufschluss über den Reiseweg, die Staatsangehörigkeit oder die Fluchtgründe dieses Menschen geben können. Die Unterlagen und Gegenstände sind dem Bundesasylamt in der Erstaufnahmestelle zu übergeben. Die Amtshandlungen der Organe des öffentlichen Sicherheitsdienstes in diesem Kontext werden dem Bundesasylamt zugerechnet. Zur verfassungsrechtlichen Zulässigkeit der Durchsuchung vgl. VfGH 15.10.2005, G 237, 238/03 ua. In gegenständlicher Entscheidung hat der VfGH unter anderem ausgeführt: *„Der Verfassungsgerichtshof geht davon aus, dass die Durchsuchung der Kleidung und mitgeführten Behältnisse von nach Österreich einreisenden Personen zur Wahrung der öffentlichen Interessen an der nationalen Sicherheit und der öffentlichen Ruhe und Ordnung notwendig sind. Es besteht ein öffentliches Interesse, die Identität Einreisender festzustellen. ... Dies bedeutet aber nicht, dass in Asylverfahren jedwede Durchsuchung ohne Berücksichtigung der Umstände des Einzelfalls zulässig ist. ... Ausgehend davon ist die Bestimmung daher so zu verstehen, dass eine Durchsuchung von Kleidern und mitgeführten Behältnissen nicht (mehr) zulässig ist, wenn der Asylwerber selbst durch Vorlage entsprechender Dokumente und Gegenstände an der Sachverhaltsfeststellung mitwirkt. ... Der erste Satz des § 18 Abs. 3 sowie der erste und zweite Satz des § 24 Abs. 4 waren somit nicht als verfassungswidrig aufzuheben."*

Aus dem Verhältnismäßigkeitsgrundsatz ergibt sich, dass eine mehr als einmalige Durchsuchung – etwa vor der Vorführung und nach der Einbringung des Antrags – nur in ganz besonderen Fällen – etwa nach einem seriösen Hinweis auf ein verstecktes Dokument – möglich sein wird. Die Durchsuchungsermächtigung bezieht sich ausschließlich auf die Kleidung und die mitgeführten Behältnisse, keinesfalls auf die Körperöffnungen des Asylwerbers.

Abs. 3 eröffnet eine eingeschränkte Durchsuchung zur Beweismittelsicherung im Rahmen einer Einvernahme.

Abs. 6 normiert, dass auch besonders geschulte Organe des Bundesasylamtes die Durchsuchungsbefugnisse und Sicherstellungsbefugnisse und die Befugnisse zur Durchführung des Erkennungsdienstes nach dieser Norm haben. Für diese Organe gelten die Vorgaben der Richtlinienverordnung.

3. Anm: Vorgängerbestimmungen fanden sich in den §§ 18 Abs 1, 3 und 4 und 35 AsylG. Die Durchsuchungsbestimmung des § 18 Abs 3 AsylG – sie entspricht inhaltlich § 44 Abs 2 – war Gegenstand eines Normprüfungsverfahrens vor dem VfGH (G 237/03 ua v 15.10.2005) und wurde deren Verfassungskonformität bestätigt. Zu § 35 AsylG hat der VwGH judiziert, dass vom Asylwerber als entehrend oder seinen religiösen Gebräuchen widersprechende Handlungen (oder Duldungen) bei der erkennungsdienstlichen Behandlungen nur verlangt werden dürfen, wenn die Identität nicht anders gesichert werden kann (VwGH 05.06.1996, 96/20/0041).

4. Anm: Die Maßnahmen nach § 44 sind dem Bundesasylamt zuzurechnen; dieses ist im Rahmen einer Maßnahmenbeschwerde belangte Behörde.

5. Anm: Sofern ein gem § 58 Abs 7 durch den Direktor des BAA zur Ausübung von Befehls- und Zwangsgewalt nach den Abs 2 bis 5 besonders ermächtigter Bediensteter eine in der RLV vorgesehene Richtlinie verletzt, kann, da dieser funktional einem Organ des öffentlichen Sicherheitsdienstes gleichzuhalten ist, Beschwerde gem § 89 SPG (siehe oben 2.) erhoben werden. Dienstaufsichtsbehörde ist diesfalls das BAA. Erst wenn das Dienstaufsichtsverfahren nicht zum Erfolg geführt hat, kann ein förmliches Verfahren vor dem UVS, das in einen Bescheid mündet, begehrt werden. Die Zuständigkeit des UVS gründet sich letztlich auf Art 129a Abs 1 Z 3 B-VG (vgl VwGH 21.05.2001, 2001/17/0022). Die Geltendmachung einer behaupteten Rechtsverletzung steht immer nur der durch den Vorfall unmittelbar berührten Person, somit jener, gegen die sich die Amtshandlung direkt richtet, zu (vgl VwGH 24.06.1998, 96/01/0609 = ZfVB 2000/246).

6. Anm: Unter Einschreiten iSd RLV ist ein unmittelbar gegen einen Dritten gerichtetes oder sonst außenwirksames Amtshandeln zu verstehen (vgl VwGH 16.06.1999, 98/01/0477), wobei es nicht darauf ankommt, ob der unmittelbar die Amthandlung vornehmende Bedienste oder ein zwar beteiligter aber nicht unmittelbar einschreitender Bediensteter sich nicht richtlinienkonform verhält, da beide den Richtlinien unterworfen sind. Mischt sich daher ein anderer Bediensteter in die Amtshandlung ein, so scheitet auch er iSd RLV ein (vgl VwGH 17.09.2002, 2000/01/0138 = ZfVB 2003/1555). Letztlich ist derjenige betroffen, dessen Interessen durch die Richtlinie geschützt werden sollen.

7. Anm: Anders als bei § 40 Abs 1 SPG, dessen Zweck darauf gerichtet ist, sicherzustellen, dass die untersuchte Person während ihrer Anhaltung weder ihre eigene körperliche Sicherheit noch die anderer gefährdet bzw dass sie flüchtet, wird aus Gründen der Verhältnismäßigkeit ein völliges Entkleiden bei der Durchsuchung des Fremden nicht verlangt werden können.

8. **Jud:** VfGH 15.10.2004, G 237, 238/03 ua; VwGH 05.06.1996, 96/20/0041; 21.05.2001, 2001/17/0022; 16.06.1999, 98/01/0477; 24.06.1998, 96/01/0609 = ZfVB 2000/246; 17.09.2002, 2000/01/0138 = ZfVB 2003/1555.

Durchführung der Vorführung

§ 45. (1) Vor Durchführung der Vorführung ist diese dem Bundesasylamt anzukündigen. Dieses kann verfügen, dass die Vorführung zu unterbleiben hat, wenn
1. der betreffende Asylwerber in Schub-, Straf- oder Untersuchungshaft angehalten wird oder
2. auf Grund besonderer, nicht vorhersehbarer Umstände die Versorgung in der Erstaufnahmestelle nicht möglich ist.

(2) Die Vorführung hat des weiteren zu unterbleiben, wenn auf Grund des Ergebnisses der Befragung, der Durchsuchung und der erkennungsdienstlichen Behandlung anzunehmen ist, dass der Antrag des Fremden wegen Unzuständigkeit Österreichs (§§ 4 f) zurückzuweisen sein wird und der Fremde der Fremdenpolizeibehörde vorgeführt wird.

(3) Spätestens zeitgleich mit der Vorführung (§ 43 Abs. 2) haben die vorführenden Organe des öffentlichen Sicherheitsdienstes der Erstaufnahmestelle das Protokoll der Befragung sowie einen Bericht, aus dem sich Zeit, Ort und Umstände der Antragstellung sowie Angaben über Hinweise auf die Staatsangehörigkeit und den Reiseweg, insbesondere den Ort des Grenzübertritts, ergeben, zu übermitteln.

(4) Unterbleibt die Vorführung (Abs. 1 und 2), so ist das Protokoll der Befragung und der Bericht nach Abs. 3 dem Bundesasylamt so schnell wie möglich zu übermitteln.

Übersicht:

1. Hinweise auf europarechtliche Normen
2. Materialien
3.-4. Anmerkungen

1. Siehe IV.A.1. Art 4 EurodacVO; IV.A.6. Art 21 Dublin II; IV.B.14. Art 18 VerfahrensRL.

2. RV 952 XXII. GP

Die Vorführung nach § 43 Abs. 2 ist vor Durchführung dem Bundesasylamt anzukündigen. Aus Gründen der Zweckmäßigkeit kann das Bundesasylamt in bestimmten Fällen verfügen, dass von der Vorführung abgesehen werden kann. Wird der betreffende Asylwerber in Schub-, Straf-, oder Untersuchungshaft angehalten, ist eine Vorführung zum Zweck der Sicherung des Verfahrens nicht geboten; das Bundesasylamt kann die Durchführung des Zulassungsverfahrens vielmehr unter Einbindung der anhaltenden Stelle vornehmen. Weiters kann von der Vorführung in die Erstaufnahmestelle abgesehen werden, wenn eine Versorgung in dieser aus unvorhersehbaren Gründen unmöglich geworden ist. Dies wird vor allem bei einer spontanen größeren Fluchtbewegung und den daraus resultierenden Engpässe vorliegen.

Abs. 2 stellt die zu § 39 Abs. 3 Z 4 FPG korrespondierende Bestimmung dar; ohne Abs. 2 müssten die Organe den Fremden nämlich sowohl der Fremdenpolizeibehörde als auch der Asylbehörde vorführen. Das System sieht jetzt vor, dass zuerst der Fremdenpolizeibehörde und – soweit nicht Schubhaft verhängt wird – [richtig: dann] der Asylbehörde vorzuführen ist.

Gleichzeitig mit der Vorführung ist dem Bundesasylamt ein Bericht über die Befragung zu übermitteln. Aus diesem sollen Zeit, Ort und Umstände der Antragstellung sowie Angaben über Hinweise auf die Staatsangehörigkeit und den Reiseweg, insbesondere den Ort des Grenzübertritts, entnehmbar sein; Aus dem Bericht sollen nicht jedoch die näheren Fluchtgründe hervorgehen, da diese gemäß § 19 nicht Gegenstand einer Befragung durch Organe des öffentlichen Sicherheitsdienstes sein dürfen.

3. Anm: Vorgängerbestimmungen fanden sich in § 18 Abs 1 und 5 AsylG.

4. Anm: Die bis zu einer Mitteilung nach § 44 Abs 1 durchgeführte Anhaltung ist dem Bundesasylamt zuzurechnen. Die zu § 44 Abs 2 korrespondierende Festnahmebestimmung findet sich in § 39 Abs 3 Z 4 FPG und ist der örtlich zuständigen Fremdenpolizeibehörde zuzurechnen; diese ist im Rahmen einer Maßnahmenbeschwerde belangte Behörde. Unterbleibt die Vorführung nach § 45 Abs 1 Z 2, ergibt sich aus § 4 Abs 3 GVG-B 2005 schlüssig, dass die Behörde nach dem GVG-B 2005 – also das Bundesasylamt – für die Versorgung des Asylwerbers zuständig ist, auch wenn § 2 GVG-B 2005 im Bezug auf diese Personengruppe im Rahmen einer reinen Wortinterpretation nicht einschlägig erscheinen könnte.

Vorführung nach Befassung der Fremdenpolizeibehörde

§ 46. Wenn eine Vorführung vor das Bundesasylamt gemäß § 45 Abs. 2 unterblieben ist, haben die Organe des öffentlichen Sicherheitsdienstes den Fremden, der einen Antrag auf internationalen Schutz gestellt hat, dem Bundesasylamt zur Sicherung der Ausweisung vorzuführen, wenn Schubhaft nicht verhängt wird.

Übersicht:
1. Hinweis auf europarechtliche Norm
2. Hinweise auf innerstaatliches Recht
3. Materialien
4.-5. Anmerkungen

1. Siehe IV.B.14. Art 18 VerfahrensRL.

2. Siehe II.B. §§ 39 u 76 FPG.

3. RV 952 XXII. GP

Wird ein Fremder, der einen Asylantrag gestellt hat, gemäß § 39 Abs. 3 Z 4 FPG festgenommen und der Fremdenpolizeibehörde überstellt, und wird von dieser nicht die Schubhaft verhängt, so muss ein asylrechtliches Anschlussstück wieder die Vorführung vor die Asylbehörde ermöglichen. Dies wird durch die vorgeschlagene Norm erreicht; § 46 ist als Aufgabe für die Organe des öffentlichen Sicherheitsdienstes konzipiert, die korrespondierende Eingriffsermächtigung ist § 47 Abs. 1 Z 1.

4. Anm: Im AsylG fanden sich auf Asylwerber bezogene Festnahme- (§ 34a Abs 1 Z 2 und 3 AsylG) und Schubhaftbestimmungen (§ 34b AsylG) zur Sicherung der fremdenpolizeilichen Umsetzung einer Ausweisungsentscheidung nach dem AsylG. § 34b Abs 1 Z 3 AsylG wurde durch den VfGH als verfassungswidrig aufgehoben (G 237/03 v 15.10.2004). Die Festnahme- und Schubhaftbestimmungen des AsylG sind ab dem 1. Jänner 2006 nur noch auf „Altverfahren" (Verfahren, die am 31. Dezember 2005 anhängig waren) anzuwenden. Siehe hierzu auch die 4. (1. Fall) zu § 36 und 3. zu § 75. Die Festnahme- und Schubhaftbestimmungen zur Sicherung einer Ausweisung nach dem AsylG 2005 finden sich in den §§ 39 Abs 3 und 76 Abs 2 FPG.

5. Anm: Die Maßnahmen nach § 46 sind dem Bundesasylamt zuzurechnen, dieses ist im Rahmen einer Maßnahmenbeschwerde belangte Behörde.

Eingriffe in das Recht auf persönliche Freiheit

§ 47. (1) Die Organe des öffentlichen Sicherheitsdienstes sind ermächtigt, einen Fremden, der einen Antrag auf internationalen Schutz gestellt hat, zum Zwecke der Vorführung vor die Asylbehörden festzunehmen, wenn
1. dieser Fremde nicht zum Aufenthalt im Bundesgebiet berechtigt ist oder
2. gegen diesen Fremden ein Festnahmeauftrag (§ 26) erlassen worden ist.

(2) Eine Festnahme gemäß Abs. 1 Z 1 darf nur so lange aufrecht erhalten werden, als dies notwendig ist; sie darf 48 Stunden jedenfalls nicht überschreiten.

(3) Die Organe des öffentlichen Sicherheitsdienstes sind ermächtigt, Asylwerber, die nicht zum Aufenthalt im Bundesgebiet berechtigt sind, am Verlassen der Erstaufnahmestelle zu hindern, bis diese – soweit dies zulässig ist – erkennungsdienstlich behandelt und durchsucht (§ 44) worden sind.

(4) Während der Zulässigkeit der Sicherung der Zurückweisung im Flughafenverfahren sind die Organe des öffentlichen Sicherheitsdienstes ermächtigt, zu verhindern, dass ein zurückgewiesener Asylwerber in das Bundesgebiet einreist, soweit es ihm nicht gestattet ist.

§ 47

Übersicht:
1. Hinweis auf europarechtliche Norm
2. Materialien
3.-5. Anmerkungen
6. Judikatur

1. Siehe IV.B.14. Art 18 VerfahrensRL.

2. RV 952 XXII. GP

§ 47 ist die Eingriffsermächtigung in das Recht auf persönliche Freiheit für die Organe des öffentlichen Sicherheitsdienstes im Rahmen der Vollziehung dieses Bundesgesetzes.

Zum Zwecke der Vorführung vor die Asylbehörde dürfen Fremde, die einen Asylantrag gestellt haben, festgenommen werden, wenn diese dem Bundesasylamt vorzuführen sind (§ 43 Abs. 2) oder wenn gegen sie ein Festnahmeauftrag erlassen wurde (§ 26). Nicht von Abs. 1 Z 1 erfasst sind jedenfalls Fremde, die einen Asylantrag schon eingebracht haben, wenn über die Zulässigkeit des Verfahrens nicht abgesprochen wurde und sie sich dem Verfahren nicht entzogen haben.

Da in den Fällen des Abs. 1 Z 1 kein Behördenauftrag vorliegt, ist die Haftdauer auf maximal 48 Stunden zu beschränken, die längstmögliche Haftdauer im Falle der Durchführung eines Festnahmeauftrags ergibt sich aus § 26 Abs. 2.

Abs. 3 stellt klar, dass die Organe des öffentlichen Sicherheitsdienstes – zur Erzwingung einer in § 15 genannten gesetzlichen Pflicht – Asylwerber bis zur Durchführung der wesentlichen Teile der „technischen Straße", am Verlassen der Erstaufnahmestelle hindern können. Nicht umfasst ist hiervon die freiwillige ärztliche Untersuchung.

Abs. 4 ist die Ermächtigung, Fremde die im Rahmen des Flughafenverfahrens zurückgewiesen wurden, am Betreten des Bundesgebietes zu hindern. Es handelt sich hierbei um keine Freiheitsbeschränkung, da es dem Fremden – wie bei fremdenpolizeilichen Zurückweisungen auch – jederzeit möglich ist, auszureisen. Dennoch werden die entsprechenden Verfahren schnellstmöglich geführt (vgl. §§ 31 ff), um gegebenenfalls die Entscheidung über Einreise oder die Durchsetzung der Zurückweisung oder gar die Zuerkennung des entsprechenden Status so schnell wie möglich zu erreichen.

Von der vorgeschlagenen Regel nicht umfasst sind des weiteren Befugnisse zur Durchsetzung der räumlichen Beschränkungen des § 12. Diese stellen eine Verwaltungsübertretung nach § 121 FPG dar und sind nur über § 35 VStG durchsetzbar.

3. Anm: Siehe 3. zu § 46. Die hier vorgesehenen Eingriffsbefugnisse dienen der Sicherung eines – allenfalls schwebenden – Ausweisungsverfahrens während des Asylverfahrens; Abs 3 dient der Durchsetzung der Mitwirkungspflichten während der Erstabklärung im Zulassungsverfahren.

4. Anm: Zur zulässigen Haftdauer einer Anhaltung nach Abs 1 Z 2 siehe § 26 Abs 2 und die dazugehörigen EB zur RV.

5. Anm: Die Maßnahmen nach § 47 sind allesamt dem Bundesasylamt zuzurechnen, dieses ist im Rahmen einer Maßnahmenbeschwerde belangte Behörde.

6. Jud: VfGH 15.10.2004, G 237, 238/03 ua.

Abnahme von Karten

§ 48. Die Organe des öffentlichen Sicherheitsdienstes und die Sicherheitsbehörden (§ 4 des Bundesgesetzes über die Organisation der Sicherheitsverwaltung und die Ausübung der Sicherheitspolizei – SPG, BGBl. Nr. 566/1991) sind ermächtigt, Karten nach diesem Bundesgesetz jedermann abzunehmen, wenn
1. die Karten entzogen wurden (§ 53 Abs. 1);
2. diese zurückzustellen sind (§ 53 Abs. 2) oder
3. von Personen, für die die Karten nicht ausgestellt wurden, innegehabt werden, es sei denn es handelt sich um gesetzliche Vertreter von Minderjährigen.

Abgenommene Karten sind dem Bundesasylamt vorzulegen.

Übersicht:
1. Hinweis auf innerstaatliche Norm
2. Materialien
3.-4. Anmerkungen

1. Zu § 4 SPG siehe II.B. § 3 Abs 3 FPG.

2. RV 952 XXII. GP

Die Praxis hat gezeigt, dass es leider immer wieder zu missbräuchlicher Verwendung von Karten, die Asylwerbern ausgestellt werden, kommt. So werden diese Karten einerseits weitergegeben und andererseits als verloren gemeldet, um sie nach negativer Erledigung des Asylverfahrens weiter verwenden zu können.

Für diese Einzelfälle ist es – auch zum Schutz der anderen Asylwerber – notwendig, den Organen des öffentlichen Sicherheitsdienstes und den Sicherheitsbehörden die Möglichkeit einzuräumen, die Karten unmittelbar – auch vor Erlassung eines Entziehungsbescheides – abzunehmen. Diese Karten sind dem Bundesasylamt, wohl unter Anschluss einer Meldung über die wesentlichen Umstände der Abnahme, vorzulegen. Dem Zweck der Norm entspricht es nicht, Karten abzunehmen, die vom Erziehungsberechtigten für einen Minderjährigen innegehabt werden.

3. Anm: Im AsylG fanden sich entsprechende Befugnisse lediglich für Aufenthaltsberechtigungskarten (§ 34a Abs 5 AsylG).

4. Anm: Die Maßnahmen nach § 47 sind dem Bundesasylamt zuzurechnen; dieses ist im Rahmen einer Maßnahmenbeschwerde belangte Behörde.

Ausübung unmittelbarer Zwangsgewalt

§ 49. (1) Zur Durchsetzung der Befugnisse nach diesem Hauptstück sind die Organe des öffentlichen Sicherheitsdienstes zur Ausübung von unmittelbarer Zwangsgewalt ermächtigt; die Organe des öffentlichen Sicherheitsdienstes haben den Betroffenen die Ausübung unmittelbarer Zwangsgewalt anzudrohen und anzukündigen.

(2) Wäre zur Durchsetzung einer Befugnis nach § 44 Abs. 6 die Überwindung eines Widerstands des Betroffenen erforderlich, haben die ermächtigten Organe des Bundesasylamtes ein Organ des öffentlichen Sicherheitsdienstes um die Vornahme der Amtshandlung zu ersuchen.

Übersicht:
1. Materialien
2. Anmerkung

1. RV 952 XXII. GP

Abs. 1 normiert einerseits, dass die Organe des öffentlichen Sicherheitsdienstes zur Durchsetzung der Befugnisse nach diesem Bundesgesetz zur Ausübung unmittelbarer Zwangsgewalt ermächtigt sind und andererseits, dass sie die Ausübung dieser anzudrohen und anzukündigen haben.

Abs. 2 normiert, dass die Organe des Bundesasylamtes dann, wenn die Durchsetzung ihrer Befugnisse nach § 44 Abs. 6 nur mit Zwangsgewalt erreichbar ist, die (in der Erstaufnahmestelle immer anwesenden) Organe des öffentlichen Sicherheitsdienstes um die Vornahme zu ersuchen haben; diese haben die entsprechende Ausbildung und Ausrüstung, um solche Situationen professionell bewältigen zu können.

2. Anm: Vorgängerbestimmungen fanden sich in den §§ 34a Abs 6 und 35 AsylG.

6. Hauptstück: Karten für Asylwerber und subsidiär Schutzberechtigte

Verfahrenskarte

§ 50. (1) Einem Asylwerber ist in der Erstaufnahmestelle eine Verfahrenskarte auszustellen. Diese berechtigt zum Aufenthalt in der Erstaufnahmestelle und zur Teilnahme an der Versorgung in dieser nach Maßgabe der Bestimmungen des Bundesgesetzes, mit dem die Grundversorgung von Asylwerbern im Zulassungsverfahren und bestimmten anderen Fremden geregelt wird – GVG-B 2005, BGBl. Nr. 405/1991. Darüber hinaus können durch die Verfahrenskarte jene Verfahrensschritte dokumentiert werden, die erforderlich sind, um das Zulassungsverfahren abzuschließen.

(2) Die nähere Gestaltung der Verfahrenskarte hat der Bundesminister für Inneres durch Verordnung zu regeln. Die Verfahrenskarte hat insbesondere zu enthalten: Die Bezeichnung „Republik Österreich" und „Verfahrenskarte", Namen, Geschlecht und Geburtsdatum sowie ein Lichtbild des Asylwerbers.

Übersicht:
1. Hinweis auf europarechtliche Norm
2. Hinweis auf innerstaatliche Norm
3.-4. Materialien
5. Anmerkung

1. Siehe IV.B.4. Art 6 AufnahmeRL.

2. Siehe VI.A. § 2 AsylG-DV 2005.

3. RV 952 XXII. GP

Diese Normen bestimmen die Karten für Asylwerber vor und nach Zulassung des Verfahrens und für subsidiär Schutzberechtigte; die Ausweise für Fremde, denen der Status eines Asylberechtigten zuerkannt wurde, werden im FPG geregelt.

Die gegenständlichen Normen stellen die Mindeststandards für diese Karten dar, näheres hat der Bundesminister für Inneres mit Verordnung zu regeln.

Art. 6 Aufnahmerichtlinie verlangt, dem Asylbewerber innerhalb von drei Tagen nach der Antragstellung bei der zuständigen Behörde eine Bescheinigung auszuhändigen. Diese muss den Namen des Asylwerbers wiedergeben, sie muss den Rechtsstatus als Asylbewerber bestätigen.

Die Verfahrenskarte und die Aufenthaltsberechtigungskarte dienen nicht dem Nachweis der Identität außerhalb von Verfahren nach diesem Bundesgesetz.

Die Karten [richtig: Karte] für subsidiär Schutzberechtigte dient dem Nachweis der Identität; dies ist erforderlich, um Menschen, die oftmals keinen [richtig: kein] Dokument ihres Herkunftsstaates besitzen aber lange Zeit oder gar auf Dauer in Österreich sind, die Teilnahme am Rechtsleben zu ermöglichen.

4. AF 1055 XXII. GP

Bezugnehmend auf die §§ 50 ff AsylG 2005 geht der Ausschuss für innere Angelegenheiten davon aus, dass bei diesen Karten Chips nicht zur Verwendung gelangen.

5. Anm: Die Vorgängerbestimmung fand sich in § 36a AsylG, zur weiteren Gültigkeit der Karten nach dem AsylG siehe § 75 Abs 3. Zum Entzug der Karte siehe §§ 48 u 53.

Aufenthaltsberechtigungskarte

§ 51. (1) **Einem Asylwerber, dessen Verfahren zuzulassen ist, ist eine Aufenthaltsberechtigungskarte auszustellen.** Die Karte ist bis zu einer durchsetzbaren Entscheidung, zur Einstellung oder zur Gegenstandslosigkeit des Verfahrens gültig.

(2) **Die Aufenthaltsberechtigungskarte dient dem Nachweis der Identität** für Verfahren nach diesem Bundesgesetz und der Rechtmäßigkeit des Aufenthaltes im Bundesgebiet. Nach Beendigung des Verfahrens oder bei Entzug des Aufenthaltsrechts ist die Aufenthaltsberechtigungskarte vom Fremden dem Bundesasylamt zurückzustellen.

(3) **Die nähere Gestaltung der Aufenthaltsberechtigungskarte hat der Bundesminister für Inneres durch Verordnung zu regeln.** Die Aufenthaltsberechtigungskarte hat insbesondere zu enthalten: Die Bezeichnung „Republik Österreich" und „Aufenthaltsberechtigungskarte", Namen, Geschlecht, Geburtsdatum, Staatsangehörigkeit, Lichtbild und Unterschrift des Asylwerbers sowie Bezeichnung der Behörde, Datum der Ausstellung und Unterschrift des Genehmigenden.

Übersicht:
1. Hinweis auf europarechtliche Norm
2. Hinweis auf innerstaatliche Norm
3.-4. Materialien
5. Anmerkung

1. Siehe IV.B.4. Art 6 AufnahmeRL.

2. Siehe VI.A. § 2 AsylG-DV 2005.

3. RV 952 XXII. GP

Siehe oben 1. zu § 50.

4. AF 1055 XXII. GP

Siehe oben 2. zu § 50.

5. Anm: Die Vorgängerbestimmung fand sich in § 36b AsylG, zur weiteren Gültigkeit der Karten nach dem AsylG siehe § 75 Abs 3. Zum Entzug der Karte siehe §§ 48 u 53.

Karte für subsidiär Schutzberechtigte

§ 52. (1) Einem Fremden, dem der Status des subsidiär Schutzberechtigten zuerkannt wurde, ist eine Karte für subsidiär Schutzberechtigte auszustellen. Diese Karte dient dem Nachweis der Identität und der Rechtmäßigkeit des Aufenthaltes im Bundesgebiet. Die Karte ist nach Aberkennung des Status des subsidiär Schutzberechtigten dem Bundesasylamt zurückzustellen.

(2) Die nähere Gestaltung der Karte für subsidiär Schutzberechtigte hat der Bundesminister für Inneres durch Verordnung zu regeln. Die Karte für subsidiär Schutzberechtigte hat insbesondere zu enthalten: Die Bezeichnung „Republik Österreich" und „Karte für subsidiär Schutzberechtigte", Namen, Geschlecht, Geburtsdatum, Staatsangehörigkeit, Lichtbild und Unterschrift des subsidiär Schutzberechtigten sowie Bezeichnung der Behörde, Datum der Ausstellung und Unterschrift des Genehmigenden.

Übersicht:
1. Hinweis auf europarechtliche Norm
2. Hinweis auf innerstaatliche Norm
3.-4. Materialien
5. Anmerkung

1. Siehe IV.B.4. Art 6 AufnahmeRL.

2. Siehe VI.A. § 2 AsylG-DV 2005.

3. RV 952 XXII. GP

Siehe oben 1. zu § 50.

4. AF 1055 XXII. GP

Siehe oben 2. zu § 50.

5. Anm: Die Vorgängerbestimmung fand sich in § 36c AsylG, zur weiteren Gültigkeit der Karten nach dem AsylG siehe § 75 Abs 3. Zum Entzug der Karte siehe §§ 48 u 53.

Entzug von Karten

§ 53. (1) Das Bundesasylamt hat Karten nach diesem Bundesgesetz zu entziehen, wenn
1. deren Gültigkeitsdauer abgelaufen ist;

2. die durch die Karte bestätigten Umstände nicht oder nicht mehr den Tatsachen entsprechen;
3. das Lichtbild auf der Karte den Inhaber nicht mehr zweifelsfrei erkennen lässt oder
4. andere amtliche Eintragungen auf der Karte unlesbar geworden sind.

Gegen den Entzug ist ein Rechtsmittel nicht zulässig.

(2) Asylwerber haben Karten nach diesem Bundesgesetz dem Bundesasylamt zurückzustellen, wenn diese entzogen wurden oder Umstände vorliegen, die eine Entziehung rechtfertigen würden.

Übersicht:
1. Materialien
2. Anmerkung

1. RV 952 XXII. GP

§ 53 regelt, in welchen Fällen das Bundesasylamt Karten einziehen kann; die Einziehung hat mit Bescheid zu erfolgen. Die korrespondierende Abnahmebestimmung für die Organe des öffentlichen Sicherheitsdienstes finden [richtig: findet] sich in § 48.

Abs. 2 statuiert eine Pflicht des betreffenden Asylwerbers Karten zurückzustellen, wenn diese entzogen wurden oder entzogen werden könnten.

2. Anm: Das AsylG kennt Entzugsbestimmung lediglich für die Aufenthaltsberechtigungskarte (§ 34a Abs 5 AsylG); ist die Karte oder der Inhaber nicht greifbar, kann nach Durchführung des Verfahrens eine Ausschreibung der Karte (Rechtsgrundlage § 54 Abs 1) erfolgen. Da gegen den Bescheid kein ordentliches Rechtsmittel zulässig ist, ist dieser mit Erlassung durchsetzbar.

7. Hauptstück: Verwenden personenbezogener Daten

Allgemeines

§ 54. (1) Die Asylbehörden dürfen personenbezogene Daten nur verwenden, soweit dies zur Erfüllung der ihnen übertragenen Aufgaben erforderlich ist.

(2) Die Asylbehörden dürfen personenbezogene Daten Dritter und die Sozialversicherungsnummer nur verarbeiten, wenn deren Auswählbarkeit aus der Gesamtmenge der gespeicherten Daten nicht vorgesehen ist.

(3) Nach diesem Bundesgesetz ermittelte Daten sind physisch zu löschen,
1. sobald der Behörde bekannt wird, dass der Betroffene die Staatsangehörigkeit eines Mitgliedstaates der Europäischen Union erlangt hat;
2. zehn Jahre nach rechtskräftiger Entscheidung des Verfahrens oder Zurückziehung, Einstellung oder Gegenstandslosigkeit eines Antrags auf internationalen Schutz, eines Asyl- oder Asylerstreckungsantrages oder
3. wenn der Behörde der Tod des Betroffenen bekannt wird und seither fünf Jahre verstrichen sind.

Übersicht:

1. Hinweise auf europarechtliche Norm
2. Hinweise auf innerstaatliche Norm
3. Materialien
4. Anmerkung

1. Siehe IV.A.6. Art 21 Dublin II; IV.A.1. Art 4 und 7 EurodacVO; IV.B.14 Art 41 VerfahrensRL.

2. Siehe II.B. §§ 101 ff FPG.

3. RV 952 XXII. GP

Im 7. Hauptstück werden die Normen für die Ermittlung und Verarbeitung von Daten im Rahmen dieses Bundesgesetzes festgelegt.

Abs. 1 stellt – den allgemeinen Grundsatz der Verhältnismäßigkeit folgend – dar, dass personenbezogene Daten – deren Verwendung berührt das verfassungsrechtlich gewährleistete Recht des § 1 DSG 2000 – durch Asylbehörden nur verwendet werden dürfen, soweit dies zur Erfüllung der ihnen übertragenen Aufgaben notwendig ist.

Abs. 2 stellt klar, dass personenbezogene Daten und die auf Asylwerber bezogene Sozialversicherungsnummer zwar verarbeitet werden dürfen, diese jedoch nicht aus den gespeicherten Daten ausgewählt werden darf. Sozialversicherungsnummer und personenbezogene Daten Dritter dürfen also kein Suchkriterium sein, sondern werden nur ausgegeben, wenn der der Speicherung zu Grunde liegende Datensatz ausgewählt wird.

Abs. 3 sind die Löschungsbestimmungen für nach diesem Bundesgesetz ermittelte Daten, die sich auch auf die erkennungsdienstlichen Daten bezieht.

4. Anm: Die Vorgängerbestimmungen fanden sich in den §§ 35 f AsylG. Durch das Fremdenrechtspaket 2005 kommt es zu einer gänzlichen Neugestaltung des fremdenrechtlichen – also asyl-, fremdenpolizei- und zuwanderungsrechtlichen – Datenrechts. Die Anschlussbestimmungen für das Zentrale Fremdenregister finden sich in den §§ 101 ff FPG.

Verwenden erkennungsdienstlicher Daten

§ 55. (1) Das Bundesasylamt ist ermächtigt, Fremde, die das 14. Lebensjahr vollendet haben und
  1. die einen Antrag auf internationalen Schutz stellen oder
  2. denen gemäß § 3 Abs. 4 der Status des Asylberechtigten zuerkannt werden soll
erkennungsdienstlich zu behandeln.

(2) Erkennungsdienstliche Daten sind von Amts wegen nach Maßgabe des § 54 Abs. 3 zu löschen.

(3) Die §§ 64 und 65 Abs. 4, 5 1. Satz, 6 sowie § 73 Abs. 7 SPG gelten. Eine Personsfeststellung kann vorgenommen werden.

(4) Die erkennungsdienstliche Behandlung und Personsfeststellung kann auch von Organen des öffentlichen Sicherheitsdienstes durchgeführt werden. Sie schreiten in diesem Fall für das Bundesasylamt ein.

(5) Ein Fremder, den das Bundesasylamt einer erkennungsdienstlichen Behandlung zu unterziehen hat, ist hiezu aufzufordern. Er ist über den Grund der erkennungsdienstlichen Behandlung zu informieren. Ihm ist ein schriftliches Informationsblatt darüber auszufolgen. Dabei ist grundsätzlich danach zu trachten, dass dieses in einer ihm verständlichen Sprache abgefasst ist. Der Betroffene hat an der erkennungsdienstlichen Behandlung mitzuwirken.

(6) Kommt der Betroffene der Aufforderung nicht nach, sind die Organe des öffentlichen Sicherheitsdienstes ermächtigt, den Betroffenen zur Durchführung der erkennungsdienstlichen Behandlung vor die Behörde vorzuführen. Die Anhaltung zu diesem Zweck ist nur solange zulässig, als eine erfolgreiche Durchführung der erkennungsdienstlichen Behandlung unter Beachtung von § 78 SPG nicht aussichtslos erscheint.

Übersicht:
  1. Hinweis auf europarechtliche Norm
  2.-3. Hinweise auf innerstaatliche Norm
  4. Materialien
  5. Anmerkung

II Kerngesetze: A Asylgesetz 2005 – AsylG 2005

1. Siehe IV.A.6. Art 21 Dublin II; IV.A.1. Art 4 EurodacVO; IV.B.14. Art 41 VerfahrensRL.

2. Siehe II.B. §§ 101 ff FPG.

3. Textauszug SPG

Begriffsbestimmungen

§ 64. (1) Erkennungsdienst ist das Ermitteln personenbezogener Daten durch erkennungsdienstliche Maßnahmen sowie das weitere Verarbeiten und Übermitteln dieser Daten.

(2) Erkennungsdienstliche Maßnahmen sind technische Verfahren zur Feststellung von Merkmalen eines Menschen, die seine Wiedererkennung ermöglichen, wie insbesondere die Abnahme von Papillarlinienabdrücken, die Vornahme von Mundhöhlenabstrichen, die Herstellung von Abbildungen, die Feststellung äußerlicher körperlicher Merkmale, die Vornahme von Messungen oder die Erhebung von Stimm- oder Schriftproben.

(3) Erkennungsdienstliche Behandlung ist das Ermitteln personenbezogener Daten durch erkennungsdienstliche Maßnahmen, an dem der Betroffene mitzuwirken hat.

(4) Erkennungsdienstliche Daten sind personenbezogene Daten, die durch erkennungsdienstliche Maßnahmen ermittelt worden sind.

(5) Personsfeststellung ist eine abgesicherte und plausible Zuordnung erkennungsdienstlicher Daten zu Namen, Geschlecht, Geburtsdatum, Geburtsort und Namen der Eltern eines Menschen.

(6) Soweit die Zulässigkeit einer Maßnahme nach diesem Hauptstück vom Verdacht abhängt, der Betroffene habe einen gefährlichen Angriff begangen, bleibt diese Voraussetzung auch nach einer rechtskräftigen Verurteilung wegen der entsprechenden gerichtlich strafbaren Handlung (§ 16 Abs. 2) bestehen.

Erkennungsdienstliche Behandlung

§ 65. (1)-(3) ...
(4) Wer erkennungsdienstlich zu behandeln ist, hat an den dafür erforderlichen Handlungen mitzuwirken.
(5) Die Sicherheitsbehörden haben jeden, den sie erkennungsdienstlich behandeln, schriftlich darüber in Kenntnis zusetzen, wie lange erkennungsdienstliche Daten aufbewahrt werden und welche Möglichkeiten vorzeitiger Löschung (§§ 73 und 74) bestehen. ...
(6) Die Sicherheitsbehörden sind ermächtigt, Namen, Geschlecht, frühere Namen, Geburtsdatum, Geburtsort, Namen der Eltern und Aliasdaten eines Menschen (erkennungsdienstliche Identitätsdaten), den sie erkennungsdienstlich behandelt haben, zu ermitteln und zusammen mit den erkennungsdienstlichen Daten und mit dem für die Ermittlung maßgeblichen Grund zu verarbeiten. In den Fällen des Abs. 1 sind die Sicherheitsbehörden ermächtigt, eine Personsfeststellung vorzunehmen.

§ 55

Löschung erkennungsdienstlicher Daten von Amts wegen
§ 73. (1)-(6) ...
(7) Wenn aus Gründen der Wirtschaftlichkeit die physische Löschung erkennungsdienstlicher Daten auf ausschließlich automationsunterstützt lesbaren Datenträgern nur zu bestimmten Zeitpunkten vorgenommen werden kann, so sind die Daten bis dahin logisch und sodann physisch zu löschen.

4. RV 952 XXII. GP

Die Regelung betreffend die erkennungsdienstliche Behandlung von Asylwerbern und Fremden, denen im Rahmen eines Kontingentes der Status eines Asylberechtigten zuerkannt werden soll, dient der Umsetzung der Eurodac-Verordnung und wurde schon im Asylgesetz 1997 dem Regime des Sicherheitspolizeigesetzes nachgebildet.

Art. 4 Abs. 1 Eurodac-Verordnung überlässt es den Mitgliedstaaten, das Verfahren zur Abnahme von Fingerabdrücken zu regeln. Da dem Dubliner Übereinkommen und der Dublin – Verordnung weder die Unterscheidung nach Asyl- und Asylerstreckungsanträgen noch eine Differenzierung nach Stellung und Einbringung von Anträgen bekannt ist und Eurodac auf die Begriffsdefinitionen des Dubliner Übereinkommens abstellt (vgl. Art. 2 Abs. 3 Eurodac-Verordnung), ist auf die zeitlich frühere Asylantragstellung abzustellen. Der letzte Satz des Abs. 1 soll im Hinblick auf die Umsetzung der Verpflichtungen aus der Eurodac-Verordnung gewährleisten, dass die erkennungsdienstliche Behandlung der betroffenen Fremden so zeitnah wie möglich nach dem Stellen eines Asylantrages durchgeführt wird. Insbesondere gilt es sicherzustellen, dass auch Behörden, bei denen Asylanträge gestellt werden, erkennungsdienstliche Maßnahmen setzen können. Abs. 2 stellt klar, dass die Löschungsbestimmungen des § 54 auch auf erkennungsdienstliche Daten anzuwenden sind, Abs. 3 übernimmt die bewährten Normen des Sicherheitspolizeigesetzes für den Erkennungsdienst. § 64 SPG stellt die Begriffsbestimmungen für den Erkennungsdienst dar, wobei dieser im Regime des AsylG durch die Begriffsbestimmung des § 2 Z 25 [richtig: § 2 Abs. 2] die möglichen Daten, die ermittelt werden dürfen, eingeschränkter als im Regime des SPG sind, da es etwa zu keiner Ermittlung eines DNA-Profils kommen kann. § 65 Abs. 4 SPG stellt klar, dass Fremde, die erkennungsdienstlich zu behandeln sind, an dieser Behandlung mitwirken müssen und Abs. 5 1. Satz, dass die Asylbehörden gewisse Informationspflichten treffen. Die Anwendung des § 65 Abs. 6 SPG ermächtigt die Asylbehörden zur Ermittlung der für eine sinnvolle erkennungsdienstliche Behandlung nötigen Identifikationsdaten und zur Personsfeststellung. § 73 Abs. 7 SPG enthält eine besondere Löschungsbestimmung, wenn die Löschung erkennungsdienstlicher Daten wirtschaftlich nur zu bestimmten Zeitpunkten wahrgenommen werden kann.

Darüber hinaus soll auch weiterhin die Möglichkeit bestehen, dass die erkennungsdienstliche Behandlung auch dann von Organen des öffentlichen Sicherheitsdienstes durchgeführt werden kann, wenn der Asylantrag bei den Asylbehörden eingebracht worden ist. Die Abs. 5 und 6 stellen das Verfahren im Erkennungsdienst dar, betroffene Asylwerber sind aufzufordern, sich der erkennungsdienstlichen Behandlung zu unterziehen und mittels schriftlichem Informationsblatt über den Grund der Maßnahme zu informieren; dieses soll nach Möglichkeit in einer dem Betroffenen verständlichen Sprache abgefasst sein.

Abs. 6 stellt klar, wie vorzugehen ist, wenn der Betroffene der Aufforderung nicht nachkommt; dann sind die Organe ermächtigt, ihn vorzuführen und für die erkennungsdienstliche Behandlung anzuhalten.

5. Anm: Die Vorgängerbestimmung zum Erkennungsdienst befand sich in § 35 AsylG, des Weiteren siehe 4. zu § 54. Im Hinblick auf den Verweis auf § 64 SPG geht die engere Begriffsbestimmung des § 2 Abs 2 der des SPG als speziellere Norm vor.

Zentrale Verfahrensdatei; Informationsverbund

§ 56. (1) Die Asylbehörden sind ermächtigt, die von ihnen ermittelten Verfahrensdaten, das sind Verfahrensinformationen über Anträge, Entscheidungen und Rechtsmittel, gemeinsam zu verarbeiten und zu benützen. Der Bundesminister für Inneres übt dabei für die Asylbehörden sowohl die Funktion des Betreibers gemäß § 50 des Bundesgesetzes über den Schutz personenbezogener Daten – DSG 2000, BGBl. I Nr. 165/1999 als auch des Dienstleisters im Sinne des § 4 Z 5 DSG 2000 aus.

(2) Die Asylbehörden sind ermächtigt, von Fremdenpolizeibehörden sowie von Niederlassungs- und Aufenthaltsbehörden verarbeitete Verfahrensdaten zu ermitteln, wenn dies zur Erfüllung ihrer Aufgaben unbedingt erforderlich ist.

(3) Abfragen aus der zentralen Verfahrensdatei sind nur zulässig, soweit dies zur Besorgung einer nach diesem Bundesgesetz übertragenen Aufgabe erforderlich ist und der Fremde zumindest nach dem Namen, einer ihm zugeordneten Zahl oder einem Papillarlinienabdruck bestimmt wird.

(4) Für in der zentralen Verfahrensdatei verarbeiteten Daten gilt § 54 Abs. 3.

Übersicht:

1. Hinweise auf innerstaatliche Norm
2.-3. Materialien
4. Anmerkung

1. Testauszug DSG 2000

Definitionen

§ 4. Im Sinne der folgenden Bestimmungen dieses Bundesgesetzes bedeuten die Begriffe:

...
5. „Dienstleister": natrüliche oder juristische Personen, Personengemeinschaften oder Organe einer Gebietskörperschaft bezie-

hungsweise die Geschäftsapparate solcher Organe, wenn sie Daten, die ihnen zur Herstellung eines aufgetragenen Werkes überlassen wurden, verwenden (Z8);
...

Informationsverbundsysteme

§ 50. (1) Die Auftraggeber eines Informationsverbundsystems haben, soweit dies nicht bereits durch Gesetz geregelt ist, einen geeigneten Betreiber für das System zu bestellen. Name (Bezeichnung) und Anschrift des Betreibers sind in der Meldung zwecks Eintragung in das Datenverarbeitungsregister bekannt zu geben. Unbeschadet des Rechtes des Betroffenen auf Auskunft nach § 26 hat der Betreiber jedem Betroffenen auf Antrag binnen zwölf Wochen alle Auskünfte zu geben, die notwendig sind, um den für die Verarbeitung seiner Daten im System verantwortlichen Auftraggeber festzustellen; in Fällen, in welchen der Auftraggeber gemäß § 26 Abs. 5 vorzugehen hätte, hat der Betreiber mitzuteilen, daß kein der Pflicht zur Auskunftserteilung unterliegender Auftraggeber benannt werden kann. Die Unterstützungspflicht des Betreibers gilt auch bei Anfragen von Behörden. Den Betreiber trifft überdies die Verantwortung für die notwendigen Maßnahmen der Datensicherheit (§ 14) im Informationsverbundsystem. Von der Haftung für diese Verantwortung kann sich der Betreiber unter den gleichen Voraussetzungen, wie sie in § 33 Abs. 3 vorgesehen sind, befreien. Wird ein Informationsverbundsystem geführt, ohne daß eine entsprechende Meldung an die Datenschutzkommission unter Angabe eines Betreibers erfolgt ist, treffen jeden einzelnen Auftraggeber die Pflichten des Betreibers.

(2) Durch entsprechenden Rechtsakt können auch weitere Auftraggeberpflichten auf den Betreiber übertragen werden. Soweit dies nicht durch Gesetz geschehen ist, ist dieser Pflichtenübergang gegenüber den Betroffenen und den für die Vollziehung dieses Bundesgesetzes zuständigen Behörden nur wirksam, wenn er - auf Grund einer entsprechenden Meldung an die Datenschutzkommission - aus der Registrierung im Datenverarbeitungsregister ersichtlich ist.

(3) Die Bestimmungen der Abs. 1 und 2 gelten nicht, soweit infolge der besonderen, insbesondere internationalen Struktur eines bestimmten Informationsverbundsystems gesetzlich ausdrücklich anderes vorgesehen ist.

2. RV 952 XXII. GP

Es ist beabsichtigt, ein zentrales Fremdenregister zu etablieren, siehe hierzu § 103 FPG. § 56 stellt das Anschlussstück im Asylgesetz dar. Die Asylbehörden sind ermächtigt, die von ihnen ermittelten Verfahrensdaten – sozusagen gegenseitig – gemeinsam zu benutzen und zu verarbeiten. Die Funktion des Betreibers und des Dienstleisters für diesen Informationsverbund kommt dabei dem Bundesminister für Inneres zu.

Die Asylbehörden sind weiters ermächtigt, auf Verfahrensdaten der Fremdenpolizeibehörden und der Niederlassungsbehörden zu greifen.

Auch für die in der zentralen Verfahrensdatei befindlichen Daten gilt die Löschungsbestimmung des § 54 Abs. 3.

3. AB 1055 XXII. GP

In den Bestimmungen der §§ 56 und 57 wird den Anregungen des Datenschutzrates Rechnung getragen. Die Verfahrensdaten werden näher determiniert, eine engere Zweckbindung wird vorgesehen und Löschungsverpflichtungen werden etabliert. An bestimmte Behörden wird nur eine eingeschränkte Datenübermittlung erfolgen dürfen (§ 57 Abs. 3), da diese für die Erfüllung der ihnen übertragenen gesetzlichen Aufgaben ausreichend ist.

Die Übermittlung von Verurteilungen, Anklageerhebungen und Namensänderung von Asylwerbern erfolgt nun im Weg der Fremdenpolizei.

Die in § 57 Abs. 11 vorgesehene Übermittlungsregelung wird durch den Verweis auf § 27 Abs. 3 Z 2 und 3 auf das unbedingt erforderliche Maß beschränkt.

4. Anm: Siehe 4. zu § 54.

Besondere Übermittlungen

§ 57. (1) Die gemäß § 102 Abs. 1 FPG sowie § 56 verarbeiteten Daten dürfen folgenden Empfängern übermittelt werden, soweit diese sie zur Erfüllung der ihnen übertragenen Aufgaben benötigen:
1. den Sicherheitsbehörden (§ 4 SPG);
2. dem Amt des Hochkommissärs der Vereinten Nationen für Flüchtlinge in Österreich;
3. den Rechtsberatern in der Erstaufnahmestelle;
4. den Vertragsparteien eines Abkommens zur Bestimmung des für die Prüfung eines Asylantrages oder eines Antrages auf internationalen Schutz zuständigen Staates oder den Behörden der Staaten, die die Dublin – Verordnung anzuwenden haben;
5. den für die Vollziehung der Genfer Flüchtlingskonvention zuständigen ausländischen Behörden, wenn die Feststellung der Identität sowie die Asylgewährung ohne eine Übermittlung an diese Behörden nicht möglich und gewährleistet ist, dass solche Daten nicht Behörden jenes Staates zugänglich werden, in dem der Asylwerber oder der Flüchtling behauptet, Verfolgung befürchten zu müssen und
6. den Jugendwohlfahrtsträgern.

(2) Die gemäß § 102 Abs. 1 Z 1 bis 11 FPG und gemäß § 56 verarbeiteten Daten dürfen folgenden Empfängern übermittelt werden, soweit diese sie zur Erfüllung der ihnen übertragenen Aufgaben benötigen:
1. Organen des Bundes und der Länder, die Aufgaben zur Erfüllung der Grundversorgungsvereinbarung vollziehen;
2. dem Arbeitsmarktservice und den mit Betreuung und Integrationshilfe betrauten Einrichtungen der Gebietskörperschaften;
3. den Gebietskrankenkassen und dem Hauptverband der österreichischen Sozialversicherungsträger;
4. den unabhängigen Verwaltungssenaten;
5. den Zivil- und Strafgerichten und

§ 57

6. dem Bundesministerium für auswärtige Angelegenheiten.

(3) Von den gemäß § 102 Abs. 1 FPG verarbeiteten Daten dürfen
1. Z 1 bis 9 den Personenstandsbehörden;
2. Z 1 bis 9 und 11 den Staatsbürgerschaftsbehörden;
3. Z 1 bis 9 und 11 den Meldebehörden

übermittelt werden, soweit diese sie zur Erfüllung der ihnen übertragenen Aufgaben benötigen.

(4) Die Sicherheitsbehörden haben dem Bundesasylamt die bei ihnen erarbeiteten erkennungsdienstlichen Daten von Fremden zu übermitteln, von denen das Bundesasylamt im Rahmen einer erkennungsdienstlichen Behandlung gemäß § 55 unterschiedliche Daten derselben Art ermittelt hat.

(5) Die Personenstandsbehörden haben Anträge auf Verehelichung von Asylwerbern und Fremden, denen der Status eines Asylberechtigten oder eines subsidiär Schutzberechtigten zuerkannt wurde, dem Bundesasylamt mitzuteilen. Die Staatsbürgerschaftsbehörden haben dem Bundesasylamt die Verleihung der Staatsbürgerschaft an einen Asylwerber und an einen Fremden, dem der Status eines Asylberechtigten oder eines subsidiär Schutzberechtigten zuerkannt wurde, mitzuteilen.

(6) Eine Mitteilung gemäß § 105 Abs. 2 FPG hat das Bundesasylamt dem unabhängigen Bundesasylsenat zu übermitteln, soweit das Verfahren in 2. Instanz anhängig ist. Die Sicherheitsbehörden haben dem Bundesasylamt und – soweit ein Berufungsverfahren anhängig ist – dem unabhängigen Bundesasylsenat den Verdacht der Begehung einer strafbaren Handlung durch Asylwerber unter Mitteilung der wesentlichen Umstände mitzuteilen.

(7) Die Berufsvertretungsbehörden (§ 35 Abs. 1) haben dem Bundesasylamt alle Amtshandlungen in Bezug auf Personen mitzuteilen, über die sie Kenntnis von einem in Österreich anhängigen Verfahren wegen eines Antrags auf internationalen Schutz haben.

(8) Bei einer der Asylbehörde nach dem Meldegesetz eröffneten Abfrage im zentralen Melderegister kann die Auswählbarkeit aus der Gesamtmenge aller im zentralen Melderegister verarbeiteten Daten neben dem Namen auch nach der Wohnanschrift vorgesehen werden.

(9) Sofern die Bundesregierung gemäß Art. 66 Abs. 2 B-VG zum Abschluss von Staatsverträgen ermächtigt ist, kann sie unter der Voraussetzung, dass Gegenseitigkeit gewährt wird und ein mit Österreich vergleichbares Datenschutzniveau vorhanden ist, zwischenstaatliche Vereinbarungen über das Übermitteln von Daten gemäß Abs. 1, die für Zwecke gemäß Abs. 1 benötigt werden, abschließen. Hierbei ist die Übermittlung dieser Daten dem Bundesminister für Inneres vorzubehalten und vorzusehen, dass die Löschung übermittelter Daten unter denselben inhaltlichen Voraussetzungen wie im Inland erfolgt und dass Staatsangehörige der Vertragsstaaten vom Geltungsbereich dieser Vereinbarungen ausgenommen sind.

(10) Die Übermittlung personenbezogener Daten eines Asylwerbers an den Herkunftsstaat ist, unbeschadet Abs. 11, nicht zulässig. Daten, die erforderlich sind, um die zur Einreise notwendigen Bewil-

ligungen zu beschaffen, dürfen jedoch übermittelt werden, wenn der Antrag – wenn auch nicht rechtskräftig – ab- oder zurückgewiesen worden ist und die Identität des Asylwerbers nicht geklärt ist.

(11) Die Übermittlung personenbezogener Daten an den Herkunftsstaat für Zwecke der Sicherheitspolizei und der Strafrechtspflege ist jedoch zulässig, wenn
1. dieser ein sicherer Herkunftsstaat ist (§ 39);
2. bei Vorliegen der Voraussetzungen des § 27 Abs. 3 Z 2 oder 3 ein Ausweisungsverfahren eingeleitet wurde oder
3. in erster Instanz – wenn auch nicht rechtskräftig – der Antrag auf internationalen Schutz zurück- oder sowohl in Hinblick auf die Zuerkennung des Status des Asylberechtigten als auch den Status des subsidiär Schutzberechtigten abgewiesen wurde. Der Umstand, dass ein Antrag auf internationalen Schutz gestellt wurde, darf bei einer solchen Übermittlung keinesfalls hervorkommen.

Übersicht:
1. Hinweise auf innerstaatliche Normen
2.-4. Materialien
5.-8. Anmerkungen
9. Judikatur

1. Siehe II.B. FPG; zu § 4 SPG siehe dort § 3 Abs 3; III.A. B-VG.

2. RV 952 XXII. GP

§ 57 trifft in den Abs. 1 bis 3 differenzierte Übermittlungsbestimmungen.
In Abs. 1 sind die Empfänger angeführt, denen im Einzelfall sämtliche Daten übermittelt werden dürfen, soweit diese sie für die Erfüllung der ihnen übertragenen Aufgaben benötigen.
Z 1 nennt die Sicherheitsbehörden, die im Einzelfall durchaus Zugriff auf sämtliche Daten benötigen können. Z 2 nennt – zur Erfüllung der Verpflichtungen der GFK – den UNHCR, Z 3 die Rechtsberater, denen so die Möglichkeit des ressourcensparenden Erlangens der Verfahrensdaten offen steht. In Z 4 sind auf Grund der Dublin – Verordnung, des Dubliner Übereinkommens oder eines vergleichbaren Vertrages Datenempfänger angeführt, welche mit der Wortfolge „Vertragsparteien eines Abkommens zur Bestimmung des für die Prüfung eines Asylantrages zuständigen Staates" umschrieben werden. Z 5 nennt ausländische Behörden, denen die Vollziehung der Genfer Flüchtlingskonvention obliegt. Dabei muss gesichert sein, dass die Daten nicht an den potentiellen Verfolgerstaat weitergegeben werden. Die Jugendwohlfahrtsträger werden im Rahmen dieses Bundesgesetzes als Vertreter tätig und benötigen daher entsprechenden Zugang zu den vorhandenen Daten.
In Abs. 2 sind jene Empfänger genannt, denen die Identitätsdaten, Daten über die Gefährlichkeit eines Betroffenen und Daten, die für Aufenthalts- und Einreiserecht sowie für die Zulässigkeit von Schubhaft und die Verfahrensdaten übermittelt werden dürfen.

§ 57

Die Übermittlungsempfänger sind die Organe, die die Grundversorgung für Bund oder ein Land vollziehen, das Arbeitsmarktservice, die Gebietskrankenkassen und der Hauptverband der österreichischen Sozialversicherungsträger, die unabhängigen Verwaltungssenate in den Ländern, die Zivil- und Strafgerichte und das Bundesministerium für auswärtige Angelegenheiten.

Abs. 3 nennt jene Empfänger, denen die in Abs. 2 genannten Daten, allerdings nicht die Verfahrensdaten übermittelt werden dürfen. Es sind die Personenstand-, Staatsbürgerschafts- und Meldebehörden.

Abs. 4 stellt klar, dass die Sicherheitsbehörden erkennungsdienstliche Daten, die sie ermittelt haben und die gegenüber den vom Bundesasylamt ermittelten divergieren, diesem übermitteln müssen. Dies dient vor allem der Klärung der Identität der Asylwerber.

Abs. 5 statuiert, dass die Zivilgerichte, die Personenstandsbehörden und die Staatsbürgerschaftsbehörden für das Verfahren relevante Daten – etwa Namensänderungen, Verehelichungen oder die Verleihung der Staatsbürgerschaft – dem Bundesasylamt mitzuteilen haben.

Abs. 6 normiert, dass die Gerichte und Sicherheitsbehörden für Asylverfahren – etwa für die Einleitung eines Ausweisungsverfahrens – relevante Daten dem Bundesasylamt mitzuteilen haben. Der unabhängige Bundesasylsenat ist erforderlichenfalls vom Bundesasylamt in Kenntnis zu setzen.

Abs. 7 ist vor allem notwendig, um den Asylbehörden Wissen zugänglich zu machen, aus denen [richtig: dem] etwa eine freiwillige Rückkehr des Asylwerbers in seinen Herkunftsstaat geschlossen werden kann.

Durch Abs. 8 wird den Asylbehörden ermöglicht, ihren Zugriff zum Zentralen Melderegister auch nach anderen Kriterien als dem Namen zu gestalten; es hat sich in der Praxis gezeigt – und seit der AsylG-Nov 2003 bewährt – dass die Asylbehörden diese Abfragemöglichkeit benötigen, gerade da die Namen von Asylwerbern etwa aus dem arabischem [richtig: arabischen] Raum oftmals auf verschiedene Art und Weise geschrieben werden können.

Abs. 9 stellt auf Art. 7 Eurodac-Verordnung ab. Dieser sieht die Löschung der Daten von Personen vor, die die Staatsangehörigkeit eines Mitgliedstaates der Europäischen Union erworben haben. Zum Zwecke der Harmonisierung erfolgt daher die Ausdehnung der Löschungsverpflichtung auf den Erwerb der Staatsangehörigkeit eines Mitgliedstaates der Europäischen Union. Im Übrigen entspricht die Regelung der Rechtslage des Asylgesetzes 1997.

Abs. 10 regelt, dass die Übermittlung personenbezogener Daten eines Asylwerbers in den Herkunftsstaat nicht zulässig ist. Zulässig ist jedoch eine für eine Beschaffung der Einreisebewilligung notwendige Datenübermittlung nach Entscheidung 1. Instanz, wenn die Identität des Asylwerbers nicht geklärt ist. Die Norm entspricht im Wesentlichen § 21 Abs. 2 AsylG 1997.

Abs. 11 erlaubt jedoch – auch bei Vorliegen der Voraussetzungen des Abs. 10 – eine für Zwecke der Sicherheitspolizei und Strafrechtspflege notwendige Datenübermittlung, wenn auf Grund bestimmter Tatsachen angenommen werden kann, dass der Fremde keinen Schutzanspruch hat. Dies ist – abstrakt betrachtet – dann der Fall, wenn er aus einem sicheren Herkunftsstaat kommt, ein Ausweisungsverfahren eingeleitet wurde oder eine – wenn auch nicht rechtskräftige – Ab- oder Zurückweisung erfolgt ist.

3. AB 1055 XXII. GP

Siehe oben 2. zu § 56.

4. AF 1055 XXII. GP

Bezugnehmend auf § 57 AsylG 2005 geht der Ausschuss für innere Angelegenheiten davon aus, dass der Abs. 4 in der vorgeschlagenen und bereits im AsylG 1991 enthaltenen Form mit der damals aus den Erläuterungen zur Regierungsvorlage hervorleutenden [richtig: hervorleuchtenden] Bedeutung weiter gelten soll: „Abs. 3 [im AsylG 1991 fand sich diese Regelung in § 15 Abs. 3] beinhaltet die Übermittlungsverpflichtung der Sicherheitsbehörden in Fällen in denen sie feststellen, dass Asylwerber mit anderen Identitätsdaten bei ihnen registriert sind. Eine Befugnis zur Bekanntgabe des Anlasses der sicherheitsbehördlichen erkennungsdienstlichen Behandlung besteht nicht."

5. Anm: Siehe 3. zu § 54.

6. Anm: Hinsichtlich der Abs 10 und 11 ist die einschlägige Vorgängerbestimmung § 21 Abs 2 AsylG mit Ausnahme des 1. Halbsatzes. Zu § 21 Abs 2 hat der VwGH judiziert, dass die Übermittlung personenbezogener Daten – mit einer Ausnahme – unzulässig ist. Auch unabhängig von dieser dem Datenschutz dienenden Vorschrift steht es den Asylbehörden nicht frei, sich durch fallbezogene Anfragen an die Behörden des Herkunftsstaates vom Wahrheitsgehalt der Behauptungen des Asylwerbers zu überzeugen (VwGH 27.01.2000, 99/20/0488). Die Weitergabe von Kopien der vom Asylwerber vorgelegten Urkunden an den Vertrauensanwalt der österreichischen Botschaft im Herkunftsstaat des Asylwerbers zwecks Überprüfung durch einen Experten bedarf der Zustimmung des Asylwerbers. Dies ergibt sich aus dem verfassungsrechtlich geschützen Recht auf Datenschutz gemäß § 1 Abs 1 und 2 DSG 2000 und der Pflicht der Behörde zur Amtsverschwiegenheit gemäß Art 20 Abs 3 B-VG; die Weigerung des Asylwerbers ist im Rahmen der freien Beweiswürdigung unter Bedachtnahme auf die geltend gemachten Gründe zu bewerten (VwGH 27.01.2000, 99/20/0488). Der – mit diesem Regelungsinhalt neue – Abs 11 ermöglicht eine Abwägung, wann trotz des prinzipiellen Verbots des Abs 10 eine Datenübermittlung erfolgen darf.

7. Anm: Das Übermittlungsverbot des Abs 10 gilt – einem Größenschluss folgend – auch für Personen, denen der Status des Asylberechtigten zuerkannt wurde und für Personen, denen der Status des subsidiär Schutzberechtigten zuerkannt wurde, wenn im Einzelfall die relevante Gefahr vom Herkunftsstaat ausgeht.

8. Anm: Nach § 3 SPG besteht die Sicherheitspolizei aus der Aufrechterhaltung der öffentlichen Ruhe, Ordnung und Sicherheit, ausgenommen die örtliche Sicherheitspolizei (Art 10 Abs 1 Z 7 B-VG), und aus der ersten allgemeinen Hilfeleistung. Siehe dazu sowie zur Frage der Abgrenzung zur Kriminalpolizei etwa *Hauer/Keplinger*, Kommentar[3], 78 ff.

9. Jud: VwGH 27.01.2000, 99/20/0488.

8. Hauptstück: Österreichische und internationale Behörden, Rechts- und Flüchtlingsberater

1. Abschnitt: Österreichische Behörden, Staatendokumentation und Amtsbeschwerde

Bundesasylamt

§ 58. (1) Asylbehörde erster Instanz ist das Bundesasylamt, das in Unterordnung unter dem Bundesminister für Inneres errichtet wird. Der Sitz des Bundesasylamtes befindet sich in Wien. An der Spitze des Bundesasylamtes steht der Direktor.

(2) Das Bundesasylamt ist – bezogen auf Einzelfälle – die für den Informationsaustausch mit jenen Staaten zuständige Behörde, mit denen die Dublin – Verordnung oder ein Vertrag über die Zuständigkeit zur Prüfung eines Asylantrages oder eines Antrages auf internationalen Schutz anwendbar ist.

(3) Die Zahl der Organisationseinheiten und die Aufteilung der Geschäfte auf sie ist in einer vom Direktor zu erlassenden Geschäftseinteilung festzusetzen.

(4) Der Direktor des Bundesasylamtes kann unter Berücksichtigung der Zahl der Asylwerber, die sich in den einzelnen Verwaltungsbezirken in der Regel aufhalten, Außenstellen des Bundesasylamtes errichten, um alle anfallenden Verfahren in verwaltungsökonomischer Weise und ohne unnötigen Verzug durchführen und abschließen zu können.

(5) Der Direktor hat durch Ausbildung und berufsbegleitende Fortbildung der Mitarbeiter des Bundesasylamtes deren Qualifikation sicherzustellen.

(6) Dem Bundesasylamt sind zur Besorgung der ihm übertragenen Aufgaben Organe des öffentlichen Sicherheitsdienstes beigegeben, unterstellt oder zugeteilt. Diese sind ermächtigt, im Rahmen der Wahrnehmung ihrer Aufgaben nach diesem Bundesgesetz die keinen Aufschub duldenden sicherheitsbehördlichen Maßnahmen zu setzen; sie schreiten dabei für die örtlich zuständige Bundespolizeidirektion oder Bezirksverwaltungsbehörde ein und haben diese unverzüglich von den getroffenen Maßnahmen in Kenntnis zu setzen. Die Organe des öffentlichen Sicherheitsdienstes haben das Bundesasylamt darüber hinaus bei der Erfüllung seiner Aufgaben in der Erstaufnahmestelle zu unterstützen.

(7) Der Direktor des Bundesasylamtes kann Bedienstete, die nicht Organe des öffentlichen Sicherheitsdienstes sind, zur Ausübung von nach § 44 Abs. 2 bis 5 vorgesehener Befehls- und Zwangsgewalt ermächtigen, sofern diese hiefür geeignet und besonders geschult sind.

II Kerngesetze: A Asylgesetz 2005 – AsylG 2005

Übersicht:
1. Hinweise auf europarechtliche Norm
2. Hinweise auf innerstaatliche Norm
3. Materialien
4.-5. Anmerkungen
6. Judikatur

1. Siehe IV.A.6. Art 15 Abs 4 Dublin II; IV.B.11. Art 36 StatusRL; IV.B.14. Art 4 VerfahrensRL.

2. Verordnung des Bundesministers für Inneres vom 1. Juni 1992, über die Errichtung von Außenstellen des Bundesasylamtes

BGBl 1992/272

Aufgrund des § 10 Abs. 3 des Asylgesetzes 1991, BGBl. Nr. 8/1992, wird verordnet:

Für das Bundesasylamt werden folgende Außenstellen errichtet:
1. Außenstelle Wien;
2. Außenstelle Traiskirchen;
3. Außenstelle Eisenstadt;
4. Außenstelle Graz;
5. Außenstelle Linz;
6. Außenstelle Salzburg;
7. Außenstelle Innsbruck;
8. Außenstelle Klagenfurt.

3. RV 952 XXII. GP

Mit der gewählten Formulierung soll die monokratische Organisation des Bundesasylamts abermals ausdrücklich festgehalten werden, der Leiter soll die international übliche Bezeichnung „Direktor" erhalten. Desgleichen wird als Element der äußeren Organisation der Sitz des Bundesasylamts festgelegt.

Durch Abs. 2 wird die Zuständigkeit des Bundesasylamts im Rahmen des Dublin-Konsultationsmechanismus (sowie auch vergleichbarer vertraglicher Vereinbarungen) im innerstaatlichen Recht verankert. Gemäß Art. 15 Abs. 4 des Dublin Übereinkommens ist die zuständige Behörde im Rahmen der völkerrechtlichen Verpflichtung bekannt zu geben; eine inhaltlich gleiche Verpflichtung ergibt sich aus der Dublin-Verordnung. Die Normierung im Asylgesetz dient der Rechtssicherheit der Betroffenen.

Abs. 3 ermöglicht dem Direktor die Festlegung der inneren Organisation und die Festlegung der Geschäftseinteilung. Die Errichtung von Außenstellen soll als Akt der inneren Organisation dem Bundesasylamt selbst möglich sein (Abs. 4)

Abs. 5 statuiert die Setzung adäquater Bildungsmaßnahmen und soll einen Beitrag zur Sicherstellung einer bestmöglichen Bescheidqualität leisten.

Abs. 6 ermöglicht wie schon bisher die Beigebung oder Zuteilung der vom Bundesasylamt benötigten Organe des öffentlichen Sicherheitsdienstes. Aus Gründen der Vollständigkeit und der Flexibilität in der Verwaltungsorganisation wird nun auch die Unterstellung genannt. Sie sind zur Handhabung der dem Bundesasylamt zuzurechnenden Befehls- und Zwangsgewalt (z.b. im Rahmen erkennungsdienstlicher Behandlung) ermächtigt und wirken an der Vollziehung in den Erstaufnahmestellen mit. Im Rahmen des sicherheitsbehördlichen Exekutivdienstes schreiten sie funktionell für die örtlich zuständige Bundespolizeidirektion oder Bezirksverwaltungsbehörde ein, unterstehen aber in organisationsrechtlicher Hinsicht ausschließlich dem Bundesasylamt.

Darüber hinaus kann der Direktor des Bundesasylamts unter bestimmten Voraussetzungen Bedienstete, die nicht Organe des öffentlichen Sicherheitsdienstes sind, zur Ausübung von nach diesem Bundesgesetz vorgesehener Befehls- und Zwangsgewalt ermächtigen (§ 44 Abs. 6); ihnen stehen die Befugnisse des § 44 Abs. 2 bis 5 zu. Diese ermächtigten Bediensteten des Bundesasylamts sind auch besoldungsrechtlich den Organen des öffentlichen Sicherheitsdienstes gleichzustellen. In diesem Zusammenhang ist insbesondere an die Verordnungsermächtigung der Bundesregierung zur Verlängerung der Dienstzeit nach § 48 Abs. 6 BDG (vgl. dazu die Verordnung der Bundesregierung über verlängerte Wochendienstzeit, BGBl. Nr. 799/1974) und Vorschriften betreffend die Pauschalierung der Vergütung für den verlängerten Dienstplan §§ 15 Abs. 2, 16a und 20 Gehaltsgesetz (vgl. dazu die Verordnung des Bundesministers für Inneres über die Festsetzung der Pauschalvergütung für den verlängerten Dienstplan und einer pauschalierten Aufwandsentschädigung für die Beamten des rechtskundigen Dienstes bei den Bundespolizeidirektionen, BGBl. Nr. 46/1975) zu denken.

4. Anm: Die Vorgängerbestimmung war § 37 AsylG. Zur Stellung des Bundesasylamtes (und auch des UBAS) hat der VwGH festgestellt, dass es als speziell eingerichtete Bundesbehörde, für das Verfahren relevante Vorgänge, insbesondere in Ländern, aus denen viele Asylwerber nach Österreich kommen, jedenfalls auch von Amts wegen zu berücksichtigen hat (VwGH 24.03.1999 98/01/0386).

5. Anm: Bereits mit der Erlassung der AsylG wurde die bis dahin bestehende Verordnungsermächtigung des Bundesministers für Inneres zur Errichtung von Außenstellen als ein Akt der inneren Organisation dem Leiter des BAA übertragen. Die Einrichtung der Außenstellen steht im Verordnungsrang; auf Grund der Rechtsfolgen – etwa der Möglichkeit, einen Antrag gem 17 Abs 3 in der Außenstelle einbringen zu können – ist diese Auslegung zwingend.

6. Jud: VwGH 24.03.1999 98/01/0386.

Erstaufnahmestellen

§ 59. Der Bundesminister für Inneres ist ermächtigt, mit Verordnung Erstaufnahmestellen einzurichten. Diese sind Teil des Bundesasylamtes und dem Direktor unterstellt.

II Kerngesetze: A Asylgesetz 2005 – AsylG 2005

Übersicht:
1. Hinweis auf innerstaatliches Recht
2. Materialien
3.-4. Anmerkungen

1. Siehe VI.A. § 3 AsylG-DV 2005.

2. RV 952 XXII. GP

§ 59 normiert wie schon bisher in § 37a Asylgesetz 1997 die Verordnungsermächtigung des Bundesministers für Inneres, Erstaufnahmestellen zu errichten. Der Bundesminister für Inneres hat dabei auf die Anzahl der Asylanträge Bedacht zu nehmen.

3. Anm: Die Vorgängerbestimmung war § 37a AsylG, auf dessen Grundlage die Erstaufnahmestellen in Traiskirchen, St. Georgen im Attergau und am Flughafen Wien-Schwechat eingerichtet wurden (siehe AsylG-DV 2004, BGBl. II Nr. 162/2004). Diese Erstaufnahmestellen bleiben auch im Regime des AsylG 2005 bestehen (vgl § 3 AsylG-DV 2005), die Erstaufnahmestelle in Wien Schwechat wird zu einer „Erstaufnahmestelle am Flughafen" (§ 31 Abs 1).

4. Anm: Die bisher in den § 37b AsylG vorgefundene Definition der Betreuungseinrichtungen und Betreuungsstellen findet sich nun in § 1 Z 4 und 5 GVG-B 2005, II.E.

Staatendokumentation

§ 60. (1) **Das Bundesasylamt hat eine Staatendokumentation zu führen, in der für das Verfahren nach diesem Bundesgesetz relevante Tatsachen zur Situation in den betreffenden Staaten samt den Quellen festzuhalten sind.**

(2) **Zweck der Staatendokumentation ist insbesondere die Sammlung von Tatsachen, die relevant sind**
1. **für die Beurteilung, ob Tatsachen vorliegen, die auf die Gefahr von Verfolgung im Sinne dieses Bundesgesetzes in einem bestimmten Staat schließen lassen;**
2. **für die Beurteilung der Glaubwürdigkeit der Angaben von Asylwerbern und**
3. **für die Entscheidung, ob ein bestimmter Staat sicher im Sinne des § 39 (sicherer Herkunftsstaat) oder des § 4 (sicherer Drittstaat) ist.**

Die gesammelten Tatsachen sind länderspezifisch zusammenzufassen, nach objektiven Kriterien wissenschaftlich aufzuarbeiten (allgemeine Analyse) und in allgemeiner Form zu dokumentieren. Die Dokumentation ist in Bezug auf Fakten, die nicht oder nicht mehr den Tatsachen entsprechen, zu berichtigen. Eine allenfalls auf diese Tatsachen aufbauende Analyse ist richtig zu stellen.

(3) Der unabhängige Bundesasylsenat und die Gerichtshöfe des öffentlichen Rechts sind berechtigt, das Bundesasylamt im Rahmen der Staatendokumentation die Sammlung von verfügbaren Informationen und die Auswertung von vorhandenen oder zu sammelnden Informationen zu einer bestimmten Frage im Wege der Amtshilfe zu ersuchen. Das Bundesasylamt hat diesem Ersuchen zu entsprechen.

(4) Beim Bundesministerium für Inneres ist ein Beirat (Beirat für die Führung der Staatendokumentation) einzurichten, der insbesondere Empfehlungen für die Führung der Staatendokumentation, der Sammlung von relevanten Tatsachen und der Bewertung der verwendeten Quellen sowie für das Erstellen der Analyse abgibt. Der Bundesminister für Inneres ernennt den Vorsitzenden und neun Mitglieder des Beirats, die über entsprechendes Fachwissen im Bereich des Asyl- oder Fremdenrechtes verfügen sollen, für eine Funktionsdauer von fünf Jahren; dem Beirat sollen jedenfalls ein Mitglied des unabhängigen Bundesasylsenates und je ein Vertreter des Hochkommissärs der Vereinten Nationen für Flüchtlinge und des Bundesministeriums für auswärtige Angelegenheiten angehören. Darüber hinaus hat der Direktor des Bundesasylamtes einen Sitz im Beirat; er kann sich in dieser Funktion von einem rechtskundigen Mitarbeiter des Bundesasylamtes vertreten lassen. Die Mitarbeit im Beirat ist ehrenamtlich. Den Mitgliedern des Beirats sind die notwendigen Reisekosten zu ersetzen. Für den Ersatz der Reisekosten gilt § 66 Abs. 4. Der Bundesminister für Inneres hat mit Verordnung eine Geschäftsordnung zu erlassen und hiebei vorzusehen, dass bei Stimmengleichheit dem Vorsitz die entscheidende Stimme zukommt; im Übrigen hat die Geschäftsordnung insbesondere die Einberufung, den Ablauf und die Protokollierung von Sitzungen, die Willensbildung bei der Erstattung von Empfehlungen und die Kriterien für das Vorliegen einer qualifizierten Mindermeinung zu regeln.

(5) Die Staatendokumentation ist öffentlich. Von der Öffentlichkeit sind Dokumente, die der Geheimhaltung unterliegen oder sonst von der Akteneinsicht ausgenommen sind (§ 17 AVG), auszunehmen. Weiters können die Asylbehörden Dokumente, die lediglich dem internen Dienstgebrauch dienen, von der Öffentlichkeit ausnehmen.

(6) Die Staatendokumentation steht
1. Behörden, die im Rahmen der Bundesvollziehung tätig sind;
2. den ordentlichen Gerichten;
3. Behörden und Beauftragten der Länder, die im Rahmen der Umsetzung der Grundversorgungsvereinbarung tätig sind;
4. den Rechtsberatern (§§ 64 f);
5. den Gerichtshöfen des öffentlichen Rechts;
6. dem Hochkommissär der Vereinten Nationen für Flüchtlinge (UNHCR);
7. dem Europäischen Gerichtshof für Menschenrechte (EGMR) und dem Europäischen Gerichtshof (EuGH) und
8. ausländischen Asyl- oder Fremdenbehörden oder ausländischen Gerichten, soweit Gegenseitigkeit besteht;
unentgeltlich zur Verfügung.

Andere Behörden oder Personen haben für die Auskunftserteilung Verwaltungsabgaben zu entrichten, die vom Bundesminister für Inneres im Einvernehmen mit dem Bundesminister für Finanzen durch Verordnung festzusetzen sind.

(7) Stellt ein Benutzer nach Abs. 6 Z 1, 2 oder 4 fest, dass eine in der Staatendokumentation enthaltene Information nicht oder nicht mehr den Tatsachen entspricht, ist dies dem Bundesasylamt mitzuteilen. Andere Personen sind berechtigt, diese Tatsachen dem Bundesasylamt mitzuteilen.

(8) Das Bundesasylamt kann sich bei der Führung der Staatendokumentation Dritter bedienen.

Übersicht:

1. Hinweise auf europarechtliche Normen
2. Hinweis auf innerstaatliches Recht
3. Materialien
4. Anmerkung

1. Siehe IV.B.11. Art 35 StatusRL; IV.B.14. Art 8 VerfahrensRL.

2. Siehe VI.B. StaatendokuV.

3. RV 952 XXII. GP

Ein Bedürfnis der Praxis und internationalen Beispielen folgend wird die Einrichtung einer einheitlichen Länderdokumentation [richtig: Staatendokumentation] vorgeschlagen. Diese soll vor allem den Zweck haben, in einem möglichst breiten Rahmen zu verfahrensrelevanten Fragen Tatsachen zu sammeln und wissenschaftlich im Rahmen einer allgemeinen Analyse darzustellen. Unter „allgemeiner Form" ist eine einzelfallunabhängige Darstellung zu verstehen. Natürlich sind neue Tatsachen im Rahmen der Tatsachensammlung und gegebenenfalls bei der Analyse zu berücksichtigen. Die Tatsachen, die über Staaten gesammelt werden, können auch herangezogen werden, um etwa durch Befragung über Hauptstadt oder Währung, die Aussage eines Asylwerbers einer Glaubwürdigkeitsprüfung unterziehen zu können.

Das Bundesasylamt soll die Länderdokumentation führen und kann daher direkt auf diese greifen; Der [richtig: der] unabhängige Bundesasylsenat und die Gerichtshöfe des öffentlichen Rechts können im Rahmen der Amtshilfe, das Bundesasylamt um Sammlung von Tatsachen und Auswertung zu einer bestimmten Frage ersuchen. Dieses hat diesem Ersuchen nachzukommen. Um die nötigen Standards der Länderdokumentation sicherzustellen, ist die Einrichtung eines Beirates im Bundesministerium für Inneres vorgesehen, der die Führung der Länderdokumentation durch Empfehlungen begleiten soll. Im Beirat sollen jedenfalls Angehörige von Organisationen mit asylrechtlichen Spezialwissen, sohin Vertreter des Bundesasylamtes, des unabhängigen Bundesasylsenat und des UNHCR vertreten sein. Darüber hinaus kann der Bundesminister für Inneres andere Mitglieder mit entsprechendem Fachwissen – etwa Vertreter von Nichtregierungsorganisationen oder von Bundesministerien – in den Beirat berufen. Der Bundesminister für Inneres kann einen Vorsitzenden und 9 andere Mitglieder benennen. Soweit [richtig: Somit] hat der Beirat neben dem Vorsitzenden 10 Mitglieder, da der Direktor des Bundesasylamtes ex lege Mitglied des Beirats ist. Die Mitarbeit ist ehrenamtlich, die Reisekosten sollen nach den Bestimmungen der Reisegebührenvorschrift 1955 ersetzt werden.

Prinzipiell ist die Länderdokumentation öffentlich; Dokumente die der Geheimhaltung unterliegen – etwa entsprechend geheime Berichte der österreichischen Vertretungsbehörden – sind jedoch von der Öffentlichkeit auszunehmen. Ebenso ausgenommen werden Akteinteile oder Dokumente die von der Akteneinsicht ausgenommen sind oder die nur dem internen Dienstgebrauch dienen.

Abs. 6 regelt, welchen österreichischen oder internationalen Behörden und Gerichten die Länderdokumentation unentgeltlich zur Verfügung gestellt wird, anderen interessierten Personen ist der Zugang zur öffentlichen Länderdokumentation gegen Entrichtung einer Verwaltungsabgabe zu ermöglichen. Die Höhe der Verwaltungsabgabe ist im Verordnungswege festzusetzen.

Abs. 7 soll einen Beitrag zur bestmöglich Aktualisierung und damit zur Erziehung einer [richtig: eines] höchstmöglichen Standards leisten. Die vorgeschlagenen Mitwirkungsrechte und -Verpflichtungen sollen – im Interesse aller – zu einer permanenten Erweiterung und Vervollständigung der Länderdokumentation beitragen.

Abs. 8 soll dem Bundesasylamt die Möglichkeit einräumen sich bei der Besorgung dieser Angelegenheiten Dritter zu bedienen; diese sind an die Weisungen des Bundesasylamtes, des unabhängigen Bundesasylsenates und der Gerichtshöfe des öffentlichen Rechts gebunden und haben diesen zu berichten.

4. Anm: Es steht den Asylbehörden natürlich weiterhin frei, im eigenen Bereich Recherchen zu betreiben und diese systematisch aufzubewahren. Allerdings ist evident, dass der Gesetzgeber davon ausging, dass die Behörden die Staatendokumentation im Rahmen des Ermittlungsverfahrens heranziehen und gegebenenfalls als unrichtig erkannte Daten der die Staatendokumentation führenden Stelle zu melden haben. Die Staatendokumentation ist eine Innovation des AsylG 2005, es gibt daher keine einschlägigen Vorgängerbestimmungen.

Unabhängiger Bundesasylsenat

§ 61. Über Berufungen gegen Entscheidungen des Bundesasylamtes entscheidet der unabhängige Bundesasylsenat durch eines seiner Mitglieder oder – soweit sich dies aus einem Bundesgesetz ergibt – durch Senat. Das zur Entscheidung zuständige Mitglied hat die Sache dem zuständigen Senat zur Entscheidung vorzulegen, wenn die Entscheidung ein Abgehen von der bisherigen Rechtsprechung des unabhängigen Bundesasylsenates bedeuten würde.

Übersicht:
1. Hinweis auf europarechtliche Norm
2. Hinweise auf innerstaatliche Normen
3. Materialien
4.-5. Anmerkungen
6. Judikatur

1. Siehe IV.B.14. Art 15 und 39 VerfahrensRL.

2. Siehe III.A. Art 129 c B-VG; II.F. UBASG.

3. RV 952 XXII. GP

Die Einrichtung und die organisatorischen Bestimmungen zum unabhängigen Bundesasylsenat sollen künftig systemkonform ausschließlich im UBASG ihre Regelung erfahren. Gemäß § 1 UBASG ist der Sitz des unabhängigen Bundesasylsenates in Wien.

Künftig soll der Unabhängige Bundesasylsenat entweder durch Einzelmitglied oder Senat – das kann ein einfacher Senat aus drei Mitgliedern oder ein großer Senat aus 3 Senaten zu je 3 Mitgliedern (vgl. § 7 UBASG) sein – entscheiden. Dass die Mitglieder weisungsfrei sind, ergibt sich schon aus Art. 129c Abs. 1 B-VG in Zusammenschau mit Art. 129b Abs. 2 B-VG und ist lediglich zur Vollständigkeit angeführt. Eine Sache kann einem Einzelmitglied nur im Falle einer Behinderung abgenommen werden; diese ist nur relevant, wenn die Behinderung eine Entscheidung während der Entscheidungsfrist verhindern würde. Des weiteren wird normiert, dass ein Abgehen von der bisherigen Rechtsprechung des unabhängigen Bundesasylsenat einer Senatsentscheidung bedarf; dies wird allerdings dann nicht nötig sein, wenn eine zur bisherigen Rechtsprechung divergierende Entscheidung eines Gerichtshofes des öffentlichen Rechts vorliegt und das zuständige Mitglied nun dieser Rechtsprechung folgen will.

Ohne die Unabhängigkeit der Mitglieder des unabhängigen Bundesasylsenates zu verkennen, soll der Vorsitzende demnach – vor allem aus Gründen der Rechtssicherheit – auf eine möglichst einheitliche Spruchpraxis hinwirken.

4. Anm: Die Vorgängerbestimmung befindet sich in § 38 AsylG; die Änderungen sind – wie sich aus den EB (siehe 2.) ergibt – lediglich von systematischer Natur. Organisatorische Bestimmungen wurden in das UBASG übergeführt, während die Verfahrensbestimmungen im AsylG 2005 zu finden sind. Zur Einrichtung des UBAS siehe II.F. UBASG, 7. zu AT. Der VfGH hat festgestellt, dass der UBAS nicht als Behörde erster Instanz einschreiten kann (15.06.2001, G 138/00, G 15/01, G 39/01), daher bedarf es in der Regel einer zu überprüfenden Entscheidung der ersten Instanz; hat es zum Beispiel keine Ausweisungsentscheidung in erster Instanz gegeben, so kann der UBAS – mangels überprüfbarer Entscheidung der ersten Instanz – selbst keine verhängen. Zur Stellung des UBAS als Sonderbehörde siehe auch 3. zu § 58.

5. Anm: Für das Verfahren vor dem UBAS gilt – wie sich aus Art 129c Abs 1 B-VG und Art II Abs 2 Z 43 EGVG ergibt – die besonderen Bestimmungen der §§ 67a ff AVG über das Verfahren vor den unabhängigen Verwaltungssenaten. Im Verfahren vor dem UBAS ist das Bundesasylamt gemäß § 67b AVG Partei. (VwGH 23.07.1998, 98/20/0175).

6. Jud: VfGH 15.06.2001, G 138/00, G 15/01, G 39/01; VwGH 23.07.1998, 98/20/0175.

Amtsbeschwerde

§ 62. Gegen Entscheidungen des unabhängigen Bundesasylsenates kann der Bundesminister für Inneres Beschwerde wegen Rechtswidrigkeit binnen sechs Wochen nach Zustellung an das Bundesasylamt an den Verwaltungsgerichtshof erheben; dies kann sowohl zugunsten als auch zum Nachteil des betroffenen Fremden geschehen.

Übersicht:
1. Materialien
2. Anmerkung
3. Judikatur

1. RV 952 XXII. GP

Die Amtsbeschwerde soll dem Bundesminister für Inneres ermöglichen, seiner Verantwortung in der Vollziehung des Asylgesetzes nachzukommen; eine Beschwerde an den Verwaltungsgerichtshof ist sowohl Zugunsten als auch zum Nachteil des Betroffenen möglich und hat binnen sechs Wochen nach Zustellung an das Bundesasylamt zu erfolgen.

2. Anm: Die Vorgängerbestimmung findet sich in § 38 Abs 5 AsylG. Zu dieser Bestimmung hat der VwGH festgestellt, dass es bei einer Amtsbeschwerde nicht um die Geltendmachung der Verletzung von subjektiven Rechten geht; daher kommt das Formerfordernis der Angabe der Beschwerdepunkte nach § 28 Abs 1 Z 4 VwGG bei solchen Beschwerden nicht zum Tragen (VwGH 18.03.2003, 2002/11/0007).

3. Jud: VwGH 18.03.2003, 2002/11/000.

2. Abschnitt: Internationaler Schutz der Asylwerber und Flüchtlinge

Internationaler Schutz der Asylwerber und Flüchtlinge

§ 63. (1) Einem Asylwerber ist jederzeit Gelegenheit zu geben, sich an den Hochkommissär der Vereinten Nationen für Flüchtlinge zu wenden.

(2) Der Hochkommissär der Vereinten Nationen für Flüchtlinge ist unverzüglich zu verständigen,
1. von der Einleitung eines Verfahrens über einen Antrag auf internationalen Schutz;
2. wenn gegen einen Asylwerber ein Verfahren zur Zurückweisung, Zurückschiebung, Ausweisung, Verhängung eines Aufenthaltsverbotes, Abschiebung oder Aberkennung des Status des Asylsberechtigten geführt wird.

(3) Der Hochkommissär der Vereinten Nationen für Flüchtlinge ist in allen diesen Verfahren berechtigt, Auskunft zu verlangen, Akteneinsicht zu nehmen (§ 17 AVG), bei Befragungen, Einvernahmen und mündlichen Verhandlungen vertreten zu sein und jederzeit mit den Betroffenen Kontakt aufzunehmen.

(4) Verwaltungsvorschriften zur Vollziehung dieses Bundesgesetzes sind dem Hochkommissär der Vereinten Nationen für Flüchtlinge unverzüglich zuzuleiten. Dasselbe gilt für Verwaltungsvorschriften zur Vollziehung des FPG und des NAG, soweit sie für Asylwerber oder Fremde, denen der Status eines Asylberechtigten oder eines subsidiär Schutzberechtigten zuerkannt wurde, von Bedeutung sind.

Übersicht:
1.-2. Materialien
3.-5. Anmerkungen
5. Judikatur

1. RV 952 XXII. GP

Diese Bestimmung soll im Wesentlichen den Intentionen des Art. 35 der Genfer Flüchtlingskonvention dienen, der eine intensive Zusammenarbeit zwischen den Vertragsstaaten der Genfer Flüchtlingskonvention und dem Hochkommissär der Vereinten Nationen für Flüchtlinge vorsieht. § 62 des Entwurfs legt demnach – wie schon bisher § 39 AsylG 1997 – umfangreiche Mitwirkungsbefugnisse des Hochkommissärs der Vereinten Nationen für Flüchtlinge fest.

Der Hochkommissär ist grundsätzlich von der Einleitung eines Verfahrens zu verständigen, wenn ein Asylverfahren angestrengt wird. Gleiches gilt, wenn gegen einen Asylwerber ein Verfahren zur Zurückweisung, Zurückschiebung, Ausweisung, Verhängung eines Aufenthaltsverbotes, Abschiebung oder Asylaberkennung geführt wird. Diese Verständigungspflichten sollen all jene Fälle an den Hochkommissär herantragen, in denen potentielle Flüchtlinge von Asylverfahren oder fremdenpolizeilichen Verfahren betroffen sind.

Wie schon bisher ist UNHCR in Verfahren am Flughafen eingebunden; Zulassungsverfahren können in der Erstaufnahmestelle am Flughafen nur wegen Schutz in einem sicheren Drittstaat zurück- oder abgewiesen werden, wenn UNHCR zustimmt.

Abs. 4 entspricht § 39 Abs. 5 Asylgesetz 1997.

2. AF 1055 XXII. GP

Bezugnehmend auf § 63 AsylG 2005 geht der Ausschuss für innere Angelegenheiten davon aus, dass vom Mandat des Hochkommissärs der Vereinten Nationen für Flüchtlinge auch jene Fremden – wie auch schon bisher – umfasst sind, die Vertriebene im Sinne des Niederlassungs- und Aufenthaltsgesetzes sind.

3. Anm: Die Vorgängerbestimmung findet sich in § 39 AsylG.

4. Anm: Gem § 1 Abs 2 FPG kann gegen einen Asylwerber kein Aufenthaltsverbot verhängt werden; systematisch interpretiert sind daher in § 63 mit „Aufenthaltsverbot" Rückkehrverbote gem § 62 FPG gemeint. Hierüber ist daher der UNHCR zu verständigen.

5. Anm: Rechtsausführungen des UNHCR müssen vom VwGH nicht geteilt werden (VwGH 15.12.1993, 93/01/0285) und sind somit wohl auch für die Asylbehörden nicht bindend.

6. Jud: VwGH 15.12.1993, 93/01/0285.

3. Abschnitt: Rechtsberatung, Förderung der Asylwerber und Flüchtlinge, Rückkehrhilfe

Rechtsberatung im Zulassungsverfahren

§ 64. (1) Im Zulassungsverfahren sind Asylwerbern rechtskundige Personen mit Spezialwissen im Bereich Asyl- und Fremdenwesen (Rechtsberater) zur Seite zu stellen; sie sind in Wahrnehmung ihrer Aufgaben zur Amtsverschwiegenheit verpflichtet.

(2) Rechtsberater sind unabhängig und haben ihre Aufgaben weisungsfrei wahrzunehmen.

(3) Die Kosten für die Rechtsberatung trägt der Bund.

(4) Rechtsberater haben Asylwerber vor jeder einer Mitteilung nach § 29 Abs. 3 Z 3 bis 5 folgenden Einvernahme im Zulassungsverfahren über ihr Asylverfahren und ihre Aussichten auf Zuerkennung des Status des Asylberechtigten oder des subsidiär Schutzberechtigten zu beraten; ihnen sind zu diesem Zweck bei Bedarf vom Bundesasylamt Dolmetscher beizugeben und das bisherige Ermittlungsergebnis im gesamten Umfang zur Verfügung zu stellen. Rechtsberater sind verpflichtet, an allen Einvernahmen zur Wahrung des Parteiengehörs im Zulassungsverfahren teilzunehmen.

(5) Bei unbegleiteten minderjährigen Asylwerbern hat der Rechtsberater als gesetzlicher Vertreter im Zulassungsverfahren bei jeder Befragung in der Erstaufnahmestelle und bei jeder Einvernahme im Zulassungsverfahren teilzunehmen.

Übersicht:
1. Hinweise auf europarechtliche Norm
2. Materialien
3.-4. Anmerkungen

1. Siehe IV.B.4. Art 5 Abs 1, 17 Abs 2 lit b und Abs 7 und 19 Abs 1 AufnahmeRL; IV.B.14. Art 15 f VerfahrensRL.

2. RV 952 XXII. GP

Um die schon durch die AsylG-Novelle 2003 einführte Trennung in Zulassungsverfahren und materielles Verfahren nicht nur effektiv und effizient zu gestalten, sondern vor allem auch unter rechtsstaatlichen Parametern führen zu können, ist es erforderlich, dem Asylwerber in der Erstaufnahmestelle einen Rechtsberater zur Seite zu stellen, der die Interessen des Asylwerbers wahrzunehmen hat und diesen auch juristisch berät; das System der AsylG-Novelle 2003 wird vollinhaltlich übernommen. Der Rechtsberater hat durch § 57 Abs. 1 Z 3 die Möglichkeit, Zugriff auf alle asylverfahrensrelevanten Daten zu erhalten, um seiner Aufgabe nachkommen zu können. Jede weitere Einvernahme in der Erstaufnahmestelle hat nur im Beisein des Rechtsberaters zu erfolgen; bei unbegleiteten Minderjährigen hat der Rechtsberater bei jeder Einvernahme anwesend zu sein.

Abs. 4 normiert, dass der Rechtsberater jedenfalls an der Einvernahme zur Wahrung des Parteiengehörs teilzunehmen hat.

Hat der Asylwerber auch einen gewillkürten Vertreter, so hat dieser vom Rechtsberater auf Wunsch des Asylwerbers über den Verfahrensstand in Kenntnis gesetzt [richtig: zu] werden. Insofern bleiben auch die Normen des § 10 Abs. 5 AVG unberührt. Sollte der Rechtsberater zur Ausübung seiner Tätigkeit eines Dolmetschers bedürfen, sind Information über mögliche Dolmetscher vom Bundesasylamt bereitzuhalten; die konkrete Organisation betreffend die Anwesenheit des Dolmetschers obliegt dem Rechtsberater, da dieser am besten einschätzen kann wann, wo und in welchem Ausmaß er einen Dolmetscher braucht.

Die Haftung des Rechtsberaters richtet sich nach dem Amtshaftungsgesetz.

3. Anm: Die Vorgängerbestimmung findet sich in § 39a AsylG; durch die neue Systematik des AsylG 2005, in der Zulassungsverfahren unter Umständen auch außerhalb einer Erstaufnahmestelle geführt werden können, hat der Gesetzgeber den Wirkungsbereich der Rechtsberatung erweitert.

4. Anm: Unter „Einvernahme im Zulassungsverfahren" im Sinne des Abs 5 sind auch allfällige mündliche Verhandlungen vor dem UBAS erfasst, soweit es sich um Berufungen gegen im Zulassungsverfahren erlassene Entscheidungen handelt.

Anforderungsprofil für Rechtsberater

§ 65. (1) Rechtsberater haben den Abschluss eines rechtswissenschaftlichen Studiums nachzuweisen, es sei denn, diese Personen sind oder waren seit mindestens 5 Jahren in einer kirchlichen oder privaten Organisation hauptamtlich und durchgehend rechtsberatend im Asylwesen tätig.

(2) Die Auswahl und Bestellung der Rechtsberater obliegt dem Bundesminister für Inneres. Er kann hierbei auf Vorschläge des Hochkommissärs der Vereinten Nationen für Flüchtlinge (UNHCR), der Länder und Gemeinden sowie des Beirates für Asyl- und Migrationsfragen (§ 18 NAG) Bedacht nehmen.

(3) Die Dauer des Rechtsberatungsverhältnisses richtet sich nach dem mit dem Bundesminister für Inneres abzuschließenden Vertrag; die Mindestvertragsdauer beträgt fünf Jahre. Eine Wiederbestellung begründet kein unbefristetes Vertragsverhältnis. Begeht ein Rechtsberater wiederholt und beharrlich Verletzungen seiner Pflichten, kann sein Vertrag mit sofortiger Wirkung gekündigt werden.

(4) Rechtsberater haben Asylwerber bei Verfahrenshandlungen, bei denen das Gesetz die Anwesenheit eines Rechtsberaters vorschreibt, und bei deren Vorbereitung zu unterstützen. Rechtsberater haben ihre Beratungstätigkeit objektiv und nach bestem Wissen durchzuführen; sie haben an der Führung des Verfahrens so mitzuwirken, dass es zu keiner unnötigen Verzögerung kommt. § 7 AVG gilt.

(5) Ein Rechtsberater hat sich während der Dauer seines Vertragsverhältnisses jeglichen Verhaltens zu enthalten, das geeignet ist,
1. die gewissenhafte Wahrnehmung seiner Aufgaben hintanzuhalten;
2. den Eindruck einer seinen Aufgaben widersprechenden Wahrnehmung seiner Pflichten zu erwecken oder
3. die Amtsverschwiegenheit zu gefährden.

Übersicht:
1. Hinweis auf Europarecht
2. Hinweis auf innerstaatliche Norm
3. Materialien
4. Anmerkung

1. Siehe IV.B.14. Art 15 f VerfahrensRL.

2. Siehe II.C. § 17 NAG.

3. RV 952 XXII. GP

§ 65 normiert das Anforderungsprofil für Rechtsberater und entspricht im Wesentlichen der AsylG-Novelle 2003. Unter „objektiv" ist zu verstehen, dass der Rechtsberater seinen Pflichten unparteiisch – also weder als Parteienvertreter noch als Behördenvertreter – nachzukommen hat. Er hat die Beratung nach bestem Wissen durchzuführen; das bedeutet, dass sich das individuelle Verhalten eines Rechtsberaters am Vorbild eines abstrakten, objektiven, nach bestem Wissen handelnden Beraters messen muss. Die Rechtsberater werden vom Bundesminister für Inneres ausgewählt und bestellt, wobei er auf Vorschläge, die ihm seitens des UNHCR, der Länder und Gemeinden sowie des Beirates für Asyl- und Migrationsfragen unterbreitet werden, Bedacht nehmen kann.

Neu vorgeschlagen wird, zu regeln, dass eine Wiederbestellung kein unbefristetes Vertragsverhältnis begründet, da ansonsten Wiederbestellungen auch unter diesem Gesichtspunkt zu bewerten wären und unter Umständen nicht erfolgen könnten.

Die in Abs. 4 genannten Pflichten umfassen insbesondere Anwesenheits – und Beratungspflichten, die in objektiver Weise wahrzunehmen sind, aber etwa auch die „Verhaltensnormen" des Abs. 5.

Des weiteren wird die Anwendbarkeit der Regeln über die Befangenheit von Verwaltungsorganen normiert, somit sollen alle – wenn auch sehr unwahrscheinlichen – Konstellationen erfasst und rechtsstaatlichen Standards unterworfen werden.

Abs. 5 ist für dieses Vorhaben ebenfalls ein notweniges Teilstück. Es untersagt dem Rechtsberater Verhalten zu setzen, das entweder die Wahrnehmung seiner Aufgaben hintanhält oder diesen Anschein erweckt oder die seine Amtsverschwiegenheit gefährdet. Die Beurteilung obliegt dem Rechtsberater, ob und in wie weit seine Nebenbeschäftigungen in dieses Verbot fallen; eine Missachtung ist nach Abs. 3 letzter Satz sanktionierbar. Gegen die Auflösung des Vertrags kann zivilrechtlich vorgegangen werden.

4. Anm: Die Vorgängerbestimmung findet sich in § 39b AsylG. Neu aufgenommen wurden im AsylG 2005 die Verpflichtungen des Rechtsberaters zur objektiven Beratung, sowie der Unterlassung der Herbeiführung unnötiger Verzögerungen.

Flüchtlingsberater

§ 66. (1) Zur Unterstützung von Fremden in Angelegenheiten des Asylrechts hat der Bundesminister für Inneres Flüchtlingsberater in der notwendigen Anzahl zu bestellen. Diese haben ihre Tätigkeit objektiv und nach bestem Wissen durchzuführen.

(2) Flüchtlingsberater haben Fremde auf Verlangen
1. über alle das Asylrecht betreffenden Fragen zu informieren, soweit diese nicht in die Beratungspflicht der Rechtsberater fallen;
2. bei der Stellung oder Einbringung eines Antrags auf internationalen Schutz zu unterstützen;
3. in Verfahren nach diesem Bundesgesetz oder – soweit es sich um Asylwerber handelt – nach dem FPG zu vertreten, soweit nicht die Zuziehung eines Rechtsanwaltes gesetzlich vorgeschrieben ist;
4. bei der Übersetzung von Schriftstücken und Bereitstellung von Dolmetschern behilflich zu sein und
5. gegebenenfalls Rückkehrberatung zu leisten.

(3) Die Auswahl der Flüchtlingsberater obliegt dem Bundesminister für Inneres. Er kann hierbei auf Vorschläge des Hochkommissärs der Vereinten Nationen für Flüchtlinge (UNHCR), der Länder und Gemeinden sowie des Beirates für Asyl- und Migrationsfragen (§ 18 NAG) Bedacht nehmen.

(4) Flüchtlingsberater, die Bedienstete des Bundes sind, haben Anspruch auf Ersatz von Reisekosten nach Maßgabe der Reisegebührenvorschrift 1955, BGBl. Nr. 133, andere Flüchtlingsberater auf Vergütung von Reisekosten, wie sie einem auf einer Dienstreise befindlichen Bundesbeamten der Gebührenstufe 3 nach der Reisegebührenvorschrift 1955 zusteht sowie auf eine Entschädigung für den Zeit- und Arbeitsaufwand, die vom Bundesminister für Inneres im Einvernehmen mit dem Bundesminister für Finanzen festzusetzen ist.

Übersicht:
1. Hinweis auf innerstaatliche Norm
2. Materialien
3. Anmerkung

1. Siehe II.C. § 17 NAG.

2. RV 952 XXII. GP

Diese Regelung entspricht fast wörtlich § 40 Asylgesetz 1997 mit kleinen Änderung: Zur Umsetzung der europarechtlichen Vorgaben wird der Bundesminister für Inneres – nach Inkrafttreten der Verfahrensrichtlinie – die für die Rechtsberatung in zweiter Instanz notwendige Anzahl von Flüchtlingsberatern einzustellen haben. Vor diesem Zeitpunkt kann jedenfalls mit den bisherigen Flüchtlingsberatern das Auslangen gefunden werden.

Ergänzungen wurden im Bereich der Beratungspflichten vorgenommen. Es wurde klargestellt, dass sich die Beratungspflicht nur auf fremdenpolizeiliche Verfahren bezieht, wenn diese einen Asylwerber betreffen und es wurde die Rückkehrberatung als neues Beratungsfeld aufgenommen. Die Beratungspflicht des Flüchtlingsberaters ist subsidiär zu der der Rechtsberaters und darf sich mit dessen Verpflichtungen nicht überschneiden.

Wie schon bisher müssen Flüchtlingsberater nicht das Studium der Rechtswissenschaften begonnen oder abgeschlossen haben.

Abs. 3 normiert das Vorschlagerecht bestimmter Organisationen, Abs. 4 die Abgeltung der Tätigkeit als Flüchtlingsberater.

3. Anm: Vorgängerbestimmung war § 40 AsylG. Neu aufgenommen wurde im AsylG 2005 die Verpflichtung der Flüchtlingsberater zur objektiven Beratung.

Rückkehrhilfe

§ 67. (1) Einem Asylwerber kann in jedem Stadium des Verfahrens Rückkehrberatung gewährt werden. Die Rückkehrberatung umfasst

die Abklärung der Perspektiven während und nach Abschluss des Asylverfahrens.

(2) Entschließt sich ein Asylwerber dazu, die ihm angebotene Rückkehrhilfe anzunehmen und auszureisen, kann ihm vor der Ausreise finanzielle Unterstützung gewährt werden (§ 12 GVG–B 2005). Der Rechtsberater ist in der Erstaufnahmestelle dem abschließenden Gespräch über die Gewährung von Rückkehrhilfe beizuziehen.

Übersicht:
1. Hinweis auf innerstaatliche Norm
2. Materialien
3. Anmerkung

1. Siehe II.D. GVG-B 2005.

2. RV 952 XXII. GP

§ 67 normiert, dass jedem Asylwerber in jedem Stadium des Verfahrens – somit im Zulassungsverfahren ebenso wie im materielle Verfahren – Rückkehrberatung und in der Folge Rückkehrhilfe (Abs. 2) gewährt werden kann. Diese Rückkehrberatung umfasst auch eine Perspektivenabklärung während und nach dem Verfahren Die Rückkehrhilfe kann auch in Form von Geld gewährt werden. § 67 entspricht dem bisherigen § 40a Asylgesetz 1997.

3. Anm: Vorgängerbestimmung war § 40a AsylG. Nicht ganz treffsicher behaupten die EB im letzten Satz, dass § 67 AsylG 2005 der Vorgängerbestimmung entspricht. Es kam jedoch zu einer Änderung in Abs 1. Bisher sprach § 40a AsylG von der „Perspektivenabklärung in Österreich und im Herkunftsstaat oder Drittstaat", nun spricht § 67 von der „Abklärung der Perspektiven während und nach Abschluss des Asylverfahrens". Der Gesetzgeber wollte offensichtlich eine engere Anbindung an das Asylverfahren; so ist demnach anzunehmen, dass etwa die Beratung über Möglichkeiten zur Teilnahme am Arbeitsmarkt in Österreich während des Asylverfahrens nicht in den Aufgabenbereich der Rückkehrberatung fällt.

Integrationshilfe

§ 68. (1) Einem Fremden, dem der Status eines Asylberechtigten zuerkannt wurde, kann Integrationshilfe gewährt werden. Durch Integrationshilfe soll ihre volle Einbeziehung in das österreichische wirtschaftliche, kulturelle und gesellschaftliche Leben und eine möglichst weitgehende Chancengleichheit mit österreichischen Staatsbürgern in diesen Bereichen herbeigeführt werden.

(2) Integrationshilfe sind insbesondere
1. Sprachkurse;
2. Kurse zur Aus- und Weiterbildung;
3. Veranstaltungen zur Einführung in die österreichische Kultur und Geschichte;

4. gemeinsame Veranstaltungen mit österreichischen Staatsbürgern zur Förderung des gegenseitigen Verständnisses;
5. Weitergabe von Informationen über den Wohnungsmarkt und
6. Leistungen des Österreichischen Integrationsfonds – Fonds zur Integration von Flüchtlingen und Migranten.

(3) Zur Durchführung der Integrationshilfe sind möglichst private, humanitäre und kirchliche Einrichtungen und Institutionen der freien Wohlfahrt oder der Gemeinden heranzuziehen. Die zu erbringenden Leistungen sind in einem privatrechtlichen Vertrag festzulegen, der auch den Kostenersatz zu regeln hat.

Übersicht:
1. Hinweis auf europarechtliche Norm
2. Materialien
3. Anmerkung

1. Siehe IV.B.11. Art 33 StatusRL.

2. RV 952 XXII. GP

Diese Bestimmung entspricht § 41 des Asylgesetzes 1997.

3. Anm: Der ÖIF wurde im Jahr 1960 vom Flüchtlingshochkommissariat der Vereinten Nationen und dem Bundesministerium für Inneres unter dem Namen „Flüchtlingsfonds der Vereinten Nationen" gegründet. 1991 wurde er aus dem Innenministerium rechtlich ausgegliedert und erhielt den Namen „Fonds zur Integration von Flüchtlingen". Seit 2002 kümmert sich der ÖIF nicht nur um Flüchtlinge, sondern ist im Zuge der Integrationsvereinbarung auch für Migranten zuständig. Seit 01.10.2003 hat er daher einen neuen Namen: „Österreichischer Integrationsfonds - Fonds zur Integration von Flüchtlingen und Migranten". Mit dem NAG wurden seine Aufgaben noch ausgeweitet.

Der ÖIF ist eine wichtige Institution für die Integration von Flüchtlingen in Österreich und hat bis heute zehntausenden Asylberechtigten beim Start in ein neues, sicheres Leben geholfen. Nach Abschluss des Asylverfahrens und erfolgter Anerkennung als Asylberechtigte beginnt die Integrationsarbeit des ÖIF. Asylberechtigte werden in den ersten drei Jahren ihrer Integration unterstützt. Ziel ist es, ihnen mit Rat und Tat zur Seite zu stehen und sie in ihrer neuen Heimat nicht allein zu lassen. Der ÖIF bietet professionelle Betreuung durch Sozialarbeiter, Juristen und Lehrkräfte an und deckt lebensnotwendigen Bedarf durch Wohnmöglichkeiten und finanzielle Unterstützungen. Der ÖIF betreut Asylberechtigte umfassend, womit er einen wesentlichen Beitrag zur erfolgreichen Integration von Flüchtlingen leistet.

Finanziert wird der ÖIF durch das Bundesministerium für Inneres und UNHCR. Umfangreiche Informationen sind unter www.integrationsfonds.at zu finden.

9. Hauptstück: Schlussbestimmungen

Sprachliche Gleichbehandlung

§ 69. Soweit in diesem Bundesgesetz auf natürliche Personen bezogene Bezeichnungen nur in männlicher Form angeführt sind, beziehen sie sich auf Frauen und Männer in gleicher Weise. Bei der Anwendung der Bezeichnung auf bestimmte natürliche Personen ist die jeweils geschlechtsspezifische Form zu verwenden.

1. Anm: Vorgängerbestimmung war § 44a AsylG.

Gebühren

§ 70. Die in Verfahren nach diesem Bundesgesetz erforderlichen Eingaben, Vollmachtsurkunden, Niederschriften, Zeugnisse und ausländischen Personenstandsurkunden sowie die Verlängerung von Aufenthaltsberechtigungen sind von den Gebühren befreit. Weiters sind für Amtshandlungen auf Grund oder unmittelbar für Zwecke dieses Bundesgesetzes Verwaltungsabgaben des Bundes sowie Barauslagen nicht zu entrichten.

1. Anm: Vorgängerbestimmung war § 34 AsylG.

Verweisungen

§ 71. Soweit in diesem Bundesgesetz auf andere Bundesgesetze verwiesen wird, sind diese in der jeweils geltenden Fassung anzuwenden.

1. Anm: Vorgängerbestimmung war § 45 AsylG.

Vollziehung

§ 72. Mit der Vollziehung dieses Bundesgesetzes ist hinsichtlich der §§ 39 Abs. 5 und 57 Abs. 9 die Bundesregierung, hinsichtlich des § 70, soweit es sich um Gebühren handelt, der Bundesminister für Finanzen, hinsichtlich des § 68 der jeweils sachlich zuständige Bundesminister, hinsichtlich der §§ 35 Abs. 1 und 57 Abs. 7 der Bundesminister für auswärtige Angelegenheiten, hinsichtlich des § 57 Abs. 5, soweit die Zivilgerichte betroffen sind, und des Abs. 6 der Bundesminister für Justiz, im übrigen der Bundesminister für Inneres, und zwar hinsichtlich des § 35 Abs. 3 2. Halbsatz im Einvernehmen mit dem Bundesminister für auswärtige Angelegenheiten und hinsichtlich der §§ 60 Abs. 6 letzter Satz und 66 Abs. 4 im Einvernehmen mit dem Bundesminister für Finanzen, betraut.

1. Anm: Vorgängerbestimmung war § 46 AsylG.

Zeitlicher Geltungsbereich

§ 73. (1) Dieses Bundesgesetz tritt mit 1. Jänner 2006 in Kraft.

(2) Das Bundesgesetz über die Gewährung von Asyl (Asylgesetz 1997 – AsylG), BGBl. I Nr. 76/1997 tritt mit Ausnahme des § 42 Abs. 1 mit Ablauf des 31. Dezember 2005 außer Kraft.

(3) (Verfassungsbestimmung) § 42 Abs. 1 des Asylgesetzes 1997 tritt mit Ablauf des 31. Dezember 2005 außer Kraft.

(4) Verordnungen auf Grund dieses Bundesgesetzes können bereits ab dem auf seine Kundmachung folgenden Tag erlassen werden. Sie dürfen jedoch frühestens mit In-Kraft-Treten dieses Bundesgesetzes in Kraft gesetzt werden.

Verhältnis zur Genfer Flüchtlingskonvention

§ 74. Die Bestimmungen der Genfer Flüchtlingskonvention bleiben unberührt.

Übersicht:
1. Hinweis auf völkerrechtliche Normen
2. Anmerkung

1. Siehe V.A. GFK.

2. Anm: Vorgängerbestimmung war § 43 AsylG.

Übergangsbestimmungen

§ 75. (1) Alle am 31. Dezember 2005 anhängigen Verfahren sind nach den Bestimmungen des Asylgesetzes 1997 zu Ende zu führen. § 44 AsylG 1997 gilt. Die §§ 24, 26, 54 bis 57 und 60 dieses Bundesgesetzes sind auf diese Verfahren anzuwenden. § 27 ist auf diese Verfahren mit der Maßgabe anzuwenden, dass die Behörde zur Erlassung einer Ausweisung zuständig ist und der Sachverhalt, der zur Einleitung des Ausweisungsverfahrens führen würde, nach dem 31. Dezember 2005 verwirklicht wurde. § 57 Abs. 5 und 6 ist auf diese Verfahren mit der Maßgabe anzuwenden, dass nur Sachverhalte, die nach dem 31. Dezember 2005 verwirklicht wurden, zur Anwendung dieser Bestimmungen führen.

(2) Ein nach dem Bundesgesetz über die Gewährung von Asyl – Asylgesetz 1991, BGBl. Nr. 8/1992, eingestelltes Verfahren ist bis zum 31. Dezember 2007 nach den Bestimmungen des Asylgesetzes 1991 fortzusetzen und gilt als anhängiges Verfahren im Sinne des Abs. 1. Ein nach dem AsylG 1997 eingestelltes Verfahren ist bis zum 31. Dezember 2007 nach den Bestimmungen des AsylG 1997 fortzusetzen und gilt als anhängiges Verfahren im Sinne des Abs. 1.

(3) Karten nach dem AsylG 1997 behalten ihre Gültigkeit bis zum vorgesehenen Zeitpunkt.

(4) Ab- oder zurückweisende Bescheide auf Grund des Asylgesetzes, BGBl. Nr. 126/1968, des Asylgesetzes 1991, BGBl. Nr. 8/1992, sowie des Asylgesetzes 1997 begründen in derselben Sache in Verfahren nach diesem Bundesgesetz den Zurückweisungstatbestand der entschiedenen Sache (§ 68 AVG).

(5) Einem Fremden, dem am 31. Dezember 2005 die Flüchtlingseigenschaft zugekommen ist, gilt, soweit es zu keiner Aberkennung oder keinem Verlust der Flüchtlingseigenschaft gekommen ist, der Status des Asylberechtigten als zuerkannt.

(6) Einem Fremden, dem am 31. Dezember 2005 eine befristete Aufenthaltsberechtigung nach den Bestimmungen des Asylgesetzes 1991 oder des AsylG 1997 zugekommen ist, gilt der Status des subsidiär Schutzberechtigten als zuerkannt.

Übersicht:
1.-2. Materialien
3. Anmerkung

1. RV 952 XXII. GP

Wie es sich schon bisher bewährt hat, werden Verfahren, die vor In-Kraft-Treten dieses Gesetzes anhängig waren, nach dem zum Zeitpunkt des Anhängigwerdens geltenden gesetzlichen Bestimmungen zu Ende geführt. Die in § 44 Asylgesetz 1997 normierten Übergangsbestimmungen sind auf Grund der Verweisungen zu beachten. Die zur Verfahrensbeschleunigung auch für diese Verfahren unbedingt erforderlichen Normen über die Einstellung des Verfahrens sowie die Möglichkeiten der Erlassung eines Festnahmeauftrags sollen jedoch auf alle Verfahren anwendbar sein. Auch soll klargestellt werden, dass die Staatendokumentation für „Altverfahren" genutzt werden kann.

Des Weiteren soll in allen Verfahren auch dann ein Ausweisungsverfahren eingeleitet und gegebenenfalls über die fremdenpolizeilichen Normen der Schubhaft gesichert werden können, wenn der Sachverhalt der zur Einleitung des Ausweisungsverfahrens führt, nach In-Kraft-Treten dieses Bundesgesetzes verwirklicht wurde.

Ebenso sollen die Strafgerichte und die Sicherheitsbehörden relevante Tatsachen, die zur Einleitung eines Ausweisungsverfahrens (§ 27) führen können, bekannt geben, auch wenn es sich um „Altverfahren" handelt. Es reicht daher Verurteilungen, Anklageerhebungen und Betreten auf frischer Tat bekannt zu geben, wenn diese Tatsachen nach In-Kraft-Treten dieses Bundesgesetzes verwirklicht wurden.

Abs. 2 regelt, wie mit zum Zeitpunkt des In-Kraft-Tretens dieses Bundesgesetzes eingestellten Verfahren umzugehen ist. Diese sind bis Ende 2007 nach den Bestimmungen des Bundesgesetzes fortzusetzen, nach dem sie begonnen wurden, soweit ein Fortsetzen noch zulässig ist. Wäre ein Verfahren nach dem 31. Dezember 2007 fortzusetzen, ist § 24 Abs. 2 anwendbar, sodass eine Fortsetzung nicht mehr möglich ist.

Abs. 3 stellt klar, dass Karten, die vor in Kraft treten dieses Bundesgesetzes ausgestellt wurden, weiter gelten.

Die Abs. 4 bis 6 führen Entscheidungen nach den alten asylrechtlichen Normen insoweit über, als diese Entscheidungen nach diesem Bundesgesetz gleichzuhalten sind.

2. AB 1055 XXII. GP

Die Änderungen in Abs. 1 stellen klar, dass es sich um Altverfahren handelt.

3. Anm: Zur Verhängung von Schubhaft auf Asylwerber, deren Asylverfahren nach einem früheren AsylG zu Ende zu führen ist, siehe 3. zu § 76 FPG.

B Bundesgesetz über die Ausübung der Fremdenpolizei, die Ausstellung von Dokumenten für Fremde und die Erteilung von Einreisetitel (Fremdenpolizeigesetz 2005 – FPG)

- BGBl I 2005/100
  (NR: GP XXII RV 952 AB 1055 S 116. BR: AB 7338 S 724)
- BGBl I 2005/157
  (NR: GP XXII IA 685/A AB 1154 S 125. Einspr d BR: 1259. BR: AB 7418 S 728. NR: S 133.)

Allgemeiner Teil der RV 952 XXII. GP

Zu Art. 3 (Erlassung des Fremdenpolizeigesetzes 2005):

Als inhaltliche Schwerpunkte dieses Entwurfes ist insbesondere auf folgende Änderungen gegenüber den derzeit geltenden fremdenpolizeilichen Regelungen hinzuweisen:
Die Schaffung des Visums D+C und die Öffnung dieser Visumskategorie für die Gruppe der vorübergehend selbständigen und unselbständigen Erwerbstätigen und der vorübergehend Erwerbstätigen, die von der Zuständigkeit des Ausländerbeschäftigungsgesetzes ausgenommen sind.
Die Ermöglichung von Gebietsbeschränkungen.
Die Abkehr von der Möglichkeit des generellen Ausschlusses der aufschiebenden Wirkung bei bestimmten Tatbeständen der Ausweisung und Schaffung einer durchgängigen Verpflichtung zur Prüfung dieser Rechtsfolge im Einzelfall.
Die Aufnahme fremdenpolizeilicher Anschlussnormen nach asylrechtlichen Entscheidungen.
Die Änderung des Schubhaftregimes in Bezug auf die Schubhaftdauer, somit Einführung eines regelmäßigen Prüfungsregimes durch die unabhängigen Verwaltungssenate.
Die Überarbeitung, Anpassung und Neuschaffung gerichtlicher Straftatbestände.
Die Einrichtung von Sanktionsmöglichkeiten gegen Beförderungsunternehmer im Fall der Nichterfüllung ihrer Pflichten beim Transport Fremder nach Österreich.
Die Etablierung der unabhängigen Verwaltungssenate in den Ländern als Berufungsbehörden.

Die Schaffung des Visums D+C und die Öffnung dieser Visumskategorie.

Durch die nunmehr zu vollziehende Trennung der fremdenrechtlichen Bestimmungen und der niederlassungs- und aufenthaltsrechtlichen Bestimmungen aufgrund Eu-rechtlicher Vorgaben wird das Visum D+C für die Ausübung einer bloßen vorübergehenden selbständigen oder einer bloß vorübergehenden unselbständigen Erwerbstätigkeit und einer bloß vorübergehenden vom Ausländerbeschäftigungsgesetz ausgenommenen Tätigkeit geöffnet. Die Öffnung des Visums D+C ist insbesondere deshalb notwendig, weil gewährleistet sein soll, dass zukünftig jeder Fremde erst nach erkennungsdienstlicher Behandlung nach Österreich einreist und im Falle der Erteilung einer Vignette europarechtlich zu erwartende Vorgaben nicht eingehalten werden können.

Die Möglichkeit, eine solche kombinierte Visumkategorie einzurichten, wird durch die Verordnung (EG) Nr. 1091/2001 über den freien Personenverkehr mit einem Visum für den längerfristigen Aufenthalt geschaffen. Art. 1 der Verordnung nimmt Bezug auf Art. 18 des Übereinkommens zur Durchführung des Übereinkommens von Schengen und ändert diesen dahingehend ab, als ein nationales Visum für einen Aufenthalt von mehr als drei Monaten Dauer (Visum D) gleichzeitig auch als einheitliches Visum für einen kurzfristigen Aufenthalt (Visum C) gelten kann.

Die Ermöglichung von Gebietsbeschränkungen

Zur Vollziehung der Fremdenpolizei und aus Gründen der öffentlichen Ordnung und Sicherheit kann bei Fremden, gegen die eine Ausweisung oder ein Aufenthaltsverbot erlassen worden ist, die aber derzeit nicht abschiebbar sind, eine Gebietsbeschränkung vorgesehen werden. Die Festlegung des Bereichs trifft die Fremdenpolizeibehörde entsprechend ihrer Zuständigkeit.

Wird ein solcher Fremder außerhalb des bestimmten Bereichs angetroffen, begeht er eine Verwaltungsübertretung. Nicht vorgesehen wurde, einen solchen Fremden festzunehmen, um ihn wiederum in den für ihn bestimmten Bereich rückzuführen. Davon unbenommen können die Organe des öffentlichen Sicherheitsdienstes nach § 35 VStG vorgehen, wenn der Fremde nach Betretung nicht die Verwaltungsübertretung so schnell wie möglich zu beenden sucht.

Die Abkehr von der Möglichkeit des generellen Ausschlusses der aufschiebenden Wirkung bei bestimmten Tatbeständen der Ausweisung.

Die Bestimmung des Fremdengesetz 1997, wonach bestimmte Ausweisungsentscheidungen generell sofort durchsetzbar sein sollen, wurde im Hinblick auf das Erkenntnis des Verfassungsgerichtshofes, G 237, 238/03 ua. vom 15.10.2004 nicht mehr aufgenommen. Der Verfassungsgerichtshof traf folgende Erwägungen:

> „... Den öffentlichen Interessen an der Raschheit der Durchführung der Ausweisung können mögliche Nachteile des Berufungswerbers entgegen stehen, wie etwa die faktische Schwierigkeit, vom Ausland aus ein Berufungsverfahren zu führen, oder Beeinträchtigungen, die sogar in den Schutzbereich des Art. 3 oder 8 EMRK fallen können. Eine solche Interessensabwägung kann aber nur im Einzelfall vorgenommen werden. Der ausnahmslose Ausschluss der aufschiebenden Wirkung würde ... damit den Berufungswerber in verfassungsrechtlich verbotener Weise einseitig mit den Folgen einer potentiell unrichtigen Entscheidung belasten."

Für die Beantwortung dieser Frage ist auch das 7. Zusatzprotokoll zur Konvention zum Schutz der Menschenrechte und Grundfreiheiten von Bedeutung, welches am 3. 4. 1986 vom Nationalrat als verfassungsänderneder Staatsvertrag genehmigt und von Österreich am 24. 5. 1986 ratifiziert wurde. In Art 1 7. ZPEMRK sollen nun Fremden, die von einem Ausweisungsverfahren betroffen sind, einzelne verfahrensrechtliche Garantien gewährt werden. Art. 1 7. ZPEMRK lautet:

„1. Ein Ausländer, der seinen rechtmäßigen Aufenthalt im Hoheitsgebiet eines Staates hat, darf aus diesem nur auf Grund einer rechtmäßig ergangenen Entscheidung ausgewiesen werden; ihm muss gestattet werden, a) Gründe vorzubringen, die gegen seine Ausweisung sprechen, b) seinen Fall prüfen zu lassen und c) sich zu diesem Zweck vor der zuständigen Behörde oder vor einer oder mehreren von dieser Behörde bestimmten Personen vertreten zu lassen.
2. Ein Ausländer kann vor Ausübung der im Abs. 1 lit. a, b und c genannten Rechte ausgewiesen werden, wenn die Ausweisung im Interesse der öffentlichen Ordnung erforderlich ist oder aus Gründen der nationalen Sicherheit erfolgt."

Der geschützte Personenkreis bezieht sich auf jene Fremden, die ihren rechtmäßigen Aufenthalt im Bundesgebiet haben. Bezüglich der Rechtmäßigkeit des Aufenthaltes verweist die Bestimmung auf die innerstaatlichen Rechtsvorschriften der Vertragsstaaten. Die Verwendung des Ausdruckes „Aufenthalt" verdeutlicht, dass damit nicht die nur kurzfristige Anwesenheit eines Fremden im Bundesgebiet gemeint ist, während er sich etwa der Grenzkontrolle unterzieht oder auf der Durchreise in einen anderen Staat befindet. Es muss vielmehr die Absicht bestehen, für eine gewisse Zeit im Staatsgebiet zu verbleiben. Die Gründung eines Wohnsitzes ist hiefür jedoch nicht erforderlich. Ein „Aufenthalt" in diesem Sinne wird z.B. bei einem sichtvermerksfreien, nur wenige Tage dauernden Aufenthalt nicht gegeben sein, hingegen schon bei jedem darüber hinaus gehenden Aufenthalt und besonders dann, wenn nicht feststellbar ist, wie lange der Aufenthalt dauern soll.

Die sofortige Durchsetzbarkeit einer Ausweisung gemäß § 53 soll daher nur mehr dann möglich sein, wenn die sofortige Ausreise im Interesse der öffentlichen Ordnung und Sicherheit erforderlich ist.

Die Aufnahme fremdenpolizeilicher Anschlussnormen nach asylrechtlichen Entscheidungen.

Im Hinblick auf die gleichzeitige Neukodifikation des Asyl- und Fremdenpolizeirechts wird vorgeschlagen, die von den Fremdenpolizeibehörden zu vollziehenden Normen – auch wenn sie Asylwerber oder Asylberechtigte betreffen – ins Fremdenpolizeigesetz aufzunehmen, während die für das Asylverfahren relevanten – also von den Asylbehörden zu vollziehenden Normen – im Asylgesetz geregelt werden sollen. Die Verhängung einer Ausweisung ist regelmäßig – soweit nicht ein Aufenthaltsverbotsverfahren vor Stellung eines Asylantrags eingeleitet wurde – Angelegenheit der Asylbehörden, die Durchsetzung dieser Ausweisung muss jedoch durch die Fremdenpolizeibehörden erfolgen. Aus systematischen Gründen kam es vor allem bei den Festnahme- und Schubhaftbestimmungen zu Verschiebungen in das Fremdenpolizeigesetz.

Die Änderung des Schubhaftregimes in Bezug auf die Schubhaftdauer.

In den Fällen, in denen die Feststellung der Identität und Staatsangehörigkeit eines Fremden nicht möglich ist, die für die Ein- oder Durchreise erforderliche Bewilligung eines anderen Staates nicht vorliegt, oder in denen der Fremde die Abschiebung dadurch vereitelt, dass er sich der Zwangsgewalt widersetzt oder über ihn die Schubhaft nach bestimmten asylrechtlichen Tatbeständen verhängt worden ist, ist die Schubhaft für 6 Monate zulässig, darüber hinaus nur, wenn den Fremden ein Verschulden an der Verfahrensverzögerung trifft oder gleichzeitig ein Asylverfahren abgeführt wird. Dann soll künftig eine Schubhaft für 9 Monate binnen 2 Jahren möglich sein. Das strengere Verhältnismäßigkeitsprinzip, das in jedem einzelnen Fall zu beachten ist, erfährt dadurch jedenfalls keine Einschränkung.

Hinsichtlich der Schubhaftdauer hat der EGMR im Fall Chahal/UK (15.11.1996, 70/1995/576/662/ = ÖJZ 1997/20) maßgebliche Feststellungen getroffen. Der zu prüfende Haftzeitraum begann am 16.08.1990, zunächst bis zum 03.03.1994 als „Ausweisungshaft", und dauerte bis zur gegenständlichen Entscheidung (15.11.1996) an. Der Betroffene sollte aus Gründen der nationalen Sicherheit und des internationalen Kampfes gegen den Terrorismus ausgewiesen werden. Vor diesen Hintergrund und unter Bedachtnahme auf das Interesse des Betroffenen wurde dieser Zeitraum vom EGMR als nicht exzessiv angesehen, sodass keine Verletzung des Art. 5 Abs. 1 MRK festgestellt wurde. Der Gerichtshof hatte weiters zu prüfen, ob die Haft rechtmäßig im Sinne des Art. 5 Abs. 1 lit. f war, unter Bedachtnahme auf die Garantien, die durch das innerstaatliche System geboten werden. Dort wo die „Rechtmäßigkeit" der Haft, einschließlich der Frage, ob ein Verfahren in der gesetzlich vorgeschriebenen Weise eingehalten wurde, zur Diskussion steht, bezieht sich die Konvention im Wesentlichen auf die Verpflichtung, den materiellen und formellen Bestimmungen des innerstaatlichen Rechts zu entsprechen. Sie verlangt aber zusätzlich, dass jeder Freiheitsentzug im Einklang mit dem Zweck des Art. 5 zu stehen hat, nämlich den Einzelnen vor Willkür zu schützen. Im Hinblick auf eine derart lange Haft ist es daher auch notwendig zu prüfen, ob ausreichende Garantien gegen Willkür vorhanden sind. Diese Haft wurde im Hinblick auf die außergewöhnlichen Umstände des Falles und den Umstand, dass die innerstaatliche Behörde mit gebührender Sorgfalt während des Ausweisungsverfahrens gegen ihn vorgegangen ist und ausreichende Garantien dafür, dass ihm seine Freiheit nicht willkürlich entzogen werden konnte, vorhanden waren, als im Einklang mit den Erfordernissen des Art. 5 Abs. 1 lit. f, stehend erachtet.

Entspricht eine derartige Haftdauer unter Berücksichtigung der dargestellten Umstände somit Art. 5 EMRK, so ist davon auszugehen, dass es durchaus der Rechtssprechung des EGMR entspricht, eine um 3 Monate längere Haftdauer vorzusehen Es ist jedoch jedenfalls sicherzustellen, dass ausreichend Schutz vor willkürlichem Verwaltungshandeln besteht und dass die Haftdauer in einem entsprechenden Verhältnis zum Haftgrund steht. Es wird daher vorgeschlagen, diese Garantien durch die Rolle des unabhängigen Verwaltungssenates sicherzustellen. Dieser soll zu einer Überprüfung der Schubhaft nach einer Dauer von sechs Monaten von Amts wegen verpflichtet werden und diese alle sechs Wochen wiederholen. Dabei wird er besonders auf die Verhältnismäßigkeit Bedacht zu nehmen haben.

Die Überarbeitung, Anpassung und Neuschaffung gerichtlichen Straftatbestände.

Eine Anpassung des Straftatbestandes der Schlepperei war im Hinblick auf die Umsetzung des Rahmenbeschlusses des Rates vom 28. November 2002 betreffend die Verstärkung des strafrechtlichen Rahmens für die Bekämpfung der Beihilfe zur unerlaubten Ein- und Durchreise und zum unerlaubten Aufenthalt und im Hinblick auf die Wichtigkeit dieser Straftaten – auch schon aus generalpräventiven Gesichtspunkten – unbedingt erforderlich.

Die Vereinheitlichung der Zuständigkeit zur Führung der Strafverfahren wegen Schlepperei durch die Zuweisung der Begehung des Grundtatbestandes an die Gerichtshöfe erster Instanz trägt den grundsätzlichen Intentionen des Entwurfes zur Schaffung eines effizienten Maßnahmenpakets gegen das Schlepperunwesen Rechnung.

Aus denselben Erwägungen wird vorgeschlagen den Tatbestand der entgeltlichen Beihilfe zu unbefugtem Aufenthalt nunmehr gerichtlich strafbar zu machen, wobei die Beihilfe (§ 7 VStG) zu unbefugten Aufenthalt im Bundesgebiet ohne Leistung eines Vermögensvorteils weiterhin durch § 120 als Verwaltungsübertretung strafbar bleiben soll. Gerichtlich strafbar soll allerdings sein, wenn ein Fremder dem Zugriff der Behörden entzogen wird.

Der Fremde, dem der unbefugte Aufenthalt verschafft wird, ist nicht wegen Beihilfe oder Anstiftung strafbar (Abs. 2), die Strafbarkeit wegen unbefugten Aufenthaltes nach § 120 bleibt jedoch bestehen.

Die Neukonzipierung des Tatbestandes des Eingehens und Vermittelns von Scheinehen geht insoweit über § 106 Fremdengesetz 1997 hinaus, als sich gezeigt hat, dass neben dem Vermittler auch der Österreicher oder der als „Ankerfremde" auftretende Fremde durch versprochene (und letztlich auch lukrierte) Geldsummen besonders zur Eingehung von Scheinehen verleitet werden kann, zumal dies bisher explizit nicht strafbar gewesen ist. Daher wird im Grunddelikt vorgeschlagen, auch diesen Teil des „Scheinehepaares" mit gerichtlicher Strafe zu bedrohen; hingegen muss der Fremde, der weiterhin als Opfer zu sehen ist, von der Strafbarkeit ausgenommen bleiben. Eine gleichgelagerte Regelung wird für den Bereich der Adoptionen vorgeschlagen.

Die Ausbeutung eines Fremden wird inhaltsgleich aus dem Fremdengesetz 1997 übernommen.

Die Einrichtung von Sanktionsmöglichkeiten gegen Beförderungsunternehmer.

In Erwägung zur Richtlinie 2004/82/EG des Rates vom 29.04.2004 und zur Richtlinie 2001/51/EG des Rates vom 28.06.2001 ist es von grundlegender Bedeutung, dass sich alle Mitgliedstaaten einen Regelungsrahmen geben, der die Verpflichtung derjenigen Beförderungsunternehmen festleget, die beförderte Personen in das Hoheitsgebiet bringen. Dies soll in der vorgeschlagenen Form erreicht werden.

Die Einrichtung des Unabhängigen Verwaltungssenats als Berufungsinstanz.

Die Neugestaltung der Zuständigkeit im Berufungsverfahren trägt dem Verfahren Rs C-136/03 vor dem Gerichtshof der Europäischen Gemeinschaft Rechung, in dem der Verwaltungsgerichtshof ein Vorabentscheidungsverfahren mit der Frage initiierte, inwieweit die österreichische Rechtsordnung (Instanzenzug) im Besonderen mit Art. 9 der Richtlinie 64/221/EWG vereinbar sei. Art. 9 Abs. 1 leg. cit. lautet:

> „Sofern keine Rechtsmittel gegeben sind oder die Rechtsmittel nur die Gesetzmäßigkeit der Entscheidung betreffen oder keine aufschiebende Wirkung haben, trifft die Verwaltungsbehörde die Entscheidung über die Verweigerung der Verlängerung der Aufenthaltserlaubnis oder über die Entfernung eines Inhabers einer Aufenthaltserlaubnis aus dem Hoheitsgebiet außer in dringenden Fällen erst nach Erhalt der Stellungnahme einer zuständigen Stelle des Aufnahmelandes, vor der sich der Betroffene entsprechend den innerstaatlichen Rechtsvorschriften verteidigen, unterstützen und vertreten lassen kann. Diese Stelle muss eine andere sein als diejenige, welche für die Entscheidung über die Verlängerung der Aufenthaltserlaubnis oder über die Entfernung aus dem Hoheitsgebiet zuständig ist."

Der Schlussantrag des Generalanwaltes M. POIARES MADURO vom 21. Oktober 2004 folgte den Erwägungen, dass sich die Beantwortung dieser Frage auch aus der Judikatur herleiten ließe. So habe nämlich der Gerichtshof in Nummer 6 des Tenors des Urteils Orfanopoulos und Oliveri vom 29.04.2004 erkannt, dass Art. 9 Abs. 1 der Richtlinie einer Bestimmung eines Mitgliedstaates entgegenstehe, die gegen eine von einer Verwaltungsbehörde getroffene Entscheidung über die Ausweisung eines Staatsangehörigen eines anderen Mitgliedstaates ein Widerspruchsverfahren und eine Klage, in denen auch eine Prüfung der Zweckmäßigkeit stattfindet, nicht mehr vorsieht, wenn eine von dieser Verwaltungsbehörde unabhängige Stelle nicht besteht. Der Gerichtshof verweise in diesem Urteil außerdem auch darauf, dass die Richtlinie den Mitgliedstaaten einen Beurteilungsspielraum für die Bestimmungen der zuständigen Stelle belasse. Demnach könne eine solche Stelle jede Behörde sein, die von der Verwaltungsbehörde, die für den Erlass einer der in dieser Richtlinie vorgesehenen Maßnahme zuständig ist, unabhängig ist; diese Stelle müsse so beschaffen sein, dass der Betroffene das Recht hat, sich vor ihr vertreten zu lassen und zu verteidigen.

Der gerichtliche Schutz sei in der österreichischen Rechtsordnung insofern beschränkt, als den Beschwerden zum Verwaltungsgerichtshof und zum Verfassungsgerichtshof nicht von vornherein aufschiebende Wirkung zukommt und diesen Gerichten eine Prüfung der Zweckmäßigkeit der fraglichen Maßnahme verwehrt ist. Es würde kein Zweifel bestehen, dass diese Beschränkungen des gerichtlichen Schutzes gemeinschaftswidrig seien, sofern sie nicht durch das vorherige Tätigwerden einer unabhängigen Stelle kompensiert würden.

Es würde keinen praktischen Grund für eine beschränkte Nachprüfung solcher Entscheidungen geben, vielmehr würde auf diesem Gebiet, nämlich bei polizeilichen Maßnahmen, mit denen unmittelbar und erheblich in die persönliche Freiheit eingegriffen wird, eine eingehende und gerichtliche Nachprüfung besonders notwendig erscheinen.

Sohin genüge die Feststellung des Gerichts, dass das geltende nationale Recht nicht den Vorgaben der Richtlinie entspricht.

Von weiterer Bedeutung ist, dass die im Gegenstand relevante Richtlinie mit 30.04.2006 aufgehoben wird und von der Richtlinie 2004/38/EG ersetzt wird. In dieser findet sich korrespondierend zu gegenständlicher Problematik folgende Bestimmung:

„Artikel 31
Gegen eine Entscheidung aus Gründen der öffentliche Ordnung, Sicherheit oder Gesundheit müssen die Betroffenen einen Rechtsbehelf bei einem Gericht und gegebenenfalls bei einer Behörde des Aufnahmemitgliedstaats einlegen können.

...

Im Rechtsbehelfsverfahren sind die Rechtmäßigkeit der Entscheidung sowie die Tatsache und die Umstände, auf denen die Entscheidung beruht, zu überprüfen. Es gewährleistet, dass die Entscheidung insbesondere im Hinblick auf die Erfordernisse gemäß Artikel 28 nicht unverhältnismäßig ist".

Im Lichte des vorherig Gesagtem, insbesondere in Bezug auf die Prüfbefugnis des Verwaltungsgerichtshofes, scheint es daher unumgänglich, für EWR-Bürger und begünstigte Drittstaatsangehörige den Instanzenzug zu einem Tribunal einzurichten.

1. Hauptstück: Anwendungsbereich und Begriffsbestimmungen

Anwendungsbereich

§ 1. (1) Dieses Bundesgesetz regelt die Ausübung der Fremdenpolizei, die Ausstellung von Dokumenten für Fremde und die Erteilung von Einreisetiteln.

(2) Auf Asylwerber (§ 2 Z 14 des Bundesgesetzes über die Gewährung von Asyl – AsylG 2005, BGBl. I Nr. 100/2005) sind die §§ 41 bis 43, 53, 58, 68, 69, 72 und 76 Abs. 1 nicht anzuwenden. Ein vor Stellung des Antrages auf internationalen Schutz eingeleitetes Aufenthaltsverbotsverfahren ist nach Stellung eines solchen Antrages als Verfahren zur Erlassung eines Rückkehrverbotes weiterzuführen. Es ist nur über das Rückkehrverbot abzusprechen. Auf Fremde, denen der Status des Asylberechtigten oder des subsidiär Schutzberechtigten zukommt, sind darüber hinaus die §§ 39, 60 und 76 nicht anzuwenden. Die Durchsetzung einer Ausweisung oder eines Aufenthaltsverbotes gegen einen Asylwerber ist erst zulässig, wenn die Ausweisung nach § 10 AsylG 2005 durchgesetzt werden kann. Ein Rückkehrverbot kann gegen einen Fremden, dem der Status des subsidiär Schutzberechtigten zuerkannt wurde, erlassen werden.

Übersicht:
1. Hinweise auf innerstaatliche Normen
2. Materialien
3.-4. Anmerkungen
5. Judikatur

1. Siehe II.A. §§ 2 Z 14 und § 10 AsylG 2005.

2. RV 952 XXII. GP

§ 1 bestimmt den Anwendungsbereich dieses Gesetzes. Dies bedeutet im Besonderen, dass sich die in diesem Gesetz normierten Befugnisse und Ermächtigungen der Sicherheitsbehörden, sonstiger Behörden und der Organe des öffentlichen Sicherheitsdienstes auf den materiellen Regelungsinhalt dieses Gesetzes beschränken.

Die Festlegung des Anwendungsbereiches ist erforderlich, um eine klare Trennung zum Niederlassungs- und Aufenthaltsrecht zu verdeutlichen. Einzelne Bestimmungen sollen auch auf Asylwerber sowie auf Fremde, denen der Status eines Asylberechtigten oder subsidiär Schutzberechtigten zukommt, Anwendung finden, weil es sich dabei um solche mit typischem fremdenpolizeilichen Hintergrund handelt. Wird gegen einen Fremden einen Aufenthaltsverbotsverfahren eingeleitet, und kommt es in weiterer Folge zur Stellung eines Antrages auf internationalen Schutz, so ist die Verhängung eines Aufenthaltsverbotes nicht mehr möglich, es kann jedoch ein Rückkehrverbot verhängt werden. Tritt zu diesem eine asylrechtliche Ausweisung, gilt dies als Aufenthaltsverbot. Dies ist insofern gebo-

§ 1

ten, um die Wirkung des dem Aufenthaltsverbot innewohnenden Rückkehrverbotes sicherzustellen.

Fremde, die in Österreich einen Antrag auf internationalen Schutz gestellt haben, genießen bis zur Erlassung einer durchsetzbaren Entscheidung faktischen Abschiebeschutz und sind nach Zulassung des Verfahrens zum Aufenthalt im Bundesgebiet berechtigt (§§ 13 und 14 AsylG). Die Durchsetzung einer vor einem Asylantrag verhängten Ausweisung oder eines solchen Aufenthaltsverbots ist erst zulässig, wenn die Ausweisung nach dem AsylG (§ 10 AsylG) zulässig ist. Diese richtet sich nach den § 36 ff AsylG und ist für die Sicherstellung eines effektiven Rechtsmittels für alle Asylwerber – egal ob diese vor dem Asylverfahren mit einer Ausweisung oder einem Aufenthaltsverbot belegt wurden – notwendig.

Unter Asylwerber sind jene Fremde zu verstehen, die in den Begriff des Asylwerbers nach dem AsylG 2005 fallen.

Gegen einen Fremden, dem der Status des subsidiär Schutzberechtigten zuerkannt wurde, kann ein Rückkehrverbotsverfahren eingeleitet werden.

3. Anm: Zu Abs 2: Die Schaffung des Instituts des Rückkehrverbotes (siehe insb §§ 62 bis 65) trägt dem verfassungsgesetzlich gewährleistetem Recht auf den gesetzlichen Richter (Art 83 Abs 2 B-VG) insofern Rechnung, als eine klare Trennung in der Wahrnehmung der Ausweisungsentscheidung getroffen wurde und dadurch vermieden wird, dass gegen einen Fremden, wenngleich aus unterschiedlichen Ansatzpunkten, in derselben Sache und unter Beachtung gleicher Kriterien wiederholt über die Ausweisung entschieden wird. Denn auch bei einer aus dem Gesichtspunkt des Asylrechtes zu erlassenden Ausweisung ist Art 8 EMRK zu berücksichtigen.

In einem Disziplinarverfahren der Disziplinarkommission beim Bundesministerium für Land- und Forstwirtschaft hat der VfGH folgende Auffassung vertreten (VfSlg 10.086): *„Das bedeutet für den vorliegenden Fall, dass die belangte Behörde – bei unverändertem Sachverhalt – ungeachtet der Rechtskraft einer hierüber bereits früher ergangenen Entscheidung neuerlich in der Sache entschieden hat. Die belangte Behörde hat hierdurch den Beschwerdeführer im verfassungsgesetzlich gewährleisteten Recht auf ein Verfahren vor dem gesetzlichen Richter verletzt."*

4. Anm: Das Institut des Rückkehrverbotes ist nicht nur im Verhältnis zu einem Asylwerber relevant, sondern kann auch gegen einen Fremden, dem der Status des subsidiär Schutzberechtigten zuerkannt wurde, erlassen werden. Hier ist jedoch von besonderer Bedeutung, dass das Rückkehrverbot keinerlei Wirkung entfaltet und einer besonderen wiederkehrenden Überprüfungspflicht unterliegt (siehe § 65 Abs 3).

Im Fall der Festnahme und der Verhängung der Schubhaft wird auf die Wirkung des Zusammenspiels zwischen Aufenthaltsverbot und Rückkehrverbot gesondert hingewiesen (siehe Anm zu §§ 39 und 76).

5. Jud: VfGH B 478/80, VfSlg 10.086.

Begriffsbestimmungen

§ 2. (1) Einreisetitel sind Visa (§ 20), Bewilligungen zur Wiedereinreise während der Gültigkeitsdauer eines Aufenthaltsverbotes (§ 72) und besondere Bewilligungen während zwölf Monaten nach einer Zurückweisung, einer Zurückschiebung oder einer Ausweisung (§ 73).

(2) Fremdenpolizei ist insbesondere
1. die Überwachung der Einreise Fremder in das Bundesgebiet sowie die Verhinderung der rechtswidrigen Einreise;
2. die Überwachung des Aufenthalts Fremder im Bundesgebiet sowie die Beendigung des rechtswidrigen Aufenthaltes;
3. die Überwachung der Ausreise Fremder aus dem Bundesgebiet sowie die Erzwingung von Ausreiseentscheidungen und
4. die Verhinderung und Beendigung von strafbaren Handlungen nach diesem Bundesgesetz.

(3) Dokumente für Fremde sind Fremdenpässe (§ 88), Konventionsreisepässe (§ 94), Lichtbildausweise für Träger von Privilegien und Immunitäten (§ 95), Rückkehrausweise für Staatsbürger eines Mitgliedstaates der Europäischen Union (§ 96) und Reisedokumente für die Rückführung von Drittstaatsangehörigen (§ 97).

(4) Im Sinn dieses Bundesgesetzes ist
1. Fremder: wer die österreichische Staatsbürgerschaft nicht besitzt;
2. Einreise: das Betreten des Bundesgebietes;
2a. Ausreise: das Verlassen des Bundesgebietes;
3. Durchreise: das Durchqueren des Bundesgebietes samt den hiefür unerlässlichen Unterbrechungen;
4. Reisedokument: ein Reisepass, ein Passersatz oder ein sonstiges durch Bundesgesetz, Verordnung oder auf Grund zwischenstaatlicher Vereinbarungen für Reisen anerkanntes Dokument; ausländische Reisedokumente genießen den strafrechtlichen Schutz inländischer öffentlicher Urkunden gemäß §§ 224, 224a, 227 Abs. 1 und 231 des Strafgesetzbuches (StGB), BGBl. Nr. 60/1974;
5. ein Reisedokument gültig: wenn es von einem hiezu berechtigten Völkerrechtssubjekt ausgestellt wurde, die Identität des Inhabers zweifelsfrei wiedergibt, zeitlich gültig ist und dessen Geltungsbereich die Republik Österreich umfasst; außer bei Konventionsreisepässen und Reisedokumenten, die Staatenlosen oder Personen mit ungeklärter Staatsangehörigkeit ausgestellt werden, muss auch die Staatsangehörigkeit des Inhabers zweifelsfrei wiedergegeben werden; die Anbringung von Zusatzblättern im Reisedokument muss bescheinigt werden;
6. Schengener Durchführungsübereinkommen (SDÜ): das Übereinkommen vom 19. Juni 1990 zur Durchführung des Übereinkommens von Schengen vom 14. Juni 1985 zwischen den Regierungen der Staaten der Benelux-Wirtschaftsunion, der Bundesrepublik Deutschland und der Französischen Republik

betreffend den schrittweisen Abbau der Kontrollen an den gemeinsamen Grenzen, BGBl. III Nr. 90/1997;
7. Vertragsstaat: ein Staat, für den das Übereinkommen vom 28. April 1995 über den Beitritt Österreichs zum Schengener Durchführungsübereinkommen, BGBl. III Nr. 90/1997, in Kraft gesetzt ist;
8. EWR-Bürger: ein Fremder, der Staatsangehöriger einer Vertragspartei des Abkommens über den Europäischen Wirtschaftsraum (EWR-Abkommen) ist;
9. Drittstaat: jeder Staat, der nicht Mitgliedstaat des EWR-Abkommens ist;
10. Drittstaatsangehöriger: ein Fremder, der nicht EWR-Bürger ist;
11. begünstigter Drittstaatsangehöriger: der Ehegatte, eigene Verwandte und Verwandte des Ehegatten eines EWR-Bürgers oder Schweizer Bürgers oder Österreichers, die ihr Recht auf Freizügigkeit in Anspruch genommen haben, in gerader absteigender Linie bis zur Vollendung des 21. Lebensjahres, darüber hinaus, sofern ihnen Unterhalt tatsächlich gewährt wird, sowie eigene Verwandte und Verwandte des Ehegatten in gerader aufsteigender Linie, sofern ihnen Unterhalt tatsächlich gewährt wird, insofern dieser Drittstaatsangehörige den freizügigkeitsberechtigten EWR-Bürger oder Schweizer Bürger, von dem sich seine gemeinschaftsrechtliche Begünstigung herleitet, begleitet oder ihm nachzieht;
12. Familienangehöriger: wer Drittstaatsangehöriger und Ehegatte oder unverheiratetes minderjähriges Kind, einschließlich Adoptiv- oder Stiefkind, ist (Kernfamilie);
13. Ausreiseentscheidung: eine Zurückschiebung (§ 45), eine Abschiebung (§ 46), eine Ausweisung (§§ 53 und 54) oder ein Aufenthaltsverbot (§ 60) einer österreichischen Fremdenpolizeibehörde oder eine Rückführungsentscheidung eines Mitgliedstaates des Europäischen Wirtschaftsraumes (§ 71);
14. Aufenthaltsberechtigung: ein Aufenthaltstitel im Sinn des Bundesgesetzes über die Niederlassung und den Aufenthalt in Österreich – NAG BGBl. I Nr. 100/2005, oder ein von einem Vertragsstaat erteilter Aufenthaltstitel, der zur Niederlassung in dessen Hoheitsgebiet ermächtigt;
15. Recht auf Freizügigkeit: das gemeinschaftliche Recht eines EWR-Bürgers, sich in Österreich niederzulassen;
16. eine bloß vorübergehende selbständige Erwerbstätigkeit: eine solche, die innerhalb von zwölf Monaten nicht länger als sechs Monate ausgeübt wird, bei der ein Wohnsitz im Drittstaat aufrecht erhalten wird, der weiterhin den Mittelpunkt der Lebensinteressen bildet, und bei der es sich um keinen Fall der Pflichtversicherung des § 2 des Gewerblichen Sozialversicherungsgesetzes (GSVG), BGBl. Nr. 560/1978, handelt;
17. eine bloß vorübergehende unselbständige Tätigkeit: eine solche, bei der eine Berechtigung oder sonstige Bestätigung nach dem Ausländerbeschäftigungsgesetz mit einer sechs

Monate nicht übersteigenden Gültigkeit vorhanden ist oder innerhalb von zwölf Monaten nicht länger als sechs Monate eine Tätigkeit aufgrund einer Ausnahme nach dem Bundesgesetz vom 20. März 1975 mit dem die Beschäftigung von Ausländern geregelt wird – AuslBG, BGBl. Nr. 218/1975, (§ 1 Abs. 2 und 4 AuslBG) ausgeübt wird.

(5) Im Sinn dieses Bundesgesetzes sind
1. Binnengrenzen: die Grenzen Österreichs mit anderen Vertragsstaaten (§ 2 Abs. 4 Z 7) sowie die österreichischen Flugplätze für Binnenflüge und die österreichischen Häfen für Binnenschifffahrt;
2. Außengrenzen: die Grenzen Österreichs sowie die österreichischen Flugplätze und Häfen, soweit sie nicht Binnengrenzen sind;
3. Vertretungsbehörden: die diplomatischen und die von Berufskonsuln geleiteten österreichischen Vertretungsbehörden oder die Vertretungsbehörden der Vertragsstaaten, die nach dem SDÜ für die Erteilung von Visa zuständig sind;
4. erkennungsdienstliche Daten: Lichtbilder, Papillarlinienabdrücke der Finger, äußerliche körperliche Merkmale und die Unterschrift.

Übersicht:

1. Hinweise auf europarechtliche Normen
2.-4. Hinweise auf innerstaatliche Normen
5.-6. Materialien
7.-12. Anmerkungen
13. Judikatur

1. Siehe IV.D.2. SDÜ.

2. Siehe § 8 NAG, II.C.

3. Textauszug StGB

Fälschung besonders geschützter Urkunden

§ 224. *Wer eine der im § 223 mit Strafe bedrohten Handlungen in Beziehung auf eine inländische öffentliche Urkunde, eine ausländische öffentliche Urkunde, wenn sie durch Gesetz oder zwischenstaatlichen Vertrag inländischen öffentlichen Urkunden gleichgestellt ist, eine letztwillige Verfügung oder ein nicht im § 237 genanntes Wertpapier begeht, ist mit Freiheitsstrafe bis zu zwei Jahren zu bestrafen.*

Annahme, Weitergabe oder Besitz falscher oder verfälschter besonders geschützter Urkunden

§ 224a. *Wer eine falsche oder verfälschte besonders geschützte Urkunde (§ 224) mit dem Vorsatz, dass sie im Rechtsverkehr zum Beweis eines Rechtes, eines Rechtsverhältnisses oder einer Tatsache gebraucht werde, von einem anderen übernimmt, sich oder einem anderen ver-*

schafft, befördert, einem anderen überlässt oder sonst besitzt, ist mit Freiheitsstrafe bis zu einem Jahr zu bestrafen.

Vorbereitung der Fälschung öffentlicher Urkunden oder Beglaubigungszeichen

§ 227. (1) Wer mit dem Vorsatz, sich oder einem anderen eine Urkundenfälschung in Beziehung auf eine inländische öffentliche Urkunde oder eine ausländische öffentliche Urkunde, wenn sie durch Gesetz oder zwischenstaatlichen Vertrag inländischen öffentlichen Urkunden gleichgestellt ist (§ 224), oder eine Fälschung öffentlicher Beglaubigungszeichen (§ 225) zu ermöglichen, ein Mittel oder Werkzeug, das nach seiner besonderen Beschaffenheit ersichtlich zu einem solchen Zweck bestimmt ist, anfertigt, von einem anderen übernimmt, sich oder einem anderen verschafft, einem anderen überlässt oder sonst besitzt, ist mit Freiheitsstrafe bis zu einem Jahr zu bestrafen.

Gebrauch fremder Ausweise

§ 231. (1) Wer einen amtlichen Ausweis, der für einen anderen ausgestellt ist, im Rechtsverkehr gebraucht, als wäre er für ihn ausgestellt, ist mit Freiheitsstrafe bis zu sechs Monaten oder mit Geldstrafe bis zu 360 Tagessätzen zu bestrafen.

(2) Ebenso ist zu bestrafen, wer einem anderen einen amtlichen Ausweis mit dem Vorsatz überlässt, dass er von einem Nichtberechtigten im Rechtsverkehr gebraucht werde, als wäre er für ihn ausgestellt.

(3) Nach Abs. 2 ist nicht zu bestrafen, wer freiwillig den Ausweis, bevor ihn ein Nichtberechtigter im Rechtsverkehr gebraucht hat, zurücknimmt oder auf andere Art die Gefahr beseitigt, dass der amtliche Ausweis in der im Abs. 2 bezeichneten Weise gebraucht werde.

4. Textauszug GSVG

Pflichtversicherung in der Krankenversicherung und in der Pensionsversicherung

§ 2. (1) Auf Grund dieses Bundesgesetzes sind, soweit es sich um natürliche Personen handelt, in der Krankenversicherung und in der Pensionsversicherung nach Maßgabe der folgenden Bestimmungen pflichtversichert:
1. die Mitglieder der Kammern der gewerblichen Wirtschaft; (2. Nov., BGBl. Nr. 531/1979, Art. I Z 1 lit. a) - 1. 4. 1980.
2. die Gesellschafter einer offenen Handelsgesellschaft, die persönlich haftenden Gesellschafter einer Kommanditgesellschaft, die Gesellschafter einer offenen Erwerbsgesellschaft und die persönlich haftenden Gesellschafter einer Kommandit-Erwerbsgesellschaft, sofern diese Gesellschaften Mitglieder einer der in Z 1 bezeichneten Kammern sind; (BGBl. Nr. 741/1990, Art. II Z 1) - 1. 1. 1991.
3. die zu Geschäftsführern bestellten Gesellschafter einer Gesellschaft mit beschränkter Haftung, sofern diese Gesellschaft Mitglied einer der in Z 1 bezeichneten Kammern ist und diese Personen nicht bereits aufgrund ihrer Beschäftigung (§ 4 Abs. 1 Z 1 in Verbindung mit § 4 Abs. 2 des Allgemeinen Sozialversiche-

rungsgesetzes) als Geschäftsführer der Pflichtversicherung in der Pensionsversicherung nach dem Allgemeinen Sozialversicherungsgesetz unterliegen oder aufgrund dieser Pflichtversicherung Anspruch auf Kranken- oder Wochengeld aus der Krankenversicherung nach dem Allgemeinen Sozialversicherungsgesetz haben, auch wenn dieser Anspruch ruht, oder auf Rechnung eines Versicherungsträgers Anstaltspflege erhalten oder in einem Genesungs-, Erholungs- oder Kurheim oder in einer Sonderkrankenanstalt untergebracht sind oder Anspruch auf Ersatz der Pflegegebühren gemäß § 131 oder § 150 des Allgemeinen Sozialversicherungsgesetzes einem Versicherungsträger gegenüber haben; (2. Nov., BGBl. Nr. 531/1979, Art. I Z 1 lit. b) - 1. 4. 1980; (3. Nov., BGBl. Nr. 586/1980, Art. I Z 1) - 1. 1. 1981; (BGBl. Nr. 600/1996, Art. II Z 1) - 1. 1. 1997; (22. Nov., BGBl. I Nr. 139/1997, Art. 8, Abschn. I, Z 2) - 1. 1. 1998; (23. Nov., BGBl. I Nr. 139/1998, Ü: § 276 Abs. 3) - 19. 8. 1998.

4. *selbständig erwerbstätige Personen, die auf Grund einer betrieblichen Tätigkeit Einkünfte im Sinne der §§ 22 Z 1 bis 3 und 5 und (oder) 23 des Einkommensteuergesetzes 1988 (EStG 1988), BGBl. Nr. 400, erzielen, wenn auf Grund dieser betrieblichen Tätigkeit nicht bereits Pflichtversicherung nach diesem Bundesgesetz oder einem anderen Bundesgesetz in dem (den) entsprechenden Versicherungszweig(en) eingetreten ist. Solange ein rechtskräftiger Einkommensteuerbescheid oder ein sonstiger maßgeblicher Einkommensnachweis nicht vorliegt, ist die Pflichtversicherung nur dann festzustellen, wenn der Versicherte erklärt, dass seine Einkünfte aus sämtlichen der Pflichtversicherung nach diesem Bundesgesetz unterliegenden Tätigkeiten im Kalenderjahr die in Betracht kommende Versicherungsgrenze (§ 4 Abs. 1 Z 5 oder Z 6) übersteigen werden. In allen anderen Fällen ist der Eintritt der Pflichtversicherung erst nach Vorliegen des rechtskräftigen Einkommensteuerbescheides oder eines sonstigen maßgeblichen Einkommensnachweises im nachhinein festzustellen. (22. Nov., BGBl. I Nr. 139/1997, Art. 8, Abschn. I, Z 2) - 1. 1. 1998; (22. Nov., BGBl. I Nr. 139/1997, Art. 8, Ü: Abschn. I, § 273 Abs. 3, 3a, 7 bis 11 und 13) - 30. 12. 1997; (23. Nov., BGBl. I Nr. 139/1998, Z 1) - 1. 1. 1998; (23. Nov., BGBl. I Nr. 139/1998, Z 2) - 1. 1. 2000; (BGBl. I Nr. 139/1998, Ü: § 276 Abs. 4, 5, 6 und 9) - 19. 8. 1998. (22. Nov., BGBl. I Nr. 139/1997, Art. 8, Abschn. II, Ü: § 274 Abs. 4) - 30. 12. 1997.*

(2) Die Pflichtversicherung in der Pensionsversicherung besteht für die im Abs. 1 genannten Personen nur, wenn sie das 15. Lebensjahr vollendet haben.

(3) Üben die Pflichtversicherten eine Erwerbstätigkeit durch
    a) den Verschleiß von Zeitungen und Zeitschriften,
    b) den Verschleiß von Postwertzeichen, Stempelmarken und Gerichtskostenmarken,
    c) den Verschleiß von Fahrscheinen öffentlicher Verkehrseinrichtungen,

d) den Vertrieb von Spielanteilen der Lotterien oder durch
e) den Betrieb von Lotto-Toto-Annahmestellen (19. Nov., BGBl. Nr. 336/1993, Art. I Z 1 und § 259 Abs. 1 Z 3) - 1. 1. 1993. aus, so erstreckt sich ihre Pflichtversicherung in der Kranken- und Pensionsversicherung auf jede dieser Tätigkeiten.

5. RV 952 XXII. GP

In Abs. 2 wird der Begriff der Fremdenpolizei umschrieben, den man auch als Fremdenrecht im engeren Sinn verstehen kann. Dies sind jene typischen polizeilichen Bestimmungen, die ein geordnetes Fremdenwesen in jedem Stadion des Aufenthaltes eines Fremden im Bundesgebiet gewährleisten sollen und von niederlassungsrechtlichen Bestimmungen abzugrenzen sind.

In Abs. 4 Z 3 wird die Durchreise durch das Bundesgebiet definiert; dies ist erforderlich, weil auf Grund des Beitritts zum Schengener Vertragswerk die Schaffung eines Durchreisevisum notwendig ist, das nur zum Durchqueren des Bundesgebietes berechtigt. Die zulässige Verweildauer in Österreich ist auf maximal 5 Tage beschränkt. Die Z 6 des Abs. 4 dienen der Definition jener in das Fremdenpolizeigesetz einfließender Begriffe, deren Einfügung durch den Beitritt Österreichs zum Schengener Vertragswerk im April 1995 erforderlich ist. Diese Definitionen entsprechen jenen des § 1 Grenzkontrollgesetz 1996, BGBl. Nr. 435, die ebenfalls in Entsprechung des Schengener Vertragswerkes gestaltet wurden.

Die Definition des Vertragsstaates in der Z 7 des Abs. 4 ist erforderlich, weil die Bestimmungen, die das Schengener Vertragswerk betreffen, erst dann Rechtsfolgen entfalten können, wenn das SDÜ für den jeweiligen Mitgliedstaat in Kraft gesetzt ist. Diese Inkraftsetzung durch den Exekutivausschuss (Art. 139 SDÜ in Verbindung mit der Schlussakte zu diesem Artikel) erfolgte für Österreich am 01.12.1997, nachdem sämtliche Voraussetzungen, die zum Funktionieren des Schengener Kontrollsystems nötig waren, geschaffen waren.

Abs. 4 Z 9 und 10 bezieht sich auf Drittstaaten und deren Angehörige und stellt klar, dass dies alle jene Staaten und deren Staatsbürger sind, die nicht Mitgliedstaaten der Europäischen Union oder des Abkommens über den Europäischen Wirtschaftsraum sind (Keine Drittstaaten sind: Deutschland, Frankreich, Italien, Spanien, Portugal, Griechenland, Großbritannien, Irland, Dänemark, Luxemburg, Niederlande, Belgien, Schweden, Finnland, Estland, Lettland, Litauen, Malta, Polen, Slowenien, Slowakei, Tschechien, Ungarn, Zypern Norwegen, Island und Liechtenstein; sehr wohl aber z.B. Schweiz).

Der Begriff der Aufenthaltsberechtigung in Abs. 4 Z 14 bezieht sich sowohl auf die nach dem Niederlassungs- und Aufenthaltsgesetz zu erteilenden Aufenthaltstitel, welche konstitutive Wirkung entfalten, als auch auf jene Berechtigungen mit deklarativer Wirkung, die für EWR-Bürger und Angehörige von EWR-Bürgern nach dem NAG ausgestellt werden.

Das Recht auf Freizügigkeit in Abs. 4 Z 15 wird aus der Unionsbürgerschaft hergeleitet und verleiht jedem Bürger der Union und dessen Familienangehörigen das elementare und persönliche Recht, sich im Hoheitsgebiet der Mitgliedstaaten vorbehaltlich der im Vertrag zur Gründung der Europäischen Gemeinschaft und in den Durchführungsvorschriften vorgesehen Beschränkungen und Bedingungen frei zu bewegen und aufzuhalten. Die Definitionen einer bloß vorübergehenden selbständigen Erwerbstätigkeit (Abs. 4 Z 16) und einer bloß vorübergehenden unselbständigen Tätigkeit (Abs. 4 Z 17) sind dahingehend erforderlich, weil dies jene Gruppen von ausländischen Arbeitnehmern sind, die nicht in das Regelungsregime des Niederlassungs- und Aufenthaltsgesetzes fallen. Für diese Gruppe ist die Öffnung des Visums D+C anstatt der Ausstellung einer Vignette vorgesehen (§ 24 Abs. 1), um im Hinblick auf europarechtliche Vorgaben im Bereich Erkennungsdienst im Visawesen die erkennungsdienstliche Behandlung sicherzustellen.

6. AB 1055 XXII. GP

In § 2 Abs. 5 Z 1 dient die Aufnahme des Klammerverweises einer Klarstellung.

7. Anm: Die Begriffe „Einreise" und „Durchreise" erhalten in Zusammenschau mit §§ 60 Abs 2 Z 5 und 114 insofern besondere Bedeutung, als sie sich in Bezug auf die Vornahme des Grenzübertrittes nur auf den im nationalen Recht relevanten Teil der Einreise beziehen. Werden ausländische Ein- oder Ausreisebestimmungen, mit Ausnahme jene eines Mitgliedstaates der Europäischen Union oder eines Nachbarstaates Österreichs (Anwendungsbereich des § 114), tangiert, so ist dieses, wenngleich auch rechtswidrige Verhalten gegenständlich nicht relevant.

8. Anm: Aus den Materialien zum Fremdengesetz 1997 ging bereits hervor, dass sich der Gesetzgeber bei der Umschreibung des Kreises der begünstigten Drittstaatsangehörigen im Falle der Gewährung von Unterhalt an derjenigen des Kreises der begünstigten Angehörigen eines (Wander-)Arbeitnehmers im Sinne der Verordnung (EWG) 1612/68 orientierte. Analog ist die Situation der Unterhaltsgewährung zur Erlangung des Status eines begünstigten Drittstaatsagenhörigen gegenständlich zu sehen. Nach der Judikatur des Gerichtshofes der Europäischen Gemeinschaft in Bezug auf die genannte Verordnung setzt die Eigenschaft des Familienangehörigen keinen Unterhaltsanspruch voraus, sondern ist diese aus der tatsächlichen Situation heraus zu beurteilen. Es ist somit nicht erforderlich, die Gründe für die Inanspruchnahme der Unterstützung zu ermitteln und sich zu fragen, ob der Betroffene in der Lage ist, seinen Lebensunterhalt durch Ausübung einer entgeltlichen Tätigkeit zu bestreiten.

Folgende Rspr des VwGH zum Fremdengesetz 1997 (FrG) ist somit auch vorliegend von Bedeutung (VwGH 17.03.2000, 99/19/0214):

„Im System des FrG 1997, das an dieses Verständnis [Anm: gemeint ist die Stellung des begünstigten Angehörigen entsprechend der Verordnung (EWG) 1612/68] *anknüpfend für die begünstigten Angehörigen die Erteilung einer Niederlassungsbewilligung vorsieht, ist daher davon auszugehen, dass es sich beim Antragsteller dann um einen Angehörigen, dem Unterhalt gewährt wird, handelt, wenn der angestrebte Aufenthalt in Österreich durch Unterhaltsgewährung des EWR-Bürgers bzw. des öster-*

reichischen Staatsbürgers getragen sein wird. Ist eine Unterhaltsgewährung durch den EWR-Bürger bzw. den österreichischen Staatsbürger (faktisch) nicht möglich, so liegt jedenfalls die Eigenschaft des begünstigten Angehörigen nicht vor."

9. Anm: Der Verweis im Zusammenhang mit einer bloß vorübergehenden selbständigen Erwerbstätigkeit in Abs 4 Z 16 auf die Bestimmung des Gewerblichen Sozialversicherungsrechtes fasst den Fall der Pflichtversicherung ins Auge, der die betragsmäßige Einkommenshöhe bestimmter Erwerbstätigkeiten nach dem Einkommenssteuergesetz unter Verweis auf § 25 GSVG mit € 6922,44 festlegt. Das bedeutet, dass diesen Betrag übersteigende Einkünfte in sechs Monaten innerhalb eines Jahres erzielt werden müssen, um von einer bloß vorübergehenden Erwerbstätigkeit sprechen zu können.

10. Anm: Zu Abs 4 Z 15: Zum Recht auf Freizügigkeit siehe 11. zu § 2 NAG, II.C.

11. Anm: Zu Abs 5 Z 4: Die genaue Festlegung des Umfanges erkennungsdienstlicher Daten ist Ausfluss einer Empfehlung des Datenschutzrates und entspricht den fremdenpolizeilichen Intentionen. In diesem Zusammenhang darf nicht außer Acht gelassen werden, dass nunmehr § 16 Abs 2 SPG um die in diesem Gesetz enthaltenen Straftatbestände erweitert worden ist, sodass die Frage der erkennungsdienstlichen Behandlung und des Umfanges dieser in bestimmten Fallkonstellationen unter den Kautelen des Sicherheitspolizeigesetzes zu prüfen ist.

12. Anm: Abs 2 Z 4 bezieht sich lediglich auf Verwaltungsübertretungen, da gem § 16 SPG gerichtlich strafbare Handlungen nach dem FPG gefährliche Angriffe sind und somit nach dem Regime des SPG zu behandeln sind.

13. Jud: VwGH 17.03.2000, 99/19/0214.

2. Hauptstück: Zuständigkeit und besondere Verfahrensregeln

1. Abschnitt: Zuständigkeit

Fremdenpolizeibehörden und Organe des öffentlichen Sicherheitsdienstes

§ 3. (1) Im Rahmen dieses Bundesgesetzes werden die Organe des öffentlichen Sicherheitsdienstes (§ 5 des Bundesgesetzes über die Organisation der Sicherheitsverwaltung und die Ausübung der Sicherheitspolizei – SPG, BGBl. Nr. 566/1991) für die Fremdenpolizeibehörden (§ 4 SPG) über deren Auftrag oder aus Eigenem tätig.

(2) Zur Überwachung der Einhaltung der Bestimmungen dieses Bundesgesetzes können der Bundesminister für Inneres und der Sicherheitsdirektor die ihnen beigegebenen, unterstellten oder zugeteilten Organe des öffentlichen Sicherheitsdienstes einsetzen. Soweit die Organe hierbei im Rahmen der Zuständigkeit einer Fremdenpolizeibehörde tätig werden, schreiten sie als deren Organe ein.

(3) Organe des öffentlichen Sicherheitsdienstes, die bei der Erfüllung von Aufgaben nach diesem Bundesgesetz den Sprengel ihrer Fremdenpolizeibehörde überschreiten, gelten bei dieser Amtshandlung als Organe der örtlich zuständigen Fremdenpolizeibehörde; sie haben diese unverzüglich von ihrem Einschreiten in Kenntnis zu setzen und sind an deren Weisungen und Aufträge gebunden.

(4) In Fällen, in denen die örtlich zuständige Fremdenpolizeibehörde die notwendigen Maßnahmen nicht rechtzeitig setzen kann, dürfen die örtlich nicht zuständigen Organe des öffentlichen Sicherheitsdienstes außerhalb des Sprengels der Fremdenpolizeibehörde, der sie beigegeben, zugeteilt oder unterstellt sind, fremdenpolizeiliche Amtshandlungen führen. Diese gelten als Amtshandlungen der örtlich zuständigen Fremdenpolizeibehörde erster Instanz; das einschreitende Organ des öffentlichen Sicherheitsdienstes hat diese Behörde von der Amtshandlung unverzüglich zu benachrichtigen.

Übersicht:
1. Hinweise auf innerstaatliche Normen
2.-3. Materialien
4.-6. Anmerkungen
7. Judikatur

1. Textauszug SPG

Sicherheitsbehörden

§ 4. (1) Oberste Sicherheitsbehörde ist der Bundesminister für Inneres.

(2) Dem Bundesminister für Inneres unmittelbar unterstellt besorgen Sicherheitsdirektionen, ihnen nachgeordnet Bezirksverwaltungsbehörden und Bundespolizeidirektionen, die Sicherheitsverwaltung in den Ländern.

(3) Der Bürgermeister ist Fundbehörde nach den Bestimmungen dieses Bundesgesetzes. Inwieweit Organe der Gemeinde sonst als Sicherheitsbehörden einzuschreiten haben, bestimmen andere Bundesgesetze.

Besorgung des Exekutivdienstes

§ 5. (1) Die Organe des öffentlichen Sicherheitsdienstes versehen für die Sicherheitsbehörden den Exekutivdienst.
(2) Organe des öffentlichen Sicherheitsdienstes sind Angehörige
1. *des Wachkörpers Bundespolizei,*
2. *der Gemeindewachkörper und*
3. *des rechtskundigen Dienstes bei Sicherheitsbehörden, wenn diese Organe zur Ausübung unmittelbarer Befehls- und Zwangsgewalt ermächtigt sind.*
(3) Der sicherheitspolizeiliche Exekutivdienst besteht aus dem Streifen- und Überwachungsdienst, der Ausübung der ersten allgemeinen Hilfeleistungspflicht und der Gefahrenabwehr mit den Befugnissen nach dem 3. Teil sowie aus dem Ermittlungs- und dem Erkennungsdienst.
(4) Der Streifendienst ist im Rahmen der Sprengel der Bundespolizeidirektionen und Bezirksverwaltungsbehörden sowie sprengelübergreifend innerhalb des Landes zu besorgen. Für den Funkstreifendienst sind die notwendigen Einsatzzentralen zu unterhalten, die rund um die Uhr über das öffentliche Fernsprechnetz zum Ortstarif für Notrufe erreichbar sind.
(5) Die Sicherheitsexekutive besteht aus den Sicherheitsbehörden und den diesen beigegebenen oder unterstellten Wachkörpern.

2. RV 952 XXII. GP

Gemäß Abs. 1 werden die Organe des öffentlichen Sicherheitsdienstes als Hilfsorgane der Sicherheitsbehörden tätig. Dies bedeutet, dass die Organe des öffentlichen Sicherheitsdienstes nur im Rahmen der örtlichen und sachlichen Zuständigkeit jener Behörde tätig werden können, als deren Hilfsorgane sie tätig werden. Die Handlungen dieser Organe sich auch dieser Behörde zuzurechnen.

Die im Abs. 2 getroffene Regelung ist deshalb erforderlich, weil nach der Judikatur des Verfassungsgerichtshofes für die Überwachung der Einhaltung der Bestimmungen, die unter Verwaltungsstrafsanktion stehen, grundsätzlich nur die Organe der Behörden erster Instanz eingesetzt werden dürfen. Dies hat sich für die dem Bundesminister für Inneres und der Sicherheitsdirektionen zur Verfügung stehenden Organen dann als besonders hinderlich erwiesen, wenn diese im Dienste der Strafjustiz einschreiten und hierbei auf einen fremdenpolizeilich relevanten Sachverhalt stoßen. Da es in solchen Fällen meist nicht gelingt, Beamte der ersten Instanz zum Vorfallsort zu bringen, können in einigen Fällen die gebotenen Maßnahmen nicht gesetzt werden. Nunmehr sollen jene Organe des öffentlichen Sicherheitsdienstes, die für den Bundesminister für Inneres oder den Sicherheitsdirektionen Exekutivdienst versehen, unter bestimmten Voraussetzungen befugt sein, als Organe der örtlich zuständigen Bezirksverwaltungs- oder Bundespolizeibehörde tätig zu werden.

In Abs. 3 wird eine Ergänzung des § 27 Abs. 4 VStG vorgenommen. Insbesondere bei Schubtransporten erscheint es zweifelhaft, ob davon gesprochen werden kann, dass der Betroffene „vorgeführt" wird. Um nun in solchen Fällen den bürokratischen Aufwand einer Dienstzuteilung zum Bundesministerium für Inneres vermeiden zu können, sollen Beamte, die zum Beispiel Schubtransporte begleiten, die Befugnis zur Rayonsüberschreitung kraft Gesetz erhalten.

Die Regelung des Abs. 4 ist erforderlich, weil das „In-Dienst-Stellen", im § 14 Abs. 3 SPG zwar für den Bereich der Sicherheitspolizei vorgesehen ist, nicht jedoch für fremdenpolizeiliche Amtshandlungen, die der Sicherheitsverwaltung zuzuordnen sind. Eine vergleichbare Regelung enthält jedoch § 27 Abs. 3 VStG. Diese wird durch die Bestimmung des Abs. 4 nicht aufgehoben, ihr jedoch für den Bereich der Fremdenpolizei materiell derogiert, sodass für Angelegenheiten der Fremdenpolizei allein § 3 Abs. 4 anwendbar ist.

3. AB 1055 XXII. GP

Die Änderungen dienen der Klarstellung und terminologischen Anpassung.

4. Anm: Es wird nunmehr durchgehend für die nach diesem Bundesgesetz zum Einschreiten berufenen Behörden von Fremdenpolizeibehörden gesprochen. Berücksichtigt man die Organisationsvorschriften des Sicherheitspolizeigesetzes (SPG) so ist unbestritten, dass die Materie Fremdenpolizei Teil der Sicherheitsverwaltung ist und dass für deren Vollzug die Sicherheitsbehörden berufen sind (§ 2 SPG). Unter Sicherheitsbehörden werden nach den Bestimmungen des § 4 SPG der Bundesminister für Inneres (BMI) als oberste Sicherheitsbehörde, die ihm unterstellten Sicherheitsdirektionen und die diesen wiederum unterstellten Bezirksverwaltungsbehörden (BVB) und Bundespolizeidirektionen (BPD) genannt (vgl Art 78a B-VG). Diese sind folglich auch Fremdenpolizeibehörden iSd FPG.

5. Anm: Aus der Gesamtkonzeption dieser Bestimmung geht auch hervor, dass sämtliches Handeln und Tätigwerden der Organe des öffentlichen Sicherheitsdienstes der jeweils zuständigen Fremdenpolizeibehörde zugerechnet werden muss. Dies ist nur dann gewährleistet, wenn die zuständige Fremdenpolizeibehörde in allen Stadien der jeweiligen Amtshandlung auch für den Betroffenen erkennbar Herrin des Verfahrens bleibt. Unbenommen davon soll es aber im Interesse einer funktionierenden Vollziehung möglich sein, den zur Vollziehung berufenen Organen die Gestaltung der Wahrnehmung ihrer Aufgaben und die (vorläufige) rechtliche Würdigung zu überlassen. Darin besteht dann kein Widerspruch zu oben Gesagten, wenn der Fremdenpolizeibehörde die Möglichkeit gewahrt bleibt, jederzeit in die Amtshandlung eingreifen und die rechtliche Würdigung an sich ziehen zu können.

6. Anm: Zur Auslegung der im Abs 4 angeführten notwendigen Maßnahmen, die von der zuständigen Fremdenpolizeibehörde nicht rechtzeitig gesetzt werden können, hat der UVS Vorarlberg zu Z 1-147/91 zwar in Bezug auf § 27 Abs 3 VStG, jedoch auf die vorliegende Rechtslage durchaus anwendbar, Folgendes festgestellt:

"Nach Ansicht der Berufungsbehörde lag im gegenständlichen Fall insoweit Gefahr im Verzug vor, als die Gendarmeriebeamten rechtlich keine Möglichkeit gehabt hätten, zu verhindern, dass sich der Berufungswerber vom Ort der Amtshandlung entfernt. Hätten daher die Gendarmeriebeamten von einer Aufforderung zum Alkotest abgesehen und lediglich die städtische Sicherheitswache über Funk ersucht, zum Ort der Amtshandlung zu kommen, um den Berufungswerber zum Alkotest aufzufordern, hätte sich dieser ohne weiteres vor dem Eintreffen dieser Beamten vom Ort der Amtshandlung entfernen können."

Demzufolge ist davon auszugehen, dass mit der Vornahme einer fremdenpolizeilichen Festnahme nicht auf das Eintreffen der örtlich zuständigen Organe des öffentlichen Sicherheitsdienstes zugewartet werden kann, sofern nicht anderer Gründe vorliegen, die die Anhaltung eines Fremden bis zu diesem Zeitpunkt rechtfertigen.

7. Jud: UVS Vorarlberg Z 1-147/91 (zu § 27 Abs 3 VStG).

Gemeindewachkörper

§ 4. Auf Antrag einer Gemeinde können die Angehörigen ihres Gemeindewachkörpers zur Überwachung der Einhaltung dieses Bundesgesetzes der Fremdenpolizeibehörde mit deren Zustimmung unterstellt werden. Sie schreiten bei der Vollziehung dieser Aufgaben für die Fremdenpolizeibehörde ein und können sich der Befugnisse nach diesem Bundesgesetz bedienen. Die Unterstellung erfolgt mit Verordnung des Sicherheitsdirektors. Die Unterstellung ist
1. **auf Antrag der Gemeinde aufzuheben oder**
2. **auf Antrag der Fremdenpolizeibehörde erster Instanz aufzuheben, wenn der Gemeindewachkörper die ihm übertragenen Aufgaben nicht erfüllt.**

Die Aufhebung der Ermächtigung erfolgt mit Verordnung des Sicherheitsdirektors.

1. RV 952 XXII. GP

Diese Bestimmung ermöglicht die Nutzung bereits vorhandener Ressourcen im Bereich der Sicherheitsverwaltung auf Gemeindeebene und normiert, unter welchen Voraussetzungen die Gemeindewachkörper mit fremdenpolizeilichen Aufgaben betraut werden dürfen. Das Antragsrecht der Gemeinde korrespondiert mit der Bestimmung des § 9 Abs. 3 SPG in Bezug auf den sicherheitspolizeilichen Exekutivdienst. Voraussetzung für die Erlassung der Verordnung ist ein Antrag der betreffenden Gemeinde. Die Verordnung darf daher nur Angehörige von Gemeindewachkörper erfassen, deren Gemeinde einen entsprechenden Antrag gestellt hat. Auf unterschiedliche Verhältnisse hinsichtlich der Leistungsfähigkeit der Gemeindewachkörper ist bei der Unterstellung und im weiteren im Rahmen von Anträgen der Bezirksverwaltungsbehörden auf Aufhebung der Aufgabenübertragung Bedacht zu nehmen.

Sachliche Zuständigkeit im Inland

§ 5. (1) Den Fremdenpolizeibehörden erster Instanz obliegt
1. die Besorgung der Fremdenpolizei (§ 2 Abs. 2);
2. die Ausstellung von Dokumenten für Fremde (§ 2 Abs. 3), ausgenommen Rückkehrausweise gemäß § 96;
3. die Führung von Verwaltungsstrafverfahren nach diesem Bundesgesetz;
4. die Verhängung von Sanktionen nach § 112 und
5. die Vorschreibung von Kosten nach § 113.

(2) Der Bundesminister für Inneres kann, wenn dies der Erleichterung des Reiseverkehrs dient oder im Interesse der Zweckmäßigkeit, Raschheit und Einfachheit gelegen ist, durch Verordnung die Fremdenpolizeibehörden erster Instanz ermächtigen, bei bestimmten Grenzübergangsstellen Visa zu erteilen.

(3) Die Erteilung von Visa mit Ausnahme von Flugtransitvisa obliegt ausschließlich jenen Fremdenpolizeibehörden erster Instanz, auf die sich eine Ermächtigung gemäß Abs. 2 bezieht. Die Fremdenpolizeibehörden erster Instanz sind ermächtigt, Visa B und C sowie von Österreich erteilte Visa D und D+C an Grenzübergangsstellen für ungültig zu erklären.

(4) Die Erteilung oder die Ungültigerklärung von Dienstvisa obliegt dem Bundesminister für Inneres, jene von Diplomatenvisa dem Bundesminister für auswärtige Angelegenheiten.

(5) Durch zwischenstaatliche Vereinbarungen, die Erleichterungen des Reiseverkehrs für Fremde in grenznahen Gebieten der Republik Österreich vorsehen (§ 17 Abs. 2), können auch andere als die Fremdenpolizeibehörden erster Instanz zur Ausstellung sowie Gegenzeichnung der im Rahmen einer solchen Vereinbarung für die Einreise, den Aufenthalt und die Ausreise zugelassenen Dokumente bestimmt werden.

(6) Enthält eine der in Abs. 5 erwähnten Vereinbarungen keine Bestimmung über die sachliche Zuständigkeit, so obliegt die Ausstellung sowie die Gegenzeichnung der für die Einreise, den Aufenthalt und die Ausreise zugelassenen Dokumente den örtlich zuständigen Fremdenpolizeibehörden erster Instanz. Der Bundesminister für Inneres kann diese durch Verordnung ermächtigen, solche Dokumente für Personen, welche die Staatsangehörigkeit eines vertragsschließenden Staates besitzen, bei Grenzübergangsstellen auszustellen, wenn hiedurch den Fremden die Erlangung eines solchen Dokumentes zur Ausreise und Einreise wesentlich erleichtert wird.

Übersicht:
1. Hinweise auf innerstaatliche Normen
2. Materialien
3. Anmerkung

1. Zu Abs 2 siehe § 1 FPG-DV, VI.C.

2. RV 952 XXII. GP

Die Regelung der sachlichen Zuständigkeit im Inland entspricht im wesentlichen dem geltenden Gesetz. Die Befugnis des Bundesministers für Inneres, bestimmte Grenzkontrollstellen zur Erteilung und zur Ungültigerklärung von Visa zu ermächtigen, wurde durch das Fremdengesetz 1992 (BGBl. Nr. 838/1992) geschaffen. Diese Regelung wurde durch die Fremdengesetz-Novelle 2002 (BGBl. Nr. I 126/2002) dahingehend geändert, als die Sicherheitsbehörden ermächtigt sind, an jeder Grenzübergangsstelle Visa ungültig zu erklären.

3. Anm:
Zu Abs 5 und 6: Exemplarisch für andere Stellen als die Fremdenpolizeibehörden, die im Rahmen zwischenstaatlicher Vereinbarungen Dokumente zur Erleichterung des Reiseverkehrs für Fremde in grenznahen Gebieten ausstellen oder gegenzeichnen können, werden gemischte Kommissionen zweier Staaten genannt, die nach Zweckmäßigkeitsüberlegungen in der jeweiligen Vereinbarung für diese Aufgaben bestimmt werden können.

Örtliche Zuständigkeit im Inland

§ 6. (1) Die örtliche Zuständigkeit im Inland richtet sich nach dem Hauptwohnsitz im Sinn des § 1 Abs. 7 des Bundesgesetzes über das polizeiliche Meldewesen (Meldegesetzes 1991 – MeldeG), BGBl. Nr. 9/1992, in Ermangelung eines solchen nach einem sonstigen Wohnsitz des Fremden im Bundesgebiet. Bei Vorliegen mehrerer sonstiger Wohnsitze ist jener maßgeblich, welcher zuletzt begründet wurde.

(2) Hat der Fremde keinen Wohnsitz im Bundesgebiet, richtet sich die Zuständigkeit nach seinem Aufenthalt zum Zeitpunkt des ersten behördlichen Einschreitens nach diesem Bundesgesetz.

(3) Die örtliche Zuständigkeit zur Erteilung eines Visums bei einer Grenzübergangsstelle richtet sich nach dem Aufenthalt; ihr steht ein Wohnsitz im Inland nicht entgegen.

(4) Die örtliche Zuständigkeit zur Ungültigerklärung eines Visums, zur Erlassung und zum Widerruf eines Abschiebungsaufschubes, zum Widerruf einer Bewilligung zur Wiedereinreise während der Gültigkeitsdauer eines Aufenthaltsverbotes und einer besondere Bewilligung während zwölf Monaten nach einer Zurückweisung, einer Zurückschiebung oder einer Ausweisung sowie zur Verhängung der Schubhaft und zur Abschiebung richtet sich nach dem Aufenthalt.

(5) Die Aufhebung eines Aufenthaltsverbotes obliegt der Fremdenpolizeibehörde, die das Aufenthaltsverbot in erster Instanz erlassen hat.

(6) Für keinen Aufschub duldende Maßnahmen und Maßnahmen zur Kontrolle der Rechtmäßigkeit der Einreise, des Aufenthalts und der Ausreise ist die Fremdenpolizeibehörde zuständig, in deren Sprengel sich der Fremde aufhält oder über deren Sprengel der Fremde nach Österreich ein- oder ausreisen will.

(7) Wird der Fremde in einem öffentlichen Beförderungsmittel während einer Reisebewegung gemäß § 39 festgenommen, richtet sich die örtliche Zuständigkeit für alle Maßnahmen, die aufgrund der Festnahme zu setzen sind, nach der nächstgelegenen Ausstiegsstelle, an der das Verlassen des Beförderungsmittels gemäß dem Fahrplan des Beförderungsunternehmers möglich ist.

(8) Den Übernahmeauftrag gemäß § 74 Abs. 3 erteilt die Sicherheitsdirektion des Bundeslandes, in dem die Einreise des Fremden erfolgen soll.

(9) Die örtliche Zuständigkeit zur Durchführung von Verwaltungsstrafverfahren richtet sich in jenen Fällen des Abs. 7, in denen diese nach der Ausstiegsstelle bestimmt wird, nach dieser; in allen anderen Fällen nach dem Verwaltungsstrafgesetz 1991- VStG, BGBl. Nr. 52.

Übersicht:

1.-2. Hinweise auf innerstaatliche Normen
3. Materialien
4.-6. Anmerkungen
7. Judikatur

1. Textauszug MeldeG

Begriffsbestimmungen

§ 1. (6) Ein Wohnsitz eines Menschen ist an einer Unterkunft begründet, an der er sich in der erweislichen oder aus den Umständen hervorgehenden Absicht niedergelassen hat, dort bis auf weiteres einen Anknüpfungspunkt von Lebensbeziehungen zu haben.

(7) Der Hauptwohnsitz eines Menschen ist an jener Unterkunft begründet, an der er sich in der erweislichen oder aus den Umständen hervorgehenden Absicht niedergelassen hat, diese zum Mittelpunkt seiner Lebensbeziehungen zu machen; trifft diese sachliche Voraussetzung bei einer Gesamtbetrachtung der beruflichen, wirtschaftlichen und gesellschaftlichen Lebensbeziehungen eines Menschen auf mehrere Wohnsitze zu, so hat er jenen als Hauptwohnsitz zu bezeichnen, zu dem er das überwiegende Naheverhältnis hat.

2. Textauszug VStG

§ 27. (1) Örtlich zuständig ist die Behörde, in deren Sprengel die Verwaltungsübertretung begangen worden ist, auch wenn der zum Tatbestand gehörende Erfolg in einem anderen Sprengel eingetreten ist.

3. RV 952 XXII. GP

Die für die örtliche Zuständigkeit im Inland getroffene Regelung entspricht weitgehend der bisherigen Rechtslage. Die Differenzierung im Abs. 1 in Bezug auf die Wohnsitzqualität folgt praktischen Erfahrungen und ist ausschließlich an Opportunitätserwägungen orientiert. Bei dem Wohnsitz muss es sich nicht um einen solchen nach der Meldebestätigung handeln, sondern ist ein faktisch bestehender Wohnsitz letztlich ausreichend für die Anknüpfung.

Da es im Hinblick auf ihre bessere Informationslage geboten schien, auch in jenen Fällen das Aufenthaltsverbot durch die Behörde I. Instanz aufheben zu lassen, in denen seinerzeit eine Entscheidung der Berufungsbehörde erging, wurde bereits im Fremdengesetz 1992 festgelegt – und im Fremdengesetz 1997 gleichlautend übernommen – dass Aufenthaltsverbote ausschließlich von der Behörde aufzuheben sind, die in I. Instanz entschieden hat.

Die im Abs. 6 getroffene Regelung über „keinen Aufschub duldende Maßnahmen" reiht sich zu anderen gesetzlichen Bestimmungen, die versuchen, die Zuständigkeit bei ad hoc Situationen festzulegen und ist korrespondierend zu diesen zu sehen. Die Differenzierung zwischen rechtmäßiger Ein- und Ausreise sowie rechtmäßigen Aufenthalt ist im Kontext zur Schaffung dieser Begriffe zu sehen und angebracht, um abschließende Zuständigkeitsparameter zu haben.

Die Festlegung der örtlichen Zuständigkeit bei Festnahmen in Beförderungsmitteln und der Durchführung von Verwaltungsstrafverfahren in diesen Fällen ging auf eine Anregung des Rechnungshofes und der Praxis zurück. Durch die Festlegung der örtlichen Zuständigkeit für alle der Festnahme folgenden Maßnahmen mit der nächsten Aussteigemöglichkeit, wird dem Umstand abgeholfen, dass nach geltender Rechtslage jene Behörde örtlich für alle Maßnahmen zuständig ist, in deren örtlichem Wirkungsbereich die Festnahme erfolgte. Dies hat immer wieder dazu geführt, dass Fremde in einem in Bewegung befindlichen Beförderungsmittel festgenommen wurden und dann nach Ausstieg zu jener Behörde zurücktransportiert werden mussten, in deren örtlichen Wirkungsbereich die Festnahme erfolgt war. Einerseits ist es verwaltungsökonomischer, die zuständige Behörde des Ausstiegsorts zuständig zu machen, andererseits kann somit die Dauer einer Anhaltung, die nicht in Schubhaft übergeht, verkürzt und die Dauer des Eingriffs in das Recht auf die persönliche Freiheit so kurz wie möglich gehalten werden.

4. Anm: Wenngleich in der Festlegung der örtlichen Zuständigkeit im Vergleich zum FrG eine Differenzierung zwischen Hauptwohnsitz und weiteren Wohnsitz stattgefunden hat, so muss wohl davon ausgegangen werden, dass folgende Erkenntnisse des VwGH in Bezug auf einen Wohnsitz auch für den Begriff des Hauptwohnsitzes im Sinne des Meldegesetzes Anwendung finden:

VwGH 15.12.2004, 2001/18/0230: *„Die Begründung des Wohnsitzes setzt den Aufenthalt an einem bestimmten Ort und den Willen, dort zu bleiben, voraus. Ein – wie im Falle eines Untersuchungshäftlings oder Strafhäftlings – zwangsweise begründeter Aufenthaltsort ist kein Wohnsitz."*

VwGH 30.05.2001, 98/21/0511: *„Die bloße Behauptung der Absicht, einen Wohnsitz zu nehmen, reicht zur Begründung eines ordentlichen Wohnsitzes nicht aus; zur Wohnsitzbegründung ist erforderlich, dass die Wohnung tatsächlich zum Wohnen bezogen worden ist. Der Begriff des Wohnsitzes schließt somit ein zweifaches in sich, nämlich ein tatsäch-*

liches Moment – die Niederlassung in einem Ort – und ein psychisches, und zwar die Absicht, in dem Ort der Niederlassung bleibenden Aufenthalt zu nehmen. Der polizeilichen Anmeldung ist kein entscheidendes Gewicht beizumessen."

5. Anm: Im Falle der subsidiären Zuständigkeitsregelung des ersten behördlichen Einschreitens ist unmissverständlich vom ersten fremdenpolizeilichen Einschreiten auszugehen. Für die Verwirklichung dieses Tatbestandes reicht die Inanspruchnahme eines funktionalen behördlichen Einschreitens, dh ein fremdenpolizeiliches Einschreitens eines Organs des öffentlichen Sicherheitsdienstes löst diese Zuständigkeitsbegründung aus. Zudem ist es nicht erforderlich, dass der Fremde von diesem Einschreiten Kenntnis erlangt.

Siehe dazu auch das folgende Erkenntnis des VwGH zu § 91 Abs 1 FrG (15.12.2004, 2001/18/0230): *„Da der Beschwerdeführer zum Zeitpunkt der Erlassung des erstinstanzlichen Bescheides keinen Wohnsitz im Inland hatte (ein zwangsweise begründeter Aufenthalt eines Häftlings ist kein Wohnsitz: vgl. die hg. Erkenntnisse vom 21. Juli 1994, Zl. 94/18/0279, und vom 21. September 2000, Zl. 98/18/0363), hängt die örtliche Zuständigkeit der Fremdenpolizeibehörde gemäß § 91 Abs. 1 FrG davon ab, ob das erste behördliche Einschreiten während seines Aufenthaltes in Wien oder während seines daran anschließenden Aufenthaltes in Salzburg erfolgt ist. Die zuständigkeitsbegründende erste aktenkundige fremdenpolizeibehördliche Amtshandlung war im vorliegenden Fall die Vornahme von Abfragen bei Datenbanken am 14. November 2000. Das Einschreiten bzw. die Amtshandlung der Behörde muss nach der zitierten Gesetzesstelle nicht qualifiziert erfolgen, etwa in der Weise, dass der Fremde davon Kenntnis erlangt. Eine weitere während des Aufenthalts des Beschwerdeführers in Wien gesetzte fremdenpolizeibehördliche Amtshandlung war das Ersuchen an die Polizeiabteilung bei der Staatsanwaltschaft Wien um Bekanntgabe des Standes des Strafverfahrens am 6. Dezember 2000."*

6. Anm: Die dargestellten Ausführungen zum Zuständigkeitstatbestand stehen in gewissen Fallkonstellationen im Spannungsverhältnis zu einem anderen subsidiären Zuständigkeitstatbestand, nämlich dem des Aufenthaltes im Falle der Verhängung der Schubhaft. Dazu wird folgender praktischer Fall skizziert:

Ein nicht rechtmäßig aufhältiger Fremder wird von Organen des öffentlichen Sicherheitsdienstes aufgegriffen und nach den Bestimmungen des vorliegenden Gesetzes festgenommen. Noch vor seiner Vorführung vor die Behörde stellt der Fremde einen Asylantrag. Der Fremde bleibt im Stande der Anhaltung, jedoch wechselt der materielle Festnahmegrund in einen nach asylrechtlichen Bestimmungen. In weiterer Folge wird der Fremde zu einem EURODAC-Scanner, welcher sich in einem anderen Bezirkssprengel befindet, verbracht und es wird ein diesbezüglicher Treffer festgestellt. Auch zu diesem Zeitpunkt bleibt der Fremde bei abermaligem Wechsel des Festnahmegrundes, nun nämlich wiederum nach den Bestimmungen dieses Gesetzes, im Stande der Anhaltung.

Die Frage, die sich nun für das einschreitende Organ ergibt, ist, welcher Behörde ist der Fremde vorzuführen, jener des ersten polizeilichen Einschreitens oder jener seines gegenwärtigen Aufenthaltes. Da die neuerliche Anhaltung nach dem FPG der Sicherung der Schubhaft dient, ist für die örtliche Zuständigkeit der derzeitige Aufenthalt (Abs 4) maßgeblich.

7. **Jud:** VwGH 30.05.2001, 98/21/0511; 15.12.2004, 2001/18/0230; 15.12.2004, 2001/18/0230.

Sachliche Zuständigkeit im Ausland

§ 7. Im Ausland obliegt
1. die Erteilung, die Versagung und die Ungültigerklärung von Visa, die Erteilung von humanitären Visa (§ 22) nur mit Zustimmung des Bundesministers für Inneres;
2. die Erteilung, die Versagung und der Widerruf von Wiedereinreisebewilligungen (§ 72) nur mit Zustimmung des Bundesministers für Inneres;
3. die Erteilung, die Versagung und die Ungültigerklärung von besonderen Bewilligungen während zwölf Monaten nach einer Zurückweisung einer Zurückschiebung oder einer Ausweisung,
4. die Ausstellung, die Einschränkung des Geltungsbereiches, die Versagung und die Entziehung von Fremdenpässen und Konventionsreisepässen, ausgenommen die Erstausstellung, sowie
5. die Ausstellung von Rückkehrausweisen für Staatsbürger eines Mitgliedstaates der Europäischen Union
den Vertretungsbehörden.

1. RV 952 XXII. GP

Die nunmehrige Formulierung bezeichnet abschließend jene Verwaltungshandlungen die im Ausland von den österreichischen Vertretungsbehörden vorgenommen werden können und nimmt spezifisch auf Änderungen, wie etwa die besondere Bewilligung nach einer Ausweisung, Zurückschiebung und Zurückweisung, bedacht. Da die Erteilung eines humanitären Visums an weit weniger formelle Voraussetzungen geknüpft als ein normales Visum, erscheint es zweckmäßig, die Erteilung an die Zustimmung des Bundesministers für Inneres zu knüpfen.

Örtliche Zuständigkeit im Ausland

§ 8. (1) Die örtliche Zuständigkeit zur Vornahme von Amtshandlungen nach diesem Bundesgesetz richtet sich im Ausland, sofern nichts anderes bestimmt ist, nach dem Wohnsitz des Fremden. Auf Weisung des Bundesministers für auswärtige Angelegenheiten kann jede Berufsvertretungsbehörde tätig werden.

(2) Hat der Fremde einen Wohnsitz im Bundesgebiet, richtet sich die örtliche Zuständigkeit im Ausland nach dem Aufenthalt des Fremden.

1. RV 952 XXII. GP

Aus Erwägungen, die ihren Ursprung in der Vorhersehbarkeit der Vollziehung und im Recht auf ein Verfahren vor dem gesetzlichen Richter haben, wurde der Abs. 2 eingefügt. Zudem entspricht er der gängigen Verwaltungspraxis.

Berufungen

§ 9. (1) (Verfassungsbestimmung) Über Berufungen gegen Entscheidungen nach diesem Bundesgesetz entscheiden, sofern nicht anderes bestimmt ist,
1. im Fall von EWR-Bürgern, Schweizer Bürgern und begünstigten Drittstaatsangehörigen die unabhängigen Verwaltungssenate in den Ländern und
2. in allen anderen Fällen die Sicherheitsdirektionen in letzter Instanz.

(2) Gegen die Versagung, die Bewilligung und den Widerruf eines Durchsetzungsaufschubes ist eine Berufung nicht zulässig. Gegen die Versagung, die Bewilligung und den Widerruf eines Abschiebungsaufschubes sowie gegen die Anordnung der Schubhaft ist weder eine Vorstellung noch eine Berufung zulässig. Gegen die Versagung der Ausstellung einer Unbedenklichkeitsbescheinigung ist eine Berufung nicht zulässig.

(3) Gegen Entscheidungen über Anträge auf Erteilung von Einreisetiteln (§ 2 Abs. 1) an andere als begünstigte Drittstaatsangehörige (Abs. 4) ist eine Berufung nicht zulässig.

(4) Über Berufungen gegen Entscheidungen über Anträge auf Erteilung von Einreisetiteln an begünstigte Drittstaatsangehörige durch Behörden gemäß § 8 ist jener unabhängige Verwaltungssenat zuständig, in dessen Sprengel sich der Wohnsitz oder beabsichtige Wohnsitz des Fremden befindet. Steht dieser Wohnsitz nicht fest, entscheidet der unabhängige Verwaltungssenat des Landes Wien.

(5) Über Berufungen gegen sonstige Entscheidungen durch Behörden gemäß § 8 entscheidet der Bundesminister für Inneres. Dieser ist für diesen Bereich sachlich in Betracht kommende Oberbehörde.

(6) Über Berufungen gegen Bescheide gemäß §§ 112 und 113 Abs. 4 und 5 entscheidet der unabhängige Verwaltungssenat.

(7) Ist der Berufungswerber nicht zur Einreise nach Österreich berechtigt, kann eine mündliche Verhandlung durch den unabhängigen Verwaltungssenat unterbleiben, wenn der Sachverhalt abschließend feststeht.

Übersicht:
1.-2. Hinweise auf europarechtliche Normen
3.-4. Materialien
5.-8. Anmerkungen
9. Judikatur

1. Siehe Art 31 UnionsbürgerRL, IV.B.8.; weiters Art 6 und 7 Assoziationsabkommen Türkei 1/80, IV.C.1.

2. Textauszug RL 64/221/EWG

Artikel 8

Der Betroffene muss gegen die Entscheidung, durch welche die Einreise, die Erteilung oder Verlängerung der Aufenthaltserlaubnis verweigert wird, oder gegen die Entscheidung über die Entfernung aus dem Hoheitsgebiet die Rechtsbehelfe einlegen können, die Inländern gegenüber Verwaltungsakten zustehen.

Artikel 9

(1) Sofern keine Rechtsmittel gegeben sind oder die Rechtsmittel nur die Gesetzmäßigkeit der Entscheidung betreffen oder keine aufschiebende Wirkung haben, trifft die Verwaltungsbehörde die Entscheidung über die Verweigerung der Verlängerung der Aufenthaltserlaubnis oder über die Entfernung eines Inhabers einer Aufenthaltserlaubnis aus dem Hoheitsgebiet außer in dringenden Fällen erst nach Erhalt der Stellungnahme einer zuständigen Stelle des Aufnahmelandes, vor der sich der Betroffene entsprechend den innerstaatlichen Rechtsvorschriften verteidigen, unterstützen oder vertreten lassen kann. Diese Stelle muss eine andere sein als diejenige, welche fuer die Entscheidung über die Verlängerung der Aufenthaltserlaubnis oder über die Entfernung aus dem Hoheitsgebiet zuständig ist.

(2) Die Entscheidungen über die Verweigerung der ersten Aufenthaltserlaubnis sowie die Entscheidungen über die Entfernung aus dem Hoheitsgebiet vor Erteilung einer solchen Erlaubnis werden der Stelle, deren vorherige Stellungnahme in Absatz (1) vorgesehen ist, auf Antrag des Betroffenen zur Prüfung vorgelegt. Dieser ist dann berechtigt, persönlich seine Verteidigung wahrzunehmen, außer wenn Gründe der Sicherheit des Staates dem entgegenstehen.

3. RV 952 XXII. GP

§ 9 spiegelt § 94 des Fremdengesetzes 1997 nur in geringem Maße wieder.

In Bezug auf den Art. 9 Abs. 1 der Richtlinie 64/221/EWG des Rates vom 25.02.1964 richtete der Verwaltungsgerichtshof ein Vorabentscheidungsersuchen an den Gerichtshof der Europäischen Gemeinschaft, worin er unter anderem sinngemäß die Frage vorlegte, in wieweit die österreichische Rechtsordnung (Instanzenzug) mit besagter Richtlinienbestimmung vereinbar sei. Art. 9 Abs. 1 leg. cit. lautet:

„Sofern keine Rechtsmittel gegeben sind oder die Rechtsmittel nur die Gesetzmäßigkeit der Entscheidung betreffen oder keine aufschiebende Wirkung haben, trifft die Verwaltungsbehörde die Entscheidung über die Verweigerung der Verlängerung der Aufenthaltserlaubnis oder über die Entfernung eines Inhabers einer Aufenthaltserlaubnis aus dem Hoheitsgebiet außer in dringenden Fällen erst nach Erhalt der Stellungnahme einer zuständigen Stelle des Aufnahmelandes, vor der sich der Betroffene entsprechend den innerstaatlichen Rechtsvorschriften verteidigen, unterstützen und vertreten lassen kann. Diese Stelle muss eine andere sein als diejenige, welche für die Entscheidung über die Verlängerung der Aufenthaltserlaubnis oder über die Entfernung aus dem Hoheitsgebiet zuständig ist."

Derzeitiger Stand dieses Verfahrens ist, dass der Generalanwalt in seinem Schlussantrag dem Gerichtshof vorgeschlagen hat, dahingehend zu antworten, dass die Verwaltungsbehörden daran gehindert sind, eine Entscheidung über die Entfernung aus dem Hoheitsgebiet zu erlassen, ohne eine Stellungnahme einer zuständigen Stelle eingeholt zu haben – somit der gegenwärtige Instanzenzug nicht richtlinienkonform ist (vgl. Schlussantrag des Generalanwaltes M. POIARES MADURO vom 21. Oktober 2004, Rs C-136/03). Sieht man dazu korrespondierend den Umstand, dass bei der letzten mündlichen Verhandlung dieses Rechtsproblem hintangestellt wurde und vom Berichterstatter und dem Generalanwalt ersucht wurde, sich auf die dem Vorabentscheidungsverfahren zugrunde liegende weitere Frage zu konzentrieren, lässt dies den Schluss zu, dass wohl eine Entscheidung, wie sie der Stellungnahme des Generalanwaltes entspricht, zu erwarten ist.

Von weiterer Bedeutung ist, dass die im Gegenstand relevante Richtlinie mit 30.04.2006 aufgehoben wird und von der Richtlinie 2004/38/EG ersetzt wird. In dieser findet sich korrespondierend zu gegenständlicher Problematik folgende Bestimmung:

„Artikel 31
Gegen eine Entscheidung aus Gründen der öffentliche Ordnung, Sicherheit oder Gesundheit müssen die Betroffenen einen Rechtsbehelf bei einem Gericht und gegebenenfalls bei einer Behörde des Aufnahmemitgliedstaats einlegen können.
...
Im Rechtsbehelfsverfahren sind die Rechtmäßigkeit der Entscheidung sowie die Tatsache und die Umstände, auf denen die Entscheidung beruht, zu überprüfen. Es gewährleistet, dass die Entscheidung insbesondere im Hinblick auf die Erfordernisse gemäß Artikel 28 nicht unverhältnismäßig ist".

Unabhängig von der Auslegung der künftigen Richtlinienbestimmung scheint es daher geboten, den Instanzenzug in der vorgeschlagenen Form zu ändern.

Im Hinblick auf den Umstand, dass Berufungsentscheidungen zu treffen sind, die möglicherweise keinen entsprechende Inlandsbezug zulassen, wurde wegen der zu erwartenden geringen Zahl der Berufungen die Möglichkeit der Berufung an den UVS des Landes Wien vorgesehen.

Die in Abs. 2 getroffene Regelung soll der Möglichkeit der Aberkennung der aufschiebenden Wirkung bzw. der sofortigen Durchsetzbarkeit einer Entscheidung Rechung tragen und nicht dazu führen, dass eine

Berufung und die damit sonst in den meisten Fällen obligatorische mündliche Verhandlung vor dem UVS die mittels Bescheid bestimmte Durchsetzbarkeit umgeht.

Im Lichte des vorher Gesagten, insbesondere in Bezug auf die Prüfbefugnis des Verwaltungsgerichtshofes, scheint es daher unumgänglich für EWR-Bürger und begünstigte Drittstaatsangehörige den Instanzenzug zu einem Tribunal einzurichten.

Durch die Schaffung der Möglichkeit, in bestimmten Fällen gegen Entscheidungen im Zusammenhang mit Anträgen auf Erteilung von Einreisetitel zu berufen, wurde einem Teil des Vertragsverletzungsverfahrens gegen Österreich Nr. 2002/2255 betreffend die Vereinbarkeit der österreichischen Rechtsvorschriften über die Begründung der Versagung von Visa an begünstigte Drittstaatsangehörige sowie über Rechtsbehelfe gegen diese Entscheidungen mit dem Gemeinschaftsrecht im Bereich des freien Personenverkehrs Rechnung getragen. Hinsichtlich der Begründungspflicht bei Versagung von Visa siehe § 11 Abs. 4.

Im Hinblick auf das Bundesverfassungsgesetz zur Durchführung des internationalen Übereinkommens über die Beseitigung aller Formen rassischer Diskriminierung, wonach eine Ungleichbehandlung durch formelle Normen sachlich nicht zu rechtfertigen ist, scheint in bestimmten Fällen die verfassungsrechtliche Verankerung des Sicherheitsdirektors als Berufungsinstanz zur Beseitigung verfassungsrechtlicher Bedenken geboten.

4. AF 1055 XXII. GP

Bezüglich des in § 9 Abs. 1 Z 1 FPG angeführten Personenkreises hält der Ausschuss fest, dass entsprechend dem Urteil des Europäischen Gerichtshofes vom 2. Juni 2005 in der Rechtssache C-136/03, wonach die Rechtsschutzgarantien der Artikel 8 und 9 der Richtlinie 64/221/EWG für türkische Staatsangehörige, denen die Rechtsstellung nach Artikel 6 oder Artikel 7 des Beschlusses Nr. 1/80 des Assoziationsrates vom 19. September 1980 über die Entwicklung der Assoziation zukommt, gelten, sohin § 9 Abs. 1 Z 1 anzuwenden ist.

5. Anm: Das Urteil des EuGH im Vorabentscheidungsverfahren *Dörr und Ünal* (02.06.2005, Rs C-136/03) auszugsweise:
„1. Artikel 9 Absatz 1 der Richtlinie 64/221/EWG des Rates vom 25. Februar 1964 zur Koordinierung der Sondervorschriften für die Einreise und den Aufenthalt von Ausländern, soweit sie aus Gründen der öffentlichen Ordnung, Sicherheit oder Gesundheit gerechtfertigt sind, ist dahingehend auszulegen, dass er einer Regelung eines Mitgliedstaates entgegensteht, nach der gerichtliche Rechtsbehelfe gegen eine Entscheidung über die Entfernung aus dem Hoheitsgebiet dieses Mitgliedstaates, die gegenüber einem Staatsangehörigen eines anderen Mitgliedstaates ergeht, keine aufschiebende Wirkung haben und die genannten Entscheidungen im Rahmen dieser Rechtsbehelfe nur auf ihre Gesetzmäßigkeit hin überprüft werden kann, wenn keine zuständige Stelle im Sinne der genannten Bestimmung eingerichtet worden ist.
2. Die Rechtsschutzgarantien der Artikel 8 und 9 der Richtlinie 64/221 gelten für türkische Staatsangehörige, denen die Rechtsstellung nach Arti-

kel 6 oder 7 des Beschlusses Nr. 1/80 des Assoziationsrates vom 19. September 1980 über die Entwicklung der Assoziation zukommt. ..."

Bei Assoziationsabkommen handelt es sich um völkerrechtliche Verträge, die laut stRsp des EuGH integrierender Bestandteil des Gemeinschaftsrechts sind. Auf der gleichen Stufe stehen Beschlüsse eines Assoziationsrates. Der Beschluss 1/80 (IV.C.1.) genießt überdies gem Art 77 f der Beitrittsakte, BGBl 1995/4, und ABl 1995 L 1 S 1, Anwendungsvorrang. Vgl dazu ausf *Akyürek*, Das Assoziationsabkommen EWG – Türkei, Aufenthalt und Beschäftigung von türkischen Staatsangehörigen in Österreich (2005), 32 f, 38 f mwN; *Köhler* in Mayer, Kommentar zu EU- und EG-Vertrag (2004) Art 310 RZ 23 ff, 41 mwN.

Sieht man dazu die Rolle des VwGH, dem eine meritorische Entscheidungsbefugnis nicht zusteht, so war die Entscheidung des EuGH von der Überlegung getragen, dass keine sicheren Garantien einer erschöpfenden Prüfung der Zweckmäßigkeit der beabsichtigten fremdenpolizeilichen Maßnahmen gegeben sind und damit nicht den Erfordernissen eines hinreichend effektiven Schutzes genüge getan wird.

6. Anm: Die durch die Entscheidung des EuGH vorgenommene Auslegung der zitierten Bestimmungen wird durch die vom Innenausschuss des NR vorgenommene Ausschussfeststellung dahingehend bestätigt, als die danach berechtigten türkischen Staatsangehörigen den begünstigten Drittstaatsangehörigen (vgl § 2 Abs 4 Z 11) gleich gestellt werden (in diesem Sinn auch *Vogl*, in Schriftenreihe der Österreichischen Verwaltungswissenschaftlichen Gesellschaft [Hrsg], EU-Rechtsumsetzung in Österreich – Die Perspektive des Bundes, Bd in Druck). Dies bedeutet konsequenterweise, dass die Rechtsschutzgarantien für diese Gruppe türkischer Staatsangehöriger im selben Umfang gelten müssen wie für begünstigte Drittstaatsangehörige. Andererseits bedeutet dies jedoch nicht, dass auch andere, für Drittstaatsangehörige günstigere Bestimmungen des FPG ebenfalls für diese Gruppe türkischer Staatsangehöriger anzuwenden sind. Wäre dieses Ergebnis beabsichtigt gewesen, so wäre die Ausschussfeststellung wohl explizit zu § 2 Abs. 4 Z 11 erfolgt und nicht zu § 9 Abs 1.

7. Anm: Rechtlich bedeutsam im Zusammenhang mit dem geteilten Instanzenzug nach Abs 1 ist die Klärung der Frage, wie im Fall eines negativen Kompetenzkonflikts zwischen UVS und SID vorzugehen ist, insbesondere in welchem Verfahren dieser zu lösen ist.

Mangels gemeinsamer sachlich in Betracht kommender Oberbehörde von UVS und SID (vgl § 5 Abs 1 AVG) käme nur noch eine Lösung dieses Konflikts durch den VfGH in einem Verfahren nach Art 138 Abs 1 lit c B-VG in Frage. Voraussetzung für die Zulässigkeit eines solchen Verfahrens ist, dass der Zuständigkeitskonflikt zwischen einer Landes- und einer Bundesbehörde besteht. Hiebei wird jedoch nicht auf die organisatorische Zuordnung dieser Verwaltungsbehörden abgestellt, sondern auf deren funktionelle Zuordnung, dh dass die eine funktionell als Landesbehörde und die andere funktionell als Bundesbehörde tätig wird (VfGH KI-5/94, VfSlg 13.942; *Zellenberg* in *Korinek/Holoubek* [Hrsg], Österreichisches Bundesverfassungsrecht – Kommentar [1999 ff] Art 138/1 B-VG Rz 49).

Da in diesem Fall sowohl der UVS als auch die SID jeweils im Rahmen der Bundesverwaltung (Fremdenpolizei) tätig wird, kommt eine Klärung dieses Zuständigkeitskonflikts durch den VfGH nicht in Betracht. Letztlich bleibt es der Wahl der betroffenen Partei überlassen, gegen welche der beiden Behörden sie etwa wegen Säumnis vorgehen will (vgl *Vogl* in Schriftenreihe des BMI [Hrsg], Verfassung – Reform – Rechtsschutz [3. Rechtsschutztag des BMI], Bd in Druck).

8. Anm: Zur Unbedenklichkeitsbescheinigung (Abs 2) siehe § 31 Abs 2 und § 5 AuslBG.

9. Jud: EuGH 02.06.2005, Rs C-136/03 (*Dörr und Ünal*); VfGH KI-5/94, VfSlg 13.942.

Amtsbeschwerde

§ 10. Gegen Entscheidungen der unabhängigen Verwaltungssenate gemäß §§ 9 und 83 stehen dem Bundesminister für Inneres und dem Sicherheitsdirektor das Recht zu, zum Vorteil und zum Nachteil des Betroffenen beim Verwaltungsgerichtshof binnen sechs Wochen nach Zustellung der Entscheidung an die Behörde erster Instanz Amtsbeschwerde zu erheben. Ebenso können der Bundesminister für Inneres und der Sicherheitsdirektor gegen Entscheidungen des unabhängigen Verwaltungssenates über Berufungen gegen Verwaltungsstrafverfahren nach diesem Bundesgesetz (Art. 129a Abs. 1 Z 1 B-VG) oder gegen Entscheidungen des unabhängigen Verwaltungssenates über Beschwerden von Personen, die behaupten, durch die Ausübung unmittelbarer Befehls- und Zwangsgewalt nach diesem Bundesgesetz in ihren Rechten verletzt zu sein (Art. 129a Abs. 1 Z 2 B-VG), binnen sechs Wochen nach Zustellung der Entscheidung an die zuständige Fremdenpolizeibehörde Amtsbeschwerde beim Verwaltungsgerichtshof erheben.

Übersicht:
1. Hinweise auf innerstaatliche Normen
2. Materialien

1. Textauszug B-VG

Unabhängige Verwaltungssenate in den Ländern

Artikel 129a. (1) Die unabhängigen Verwaltungssenate erkennen nach Erschöpfung des administrativen Instanzenzuges, sofern ein solcher in Betracht kommt,
    1. in Verfahren wegen Verwaltungsübertretungen, ausgenommen Finanzstrafsachen des Bundes,
    2. über Beschwerden von Personen, die behaupten, durch die Ausübung unmittelbarer verwaltungsbehördlicher Befehls- und Zwangsgewalt in ihren Rechten verletzt zu sein, ausgenommen in Finanzstrafsachen des Bundes,

3. in sonstigen Angelegenheiten, die ihnen durch die die einzelnen Gebiete der Verwaltung regelnden Bundes- oder Landesgesetze zugewiesen werden,
4. über Beschwerden wegen Verletzung der Entscheidungspflicht in Angelegenheiten der Z 1, soweit es sich um Privatanklagesachen oder um das landesgesetzliche Abgabenstrafrecht handelt, und der Z 3.

(2) Es kann gesetzlich vorgesehen werden, dass die Entscheidungen in erster Instanz unmittelbar beim unabhängigen Verwaltungssenat angefochten werden können. In den Angelegenheiten der mittelbaren Bundesverwaltung sowie der Art. 11 und 12 dürfen derartige Bundesgesetze nur mit Zustimmung der beteiligten Länder kundgemacht werden.

2. RV 952 XXII. GP

Mit dem Tätigwerden der Unabhängigen Verwaltungssenate würde der Bundesminister für Inneres jede Möglichkeit, genommen, seine Sicht in den Rechtfertigungsprozess einzubringen. Um allenfalls in Fällen, in denen Fremde nicht selbst den Verwaltungsgerichtshof anrufen, die Möglichkeit höchstrichterlicher Rechtsprechung zu eröffnen, wird dem Bundesminister für Inneres die Möglichkeit der Amtsbeschwerde (Art. 131 Abs. 2 B-VG)– sowohl zum Nachteil als auch zu Gunsten des Fremden – eingeräumt. Eine Differenzierung zwischen Rechtswidrigkeit und Beweiswürdigung im Beschwerdegrund ist nicht vorgesehen. Abgesehen davon gibt das Instrument der Amtsbeschwerde auch eine Handhabe gegen möglicherweise stark divergierende Judikaturlinien verschiedener unabhängiger Verwaltungssenate. Dieser Möglichkeit kommt mit Rücksicht darauf, dass Fremdenpolizei bundesunmittelbar vollzogen wird, besondere Bedeutung zu.

2. Abschnitt: Besondere Verfahrensregeln

Verfahren vor den österreichischen Vertretungsbehörden

§ 11. (1) In Verfahren vor österreichischen Vertretungsbehörden haben Antragsteller unter Anleitung der Behörde die für die Feststellung des maßgeblichen Sachverhaltes erforderlichen Urkunden und Beweismittel selbst vorzulegen; die Vertretungsbehörde hat nach freier Überzeugung zu beurteilen, ob eine Tatsache als erwiesen anzunehmen ist oder nicht. Eine Entscheidung, die dem Standpunkt des Antragstellers nicht vollinhaltlich Rechnung trägt, darf erst ergehen, wenn die Partei Gelegenheit zur Behebung von Formgebrechen und zu einer abschließenden Stellungnahme hatte.

(2) Über schriftlichen oder niederschriftlichen Antrag der Partei ist die Entscheidung gemäß Abs. 1 auch schriftlich auszufertigen; hiebei sind außer der getroffenen Entscheidung die maßgeblichen Gesetzesbestimmungen anzuführen; einer weiteren Begründung bedarf es nicht.

(3) Die Ausfertigung bedarf der Bezeichnung der Behörde, des Datums der Entscheidung und der Unterschrift des Genehmigenden; an

die Stelle der Unterschrift kann das Siegel der Republik Österreich gesetzt werden, sofern die Identität des Genehmigenden im Akt nachvollziehbar ist. Die Zustellung hat durch Übergabe in der Behörde oder auf postalischem Wege zu erfolgen.

(4) Entscheidungen gemäß Abs. 1 sind im Fall begünstigter Drittstaatsangehöriger schriftlich in einer Weise auszufertigen, dass der Betroffene deren Inhalt und Wirkung nachvollziehen kann. Dem Betroffenen sind die Gründe der öffentlichen Ordnung, Sicherheit oder Gesundheit, die der ihn betreffenden Entscheidung zugrunde liegen, genau und umfassend mitzuteilen, es sei denn, dass Gründe der Sicherheit der Republik Österreich dieser Mitteilung entgegenstehen. In der schriftlichen Ausfertigung der Begründung ist auch die Berufungsbehörde anzugeben.

(5) Ergeht die Entscheidung in der Sache nicht binnen sechs Monaten nach Einbringung des Antrages, in den Fällen des Abs. 2 die schriftliche Ausfertigung nicht binnen zwei Monaten nach Einbringung des Antrages, so geht die Zuständigkeit zur Entscheidung oder Ausfertigung auf schriftlichen Antrag auf den Bundesminister für Inneres über. Ein solcher Antrag ist unmittelbar bei ihm einzubringen. Er hat für die Entscheidung oder Ausfertigung die Abs. 1 bis 4 und 6 anzuwenden. Der Antrag ist abzuweisen, wenn die Verzögerung nicht ausschließlich auf ein Verschulden der Vertretungsbehörde zurückzuführen ist.

(6) Kann dem Antrag auf Erteilung eines Einreisetitels auf Grund zwingender außenpolitischer Rücksichten oder aus Gründen der nationalen Sicherheit nicht stattgegeben werden, so ist die Vertretungsbehörde, in den Fällen des Abs. 5 der Bundesminister für Inneres, ermächtigt, sich auf den Hinweis des Vorliegens zwingender Versagungsgründe zu beschränken. Der maßgebliche Sachverhalt muss auch in diesen Fällen im Akt nachvollziehbar sein.

Übersicht:
1. Materialien
2.-3. Anmerkungen
4. Judikatur

1. RV 952 XXII. GP

Der Verwaltungsgerichtshof hat in ständiger Judikatur (vgl. bereits VwGH /05. 10. 1988/ 88/01/0140) den Standpunkt eingenommen, dass für Verfahren vor den österreichischen Vertretungsbehörden „die im AVG niedergelegten Grundsätze eines geordneten rechtsstaatlichen Verfahrens in der Verwaltung" gelten. Eine inhaltliche Ausgestaltung dieser Aussage hat er hierbei jeweils im Einzelfall vorgenommen, sodass insgesamt Unsicherheit darüber bestand, welche Grundsätze im Einzelnen tatsächlich wirksam sein sollen. Diese Unsicherheit hat der Gesetzgeber mit dem Fremdengesetz 1992 beseitigt, indem ausdrücklich ein Verfahren vor den Vertretungsbehörden festgelegt wurde. Die Regelung hat sich von den vom Verwaltungsgerichtshof entwickelten Prinzipien leiten lassen und die

Grundsätze ausdrücklich festgelegt. Es sind dies die Mitwirkungsverpflichtung des Antragstellers bei gleichzeitiger Manuduktionspflicht der Behörde, die freie Beweiswürdigung, das Parteiengehör, die Möglichkeit zur Behebung von Formgebrechen, die Schriftlichkeit der Entscheidung, die Begründungspflicht, die Ausfertigung und die Zustellung der Entscheidung sowie letztlich die Devolution zum Bundesminister für Inneres.

In Abs. 4 wurde die Begründungspflicht in Bezug auf Verfahren begünstigter Drittstaatsangehöriger normiert und damit dem Vertragsverletzungsverfahren gegen Österreich Nr. 2002/2255 Rechung getragen (siehe auch § 9).

In Abs. 6 wurde für Fälle, in denen der Erteilung eines Einreisetitels auf Grund zwingender außenpolitischer Rücksichten oder aus Gründen der nationalen Sicherheit nicht stattgegeben wird, eine verdünnte Begründungspflicht vorgesehen. Hierbei ist in jedem Fall sicherzustellen, dass die Entscheidung auch im Falle einer Anfechtung beim Verwaltungsgerichtshof nachvollziehbar ist. Für die in diesem Interesse gelegene Geheimhaltung der maßgeblichen Akten oder Aktenteile im höchstgerichtlichen Verfahren wird die belangte Behörde auf Grund des § 25 Abs. 2 VwGG Sorge tragen können.

2. Anm: Wenngleich gegenständlich von Entscheidungen der Vertretungsbehörden die Rede ist, steht fest, dass es sich dabei um Entscheidungen in Bescheidform handeln muss, sodass jedenfalls die Bezeichnung der Behörde und der normative Inhalt vorliegen müssen.

3. Anm: Zu § 93 FrG erging folgendes Erkenntnis des VwGH vom 11.12.2003, 2003/21/0092:

"Nach Art. 8 Abs. 1 B-VG haben sich die Behörden der deutschen Sprache als Amtssprache - abgesehen von der in Art. 8 Abs. 1 B-VG vorgesehenen Ausnahme betreffend sprachliche Minderheiten – zu bedienen; die deutsche Sprache ist die offizielle Sprache, in der alle Anordnungen der Staatsorgane zu ergehen und mittels derer die Staatsorgane mit den Parteien und untereinander zu verkehren haben (Hinweis E 10. Juni 1983, 81/04/0122, VwSlg 11081A/1983; E VfGH 9. Oktober 1981, B 459/78, VfSlg 9233/1981). Wenn der Gebrauch einer anderen Sprache nicht zugelassen ist, sind die behördlichen Erledigungen ausschließlich in deutscher Sprache abzufassen; die Verwendung der deutschen Sprache ist Voraussetzung dafür, dass die betreffende Äußerung der Behörde eine behördliche Erledigung darstellt, und damit wesentliches Erfordernis für das Vorliegen eines Bescheides (Hinweis E 10. Juni 1983, 81/04/0122). Verwenden die Behörden selbst fälschlicherweise die Staatssprache nicht, handelt es sich um ein „rechtliches Nichts" (Hier: die in serbischer Sprache gehaltene Nachricht stellt somit keinen anfechtbaren Bescheid dar)."

4. Jud: VwGH 05.10.1988, 88/01/0140; 11.12.2003, 2003/21/0092.

Sonderbestimmungen für Minderjährige

§ 12. (1) Minderjährige Fremde, die das 16. Lebensjahr vollendet haben, sind in Verfahren nach den Hauptstücken 2 bis 10 handlungsfähig. Sie können zu einer mündlichen Verhandlung einen gesetzlichen Vertreter und eine an der Sache nicht beteiligte Person ihres Vertrauens beiziehen.

(2) Der gesetzliche Vertreter eines Fremden nach Abs. 1 hat das Recht,
1. auch gegen den Willen des Minderjährigen Akteneinsicht zu nehmen und zu dessen Gunsten Beweisanträge zu stellen und
2. innerhalb der einer Partei offen stehenden Frist Rechtsmittel einzulegen, Beschwerden einzubringen und Anträge auf Wiedereinsetzung in den vorigen Stand oder auf Wiederaufnahme des Verfahrens zu stellen.

(3) Minderjährige Fremde, die das 16. Lebensjahr noch nicht vollendet haben und deren Interessen von ihrem gesetzlichen Vertreter nicht wahrgenommen werden können, können im eigenen Namen nur Verfahrenshandlungen zu ihrem Vorteil setzen. Gesetzlicher Vertreter wird mit Einleitung eines solchen Verfahrens der Jugendwohlfahrtsträger der Hauptstadt des Bundeslandes, in dem sich der Minderjährige aufhält. Wäre dieselbe Behörde für das fremdenpolizeiliche Verfahren und die Vertretung zuständig, so wird der örtlich nächstgelegene Jugendwohlfahrtsträger gesetzlicher Vertreter.

(4) Die Feststellung des Alters eines Fremden obliegt der Fremdenpolizeibehörde im Rahmen des Ermittlungsverfahrens. Zur Klärung des Sachverhaltes kann insbesondere auch ein Amtsarzt hinzugezogen werden. Behauptet ein Fremder, ein bestimmtes Lebensjahr noch nicht vollendet zu haben und daher minderjährig zu sein, so ist – außer im Fall offenkundiger Unrichtigkeit – unverzüglich mit dem zuständigen Jugendwohlfahrtsträger Kontakt aufzunehmen und dieser zu hören. Die Weigerung des Fremden, an der Klärung des Sachverhaltes mitzuwirken, ist von der Fremdenpolizeibehörde im Rahmen der Beweiswürdigung zu berücksichtigen.

Übersicht:
1. Materialien
2. Anmerkungen

1. RV 952 XXII. GP

Da sich die Sicherheitsbehörden zunehmend mit Fällen auseinanderzusetzen haben, in denen sich Minderjährige ohne gesetzlichen Vertreter im Bundesgebiet aufhalten und da diese Fremden in der Regel durchaus in der Lage sind, ihre Interessen im gebotenem Ausmaß selbst zu vertreten, schien es bereits im Fremdengesetz 1992 angezeigt, die Handlungsfähigkeit von Minderjährigen für fremdenpolizeiliche Verfahren, die das 16. Lebensjahr vollendet haben, vorzusehen. Diese Norm wurde auch in § 95 Fremdengesetz 1997 aufgenommen und hat sich in der Praxis bewährt. Da dies Bereiche betrifft, in dem es regelmäßig zu belastenden

Rechtsakten kommt, können mündige Minderjährige einer mündlichen Verhandlung gesetzliche Vertreter und an der Sache nicht beteiligte Personen ihres Vertrauens beiziehen. Die Vertretung durch zur berufsmäßigen Parteienvertretung befugte Personen bleibt davon unberührt. Abs. 4 soll gewährleisten, dass die Behörde alle Beweismittel zur Altersfeststellung eines Menschen heranziehen kann, die nicht die Würde des Menschen und seine körperliche Integrität beeinträchtigen (vgl. etwa EGMR, Urt. v. 24.9.1992, *Herczegfalvy/Österreich,* EUGRZ 1992, 535=ÖJZ 1993, 96). Dies kann auch durch Beiziehung eines Amtsarztes erfolgen.

Behauptet ein Fremder, minderjährig zu sein und ist diese Behauptung nicht offenkundig unrichtig, ist unverzüglich der Jugendwohlfahrtsträger zu benachrichtigen und dieser zu hören. Weigert sich der Fremde, an der Klärung seines Alters mitzuwirken, hat die Behörde dies bei der Beweiswürdigung zu berücksichtigen.

2. Anm: Die Beiziehung von Vertrauenspersonen und Rechtsbeiständen bei Volljährigen richtet sich nach den einschlägigen Normen des AVG.

3. Hauptstück: Grundsätze bei der Vollziehung der Aufgaben und Befugnisse der Fremdenpolizei

Grundsätze bei der Vollziehung

§ 13. (1) Die Fremdenpolizeibehörden und die Organe des öffentlichen Sicherheitsdienstes dürfen zur Erfüllung der ihnen in diesem Bundesgesetz übertragenen Aufgaben alle rechtlich zulässigen Mittel einsetzen, die nicht in Rechte einer Person eingreifen.

(2) In die Rechte einer Person dürfen sie bei der Erfüllung dieser Aufgaben nur dann eingreifen, wenn eine solche Befugnis in diesem Bundesgesetz vorgesehen ist und wenn entweder andere gelindere Mittel zu Erfüllung dieser Aufgaben nicht ausreichen oder wenn der Einsatz anderer Mittel außer Verhältnis zum sonst gebotenen Eingriff steht. Erweist sich ein Eingriff in die Rechte von Personen als erforderlich, so darf er dennoch nur geschehen, soweit er die Verhältnismäßigkeit zum Anlass und zum angestrebten Erfolg wahrt.

(3) Die Organe des öffentlichen Sicherheitsdienstes sind ermächtigt, die ihnen von diesem Bundesgesetz eingeräumten Befugnisse und Aufträge der Fremdenpolizeibehörden mit unmittelbarer Befehls- und Zwangsgewalt durchzusetzen. Die Ausübung unmittelbarer Befehls- und Zwangsgewalt ist dem Betroffenen anzudrohen und anzukündigen. Sie haben deren Ausübung zu beenden, sobald der angestrebte Erfolg erreicht wurde, sich zeigt, dass er auf diesem Wege nicht erreicht werden kann oder der angestrebte Erfolg außer Verhältnis zu dem für die Durchsetzung erforderlichen Eingriff steht. Eine Gefährdung des Lebens oder eine nachhaltige Gefährdung der Gesundheit ist jedenfalls unzulässig.

(4) Für die Anwendung von unmittelbarer Zwangsgewalt gelten die Bestimmungen des Waffengebrauchsgesetzes 1969.

(5) Die Organe des öffentlichen Sicherheitsdienstes dürfen physische Gewalt gegen Sachen anwenden, wenn dies für die Ausübung einer Befugnis unerlässlich ist. Hiebei haben sie alles daran zu setzen, dass eine Gefährdung von Menschen unterbleibt.

Übersicht:

1.-2.	Materialien
3.-4.	Anmerkungen
5.	Judikatur

1. RV 952 XXII. GP

Abs. 1 enthält eine Ermächtigung zu nicht eingreifendem Handeln der Fremdenpolizeibehörden und der für sie tätig werdenden Organe des öffentlichen Sicherheitsdienstes. Mittel, die nicht in subjektive Rechte eingreifen und auch sonst nicht rechtlich verboten sind, dürfen zur Aufgabenerfüllung unbeschränkt eingesetzt werden. Von einem nicht eingreifenden

Mittel kann jedenfalls dann nicht mehr gesprochen werden, wenn ausgesprochen oder schlüssig die Drohung im Raum steht, dass die „freiwillig" geduldete Maßnahme im Falle der Weigerung des Betroffenen mit Zwang durchgesetzt wird. Eine Maßnahme ist nur dann nicht in Rechte eines Menschen eingreifend, wenn klar ist, dass eine Weigerung zur Folge hat, dass die Maßnahme nicht gesetzt wird oder wenn gar kein Recht eines Menschen betroffen ist, wie etwa bei einem Betreten von öffentlichem Grund.

Abs. 2 sieht bei einem Eingriff in die Rechte eines Menschen durch die Organe des öffentlichen Sicherheitsdienstes eine Verhätnismäßigkeitsabwägung vor. Dies entspricht dem verfassungsrechtlich vorgesehenen Grundsatz der Verhältnismäßigkeit bei Ausübung von Befehls- und Zwangsgewalt.

In Abs. 3 wird das ultima ratio Prinzip zum Ausdruck gebracht. Erst wenn die Möglichkeit einer sachgerechten Erfüllung der Aufgabe, ohne in Rechte einer Person unmittelbar einzugreifen, erschöpft sind oder in Relation zum geringsten Eingriff außer Verhältnis stehen oder wenn von vornherein keine solchen Möglichkeiten vorhanden sind, darf eine Eingriffsbefugnis in Anspruch genommen werden. Als derartige Möglichkeit der Aufgabenerfüllung wird insbesondere auch – und in der Regel zuletzt – die Aufforderung, den einer Anordnung entsprechenden Zustand freiwillig herzustellen, zu sehen sein.

Das ultima ratio Prinzip kann allerdings nicht dazu führen, dass die Organe des öffentlichen Sicherheitsdienstes insbesondere dann, wenn Gefahr im Verzug ist, verpflichtet werden, zeitaufwändige Abwägungen vorzunehmen, wie dies bei Beurteilung der Sache im Nachhinein ohne weiteres möglich ist. Die Nachprüfung, ob diesem Grundsatz entsprochen wurde, wird sich daher auf eine ex ante Beurteilung unter Berücksichtigung des zum maßgeblichen Zeitpunkt herrschenden Zeitdruckes einzustellen haben.

Die Ausübung der Zwangsgewalt ist anzudrohen und anzukündigen, um zu bewirken, dass Zwangsgewalt gar nicht mehr eingesetzt werden muss, weil der Betroffene der Anordnung schließlich doch Folge leistet. Nur in jenen Fällen, in denen dies nicht bloß nutzlos, sondern sogar kontraproduktiv wäre, können die Organe von der Androhung und Ankündigung absehen.

Jede einzelne Befugnisausübung ist am Verhältnismäßigkeitsgrundsatz zu messen. Damit besteht de facto jede einzelne Eingriffsermächtigung aus der Befugnisregelung im engeren Sinn und dem Verhältnismäßigkeitsgrundsatz. Selbst wenn sich der Eingriff in Rechte von Menschen als erforderlich erweist, kann die Abwägung der Verhältnismäßigkeit ergeben, dass er zu unterbleiben hat. Es muss der Grundsatz gelten, dass die Abwehr einer Gefahr nicht einen auch nur annähernd gleich großen Schaden verursachen darf, als den der abgewehrt werden soll. Die Organe des öffentlichen Sicherheitsdienstes müssen es sich so wie jeder andere Zweig der Verwaltung gefallen lassen, ihr Handeln am Übermaßverbot gemessen zu sehen. Dafür, dass der einzelne Beamte zur notwendigen Abwägung befähigt ist, haben Aufnahmeauswahl, Schulung und fördernde Dienstaufsicht zu sorgen.

In Abs. 4 wird klargestellt, dass die Bestimmungen des Waffengebrauchsgesetzes auch im Anwendungsbereich des FPG gelten, jedoch nur für die Anwendung von unmittelbarer Zwangsgewalt gegen Menschen in der Form des Gebrauchs von Waffen.
Mitunter stehen dem Ziel der Ausübung einer Befugnis auch Sachen im Weg. Abs. 5 stellt klar, dass die Befugnisausübung in solchen Fällen nicht scheitert, sondern dass – in funktionell untergeordneter Weise – auch physische Gewalt gegen Sachen angewendet werden darf.

2. AB 1055 XXII. GP

Die Änderungen dienen der Klarstellung und terminologischen Anpassung.

3. Anm: Dass dem Verhältnismäßigkeitsgrundsatz bei der Ausübung polizeilicher Befugnisse besondere Bedeutung zukommt, ist keine Besonderheit des Fremdenpolizeirechts, sondern ein allgemein anerkannter Grundsatz der österreichischen Rechtsordnung. So hat der VwGH in seinem Erk vom 23.03.2004, 2002/01/0542, im Zusammenhang mit einer sicherheitspolizeilichen Identitätsfeststellung festgestellt, dass eine Identitätsfeststellung iSd § 35 SPG zwar mit der dem Anlass gebotenen Verlässlichkeit zu erfolgen hat, jedoch nicht erkennbar ist, warum ein vorgewiesener Studentenausweis in Verbindung mit einer Befragung für die Feststellung der Identität nicht ausgereicht hätte.

4. Anm: Nach der Jud des VwGH (29.07.1998, 97/01/0448) liegt die Ausübung unmittelbarer behördlicher Befehls- und Zwangsgewalt dann vor, wenn ein Verwaltungsorgan im Rahmen der Hoheitsverwaltung eindeutig einen Befehl erteilt oder Zwang ausübt und dieser Akt gegen individuell bestimmte Adressaten gerichtet ist. Die Ausübung unmittelbarer behördlicher Zwangsgewalt gegen eine bestimmte Person liegt nach dieser Rspr nur vor, wenn es keines dazwischen geschalteten weiteren Handelns mehr bedarf, um den geforderten Zustand herzustellen (vgl Erk v 25.06.1997, 95/01/0600, mwN). Unverzichtbares Inhaltsmerkmal eines Verwaltungsaktes in der Erscheinungsform eines „Befehls", dh der „Ausübung unmittelbarer verwaltungsbehördlicher Befehlsgewalt", ist der Umstand, dass dem Befehlsadressaten eine bei Nichtbefolgung unverzüglich einsetzende physische Sanktion, wenn auch nur schlüssig, angedroht wird (VfGH 28.11.1988, VfSlg 11.878).

5. Jud: VwGH 29.07.1998, 97/01/0448; 25.06.1997, 95/01/0600; 23.03.2004, 2002/01/0542. VfGH 28.11.1988, VfSlg 11.878.

Verständigungspflicht durch Organe des öffentlichen Sicherheitsdienstes

§ 14. (1) Greifen Organe des öffentlichen Sicherheitsdienstes bei der Besorgung von Aufgaben nach diesem Bundesgesetz in Rechte von Personen ein, so ist dies, abgesehen von gesonderten Verständigungspflichten nach diesem Bundesgesetz, der zuständigen Fremdenpolizeibehörde erster Instanz ohne unnötigen Aufschub mitzuteilen.

(2) Organe, die dem Bundesminister für Inneres oder dem Sicherheitsdirektor beigegeben, unterstellt oder zugeteilt sind, haben die Behörde zu verständigen, der sie beigegeben, unterstellt oder zugeteilt sind. Für diese Organe gilt darüber hinaus Abs. 1 insoweit, als sie im Rahmen der Zuständigkeit einer Fremdenpolizeibehörde erster Instanz tätig werden.

Übersicht:
1. Hinweise auf innerstaatliche Normen
2. Materialien
3. Anmerkung

1. Siehe IV.I. § 10 RLV

2. RV 952 XXII. GP

Diese Verständigungsverpflichtung zielt im Besonderen auf Akte unmittelbarer verwaltungsbehördlicher Befehls- und Zwangsgewalt ab. Damit sind jene Akte gemeint, die sich unmittelbar auf generelle Normen stützen, ohne dass eine verfahrensgebundene individuelle Norm (Bescheid) dazwischengeschaltet wäre. Letztere tragen ohnehin durch ihre Entsprechung die Verständigung der zuständigen Sicherheitsbehörde in sich.

Die Rechtsprechung der Gerichtshöfe des öffentlichen Rechts hat jeweils unter Bedachtnahme auf die konkreten Umstände des Falles insbesondere folgende Verhaltensweisen als Akte der unmittelbaren verwaltungsbehördlichen Befehls- und Zwangsgewalt qualifiziert:
die Festnahme sowie die Anhaltung in Polizeigewahrsam;
die Anwendung von Körperkraft;
die Anlegung von Hand- oder Fußfesseln;
das Hinausweisen einer Vertrauensperson;
eine Personendurchsuchung;
das Betreten einer Wohnung und deren Besichtigung ohne diesbezügliche freiwillige Gestattung;
das Betreten eines der Allgemeinheit nicht zugänglichen Privatparkplatzes;
das Durchsuchen eines Pkws samt Öffnen des Handschuhfaches;
die Ansichnahme und Verwahrung eines Reisepasses;
die Abnahme von Fingerabdrücken.
Insbesondere folgende Verhaltensweisen qualifizierte die Rechtsprechung der Gerichtshöfe des öffentlichen Rechts hingegen nicht als Akte unmittelbarer verwaltungsbehördlicher Befehls- und Zwangsgewalt:
schlichte Identitätsfeststellung und die polizeiinterne Aufzeichnung von Erhebungsergebnissen;
unangemessene Ausdrucksweisen;
das Betreten eines Parkplatzes, der jedem Besucher eines Vereinslokales frei zur Verfügung steht, ohne Ausübung irgendeines Zwanges;
das Betreten einer Liegenschaft, ohne versperrte Eingänge zu öffnen;
die Aufforderung zur Sicherheitsdienststelle freiwillig mitzukommen, wenn im Fall des Verweigerns kein Zwang zu erwarten ist, oder die Be-

förderung zu einer Sicherheitsdienststelle ohne ausgesprochener Festnahme und physischen Zwang;
der freiwillig gestattete Eintritt in eine Wohnung und die ebenfalls gestattete Nachschau darin;
die Erklärung des Beamten, im Falle der Weigerung, freiwillig Nachschau zu gestatten, einen Hausdurchsuchungsbefehl einzuholen;
die Drohung mit einer Anzeige;
die Bekanntgabe einer Rechtsansicht.

3. Anm: Grundsätzlich ist davon auszugehen, dass bei Erfüllung der Dokumentationspflicht des § 10 RLV die Verpflichtung der Verständigung der zuständigen Fremdenpolizeibehörde erfüllt wird, wenn diese Dokumentation entsprechend zeitnahe weitergeleitet wird. Es bleibt der einzelnen Fremdenpolizeibehörde unbenommen, die genauen Modalitäten dieser wiederkehrenden Berichtspflicht sowie die Form der Berichterstattung festzulegen. Unberührt davon sind besondere Berichtspflichten, wie diese im Fall der Festnahme vorgesehen sind, oder Fälle über Ausübung von Befehls- und Zwangsgewalt, die besondere Fristen auslösen, wie etwa die Ausfolgung einer Bescheinigung über das Betreten von Räumlichkeiten innerhalb von 24 Stunden auf Verlangen des Beteiligten.

4. Hauptstück: Rechtmäßigkeit der Einreise, des Aufenthalts und der Ausreise Fremder

1. Abschnitt: Rechtmäßigkeit der Einreise, Passpflicht und Sichtvermerkspflicht

Voraussetzung für die rechtmäßige Einreise in das Bundesgebiet

§ 15. (1) Fremde brauchen, soweit durch Bundesgesetz oder durch zwischenstaatliche Vereinbarung nicht anderes bestimmt ist oder nicht anderes internationalen Gepflogenheiten entspricht, zur rechtmäßigen Einreise in das Bundesgebiet ein gültiges Reisedokument (Passpflicht).

(2) Passpflichtige Fremde brauchen, soweit dies nicht durch Bundesgesetz, durch zwischenstaatliche Vereinbarungen oder durch unmittelbar anwendbare Rechtsakte der Europäischen Union anders bestimmt ist, zur rechtmäßigen Einreise in das Bundesgebiet ein Visum (Sichtvermerkspflicht). Fremde, die eine gültige Aufenthaltsberechtigung, eine besondere Bewilligung während zwölf Monaten nach einer Zurückweisung, Zurückschiebung oder Ausweisung oder eine Bewilligung zur Wiedereinreise während der Gültigkeitsdauer eines Aufenthaltsverbotes innehaben, entsprechen der Sichtvermerkspflicht.

(3) Reist der Fremde über eine Außengrenze oder eine Binnengrenze, wenn deren Überschreiten im Sinn des § 10 Abs. 2 des Bundesgesetzes über die Durchführung von Personenkontrollen aus Anlass des Grenzübertrittes (Grenzkontrollgesetzes - GrekoG), BGBl. Nr. 435/1996, nur an Grenzübergangsstellen vorgesehen ist, in das Bundesgebiet ein, so ist die Einreise rechtmäßig, wenn dies ohne Umgehung der Grenzkontrolle erfolgt.

(4) Die Einreise eines Fremden ist ferner dann rechtmäßig,
1. wenn kein Vertragsstaat über ihn einen Zurückweisungsgrund mitgeteilt hat;
2. wenn der Fremde, obwohl ein Vertragsstaat über ihn einen Zurückweisungsgrund mitgeteilt hat, einen Aufenthaltstitel eines Vertragsstaates oder einen Einreisetitel Österreichs besitzt;
3. wenn die Einreise an der allenfalls zur Benützung vorgeschriebenen Grenzübergangsstelle erfolgt oder
4. wenn der Fremde auf Grund eines Rückübernahmeabkommens (§ 19 Abs. 4) oder internationaler Gepflogenheiten rückgenommen werden musste, im Rahmen einer Durchbeförderung (§ 48 Abs. 1) oder auf Grund einer Durchlieferungsbewilligung gemäß § 67 des Bundesgesetzes vom 4. Dezember 1979 über die Auslieferung und die Rechtshilfe in Strafsachen

(Auslieferungs- und Rechtshilfegesetzes – ARHG), BGBl. Nr. 529, eingereist ist.

Übersicht:
1.-2. Hinweise auf innerstaatliche Normen
3.-4. Materialien
5. Anmerkung
6. Judikatur

1. Siehe § 10 GrekoG, II.G.

2. Textauszug ARHG

Zuständigkeit und Verfahren

§ 67. *(1) Über das Ersuchen um Vollstreckung und die Anpassung der Strafe, der vorbeugenden Maßnahme oder der Abschöpfung der Bereicherung entscheidet der im § 26 Abs. 1 bezeichnete Gerichtshof erster Instanz, des Verfalls oder der Einziehung jedoch der Gerichtshof erster Instanz, in dessen Sprengel sich der Vermögenswert oder Gegenstand befindet, durch einen Senat von drei Richtern (§ 13 Abs. 3 der Strafprozeßordnung 1975) mit Beschluß. Gegen diesen Beschluß steht dem öffentlichen Ankläger und dem Betroffenen die binnen 14 Tagen einzubringende Beschwerde an den Gerichtshof zweiter Instanz offen.*

(2) Der Bundesminister für Justiz hat dem ersuchenden Staat die Entscheidung über das Ersuchen um Übernahme der Vollstreckung auf dem vorgesehenen Weg mitzuteilen und ihn von der Vollstreckung zu verständigen.

(3) Nach der Übernahme der Vollstreckung einer Strafe oder vorbeugenden Maßnahme darf ein Strafverfahren wegen der dem Urteil zugrundeliegenden Tat nicht mehr eingeleitet werden.

(4) Auf den Vollzug, die bedingte Entlassung und das Gnadenrecht sind die Bestimmungen des österreichischen Rechts anzuwenden.

(5) Der Vollzug ist jedenfalls zu beenden, wenn die Vollstreckbarkeit der Strafe oder vorbeugenden Maßnahme nach dem Recht des ersuchenden Staates erlischt.

3. RV 952 XXII. GP

Bei der Festlegung der Passpflicht wurde bereits im Fremdengesetz 1992 auf die Notwendigkeit eines gültigen Reisepasses abgestellt und nicht schlechthin auf ein gültiges Reisedokument, weil grundsätzlich vom Fremden der Besitz eines Reisepasses verlangt werden soll. Dies war auch im Fremdengesetz 1997 der Fall. Nur dann, wenn anderes bundesgesetzlich oder durch zwischenstaatliche Vereinbarung bestimmt ist oder internationalen Gepflogenheiten entspricht, sollen – sofern überhaupt eine Passpflicht besteht - andere Reisedokumente genügen.

Nach internationalen Gepflogenheiten benötigen Fremde etwa dann kein gültiges Reisedokument, wenn es sich um humanitäre Fälle handelt, in denen Fremden die Einreise nach Österreich gestattet werden soll;

wenn im Inland Kinder von sich rechtmäßig aufhaltenden Fremden zur Welt kommen, für jenen Zeitraum, der benötigt wird, um ohne unnötigen Aufschub für diese ein Reisedokument zu beschaffen;

wenn es sich um Staatsgäste und Fremde handelt, die auf Grund von Unglücks- oder Katastrophenfällen, sie es als Opfer oder als Hilfeleistende einreisen.

Bei der Festlegung der Sichtvermerkspflicht wird durch die Aufnahme des Begriffes „unmittelbaren Rechtsakte der Europäischen Union" auf die Verordnung (EG) Nr. 539/2001 zur Aufstellung der Liste der Drittländer, deren Staatsangehörige beim Überschreiten der Außengrenzen im Besitz eines Visums sein müssen, sowie der Liste der Drittländer, deren Staatsangehörige von dieser Visumpflicht befreit sind reagiert, die für den Bereich der Mitgliedstaaten die Sichtvermerkspflicht von Drittstaatsangehörigen bestimmt.

Gemäß den Bestimmungen des Grenzkontrollgesetzes (§ 10 Abs. 1 und 2) darf die Einreise über die Außengrenze und für den Fall der Erlassung einer Verordnung Art. 2 Abs. 2 SDÜ auch über die Binnengrenze nur an Grenzübergangsstellen erfolgen. Korrespondierend zu diesem Regelungsinhalt ist auch die Bestimmung des § 11 GrekoG zu sehen, die eine Pflicht, sich der Grenzkontrolle zu stellen, normiert. Diese Pflicht wurde deshalb in das Grenzkontrollgesetz aufgenommen, um den Reisenden zu verpflichten, zwecks Vornahme der durch das SDÜ vorgegebenen Kontrollen anzuhalten.

Im Abs. 4 wird eine wesentliche Einschränkung der rechtmäßigen Einreise bestimmt, die im SDÜ vorgezeichnet ist. Nach Art. 96 Abs. 1 SDÜ werden die Daten bezüglich Drittausländern, die zur Einreiseverweigerung ausgeschrieben sind, auf Grund einer nationalen Ausschreibung gespeichert, die auf Entscheidungen der zuständigen Verwaltungsbehörden und Gerichte beruht, wobei die Verfahrensregeln des nationalen Rechts zu beachten sind. Diese Ausschreibungen werden den zuständigen Behörden der Vertragsparteien zugänglich gemacht. In dieser Ausschreibung kann ein Zurückweisungstatbestand zutage treten, weshalb dieser Vorgang mit Mitteilung über einen Zurückweisungstatbestand umschrieben wurde. Mit anderen Worten: Wer gemäß Art. 96 SDÜ zur Einreiseverweigerung ausgeschrieben ist, ist nicht rechtmäßig in Österreich eingereist und hält sich grundsätzlich auch nicht rechtmäßig in Österreich auf. Wird dieser Fremde im Inland betreten, greift das fremdenrechtliche Regime, er kann ausgewiesen werden (§ 33 Abs. 1), einer Sonderausweisungsnorm bedarf es hiefür nicht. Hat der zur Einreiseverweigerung im Schengener Raum ausgeschriebene Fremde jedoch einen Aufenthaltstitel der Republik Österreich und wird er im Inland betreten, haben Konsultationen gemäß Art. 25 Abs. 2 SDÜ stattzufinden, deren Ergebnis entweder sein kann, dass Österreich den Aufenthaltstitel als ungültig erklärt, oder die ausschreibende Vertragspartei die internationale Ausschreibung löscht und den Fremden auf die nationale Ausschreibungsliste setzt.

4. AB 1055 XXII. GP

Die Änderungen dienen der Klarstellung und terminologischen Anpassung.

5. Anm: Die bestehende und auch auf die gegenwärtige Rechtslage anwendbare Jud des VwGH zur Thematik Asylwerber und Passpflicht gibt das Erk vom 19.10.2004, 2004/21/0181, wieder, wonach *„Art. 31 Z. 1 FlKonv die Verhängung von Strafen wegen illegaler Einreise oder Anwesenheit verbietet. Im Hinblick auf die besondere Zwangslage, in der sich Flüchtlinge befinden können, kann dies auch das Verbot einer Bestrafung wegen Aufenthaltes im Bundesgebiet ohne ein gültiges Reisedokument gemäß § 2 Abs. 1 iVm § 107 Abs. 1 Z. 3 FrG 1997 miteinschließen. Dies wird dann der Fall sein, wenn das Fehlen eines Reisedokumentes aus den Umständen der Flucht, der direkten Einreise und dem Aufenthalt des Flüchtlings erklärt werden kann."*

6. Anm: Die Pflicht sich der Grenzkontrolle zu stellen umfasst nicht die Pflicht, einen Einreisestempel aktiv zu besorgen. Die Pflicht des Abstempelns der Reisepässe richtet sich nur an die staatlichen Organe.

7. Jud: VwGH 19.10.2004, 2004/21/0181.

2. Abschnitt: Bestimmungen zur Passpflicht

Allgemeine Bestimmungen

§ 16. (1) Sofern öffentliche, insbesondere pass- und fremdenpolizeiliche sowie außenpolitische Interessen dies erfordern, ist der Bundesminister für Inneres im Einvernehmen mit dem Bundesminister für auswärtige Angelegenheiten ermächtigt, mit Verordnung bestimmte Arten von Reisedokumenten, die von anderen als Vertragsstaaten ausgestellt werden, als nicht für die Erfüllung der Passpflicht geeignete Reisedokumente zu bezeichnen.

(2) Miteingetragene Fremde dürfen nur in Begleitung der Person, in deren Reisedokument sie miteingetragen sind, ein- oder ausreisen. Dies gilt nicht für Maßnahmen zur Beendigung des Aufenthalts oder zur Beförderung ins Ausland nach dem 5. bis 10. Hauptstück.

(3) Fremde, denen ein Sammelreisepass ausgestellt wurde, genügen der Passpflicht, dürfen aber nur gemeinsam ein- und ausreisen. Hiebei braucht jeder Reiseteilnehmer einen von einer Behörde ausgestellten Ausweis, aus dem seine Identität zu erkennen ist. Dies gilt nicht für Maßnahmen zur Beendigung des Aufenthalts oder zur Beförderung ins Ausland nach dem 5. bis 10. Hauptstück.

1. RV 952 XXII. GP

Art. 14 Abs. 2 des SDÜ sieht die Möglichkeit vor, Reisedokumente von anderen als Vertragsstaaten national als nicht gültig anzuerkennen. Dies soll auch für Österreich möglich sein. Durch eine solche Herausnahme aus der Liste der für die Erfüllung der Passpflicht geeigneten Reisedokumente wird – der Intention des Art. 14 Abs. 2 SDÜ entsprechend – die Erteilung eines Visums für den gesamten Schengener Raum verhindert. Es können jedoch nationale Visa (Visum D) oder Aufenthaltstitel erteilt oder beibehalten werden.

Die Bindung der Berechtigung zur Ein- und Ausreise nur in Begleitung jener Personen, in deren Reisepass ein Fremder mit eingetragen ist, muss in manchen Fällen der zwangsweisen Außerlandesschaffung durchbrochen werden. So kann es etwa ohne Weiters vorkommen, dass eine in den Reisepass ihres Ehegatten eingetragene Frau allein abgeschoben wird, weil nur gegen sie ein Aufenthaltsverbot erlassen wurde.

Einschränkung der Passpflicht

§ 17. (1) Sofern die Bundesregierung zum Abschluss von Regierungsübereinkommen gemäß Art. 66 Abs. 2 B-VG ermächtigt ist, kann sie unter der Voraussetzung der Gegenseitigkeit vereinbaren, dass passpflichtige Fremde berechtigt sind, auch auf Grund anderer als der in §§ 15 Abs. 1 und 16 Abs. 3 erwähnten Reisedokumente einzureisen, sich im Bundesgebiet aufzuhalten und auszureisen. Diese Fremden genügen der Passpflicht.

(2) In Vereinbarungen gemäß Abs. 1, die der Erleichterung des Reiseverkehrs in grenznahe Gebiete der Republik Österreich dienen, kann festgelegt werden, dass Fremde, die auf Grund eines solchen Reisedokuments eingereist sind, sich in grenznahen Gebieten der Republik Österreich aufhalten dürfen. In einem solchen Fall kann in der zwischenstaatlichen Vereinbarung überdies festgelegt werden, dass das für die Einreise, den Aufenthalt und die Ausreise vorgesehene Dokument der Gegenzeichnung durch eine österreichische Behörde bedarf.

(3) Wenn dies im öffentlichen Interesse liegt, ist der Bundesminister für Inneres im Einvernehmen mit dem Bundesminister für auswärtige Angelegenheiten ermächtigt, mit Verordnung festzulegen, dass bestimmte passpflichtige Fremde auf Grund anderer Dokumente einreisen, sich im Bundesgebiet aufhalten und ausreisen dürfen. Diese Fremden genügen der Passpflicht.

(4) EWR-Bürger und Schweizer Bürger erfüllen die Passpflicht auch mit einem Personalausweis und dürfen auf Grund eines solchen Reisedokumentes einreisen, sich im Bundesgebiet aufhalten und ausreisen.

Übersicht:
1.-2. Hinweise auf innerstaatliche Normen
3. Materialien

1. Siehe VI.O. GrenzübertrittskartenV; VI.C. FPG-DV.

2. Siehe III.A. Art 66 B-VG.

3. RV 952 XXII. GP

Abs. 3 bietet die Möglichkeit, bestimmten passpflichtigen Fremden auch mit anderen Dokumenten Zutritt zum Bundesgebiet zu verschaffen. Auch diese Bestimmung ist auf Grund des Beitritts Österreichs zum Schengener Vertragswerk erforderlich. Die Verordnungsermächtigung in Abs. 3 soll es ermöglichen, in Hinkunft mit Verordnung auch andere Dokumente als Reisedokumente (z.b. EU-Laissez Passer oder Verwendung des EU-lose Blatt Visums als Laissez Passer) zu „visierfähigen" Dokumenten zu erklären.

Der neue Abs. 4 soll der Rechtssicherheit Rechnung tragen und hebt die Bestimmung des § 1a der Fremdengesetz-Durchführungsverordnung 1997 ergänzt um die Schweizer Bürger in Gesetzesrang.

Ausnahmen von der Passpflicht

§ 18. **(1) Keine Passpflicht besteht für Fremde im Fall**
1. **der Ausstellung einer Übernahmserklärung (§ 19);**
2. **der Erteilung eines Aufenthaltstitels nach dem Niederlassungs- und Aufenthaltsgesetz, wenn der Fremde über kein Reisedokument verfügt oder**
3. **einer Durchbeförderung (§ 48).**

(2) Fremden, denen in Österreich der Status des Asylberechtigten oder des subsidiär Schutzberechtigten zukommt und die über kein gültiges Reisedokument verfügen, aber ihre Identität glaubhaft machen können, darf – ungeachtet ihrer Verantwortlichkeit nach den §§ 120 und 121 – die Einreise nicht versagt werden.

Übersicht:

1. Hinweise auf innerstaatliche Normen
2. Materialien
3. Anmerkungen

1. Siehe §§ 3, 8 u 75 AsylG 2005, II.A.

2. RV 952 XXII. GP

Abs. 1 stellt klar, unter welchen Voraussetzungen keine Passpflicht besteht.

Abs. 2 ist eine Nachbildung zu § 2 Abs. 1 Passgesetz, der die Einreise eines Österreichers, der über kein gültiges Reisedokument verfügt, in das Bundesgebiet normiert. Demnach darf einem österreichischen Staatsbürger, der über kein gültiges Reisedokument verfügt, jedoch seine Staatsbürgerschaft und seine Identität glaubhaft machen kann, unbeschadet seiner verwaltungsstrafrechtlichen Verantwortung, die Einreise nicht versagt werden. Der Nachweis für einen Fremden, dem der Status des Asylberechtigten oder des subsidiär Schutzberechtigten zuerkannt wurde, kann in der Regel auf Grund der Informationen im Asylinformationssystem (AIS) leicht erbracht werden.

3. Anm: Gemäß § 75 AsylG wurden die nach den bisherigen asylrechtlichen Bestimmungen ausgestellten Titeln in die neue Rechtslage übergeführt.

Übernahmserklärung

§ 19. **(1) Eine Übernahmserklärung ist auf Ersuchen einer zuständigen Behörde eines anderen Staates für einen Fremden auszustellen, der zwangsweise aus dem Gebiet dieses Staates in das Bundesgebiet überstellt werden soll und auf Grund einer zwischenstaatlichen Vereinbarung (Abs. 4), auf Grund eines Abkommens der Europäischen Gemeinschaft oder nach internationalen Gepflogenheiten von der Republik Österreich zu übernehmen ist.**

(2) Die Übernahmserklärung ist ausdrücklich als solche zu bezeichnen; aus ihr müssen die Identität und die Staatsangehörigkeit des Fremden zu ersehen sein.

(3) Die Gültigkeitsdauer der Übernahmserklärung ist, sofern nicht in einer zwischenstaatlichen Vereinbarung oder einem Abkommen der Europäischen Gemeinschaft anderes bestimmt ist, in dem zur Rückstellung erforderlichen Ausmaß festzusetzen; für die Einreise ist eine bestimmte Grenzübergangsstelle oder ein bestimmter Ort in einem Vertragsstaat vorzuschreiben.

(4) Sofern die Bundesregierung zum Abschluss von Regierungsübereinkommen gemäß Art. 66 Abs. 2 B-VG ermächtigt ist, kann sie unter der Voraussetzung, dass Gegenseitigkeit gewährt wird, vereinbaren, dass Personen, die vom Bundesgebiet aus unerlaubt in das Gebiet eines anderen Staates eingereist sind oder die dort die Voraussetzungen für die Einreise oder zum Aufenthalt nicht oder nicht mehr erfüllen, zur Wiedereinreise in das Bundesgebiet zugelassen werden (Rückübernahmeabkommen).

Übersicht:
1. Hinweise auf innerstaatliche Normen
2. Materialien

1. Siehe III.A. Art 66 Abs 2 B-VG.

2. RV 952 XXII. GP

Die Bezeichnung eines bestimmten Ortes in Abs. 3 ergibt sich aus dem Wegfall der Binnengrenzen ab dem Zeitpunkt des Inkraftsetzens des SDÜ für Österreich. Die Bezeichnung „Rückübernahmeabkommen" entspricht der Terminologie dieser Abkommen.

In Abs. 4 werden auch jene Fremde durch Rückübernahmeabkommen erfasst, die ursprünglich die Voraussetzungen zur Einreise und zum Aufenthalt erfüllt haben, deren Aufenthalt jedoch – grundsätzlich durch Zeitablauf – (z.b. Visum; bei Sichtvermerksfreiheit: Ablauf der jeweils im zwischenstaatlichen Abkommen vereinbarten sichtvermerksfreien Aufenthaltsdauer ohne nachfolgende Ausreise aus dem Bundesgebiet) nicht mehr rechtmäßig ist.

3. Abschnitt: Bestimmungen zur Sichtvermerkspflicht

Form und Wirkung der Visa

§ 20. (1) Visa werden als
1. Flugtransitvisum (Visum für den Flughafentransit, Visum A);
2. Durchreisevisum (Visum B);
3. Reisevisum (Visum für den kurzfristigen Aufenthalt, Visum C);
4. Aufenthaltsvisum (Visum für den längerfristigen Aufenthalt, Visum D) oder
5. Aufenthalts-Reisevisum (Visum D+C)

erteilt.

(2) Jedes von einem Vertragsstaat ausgestellte Visum, dessen Geltungsbereich Österreich umfasst, gilt als Einreisetitel; ein nicht von Österreich ausgestelltes Visum D berechtigt jedoch nur zur Durchreise. Ein nicht von Österreich ausgestelltes Visum D+C berechtigt ab dem ersten Tag seiner Gültigkeit lediglich zu einem Aufenthalt für höchstens drei Monate in Österreich.

(3) Visa werden für die Einreise zu einem sechs Monate nicht übersteigenden Aufenthalt ausgestellt. Die Ausübung einer Erwerbstätigkeit ist nur im Rahmen von Geschäftsreisen und in den Fällen des § 24 zulässig.

(4) Visa können für die ein- oder mehrmalige Einreise erteilt werden. Im Interesse der Aufrechterhaltung der öffentlichen Ordnung und Sicherheit kann die Behörde im Visum die Benützung bestimmter Grenzübergangsstellen vorschreiben.

(5) Durchreisevisa berechtigen zur ein- oder mehrmaligen Durchreise durch die Vertragsstaaten und Österreich binnen fünf Tagen. Reisevisa berechtigen zu einem Aufenthalt bis zu drei Monaten in Vertragsstaaten und Österreich. Ist das Reisedokument des Fremden nicht für alle Vertragsstaaten gültig, so ist das Durchreisevisum oder das Reisevisum auf das Bundesgebiet und jene Vertragsstaaten zu beschränken, für die das Reisedokument gültig ist. Aufenthaltsvisa berechtigen zu einem drei Monate übersteigenden Aufenthalt in Österreich. Aufenthalts-Reisevisa berechtigen zu einem drei Monate übersteigenden Aufenthalt in Österreich und ab dem ersten Tag ihrer Gültigkeit gleichzeitig zu einem Aufenthalt von höchstens drei Monaten in den anderen Vertragsstaaten.

(6) Visa können als Dienstvisa oder als Diplomatenvisa erteilt werden. Sie dürfen Fremden unter den Voraussetzungen erteilt werden, unter denen aus einem derartigen Anlass für österreichische

Staatsbürger österreichische Dienst- oder Diplomatenpässe ausgestellt werden. Amtshandlungen im Zusammenhang mit solchen Visa sind gebührenfrei.

(7) Die äußere Form der Visa wird durch Verordnung des Bundesministers für Inneres kundgemacht.

Übersicht:
1. Hinweise auf europarechtliche Normen
2. Hinweise auf innerstaatliche Normen
3. Materialien
4. Anmerkung

1. Siehe IV.A.3. VisalängerfrAE-VO.

2. Siehe VI.C. FPG-DV.

3. RV 952 XXII. GP

Für die Visa A bis D gilt der Grundsatz der Antragstellung vor der Einreise vom Ausland aus, sie sind im Inland nicht verlängerbar, werden mit einer maximalen Gültigkeitsdauer von 6 Monaten erteilt und lassen grundsätzlich die Ausübung einer Erwerbstätigkeit nicht zu.

Die verschiedenen Arten der Visa sind in Abs. 1 genannt. Bei den Visa handelt es sich um Berechtigungen zur ein- oder mehrmaligen Einreise – entweder für die Schengener Staaten, für einige der Schengener Staaten oder für Österreich – zu einem bestimmten Zweck. Dieser kann eine Besuchs- oder Geschäftsreise oder eine Durchreise durch das Gebiet der Vertragsstaaten sein, aber auch die einmalige Einreise zum Zweck der Ausfolgung eines Aufenthaltstitels oder die Aufnahme einer Erwerbstätigkeit in ganz bestimmten Fällen.

Das Flugtransitvisum (Visum A) stellt eine Ausnahme von der Sichtvermerksfreiheit in Transiträumen auf Flugplätzen dar.

Das Durchreisevisum (Visum B) ist das Visum, durch das einem Drittausländer die Durchreise durch das Gebiet der Vertragsstaaten gestattet wird, um vom Hoheitsgebiet eines Drittstaates in einen anderen Drittstaat zu gelangen. Dieses Visum kann für die ein- oder mehrmalige Durchreise durch das Gebiet der Vertragsstaaten erteilt werden, wobei die Dauer der jeweiligen Durchreise fünf Tage nicht überschreiten darf (vgl. Art. 11 Abs. 1 lit. b SDÜ).

Das Reisevisum (Abs. 5, Visum C) wird der am häufigsten ausgestellte Einreisetitel sein. Dieses Visum ist der für einen kurz befristeten Aufenthalt im Raum der Vertragsstaaten ausgestellte Einreisetitel, der einen Aufenthalt mit einer Gesamtdauer von maximal drei Monaten im Halbjahr im Schengener Raum ermöglichen soll. Dies ist das Visum, das für Besuchs- und Geschäftsreisen erteilt wird; nur wenn das Reisevisum für einen kürzeren als drei Monate dauernden Aufenthalt im Raum der Vertragsstaaten ausgestellt wurde, kann ein weiteres Visum erteilt werden; die Gesamtaufenthaltsdauer im Halbjahr darf das Ausmaß von drei Monaten jedoch nicht überschreiten. Es sollen auch die Reisen jener Fremden mit einem

Reisevisum zulässig sein, die gemäß § 18 Abs. 2 oder 4 AuslBG zulässig sind (z.b. geschäftliche Besprechungen, Besuche von Messeveranstaltungen und Kongressen und dergleichen). Das Reisevisum bildet den einheitlichen Sichtvermerk des Art. 10 SDÜ im österreichischen Recht ab.

Das Aufenthaltsvisum (Visum D) ist ein Einreisetitel, der räumlich auf Österreich beschränkt – somit ein nationales Visum – ist, und für dieselben Zwecke wie das Reisevisum (Visum C), erteilt wird, wenn diese eine längere Anwesenheit im Bundesgebiet als drei Monate erfordern.

Durch die nunmehr vollzogene Trennung der fremdenrechtlichen Bestimmungen und die damit einhergehende Anpassung des Niederlassungs- und Aufenthaltsgesetzes wurde das Visum D+C für die Ausübung einer bloß vorübergehenden selbständigen Erwerbstätigkeit und einer bloß vorübergehenden, unselbständigen Tätigkeit geöffnet. Die Erwerbstätigkeit bzw. die Tätigkeit darf jedoch nicht länger als sechs Monate innerhalb eines Jahres ausgeübt werden. Die Öffnung des Visums D+C war insbesondere notwendig, weil gewährleistet sein soll, dass jeder Fremde erst nach erkennungsdienstlicher Behandlung nach Österreich einreist und im Falle der Erteilung einer Vignette europarechtlich zu erwartende Vorgaben nicht eingehalten werden können.

Die Ausnahme für Geschäftsreisen meint, dass der Fremde in Österreich insofern erwerbstätig sein darf, als es der Natur seiner im Ausland bestehenden Erwerbstätigkeit regelmäßig entspricht. Es kann sich dabei etwa um Beamte ausländischer Regierungen oder Interessenvertreter, die im Rahmen von Berufsverpflichtungen zu einer Dienstreise nach Österreich kommen, oder einen durch Österreich transitierenden jordanischen LKW-Lenker handeln, der eine Lieferung nach Tschechien durchführt.

Abs. 4 erster Satz dient der Umsetzung des Art. 11 SDÜ, der festlegt, dass Visa nur für die einmalige Einreise in das Gebiet der Vertragsstaaten erteilt werden können.

Die durch die Schengenumsetzung erforderliche Einteilung in Einreise- und Aufenthaltstitel muss auch für den Bereich der Dienst- und Diplomatenpässe Geltung haben. Dementsprechend sind Visa als Dienstvisa oder Diplomatenvisa (Abs. 6) in die entsprechenden Reisedokumente zu erteilen.

4. Anm: Im Hinblick auf die durch die unter Punkt 1 zitierte EG-Verordnung besteht die Möglichkeit, ein sog „Hybridvisum" auszustellen. Wird dieses Visum D+C nicht von Österreich ausgestellt, so berechtigt dieses Visum ab dem ersten Tag seiner Gültigkeit zu einem Aufenthalt für höchstens drei Monate in Österreich. Stellt Österreich ein derartiges Visum aus, so berechtigt es umgekehrt ab den ersten Tag seiner Gültigkeit zu einem Aufenthalt von höchstens drei Monaten in den anderen Vertragsstaaten. Für den Zeitraum der restlichen Gültigkeitsdauer ist der Betroffene nur in Österreich aufenthaltsberechtigt.

Erteilung von Visa

§ 21. (1) Visa dürfen einem Fremden auf Antrag erteilt werden, wenn
1. **dieser ein gültiges Reisedokument besitzt;**
2. **die Wiederausreise des Fremden gesichert erscheint;**

3. öffentliche Interessen der Erteilung des Visums nicht entgegenstehen, es sei denn, die Interessen des Fremden an der Erteilung des Visums wiegen schwerer, als die öffentlichen Interessen, das Visum nicht zu erteilen und
4. kein Versagungsgrund (Abs. 7) wirksam wird.

(2) Visa sind befristet zu erteilen und nicht verlängerbar. Ihre Gültigkeitsdauer darf jene des Reisedokumentes nicht übersteigen. Die Gültigkeitsdauer des Reisedokumentes soll jene eines Visums um mindestens drei Monate übersteigen.

(3) Sammelvisa sind grundsätzlich Fremden zu erteilen, denen ein Sammelreisepass ausgestellt wurde. Seeleuten derselben Staatsangehörigkeit, die in einer Gruppe von 5 bis 50 Personen reisen, kann nach Maßgabe der Verordnung (EG) Nr. 415/2003 über die Erteilung von Visa an der Grenze, einschließlich der Erteilung derartiger Visa an Seeleute auf der Durchreise, ABl. Nr. L 64 vom 07.03.2003 S. 1, an der Grenze ein Sammelvisum für die Durchreise auf einem gesonderten Blatt erteilt werden.

(4) Die Behörde hat bei der Beurteilung der nach Abs. 1 Z 3 zu treffenden Interessensabwägung jeweils vom Zweck sowie von der Dauer des geplanten Aufenthalts des Fremden ausgehend
1. auf seine persönlichen Verhältnisse, insbesondere seine familiären Bindungen, seine finanzielle Situation und gegebenenfalls die Dauer seines bisherigen Aufenthalts im Bundesgebiet und
2. auf öffentliche Interessen, insbesondere die sicherheitspolizeilichen und wirtschaftlichen Belange und die Volksgesundheit
Bedacht zu nehmen.

(5) Öffentliche Interessen stehen der Erteilung eines Visums insbesondere dann entgegen, wenn
1. der Fremde nicht über einen alle Risiken abdeckenden Krankenversicherungsschutz verfügt oder er im Gesundheitszeugnis gemäß § 23 eine schwerwiegende Erkrankung aufweist;
2. der Fremde nicht über ausreichende eigene Mittel für seinen Unterhalt und für die Wiederausreise verfügt;
3. der Aufenthalt des Fremden zu einer finanziellen Belastung einer Gebietskörperschaft führen könnte, es sei denn, diese Belastung ergäbe sich aus der Erfüllung eines vor der Einreise bestehenden gesetzlichen Anspruchs;
4. der Aufenthalt des Fremden die öffentliche Ordnung oder Sicherheit gefährden würde;
5. der Aufenthalt des Fremden die Beziehungen der Republik Österreich zu einem anderen Staat beeinträchtigen würde;
6. Grund zur Annahme besteht, der Fremde werde außer im Rahmen von Geschäftsreisen oder in den Fällen des § 24 eine Erwerbstätigkeit im Bundesgebiet beabsichtigen;
7. bestimmte Tatsachen die Annahme rechtfertigen, dass der Fremde einer kriminellen Vereinigung oder einer kriminellen Organisation (§§ 278 und 278a StGB) oder terroristischen Vereinigung (§ 278b StGB) angehört oder angehört hat;

8. bestimmte Tatsachen die Annahme rechtfertigen, dass der Fremde durch sein Verhalten, insbesondere durch die öffentliche Beteiligung an Gewalttätigkeiten, durch den öffentlichen Aufruf zur Gewalt oder durch hetzerische Aufforderungen oder Aufreizungen, die nationale Sicherheit gefährdet oder
9. der Fremde öffentlich, in einer Versammlung oder durch Verbreiten von Schriften ein Verbrechen gegen den Frieden, ein Kriegsverbrechen, ein Verbrechen gegen die Menschlichkeit oder terroristische Taten von vergleichbarem Gewicht billigt oder dafür wirbt.

(6) Die Behörde kann einem Fremden trotz Vorliegens von Tatsachen gemäß Abs. 5 Z 1, 2 oder 3 ein Visum erteilen, wenn auf Grund einer im öffentlichen Interesse eingegangenen Verpflichtung eines Rechtsträgers im Sinn des § 1 Abs. 1 des Amtshaftungsgesetzes (AHG), BGBl. Nr. 20/1949, oder auf Grund der Verpflichtungserklärung einer Person mit Hauptwohnsitz oder Sitz im Bundesgebiet die Tragung aller Kosten gesichert erscheint, die öffentlichen Rechtsträgern durch den Aufenthalt des Fremden entstehen könnten.

(7) Die Erteilung eines Visums ist zu versagen (Abs. 1 Z 4),
1. wenn gegen den Fremden ein rechtskräftiges Aufenthaltsverbot besteht;
2. wenn ein Vertragsstaat einen Zurückweisungsgrund mitgeteilt hat;
3. insoweit dies geboten ist, weil für ein Flugtransit-, Reise- oder Durchreisevisum ein Reisedokument vorgelegt wird, das nicht alle Vertragsstaaten anerkennen;
4. insoweit ein Reisevisum in Verbindung mit einem bereits abgelaufenen Reisevisum einen drei Monate übersteigenden Aufenthalt innerhalb des der ersten Einreise folgenden Halbjahres ermöglichen würde oder
5. wenn der Fremde im Verfahren zur Erteilung eines Visums über seine wahre Identität, seiner Staatsangehörigkeit oder die Echtheit seiner Dokumente zu täuschen versucht hat.

(8) Drittstaatsangehörige, die auf Grund eines Staatsvertrages, eines Bundesgesetzes oder eines unmittelbar anwendbaren Rechtsaktes der Europäischen Union zwar Niederlassungsfreiheit aber nicht Sichtvermerksfreiheit genießen, haben nach Maßgabe dieses Staatsvertrages, Bundesgesetzes oder Rechtsaktes Anspruch auf Erteilung eines Visums.

Übersicht:

1.	Hinweise auf europarechtliche Normen
2.	Hinweise auf innerstaatliche Normen
3.-4.	Materialien
5.	Anmerkung

1. Siehe IV.A.7. VisaVO.

2. Textauszug StGB

Kriminelle Organisation

§ 278a. Wer eine auf längere Zeit angelegte unternehmensähnliche Verbindung einer größeren Zahl von Personen gründet oder sich an einer solchen Verbindung als Mitglied beteiligt (§ 278 Abs. 3),
1. die, wenn auch nicht ausschließlich, auf die wiederkehrende und geplante Begehung schwerwiegender strafbarer Handlungen, die das Leben, die körperliche Unversehrtheit, die Freiheit oder das Vermögen bedrohen, oder schwerwiegender strafbarer Handlungen im Bereich der sexuellen Ausbeutung von Menschen, der Schlepperei oder des unerlaubten Verkehrs mit Kampfmitteln, Kernmaterial und radioaktiven Stoffen, gefährlichen Abfällen, Falschgeld oder Suchtmitteln ausgerichtet ist,
2. die dadurch eine Bereicherung in großem Umfang oder erheblichen Einfluß auf Politik oder Wirtschaft anstrebt und
3. die andere zu korrumpieren oder einzuschüchtern oder sich auf besondere Weise gegen Strafverfolgungsmaßnahmen abzuschirmen sucht,

ist mit Freiheitsstrafe von sechs Monaten bis zu fünf Jahren zu bestrafen. § 278 Abs. 4 gilt entsprechend.

Terroristische Vereinigung

§ 278b. (1) Wer eine terroristische Vereinigung (Abs. 3) anführt, ist mit Freiheitsstrafe von fünf bis zu fünfzehn Jahren zu bestrafen. Wer eine terroristische Vereinigung anführt, die sich auf die Drohung mit terroristischen Straftaten (§ 278c Abs. 1) beschränkt, ist mit Freiheitsstrafe von einem bis zu zehn Jahren zu bestrafen.

(2) Wer sich als Mitglied (§ 278 Abs. 3) an einer terroristischen Vereinigung beteiligt, ist mit Freiheitsstrafe von einem bis zu zehn Jahren zu bestrafen.

(3) Eine terroristische Vereinigung ist ein auf längere Zeit angelegter Zusammenschluss von mehr als zwei Personen, der darauf ausgerichtet ist, dass von einem oder mehreren Mitgliedern dieser Vereinigung eine oder mehrere terroristische Straftaten (§ 278c) ausgeführt werden.

3. RV 952 XXII. GP

Die materiellen Vorschriften über die Erteilung von Visa wurden in § 21 zusammengefasst. Vor allem gilt dies für die in Abs. 1 postulierten Bedingungen und für die in Abs. 4 formulierte Determinierung des Ermessens. An diesen beiden Bestimmungen ist in jedem Einzelfall die Frage der Erteilung oder der Versagung des beantragten Visums zu messen. Nunmehr werden in dieser Bestimmung auch die Versagungsgründe wegen Gefährdung der öffentlichen Interessen, eine Relativierung dieser in den Fällen eines alles abdeckenden Krankenversicherungsschutzes, der Mittellosigkeit und einer finanziellen Belastung einer Gebietskörperschaft sowie zwingende Versagungsgründe zusammengefasst und entsprechend auf die ausschließliche Relevanz für Visa ausgerichtet.

Das Fehlen eines gültigen Reisedokuments ist im Fall des § 22 Abs. 3 nicht zu berücksichtigen.

§ 21

Abs. 2 bezieht sich auf das SDÜ, dessen Konsularische Instruktion (die ein Beschluss des Exekutivausschusses ist) vorsieht, dass ein einheitliches Visum (Flugtransit-, Reise- und Durchreisevisum) nur erteilt werden soll, wenn die Gültigkeitsdauer des Reisedokumentes jene des Sichtvermerkes um mindestens drei Monate übersteigt.

Entsprechend Art. 2 Abs. 2 der Verordnung (EG) Nr. 415/2003 des Rates vom 27.02.2003 über die Erteilung von Visa an der Grenze, einschließlich der Erteilung derartiger Visa an Seeleute auf der Durchreise kann Seeleuten derselben Staatsangehörigkeit, die in einer Gruppe von 5 bis 50 Personen reisen, an der Grenze ein Sammelvisum für die Durchreise erteilt werden. Die zuständigen Behörden müssen vor der Visumerteilung an Seeleute auf Durchreise den im Anhang I der Verordnung enthaltenen Weisungen nachkommen. Punkt IV des Anhanges I zufolge kann das Sammelvisum auf einem gesondertem Blatt aufgebracht werden. Korrespondierend dazu besagt Erwägungsgrund 3 der Verordnung, dass bei der Gestaltung dieses gesonderten Blatts der einheitlichen Gestaltung gemäß der Verordnung (EG) Nr. 333/2002 des Rates vom 18.02.2002 über die einheitliche Gestaltung des Formblattes für die Anbringung eines Visums, das die Mitgliedstaaten den Inhabern eines von dem betreffenden Mitgliedstaat nicht anerkannten Reisedokuments erteilen Rechnung zu tragen sei. Dies bedeutet, dass für solche Gruppen von Seeleuten auf Durchreise ein Sammelreisepass nicht mehr verlangt werden darf.

Abs. 3 des Entwurfes übernimmt die Auflistung des geltenden § 8 Abs. 3 Fremdengesetz 1997 mit der Maßgabe, dass zufolge der ausschließlichen Relevanz für Visa auf die besonderen Verhältnisse in einem Land nicht mehr Bedacht zu nehmen ist.

Abs. 5 normiert die relativen Sichtvermerksversagungsgründe. Ihr Vorliegen führt nicht automatisch zur Versagung eines Visums. Es werden die – bereits im geltenden Recht vorhandenen – Versagungsgründe wegen Gefährdung öffentlicher Interessen sprachlich adaptiert zusammengefasst, entsprechend der Judikatur des Verfassungsgerichtshofes aber relativ formuliert. Die Behörde wird daher – wie bisher – bei diesen Fallgruppen die Interessen des Betroffenen gegen die öffentlichen Interessen abzuwägen haben. Freiwillig erbrachte Leistungen einer Gebietskörperschaft bleiben als Grund zur Versagung eines weiteren Aufenthaltstitels jedenfalls außer Betracht.

Erweitert wurden diese Versagungsgründe um jene Fälle, wo Grund zur Annahme besteht, der Fremde werde einerseits ohne die erforderliche Bewilligung eine Erwerbstätigkeit im Bundesgebiet beabsichtigen, oder er würde andererseits auf Grund seiner Zugehörigkeit zu einer kriminellen oder terroristischen Vereinigung oder einer kriminellen Organisation die innere oder äußere Sicherheit der Republik Österreich gefährden. Die Versagung der Ausstellung eines Visums kann auch dann erfolgen, wenn bestimmte Tatsachen eine solche Zugehörigkeit rechtfertigen oder solche Tatsachen eine Gefährdung der nationalen Sicherheit, wie etwa durch öffentlichen Aufruf zur Gewalt, rechtfertigen. Des Begriff der nationalen Sicherheit umfasst eine innere und äußere Komponente und findet sich in Art. 52a Abs. 2 und 148b Abs. 2 B-VG sowie in den Gesetzesvorbehalten der Art. 8 Abs. 2, 9 Abs. 2, 10 Abs. 2 und 11 Abs. 2 EMRK und des Art. 2

Abs. 3 4. ZPEMRK wieder. Aus der Rechtssprechung des EGMR lässt sich ableiten, dass eine Gefährdung der nationalen Sicherheit bei Vorliegen eines erheblichen Grades der Gefährdung von sicherheitspolizeilichen oder militärischen Interessen, wie etwa bei einer Gefährdung des Bestandes des demokratischen oder rechtsstaatlichen Systems bzw. der zu dessen Aufrechterhaltung dienenden Instrumentarien, vorliegt (vgl. *Handstanger*, Kommentierung von Art. 52a B-VG, in Korinek/Holoubek [Hrsg], Österr. Bundesverfassungsrecht, 5. Lieferung [2002] Rz 13 mwN). Unter die Z 8 wird etwa ein Fremder fallen, der in einer Weise, die geeignet ist, die öffentliche Sicherheit und Ordnung zu stören, zum Hass gegen Teile der Bevölkerung aufstachelt oder zu Gewalt- oder Willkürmaßnahmen gegen diese auffordert oder die Menschenwürde anderer dadurch angreift, dass er Teile der Bevölkerung beschimpft, böswillig verächtlich macht oder verleumdet. Unter den Begriff der Volksverhetzung fällt, wer eine unter der Herrschaft des Nationalsozialismus begangene Handlung öffentlich oder in einer Versammlung billigt, leugnet oder verharmlost.

Abs. 6 bildet den geltenden § 10 Abs. 3 mit Modifikationen nach. Die Erteilung eines räumlich auf das Bundesgebiet begrenzten Visums D soll trotz des Vorliegens der Sichtvermerksversagungsgründe des Abs. 2 Z 1, 2 oder 3 (mangelnde eigene Mittel, mangelnder Krankenversicherungsschutz oder Gefahr der finanziellen Belastung einer Gebietskörperschaft durch den Fremden) möglich sein, wenn ein Rechtsträger im Sinne des § 1 Abs. 1 des Amtshaftungsgesetzes, sohin die jeweiligen obersten Organe in Bund, Ländern und Gemeinden aus Gründen des öffentlichen Interesses eine Verpflichtung eingegangen sind, oder eine physische oder juristische Person eine Verpflichtungserklärung abgegeben hat. Die Normierung des öffentlichen Interesses in diesen Fällen soll es ermöglichen, bestimmten Menschen (eben etwa dann wenn an ihrem Aufenthalt im Bundesgebiet öffentliches Interesse besteht und ein zuständiger Rechtsträger dies auch als solches deklariert hat) ein Visum zu erteilen, wenn sie die Voraussetzungen hiefür ursprünglich nicht erfüllen. Hier kann etwa an einen Schüleraustausch mit Schülern gedacht werden, denen es in der Regel an den eigenen Mitteln zum Aufenthalt gebricht, oder an eine Teilnahme bestimmter Fremder an Kongressen oder vergleichbaren Veranstaltungen. Diese Aufzählung ist rein deklaratorisch und bei bestehendem öffentlichem Interesse jederzeit erweiterbar.

In Abs. 7 werden die Bestimmungen des SDÜ über die Versagung eines einheitlichen Visums im Schengener Raum umgesetzt. Das Schengener Regime legt fest, dass nur dann ein einheitliches, für alle Vertragsstaaten gültiges, Visum ausgestellt werden darf, wenn bestimmte Voraussetzungen – zusätzlich zu den jeweils geltenden nationalen Bestimmungen – gegeben sind. Voraussetzungen sind unter anderen dann nicht erfüllt, wenn ein Fremder gemäß Art. 96 SDÜ zur Einreiseverweigerung in die Schengener Staaten ausgeschrieben ist. Diese Ausschreibung, die mit Z 2 des Abs. 7 in die nationale Rechtsordnung Eingang findet, hindert einen Vertragsstaat daran, ein kurzfristiges Schengener Visum, das zu Einreise und Aufenthalt in allen Schengener Staaten berechtigt, zu erteilen. Die Versagung hat sich hierbei ausschließlich auf die Tatsache der Ausschreibung, nicht aber auf den ihr zu Grunde liegenden Sachverhalt zu beziehen. Z 3 regelt, dass ein einheitliches Schengener Visum (Reisevisum – C) nur für einen Aufenthalt für einen drei Monate im Halbjahr nicht übersteigenden Zeitraum erteilt werden darf und legt fest, dass – wenn die Erteilung eines solchen Visums Abs. 1 Z 3 widerspräche – dies ein Versagungsgrund ist.

In Abs. 8 fallen jene Personengruppen, die auf Grund anderer völkerrechtlicher Verträge als des EWR- Vertrages zwar sichtvermerkspflichtig sind, aber unter den in diesen Verträgen festgelegten Bedingungen Niederlassungsfreiheit und deshalb einen Rechtsanspruch auf Erteilung eines Aufenthaltstitels haben (z.B. GATS-Abkommen).

4. AB 1055 XXII. GP

Redaktionsversehen werden beseitigt.

5. Anm: Lediglich der Umstand, dass der Fremde nur in Österreich – aber nicht im Herkunftsstaat – Familienangehörige hat, rechtfertigt nicht die Annahme, dass die Ausreise nicht gesichert erscheint. Vielmehr bedarf es zum Zeitpunkt der Entscheidung darüber hinausgehende, konkrete Anhaltspunkte, dass der Fremde die Absicht hat, seinen Aufenthalt auf illegale Weise zu verlängern.

Humanitäre Visa

§ 22. (1) Die Vertretungsbehörde kann Fremden von Amts wegen trotz Vorliegens eines Versagungsgrundes nach § 21 Abs. 7 Z 2 in besonders berücksichtigungswürdigen Fällen aus humanitären Gründen, Gründen des nationalen Interesses oder auf Grund internationaler Verpflichtungen ein Reisevisum erteilen, das räumlich auf das Bundesgebiet beschränkt ist.

(2) Die Vertretungsbehörde kann Fremden trotz Vorliegens eines Versagungsgrundes gemäß § 21 Abs. 7 Z 4 in besonders berücksichtigungswürdigen Fällen aus humanitären Gründen innerhalb des betreffenden Halbjahres ein weiteres Reisevisum erteilen, das räumlich auf das Bundesgebiet beschränkt ist.

(3) Die Vertretungsbehörde kann Fremden trotz Vorliegens eines Versagungsgrundes nach § 21 Abs. 1 Z 1 in besonders berücksichtigungswürdigen Fällen aus humanitären Gründen, Gründen des nationalen Interesses oder auf Grund internationaler Verpflichtungen ein Visum auf einem Formblatt gemäß der Verordnung (EG) Nr. 333/2002 über die einheitliche Gestaltung des Formblatts für die Anbringung eines Visums, das die Mitgliedstaaten den Inhabern eines von dem betreffenden Mitgliedstaat nicht anerkannten Reisedokuments erteilen, ABl. Nr. L 53 vom 23.02.2002 S. 4, erteilen. Ein solches Visum ist räumlich auf das Bundesgebiet zu beschränken.

Übersicht:

1. Hinweise auf innerstaatliche Normen
2. Materialien

II Kerngesetze: B Fremdenpolizeigesetz 2005 – FPG

1. Siehe IV.A.4. VisaformVO.

2. RV 952 XXII. GP

Diese Bestimmung soll ermöglichen, dass trotz eines von einem Vertragsstaat mitgeteilten Zurückweisungsgrundes aus humanitären Erwägungen die Erteilung eines Visums zulässig ist. Dieses Visum ist räumlich auf das Bundesgebiet beschränkt und kann auch von Amts wegen erteilt werden.

Aus denselben Erwägungen wird vorgesehen ein weiteres Visum innerhalb eines Halbjahres räumlich beschränkt auf das Bundesgebiet zu erteilen.

Für jene Fälle, in denen der Fremde kein gültiges Reisedokument besitzt, ist ihm aus den genannten Erwägungen ein Visum auf dem cit. Formblatt auszustellen. Diese Regelung ersetzt die ursprüngliche Vorgehensweise, ein Visum in Bescheidform auszustellen.

Humanitäre Visa können gemäß § 7 Z 1 nur mit Zustimmung des Bundesministers für Inneres erteilt werden.

Gesundheitszeugnis

§ 23. (1) Zur Vermeidung einer Gefährdung der Volksgesundheit kann der Bundesminister für Gesundheit und Frauen mit Verordnung bestimmte Staaten bezeichnen, in denen ein wesentlich erhöhtes Risiko der Ansteckung mit
1. einer im üblichen Sozialkontakt leicht übertragbaren anzeigepflichtigen Krankheit (schwerwiegende Erkrankung) im Sinn des Epidemiegesetzes 1950, BGBl. Nr. 186,
2. einer sonstigen schwerwiegenden nicht anzeige- oder meldepflichtigen Infektionskrankheit oder
3. einer meldepflichtigen Tuberkulose im Sinn des § 3 lit. a des Tuberkulosegesetzes, BGBl. Nr. 127/1968,

und dadurch das Risiko der nachhaltigen und ernsthaften Gefährdung einer größeren Zahl von Menschen gegeben ist.

(2) Fremden, die sich in den letzten sechs Monaten vor ihrer Einreise in das Bundesgebiet in dem in einer Verordnung nach Abs. 1 bezeichneten Staat aufgehalten haben, darf ein Visum erteilt werden, wenn sie ein Gesundheitszeugnis beibringen, das das Freisein von der in der Verordnung nach Abs. 1 genannten Krankheiten bezeichnet.

(3) Die Verordnung hat die Krankheit zu bezeichnen, für die die Voraussetzungen nach Abs. 1 gegeben sind, sowie den Inhalt und die Gültigkeitsdauer des Gesundheitszeugnisses festzulegen.

Übersicht:

1.-2. Hinweise auf innerstaatliche Normen
3. Materialien

1. Textauszug Epidemiegesetz 1950

Anzeigepflichtige Krankheiten

§ 1. (1) Anzeigepflichtige Krankheiten im Sinne dieses Gesetzes sind:

§ 23

1. Aussatz (Lepra), Cholera (asiatische), Fleckfieber (Flecktyphus), Gelbfieber, Wochenbettfieber, übertragbare Kinderlähmung, bakterielle Lebensmittelvergiftung, Milzbrand, Papageienkrankheit (Psittakose), Paratyphus, Pest, Pocken (Blattern), Rotz, übertragbare Ruhr, Wutkrankheit (Lyssa) sowie Bißverletzungen durch wutkranke oder wutverdächtige Tiere, Tularaemie, Typhus (Abdominaltyphus, Bauchtyphus), infektiöse Hepatitis (Hepatitis epidemica und Serumhepatitis).
2. Bang'sche Krankheit, Diphtherie, übertragbare Gehirnentzündung, übertragbare Genickstarre, Keuchhusten, Körnerkrankheit, (Ägyptische Augenentzündung (Trachom)), Leptospiren-Erkrankungen, Malaria, Rückfallfieber, Scharlach, Trichinose.

(2) Wenn eine im ersten Absatz nicht bezeichnete Krankheit unter Erscheinungen oder unter Verhältnissen, insbesondere in Kurorten, Anstalten und Internaten, auftritt, die ihre Verbreitung in gefahrdrohender Weise oder im weiteren Umfange besorgen lassen, kann diese Krankheit durch Verordnung allgemein, für eine bestimmte Zeitdauer oder für bestimmt zu bezeichnende Gebiete der Anzeigepflicht unterworfen werden.

2. Textauszug Tuberkulosegesetz

Meldepflicht

§ 3. *Meldepflichtig im Sinne dieses Bundesgesetzes sind:*
a) *jede Erkrankung an Tuberkulose, die der ärztlichen Behandlung oder Überwachung bedarf;*
b) ...

3. RV 952 XXII. GP

Abs. 1 erfasst Infektionskrankheiten, sofern sie eine Reihe von Kriterien erfüllen. Zunächst müssen sie nach Art und möglichem Ausmaß eine Gefährdung der Volksgesundheit herbeiführen können. Nach der Rechtsprechung des Verfassungsgerichtshofes ist unter diesem Begriff eine allgemeine Gefahr für den Gesundheitszustand der Bevölkerung zu verstehen. Weiters müssen die Krankheiten im üblichen Sozialkontakt leicht von Mensch zu Mensch übertragbar sein, es wird sich daher etwa um „airborne deseases" handeln (demnach auszuschließen ist AIDS). Schließlich muss es sich um schwerwiegende Erkrankungen, insbesondere solche mit hoher Letalität, handeln. wie z.B. Lungenpest und virales haemorrhagisches Fieber, verursacht durch Ebola. Z 2 trägt der Erfahrung Rechnung, dass es möglich sein muss, im Falle von Auftreten neuer Seuchen mit bisher unbekanntem Erreger entsprechende Maßnahmen zu treffen. Hier sei etwa an das Auftreten von SARS im Jahr 2003 erinnert. Eine Verordnung wird sich jedenfalls an den von der WHO herausgegebenen Empfehlungen, Warnungen bzw. veröffentlichten Inzidenzzahlen zu orientieren haben.

In den in Abs. 1 angeführten Fällen – die sich auf die nachhaltige und ernsthafte Gefährdung einer größeren Anzahl von Personen in Österreich beziehen – ist es sachgerecht, für die Einreise aus den betroffenen Gebieten das Freisein von den betreffenden schwerwiegenden Erkrankungen zu fordern.

In der Verordnung wird der Inhalt des Gesundheitszeugnisses, Anforderungen an den ausstellenden Arzt und dessen Gültigkeitsdauer festzulegen sein.

Sonderbestimmungen zur Erteilung von Visa zu Erwerbszwecken

§ 24. (1) Die Aufnahme
1. einer bloß vorübergehenden selbständigen Erwerbstätigkeit (§ 2 Abs. 4 Z 16);
2. einer bloß vorübergehenden unselbständigen Tätigkeit (§ 2 Abs. 4 Z 17) oder
3. einer Tätigkeit, zu deren Ausübung eine Beschäftigungsbewilligung nach § 5 AuslBG Voraussetzung ist,

im Bundesgebiet ist nur nach Erteilung eines Aufenthalts-Reisevisums möglich. In diesem Fall ist dem Fremden unter Berücksichtigung des § 21 Abs. 1 und im Fall der Anwendbarkeit des Ausländerbeschäftigungsgesetzes bei Vorliegen einer Sicherungsbescheinigung nach § 11 AuslBG ein Aufenthalts-Reisevisum bis zu sechsmonatiger Gültigkeitsdauer zu erteilen.

(2) Abs. 1 findet auf Fremde, die zur sichtvermerksfreien Einreise berechtigt sind, zur Aufnahme einer Tätigkeit gemäß Abs. 1 Z 3 keine Anwendung.

(3) Teilt eine Behörde nach dem Niederlassungs- und Aufenthaltsgesetz der zuständigen Vertretungsbehörde im Ausland mit, dass einem Fremden, der der Sichtvermerkspflicht unterliegt, ein Aufenthaltstitel erteilt werden wird, so ist ihm unter Berücksichtigung des § 21 Abs. 1 Z 1, 3 und 4 ein Aufenthaltsvisum mit viermonatiger Gültigkeitsdauer zu erteilen.

Übersicht:

1. Hinweise auf innerstaatliche Normen
2. Materialien
3.-5. Anmerkungen

1. Siehe § 1 Abs 2 Z 3 NAG, II.C.; weiters §§ 5 und 11 AuslBG, III.N.

2. RV 952 XXII. GP

Regelungsgegenstand des Abs. 1 sind diejenigen Fälle, für die das Visum D+C, nämlich für die Ausübung einer bloß vorübergehenden selbständigen Erwerbstätigkeit, einer bloß vorübergehenden unselbständigen vom Ausländerbeschäftigungsgesetz ausgenommen Tätigkeit sowie einer Tätigkeit, zu deren Ausübung eine Beschäftigungsbewilligung nach § 5 AuslBG Voraussetzung ist geöffnet wurde.

Abs. 2 nimmt auf den Umstand Bedacht, dass die nach dem Niederlassungs- und Aufenthaltsgesetz zu erteilenden Aufenthaltstitel nicht bei der Vertretungsbehörde, sondern bei der zuständigen Inlandsbehörde ausgefolgt werden, sodass dem Fremden zu diesem Zweck die Einreise mit einem Visum zu ermöglichen ist.

3. Anm: Diese Bestimmung ist zwar in Zusammenschau mit anderen Bestimmungen zu lesen, normiert jedoch eindeutig, dass die Ausübung einer der dargestellten Beschäftigungs- oder Tätigkeitsformen nur unter der Voraussetzung eines Visum D+C möglich ist. Es muss sich jedoch um einen Aufenthalt bis zu sechs Monate handeln, weil bei einem längeren Aufenthalt per Definition gemäß den jeweiligen Bestimmungen das Niederlassungs- und Aufenthaltsgesetz zur Anwendung kommt.

Dies bedeutet exemplarisch, dass für einen in Deutschland niedergelassenen Drittstaatsangehörigen, der im Rahmen einer EU-Entsendebestätigung, die für keinen längeren als sechsmonatigen Zeitraum gilt, im Bundesgebiet auf Grund eines Werkvertrages tätig wird, ein Visum D+C erforderlich ist. Ist dessen Aufenthalt im Rahmen der EU Entsendebestätigung länger als sechs Monate geplant, weil nämlich für die EU Entsendebestätigung nach den Bestimmungen des Ausländerbeschäftigungsgesetzes keine ausdrückliche Gültigkeitsdauer vorgesehen ist, so benötigt der Drittstaatsangehörige eine Bewilligung nach dem Niederlassungs- und Aufenthaltsgesetz.

4. Anm: Zum Regelungsregime für sichtvermerksfreie Saisonniers und Erntehelfer, das mit der Novelle BGBl I 2005/157 geändert wurde, siehe 5. zu § 1 NAG, II.C.

Zur Ausstellung einer vor der Erteilung einer Beschäftigungsbewilligung nach § 5 AuslBG erforderlichen Unbedenklichkeitsbescheinigung siehe § 31 Abs 2. Gegen die Ausstellung einer Unbedenklichkeitsbescheinigung ist gemäß § 9 Abs 2 keine Berufung zulässig.

5. Anm: Zu Abs 3: Die entsprechende Anschlussbestimmung findet sich in § 23 Abs 2 NAG, II.C.

Verfahren bei der Erteilung von Visa

§ 25. (1) Die gemeinsamen konsularischen Instruktionen an die diplomatischen Missionen und die konsularischen Vertretungen, die von Berufskonsularbeamten geleitet werden (GKI), ABl. Nr. C 310 vom 19.12.2003, S. 1, gelten im Verfahren bei der Erteilung von Visa.

(2) Der Fremde hat im Antrag den jeweilige Zweck und die beabsichtigte Dauer der Reise und des Aufenthalts bekannt zu geben. Er hat über Verlangen der Behörde vor dieser persönlich zu erscheinen. Darüber hinaus gilt § 10 AVG. Der Antrag ist zurückzuweisen, sofern der Antragsteller, ausgenommen die Fälle des § 22 Abs. 3, trotz Aufforderung und Setzung einer Nachfrist kein gültiges Reisedokument oder gegebenenfalls kein Gesundheitszeugnis vorlegt oder wenn der Antragsteller trotz entsprechenden Verlangens nicht persönlich vor der Behörde erschienen ist, obwohl in der Ladung auf diese Rechtsfolge hingewiesen wurde. Der Antrag ist ebenfalls zurückzuweisen, wenn den anzuwendenden Bestimmungen der GKI (Abs. 1) nicht entsprochen wird.

(3) Minderjährige Fremde, die das 14. Lebensjahr vollendet haben, können die Erteilung eines Visums selbst beantragen. Die Ausstellung bedarf der Zustimmung des gesetzlichen Vertreters; diese ist vom Antragsteller nachzuweisen.

(4) Bei einem Antrag auf Erteilung eines Flugtransitvisums (§ 20 Abs. 1 Z 1) hat der Fremde die Örtlichkeit des Flughafentransitraumes, den er benützen will, bekannt zu geben.

(5) Amtshandlungen im Zusammenhang mit der Erteilung von Visa sind von den Verwaltungsabgaben befreit, sofern
1. hiefür eine völkerrechtliche Verpflichtung besteht oder
2. es sich um die Erteilung von Dienst- oder Diplomatenvisa handelt und Gegenseitigkeit besteht.

(6) Das Visum ist im Reisedokument des Fremden ersichtlich zu machen.

(7) Wird einer Aufforderung zur Durchführung einer erkennungsdienstlichen Behandlung (§ 99 Abs. 1 Z 6) nicht Folge geleistet, ist der Antrag auf Erteilung eines Visums zurückzuweisen.

Übersicht:
1. Hinweise auf europarechtliche Normen
2.-3. Materialien

1. Siehe IV.C.4. GKI.

2. RV 952 XXII. GP

Die verfahrensrechtlichen Regelungen für die Erteilung von Visa werden im § 25 zusammengefasst.

Es gelten die Regeln der gemeinsamen konsularischen Instruktionen (GKI), einen Rechtsakt der EU, auf den statisch verwiesen wird. Eine wesentliche Änderung der GKI, die Eingang in das innerstaatliche Recht finden soll, wird daher eine Novelle dieses Bundesgesetzes nach sich ziehen. Die Fundstelle der GKI ist im Gesetz angeführt, diese ist öffentlich zugänglich und wurde entsprechend den europarechtlichen Vorschriften verlautbart. Die GKI wurden ursprünglich als Durchführungsbestimmungen zum Schengener Durchführungsübereinkommen kundgemacht und mit der Zeit durch zahlreiche Bestimmungen aus verschieden EG-Rechtsakten abgeändert, ergänzt und erweitert. Die vorgesehene Anwendung der GKI wird die Verwaltungstätigkeit bei den Vertretungsbehörden erleichtern, weil etwa die Vorlage von Unterlagen für die Visumentscheidung, die zwar der GKI, nicht aber dem FPG ausdrücklich zu entnehmen sind, insbesondere im Kontakt mit Rechtsanwälten leichter zu erreichen sein wird.

Erstmals soll ermöglicht werden, dass Fremde sich im Botschaftsverfahren vertreten lassen können. Soweit es als notwendig erachtet wird, insbesondere zur Vornahme einer erkennungsdienstlichen Behandlung, haben sie jedenfalls persönlich zu erscheinen.

Die Handlungsfähigkeit minderjähriger Fremder in Verfahren zur Erteilung eines Visums wurde bereits im Fremdengesetz 1992 jener angeglichen, die seit der Passgesetznovelle 1992 für österreichische Staatsbürger hinsichtlich eines Antrages auf Ausstellung eines Reisepasses gilt. Auch das Fremdengesetz 1997 kannte eine entsprechende Norm (vgl. § 14 Abs. 1 Fremdengesetz 1997). Obwohl die Bestimmung im hohem Maße auslandsbezogen ist, war ein Abgehen von der einheitlichen Linie nicht geboten, zumal sie sich bisher bewährt haben. Sollte sich in dem theoretisch immerhin denkbaren Fall eines Fremden, der das 14. Lebensjahr vollendet hat und der nach seinem Personalstatut zwar minderjährig aber doch handlungsfähig ist, der gesetzliche Vertreter aus diesem Grund weigern, seine Zustimmung zu erteilen, so wird ihn die Verantwortung dafür treffen, dass dem Jugendlichem kein Visum erteilt wird.

In Abs. 4 wurde die von der Praxis angenommene Mitwirkungsverpflichtung der Visumswerber ausdrücklich festgelegt. Er hat den jeweiligen Zweck und die beabsichtigte Dauer der Reise sowie auch die von der Behörde benötigten Beweismittel – welche dies sind, gibt ihm die Behörde bekannt – vorzulegen und, falls geboten, persönlich zu erscheinen.

Die Vorlage eines gültigen Reisedokuments ist Formalvoraussetzung für die Erteilung eines Visums, der Besitz eines solchen Dokuments hingegen materielle Voraussetzung. Dies bedeutet, dass ein Visumsantrag, in dem auf kein Reisedokument Bezug genommen wird, zurückzuweisen ist, die unterlassene Vorlage eines im Antrag genannten Reisedokuments jedoch zu einem Verbesserungsauftrag gemäß § 13 Abs. 3 AVG zu führen hat. Dies gilt selbstverständlich in jenen Fällen nicht, in denen der Fremde nicht in der Lage ist, sich ein Reisedokument seines Heimatstaates zu beschaffen und ihm aus humanitären Gründen in besonders berücksichtigungswürdigen Fällen ein Visum ausgestellt werden soll.

Auch die Nichtvorlage des Gesundheitszeugnisses bei der Antragstellung stellt einen Zurückweisungsgrund des Antrages dar. Wird der Mangel rechtzeitig behoben, so gilt das Anbringen als ursprünglich richtig eingebracht. Weiters ist vorgesehen den Antrag zurückzuweisen, wenn den Bestimmungen der Gemeinsamen Konsularischen Instruktionen (GKI) nicht entsprochen wird; dies jedoch nur dann, wenn sie durch Verordnung für anwendbar erklärt wurden.

Die in Abs. 5 festgelegte Befreiung von Verwaltungsabgaben entspricht internationalen Usancen und ist auch im Hinblick auf Dienst- und Diplomatenvisa im § 14 TP 8 Abs. 2 Z 2 des Gebührengesetzes vorgesehen. Eine völkerrechtliche Verpflichtung der Republik Österreich besteht etwa auf Grund von Amtssitzabkommen.

Die auch international bestehende Praxis, das Visum im Reisedokument ersichtlich zu machen, findet sich im Abs. 6 wieder.

Abs. 7 ist das Anschlussstück zur Ermächtigung zur erkennungsdienstlichen Behandlung vor einer Visaerteilung. Wird der Aufforderung nicht entsprochen, ist diese – was im Ausland auch faktisch kaum möglich sein wird – nicht mit Befehl- und Zwang durchzusetzen; vielmehr wird der Antrag auf Erteilung eines Visums zurückzuweisen sein.

3. AB 1055 XXII. GP

Redaktionsversehen werden beseitigt.

Ungültigerklärung von Visa

§ 26. (1) Ein Visum ist für ungültig zu erklären, wenn nachträglich Tatsachen bekannt werden oder eintreten, die eine Nichterteilung rechtfertigen würden (§ 21 Abs. 1).

(2) Soll ein Visum bei einer Grenzübergangsstelle für ungültig erklärt werden, so hat die Fremdenpolizeibehörde nach Feststellung des maßgeblichen Sachverhalts dem Betroffenen Gelegenheit zur Stellungnahme zu geben. Wird das Visum für ungültig erklärt, ist die Ungültigkeit im Reisedokument kenntlich zu machen. Der maßgebliche Sachverhalt ist nachvollziehbar festzuhalten.

Übersicht:
1. Materialien
2. Anmerkungen

1. RV 952 XXII. GP

Soll ein Visum an einer Grenzübergangsstelle für ungültig erklärt werden, hat die Behörde dem Betroffenen Gelegenheit zu einer Stellungnahme einzuräumen. Die Ungültigkeit ist im Reisedokument des Fremden kenntlich zu machen, der für die Ungültigerklärung maßgebliche Sachverhalt ist von der Behörde nachvollziehbar (schriftlich) festzuhalten.

2. Anm: Die Maßnahme nach Abs 2 stellt eine der unmittelbaren Befehls- und Zwangsgewalt dar.

Ungültigkeit und Gegenstandslosigkeit von Visa

§ 27. (1) Visa werden ungültig, wenn gegen den Fremden ein Aufenthaltsverbot oder eine Ausweisung durchsetzbar wird.
(2) Visa werden gegenstandslos, wenn
1. ein weiteres Visum mit überschneidender Gültigkeit erteilt wird;
2. ein Aufenthaltstitel mit überschneidender Gültigkeit ausgestellt wird oder
3. der Fremde Österreicher, EWR-Bürger oder Schweizer Bürger wird.

(3) Die Ungültigkeit oder Gegenstandslosigkeit des im Reisedokument eines Fremden ersichtlich gemachten Visums ist in diesem Reisedokument kenntlich zu machen. Hiezu ist jede Fremdenpolizeibehörde ermächtigt, der ein Reisedokument anlässlich einer Amtshandlung nach diesem Bundesgesetz vorliegt.

1. RV 952 XXII. GP

Der Ausspruch eines Aufenthaltsverbotes oder einer Ausweisung soll zur Ungültigkeit eines Visums führen. Maßgeblicher Zeitpunkt hierfür soll allerdings nicht die Rechtskraft, sondern die Durchsetzbarkeit der aufenthaltsbeendenden Verfügung sein, weil später regelmäßig keine Möglichkeit mehr bestehen wird, die Ungültigkeit im Reisedokument ersichtlich zu machen (Abs. 3).

Abs. 2 normiert die Gegenstandslosigkeit von Visa dessen Z 1 die Möglichkeit ein weiteres Visum mit überschneidender Gültigkeitsdauer zu erteilen.

Abs. 3 soll gewährleisten dass die Sicherheitsbehörde zur Vornahme der Streichung ermächtigt ist, wenn sie gegen den Fremden eine Amtshandlung nach diesem Bundesgesetz führt.

4. Abschnitt: Ausnahmen von der Sichtvermerkspflicht

Transitreisende

§ 28. (1) Fremde, die während einer Zwischenlandung auf einem österreichischem Flugplatz dessen Transitraum oder das Luftfahrzeug nicht verlassen (Transitreisende), unterliegen nicht der Sichtvermerkspflicht.

(2) Sofern öffentliche Interessen, insbesondere die Bekämpfung der internationalen bandenmäßigen oder organisierten Kriminalität oder des Terrorismus, der Schutz vor Umgehung der Sichtvermerkspflicht oder die Beziehungen der Republik Österreich zu anderen Staaten, dies erfordern, kann der Bundesminister für Inneres im Einvernehmen mit dem Bundesminister für auswärtige Angelegenheiten durch Verordnung festlegen, dass Angehörige bestimmter Staaten, Inhaber bestimmter Reisedokumente oder Reisende auf bestimmten Reiserouten für den Transit ein Flugtransitvisum brauchen. Solchen Fremden kann auf Antrag ein Flugtransitvisum erteilt werden, sofern ein gültiges Reisedokument vorliegt und die genannten öffentlichen Interessen dem nicht entgegenstehen.

Übersicht:
1. Hinweise auf innerstaatliche Normen
2. Materialien

1. Siehe § 4 FPG-DV, VI.C.

2. RV 952 XXII. GP

Fremde, die während einer Zwischenlandung auf einem österreichischen Flugplatz dessen Transitraum oder das Luftfahrzeug nicht verlassen, sind nach geltendem Recht von der Sichtvermerkspflicht befreit. Durch Verordnung kann vorgesehen werden, dass Angehörige bestimmter Staaten, Inhaber bestimmter Reisedokumente oder Reisende auf bestimmten Reiserouten für den Transit eine Transiterlaubnis brauchen. Im Hinblick auf die im Schengener Kontext und nunmehr auch in § 20 Abs. 1 vorgesehene Nomenklatur, ist künftig von einem „Flugtransitvisum" zu sprechen.

Die textliche Änderung (Zusammenführung der Abs. 2 und 3 des Fremdengesetz 1997) stellt keine inhaltliche Änderung dar, sondern dient ausschließlich der Klarstellung der Systematik.

In diesem Zusammenhang ist auch auf die Verordnung (EG) Nr. 539/2001 des Rates vom 15. März 2001 zur Aufstellung der Liste der Drittländer, deren Staatsangehörige beim Überschreiten der Außengrenzen im Besitz eines Visums sein müssen, sowie der Liste der Drittländer, deren Staatsangehörige von dieser Visumpflicht befreit sind, Bedacht zu nehmen. Diese Verordnung ist unmittelbar anwendbares Recht.

Träger von Privilegien und Immunitäten

§ 29. Fremde, denen ein Lichtbildausweis gemäß § 95 ausgestellt worden ist, benötigen während der Gültigkeitsdauer dieses Lichtbildausweises zum Aufenthalt im Bundesgebiet und zur Wiedereinreise in dieses kein Visum.

1. Siehe auch § 1 Abs 2 Z 2, §§ 42 Abs 2 und 46 Abs 1 NAG, II.C.

Sonstige Ausnahmen von der Sichtvermerkspflicht

§ 30. (1) Fremde, die auf Grund allgemein anerkannter Regeln des Völkerrechts, eines Staatsvertrages, eines Bundesgesetzes oder eines unmittelbar anwendbaren Rechtsaktes der Europäischen Union in Österreich Sichtvermerks- und Niederlassungsfreiheit genießen, benötigen zur Einreise in das Bundesgebiet kein Visum.

(2) Sofern die Bundesregierung zum Abschluss von Regierungsübereinkommen gemäß Art. 66 Abs. 2 B-VG ermächtigt ist, kann sie zur Erleichterung des Reiseverkehrs unter der Voraussetzung, dass Gegenseitigkeit gewährt wird, vereinbaren, dass Fremde berechtigt sind, ohne Visum in das Bundesgebiet einzureisen und sich in diesem aufzuhalten.

(3) Wenn es im öffentlichen Interesse zur Erleichterung des Reiseverkehrs liegt, ist der Bundesminister für Inneres im Einvernehmen mit dem Bundesminister für auswärtige Angelegenheiten ermächtigt, für bestimmte Fremde durch Verordnung Ausnahmen von der Sichtvermerkspflicht zu gewähren. Sofern in einer solchen Verordnung nicht eine kürzere Zeit bestimmt wird, sind solche Fremde berechtigt, sich nach der Einreise drei Monate im Bundesgebiet aufzuhalten.

(4) Kinder, die nicht die österreichische Staatsbürgerschaft besitzen, sind während ihrer ersten sechs Lebensmonate von der Sichtvermerkspflicht befreit, sofern die Mutter oder ein anderer Fremder, dem Pflege und Erziehung des Kindes zukommt, rechtmäßig im Bundesgebiet niedergelassen ist; dies gilt, solange der Betreffende rechtmäßig niedergelassen bleibt, bei Ableitung vom Vater überdies nur, wenn diesem das Recht zur Pflege und Erziehung allein zukommt. Außerdem besteht für solche Kinder Sichtvermerksfreiheit während der ersten sechs Lebensmonate, sofern und solange deren Pflege und Erziehung einem österreichischen Staatsbürger mit Hauptwohnsitz im Bundesgebiet allein zukommt.

(5) Fremde, denen in Österreich der Status des Asylberechtigten oder des subsidiär Schutzberechtigten zukommt, benötigen für die Rechtmäßigkeit der Einreise kein Visum.

Übersicht:
1.-2. Hinweise auf innerstaatliche Normen
3. Materialien
4. Anmerkung

1. Siehe III.A. Art 66 Abs 2 B-VG.

2. Siehe § 5 FPG-DV, VI.C.

3. RV 952 XXII. GP

Im Abs. 1 wird der Begriff der Niederlassungsfreiheit im österreichischen Fremdenrecht postuliert. Der Begriff der Niederlassungsfreiheit dient der Umschreibung einer Rechtsstellung in der ein Fremder einen Anspruch darauf hat, sich in Österreich niederlassen zu dürfen und zwar unabhängig davon, ob er der Sichtvermerkspflicht unterliegt oder nicht. Dies sei an Beispielen erläutert: Schweizer Staatsbürger genießen auf Grund völkerrechtlicher Verträge Sichtvermerksfreiheit und Niederlassungsfreiheit, das heißt sie bedürfen zu ihrem Aufenthalt in Österreich weder eines Einreise- noch eines Aufenthaltstitels. Dann gibt es Fremde, die zwar Niederlassungsfreiheit genießen aber der Sichtvermerkspflicht unterliegen, wie z.b. begünstigte Drittstaatsangehörige, die Angehörige von Österreichern oder EWR-Bürgern sind. Abs. 2 ermöglicht Sichtvermerksabkommen für die Einreise ohne Sichtvermerk zu schließen. In diesen Abkommen wird jedoch durchwegs vorgesehen, dass das Recht des Vertragsstaates, Staatsbürger des anderen Vertragsstaates aus Gründen der öffentlichen Sicherheit und Ordnung zurückzuweisen, unberührt bleibt; der jeweilige Staat ist somit berechtigt, die Einreise von Bürgern des anderen Vertragsstaates, deren Kommen als unerwünscht angesehen wird, zu verhindern. Der Umsetzung dieser Regelung dient § 76.

In Österreich geborene Kinder von Fremden sollen sich nicht a priori „illegal" in Österreich aufhalten. Hiezu wird eine befristete Befreiung von der Sichtvermerkspflicht vorgesehen. Innerhalb von sechs Monaten besteht dann die Möglichkeit, den weiteren rechtmäßigen Aufenthalt im Bundesgebiet unter den sonstigen Voraussetzungen dieses Bundesgesetzes zu erwirken. Freilich ist diese besondere Art der gesetzlich befristeten Aufenthaltsberechtigung untrennbar mit dem Aufenthaltsrecht der Mutter oder demjenigen Fremden verbunden, dem die Pflege und Erziehung zukommt.

Dazu hat der Verfassungsgerichtshof in seinem Erkenntnis, G 1/00-6, vom 8. März 2000 die in der ursprünglichen Fassung des § 28 Abs. 2 enthaltene Wortfolge ‚sofern die Mutter über einen Aufenthaltstitel verfügt oder Sichtvermerks- und Niederlassungsfreiheit genießt; dies gilt jedoch nur, solange das Aufenthaltsrecht der Mutter weiterhin besteht' als verfassungswidrig behoben.

Der Gerichtshof hat in seiner Begründung die Verfassungswidrigkeit der Bestimmung nicht darin gesehen, dass der Gesetzgeber die befristete Sichtvermerksfreiheit des Kindes an die fremdenrechtliche Stellung der Mutter bindet, sondern die ‚gleichbehandlungsrechtlichen Bedenken bloß wegen der Ausnahmslosigkeit der betroffenen Regelung geäußert'. Der

Verfassungsgerichtshof bezieht sich in seiner Entscheidung insbesondere auf die Möglichkeit besonderer Fallkonstellationen, in denen der Vater die (alleinige) Obsorge über das Kind zu übernehmen hat, wie etwa dann, wenn ihm diese gerichtlich übertragen wird, im Falle des Todes der Mutter bei der Geburt oder der die Betreuung des Kindes hindernden schweren Erkrankung der Mutter, darüber hinaus in ähnlichen, das Wohl des Kindes gefährdenden Situationen, die praktisch möglich sind.'

Diesen Erwägungen des Verfassungsgerichtshofes wurde Rechnung getragen. Die Sichtvermerksfreiheit des Kindes soll nach wie vor primär an die Rechtmäßigkeit der Niederlassung der Mutter im Bundesgebiet geknüpft sein. Darüber hinaus sind jedoch Situationen denkbar, in denen dem Vater oder einem sonstigen Fremden (z.B. Großeltern, Onkel, Tante, Geschwister) das Recht zur Pflege und Erziehung allein zukommt. Dies ist immer dann der Fall, wenn das österreichische Pflegschaftsgericht – dem Kindeswohl entsprechend – einem dieser Menschen das Recht zu Pflege und Erziehung zuerkannt hat. Auch diese Kinder sollen von der Sichtvermerkspflicht befreit sein. Wesentlich ist, dass der Mutter nicht wegen eines Verzichts die Pflege und Erziehung des Neugeborenen nicht zukommt. Diese Einfügung dient der hintan Haltung von Missbrauchsmöglichkeiten: Einerseits soll es nicht zu der gesellschaftlich nicht erwünschten Druckausübung (in der Regel durch den Kindesvater) auf die Mutter kommen können, auf ihr Recht zur Pflege und Erziehung zu verzichten, andererseits soll es nicht zu fremdenrechtlich nicht erwünschten Umgehungshandlungen kommen können. Die Begriffe Pflege und Erziehung richten sich hierbei nach den familienrechtlichen Bestimmungen des ABGB.

Die Änderung nimmt auch auf die Möglichkeit Bedacht, dass das Recht zur Pflege und Erziehung einem österreichischen Staatsbürger zukommt; auch dann sind die Kinder von der Sichtvermerkspflicht befreit.

Die Dauer der Sichtvermerksfreiheit wird auf sechs Monate festgelegt, weil die Praxis gezeigt hat, dass in bestimmten Situationen mit einer kürzeren Sichtvermerksfreiheit nicht das Auslangen gefunden werden konnte; insbesondere dann, wenn es sich um eine schwierige Familiensituation gehandelt hat.

Fremde, denen der Status des Asylberechtigten oder des subsidiär Schutzberechtigten zukommt, steht jedenfalls das Recht zu, in das Bundesgebiet einzureisen. Das Fehlen eines Reisedokuments ist verwaltungsstrafrechtlich zu behandeln.

4. Anm: Wird einem Fremden die österreichische Staatsbürgerschaft, die ihm auf Grund einer Eheschließung mit einem Österreicher vorerst verliehen wurde, durch die Widerlegung der Vermutung der ehelichen Abstammung von einem Österreicher im Rahmen der Rechtskraft eines Bestreitungsurteiles rückwirkend aberkannt, ist dieser so zu behandeln, als hätte er die österreichische Staatsbürgerschaft nie besessen, sodass sich gegenwärtig, abgesehen von den allgemeinen Regeln über die Sichtvermerkspflicht, keine Konstellation einer Ausnahme von der Sichtvermerkspflicht ergeben kann.

5. Abschnitt: Voraussetzung für den rechtmäßigen Aufenthalt und die rechtmäßige Ausreise

Voraussetzung für den rechtmäßigen Aufenthalt im Bundesgebiet

§ 31. (1) Fremde halten sich rechtmäßig im Bundesgebiet auf,
1. wenn sie rechtmäßig eingereist sind und während des Aufenthalts im Bundesgebiet die Befristungen oder Bedingungen des Einreisetitels oder die durch zwischenstaatliche Vereinbarungen, Bundesgesetz oder Verordnung bestimmte Aufenthaltsdauer nicht überschritten haben;
2. wenn sie auf Grund einer Aufenthaltsberechtigung oder einer Dokumentation des Aufenthaltsrechtes nach dem Niederlassungs- und Aufenthaltsgesetz zur Niederlassung oder zum Aufenthalt oder auf Grund einer Verordnung für Vertriebene zum Aufenthalt berechtigt sind;
3. wenn sie Inhaber eines von einem Vertragsstaat ausgestellten Aufenthaltstitels sind;
4. solange ihnen ein Aufenthaltsrecht nach asylrechtlichen Bestimmungen zukommt;
5. soweit sie nicht auf Grund eines Rückübernahmeabkommens (§ 19 Abs. 4) oder internationaler Gepflogenheiten rückgenommen werden mussten oder nicht auf Grund einer Durchbeförderungserklärung, sonstiger zwischenstaatlicher Abkommen oder auf Ersuchen eines Mitgliedstaates der Europäischen Union um Durchbeförderung (§ 48 Abs. 1) oder aufgrund einer Durchlieferungsbewilligung gemäß § 67 ARHG eingereist sind;
6. wenn sie eine Beschäftigungsbewilligung nach dem Ausländerbeschäftigungsgesetz mit einer Gültigkeitsdauer bis zu sechs Monaten, eine Entsendebewilligung, eine EU-Entsendebestätigung, eine Anzeigebestätigung gemäß § 3 Abs. 5 AuslBG oder eine Anzeigebestätigung gemäß § 18 Abs. 3 AuslBG mit einer Gültigkeitsdauer bis zu sechs Monaten, innehaben oder
7. soweit sich dies aus anderen bundesgesetzlichen Vorschriften ergibt.

(2) Beabsichtigt ein Arbeitgeber einen Fremden, der zur sichtvermerksfreien Einreise berechtigt ist und dem kein gemeinschaftsrechtliches Aufenthalts- und Niederlassungsrecht zukommt, gemäß § 5 AuslBG zu beschäftigen, so ist ihm auf Antrag mit Zustimmung des Fremden eine Unbedenklichkeitsbescheinigung auszustellen, wenn keine fremdenpolizeiliche Einwände gegen den Aufenthalt des Fremden bestehen. Die Unbedenklichkeitsbescheinigung ist vier Wochen gültig. Im Fall der Versagung der Ausstellung der Unbedenklichkeitsbescheinigung ist gemäß § 57 AVG vorzugehen.

(3) Fremdenpolizeiliche Einwände im Sinne des Abs. 2 liegen vor, wenn
1. gegen ihn ein aufrechtes Aufenthaltsverbot gemäß § 60 besteht;
2. ein Vertragsstaat einen Zurückweisungsgrund mitgeteilt hat;

3. gegen ihn in den letzten zwölf Monaten eine Ausweisung gemäß § 54 oder gemäß § 10 AsylG 2005 rechtskräftig erlassen wurde;
4. der Aufenthalt des Fremden die öffentliche Ordnung oder Sicherheit gefährden würde oder
5. er in den letzten zwölf Monaten wegen Umgehung der Grenzkontrolle oder nicht rechtmäßiger Einreise in das Bundesgebiet rechtskräftig bestraft wurde.

Übersicht:

1.	Hinweise auf europarechtliche Normen
2.-3.	Hinweise auf innerstaatliche Normen
4.-5.	Materialien
6.-12.	Anmerkungen
13.	Judikatur

1. Siehe IV.A.2. VisapflichtVO und IV.C.2. Art 20 und 21 SDÜ.

2. Siehe §§ 1, 8, 9 und 21 NAG, II.C., sowie § 5 AuslBG, III.N.

3. Textauszug ARHG

Siehe oben 2. zu § 15.

4. RV 952 XXII. GP

Neben geringfügigen terminologischen aber auch inhaltlichen Adaptierungen bestehen die Änderungen im Wesentlichen in der Normierung einer abschließenden Fallkonstellation des rechtmäßigen Aufenthaltes.

Damit der nachfolgende Aufenthalt rechtmäßig ist, muss die Einreise formell und materiell rechtmäßig erfolgen. Diese Voraussetzungen liegen nur dann vor, wenn der Fremde sowohl der Pass- und der Sichtvermerkspflicht in dem für ihn bestehenden Umfang tatsächlich genügt, als auch die Grenzkontrolle nicht umgeht.

Kein rechtmäßiger Aufenthalt liegt demnach unter anderem dann vor, wenn der Fremde etwa über die „grüne Außengrenze" einreist, sich ohne ein Besitz eines Visums zu sein, bei der Grenzkontrolle durchwinken lässt oder im Laderaum eines Fahrzeuges versteckt die Grenzkontrolle passiert.

5. AB 1055 XXII. GP

Redaktionsversehen werden beseitigt.

6. Anm: Die Voraussetzungen eines rechtmäßigen Aufenthaltes, insbesondere im Hinblick auf die unmittelbaren Rechtakte der Europäischen Union, die Drittstaatsangehörige sichtvermerksfrei stellen, erfordern gerade von diesen Drittstaatsangehörigen, dass sie die Fristen, die ihnen im Rahmen dieser Rechtsakte vorgegeben werden, einhalten. Dies bedeutet konkret, dass sich diese Drittstaatsangehörigen dann nicht rechtmäßig im Bundesgebiet aufhalten, wenn sie bezogen auf das Gebiet der Europäi-

§ 31

schen Union den ihnen zukommenden sichtvermerksfreien Zeitraum überschreiten. Somit müssen Drittstaatsangehörige, die sich über den erlaubten Zeitrahmen ununterbrochen im Gebiet der Europäischen Union aufhalten, auch dann fremdenpolizeiliche Maßnahmen, wie etwa Ausweisung oder Verwaltungsstrafverfahren, in Kauf nehmen, wenn sie im Bundesgebiet betreten werden und in Österreich nur kurz oder zur Durchreise aufhältig gewesen wären.

Dies ergibt sich einerseits auf Grund der unmittelbaren Wirkung der oben zitierten VisapflichtVO und andererseits aus dem Umstand, dass Drittstaatsangehörige, auch wenn sie über eine Binnengrenze einreisen, bei entsprechendem Fristverlauf ein Visum benötigen.

7. Anm: Die Wirkung des Art 20 Abs 1 SDÜ, wonach Drittstaatsangehörigen innerhalb eines Zeitraumes von sechs Monaten kein längerer als dreimonatiger Aufenthalt gestattet ist, findet im Hinblick auf bilaterale Sichtvermerksabkommen und unmittelbar wirksame Rechtsakte der Europäischen Union nur dann Anwendung, wenn ausdrücklich diese Klausel auch konkreter Regelungsgegenstand ist.

8. Anm: Zu Abs 1 Z 2: Drittstaatsangehörige, die zur sichtvermerksfreien Einreise berechtigt sind, sind nach § 21 Abs 2 Z 5 NAG zur Inlandsantragstellung berechtigt. Sie können dadurch ihren durch die Sichtvermerksfreiheit bestimmten Aufenthalt jedoch nicht verlängern, sondern müssen nach Ablauf des sichtvermerksfreien Aufenthalts ausreisen, sofern über ihren Antrag auf Erteilung eines Aufenthaltstitels (§ 8 NAG) noch nicht positiv entschieden wurde (§ 21 ff NAG).

9. Anm: Zu Abs 1 Z 3: Ein von einem Vertragsstaat ausgestellter Aufenthaltstitel vermittelt mit Blick auf Art 21 Abs 1 SDÜ nur insoweit ein Aufenthaltsrecht, als dieses analog zu einem dreimonatigen sichtvermerksfreien Aufenthalt zu beurteilen ist. Die Aufnahme einer Beschäftigung ist daher nicht zulässig. Diese Rechtsansicht findet auch Bestätigung in der Rspr des VwGH (Erk v 05.04.2005, 2005/18/0093).

10. Anm: Zu Abs 1 Z 4: Zum asylrechtlichen Aufenthaltsrecht siehe § 2 Abs 1 Z 15 und 16 sowie §§ 13 und 50 ff AsylG 2005, II.A.

11. Anm: Zu Abs 1 Z 6: Jene Fälle bestimmter arbeitsrechtlicher Dokumente, die einen rechtmäßigen Aufenthalt vermitteln, sind streng iVm § 24 zu lesen. Auf Grund letzterer Bestimmung ist die dort zitierte Arbeitsaufnahme nur mit einem Visum D+C zulässig. Die angeführten arbeitsmarktrechtlichen Dokumente sollen ein Aufenthaltsrecht nach Ablauf des Visums D+C vermitteln, weil davon auszugehen ist, dass das arbeitsrechtliche Dokument auf Grund der Reisebewegung des Drittstaatsangehörigen erst etwas später im Inland ausgestellt wird. Es wird somit dieser am Ende des Aufenthaltes des Drittstaatsangehörigen gelegene zeitliche Überhang aufenthaltsrechtlich abgefedert und dem Arbeitsmarktservice auch die Möglichkeit gegeben, Bewilligungen bis zu sechs Monaten auszustellen. Ergibt sich jedoch, dass dieser zeitliche Überhang länger dauert, als es die Reisebewegung rechtfertigen würde, liegt ein kein rechtmäßiger Aufenthalt vor.

12. **Anm:** Zu Abs 1 Z 7: Unter sonstigen bundesgesetzlichen Vorschriften sind insbesondere jene zu verstehen, die einem Fremden im Zusammenhang mit verfahrensrechtlichen Schritten, wie etwa der Zuerkennung der aufschiebenden Wirkung durch den VwGH, ein Einreiserecht und somit auch den rechtmäßigen Aufenthalt vermitteln.

13. **Jud:** VwGH 05.04.2005, 2005/18/0093.

Pflichten des Fremden zum Nachweis der Aufenthaltsberechtigung

§ 32. (1) **Fremde sind verpflichtet, den Behörden und ihren Organen auf eine bei der Vollziehung dieses Bundesgesetzes ergehende Aufforderung hin die für ihre Aufenthaltsberechtigung maßgeblichen Dokumente auszuhändigen, an der Feststellung der Rechtmäßigkeit der Einreise, des Aufenthalts und der Ausreise mitzuwirken und sich erforderlichenfalls in Begleitung eines Organs an jene Stelle zu begeben, an der die Dokumente verwahrt sind.** Für EWR-Bürger und Schweizer Bürger gilt dies nur insoweit, als deren Identität und Staatsangehörigkeit nicht zweifelsfrei mit anderen Mitteln nachgewiesen werden kann.

(2) Fremde sind verpflichtet, ihr Reisedokument mit sich zu führen oder in einer solchen Entfernung von ihrem jeweiligen Aufenthaltsort zu verwahren, dass seine Einholung (Abs. 1) ohne unverhältnismäßige Verzögerung erfolgen kann. Die Verzögerung ist noch verhältnismäßig, wenn
1. das Reisedokument innerhalb des Sprengels der Fremdenpolizeibehörde erster Instanz seines Aufenthaltes verwahrt wird oder
2. die Einholung des Reisepasses voraussichtlich nicht länger als eine Stunde in Anspruch nehmen würde.

(3) Fremde sind in begründeten Fällen zur Überprüfung ihres Rechts zum Aufenthalt im Bundesgebiet verpflichtet, den Fremdenpolizeibehörden und den Organen des öffentlichen Sicherheitsdienstes auf Verlangen Auskunft über den Zweck und die beabsichtigte Dauer ihres Aufenthaltes im Bundesgebiet zu erteilen und den Besitz der Mittel zu ihrem Unterhalt nachzuweisen.

(4) Fremde, die einen Aufenthaltstitel oder eine Dokumentation des Aufenthaltsrechtes nach dem Niederlassungs- und Aufenthaltsgesetz, Karten nach §§ 51 und 52 AsylG 2005 oder einen Lichtbildausweis für Träger von Privilegien und Immunitäten (§ 95) innehaben, genügen Abs. 2, wenn sie diesen mit sich führen.

Übersicht:
1. Hinweise auf innerstaatliche Normen
2.-4. Materialien
5.-6. Anmerkungen
7. Judikatur

1. Siehe II.A. §§ 51 und 52 AsylG 2005; II.C. §§ 8 und 9 NAG.

2. **RV 952 XXII. GP**

Bereits im Fremdengesetz 1992 war Bedarf dafür gegeben, für den Nachweis der Aufenthaltsberechtigung vorzusehen. Im Fremdengesetz 1997 fand sich eine korrespondierende Regel in § 32 Fremdengesetz 1997.
Auf Anregung der Praxis wurde – wie schon im Fremdengesetz 1997 – eine verwaltungsstrafbewährte Regelung (Abs. 2 i.V.m. § 120 Abs. 2) hinzugefügt, die bewirken soll, dass jeder Fremde die Reisedokumente in einem solchen örtlichen Naheverhältnis zu seiner Person aufbewahrt, dass diese Dokumente ohne unvertretbare Verzögerung auch vorgewiesen werden können. Da es immer wieder zu verschiedenen Auslegungsauffassungen kam, wurde nunmehr der Versuch einer Klarstellung unternommen. Im Ergebnis ist nunmehr die Einholung des Reisepasses noch verhältnismäßig, wenn der Reisepass innerhalb des Sprengels einer Fremdenpolizeibehörde des Aufenthaltes verwahrt wird, oder die Einholung nicht länger als eine Stunde in Anspruch nehmen würde.
Abs. 3 stellt klar, dass die Organe des öffentlichen Sicherheitsdienstes nach Zweck und Dauer des voraussichtlichen Aufenthalts fragen dürfen; dies ist notwendig, um etwa feststellen zu können, ob die Voraussetzungen für Sichtvermerksfreiheit vorliegen oder nicht.
Fremden, denen ein dem Zweck der Identitätsfeststellung entsprechender Ausweis ausgestellt wird, sollen durch deren Innehabung auch damit ihrer Verpflichtung nach Abs. 4 nachkommen können. Dies stellt sowohl für die Fremden als auch für die Behörden eine Erleichterung dar, die zu keinem Defizit in der Vollziehung der Fremdenpolizei führt.

3. **AB 1055 XXII. GP**

Im § 32 Abs. 1 wurde für EWR-Bürger und Schweizer Bürger mit Berücksichtigung des Vorabentscheidungsverfahrens in der Rechtssache C-215/03 die Möglichkeit geschaffen, ihre Identität und Staatsangehörigkeit auch mit anderen Mitteln nachweisen zu können. Abs. 3 erfährt aus datenschutzrechtlicher Sicht insofern eine Einschränkung, als die normierte Verpflichtung Fremder sich auf die Überprüfung ihres Rechts zum Aufenthalt bezieht.

4. **AF 1055 XXII. GP**

Zu § 32 Abs. 3 FPG hinsichtlich der Verpflichtungen Fremder stellt der Ausschuss fest, dass die Verpflichtung Fremder, nach § 32 Abs. 3 Auskunft über Zweck und Dauer ihres Aufenthaltes zu erteilen bzw. ausreichende Existenzmittel nachzuweisen, nur dann besteht, wenn dies in begründeten Fällen zur Überprüfung ihres Aufenthaltsrechtes von Bedeutung ist. Bei einem EWR-Bürgers wird dies erst bei einem Aufenthalt ab dem vierten Monat relevant sein, weil EWR-Bürger, die ihr Recht auf Freizügigkeit in Anspruch nehmen, in diesem Fall gemäß der Richtlinie 2004/38/EG zum Nachweis ausreichender Existenzmittel verpflichtet sind. Touristen sind von einer derartigen Verpflichtung nicht betroffen.

5. Anm: Organe des öffentlichen Sicherheitsdienstes befinden sich dann in Vollziehung dieses Bundesgesetzes, wenn sie entsprechend gesichert davon ausgehen können, dass es sich um einen Fremden handelt und sie sich dazu entschließen, fremdenpolizeiliche Maßnahmen zu setzen. Dazu sind Äußerlichkeiten, wie etwa die dunkle Haufarbe oder Herkunft eines Menschen im Hinblick auf das Verbot rassischer Diskriminierung alleine jedenfalls nicht geeignet (vgl VfGH B 1128/02, VfSlg 17.017), können jedoch in Zusammenschau mit anderen Wahrnehmungen und Eindrücken einer polizeilichen Handlungssituation zu diesem Ergebnis führen.

6. Anm: Die Verpflichtung zur Verwahrung des Reisedokuments in einer solchen Entfernung, wonach die Einholung des Reisepasses voraussichtlich nicht länger als eine Stunde in Anspruch nimmt, ist dahingehend anzuwenden, als vor Einholung eine dem Einzelfall entsprechende und verschiedene Einflüsse, wie Verkehrssituation, berücksichtigende Prognose über die Dauer der Einholung zu erstellen ist und dieser entsprechend eine Entscheidung zu treffen ist.

Wesentlich ist, dass das Reisedokument bereits als eingeholt gilt, wenn faktische Verfügungsgewalt besteht und nicht erst dann, wenn die die Einholung vornehmenden Beamten wieder zu ihrem Dienstort zurückgekehrt sind.

Beachtet man das Gebot der Verhältnismäßigkeit, so kann es im Einzelfall zur Verhinderung einer Festnahme auch durchaus geboten sein, die Einholung des Reisedokumentes durch Beamte, die am Verwahrungsort ihren Dienst versehen, vornehmen zu lassen.

7. Jud: VfGH B 1128/02, VfSlg 17.017.

5. Hauptstück: Befugnisse der Organe des öffentlichen Sicherheitsdienstes

Auskunftsverlangen

§ 33. (1) Die Organe des öffentlichen Sicherheitsdienstes sind für Zwecke der Besorgung der Fremdenpolizei ermächtigt, von Personen Auskunft zu verlangen, von denen auf Grund eines Naheverhältnisses zu einem Fremden oder eines Vorfalles im Zusammenhang mit einem Fremden anzunehmen ist, sie könnten über
1. die rechtswidrige Einreise eines Fremden;
2. den rechtswidrigen Aufenthalt eines Fremden oder
3. strafbare Handlungen nach diesem Bundesgesetz

Auskunft erteilen.

(2) Die Ausübung von Zwangsgewalt zur Durchsetzung dieser Befugnis ist unzulässig.

Übersicht:
1.-2. Materialien
3. Anmerkung

1. RV 952 XXII. GP

Die Organe des öffentlichen Sicherheitsdienstes sollen ermächtigt sein, von Personen, Mitteilungen über fremdenpolizeilich relevante Sachverhalte entsprechende Auskünfte einzuholen. Der Betroffene soll verpflichtet sein, sich dieser Befragung zu stellen. Es wird ihm in der konkreten Situation nicht möglich sein, sich eine Befragung durch die Organe des öffentlichen Sicherheitsdienstes zu verbieten. Freilich hat auch das Organ des öffentlichen Sicherheitsdienstes keine Möglichkeit, durch Ausübung von Zwang zu einer inhaltlichen Aussage zu kommen. Eine Verpflichtung zu wahrheitsgemäßer Äußerung besteht nicht. Darüber hinaus ist auf die Erläuterungen zu § 13 Abs. 1 und 2 verwiesen.

Befragte haben allfällige gesetzliche Verschwiegenheitspflichten zu beachten. Die Norm entbindet daher Personen, die einer Verschwiegenheitspflicht unterliegen, keinesfalls von dieser. Es liegt alleine in der Dispositionsspähre des Befragten, ob dieser auf das Auskunftsverlangen antwortet oder nicht. Da die Organe von diesen Pflichten unter Umständen keine Kenntnis haben, ist die einzig sachgerechte Lösung für einen Vollzug sohin die Einräumung eines nicht durchsetzbaren Fragerechts.

2. AB 1055 XXII. GP

In § 33 Abs. 1 werden Kriterien festgelegt, anhand derer sich bestimmen lässt, in welcher Situation von einer an sich unbeteiligten Person Auskunft verlangt werden kann.

3. Anm:
So wie auch das Auskunftsverlangen nach dem Sicherheitspolizeigesetz kennt auch jenes des Fremdenpolizeigesetzes einen Adressa-

tenkreis. Da zur Durchsetzung der Befugnis die Anwendung von Zwangsgewalt nicht zulässig ist, bewirkt ein schlichtes Auskunftsverlangen an andere als im Adressatenkreis bestimmte Personen lediglich, dass hier ein exekutives Handeln stattfindet, das gesetzlich nicht dargestellt ist, umgekehrt aber deshalb auch nicht untersagt wäre.

Identitätsfeststellung

§ 34. (1) Die Organe des öffentlichen Sicherheitsdienstes sind zur Feststellung der Identität einer Person ermächtigt,
1. **wenn auf Grund bestimmter Tatsachen anzunehmen ist, sie wäre als Fremder rechtswidrig in das Bundesgebiet eingereist oder hielte sich im Bundesgebiet rechtswidrig auf;**
2. **wenn auf Grund bestimmter Tatsachen anzunehmen ist, dass gegen sie ein Festnahmeauftrag (§ 74) vorliegt oder**
3. **wenn auf Grund bestimmter Tatsachen anzunehmen ist, sie würde sich als Fremder außerhalb des Bereiches aufhalten, auf den ihr Aufenthalt beschränkt ist.**

(2) Die Feststellung der Identität ist das Erfassen der Namen, des Geburtsdatums und der Wohnanschrift einer Person in dessen Anwesenheit. Sie hat mit der vom Anlass gebotenen Verlässlichkeit zu erfolgen.

(3) Die Organe des öffentlichen Sicherheitsdienstes haben Personen, deren Identität festgestellt werden soll, hievon in Kenntnis zu setzen. Jeder Betroffene ist verpflichtet, an der Feststellung seiner Identität mitzuwirken und die unmittelbare Durchsetzung der Identitätsfeststellung zu dulden.

Übersicht:
1.-2.   Materialien
3.-4.   Anmerkungen
5.   Judikatur

1. RV 952 XXII. GP

Hinsichtlich jener Personen, die in offensichtlichem Zusammenhang fremdenpolizeilicher Tätigkeit zu stehen scheinen, weist die bisherige Rechtslage ein Defizit auf. Die Befugnis zur Identitätsfeststellung wird ausnahmslos an einen verwaltungsrechtlichen Tatverdacht geknüpft. Die Durchsetzung der Verpflichtung, seine Identität Preis zu geben, ist durch eine Mitwirkungs- und eine Duldungsverpflichtung des Betroffenen sichergestellt. Der Betroffene hat dem Organ des öffentlichen Sicherheitsdienstes Auskunft zu erteilen und auch sonst daran mitzuwirken, dass die Identität mit der vom Anlass her gebotenen Verlässlichkeit festgestellt werden kann. Kommt er dieser Verpflichtung nicht nach, so hat das Organ des öffentlichen Sicherheitsdienstes das Recht, die Identitätsfeststellung unmittelbar durchzusetzen. Hiebei wird es freilich im besonderen Maße auf die Wahrung der Verhältnismäßigkeit Bedacht zu nehmen haben. Bei der Feststellung der Identität sind die Organe des öffentlichen Sicherheitsdienstes zwar ermächtigt, auch andere personenbezogene Daten zu ermitteln, wenn es dafür eine Rechtsgrundlage nach dem 11. Hauptstück dieses Bundesgesetzes gibt, die unmittelbare Durchsetzung der Identitätsfeststellung darf sich jedoch nur auf die im Abs. 2 genannten Daten beschränken.

Bei dieser unmittelbaren Durchsetzung handelt es sich nach der ständigen Judikatur des Verfassungsgerichtshofes (vgl. VfSlg 5280) um keinen Eingriff in das verfassungsgesetzlich gewährleistete Recht auf persönliche Freiheit, weil es dem Organ des öffentlichen Sicherheitsdienstes zu keiner Zeit um eine Freiheitsbeschränkung des Betroffenen, sondern ausschließlich darum geht, dessen Identität festzustellen.

Durch die Normen wird keine unbeschränkte Ausweispflicht eingeführt. Vielmehr bedarf jede Identitätsfeststellung das Vorliegen von bestimmten Tatsachen. Das Vorliegen bestimmter Tatsachen verlangt (ex ante) eine Gewissheit über Geschehnisse, Zusammenhänge etc., die die erforderliche Annahme rational zu tragen vermögen, wobei allerdings nicht bloß die Umstände einer konkreten Situation in Betracht kommen. Es kommt auf eine Gesamtschau der Umstände an, wie etwa die Kenntnisse der Behörde über frühere Vorfälle, glaubwürdige Zeugenaussagen oder örtlich-zeitliche Nahebeziehungen zu gefährlichen Angriffen. Die Identitätsfeststellung beim Verdacht der Schlepperei oder einer anderen gerichtlich strafbaren Handlung nach diesem Bundesgesetz richtet sich – je nach Stand der Straftat und der Verfolgungshandlung – nach dem SPG oder der StPO.

2. AB 1055 XXII. GP

Redaktionsversehen werden beseitigt.

3. Anm: Der VwGH hat in seinem Erk vom 29.07.1998, 97/01/0448, festgestellt, dass gem § 35 Abs 2 SPG jedes Erfassen der Namen, des Geburtsdatums und der Wohnanschrift eines Menschen in dessen Anwesenheit eine Feststellung der Identität darstellt. Eine besondere Qualität des Erfassens dieser Daten (etwa im Wege der Ausübung unmittelbarer behördlicher Befehls- und Zwangsgewalt) scheint demnach bei wörtlicher Auslegung der genannten Bestimmung nicht notwendig, um von einer Identitätsfeststellung nach § 35 SPG sprechen zu können. Dieses Erk ist ohne weiteres auch auf gegenständliche Rechtslage anwendbar. Das bedeutet jedoch, dass der Begriff der Identitätsfeststellung nicht ausschließlich auf solche Maßnahmen beschränkt ist, mit denen in irgendeiner Form ein imperativer Anspruch zum Ausdruck gebracht wird, sondern auch Maßnahmen mit minderem Anordnungscharakter, bei denen nicht bereits die Erteilung eines Befehls oder die Ausübung von Zwang erblickt werden kann, als Identitätsfeststellung im vorliegendem Sinn gilt.

4. Anm: So wie bei jedem Handeln und Einschreiten von Organen des öffentlichen Sicherheitsdienstes die Wahrung der Verhältnismäßigkeit ein wesentlicher Grundsatz ist, ist er umso mehr dort zu beachten, wo Eingriffsrechte in Anspruch genommen werden. Aus der Systematik des FPG und den zur Verfügung stehenden Eingriffsrechten zur Feststellung der

Rechtmäßigkeit des Aufenthaltes einer Person ergeben sich somit folgende abgestufte Eingriffsszenarien:

Besteht materiell für das Organ des öffentlichen Sicherheitsdienstes die Berechtigung, die Aufenthaltsberechtigung eines Fremden festzustellen, so hat sie in einer abgestuften Eingriffsintensität (= verhältnismäßig), stattzufinden. Es ist daher zunächst zu prüfen, inwieweit mit der Möglichkeit eines Auskunftsverlangens das Auslangen gefunden werden kann. Dies ist natürlich bezogen auf den Einzelfall und auf die Verlässlichkeit und Qualität der Auskunftsperson zu beurteilen.

Scheint diese Maßnahme nicht zweckmäßig, so ist unter Rückgriff auf die Bestimmung des § 32 zu versuchen, die Rechtmäßigkeit des Aufenthaltes festzustellen. Auch in Bezug auf diese Bestimmung ist jene Maßnahme zu wählen, die noch geeignet ist, den angestrebten Erfolg herbeizuführen, aber die geringste Eingriffsintensität aufweist.

Erst dann, wenn keine dieser vorgezeichneten Maßnahmen geeignet sind, den angestrebten Erfolg herbeizuführen, ist zu prüfen, ob die Voraussetzungen einer Festnahme im Sinne des § 39 vorliegen.

5. Jud: VwGH 29.07.1998, 97/01/0448.

Überprüfung der Rechtmäßigkeit der Einreise und des Aufenthalts

§ 35. Die Organe des öffentlichen Sicherheitsdienstes sind ermächtigt, die Rechtmäßigkeit der Einreise und des Aufenthalts von Fremden zu überprüfen, wenn bestimmte Tatsachen die Annahme rechtfertigen, dass der Fremde rechtswidrig in das Bundesgebiet eingereist ist oder sich in diesem rechtswidrig aufhält, sofern dies nicht schon durch die Identitätsfeststellung mit der nötigen Sicherheit festgestellt werden kann.

Übersicht:
1.-2. Materialien
3. Anmerkung

1. RV 952 XXII. GP

Neben der Identitätsfeststellung des § 34 soll es den Organen des öffentlichen Sicherheitsdienstes auch möglich sein; insbesondere inhaltlich korrespondierend zu § 31; festzustellen, ob der Fremde rechtmäßig im Bundesgebiet aufhältig ist. Darüber hinaus gilt das zu § 34 Gesagte.

2. AF 1055 XXII. GP

Zu § 35 FPG stellt der Ausschuss für innere Angelegenheiten fest, dass die Notwendigkeit des Vorliegens bestimmter Tatsachen als Voraussetzung zur Befugnisausübung (ex ante) eine Gewissheit über Geschehnisse oder Zusammenhänge, die die erforderliche Annahme rational zu tragen vermögen, erfordert, wobei allerdings nicht bloß die Umstände einer konkreten Situation in Betracht kommen. Es kommt auf eine Gesamtschau der Umstände an, wie etwa die Kenntnis der Behörde über frühere Vorfälle, glaubwürdige Zeugenaussagen oder örtlich-zeitliche Nahebeziehungen zu fremdenpolizeilich relevanten Sachverhalten.

3. **Anm:** Diese Bestimmung ist im Kontext zu den Anmerkungen zu § 34 und zur Bestimmung des § 32 zu sehen. Sie stellt klar, unter welchen Voraussetzungen die Rechtmäßigkeit des Aufenthaltes abzuklären ist. Dabei ist immer auf die Situation des Einzelfalles abzustellen, der sich in einer Betrachtung aus den Verpflichtungen des Fremden nach § 32 und den objektiven Wahrnehmungen des einschreitenden Organs ergibt.

Betreten von Grundstücken, Betriebsstellen, Arbeitsstellen, Räumen und Fahrzeugen

§ 36. (1) Die Organe des öffentlichen Sicherheitsdienstes sind ermächtigt, Grundstücke, Räume, Betriebsstätten, Arbeitsstellen sowie Fahrzeuge zu betreten, soweit
   1. ein Durchsuchungsauftrag (§ 75) vorliegt und dies zur Durchsetzung dieses Auftrages notwendig ist;
   2. auf Grund bestimmter Tatsachen die Annahme gerechtfertigt ist, dass dies notwendig ist, um Fremde, an denen Schlepperei begangen wird (Geschleppte) oder die gegen Vorschriften verstoßen, mit denen die Prostitution geregelt ist, habhaft zu werden;
   3. auf Grund bestimmter Tatsachen die Annahme gerechtfertigt ist, dass darin mindestens fünf Fremde aufhältig sind und sich darunter Fremde befinden, die sich nicht rechtmäßig im Bundesgebiet aufhalten, oder
   4. auf Grund bestimmter Tatsachen die Annahme gerechtfertigt ist, dies sei notwendig, um Fremde, die sich nicht rechtmäßig im Bundesgebiet aufhalten, bei einer unerlaubten Erwerbstätigkeit zu betreten.

(2) In den Fällen des Abs. 1 Z 3 und 4 gilt § 13 Abs. 3 nur insoweit, als ein behördlicher Auftrag vorliegt oder Gefahr im Verzug das sofortige Einschreiten gebietet.

(3) In den Fällen des Abs. 1 ist dem Beteiligten auf sein Verlangen sogleich oder binnen der nächsten 24 Stunden eine Bescheinigung über das Betreten und die Gründe des Betretens zuzustellen.

Übersicht:
   1.-2.   Materialien
   3.-4.   Anmerkungen
   5.   Judikatur

1. RV 952 XXII. GP

Die Befugnis, Grundstücke und Räumlichkeiten zu betreten, erweist sich für die Durchsetzung fremdenpolizeilicher Maßnahmen als erforderlich. Die vorgeschlagene Norm entspricht im wesentlichen § 71 Fremdengesetz 1997.

Die Notwendigkeit des Vorliegens bestimmter Tatsachen als Voraussetzung zur Befugnisausübung erfordert (ex ante) eine Gewissheit über Geschehnisse oder Zusammenhänge, die die erforderliche Annahme rational zu tragen vermögen, wobei allerdings nicht bloß die Umstände einer konkreten Situation in Betracht kommen. Es kommt auf eine Gesamtschau der Umstände an, wie etwa die Kenntnis der Behörde über frühere Vorfälle, glaubwürdige Zeugenaussagen oder örtlich-zeitliche Nahebeziehungen zu fremdenpolizeilichen relevanten Sachverhalten. Bestimmte Tatsachen lassen sich auch aus allgemeinen Kriterien, wie z.b. Lagebildern, ableiten (vgl. RV 1479 BlgNR 20. GP, 16). Dem gegenüber liegt ein Verdacht immer nur dann vor, wenn er auf Grund einer Schlussfolgerung dieser Tatsachen entsteht.

Abs. 1 Z 4 ist jene Bestimmung, die gewährleisten soll, bei Kontrollen nach dem Ausländerbeschäftigungsgesetz in entsprechender Art und Weise unter Verfolgung fremdenpolizeilicher Intentionen Assistenz leisten zu können. Vor diesem Hintergrund und auf Grund des Umstandes, dass mehr als ein, nicht rechtmäßig aufhältiger, Fremder gefordert ist, lässt sich die Zielrichtung dieser Bestimmung, nämlich das Betreten von Betriebsstätten oder auch Baustellen, erkennen.

2. AB 1055 XXII. GP

Die Neugestaltung des § 36 berücksichtigt, dass das Betreten auf Grund eines Durchsuchungsauftrages bereits auf eine behördliche Anordnung zurückzuführen ist und sich deshalb vom Grunde deutlich von anderen Fällen der Betretung unterscheidet. Darüber hinaus findet das Bedürfnis der Praxis Berücksichtigung, dass es Situationen geben kann, in denen die Einholung eines Auftrages nicht möglich ist, ohne den Zweck der Amtshandlung zu vereiteln.

3. Anm: Mit dieser Bestimmung tangiert man Rechtsbereiche des Verwaltungsrechtes, die durchaus auch geeignet sind, in die Rechtssphäre der Justiz einzudringen. Nach Ansicht des VfGH gilt auch für Hausdurchsuchungen zum Zwecke der polizeilichen Aufsicht im Sinne des Gesetzes zum Schutze des Hausrechtes die Regel, dass nur bei Gefahr im Verzug auf einen richterlichen Befehl verzichtet werden darf. Zwar verzichtet der VfGH in neueren Erkenntnissen auf die Prüfung des Vorliegens von Gefahr im Verzug, woraus implizit ein Abgehen seiner ursprünglichen Auslegung abzuleiten ist, jedoch ist dies nicht soweit als gesichert anzusehen, als dass eine Regelung getroffen wird, die a priori verfassungsrechtlichen Grenzen durchbricht.

Die vorliegende Regelung stellt daher zum einen sicher, dass verfassungsrechtlich geboten scheinende Grenzen gewahrt bleiben und stellt zum anderen sicher, dass den Anforderungen eines fremdenpolizeilichen Vollzuges entsprochen wird.

Der VfGH hat in seinem Erk vom 17.06.1997, B 3123/96, bereits festgestellt, dass die Ausübung einer gesetzlich vorgesehenen Betretungsermächtigung keine Hausdurchsuchung darstellt und somit kein Eingriff iSd Gesetzes zum Schutz des Hausrechtes vorliegt.

4. Anm: Gefahr im Verzug liegt dann vor, wenn der Erfolg einer Amtshandlung nur durch ein sofortiges und unmittelbares Einschreiten sichergestellt wird, weil ein Zuwarten, insbesondere zur Einholung eines behördlichen Auftrages, diesen Erfolg vereiteln würde und das sofortige Einschreiten zum Anlass entsprechend in einem vertretbarem Verhältnis steht und somit dem Verhältnismäßigkeitsgrundsatz entspricht.

5. Jud: VfGH B 3123/96, VfSlg 14.864.

Durchsuchen von Personen

§ 37. (1) Die Organe des öffentlichen Sicherheitsdienstes sind zum Zwecke der Sicherstellung von Beweismittel (§ 38) ermächtigt, die Kleidung und die mitgeführten Behältnisse Fremder zu durchsuchen, wenn
1. **diese nach diesem Bundesgesetz festgenommen worden sind oder**
2. **der Verdacht besteht, dass diese sich nicht rechtmäßig im Bundesgebiet aufhalten und Beweismittel bei sich haben, die für eine Abschiebung, Durchbeförderung, Zurückschiebung oder Zurückweisung von Bedeutung sind.**

(2) Vor einer Durchsuchung nach Abs. 1 ist der Fremde aufzufordern, alle mitgeführten Beweismittel freiwillig herauszugeben; kommt er dieser Aufforderung nach, hat die Durchsuchung zu unterbleiben.

Übersicht:
- 1.-2. Hinweise auf innerstaatliche Normen
- 3. Materialien
- 4. Anmerkung

1. Siehe II.A. § 44 AsylG 2005.

2. Textauszug SPG

Durchsuchung von Menschen

§ 40. (1) Die Organe des öffentlichen Sicherheitsdienstes sind ermächtigt, Menschen, die festgenommen worden sind, zu durchsuchen, um sicherzustellen, daß diese während ihrer Anhaltung weder ihre eigene körperliche Sicherheit noch die anderer gefährden und nicht flüchten.
(2) Die Organe des öffentlichen Sicherheitsdienstes sind außerdem ermächtigt, Menschen zu durchsuchen, wenn auf Grund bestimmter Tatsachen anzunehmen ist, diese stünden mit einem gegen Leben, Gesundheit, Freiheit oder Eigentum gerichteten gefährlichen Angriff in Zusammenhang und hätten einen Gegenstand bei sich, von dem Gefahr ausgeht.
(3) Die den Organen des öffentlichen Sicherheitsdienstes in den Abs. 1 und 2 eingeräumten Befugnisse gelten auch für das Öffnen und das Durchsuchen von Behältnissen (zB Koffer oder Taschen), die der Betroffene bei sich hat.

(4) Bei Durchsuchungen gemäß Abs. 1 und 2 haben sich die Organe des öffentlichen Sicherheitsdienstes auf eine Durchsuchung der Kleidung und eine Besichtigung des Körpers zu beschränken, es sei denn, es wäre auf Grund bestimmter Tatsachen anzunehmen, der Betroffene habe einen Gegenstand in seinem Körper versteckt; in solchen Fällen ist mit der Durchsuchung ein Arzt zu betrauen.

3. RV 952 XXII. GP

Nach Abs. 1 sind die Organe des öffentlichen Sicherheitsdienstes ermächtigt, nach diesem Bundesgesetz Festgenommene sowie Personen, die sich rechtswidrig im Bundesgebiet aufhalten und Beweismittel für eine Abschiebung, Durchbeförderung, Zurückweisung oder Zurückschiebung bei sich haben, zur Sicherstellung von Beweismitteln zu durchsuchen. Z 1 steht in keinem Spannungsverhältnis zu § 40 SPG, da die Durchsuchung eines Festgenommenen nach Z 1 der Suche von Beweismittel dient.

Abs. 2 sieht als Ausfluss der Verhältnismäßigkeit vor, dass eine Durchsuchung nicht mehr vorzunehmen ist, wenn der Betroffene selbst die mitgeführten Beweismittel herausgibt. Daher ist der Fremde vor einer Durchsuchung aufzufordern, alle mitgeführten Beweismittel freiwillig herauszugeben.

Die Personsdurchsuchung steht in Österreich unter dem Schutz der Art. 3 und 8 EMRK. Der Verfassungsgerichtshof hat mehrfach festgestellt, dass die Durchsuchung einer Person nicht als Eingriff in die persönliche Freiheit zu werten ist (vgl. VfSlg. 7298 und 9384). Einfachgesetzliche Regelungen, die eine Personsdurchsuchung vorsehen, sind am Maßstab des Art. 8 Abs. 2 EMRK zu messen. Ob einer Personsdurchsuchung eine die Menschenwürde beeinträchtigende gröbliche Missachtung des Betroffenen als Person eigen ist und ob sie damit eine erniedrigende Behandlung im Sinne des Art. 3 EMRK darstellt, ist im Einzelfall zu prüfen. Zulässig ist jedenfalls nur eine Durchsuchung der Kleidung.

4. Anm: Wesentlich ist die Unterscheidung zur Bestimmung des § 40 SPG aufzuzeigen. Sowohl diese als auch Abs 1 Z 1 haben dieselben Zielpersonen, nämlich solche, die, wenn auch nach den Bestimmungen des FPG, festgenommen worden sind. Ist es Intention der vorliegenden Bestimmung ausschließlich Beweismittel zu sichern, so ist es Ziel des § 40 Abs 1 SPG eine Gefährdungssituation hintan zu halten. Auf Grund dieser verschiedenen Gesichtspunkte ist auch die jeweilige Eingriffsintensität eine unterschiedliche. Beschränken sich nämlich die Maßnahmen bei vorliegender Bestimmung auf die Durchsuchung der Kleidung und der mitgeführten Behältnisse, erlaubt § 40 Abs 1 SPG darüber hinaus eine Besichtigung des Körpers und in bestimmten Fällen auch eine Durchsuchung von Körperhöhlen, wobei letztere von einem Arzt vorzunehmen ist. Von Bedeutung ist in diesem Zusammenhang, dass eine nicht mit körperliche Berührung verbundene „Inaugenscheinnahme" des Körpers einer Person auch dann bereits die Intensität einer Besichtigung im Sinne einer Personendurchsuchung vorliegt, wenn bestimmte Mitwirkungshandlungen der betroffenen Person verlangt werden, sodass eine derartige Durchsuchung von der vorliegenden Bestimmung nicht umfasst ist.

Sicherstellen von Beweismitteln

§ 38. (1) Die Organe des öffentlichen Sicherheitsdienstes sind ermächtigt, Gegenstände und Dokumente, die für ein Verfahren oder für eine Abschiebung, Durchbeförderung, Zurückschiebung oder Zurückweisung nach diesem Bundesgesetz als Beweismittel benötigt werden, vorläufig sicherzustellen.

(2) Als Beweismittel gelten auch Gegenstände oder Dokumente, die im Zuge der Vollziehung einer Ausweisung oder eines Aufenthaltsverbotes, insbesondere zur Erlangung eines Ersatzreisedokuments für die Abschiebung, benötigt werden.

(3) Über die Sicherstellung von Beweismittel ist dem Betroffenen eine schriftliche Bestätigung auszufolgen; die Beweismittel sind der Fremdenpolizeibehörde zu übergeben und von dieser, sobald sie nicht mehr für Verfahren oder für eine Abschiebung, Durchbeförderung, Zurückschiebung oder Zurückweisung nach diesem Bundesgesetz benötigt werden, dem Betroffenen zurückzustellen, es sei denn, sie wären nach einem anderen Bundesgesetz sicherzustellen.

Übersicht:
1. Hinweise auf innerstaatliche Normen
2. Materialien
3. Anmerkung

1. Siehe II.A. §§ 21 und 44 AsylG 2005.

2. RV 952 XXII. GP

Die Sicherstellung korrespondiert mit der Personsdurchsuchung und zielt darauf ab, Beweismittel für eine Abschiebung, Durchbeförderung, Zurückweisung oder Zurückschiebung bei nach diesem Bundesgesetz zu sichern, worunter nach Abs. 2 auch Dokumente fallen, die zur Erlangung eines Dokuments für eine Abschiebung, z.B. eines Heimreisezertifikates, von Bedeutung sind.

Die Sicherstellung kann erforderlichenfalls auch mit unmittelbarem Zwang durchgesetzt werden (siehe § 13). Die Rechtssprechung der Gerichtshöfe des öffentlichen Rechts qualifiziert Beschlagnahmen konsequenterweise regelmäßig als Akte der unmittelbaren Befehls- und Zwangsgewalt.

Das Beweismittel wird längstenfalls bis zum Zeitpunkt der Durchsetzung benötigt.

3. Anm: Sowohl diese Bestimmung als auch § 21 AsylG 2005 legen ausdrücklich fest, dass andere Sicherstellungsnormen unberührt bleiben. Für die Praxis bedeutet dies konkret, dass nach den Bestimmungen des AsylG 2005 sichergestellte Gegenstände, die für ein asylrechtliches Verfahren nicht mehr benötigt werden, dann nicht dem Asylwerber zurückzustellen sind, wenn materiell ein weiteres Sicherstellungsbefugnis insbesondere jenes des FPG vorliegt. In diesem Fall sind die Gegenstände der zuständigen Fremdenpolizeibehörde zu übermitteln. Gleiches gilt für nach den Bestimmungen des FPG vorgenommen Sicherstellungen im Verhältnis zum AsylG 2005.

Festnahme

§ 39. (1) Die Organe des öffentlichen Sicherheitsdienstes sind ermächtigt, einen Fremden zum Zwecke einer für die Sicherung des Verfahrens unerlässlichen Vorführung vor die Behörde festzunehmen, wenn
1. sie ihn bei Begehung einer Verwaltungsübertretung nach § 120 auf frischer Tat betreten oder
2. er seiner Verpflichtung nach § 32 Abs. 1 nicht nachkommt.

(2) Die Organe des öffentlichen Sicherheitsdienstes sind ermächtigt, einen Fremden festzunehmen,
1. gegen den ein Festnahmeauftrag (§ 74 Abs. 1 oder 2) besteht, um ihn der Behörde vorzuführen;
2. der innerhalb von sieben Tagen nach der Einreise bei nicht rechtmäßigem Aufenthalt betreten wird oder
3. der auf Grund einer Übernahmserklärung (§ 19) einreist ist.

(3) Die Organe des öffentlichen Sicherheitsdienstes sind ermächtigt, Asylwerber und Fremde, die einen Antrag auf internationalen Schutz gestellt haben, zum Zwecke der Vorführung vor die Behörde festzunehmen, wenn
1. gegen diesen eine durchsetzbare – wenn auch nicht rechtskräftige – Ausweisung (§ 10 AsylG 2005) erlassen wurde;
2. gegen diesen nach § 27 AsylG 2005 ein Ausweisungsverfahren eingeleitet wurde;
3. gegen diesen vor Stellung des Antrages auf internationalen Schutz eine durchsetzbare Ausweisung (§§ 53 oder 54), oder ein durchsetzbares Aufenthaltsverbot (§ 60) verhängt worden ist oder
4. auf Grund des Ergebnisses der Befragung, der Durchsuchung und der erkennungsdienstlichen Behandlung anzunehmen ist, dass der Antrag des Fremden auf internationalen Schutz mangels Zuständigkeit Österreichs zur Prüfung zurückgewiesen werden wird.

(4) In den Fällen der Abs. 1 Z 1, Abs. 2 Z 2 und Abs. 3 kann die Festnahme unterbleiben, wenn gewährleistet ist, dass der Fremde das Bundesgebiet unverzüglich über eine Außengrenze verlässt.

(5) Die zuständige Fremdenpolizeibehörde ist ohne unnötigen Aufschub über die erfolgte Festnahme zu verständigen. Die Anhaltung eines Fremden ist in den Fällen des Abs. 1 bis zu 24 Stunden und in den Fällen des Abs. 2 und 3 bis zu 48 Stunden zulässig; darüber hinaus ist Freiheitsentziehung nur in Schubhaft möglich. Dem festgenommenen Fremden ist die Vornahme der Festnahme über sein Verlangen schriftlich zu bestätigen.

(6) Fremde, für die ein Übernahmeauftrag zwecks Durchbeförderung (§ 74 Abs. 3) erlassen worden ist, sind von Organen des öffent-

lichen Sicherheitsdienstes nach der Einreise in Anhaltung zu übernehmen; die Anhaltung ist bis zu 72 Stunden zulässig. Kann die Durchbeförderung während dieser Zeit nicht abgeschlossen werden, so ist eine weitere Freiheitsentziehung nur zulässig, wenn die Behörde die Schubhaft anordnet. Eine Verständigung der Behörde von der Übernahme eines solchen Fremden ist nicht erforderlich.

Übersicht:
1. Hinweise auf innerstaatliche Normen
2-3. Materialien
4-7. Anmerkungen
8. Judikatur

1. Siehe II.A. § 47 AsylG 2005.

2. RV 952 XXII. GP

Die Festnahme nach Abs. 1 zielt darauf ab, die für die Führung eines Verfahrens unerlässliche Anwesenheit des Betroffenen bei der Behörde sicherzustellen und korrespondiert ausschließlich mit den Verwaltungsübertretungen des § 120. Die Festnahme eines Unmündigen kommt daher nach Abs. 1 Z 1 nicht in Betracht.

Demnach ist nach dieser Bestimmung eine Festnahme nur zulässig, wenn sich der Fremde unbefugt im Bundesgebiet aufhält, wobei auch hier wiederum zwischen den Begriffen der rechtmäßigen Einreise, des rechtmäßigen Aufenthaltes und der rechtmäßigen Ausreise unterschieden werden muss. Natürlich hat die Festnahme im Fall der nicht rechtmäßigen Ausreise – unbeschadet der verwaltungsrechtlichen Verantwortlichkeit – zu unterbleiben, wenn gewährleistet ist, dass der Betroffene das Bundesgebiet unverzüglich über die Außengrenze verlassen wird.

Weiters ist hier die Festnahme in jenen Fällen vorgesehen, in denen der Fremde sein Reisedokument nicht mitführt oder nicht entsprechend verwahrt, eine sonst für den Aufenthalt maßgebliche Berechtigung nicht aushändigt oder sich nicht in Begleitung an jene Stelle begibt, an der das Dokument verwahrt wird.

Das System der vorgelegten Entwürfe zum Asylgesetz 2005 und zum FPG gehen davon aus, dass das materielle Asylrecht und das Asylverfahrensrecht – also die Normen die bis zur Erlangung eines Bescheides durch die Asylbehörden gelten – im Asylgesetz 2005 abgebildet sein sollen, währen die Normen, die zur fremdenpolizeilichen Durchsetzung dieser Entscheidungen – die nur bei ab- oder zurückweisenden Entscheidungen, die mit einer Ausweisung (§ 10 AsylG 2005) verbunden wurden, in Betracht kommen – im FPG ihren Niederschlag finden sollen.

Zur Sicherung der Ausweisung von Asylwerbern, über die nach § 76 Abs. 2 die Schubhaft verhängt werden kann, sind daher Festnahmebestimmungen, die der Vorführung vor die Fremdenbehörde dienen, zu normieren.

Abs. 3 Z 1 ermöglicht eine Festnahme von Asylwerber, deren Asylantrag abgewiesen wurde und gegen die eine – wenn auch nicht rechtskräftige – so doch durchsetzbare Ausweisung ausgesprochen wurde. Dies kann etwa bei einer Zurückweisung des Asylantrags der Fall sein, wenn der Berufung gegen die Ausweisung keine aufschiebende Wirkung zuerkannte wurde (§§ 36 f AsylG 2005) oder bei einer abweisenden Entscheidung, wenn das Bundesasylamt ausgesprochen hat, dass der Berufung eine aufschiebende Wirkung nicht zukommt (§§ 36 und 38 f AsylG 2005). Die Festnahme und allenfalls die Schubhaft ist zu beenden, wenn der unabhängige Bundesasylsenat der Berufung die aufschiebende Wirkung zuerkennt. Ist die Entscheidung der Asylbehörden in Rechtskraft erwachsen oder wurde das Verfahren als gegenstandslos abgelegt, ist Abs. 1 Z 1 für die Festnahme anzuwenden; der Fremde ist diesfalls kein Asylwerber mehr. Ein Fremder, dessen Verfahren nach § 24 AsylG 2005 eingestellt wurde, ist mittels Festnahmeauftrag (§ 26 AsylG) zur Festnahme auszuschreiben und – im Falle eines Antreffens im Rahmen einer Amtshandlung – der Asylbehörde vorzuführen. Er ist erst dann kein Asylwerber mehr, wenn eine Wiederaufnahme des Asylverfahrens wegen Zeitablaufs nicht mehr möglich ist (§ 24 Abs. 2 AsylG).

Abs. 3 Z 2 ermöglicht eine Festnahme von Asylwerber, in deren Verfahren gemäß § 27 AsylG 2005 ein Ausweisungsverfahren eingeleitet wurde. Die Einleitung des Ausweisungsverfahrens richtet sich nach § 27 AsylG und erfolgt ex lege dann, wenn sich der Asylwerber dem Verfahren in 2. Instanz entzieht oder im Zulassungsverfahren eine Mitteilung erfolgt, dass vorgesehen ist, das Verfahren zurück- oder gänzlich abzuweisen. Des weiteren kann ein Ausweisungsverfahren von der Behörde eingeleitet werden, wenn dies aus öffentlichem Interesse, etwa nach einer entsprechenden gerichtlich strafbaren Handlung, und bei Vorliegen einer negativen Prognose – es ist abzusehen, dass dem Fremden kein Status nach dem AsylG zuerkannt werden wird – gerechtfertigt erscheint.

Abs. 3 Z 3 soll das Ausweisungsverfahren von Asylwerbern sichern, die nach Erlassung eines durchsetzbaren fremdenpolizeilichen Titels zur Aufenthaltsbeendigung einen Asylantrag stellen. Zwar kann dieser Titel nicht vollzogen werden, jedoch hat sich seit in Kraft treten der Asylgesetznovelle 2003 in der Praxis gezeigt, dass die Verhinderung von Festnahme und Schubhaft ex lege einen Anreiz geschaffen hat, offensichtlich nur um Asyl anzusuchen, um der Festnahme und in weiterer Folge der Schubhaft zu entgehen. Dies soll nunmehr verhindert werden.

Abs. 3 Z 4 stellt auf jene Fälle ab, wo schon vor Einschaltung der Asylbehörden aber nach Stellung eines Asylantrags offensichtlich ist, dass es zur Ausweisung des Asylwerbers kommen wird, weil sein Antrag auf Asyl zurückzuweisen ist. Dies wird vor allem und regelmäßig bei Eurodac-Treffern der Fall sein; hier besteht den Erfahrungen der Praxis nach einerseits eine sehr hohe Wahrscheinlichkeit der Zurückweisung des Asylantrags und andererseits eine sehr hohe Geneigtheit der betroffenen Asylwerber, sich dem Verfahren zu entziehen.

Das Bundesverfassungsgesetz über den Schutz der persönlichen Freiheit legt die zeitliche Beschränkung der Festnahme zum Zwecke der Vorführung vor die Behörde wegen Verdachts der Verwaltungsübertretung mit 24, in den anderen Fällen mit 48 Stunden fest. Darüber hinaus ist eine Freiheitsentziehung daher nur in Schubhaft möglich.

Die Festnahmebestimmungen des Abs. 2 sind nicht etwa an eine Verdachtslage, sondern an eine Tatsachenlage gebunden. Es muss z.B. im Falle des Abs. 2 Z 2 feststehen, dass der Betroffene innerhalb der letzten sieben Tage bei nicht rechtmäßigem Aufenthalt betreten wurde. In Fällen, wo die Betretung durch ein Organ des öffentlichen Sicherheitsdienstes in unmittelbaren Anschluss an den Grenzübertritt erfolgt, soll das Organ nicht verpflichtet sein, die Festnahme unbedingt vorzunehmen, wenn statt dessen die Ausreise über eine Außengrenze und damit das Verlassen des Bundesgebietes gewährleistet werden kann. Z 3 enthält die für die Fälle der Übernahmeerklärung analoge Regelung zur Festnahme; da es in diesen Fällen zu keinem Entzug der persönlichen Freiheit kommt, kann nicht von einer Festnahme, sondern lediglich von einer Übernahme in die Anhaltung gesprochen werden. Dies hat zur Konsequenz, dass solche Fremde während ihrer Durchbeförderung durch Österreich die Rechte gemäß § 40, die auf die Festnahme ausgerichtet sind, nicht zukommen. Sie mussten ihnen bereits in jenem Land gewährt werden, das die Abschiebung veranlasst hat. Bei der Durchbeförderung handelt es sich eben bloß um die technische Gewährleistung der Fortsetzung einer Abschiebung.

3. AB 1055 XXII. GP

Da in § 2 Z 14 AsylG 2005 ein Fremder erst dann Asylwerber ist, wenn der Antrag auf internationalen Schutz eingebracht ist, wird in den §§ 39 Abs. 3 und 76 Abs. 2 durch die Einfügung der Wortfolge klargestellt, dass die Festnahmebestimmung auch auf jene Fremden Anwendung findet, die zwar einen Antrag auf internationalen Schutz gestellt haben, deren Antrag aber gemäß § 17 Abs. 2 AsylG 2005 noch nicht eingebracht ist.

4. Anm: Die Festnahme eines bei der Begehung einer Verwaltungsübertretung nach dem FPG auf frischer Tat betretenen Fremden ist schon dann zulässig, wenn das einschreitende Sicherheitsorgan das Verhalten des Fremden in der Form unmittelbar selbst wahrnimmt, als es zumindest in vertretbarer Weise von einer Verwaltungsübertretung nach diesem Bundesgesetz ausgehen konnte. Dies wird auch durch das Erk des VwGH vom 19.12.2003, 2001/02/0022, dargelegt. Demnach wurde in Rahmen einer Lokalkontrolle eine an sich zu sichtvermerksfreien Einreise berechtigte Fremde – wenn auch in Straßenbekleidung – in einer Bar angetroffen, wo sie mit einem männlichem Gast Getränke konsumierte. Im Rahmen der Ausweisleitung holte die Betroffene ihren Reisepass aus einem nur für Angestellte zugänglichen Raum. Dieser Sachverhalt wurde vom VwGH dermaßen qualifiziert, als das einschreitende Sicherheitsorgan mit gutem Grund annehmen konnte, dass eine Verwaltungsübertretung vorliegt, sodass die Festnahme als rechtmäßig qualifiziert wurde.

5. Anm: Die Festnahme eines Asylwerbers in den Fällen des Abs 3 dient der Schubhaft nach § 76 Abs 2 und ist daher dann zulässig, wenn die Verhängung der Schubhaft zumindest in Betracht kommt.

6. Anm: Der Festnahmetatbestand des Abs 3 Z 2 wird nicht nur im Zusammenhang mit straffällig gewordenen Asylwerbern von Bedeutung sein, sondern auch dann, wenn durch das asylbehördliche Ermittlungsverfahren eine zurückweisende Entscheidungen mangels Zuständigkeit Österreichs wahrscheinlich ist. Diese Möglichkeit ist auch im Verhältnis zur Festnahmebestimmung des Abs 3 Z 4 zu sehen, die im selben Zusammenhang, jedoch in einem früheren Stadion, beim Aufgriff des Betroffenen eine derartige Nähe zu einer Zurückweisungsentscheidung voraussetzt.

7. Anm: Abs 3 Z 3 bezieht sich auf jene Fälle, bei denen ein fremdenpolizeiliches Verfahren soweit fortgeschritten ist, dass ein durchsetzbares Aufenthaltsverbot oder eine durchsetzbare Ausweisung vorhanden ist. Wesentlich ist darüber hinaus, dass sich entsprechend den Übergangesbestimmungen des § 125 die vorliegende Bestimmung auch auf durchsetzbare Aufenthaltsverbote ausdehnen lässt, die nach dem Fremdengesetz 1997 erlassen worden sind und noch Wirkung entfalten. Auf Ausweisungen nach dem Fremdengesetz 1997 ist diese Bestimmung nicht anzuwenden.

8. Jud: VwGH 19.12.2003, 2001/02/0022.

Rechte des Festgenommenen

§ 40. (1) Jeder gemäß § 39 Abs. 1 bis 3 Festgenommene ist ehestens in einer ihm verständlichen Sprache über die Gründe seiner Festnahme und im Falle des § 39 Abs. 1 Z 1 über die gegen ihn erhobenen Anschuldigungen zu unterrichten.

(2) Auf Verlangen eines solchen Festgenommenen ist die konsularische Vertretung seines Heimatstaates unverzüglich von seiner Anhaltung zu unterrichten. § 36 Abs. 4 VStG und § 47 SPG gelten.

Übersicht:
1-2. Hinweise auf innerstaatliche Normen
3. Materialien
4. Anmerkung
5. Judikatur

1. Textauszug VStG

§ 36. ... (4) Für Zwecke des Verwaltungsstrafverfahrens Angehaltene dürfen von ihren Angehörigen und Rechtsbeiständen sowie von den diplomatischen oder konsularischen Vertretern ihres Heimatstaates besucht werden. Für den Brief- und Besuchsverkehr gilt § 53c Abs. 3 bis 5 sinngemäß.

2. Textauszug SPG

Durchführung einer Anhaltung

§ 47. (1) Jeder nach § 45 Festgenommene oder nach § 46 Vorgeführte hat das Recht, daß auf sein Verlangen ohne unnötigen Aufschub und

§ 40

nach seiner Wahl ein Angehöriger, in den Fällen des § 45 Abs. 1 Z 1 und des § 46 auch ein Rechtsbeistand, von der Festnahme (Vorführung) verständigt wird. Bei der Festnahme (Vorführung) und Anhaltung ist auf die Achtung der Menschenwürde des Betroffenen und auf die möglichste Schonung seiner Person Bedacht zu nehmen.

(2) Für die Anhaltung von Menschen nach diesem Bundesgesetz oder nach der Strafprozeßordnung gilt § 53c Abs. 1 und 2 des Verwaltungsstrafgesetzes 1991 (VStG), BGBl. Nr. 52/1991.

(3) Die Hausordnung für solche Anhaltungen in Hafträumen der Sicherheitsbehörden hat der Bundesminister für Inneres im Einvernehmen mit dem Bundesminister für Justiz mit Verordnung zu erlassen. In der Hausordnung sind die Rechte und Pflichten der Häftlinge unter Bedachtnahme auf die Gewährleistung der körperlichen Sicherheit der Angehaltenen, die Aufrechterhaltung der Ordnung in den Hafträumen sowie unter Berücksichtigung der in Hafträumen bestehenden räumlichen und personellen Gegebenheiten zu regeln.

3. RV 952 XXII. GP

Entsprechend den Vorgaben, die durch das Bundesverfassungsgesetz zum Schutz der persönlichen Freiheit für die Durchführung von Festnahme und Anhaltung geschaffen wurden, sollen auch im Fremdenpolizeigesetz die spezifischen Rechte des Festgenommenen geregelt werden. Hierbei hat die im Verwaltungsstrafgesetz geschaffene Rechtslage als Vorbild gedient. Die Erklärung der Gültigkeit des § 47 SPG bewirkt eine inhaltliche Anpassung, sodass nunmehr keine doppelte Regelung vorliegt. Im Falle des § 39 Abs. 1 Z 1 ist der Fremde auch darüber zu belehren, welcher Verwaltungsübertretung er sich schuldig gemacht haben soll. Erst dadurch ist es dem Fremden möglich, sich konkret zum Verdacht äußern und diesen unter Umständen zu entkräften. Diesfalls wäre des Fremden unverzüglich frei zu lassen.

Ein Festgenommener hat daher insbesondere das Recht, dass auf sein Verlangen ohne unnötigen Aufschub und nach seiner Wahl ein Angehöriger sowie ein Rechtsbeistand von der Festnahme verständigt werden. Bei der Festnahme und Anhaltung ist auf die Achtung der Menschenwürde des Betroffenen und auf die möglichste Schonung seiner Person Bedacht zu nehmen. § 53c Abs. 1 und 2 VStG gelten ebenso wie die Anhalteordnung.

4. Anm: Wird ein Festgenommener nicht in einer ihm verständlichen Sprache über die Gründe der Festnahme unterrichtet, so ist die ohne diese formellen Voraussetzungen vorgenommene Festnahme und damit auch die anschließende Anhaltung nicht rechtmäßig. Siehe dazu auch das Erk des VwGH vom 12.04.2005, 2003/01/0490.

5. Jud: VwGH 12.04.2005, 2003/01/0490.

Hinderung an der Einreise und Zurückweisung

§ 41. (1) Die Organe des öffentlichen Sicherheitsdienstes sind ermächtigt, Fremde, die versuchen, nicht rechtmäßig in das Bundesgebiet einzureisen, an der Einreise zu hindern.

(2) Die Organe des öffentlichen Sicherheitsdienstes sind ermächtigt, Fremde, die versuchen, in das Bundesgebiet einzureisen oder die eingereist sind, bei Landgrenzübergangsstellen anlässlich der Grenzkontrolle sowie auf Flugplätzen, in Häfen und im Zugsverkehr innerhalb des Grenzkontrollbereiches an der Einreise oder Weiterreise zu hindern (Zurückweisung), wenn
1. deren Einreise nicht rechtmäßig ist;
2. gegen sie ein durchsetzbares Aufenthaltsverbot besteht und ihnen keine Bewilligung zur Wiedereinreise (§ 72) erteilt wurde;
3. ein Vertragsstaat mitgeteilt hat, dass ihr Aufenthalt im Gebiet der Vertragsstaaten die öffentliche Ordnung oder nationale Sicherheit gefährden würde, es sei denn, sie hätten einen Aufenthaltstitel eines Vertragsstaates oder einen von Österreich erteilten Einreisetitel;
4. sie zwar zur rechtmäßigen Einreise berechtigt sind, aber bestimmte Tatsachen die Annahme rechtfertigen, dass
    a) ihr Aufenthalt im Bundesgebiet die öffentliche Ordnung oder Sicherheit oder die Beziehungen der Republik Österreich zu einem anderen Staat gefährden würden;
    b) sie ohne die hierfür erforderlichen Bewilligungen die Aufnahme einer Erwerbstätigkeit im Bundesgebiet beabsichtigen;
    c) sie im Bundesgebiet Schlepperei begehen oder an ihr mitwirken werden;
5. sie keinen Wohnsitz im Inland haben und nicht über die Mittel zur Bestreitung der Kosten ihres Aufenthaltes und ihrer Wiederausreise verfügen;
6. bestimmte Tatsachen die Annahme rechtfertigen, sie wollten den Aufenthalt im Bundesgebiet zur vorsätzlichen Begehung von Finanzvergehen, mit Ausnahme von Finanzordnungswidrigkeiten, oder zu vorsätzlichen Zuwiderhandlungen gegen devisenrechtliche Vorschriften benützen.

(3) Über die Zulässigkeit der Einreise ist nach Befragen des Fremden auf Grund des von diesem glaubhaft gemachten oder sonst bekannten Sachverhaltes zu entscheiden. Die Zurückweisung ist im Reisedokument des Fremden ersichtlich zu machen. Diese Eintragung ist auf Antrag des Betroffenen zu streichen, sofern deren Rechtswidrigkeit durch den unabhängigen Verwaltungssenat festgestellt worden ist.

Übersicht:
1. Materialien
2.-4. Anmerkungen
5. Judikatur

1. RV 952 XXII. GP

Die Zurückweisung soll im Verhältnis zur Zurückschiebung klarer abgegrenzt werden. Jedenfalls an der Einreise gehindert werden dürfen Fremde, die sich noch nicht im Bundesgebiet befinden und versuchen über die so genannte „grüne Grenze" rechtswidrig ins Bundesgebiet einzureisen (Abs. 1).

Nach Abs. 2 sollen Fremde, die versuchen, nicht rechtmäßig in das Bundesgebiet einzureisen oder die eingereist sind, anlässlich der Grenzkontrolle bei Landgrenzübergangstellen, Flugplätzen, Hafen und im Zugsverkehr innerhalb des Grenzkontrollbereiches zurückgewiesen werden.

Eine Zurückweisung ist jedenfalls nicht zulässig, wenn der Fremde im Bereich der „grünen" Grenze die Staatsgrenze überschritten hat und sich in Österreich befindet oder sich in den Fällen des Abs. 2 nicht mehr in den in Abs. 2 genannten Bereich befindet.

Z 3 in Abs. 2 ergibt sich aus der Umsetzung des SDÜ, das festlegt, dass bei Ausschreibung eines Drittstaatsangehörigen zur Einreiseverweigerung gemäß Art. 96 SDÜ, diesem die Einreise in das Gebiet der Schengener Staaten von jenem Staat zu verweigern ist, an dessen Außengrenze er in den Schengener Raum einreisen möchte, es sei denn der Fremde verfügt über einen Aufenthaltstitel eines anderen Vertragsstaates. In diesem Fall ist dem Fremden die Einreise auf Grund des Aufenthaltstitels dieses Vertragsstaates zu gewähren, der somit ein absolutes Einreiserecht in den Raum der Vertragsstaaten darstellt. Steht der Fremde auf der nationalen Ausschreibungsliste des Staates über den er einreisen möchte, darf er zwar nicht über die Außengrenze dieses Staates – aber über die Außengrenzen jedes anderen Staates – in das Gebiet der Vertragsstaaten einreisen. Gleichfalls nicht zurückgewiesen soll ein Fremder werden dürfen, der gemäß § 96 SDÜ ausgeschrieben ist, wenn er über einen österreichischen Einreisetitel verfügt. Anlässlich der Grenzkontrolle wird zu prüfen sein, ob dem Fremden dieser Einreisetitel abzuerkennen ist oder ob im Rahmen eines Konsultationsverfahrens die Ausschreibung zurückgenommen wird.

Abs. 2 Z 4 des Textes sieht die gesetzliche Verankerung der Zurückweisungsmöglichkeit des Fremden vor, wenn bestimmte Tatsachen die Annahme rechtfertigen, dass der Fremde sich die sichtvermerksfreie Einreise „erschleicht", tatsächlich aber einen der in lit. a bis c genannten Tatbestände verwirklichen soll.

Bei der Zurückweisung handelt es sich um eine Maßnahme der verwaltungsbehördlichen Befehls- und Zwangsgewalt, der kein formalisiertes Verwaltungsverfahren vorangeht. Um die Mitwirkungsverpflichtung des Fremden deutlich zu machen, wurde in Abs. 3 die Beweislastverteilung festgelegt. Das Grenzkontrollorgan kann nicht zur Erhebung verpflichtet werden, sondern der Fremde hat den für die Beurteilung maßgeblichen Sachverhalt vorzubringen und glaubhaft zu machen. Werden dem Fremden konkrete Zurückweisungstatbestände vorgeworfen, bedarf dies einen begründeten „Anfangsverdacht", den in weiterer Folge der Betroffene nach den Regeln der Beweislastumkehr zu entkräften hat.

Mit der Zurückweisung wird über einen zur sichtvermerksfreien Einreise berechtigten Fremden kein Einreiseverbot verhängt, sondern es wird ihm damit, sofern es sich um eine Zurückweisung nach Abs. 2 Z 4 und 6 handelt, eine besondere Bewilligungspflicht auferlegt. Die ersichtlich gemachte Zurückweisung soll daher der Vertretungsbehörde als Ansatzpunkt zur Erteilung der besonderen Bewilligung dienen.

2. Anm: Kehrt ein Fremder trotz Fehlens einer besonderen Bewilligung gemäß § 73 in das Bundesgebiet zurück, so verwirklicht er einen Aufenthaltsverbotstatbestand.

3. Anm: Wird bei einem Grenzkontrollorgan – auf Grund der Eintragungen im fremdenpolizeilichen Informationssystem (FIS) – der Eindruck des Vorliegens eines durchsetzbaren Aufenthaltsverbotes hervorgerufen, obwohl dem Aufenthaltsverbot aufschiebende Wirkung zuerkannt wurde, so erfolgte die auf Grund dieser Verdachtslage vorgenommene Zurückweisung des Fremden – mag sie dem Grenzkontrollorgan im Einzelfall subjektiv auch nicht vorgeworfen werden können – rechtswidrig (VwGH 09.11.2004, 2004/01/0125).

4. Anm: Ein Fremder, der einen Antrag auf internationalen Schutz gestellt hat (§ 2 Abs 1 Z 13 AsylG 2005), darf bis zur Erlassung einer durchsetzbaren asylrechtlichen Entscheidung, bis zur Gegenstandslosigkeit des Verfahrens oder nach einer Einstellung des Asylverfahrens innerhalb eines Zeitraumes von zwei Jahren nicht zurückgewiesen werden.

5. Jud: VwGH 09.11.2004, 2004/01/0125.

Sicherung der Zurückweisung

§ 42. (1) Kann ein Fremder, der zurückzuweisen ist, den Grenzkontrollbereich aus rechtlichen oder tatsächlichen Gründen nicht sofort verlassen, so kann ihm, unbenommen seines Rechtes, das Bundesgebiet jederzeit zu verlassen, zur Sicherung der Zurückweisung aufgetragen werden, sich für die Zeit dieses Aufenthaltes an einem bestimmten Ort innerhalb dieses Bereiches aufzuhalten.

(2) Fremden, die mit einem Luft-, Land- oder Wasserfahrzeug eines Beförderungsunternehmers eingereist sind, kann zur Sicherung der Zurückweisung untersagt werden, das Fahrzeug zu verlassen, oder angeordnet werden, sich in ein bestimmtes Fahrzeug, mit dem sie das Bundesgebiet verlassen können, zu begeben.

(3) Für Fremde, deren Zurückweisung zu sichern ist, gilt für den Aufenthalt an dem dafür bestimmten Ort der § 53c Abs. 1 bis 5 VStG.

Übersicht:

1. Hinweise auf innerstaatliche Normen
2. Materialien
3. Anmerkung

§ 42

1. Textauszug VStG

Durchführung des Strafvollzuges

§ 53c. *(1) Häftlinge dürfen ihre eigene Kleidung tragen und sich, ohne dazu verpflichtet zu sein, angemessen beschäftigen. Sie dürfen sich selbst verköstigen, wenn dies nach den verfügbaren Einrichtungen weder die Aufsicht und Ordnung beeinträchtigt noch unverhältnismäßigen Verwaltungsmehraufwand verursacht. Sie sind tunlichst von Häftlingen, die nach anderen Bestimmungen als nach diesem Bundesgesetz angehalten werden, männliche Häftlinge jedenfalls von weiblichen Häftlingen getrennt zu halten.*

(2) Häftlinge sind in einfach und zweckmäßig eingerichteten Räumen mit ausreichendem Luftraum und genügend Tageslicht unterzubringen. Die Haftäume sind gut zu lüften und in der kalten Jahreszeit entsprechend zu heizen. Bei Dunkelheit sind sie außerhalb der Zeit der Nachtruhe so zu beleuchten, daß die Häftlinge ohne Gefährdung des Augenlichtes lesen und arbeiten können. Es ist dafür zu sorgen, dass die Häftlinge Vorfälle, die das unverzügliche Einschreiten eines Aufsichtsorgans erforderlich machen könnten, diesem jederzeit zur Kenntnis bringen können.

(3) Ihr Briefverkehr darf nicht beschränkt, sondern nur durch Stichproben überwacht werden. Schriftstücke, die offenbar der Vorbereitung oder Weiterführung strafbarer Handlungen oder deren Verschleierung dienen, sind zurückzuhalten. Geld- oder Paketsendungen sind frei. Pakete sind in Gegenwart des Häftlings zu öffnen. Sachen, die die Sicherheit und Ordnung gefährden können, sind ihm jedoch erst bei der Entlassung auszufolgen, sofern sie nicht wegen ihrer Beschaffenheit vernichtet werden müssen.

(4) Häftlinge dürfen innerhalb der Amtsstunden Besuche empfangen, soweit dies unter Berücksichtigung der erforderlichen Überwachung ohne Gefährdung der Sicherheit und Ordnung sowie ohne Beeinträchtigung des Dienstbetriebes möglich ist.

(5) Der Brief- und Besuchsverkehr von Häftlingen mit inländischen Behörden und Rechtsbeiständen sowie mit Organen, die durch für Österreich verbindliche internationale Übereinkommen zum Schutz der Menschenrechte eingerichtet sind, darf weder beschränkt noch inhaltlich überwacht werden. Das gleiche gilt für den Verkehr ausländischer Häftlinge mit diplomatischen und konsularischen Vertretern ihres Heimatstaates.

2. RV 952 XXII. GP

In all den Fällen der Zurückweisung hat das Grenzkontrollorgan den Fremden zur „Rückkehr" ins Ausland aufzufordern. Dies wird solange kein Problem sein, als die Grenzkontrolle unmittelbar an der Grenze oder außerhalb des Bundesgebietes stattfindet. In jenen Fällen, in denen die Grenzkontrolle im Bundesgebiet erfolgt, hat das Grenzkontrollorgan darüber zu wachen, dass der Fremde sich wieder über die Grenze zurück ins Ausland begibt. Da dies insbesondere im Luft- und im Schiffsverkehr nicht immer sofort möglich ist, muss dem Grenzkontrollorgan auch die Möglichkeit eingeräumt sein, ihm in den Fällen, in denen das sofortige Verlassen des Bundesgebietes faktisch nicht möglich ist, eine bestimmte Örtlichkeit zu-

zuweisen, in der er sich bis zur nächstmöglichen Abreise aufhalten kann. Die Durchsetzbarkeit der Zurückweisung erfordert im Bereich des Luft- und Wasserverkehrs eine besondere Sicherung der Durchsetzbarkeit. Dementsprechend soll das Grenzkontrollorgan die Befugnis erhalten, den Fremden, der sich im Inland befindet, zur unverzüglichen Ausreise aufzufordern und ihn daran hindern können, das Fahrzeug zu verlassen, oder aber ihn dazu verhalten können, ein bestimmtes Fahrzeug, mit dem er das Bundesgebiet verlassen kann, zu betreten. Auch in diesem Fall handelt es sich um die Ausübung verwaltungsbehördlicher Befehls- und Zwangsgewalt. Diese Einschränkung der Bewegungsfreiheit stellt keinen Freiheitsentzug (vgl. VfGH vom 26. 11.1990, B 558 ua./90) dar, es ist dem Fremden unbenommen, das Bundesgebiet jederzeit zu verlassen; es soll allerdings durch die Übertragung des Regimes des Verwaltungsstrafgesetzes sichergestellt werden, dass dem Fremden für die Dauer seines Aufenthaltes gemäß Abs. 3 jene Rechte zuteil werden, die das VStG für den Freiheitsentzug festlegt.

3. Anm: Im diesem Zusammenhang sind jedenfalls auch die Pflichten eines Beförderungsunternehmers zu sehen, die diesen zur Feststellung der Einreisevoraussetzungen einerseits und im Falle der Zurückweisung zur Kostentragung andererseits verpflichten.

Transitsicherung

§ 43. (1) Einem Fremden, der anlässlich einer Grenzkontrolle angibt, Transitreisender zu sein, ist der Aufenthalt im Transitraum zu verweigern (Transitsicherung), wenn
1. **auf Grund konkreter Umstände die Wiederausreise des Fremden nicht gesichert erscheint,**
2. **dem Fremden nach seinem ersten Aufenthalt im Transitraum von dem Staat, in den er weitergereist ist, die Einreise verweigert und er nach Österreich zurückgeschickt wurde oder**
3. **der Fremde nicht über das erforderliche Flugtransitvisum verfügt.**

(2) Die Transitsicherung ist mit der Aufforderung zur unverzüglichen Abreise zu verbinden; ist diese nicht sofort möglich, so kann den Fremden aufgetragen werden, sich für die Zeit bis zur Abreise an einem bestimmten Ort im Grenzkontrollbereich aufzuhalten. § 42 Abs. 2 ist anzuwenden.

(3) Die Transitsicherung ist im Reisedokument des Fremden ersichtlich zu machen. Diese Eintragung ist auf Antrag des Betroffenen zu streichen, sofern deren Rechtswidrigkeit durch den unabhängigen Verwaltungssenat festgestellt worden ist.

1. RV 952 XXII. GP

§ 43 entspricht dem geltenden § 54 mit der Maßgabe, dass in Abs. 1 Z 2 nunmehr auf jene Fälle Bedacht genommen wird, in denen ein Fremder nach Verlassen des Transitraumes in seinem Zielland die Einreise verweigert wird und er nach Österreich zurückgeschickt wird.

Zurückweisung in Begleitung

§ 44. Die Behörde kann den Organen des öffentlichen Sicherheitsdienstes den Auftrag erteilen, einen Fremden, der an einer Grenzübergangsstelle auf einem Flugplatz zurückgewiesen wird, auf seinem Rückflug zu begleiten.

Übersicht:
1. Materialien
2. Anmerkung

1. RV 952 XXII. GP

Diese Bestimmung soll jenen Fällen, in denen die Zurückweisung an einer Grenzübergangsstelle auf einem Flugplatz erfolgen soll und der Pilot die Mitnahme vom Umstand abhängig macht, dass der Fremde von Organen des öffentlichen Sicherheitsdienstes begleitet wird, dienen. Dazu ist festzuhalten, dass Organen des öffentlichen Sicherheitsdienstes keine Befugnisse aus ihrer Organstellung zukommen, wenn sie sich an Bord eines Luftfahrzeuges eines anderen Staates befinden. Setzen sie dennoch solche Handlungen, so sind diese nur zulässig, wenn sie der Luftfahrzeugkommandant dazu auffordert und ermächtigt. Ohne diese Ermächtigung sind diese Handlungen nur bei Gefahr im Verzug möglich. Die Organe des öffentlichen Sicherheitsdienstes genießen somit die gleiche Stellung wie Besatzungsmitglieder oder andere Fluggäste. Grundlage für diese Vorgehensweise ist der Artikel 6 des Abkommens über strafbare und bestimmte andere an Bord von Luftfahrzeugen begangene Handlungen, BGBl. Nr. 247/1974. Dieser lautet:

„(1) Hat der Luftfahrzeugkommandant ausreichende Gründe für die Annahme, dass eine Person an Bord des Luftfahrzeuges eine strafbare Handlung nach Artikel 1 Absatz 1 begangen hat oder zu begehen in Begriff ist, so kann er gegenüber dieser Person angemessene Maßnahmen, einschließlich Zwangsmaßnahmen, treffen, die notwendig sind,
um die Sicherheit des Luftfahrzeuges oder der Person oder Sachen an Bord zu gewährleisten;
um die Ordnung und Disziplin an Bord aufrechtzuerhalten;
um es ihm zu ermöglichen, diese Person zuständigen Behörden zu übergeben oder sie in Übereinstimmung mit den Bestimmungen dieses Kapitels abzusetzen.
(2) Der Luftfahrzeugkommandant kann von anderen Besatzungsmitgliedern verlangen oder sie ermächtigen, jedoch nicht von ihnen verlangen, ihn bei Zwangsmaßnahmen gegen eine Person, der gegenüber er hiezu befugt ist, zu unterstützen. Besatzungsmitglieder und Fluggäste können auch ohne diese Ermächtigung angemessene vorbeugende Maßnahmen treffen, wenn sie ausreichende Gründe für die Annahme haben, dass ein solches Vorgehen unmittelbar notwendig ist, um die Sicherheit des Luftfahrzeuges oder der Personen oder Sachen an Bord zu gewährleisten."

Festzuhalten ist jedoch, dass dieses Abkommen als Grundlage für das Tätigwerden von Organen des öffentlichen Sicherheitsdienstes nur in Bezug auf Fluglinien jener Staaten möglich ist, die Mitglieder dieses Abkommens sind.

2. Anm: Vertragsstaaten des in der RV angeführten Abkommens über strafbare und bestimmte andere an Bord von Luftfahrzeugen begangene Handlungen (oben 1.) sind:
Argentinien, Australien, Barbados, Belgien, Brasilien, Bundesrepublik Deutschland, Burundi, Chile, Costa Rica, Dänemark, Dominikanische Republik, Ecuador, Elfenbeinküste, Fidschi, Finnland, Frankreich, Gabun, Ghana, Griechenland, Guatemala, Island, Israel, Italien, Japan, Jordanien, [Jugoslawien,] Kanada, Kenia, Kolumbien, Korea, Laos, Lesotho, Libyen, Luxemburg, Madagaskar, Malawi, Mali, Mexiko, Nicaragua, Niederlande, Niger, Nigeria, Norwegen, Obervolte, Pakistan, Panama, Paraguay, Philippinen, Polen, Portugal, Ruanda, Sambia, Saudi Arabien, Schweden, Schweiz, Senegal, Sierra Leone, Singapur, Spanien, Südafrika, Taiwan, Thailand, Togo, Trinidad und Tobago, Tschad, Ungarn, Vereinigtes Königreich, Vereinigte Staaten von Amerika, und Zypern.

Zurückschiebung

§ 45. (1) Fremde können von den Organen des öffentlichen Sicherheitsdienstes im Auftrag der Behörde zur Rückkehr ins Ausland verhalten werden (Zurückschiebung), wenn sie
1. **nicht rechtmäßig in das Bundesgebiet eingereist sind und binnen sieben Tagen betreten werden oder**
2. **innerhalb von sieben Tagen nach Einreise in das Bundesgebiet von der Republik Österreich auf Grund eines Übernahmeabkommens oder internationaler Gepflogenheiten zurückgenommen werden mussten.**

(2) In Aufträgen gemäß Abs. 1 kann die Behörde den Organen des öffentlichen Sicherheitsdienstes den Auftrag zur Begleitung der Zurückschiebung eines Fremden erteilen.

(3) Die Zurückschiebung ist im Reisedokument des Fremden ersichtlich zu machen. Diese Eintragung ist auf Antrag des Betroffenen zu streichen, sofern deren Rechtswidrigkeit durch den unabhängigen Verwaltungssenat festgestellt worden ist.

Übersicht:
1. Materialien
2. Anmerkung

1. RV 952 XXII. GP

Diese Bestimmung normiert, dass es auch zulässig ist, Fremde zurückzuschieben, die an einer Binnengrenze eingereist sind, ohne die notwendigen Voraussetzungen hiefür zu erfüllen.

In Abs. 2 wird dem System, der Begleitung der Außerlandesbringung über behördlichem Auftrag Rechnung getragen.

Stellt die Berufungsbehörde die Rechtswidrigkeit der Zurückschiebung fest, ist über Antrag die diese dokumentierende Eintragung im Reisepass zu streichen.

2. Anm: Eine Zurückschiebung findet in der Regel im Rahmen von Rückübernahmeabkommen statt und unterscheidet sich im Wesentlichen von einer Abschiebung dadurch, dass diese regelmäßig in den Herkunftsstaat vorgenommen wird. Zurückschiebungen sind nicht zulässig bei Fremden, denen der Status eines Asylberechtigten oder eines subsidiär Schutzberechtigten zukommt, sowie bei solchen Personen, deren Ab- oder Zurückschiebung als unzulässig festgestellt wurde. Weiters darf ein Fremder, der einen Antrag auf internationalen Schutz gestellt hat, bis zur Erlassung einer durchsetzbaren asylrechtlichen Entscheidung, bis zur Gegenstandslosigkeit des Verfahrens oder nach einer Einstellung des Asylverfahrens innerhalb eines Zeitraumes von zwei Jahren nicht zurückgeschoben werden (§ 12 AsylG 2005).

6. Hauptstück: Abschiebung, Gebietsbeschränkung und Durchbeförderung

Abschiebung

§ 46. (1) Fremde, gegen die ein Aufenthaltsverbot oder eine Ausweisung (§§ 53, 54 und § 10 AsylG 2005) durchsetzbar ist, können von den Organen des öffentlichen Sicherheitsdienstes im Auftrag der Behörde zur Ausreise verhalten werden (Abschiebung), wenn
1. die Überwachung ihrer Ausreise aus Gründen der Aufrechterhaltung der öffentlichen Ordnung oder Sicherheit notwendig scheint oder
2. sie ihrer Verpflichtung zur Ausreise (§ 67, § 10 AsylG 2005) nicht zeitgerecht nachgekommen sind oder
3. auf Grund bestimmter Tatsachen zu befürchten ist, sie würden ihrer Ausreiseverpflichtung nicht nachkommen oder
4. sie dem Aufenthaltsverbot zuwider in das Bundesgebiet zurückgekehrt sind.

(2) Verfügt der Fremde über kein Reisedokument und kann die Abschiebung nicht ohne ein solches durchgeführt werden, hat die Behörde bei der für ihn zuständigen Vertretungsbehörde ein Ersatzreisedokument für die Abschiebung einzuholen oder ein Reisedokument für die Rückführung von Drittstaatsangehörigen auszustellen. § 97 Abs. 1 gilt.

(3) Die Abschiebung eines Fremden ist auf Antrag oder von Amts wegen auf bestimmte, jeweils ein Jahr nicht übersteigende Zeit aufzuschieben (Abschiebungsaufschub), wenn sie unzulässig ist (§ 50) oder aus tatsächlichen Gründen unmöglich scheint. Für den Widerruf gilt § 69.

(4) Liegen bei Angehörigen (§ 72 StGB) die Voraussetzungen für die Abschiebung gleichzeitig vor, so hat die Behörde bei der Erteilung des Auftrages zur Abschiebung Maßnahmen anzuordnen, die im Rahmen der Durchführung sicherstellen, dass die Auswirkung auf das Familienleben dieser Fremden so gering wie möglich bleibt.

(5) Die Abschiebung ist im Reisedokument des Fremden ersichtlich zu machen, sofern dadurch die Abschiebung nicht unzulässig oder unmöglich gemacht wird. Diese Eintragung ist auf Antrag des Betroffenen zu streichen, sofern deren Rechtswidrigkeit durch den unabhängigen Verwaltungssenat festgestellt worden ist.

Übersicht:
1. Hinweise auf innerstaatliche Normen
2. Materialien
3. Anmerkung

1. Textauszug StGB

Angehörige

§ 72. (1) Unter Angehörigen einer Person sind ihre Verwandten und Verschwägerten in gerader Linie, ihr Ehegatte und dessen Geschwister, ihre Geschwister und deren Ehegatten, Kinder und Enkel, die Geschwister ihrer Eltern und Großeltern, ihre Vettern und Basen, der Vater oder die Mutter ihres unehelichen Kindes, ihre Wahl- und Pflegeeltern, ihre Wahl- und Pflegekinder, ihr Vormund und ihre Mündel zu verstehen.

(2) Personen, die miteinander in Lebensgemeinschaft leben, werden wie Angehörige behandelt, Kinder und Enkel einer von ihnen werden wie Angehörige auch der anderen behandelt.

2. RV 952 XXII. GP

Die Abschiebung ist jene Maßnahme, die der Durchsetzung einer aufenthaltsbeendenden Maßnahme, also eines Aufenthaltsverbotes oder einer Ausweisung, dient. Die im Abs. 1 vorgesehenen Voraussetzungen für die Abschiebung entsprechen dem Fremdengesetz 1997 (§ 56 Fremdengesetz 1997).

Abs. 2 beschreibt die geübte Praxis. Um zu verhindern, dass ein Fremder, der – aus welchem Grund auch immer – kein Reisedokument hat, faktisch unabschiebbar ist, ist über die Botschaft seines Herkunftsstaates ein Ersatzreisedokument („Heimreisezertifikat") einzuholen. Ist dies nicht möglich, kann auch ein Reisedokument für die Rückführung von Drittstaatsangehörigen („Laisser passer") ausgestellt werden. In wie weit dieses allerdings von den Behörden des Herkunftsstaats akzeptiert wird, ist im Einzelfall festzustellen.

Es kommt immer wieder vor, dass Familienangehörige von derselben Behörde zur annähernd gleichen Zeiten abzuschieben sind. Da es nicht Zweck einer solchen Maßnahme sein kann, den damit bewirkten Eingriff in das Familienleben der Betroffenen noch dadurch zu vergrößern, dass die – ohne Not – etwa in unterschiedliche Orte oder zu unterschiedlichen Zeiten abgeschoben werden, soll es der Behörde in diesen Fällen auferlegt sein, den Eingriff – etwa durch gleichzeitige Abschiebung – so gering wie möglich zu halten.

3. Anm: Wenngleich Abs 1 in Bezug auf die Ausweisung in einem Klammerverweis auf bestimmte Ausweisungstatbestände hinweist, kann dies nicht dazu führen, dass durchsetzbare Ausweisungen nach dem FrG oder nach dem AsylG nicht durch einen Auftrag zur Abschiebung umgesetzt werden können. Jedenfalls sind derartige Ausweisungen in subsidiärer Anwendung der Bestimmungen des VVG oder in subsidiärer Anwendung der vorliegenden Bestimmung durchsetzbar.

Gebietsbeschränkung

§ 47. (1) Fremden, gegen die eine Ausweisung oder ein Aufenthaltsverbot erlassen worden ist, kann, wenn dies zur Vollziehung der Fremdenpolizei oder aus Gründen der öffentlichen Ordnung und

Sicherheit notwendig ist, mit Bescheid aufgetragen werden, sich in einem beschränkten Bereich des Bundesgebietes aufzuhalten. Dieser Bereich umfasst jedenfalls den Sprengel einer Bezirksverwaltungsbehörde. Des Weiteren können, wenn es zur Vollziehung der Fremdenpolizei oder aus Gründen der öffentlichen Ordnung und Sicherheit notwendig ist, dem Fremden Aufträge, insbesondere, sich in periodischen Abständen bei einem Polizeikommando (§ 10 Abs. 1 SPG) zu melden, erteilt werden. Die Gebietsbeschränkung ist längstens auf ein Jahr zu befristen. Die Auflagen sind im Reisedokument des Fremden ersichtlich zu machen.

(2) Wird der Aufenthalt auf einen bestimmten Bereich des Bundesgebietes beschränkt, sind den Fremden die Grenzen dieses Gebietes unter Ausfolgung eines Planes nachweislich zur Kenntnis zu bringen.

Übersicht:
1. Hinweise auf innerstaatliche Normen
2. Materialien
3.-4. Anmerkungen

1. Textauszug SPG

Polizeikommanden

§ 10. (1) Für jedes Bundesland ist ein Landespolizeikommando, dem Bezirks- und Stadtpolizeikommanden sowie deren Polizeiinspektionen untergeordnet sind, eingerichtet.

2. RV 952 XXII. GP

Ist ein Fremder, gegen den ein durchsetzbarer Titel für eine Außer-Landes-Bringung besteht, faktisch nicht abschiebbar, so kann ihm aufgetragen werden, sich in einem genau bezeichneten, beschränkten Bereich des Bundesgebiets aufzuhalten. Diese Maßnahme ist gerechtfertigt, wenn es aus Gründen der öffentlichen Ordnung und Sicherheit notwendig ist. Dies wird etwa dann der Fall sein, wenn der Fremde bereits in Verdacht steht, gerichtlich strafbare Handlungen begangen zu haben, die außerhalb eines Ballungsgebiets nur eingeschränkt verwirklichbar sind. Darüber hinaus ist eine Gebietsbeschränkung auch gerechtfertigt, wenn sie zur Vollziehung der Fremdenpolizei notwendig ist. Dies wird etwa dann der Fall sein, wenn die Gebietsbeschränkung vor einer alsbald möglichen Abschiebung als gelinderes Mittel verwendet wird.

Aus Gründen der Verhältnismäßigkeit ist die Gebietsbeschränkung längstens auf ein Jahr zu erlassen. Die räumliche Einschränkung ist von der Behörde unter Bedachtnahme auf das Verhältnis zwischen dem Ziel der Maßnahme und der Schwere des jeweiligen Eingriffs vorzunehmen. Eine Belehrung des Fremden, in welchem Bereich er sich erlaubter Weise aufhalten darf, ist zwingend erforderlich.

3. Anm: Fremde, die sich entgegen der Gebietsbeschränkung außerhalb des erlaubten Bereiches aufhalten, sind gemäß § 121 Abs 1 strafbar. Im Fall einer solchen Übertretung sind keine Rückführungsmaßnahmen vorgesehen, sondern es ist nach den Regeln des VStG, insbesondere unter dem Blickwinkel des § 35 VStG, vorzugehen.

4. Anm: Für die Erlassung einer Gebietsbeschränkung sind die Zuständigkeitskriterien des § 6 maßgebend, sodass in der Regel jene Fremdenpolizeibehörde die Gebietsbeschränkung erlassen wird, in deren Sprengel der Betroffenen seinen Hauptwohnsitz bzw Wohnsitz hat. Eine Beschränkung auf einen anderen Sprengel als auf jenen der zuständigen Behörde ist nicht zulässig.

Durchbeförderung

§ 48. (1) **Fremde sind von den Organen des öffentlichen Sicherheitsdienstes im Auftrag der Behörde aus dem Ausland durch das Bundesgebiet in das Ausland zu befördern (Durchbeförderung), wenn dies in einer Durchbeförderungserklärung gemäß einer zwischenstaatlichen Vereinbarung über die Durchbeförderung von Fremden, die nicht Staatsangehörige der vertragsschließenden Staaten sind (§ 49), auf Grundlage sonstiger zwischenstaatlicher Abkommen oder auf Ersuchen eines Mitgliedstaates der Europäischen Union angeordnet ist.**
(2) **Die Durchbeförderung mit dem Ziel der Einreise in einen Staat, in dem der Fremde gemäß § 50 Abs. 1 oder 2 bedroht ist, ist unzulässig.**

Übersicht:
1. Hinweise auf europarechtliche Normen
2. Materialien
3. Anmerkungen

1. Siehe IV.B.7. LuftDB-RL.

2. RV 952 XXII. GP

Die Durchbeförderung ist eine Maßnahme, die zwar angesichts des Rückgriffs auf den Flugverkehr an Bedeutung verliert, dennoch aber weiterhin vorkommen wird, insbesondere im Rahmen einer zwischenstaatlichen Vereinbarung über die Durchbeförderung von Fremden, die nicht Staatsangehörige der vertragsschließenden Staaten sind oder auf Ersuchen eines Mitgliedstaats der europäischen Gemeinschaft.

3. Anm: Die Variante, auf Ersuchen eines EU-Mitgliedstaates eine Durchbeförderung durchzuführen, fußt auf die LuftDB-RL, welche Maßnahmen zur Unterstützung der zuständigen Behörden bei Rückführungen auf dem Luftweg auf den Transitflughäfen der Mitgliedstaaten festlegt.

Durchbeförderungsabkommen

§ 49. (1) Sofern die Bundesregierung zum Abschluss von Regierungsübereinkommen gemäß Art. 66 Abs. 2 B-VG ermächtigt ist, kann sie unter der Voraussetzung, dass Gegenseitigkeit gewährt wird, zwischenstaatliche Vereinbarungen über die Durchbeförderung von Fremden, die nicht Angehörige der vertragsschließenden Staaten sind, abschließen.

(2) In Vereinbarungen gemäß Abs. 1 ist vorzusehen, dass
1. eine Durchbeförderung nur auf Ersuchen eines vertragsschließenden Staates und dann erfolgen darf, wenn die Weiterreise und die Übernahme durch den Zielstaat gesichert sind;
2. die Durchbeförderung abzulehnen ist, wenn der Fremde in einem weiteren Durchgangsstaat oder im Zielstaat
   a) Gefahr läuft, unmenschlicher Behandlung oder Strafe oder der Todesstrafe unterworfen zu werden, oder
   b) in seinem Leben oder seiner Freiheit aus Gründen seiner Rasse, seiner Religion, seiner Nationalität, seiner Zugehörigkeit zu einer bestimmten sozialen Gruppe oder seiner politischen Ansichten bedroht wäre;
3. die Durchbeförderung abgelehnt werden kann, wenn der Fremde wegen einer strafbaren Handlung verfolgt werden müsste.

1. RV 952 XXII. GP

Die Ermächtigung des Bundesministers für Inneres zur Durchführung von Regierungsübereinkommen, welche die Durchbeförderung von Fremden, die nicht Angehörige der vertragsschließenden Parteien sind, zum Gegenstand haben, weitere Regelungen festzulegen, darf nur in Anspruch genommen werden, wenn dies in dem Regierungsübereinkommen vorgesehen ist.

Die im Abs. 2 für die zwischenstaatliche Vereinbarung genannten Vertragsinhalte entsprechen dem Standard der geltenden Abkommen.

7. Hauptstück: Refoulementverbot

Verbot der Abschiebung, Zurückschiebung und Zurückweisung

§ 50. (1) Die Zurückweisung, die Hinderung an der Einreise, Zurückschiebung oder Abschiebung Fremder in einen Staat ist unzulässig, wenn dadurch Art. 2 oder 3 der Europäischen Menschenrechtskonvention (EMRK), BGBl. Nr. 210/1958, oder das Protokoll Nr. 6 oder Nr. 13 zur Konvention zum Schutze der Menschenrechte und Grundfreiheiten über die Abschaffung der Todesstrafe verletzt würde oder für sie als Zivilperson eine ernsthafte Bedrohung des Lebens oder der Unversehrtheit infolge willkürlicher Gewalt im Rahmen eines internationalen oder innerstaatlichen Konflikts verbunden wäre.

(2) Die Zurückweisung oder Zurückschiebung Fremder in einen Staat oder die Hinderung an der Einreise aus einem Staat ist unzulässig, wenn stichhaltige Gründe für die Annahme bestehen, dass dort ihr Leben oder ihre Freiheit aus Gründen ihrer Rasse, ihrer Religion, ihrer Nationalität, ihrer Zugehörigkeit zu einer bestimmten sozialen Gruppe oder ihrer politischen Ansichten bedroht wäre (Art. 33 Z 1 der Konvention über die Rechtsstellung der Flüchtlinge, BGBl. Nr. 55/1955, in der Fassung des Protokolls über die Rechtsstellung der Flüchtlinge, BGBl. Nr. 78/1974), es sei denn, es bestehe eine innerstaatliche Fluchtalternative (§ 11 AsylG 2005).

(3) Fremde, die sich auf eine der in Abs. 1 oder 2 genannten Gefahren berufen, dürfen erst zurückgewiesen oder zurückgeschoben werden, nachdem sie Gelegenheit hatten, entgegenstehende Gründe darzulegen. Die Fremdenpolizeibehörde ist in diesen Fällen vor der Zurückweisung vom Sachverhalt in Kenntnis zu setzen und hat dann über die Zurückweisung zu entscheiden.

(4) Die Abschiebung Fremder in einen Staat, in dem sie zwar im Sinn des Abs. 2 jedoch nicht im Sinn des Abs. 1 bedroht sind, ist nur zulässig, wenn sie aus gewichtigen Gründen eine Gefahr für die Sicherheit der Republik darstellen oder wenn sie von einem inländischen Gericht wegen eines besonders schweren Verbrechens rechtskräftig verurteilt worden sind und wegen dieses strafbaren Verhaltens eine Gefahr für die Gemeinschaft bedeuten (Art. 33 Z 2 der Konvention über die Rechtsstellung der Flüchtlinge).

(5) Das Vorliegen der Voraussetzungen gemäß Abs. 4 ist mit Bescheid festzustellen. Dies obliegt in jenen Fällen, in denen ein Antrag auf internationalen Schutz abgewiesen wird oder in denen Asyl aberkannt wird, den Asylbehörden, sonst der Sicherheitsdirektion.

(6) Die Abschiebung in einen Staat ist unzulässig, solange der Abschiebung die Empfehlung einer vorläufigen Maßnahme durch den Europäischen Gerichtshof für Menschenrechte entgegensteht.

(7) Erweist sich die Zurückweisung, die Zurückschiebung oder Abschiebung Fremder, deren Antrag auf internationalen Schutz nach dem Asylgesetz 2005 wegen der Unzuständigkeit Österreichs zurückgewiesen worden ist, in den Drittstaat als nicht möglich, so ist hievon das Bundesasylamt unverzüglich in Kenntnis zu setzen.

(8) § 51 Abs. 3, 1. Satz, gilt.

Übersicht:
1. Hinweise auf völkerrechtliche Normen
2. Hinweise auf europarechtliche Normen
3. Hinweise auf innerstaatliche Normen
4.-5. Materialien
6.-7. Anmerkungen

1. Siehe Art 2 und 3 EMRK, V.A., sowie 6. und 13. ZPEMRK, V.D.1. und V.D.3.

2. Siehe IV.B.7. LuftDB-RL.

3. Siehe § 8 AsylG 2005, II.A.

4. RV 952 XXII. GP

Fremdenpolizeiliche Maßnahmen gegen Fremde können gegen die Verfassungsbestimmung des Art. 3 EMRK verstoßen, wenn begründete Anhaltspunkte dafür bestehen, dass der betreffende Fremde in dem Land, in das er abgeschoben, zurückgeschoben oder zurückgewiesen werden soll, gefoltert oder unmenschlich behandelt werden wird. Ähnlich bestimmt Art. 7 erster Satz des Internationalen Paktes über bürgerliche und politischen Rechte, BGBl. Nr. 591/1978, dass niemand der Folter oder grausamer, unmenschlicher oder erniedrigender Behandlung oder Strafe unterworfen werden darf. In diesem Zusammenhang sei auf das im Rang eines einfachen Gesetzes stehende UN-Übereinkommen gegen Folter und andere grausame, unmenschliche oder erniedrigende Behandlung oder Strafe, BGBl. Nr. 492/1987, und auf das Europäische Übereinkommen zur Verhütung von Folter und unmenschlicher oder erniedrigender Behandlung oder Strafe, BGBl. Nr. 74/1989, hingewiesen. Auch das Recht auf Leben ist Schutzgut der gegenständlichen Bestimmung (vgl. dazu Art. 2 EMRK iVm dem Protokoll Nr. 6 zur EMRK, BGBl. Nr. 138/1985).

Die Aufnahme der innerstaatlichen Fluchtalternative soll dem Umstand Rechnung tragen, dass der Herkunftsstaat für den Schutz seiner Staatsangehörigen auch dann zuständig ist, wenn es in seinem Gebiet sichere Teile gibt. Dies wird z.B. dann der Fall sein, wenn eine Provinz, unter Umständen auch die Heimatprovinz des Fremden, von Rebellen besetzt ist, die den Fremden verfolgen, er aber im restlichen Staatsgebiet frei von Verfolgung leben kann. Die Prüfung, ob ein Teil des Herkunftsstaates diesen Anforderungen entspricht, sind nach den dortigen allgemeinen Gegebenheiten und die persönlichen Umstände des Fremden ausschließlich zum Zeitpunkt der Entscheidung über den Antrag zu berücksichtigen.

Gemäß Art. 33 der Genfer Flüchtlingskonvention darf kein vertragsschließender Staat einen Flüchtling in irgendeiner Form in ein Gebiet ausweisen oder zurückweisen, wo sein Leben oder seine Freiheit aus Gründen seiner Rasse, seiner Religion, seiner Nationalität seiner Zugehörigkeit zu einer bestimmten sozialen Gruppe oder seiner politischen Ansichten bedroht wäre. Wie nach geltendem Recht soll auch dieser internationalen Verpflichtung Österreichs Rechnung getragen werden. Es ist aber hervorzuheben, dass der durch die EMRK gebotene Schutz gegenüber der Genfer Flüchtlingskonvention weiter ist und der Genfer Flüchtlingskonvention in diesem Punkt vorgeht (vgl. dazu insbesondere Art. 5 der Genfer Flüchtlingskonvention). Demgemäß ist die Zulässigkeit fremdenpolizeilicher Maßnahmen im Sinne des Abs. 4 der vorgeschlagenen Bestimmung nur denkbar, wenn dem die EMRK im Einzelfall nicht entgegensteht; dies gilt auch schon für die derzeit geltende Rechtslage. Die Zulässigkeit der Abschiebung im Falle einer Gefährdung ausschließlich nach Art. 33 Z 1 der Genfer Flüchtlingskonvention orientiert sich an Z 2 der genannten Bestimmung. Danach kann der Vorteil dieser Bestimmung von einem Flüchtling nicht in Anspruch genommen werden, der aus gewichtigen Gründen eine Gefahr für die Sicherheit seines Aufenthaltslandes darstellt oder der, wegen eines besonders schweren Verbrechens rechtskräftig verurteilt, eine Gefahr für die Gemeinschaft des betreffenden Landes bedeutet. Im Gegensatz zur früheren Rechtslage versucht der vorliegende Entwurf nicht, den Ausdruck „besonders schweres Verbrechen" – etwa durch den Hinweis auf eine abstrakte Strafdrohung – näher zu spezifizieren, da sich dies als wenig zweckmäßig erwiesen hat. Der Begriff des „besonders schweren Verbrechens" ist streng nach internationalen Maßstäben im Einzelfall zu interpretieren.

Zur bescheidmäßigen Feststellung der Zulässigkeit der Abschiebung im Sinne des Abs. 4 des Entwurfs sollen – je nach dem, ob dies im sachlichen Konnex mit der Abweisung eines Asylantrages erfolgen soll oder nicht – entweder die Asylbehörden (Bundesasylamt bzw. Unabhängiger Bundesasylsenat) oder die Sicherheitsdirektion zuständig sein.

Anders als im Falle der Abschiebung sieht – dies gilt auch vor dem Hintergrund der geltenden Rechtslage – der vorliegende Entwurf kein förmliches Verfahren für die Geltendmachung des Refoulementverbots bei drohender Zurückweisung oder Zurückschiebung vor. Dennoch soll den Fremden ein Mindestmaß an verfahrensrechtlichen Möglichkeiten geboten werden: Fremde, die sich auf eine der genannten Gefahren berufen, dürfen erst zurückgewiesen oder zurückgeschoben werden, nachdem sie Gelegenheit hatten, entgegenstehende Gründe darzulegen. In Zweifelsfällen ist die Behörde vor der Zurückweisung vom Sachverhalt in Kenntnis zu setzen. An dieser Stelle ist anzumerken, dass die gegenständliche Regelung über das Protokoll Nr. 7 zur EMRK, BGBl. Nr. 628/1988, insofern hinausgeht, als durch diese Regelung auch Fremde erfasst sind, die nicht ihren rechtmäßigen Aufenthalt im Hoheitsgebiet haben.

Erweist sich im Falle angenommener Drittstaatssicherheit im Sinne des Asylgesetzes 2005 die Zurückweisung, Zurückschiebung oder Abschiebung Fremder in den sicheren Drittstaat als unmöglich, so ist hievon das Bundesasylamt unverzüglich in Kenntnis zu setzen. In diesem Falle tritt der Bescheid, mit dem der Asylantrag zurückgewiesen wurde mit dem Zeitpunkt des Einlangens dieser Mitteilung bei der Asylbehörde außer Kraft. Mit diesem Zeitpunkt beginnt die Entscheidungsfrist im Asylverfahren nach § 73 Abs. 1 AVG von neuem zu laufen.

Einer Individualbeschwerde nach der EMRK kommt von Gesetzes wegen keine aufschiebende Wirkung zu. Nach den Geschäftsordnungen für die Europäische Kommission für Menschenrechte und für den Europäischen Gerichtshof für Menschenrechte kann jedoch dem Staat eine einstweilige bzw. vorläufige Maßnahme empfohlen werden. Wie nach geltender Rechtslage soll mit der in Abs. 6 getroffenen Regelung weiterhin einer auf Aufschub der Abschiebung zielenden Empfehlung innerstaatliche Verbindlichkeit eingeräumt werden.

Abs.1 trägt zudem dem Erkenntnis des Europäischen Gerichtshofes für Menschenrechte im Fall *Ahmed/Österreich* Rechnung und dient der Umsetzung dieses Erkenntnisses entsprechend den Intentionen des Gerichtshofes. Somit ist klargestellt, dass die Zurückweisung, Zurückschiebung oder Abschiebung Fremder in einen Staat unzulässig ist, wenn stichhaltige Gründe für die Annahme bestehen, dass die Betroffenen Gefahr laufen, dort unmenschlicher Behandlung oder Strafe oder der Todesstrafe unterworfen zu werden oder dies sonst eine unmenschliche Behandlung ist.

5. AB 1055 XXII. GP

In § 50 wird auf die Schaffung des Instituts der Hinderung an der Einreise Rücksicht genommen.

6. Anm: Vom Schutzumfang entspricht § 50 dem § 8 AsylG 2005 und intentiert die Verhinderung von Verletzungen der EMRK durch fremdenpolizeiliche Maßnahmen. Abgesehen vom Vorliegen eines Antrags auf internationalen Schutz (§ 2 Abs 1 Z 13 AsylG 2005) nach § 8 AsylG 2005 besteht zwischen den beiden Norminhalten kein Unterschied.

Das Vorliegen der Voraussetzungen des § 50 verhindert kein Rückkehrverbot nach § 62, da dieses erst in Verbindung mit einer asylrechtlichen Ausweisung Wirkung entfaltet, zu der es – bei Vorliegen der Voraussetzungen des § 50 – nicht kommen kann, da dem betroffenen Asylwerber (zumindest) der Status des subsidiär Schutzberechtigten (§ 8 AsylG 2005) zuzuerkennen sein wird.

7. Anm: Zu Abs 5: Der Verweis auf die Asylbehörden (vgl §§ 58 ff AsylG 2005) richtet sich primär auf § 8 AsylG 2005, wo die Rechtsgrundlage für die Anerkennung des Status des subsidiär Schutzberechtigten verankert ist. Ein Bescheid der Fremdenpolizeibehörden nach Abs 5 führt jedoch nicht zur Ausfolgung einer Karte für subsidiär Schutzberechtigte (§ 52 AsylG 2005), da es an einer Rechtsgrundlage mangelt.

Feststellung der Unzulässigkeit der Abschiebung in einen bestimmten Staat

§ 51. (1) Auf Antrag eines Fremden hat die Fremdenpolizeibehörde mit Bescheid festzustellen, ob stichhaltige Gründe für die Annahme bestehen, dass dieser Fremde in einem von ihm bezeichneten Staat gemäß § 50 Abs. 1 oder 2 bedroht ist. Dies gilt nicht, insoweit über die Frage der Unzulässigkeit der Abschiebung in einen bestimmten

Staat die Entscheidung einer Asylbehörde vorliegt oder diese festgestellt hat, dass für den Fremden in einem Drittstaat Schutz vor Verfolgung besteht.

(2) Der Antrag kann nur während des Verfahrens zur Erlassung einer Ausweisung oder eines Aufenthaltsverbotes eingebracht werden; hierüber ist der Fremde rechtzeitig in Kenntnis zu setzen.

(3) Die Fremdenpolizeibehörde kann in Fällen, in denen die Ermittlung des maßgeblichen Sachverhaltes auf besondere Schwierigkeiten stößt, eine Äußerung des Bundesasylamtes zum Vorliegen einer Bedrohung einholen. Über Berufungen gegen Bescheide, mit denen die Zulässigkeit der Abschiebung in einen bestimmten Staat festgestellt wurde, ist binnen Wochenfrist zu entscheiden, es sei denn, die Anhaltung hätte vorher geendet.

(4) Bis zur rechtskräftigen Entscheidung über den Antrag darf der Fremde in diesen Staat nicht abgeschoben werden, es sei denn, der Antrag wäre nach Abs. 1 oder 2 zurückzuweisen. Nach Abschiebung des Fremden in einen anderen Staat ist das Feststellungsverfahren als gegenstandslos einzustellen.

(5) Der Bescheid, mit dem über einen Antrag gemäß Abs. 1 rechtskräftig entschieden wurde, ist auf Antrag oder von Amts wegen abzuändern, wenn sich der maßgebliche Sachverhalt wesentlich geändert hat, so dass die Entscheidung hinsichtlich dieses Landes anders zu lauten hätte. Bis zur rechtskräftigen Entscheidung über einen derartigen Antrag darf der Fremde in den betroffenen Staat nur abgeschoben werden, wenn der Antrag offensichtlich wegen entschiedener Sache zurückzuweisen ist.

Übersicht:
1. Materialien
2. Anmerkung

1. RV 952 XXII. GP

Wie bisher soll mit dieser Bestimmung einem von der Abschiebung bedrohten Fremden eine „wirksame Beschwerde" im Sinne des Art. 13 EMRK eingeräumt werden, sich gegen eine vermeintliche unmenschliche Behandlung im Sinne des Art. 3 EMRK zur Wehr zu setzen. Ein Fremder, gegen den (in Schubhaft) ein Verfahren zur Erlassung eines Aufenthaltsverbotes oder einer Ausweisung läuft, hat damit nach wie vor die Möglichkeit, bereits frühzeitig ein Verfahren in Gang zu setzen, in dem über die Zulässigkeit einer Abschiebung in einen von ihm selbst bezeichneten Staat unter dem Blickwinkel der Refoulementverbots entschieden wird. Nach wie vor besteht bis zur rechtskräftigen Entscheidung dieses Verfahrens ein Abschiebungshindernis in den Staat – und nur in diesen – auf den sich das Verfahren betreffend die Feststellung der Unzulässigkeit der Abschiebung bezieht.

Aus Gründen der Verfahrensbeschleunigung und Verfahrenskonzentration soll in jenen Fällen, in denen ein Asylantrag abzuweisen ist, das Bundesasylamt gemäß § 10 Asylgesetz 2005 damit betraut sein, von Amts wegen bescheidmäßig festzustellen, ob die Zurückweisung, Zurückschiebung oder Abschiebung in den Herkunftsstaat zulässig ist; diese Entscheidung ist mit der Abweisung des Asylantrages zu verbinden. Demgemäß war es erforderlich, für jene Fälle, in denen das Bundesasylamt bereits entschieden hat, die negative Prozessvoraussetzung der entschiedenen Sache gesondert einzubringen. Wird trotz Vorliegens einer diesbezüglichen Entscheidung des Bundesasylamts ein Antrag auf Feststellung der Unzulässigkeit der Abschiebung in einen bestimmten Staat bei der Fremdenpolizeibehörde eingebracht, so ist dieser Antrag als unzulässig zurückzuweisen. Eine Entscheidung des Bundesasylamtes liegt erst im Zeitpunkt ihrer Zustellung im Sinne des Abs. 1 letzter Satz vor, ab diesem Zeitpunkt sind Anträge, die zuvor zulässigerweise bei der Fremdenpolizeibehörde eingebracht wurden, von dieser als unzulässig zurückzuweisen.

Es ist grundsätzlich davon auszugehen, dass die Asylbehörden in besonderer Weise dazu spezialisiert sind, fundierte Prognosen über eine bestehende Verfolgungsgefahr im Einzelfall abzugeben. Die Gefährdungsprognose im Asylverfahren deckt sich weitgehend mit der Gefährdungsprognose nach § 57 des Entwurfs. Es liegt daher nahe, die Asylbehörden in all jenen Fällen, in denen sich die Feststellung des Sachverhalts schwierig gestaltet, in die Entscheidungsfindung einzubeziehen. Damit soll die Qualität des Feststellungsverfahrens eine erhebliche Steigerung erfahren.

Wie der § 57 Fremdengesetz 1997 spielt auch § 50 eine zentrale Rolle im Lichte des Refoulementverbots. Es bleibt besonders hervorzuheben, dass § 50 – auch außerhalb eines Verfahrens nach § 51 – jederzeit von den Fremdenpolizeibehörden von Amts wegen wahrzunehmen ist, so dass ein umfassender Schutz vor Abschiebung, Zurückschiebung und Zurückweisung besteht, wenn die betreffende Person nach menschenrechtlichen Standards im Falle der genannten fremdenpolizeilichen Maßnahmen erheblichen Gefahren ausgesetzt wäre.

Die zeitliche Einschränkung der Antragslegitimation nach Abs. 2 macht es erforderlich, Vorkehrungen dafür zu treffen, dass in jenen Fällen in denen sich der der Entscheidung zugrunde liegende maßgebende Sachverhalt wesentlich ändert, eine neue Sachentscheidung über die Zulässigkeit der Abschiebung in einen bestimmten Staat möglich wird. Nach Abs. 5 ist der Bescheid, mit dem über einen Antrag nach Abs. 1 rechtskräftig entschieden wurde, abzuändern, wenn eine Prognose ergibt, dass auf Grund des nunmehr vorliegenden Sachverhalts eine andere Entscheidung zu treffen ist, mit anderen Worten, der nach Abs. 1 rechtskräftig erlassene Bescheid auf Grund des geänderten Sachverhalts inhaltlich unrichtig geworden ist. Ausschließlich in jenen Fällen, in denen sich der maßgebende Sachverhalt wesentlich geändert hat, soll ein Abschiebungsschutz jenen Staat betreffend, auf den sich das Feststellungsverfahren bezieht, gegeben sein.

2. Anm: Vor einer Einholung einer Äußerung des Bundesasylamtes hat sich die Fremdenpolizeibehörde an die Staatendokumentation (§ 60 AsylG 2005) zu wenden und das zur Verfügung gestellte Ergebnis der Anfrage zu bearbeiten.

§ 52

8. Hauptstück: Aufgaben und Befugnisse der Fremdenpolizeibehörden

1. Abschnitt: Behördliche Maßnahmen zur Ausübung der Fremdenpolizei

Aufgaben der Fremdenpolizeibehörden auf dem Gebiet der Fremdenpolizei

§ 52. (1) Die Fremdenpolizeibehörden haben
1. die Einreise in das und den Aufenthalt im Bundesgebiet durch Fremde zu überwachen;
2. die rechtswidrige Einreise und den rechtswidrigen Aufenthalt von Fremden zu verhindern oder zu beenden und
3. die Einreise oder den Aufenthalt von Fremden zu verhindern oder zu beenden,

wenn dies aus öffentlichen Interessen, insbesondere aus Gründen der Sicherheitspolizei, der Strafrechtspflege oder der Volksgesundheit notwendig ist.

(2) Den Fremdenpolizeibehörden obliegt die Verhinderung oder die sofortige Beendigung von strafbaren Handlungen nach diesem Bundesgesetz. Eine rechtswidrige Ausreise über eine Außengrenze ist zu dulden.

Übersicht:
1. Materialien
2. Anmerkung

1. RV 952 XXII. GP

Diese Bestimmung legt den Aufgabenbereich der Behörden im Rahmen der Fremdenpolizei durch Aufzählung fest. Dieser umfasst demnach die Überwachung der Einreise und des Aufenthaltes Fremder, die Verpflichtung im Falle der Rechtswidrigkeit notwendige Maßnahmen zu ergreifen sowie die Verhinderung oder sofortige Beendigung strafbarer Handlungen nach diesem Bundesgesetz. Es werden die Parameter, die die Wahrnehmung solcher Aufgaben erforderlich machen, demonstrativ, wie etwa aus Gründen der Sicherheitspolizei, genannt. Weiters wird verdeutlicht, dass eine rechtswidrige Ausreise, unbeschadet der verwaltungsstrafrechtlichen Verantwortung des Betroffenen oder unbeschadet von Festnahmebefugnissen, zu dulden ist.

Das Verhältnis zu gerichtlich strafbaren Handlungen ist auf Art. 10 hinzuweisen, mit dem vorgeschlagen wird, gerichtlich strafbare Handlungen nach diesem Bundesgesetz künftig zu gefährlichen Angriffen zu erklären. Andere Festnahmebestimmungen, insbesondere jene der StPO bleiben unberührt.

2. Anm: Der Begriff der rechtswidrigen Ausreise im Abs 2 ist nicht definiert und bedarf daher einer genaueren Betrachtung. Demnach reist jemand rechtswidrig aus, wenn er die grundsätzlichen Voraussetzungen eines „Grenzübertrittes", wie etwa die Passpflicht, nicht erfüllt. In diesem Fall ist seine Ausreise zu dulden, wenngleich sie wiederum mit der Erfüllung der Einreisevoraussetzungen im jeweiligen Zielland zu sehen ist. Unbeschadet davon sind jedenfalls andere gesetzliche Maßnahmen, wie etwa die Vollziehung eines Haftbefehles, wahrzunehmen. Von der Duldung der Ausreise sind auch jene Sachverhalte nicht umfasst, die die Vornahme einer fremdenpolizeilichen Maßnahme rechtfertigen, bei deren Nichtvornahme außer Verhältnis stehende Nachteile zu erwarten sind. Hier ist insbesondere an die Möglichkeit der Erlassung eines Aufenthaltsverbotes gedacht.

2. Abschnitt: Ausweisung

Ausweisung Fremder ohne Aufenthaltstitel

§ 53. (1) Fremde können mit Bescheid ausgewiesen werden, wenn sie sich nicht rechtmäßig im Bundesgebiet aufhalten.

(2) Fremde, die weder über einen Aufenthaltstitel verfügen, noch Sichtvermerks- und Niederlassungsfreiheit (§§ 21 Abs. 8 und 30 Abs. 1) genießen, sind, sofern nicht die Voraussetzungen zur Verhängung eines Aufenthaltsverbots vorliegen, mit Bescheid auszuweisen, wenn sie

1. von einem Strafgericht wegen einer innerhalb von drei Monaten nach der Einreise begangenen Vorsatztat, wenn auch nicht rechtskräftig, verurteilt wurden;
2. innerhalb von drei Monaten nach der Einreise bei der Begehung einer Vorsatztat auf frischer Tat betreten oder unmittelbar nach Begehung der Vorsatztat glaubwürdig der Täterschaft beschuldigt wurden, wenn überdies die strafbare Handlung mit beträchtlicher Strafe bedroht ist und eine Erklärung des zuständigen Staatsanwaltes vorliegt, dem Bundesminister für Justiz gemäß § 74 ARHG berichten zu wollen;
3. innerhalb von drei Monaten nach der Einreise gegen die Vorschriften, mit denen die Prostitution geregelt ist, verstoßen haben;
4. innerhalb von drei Monaten nach der Einreise den Besitz der Mittel zu ihrem Unterhalt nicht nachzuweisen vermögen oder
5. innerhalb von drei Monaten nach der Einreise von einem Organ der Zollbehörde, der regionalen Geschäftsstellen oder der Landesgeschäftsstellen des Arbeitsmarktservice bei einer Beschäftigung betreten werden, die sie nach dem Ausländerbeschäftigungsgesetz nicht ausüben hätten dürfen.

(3) Einer Betretung gemäß Abs. 2 Z 5 kommt die Mitteilung einer Zollbehörde oder einer Geschäftsstelle des Arbeitsmarktservice über die Unzulässigkeit der Beschäftigung nach dem Ausländerbeschäftigungsgesetz gleich, sofern der Fremde bei dieser Beschäftigung von einem Organ des öffentlichen Sicherheitsdienstes betreten worden ist.

§ 53

Übersicht:
1. Hinweise auf innerstaatliche Normen
2. Materialien
3.-7. Anmerkungen
8. Judikatur

1. Textauszug ARHG

Erwirkung der Übernahme der Strafverfolgung

§ 74. (1) Der Bundesminister für Justiz kann einen anderen Staat ersuchen, gegen eine Person wegen einer strafbaren Handlung, die der österreichischen Gerichtsbarkeit unterliegt, ein Strafverfahren einzuleiten, wenn die Gerichtsbarkeit dieses Staates begründet erscheint und
  1. *die Auslieferung einer im Ausland befindlichen Person nicht erwirkt werden kann oder von der Erwirkung der Auslieferung aus einem anderen Grund abgesehen wird, oder*
  2. *die Aburteilung einer im Inland befindlichen Person im anderen Staat im Interesse der Wahrheitsfindung oder aus Gründen der Strafzumessung oder der Vollstreckung zweckmäßig ist und wenn diese Person wegen einer anderen strafbaren Handlung ausgeliefert wird oder sonst anzunehmen ist, daß das Strafverfahren im anderen Staat in Anwesenheit dieser Person durchgeführt werden wird.*

(2) Besteht Anlaß, die Übernahme der Strafverfolgung zu erwirken, so hat der Staatsanwalt dem Bundesministerium für Justiz hierüber unter Anschluß der erforderlichen Unterlagen zu berichten.

(3) Ein Ersuchen nach Abs. 1 ist unzulässig, wenn zu besorgen ist, daß die Person aus einem der im § 19 angeführten Gründen einem Nachteil ausgesetzt wäre, oder wenn die strafbare Handlung im ersuchten Staat mit der Todesstrafe bedroht ist.

(4) Nach Einlangen der Mitteilung, daß die Strafverfolgung im ersuchten Staat übernommen worden ist, hat das inländische Strafverfahren vorläufig auf sich zu beruhen. Ist der Täter von dem ausländischen Gericht rechtskräftig verurteilt und ist die Strafe ganz vollstreckt oder, soweit sie nicht vollstreckt wurde, erlassen worden, so ist das inländische Verfahren einzustellen.

(5) Vor einem Ersuchen um Übernahme der Strafverfolgung ist der Verdächtige zu hören, wenn er sich im Inland befindet.

2. RV 952 XXII. GP

Die Voraussetzungen für die Erlassung einer Ausweisung wurden bereits durch das Fremdengesetz 1992 dahingehend geregelt, dass gegen all jene Fremde eine Ausweisung zulässig ist, gegen die einerseits ein Rückkehrverbot nicht geboten scheint und bei denen andererseits die Rechte des § 1 des 7. Zusatzprotokolls zur EMRK nicht zum Tragen kommen.

Die Ausweisung Fremder ohne Aufenthaltstitel impliziert nicht automatisch, dass sich der Fremde nicht rechtmäßig im Bundesgebiet aufhält, er kann sich durchaus rechtmäßig – auf Grund eines Einreisetitels – im Bundesgebiet aufhalten, allerdings machen es bestimmte – in Abs. 2 näher definierte Sachverhalte – erforderlich, den Fremden aus dem Bundesgebiet zu weisen.

Abs. 3 macht die dienstliche Wahrnehmung von „Schwarzarbeit" durch Organe des öffentlichen Sicherheitsdienstes für die Aufenthaltsbeendigung nutzbar. Wird ein Fremder von einem Organ des öffentlichen Sicherheitsdienstes im Rahmen seiner sonstigen dienstlichen Tätigkeit, etwa bei einer fremdenpolizeilichen Kontrolltätigkeit während der Ausübung unerlaubter Erwerbstätigkeit betreten, wird dies der zuständigen Stelle des AMS mitgeteilt. Die rechtliche Beurteilung, ob tatsächlich „Schwarzarbeit" vorliegt, verbleibt jedoch weiterhin bei der hiefür zuständigen Behörde.

Die gewählte Formulierung „können ausgewiesen werden" verdeutlicht, dass hier von einer Rechtspflicht zur Verhängung einer Ausweisung die Rede ist, es sei denn, dass gewichtige Bindungen an die in Art. 8 Abs. 2 EMRK genannten Ziele in Hinblick auf den Schutz des Privat- und Familienlebens im Sinne des § 66 bestehen, sodass die Handhabung dieser Bestimmung das Ermessen der Behörde festlegt.

Die Bestimmung des Fremdengesetz 1997, wonach bestimmte Ausweisungsentscheidungen generell sofort durchsetzbar sein sollen, wurde in Zusammenschau mit § 58 im Hinblick auf das Erkenntnis des Verfassungsgerichtshofes, G 237, 238/03 ua. vom 15.10.2004 nicht mehr aufgenommen. Der Verfassungsgerichtshof traf folgende Erwägungen:

„... Den öffentlichen Interessen an der Raschheit der Durchführung der Ausweisung können mögliche Nachteile des Berufungswerbers entgegen stehen, wie etwa die faktische Schwierigkeit, vom Ausland aus ein Berufungsverfahren zu führen, oder Beeinträchtigungen, die sogar in den Schutzbereich des Art. 3 oder 8 EMRK fallen können. Eine solche Interessensabwägung kann aber nur im Einzelfall vorgenommen werden. Der ausnahmslose Ausschluss der aufschiebenden Wirkung würde ... damit den Berufungswerber in verfassungsrechtlich verbotener Weise einseitig mit den Folgen einer potentiell unrichtigen Entscheidung belasten."

Die sofortige Durchsetzbarkeit einer Ausweisung gemäß § 53 soll daher nur mehr dann möglich sein, wenn die sofortige Ausreise im Interesse der öffentlichen Ordnung erforderlich ist.

3. Anm: Eine Ausweisung wird gegenstandslos, wenn dem Fremden nach Erlassung des Bescheides (wieder) ein Recht zum Aufenthalt zukommt, somit sein Aufenthalt nachträglich legalisiert wird. In diesem Fall kann die Ausweisung auf Grund des inzwischen rechtmäßigen Aufenthaltes nicht mehr vollzogen werden. Sollte der Aufenthalt des Fremden zu einem späteren Zeitpunkt (wieder) unrechtmäßig werden, so könnte er nicht in Vollziehung der ursprünglichen, auf Grund eines früheren illegalen Aufenthaltes erlassenen Ausweisung beendet werden, sondern müsste die Frage, ob sich der Fremde neuerlich illegal im Bundesgebiet aufhält, in einem weiteren Verfahren geklärt werden. Wodurch die nachträgliche Legalisierung bewirkt wird, spielt keine Rolle.

4. Anm: Bejaht die Behörde die Zulässigkeit der Abschiebung mit der Begründung, dass die Ausweisung in Rechtskraft erwachsen und somit durchsetzbar sei, so verkennt die Behörde, dass eine durchsetzbare Ausweisung die Voraussetzung darstellt, um überhaupt einen Abschiebungsaufschub gewähren zu können, keinesfalls jedoch als Grund herangezogen werden kann, den Antrag auf Erteilung eines Abschiebungsaufschubes abzuweisen.

5. Anm: Wird ein Antrag auf aufschiebende Wirkung eingebracht, so vermag dieser einer beim VwGH erhobenen Beschwerde nicht die Wirkung zu verschaffen, dass der Fremde bis zur Entscheidung des VwGH im Bundesgebiet verbleiben darf. Das FPG enthält keine – wie etwa dem § 53b Abs 2 VStG hinsichtlich des Vollzugs von Freiheitsstrafen entsprechende – Vorschrift, dass mit dem Vollzug einer Ausweisung bis zur Erledigung einer dagegen beim VwGH oder beim VfGH anhängigen Beschwerde abzuwarten wäre. Siehe dazu auch das Erk des VwGH 05.09.2002, 99/21/0210.

6. Anm: Wird ein Ausweisungsbescheid erlassen, so ist dafür nicht maßgeblich, ob oder in welchem Staat der Fremde gemäß § 50 Abs 1 oder Abs 2 bedroht ist, zumal mit der Ausweisung ausschließlich die Verpflichtung des Fremden verbunden ist, unverzüglich aus dem Bundesgebiet auszureisen. Es wird damit jedoch nicht ausgesprochen, in welchen Staat er auszureisen hat oder dass er allenfalls abgeschoben wird. Die Frage der Unzulässigkeit der Abschiebung in einen bestimmten Staat stellt sich erst im Rahmen eines Feststellungsverfahrens nach § 51 oder in einem Verfahren betreffend die Erteilung eines Abschiebungsaufschubes, nicht jedoch im Verfahren betreffend eine Ausweisung (siehe dazu auch VwGH 03.08.2000, 98/18/0281). Es ist daher das Vorliegen der Gründe des § 50 Abs 1 oder 2 nicht in einem Verfahren zur Erlassung einer Ausweisung, sondern in einem gesonderten Verfahren nach § 51 oder § 46 Abs 3 zu prüfen.

7. Anm: Tritt in einem Verfahren zur Erlassung einer Ausweisung hervor, dass der Fremde mit der baldigen Verleihung der österreichischen Staatsbürgerschaft zu rechnen hat, werden dadurch seine persönlichen Interessen nicht gestärkt. Die Behörde ist in diesem Fall nicht verpflichtet, von fremdenpolizeilichen Maßnahmen Abstand zu nehmen und abzuwarten, ob dem Fremden die österreichische Staatsbürgerschaft möglicherweise verliehen wird. Dasselbe gilt für Fremde, deren Angehörigen die Verleihung der österreichischen Staatsbürgerschaft in Aussicht gestellt wurde und sie selbst dadurch eine günstigere fremdenrechtliche Position zu erwarten haben.

8. Jud: VwGH 05.09.2002, 99/21/0210; 03.08.2000, 98/18/0281.

Ausweisung Fremder mit Aufenthaltstitel

§ 54. (1) Fremde, die sich auf Grund eines Aufenthaltstitels oder während eines Verlängerungsverfahrens im Bundesgebiet aufhalten, können mit Bescheid ausgewiesen werden, wenn

1. nachträglich ein Versagungsgrund eintritt oder bekannt wird, der der Erteilung des zuletzt erteilten Aufenthaltstitels entgegengestanden wäre oder
2. der Erteilung eines weiteren Aufenthaltstitels ein Versagungsgrund entgegensteht.

(2) Weiters sind Fremde, die sich auf Grund eines Aufenthaltstitels oder während eines Verlängerungsverfahrens im Bundesgebiet aufhalten, mit Bescheid auszuweisen, wenn ihnen eine Niederlassungsbewilligung erteilt wurde, sie der Arbeitsvermittlung zur Verfügung stehen und im ersten Jahr ihrer Niederlassung mehr als vier Monate keiner erlaubten unselbständigen Erwerbstätigkeit nachgegangen sind.

(3) Fremde sind mit Bescheid auszuweisen, wenn sie die Integrationsvereinbarung innerhalb von fünf Jahren nach Erteilung des ersten Aufenthaltstitels aus Gründen, die ausschließlich von ihnen zu vertreten sind, nicht erfüllt haben und Tatsachen die Annahme rechtfertigen, dass sie nicht bereit sind, die Befähigung zur Teilnahme am gesellschaftlichen, wirtschaftlichen und kulturellen Leben in Österreich zu erwerben; der Schutz des Privat- und Familienlebens (§ 66) ist zu berücksichtigen.

(4) Darüber hinaus sind Fremde mit Bescheid auszuweisen, wenn sie die Erfüllung der Integrationsvereinbarung aus Gründen, die ausschließlich von ihnen zu vertreten sind, nicht innerhalb von drei Jahren nach Erteilung der Erstniederlassungsbewilligung begonnen haben und Tatsachen die Annahme rechtfertigen, dass sie nicht bereit sind, die Befähigung zur Teilnahme am gesellschaftlichen, wirtschaftlichen und kulturellen Leben in Österreich zu erwerben; der Schutz des Privat- und Familienlebens (§ 66) ist zu berücksichtigen.

(5) Schließlich können Fremde, die sich auf Grund eines Aufenthaltstitels oder während eines Verlängerungsverfahrens im Bundesgebiet aufhalten, mit Bescheid ausgewiesen werden, wenn ihnen
1. eine Niederlassungsbewilligung erteilt wurde, um den Familiennachzug zu gewährleisten und die Voraussetzungen hiefür vor Ablauf von fünf Jahren nach Niederlassung des Angehörigen weggefallen sind oder
2. eine Niederlassungsbewilligung erteilt wurde, sie länger als ein Jahr aber kürzer als fünf Jahre im Bundesgebiet niedergelassen sind und während der Dauer eines Jahres nahezu ununterbrochen keiner erlaubten Erwerbstätigkeit nachgegangen sind.

Übersicht:
1.-2.   Materialien
3.-6.   Anmerkungen
7.   Judikatur

1. RV 952 XXII. GP

Die Neugliederung und Neugestaltung des Niederlassungs- und Aufenthaltsgesetzes ist insbesondere im Hinblick auf die Bezeichnung der

Aufenthaltstitel und die Reglungen der Integrationsvereinbarung zu berücksichtigen.

Bereits das Fremdengesetz 1997 führt das Rechtsinstitut der Ausweisung Fremder mit Aufenthaltstitel in die österreichische Rechtsordnung ein. Der Fremde muss über einen Aufenthaltstitel verfügen oder sich während eines Verfahrens zu Erteilung eines weiteren Aufenthaltstitels rechtmäßig im Land befinden.

Abs. 2 regelt den Fall, dass Fremde, die sich zur Aufnahme unselbständiger Erwerbstätigkeit in Österreich niedergelassen haben, dann ausgewiesen werden, wenn der Kontrakt (nämlich die Ausübung unselbständiger Erwerbstätigkeit), über eine gewisse Zeitspanne hindurch nicht erfüllt wird.

Abs. 3 wird gewährleistet, dass so genannte „Integrationsverweigerer", also Menschen, die die Integrationsvereinbarung eingegangen sind, sich jedoch trotz Ermahnung nachhaltig und konsequent weigern diese zu erfüllen, fünf Jahre nach Erteilung der Erstniederlassungsbewilligung ausgewiesen werden können.

Abs. 4 ermöglicht die Ausweisung Fremder, die eine Integrationsvereinbarung eingegangen sind, jedoch drei Jahre nach Erteilung der Erstniederlassungsbewilligung mit der Erfüllung dieser Vereinbarung noch nicht begonnen haben (in der Regel wird das der Beginn des Kursbesuches sein).

Sowohl bei Ausweisungen gemäß Abs. 3 als auch bei Ausweisungen gemäß Abs. 4 ist § 66 (Recht auf Achtung des Privat- und Familienlebens) zu berücksichtigen.

2. AB 1055 XXII. GP

In § 54 Abs. 1, 2 und 5 erfolgt eine terminologische Anpassung an die entsprechenden im Niederlassungs- und Aufenthaltsgesetz verwendeten Begriffe.

3. Anm: Diese Bestimmung korrespondiert stark mit dem Niederlassungs- und Aufenthaltsgesetz und berücksichtigt im Speziellen die Familienzusammenführung und die Integration am Arbeitsmarkt. So können Fremde ausgewiesen werden, wenn sie unter dem Aspekt des Familiennachzuges nach Österreich gekommen sind und sie die Familiengemeinschaft zum „Zusammenführenden" iSd NAG (= Ankerfremden) nicht fünf Jahre hindurch aufrechterhalten haben. Wird die Familiengemeinschaft vor Ablauf dieser Frist aus Gründen, die dem Fremden nicht zuzurechnen sind, aufgelöst, wie etwa durch Tod oder Scheidung, so finden sich für diese Konstellationen im Niederlassungs- und Aufenthaltsgesetz besondere Regelungen (vgl § 27 NAG).

4. Anm: Eine Ausweisung kann auch ausgesprochen werden, wenn der Fremde, der länger als ein Jahr aber kürzer als fünf Jahre in Österreich niedergelassen war, nicht nahezu ununterbrochen einer Erwerbstätigkeit nachgegangen ist. Die Formulierung „nahezu ununterbrochen" stellt klar, dass kurzfristige Beschäftigungen innerhalb eines Jahres unerheblich sind. Von der Ausweisung betroffen sind demnach Fremde, denen es nicht gelungen ist, auf dem Arbeitsmarkt entsprechend Fuß zu fassen. Bei einem kürzeren Aufenthalt als einem Jahr ist diese Bestimmung nicht anwendbar.

5. **Anm:** Die aus einer bestimmten Aufenthaltsdauer resultierende Integration eines Fremden wird dadurch deutlich gemindert, dass etwa der Aufenthalt unrechtmäßig war. Auch bewirken freundschaftliche Beziehungen des Fremden zu österreichischen Staatsbürgern oder zu in Österreich lebenden Landsleuten keine ins Gewicht fallende Verstärkung seiner persönlichen Interessen am Verbleib im Bundesgebiet (siehe VwGH 15.11.2005, 2003/18/0263).

6. **Anm:** Übt der Fremde eine selbständige Erwerbstätigkeit aus, ohne im Besitz eines dies gestattenden Aufenthaltstitels zu sein, so stellt dieses Verhalten eine erhebliche Beeinträchtigung des öffentlichen Interesse an der Aufrechterhaltung eines geordneten Fremdenwesens dar. Dies gilt jedoch nicht für EWR Bürger, denen in Österreich unter anderem bei Ausübung einer selbständigen Erwerbstätigkeit Niederlassungsfreiheit zukommt.

7. **Jud:** VwGH 15.11.2005, 2003/18/0263

Aufenthaltsverfestigung bei Fremden mit Niederlassungsbewilligung

§ 55. (1) Fremde, die vor Verwirklichung des maßgeblichen Sachverhaltes bereits fünf Jahre, aber noch nicht acht Jahre ununterbrochen und rechtmäßig im Bundesgebiet niedergelassen waren, dürfen mangels eigener Mittel zu ihrem Unterhalt, mangels ausreichenden Krankenversicherungsschutzes, mangels eigener Unterkunft oder wegen der Möglichkeit der finanziellen Belastung einer Gebietskörperschaft nicht ausgewiesen werden. Dies gilt allerdings nur, wenn und solange erkennbar ist, dass der Fremde bestrebt ist, die Mittel zu seinem Unterhalt durch Einsatz eigener Kräfte zu sichern, und dies nicht aussichtslos scheint.

(2) Fremde, die vor Verwirklichung des maßgeblichen Sachverhaltes bereits acht Jahre ununterbrochen und rechtmäßig im Bundesgebiet niedergelassen waren, dürfen nur mehr ausgewiesen werden, wenn sie von einem inländischen Gericht wegen Begehung einer strafbaren Handlung rechtskräftig verurteilt wurden und ihr weiterer Aufenthalt die öffentliche Ordnung und Sicherheit gefährden würde.

(3) Hat der in Abs. 2 genannte Zeitraum bereits zehn Jahre gedauert, so dürfen Fremde wegen Wirksamwerdens eines Versagungsgrundes nicht mehr ausgewiesen werden, es sei denn, sie wären von einem inländischen Gericht
    1.   wegen eines Verbrechens oder wegen Schlepperei, Beihilfe zu unbefugtem Aufenthalt, Eingehen oder Vermittlung von Aufenthaltsehen oder gemäß der §§ 27 Abs. 2, 28 Abs. 1 und 32 Abs. 1 des Suchtmittelgesetzes (SMG), BGBl. I Nr. 112/1997,

oder nach einem Tatbestand des 16. oder 20. Abschnitts des Besonderen Teils des StGB oder
2. wegen einer Vorsatztat, die auf derselben schädlichen Neigung (§ 71 StGB) beruht, wie eine andere von ihnen begangene strafbare Handlung, deren Verurteilung noch nicht getilgt ist, zu einer unbedingten Freiheitsstrafe von mehr als sechs Monaten

rechtskräftig verurteilt worden.

(4) Fremde, die von klein auf im Inland aufgewachsen und hier langjährig rechtmäßig niedergelassen sind, dürfen unbeschadet des § 61 Z 4 nicht ausgewiesen werden. Fremde sind jedenfalls langjährig im Bundesgebiet niedergelassen, wenn sie die Hälfte ihres Lebens im Bundesgebiet verbracht haben und vor Verwirklichung des maßgeblichen Sachverhalts seit mindestens drei Jahren hier niedergelassen sind.

(5) Den in Abs. 2 und 3 genannten Verurteilungen sind Verurteilungen ausländischer Strafgerichte dann gleichzuhalten, wenn sie den Voraussetzungen des § 73 StGB entsprechen.

Übersicht:
1.-3. Hinweise auf innerstaatliche Normen
4. Materialien
5.-9. Anmerkungen
10. Judikatur

1. Siehe II.C. §§ 10 und 25 NAG.

2. Textauszug SMG

Gerichtliche Strafbestimmungen für Suchtgifte

§ 27. ...
(2) Der Täter ist mit Freiheitsstrafe bis zu drei Jahren zu bestrafen, wenn er
1. durch die im Abs. 1 bezeichnete Tat einem Minderjährigen den Gebrauch eines Suchtgiftes ermöglicht und selbst volljährig und mehr als zwei Jahre älter als der Minderjährige ist oder
2. die im Abs. 1 bezeichnete Tat gewerbsmäßig oder als Mitglied einer kriminellen Vereinigung begeht; wer jedoch selbst an ein Suchtmittel gewöhnt ist und die Tat vorwiegend deshalb begeht, um sich für den eigenen Gebrauch ein Suchtmittel oder die Mittel zu dessen Erwerb zu verschaffen, ist, sofern nach den Umständen von einer Gewöhnung ausgegangen werden kann, nur nach Abs. 1 zu bestrafen.

§ 28. (1) Wer den bestehenden Vorschriften zuwider ein Suchtgift in einer großen Menge (Abs. 6) mit dem Vorsatz erwirbt oder besitzt, daß es in Verkehr gesetzt werde, ist mit Freiheitsstrafe bis zu drei Jahren zu bestrafen.

Gerichtliche Strafbestimmungen für Vorläuferstoffe

§ 32. (1) Wer einen Vorläuferstoff, von dem er weiß, daß er bei der vorschriftswidrigen Erzeugung eines Suchtmittels in einer großen Menge

(§§ 28 Abs. 6, 31 Abs. 3) verwendet werden soll, erwirbt oder besitzt, ist mit Freiheitsstrafe bis zu zwei Jahren zu bestrafen.

3. Textauszug StGB

Schädliche Neigung

§ 71. Auf der gleichen schädlichen Neigung beruhen mit Strafe bedrohte Handlungen, wenn sie gegen dasselbe Rechtsgut gerichtet oder auf gleichartige verwerfliche Beweggründe oder auf den gleichen Charaktermangel zurückzuführen sind.

Ausländische Verurteilungen

§ 73. Sofern das Gesetz nicht ausdrücklich auf die Verurteilung durch ein inländisches Gericht abstellt, stehen ausländische Verurteilungen inländischen gleich, wenn sie den Rechtsbrecher wegen einer Tat schuldig sprechen, die auch nach österreichischem Recht gerichtlich strafbar ist, und in einem den Grundsätzen des Art. 6 der europäischen Konvention zum Schutze der Menschenrechte und Grundfreiheiten, BGBl. Nr. 210/1958, entsprechenden Verfahren ergangen sind.

4. RV 952 XXII. GP

Diese Bestimmung zielt darauf ab, dass Fremden, deren Aufenthalt in Österreich ein in die Zukunft und auf Integration gerichteter ist, aus bestimmten Gründen und nach bestimmter Zeit nicht mehr ausgewiesen werden dürfen. Diese Unzulässigkeit der Ausweisung dient der Rechtssicherheit der Fremden, dass sie in Österreich leben und bleiben dürfen, wenn sie durch lange Zeit hindurch bewiesen haben, sich in Österreich zu integrieren.

Die Abs. 1 bis 3 regeln die fremdenrechtliche Aufenthaltsverfestigung Fremder mit einer Niederlassungsbewilligung nach unterschiedlich langer Aufenthaltsdauer im Bundesgebiet. Fremd dürfen demnach nach fünf Jahren ununterbrochenem und rechtmäßigem Aufenthalt im Bundesgebiet aus den Gründen, dass sie nicht über ausreichend eigene Mittel verfügen oder zu einer finanziellen Belastung für eine Gebietskörperschaft werden könnten, nicht ausgewiesen werden. Wesentlich an dieser Bestimmung ist, dass es zur Verfestigung nur kommt, wenn erkennbar ist, dass sich der Fremde um die Sicherung des Unterhaltes aus eigenen Mitteln bemüht und dies auch nicht aussichtslos scheint.

Abs. 2 regelt die Aufenthaltsverfestigung Fremder nach acht Jahren ununterbrochenen und rechtmäßigen Aufenthaltes in Österreich. Die Ausweisung ist nach acht Jahren rechtmäßigen Aufenthaltes wegen mangelnder eigener Mittel zum Unterhalt nicht mehr möglich, solche Fremde sollen nur ausgewiesen werden dürfen, wenn sie von einem inländischen Gericht wegen Begehung einer strafbaren Handlung rechtskräftig verurteilt worden sind und ihr weiterer Aufenthalt im Bundesgebiet die öffentliche Ruhe, Ordnung und Sicherheit gefährden würde.

Abs. 3 normiert, dass Fremde, die bereits zehn Jahre ununterbrochen und rechtmäßig im Bundesgebiet niedergelassen sind, nur mehr dann ausgewiesen werden dürfen, wenn sie wegen Begehung bestimmter Delikte verurteilt worden sind oder im Fall des Wiederholungstäters die erste Verurteilung noch nicht getilgt ist und er mit der anderen zu einer unbedingten Freiheitsstrafe von mehr als sechs Monaten verurteilt wurde. Abs. 4 soll gewährleisten, dass gegen Fremde, die von klein an im Inland aufgewachsen und langjährig rechtmäßig niedergelassen sind, nicht mehr ausgewiesen werden dürfen.

5. Anm: Wechselwirkungen zum Niederlassungs- und Aufenthaltsgesetz bestehen insofern, als mit Durchsetzbarkeit oder Rechtskraft einer Ausweisung ein bestehender Aufenthaltstitel oder eine entsprechende Dokumentation des Aufenthaltsrechtes ex lege ungültig wird (§ 10 Abs 1 NAG). Wird hingegen eine Ausweisung während eines laufenden Verlängerungsverfahrens nach dem Niederlassungs- und Aufenthaltsgesetz rechtskräftig, so ist dieses formlos einzustellen (§ 25 NAG).

6. Anm: Ein Fremder, der sich bereits seit seinem 2. Lebensjahr in Österreich aufhält und hier auch die gesamte Pflichtschulzeit verbracht hat, erfüllt zweifellos das erste Tatbestandsmerkmal ("von klein auf im Inland aufgewachsen") des Abs 4. Die Unzulässigkeit einer Ausweisung setzt aber als weiteres Tatbestandsmerkmal voraus, dass der Fremde "hier langjährig rechtmäßig niedergelassen" ist. Als langjährig im Bundesgebiet niedergelassen gelten Fremde jedenfalls, wenn sie die Hälfte ihres Lebens im Bundesgebiet verbracht haben und zuletzt seit mindestens drei Jahren hier niedergelassen sind. Ein Fremder ist dann in diesem Sinn "zuletzt" drei Jahre im Bundesgebiet niedergelassen, wenn er die letzten drei Jahre vor Verwirklichung des für die Erlassung der fremdenpolizeilichen Maßnahme maßgeblichen Sachverhalts in Österreich niedergelassen war (siehe auch VwGH 17.11.2005, 2004/21/0148).

7. Anm: Aus der Wendung im Abs 4, wonach bei Erfüllung der dort genannten Voraussetzungen der Fremde "jedenfalls" langjährig im Bundesgebiet niedergelassen ist, ergibt sich, dass ein Fremder auch dann als langjährig rechtmäßig niedergelassen gelten kann, wenn er eine dieser Voraussetzungen nicht ganz erfüllt. Dies wird etwa dann der Fall sein, wenn der Fremde in den letzten drei Jahren vor Verwirklichung des für das Aufenthaltsverbot maßgeblichen Sachverhaltes über einen kurzen Zeitraum nicht rechtmäßig niedergelassen war, er aber insgesamt deutlich mehr als die Hälfte seines Lebens in Österreich verbracht hat.

8. Anm: Eine (vorläufige) Aufenthaltsberechtigung, die dem Fremden auf Grund seines Antrages auf internationalen Schutz zuerkannt wurde, erfüllt nicht den Tatbestand der rechtmäßigen Niederlassung auf Dauer im Sinne dieser Bestimmung.

9. Anm: Die in Abs 4 enthaltene Wortfolge "vor Verwirklichung des maßgeblichen Sachverhaltes" ist so auszulegen, dass zu prüfen ist, ob der Fremde vor Verwirklichung des ersten von der Behörde zulässigerweise zur Begründung der aufenthaltsbeendenden Maßnahme herangezogenen Umstandes während der in dieser Gesetzesbestimmung angeführten Zeitspanne ununterbrochen und rechtmäßig auf Dauer niedergelassen war.

10. Jud: VwGH 17.11.2005, 2004/21/0148.

Aufenthaltsverfestigung bei Fremden mit einem Aufenthaltstitel „Daueraufenthalt – EG" oder mit „Daueraufenthalt-Familienangehöriger"

§ 56. (1) Fremde, die vor Verwirklichung des maßgeblichen Sachverhaltes auf Dauer rechtmäßig niedergelassen waren und über einen Aufenthaltstitel „Daueraufenthalt – EG" oder „Daueraufenthalt-Familienangehöriger" verfügen, dürfen nur mehr ausgewiesen werden, wenn ihr weiterer Aufenthalt eine schwere Gefahr für die öffentliche Ordnung oder Sicherheit darstellen würde.

(2) Als schwere Gefahr im Sinn des Abs. 1 hat insbesondere zu gelten, wenn ein Fremder von einem inländischen Gericht
1. wegen eines Verbrechens oder wegen Schlepperei, Beihilfe zu unbefugtem Aufenthalt, Eingehen oder Vermittlung von Aufenthaltsehen oder gemäß der §§ 27 Abs. 2, 28 Abs. 1 und 32 Abs. 1 SMG oder nach einem Tatbestand des 16. oder 20. Abschnitts des Besonderen Teils des StGB oder
2. wegen einer Vorsatztat, die auf derselben schädlichen Neigung (§ 71 StGB) beruht, wie eine andere von ihnen begangene strafbare Handlung, deren Verurteilung noch nicht getilgt ist, zu einer unbedingten Freiheitsstrafe von mehr als sechs Monaten rechtskräftig verurteilt worden ist.

(3) § 55 Abs. 4 und 5 gilt.

Übersicht:
1. Hinweis auf innerstaatliche Normen
2. Materialien

1. Siehe II.C. §§ 45 u 48 NAG.

2. RV 952 XXII. GP

Diese Bestimmung stellt die Aufenthaltsverfestigung bei Fremden mit Aufenthaltstitel, die das Recht auf Daueraufenthalt dokumentieren, wie etwa „Daueraufenthalt-EG", dar. Diese Aufenthaltstitel können Fremden frühestens nach fünf Jahren erteilt werden, worin auch der wesentliche Unterschied zur Aufenthaltsverfestigung des § 55 besteht.

Rechtsmittel gegen Ausweisungen

§ 57. Wird gegen eine Ausweisung ein ordentliches Rechtsmittel ergriffen und hält sich der Fremde zum Zeitpunkt der Berufungsentscheidung erwiesener Maßen nicht mehr im Bundesgebiet auf, so haben die Berufungsbehörden nur festzustellen, ob die Ausweisung zum Zeitpunkt der Erlassung rechtmäßig war.

Übersicht:
1. Materialien

2. Anmerkung

1. RV 952 XXII. GP

Der Bedarf dieser Bestimmung ist auf das Erkenntnis des Verwaltungsgerichtshofes, vom 30.01.2003, Zl. 2002/21/0168, zurückzuführen. Darin legt der Verwaltungsgerichtshof dar, dass eine Ausweisung nach § 33 Abs. 1 Fremdengesetz 1997 nur dann zur Anwendung kommt, wenn sich der Fremde im Zeitpunkt der Erlassung der Ausweisung rechtswidrig in Österreich aufhält. Nach dieser Rechtssprechung führt die Erlassung einer Ausweisung wegen unrechtmäßigen Aufenthaltes im Bundesgebiet gegenüber einem Fremden, der Österreich zum Zeitpunkt der Bescheiderlassung bereits verlassen hat, zu einer unzulässigen Ausweisung gleichsam auf Vorrat und damit zu einer Verletzung subjektiver Rechte des Fremden.

Da es jedoch im Hinblick auf § 73 von Bedeutung ist, die Ausweisung im Rechtsbestand zu erhalten, soll die Entscheidung der Berufungsbehörde in jenen Fällen, in denen sich der Fremde nicht mehr im Bundesgebiet aufhält, nur auf den für die Entscheidung der erstinstanzlichen Behörde maßgeblichen Zeitpunkt abstellen.

2. Anm: Da darauf abgestellt wird, dass sich der Fremde zum Zeitpunkt der Berufungsentscheidung erwiesener Maßen nicht mehr im Bundesgebiet aufhalten darf, um auf den erstinstanzlichen Erlassungszeitpunkt der Entscheidung abzustellen, wird es nicht dazu führen können, dass der betreffende Fremde seine familiären Verhältnisse insoweit ändern kann, als dadurch verfahrensrechtlich darauf Rücksicht genommen werden müsste. Findet der angeführte Beweis der Ausreise nicht statt, so ist diese Bestimmung nicht anzuwenden.

Aberkennung der aufschiebenden Wirkung einer Berufung

§ 58. Der Berufung gegen eine Ausweisung gemäß § 53 ist die aufschiebende Wirkung abzuerkennen, wenn die sofortige Ausreise des Fremden im Interesse der öffentlichen Ordnung und Sicherheit erforderlich ist. Der Berufung gegen eine Ausweisung gemäß § 54 darf die aufschiebende Wirkung nicht aberkannt werden.

Übersicht:

1. Materialien
2. Anmerkung
3. Judikatur

1. RV 952 XXII. GP

Diese Bestimmung steht mit der Änderung des § 53 hinsichtlich der Durchsetzbarkeit einer Ausweisung im Einklang. Dabei wird dem dort zitierten Erkenntnis des Verfassungsgerichtshofes Rechnung getragen und festgelegt, dass die Aberkennung der aufschiebenden Wirkung einer Berufung stets eine Beurteilung im Einzelfall sein soll.

2. Anm: Der VwGH hat in stRspr zu § 64 Abs 2 AVG die Anfechtbarkeit der Aberkennung der aufschiebenden Wirkung bejaht. Daraus ergibt sich aber keineswegs, dass etwa einem gegen den Ausschluss der aufschiebenden Wirkung erhobenen Rechtsmittel seinerseits aufschiebende Wirkung zuzuerkennen wäre. § 64 Abs 2 AVG beschränkt den Ausschluss der aufschiebenden Wirkung auf die Fälle, in denen die vorzeitige Vollstreckung wegen Gefahr im Verzug dringend geboten ist; ein gegen einen solchen Ausspruch erhobenes Rechtsmittel soll lediglich die Überprüfung der in dieser Gesetzesstelle normierten Voraussetzungen durch die übergeordnete Behörde ermöglichen. Der Sinn des Ausschlusses der aufschiebenden Wirkung verbietet die Annahme, es käme einem Rechtsmittel gegen einen derartigen Ausspruch aufschiebende Wirkung zu. Es läge dann jederzeit in der Macht einer Partei, den Zweck dieses Rechtsinstitutes, nämlich den mit dem Bescheid getroffenen Ausspruch ausnahmsweise sofort und unabhängig vom endgültigen Ausgang des Verfahrens wirksam werden zu lassen, durch Ergreifen eines Rechtsmittels zu vereiteln (VwGH 16.01.1985, 84/11/0234).

3. Jud: VwGH 16.01.1985, 84/11/0234.

Gegenstandslosigkeit der Ausweisung

§ 59. (1) Eine Ausweisung wird gegenstandslos, wenn der Betroffene seiner Ausreiseverpflichtung (§ 67) nachgekommen ist. § 73 gilt.

(2) Eine Ausweisung wird ferner gegenstandslos, wenn dem Betroffenen ein Aufenthaltstitel nach dem Niederlassungs- und Aufenthaltsgesetz erteilt wird.

1. RV 952 XXII. GP

Abs. 1 nimmt auf die bereits zu § 57 erläuterte Judikatur des Verwaltungsgerichtshofes Bezug.
Im Abs. 2 wird klargestellt, dass die Erteilung eines Aufenthaltstitels an einen Fremden eine noch nicht durchgesetzte Ausweisung aufhebt.

3. Abschnitt: Aufenthaltsverbot und Rückkehrverbot

Voraussetzungen für das Aufenthaltsverbot

§ 60. (1) Gegen einen Fremden kann ein Aufenthaltsverbot erlassen werden, wenn auf Grund bestimmter Tatsachen die Annahme gerechtfertigt ist, dass sein Aufenthalt
  1. **die öffentliche Ordnung und Sicherheit gefährdet oder**
  2. **anderen im Art. 8 Abs. 2 EMRK genannten öffentlichen Interessen zuwiderläuft.**

(2) Als bestimmte Tatsache im Sinn des Abs. 1 hat insbesondere zu gelten, wenn ein Fremder
  1. **von einem inländischen Gericht zu einer unbedingten Freiheitsstrafe von mehr als drei Monaten, zu einer teilbedingt nach-**

gesehenen Freiheitsstrafe, zu einer bedingt nachgesehenen Freiheitsstrafe von mehr als sechs Monaten oder mehr als einmal wegen auf der gleichen schädlichen Neigung beruhender strafbarer Handlungen rechtskräftig verurteilt worden ist;
2. mehr als einmal wegen einer Verwaltungsübertretung gemäß § 20 Abs. 2 der Straßenverkehrsordnung 1960 (StVO), BGBl. Nr. 159, i.V.m. § 26 Abs. 3 des Führerscheingesetzes (FSG), BGBl. Nr. 120/1997, gemäß § 99 Abs. 1, 1a, 1b oder 2 StVO, gemäß § 37 Abs. 3 oder 4 FSG, gemäß § 366 Abs. 1 Z 1 der Gewerbeordnung 1994 (GewO), BGBl. Nr. 194, in Bezug auf ein bewilligungspflichtiges, gebundenes Gewerbe, gemäß den §§ 81 oder 82 des SPG, oder gemäß den §§ 9 oder 14 in Verbindung mit § 19 des Versammlungsgesetzes 1953, BGBl. Nr. 98, oder mehr als einmal wegen einer schwerwiegenden Übertretung dieses Bundesgesetzes, des Niederlassungs- und Aufenthaltsgesetzes, des Grenzkontrollgesetzes, des Meldegesetzes, des Gefahrengutbeförderungsgesetzes oder des Ausländerbeschäftigungsgesetzes rechtskräftig bestraft worden ist;
3. im Inland wegen vorsätzlich begangener Finanzvergehen, mit Ausnahme einer Finanzordnungswidrigkeit, oder wegen vorsätzlich begangener Zuwiderhandlungen gegen devisenrechtliche Vorschriften rechtskräftig bestraft worden ist;
4. im Inland wegen eines schwerwiegenden Verstoßes gegen die Vorschriften, mit denen die Prostitution geregelt ist, rechtskräftig bestraft oder im In- oder Ausland wegen Zuhälterei rechtskräftig verurteilt worden ist;
5. Schlepperei begangen oder an ihr mitgewirkt hat;
6. gegenüber einer österreichischen Behörde oder ihren Organen unrichtige Angaben über seine Person, seine persönlichen Verhältnisse, den Zweck oder die beabsichtigte Dauer seines Aufenthaltes gemacht hat, um sich die Einreise- oder die Aufenthaltsberechtigung zu verschaffen;
7. den Besitz der Mittel zu seinem Unterhalt nicht nachzuweisen vermag, es sei denn, er wäre rechtmäßig zur Arbeitsaufnahme eingereist und innerhalb des letzten Jahres im Inland mehr als sechs Monate einer erlaubten Erwerbstätigkeit nachgegangen;
8. von einem Organ der Zollbehörde, der regionalen Geschäftsstelle oder der Landesgeschäftsstelle des Arbeitsmarktservice bei einer Beschäftigung betreten wird, die er nach dem Ausländerbeschäftigungsgesetz nicht ausüben hätte dürfen;
9. eine Ehe geschlossen, sich für die Erteilung einer Aufenthaltsberechtigung oder eines Befreiungsscheines auf die Ehe berufen, aber mit dem Ehegatten ein gemeinsames Familienleben im Sinn des Art. 8 EMRK nie geführt hat;
10. an Kindes statt angenommen wurde und die Erlangung oder Beibehaltung der Aufenthaltsberechtigung ausschließlicher oder vorwiegender Grund für die Annahme an Kindes statt

war, jedoch das Gericht über die wahren Verhältnisse zu den Wahleltern getäuscht hat;
11. binnen 12 Monaten nach Durchsetzbarkeit einer Ausweisung ohne die besondere Bewilligung nach § 73 wieder eingereist ist;
12. auf Grund bestimmter Tatsachen die Annahme rechtfertigt, dass er einer kriminellen Organisation (§ 278a StGB) oder einer terroristischen Vereinigung (§ 278b StGB) angehört oder angehört hat;
13. auf Grund bestimmter Tatsachen die Annahme rechtfertigt, dass er durch sein Verhalten, insbesondere durch die öffentliche Beteiligung an Gewalttätigkeiten, durch den öffentlichen Aufruf zur Gewalt oder durch hetzerische Aufforderungen oder Aufreizungen, die nationale Sicherheit gefährdet oder
14. öffentlich, in einer Versammlung oder durch Verbreiten von Schriften ein Verbrechen gegen den Frieden, ein Kriegsverbrechen, ein Verbrechen gegen die Menschlichkeit oder terroristische Taten von vergleichbarem Gewicht billigt oder dafür wirbt.

(3) Eine gemäß Abs. 2 maßgebliche Verurteilung liegt nicht vor, wenn sie bereits getilgt ist. Eine solche Verurteilung liegt jedoch vor, wenn sie durch ein ausländisches Gericht erfolgte und den Voraussetzungen des § 73 StGB entspricht.

(4) Einer Verurteilung nach Abs. 2 Z 1 ist eine von einem Gericht veranlasste Unterbringung in eine Anstalt für geistig abnorme Rechtsbrecher gleichzuhalten, wenn die Tat unter Einfluss eines die Zurechnungsfähigkeit ausschließenden Zustandes begangen wurde, der auf einer geistigen oder seelischen Abartigkeit von höherem Grad beruht.

(5) Einer Betretung gemäß Abs. 2 Z 8 kommt die Mitteilung einer Zollbehörde oder einer Geschäftsstelle des Arbeitsmarktservice über die Unzulässigkeit der Beschäftigung nach dem Ausländerbeschäftigungsgesetz gleich, sofern der Fremde bei dieser Beschäftigung von einem Organ des öffentlichen Sicherheitsdienstes betreten worden ist.

(6) § 66 gilt.

Übersicht:

1.-6. Hinweise auf innerstaatliche Normen
7. Materialien
8.-34. Anmerkungen
35. Judikatur

1. Textauszug StVO

§ 20. Fahrgeschwindigkeit

(2) Sofern die Behörde nicht gemäß § 43 eine geringere Höchstgeschwindigkeit erlässt oder eine höhere Geschwindigkeit erlaubt, darf der Lenker eines Fahrzeuges im Ortsgebiet nicht schneller als 50 km/h, auf

Autobahnen nicht schneller als 130 km/h und auf den übrigen Freilandstraßen nicht schneller als 100 km/h fahren.

§ 99. Strafbestimmungen.

(1) Eine Verwaltungsübertretung begeht und ist mit einer Geldstrafe von 1 162 Euro bis 5 813 Euro, im Fall ihrer Uneinbringlichkeit mit Arrest von zwei bis sechs Wochen, zu bestrafen,
 a) wer ein Fahrzeug lenkt oder in Betrieb nimmt, obwohl der Alkoholgehalt seines Blutes 1,6 g/l (1,6 Promille) oder mehr oder der Alkoholgehalt seiner Atemluft 0,8 mg/l oder mehr beträgt,
 b) wer sich bei Vorliegen der in § 5 bezeichneten Voraussetzungen weigert, seine Atemluft auf Alkoholgehalt untersuchen oder sich vorführen zu lassen, oder sich bei Vorliegen der bezeichneten Voraussetzungen nicht der ärztlichen Untersuchung unterzieht,
 c) (Verfassungsbestimmung) wer sich bei Vorliegen der im § 5 bezeichneten Voraussetzungen weigert, sich Blut abnehmen zu lassen.

(1a) Eine Verwaltungsübertretung begeht und ist mit einer Geldstrafe von 872 Euro bis 4 360 Euro, im Fall ihrer Uneinbringlichkeit mit Arrest von zehn Tagen bis sechs Wochen, zu bestrafen, wer ein Fahrzeug lenkt oder in Betrieb nimmt, obwohl der Alkoholgehalt seines Blutes 1,2 g/l (1,2 Promille) oder mehr, aber weniger als 1,6 g/l (1,6 Promille) oder der Alkoholgehalt seiner Atemluft 0,6 mg/l oder mehr, aber weniger als 0,8 mg/l beträgt.

(1b) Eine Verwaltungsübertretung begeht und ist mit einer Geldstrafe von 581 Euro bis 3 633 Euro, im Fall ihrer Uneinbringlichkeit mit Arrest von einer bis sechs Wochen, zu bestrafen, wer in einem durch Alkohol oder Suchtgift beeinträchtigten Zustand ein Fahrzeug lenkt oder in Betrieb nimmt.

(2) Eine Verwaltungsübertretung begeht und ist mit einer Geldstrafe von 36 Euro bis 2 180 Euro, im Fall ihrer Uneinbringlichkeit mit Arrest von 24 Stunden bis sechs Wochen, zu bestrafen,
 a) der Lenker eines Fahrzeuges, dessen Verhalten am Unfallsort mit einem Verkehrsunfall in ursächlichem Zusammenhang steht, sofern er den Bestimmungen des § 4 Abs. 1 und 2 zuwiderhandelt, insbesondere nicht anhält, nicht Hilfe leistet oder herbeiholt oder nicht die nächste Polizei- oder Gendarmeriedienststelle verständigt,
 b) (Anm.: Aufgehoben durch Abs. 1 VfGH, BGBl. Nr. 228/1963.)
 c) wer als Lenker eines Fahrzeuges, zB beim Überholen, als Wartepflichtiger oder in Hinblick auf eine allgemeine oder durch Straßenverkehrszeichen kundgemachte Geschwindigkeitsbeschränkung, unter besonders gefährlichen Verhältnissen oder mit anderer Rücksichtslosigkeit gegenüber anderen Straßenbenützern gegen die Vorschriften dieses Bundesgesetzes oder der auf Grund dieses Bundesgesetzes erlassenen Verordnungen verstößt,
 d) wer im Bereich von Fahrbahnkuppen oder von unübersichtlichen Kurven auf einem von den Lenkern herannahender Fahrzeuge zu benützenden Fahrstreifen oder auf Vorrangstraßen außerhalb des Ortsgebietes bei starkem Nebel oder bei sonstiger erheblicher

Sichtbehinderung hält oder parkt (§ 24 Abs. 1) oder wer ein Verkehrshindernis nicht kennzeichnet (§ 89),
e) wer Einrichtungen zur Regelung und Sicherung des Verkehrs unbefugt anbringt, entfernt, verdeckt oder in ihrer Lage oder Bedeutung verändert oder solche Einrichtungen beschädigt, es sei denn, die Beschädigung ist bei einem Verkehrsunfall entstanden und die nächste Polizei- oder Gendarmeriedienststelle oder der Straßenerhalter ist von der Beschädigung unter Bekanntgabe der Identität des Beschädigers ohne unnötigen Aufschub verständigt worden,
f) wer ein Fahrzeug lenkt, obwohl ihm dies gemäß § 59 verboten ist.

2. Textauszug FSG

Sonderfälle der Entziehung

§ 26. ...
(3) Im Falle der erstmaligen Begehung einer in § 7 Abs. 3 Z 4 genannten Übertretung - sofern die Übertretung nicht geeignet war, besonders gefährliche Verhältnisse herbeizuführen oder nicht mit besonderer Rücksichtslosigkeit gegenüber anderen Straßenbenützern begangen wurde (§ 7 Abs. 3 Z 3) oder auch eine Übertretung gemäß Abs. 1 oder 2 vorliegt - hat die Entziehungsdauer zwei Wochen, bei der zweiten Begehung einer derartigen Übertretung innerhalb von zwei Jahren ab der ersten Begehung sechs Wochen zu betragen.

Strafausmaß

§ 37. ...
(3) Eine Mindeststrafe von 363 Euro ist zu verhängen für das Lenken
1. eines Kraftfahrzeuges entgegen der Bestimmung des § 1 Abs. 3, sofern der Lenker überhaupt keine gültige Klasse von Lenkberechtigungen besitzt,
2. eines Kraftfahrzeuges, obwohl der Führerschein gemäß § 39 vorläufig abgenommen wurde oder
3. eines Kraftfahrzeuges der Klasse D entgegen der Bestimmung des § 21 Abs. 3, sofern nicht auch ein Verstoß gegen § 99 Abs. 1 bis 1b StVO 1960 vorliegt.
(4) Eine Mindeststrafe von 726 Euro ist zu verhängen für das Lenken eines Kraftfahrzeuges, obwohl
1. die Lenkberechtigung entzogen wurde oder
2. gemäß § 30 Abs. 1 ein Lenkverbot ausgesprochen wurde.

3. Textauszug GewO

Strafbestimmungen

§ 366. (1) Eine Verwaltungsübertretung, die mit Geldstrafe bis zu 3 600 € zu bestrafen ist, begeht, wer
1. ein Gewerbe ausübt, ohne die erforderliche Gewerbeberechtigung erlangt zu haben; ...

4. Textauszug SPG

Störung der öffentlichen Ordnung

§ 81. *(1) Wer durch besonders rücksichtsloses Verhalten die öffentliche Ordnung ungerechtfertigt stört, begeht eine Verwaltungsübertretung und ist mit Geldstrafe bis zu 218 Euro zu bestrafen. Anstelle einer Geldstrafe kann bei Vorliegen erschwerender Umstände eine Freiheitsstrafe bis zu einer Woche, im Wiederholungsfall bis zu zwei Wochen verhängt werden.*

(2) Von der Festnahme eines Menschen, der bei einer Störung der öffentlichen Ordnung auf frischer Tat betreten wurde und der trotz Abmahnung in der Fortsetzung der strafbaren Handlung verharrt oder sie zu wiederholen sucht (§ 35 Z 3 VStG), haben die Organe des öffentlichen Sicherheitsdienstes abzusehen, wenn die Fortsetzung oder Wiederholung der Störung durch Anwendung eines oder beider gelinderer Mittel (Abs. 3) verhindert werden kann.

(3) Als gelindere Mittel kommen folgende Maßnahmen der Befehls- und Zwangsgewalt in Betracht:
1. *die Wegweisung des Störers vom öffentlichen Ort;*
2. *das Sicherstellen von Sachen, die für die Wiederholung der Störung benötigt werden.*

(4) Sichergestellte Sachen sind auf Verlangen auszufolgen
1. *dem auf frischer Tat Betretenen, sobald die Störung nicht mehr wiederholt werden kann, oder*
2. *einem anderen Menschen, der Eigentum oder rechtmäßigen Besitz an der Sache nachweist, sofern die Gewähr besteht, daß mit diesen Sachen die Störung nicht wiederholt wird.*

(5) Solange die Sachen noch nicht der Sicherheitsbehörde übergeben sind, kann der auf frischer Tat Betretene das Verlangen (Abs. 4) an die Organe des öffentlichen Sicherheitsdienstes richten, die die Sache verwahren.

(6) Wird ein Verlangen (Abs. 4) nicht binnen sechs Monaten gestellt oder unterläßt es der innerhalb dieser Zeit nachweislich hiezu aufgeforderte Berechtigte (Abs. 4 Z 1 oder 2), die Sachen von der Behörde abzuholen, so gelten sie als verfallen. Im übrigen ist § 43 Abs. 2 sinngemäß anzuwenden.

Aggressives Verhalten gegenüber Organen der öffentlichen Aufsicht oder gegenüber Militärwachen

§ 82. *(1) Wer sich trotz vorausgegangener Abmahnung gegenüber einem Organ der öffentlichen Aufsicht oder gegenüber einer Militärwache, während diese ihre gesetzlichen Aufgaben wahrnehmen, aggressiv verhält und dadurch eine Amtshandlung behindert, begeht eine Verwaltungsübertretung und ist mit Geldstrafe bis zu 218 Euro zu bestrafen. Anstelle einer Geldstrafe kann bei Vorliegen erschwerender Umstände eine Freiheitsstrafe bis zu einer Woche, im Wiederholungsfall bis zu zwei Wochen verhängt werden.*

(2) Eine Bestrafung nach Abs. 1 schließt eine Bestrafung wegen derselben Tat nach § 81 aus.

5. Textauszug Versammlungsgesetz 1953

§ 9. *(1) An einer Versammlung dürfen keine Personen teilnehmen,*
1. *die ihre Gesichtszüge durch Kleidung oder andere Gegenstände verhüllen oder verbergen, um ihre Wiedererkennung im Zusammenhang mit der Versammlung zu verhindern oder*
2. *die Gegenstände mit sich führen, die ihrem Wesen nach dazu bestimmt sind, die Feststellung der Identität zu verhindern.*

(2) Von der Festnahme einer Person gemäß § 35 Z 3 des Verwaltungsstrafgesetzes 1991 wegen eines Verstoßes gegen Abs. 1 ist abzusehen, wenn der gesetzmäßige Zustand durch Anwendung eines gelinderen Mittels hergestellt werden kann; § 81 Abs. 3 bis 6 des Sicherheitspolizeigesetzes gilt sinngemäß.

(3) Darüber hinaus kann von der Durchsetzung der Verbote nach Abs. 1 abgesehen werden, wenn eine Gefährdung der öffentlichen Ordnung, Ruhe und Sicherheit nicht zu besorgen ist.

§ 14. *(1) Sobald eine Versammlung für aufgelöst erklärt ist, sind alle Anwesenden verpflichtet, den Versammlungsort sogleich zu verlassen und auseinanderzugehen.*

(2) Im Falle des Ungehorsams kann die Auflösung durch Anwendung von Zwangsmitteln in Vollzug gesetzt werden.

§ 19. *Übertretungen dieses Gesetzes sind, insofern darauf das allgemeine Strafgesetz keine Anwendung findet, von der Bezirksverwaltungsbehörde, im Amtsgebiet einer Bundespolizeibehörde aber von dieser Behörde, mit Arrest bis zu sechs Wochen oder mit Geldstrafe bis zu 720 Euro zu ahnden.*

6. Textauszug StGB

Siehe oben 2. zu § 21 (§§ 278a und 278b StGB) u 3. zu § 55 (§ 73 StGB).

7. RV 952 XXII. GP

Durch die Formulierung „kann ... erteilt werden" im ersten Halbsatz des Abs. 1 wird, wie auch bei der Ausweisung, verdeutlicht, dass im gegebenen Zusammenhang Ermessen der Behörde besteht. Die Ermessensdeterminanten sind insbesondere Abs. 2, den §§ 65 und 69 und damit in Zusammenhang Art. 8 EMRK zu entnehmen.

Die Ausweitung der Z 1 auf Fälle einer Verurteilung zu einer teilbedingten Strafe erfolgte bereits im Fremdengesetz 1992. Dies war deshalb gerechtfertigt, weil gemäß § 43a StGB die Einstiegsvoraussetzungen für eine teilbedingte Freiheitsstrafe darin bestehen, dass auf eine Freiheitsstrafe von mehr als sechs Monaten zu erkennen ist, und die Voraussetzungen für eine bedingte Nachsicht der ganzen Strafe nicht vorliegen. Jegliche Verurteilung zu einer teilbedingten Strafe ist somit strenger als jene einer bedingt nachgesehenen Freiheitsstrafe von mehr als sechs Monaten. Es bedurfte daher für diese Strafart keiner Abstellung auf irgendein Zeitmaß.

§ 60

Es wird davon ausgegangen, dass Verwaltungsübertretungen (Abs. 2 Z 2), die die Verhängung eines Aufenthaltsverbotes rechtfertigen, wegen der Eingriffsnähe des Aufenthaltsverbotes in das verfassungsgesetzlich gewährleistete Recht auf Privat- und Familienleben nicht in Bausch und Bogen benannt sein dürfen, sondern im einzelnen ausgewiesen werden müssen. Diese wurden entsprechend neuer gesetzlichen Bestimmungen oder Änderungen angepasst.

Die Verhängung eines Aufenthaltsverbotes gegen Fremde, die eine Ehe nur deshalb abgeschlossen haben, um sich für die Erteilung eines Aufenthaltstitels auf diese zu berufen, ohne ein Eheleben zu führen (Abs. 2 Z 9) wird dahingehend geändert, dass dies nun auch ohne Leistung des zumindest nur schwer nachweisbaren Vermögensvorteils durch den Fremden möglich ist

Die Z 10 trägt den Vorstellungen im Regierungsprogramm 2000 und dem Ministerratsbeschluss vom 13. August 2001 Rechnung, und setzt die Vorstellungen zur Hintanhaltung von Adoptionen eigenberechtigter Fremder um, indem sie der Behörde die Erlassung eines Aufenthaltsverbotes Gründen ermöglicht, wenn sich der Fremde auf diese Adoption beruft, obwohl er kein Eltern Kind Verhältnis durch diese Adoption herstellen wollte, sondern die Adoption lediglich zur Umgehung der fremdenrechtlichen oder ausländerbeschäftigungsrechtlichen Normen angestrebt wurde.

Die Z 11 trägt einem Wunsch der Praxis Rechnung und soll der Effizienz einer Ausweisung Rechnung tragen.

Die Z 12 bis 14 sind fremdenpolizeiliche Maßnahmen, um terroristischen Erscheinungsformen wirksam entgegentreten zu können und sieht die Möglichkeit vor, auch gegen jene Fremde ein Aufenthaltsverbot zu erlassen, die vor ihrem vollendeten dritten Lebensjahr ihren Aufenthalt begründet haben und nunmehr langjährig im Bundesgebiet rechtmäßig niedergelassen sind (vgl. § 64 Z 4). Eine öffentliche Werbung für Verbrechen gegen den Frieden oder gegen die Menschlichkeit, wird insbesondere dann vorliegen, wenn der Betroffene zu Gewalt- oder Willkürmaßnahmen gegen die Bevölkerung oder Teile dieser auffordert. Darüber hinaus ist auf die Erläuterungen zu § 21 Abs. 5 zu verweisen. Zu Z 14 siehe die korrespondierenden Anmerkungen zu § 21.

8. Anm: Die Erlassung eines Aufenthaltsverbotes ist als „Kann-Bestimmung" definiert, sodass für die Fremdenpolizeibehörden keine generelle Rechtspflicht zur Erlassung besteht. Es bestehen aber Ermessensdeterminanten, wie etwa Abs 2, die Regelung über die Aufhebung eines Aufenthaltsverbotes oder die Inhalte des Art 8 EMRK, die die Grenzen der Ermessensübung aufzeigen und innerhalb derer die Fremdenpolizeibehörden sehr wohl gehalten sein können, ein Aufenthaltsverbot zu erlassen.

9. Anm: Das Unterbleiben einer Berufungsverhandlung stellt in einem Aufenthaltsverbotsverfahren schon deshalb keinen Verfahrensmangel dar, weil die Durchführung einer Berufungsverhandlung im fremdenrechtlichen Administrativverfahren nicht verpflichtend ist und der Fremde Gelegenheit hatte, in der Berufung auf den jeweiligen Vorwurf einzugehen (VwGH 26.02.2001, 2001/21/0034).

Durch das Unterlassen einer Berufungsverhandlung in einem Verfahren betreffend Erlassung eines befristeten Aufenthaltsverbotes iSd § 36 Abs 1 iVm Abs 2 Z 8 FrG wurde nicht gegen Art 6 EMRK verstoßen. So hat der EGMR in seinem Urteil vom 05.10.2000, *Maaouia*, ÖJZ 2002/109, ausgesprochen, dass Entscheidungen betreffend den Eintritt, den Aufenthalt und die Ausweisung von Fremden nicht die Entscheidung von zivilrechtlichen Ansprüchen und Verpflichtungen eines Beschwerdeführers oder die Entscheidung über eine strafrechtliche Anschuldigung gegen ihn iSd Art 6 Abs 1 EMRK betreffen (VwGH 19.10.2004, 2004/21/0243).

10. Anm: Beim „maßgeblichen Sachverhalt" im Falle eines auf strafbare Handlungen gegründeten Aufenthaltsverbotes handelt es sich nicht um die Verurteilung bzw Bestrafung, sondern um das zugrunde liegende Fehlverhalten, weil nur dieses die in Abs 1 Z 1 oder Abs 1 Z 2 umschriebene, für die Erlassung eines Aufenthaltsverbotes notwendige Annahme rechtfertigen kann (vgl VwGH 23.10.1997, 97/18/0510 und 04.12.1997, 97/18/0544). Der maßgebliche Sachverhalt umfasst alle Umstände, die die Behörde zur Begründung des im konkreten Fall in der festgesetzten Dauer (bzw auf unbestimmte Zeit) verhängten Aufenthaltsverbotes herangezogen hat. Es ist jedoch nicht zulässig, auch ein solches Fehlverhalten dem Aufenthaltsverbot zugrunde zu legen, das unter Berücksichtigung des seither verstrichenen Zeitraumes nicht (mehr) geeignet ist, eine relevante Vergrößerung der von dem Fremden ausgehenden Gefährdung der maßgeblichen öffentlichen Interessen herbeizuführen, weil es die Behörde dadurch in der Hand hätte, den für die Beurteilung der Zulässigkeit des Aufenthaltsverbotes maßgeblichen Zeitpunkt soweit nach vorne zu verschieben, dass der Fremde „vor Verwirklichung des maßgeblichen Sachverhaltes" die zehnjährige Wohnsitzfrist des § 10 Abs 1 Z 1 StbG nicht erfüllt (siehe VwGH 27.09.2005, 2003/18/0277).

Damit wird zum Ausdruck gebracht, dass ein Rückgriff auf einen Sachverhalt, der zum Zeitpunkt der Verwirklichung nicht Anlass genug war, ein Aufenthaltsverbotsverfahren einzuleiten, nicht zulässig ist und dadurch den Fristenlauf für eine etwaige Aufenthaltsverfestigung nach vorne zu schieben. Durchaus Berücksichtigung können Sachverhalte finden, die an sich die Erlassung eines Aufenthaltsverbotes rechtfertigen, jedoch im konkreten Fall aus Ermessensüberlegungen im Ermittlungsverfahren von der Erlassung eines Aufenthaltsverbotes Abstand genommen wurde.

11. Anm: Reist ein Fremder nach Erhebung einer Beschwerde bezüglich eines Feststellungsantrages gemäß § 51 FPG in den im Feststellungsverfahren relativierten Staat aus, würde der Entscheidung des VwGH nur mehr abstrakt-theoretische Bedeutung zukommen, ohne dass dem Fremden ein Erreichen des Verfahrensziels den gewünschten Erfolg bringen könnte. Dazu erkannte der VwGH zu § 75 Abs 1 FrG, dass ein Fremder nach bereits erfolgter – auf einer durchsetzbaren Ausweisung oder einem durchsetzbaren Aufenthaltsverbot gründenden – Abschiebung in seinem subjektiven Recht auf bescheidmäßige Feststellung der Unzulässigkeit der Abschiebung in einen bestimmten Staat nicht mehr verletzt sein kann, wobei es nicht von Bedeutung ist, ob die Abschiebung in den vom Antrag

§ 60

erfassten Staat oder in einen anderen erfolgt ist. Ebenso spielt es keine Rolle, ob der Fremde abgeschoben worden oder freiwillig ausgereist ist (VwGH 17.06.2003, 99/21/0020).

12. Anm: Nach der Rspr des VwGH begegnete es keinen rechtlichen Bedenken, ein Aufenthaltsverbot ausschließlich auf Abs 1 zu stützen, wenn triftige Gründe vorliegen, die zwar nicht die Voraussetzungen der im Abs 2 angeführten Fälle aufweisen, wohl aber in ihrer Gesamtheit die im Abs 1 umschriebene Annahme rechtfertigen (vgl VwGH 26.03.1999, 98/18/0344, betreffend einen Suchtgiftfall und 10.02.1994, 93/18/0567).

13. Anm: Bei der Beurteilung der in Ansehung des Fehlverhaltens des Fremden gegebenen Gefährdung von öffentlichen Interessen ist nicht auf die bloße Tatsache der Verurteilungen, sondern auf die Art und Schwere der zu Grunde liegenden Straftaten und das sich daraus ergebende Persönlichkeitsbild des Fremden abzustellen (VwGH 19.05.2004, 2001/18/0074).

14. Anm: Im Verfahren betreffend Erlassung eines befristeten Aufenthaltsverbotes iSd § 36 Abs 1 iVm Abs 2 Z 1 FrG kam der Verhinderung des von der Fremden gesetzten strafbaren Verhaltens gegen fremdes Eigentum auf dem Boden von im Art 8 Abs 2 EMRK genannten Zielen großes Gewicht zu (zwei rechtskräftige Verurteilungen wegen Diebstahls). Die Fremde wies aber mit ihrem im Juli 1992 begonnen, nahezu siebenjährigen Aufenthalt (auch wenn dieser bis zum Jahr 1997 nicht ohne Unterbrechung gewesen sein mag), ihrer Ehe mit einem österreichischen Staatsbürger sowie ihrer familiären Bindung zu ihren beiden minderjährigen, im Jahr 1993 bzw im Jahr 1997 geborenen Kindern, mit denen sie zum Zeitpunkt der Erlassung des angefochtenen Bescheides in einem gemeinsamen Haushalt lebt, sehr große persönliche Interessen an einem Verbleib im Inland auf. Diese persönlichen Interessen haben ein so großes Gewicht, dass den öffentlichen Interessen im Vergleich dazu kein größeres oder zumindest gleich starkes Gewicht zukommt. Von daher erwies sich die Auffassung der belBeh, das Aufenthaltsverbot sei gemäß § 37 Abs 1 FrG dringend geboten und die Auswirkungen dieser Maßnahme auf die Lebenssituation der Fremden und ihrer Familie wögen nicht schwerer als die nachteiligen Folgen der Abstandnahme von ihrer Erlassung (§ 37 Abs 2 FrG), als unzutreffend (VwGH 19.05.2004, 2001/18/0074).

15. Anm: Es begegnete nach Ansicht des VwGH auch keinen Bedenken, wenn die belBeh nicht von der Erlassung des Aufenthaltsverbotes im Rahmen einer Ermessensübung gemäß § 36 Abs 1 FrG Abstand genommen hatte, wäre doch ein solches Vorgehen bei einer rechtskräftigen Verurteilung eines Fremden wegen einer der im § 35 Abs 3 Z. 1 FrG genannten strafbaren Handlungen zu einer dort angeführten unbedingten Freiheitsstrafe – wie vorliegend des Fremden mit Urteil vom 03.12.1998 zu einer (unbedingten) Freiheitsstrafe von zwei Jahren wegen der Verbrechen gemäß den §§ 12, 15, 169 Abs 1, §§ 12, 15, 173 Abs 1 StGB (versuchte Brandstiftung und versuchte vorsätzliche Gefährdung durch

Sprengmittel) – offensichtlich nicht im Sinne des Gesetzes (Art 130 Abs 2 B-VG) gelegen (VwGH 27.06.2001, 2001/18/0110).

16. Anm: Wird ein Fremder wegen gerichtlich strafbarer Handlungen rechtskräftig verurteilt, so ist damit bindend festgestellt, dass er die dieser Verurteilung zu Grunde liegenden Taten schuldhaft begangen hat (vgl OGH 24.06.1999, 12 Os 63/99 = EvBl 9/2000).

17. Anm: Der Umstand, dass der Fremde seinem Vorbringen zufolge vor dem Landesgericht voll geständig gewesen sei und er „bereit und in der Lage (ist) den von ihm verursachten Schaden wieder gut zu machen", bewirkt keine relevante Verschiebung der Interessenlage zu Gunsten des Fremden und kann daher zu keinem anderen Ergebnis der Interessenabwägung führen (VwGH 18.03.2003, 98/18/0364).

18. Anm: Die in § 36 Abs 1 2. HS FrG umschriebene Annahme war im konkreten Fall in Ansehung der öffentlichen Ordnung und Sicherheit gerechtfertigt. Unter Bedachtnahme auf § 37 Abs 1 FrG ist ein Eingriff in das Privatleben und Familienleben des Fremden anzunehmen (er lebte seit 1990 zum Großteil erlaubt in Österreich, hatte eine intensive familiäre Bindung zu seiner im Bundesgebiet integrierten Gattin und ging erlaubter Weise einer Beschäftigung nach). Die Verhängung des Aufenthaltsverbotes war jedoch mit Rücksicht auf die Verhinderung strafbarer Handlungen und den Schutz der Rechte Anderer sowie der öffentlichen Ordnung (Art 8 Abs 2 EMRK) dringend geboten, hatte doch der Fremde durch sein Fehlverhalten insbesondere das gewichtige Interesse der Allgemeinheit an der Sicherheit des Straßenverkehrs erheblich beeinträchtigt. Wenngleich die für einen Verbleib des Fremden in Österreich sprechenden Interessen schwer wiegen, kommt ihnen doch kein größeres Gewicht zu als dem durch das Fehlverhalten des Fremden nachhaltig gefährdeten Allgemeininteresse (hier ua 1993 Verurteilung des Fremden nach § 89 [§ 81 Z 2] StGB zu einer Geldstrafe – Verkehrsunfall in alkoholisierten Zustand mit Sachschaden; 1997 Verurteilung nach § 88 Abs 1 und § 88 Abs 4 2. Fall [§ 81 Z 2] StGB zu einer Freiheitsstrafe von drei Monaten – Verkehrsunfall in alkoholisiertem Zustand, Gattin schwer verletzt; 1993 eine Bestrafung nach § 5 Abs 1 StVO; 1998 eine Bestrafung nach § 4 Abs 1 lit c StVO und nach § 64 Abs 1 KFG) (VwGH 15.10.1998, 98/18/0231).

19. Anm: In einem Verfahren betreffend Erlassung eines befristeten Aufenthaltsverbotes gemäß § 36 Abs 1 und Abs 2 Z 2 und 7 FrG reichten wegen der beträchtlichen inländischen Integration des Fremden (er hatte sich im Zeitpunkt der Erlassung des angefochtenen Bescheides bereits mehr als zehn Jahre in Österreich aufgehalten und lebte hier in einer Lebensgemeinschaft) die Feststellungen bloß über den Straftatbestand (§ 3 Abs 1 iVm § 22 Abs 1 Z 1 MeldeG 1972 und § 82 Abs 1 FrG 1993) und die verhängte Strafe nicht aus, um auf jeden Fall ein überwiegendes öffentliches Interesse an der Erlassung des Aufenthaltsverbotes annehmen zu können (VwGH 17.06.2003, 2000/21/0100).

20. Anm: Aus der Sicht des Schutzes der öffentlichen Ordnung (auf dem Gebiet des Abgabewesens), der Verhinderung strafbarer Handlungen und der Wahrung des wirtschaftlichen Wohles des Landes (Art 8 Abs 2 EMRK) besteht ein großes öffentliches Interesse an der Einhaltung von abgabenrechtlichen Vorschriften (vgl VwGH 30.01.2001, 2000/18/0001).

21. Anm: Die in den Bestimmungen der Z 1 bis 4 des § 8a Abs 1 Wr Prostitutionsgesetz 1984 pönalisierten Verhaltensweisen stellen eine erhebliche Gefährdung der öffentlichen Ordnung auf dem Gebiet der die Prostitution regelnden Vorschriften sowie auf dem Gebiet des Gesundheitswesens dar. Auch der Verstoß gegen § 1 Gesundheitliche Überwachung von Prostituierten 1974 – der Personen, die gewerbsmäßig sexuelle Handlungen am eigenen Körper dulden oder solche Handlungen an anderen vornehmen, verpflichtet, sich vor Beginn dieser Tätigkeit sowie danach regelmäßig einer amtsärztlichen Untersuchung auf das Freisein von Geschlechtskrankheiten zu unterziehen – ist als eine solche erhebliche Gefährdung einzustufen (VwGH 27.02.2003, 2002/18/0248).

22. Anm: Ein Verstoß gegen das Vbg Sittenpolizeigesetz (§ 18 Abs 1 lit c und § 4 Abs 1) war als schwerwiegend iSd Orientierungsmaßstabs des § 36 Abs 2 Z 4 FrG zu werten (VwGH 27.02.2003, 2002/18/0248).

23. Anm: In einem Verfahren betreffend Erlassung eines befristeten Aufenthaltsverbotes hatte der Fremde die – das Aufenthaltsverbot tragende (§ 36 Abs 2 Z 5 FrG) – vorsätzliche Begehung von Schlepperei (damals § 105 Abs 1 FrG) bestritten. Es war daher maßgeblich, ob dieser Verurteilung die für inländische Verurteilungen ohne weiteres bestehende Bindungswirkung zukam (VwGH 30.01.2001, 2000/18/0002).
Dabei ist davon auszugehen, dass Urteile und Beschlüsse ausländischer Gerichte im Inland nur dann materielle Rechtskraft äußern können, wenn sie kraft staatsvertraglicher Regelung im Inland entweder anerkannt oder vollstreckt werden können. Es bedarf also eines „Anerkennungs- und/oder Vollstreckungsvertrags" (vgl OGH 19.05.1998, 1 Ob 73/98m = ÖJZ [EvBl]1998/188).

24. Anm: Im Hinblick auf die erhebliche Gefährdung der öffentlichen Ordnung durch das Schlepperunwesen (vgl VwGH 17.04.1997, 97/18/0055, ergangen zum FrG 1993) ist die Ansicht der Behörde, es sei im konkreten Fall die im § 36 Abs 1 FrG umschriebene Annahme gerechtfertigt, nicht rechtswidrig (hier Verurteilung des Fremden gemäß § 81 Abs 1 Z 1 und § 81 Abs 2 FrG 1993 im Jahre 1997 zu einer Freiheitsstrafe von zehn Monaten und bedingter Strafnachsicht; Feststellung der Schleppung von zumindest sieben Personen). Die Behörde hat das Fehlverhalten des Fremden eigenständig aus dem Blickwinkel des Fremdenrechtes und unabhängig von den gerichtlichen Erwägungen betreffend die Strafbemessung bzw die Gewährung bedingter Strafnachsicht zu beurteilen (vgl VwGH 04.12.1997, 97/18/0563, ergangen zum FrG 1993).

25. Anm: Der VwGH ist an den Urteilsspruch eines Strafgerichts insoweit gebunden, als die materielle Rechtskraft des Schuldspruchs bewirkt, dass dadurch – vorbehaltlich einer allfälligen Wiederaufnahme des Strafverfahrens – mit absoluter Wirkung, somit gegenüber jedermann, bindend festgestellt ist, dass der Verurteilte die strafbare Handlung entsprechend den konkreten Tatsachenfeststellungen des betreffenden Urteils rechtswidrig und schuldhaft begangen hat (ÖJZ 2000, EvBl 9, 32).

26. Anm: Die Fremde hätte nur dann unrichtige Angaben in der in § 36 Abs 2 Z 6 FrG umschriebenen Absicht, sich die Einreise- oder die Aufenthaltsberechtigung zu verschaffen, gemacht, wenn ihr bewusst gewesen wäre, dass sie durch das Verschweigen ihres früheren Namens und ihres früheren Aufenthalts in Österreich bewirken könne, dass der Behörde das gegen sie erlassene Aufenthaltsverbot in Anbetracht ihres geänderten Namens unbekannt bleibt und so eine stattgebende Entscheidung über ihren Antrag auf ein Visum D ermöglicht würde. Sie konnte daher dann nicht in der von dieser Gesetzesstelle geforderten Absicht gehandelt haben, wenn sie gar nicht gewusst haben sollte, dass gegen sie in Österreich ein Aufenthaltsverbot bestand (VwGH 30.06.2005, 2005/18/0177).

27. Anm: Durch eine Täuschungshandlung (hier zur Erschleichung eines österreichischen Sichtvermerkes) wurde die öffentliche Ordnung iSd § 36 Abs 1 FrG gefährdet (vgl VwGH 08.11.2001, 2000/21/0229).

28. Anm: Da bei einem Fremden mit einem Einkommen aus legaler Arbeit oder auf andere Weise gesicherten Unterhaltsmitteln die Gefahren der illegalen Mittelbeschaffung und der finanziellen Belastung einer Gebietskörperschaft nicht oder jedenfalls nur in wesentlich geringerem Ausmaß bestehen, liegt eine objektive und vernünftige Rechtfertigung der unterschiedlichen Behandlung von Fremden, die nicht über ausreichende Unterhaltsmittel verfügen und nicht zur Arbeitsaufnahme berechtigt sind, vor, sodass schon deshalb eine ungerechtfertigte Benachteiligung im Sinn von Art 14 EMRK nicht vorliegt (VwGH 30.11.2005, 2005/18/0643).

29. Anm: Der bloße Hinweis auf am Konto einer anderen Person erliegende Geldmittel in Verbindung mit dem Antrag auf zeugenschaftliche Einvernahme dieser Person stellt keinen durch Vorlage von Bescheinigungsmitteln untermauerten initiativen Nachweis ausreichender Unterhaltsmittel iSd Jud des VwGH dar (vgl VwGH 09.05.2003, 2003/18/0075).

30. Anm: Die Gewährung von Bundesbetreuung setzt gemäß § 2 Abs 1 Bundesbetreuungsgesetz voraus, dass der Asylwerber nicht über ausreichende eigene Unterhaltsmittel für sich und seine Familie verfügt. Der Umstand, dass dem Fremden Bundesbetreuung gewährt wird, bestätigt demnach geradezu die Beurteilung der belBeh, dass der Tatbestand des § 36 Abs 2 Z 7 FrG erfüllt ist (VwGH 30.06.2005, 2005/18/0176).

31. Anm: Gerade der Erhalt von Sozialhilfe spricht dafür, dass der Fremde nicht über ausreichende eigene Mittel zum Unterhalt verfügt (VwGH 18.05.2004, 2001/21/0107).

32. Anm: Mit der Rechtskraft des Urteils, mit dem ausgesprochen wurde, dass die Ehe nur zu dem Zweck geschlossen worden war, dem Fremden einen Aufenthaltstitel und eine Arbeitserlaubnis zu verschaffen, ohne dass dabei eine eheliche Lebensgemeinschaft begründet wurde, stand für die belBeh bindend fest, dass der Fremde, der sich für die Erlangung eines Aufenthaltstitels auf die Ehe berufen hatte, mit seiner Ehefrau ein gemeinsames Familienleben iSd Art 8 EMRK nie geführt hat (vgl VwGH 21.09.2000, 2000/18/0095).

33. Anm: Die aus der Berufstätigkeit ableitbare Integration der Fremden war als geschmälert anzusehen, weil sie nur auf Grund der Scheinehe mit einem Österreicher keine Berechtigung nach dem AuslBG zur Ausübung einer Beschäftigung benötigte (vgl VwGH 25.09.2003, 2003/18/0216).

34. Anm: Zur Beurteilung, ob mit der Erfüllung des Tatbestandes des § 36 Abs 2 Z 9 FrG auch die im § 48 Abs 1 1. Satz iVm § 36 Abs 1 Z 1 FrG umschriebene Annahme gerechtfertigt, ist eine Prognose erforderlich, bei der jedoch nicht allein auf dieses Fehlverhalten Bedacht zu nehmen ist, sondern – unter der Voraussetzung seitherigen Wohlverhaltens – auch auf den seit seiner Verwirklichung verstrichenen Zeitraum. Je länger die Eheschließung zurückliegt, umso mehr Gewicht ist dem Wohlverhalten des Fremden seit diesem Zeitpunkt für die zu treffende Prognose zuzumessen. Wenn die rechtsmissbräuchliche Eingehung der Ehe fünf Jahre oder länger zurückliegt, so rechtfertigt der besagte Missbrauch die Annahme, der weitere Aufenthalt des Fremden gefährde die öffentliche Ordnung, nicht mehr, wobei jedoch den Fremden in solchen Fällen außer der rechtsmissbräuchlichen Eingehung einer Ehe und der Berufung auf diese Ehe im Rahmen von Verfahren zur Erlangung einer Aufenthaltsberechtigung kein fremdenrechtlich relevantes Fehlverhalten vorzuwerfen ist. Der Zeitraum von fünf Jahren wird in diesen Fällen immer ab dem Zeitpunkt der Eheschließung und nicht ab dem Zeitraum der letztmaligen Berufung auf diese Ehe zum Zweck der Erlangung einer Aufenthaltsberechtigung berechnet (vgl VwGH 17.02.2000, 99/18/0252). Liegt allerdings neben der rechtsmissbräuchlichen Eheschließung ein weiteres fremdenrechtlich relevantes Fehlverhalten des Fremden vor, so kann bei der Beurteilung der Zulässigkeit des Aufenthaltsverbotes im Grund des § 48 Abs 1 1. Satz iVm § 36 Abs 1 Z 1 FrG nicht nur dieses Fehlverhalten, sondern auch die mehr als fünf Jahre zurückliegende rechtsmissbräuchliche Eingehung der Ehe berücksichtigt werden (vgl VwGH 14.03.2000, 99/18/0269).

35. Jud: VwGH 10.02.1994, 93/18/0567; 17.04.1997, 97/18/0055; 23.10.1997, 97/18/0510; 04.12.1997, 97/18/0544; 04.12.1997, 97/18/0563; 15.10.1998, 98/18/0231; 26.03.1999, 98/18/0344; 17.02.2000, 99/18/0252; 14.03.2000, 99/18/0269; 21.09.2000, 2000/18/0095; 30.01.2001, 2000/18/0001; 30.01.2001, 2000/18/0002; 26.02.2001, 2001/21/0034;

27.06.2001, 2001/18/0110; 08.11.2001, 2000/21/0229; 27.02.2003, 2002/18/0248; 18.03.2003, 98/18/0364; 09.05.2003, 2003/18/0075; 17.06.2003, 99/21/0020; 17.06.2003, 2000/21/0100; 25.09.2003, 2003/18/0216; 18.05.2004, 2001/21/0107; 19.05.2004, 2001/18/0074; 19.10.2004, 2004/21/0243; 30.06.2005, 2005/18/0176; 30.06.2005, 2005/18/0177; 27.09.2005, 2003/18/0277; 30.11.2005, 2005/18/0643. EGMR 05.10.2000, *Maaouia*, RJD 2000-X = ÖJZ 2002/109. OGH 19.05.1998, 1 Ob 73/98m = ÖJZ [EvBl] 1998/188; 24.06.1999, 12 Os 63/99 = EvBl 9/2000.

Unzulässigkeit eines Aufenthaltsverbotes

§ 61. Ein Aufenthaltsverbot darf nicht erlassen werden, wenn
1. der Fremde in den Fällen des § 60 Abs. 2 Z 8 nach den Bestimmungen des Ausländerbeschäftigungsgesetzes für denselben Dienstgeber eine andere Beschäftigung ausüben hätte dürfen und für die Beschäftigung, bei der der Fremde betreten wurde, keine Zweckänderung erforderlich oder eine Zweckänderung zulässig gewesen wäre;
2. eine Ausweisung gemäß § 54 Abs. 1 wegen des maßgeblichen Sachverhaltes unzulässig wäre;
3. dem Fremden vor Verwirklichung des maßgeblichen Sachverhaltes die Staatsbürgerschaft gemäß § 10 Abs. 1 des Staatsbürgerschaftsgesetzes 1985 (StbG), BGBl. Nr. 311, verliehen hätte werden können, es sei denn, der Fremde wäre wegen einer gerichtlich strafbaren Handlung rechtskräftig zu mindestens einer unbedingten einjährigen Freiheitsstrafe verurteilt worden oder er würde einen der in § 60 Abs. 2 Z 12 bis 14 bezeichneten Tatbestände verwirklichen;
4. der Fremde von klein auf im Inland aufgewachsen und hier langjährig rechtmäßig niedergelassen ist, es sei denn, der Fremde wäre wegen einer gerichtlich strafbaren Handlung rechtskräftig zu mehr als einer unbedingten zweijährigen Freiheitsstrafe verurteilt worden oder würde einen der in § 60 Abs. 2 Z 12 bis 14 bezeichneten Tatbestände verwirklichen.

Übersicht:
1. Hinweise auf innerstaatliche Normen
2. Materialien
3. Anmerkung
4. Judikatur

1. Textauszug StbG idF BGBl I 2006/37

Verleihung

§ 10. (1) Die Staatsbürgerschaft darf einem Fremden, soweit in diesem Bundesgesetz nicht anderes bestimmt ist, nur verliehen werden, wenn

1. *er sich seit mindestens zehn Jahren rechtmäßig und ununterbrochen im Bundesgebiet aufgehalten hat und davon zumindest fünf Jahre niedergelassen war;*
2. *er nicht durch ein inländisches oder ausländisches Gericht wegen einer oder mehrerer Vorsatztaten rechtskräftig zu einer Freiheitsstrafe verurteilt worden ist, die der Verurteilung durch das ausländische Gericht zugrunde liegenden strafbaren Handlungen auch nach dem inländischen Recht gerichtlich strafbar sind und die Verurteilung in einem den Grundsätzen des Art. 6 der Europäischen Konvention zum Schutze der Menschenrechte und Grundfreiheiten (EMRK), BGBl. Nr. 210/1958, entsprechendem Verfahren ergangen ist;*
3. *er nicht durch ein inländisches Gericht wegen eines Finanzvergehens rechtskräftig zu einer Freiheitsstrafe verurteilt worden ist;*
4. *gegen ihn nicht wegen des Verdachtes einer mit Freiheitsstrafe bedrohten Vorsatztat oder eines mit Freiheitsstrafe bedrohten Finanzvergehens bei einem inländischen Gericht ein Strafverfahren anhängig ist;*
5. *durch die Verleihung der Staatsbürgerschaft die internationalen Beziehungen der Republik Österreich nicht wesentlich beeinträchtigt werden;*
6. *er nach seinem bisherigen Verhalten Gewähr dafür bietet, dass er zur Republik bejahend eingestellt ist und weder eine Gefahr für die öffentliche Ruhe, Ordnung und Sicherheit darstellt noch andere in Art. 8 Abs. 2 EMRK genannte öffentliche Interessen gefährdet;*
7. *sein Lebensunterhalt hinreichend gesichert ist und*
8. *er nicht mit fremden Staaten in solchen Beziehungen steht, dass die Verleihung der Staatsbürgerschaft die Interessen der Republik schädigen würde.*

2. RV 952 XXII. GP

§ 61 regelt in welchen Fällen ein Aufenthaltsverbot nicht erlassen werden darf.

Ein Aufenthaltsverbot soll nicht erlassen werden dürfen, wenn ein Fremder zwar formal aber nicht „inhaltlich" bei „Schwarzarbeit" betreten wird (Z 1). Es wird davon ausgegangen, dass kein verhältnismäßiger Grund zu einer Ausweisung oder zur Erlassung eines Aufenthaltsverbotes vorliegt, wenn der Fremde – dessen Dienstgeber z.B. für ihn eine Beschäftigungsbewilligung als Koch hat – als Kellner betreten wird. Von der Privilegierung, die diese Bestimmung nahe legt, sind jedoch jene Tätigkeiten nicht erfasst, für die eine niederlassungsrechtliche Zweckänderung erforderlich und unzulässig gewesen wäre.

Die Erlassung eines Aufenthaltsverbotes ist zudem unzulässig, wenn der Sachverhalt, welcher der Erlassung des Aufenthaltsverbotes zugrunde gelegt werden soll, nicht ausreichend ist, auch den Aufenthaltstitel als Rechtsgrundlage für den legalen Aufenthalt aufzuheben. Damit erfolgt eine Anbindung an §§ 55 und 56.

Das Aufenthaltsverbotsverbot der Z 3 stellt, anders als im Fremdengesetz 1992, auf eine konkrete Strafe und, anderes als im Fremdengesetz

1997, auf eine andere Tatbestandsvoraussetzung („zu einer unbedingten einjährigen Freiheitsstrafe verurteilt") ab, um den konkreten Unrechtsgehalt einer Tat sachgerechter beurteilen zu können.

Das Aufenthaltsverbotsverbot der Z 4 sollte bereits im Fremdengesetz 1997 den besonderen Umständen Rechnung tragen, wenn ein Fremder von klein auf im Inland aufgewachsen ist und hier langjährig rechtmäßig niedergelassen ist. In diesen Fällen würde ein Aufenthaltsverbot überaus nachhaltig in die Lebensbasis des Fremden eingreifen, wobei solche Fremde auch in ihrem „Heimatstaat" nur unter erschwerenden Bedingungen wieder eine Heimat finden werden können. Zur Beurteilung wann ein Fremder langjährig im Bundesgebiet niedergelassen ist, wird auf § 55 Abs. 4 2. Satz verwiesen. Diese Bestimmung trägt dem Umstand Rechnung, dass viele Fremde der zweiten Generation entweder bereits in Österreich geboren wurden oder mit ihren Eltern als Kind nach Österreich gekommen sind.

Der Entwurf sieht im Gegensatz zum Fremdengesetz 1997 keine absolute Aufenthaltsverfestigung mehr vor. Fremde, die schwere Straftaten begehen – es muss eine Verurteilung zu einer unbedingten Freiheitsstrafe von mehr als 2 Jahren oder ein terroristischer Tatbestand vorliegen (§ 60 Abs. 2 Z 12 bis 14) – sollen künftig auch mit einem Aufenthaltsverbot belegt werden können. Im Rahmen der Einzelfallprüfung das Vorliegen der Kautelen des Art. 8 EMRK zu prüfen und eine Verhältnismäßigkeitsabwägung vorzunehmen.

3. Anm: Z 3 stellt ausdrücklich und ausschließlich auf § 10 Abs 1 StbG – und nicht auch auf Abs 3 – ab (vgl VwGH 30.01.1997, 97/18/0013, ergangen zum FrG 1993). Eine Zusicherung der Verleihung der österreichischen Staatsbürgerschaft an den Fremden und die Tatsache, dass die zuständige Behörde gemäß § 10 Abs 3 StbG das Vorliegen eines besonders berücksichtigungswürdigen Grundes und damit eine Ausnahme von der in § 10 Abs 1 Z 1 idF vor der Novelle BGBl I 2006/37 noch normierten Mindestdauer des Hauptwohnsitzes von zehn Jahren angenommen hatte, konnte der Erlassung eines Aufenthaltsverbots nicht entgegenstehen (VwGH 05.04.2005 2005/18/0094).

4. Jud: VwGH 30.01.1997, 97/18/0013; 05.04.2005 2005/18/0094.

Voraussetzungen für das Rückkehrverbot

§ 62. (1) Gegen einen Asylwerber kann ein Rückkehrverbot erlassen werden, wenn auf Grund bestimmter Tatsachen die Annahme gerechtfertigt ist, dass sein Aufenthalt
   1.   die öffentliche Ordnung und Sicherheit gefährdet oder
   2.   anderen im Art 8 Abs. 2 EMRK genannten öffentlichen Interessen zuwiderläuft.
   Das Rückkehrverbot gilt als Entzug des Aufenthaltsrechtes. § 13 AsylG 2005 gilt.
   (2) Bestimmte Tatsachen im Sinne des Abs. 1 sind insbesondere jene des § 60 Abs. 2 Z 1 bis 5, 8 bis 10 und 12 bis 14.

(3) Die §§ 60 Abs. 3 bis 5 und 66 gelten.
(4) Ein rechtskräftig durchgesetztes Rückkehrverbot gilt als Aufenthaltsverbot.
(5) Wenn es aus Gründen der öffentlichen Ordnung und Sicherheit notwendig ist, kann mit Erlassung des Rückkehrverbotes der Aufenthalt des Asylwerbers auf einen bestimmten Bereich des Bundesgebietes beschränkt werden; dieser Bereich umfasst jedenfalls den Sprengel einer Bezirksverwaltungsbehörde. Des Weiteren können, wenn es aus denselben Gründen notwendig ist, dem Asylwerber Aufträge, insbesondere sich in periodischen Abständen bei einem Polizeikommando zu melden, erteilt werden. Die Auflagen sind im Reisedokument oder in der Karte nach dem Asylgesetz 2005 des Fremden ersichtlich zu machen.
(6) Wird der Aufenthalt des Asylwerbers auf einen bestimmten Bereich des Bundesgebietes beschränkt, sind diesem die Grenzen dieses Gebietes unter Ausfolgung eines Planes nachweislich zur Kenntnis zu bringen.

Übersicht:
1. Materialien
2. Anmerkung

1. RV 952 XXII. GP

Asylwerber erhalten gemäß § 14 AsylG 2005 schon alleine deshalb ein Aufenthaltsrecht, wenn sie einen Asylantrag eingebracht haben und dieser nicht im Zulassungsverfahren zurück- oder abgewiesen wird.

Die Verhängung einer Ausweisung während eines laufenden Asylverfahrens widerspricht dem Grundsatz, während eines Asylverfahrens keine aufenthaltsbeendenden Maßnahmen zu setzen und wäre auch im Hinblick auf das Recht auf den gesetzlichen Richter bedenklich. Ein Aufenthaltsverbot selbst ist eine Ausweisung mit einem korrespondierenden Rückkehrverbot nach Österreich. Da das Rückkehrverbot eine rein fremdenpolizeiliche Agenda ist, kann dieses nicht durch die Asylbehörden mitbehandelt werden. Gegen Asylwerber kann jedoch nicht aus allen Gründen, die zur Erlassung eines Aufenthaltsverbots führen können, ein Rückkehrverbot erlassen werden. Vor allem bei Mittellosigkeit oder wegen unrichtiger Angaben vor Fremdenpolizeibehörden kann kein Rückkehrverbot verhängt werden.

Um bei Vorliegen von Gründen, die die Erlassung eines Rückkehrverbotes rechtfertigen würden, wäre der Fremde nicht Asylwerber, wird vorgeschlagen, die Möglichkeit eines Rückkehrverbotes schon während des Asylverfahrens zu ermöglichen. Rechtsfolge ist der Entzug des Aufenthaltsrechts des Asylwerbers; eine Abschiebung ist aber trotzdem für die Dauer des Asylverfahrens nicht möglich,, da dem Asylwerber jedenfalls faktischer Abschiebeschutz (§ 13 AsylG 2005) zusteht,.

Wird dem Fremden der Status des Asylberechtigten zuerkannt, geht das Rückkehrverbot ex lege unter. Wird dem Fremden der Status des subsidiär Schutzberechtigten zuerkannt, hat das Rückkehrverbot während des Bestehens des Status keine Wirkung (§ 65). Da sich die Voraussetzungen ändern können, ist das Rückkehrverbot bei Vorliegen des Status des subsidiär Schutzberechtigten bei jeder Verlängerung des Aufenthaltsrechts zu überprüfen; vor allem ist jedes Mal eine neuerliche Verhältnismäßigkeitsabwägung vorzunehmen.

Kommt es im Asylverfahren oder nach Aberkennung des Status des subsidiär Schutzberechtigten zu einer Ausweisung, wird das Rückkehrverbot zu einem Aufenthaltsverbot. Die Fristen des Rückkehrverbotes beginnen allerdings schon ab Erlassung des Rückkehrverbots – also während des Asylverfahrens – zu laufen.

Wenn es notwendig ist, kann das Rückkehrverbot – dem Asylwerber steht ja kein Aufenthaltsrecht mehr zu – mit einem Auftrag, sich in einem bestimmten Teil des Bundesgebietes aufzuhalten oder mit Meldepflichten verbunden werden. Dies ist mit eigenem Spruchpunkt im Rückkehrverbotsbescheid auszusprechen; wird der Aufenthalt auf einen Teil des Bundesgebiets beschränkt, so ist dem Fremden deutlich darzulegen, um welchen Teil es sich handelt. Hierfür wird – vor allem bei Abstellen auf die in der Praxis nicht markieren Grenzen einer Bezirksverwaltungsbehörde – ein entsprechend genauer Plan notwendig sein.

2. Anm: Wurde gegen den Asylwerber bereits vor Stellung des Antrages auf internationalen Schutz (§ 2 Abs 1 Z 13 AsylG 2005) ein Aufenthaltsverbotsverfahren eingeleitet, so hindert unter Verweis auf § 1 Abs 2 die Stellung des Antrages auf internationalen Schutz nicht die Weiterführung des Aufenthaltsverbotsverfahrens als Rückkehrverbotsverfahren.

Bei Vorliegen der Schubhafttatbestände des § 76 Abs 2 hindert die Führung eines Rückkehrverbotsverfahrens nicht die Verhängung der Schubhaft.

Gültigkeitsdauer des Aufenthaltsverbotes oder des Rückkehrverbotes

§ 63. (1) Ein Aufenthaltsverbot oder ein Rückkehrverbot kann in den Fällen des § 60 Abs. 2 Z 1, 5 und 12 bis 14 unbefristet und sonst für die Dauer von höchstens zehn Jahren erlassen werden.

(2) Bei der Festsetzung der Gültigkeitsdauer des Aufenthaltsverbotes oder des Rückkehrverbotes ist auf die für seine Erlassung maßgeblichen Umstände Bedacht zu nehmen. Die Frist beginnt mit Eintritt der Durchsetzbarkeit zu laufen.

Übersicht:
1. Materialien
2.-3. Anmerkungen

1. RV 952 XXII. GP

Diese Bestimmung entspricht in seinen Grundsätzen § 39 Fremdengesetzes 1997 nimmt jedoch auf die Änderungen im Hinblick auf die Bekämpfung der Aufenthaltsehe Bedacht und limitiert die Gültigkeitsdauer des Aufenthaltsverbotes aus diesem Grund ebenfalls mit zehn Jahren.

2. Anm: Die Unterscheidung, ein Aufenthaltsverbot befristet oder unbefristet erlassen zu können, korrespondiert mit dem Fehlverhalten des Fremden und stellt im Falle der Erlassung eines unbefristeten Aufenthaltsverbotes eine schwerer wiegende Beeinträchtigung der persönlichen Interessen des Fremden dar und bedarf somit auch einer entsprechenden sachlichen Rechtfertigung.

Die Möglichkeit, Aufenthaltsverbote nur in als schwerwiegend zu erachtenden Fällen, konkret in den Fällen des § 60 Abs 2 Z 1, 5 und 12 bis 14, unbefristet erlassen zu können, erfordert auch in diesen Fällen eine Wertung ob der konkreten Schwere des Falles vorzunehmen.

3. Anm: Wird von der Möglichkeit der Erlassung eines unbefristeten Aufenthaltsverbotes nicht Gebrauch gemacht, sondern soll ein befristetes Aufenthaltsverbot erlassen werden, so ergibt sich aus der dann vorliegend eröffneten Möglichkeit der Abstufung der Befristung des Aufenthaltsverbotes von bis zu zehn Jahren, dass die Erlassung eines Aufenthaltsverbots in der Dauer von zehn Jahren nur für Fälle offen steht, die auf dem Boden der für das Aufenthaltsverbot nach § 39 Abs 2 FrG maßgeblichen Umstände als so schwerwiegend zu erachten sind, dass die nach der besagten Abstufungsmöglichkeit höchste Geltungsdauer adäquat ist.

Im Sachverhalt des Erk des VwGH 26.11.2003, 2000/18/0063, lag das gegen die Sicherheit im Straßenverkehr, teilweise aber auch das gegen fremdes Vermögen gerichtete Fehlverhalten des Fremden betreffend Erlassung eines befristeten Aufenthaltsverbotes schon länger zurück, und wies der Fremde auf Grund seines langjährigen rechtmäßigen Aufenthaltes und seiner beruflichen Tätigkeit in Österreich private Interessen von beachtlichem Gewicht auf. Vor diesem Hintergrund vermochte der VwGH die Auffassung der belBeh, dass die Gültigkeitsdauer des vorliegenden Aufenthaltsverbots mit zehn Jahren festzusetzen war, nicht zu teilen.

Aberkennung der aufschiebenden Wirkung einer Berufung

§ 64. Bei Fremden, die sich rechtmäßig im Bundesgebiet aufhalten, darf die aufschiebende Wirkung einer Berufung gegen ein Aufenthaltsverbot oder ein Rückkehrverbot ausgeschlossen werden, wenn die sofortige Ausreise des Fremden oder die sofortige Durchsetzbarkeit im Interesse der öffentlichen Ordnung oder aus Gründen der nationalen Sicherheit erforderlich ist.

Übersicht:
1. Materialien
2. Anmerkung

1. RV 952 XXII. GP

§ 64 gibt Art. 1 Z 2 des 7. Zusatzprotokolls zur EMRK für den Bereich des Aufenthaltsverbotes wieder. In den Fällen, in denen sich der Fremde jedoch nicht rechtmäßig im Bundesgebiet aufhält, hat er keinen Anspruch darauf, während des Berufungsverfahrens im Inland zu verbleiben, wenn der Berufung die aufschiebende Wirkung genommen wird. In diesen Fällen kann die aufschiebende Wirkung einer Berufung unter den Voraussetzungen des § 64 AVG ausgeschlossen werden.

2. Anm: Wird von der Berufungsbehörde (SID oder UVS) in der Hauptsache entschieden, so verliert der Ausspruch über die Zuerkennung der aufschiebenden Wirkung durch die erstinstanzlichen Behörde seine Wirkung.

Wird nach rechtskräftig negativer Entscheidung durch die Berufungsinstanz Beschwerde an den VwGH erhoben und gleichzeitig ein Antrag auf aufschiebende Wirkung gestellt, so kann der Vollzug der fremdenpolizeilichen Maßnahme solange aufrecht erhalten und durchgeführt werden, bis der VwGH die aufschiebende Wirkung zuerkennt. Grundlage ist § 30 VwGG, der im Falle der Zuerkennung der aufschiebenden Wirkung der Behörde auferlegt, den Vollzug des angefochtenen Bescheides aufzuschieben und die erforderlichen Verfügungen zu treffen, sodass davon auszugehen ist, dass bis zu diesem Zeitpunkt Vollzugshandlungen gesetzt werden können.

Aufhebung und außer Kraft treten des Aufenthaltsverbotes oder des Rückkehrverbotes

§ 65. (1) Das Aufenthaltsverbot oder das Rückkehrverbot ist auf Antrag oder von Amts wegen aufzuheben, wenn die Gründe, die zu seiner Erlassung geführt haben, weggefallen sind.

(2) Das Aufenthaltsverbot oder das Rückkehrverbot tritt außer Kraft, wenn einem Fremden der Status des Asylberechtigten zuerkannt wird. Das Rückkehrverbot tritt weiters außer Kraft, wenn dem Fremden der Status des subsidiär Schutzberechtigten aberkannt wurde, ohne dass damit eine Ausweisung gemäß § 10 Abs. 2 AsylG 2005 verbunden wurde.

(3) Das Aufenthaltsverbot wird zu einem Rückkehrverbot, wenn einem Fremden der Status des subsidiär Schutzberechtigten zuerkannt wird. Eine mit einem Rückkehrverbot verbundene Gebietsbeschränkung wird gegenstandslos. Solange der Status des subsidiär Schutzberechtigten zuerkannt ist, entfaltet das Rückkehrverbot keine Wirkung. Das Rückkehrverbot ist nach jeder Verlängerung des Aufenthaltsrecht (§ 8 AsylG 2005) von Amts wegen zu überprüfen.

(4) Wird der Status des subsidiär Schutzberechtigten aberkannt und wird eine Ausweisung durchsetzbar, gilt das Rückkehrverbot im Fall der Ausweisung als Aufenthaltsverbot.

Übersicht:
1.-2. Materialien
3. Anmerkung

1. RV 952 XXII. GP

Diese Bestimmung ist notwendig um der Richtlinie 2004/83/EG des Rates vom 29.04.2004 über Mindestnormen für die Anerkennung und den Status von Drittstaatsangehörigen oder Staatenlosen als Flüchtlinge oder als Personen, die anderweitig internationalen Schutz benötigen zu entsprechen. Fremde, denen der Status des Asylberechtigen – also ein auf Dauer bestehendes Einreise- und Aufenthaltsrecht – zuerkannt worden ist, sind von jeglichem fremdenpolizeilichen Ausreiseauftrag zu befreien. Wird nur der Status des subsidiär Schutzberechtigten zuerkannt, so ist davon auszugehen, dass dieser nicht auf Dauer bestehen wird. Daher können fremdenpolizeiliche Titel für eine Abschiebung aufrechterhalten werden. Es wird aber klar gestellt, dass bis zur Aberkennung des Status keinerlei Umsetzungsmaßnahmen für diesen Titel ergriffen werden dürfen. So darf auch eine Einreise in das Bundesgebiet nicht verweigert werden. Da der Fremde sich bei längerem Andauern des rechtmäßigen Aufenthalts zunehmend integriert, ist regelmäßig eine Verhältnismäßigkeitsabwägung vorzunehmen. Aus verwaltungsökonomischen Gründen wird auf die Verlängerung des Aufenthaltsrechts abgestellt.

Wird eine Ausweisung durchsetzbar, wandelt sich das Rückkehrverbot ex lege in ein Aufenthaltsverbot.

2. AB 1055 XXII. GP

Die Änderung des § 65 Abs. 2 dient der Rechtssicherheit. Ein Rückkehrverbot soll ex lege außer Kraft treten, wenn es auf Grund der Wechselwirkung zum Asylrecht keine Wirkung mehr entfalten kann. Dies ist der Fall, wenn es aus Gründen des § 10 Abs. 2 AsylG 2005 unzulässig ist, eine Ausweisung zu erlassen.

3. Anm: Bei der Beurteilung der Frage der Aufhebung eines Aufenthaltsverbotes oder Rückkehrverbotes ist maßgeblich, ob eine Gefährlichkeitsprognose im Grund des § 60 Abs 1 dergestalt (weiterhin) zu treffen ist, dass die Aufrechterhaltung des Aufenthaltsverbotes oder des Rückkehrverbotes erforderlich ist, um eine vom Fremden ausgehende erhebliche Gefahr im Bundesgebiet abzuwenden. Gleichzeitig ist festzustellen, ob die Aufrechterhaltung des Aufenthalts- oder Rückkehrverbotes unter dem Aspekt des Schutzes des Privat- und Familienlebens zulässig ist.

Der Antrag auf Aufhebung eines Aufenthaltsverbotes dient nicht dazu, die Rechtmäßigkeit jenes Bescheides, mit dem das Aufenthaltsverbot erlassen wurde, zu bekämpfen, sondern fordert eine Beurteilung des Falles nach der aktuellen Sachlage.

4. Abschnitt: Gemeinsame Verfahrensbestimmungen

Schutz des Privat- und Familienlebens

§ 66. (1) Würde durch eine Ausweisung in das Privat- oder Familienleben des Fremden eingegriffen, so ist die Ausweisung zulässig, wenn dies zur Erreichung der im Art. 8 Abs. 2 EMRK genannten Ziele dringend geboten ist.

(2) Eine Ausweisung gemäß § 54 Abs. 1, 3 und 4 darf jedenfalls nicht erlassen werden, wenn die Auswirkungen auf die Lebenssitua-

tion des Fremden und seiner Familie schwerer wiegen, als die nachteiligen Folgen der Abstandnahme von seiner Erlassung. Bei dieser Abwägung ist insbesondere auf folgende Umstände Bedacht zu nehmen:
1. die Dauer des Aufenthaltes und das Ausmaß der Integration des Fremden oder seiner Familienangehörigen;
2. die Intensität der familiären oder sonstigen Bindungen.

Übersicht:
1. Materialien
2.-3. Anmerkungen
4. Judikatur

1. RV 952 XXII. GP

Diese Bestimmung entspricht § 37 Fremdengesetz 1997. Da Ausweisungen gegen Fremde auch erlassen werden können, die sich bereits länger in Österreich aufhalten, bedarf es einer verstärkten Bedachtnahme auf den Schutz des Privat- und Familienlebens. Demnach ist ein Eingriff in dieses nur zulässig, wenn dies zur Erreichung der im Art. 8 Abs. 2 der Konvention zum Schutz der Menschenrechte und Grundfreiheiten genannten Ziele geboten ist.

2. Anm: Wird der Fremde gerichtlich verurteilt, so reichen die in der Verurteilung gemachten Feststellungen und der daraus im Bescheid angeführten durch seinen weiteren Aufenthalt im Bundesgebiet bewirkten konkreten Gefährdung für die Bewertung seiner Interessen unter dem Aspekt des Privat- und Familienlebens nicht aus. Diese konkreten, gegen den Aufenthalt des Fremden im Bundesgebiet sprechenden öffentlichen Interessen sind als nachteilige Folgen der Abstandnahme von der Erlassung eines Aufenthaltsverbotes den durch das Aufenthaltsverbot bewirkten Auswirkungen auf die Lebenssituation des Fremden und seiner Familie gegenüberzustellen. Weiters ist zu beurteilen, ob diese Auswirkungen schwerer wiegen als die durch den weiteren Aufenthalt des Fremden im Bundesgebiet bewirkte Gefährdung.

3. Anm: Bei der Abwägung der Interessen zum Schutz des Privat- und Familienleben ist **insbesondere** auf die Dauer des Aufenthaltes und das Ausmaß der Integration des Fremden oder seiner Familienangehörigen sowie die Intensität der familiären oder sonstigen Bindungen Bedacht zu nehmen.

Der VwGH stimmte der belBeh in einem Verfahren betreffend Erlassung eines befristeten Aufenthaltsverbotes gemäß § 36 Abs 1 FrG iVm § 36 Abs 2 Z 1 FrG zwar zu, dass ein beträchtliches öffentliches Interesse an der Verhinderung eines „groß angelegten Versicherungsbetrugs" im Zusammenhang mit Brandstiftung besteht; ausschlaggebend war in diesem Fall jedoch nicht nur der sehr lange Aufenthalt (seit 1977) des Fremden im Bundesgebiet bis zur Verwirklichung des maßgeblichen Sachverhalts, sondern auch der Umstand, dass er hier mit seiner gesamten Familie (Ehefrau und drei Kinder) lebte und auch sein Vater, seine Brüder und deren Familien in Österreich aufhältig waren. Die belBeh stellte keinen dieses Familienleben relativierenden Umstand fest. Die beiden Töchter des Fremden waren schulpflichtig und daher auf die Obsorge auch durch den Fremden angewiesen. Der Fremde hatte zwar die Grenze für die Anwendung des Verfestigungstatbestandes des § 35 Abs 3 FrG durch seine einmalig gebliebene – der Verurteilung nach dem Lebensmittelgesetz kommt hier keine fremdenrechtliche Relevanz zu – Verurteilung überschritten; maßgeblich war aber, dass diese Verbotstatbestände kein Familienleben fordern, das im Fall des Fremden jedoch sehr massiv gegeben war. Die aus § 35 FrG hervorgehende Wertung des Gesetzgebers stand daher zu einer durch den äußerst gravierenden Eingriff in das Familienleben bedingten Unzulässigkeit des Aufenthaltsverbotes nicht im Widerspruch. Da somit die belBeh dem mit dem Aufenthaltsverbot verbundenen Eingriff in das Privat- und Familienleben des Fremden einzelfallbezogen nicht das gebührende Gewicht beigemessen hatte, hatte sie die Rechtslage verkannt (VwGH 26.11.2003, 2000/18/0063).

4. Jud: VwGH 26.11.2003, 2000/18/0063.

Ausreiseverpflichtung und Durchsetzungsaufschub

§ 67. (1) Die Ausweisung Fremder gemäß §§ 53 oder 54 und das Aufenthaltsverbot werden mit Eintritt der Rechtskraft durchsetzbar; der Fremde hat dann unverzüglich auszureisen. Der Eintritt der Durchsetzbarkeit ist für die Dauer eines Freiheitsentzuges aufgeschoben, auf den wegen einer mit Strafe bedrohten Handlung erkannt wurde. Die Behörde kann auf Antrag während des Verfahrens zur Erlassung einer Ausweisung Fremder gemäß § 53 Abs. 1 oder § 54 oder eines Aufenthaltsverbotes den Eintritt der Durchsetzbarkeit auf höchstens drei Monate hinausschieben (Durchsetzungsaufschub); hiefür sind die öffentlichen Interessen an einer sofortigen Ausreise gegen jene Umstände abzuwägen, die der Fremde bei der Regelung seiner persönlichen Verhältnisse zu berücksichtigen hat.
(2) Hat die Behörde die aufschiebende Wirkung einer Berufung gegen eine Ausweisung Fremder gemäß § 53 oder gegen das Aufenthaltsverbot (§§ 58 und 64) ausgeschlossen, so werden diese mit dem Ausspruch durchsetzbar; der Fremde hat dann unverzüglich auszureisen.

Übersicht:
1. Materialien
2.-4. Anmerkungen
5. Judikatur

1. RV 952 XXII. GP

Es bedarf einer eigenen gesetzlichen Anordnung, die festlegt, ab wann eine Ausweisung und ein Aufenthaltsverbot durchsetzbar ist, dass dann den Fremden eine Ausreiseverpflichtung trifft und wie diese durchgesetzt werden kann. Das „wann" regelt die vorliegende Bestimmung. Es ist jedoch nicht Angelegenheit der Fremdenpolizeibehörde, darüber zu entscheiden, ob ein Freiheitsentzug, auf den wegen mit Strafe bedrohter Handlung erkannt wurde, tatsächlich vollzogen werden soll oder nicht.

Es ist vom Grundsatz auszugehen, dass die Durchsetzbarkeit einer Ausweisung oder eines Aufenthaltsverbotes von Gesetzes wegen mit einer rechtskräftigen Entscheidung eintritt. Nur dann wenn die die Behörde diese Frist verlängern will, bedarf es einer entsprechenden Aussage im Spruch des Bescheides. So ist es möglich einen Durchsetzungsaufschub in den Fällen der Ausweisung des § 53 Abs. 1 oder in den Fällen des Aufenthaltsverbotes von bis zu drei Monaten einzuräumen, weil der Fremde zur Ordnung seiner persönlichen Angelegenheiten eine gewisse Zeit benötigt. Die im letzten Halbsatz des Abs. 1 enthaltene Abwägungsverpflichtung lässt eine Verkürzung des Durchsetzungsaufschubes aus öffentliche Interessen in jenen Fällen zu, in denen an sich für die Regelung der persönlichen Verhältnisse innerhalb der Höchstfirst von drei Monaten mehr Zeit erforderlich wäre.

In Abs. 2 ist die entsprechende Regelung für jene Fälle enthalten, in denen die aufschiebende Wirkung einer Berufung gegen eine Ausweisung oder ein Aufenthaltsverbot ausgeschlossen wurde. Wann dies zulässig ist, ergibt sich aus den §§ 58 und 64.

2. Anm: Die Wendung „für die Dauer eines Freiheitsentzuges aufgeschoben" ist dahin zu interpretieren, dass die Durchsetzbarkeit eines Aufenthaltsverbotes auch in jenen Fällen aufgeschoben wird, in denen über den Fremden auf Grund einer mit Strafe bedrohten Handlung eine Freiheitsstrafe oder eine mit Freiheitsentziehung verbundene vorbeugende Maßnahme unbedingt verhängt, aber – etwa wegen eines Strafaufschubes – noch nicht (zur Gänze) vollzogen worden ist. Anders als bei einer bedingten Strafnachsicht bzw bedingten Nachsicht einer vorbeugenden Maßnahme steht nämlich in solchen Fällen typischerweise bereits fest, dass die Strafe oder Maßnahme – nach Ablauf der Aufschubsfrist – vollzogen wird.

Es soll in solchen Fällen nicht in der Entscheidungshoheit der Fremdenpolizeibehörden liegen, ob der Vollzug der Freiheitsstrafe oder der mit Freiheitsentziehung verbundenen vorbeugenden Maßnahme in Zukunft vorgenommen werden kann oder nicht. Der Zeitraum eines Strafaufschubes bzw Aufschubes der Maßnahme schiebt also die Durchsetzbarkeit eines Aufenthaltsverbotes ebenso hinaus wie der Zeitraum des Freiheitsentzuges.

3. Anm: Ein Durchsetzungsaufschub kommt nur ein Mal in Betracht; dem Gesetz ist insofern eine Höchstfrist von drei Monaten (zur Regelung der persönlichen Verhältnisse des ausgewiesenen Fremden) zu entnehmen. Anders als beim Abschiebungsaufschub gemäß § 46 Abs 3 handelt es sich beim Durchsetzungsaufschub nicht um ein jeweils erneuerbares Recht (s auch VwGH 09.09.1999, 99/21/0203).

4. Anm: Aus der Formulierung „während des Verfahrens zur Erlassung einer Ausweisung ... oder eines Aufenthaltsverbotes" ist die Behörde bei

der Entscheidung über den Durchsetzungsaufschub dahingehend zeitlich eingeschränkt, dass ein Ausspruch über einen solchen gleichzeitig mit der Erlassung der Ausweisung oder des Aufenthaltsverbotes zu treffen ist.
Es wird davon ausgegangen, dass die zu den korrespondierenden Bestimmungen des FrG 1993 und FrG ergangene Rspr des VwGH anzuwenden ist (VwGH. 09.09.1999, 99/21/0243).

5. Jud: VwGH 09.09.1999, 99/21/0203; 09.09.1999, 99/21/0243.

Auflagen für den Durchsetzungsaufschub

§ 68. (1) Schiebt die Behörde den Eintritt der Durchsetzbarkeit einer Ausweisung oder eines Aufenthaltsverbotes auf, so kann sie die dafür im Interesse der Aufrechterhaltung der öffentlichen Ordnung oder Sicherheit gebotenen Auflagen festsetzen. Hierbei ist auf den Zweck des Aufenthalts Bedacht zu nehmen.
(2) Auflagen im Sinn des Abs. 1 sind insbesondere
1. die Beschränkung des Aufenthalts auf einen bestimmten Sprengel einer Bezirksverwaltungsbehörde, der im Fall, dass der Fremde einen Wohnsitz im Bundesgebiet hat, diesen jedenfalls mit umfassen muss;
2. die Verpflichtung, sich in periodischen Abständen bei einem Polizeikommando zu melden.
(3) Die Auflagen gemäß Abs. 1 sind im Reisedokument des Fremden ersichtlich zu machen.

1. RV 952 XXII. GP

Auflagen können im Interesse der Aufrechterhaltung der öffentlichen Ordnung und Sicherheit für den Durchsetzungsaufschub festgesetzt werden. Damit soll die Möglichkeit geschaffen werden, die Schubhaft zu vermeiden. Es handelt sich daher um ein gelinderes Mittel.

Widerruf des Durchsetzungsaufschubes

§ 69. Der Durchsetzungsaufschub ist zu widerrufen, wenn
1. nachträglich Tatsachen bekannt werden, die dessen Versagung gerechtfertigt hätten;
2. die Gründe für die Erteilung weggefallen sind oder
3. der Fremde während seines weiteren Aufenthaltes im Bundesgebiet ein Verhalten setzt, das die sofortige Ausreise aus den in § 54 Abs. 1 genannten Gründen gebietet.

1. RV 952 XXII. GP

Neben den Fällen des Widerrufs wegen nachträglich bekannt gewordener Tatsachen oder wegen des Wegfalls der Voraussetzungen soll der Durchsetzungsaufschub auch dann widerrufen werden können, wenn der Betroffene neuerlich ein Verhalten setzt, das seine Gefährlichkeit während des tolerierten Aufenthaltes aufzeigt. Dabei muss es sich um die Verletzung eines der im § 54 Abs. 1 genannten Interesse, jedoch nicht notwendiger Weise um jenes Interesse handeln, das für die Erlassung des Aufenthaltsverbotes maßgeblich gewesen ist.

Besondere Verfahrensbestimmungen

§ 70. Durchsetzbare Ausweisungen, Aufenthaltsverbote oder Rückkehrverbote sind im Reisedokument der Fremden ersichtlich zu machen, sofern dadurch die Abschiebung nicht unzulässig oder unmöglich gemacht wird. In einem Verfahren zur Erlassung einer Ausweisung, eines Aufenthaltsverbotes oder eines Rückkehrverbotes hat der Fremde auf Verlangen der Behörde persönlich vor dieser zu erscheinen.

1. RV 952 XXII. GP

Dem Grundsatz entsprechend, dass nicht bloß aufenthaltsbegründende Akte im Reisedokument des Fremden ersichtlich zu machen sind, sondern auch aufenthaltsbeendende, wird festgelegt, dass Ausweisungen oder Aufenthaltsverbote, sobald sie durchsetzbar sind, ersichtlich gemacht werden können. Ein Ermessen soll hier deswegen möglich sein, um nicht Gefahr zu laufen, durch die Ersichtlichmachung die Abschiebung zu unterlaufen, weil dem Fremden etwa deshalb im Zielstaat Unannehmlichkeiten drohen. Der letzte Satz stellt keine Abweichung vom AVG dar (§ 19 Abs. 1 AVG), sondern ist nur zur Klarstellung angeführt. Das Recht, einen gewillkürten Vertreter zur Behörde mitzubringen, bleibt unbenommen.

5. Abschnitt: Vollstreckung von Rückführungsentscheidungen von EWR-Staaten

§ 71. (1) Bei Drittstaatsangehörigen, die über keinen Aufenthaltstitel verfügen, entspricht die rechtskräftige, vollstreckbare Rückführungsentscheidung eines Mitgliedstaates des Europäischen Wirtschaftsraumes einer durchsetzbaren Ausweisung, wenn
1. **die Rückführungsentscheidung mit der schwerwiegenden und akuten Gefahr für die öffentliche Sicherheit und Ordnung oder die nationale Sicherheit begründet wird und**
    a) **auf der strafrechtlichen Verurteilung einer mit einer mindestens einjährigen Freiheitsstrafe bedrohten Straftat beruht oder**
    b) **erlassen wurde, weil begründeter Verdacht besteht, dass der Drittstaatsangehörige schwere Straftaten begangen hat oder konkrete Hinweise bestehen, dass er solche Taten im Hoheitsgebiet eines Mitgliedstaates plant, oder**
2. **die Rückführungsentscheidung erlassen wurde, weil der Drittstaatsangehörige gegen die Einreise- und Aufenthaltsbestimmungen des Entscheidungsstaates verstoßen hat.**

§ 72

(2) Bei Drittstaatsangehörigen, die über einen österreichischen Aufenthaltstitel verfügen und gegen die eine Rückführungsentscheidung gemäß Abs. 1 Z 1 erlassen wurde, hat die Fremdenpolizeibehörde ein Verfahren zur Entziehung des Aufenthaltstitels einzuleiten. Entzieht die Niederlassungs- und Aufenthaltsbehörde den Aufenthaltstitel nicht, wird die Rückführungsentscheidung nicht vollstreckt. § 50 gilt.

(3) Nationale Entscheidungen gemäß den §§ 53, 54, 60 und 62 gehen Abs. 1 und 2 vor.

1. RV 952 XXII. GP

Diese Bestimmung dient der Umsetzung der Richtlinie des Rates 2001/40/EG des Rates vom 28. Mai 2001, ABl L 149/34 über die gegenseitige Anerkennung von Entscheidungen über die Rückführung von Drittstaatsangehörigen. Die Richtlinie wurde gemäß Art. 63 des Vertrages zur Gründung der Europäischen Gemeinschaft erlassen und soll größere Effizienz bei der Vollstreckung von Rückführungsentscheidungen der Mitgliedstaaten der Europäischen Union gewährleisten. Dazu ist die gegenseitige Anerkennung von Rückführungsentscheidungen erforderlich; es soll möglich sein, die anerkannte Rückführungsentscheidung eines Mitgliedstaates auch durchzusetzen, ohne ein eigenes (nationales) Verfahren zur Aufenthaltsbeendigung durchführen zu müssen. Selbstverständlich sind alle sonstigen völkerrechtlichen Verpflichtungen auch in diesen Fällen von Relevanz (arg. Art. 3 Abs. 2 der Richtlinie „Die Mitgliedstaaten führen diese Richtlinie unter Beachtung der Menschenrechte und Grundfreiheiten durch.").

6. Abschnitt: Besondere Bewilligungen

Wiedereinreise während der Gültigkeitsdauer eines Aufenthaltsverbots

§ 72. (1) Während der Gültigkeitsdauer des Aufenthaltsverbotes darf der Fremde ohne Bewilligung nicht wieder einreisen.

(2) Die Bewilligung zur Wiedereinreise kann dem Fremden auf Antrag erteilt werden, wenn dies aus wichtigen öffentlichen oder privaten Gründen notwendig ist, die für das Aufenthaltsverbot maßgeblichen Gründe dem nicht entgegenstehen und auch sonst kein Visumsversagungsgrund vorliegt. Mit der Bewilligung ist auch die sachlich gebotene Gültigkeitsdauer festzulegen.

(3) Die Bewilligung kann im Interesse der Aufrechterhaltung der öffentlichen Ordnung oder Sicherheit mit Auflagen belegt werden; hiebei ist auf den Zweck des Aufenthalts Bedacht zu nehmen. Auflagen sind insbesondere die Vorschreibung bestimmter Grenzübergänge und Reiserouten, die Beschränkung des Aufenthalts auf den Sprengel einer Bezirksverwaltungsbehörde sowie die Verpflichtung, sich in periodischen Abständen bei einem Polizeikommando zu melden. Die Erteilung von Auflagen ist im Reisedokument ersichtlich zu machen.

(4) Die Bewilligung wird ungeachtet des Bestehens eines rechtskräftigen Aufenthaltsverbotes in Form eines Visums erteilt.

(5) Die Bewilligung ist zu widerrufen, wenn nachträglich Tatsachen bekannt werden, die ihre Versagung gerechtfertigt hätten, wenn die Gründe für ihre Erteilung weggefallen sind oder wenn der Fremde während seines Aufenthalts im Bundesgebiet ein Verhalten setzt, das
1. im Zusammenhang mit den Gründen, die für das Aufenthaltsverbot maßgeblich waren, dessen unverzügliche Durchsetzung erforderlich macht oder
2. die Erlassung einer Ausweisung oder neuerlich die Erlassung eines Aufenthaltsverbotes rechtfertigen würde.

(6) Die Bewilligung wird durch Ungültigerklärung im Reisedokument widerrufen.

Übersicht:
1. Materialien
2.-3. Anmerkungen
4. Judikatur

1. RV 952 XXII. GP

Die Wiedereinreise während der Geltungsdauer eines Aufenthaltsverbotes ist nur zulässig, wenn dem Fremden eine Bewilligung erteilt worden ist. Der Grund dafür kann im öffentlichen Interesse (z.B. Zeugenaussage in einem Strafprozess) oder im privaten Bereich (z.B. lebensgefährliche Erkrankung eines Familienmitgliedes) gelegen sein. Die Wiedereinreise darf, abgesehen von den für das Aufenthaltsverbot maßgeblichen Gründen, nur dann gestattet werden, wenn ihr kein Sichtvermerksversagungsgrund (§ 21) entgegensteht.

Die Wiedereinreisebewilligung wird grundsätzlich in Form eines Visums erteilt. Eines eigenen Bescheides bedarf es nur in jenen Fällen, in denen dem Antragsteller darüber hinaus noch Auflagen auferlegt werden sollen. Damit wird die Möglichkeit geschaffen, bei Ermessensentscheidungen zu Gunsten des Fremden zu entscheiden.

2. Anm: Die Bewilligung der Wiedereinreise setzt voraus, dass zuvor die Ausreise stattgefunden hat – idR in Form einer Abschiebung – und dass sich der Antragsteller im Ausland befindet. Treffen diese Voraussetzungen nicht zu und wird der Antrag im Inland gestellt, so ist der Antrag, auch im Hinblick auf die ausdrückliche Zuständigkeit der Vertretungsbehörden, als unzulässig zurückzuweisen.

3. Anm: Die behauptete Unkenntnis des § 41 FrG kam dem Fremden nicht zugute, handelte es sich doch um eine im BGBl gehörig kundgemachte Norm, weshalb die Kenntnis der damit geschaffenen Rechtslage auch von Personen, die ihren Wohnsitz im Ausland haben, erwartet werden kann (VwGH 15.12.2005, 2004/18/0388).

4. Jud: VwGH 15.12.2005, 2004/18/0388.

§ 73

Besondere Bewilligung nach Zurückweisung, Zurückschiebung und Ausweisung

§ 73. (1) Fremde, die berechtigt sind, ohne Visum in das Bundesgebiet einzureisen und sich in diesem aufzuhalten, bedürfen mit Ausnahme der Fälle des §§ 21 Abs. 8 und 30 Abs. 1 für den Zeitraum eines Jahres nach einer Zurückweisung gemäß § 41 Abs. 2 Z 4 und 6, nach einer Zurückschiebung oder nach einer Ausweisung zur Einreise in das Bundesgebiet und zum Aufenthalt in diesem einer besonderen Bewilligung.

(2) Die Bewilligung zu einem drei Monate nicht übersteigenden Aufenthalt wird in Form eines Visums erteilt. § 72 Abs. 3, 5 und 6 gelten.

1. RV 952 XXII. GP

Diese Bestimmung entspricht der Rechtslage des Fremdengesetzes 1997 (§ 28 Abs. 1 2. Satz); es wird nunmehr klargestellt, dass diese Bewilligung in Form eines Visums zu erteilen ist.

7. Abschnitt: Festnahme-, Übernahme- und Durchsuchungsauftrag

Festnahmeauftrag und Übernahmeauftrag

§ 74. (1) Die Behörde kann die Festnahme eines Fremden auch ohne Erlassung eines Schubhaftbescheides anordnen (Festnahmeauftrag), wenn auf Grund bestimmter Tatsachen anzunehmen ist, dass die Voraussetzungen für die Erlassung einer Ausweisung oder eines Aufenthaltsverbotes vorliegen und
1. der Fremde ohne ausreichende Entschuldigung einer ihm zu eigenen Handen zugestellten Ladung, in der dieses Zwangsmittel angedroht war, nicht Folge geleistet hat oder
2. der Aufenthalt des Fremden nicht festgestellt werden konnte, sein letzter bekannter Aufenthalt jedoch im Sprengel der Behörde liegt.

(2) Ein Festnahmeauftrag kann gegen einen Fremden auch dann erlassen werden,
1. wenn die Voraussetzungen zur Verhängung der Schubhaft nach § 76 Abs. 1 vorliegen und nicht aus anderen Gründen die Vorführung vor die Fremdenpolizeibehörde erfolgt;
2. wenn er seiner Verpflichtung zur Ausreise (§ 67, § 10 AsylG 2005) nicht nachgekommen ist oder
3. wenn gegen den Fremden ein Auftrag zur Abschiebung (§ 46) erlassen werden soll.

(3) Für einen Fremden, der durchbefördert (§ 48) werden soll, ist ein Übernahmeauftrag zu erlassen.

(4) Festnahme- und Übernahmeauftrag ergehen in Ausübung verwaltungsbehördlicher Befehlsgewalt; sie sind aktenkundig zu machen.

(5) In den Fällen des Abs. 1 und 2 ist dem Beteiligten auf sein Verlangen sogleich oder binnen der nächsten 24 Stunden eine Durchschrift des Festnahmeauftrages zuzustellen.

Übersicht:
1. Materialien
2.-3. Anmerkungen

1. RV 952 XXII. GP

Der Festnahmeauftrag unterscheidet sich von dem im Verwaltungsverfahren sonst üblichen Vorführungsbefehl darin, dass er so lange gilt, bis die Behörde die Verfahrenshandlung mit dem vorgeführten Betroffenen vorgenommen hat. Die Dauer der Festnahme darf jedoch keinesfalls 48 Stunden überschreiten (§ 39 Abs. 5). Die Voraussetzungen des Festnahmeauftrages des Abs. 1 lehnen sich freilich an jene des Vorführungsbefehles an. Es muss ein Verfahren eingeleitet sein, das auf die Erlassung einer aufenthaltsbeendenden Maßnahme abzielt und der Fremde muss entweder einer Ladung nicht Folge geleistet haben, untergetaucht sein oder gegen den Fremden soll ein Auftrag zur Abschiebung erlassen werden. Im fremdenpolizeilichen Verfahren ist es zum Teil unerlässlich, die Festnahme von Fremden anzuordnen, ohne sie vorher zur Behörde zu laden. Ansonsten wäre die Durchführung eines fremdenpolizeilichen Verfahrens – vor allem wenn es um die Erlassung eines Aufenthaltsverbotes oder um die Durchsetzung einer Ausweisung geht – vom Willen des Fremden, am Verfahren mitzuwirken und sich diesem nicht zu entziehen abhängig. Hat der Fremde aber nur einen vorübergehenden oder gar keinen Lebensmittelpunkt in Österreich, ist es für ihn ungleich leichter, sich dem Zugriff der Behörde nach Kenntnis von deren Absicht zu entziehen, ohne Österreich auch zu verlassen.

Die Fremdenpolizeibehörde soll zur Erlassung eines zum Eingriff in die persönliche Freiheit ermächtigenden Auftrages befugt sein, weil auch hier die erforderliche Mitwirkung des Fremden nur durch eine Maßnahme im vorhinein und nicht durch die Erlassung eines Schubhaftbescheides, der zugestellt werden müsste, gesichert werden kann.

Da es in den Fällen der Durchbeförderung nicht zu einer Festnahme kommt – diese ist regelmäßig bereits im Ausland erfolgt – wird diese Anordnung dem tatsächlichem Geschehen entsprechend „Übernahmeauftrag" bezeichnet.

Im Gegensatz zum Regime des Fremdengesetzes 1997 kann ein Festnahmeauftrag auch mündlich erlassen werden, er ist binnen 24 Stunden schriftlich zu bestätigen. Die Praxis hat gezeigt, dass die Einbindung der Behörde manchmal an der faktischen Unmöglichkeit der schriftlichen Ausfolgung eines Festnahmeauftrags scheitert. Es wird daher vorgeschlagen, diesen auch mündlich erlassen zu können.

2. Anm: Da nunmehr die Erlassung eines Festnahmenauftrages in sämtlichen Fällen möglich sein wird, bei denen die Voraussetzungen der Verhängung der Schubhaft gemäß § 76 gegeben sind, sind damit auch Fälle für einen Festnahmeauftrag zugänglich, die bis dato davon ausgeschlossen waren. Mittellosigkeit im Sinne des § 60 Abs 2 Z 7 als Voraussetzung für die Erlassung eines Aufenthaltsverbotes ist somit zukünftig auch für die Erlassung eines Festnahmenauftrages relevant. Nach den Bestimmungen des FrG bestand diese Möglichkeit nicht. Die Möglichkeit den Festnahmeauftrag auch mündlich zu erlassen, soll die Arbeit der Exekutivbeamten wesentlich erleichtern und eine Effizienzsteigerung bewirken.

3. Anm: Wird ein Festnahmeauftrag außerhalb des Sprengels der erlassenden Behörde vollzogen, so werden die Organe des öffentlichen Sicherheitsdienstes funktionell für jene Behörde tätig, die den Festnahmeauftrag erlassen hat. In der Praxis bedeutet dies, dass im Fall der Wahrnehmung eines Festnahmeauftrages im Sprengel einer anderen Behörde etwa bei der Grenzkontrolle die Organe die ausschreibende Behörde iSd § 39 Abs 5 zu verständigen haben und sich der entsprechend der Verfügungen dieser Behörde zu verhalten haben. Die Bandbreite der weiteren Vorgehensweise bewegt sich jedoch nur im Rahmen der Vorführung zur ausschreibenden Behörde oder der Beendigung der vorläufigen Festnahme.

Durchsuchungsauftrag

§ 75. (1) Ist auf Grund bestimmter Tatsachen anzunehmen, dass ein Fremder, gegen den ein Festnahmeauftrag erlassen worden ist oder Schubhaft verhängt werden soll, sich in bestimmten Räumlichkeiten innerhalb des Sprengels der Behörde aufhalte, kann diese, sofern es zur Durchsetzung des Festnahmeauftrages oder zur Vollstreckung des Schubhaftbescheides erforderlich erscheint, den Organen des öffentlichen Sicherheitsdienstes den Auftrag erteilen, die Räumlichkeiten zu betreten und zu durchsuchen.
(2) Der Auftrag gemäß Abs. 1 ergeht in Ausübung verwaltungsbehördlicher Befehlsgewalt. Die erfolgte Durchsuchung ist vom einschreitenden Organ des öffentlichen Sicherheitsdienstes dem Betroffenen auf Verlangen so bald wie möglich, jedenfalls binnen 24 Stunden, schriftlich zu bestätigen.

Übersicht:
1. Materialien
2. Anmerkung
3. Judikatur

1. RV 952 XXII. GP

Den Organen des öffentlichen Sicherheitsdienstes wird die Ermächtigung zum Betreten und Durchsuchen von Räumen gegeben, wenn die Behörde einen entsprechenden Auftrag erteilt und dies zur Durchsetzung eines Festnahmeauftrages oder zur Verhängung der Schubhaft erforderlich scheint. Die Schubhaft ist erst mit Zustellung des Bescheides verhängt. In den meisten Fällen ist das Betreten von Räumen erforderlich, um den Bescheid zustellen zu können. Im Übrigen wird auf § 36 verwiesen.

2. Anm: Unverzichtbares Inhaltsmerkmal eines Verwaltungsaktes in der Erscheinungsform eines Befehls, dh Ausübung unmittelbarer behördlicher Befehls- und Zwangsgewalt, ist der Umstand, dass dem Befehlsadressaten eine bei Nichtbefolgung unverzüglich einsetzende physische Sanktion angedroht wird (siehe VfGH VfSlg 9922, 10.420, 10.848 ua).

3. Jud: VfGH VfSlg 9922, 10.420, 10.848 ua.

8. Abschnitt: Schubhaft und gelinderes Mittel

Schubhaft

§ 76. (1) Fremde können festgenommen und angehalten werden (Schubhaft), sofern dies notwendig ist, um das Verfahren zur Erlassung eines Aufenthaltsverbotes oder einer Ausweisung bis zum Eintritt ihrer Durchsetzbarkeit oder um die Abschiebung, die Zurückschiebung oder die Durchbeförderung zu sichern. Über Fremde, die sich rechtmäßig im Bundesgebiet aufhalten, darf Schubhaft verhängt werden, wenn auf Grund bestimmter Tatsachen anzunehmen ist, sie würden sich dem Verfahren entziehen.

(2) Die örtlich zuständige Fremdenpolizeibehörde kann über einen Asylwerber oder einen Fremden, der einen Antrag auf internationalen Schutz gestellt hat, Schubhaft zum Zwecke der Sicherung des Verfahrens zur Erlassung einer Ausweisung gemäß § 10 AsylG 2005 oder zur Sicherung der Abschiebung anordnen, wenn
1. gegen ihn eine durchsetzbare – wenn auch nicht rechtskräftige – Ausweisung (§ 10 AsylG 2005) erlassen wurde;
2. gegen ihn nach den Bestimmungen des Asylgesetzes 2005 ein Ausweisungsverfahren eingeleitet wurde;
3. gegen ihn vor Stellung des Antrages auf internationalen Schutz eine durchsetzbare Ausweisung (§§ 53 oder 54) oder ein durchsetzbares Aufenthaltsverbot (§ 60) verhängt worden ist oder
4. auf Grund des Ergebnisses der Befragung, der Durchsuchung und der erkennungsdienstlichen Behandlung anzunehmen ist, dass der Antrag des Fremden auf internationalen Schutz mangels Zuständigkeit Österreichs zur Prüfung zurückgewiesen werden wird.

(3) Die Schubhaft ist mit Bescheid anzuordnen; dieser ist gemäß § 57 AVG zu erlassen, es sei denn, der Fremde befände sich bei Einleitung des Verfahrens zu seiner Erlassung aus anderem Grund nicht bloß kurzfristig in Haft. Nicht vollstreckte Schubhaftbescheide gemäß § 57 AVG gelten 14 Tage nach ihrer Erlassung als widerrufen.

(4) Hat der Fremde einen Zustellungsbevollmächtigten, so gilt die Zustellung des Schubhaftbescheides auch in dem Zeitpunkt als vollzogen, in dem eine Ausfertigung dem Fremden tatsächlich zugekommen ist. Die Zustellung einer weiteren Ausfertigung an den Zustellungsbevollmächtigten ist in diesen Fällen unverzüglich zu veranlassen.

§ 76

(5) Wird ein Aufenthaltsverbot oder eine Ausweisung durchsetzbar und erscheint die Überwachung der Ausreise des Fremden notwendig, so gilt die zur Sicherung des Verfahrens angeordnete Schubhaft ab diesem Zeitpunkt als zur Sicherung der Abschiebung verhängt.

(6) Stellt ein Fremder während der Anhaltung in Schubhaft einen Antrag auf internationalen Schutz, so kann diese aufrecht erhalten werden. Liegen die Voraussetzungen des Abs. 2 vor, gilt die Schubhaft als nach Abs. 2 verhängt. Das Vorliegen der Voraussetzungen für die Anordnung der Schubhaft gemäß Abs. 2 ist mit Aktenvermerk festzuhalten.

(7) Die Anordnung der Schubhaft kann mit Beschwerde gemäß § 82 angefochten werden.

Übersicht:
    1.-2.   Materialien
    3.-8.   Anmerkungen
    9.   Judikatur

1. RV 952 XXII. GP

In dieser Bestimmung werden jene Fälle zusammengefasst, in denen die Verhängung der Schubhaft zulässig ist. Hiebei geht es um den Gesichtspunkt der Sicherung der erforderlichen Maßnahmen. So wie bisher ist die Verhängung der Schubhaft nur mit Bescheid zulässig. In diesem Bescheid hat die Sicherheitsbehörde darzulegen, inwiefern die Haft notwendig ist, um den Sicherungszweck zu erreichen. Sie hat insbesondere darauf Bedacht zu nehmen, dass die Schubhaft im Verfahren zur Erlassung einer Ausweisung jene Maßnahme ist, die den Rückgriff auf das Mandat im „Hauptverfahren" ausschließt. Der im § 57 AVG genannten „Gefahr im Verzug" ist in Verfahren zum bescheidmäßigen Entzug der Aufenthaltsberechtigung (Ausweisung und Aufenthaltsverbot) durch Verhängung der Schubhaft zu begegnen. Es kommt daher die Erlassung eines Aufenthaltsverbotes oder einer Ausweisung im Mandatsverfahren nicht in Betracht.

Die in den Abs. 3 und 4 getroffenen Regelungen stellen zwei weitere Parallelen zum gerichtlichen Haftrecht dar. So wie beim richterlichen Haftbefehl, aber auch wie bei dem Beschluss auf Verhängung der Untersuchungshaft soll es bei der Erlassung des Schubhaftbescheides zunächst zu keinem weitwendigen Verfahren kommen. Es wird davon ausgegangen, dass dann, wenn die Voraussetzungen zur Verhängung der Schubhaft als solche gegeben sind, stets auch Gefahr im Verzug im Sinne des § 57 AVG vorliegt. Andernfalls wird weder die Notwendigkeit bestehen, ein Verfahren oder auch eine Außerlandesschaffung zu sichern. Eine Ausnahme besteht nur dann, wenn sich der Betroffene bereits aus anderem Grund in Haft befindet. In diesen Fällen kann ohne weiteres ein Ermittlungsverfahren zur Erlassung eines Schubhaftbescheides, dessen zeitliche Geltung mit dem Ende der vorgehenden Haft einsetzt, durchgeführt werden.

Ähnliches gilt auch für Fälle, in denen der Fremde einen Zustellbevollmächtigten hat. Auch hier soll ein Zustand, wie er im Strafprozess herrscht, hergestellt werden. Anders als nach geltendem Zustellrecht soll demnach, unabhängig von der Zustellbevollmächtigung, der Bescheid – so wie der Haftbefehl – dem Betroffenen selbst rechtsverbindlich zugestellt werden können. Freilich soll die Sicherheitsbehörde verpflichtet sein, in diesen Fällen dem Zustellbevollmächtigten unverzüglich eine Ausfertigung des Schubhaftbescheides zu übermitteln.

Die Verhängung der Schubhaft kann ausschließlich mit Beschwerde an den unabhängigen Verwaltungssenat bekämpft werden. Vorstellung oder Berufung gegen einen Schubhaftbescheid sind unzulässig (§ 9 Abs. 3), sodass die verfassungsgesetzliche Voraussetzung, für das Einschreiten des unabhängigen Verwaltungssenat, die Erschöpfung des administrativen Instanzenzuges, vorliegt.

Stellt ein Asylwerber in der Schubhaft einen Asylantrag, so kann diese aufrechterhalten werden, auch wenn die Voraussetzungen von Abs. 2 nicht vorliegen. Für Zwecke des § 80 Abs. 2 gilt diese Schubhaft nur nach § 76 Abs. 2 verhängt, wenn die Voraussetzungen für die Verhängung der Schubhaft gegen Asylwerber vorliegen; dann gelten die Fristenregeln des § 80 Abs. 2. Die Regel ist unbedingt erforderlich, um einen in Schubhaft angehaltenen Fremden nicht die Möglichkeit zu geben, durch die Asylantragstellung die Aufhebung der Schubhaft zu erzwingen.

Nach Erlassung der Schubhaft – auch wenn sie noch nicht vollzogen wird – richtet sich die Beschwerdemöglichkeit nach § 82. Es spricht immer der zuständige unabhängige Verwaltungssenat über die – allenfalls weitere – Zulässigkeit der Schubhaft ab.

2. AB 1055 XXII. GP

Da in § 2 Z 14 AsylG 2005 ein Fremder erst dann Asylwerber ist, wenn der Antrag auf internationalen Schutz eingebracht ist, wird in den §§ 39 Abs. 3 und 76 Abs. 2 durch die Einfügung der Wortfolge klargestellt, dass die Festnahmebestimmung auch auf jene Fremden Anwendung findet, die zwar einen Antrag auf internationalen Schutz gestellt haben, deren Antrag aber gemäß § 17 Abs. 2 AsylG 2005 noch nicht eingebracht ist.

3. Anm: Im Zusammenhang mit der neuen Schubhaftbestimmung des § 76 stellt sich die Frage, inwieweit diese auf bisherige Verfahren nach dem FrG und im Besonderen auf jene des AsylG Anwendung finden kann.

Die Übergangsbestimmungen des § 125 stellen klar, dass Verfahren nach dem FrG nach den nunmehrigen Bestimmungen fortzuführen sind, sodass implizit damit auch die neuen Schubhaftbestimmungen Anwendung finden.

Betrachtet man die Übergangsbestimmungen des AsylG 2005, so folgen diese – bis auf bestimmte Ausnahmen – dem Grundsatz, dass nach dem AsylG begonnene Verfahren auch nach diesem zu Ende zu führen sind. Folgt man daher diesem Ansatz, so bedingt dies die Weitergeltung des § 34b AsylG, wofür der Wortlaut des § 75 Abs 1 AsylG 2005 erster Satz ins Treffen geführt werden kann. Auch wenn in § 34b

Abs 2 AsylG normiert wird, dass auf Asylwerber, über die Schubhaft verhängt worden ist, das FrG insgesamt Anwendung findet und dieses mit Ablauf des 31.12.2005 außer Kraft getreten ist, scheint dies nicht zwingend den Schluss nahe zu legen, dass damit die gesamte Regelung des § 34b AsylG nicht anwendbar sein soll. Vielmehr scheint hier ein Fall der Verweisungsregel des § 124 Abs 2 FPG vorzuliegen, wonach an die Stelle der Bestimmungen des FrG die entsprechenden Regelungen des FPG treten.

Für die Geltung des § 76 FPG in asylrechtlichen Altverfahren spricht, dass mit dem AsylG 2005 eine deutliche Trennung zwischen Fremdenpolizei und Asylwesen vorgenommen wurde und Bestimmungen, die sich zwar noch im Asylgesetz 1997 fanden, aber eindeutig und ausschließlich fremdenpolizeilichen Charakter hatten, gestrichen wurden und die erforderlichen Anknüpfungen zu asylrechtlichen Sachverhalten für fremdenpolizeiliche Maßnahmen im FPG Platz gegriffen haben. Daher erscheint die Anwendung der Normen des § 34b AsylG und des § 76 FPG nebeneinander auf Asylwerber, deren Verfahren nach dem AsylG zu Ende geführt werden, vertretbar.

4. Anm: Voraussetzung für die Anordnung der Schubhaft ist, dass im Entscheidungszeitpunkt mit Recht angenommen werden kann, der Fremde werde sich dem behördlichen Zugriff entziehen oder diesen zumindest wesentlich erschweren (vgl VwGH 28.06.2002, 2002/02/0138 und 21.12.2004, 2004/21/0145).

Der Schubhaft geht als erstere Voraussetzung für deren Verhängung die Erfüllung eines materiellen Tatbestandes nach dem FPG voraus. Wenngleich es sich bei einem Schubhaftbescheid um einem gemäß § 57 AVG erlassenen Bescheid handelt und dieser als unaufschiebbare Maßnahme ohne vorausgegangenes Ermittlungsverfahren erlassen wird, ist es somit erforderlich, im notwendigen Ausmaß individualisierte Beurteilungsmerkmale einfließen zu lassen. Diese sind erforderlich, um im Einzelfall den Sicherungszweck einer Schubhaft darzulegen.

Dieser Sicherungszweck manifestiert sich einerseits in einer evidenten Ausreiseunwilligkeit und andererseits – folgt man der Rspr des VwGH (Erk v 08.09.2005, 2005/21/0301) – in einem zusätzlichen Moment, wie etwa mangelnde berufliche oder soziale Verankerung in Österreich. Beurteilt man auf Grund dieser Prüfungsparameter die Schubhaft als für zulässig, ist darüber hinaus etwa im Falle der Trennung einer Familie (Vater Schubhaft, Mutter mit Kind gelinderes Mittel) in einem weiteren Schritt diese Trennung zu thematisieren.

Es wird daher unerlässlich sein, die geforderten einzelfallrelevanten Tatbestände, wie etwa Angaben des Fremden nicht in den relevanten Staat zurückkehren zu wollen, zu erheben und diese im Bescheid entsprechend zu verwerten.

So ist der Umstand eines relevanten Eurodac-Treffers eines anderen Staates durchaus dazu geeignet, in objektiver Hinsicht darzulegen, dass der Betroffene wohl nicht in den betreffenden Staat zurückkehren werden will. Jedoch bedarf es aus den dargestellten Erwägungen noch der subjektiven Komponente, um die Notwendigkeit und Verhältnismäßigkeit der Freiheitsentziehung zu begründen.

5. Anm: Wird in einem ordentlichem Verfahren die Schubhaft angeordnet, was dann der Fall ist, wenn der Fremde sich in Strafhaft befindet, so ist der Spruchteil des daher nicht nach § 57 AVG erlassenen Bescheides („Die Rechtsfolgen treten nach Ihrer Entlassung aus der Gerichtshaft ein") isd Bestimmtheitserfordernisses des § 59 Abs 1 AVG an den Spruch von Bescheiden nur so zu verstehen, dass der Eintritt der Rechtsfolgen im unmittelbaren zeitlichen Zusammenhang mit der Entlassung aus der Gerichtshaft zu erfolgen hat. Wird die im Schubhaftbescheid genannte Person – aus welchen Gründen auch immer – nach der Entlassung aus der Gerichtshaft nicht in Schubhaft genommen, so darf dieser Schubhaftbescheid zu einem späteren Zeitpunkt nicht mehr vollstreckt werden. Der Erlassung eines neuen Schubhaftbescheides steht wegen geändertem Sachverhalt aber nicht das Hindernis der entschiedenen Sache entgegen (VwGH 30.01.2004, 2003/02/0148).

6. Anm: Nach der Rspr des VwGH zum AsylG war die Anhaltung in Schubhaft auch im Einklang mit der Entscheidung eines verstärkten Senates des VwGH (vgl 20.10.2000, 99/20/0406) möglich, wenn dem Fremden die Eigenschaft als Asylwerber mit vorläufiger Aufenthaltsberechtigung zum Zeitpunkt der Erlassung des angefochtenen Bescheides zukam und wenn er nicht die in § 21 Abs 1 AsylG näher dargelegten Voraussetzungen erfüllte (vgl VwGH 23.02.2001, 98/02/0276).

Daraus ist man geneigt abzuleiten, dass das Zusammenspiel der neuen Rechtslagen auch die Erlassung eines Schubhaftbescheides gegen einen Asylwerber mit Aufenthaltsberechtigung zulässt, wenn die materiellen Voraussetzungen unter Beachtung des oben bei 5. Gesagten vorliegen.

7. Anm: Zur Erlassung eines Schubhaftbescheides ist es nicht erforderlich, dass ein Verfahren zur Erlassung eines Aufenthaltsverbotes oder einer Ausweisung bereits eingeleitet worden ist. Es genügt, dass Grund zur Annahme besteht, ein derartiges künftiges Verfahren werde zu sichern sein, weil die Gefahr bestehe, dass sich der betreffende Fremde diesem Verfahren entziehen werde (VwGH 28.06.2002, 2002/02/0138).

8. Anm: Die Abschiebung wird – bei Vorliegen der entsprechenden gesetzlichen Voraussetzungen – für die Dauer des Asylverfahrens „nur aufgeschoben" , „um Asylwerber vor Beendigung ihres Aufenthaltes bis zur endgültigen Entscheidung über ihren Asylantrag zu schützen"; es liegt daher im Fall der sonstigen Voraussetzungen einer Abschiebung nur eine „vorläufige" Unzulässigkeit dieser vor, die dem Grunde nach die Zulässigkeit der Schubhaft nicht beeinträchtigt. Es steht erst ab der endgültigen Entscheidung über den Asylantrag fest, ob die Abschiebung unzulässig ist und daher das Ziel der Schubhaft, nämlich die Sicherung der Außerlandesschaffung des Fremden, endgültig unerreichbar ist (VwGH 14.09.2001, 2000/02/0319).

9. **Jud:** VwGH 20.10.2000, 99/20/0406; 23.02.2001, 98/02/0276; 14.09.2001, 2000/02/0319; 28.06.2002, 2002/02/0138; 30.01.2004, 2003/02/0148; 21.12.2004, 2004/21/0145; 08.09.2005, 2005/21/0301.

Gelinderes Mittel

§ 77. (1) Die Behörde kann von der Anordnung der Schubhaft Abstand nehmen, wenn sie Grund zur Annahme hat, dass deren Zweck durch Anwendung gelinderer Mittel erreicht werden kann. Gegen Minderjährige hat die Behörde gelindere Mittel anzuwenden, es sei denn, sie hätte Grund zur Annahme, dass der Zweck der Schubhaft damit nicht erreicht werden kann.

(2) Voraussetzung für die Anordnung gelinderer Mittel ist, dass der Fremde seiner erkennungsdienstlichen Behandlung zustimmt, es sei denn, diese wäre bereits aus dem Grunde des § 99 Abs. 1 Z 1 von Amts wegen erfolgt.

(3) Als gelinderes Mittel kommt insbesondere die Anordnung in Betracht, in von der Behörde bestimmten Räumen Unterkunft zu nehmen oder sich in periodischen Abständen bei dem Fremden bekannt gegebenen Polizeikommando zu melden.

(4) Kommt der Fremde seinen Verpflichtungen nach Abs. 3 nicht nach oder leistet er ohne ausreichende Entschuldigung einer ihm zugegangenen Ladung zur Behörde, in der auf diese Konsequenz hingewiesen wurde, nicht Folge, ist die Schubhaft anzuordnen. Für die in der Unterkunft verbrachte Zeit gilt § 80 mit der Maßgabe, dass die Dauer der Zulässigkeit verdoppelt wird.

(5) Die Anwendung eines gelinderen Mittels steht der für die Durchsetzung der Abschiebung, der Zurückschiebung oder Durchbeförderung erforderlichen Ausübung von Befehls- und Zwangsgewalt nicht entgegen. Soweit dies zur Abwicklung dieser Maßnahmen erforderlich ist, kann den Betroffenen aufgetragen werden, sich für insgesamt 72 Stunden nicht übersteigende Zeiträume an bestimmten Orten aufzuhalten.

Übersicht:

1. Materialien
2.-4. Anmerkungen
5. Judikatur

1. RV 952 XXII. GP

Durch das Institut des gelinderen Mittels wird die Fremdenpolizeibehörde verpflichtet von der Anordnung der Schubhaft gegen Fremde Abstand zu nehmen, wenn sie Grund zur Annahme hat, dass der ursprüngliche Zweck der Anhaltung in Schubhaft auch auf andere Weise erreicht werden kann. Es wird der Behörde obliegen zu beurteilen, ob sich der Fremde, gegen den die Schubhaft verhängt wird, dazu verhalten werden kann – so er in von der Behörde bestimmten Räumen Unterkunft nehmen darf – sich dem Verfahren zu stellen und gegebenenfalls dem Behördenauftrag gemäß in bestimmten Abständen zu melden. Ebenso ist bei Jugendlichen die Anwendung des gelinderen Mittels die Regel und die Vollstreckung der Schubhaft in Schubhafträumlichkeiten stellt die Ausnahme dar. Die so verbrachte Zeit wird auf die Dauer einer allenfalls vollstreckten Schubhaft in Schubhafträumlichkeiten zur Hälfte angerechnet werden (Abs. 4 letzter Satz). Voraussetzung für die Anwendung des gelinderen Mittels wird in jedem Fall die vorgängige erkennungsdienstliche Behandlung des Fremden durch die Behörde sein. Das gelindere Mittel kann jederzeit widerrufen werden, wenn der Fremde den behördlichen Auflagen nicht entspricht oder er ohne ausreichende Entschuldigung einer Ladung nicht nachkommt.

Die Ergänzung der Schubhaft durch das Rechtsinstitut des gelinderen Mittels ist einerseits aus Aspekten der Menschenrechte ein positives Signal, weil hiermit – so die Rahmenbedingungen gegeben sind – die Freiheitsbeschränkungen Fremder auf ein Mindestmaß reduziert werden können, und andererseits aus ökonomischen Erwägungen durchaus nicht zu vernachlässigen, weil die Kosten für die Unterbringung Fremder in einer „zugewiesenen Unterkunft" wesentlich günstiger sind als der Vollzug von Schubhaft.

Abs. 5 soll gewährleisten, dass die Verhängung eines gelinderen Mittels nicht zur Vereitelung der Durchsetzung einer aufenthaltsbeendenden Maßnahme führt. Die Unterbringung kann zweckmäßigerweise auch in einem Anhaltezentrum (Polizeianhaltezentrum) erfolgen. Die zum Fremdengesetz 1997 (§ 66) erweiterte Frist von 72 Stunden ist unbedingt erforderlich, da in der Praxis mit der Frist von 24 Stunden bei weitem nicht das Auslangen gefunden wurde.

2. Anm: Vor Anordnung der Schubhaft hat sich die Behörde im Rahmen einer individuellen Prüfung unter dem Aspekt der Verhältnismäßigkeit mit der Frage auseinander zu setzen, ob an Stelle der Anordnung der Schubhaft ein gelinderes Mittel zur Anwendung gelangen könnte.

3. Anm: Die Entscheidung über die Anwendung gelinderer Mittel iSd § 66 Abs 1 FrG war eine Ermessensentscheidung (VwGH 22.03.2002, 99/02/0237). Ein Ermessensfehler in diesem Sinne liegt dann vor, wenn das der Ermessensübung durch die Behörde zu Grunde liegende Verwaltungsverfahren mangelhaft ist (formeller Ermessensfehler), oder wenn von der Verwaltungsbehörde bei der Ermessensübung der Sinn des Gesetzes nicht beachtet worden ist (materieller Ermessensfehler) (VwGH 17.12.1999, 99/02/0294).

4. Anm: Mit einem vor dem VwGH bekämpften Bescheid wies die belBeh die Beschwerden der Beschwerdeführer „wegen behaupteter Rechtswidrigkeit der mit Bescheid vom ... gemäß § 66 FrG als ‚gelinderes Mittel' angeordneten Unterkunftnahme in der Pension und des ‚Vollzuges' dieser Maßnahmen" gemäß § 72 Abs 1 FrG iVm § 67c Abs 3 AVG als unzulässig zurück. Soweit die Bf davon ausgingen, die Wirtin der Pension, in der sie durch Anordnung der Behörde untergebracht waren, hätte für die staatliche Verwaltung bei der Besorgung der Sicherheitsverwaltung iSd § 2

Abs. 2 SPG eine Position als funktioneller Organwalter inne gehabt, indem sie als eine Aufsichtsperson agiert habe, konnte dem nicht gefolgt werden, zumal die Ausübung unmittelbarer behördlicher Befehls- und Zwangsgewalt durch diese nicht erkennbar war. Bei der Beschwerdebehauptung, die Dienste der Pensionswirtin seien von der Behörde zu Hilfe genommen worden, die „gegenständliche Wirtin" mache „genau das, was im Polizeigefangenenhaus das dortige Personal zu leisten" habe, die Handlungen (Unterlassungen) der Wirtin der Pension (Weigerung, einen Arzt zu rufen als auch Verbot, telefonisch einen Arzt zu rufen) seien als Maßnahmen iSd § 28 Abs 2 SPG anzusehen, wobei die Wirtin als funktionelle Organwalterin agiert habe, ihre Handlungen jedoch nicht in Form von Bescheiden erfolgt seien, handelte es sich um rechtlich nicht weiter begründete Behauptungen. Eine gesetzliche Grundlage dafür, dass die Bf unter die behördliche „Befehls- und Zwangsgewalt" der Wirtin der Pension fielen, ergab sich weder aus den in der Beschwerde genannten Bestimmungen noch sonst aus der Rechtsordnung (VwGH 26.01.2001, 2000/02/340).

5. Jud: VwGH 17.12.1999, 99/02/0294; 26.01.2001, 2000/02/340; 22.03.2002, 99/02/0237.

Vollzug der Schubhaft

§ 78. (1) **Die Schubhaft ist im Haftraum der Fremdenpolizeibehörde zu vollziehen, die sie verhängt hat. Kann die Fremdenpolizeibehörde die Schubhaft nicht vollziehen, ist die nächstgelegene Fremdenpolizeibehörde, die über Haftraum verfügt, um den Vollzug zu ersuchen. Kann auch diese die Schubhaft nicht vollziehen, ist der Leiter des gerichtlichen Gefangenenhauses, in dessen Sprengel die Behörde ihren Sitz hat, um den Vollzug zu ersuchen; er hat dem Ersuchen zu entsprechen, soweit dies ohne Beeinträchtigung anderer gesetzlicher Aufgaben möglich ist.**
(2) An Fremden, die im Bundesgebiet keinen Wohnsitz haben, kann die Schubhaft im Haftraum der nächstgelegenen Fremdenpolizeibehörde vollzogen werden, die zur Aufnahme tatsächlich in der Lage ist. Steht bei keiner Fremdenpolizeibehörde ein Haftraum zur Verfügung, kann die Schubhaft an solchen Fremden im nächstgelegenen gerichtlichen Gefangenenhaus, das zur Aufnahme tatsächlich in der Lage ist, vollzogen werden; der um den Vollzug ersuchte Leiter hat dem Ersuchen zu entsprechen, soweit dies ohne Beeinträchtigung anderer gesetzlicher Aufgaben möglich ist.
(3) Im unmittelbaren Anschluss an eine gerichtliche Freiheitsstrafe darf die Schubhaft auch sonst in einem gerichtlichen Gefangenenhaus oder – mit Zustimmung des Betroffenen – in einer Strafvollzugsanstalt vollzogen werden.
(4) Soweit dies für Zwecke der Abschiebung, Zurückschiebung oder Durchbeförderung erforderlich ist, kann die Schubhaft in Hafträumen, die sich am Weg zur Bundesgrenze befinden, vollzogen werden.

(5) Für jede Fremdenpolizeibehörde sind eigene Haftäume zu unterhalten. Diese Haftäume können für eine Fremdenpolizeibehörde oder, sofern dies aus Gründen der Zweckmäßigkeit und Kostenersparnis geboten ist, für mehrere Fremdenpolizeibehörden gemeinsam errichtet werden. Die Gebietskörperschaften, die den Aufwand der Fremdenpolizeibehörden zu tragen haben, haben dafür zur sorgen, dass in jedem Land soviel Haftäume zur Verfügung stehen, als dem durchschnittlichen Ausmaß der dort verhängten Schubhaften entspricht. Die betroffenen Gebietskörperschaften haben Verwaltungsvereinbarungen zu treffen, die ihre Aufgaben bei der Errichtung, der Erhaltung und beim Betrieb der Haftäume sowie die Kostentragung regeln. Dabei ist das Ausmaß der Inanspruchnahme der Haftäume durch die Behörden zu berücksichtigen.

(6) Kann ein kranker oder verletzter Fremder während der Schubhaft in den Haftäumen nicht sachgemäß behandelt werden, gilt der Zeitraum einer ambulanten medizinischen Versorgung als Schubhaft. Kann die Fremdenpolizeibehörde die Schubhaft in einem solchen Fall auf Grund des Gesundheitszustandes des Fremden, der von ihm selbst herbeigeführt worden ist, nicht oder nicht mehr vollziehen, so kann, wenn das Aufenthaltsverbot oder die Ausweisung des Fremden durchsetzbar und die Abschiebung möglich ist, die Fremdenpolizeibehörde den Leiter des gerichtlichen Gefangenenhauses Wien um den Vollzug der Schubhaft in der medizinischen Einrichtung dieses gerichtlichen Gefangenenhauses ersuchen. Dieser hat dem Ersuchen zu entsprechen, soweit eine sachgemäße medizinische Behandlung und Betreuung des Betroffenen im Hinblick auf die Auslastung und Ausstattung der Einrichtungen, die die erforderliche Behandlung gewährleisten, möglich ist.

(7) Wenn es der Gesundheitszustand des Fremden erfordert, so ist dieser in weiterer Vollziehung der Schubhaft in eine geeignete Krankenanstalt zu bringen und dort erforderlichenfalls auch zu bewachen, wenn die Behandlung nicht im Haftraum der Fremdenpolizeibehörde durchgeführt werden kann. § 71 Abs. 2 und 3 des Strafvollzugsgesetzes (StVG), BGBl. Nr. 144/1969, gilt sinngemäß.

(8) Wird die Schubhaft in einem gerichtlichen Gefangenenhaus, im Haftraum einer anderen Fremdenpolizeibehörde oder in einer Krankenanstalt vollzogen, so hat die Fremdenpolizeibehörde die dadurch entstehenden Kosten in vollem Umfang zu ersetzen.

Übersicht:

1.-2. Hinweise auf innerstaatliche Normen
3.-4. Materialien
5.-6. Anmerkungen
7. Judikatur

1. Textauszug StVG

Überstellung in eine andere Anstalt
 § 71. ...

(2) Kann der Strafgefangene auch in einer anderen Anstalt nicht sachgemäß behandelt werden oder wäre sein Leben durch die Überstellung dorthin gefährdet, so ist er in eine geeignete öffentliche Krankenanstalt zu bringen und dort erforderlichenfalls auch bewachen zu lassen. Die öffentlichen Krankenanstalten sind verpflichtet, den Strafgefangenen aufzunehmen und seine Bewachung zuzulassen. Die für die Unterbringung in öffentlichen Krankenanstalten anfallenden Kosten trägt der Bund, gegebenenfalls nach Maßgabe einer zwischen dem Bund und den Ländern diesbezüglich abgeschlossenen Vereinbarung gemäß Artikel 15a des Bundes-Verfassungsgesetzes (B-VG) oder einer diesbezüglich mit dem jeweiligen privaten Krankenanstaltenträger abgeschlossenen Vereinbarung, bis zu dem Zeitpunkt, in dem der Strafvollzug nachträglich aufgeschoben oder beendet wird.

(3) Im Falle der Überstellung in eine öffentliche Krankenanstalt für Psychiatrie oder eine psychiatrische Abteilung eines öffentlichen allgemeinen Krankenhauses gelten im übrigen die Bestimmungen des Unterbringungsgesetzes, BGBl. Nr. 155/1990, in der jeweils geltenden Fassung mit folgenden Maßgaben:
1. *Die Überstellung ist ohne das in den §§ 8 und 9 des Unterbringungsgesetzes vorgesehene Verfahren unmittelbar vorzunehmen.*
2. *Die Aufnahme- und Anhaltepflicht der Krankenanstalten richtet sich nach Abs. 2 erster und zweiter Satz. Untergebracht werden im Sinne des Unterbringungsgesetzes darf der Strafgefangene nur bei Vorliegen der Voraussetzungen des § 3 des Unterbringungsgesetzes.*
3. *Bei Prüfung der Voraussetzungen des § 3 Z 2 des Unterbringungsgesetzes ist darauf Bedacht zu nehmen, daß die ausreichende ärztliche Behandlung oder Betreuung im Sinne dieser Bestimmung im Rahmen und mit den Mitteln des allgemeinen Strafvollzuges gewährleistet sein muß.*
4. *Der Wirkungskreis des Patientenanwalts umfasst ausschließlich die sich aus der Unterbringung ergebenden Beziehungen des Strafgefangenen zur Krankenanstalt.*

2. Textauszug StGB

Eigenmächtige Heilbehandlung

§ 110. *(1) Wer einen anderen ohne dessen Einwilligung, wenn auch nach den Regeln der medizinischen Wissenschaft, behandelt, ist mit Freiheitsstrafe bis zu sechs Monaten oder mit Geldstrafe bis zu 360 Tagessätzen zu bestrafen.*

(2) Hat der Täter die Einwilligung des Behandelten in der Annahme nicht eingeholt, daß durch den Aufschub der Behandlung das Leben oder die Gesundheit des Behandelten ernstlich gefährdet wäre, so ist er nach Abs. 1 nur zu bestrafen, wenn die vermeintliche Gefahr nicht bestanden hat und er sich dessen bei Aufwendung der nötigen Sorgfalt (§ 6) hätte bewußt sein können.

(3) Der Täter ist nur auf Verlangen des eigenmächtig Behandelten zu verfolgen.

3. RV 952 XXII. GP

Abs. 1 stellt klar, das die subsidiäre Zuständigkeit nicht bei jener Fremdenpolizeibehörde liegt, die überhaupt über einen Haftraum verfügt, sondern bei jener, die in der aktuellen Situation Haftraum zur Verfügung hat. Dies bedeutet, dass auch eine weiter entfernte Behörde die „nächstgelegene Bezirksverwaltungs- oder Bundespolizeibehörde" sein kann. Steht bei keiner Fremdenpolizeibehörde ein Haftraum zur Verfügung, so kann im nächstgelegenen gerichtlichen Gefangenenhaus die Schubhaft vollzogen werden.

Die in Abs. 4 genannten Crafträume können auch Hafträume in Grenzbezirksstellen sein.

Das geltende Recht legt es den in Abs. 5 genannten Gebietskörperschaften auf, selbst den nötigen Schubhaftraum zu unterhalten. Diese Festlegung ist einerseits manchmal totes Recht geblieben und hält andererseits nicht allen Kriterien der Erforderlichkeit stand. Dementsprechend haben die Gebietskörperschaften nur dafür Sorge zu tragen, dass der Haftraum zur Verfügung steht. Damit wird ermöglicht, dass andere Rechtsträger für die Errichtung dieses Haftraumes sorgen, und die Gebietskörperschaft darauf (wohl gegen Entgelt) zurückgreifen kann.

Im Falle einer Erkrankung oder Verletzung des Fremden, die eine ambulante Aufnahme in einem Krankenhaus oder einem Arzt notwendig werden lässt, gilt der Zeitraum dieser notwendig gewordenen Behandlung als Schubhaft. Um die Vollziehung in gesonderten Situationen – insbesondere bei schlechtem Gesundheitszustandes eines Fremden, dessen Abschiebung möglich ist – gewährleisten zu können soll eine vorübergehende etwaige Unterbringung in den gerichtlichen Gefangenenhäusern zur unbedingt erforderlichen Heilbehandlung nach den Kautelen des StVG möglich sein. Ist der Gesundheitszustand des Fremden dermaßen, dass die Heilbehandlung auch durch die Überstellung in ein gerichtliches Gefangenenhaus nicht sicherzustellen ist, besteht die Möglichkeit der Überstellung in eine geeignete Krankenanstalt. Diese Möglichkeit kann jedoch nur aufgegriffen werden, wenn der Fremde zustimmt. Die vorgeschlagene Regelung stellt keine strikte Abfolge der Unterbringung dar. Vielmehr soll sich die Unterbringung des Fremden an die Art der vorzunehmenden Heilbehandlung in zweckmäßiger Weise orientieren.

Die geltende Diktion des Abs. 7 (vollzieht die Behörde die Schubhaft ...) legt nahe, dass Strafvollzugsbehörde in diesen Fällen jene Behörde ist, die die Schubhaft verhängt hat. Es soll daher klargestellt werden, dass als Vollzugsbeginn – analog zu der in § 53a VStG getroffenen Regelung – Strafvollzugsbehörde selbstverständlich jene Behörde ist, deren Haftraum in Anspruch genommen wird.

4. AF 1055 XXII. GP

Zu § 78 Abs. 6 FPG geht der Ausschuss für innere Angelegenheiten davon aus, dass Fremde, die bereit sind, wenngleich in einer Haftsituation, ihren Gesundheitszustand nachhaltig zu beeinträchtigen, jedenfalls ärztlich zu betreuen sind. Im Falle einer Überstellung in eine Justizanstalt gelten hinsichtlich der Verhältnismäßigkeit die Bestimmungen des Verwaltungsstrafgesetzes und des Strafvollzugsgesetzes.

5. Anm: In Fällen, in denen auf Grund eines entsprechenden Bescheides im unmittelbaren Anschluss an die Strafhaft zur Sicherung der Abschiebung die Vollziehung der Schubhaft erfolgen soll, ist davon auszugehen, dass die Bewilligung eines Ausganges noch im Stande der Vollziehung der Strafhaft zulässig ist. Eine gesetzliche Grundlage für die Annahme, der Strafhaft vorweg auch die Funktion der (erst für den Fall ihrer Beendigung angeordneten) Schubhaft zuzumessen, ist nämlich nicht erkennbar (vgl demgegenüber für die anstelle der Untersuchungshaft vollzogene Strafhaft die Regelung des § 180 Abs 4 StPO 1975) (vgl VwGH 19.02.2004, 2003/20/0502).

6. Anm: In allen Fällen, in denen der Gesundheitszustand des Fremden eine Heilbehandlung erforderlich macht und die Beeinträchtigung des Gesundheitszustandes nicht vom Fremden herbeigeführt worden ist (Abs 6) findet Abs 7 mit der Maßgabe Anwendung, als auf die Bestimmung des § 110 StGB Rücksicht genommen werden muss. Dies bedeutet, dass, wenn der Fremde der Heilbehandlung nicht zustimmt und es kein Fall des § 110 Abs. 2 StGB ist, die Frage der Aufrechterhaltung der Schubhaft unter Beachtung der Möglichkeiten der medizinisch adäquaten und notwendigen Versorgung in Schubhaft beurteilt werden muss.

7. Jud: VwGH 19.02.2004, 2003/20/0502.

Durchführung der Schubhaft

§ 79. (1) Für die Anhaltung in Schubhaft in Hafträumen einer Fremdenpolizeibehörde gilt § 53c Abs. 1 bis 5 VStG, für die Anhaltung in gerichtlichen Gefangenenhäusern und Strafvollzugsanstalten gilt § 53d VStG.

(2) Fremde unter sechzehn Jahren dürfen in Schubhaft angehalten werden, wenn eine dem Alter und Entwicklungsstand entsprechende Unterbringung und Pflege gewährleistet ist.

(3) Minderjährige Schubhäftlinge sind von Erwachsenen getrennt anzuhalten. Wurde auch gegen einen Elternteil oder Erziehungsberechtigten die Schubhaft verhängt, sind minderjährige Schubhäftlinge gemeinsam mit diesem anzuhalten, es sei denn, dass ihr Wohl eine getrennte Anhaltung verlangt.

(4) Die Hausordnung für die Durchführung der Schubhaft in den Hafträumen der Fremdenpolizeibehörden hat der Bundesminister für Inneres zu erlassen. Darin sind die Rechte und Pflichten der Häftlinge unter Bedachtnahme auf die Aufrechterhaltung der Ordnung sowie unter Berücksichtigung der räumlichen und personellen Gegebenheiten zu regeln.

Übersicht:

    1.   Hinweise auf innerstaatliche Normen
    2.   Materialien

1. Textauszug VStG

Durchführung des Strafvollzuges

§ 53c. *(1) Häftlinge dürfen ihre eigene Kleidung tragen und sich, ohne dazu verpflichtet zu sein, angemessen beschäftigen. Sie dürfen sich selbst verköstigen, wenn dies nach den verfügbaren Einrichtungen weder die Aufsicht und Ordnung beeinträchtigt noch unverhältnismäßigen Verwaltungsmehraufwand verursacht. Sie sind tunlichst von Häftlingen, die nach anderen Bestimmungen als nach diesem Bundesgesetz angehalten werden, männliche Häftlinge jedenfalls von weiblichen Häftlingen getrennt zu halten.*

(2) Häftlinge sind in einfach und zweckmäßig eingerichteten Räumen mit ausreichendem Luftraum und genügend Tageslicht unterzubringen. Die Hafträume sind gut zu lüften und in der kalten Jahreszeit entsprechend zu heizen. Bei Dunkelheit sind sie außerhalb der Zeit der Nachtruhe so zu beleuchten, dass die Häftlinge ohne Gefährdung des Augenlichtes lesen und arbeiten können. Es ist dafür zu sorgen, dass die Häftlinge Vorfälle, die das unverzügliche Einschreiten eines Aufsichtsorgans erforderlich machen könnten, diesem jederzeit zur Kenntnis bringen können.

(3) Ihr Briefverkehr darf nicht beschränkt, sondern nur durch Stichproben überwacht werden. Schriftstücke, die offenbar der Vorbereitung oder Weiterführung strafbarer Handlungen oder deren Verschleierung dienen, sind zurückzuhalten. Geld- oder Paketsendungen sind frei. Pakete sind in Gegenwart des Häftlings zu öffnen. Sachen, die die Sicherheit und Ordnung gefährden können, sind ihm jedoch erst bei der Entlassung auszufolgen, sofern sie nicht wegen ihrer Beschaffenheit vernichtet werden müssen.

(4) Häftlinge dürfen innerhalb der Amtsstunden Besuche empfangen, soweit dies unter Berücksichtigung der erforderlichen Überwachung ohne Gefährdung der Sicherheit und Ordnung sowie ohne Beeinträchtigung des Dienstbetriebes möglich ist.

(5) Der Brief- und Besuchsverkehr von Häftlingen mit inländischen Behörden und Rechtsbeiständen sowie mit Organen, die durch für Österreich verbindliche internationale Übereinkommen zum Schutz der Menschenrechte eingerichtet sind, darf weder beschränkt noch inhaltlich überwacht werden. Das gleiche gilt für den Verkehr ausländischer Häftlinge mit diplomatischen und konsularischen Vertretern ihres Heimatstaates.

Vollzug in gerichtlichen Gefangenenhäusern und Strafvollzugsanstalten

§ 53d. *(1) Soweit in diesem Bundesgesetz nicht anderes bestimmt ist, sind auf den Vollzug von Freiheitsstrafen in gerichtlichen Gefangenenhäusern oder Strafvollzugsanstalten die Bestimmungen des Strafvollzugsgesetzes über den Vollzug von Freiheitsstrafen, deren Strafzeit achtzehn Monate nicht übersteigt, mit Ausnahme der §§ 31 Abs. 2, 32, 45 Abs. 1, 54 Abs. 3, 115, 127, 128, 132 Abs. 4 und 149 Abs. 1 und 4 sinngemäß anzuwenden, soweit dies nicht zu Anlaß und Dauer der von der Verwaltungsbehörde verhängten Freiheitsstrafe außer Verhältnis steht. Die Entscheidungen des Vollzugsgerichtes stehen dem Einzelrichter zu.*

(2) Soweit Häftlinge eine Arbeitsvergütung zu erhalten haben, ist ihnen diese nach Abzug des Vollzugskostenbeitrages (§ 32 Abs. 2 erster Fall

und Abs. 3 des Strafvollzugsgesetzes) zur Gänze als Hausgeld gutzuschreiben.
(3) Wird eine Freiheitsstrafe nach § 53 Abs. 2 in einer Strafvollzugsanstalt vollzogen, so bleiben die im Strafvollzug gewährten Vergünstigungen und Lockerungen auch für den Vollzug der durch eine Verwaltungsbehörde verhängten Freiheitsstrafe aufrecht.

2. RV 952 XXII. GP

Die Regelung über die Durchführung der Schubhaft lehnt sich grundsätzlich an das Beispiel des Verwaltungsstrafgesetzes an. Daher soll für Schubhäftlinge in diesen Fällen das dort geregelte Regime gelten, unabhängig davon, in welchem Haftraum die Schubhaft vollzogen wird. Sondervorschriften sind für den Vollzug der Schubhaft an Minderjährigen erforderlich, insbesondere ist es nicht möglich, hier die Parallele zum Verwaltungsstrafgesetz (§ 54 Abs. 1 VStG: Verbot der Haft an Jugendliche unter 16 Jahren) durchzuhalten, weil es wiederholt zum Auftritt mündiger Minderjähriger ohne Begleitpersonen kommt und weil bei der Abschiebung von Ehepaaren das Zurückbleiben der Kinder im Bundesgebiet nicht in Betracht kommen kann.

Analog zu der im Verwaltungsstrafgesetz getroffenen Regelung ist auch eine Hausordnung für die Durchführung der Schubhaft zu erlassen. Dies obliegt, anderes als im Verwaltungsstrafgesetz und analog zu der im § 47 Abs. 3 SPG getroffenen Regelung, dem obersten Vollzugsorgan. Zur geltenden Rechtslage ist auf die vom Bundesminister für Inneres erlassene Anhalteordnung zu verweisen.

Dauer der Schubhaft

§ 80. (1) Die Behörde ist verpflichtet, darauf hinzuwirken, dass die Schubhaft so kurz wie möglich dauert.
(2) Die Schubhaft darf so lange aufrechterhalten werden, bis der Grund für ihre Anordnung weggefallen ist oder ihr Ziel nicht mehr erreicht werden kann. Sie darf außer in den Fällen des Abs. 3 und 4 insgesamt nicht länger als zwei Monate dauern.
(3) Darf ein Fremder deshalb nicht abgeschoben werden, weil über einen Antrag gemäß § 51 noch nicht rechtskräftig entschieden ist, kann die Schubhaft bis zum Ablauf der vierten Woche nach rechtskräftiger Entscheidung, insgesamt jedoch nicht länger als sechs Monate aufrecht erhalten werden.
(4) Kann oder darf ein Fremder deshalb nicht abgeschoben werden,
  1. weil die Feststellung seiner Identität und Staatsangehörigkeit nicht möglich ist oder
  2. weil die für die Ein- oder Durchreise erforderliche Bewilligung eines anderen Staates nicht vorliegt oder
  3. weil er die Abschiebung dadurch vereitelt, dass er sich der Zwangsgewalt (§ 13) widersetzt,
kann die Schubhaft wegen desselben Sachverhalts innerhalb eines Zeitraumes von zwei Jahren nicht länger als sechs Monate aufrecht erhalten werden, es sei denn, die Nichtvornahme der Abschie-

bung ist dem Verhalten des Fremden zuzurechnen. In diesen Fällen darf der Fremde wegen desselben Sachverhalts innerhalb eines Zeitraumes von zwei Jahren nicht länger als zehn Monate in Schubhaft angehalten werden. Ebenso kann die Schubhaft, die gemäß § 76 Abs. 2 verhängt wurde, länger als sechs Monate in zwei Jahren, aber nicht länger als zehn Monate in zwei Jahren aufrechterhalten werden.

(5) In Fällen, in denen die Schubhaft gemäß § 76 Abs. 2 verhängt wurde, kann diese bis zum Ablauf der vierten Woche nach rechtskräftig negativer Entscheidung über den Antrag auf internationalen Schutz aufrecht erhalten werden, es sei denn, es läge auch ein Fall des Abs. 4 Z 1 bis 3 vor. Wird der Berufung gegen eine Ausweisung, die mit einer zurückweisenden Entscheidung verbunden ist, die aufschiebende Wirkung gemäß § 37 AsylG 2005 zuerkannt, darf die Schubhaft bis zu Entscheidung des unabhängigen Bundesasylsenates aufrecht erhalten werden. Darüber hinaus darf die Schubhaft nur aufrechterhalten werden, wenn der unabhängige Bundesasylsenat eine zurück- oder abweisende Entscheidung erlässt.

(6) Soll der Fremde länger als sechs Monate durchgehend in Schubhaft angehalten werden, so ist die Verhältnismäßigkeit der Anhaltung nach dem Tag, an dem das sechste Monat überschritten wurde, und danach alle acht Wochen vom örtlich zuständigen unabhängigen Verwaltungssenat von Amts wegen zu überprüfen. Die Behörde hat die Verwaltungsakten so rechtzeitig vorzulegen, dass den unabhängigen Verwaltungssenaten eine Woche zur Entscheidung vor den gegenständlichen Terminen bleibt. Dabei hat sie darzulegen, warum die Aufrechterhaltung der Schubhaft notwendig und verhältnismäßig ist. Der unabhängige Verwaltungssenat hat jedenfalls festzustellen, ob zum Zeitpunkt seiner Entscheidung die für die Fortsetzung der Schubhaft maßgeblichen Voraussetzungen vorliegen und ob die Aufrechterhaltung der Schubhaft verhältnismäßig ist.

(7) Die Behörde hat einen Fremden, der ausschließlich aus den Gründen des Abs. 3 oder 4 in Schubhaft anzuhalten ist, hievon unverzüglich schriftlich in Kenntnis zu setzen.

Übersicht:
1. Materialien
2.-3. Anmerkungen
4. Judikatur

1. RV 952 XXII. GP

In Abs. 1 wird den Fremdenpolizeibehörden auferlegt, auf eine Minimierung der Schubhaftdauer hinzuwirken und sodann die maximale Haftdauer auf grundsätzlich zwei Monate beschränkt. Jedenfalls ist die Schubhaft unabhängig von ihrer bisherigen Dauer aufzuheben, wenn sie für die Erreichung des Haftzweckes nutzlos geworden ist. Dies wird insbesondere dann der Fall sein, wenn – bereits nach Erlassung eines Aufenthaltsverbotes oder einer Ausweisung – eine Abschiebung aus faktischen oder rechtlichen Gründen auf Dauer oder auf unbestimmte Zeit nicht möglich ist.

Die im Abs. 1 enthaltene Verpflichtung zur Minimierung der Schubhaftdauer verpflichtet die Fremdenpolizeibehörden dazu, Aufenthaltsverbote gegen Fremde, die sich in Strafhaft befinden, nach Möglichkeit während der Dauer dieser Strafhaft zu erlassen und damit nicht bis zu deren Ende zuzuwarten.

Im Falle des Abs. 3 kann die Schubhaft maximal sechs Monate dauern. Im Hinblick auf diesen Schubhaftgrund wird ein Kompromiss zwischen Verfahrenssicherung und Schonung der persönlichen Freiheit des Betroffenen angestrebt. Es wäre nämlich nicht sinnvoll, wenn der Zweck der Schubhaft, nämlich die Abschiebung zu sichern, letztlich dadurch gefährdet werden würde, dass ein Antrag auf Feststellung der Unzulässigkeit der Abschiebung in einen bestimmten Staat noch nicht erledigt ist.

In den Fällen des Abs. 4 wird eine Schubhaft länger als zwei Monate – grundsätzlich längstens sechs Monate – dauern. Die Voraussetzungen hiefür sind, dass eine Abschiebung nicht möglich ist, weil die Identität des Fremden nicht feststeht, die Einreise- oder Durchreisebewilligungen anderer Staaten nicht vorliegen oder der Fremde die Abschiebung durch Widerstand vereitelt. Ist der Grund für die bisherige Unmöglichkeit der Abschiebung dem Fremden – und nicht etwa der mangelnden Kooperationsbereitschaft einer ausländischen Botschaft – zuzurechen, so kann die Schubhaft darüber hinaus zehn Monate in zwei Jahren aufrechterhalten werden.

Ebenso kann nach den Regeln des Abs. 4 und 5 die Schubhaft für Asylwerber prinzipiell sechs Monate und vier Wochen aufrechterhalten werden. Dies ergibt sich aus der maximalen Entscheidungsdauer der Asylbehörden von sechs Monaten und der danach weiter möglichen Anhaltung für 4 Wochen. Bei Asylwerbern ist dies unbedingt erforderlich, um eine Abschiebung auch nach dem gänzlich abweisenden Verfahren – beide Instanzen haben insgesamt 6 Monate Zeit für die Entscheidung – organisieren und durchführen zu können. Nur wenn die Voraussetzungen des Abs. 4 Z 1 bis 3 vorliegen, kann Schubhaft bei einem Fremden, dessen Asylantrag ab- oder zurückgewiesen wurde länger – aber niemals länger als zehn Monate in zwei Jahren – aufrechterhalten werden. Schubhaft darf gegen Asylwerber dann aufrechterhalten werden, wenn der unabhängige Bundesasylsenat einer Berufung gegen eine zurückweisende Entscheidung die aufschiebende Wirkung zuerkannt hat; diese Verfahren sind binnen 14 Tagen zu entscheiden.

Abs. 5 sieht – im Hinblick auf die Eingriffsintensität – eine obligatorische Schubhaftprüfung durch den zuständigen unabhängigen Verwaltungssenat nach einer Anhaltung von 6 Monaten vor. Das Recht einen Antrag nach § 82 zu stellen, bleibt unberührt. Die Wahl der Formulierung „binnen 24 Monate länger als sechs Monate" soll die Möglichkeit verhindern, dass die Schubhaft unterbrochen wird, um wiederum von Neuen die Frist beginnen zu lassen und dadurch die obligatorische Prüfung durch den UVS zu umgehen.

2. Anm: Die Ausnahmebestimmung des Abs 3 stellt ausschließlich auf die nicht rechtskräftige Erledigung von Anträgen gemäß § 51 ab. Hat somit der Fremde keinen Antrag iSd § 51 gestellt, ist die Subsumtion unter gegenständliche Ausnahmebestimmung nicht zulässig. Wesentlich ist auch, dass ein Antrag gemäß § 51 nur während des Verfahrens zur Erlassung eines Aufenthaltsverbotes oder einer Ausweisung und auch nur dann zulässig eingebracht werden kann, wenn darüber nicht bereits eine Asylbehörde entschieden hat oder ein derartiger Antrag bei einer Asylbehörde anhängig ist. Trifft dies zu und der Antrag wäre zurückzuweisen, ist für die Vornahme der Abschiebung eine rechtskräftige Entscheidung über die Zulässigkeit dieser nicht erforderlich, sodass auch für diese Fallkonstellationen die gegenständliche Ausnahmebestimmung nicht von Bedeutung ist.

3. Anm: Die Entscheidung eines UVS, dass die Voraussetzungen für die weitere Anhaltung in Schubhaft bestehen, stellt einen neuerlichen Titel für die Anhaltung der betreffenden Person in Schubhaft dar (vgl VfGH B 2091/92, VfSlg 13.660). Daraus folgt, dass bei der Prüfung der Rechtmäßigkeit dieses Ausspruches bzw des Vorliegens der Voraussetzungen für die Aufrechterhaltung der Schubhaft der Umstand, dass die Verständigungspflicht gemäß § 69 Abs 5 FrG verletzt worden ist, keine Rolle spielt (VwGH 9.5.2002, 2001/02/0209).

4. Jud: VfGH B 2091/92, VfSlg 13.660. VwGH 9.5.2002, 2001/02/0209.

Aufhebung der Schubhaft

§ 81. (1) Die Schubhaft ist durch Freilassung des Fremden formlos aufzuheben, wenn
1. sie gemäß § 80 nicht länger aufrechterhalten werden darf oder
2. der unabhängige Verwaltungssenat festgestellt hat, dass die Voraussetzungen für ihre Fortsetzung nicht vorliegen.

(2) Ist die Schubhaft gemäß Abs. 1 formlos aufgehoben worden, gilt der ihr zugrunde liegende Bescheid als widerrufen; die Behörde hat dies aktenkundig zu machen.

(3) Die Behörde hat dem aus der Schubhaft entlassenen Fremden auf sein Verlangen gebührenfrei eine Bestätigung über die Dauer der Haft auszufolgen.

1. RV 952 XXII. GP

Die formlose Aufhebung der Schubhaft stellt den „contrarius actus" zum Schubhaftbescheid dar. Es ist rechtspolitisch[e] kein Grund ersichtlich, warum auch in diesen Fällen ein Bescheid erlassen werden soll. Den Interessen des Betroffenen an einer Dokumentation der Dauer der Schubhaft wird durch Abs. 3 entsprochen.

9. Hauptstück: Besonderer Rechtsschutz

Beschwerde an den unabhängigen Verwaltungssenat

§ 82. (1) Der Fremde hat das Recht, den unabhängigen Verwaltungssenat mit der Behauptung der Rechtswidrigkeit des Schubhaftbescheides, der Festnahme oder der Anhaltung anzurufen,
1. wenn er nach diesem Bundesgesetz festgenommen worden ist;
2. wenn er unter Berufung auf dieses Bundesgesetz oder das Asylgesetz 2005 angehalten wird oder wurde oder
3. wenn gegen ihn die Schubhaft angeordnet wurde.

(2) Die Beschwerde kann auch bei der Behörde eingebracht werden, der die Festnahme oder die Anhaltung zuzurechnen ist. Erfolgt die angefochtene Anhaltung in Vollziehung eines Schubhaftbescheides, kann die Beschwerde auch bei der Behörde eingebracht werden, die den Bescheid erlassen hat.

(3) Wird die Beschwerde bei der Behörde gemäß Abs. 2 eingebracht, hat diese dafür zu sorgen, dass sie, sofern die Anhaltung des Beschwerdeführers nicht schon vorher geendet hat, dem unabhängigen Verwaltungssenat spätestens zwei Werktage nach dem Einlangen vorliegt. Die Behörde, die den Beschwerdeführer anhält, hat dem unabhängigen Verwaltungssenat das Ende der Anhaltung während des Beschwerdeverfahrens unverzüglich mitzuteilen.

(4) Hat die Anhaltung des Fremden hingegen schon vor Ablauf der Frist des Abs. 3 geendet, ist die Behörde gemäß Abs. 2 verpflichtet, die Beschwerde dem unabhängigen Verwaltungssenat ohne unnötigen Aufschub vorzulegen.

Übersicht:

1.-2.	Materialien
3.-6.	Anmerkungen
7.	Judikatur

1. RV 952 XXII. GP

Die Beschwerde an den unabhängigen Verwaltungssenat setzt den vom Bundesverfassungsgesetz zum Schutz der persönlichen Freiheit vorgegebenen Standard um. Demnach kann jeder, der unter Berufung auf dieses Gesetz festgenommen oder angehalten wird, den unabhängigen Verwaltungssenat anrufen. Diese Regelung entspricht im Wesentlichen jener des § 5a des Fremdenpolizeigesetzes 1954, die der Überprüfung durch den Verfassungsgerichtshof (vgl. VfGH 12.03.1992, G 356 u.a./91, 92) Stand gehalten hat.

Hinsichtlich der Prüfung sind – wie auch vom Verfassungsgericht im genannten Erkenntnis festgestellt – zwei Sachverhalte zu unterscheiden, nämlich je nach dem, ob die Anhaltung noch andauert oder nicht. Im letztgenannten Fall hat sich die Überprüfung ausschließlich im Rahmen der geltend gemachten Beschwerdepunkte zu halten. Der unabhängige Verwaltungssenat hat somit festzustellen, ob die behauptete Rechtswidrigkeit des Schubhaftbescheides, der Festnahme oder der Anhaltung vorgelegen ist.

Anders liegen die Dinge, wenn die Anhaltung noch andauert. In diesen Fällen hat der unabhängige Veraltungssenat zunächst und vor allem festzustellen, ob zum Zeitpunkt seiner Entscheidung die für die Fortsetzung der Schubhaft maßgeblichen Voraussetzungen vorliegen. Diese Entscheidung erfolgt grundsätzlich völlig unabhängig davon, ob zu einem früheren Zeitpunkt eine Rechtswidrigkeit vorgelegen ist oder nicht. Darüber hinaus hat er im Rahmen der geltend gemachten Beschwerdepunkte über die behauptete Rechtswidrigkeit zu entscheiden. Es ist somit in diesen Fällen stets eine zweiteilige Entscheidung zu treffen. Einerseits über die Frage des Vorliegens der Voraussetzungen für die Fortsetzung der Haft und andererseits über die Behauptung der Rechtswidrigkeit im Umfang der Anfechtung. Die damit getroffene Regelung ermöglicht jedenfalls die wichtigste Funktion eines habeas corpus-Verfahrens im Sinne des Art. 5 Abs. 4 EMRK, nämlich die Prüfung der Zulässigkeit der Fortdauer der Haft. Nur diese Entscheidung ist innerhalb der verfassungsgesetzlich vorgegebenen Wochenfrist zu treffen.

Die erweiterte Möglichkeit des Entfalls einer mündlichen Verhandlung vor dem unabhängigen Verwaltungssenat ergibt sich aus der kurzen Frist von sieben Tagen, binnen der dieser zu entscheiden hat. Ist der Sachverhalt auf Grund der Aktenlage klar, so kann der unabhängige Verwaltungssenat ohne mündliche Verhandlung entscheiden. Die kurze Entscheidungsfrist soll gewährleisten, dass der Eingriff in die persönliche Freiheit so kurz wie möglich dauert. Darüber hinaus ist nicht in allen Fällen eine mündliche Verhandlung faktisch möglich.

2. AB 1055 XXII. GP

In § 82 Abs. 1 Z 3 wird eine terminologische Anpassung vorgenommen.

3. Anm: Der eine Schubhaftbeschwerde prüfende UVS ist zum Ausspruch, welches gelindere Mittel anzuwenden wäre, nicht zuständig. Aus § 77 ergibt sich, dass nur die Behörde iSd FPG zur Anordnung eines gelinderen Mittels befugt ist; der UVS ist jedoch keine Behörde iSd § 3 Abs 1 iVm § 4 SPG, wenngleich er, wie hier im Fall der Schubhaftprüfung oder sonst als Berufungsbehörde im Administrativverfahren gemäß § 9, Angelegenheiten der Fremdenpolizei vollzieht.

4. Anm: Aus der Textierung des Abs 1 und des § 83 Abs 4 ist zu ersehen, dass der Gesetzgeber eine abschließende Regelung über jene Fragen treffen wollte, über die der unabhängige Verwaltungssenat im Rahmen einer Schubhaftbeschwerde zu entscheiden hat (Rechtswidrigkeit des Schubhaftbescheides, der Festnahme oder der Anhaltung; Feststellung des Vorliegens der maßgeblichen Voraussetzungen für die Fortsetzung der Schubhaft). Im Hinblick auf diese taxative Aufzählung der vom unabhängigen Verwaltungssenat zu treffenden Entscheidungen fehlt es aber an einer darüber hinausgehenden Ermächtigung zur Feststellung sonstiger Rechtsverletzungen im Rahmen einer Schubhaftbeschwerde. Insbesondere kann dem Gesetz nicht entnommen werden, dass etwa im Falle einer Verletzung der sich aus § 80 Abs 7 ergebenden Verständigungsverpflichtung vom unabhängigen Verwaltungssenat gesonderte Feststellungen außerhalb der zu treffenden Entscheidungen zulässig wären (vgl VwGH 17.05.2002, 99/02/0266).

5. Anm: Nach der Rechtslage des FrG war der UVS zur Entscheidung über die Rechtswidrigkeit des Schubhaftbescheides immer dann zuständig, wenn der Schubhaftbescheid durch die Festnahme des Fremden in Vollzug gesetzt wurde, bevor dieser den VwGH (oder den VfGH) angerufen hat. Nunmehr ist der UVS zu einer solchen Entscheidung auch dann bereits berufen, wenn der Schubhaftbescheid angeordnet wurde, sodass der direkte Rechtszug an den VwGH oder VfGH ausgeschlossen ist.

6. Anm: Der VwGH hat bereits zur früheren Fremdenrechtslage ausgeführt, dass ein Antrag auf Feststellung der Unzulässigkeit der Abschiebung in einen bestimmten Staat nach seinem Inhalt bei der Fremdenbehörde zu stellen ist. Er steht mit der vom UVS in einem Beschwerdeverfahren einzig zu entscheidenden Frage der Rechtmäßigkeit der Schubhaft in keinem unmittelbaren Zusammenhang, sondern betrifft die Rechtmäßigkeit einer allfälligen Abschiebung (VwGH 27.01.1995, 94/02/0334 und 23.02.2001, 98/02/0276). Dies trifft im Wesentlichen auch auf die unverändert gebliebene Rechtslage nach dem FPG zu.

7. Jud: VwGH 27.01.1995, 94/02/0334; 23.02.2001, 98/02/0276; 17.05.2002, 99/02/0266

Entscheidung durch den unabhängigen Verwaltungssenat

§ 83. (1) Zur Entscheidung über die Beschwerde ist der unabhängige Verwaltungssenat zuständig, in dessen Sprengel der Beschwerdeführer festgenommen wurde.

(2) Über die Beschwerde entscheidet der unabhängige Verwaltungssenat durch eines seiner Mitglieder. Im übrigen gelten die §§ 67c bis 67g sowie 79a AVG mit der Maßgabe, dass
1. eine mündliche Verhandlung unterbleiben kann, wenn der Sachverhalt aus der Aktenlage in Verbindung mit der Beschwerde geklärt erscheint, und
2. die Entscheidung des unabhängigen Verwaltungssenates über die Fortsetzung der Schubhaft binnen einer Woche zu ergehen hat, es sei denn, die Anhaltung des Fremden hätte vorher geendet.

(3) Hat der unabhängige Verwaltungssenat dem Beschwerdeführer gemäß § 13 Abs. 3 AVG aufgetragen, innerhalb bestimmter Frist einen Mangel der Beschwerde zu beheben, wird der Lauf der Entscheidungsfrist des Abs. 2 Z 2 bis zur Behebung des Mangels oder bis zum fruchtlosen Ablauf der Frist gehemmt.

(4) Sofern die Anhaltung noch andauert, hat der unabhängige Verwaltungssenat jedenfalls festzustellen, ob zum Zeitpunkt seiner Entscheidung die für die Fortsetzung der Schubhaft maßgeblichen Voraussetzungen vorliegen. Im Übrigen hat er im Rahmen der geltend gemachten Beschwerdepunkte zu entscheiden.

Übersicht:
1. Materialien
2.-4. Anmerkungen

5. Judikatur

1. RV 952 XXII. GP

Siehe oben 1. zu § 82.

2. Anm: Aus der Anordnung im Art 6 Abs 1 letzter Satz des PersFrSchG (siehe III.B.) ist die Verpflichtung des UVS abzuleiten, entsprechende Vorkehrungen zu treffen, dass im Verfahren über eine Schubhaftbeschwerde gemäß § 82 seine Entscheidung iSd § 83 möglichst bald, spätestens innerhalb einer Woche (ab Einlangen der Beschwerde beim UVS) dem Fremden bzw ggf seinem Rechtsvertreter und der vor dem UVS belBeh zugeht (siehe VfGH B 1847/93, VfSlg 13.893, ergangen zu den §§ 51 und 52 FrG 1993). Vom UVS sind daher entsprechende Vorkehrungen für eine fristgerechte Entscheidung nach dieser Bestimmung zu treffen. Dem Gesetz kann auch nicht entnommen werden, dass im Falle einer Unmöglichkeit einer materiellen Prüfung der Voraussetzungen für eine Fortsetzung der Schubhaft auszusprechen wäre, dass die Voraussetzungen für eine weitere Anhaltung in Schubhaft nicht gegeben sind.

3. Anm: Der Fremde hat ein Recht darauf, dass festgestellt wird, von welchem Zeitpunkt an die gegen ihn verhängte Schubhaft rechtswidrig war, sofern er dies begehrt. Es handelt sich bei diesem Abspruch aber nicht um die Erledigung einer Schubhaftbeschwerde iSd § 83. Die einwöchige Entscheidungsfrist nach Abs 2 Z 2 gilt daher nicht. Die Entscheidung über andere Beschwerdepunkte als die Fortsetzung der Schubhaft von der Entscheidung des UVS an, ist eine andere Sache. Sie braucht daher auch nicht im selben Bescheid getroffen zu werden (vgl VwGH 26.04.2002, 99/02/0034).

4. Anm: Der iSd § 6 Abs 1 AVG für die Beurteilung der Zuständigkeit entscheidende Zeitpunkt ist – vorbehaltlich einer abweichenden Regelung im Einzelfall – der der Vornahme der Amtshandlung. Die Zuständigkeit zur Erlassung eines Bescheides bestimmt sich demgemäß nach der zu diesem Zeitpunkt geltenden Sachlage und Rechtslage. Da es im Verwaltungsverfahren anders als nach § 29 JN für das zivilgerichtliche Verfahren keine sog „perpetuatio fori" gibt, ist auch auf nach Anhängigwerden einer Verwaltungssache bis zur Erlassung des erstinstanzlichen Bescheides eintretende Änderungen in den für die Zuständigkeit maßgebenden Umständen Bedacht zu nehmen und das Verfahren von der danach zuständig gewordenen Behörde weiterzuführen. Mit der Erlassung des erstinstanzlichen Bescheides aber ist die Zuständigkeit der Berufungsbehörde fixiert; nach diesem Zeitpunkt eintretende Änderungen in für die Zuständigkeit der Erstbehörde relevanten Umständen vermögen an der einmal gegebenen (funktionellen) Zuständigkeit der Rechtsmittelbehörde nichts mehr zu ändern (VwGH 11.04.1984, 82/11/0358 und 30.05.1995, 95/18/0120).

Folgt man diesen Ausführungen und beurteilt man diese im Konnex zu Abs 1, so ist in jener Fallkonstellation, bei der ein in Strafhaft befindlicher Fremder in eine andere Strafvollzugsanstalt verlegt wird und sich damit

§ 83

auch die örtliche fremdenpolizeiliche Zuständigkeit ändert, und noch kein Schubhaftbescheid erlassen worden ist, die nunmehr zuständige Behörde dazu berufen, diesen zu erlassen.

5. Jud: VfGH B 1847/93, VfSlg 13.893.VwGH 11.04.1984, 82/11/0358; 30.05.1995, 95/18/0120; 26.04.2002, 99/02/0034.

10. Hauptstück: Sonderbestimmungen für freizügigkeitsberechtigte EWR-Bürger und Schweizer Bürger sowie für begünstigte Drittstaatsangehörige und Familienangehörige von nicht freizügigkeitsberechtigten EWR-Bürgern, Schweizern und Österreichern

EWR-Bürger und Schweizer Bürger

§ 84. EWR-Bürger und Schweizer Bürger haben das Recht auf Aufenthalt für einen Zeitraum von drei Monaten; § 30 Abs. 1 gilt. Darüber hinaus besteht ein Aufenthaltsrecht nach Maßgabe des 4. Hauptstückes des 2. Teiles des Niederlassungs- und Aufenthaltsgesetzes.

1. AB 1055 XXII. GP

Die §§ 84, 85 Abs. 1 und 86 Abs. 1 werden terminologisch an die Systematik des Niederlassungs- und Aufenthaltsrecht angepasst.

Begünstigte Drittstaatsangehörige

§ 85. (1) Begünstigte Drittstaatsangehörige (§ 2 Abs. 4 Z 11) haben das Recht auf Aufenthalt für einen Zeitraum von drei Monaten, unterliegen aber der Sichtvermerkspflicht. § 21 Abs. 8 gilt. Darüber hinaus besteht ein Aufenthaltsrecht nach Maßgabe des 4. Hauptstückes des 2. Teiles des Niederlassungs- und Aufenthaltsgesetzes. Inhaber von Daueraufenthaltskarten (§ 54 NAG) sind zur sichtvermerksfreien Einreise berechtigt.

(2) Amtshandlungen im Zusammenhang mit der Erteilung von Visa an begünstigte Drittstaatsangehörige sind von den Stempelgebühren und den Verwaltungsabgaben befreit.

Übersicht:
1. Hinweise auf europarechtliche Normen
2. Materialien
3. Anmerkung

1. Siehe IV.B.8. Art 4 bis 6 UnionsbürgerRL.

2. AB 1055 XXII. GP

Siehe oben 1. zu § 84.

3. Anm: Diese Bestimmung ist im engen Konnex zu den Verwaltungsstrafbestimmungen des § 120 Abs 3 zu lesen, wonach ein begünstigter Drittstaatsangehöriger keine Verwaltungsübertretung begeht, sofern er sich ohne Visum aufhält. Diese Variante fußt auf den Vorgaben des Art 3 UnionsbürgerRL (IV.B.8.), die jegliche Beschränkungen des Aufenthaltes für begünstigte Drittstaatsangehörige während ihres Aufenthaltes der ersten drei Monate untersagt. Da von dieser privilegierten Stellung jedoch Einreisebestimmungen nicht umfasst sind, hat die Sichtvermerkspflicht für begünstigte Drittstaatsangehörigen keinen aufenthaltsrelevanten Hintergrund, sondern dient einzig der Sicherstellung der rechtmäßigen Einreise.

4. Anm: Für den Aufenthalt über drei Monaten siehe § 54 NAG.

Sonderbestimmungen für den Entzug der Aufenthaltsberechtigung und für verfahrensfreie Maßnahmen

§ 86. (1) Die Erlassung eines Aufenthaltsverbotes gegen freizügigkeitsberechtigte EWR-Bürger, Schweizer Bürger oder begünstigte Drittstaatsangehörige ist zulässig, wenn auf Grund ihres persönlichen Verhaltens die öffentliche Ordnung oder Sicherheit gefährdet ist. Das persönliche Verhalten muss eine tatsächliche, gegenwärtige und erhebliche Gefahr darstellen, die ein Grundinteresse der Gesellschaft berührt. Strafrechtliche Verurteilungen allein können nicht ohne weiteres diese Maßnahmen begründen. Vom Einzelfall losgelöste oder auf Generalprävention verweisende Begründungen sind nicht zulässig. Die Erlassung eines Aufenthaltsverbotes gegen EWR-Bürger, Schweizer Bürger oder begünstigte Drittstaatsangehörige, die vor Verwirklichung des maßgeblichen Sachverhaltes ihren Hauptwohnsitz ununterbrochen seit zehn Jahren im Bundesgebiet hatten, ist dann zulässig, wenn aufgrund des persönlichen Verhaltens des Fremden davon ausgegangen werden kann, dass die öffentliche Ordnung oder Sicherheit der Republik Österreich durch seinen Verbleib im Bundesgebiet nachhaltig und maßgeblich gefährdet würde. Dasselbe gilt für Minderjährige, es sei denn, das Aufenthaltsverbot wäre zum Wohl des Kindes notwendig, wie es im Übereinkommen der Vereinten Nationen vom 20. November 1989 über die Rechte des Kindes vorgesehen ist.

(2) EWR-Bürger, Schweizer Bürger und begünstigte Drittstaatsangehörige sind dann auszuweisen, wenn ihnen aus den Gründen des § 55 Abs. 1 NAG das Niederlassungsrecht fehlt.

(3) EWR-Bürgern, Schweizer Bürgern und begünstigten Drittstaatsangehörigen ist bei Erlassung einer Ausweisung oder eines Aufenthaltsverbotes von Amts wegen ein Durchsetzungsaufschub von einem Monat zu erteilen, es sei denn, die sofortige Ausreise des Fremden wäre im Interesse der öffentlichen Ordnung oder Sicherheit erforderlich.

(4) Die Zurückweisung eines EWR-Bürgers, Schweizer Bürgers oder begünstigten Drittstaatsangehörigen ist zulässig, wenn
1. Zweifel an ihrer Identität bestehen oder sie der Pass- und gegebenenfalls der Sichtvermerkspflicht nicht genügen;

2. gegen sie ein durchsetzbares Aufenthaltsverbot besteht und keine Wiedereinreisebewilligung erteilt wurde;
3. bestimmte Tatsachen die Annahme rechtfertigen, sie werden im Bundesgebiet Schlepperei begehen oder an ihr mitwirken;
4. bestimmte Tatsachen die Annahme rechtfertigen, sie wollten den Aufenthalt im Bundesgebiet zur vorsätzlichen Begehung von Finanzvergehen, mit Ausnahme von Finanzordnungswidrigkeiten, oder zu vorsätzlichen Zuwiderhandlungen gegen devisenrechtliche Vorschriften benützen oder
5. bestimmte Tatsachen die Annahme rechtfertigen, dass ihr Aufenthalt im Bundesgebiet die öffentliche Ordnung oder Sicherheit gefährdet.

(5) Die Zurückweisung eines begünstigten Drittstaatsangehörigen ist ferner dann zulässig, wenn ein Vertragsstaat mitgeteilt hat, dass sein Aufenthalt im Gebiet der Vertragsstaaten die öffentliche Ordnung oder Sicherheit gefährden würde, es sei denn, er hätte einen Aufenthaltstitel eines Vertragsstaates oder einen von Österreich erteilten Einreisetitel.

(6) Auf EWR-Bürger und Schweizer Bürger finden die §§ 39 Abs. 2 Z 2, 43 und 45 keine Anwendung.

Übersicht:
1. Hinweise auf europarechtliche Normen
2.-3. Materialien
4.-5. Anmerkungen
6. Judikatur

1. Siehe IV.B.8. insb Art 12 ff u 27 ff.

2. RV 952 XXII. GP

Die Änderungen des Abs. 1 sind im Wesentlichen auf die Artikel 27 Abs. 2 und Art. 28 Abs. 3 Z a der Richtlinie 2004/38/EG des Europäischen Parlaments und des Rates vom 29.04.2004 zurückzuführen. Danach werden die Mitgliedstaaten ermächtigt, die Freizügigkeit eines Unionsbürgers und seiner Familienangehörigen im Sinne der Richtlinie aus Gründen der öffentlichen Ordnung, Sicherheit oder Gesundheit zu beschränken. Dabei ist die Verhältnismäßigkeit zu wahren und ausschließlich auf das persönliche Verhalten des Betroffenen abzustellen. Vom Einzelfall losgelöste oder auf Generalprävention verweisende Begründungen sind nicht zulässig.

In diesem Zusammenhang wird auch auf die Rechtsprechung des EuGH verwiesen, worin der Heranziehung der Ordre-public-Klauseln als Grundlage einer den Aufenthalt beschränkenden Maßnahme klare Grenzen gesetzt werden. In seinem Urteil vom 27.10.1977, Rs 30/77 (Fall Boucherau) hat der Gerichtshof ausgeführt, dass die Berufung einer nationalen Behörde auf den Begriff der öffentlichen Ordnung, wenn er gewisse Beschränkungen der Freizügigkeit von dem Gemeinschaftsrecht unterliegenden Personen rechtfertigen soll, jedenfalls voraussetzt, dass außer der Störung der öffentlichen Ordnung, die jede Gesetzesverletzung darstellt, eine tatsächliche und hinreichende schwere Gefährdung vorliegt, die ein Grundinteresse der Gesellschaft berührt.

Den in Art. 31 der Richtlinie festgelegten Verfahrens- und Rechtsschutzgarantien wird im Wesentlichen entsprochen. In diesem Zusammenhang ist hervorzuheben, dass dem Betroffenen zwar kein Recht auf aufschiebende Wirkung eines von ihm eingebrachten Rechtsbehelfs eingeräumt wird, dass jedoch die Maßnahme zur Entfernung aus dem Hoheitsgebiet, außer im Fall nachweislicher Dringlichkeit, nicht vollziehbar sein darf, bevor nicht über den Rechtsbehelf entschieden wurde.

3. AB 1055 XXII. GP

Die §§ 84, 85 Abs. 1 und 86 Abs. 1 werden terminologisch an die Systematik des Niederlassungs- und Aufenthaltsrecht angepasst.

4. Anm: Die Gewährung eines Durchsetzungsaufschubes hat nicht nur ausnahmsweise zu erfolgen, ein Durchsetzungsaufschub ist regelmäßig zu erteilen. Das ergibt sich klar aus dem Gesetzeswortlaut (argum „ist ... ein Durchsetzungsaufschub zu erteilen, es sei denn ...").

5. Anm: Überlegungen, die schon bei der Entscheidung über die Verhängung eines Aufenthaltsverbotes anzustellen sind, vermögen die Begründung für die Versagung eines Durchsetzungsaufschubes nicht zu ersetzen (VwGH 16.06.2000, 2000/21/0064).

Ein beim VwGH angefochtener Bescheid enthielt keine Begründung, inwieweit die sofortige Ausreise des Fremden nach § 48 Abs 3 FrG geboten sein sollte. Mit dem Hinweis auf die „Scheinehe" wurde dem Begründungserfordernis in Bezug auf die Versagung eines Durchsetzungsaufschubes in keiner Weise Genüge getan (VwGH 09.06.2005, 2005/21/0057).

6. Jud: VwGH 16.06.2000, 2000/21/0064; 09.06.2005, 2005/21/0057.

Familienangehörige von nicht freizügigkeitsberechtigten EWR-Bürgern, Schweizern und Österreichern

§ 87. Familienangehörige (§ 2 Abs. 4 Z 12) unterliegen der Sichtvermerkspflicht. Für sie gelten die Bestimmungen für begünstigte Drittstaatsangehörige nach den §§ 85 Abs. 2 und 86.

11. Hauptstück: Österreichische Dokumente für Fremde

1. Abschnitt: Fremdenpässe und Konventionsreisepässe

Ausstellung von Fremdenpässen

§ 88. (1) Fremdenpässe können, sofern dies im Hinblick auf die Person des Betroffenen im Interesse der Republik gelegen ist, auf Antrag ausgestellt werden für
1. Staatenlose oder Personen ungeklärter Staatsangehörigkeit, die kein gültiges Reisedokument besitzen;
2. ausländische Staatsangehörige, die zum unbefristeten Aufenthalt im Bundesgebiet berechtigt und nicht in der Lage sind, sich ein gültiges Reisedokument ihres Heimatstaates zu beschaffen;
3. ausländische Staatsangehörige, die nicht in der Lage sind, sich ein gültiges Reisedokument ihres Heimatstaates zu beschaffen und bei denen im Übrigen die Voraussetzungen für die Erteilung eines unbefristeten Aufenthaltstitels gegeben sind;
4. ausländische Staatsangehörige, die nicht in der Lage sind, sich das für die Auswanderung aus dem Bundesgebiet erforderliche Reisedokument ihres Heimatstaates zu beschaffen;
5. ausländische Staatsangehörige, die seit mindestens vier Jahren ununterbrochen ihren Hauptwohnsitz im Bundesgebiet haben, sofern der zuständige Bundesminister oder die Landesregierung bestätigt, dass die Ausstellung des Fremdenpasses wegen der vom Fremden erbrachten oder zu erwartenden Leistungen im Interesse des Bundes oder des Landes liegt oder
6. Fremde, denen der Status des subsidiär Schutzberechtigten zukommt, wenn humanitäre Gründe deren Anwesenheit in einem anderen Staat erfordern, es sei denn, dies wäre aus Gründen der öffentlichen Ordnung und Sicherheit nicht geboten.

(2) Die Gestaltung der Fremdenpässe werden entsprechend den für solche Reisedokumente international üblichen Anforderungen durch Verordnung des Bundesministers für Inneres bestimmt. Im Übrigen hat die Verordnung den für Reisepässe geltenden Regelungen des Paßgesetzes 1992, BGBl. Nr. 839, zu entsprechen.

(3) Hinsichtlich der weiteren Verfahrensbestimmungen über die Ausstellung eines Fremdenpasses, der Bestimmungen über die Verarbeitung und Löschung von personenbezogenen Daten und der weiteren Bestimmungen über den Dienstleister gelten die Bestimmungen des Paßgesetzes entsprechend.

Übersicht:
1. Hinweise auf innerstaatliche Normen
2.-3. Materialien

1. Siehe VI.C. § 6 FPG-DV.

2. **RV 952 XXII. GP**

Bereits im Fremdengesetz 1997 schien es zielführend eine Neugestaltung des Fremdenpasses unter Zugrundelegung der neuesten Erkenntnisse auf dem Gebiet der Fälschungs- und Verfälschungssicherheit vorzunehmen.

Die Regelung, dass der neue Fremdenpass in Anlehnung an die beim gewöhnlichen Reisepass durch die Novelle zum Passgesetz, BGBl. Nr. 507/1995, gewählte Vorgangsweise entsprechen soll, gewährleistet auch die Anpassung an den EU-Standard mit den gleichen Sicherheitsmerkmalen. Die inhaltliche Ausgestaltung des Fremdenpasses geschieht in Anlehnung an die im Passgesetz für gewöhnliche Reisepässe getroffene Regelung. Die nunmehr vorgenommen Änderungen korrespondieren ausschließlich mit den Änderungen die das Passgesetz vorsieht. Darin wird die Anbringung elektronischer Datenträger (Chip) am Reisepass geregelt. Dabei handelt es sich um Daten, die derzeit schon aus der maschinenlesbaren Zone mit Lesegeräten ausgelesen werden können, ergänzt um das Foto und Fingerabdrücke des Passinhabers. Die Fingerabdrücke müssen nach der gemeinschaftsrechtlichen Regelung erst zu einem späteren Zeitpunkt aufgenommen werden, spätestens bis Anfang 2008.

Im Hinblick auf Sicherheitsmaßnahmen und die damit zusammenhängenden ökonomischen Erwägungen wird vorgeschlagen, dass sich die Passbehörden eines zentralen Dienstleisters bedienen, um die Passdaten sowohl in gedruckter als auch in elektronischer Form in den Pass einzubringen. Da eine möglichst rasche Zustellung der Dokumente an die Antragsteller erfolgen soll, wird der Dienstleister ermächtigt, die Zustellung für die Behörde vornehmen zu dürfen.

Da die Miteintragung keinen überprüfbaren Aufschluss über die Identität eines mitreisenden Kindes gibt, weigern sich manche Staaten schon derzeit ein miteingetragenes Kind ohne eigenen Reisepass einreisen zu lassen. Aus diesem Grund scheint es angebracht, von der Miteintragung Minderjähriger Abstand zu nehmen. Hinsichtlich der Verfahrensbestimmungen, der Bestimmungen über die Verarbeitung und Löschung von Daten und der näheren Bestimmungen über den Dienstleister wird auf die Bestimmungen des Passgesetzes verwiesen.

3. **AB 1055 XXII. GP**

§ 88 folgt der Empfehlung des Datenschutzrates.

Fremdenpässe für Minderjährige

§ 89. (1) Minderjährige Fremde, die das 14. Lebensjahr vollendet haben, können die Ausstellung eines Fremdenpasses selbst beantragen. Die Ausstellung bedarf in solchen Fällen der Zustimmung des gesetzlichen Vertreters; diese ist vom Antragsteller nachzuweisen.

(2) Ein Antrag auf Ausstellung eines Fremdenpasses für einen Minderjährigen bedarf der Genehmigung des Pflegschaftsgerichtes, wenn

1. Tatsachen die Annahme rechtfertigen, dass durch einen Auslandsaufenthalt des Minderjährigen dessen Wohl beeinträchtigt wäre oder
2. eine Person, der die Pflege und Erziehung des Minderjährigen zusteht, der Ausstellung widerspricht.
(3) Abs. 1 und 2 gelten auch für die Erweiterung des Geltungsbereiches von Fremdenpässen Minderjähriger.

1. RV 952 XXII. GP

Siehe oben 1. zu § 88.

Gültigkeitsdauer der Fremdenpässe

§ 90. (1) Fremdenpässe können mit einer Gültigkeitsdauer von fünf Jahren ausgestellt werden, es sei denn, dass
1. eine kürzere Gültigkeitsdauer beantragt wird oder
2. im Hinblick auf die für die Ausstellung des Fremdenpasses maßgeblichen Voraussetzungen eine kürzere Gültigkeitsdauer ausreichend ist.

(2) Bei Fremdenpässen mit einer Gültigkeitsdauer von nicht mehr als sechs Monaten darf die Beschriftung der maschinenlesbaren Zone entfallen.

(3) Die Verlängerung der Gültigkeitsdauer eines Fremdenpasses ist unzulässig.

1. RV 952 XXII. GP

Siehe oben 1. zu § 88.

Geltungsbereich der Fremdenpässe

§ 91. (1) Fremdenpässe werden mit einem Geltungsbereich für alle Staaten der Welt ausgestellt, es sei denn, dass ein eingeschränkter Geltungsbereich beantragt wird. Der Geltungsbereich eines Fremdenpasses wird auf Antrag erweitert oder eingeschränkt.

(2) Der Geltungsbereich eines Fremdenpasses umfasst keinesfalls jenen Staat, dessen Staatsangehöriger der Fremde ist; im Fall der Staatenlosigkeit, mit Ausnahme der Fälle des Abs. 3, nicht jenen Staat, in dem der Fremde seinen früheren gewöhnlichen Aufenthalt hatte.

(3) Der Geltungsbereich eines Fremdenpasses kann in besonders berücksichtigungswürdigen Fällen aus humanitären Gründen im Fall der Staatenlosigkeit auch jenen Staat umfassen, in dem der Fremde seinen früheren gewöhnlichen Aufenthalt hatte.

1. RV 952 XXII. GP

Siehe oben 1. zu § 88.

Versagung eines Fremdenpasses

§ 92. (1) Die Ausstellung, die Erweiterung des Geltungsbereiches und die Änderung eines Fremdenpasses ist zu versagen, wenn bestimmte Tatsachen die Annahme rechtfertigen, dass
1. der Fremde das Dokument benützen will, um sich einer wegen einer gerichtlich strafbaren Handlung im Inland eingeleiteten Strafverfolgung oder Strafvollstreckung zu entziehen;
2. der Fremde das Dokument benützen will, um Zollvorschriften zu übertreten;
3. der Fremde das Dokument benützen will, um gegen Bestimmungen des Suchtmittelgesetzes zu verstoßen;
4. der Fremde das Dokument benützen will, um Schlepperei zu begehen oder an ihr mitzuwirken;
5. durch den Aufenthalt des Fremden im Ausland die innere oder äußere Sicherheit der Republik Österreich gefährdet würde.

(2) Die Ausstellung eines Fremdenpasses ist zu versagen, wenn der Fremde unentschuldigt einer Ladung zur erkennungsdienstlichen Behandlung, in der diese Folge angekündigt ist, nicht Folge leistet oder an der erkennungsdienstlichen Behandlung nicht mitwirkt.

1. RV 952 XXII. GP

Siehe oben 1. zu § 88.

Entziehung eines Fremdenpasses

§ 93. (1) Ein Fremdenpass ist zu entziehen, wenn
1. nachträglich Tatsachen bekannt werden oder eintreten, welche die Versagung der Ausstellung des Fremdenpasses rechtfertigen würden;
2. das Lichtbild fehlt oder die Identität des Inhabers nicht mehr zweifelsfrei erkennen lässt;
3. eine Eintragung der Behörde unkenntlich geworden ist;
4. der Fremdenpass verfälscht, nicht mehr vollständig oder aus sonstigen Gründen unbrauchbar geworden ist.

(2) Vollstreckbar entzogene Fremdenpässe sind der Behörde unverzüglich vorzulegen. Sie stellen keine gültigen Reisedokumente dar.

(3) Die Organe des öffentlichen Sicherheitsdienstes sind ermächtigt, einen ihnen vorgelegten Fremdenpass abzunehmen, wenn dieser vollstreckbar entzogen worden ist. Der Fremdenpass ist unverzüglich der Behörde vorzulegen, in deren örtlichen Wirkungsbereich das Organ eingeschritten ist. Diese hat den Fremdenpass an jene Behörde weiterzuleiten, welche die Entziehung verfügt hat.

1. RV 952 XXII. GP

Siehe oben 1. zu § 88.

Konventionsreisepässe

§ 94. (1) Konventionsreisepässe sind Fremden, denen in Österreich der Status des Asylberechtigten zukommt, auf Antrag auszustellen.

(2) Konventionsreisepässe können darüber hinaus Fremden, denen in einem anderen Staat der Status des Asylberechtigten gewährt wurde, auf Antrag ausgestellt werden, wenn sie kein gültiges Reisedokument besitzen und ohne Umgehung der Grenzkontrolle eingereist sind.

(3) Die Behörde hat bei Ausübung des ihr in Abs. 2 eingeräumten Ermessens einerseits auf die persönlichen Verhältnisse des Antragstellers, andererseits auf sicherheitspolizeiliche Belange sowie auf eine mögliche Beeinträchtigung der Beziehungen der Republik Österreich zu einem anderen Staat Bedacht zu nehmen.

(4) Konventionsreisepässe werden nach dem Muster des Annexes zur Konvention über die Rechtsstellung der Flüchtlinge ausgestellt. Sie umfassen 32 Seiten und dürfen nicht mit Zusatzblättern versehen werden.

(5) Für die Festsetzung der Gültigkeitsdauer und des Geltungsbereiches von Konventionsreisepässen sowie der Gültigkeitsdauer der Rückkehrberechtigung in Konventionsreisepässen gelten die Bestimmungen des Anhanges der Konvention über die Rechtsstellung der Flüchtlinge; im Übrigen gelten die § 88 Abs. 3 bis 8 sowie §§ 89 bis 93.

Übersicht:
1. Hinweis auf völkerrechtliche Normen
2. Materialien

1. Siehe V. A. GFK, insb Art 28 und Annex.

2. RV 952 XXII. GP

Auch die Regelungen über die Ausstellung von Konventionsreisepässen sind an jenen zur Ausstellung von Fremdenpässen angepasst. Es hat jeder Fremde, dem der Sta[t]us des Asylberechtigten zukommt, Anspruch auf Ausstellung eines Konventionsreisepasses.

2. Abschnitt: Sonstige österreichische Ausweise für Fremde

Lichtbildausweis für Träger von Privilegien und Immunitäten

§ 95. Der Bundesminister für auswärtige Angelegenheiten kann durch Verordnung für Angehörige jener Personengruppen, die in Österreich auf Grund eines völkerrechtlichen Vertrages oder auf Grund des Bundesgesetzes über die Einräumung von Privilegien und Immunitäten an internationale Organisationen, BGBl. Nr. 677/1977,

Privilegien und Immunitäten genießen, zum Zwecke der Legitimation Lichtbildausweise vorsehen, aus denen die Identität, die Staatsangehörigkeit und die Funktion des Inhabers zu ersehen sind.

Übersicht:
1. Hinweise auf innerstaatliche Normen
2. Materialien
3. Anmerkung

1. Siehe auch II.C. § 1 Abs 2 Z 1, § 42 Abs 2 u § 46 Abs 1 NAG.

2. RV 952 XXII. GP

Diese Bestimmung trägt dem Beschluss der im Rat der Europäischen Union vereinigten Vertreter der Regierungen der Mitgliedstaaten vom 25. Juni 1996, Amtsblatt Nr. L 164/1996, zur Ausarbeitung eines Rückkehrausweises für Staatsbürger eines Mitgliedstaates der Europäischen Union Rechnung. Der Rückkehrausweis kann ausgestellt werden, wenn folgende Voraussetzungen erfüllt sind: Der Antragsteller ist Staatsangehöriger eines Mitgliedstaates der Europäischen Union und befindet sich im Hoheitsgebiet eines Staates, in dem der Mitgliedstaat, dessen Staatsangehörigkeit er besitzt, über keine erreichbare diplomatische oder konsularische Vertretung verfügt. Sein Reisepass oder Reisedokument ist verloren, gestohlen, vernichtet oder vorübergehend nicht verfügbar, und die Einwilligung des Mitgliedstaates, dessen Staatsangehörigkeit der Antragsteller besitzt, zur Ausstellung des Rückkehrausweises ist gegeben.

3. Anm: Siehe auch § 29.

Rückkehrausweis für Staatsbürger eines Mitgliedstaates der Europäischen Union

§ 96. (1) Staatsbürgern eines Mitgliedstaates der Europäischen Union kann auf Antrag ein Rückkehrausweis für eine einzige Reise in den Staat, dessen Staatsangehörigkeit sie besitzen, in den ständigen Wohnsitzstaat oder in einen Staat ausgestellt werden, in dem eine diplomatische oder konsularische Vertretung des Mitgliedstaates erreichbar ist, dessen Staatsangehörigkeit sie besitzen. Die Gültigkeitsdauer des Rückkehrausweises soll die Mindestdauer, die der Betroffene, dem der Ausweis ausgestellt wird, zur Reise benötigt, nur um ein Weniges überschreiten.

(2) Der Ausweis darf ausgestellt werden, wenn
1. das Reisedokument der Betroffenen verloren, gestohlen, vernichtet oder vorübergehend nicht verfügbar ist und sie sich im Hoheitsgebiet eines Staates aufhalten, in dem der Mitgliedstaat, dessen Staatsangehörigkeit sie besitzen, über keine erreichbare diplomatische oder konsularische Vertretung verfügt, die ein Reisedokument ausstellen kann, oder in dem dieser Mitgliedstaat nicht in anderer Weise vertreten ist und

2. die Einwilligung des Mitgliedstaates der Europäischen Union, dessen Staatsangehörigkeit die Antragsteller besitzen, vorliegt.

(3) Wurde der Rückkehrausweis ausgestellt, sind das Antragsformular, eine Kopie des Ausweises sowie von der Vertretungsbehörde beglaubigte Kopien jener Dokumente, die Identität und Staatsangehörigkeit der Antragsteller nachweisen, dem Mitgliedstaat, dessen Staatsangehörigkeit der Inhaber besitzt, zu übermitteln.

(4) Das Aussehen des Rückkehrausweises legt der Bundesminister für Inneres mit Verordnung fest.

Übersicht:
1. Hinweis auf europarechtliche Normen
2. Hinweis auf innerstaatliche Normen

1. Siehe IV.C.7. RückkehrausweisB.

2. Siehe VI.C. § 7 FPG-DV.

Reisedokument für die Rückführung von Drittstaatsangehörigen

§ 97. (1) Drittstaatsangehörigen, die über kein Reisedokument verfügen und deren Ausweisung oder Aufenthaltsverbot durchsetzbar ist, kann ein für eine einmalige Ausreise gültiges Reisedokument ausgestellt werden, wenn davon ausgegangen werden kann, dass der Staat, in den der Fremde abgeschoben werden soll, dessen Einreise mit diesem Dokument gestattet.

(2) Das Reisedokument hat jedenfalls den Namen, das Geburtsdatum, die Größe und die Staatsangehörigkeit des Drittstaatsangehörigen sowie das Zielland der Reise zu enthalten. Die nähere Gestaltung des Reisedokumentes legt der Bundesminister für Inneres mit Verordnung fest.

Übersicht:
1. Hinweis auf europarechtliche Normen
2. Hinweis auf innerstaatliche Normen
3. Materialien

1. Siehe IV.C.6. RückführungsE.

2. Siehe VI.C. § 8 FPG-DV.

3. RV 952 XXII. GP

Diese Bestimmung dient der Umsetzung der Empfehlung des Rates der Europäischen Union vom 30. November 1994 und soll die Ausreise (Heimreise) drittstaatsangehöriger Fremder, die über kein Reisedokument ihres Heimatstaates verfügen, erleichtern.

12. Hauptstück: Erkennungs- und Ermittlungsdienst

Verwenden personenbezogener Daten

§ 98. (1) Die Fremdenpolizeibehörden dürfen personenbezogene Daten nur verwenden, soweit dies zur Erfüllung der ihnen übertragenen Aufgaben erforderlich ist.

(2) Die Fremdenpolizeibehörden dürfen personenbezogene Daten Dritter nur verarbeiten, wenn deren Auswählbarkeit aus der Gesamtmenge der gespeicherten Daten nicht vorgesehen ist. Die Verfahrensdaten sind zu löschen, sobald sie nicht mehr benötigt werden, spätestens fünf Jahre nach Eintritt der Rechtskraft der Entscheidung.

1. RV 952 XXII. GP

Der Grundsatz der Aufgabenbezogenheit beim Verwenden personenbezogener Daten ergibt sich für den öffentlichen Bereich schon aus § 1 DSG 2000 und aus Art. 18 B-VG. Dennoch ist es wünschenswert, ihn ausdrücklich in das Fremdenpolizeigesetz aufzunehmen.

Die besondere Heraushebung der Verfahrensdaten wurde deshalb vorgenommen, weil nur sie Gegenstand einer Löschungsbestimmung im Rahmen einer Regelung des automationsunterstützten Verfahrens sein können. Für das Resultat des Verfahrens (z.B. Aufenthaltsverbot oder Bestrafung wegen Schlepperei) gilt diese Bestimmung nicht.

Verwenden erkennungsdienstlicher Daten

§ 99. (1) Die Fremdenpolizeibehörden sind ermächtigt, Fremde erkennungsdienstlich zu behandeln, wenn
1. sie sich in Schubhaft befinden;
2. sie sich nicht rechtmäßig im Bundesgebiet aufhalten, bei diesem Aufenthalt betreten werden und bereits das 14. Lebensjahr vollendet haben;
3. gegen sie ein Aufenthaltsverbot oder eine Ausweisung erlassen wurde;
4. der Verdacht besteht, es sei gegen sie unter anderen Namen ein noch geltendes Aufenthaltsverbot erlassen worden;
5. ihnen ein Fremdenpass oder ein Konventionsreisepass ausgestellt werden soll;
6. ihnen ein Einreisetitel erteilt werden soll oder
7. die Feststellung ihrer Identität anders nicht möglich ist.

(2) Die österreichischen Vertretungsbehörden im Ausland sind ermächtigt, Fremde in den Fällen des Abs. 1 Z 5 und 6 erkennungsdienstlich zu behandeln.

(3) Erkennungsdienstliche Daten sind von Amts wegen zu löschen, wenn
1. der Tod des Betroffenen bekannt wird und seither fünf Jahre verstrichen sind;

2. in den Fällen des Abs. 1 Z 6 seit der erkennungsdienstlichen Behandlung zwei Jahre vergangen sind;
3. in den Fällen des Abs. 1 Z 1 und 2 weder ein Aufenthaltsverbot noch eine Ausweisung erlassen wird und seit der erkennungsdienstlichen Behandlung zwei Jahre vergangen sind;
4. schließlich weder ein Aufenthaltsverbot noch eine Ausweisung erlassen wird oder die Gültigkeitsdauer des Aufenthaltsverbotes abgelaufen ist oder ein Festnahmeauftrag widerrufen wurde;
5. seit der Ausweisung oder der Zurückweisung fünf Jahre vergangen sind;
6. sich der Verdacht gemäß Abs. 1 Z 4 nicht bestätigt;
7. der Antrag gemäß Abs. 1 Z 5 vor Ausstellung des Fremdenpasses oder Konventionsreisepasses zurückgezogen wird oder die Gültigkeitsdauer des dem Fremden zuletzt erteilten Fremdenpasses oder Konventionsreisepasses seit zehn Jahren abgelaufen ist;
8. dem Betroffenen die österreichische Staatsbürgerschaft verliehen wird.

(4) Die §§ 64 und 65 Abs. 4, 5, 1. Satz und 6 sowie § 73 Abs. 7 SPG gelten. Eine Personenfeststellung kann in den Fällen des Abs. 1 Z 1, 2 und 5 vorgenommen werden.

Übersicht:
1. Hinweise auf innerstaatliche Normen
2. Materialien
3.-5. Anmerkungen

1. Textauszug SPG

Begriffsbestimmungen

§ 64. (1) Erkennungsdienst ist das Ermitteln personenbezogener Daten durch erkennungsdienstliche Maßnahmen sowie das weitere Verarbeiten und Übermitteln dieser Daten.

(2) Erkennungsdienstliche Maßnahmen sind technische Verfahren zur Feststellung von Merkmalen eines Menschen, die seine Wiedererkennung ermöglichen, wie insbesondere die Abnahme von Papillarlinienabdrücken, die Vornahme von Mundhöhlenabstrichen, die Herstellung von Abbildungen, die Feststellung äußerlicher körperlicher Merkmale, die Vornahme von Messungen oder die Erhebung von Stimm- oder Schriftproben.

(3) Erkennungsdienstliche Behandlung ist das Ermitteln personenbezogener Daten durch erkennungsdienstliche Maßnahmen, an dem der Betroffene mitzuwirken hat.

(4) Erkennungsdienstliche Daten sind personenbezogene Daten, die durch erkennungsdienstliche Maßnahmen ermittelt worden sind.

(5) Personsfeststellung ist eine abgesicherte und plausible Zuordnung erkennungsdienstlicher Daten zu Namen, Geschlecht, Geburtsdatum, Geburtsort und Namen der Eltern eines Menschen.

(6) Soweit die Zulässigkeit einer Maßnahme nach diesem Hauptstück vom Verdacht abhängt, der Betroffene habe einen gefährlichen Angriff begangen, bleibt diese Voraussetzung auch nach einer rechtskräftigen Verurteilung wegen der entsprechenden gerichtlich strafbaren Handlung (§ 16 Abs. 2) bestehen.

Erkennungsdienstliche Behandlung

§ 65. ...
(4) Wer erkennungsdienstlich zu behandeln ist, hat an den dafür erforderlichen Handlungen mitzuwirken.

(5) Die Sicherheitsbehörden haben jeden, den sie erkennungsdienstlich behandeln, schriftlich darüber in Kenntnis zu setzen, wie lange erkennungsdienstliche Daten aufbewahrt werden und welche Möglichkeiten vorzeitiger Löschung (§§ 73 und 74) bestehen.

(6) Die Sicherheitsbehörden sind ermächtigt, Namen, Geschlecht, frühere Namen, Geburtsdatum, Geburtsort, Namen der Eltern und Aliasdaten eines Menschen (erkennungsdienstliche Identitätsdaten), den sie erkennungsdienstlich behandelt haben, zu ermitteln und zusammen mit den erkennungsdienstlichen Daten und mit dem für die Ermittlung maßgeblichen Grund zu verarbeiten. In den Fällen des Abs. 1 sind die Sicherheitsbehörden ermächtigt, eine Personsfeststellung vorzunehmen.

Löschen erkennungsdienstlicher Daten von Amts wegen

§ 73. ...
(7) Wenn aus Gründen der Wirtschaftlichkeit die physische Löschung erkennungsdienstlicher Daten auf ausschließlich automationsunterstützt lesbaren Datenträgern nur zu bestimmten Zeitpunkten vorgenommen werden kann, so sind die Daten bis dahin logisch und sodann physisch zu löschen.

2. RV 952 XXII. GP

Die Bestimmung des Abs. 1 normiert, welcher Personenkreis von den Fremdenpolizeibehörden einer erkennungsdienstliche Behandlung unterzogen werden darf, wobei die österreichischen Vertretungsbehörden Fremde nur in den Fällen der Ausstellung eines Fremden- oder Konventionsreisepasses oder eines Einreisetitels erkennungsdienstlich behandeln dürfen.

Normiert wurde in Abs. 3 unter welchen Umständen die Löschung der erkennungsdienstlichen Behandlung von Amts wegen vorzunehmen ist.

Abs. 3 stellt ausdrücklich klar, wann erkennungsdienstliche Daten zu löschen sind. Diese Bestimmung ist auch im Hinblick auf das zentrale Fremdenregister von Bedeutung, weil die dortigen Löschungsbestimmungen subsidiär auf diese Bezug nehmen.

Abs. 3 übernimmt die bewährten Normen des Sicherheitspolizeigesetzes für den Erkennungsdienst. § 64 SPG stellt die Begriffsbestimmungen für den Erkennungsdienst dar, wobei im Fremdenpolizeigesetzes die Ermittlung von Daten im Umfang nur eingeschränkter als im Sicherheitspolizeigesetz zulässig ist (vgl. die Begriffsbestimmung des § 2 Abs. 5 Z 4). Zu einer Ermittlung eines DNA-Profils ist daher absolut unzulässig. § 65 Abs. 4 SPG stellt klar, dass Fremde, die erkennungsdienstlich zu behandeln sind, an dieser Behandlung mitwirken müssen und Abs. 5 1. Satz, dass die Asylbehörden gewisse Informationspflichten treffen.

3. **Anm:** Mit Abs 3 Z 8 wird klargestellt, dass die Speicherung erkennungsdienstlicher Daten jener Fremden, denen die österreichische Staatsbürgerschaft verliehen wurde, nicht mehr zulässig ist und diese Daten von Amts wegen zu löschen sind. Aus der Zusammenschau der §§ 98, 99 und 102 Abs 3 ist abzuleiten, dass grundsätzlich personenbezogene Daten Dritter, wobei auch österreichische Staatsbürger betroffen sind, nur dann zulässig sind, wenn deren Auswählbarkeit aus der Gesamtmenge der gespeicherten Daten nicht vorgesehen ist oder in einer besonderen Beziehung zu einem Fremden stehen und deren Auskunfterteilung an den Datensatz des Fremden gebunden ist.

4. **Anm:** In einem Bescheid der Datenschutzkommission vom 06.07.2004, K120.893/0007-DSK/2004, wurde ausdrücklich festgehalten, dass § 1 Abs 1 DSG 2000 einen Schutz vor Ermittlungen von erkennungsdienstlichen Daten beinhaltet. Somit stellt bereits die Ermittlung dieser Daten einen Eingriff in das Recht auf Geheimhaltung dar, der nach § 1 Abs 2 DSG 2000 zunächst einer gesetzlichen Grundlage bedarf.

5. **Anm:** Die Bestimmungen des Fremdengesetzes 1997 ermöglichten es auch unter Auslegung des Verweises des § 83 Abs 5 FrG auf die §§ 77 bis 82 FrG nicht einen Fremden vor Ausstellung eines Konventionsreisepasses erkennungsdienstlich zu behandeln. Diese Auslegung fand auch in Entscheidungen der Datenschutzkommission Ausfluss, sodass nunmehr dahingehend eine klare Regelung getroffen wurde.

Ermittlung erkennungsdienstlicher Daten

§ 100. (1) Die Fremdenpolizeibehörden haben einen Fremden, den sie einer erkennungsdienstlichen Behandlung zu unterziehen haben, hiezu aufzufordern und ihn über den Grund der erkennungsdienstlichen Behandlung zu informieren. Ihm ist ein schriftliches Informationsblatt darüber auszufolgen; dabei ist grundsätzlich danach zu trachten, dass dieses in einer ihm verständlichen Sprache abgefasst ist. Der Betroffene hat an der erkennungsdienstlichen Behandlung mitzuwirken.

(2) Kommt der Betroffene im Fall des § 99 Abs. 1 Z 2 der Aufforderung nicht nach, sind die Organe des öffentlichen Sicherheitsdienstes ermächtigt, den Betroffenen zur Durchführung der erkennungsdienstlichen Behandlung vor die Behörde vorzuführen; die Anhaltung zu diesem Zweck ist nur solange zulässig, als eine erfolgreiche Durchführung der erkennungsdienstlichen Behandlung unter Beachtung von § 78 SPG nicht aussichtslos erscheint.

(3) Kommt der Betroffene außer in den Fällen des § 99 Abs. 1 Z 5 und 6 der Aufforderung nicht nach, ist ihm, sofern er sich nicht in Haft befindet, die Verpflichtung zur Mitwirkung mit Bescheid aufzuerlegen; eine Berufung dagegen ist nicht zulässig. Der Bescheid kann

mit einer Ladung (§ 19 AVG) zur erkennungsdienstlichen Behandlung verbunden werden. § 78 SPG gilt.

(4) Erkennungsdienstliche Daten Fremder, die eine Sicherheitsbehörde nach dem Sicherheitspolizeigesetz rechtmäßig verarbeitet, dürfen in den Fällen des § 99 Abs. 1 Z 1 bis 5 und 7 von den Fremdenpolizeibehörden ermittelt werden und nach den Bestimmungen dieses Bundesgesetzes weiterverarbeitet werden. Der Fremde ist über diese Ermittlung in einer den Umständen entsprechenden Art in Kenntnis zu setzen.

Übersicht:
1. Hinweise auf innerstaatliche Normen
2. Materialien

1. Textauszug SPG

Ausübung unmittelbarer Zwangsgewalt

§ 78. Die erkennungsdienstliche Behandlung kann, soweit es tatsächlich möglich ist und damit kein Eingriff in die körperliche Integrität verbunden ist, durch Ausübung unmittelbarer Zwangsgewalt durchgesetzt

2. RV 952 XXII. GP

Die Abs. 1 bis 3 stellen das Verfahren im Erkennungsdienst dar. Der betroffene Fremde ist aufzufordern, sich der erkennungsdienstlichen Behandlung zu unterziehen und mittels schriftlichen Informationsblatt über den Grund der Maßnahme zu informieren; dieses soll nach Möglichkeit in einer dem Betroffenen verständlichen Sprache abgefasst sein. Erforderlichenfalls hat die Information im Wege des beigezogenen Dolmetschers zu erfolgen.

Abs. 4 eröffnet den Fremdenpolizeibehörden die Möglichkeit, erkennungsdienstliche Daten Fremder, die bereits nach den Bestimmungen des Sicherheitspolizeigesetz ermittelt wurden, ohne weitere erkennungsdienstliche Behandlung des Fremden zu übernehmen. Dies kommt in besonderem Maße dem Verhältnismäßigkeitsprinzip entgegen, weil dem Fremden eine weitere erkennungsdienstliche Behandlung erspart wird. Darüber hinaus ist die Vorgehensweise für die Behörde verwaltungsökonomisch.

Zentrales Fremdenregister; Informationsverbundsystem

§ 101. Der Bundesminister für Inneres ist ermächtigt, ein Zentrales Fremdenregister als Informationsverbundsystem (§ 4 Z 13 DSG 2000) zu betreiben. Der Bundesminister für Inneres übt sowohl die Funktion des Betreibers gemäß § 50 DSG 2000 als auch die eines Dienstleisters im Sinne des § 4 Z 5 DSG 2000 aus. Datenschutzrechtlicher Auftraggeber sind die Behörden nach dem Fremdenpolizeigesetz, dem Niederlassungs- und Aufenthaltsgesetz und dem Asylgesetz 2005.

Übersicht:
1. Hinweise auf innerstaatliche Normen
2. Materialien

1. Textauszug DSG

Definitionen

§ 4. *Im Sinne der folgenden Bestimmungen dieses Bundesgesetzes bedeuten die Begriffe: ...*
5. *„Dienstleister": natürliche oder juristische Personen, Personengemeinschaften oder Organe einer Gebietskörperschaft beziehungsweise die Geschäftsapparate solcher Organe, wenn sie Daten, die ihnen zur Herstellung eines aufgetragenen Werkes überlassen wurden, verwenden (Z 8);*
13. *„Informationsverbundsystem": die gemeinsame Verarbeitung von Daten in einer Datenanwendung durch mehrere Auftraggeber und die gemeinsame Benützung der Daten in der Art, daß jeder Auftraggeber auch auf jene Daten im System Zugriff hat, die von den anderen Auftraggebern dem System zur Verfügung gestellt wurden;*

Informationsverbundsysteme

§ 50. *(1) Die Auftraggeber eines Informationsverbundsystems haben, soweit dies nicht bereits durch Gesetz geregelt ist, einen geeigneten Betreiber für das System zu bestellen. Name (Bezeichnung) und Anschrift des Betreibers sind in der Meldung zwecks Eintragung in das Datenverarbeitungsregister bekannt zu geben. Unbeschadet des Rechtes des Betroffenen auf Auskunft nach § 26 hat der Betreiber jedem Betroffenen auf Antrag binnen zwölf Wochen alle Auskünfte zu geben, die notwendig sind, um den für die Verarbeitung seiner Daten im System verantwortlichen Auftraggeber festzustellen; in Fällen, in welchen der Auftraggeber gemäß § 26 Abs. 5 vorzugehen hätte, hat der Betreiber mitzuteilen, daß kein der Pflicht zur Auskunftserteilung unterliegender Auftraggeber benannt werden kann. Die Unterstützungspflicht des Betreibers gilt auch bei Anfragen von Behörden. Den Betreiber trifft überdies die Verantwortung für die notwendigen Maßnahmen der Datensicherheit (§ 14) im Informationsverbundsystem. Von der Haftung für diese Verantwortung kann sich der Betreiber unter den gleichen Voraussetzungen, wie sie in § 33 Abs. 3 vorgesehen sind, befreien. Wird ein Informationsverbundsystem geführt, ohne daß eine entsprechende Meldung an die Datenschutzkommission unter Angabe eines Betreibers erfolgt ist, treffen jeden einzelnen Auftraggeber die Pflichten des Betreibers.*

(2) Durch entsprechenden Rechtsakt können auch weitere Auftraggeberpflichten auf den Betreiber übertragen werden. Soweit dies nicht durch Gesetz geschehen ist, ist dieser Pflichtenübergang gegenüber den Betroffenen und den für die Vollziehung dieses Bundesgesetzes zuständigen Behörden nur wirksam, wenn er - auf Grund einer entsprechenden Meldung an die Datenschutzkommission - aus der Registrierung im Datenverarbeitungsregister ersichtlich ist.

(3) Die Bestimmungen der Abs. 1 und 2 gelten nicht, soweit infolge der besonderen, insbesondere internationalen Struktur eines bestimmten Informationsverbundsystems gesetzlich ausdrücklich anderes vorgesehen ist.

2. RV 952 XXII. GP

Diese Bestimmung ist Grundlage, für den großen Bereich des Fremdenwesens, nämlich für die Fremdenpolizeibehörden, die Niederlassungs- und Aufenthaltsbehörden, die Asylbehörden und partiell auch für die Grundversorgungsbehörden, ein zentrales Fremdenregister als Informationsverbundsystem einzurichten. Als Dienstleister dieses Verbundsystems agiert der Bundesminister für Inneres, indem er die von den genannten Behörden ermittelten Daten verwendet. Die Etablierung als Verbundsystem ermöglicht, dass die genannten Behörden als Auftraggeber hinsichtlich der jeweils von ihnen ermittelten Daten tätig werden und in weiterer Folge gemeinsam die im Verbund gespeicherten Daten benützen können. Dies gewährleistet, dass über jeden Fremden nur ein Datensatz gespeichert wird und soll weitestgehend das Auftreten mehrerer Verfahrensidentitäten verhindern. Die Behörden nach dem Grundversorgungsgesetz gelten nicht als Auftraggeber, weil sie Daten nicht verarbeiten, sondern nur eingeschränkt Daten ermitteln.

Datenverwendung im Rahmen des Zentralen Fremdenregisters

§ 102. (1) Die Fremdenpolizeibehörden, die Niederlassungs- und Aufenthaltsbehörden sowie die Asylbehörden dürfen
1. Namen,
2. Geschlecht,
3. frühere Namen,
4. Geburtsdatum und -ort,
5. Wohnanschriften,
6. Staatsangehörigkeit,
7. Namen der Eltern,
8. Aliasdaten,
9. Ausstellungsbehörden, Ausstellungsdaten und Nummern mitgeführter Dokumente,
10. allfällige Hinweise über die Gefährlichkeit beim Einschreiten einschließlich sensibler Daten, soweit deren Verwendung zur Wahrung lebenswichtiger Interessen anderer notwendig ist,
11. Daten, die für die Einreise- und Aufenthaltsberechtigung und für die Zulässigkeit der Anhaltung in Schubhaft maßgeblich sind,
12. Fahndungsdaten zur Festnahme nach diesem Bundesgesetz oder dem Asylgesetz 2005,
13. Lichtbilder,
14. Papillarlinienabdrücken der Finger,
15. Unterschrift und
16. verbale Beschreibung äußerlicher körperlicher Merkmale

eines Fremden im Fremdenregister (§ 101) gemeinsam verarbeiten und benützen.

(2) Abfragen aus dem Fremdenregister sind nur zulässig, wenn der Fremde zumindest nach dem Namen, einer ihm zugeordneten Zahl oder einem Papillarlinienabdruck bestimmt wird. Für Zwecke des § 107 Abs. 2 dürfen als Anfragekriterium auch Daten zur Gültigkeit von Einreise- und Aufenthaltsberechtigungen verwendet werden. Soweit nicht ein Papillarlinienabdruck als Auswahlkriterium verwendet wird, dürfen Papillarlinenabdrücke und die Unterschrift nur beauskunftet werden, wenn dies eine notwendige Voraussetzung für die Erfüllung einer behördlichen Aufgabe darstellt.

(3) Personenbezogene Daten Dritter dürfen nur verarbeitet werden, wenn deren Auswählbarkeit aus der Gesamtmenge der gespeicherten Daten nicht vorgesehen ist. Dies steht einer Beauskunftung der Gesamtzahl der diesen Dritten betreffenden Datensätze samt einem Hinweis auf den jeweiligen Auftraggeber dieser Verarbeitungen nicht entgegen, soweit dies nur im Rahmen der Verarbeitung der Daten eines Fremden erfolgt, auf den sich eine Amtshandlung unmittelbar bezieht.

(4) Übermittlungen der gemäß Abs. 1 verarbeiteten Daten sind an Sicherheitsbehörden und staatsanwaltschaftliche Behörden für deren Tätigkeit im Dienste der Strafrechtspflege sowie an österreichsche Vertretungsbehörden im Ausland, die Finanzstrafbehörden und die mit der Vollziehung des Ausländerbeschäftigungsgesetzes betrauten Behörden in Angelegenheiten der Sicherheitsverwaltung und an Sicherheitsbehörden, Personenstandsbehörden und an Staatsbürgerschaftsbehörden zulässig, wenn dies zur Erfüllung ihrer Aufgaben erforderlich ist. Im Übrigen sind Übermittlungen nur zulässig, wenn hiefür eine ausdrückliche gesetzliche Ermächtigung besteht.

(5) Alphanumerische Daten, Lichtbilder, Papillarlinienabdrücke und Unterschriften sind physisch getrennt zu verarbeiten. Jede Abfrage und Übermittlung personenbezogener Daten aus der Zentralen Informationssammlung ist so zu protokollieren, dass die Zulässigkeit der durchgeführten Verwendungsvorgänge überprüfbar ist. Die Protokollaufzeichnungen sind drei Jahre aufzubewahren.

Übersicht:
1.-2. Materialien
3. Anmerkungen

1. RV 952 XXII. GP

In dieser Bestimmung werden jene Datenarten explizit genannt, die von den in § 102 genannten Behörden im zentralen Fremdenregister verarbeitet werden dürfen.

Dabei handelt es sich um den kleinsten gemeinsamen Nenner an Daten, die den Behörden bei jeder Datenanwendung zur Verfügung stehen sollen. Abfragen gemäß Abs. 2 sollen nur dann möglich sein, wenn entweder nach einem Namen, einer zugeordneten Zahl, einem Papillarlinienabdruck oder nach äußerlichen körperlichen Merkmalen gesucht wird.

Außer den in Abs. 1 angeführten Daten dürfen den Behörden die Unterschrift und die Papillarlinienabdrücke des Fremden nur beauskunftet werden, wenn dies eine Notwendigkeit zur Erfüllung einer behördlichen Aufgabe darstellt. In der Praxis bedingt dies, dass bei einer Abfrage diese beiden Datensätze nicht unmittelbar beauskunftet werden, sondern bei Vorliegen der Voraussetzungen erst nach Überwindung einer technischen Sperre.

Die Bestimmung des Abs. 3 ist insofern erforderlich, als es sich hier um Daten Dritter, und demnach auch um Daten von Österreichern handelt. Die Auswählbarkeit dieser Datensätze aus der Gesamtmenge darf zwar nicht vorgesehen werden, es ist aber im Hinblick auf die immer wieder auftretende Problematik im Zusammenhang mit Verpflichtungserklärungen unabdingbar, einen Kontrollmechanismus einzurichten. Demnach darf die Verarbeitung des Datensatzes des Dritten nur im Rahmen der Verarbeitung des Datensatzes des Fremden erfolgen, jedoch versehen mit der Anzahl seiner bisherigen Verpflichtungserklärungen und einen damit korrespondierenden Behördenbezug.

Abs. 5 trägt dem Schutz biometrischer Daten Rechnung, indem festgelegt wird, dass diese selbst und auch getrennt von alphanumerischen Daten zu verarbeiten sind. Eine entsprechende Protokollierung von Abfragen und Übermittlungen wird bestimmt und deren Aufbewahrung mit drei Jahren festgelegt.

2. AB 1055 XXII. GP

§ 102 Abs. 2 folgt dem datenschutzrechtlichen Bedürfnis nach Determinierung.

Die Übermittlung von Daten aus dem Zentralen Fremdenregister an Finanzstrafbehörden (§ 102 Abs. 4) ist zur Wahrnehmung ihrer Aufgaben im Anlassfall erforderlich.

Durch die vorgenommene Protokollierungsregelung in § 102 Abs. 5 wird klargestellt, dass eine Rückführbarkeit nicht nur auf den unmittelbar Abfragenden, sondern auch auf dritte Personen, die die Anfrage veranlasst haben, gewährleistet sein muss. Dies kann auch in Zusammenschau einer Protokollaufzeichnung mit einem Aktenvorgang möglich sein.

3. Anm: Die Übermittlung der in Abs 1 genannten Daten an die in Abs 4 genannten Behörden ist unter der Voraussetzung, dass die Verwendung der Daten zur Erfüllung der Aufgaben erforderlich ist, möglich. Dies wird in der Folge über Zugangs- und Abfrageberechtigungen zu regeln sein, da ohnehin das Erfordernis der Daten und damit die Verantwortlichkeit der anfordernden Stelle zuzurechnen ist.

Zentrales Fremdenregister; Sperren des Zugriffes und Löschung

§ 103. (1) Personenbezogene Daten, die gemäß § 101 verarbeitet werden, sind für Zugriffe der Fremdenpolizeibehörden, Asylbehörden, Niederlassungs- und Aufenthaltsbehörden und österreichischen

Vertretungsbehörden im Ausland als Auftraggeber zu sperren, sobald die Voraussetzungen für die Speicherung weggefallen sind oder die Daten sonst nicht mehr benötigt werden. Nach Ablauf von zwei weiteren Jahren sind die Daten auch physisch zu löschen. Während dieser Zeit kann die Sperre für Zwecke der Kontrolle der Richtigkeit einer beabsichtigten anderen Speicherung gemäß § 101 aufgehoben werden.

(2) Die Behörden sind als Auftraggeber verpflichtet, unbefristete, gemäß § 101 verarbeitete personenbezogene Daten, auf die der Zugriff nicht gesperrt ist und die sechs Jahre unverändert geblieben sind, daraufhin zu überprüfen, ob nicht die in Abs. 1 genannten Voraussetzungen für eine Sperre bereits vorliegen. Solche Datensätze sind nach Ablauf weiterer drei Monate gemäß Abs. 1 für Zugriffe zu sperren, es sei denn, der Auftraggeber hätte vorher bestätigt, dass der für die Speicherung maßgebliche Grund weiterhin besteht, oder nicht andere Löschungsverpflichtungen nach § 99 bestehen.

(3) Sobald erkennungsdienstliche Daten im Zentralen Fremdenregister verarbeitet werden, sind sie in der lokalen Anwendung zu löschen.

Übersicht:

1.-2. Materialien

1. RV 952 XXII. GP

Gegenständlich wird die Benützungsdauer der in der Zentralen Informationssammlung evident gehaltenen personenbezogenen Daten geregelt. Sobald die Daten nicht mehr benötigt werden, sind sie zu sperren. Damit werden Zugriffe unmöglich, ohne dass es bereits zu einer Löschung kommen würde. Es hat sich in der Praxis gezeigt, dass es in dem einem Widerruf folgenden Zeitraum gelegentlich zu inhaltsgleichen Neuspeicherungen kommt, die auf Übermittlungsfehler zurückzuführen sind. Es bedarf daher in diesem Zeitraum, der mit etwa zwei Jahren anzusetzen ist, einer speziellen Kontrolleinrichtung. Diese wird dadurch geschaffen, dass bei inhaltsgleicher Neuschaffung die Sperre automationsunterstützt aufgehoben wird und der Behörde im Hinblick auf die beabsichtigte Neuspeicherung eine Überprüfung aufgetragen wird.

In Abs. 2 wird insbesondere auf die Löschungsverpflichtungen des § 99 hingewiesen.

2. AB 1055 XXII. GP

§ 103 Abs. 3 dient der Klarstellung, dass erkennungsdienstliche Daten, sobald sie für Zwecke des Zentralen Fremdenregisters verarbeitet werden, lokal nicht weiter verwendet werden dürfen.

Zentrale Verfahrensdatei; Informationsverbundsystem

§ 104. (1) Die Fremdenpolizeibehörden sind ermächtigt, die von ihnen ermittelten Verfahrensdaten, das sind Verfahrensinformationen über Anträge, Entscheidungen und Rechtsmittel, gemeinsam zu verarbeiten und zu benützen. Der Bundesminister für Inneres übt dabei für die Fremdenbehörden sowohl die Funktion des Betreibers gemäß § 50 DSG 2000 als auch des Dienstleisters im Sinne des § 4 Z 5 DSG 2000 aus.

(2) Die Fremdenpolizeibehörden sind ermächtigt, von Asyl- sowie von Niederlassungs- und Aufenthaltsbehörden verarbeitete Verfahrensdaten zu ermitteln, wenn dies zur Erfüllung ihrer Aufgaben unbedingt erforderlich ist.

(3) Abfragen aus der zentralen Verfahrensdatei sind nur zulässig, soweit dies zur Besorgung einer nach diesem Bundesgesetz übertragenen Aufgabe erforderlich ist und der Fremde zumindest nach dem Namen, einer ihm zugeordneten Zahl oder einem Papillarlinienabdruck bestimmt wird.

(4) Für in der zentralen Verfahrensdatei verarbeitete Daten gilt § 98 Abs. 2.

Übersicht:
1. Hinweise auf innerstaatliche Normen
2.-3. Materialien
4. Anmerkungen

1. Textauszug DSG

Siehe oben 1. zu § 101.

2. RV 952 XXII. GP

Diese Bestimmung ermöglicht es den Fremdenpolizeibehörden in Bezug auf die Verfahrensdaten sämtlicher fremdenpolizeilicher Verfahren eine zentrale Datei zu führen, welche in gleicher Weise ein Verbundsystem ist, jedoch nur den Fremdenpolizeibehörden zur Verfügung steht. Andere nach § 102 genannte Behörden dürfen diese Verfahrensdatei nur ermitteln, wenn dies zur Erfüllung ihrer Aufgaben unbedingt erforderlich ist.

3. AB 1055 XXII. GP

Durch die Einfügung der Wortfolge in Abs. 1 wird der Umfang der Verfahrensdaten klargestellt.

In Abs. 4 wird sichergestellt, dass analog zu den Bestimmungen über das Zentrale Fremdenregister auch im Bereich der zentralen Verfahrensdatei Kriterien vorzusehen sind, die eine Abfrage zulässig machen.

4. Anm: So wie hier eine Verfahrensdatei für die Fremdenpolizeibehörden im Rahmen eines Informationsverbundsystems geführt wird, wird eine für die Asylbehörden und eine für die Niederlassungs- und Aufenthaltsbehörden etabliert.

Verständigungspflichten

§ 105. (1) Die Sicherheitsbehörden haben den Fremdenpolizeibehörden den Verdacht der Begehung einer gerichtlich strafbaren Handlung durch Fremde unter Mitteilung der relevanten Umstände mitzuteilen. Die Weiterleitung der Information an eine allenfalls zuständige weiter Instanz obliegt der Fremdenpolizeibehörde.

(2) Die Strafgerichte haben Erhebungen von Anklagen wegen vorsätzlich begangener strafbarer Handlungen, für deren Verfolgung die Gerichtshöfe erster Instanz zuständig sind, rechtskräftige Verurteilungen unter Anschluss der Urteilsausfertigung, die Verhängung und Aufhebung der Untersuchungshaft, die Strafvollzugsanstalten und die gerichtlichen Gefangenenhäuser den Antritt und das Ende einer Freiheitsstrafe von Fremden der Fremdenpolizeibehörde erster Instanz mitzuteilen. Nach Maßgabe der technischen Möglichkeiten hat diese Mitteilung durch elektronische Übermittlung dieser Daten an die Fremdenpolizeibehörde zu erfolgen (§ 15b Abs. 1 StVG). Der Fremdenpolizeibehörde obliegt die Weiterleitung der Information an eine allenfalls zuständige weitere Instanz. Ist der Fremde Asylwerber, so ist die Information an das Bundesasylamt weiterzuleiten.

(3) Der Bundesminister für Inneres ist verpflichtet, die Staatsbürgerschaftsbehörden über außer Kraft getretene Aufenthaltsverbote in Kenntnis zu setzen. Hiefür hat er ihnen aus Anlass der Sperre gemäß § 103 Abs. 1 den Grunddatensatz des Fremden und die Daten des außer Kraft getretenen Aufenthaltsverbotes zu übermitteln.

(4) Die Staatsbürgerschaftsbehörden haben der zuständigen Fremdenpolizeibehörde die Verleihung der Staatsbürgerschaft an einen Fremden mitzuteilen.

(5) Die Bezirksverwaltungsbehörden haben Anträge auf Namensänderung und die Zivilgerichte Anträge auf Adoptionen von Fremden der zuständigen Fremdenpolizeibehörde mitzuteilen. Ist der Fremde Asylwerber, ist von dieser die Information an das Bundesasylamt weiterzuleiten.

(6) Angaben im Zusammenhang mit Ausweisungen nach §§ 53 und 54 und Aufenthaltsverboten nach § 60 sind der zuständigen Behörde für die Durchführung des Verwaltungsstrafverfahrens nach dem Ausländerbeschäftigungsgesetz (§ 28 AuslBG) zur Verfügung zu stellen.

Übersicht:

1.-2. Hinweis auf innerstaatliche Normen
3.-4. Materialien

1. Siehe III.L. § 28 AuslBG.

2. Textauszug StVG

Datenverkehr

§ 15b. (1) Die Übermittlung von Daten zwischen Justizanstalten untereinander und mit dem Bundesministerium für Justiz, den Gerichten, den

§ 105

Staatsanwaltschaften, den Sicherheitsbehörden und den Einrichtungen der Bewährungshilfe sowie mit anderen Stellen, mit denen die Justizanstalten kraft Gesetzes Daten auszutauschen haben, hat nach Maßgabe der technischen Möglichkeiten und unter Bedachtnahme auf die wirtschaftliche Vertretbarkeit automationsunterstützt zu erfolgen.

3. RV 952 XXII. GP

Diese Bestimmung regelt die Mitteilungspflicht der Strafgerichte an die Sicherheitsbehörden, um bestimmte Daten, die im Zuständigkeitsbereich der Gerichte entstehen, für das fremdenpolizeiliche Verfahren verwertbar zu machen. Natürlich soll es sich nur um solche Daten handeln, denen auch entsprechende Berücksichtigung im fremdenpolizeilichen Verfahren zukommen kann, wie etwa die rechtskräftige Verurteilung wegen einer in die Zuständigkeit der Landesgerichte fallende Vorsatztat für die Frage der Verhängung eines Aufenthaltsverbotes.

Entsprechend dem Regelungsziel sind solche Daten auch der Berufungsbehörde zu übermitteln.

Gemäß § 10 Abs. 1 Z 5 des Staatsbürgerschaftsgesetzes 1985 kann einem Fremden die Staatsbürgerschaft verliehen werden, wenn gegen ihn kein Aufenthaltsverbot besteht. Gemäß § 15 Abs. 1 leg. cit. wird der Lauf der Wohnsitzfristen des Staatsbürgerschaftsgesetzes durch ein rechtskräftiges Aufenthaltsverbot unterbrochen. Für die Mitteilung aufrechter Aufenthaltsverbote an die Staatsbürgerschaftsbehörden bedarf es keiner ausdrücklichen Übermittlungsbestimmung, weil in jedem Verleihungsfall eine Stellungnahme der zuständigen Fremdenpolizeibehörde einzuholen ist, ob der Betreffende nach seinem bisherigen Verhalten eine Gefahr für die öffentliche Ordnung oder Sicherheit bildet. Hiebei wird die Fremdenpolizeibehörde jedenfalls auf bestehende Aufenthaltsverbote hinzuweisen haben. Anders verhält es sich hingegen mit dem Unterbrechungstatbestand, weil einem aufgehobenen Aufenthaltsverbot für die Aufrechterhaltung der öffentlichen Ordnung und Sicherheit wohl keinesfalls mehr Bedeutung zukommt. Dementsprechend ist die gegenständliche Übermittlungspflicht vorzusehen.

Die Abs. 4 und 5 legen fest, dass die Staatsbürgerschaftsbehörden, die Personenstandsbehörden und die Zivilgerichte für das Verfahren relevante Daten – etwa Namensänderungen, Verehelichungen oder die Verleihung der Staatsbürgerschaft den zuständigen Sicherheitsbehörden mitzuteilen haben.

4. AB 1055 XXII. GP

In § 105 Abs. 2 wird für die Verständigungspflichten berücksichtigt, dass ausschließlich die Strafvollzugsanstalten und gerichtlichen Gefangenenhäuser in der Lage sind, den Antritt und das Ende einer Freiheitsstrafe mitzuteilen.

Abs. 5 regelt die Verständigungspflichten den Möglichkeiten der Praxis entsprechend.

II   Kerngesetze: B Fremdenpolizeigesetz 2005 – FPG

Mitwirkungspflichten

§ 106. Die Behörden des Bundes, der Länder und Gemeinden, die Geschäftsstellen des Arbeitsmarktservice sowie die Träger der Sozialversicherung, die rechtmäßig über Daten verfügen, sind ermächtigt und auf Anfrage verpflichtet, diese Daten der Fremdenpolizeibehörde zu übermitteln, sofern diese die Daten zur Durchführung einer Maßnahme nach dem 5. bis 10. Hauptstück benötigt. Eine Verweigerung der Auskunft ist nicht zulässig. Die Daten sind unverzüglich zu löschen, wenn sie für die Erfüllung des konkreten Zwecks nicht mehr benötigt werden.

Übersicht:
1. Materialien
2. Anmerkung

1. RV 952 XXII. GP

Diese Bestimmung ist wesentlich für Verfahren zum Entzug von Aufenthaltsberechtigungen. Es wird den Behörden des Bundes, der Länder, der Gemeinden, den Trägern der Sozialversicherung sowie den Geschäftsstellen des Arbeitsmarktservice eine umfassende Informationsermächtigung erteilt und Auskunftsverpflichtung auferlegt. Sämtliche Sachverhalte, die für die aufenthaltsrechtliche Stellung des Fremden, also auch für die Versagung eines Visums von Bedeutung sein können, sind davon erfasst. Die Behörde darf allerdings nur anfragen, wenn die Auskunft zur Erfüllung der ihr übertragenen Aufgaben erforderlich ist.

2. Anm: Unklar ist hier, ob die Übermittlungspflicht auch gegenüber den UVS im Rahmen ihrer Tätigkeiten auf Grund des FPG gilt. Fremdenpolizeibehörden sind nach dem Klammerzitat in § 3 Abs 1 FPG grundsätzlich nur die in § 4 SPG genannten Sicherheitsbehörden (BMI, SID, BVB und BPD). Im Hinblick auf die funktionelle Tätigkeit der UVS als Behörden auf Grund der Bestimmungen des 5. bis 10. Hptst wird die direkte Übermittlung an den UVS jedoch zulässig sein, wenn sie diese für ihre Tätigkeit benötigen.

Zulässigkeit der Verwendung der Daten des Zentralen Melderegisters

§ 107. (1) Bei einer der Fremdenpolizeibehörde nach dem Meldegesetz eröffneten Abfrage im Zentralen Melderegister kann die Auswählbarkeit aus der Gesamtmenge aller im Zentralen Melderegister verarbeiteten Daten neben dem Namen auch nach der Wohnanschrift vorgesehen werden, wenn dies zur Besorgung der Fremdenpolizei erforderlich ist.

(2) Der Bundesminister für Inneres ist ermächtigt, die im Zentralen Melderegister verarbeiteten Daten Angemeldeter mit den Personendatensätzen jener Fremden abzugleichen, deren Aufenthaltstitel nicht mehr länger gültig sind. Besteht trotz abgelaufener Gültigkeit des

Aufenthaltstitels eine aufrechte Anmeldung, hat er hievon die zuständige Fremdenpolizeibehörde zu verständigen.

(3) Der Bundesminister für Inneres hat nach einem Jahr nach Aufnahme der in Abs. 2 vorgesehenen Maßnahmen diese einer Zweckmäßigkeitsprüfung zu unterziehen, und dem Datenschutzrat darüber zu berichten.

1. RV 952 XXII. GP

Gemäß § 16a Abs. 3 des Meldegesetzes kann gesetzlich vorgesehen werden, die Auswählbarkeit aus der gesamten Menge aller im Zentralen Melderegister verarbeiteten Daten auch nach anderen als dem Namen des An- oder Abgemeldeten vorzusehen. Eine solche Abfrage der Daten ist eine Verknüpfungsanfrage. Da eine derartige Abfrage im Besonderen für die Erfüllung fremdenpolizeilicher Befugnisse und Aufgaben von Bedeutung ist, wird dies nun für die Zecke der Fremdenpolizei vorgesehen.

In Abs. 2 wird ein automatischer Registerabgleich normiert. Es sollen jene Daten Fremder, deren Aufenthaltstitel abgelaufen ist mit jenen des Zentralen Melderegisters abgeglichen werden. Findet sich eine aufrechte Meldung, so ist darüber die zuständige Fremdenpolizeibehörde zu informieren. Da ausdrücklich auf Aufenthaltstitel abgestellt wird, ist sichergestellt, dass sich Personen, die sich lediglich mit einem Einreisetitel in Österreich befinden, nicht darunter fallen.

Die in Abs. 3 angeführte Zweckmäßigkeitsprüfung wird jedenfalls die Fälle der vorgenommenen Abgleichungen, die Fälle der aufrechen Anmeldungen bei nicht mehr gültigem Aufenthaltstitel und die Fälle der nicht rechtmäßigen Aufenthalte zahlenmäßig erfassen.

Internationaler Datenverkehr

§ 108. (1) Sofern die Bundesregierung zum Abschluss von Regierungsübereinkommen gemäß Art. 66 Abs. 2 B-VG ermächtigt ist, kann sie zwischenstaatliche Vereinbarungen über das Übermitteln
1. der gemäß § 101 verarbeiteten Daten von Fremden, die nicht Angehörige der Vertragsstaaten sind, oder
2. der in Abs. 2 genannten Daten jener Personen, gegen die ein Aufenthaltsverbot gemäß § 60 Abs. 2 Z 5 rechtskräftig erlassen worden ist oder die gemäß den §§ 114 oder 117 rechtskräftig bestraft worden sind,

an bestimmte Empfänger abschließen. Hierbei ist vorzusehen, dass Gegenseitigkeit gewährt wird und eine Löschung bei einem vertragsschließenden Staat binnen einem halben Jahr auch zu einer Löschung der dem anderen vertragsschließenden Staat übermittelten Daten führt.

(2) Für eine Übermittlung gemäß Abs. 1 Z 2 sind außer den Daten des Aufenthaltsverbotes, des Straferkenntnisses oder des Urteils folgende Daten zu ermitteln: Namen, Geschlecht, frühere Namen, Geburtsdatum, Geburtsort und Wohnanschrift, Staatsbürgerschaft, Namen der Eltern und allenfalls vorhandenes erkennungsdienstliches Material.

(3) **Personenbezogene Daten von Fremden, die auf Grund einer gemäß Abs. 1 abgeschlossenen Vereinbarung aus dem Ausland übermittelt wurden, dürfen in der Zentralen Informationssammlung verarbeitet werden.**

1. RV 952 XXII. GP

Mit dieser Bestimmung wird die Möglichkeit eines multi- oder bilateralen Übereinkommens zur Übermittlung personenbezogener Daten von Drittausländern geschaffen. Außerdem hat es sich bei der Bekämpfung des Schlepperunwesens als wünschenswert erwiesen, eine internationale Zusammenarbeit in diesem Bereich anzustreben. Dementsprechend wird auch die Möglichkeit des Abschlusses multi- oder bilateraler Vereinbarungen zur Ermittlung personenbezogener Daten von Schleppern vorgesehen. Bei Abschluss solcher Abkommen muss gewährleistet sein, dass eine Löschung in Österreich innerhalb vertretbarer auch zu einer Löschung der im Ausland übermittelten Daten führt.

13. Hauptstück: Bekämpfung der Aufenthaltsehe und Aufenthaltsadoption

Verständigungspflicht von Behörden

§ 109. Hat ein Gericht oder eine Verwaltungsbehörde bei Vornahme einer Entscheidung oder Amtshandlung begründeten Verdacht, dass eine Aufenthaltsehe oder Aufenthaltsadoption vorliege, hat sie dies der zuständigen Fremdenpolizeibehörde mitzuteilen.

1. RV 952 XXII. GP

Diese Bestimmungen sind wesentlich für die Bekämpfung der Scheinehe und der Scheinadoption. Es wird verpflichtend für jedes Gericht und jede Behörde eine grundsätzliche Mitteilungsverpflichtung von Verdachtsmomenten, die auf das Vorliegen einer Scheinehe oder einer Scheinadoption schließen lassen, an die zuständige Fremdenpolizeibehörde festgelegt. Da der Niederlassungs- und Aufenthaltsbehörde in diesem Konnex durch die Ausstellung von Aufenthaltstiteln eine besondere Rolle zukommt, wird im Verhältnis zu dieser eine spezielle Regelung vorgesehen. Erfolgt nämlich eine derartige Mitteilung durch die Niederlassungs- und Aufenthaltsbehörde so hat die Fremdenpolizeibehörde diesen Verdachtsmomenten nachzugehen und binnen einer Frist von längstens drei Monaten der Niederlassungs- und Aufenthaltsbehörde das Erhebungsergebnis mitzuteilen. Um die Ausstellung eines Aufenthaltstitels nicht durch Erhebungstätigkeiten unverhältnismäßig zu verzögern, wird auch im Sinne der Verwaltungsökonomie für diesen Fall vorgesehen, dass, wenn aus welchen Gründen auch immer keine Mitteilung erfolgt, von ergebnislosen Erhebungen auszugehen ist.

Verständigungspflicht der Niederlassungs- und Aufenthaltsbehörden

§ 110. Teilt die Niederlassungs- und Aufenthaltsbehörde der nach dem Wohnsitz des Fremden zuständigen Fremdenpolizeibehörde mit, dass in Bezug auf einen bestimmten Fremden ein begründeter Verdacht des Vorliegens einer Aufenthaltsehe oder Aufenthaltsadoption bestehe, hat die Fremdenpolizeibehörde diesen Umstand zu erheben und der Niederlassungs- und Aufenthaltsbehörde das Ergebnis der Erhebungen binnen einer Frist von drei Monaten mitzuteilen. Erfolgt keine Mitteilung in dieser Frist, hat die Niederlassungs- und Aufenthaltsbehörde davon auszugehen, dass die Erhebungen der Fremdenpolizeibehörde ergebnislos verlaufen sind.

Übersicht:

1. Hinweis auf innerstaatliche Normen
2. Materialien

1. Siehe II.C. § 37 Abs 4 NAG.

2. RV 952 XXII. GP

Siehe oben 1. zu § 109.

14. Hauptstück: Beförderungsunternehmer

Pflichten der Beförderungsunternehmer

§ 111. (1) Beförderungsunternehmer, die Fremde mit einem Luft- oder Wasserfahrzeug oder im Rahmen des internationalen Linienverkehrs mit einem Autobus über die Außengrenze nach Österreich bringen, sind verpflichtet, alle erforderlichen Maßnahmen zu treffen, um sich zu vergewissern, dass der Fremde über das für die Einreise in das Bundesgebiet erforderliche Reisedokument und erforderlichenfalls ein Visum verfügt.

(2) Beförderungsunternehmer, die Fremde mit einem Luft- oder Wasserfahrzeug oder im Rahmen des internationalen Linienverkehrs mit einem Autobus nach Österreich bringen, sind weiters verpflichtet,
1. die Identitätsdaten der von ihnen beförderten Fremden (vollständiger Namen, Geburtsdatum, Geburtsort, Wohnort und Staatsangehörigkeit);
2. die Daten der zu deren Einreise erforderlichen Dokumente (Art, Nummer, Gültigkeitsdauer, ausstellende Behörde und Ausstellungsdatum von Reisedokument und allenfalls erforderlichem Visum);
3. den ursprünglichen Abreiseort;
4. die Abreise- und Ankunftszeit;
5. die Grenzübergangsstelle für die Einreise in das Bundesgebiet;
6. die Gesamtzahl der mit der betreffenden Beförderung beförderten Personen und
7. im Fall der Beförderung auf dem Luftweg die Beförderungs-Codenummer

festzuhalten, während eines Zeitraumes von 48 Stunden nach Ankunft des Beförderungsmittels für eine Auskunft an die Grenzkontrollbehörde bereitzuhalten und dieser auf Anfrage unverzüglich kostenlos bekannt zu geben. Danach hat der Beförderungsunternehmer die Daten zu vernichten.

(3) Beförderungsunternehmer, die Fremde mit einem Luft- oder Wasserfahrzeug nach Österreich bringen werden, sind verpflichtet, die Daten nach Abs. 2 der Grenzkontrollbehörde auf Anfrage bereits bei Abschluss der passagierbezogenen Formalitäten vorab kostenlos zu übermitteln.

(4) Wird ein Fremder, der mit einem Luft-, Land- oder Wasserfahrzeug eines Beförderungsunternehmers nach Österreich gebracht wurde, zurückgewiesen, ist der Beförderungsunternehmer verpflichtet, auf eigene Kosten dessen unverzügliche Abreise zu gewährleisten.

(5) Ist der Beförderungsunternehmer nach Abs. 4 nicht in der Lage, die unverzügliche Abreise des zurückgewiesenen Fremden durchzuführen, ist er verpflichtet, unverzüglich eine Rückbeförderungsmöglichkeit zu finden und die Kosten hiefür zu übernehmen oder, wenn die Rückbeförderung nicht unverzüglich erfolgen kann, die Kosten für den Aufenthalt und die Rückreise des Fremden zu tragen.

(6) Die Verpflichtungen nach Abs. 4 und 5 bestehen für den Beförderungsunternehmer auch dann, wenn einem Fremden der Aufenthalt im Transitraum verweigert wird (§ 43 Abs. 1).

Übersicht:
1. Hinweise auf europarechtliche Normen
2. Hinweis auf innerstaatliche Normen
3. Materialien

1. Siehe IV.B.1. SDÜ-ErgRL und IV.B.10. BefördRL.

2. Siehe VI.C. § 9 FPG-DV.

3. RV 952 XXII. GP

Diese Bestimmung ist im Hinblick auf Artikel 4 der Richtlinie 2001/51/EG notwendig. Demnach wird vorgesehen, dass die Mitgliedstaaten die erforderlichen Sanktionen für jene Fälle ergreifen, wonach Beförderungsunternehmen gemäß den Regelungen des Art. 26 Abs. 2 und 3 SDÜ ihren Verpflichtungen nicht nachkommen. Artikel 26 Abs. 2 und 3 SDÜ bestimmt zunächst die Beförderungsunternehmer als jene, die im internationalen Linienverkehr oder auf dem Luft oder Seeweg Gruppen von Personen befördern, und bestimmt, dass Sanktionen vorzusehen sind, wenn Drittausländer nicht über die erforderlichen Reisedokumente verfügen. Die Beförderungsunternehmer haben auch die erforderlichen Maßnahmen zu treffen, um sich zu vergewissern, dass die Fremden über die erforderlichen Reisedokumente verfügen.

Die Richtlinie 2004/82/EG sieht dieses Regelungsregime noch detaillierter für Luftfahrzeugsunternehmen vor. Diese werden unter Bezugnahme auf Art. 3 Abs. 2 und Art. 6 Abs. 1 der Richtlinie verpflichtet bestimmte Daten an die die Grenzkontrolle vollziehenden Behörden zu übermitteln. Im Falle der Beförderung mit einem Luftfahrzeug sind diese Beförderungsunternehmen gemäß Art. 1 und 3 Abs. 1 der Richtlinie verpflichtet, die Daten bereits vor Abschluss des Check-in kostenlos zu übermitteln.

Um die dargestellten Verpflichtungen auch einer wirksamen Kontrolle zuzuführen, wird die in Abs. 2 dargestellte Pflicht zur Bereithaltung bestimmter Daten der beförderten Fremden normiert. Eine vergleichsweise Pflicht besteht bereits in § 53 Abs. 3 FrG 1997.

Sanktionen gegen Beförderungsunternehmer

§ 112. (1) Der Beförderungsunternehmer hat für jeden Fremden, den er ohne Reisedokument und ohne das erforderliche Visum nach Österreich gebracht hat (§ 111 Abs. 1) oder für den er seinen Verpflichtungen nach § 111 Abs. 2 oder 3 nicht nachkommt, einen Geldbetrag von 3.000 Euro zu entrichten.

(2) Ein Bescheid nach Abs. 1 ist nicht zu erlassen oder aufzuheben, wenn dem betreffenden Fremden Asyl oder subsidiärer Schutz nach dem Asylgesetz 2005 gewährt oder festgestellt wird, dass die

Zurückweisung oder Abschiebung des Fremden aus Gründen des § 50 Abs. 1 nicht zulässig ist.

Übersicht:
1. Materialien
2. Anmerkungen

1. RV 952 XXII. GP

Als Mindestbetrag sieht die Richtlinie 2004/82/EG von nicht unter 3.000 Euro je angetretener Reise, bei der die Angaben nicht oder nicht korrekt übermittelt wurden, vor. Gleiches sieht auch Art. 4 der Richtlinie 2001/51/EG für jene Fälle vor, in denen der Drittstaatsangehörige ohne die erforderlichen Dokumente nach Österreich gebracht wurde.

2. Anm: Da es sich um Sanktionen gegen den Beförderungsunternehmer handelt, kann etwa für die Vollziehung dieser Bestimmung der Lenker eines Linienbusses nicht herangezogen werden, weil dieser in der Regel nicht zur Vertretung gemäß § 9 VStG berufen sein wird. In dieser speziellen Fallkonstellation darf auf § 11 ZustG verwiesen werden, der allenfalls die Zustellung auf dem Weg, den die Gesetze oder sonstigen Rechtsvorschriften des Staates, in dem zugestellt werden soll, ermöglicht, sodass unter dieser Prämisse eine Zustellung per Telefax oder E-Mail möglich ist.

15. Hauptstück: Kosten und Strafbestimmungen

1. Abschnitt: Kosten

§ 113. (1) Kosten, die der Behörde oder dem Bund bei der Durchsetzung des Aufenthaltsverbotes, der Ausweisung oder der Zurückschiebung entstehen, sowie die Kosten der Vollziehung der Schubhaft, einschließlich der Aufwendungen für den Einsatz gelinderer Mittel und der Dolmetschkosten, sind von dem Fremden zu ersetzen.

(2) Wer einen Fremden entgegen § 3 Abs. 1 des Ausländerbeschäftigungsgesetzes beschäftigt, hat die Kosten, die bei der Durchsetzung einer aus dem Grunde des § 53 Abs. 2 Z 5 verhängten Ausweisung oder eines aus dem Grunde des § 60 Abs. 2 Z 8 verhängten Aufenthaltsverbotes erwachsen, sowie die Kosten der Schubhaft und die Dolmetschkosten zu tragen.

(3) Wer sich gegenüber einer Fremdenpolizeibehörde oder einer österreichischen Vertretungsbehörde im Ausland zur Kostentragung nach § 21 Abs. 6 verpflichtet hat, hat diese Kosten zu tragen.

(4) Der Beförderungsunternehmer, der seinen Verpflichtungen nach § 111 Abs. 2 bis 6 nicht nachkommt, hat die Kosten, die im Zusammenhang mit der Zurückweisung oder mit der Abschiebung des Fremden erwachsen, zu ersetzen. Hierunter fallen insbesondere Kosten, die von der Ankunft des Fremden an der Grenzübergangsstelle bis zum Vollzug der Ausreise
1. für Unterkunft und Verpflegung erwachsen, einschließlich der bei der Vorbereitung und Durchführung der Zurückweisung entstehenden Kosten sowie der Kosten für Begleitorgane;
2. der Behörde oder dem Bund bei der allenfalls erforderlichen Durchsetzung des Aufenthaltsverbotes entstehen, einschließlich der Kosten für die Vollziehung der Schubhaft, der Dolmetschkosten, der Kosten für das Ticket und der Kosten für Begleitorgane.

(5) Der Beförderungsunternehmer, der seinen Verpflichtungen nach § 111 Abs. 4, 5 oder 6 zwar nachkommt, aber wünscht, dass die Zurückweisung in Begleitung erfolgen soll (§ 44), hat die Kosten für die Begleitorgane zu tragen.

(6) Die Kosten, deren Ersatz die Behörde mit Bescheid vorzuschreiben hat, sind von der Behörde, die die Amtshandlung vorgenommen hat, einzuheben und fließen der Gebietskörperschaft zu, die den Aufwand dieser Behörde oder der einschreitenden Organe des öffentlichen Sicherheitsdienstes zu tragen hat. § 79 AVG ist sinngemäß anzuwenden. Kosten der Vollziehung der Schubhaft trägt, einschließlich der Aufwendungen für den Einsatz gelinderer Mittel, soweit diese Kosten nicht gemäß Abs. 1, 2, 3 oder 4 eingebracht werden können, jene Gebietskörperschaft, die den Aufwand der Behörde trägt, die den Schubhaftbescheid erlassen hat. Sonstige uneinbringliche Kosten gemäß Abs. 1 trägt der Bund.

Übersicht:
1. Hinweis auf innerstaatliche Normen
2. Materialien

1. Siehe VI.C. § 10 FPG-DV.

2. RV 952 XXII. GP

Abs. 1 bestimmt eine grundsätzliche Kostenpflicht des Fremden, die im Fall der Durchsetzung des Aufenthaltsverbotes, der Ausweisung, der Zurückschiebung sowie im Zusammenhang mit dem Vollzug der Schubhaft entstehen.
Abs. 2 und 3 bestimmen eine davon abweichende Kostentragungspflicht zu Folge der besonderen Konstellation, die sich im Fall der illegalen Beschäftigung oder des Eingehens einer Verpflichtung ergeben.
Abs. 4 korrespondiert mit den Pflichten des Beförderungsunternehmers des § 112 und sieht neben der Verhängung von Sanktionen auch die Kostentragung für Zurückweisung- oder Abschiebungsfälle sowie auch die Kosten einer eventuellen Begleitung der Zurückweisung vor.

2. Abschnitt: Strafbestimmungen

Schlepperei

§ 114. **(1) Wer wissentlich die rechtswidrige Einreise oder Durchreise eines Fremden in oder durch einen Mitgliedstaat der Europäischen Union oder Nachbarstaat Österreichs fördert, ist vom Gericht mit Freiheitsstrafe bis zu einem Jahr zu bestrafen.**
(2) Wer die rechtswidrige Einreise oder Durchreise eines Fremden in oder durch einen Mitgliedstaat der Europäischen Union oder Nachbarstaat Österreichs mit dem Vorsatz fördert, sich oder einen Dritten durch ein dafür geleistetes Entgelt unrechtmäßig zu bereichern, ist vom Gericht mit Freiheitsstrafe bis zu zwei Jahren zu bestrafen.
(3) Wer innerhalb der letzten fünf Jahre schon einmal wegen Schlepperei im Sinne des Abs. 2 verurteilt worden ist, ist mit Freiheitsstrafe bis zu drei Jahren zu bestrafen. Als eine Verurteilung gilt auch eine solche durch ein ausländisches Gericht in einem den Grundsätzen des Art. 6 der Konvention zum Schutze der Menschenrechte und Grundfreiheiten entsprechenden Verfahren.
(4) Wer die Tat nach Abs. 2 gewerbsmäßig (§ 70 StGB) oder auf eine Art und Weise begeht, durch die der Fremde, insbesondere während der Beförderung, längere Zeit hindurch in einen qualvollen Zustand versetzt wird, ist vom Gericht mit Freiheitsstrafe von sechs Monaten bis zu fünf Jahren zu bestrafen.
(5) Wer die Tat nach Abs. 2 als Mitglied einer kriminellen Vereinigung oder auf eine Art und Weise begeht, dass dabei das Leben des Fremden, auf den sich die strafbare Handlung bezieht, gefährdet

wird, ist vom Gericht mit Freiheitsstrafe von einem bis zu zehn Jahren zu bestrafen.

(6) Fremde, deren rechtswidrige Einreise oder Durchreise durch die Tat gefördert wird, sind nicht als Beteiligte (§ 12 StGB) zu bestrafen. Mit ihrer Zurück- oder Abschiebung darf zugewartet werden, wenn und solange dies erforderlich ist, um sie zum Sachverhalt zu vernehmen.

(7) Die Organe des öffentlichen Sicherheitsdienstes sind bei Gefahr im Verzug ermächtigt, Gegenstände, die der Täter mit sich führt, oder zur Tatbegehung verwendete Beförderungsmittel oder Behältnisse zur Sicherung der Abschöpfung der Bereicherung (§ 20 StGB), des Verfalls (§ 20b StGB) oder der Einziehung (§ 26 StGB) vorläufig sicherzustellen. Die Ladung des Beförderungsmittels kann dem Zulassungsbesitzer oder seinem Beauftragten ausgefolgt werden. Von den getroffenen Maßnahmen ist das Gericht unverzüglich zu verständigen.

(8) Das Verfahren wegen der im Abs. 1 bezeichneten Tat obliegt den Gerichtshöfen erster Instanz.

Übersicht:
1. Hinweise auf innerstaatliche Normen
2.-3. Materialien

1. Textauszug StGB

Behandlung aller Beteiligten als Täter

§ 12. Nicht nur der unmittelbare Täter begeht die strafbare Handlung, sondern auch jeder, der einen anderen dazu bestimmt, sie auszuführen, oder der sonst zu ihrer Ausführung beiträgt.

Abschöpfung der Bereicherung

§ 20. (1) Wer
1. *eine mit Strafe bedrohte Handlung begangen und dadurch Vermögensvorteile erlangt hat oder*
2. *Vermögensvorteile für die Begehung einer mit Strafe bedrohten Handlung empfangen hat,*

ist zur Zahlung eines Geldbetrages in Höhe der dabei eingetretenen unrechtmäßigen Bereicherung zu verurteilen. Soweit das Ausmaß der Bereicherung nicht oder nur mit unverhältnismäßigem Aufwand ermittelt werden kann, hat das Gericht den abzuschöpfenden Betrag nach seiner Überzeugung festzusetzen.

(2) Wenn
1. *der Täter fortgesetzt oder wiederkehrend Verbrechen (§ 17) begangen und Vermögensvorteile durch deren Begehung erlangt oder für diese empfangen hat und*
2. *ihm im zeitlichen Zusammenhang mit den begangenen Verbrechen weitere Vermögensvorteile zugeflossen sind, bei denen die Annahme naheliegt, daß sie aus weiteren Verbrechen dieser Art*

stammen, und deren rechtmäßige Herkunft nicht glaubhaft gemacht werden kann,
sind auch diese Vermögensvorteile bei der Festsetzung des abzuschöpfenden Betrages zu berücksichtigen.

(3) Zur Zahlung eines Geldbetrages, den das Gericht in Höhe der eing tretenen Bereicherung nach seiner Überzeugung festsetzt, ist der Täter zu verurteilen, dem im zeitlichen Zusammenhang mit seiner Mitgliedschaft in einer kriminellen Organisation (§ 278a) oder einer terroristischen Vereinigung (§ 278b) Vermögensvorteile zugeflossen sind, bei denen die Annahme naheliegt, daß sie aus strafbaren Handlungen stammen, und deren rechtmäßige Herkunft nicht glaubhaft gemacht werden kann.

(4) Wer durch die mit Strafe bedrohte Handlung eines anderen oder durch einen für deren Begehung zugewendeten Vermögensvorteil unmittelbar und unrechtmäßig bereichert worden ist, ist zur Zahlung eines Geldbetrages in Höhe dieser Bereicherung zu verurteilen. Ist eine juristische Person oder eine Personengesellschaft bereichert worden, so ist sie zu dieser Zahlung zu verurteilen.

(5) Ist ein unmittelbar Bereicherter verstorben oder besteht eine unmittelbar bereicherte juristische Person oder Personengesellschaft nicht mehr, so ist die Bereicherung beim Rechtsnachfolger abzuschöpfen, soweit sie beim Rechtsübergang noch vorhanden war.

(6) Mehrere Bereicherte sind nach ihrem Anteil an der Bereicherung zu verurteilen. Läßt sich dieser Anteil nicht feststellen, so hat ihn das Gericht nach seiner Überzeugung festzusetzen.

Verfall

§ 20b. (1) Vermögenswerte, die der Verfügungsmacht einer kriminellen Organisation (§ 278a) oder einer terroristischen Vereinigung (§ 278b) unterliegen oder als Mittel der Terrorismusfinanzierung (§ 278d) bereitgestellt oder gesammelt wurden, sind für verfallen zu erklären.

(2) Vermögenswerte, die aus einer mit Strafe bedrohten Handlung stammen, sind für verfallen zu erklären, wenn die Tat, aus der sie herrühren, auch durch die Gesetze des Tatorts mit Strafe bedroht ist, aber nach den §§ 62 bis 65 nicht den österreichischen Strafgesetzen unterliegt.

Einziehung

§ 26. (1) Gegenstände, die der Täter zur Begehung der mit Strafe bedrohten Handlung verwendet hat, die von ihm dazu bestimmt worden waren, bei Begehung dieser Handlung verwendet zu werden, oder die durch diese Handlung hervorgebracht worden sind, sind einzuziehen, wenn dies nach der besonderen Beschaffenheit der Gegenstände geboten erscheint, um der Begehung mit Strafe bedrohter Handlungen entgegenzuwirken.

(2) Von der Einziehung ist abzusehen, wenn der Berechtigte die besondere Beschaffenheit der Gegenstände beseitigt, insbesondere indem er Vorrichtungen oder Kennzeichnungen entfernt oder unbrauchbar macht, die die Begehung mit Strafe bedrohter Handlungen erleichtern. Gegenstände, auf die eine an der strafbaren Handlung nicht beteiligte Person Rechtsansprüche hat, dürfen nur eingezogen werden, wenn die

betreffende Person keine Gewähr dafür bietet, daß die Gegenstände nicht zur Begehung strafbarer Handlungen verwendet werden.

(3) Liegen die Voraussetzungen der Einziehung vor, so sind die Gegenstände auch dann einzuziehen, wenn keine bestimmte Person wegen der mit Strafe bedrohten Handlung verfolgt oder verurteilt werden kann.

Gewerbsmäßige Begehung

§ 70. *Gewerbsmäßig begeht eine strafbare Handlung, wer sie in der Absicht vornimmt, sich durch ihre wiederkehrende Begehung eine fortlaufende Einnahme zu verschaffen.*

2. RV 952 XXII. GP

§ 104 Fremdengesetz 1997 ist die Vorgängerbestimmung zu § 114. Eine Anpassung war im Hinblick auf die Umsetzung des Rahmenbeschlusses des Rates vom 28. November 2002 betreffend die Verstärkung des strafrechtlichen Rahmens für die Bekämpfung der Beihilfe zur unerlaubten Ein- und Durchreise und zum unerlaubten Aufenthalt und im Hinblick auf die Verwerflichkeit dieser Straftaten – auch schon aus generalpräventiven Gesichtspunkten – erforderlich.

Nach Abs. 1 ist jedermann strafbar, der wissentlich die rechtswidrige Einreise oder – dies stellt eine Klarstellung dar – die rechtswidrige Durchreise durch einen der genannten Staaten fördert. Neu ist ebenso, dass im Grunddelikt die Tat auch ohne den Vorsatz, dass dies gegen einen nicht bloß geringfügigen Vermögensvorteil für den Täter oder einen anderen geschieht, begangen werden kann.

In Frage kommt jedes Verhalten, das dem Fremden die Ein- oder Durchreise ermöglicht, oder erleichtert, unabhängig vom Zeitpunkt des Grenzübertritts. Neben der Beförderung oder dem Beschaffen von gefälschten Reisedokumenten kommt also etwa auch das Bereitstellen und Vermitteln von Informationen für das Umgehen der Grenzkontrolle in Betracht. Der Begriff der Schlepperei bezieht sich – den Intentionen des Entwurfs folgend und denen des § 104 Fremdengesetz 1997 entsprechend – auf den gesamten Reiseweg des Fremden vom Ausgangs- bis zum Zielstaat. Was als rechtswidrige Einreise zu sehen ist, richtet sich nach den Rechtsvorschriften des betroffenen Staates.

Abs. 2 bezieht sich auf Schlepperei, die mit Bereicherungsvorsatz begangen wurde, also mit dem Vorsatz, sich oder einen Dritten durch ein für die Schlepperei geleistetes Entgelt unrechtmäßig zu bereichern. Entgelt ist im Sinne der Gewährung bzw. Forderung eines Vermögensvorteils zu sehen. Das ist jeder Vorteil, der einer Bewertung in Geld zugänglich ist, somit jede Geld- oder andere Sachzuwendung, aber auch jede sonstige in Geld bewertbare Zuwendung (vgl. *Leukauf-Steininger*, Kommentar zum StGB[3] Rz 8 zu § 153a und Rz 13 zu § 213). Er stellt im gegebenen Zusammenhang die so genannte „Risikoprämie" des Täters für die Förderung der rechtswidrigen Einreise dar. Dies schließt z.B. die Erfassung eines adäquaten Fuhrlohnes bei einer Taxifahrt über die Grenze oder die Verwirklichung des Tatbildes durch den Piloten eines Luftfahrzeuges aus. Die Geringfügigkeit wird unter sinngemäßer Heranziehung jenes Richtwertes, der nach der neueren Rechtsprechung für die Geringwertigkeit einer

Sache oder Geringfügigkeit eines Schadens oder einer Tatfolge gilt, zu beurteilen sein.

Die Strafbarkeit der Schlepperei gegen einen erfolgten Vermögensvorteil ist nicht gebunden an den Ort der Übergabe des Geldes oder sonstigen Vermögenswertes und auch nicht davon abhängig, ob diese für den gesamten Reiseweg zugewendet werden. Darüber hinaus ist es ohne Belang, ob der Vermögensvorteil vom Geschleppten selbst oder von einem Dritten dem Schlepper selbst oder einem Dritten geleistet wird. Auch ein unmittelbarer zeitlicher Zusammenhang zwischen Leistung und Schlepperei ist für die Verwirklichung des Tatbildes nicht erforderlich. Wesentlich ist, dass der Vermögensvorteil geleistet wird, um die rechtswidrige Einreise oder Durchreise in einen der von Abs. 1 umfassten Staaten zu erlangen.

Abs. 3 entspricht dem bisherigen § 104 Abs. 2 Fremdengesetz 1997 und normiert die Fälle der qualifizierten Strafbarkeit für Rückfallstäter, unabhängig davon, ob der Täter im Inland oder im Ausland (§ 73 StGB) verurteilt wurde, sofern das Verfahren nach den Grundsätzen des Art. 6 der Konvention zum Schutz der Menschenrechte und Grundfreiheiten geführt wurde.

Die Abs. 4 und 5 stellen auf besonders verwerfliche Begehungsweisen ab und bestimmen gegenüber der Grundstrafdrohung strengere Strafen für die gewerbsmäßige Begehung der Tat, für die Begehung als Mitglied einer kriminellen Vereinigung oder auf eine Art und Weise, durch die das Leben des Geschleppten gefährdet oder ihn längere Zeit hindurch in einen qualvollen Zustand versetzt.

Es ist an jene Fälle gedacht, in denen z.B. der oder die Geschleppte(n) gezwungen sind, mehrere Stunden in stehender oder bewegungsloser Haltung oder auf engstem Raum zu verharren. Weiters kommen Fälle in Betracht, in denen das Opfer mit unzureichender Kleidung geraume Zeit in großer Hitze oder Kälte – oftmals verbunden mit Hunger und unter äußerster psychischer Belastung – verbringen muss. Der Anwendungsbereich dieser Norm soll sich nicht nur auf die tatsächliche Beförderung, sondern auf das gesamte Täterverhalten dem Geschleppten gegenüber (z.B. während der Verbringung vom Ausgangs- zum Zielstaat) erstrecken.

Der Geschleppte unterliegt nach seinem Aufgriff regelmäßig fremdenpolizeilichen Maßnahmen. Durch eine rasche Zurück- oder Abschiebung werden die Täter indirekt „unterstützt". Dies kann später im Rahmen sicherheitspolizeilicher Maßnahmen oder des Strafverfahrens gegen den Täter zum Fehlen ausreichender Information führen. Dem soll die Ermächtigung der Sicherheitsbehörden, mit der aufenthaltsbeendenden Maßnahme im Einzelfall bis zur Einvernahme des Geschleppten zuzuwarten, Rechnung tragen (Abs. 6). Aus dem Grundsatz der Verhältnismäßigkeit bei Grundrechtseingriffen wird abzuleiten sein, dass eine allfällig durch diese Maßnahme verlängerte Freiheitsbeschränkung so kurz wie möglich zu sein hat und nur bei Aussicht auf erfolgreiche Sachverhaltsklärung anzuwenden ist. Zudem wird die Ermächtigung in der Regelung über die Dauer der Schubhaft sowie in den jeweiligen Rückübernahmeabkommen ihre zeitliche Grenze finden. Geschleppte Asylwerber, denen nach den §§ 13 oder 14 AsylG faktischer Abschiebeschutz oder ein vorläufiges Aufenthaltsrecht zukommt, kommen von vornherein nicht als Adressaten dieser Bestimmung in Betracht.

Abs. 7 entspricht § 104 Abs. 7 Fremdengesetz 1997. Da sich die weitere Vorgangsweise der Gerichte im Falle der Sicherstellung von Gegenständen schon aus der StPO ergibt, kann eine diesbezügliche Regelung im FrG entfallen.

Die Vereinheitlichung der Zuständigkeit zur Führung der Strafverfahren wegen Schlepperei durch die Zuweisung der Begehung des Grundtatbestandes nach Abs. 1 an die Gerichtshöfe erster Instanz in Abs. 8 trägt den grundsätzlichen Intentionen des Entwurfes zur Schaffung eines effizienten Maßnahmenpakets gegen das Schlepperunwesen Rechnung (Abs. 8).

3. AF 1055 XXII. GP

Zu § 114 ff. FPG stellt der Ausschuss fest, dass gemäß § 65 StGB die Strafbarkeit der Tatbegehung durch einen Österreicher zum Nachteil eines anderen Mitgliedstaates der EU nur dann eintritt, wenn diese Tat auch nach dem Recht des betroffenen Mitgliedstaates der EU strafbar ist.

Beihilfe zu unbefugtem Aufenthalt

§ 115. (1) Wer mit dem Vorsatz, das Verfahren zur Erlassung oder die Durchsetzung aufenthaltsbeendender Maßnahmen hintanzuhalten, einem Fremden den unbefugten Aufenthalt im Hoheitsgebiet eines Mitgliedstaates der Europäischen Union erleichtert, ist vom Gericht mit Freiheitsstrafe bis zu sechs Monaten oder mit Geldstrafe bis zu 360 Tagessätzen zu bestrafen. Jedenfalls nicht rechtswidrig handelt, wer ausschließlich Tätigkeiten im Rahmen seiner Berufspflichten als Rechtanwalt ausübt. Gleiches gilt für andere in die Verteidigerliste eingetragene Personen.

(2) Wer mit dem Vorsatz, sich oder einen Dritten durch ein dafür geleistetes, nicht bloß geringfügiges Entgelt unrechtmäßig zu bereichern, einem Fremden den unbefugten Aufenthalt im Hoheitsgebiet eines Mitgliedstaates der Europäischen Union erleichtert, ist vom Gericht mit Freiheitsstrafe bis zu einem Jahr oder Geldstrafe bis zu 360 Tagessätzen zu bestrafen.

(3) Wer die Tat gewerbsmäßig begeht, ist mit Freiheitsstrafe bis zu drei Jahren zu bestrafen.

(4) Der Fremde, dem die Beihilfe nach Abs. 1 oder 2 zu Gute kam oder kommen sollte, ist nicht als Beteiligter zu bestrafen.

(5) Das Verfahren wegen der im Abs. 1 und 2 bezeichneten Taten obliegt den Gerichtshöfen erster Instanz.

Übersicht:

1.-2. Materialien

1. RV 952 XXII. GP

§ 115 entstand aus § 107a Fremdengesetz 1997.

Abs. 1 stellt unter Strafe, wer einem Fremden den unbefugten Aufenthalt erleichtert, um ein behördliches Verfahren – also Verfahren zur Erlassung einer Ausweisung, eines Aufenthalts- oder eines Rückkehrverbotes –

zu erschweren oder rechtwidrig eine faktische, behördliche angeordnete Maßnahme – also eine Zurückschiebung, Abschiebung oder Durchbeförderung – hintanzuhalten. Im Gegensatz zu Erschweren ist Hintanhalten eine zumindest über längere Zeit anhaltende Vereitelung. Nicht rechtswidrig sind humanitäre Zuwendungen an einen Fremden oder Rechtshilfe. Hingegen ist etwa das Verstecken eines Fremden in einer Wohnung, wenn es mit dem Ziel verfolgt wird, die polizeiliche Maßnahme hintanzuhalten oder ein behördliches Verfahren zu verhindern, mit Strafe bedroht.

Abs. 2 normiert, dass die gewerbsmäßige Begehung der Tat nach Abs. 1 strenger zu bestrafen ist, Abs. 3, dass der Fremde, dem die rechtswidrige Unterstützung zugekommen ist, nicht nach dieser Bestimmung als Beteiligter zu bestrafen ist.

Abs. 4 normiert, dass das Verfahren – wie etwa auch der Grundtatbestand der Schlepperei – von den Gerichtshöfen der ersten Instanz zu führen ist.

2. AF 1055 XXII. GP

Zu § 114 ff. FPG stellt der Ausschuss fest, dass gemäß § 65 StGB die Strafbarkeit der Tatbegehung durch einen Österreicher zum Nachteil eines anderen Mitgliedstaates der EU nur dann eintritt, wenn diese Tat auch nach dem Recht des betroffenen Mitgliedstaates der EU strafbar ist.

Ausbeutung eines Fremden

§ 116. (1) Wer mit dem Vorsatz, sich oder einem Dritten aus der Ausnützung der besonderen Abhängigkeit eines Fremden, der sich rechtswidrig im Bundesgebiet aufhält, über keine Beschäftigungsbewilligung verfügt oder sich sonst in einem besonderen Abhängigkeitsverhältnis befindet, eine fortlaufende Einnahme zu verschaffen, diesen Fremden ausbeutet, ist vom Gericht mit Freiheitsstrafe bis zu drei Jahren zu bestrafen.

(2) Wer durch die Tat einen Fremden in Not versetzt oder eine größere Zahl von Fremden ausbeutet, ist mit Freiheitsstrafe von sechs Monaten bis zu fünf Jahren zu bestrafen.

(3) Hat die Tat den Tod eines Fremden zur Folge, ist der Täter mit Freiheitsstrafe von einem bis zu zehn Jahren zu bestrafen.

Übersicht:

1.-2.   Materialien

1. RV 952 XXII. GP

§ 116 entspricht unverändert § 105 Fremdengesetz 1997 in der Fassung der FrG-Novelle 2002.

Zur Auslegung des Begriffs „Ausbeutung" ist § 216 Abs. 2 StGB heranzuziehen. Es ist somit darunter nicht die bloße Ausnützung eines Lohn- oder Sozialgefälles zwischen dem Heimatstaat des Fremden und dem Zielland, sondern nur ein rücksichtsloses Ausnützen des Opfers, das gegen dessen vitale Interessen gerichtet ist, zu verstehen. Eine solche Verletzung vitaler Interessen wird unter anderem dann vorliegen, wenn dem Tatopfer für seine Arbeit oder Dienstleistung über längere Zeit hindurch keine oder nur völlig unzureichende Geldmittel überlassen werden sollen oder wenn die nach der Gesetzeslage des Ziellandes erlaubte oder zumutbare Arbeitszeit über einen längeren Zeitraum exzessiv ausgedehnt oder der Fremde unter unzumutbaren Arbeitsbedingungen zur Erbringung der von ihm geforderten Leistung verhalten werden soll. Auch die Annahme von materiellen Vorteilen ohne entsprechende Gegenleistung von einem Fremden, der sich nicht rechtmäßig im Bundesgebiet aufhält, wie etwa Zuwendung von Geld, aber auch von Sachwerten, wozu auch Kost und Quartier zählen, sind hiebei in Betracht zu ziehen. Die etwa auch länger währende, nicht übermäßige Unterschreitung des Kollektivvertragslohnes oder nicht übermäßige Überschreitung der Arbeitszeit wird jedoch nicht als Ausbeutung in Betracht kommen.

Besteht zwischen dem Fremden und einem Arbeitgeber ein rechtsgültiger arbeitsrechtlicher Vertrag, so bedarf es – damit tatbestandsmäßiges Handeln gegeben sein kann – bei der Ausnützung der Abhängigkeit des Fremden einer besonders nachhaltigen Beschränkung dessen freien Willens; in allen anderen Fällen stehen dem Fremden im Hinblick auf den Vertrag alle Möglichkeiten der Durchsetzung seiner Rechtsposition zur Verfügung, so dass dann von einer Ausbeutung nicht die Rede sein kann.

Die Ausnützung einer besonderen Abhängigkeit des betroffenen Fremden kann daraus resultieren, dass sich der Fremde nicht rechtmäßig im Bundesgebiet aufhält oder über keine Beschäftigungsbewilligung verfügt oder, dass sich der Fremde sonst in einem besonderen Abhängigkeitsverhältnis befindet.

2. AF 1055 XXII. GP

Zu § 114 ff. FPG stellt der Ausschuss fest, dass gemäß § 65 StGB die Strafbarkeit der Tatbegehung durch einen Österreicher zum Nachteil eines anderen Mitgliedstaates der EU nur dann eintritt, wenn diese Tat auch nach dem Recht des betroffenen Mitgliedstaates der EU strafbar ist.

Eingehen und Vermittlung von Aufenthaltsehen

§ 117. (1) Ein Österreicher oder ein zur Niederlassung im Bundesgebiet berechtigter Fremder, der eine Ehe mit einem Fremden eingeht, ohne ein gemeinsames Familienleben im Sinn des Art. 8 EMRK führen zu wollen und weiß oder wissen musste, dass sich der Fremde für die Erteilung oder Beibehaltung eines Aufenthaltstitels, für den Erwerb der österreichischen Staatsbürgerschaft oder zur Hintanhaltung aufenthaltsbeendender Maßnahmen auf diese Ehe berufen will, ist, wenn die Tat nicht nach einer anderen Bestimmung mit strengerer Strafe bedroht ist, vom Gericht mit Geldstrafe bis zu 360 Tagessätzen zu bestrafen.

(2) Ein Österreicher oder ein zur Niederlassung im Bundesgebiet berechtigter Fremder, der mit dem Vorsatz, sich oder einen Dritten durch ein dafür geleistetes Entgelt unrechtmäßig zu bereichern, eine Ehe mit einem Fremden eingeht, ohne ein gemeinsames Familienleben im Sinn des Art. 8 EMRK führen zu wollen und weiß oder wissen

musste, dass sich der Fremde für die Erteilung oder Beibehaltung eines Aufenthaltstitels, für den Erwerb der österreichischen Staatsbürgerschaft oder zur Hintanhaltung aufenthaltsbeendender Maßnahmen auf diese Ehe berufen will, ist, wenn die Tat nicht nach einer anderen Bestimmung mit strengerer Strafe bedroht ist, vom Gericht mit Freiheitsstrafe bis zu einem Jahr oder mit Geldstrafe bis zu 360 Tagessätzen zu bestrafen.

(3) Wer gewerbsmäßig Ehen vermittelt oder anbahnt, obwohl er weiß oder wissen musste, dass sich die Betroffenen für die Erteilung oder Beibehaltung eines Aufenthaltstitels, für den Erwerb der österreichischen Staatsbürgerschaft oder zur Hintanhaltung aufenthaltsbeendender Maßnahmen auf diese Ehe berufen, aber kein gemeinsames Familienleben im Sinn des Art. 8 EMRK führen wollen, ist, wenn die Tat nicht nach einer anderen Bestimmung mit strengerer Strafe bedroht ist, vom Gericht mit Freiheitsstrafe bis zu drei Jahren zu bestrafen.

(4) Der Fremde, der sich im Sinne des Abs. 1 auf die Ehe berufen will, ist als Beteiligter nicht zu bestrafen.

(5) Nach Abs. 1 ist nicht zu bestrafen, wer freiwillig, bevor eine zur Strafverfolgung berufene Behörde von seinem Verschulden erfahren hat, an der Feststellung des Sachverhaltes mitwirkt.

Übersicht:
1. Hinweis auf völkerrechtliche Normen
2.-3. Materialien
4. Anmerkung

1. Siehe V.C. Art. 8 EMRK.

2. RV 952 XXII. GP

§ 117 geht insoweit über § 106 Fremdengesetz 1997 hinaus, als auch der Österreicher oder „Ankerfremde" der die Aufenthaltsehe eingeht, bestraft werden soll.

Nur mit Geldstrafe wird der Österreicher oder „Ankerfremde" bedroht, der – ohne einen Vermögensvorteil erlangt zu haben – eine Aufenthaltsehe eingeht (Abs. 1).

Nach Abs. 2 soll der Österreicher oder „Ankerfremde" der die Aufenthaltsehe gegen ein Entgelt eingeht, strenger bestraft werden. Dies erscheint gerechtfertigt, da sich in der Praxis gezeigt hat, dass neben dem Vermittler auch der Österreicher oder der als „Ankerfremde" auftretende Fremde durch versprochene (und letztlich auch lukrierte) Geldsummen besonders zur Eingehung von Aufenthaltsehen verleitet werden kann.

Abs. 3 stellt – wie bisher – die gewerbsmäßige Vermittlung von Aufenthaltsehen unter Strafe. Er entspricht inhaltlich dem bisherigen § 106 FrG 1997, die Strafhöhe wurde jedoch an die Verwerflichkeit und das in Aussicht stehende, meist sehr hohe Entgelt angepasst.

Da der Fremde als Opfer zu sehen ist, soll er von der Strafbarkeit ausgenommen bleiben. Gegen ihn können allenfalls fremdenpolizeiliche Maßnahmen verhängt werden (Abs. 4).

Abs. 5 stellt eine Form der tätigen Reue dar, um dem betreffenden Österreicher oder Ankerfremden weiterhin die Möglichkeit zu geben, sich bei der Behörde zu melden ohne mit Strafe rechnen zu müssen.

3. AF 1055 XXII. GP

Zu § 114 ff. FPG stellt der Ausschuss fest, dass gemäß § 65 StGB die Strafbarkeit der Tatbegehung durch einen Österreicher zum Nachteil eines anderen Mitgliedstaates der EU nur dann eintritt, wenn diese Tat auch nach dem Recht des betroffenen Mitgliedstaates der EU strafbar ist.

4. **Anm:** Strafbar ist seit dem 01.01.2006 auch das Eingehen einer Aufenthaltsehe. Von einer Aufenthaltsehe wird man nicht sprechen können, wenn der die Ehe eingehende Österreicher oder zum Aufenthalt berechtigte Fremde zum Zeitpunkt der Heirat geglaubt hat, dass ein Eheleben beiderseitig gewünscht wird; somit wird es in der Praxis – vor allem soweit es zu keinem Geldfluss gekommen ist – erhebliche Beweisschwierigkeiten zur Strafbarkeit des Eingehenden geben. Steht diese allerdings fest, kann der Eingehende sich auch nicht durch eine Selbstanzeige wieder in die Straflosigkeit retten, da das Delikt mit dem Eingehen der Ehe vollendet ist.

Aufenthaltsadoption und Vermittlung von Aufenthaltsadoptionen eigenberechtigter Fremder

§ 118. (1) Ein Österreicher oder ein zur Niederlassung im Bundesgebiet berechtigter Fremder, der einen eigenberechtigten Fremden an Kindes statt annimmt und einen Antrag zur Bewilligung der Annahme an Kindes statt beim Pflegschaftsgericht stellt, obwohl er weiß oder wissen musste, dass sich der Fremde für die Erteilung oder Beibehaltung eines Aufenthaltstitels, für den Erwerb der österreichischen Staatsbürgerschaft oder zur Hintanhaltung aufenthaltsbeendender Maßnahmen auf diese Annahme an Kindes statt beruft, aber keine dem Verhältnis zwischen leiblichen Eltern und Kindern entsprechende Beziehung führen will, ist, wenn die Tat nicht nach einer anderen Bestimmung mit strengerer Strafe bedroht ist, vom Gericht mit Geldstrafe bis zu 360 Tagessätzen zu bestrafen.

(2) Ein Österreicher oder ein zur Niederlassung im Bundesgebiet berechtigter Fremder, der mit dem Vorsatz, sich oder einen Dritten durch ein dafür geleistetes Entgelt unrechtmäßig zu bereichern, einen eigenberechtigten Fremden an Kindes statt annimmt, obwohl er weiß oder wissen musste, dass sich der Fremde für die Erteilung oder Beibehaltung eines Aufenthaltstitels, für den Erwerb der österreichischen Staatsbürgerschaft oder zur Hintanhaltung aufenthaltsbeendender Maßnahmen auf diese Annahme an Kindes statt beruft, aber keine dem Verhältnis zwischen leiblichen Eltern und Kindern entsprechende Beziehung führen will, ist, wenn die Tat nicht nach einer anderen Bestimmung mit strengerer Strafe bedroht ist, vom Gericht mit Freiheitsstrafe bis zu einem Jahr oder mit Geldstrafe bis zu 360 Tagessätzen zu bestrafen.

(3) Wer gewerbsmäßig (§ 70 StGB) Adoptionen nach Abs. 1 oder 2 vermittelt oder anbahnt, obwohl er weiß oder wissen musste, dass sich die Betroffenen für die Erteilung oder Beibehaltung eines Aufenthaltstitels, für den Erwerb der österreichischen Staatsbürgerschaft oder zur Hintanhaltung aufenthaltsbeendender Maßnahmen auf diese Annahme an Kindes statt berufen, aber keine dem Verhältnis zwischen leiblichen Eltern und Kindern entsprechende Beziehung führen wollen, ist, wenn die Tat nicht nach einer anderen Bestimmung mit strengerer Strafe bedroht ist, vom Gericht mit Freiheitsstrafe bis zu drei Jahren zu bestrafen.

(4) Das Wahlkind ist nach Abs. 1 als Beteiligter nicht zu bestrafen.

(5) Nach Abs. 1 ist nicht zu bestrafen, wer freiwillig, bevor eine zur Strafverfolgung berufene Behörde von seinem Verschulden erfahren hat, an der Feststellung des Sachverhaltes mitwirkt.

Übersicht:
1. Hinweise auf innerstaatliche Normen
2.-3. Materialien
4. Anmerkung

1. Textauszug StGB

Siehe oben 1. zu § 114.

2. RV 952 XXII. GP

§ 118 entspricht § 117 in Bezug auf die Annahme an Kindes statt, ohne dass es zu einer entsprechenden Beziehung kommen soll und die Annahme an Kindes statt dem Erwerb eines Aufenthaltstitels, der Staatsbürgerschaft oder der Verhinderung von fremdenpolizeilichen Maßnahmen dient. Auch hier wird die unentgeltliche Annahme an Kindes statt nur mit Geldstrafe, die entgeltliche Annahme an Kindes statt aber auch mit Freiheitsstrafe bedroht.

Die Abs. 3 bis 5 entsprechen § 117 Abs. 3 bis 5 im Bezug auf die gewerbsmäßige Vermittlung von Annahmen an Kindes statt.

3. AF 1055 XXII. GP

Zu § 114 ff. FPG stellt der Ausschuss fest, dass gemäß § 65 StGB die Strafbarkeit der Tatbegehung durch einen Österreicher zum Nachteil eines anderen Mitgliedstaates der EU nur dann eintritt, wenn diese Tat auch nach dem Recht des betroffenen Mitgliedstaates der EU strafbar ist.

4. Anm: Vgl auch sinngemäß oben 4. zu § 117.

Erschleichung eines Einreise- oder Aufenthaltstitels

§ 119. (1) Wer in einem Verfahren zur Erteilung eines Einreisetitels oder eines Aufenthaltstitels vor der zur Ausstellung eines solchen Titels berufenen Behörde wissentlich falsche Angaben macht, um sich einen, wenn auch nur vorübergehenden, rechtmäßigen Aufenthalt im Bundesgebiet zu erschleichen, ist vom Gericht mit Freiheitsstrafe bis zu einem Jahr oder mit Geldstrafe bis zu 360 Tagessätzen zu bestrafen.

(2) Wer in einem Asylverfahren vor einer Asylbehörde wissentlich falsche Angaben über seine Identität oder Herkunft macht, um die Duldung seiner Anwesenheit im Bundesgebiet oder einen, wenn auch nur vorübergehenden, rechtmäßigen Aufenthalt im Bundesgebiet zu erschleichen, ist vom Gericht mit Freiheitsstrafe bis zu einem Jahr oder mit Geldstrafe bis zu 360 Tagessätzen zu bestrafen.

(3) Eine Strafbarkeit nach § 289 StGB schließt eine Strafbarkeit nach Abs. 1 und 2 aus.

Übersicht:

1.-2.	Hinweise auf innerstaatliche Normen
3.-4.	Materialien
5.-6.	Anmerkungen

1. Siehe II.C. §§ 3 Abs 1 und 23 Abs 2 NAG und II.A. §§ 12 und 13 AsylG 2005.

2. Textauszug StGB

Falsche Beweisaussage vor einer Verwaltungsbehörde

§ 289. Wer vor einer Verwaltungsbehörde als Zeuge bei seiner förmlichen Vernehmung zur Sache falsch aussagt oder als Sachverständiger einen falschen Befund oder ein falsches Gutachten erstattet, ist mit Freiheitsstrafe bis zu einem Jahr zu bestrafen.

3. RV 952 XXII. GP

Nachdem das StGB lediglich die Falschaussage des Zeugen oder Sachverständigen unter Strafe stellt, wurde bei diesen spezifischen Sachverhalten für die wissentliche Falschaussage des Antragstellers vor der zuständigen Behörde dieser Straftatbestand geschaffen. Insbesondere soll Missbrauch hintan gehalten werden, zumal die Praxis zeigt, dass sich Fremde in vielen Fällen durch falsche Angaben vor der Behörde einen Einreisetitel oder einen Aufenthaltstitel erschleichen um, einen, wenn auch nur vorübergehenden, rechtmäßigen Aufenthalt im Bundesgebiet zu erlagen. In weiterer Folge wird daher auch der Asylwerber, der wissentlich falsche Angaben über seine Identität oder Herkunft vor der Asylbehörde (Bundesasylamt oder Unabhängiger Bundesasylamt) macht, um die Duldung seiner Anwesenheit im Bundesgebiet oder einen, wenn auch nur vorübergehenden rechtmäßigen Aufenthalt im Bundesgebiet zu erschleichen unter Strafe gestellt. Aufgrund der faktischen und finanziellen Tragweite der vorsätzlichen Erschleichung eines Einreise- oder Aufenthaltstitels wurde ein gerichtlicher Straftatbestand konzipiert.

Die Strafbestimmung ist subsidiär zur Strafbestimmung nach dem Strafgesetzbuch § 289 (Falsche Beweisaussage vor einer Verwaltungsbehörde) zu sehen um eine etwaige Doppelbestrafung auszuschließen.

4. AF 1055 XXII. GP

Zu § 114 ff. FPG stellt der Ausschuss fest, dass gemäß § 65 StGB die Strafbarkeit der Tatbegehung durch einen Österreicher zum Nachteil eines anderen Mitgliedstaates der EU nur dann eintritt, wenn diese Tat auch nach dem Recht des betroffenen Mitgliedstaates der EU strafbar ist.

5. Anm: Zur Ausstellung eines *Einreisetitels* sind gemäß § 7 Abs 1 FPG im Ausland die Vertretungsbehörden und an Grenzübergangsstellen die gemäß § 2 FPG-DV ermächtigten Fremdenpolizeibehörden (§ 5 Abs 2 und 3 FPG) berufen.

Zur Ausstellung eines *Aufenthaltstitels* ist der örtlich zuständige Landeshauptmann (§ 3 NAG) berufen. Die Vertretungsbehörde ist gerade nicht zur Ausstellung eines Aufenthaltstitels berufen (§ 3 Abs 2 NAG). Das Verfahren zur Erteilung eines Aufenthaltstitels ist kein Verfahren zur Erteilung eines Einreisetitels; dieser wird gemäß § 23 Abs 2 NAG zwar erteilt, wenn dem Antrag stattgegeben wird, allerdings wird – soweit kein Aufenthaltstitel erteilt wird – nicht über die Versagung des Einreisetitels abgesprochen.

6. Anm: Nach Abs 2 macht sich strafbar, wer in einem Asylverfahren vor der Asylbehörde als Antragsteller falsche Angaben über seine Identität macht, um die Duldung seiner Anwesenheit (§ 12 AsylG 2005) oder einen rechtmäßigen Aufenthalt (§ 13 AsylG 2005) zu erschleichen. Gerade nicht erfassen wollte der Gesetzgeber Befragungen nach § 19 Abs 1 AsylG 2005.

Unbefugter Aufenthalt

§ 120. (1) Wer als Fremder
1. **nicht rechtmäßig in das Bundesgebiet einreist oder**
2. **sich nicht rechtmäßig im Bundesgebiet aufhält,**

begeht eine Verwaltungsübertretung und ist mit Geldstrafe bis zu 2180 Euro, im Fall ihrer Uneinbringlichkeit mit Freiheitsstrafe bis zu drei Wochen, zu bestrafen. Als Tatort gilt der Ort der Betretung oder des letzten bekannten Aufenthaltes; bei Betretung in einem öffentlichen Beförderungsmittel die nächstgelegene Ausstiegsstelle, an der das Verlassen des öffentlichen Beförderungsmittels gemäß dem Fahrplan des Beförderungsunternehmers möglich ist.

(2) Wer die Tat nach Abs. 1 begeht, obwohl er wegen einer solchen Tat bereits einmal rechtskräftig bestraft wurde, ist mit Geldstrafe bis zu 4360 Euro, im Fall ihrer Uneinbringlichkeit mit Freiheitsstrafe bis zu sechs Wochen zu bestrafen.

(3) Eine Verwaltungsübertretung gemäß Abs. 1 Z 2 liegt nicht vor,
1. wenn die Ausreise nur in ein Land möglich wäre, in das eine Abschiebung unzulässig (§ 50) ist;

2. solange dem Fremden ein Abschiebungsaufschub erteilt worden ist,
3. im Fall des Aufenthalts eines begünstigten Drittstaatsangehörigen ohne Visum oder
4. solange dem Fremden die persönliche Freiheit entzogen ist.

(4) Eine Bestrafung gemäß Abs. 1 Z 2 schließt eine solche wegen der zugleich gemäß Abs. 1 Z 1 begangenen Verwaltungsübertretung aus.

(5) Eine Verwaltungsübertretung nach Abs. 1 liegt nicht vor, wenn der Fremde einen Antrag auf internationalen Schutz gestellt hat und ihm der Status des Asylberechtigten oder subsidiär Schutzberechtigten zuerkannt wurde. Während des Asylverfahrens ist das Verwaltungsstrafverfahren unterbrochen.

1. RV 952 XXII. GP

§ 120 entspricht inhaltlich im Wesentlichen § 107 Fremdengesetz 1997, der Entwurf wurde nur der Diktion des vorgeschlagenen FPG angepasst. Neu ist die Ausnahme der Strafbarkeit von begünstigen Drittstaatsangehörigen, die – eigentlich visapflichtig – sich im Bundesgebiet aufhalten. Damit soll der Art. 6 der Richtlinie 2004/38/EG entsprochen werden.

Abs. 2 schlägt eine strengere Strafbarkeit für Wiederholungstäter vor, Abs. 3 stellt klar, wann ein Fremder nicht zu bestrafen ist.

Um der Genfer Flüchtlingskonvention genüge zu tun, ist ein Fremder, der nach Stellung eines Asylantrags aber vor Zuerkennung eines Status nach dem Asylgesetzes 2005 (§§ 3, 8 AsylG 2005) betreten wird, nicht strafbar, wenn ihm schlussendlich ein Status zuerkannt wird (Abs. 5).

Sonstige Übertretungen

§ 121. (1) Wer sich als Fremder außerhalb des Bereiches aufhält, auf den sein Aufenthalt gemäß § 47 Abs. 1 oder § 62 Abs. 5 beschränkt wurde, begeht eine Verwaltungsübertretung und ist mit Geldstrafe bis zu 2180 Euro, im Fall ihrer Uneinbringlichkeit mit Freiheitsstrafe bis zu drei Wochen, zu bestrafen. Dies gilt nicht, wenn der Aufenthalt außerhalb dieses Bereiches, insbesondere aus Gründen der medizinischen Behandlung oder Erfüllung sonstiger gesetzlicher Verpflichtungen, erforderlich ist.

(2) Wer
1. Auflagen, die ihm die Behörde
   a) bei Erteilung eines Durchsetzungsaufschubes;
   b) bei Erteilung eines Abschiebungsaufschubes oder
   c) bei Bewilligungen gemäß §§ 72 oder 73
   erteilt hat, missachtet oder
2. sein Reisedokument nicht mit sich führt oder gemäß § 32 Abs. 2 verwahrt;
3. trotz Aufforderung durch ein Organ des öffentlichen Sicherheitsdienstes
   a) diesem ein für seine Aufenthaltsberechtigung maßgebliches Dokument nicht aushändigt oder

b) sich nicht in dessen Begleitung an jene Stelle begibt, an der das Dokument verwahrt ist,

begeht eine Verwaltungsübertretung und ist mit Geldstrafe bis zu 218 Euro, im Fall ihrer Uneinbringlichkeit mit Freiheitsstrafe bis zu einer Woche, zu bestrafen.

(3) Wer Organen des öffentlichen Sicherheitsdienstes als Verantwortlicher nicht gemäß § 36 Abs. 1 Zutritt zu Grundstücken, Betriebsstellen, Arbeitsstellen, Räumen oder Fahrzeugen gewährt, begeht eine Verwaltungsübertretung und ist mit Geldstrafe bis zu 4.360 Euro, im Fall ihrer Uneinbringlichkeit mit Freiheitsstrafe bis zu sechs Wochen zu bestrafen.

(4) Nach Abs. 1, 2 oder 3 oder § 120 Abs. 1 und 2 verhängte Strafen sind samt den erforderlichen personenbezogenen Daten in der Verwaltungsstrafevidenz der Sicherheitsdirektion (§ 60 SPG) zu verarbeiten. § 60 Abs. 2 und 3 SPG gilt.

Übersicht:

1. Hinweise auf innerstaatliche Normen
2. Materialien
3. Anmerkung

1. Textauszug SPG

Verwaltungsstrafevidenz

§ 60. *(1) Die Sicherheitsdirektionen haben für Zwecke der Aufrechterhaltung der öffentlichen Sicherheit und der öffentlichen Ordnung eine Evidenz der wegen Übertretungen nach den §§ 81 bis 84 verhängten Strafen zu führen und hiefür die ihnen gemäß Abs. 2 übermittelten personenbezogenen Daten zu verarbeiten.*

(2) Bezirksverwaltungsbehörden und Bundespolizeidirektionen, die in erster Instanz ein Verwaltungsstrafverfahren wegen Verdachtes einer Übertretung nach den §§ 81 bis 84 geführt haben, sind im Falle einer rechtskräftigen Bestrafung ermächtigt, folgende Daten zu ermitteln und sie der ihnen übergeordneten Sicherheitsdirektion zu übermitteln: Namen, Geschlecht, frühere Namen, Geburtsdatum sowie Geburtsort und Wohnanschrift des Bestraften; Aktenzeichen, Übertretungsnorm, Strafart und Strafausmaß, entscheidende Behörde, Datum der Strafverfügung oder des Straferkenntnisses sowie Datum des Eintrittes der Rechtskraft.

(3) Personenbezogene Daten, die gemäß Abs. 1 verarbeitet werden, sind fünf Jahre nach Eintritt der Rechtskraft zu löschen.

2. RV 952 XXII. GP

Abs. 1 stellt unter Strafe, wer als Fremder, der einer Beschränkung des Gebiets in dem er sich aufhalten darf, unterliegt, außerhalb des Gebietes angetroffen wird. Nicht strafbar macht sich, wem das Verlassen des Gebietes nicht zuzurechnen ist, insbesondere weil er eine gesetzliche Pflicht erfüllt oder weil er einer Krankenbehandlung bedarf, die in dem festgesetzten Gebiet nicht möglich ist. Nach Verwirklichung dieser Verwaltungsübertretung stehen den Organen des öffentlichen Sicherheitsdienstes unter anderem die Möglichkeiten des § 35 VStG zur Verfügung.

Die Abs. 2 und 3 entsprechen § 108 Abs. 1 und 2 FrG 1997, mit der Ausnahme, dass für die Verwaltungsübertretung nach Abs. 3 eine Ersatzfreiheitsstrafe ermöglicht wurde.

3. Anm: Die Ausnahmetatbestände des Abs 1 stellen eine demonstrative Aufzählung dar, sodass in sonstigen ähnlichen Fällen, wie etwa solchen, die der Religionsausübung dienen, auch von einem Strafausschließungsgrund auszugehen ist.

Subsidiarität

§ 122. Eine Verwaltungsübertretung liegt nicht vor, wenn eine Tat nach den §§ 120 und 121 den Tatbestand einer in die Zuständigkeit der Gerichte fallende strafbare Handlung bildet.

16. Hauptstück: Schluss- und Übergangsbestimmungen

Sprachliche Gleichbehandlung

§ 123. Soweit in diesem Bundesgesetz auf natürliche Personen bezogene Bezeichnungen in männlicher Form angeführt sind, beziehen sie sich auf Frauen und Männer in gleicher Weise. Bei der Anwendung der Bezeichnung auf bestimmte natürliche Personen ist die jeweils geschlechtsspezifische Form zu verwenden.

Verweisungen

§ 124. (1) Soweit in diesem Bundesgesetz auf Bestimmungen anderer Bundesgesetze verwiesen wird, sind diese in ihrer jeweils geltenden Fassung anzuwenden. Verweise auf andere Rechtsnormen beziehen sich auf die Rechtsnorm zum Zeitpunkt der Kundmachung des Verweises nach diesem Bundesgesetz.

(2) Soweit in anderen Bundesgesetzen auf Bestimmungen des Fremdengesetzes 1997 verwiesen wird, treten an deren Stelle die entsprechenden Bestimmungen dieses Bundesgesetzes.

Übergangsbestimmungen

§ 125. (1) Verfahren zur Erlassung eines Aufenthaltsverbotes oder einer Ausweisung, die bei Inkrafttreten dieses Bundesgesetzes anhängig sind, sind nach dessen Bestimmungen weiterzuführen.

(2) Schubhaftbescheide nach dem Fremdengesetz 1997 gelten ab 1. Jänner 2006 als nach diesem Bundesgesetz erlassen. Die Schubhaft eines Fremden, die vor dem 31. Dezember 2005 begonnen hat und ohne Unterbrechung danach fortgesetzt wird, darf insgesamt nicht länger aufrechterhalten werden, als nach diesem Bundesgesetz zulässig ist.

(3) Aufenthaltsverbote, deren Gültigkeitsdauer bei Inkrafttreten dieses Bundesgesetzes noch nicht abgelaufen sind, gelten als nach diesem Bundesgesetz erlassene Aufenthaltsverbote mit derselben Gültigkeitsdauer. Besteht gegen einen Fremden, der am 1. Jänner 2006 Asylwerber ist, ein Aufenthaltsverbot, so gilt dieses Aufenthaltsverbot als Rückkehrverbot.

(4) Aufenthaltsverbote, die beim Verwaltungsgerichtshof oder beim Verfassungsgerichtshof angefochten sind, treten mit Inkrafttreten dieses Bundesgesetzes außer Kraft, sofern der angefochtene Bescheid nicht auch in den Bestimmungen dieses Bundesgesetzes eine Grundlage fände. In diesen Fällen ist die Beschwerde als gegenstandslos zu erklären und das Verfahren ohne vorherige Anhörung des Beschwerdeführers einzustellen. Mit dem Beschluss über die Gegenstandslosigkeit der Beschwerde tritt in diesen Fällen auch der Bescheid erster Instanz außer Kraft. Solchen Aufenthaltsverboten darf für Entscheidungen, die nach Inkrafttreten dieses Bundes-

gesetzes getroffen werden sollen, keine nachteilige Wirkung zukommen.

(5) Bescheide, mit denen nach dem Fremdengesetz 1997 die Durchsetzung eines Aufenthaltsverbotes aufgeschoben wurde, behalten ihre Gültigkeit bis zum festgesetzten Zeitpunkt.

(6) Die vor In-Kraft-Treten dieses Bundesgesetzes erteilten Visa behalten ihre Gültigkeit bis zum festgesetzten Zeitpunkt.

(7) Die vor In-Kraft-Treten dieses Bundesgesetzes ausgestellten Ausweise für Träger von Privilegien und Immunitäten, Lichtbildausweise für Fremde und Lichtbildausweise für EWR-Bürger behalten ihre Gültigkeit bis zum festgesetzten Zeitpunkt.

(8) Am 1. Jänner 2006 bestehende Ermächtigungen gemäß § 110 Abs. 2 des Bundesgesetzes über die Einreise und den Aufenthalt und die Niederlassung von Fremden – FrG, BGBl. I Nr. 75/1997 gelten als nach § 4 Abs. 1 erlassene Verordnungen und sind kundzumachen.

(9) Für am 31. Dezember 2005 bei einer Sicherheitsdirektion anhängige Verfahren nach dem Fremdengesetz 1997, für die mit 1. Jänner 2006 gemäß § 9 die Zuständigkeit eines unabhängigen Verwaltungssenates begründet wird, beginnt die Frist gemäß § 73 AVG am 1. Jänner 2006 neu zu laufen.

In-Kraft-Treten

§ 126. (1) Dieses Bundesgesetz mit Ausnahme des § 9 Abs. 1 tritt mit 1. Jänner 2006 in Kraft.

(2) (Verfassungsbestimmung) § 9 Abs. 1 in der Fassung des Bundesgesetzes BGBl. I Nr. 100/2005 tritt mit 1. Jänner 2006 in Kraft.

(3) Verordnungen oder Regierungsübereinkommen auf Grund dieses Bundesgesetzes können bereits ab dem auf seine Kundmachung folgenden Tag erlassen oder abgeschlossen werden; sie dürfen jedoch frühestens mit dem In-Kraft-Treten dieses Bundesgesetzes in Kraft treten.

(4) § 2 Abs. 4 Z 2, 2a und 11 und die §§ 9 Abs. 2, 24 Abs. 2 und 3, 31, 46 Abs. 1, 56 Abs. 3, 62 Abs. 1, 65 Abs. 2 und 3, 74 Abs. 2 Z 2, 101, 102 Abs. 1 Z 12, die Überschrift zu § 112 sowie § 115 Abs. 1 in der Fassung des Bundesgesetzes BGBl. I Nr. 157/2005 treten mit 1. Jänner 2006 in Kraft.

Vollziehung

§ 127. Mit der Vollziehung der §§ 17 Abs. 1 und 2, 19 Abs. 4, 30 Abs. 3, 49 Abs. 1 und 2, sowie 108 ist die Bundesregierung, mit der Vollziehung der §§ 16 Abs. 1, 17 Abs. 3, 25 Abs. 1, 28 Abs. 2 und 30 Abs. 4 ist der Bundesminister für Inneres im Einvernehmen mit dem Bundesminister für auswärtige Angelegenheiten, mit der Vollziehung des § 23 ist der Bundesminister für Gesundheit und Frauen, mit der Vollziehung des §§ 5 Abs. 4 2. Halbsatz, 8 Abs. 1 2. Satz und 95 ist der Bundesminister für auswärtige Angelegenheiten, mit der Vollziehung der §§ 114, 115, 116, 117, 118 und 119 ist der Bundesminister für Justiz, und mit der Vollziehung der übrigen Bestimmungen der Bundesminister für Inneres betraut.

C Bundesgesetz über die Niederlassung und den Aufenthalt in Österreich (Niederlassungs- und Aufenthaltsgesetz – NAG)

- BGBl I 2005/100 (NR: GP XXII RV 952 AB 1055 S 116. BR: AB 7338 S 724.)
- BGBl I 2005/157 (NR: GP XXII IA 685/A AB 1154 S 125. Einspr d BR: 1259. BR: AB 7418 S 728. NR: S 133.)
- BGBl I 2006/31 (NR: GP XXII AB 1247 S 129. Einspr d BR: 1284 S 139. BR: 7435 S 730.)

Allgemeiner Teil der RV 952 XXII. GP

Zu Art. 4 (Niederlassungs- und Aufenthaltsgesetz):

A. Als inhaltliche Schwerpunkte dieses Entwurfes ist insbesondere auf folgende Änderungen und Neuerungen hinzuweisen:

- Die inhaltliche Trennung des Fremdengesetzes 1997 in ein Fremdenpolizeigesetz und ein Niederlassungs- und Aufenthaltsgesetz.
- Die Schaffung einer überarbeiteten und teilweise neuen Systematik des Aufenthaltsrechts durch die betroffenen Gesetzesmaterien des Fremdenpolizeigesetzes, Ausländerbeschäftigungsgesetzes und des Niederlassungs- und Aufenthaltsgesetzes.
- Die Neugestaltung der Aufenthaltstitel von Drittstaatsangehörigen und der Dokumentationen des gemeinschaftsrechtlichen Aufenthalts- und Niederlassungsrechts.
- Die Überarbeitung und qualitative und quantitative Ausweitung der Integrationsvereinbarung.
- Regelung der Familienzusammenführung.
- Die innerstaatliche Umsetzung der Richtlinie 2004/38/EG über das Recht der Unionsbürger und ihrer Familienangehörigen, sich im Hoheitsgebiet der Mitgliedstaaten frei zu bewegen und aufzuhalten, zur Änderung der Verordnung (EWG) Nr. 1612/68 und zur Aufhebung der Richtlinien 64/221/EWG, 68/360/EWG, 72/194/EWG, 73/148/EWG, 75/35/EWG, 90/364/EWG, 90/365/EWG und 93/96/EWG, ABl. Nr. L 158 vom 03.04.2004 S. 77.
- Die innerstaatliche Umsetzung der Richtlinie 2004/114/EG über die Bedingungen für die Zulassung von Drittstaatsangehörigen zur Absolvierung eines Studiums oder zur Teilnahme an einem Schüleraustausch, einer unbezahlten Ausbildungsmaßnahme oder einem Freiwilligendienst, ABl. Nr. L 375 vom 23.12.2004 S. 12; der Richtlinie 2004/81/EG über die Erteilung von Aufenthaltstiteln für Drittstaatsangehörige, die Opfer des Menschenhandels sind oder denen Beihilfe zur illegalen Einwanderung geleistet wurde und die mit den zuständigen Behörden kooperieren, ABl. Nr. L 261 vom 06.08.2004 S. 19; der Richtlinie 2003/109/EG betreffend die Rechtsstellung der langfristig aufenthaltsberechtigten Drittstaatsangehörigen, ABl. Nr. L 16 vom 23.01.2004 S. 44; der Richtlinie 2003/86/EG betreffend das Recht auf Familienzusammenführung, ABl. Nr. L 251 vom

03.10.2003 S. 12; sowie des formell noch nicht beschlossenen, politisch aber akkordierten Entwurfs für eine Richtlinie über ein besonderes Verfahren für die Zulassung von Drittstaatsangehörigen zum Zwecke der wissenschaftlichen Forschung vom 18.11.2004, Dokument Nr. 14473/04 MIGR 100 RECH 215 COMPET 177;
– Die innerstaatliche Durchführung der Verordnung (EG) Nr. 1030/2002 zur einheitlichen Gestaltung des Aufenthaltstitels für Drittstaatsangehörige, ABl. Nr. L 157 vom 15.06.2002 S. 1.

B. Auf die einzelnen Bestimmungen wird im Besonderen Teil der Erläuterungen Bezug genommen; die nachfolgenden Ausführungen dienen der Darstellung des Zusammenspiels der Normen.

Die inhaltliche Trennung des Fremdengesetzes 1997 in ein Fremdenpolizeigesetz und ein Niederlassungs- und Aufenthaltsgesetz.

Seit dem Fremdengesetz 1997 ist es zu einer grundlegenden Änderung gekommen. Die Europäische Union hat Regelungskompetenzen im Bereich der Zuwanderung von Drittstaatsangehörigen in Anspruch genommen und es wurden entsprechende Richtlinien beschlossen, die nun sukzessive in Kraft treten und in nationales Recht umgesetzt werden müssen. Das Niederlassungs- und Aufenthaltswesen bedarf daher einer grundlegenden Umarbeitung und Umstrukturierung.

Die Vollzugszuständigkeiten des Fremdenpolizeiwesens und des Niederlassungswesens sollen strukturell klar getrennt werden. Dies soll auch durch eine gesetzliche Trennung der beiden Regelungsmaterien erfolgen.

Das Fremdengesetz 1997 beruhte auf der Unterscheidung zwischen „Niederlassung" als Dauerperspektive und „Aufenthalt" als vorübergehende Perspektive. Daneben gab es ein hochkompliziertes System aus Ausnahmen von Zweckaufenthalten ohne Zuwanderungsperspektive.

Nunmehr sollen klare Angaben zum Anwendungsbereich des Gesetzes, zum Umfang der jeweiligen Berechtigungen und zur damit verbundenen Niederlassungs- bzw. Aufenthaltsperspektive gemacht werden. Insbesondere sollen auch klare Bedingungen und Möglichkeiten bei der geplanten Änderung des Aufenthaltszweckes geregelt werden.

Die Umsetzung von Richtlinien und Durchführung einer Verordnung
Recht auf Freizügigkeit:

Das elementare und persönliche Recht sich im Hoheitsgebiet der Mitgliedstaaten frei zu bewegen und auf zuhalten erwächst den Unionsbürgern unmittelbar aus dem Vertrag und hängt nicht von der Einhaltung von Verwaltungsvorschriften ab. Dieses Recht gilt jedoch vorbehaltlich der im Vertrag und in den Durchführungsvorschriften vorgesehenen Beschränkungen und Bedingungen. Dieses Recht der Unionsbürger soll auch den Familienangehörigen ungeachtet ihrer Staatsangehörigkeit gewährt werden. Die Richtlinie 2004/38/EG über das Recht der Unionsbürger und ihrer Familienangehörigen, sich im Hoheitsgebiet der Mitgliedstaaten frei zu bewegen und aufzuhalten, regelt dies zusammenfassend. Die darin näher bestimmten Rechte sowie die Einschränkungen werden im NAG umgesetzt.

Zulassung von Drittstaatsangehörigen:
Der Europäische Rat hat bereits auf seiner Tagung in Tampere am 15. und 16. Oktober 1999 die Notwendigkeit anerkannt, die nationalen Rechtsvorschriften über die Bedingungen für die Zulassung und den Aufenthalt von Drittstaatsangehörigen zu harmonisieren. Das Ergebnis dieses Prozesses, die Richtlinie 2003/86/EG betreffend das Recht der Familienzusammenführung, steht im Einklang mit den Grundrechten und berücksichtigt die Grundsätze, die insbesondere in Artikel 8 EMRK und der Charta der Grundrechte der Europäischen Union anerkannt wurden. Die Familienzusammenführung ist eine notwendige Voraussetzung dafür, dass ein Familienleben möglich ist und soll zu dessen Wahrung die materiellen Voraussetzungen nach gemeinsamen Kriterien bestimmt werden.

Die Familienzusammenführung kann grundsätzlich aus besonderen Gründen, die sich gegenständlich durch Festlegung der Erteilungsvoraussetzungen manifestieren, abgelehnt werden. Darüber hinaus sollen die Personen, die die Familienzusammenführung erreichen möchten, keine Gefahr für die öffentliche Sicherheit und Ordnung darstellen.

Familienangehörigen soll eine vom Zusammenführenden unabhängige Rechtsstellung zuerkannt werden, insbesondere wenn deren Ehe ohne eigenes Verschulden zerbricht, und ihnen damit ein eigenständiger Zugang zur Beschäftigung gewährt werden.

Die Integration von Drittstaatsangehörigen, die in den Mitgliedstaaten langfristig ansässig sind, trägt entscheidend zur Förderung des wirtschaftlichen und sozialen Zusammenhalts bei und soll durch die Umsetzung der Richtlinie 2003/109/EG betreffend die Rechtsstellung der langfristig aufenthaltsberechtigten Drittstaatsangehörigen gewährleistet werden. Wesentlich für die Erlangung der Rechtsstellung eines langfristig Aufenthaltsberechtigten soll die Dauer des Aufenthaltes im jeweiligen Mitgliedstaat sein, wobei eine gewisse Flexibilität vorgesehen werden kann, um Umstände zu berücksichtigen, die einen Fremden gerechtfertigter Weise veranlassen können, das Land zu verlassen (typischerweise etwa die Ableistung des Präsenzdienstes).

Langfristig Aufenthaltsberechtigte sollen unter den entsprechenden Bedingungen Mobilität im Binnenmarkt und verstärkten Ausweisungsschutz genießen. Letzteres soll durch die korrespondierenden Bestimmungen zur Aufenthaltsverfestigung im Fremdenpolizeigesetz erreicht werden.

Die Richtlinie 2004/114/EG über die Bedingungen für die Zulassung von Drittstaatsangehörigen zur Absolvierung eines Studiums oder zur Teilnahme an einem Schüleraustausch, einer unbezahlten Ausbildungsmaßnahme oder eines Freiwilligendienstes ist die Verwirklichung der Strategie, die darauf abzielt, dass ganz Europa im Bereich von Studium und beruflicher Bildung Maßstäbe setzt. Es soll die Bereitschaft gefördert werden, sich zu Studienzwecken in die verschiedenen Mitgliedstaaten der Gemeinschaft zu begeben.

Berücksichtigung im vorliegenden Gesetz fand auch die Richtlinie 2004/81/EG über die Erteilung von Aufenthaltstiteln für Drittstaatsangehörige, die Opfer des Menschenhandels sind oder denen Beihilfe zur illegalen Einwanderung geleistet wurde und die mit den zuständigen Behörden kooperieren in der Weise, dass explizit Aufenthaltstitel mit humanitären

Aspekt vorgesehen sind. Dies fand sich allerdings auch schon im System des Fremdengesetztes 1997.

Auch die im Stadium der formellen Annahme befindliche Richtlinie des Rates über ein besonderes Verfahren für die Zulassung von Drittstaatsangehörigen zum Zwecke der wissenschaftlichen Forschung fand bereits dahingehend Berücksichtigung, als die Institute der Zertifizierung einer Forschungseinrichtung und der Aufnahmevereinbarung ermöglicht werden sollen.

Die – unmittelbar anwendbare – Verordnung (EG) Nr. 1030/2002 über die einheitliche Gestaltung des Aufenthaltstitels für Drittstaatsangehörige richtet sich hinsichtlich ihrer praktischen Durchführung direkt an die Mitgliedstaaten, die Aufenthaltstitel nach einheitlichen Regeln nur mehr als Aufkleber oder in Scheckkartenformat ausstellen dürfen.

Die Schaffung einer überarbeiteten und teilweise neuen Systematik des Aufenthalts- und Niederlassungsrechts durch die betroffenen Gesetzesmaterien.

Das nun konzipierte System zur Begründung eines Aufenthaltsrechts findet im Fremdenpolizeigesetz, im Ausländerbeschäftigungsgesetz sowie auch im Niederlassungs- und Aufenthaltsgesetz seinen Niederschlag. Bestimmte Kategorien des Aufenthaltsrechtes werden im Fremdenpolizeigesetz abgedeckt und geregelt, wie etwa in den Fällen der kurzfristigen Ausübung einer selbständigen oder unselbständigen Tätigkeit. Dabei kann das Aufenthaltsrecht sich auch aus dem Zusammenspiel zweier Materien ergeben, etwa bei Saisoniers oder Erntehelfer. Diese werden nach Erteilung einer Sicherungsbescheinigung oder Beschäftigungsbewilligung künftig ein Aufenthalts-Reisevisum gemäß § 24 FPG erhalten. Ergänzend kann darüber hinaus ein Bleiberecht wirken, solange die Beschäftigungsbewilligung gültig ist.

Eine andere Form des Zusammenspiels findet zwischen dem Niederlassungs- und Aufenthaltsgesetz und dem Ausländerbeschäftigungsgesetz statt, wo in manchen Fällen für die Erteilung eines Aufenthaltstitels das Vorhandensein einer Berechtigung nach dem Ausländerbeschäftigungsgesetz Voraussetzung ist und in anderen Fällen lediglich eine entsprechende Mitteilung der nach dem Ausländerbeschäftigungsgesetz zuständigen Behörden vorliegen muss.

Die Neugestaltung der Aufenthaltstitel und Dokumentationen

Die Gestaltung der Aufenthaltstitel soll in der Form erfolgen, dass diese in Niederlassungsbewilligungen, der jeweiligen Kategorie des Aufenthaltszweckes wie „Niederlassungsbewilligung – Schlüsselkraft, beschränkt, unbeschränkt, ausgenommen Erwerbstätigkeit oder Angehöriger" entsprechend, weiters in spezifische Aufenthaltstitel, wie „Familienangehöriger" oder „Daueraufenthalt-Familienangehöriger" und schließlich in Aufenthaltsbewilligungen für Rotationsarbeitskräfte, Betriebsentsandte, Schüler oder Studenten etc. geteilt sind.

Daneben werden für Unionsbürger und deren Angehörige deklaratorische Dokumentationsformen ihres kraft Gemeinschaftsrecht originär bestehenden Aufenthalts- und Niederlassungsrechts durch Anmeldebescheinigungen und Daueraufenthaltskarten geschaffen.

Überarbeitung und qualitative und quantitative Ausweitung der Integrationsvereinbarung.

Über die Orientierung der Rechte- und Pflichten am Normadressaten – dem Fremden – kann nicht hinausgegangen werden. Es sollte aber erwähnt werden, dass die Steuerung und Gewährleistung des Integrationsprozesses in seiner Gesamtheit Zuständigkeiten berührt, die weit über den fremdenrechtlichen Regelungen hinausgehen.

Der Bereitschaft zur Integration, im Besonderen durch den Erwerb der deutschen Sprache, wird im fremdenrechtlichen Kontext besondere Bedeutung zugemessen. Auch wenn die Integration sehr viele Facetten aufweist, so scheint die Konzentration auf den Spracherwerb deshalb so vordringlich, weil dies einerseits die unverzichtbare Schlüsselqualifikation für weitergehende Integrationsschritte darstellt und andererseits stark von der individuellen Bereitschaft des Fremden abhängt, sich mit seinem neuen Lebensumfeld offen und kommunikativ auseinanderzusetzen.

Demnach wird vorgeschlagen die Integrationsvereinbarung in qualitativer Hinsicht dahingehend auszuweiten, dass nicht nur die Fähigkeit des Lesens und Schreibens, die Kenntnis der deutschen Sprache, sondern auch die Befähigung, am gesellschaftlichen, kulturellen und wirtschaftlichen Leben teilzunehmen, vermittelt wird (Module 1 und 2).

Korrespondierend dazu sollen entsprechende Verwaltungsstraftatbestände und einschränkende Regelungen bei Zweckänderungen Maßnahmen dafür sein, die Integrationsvereinbarung, so weit noch vertretbar, effektiv auszugestalten.

Regelung der Familienzusammenführung

Die Regeln über die Familienzusammenführung von Drittstaatsangehörigen bedürfen, insbesondere auf Grund des Erfordernisses der innerstaatlichen Umsetzung der Familienzusammenführungs-Richtlinie einer umfassenden Adaptierung.

Bezüglich der Familienzusammenführung zu Österreichern, EWR- und Schweizer Bürgern, denen das Recht auf Freizügigkeit nicht zukommt, besteht kein richtlinienbezogener Umsetzungsbedarf. Allerdings werden wegen der besonderen praktischen Relevanz Sonderregelungen geschaffen, die sich an den vorhandenen Ansätzen orientieren. Dabei wird ein ausgewogener Ansatz verfolgt und eine Rechtsstellung eingeräumt die zwischen der für Freizügigkeitsberechtigte geltenden Richtlinie 2004/38/EG und jener für Nachzugsberechtigte gemäß der Familienzusammenführungs-Richtlinie liegt.

1. TEIL: ALLGEMEINER TEIL

1. Hauptstück: Geltungsbereich und Begriffsbestimmungen

Geltungsbereich

§ 1. (1) Dieses Bundesgesetz regelt die Erteilung, Versagung und Entziehung von Aufenthaltstiteln von Fremden, die sich länger als sechs Monate im Bundesgebiet aufhalten oder aufhalten wollen, sowie die Dokumentation von bestehenden Aufenthalts- und Niederlassungsrechten.
(2) Dieses Bundesgesetz gilt nicht für Fremde, die
1. nach dem Asylgesetz 2005 (AsylG 2005), BGBl. I Nr. 100, und nach vorigen asylgesetzlichen Bestimmungen zum Aufenthalt berechtigt sind, soweit dieses Bundesgesetz nicht anderes bestimmt;
2. nach § 95 des Fremdenpolizeigesetzes 2005 (FPG), BGBl. I Nr. 100, über einen Lichtbildausweis für Träger von Privilegien und Immunitäten verfügen oder
3. nach § 24 FPG zur Ausübung einer bloß vorübergehenden Erwerbstätigkeit berechtigt sind.

Übersicht:
1. Hinweise auf europarechtliche Normen
2. Hinweise auf innerstaatliche Normen
3. Materialien
4.-5. Anmerkungen

1. Siehe Art 12, 18 und 39 ff EG; EWR-Abkommen, BGBl 1993/909 idF 1994/566; weiters IV.A.5. AufenthaltstitelVO, IV.B.5. FamZusRL, IV.B.6. LangfrRL, IV.B.8. UnionsbürgerRL, IV.B.9. OpferschutzRL, IV.B.12. StudentenRL und IV.B.13. ForscherRL sowie die VO (EWG) 1612/68 über die Freizügigkeit der Arbeitnehmer innerhalb der Gemeinschaft, ABl 1968 L 257 S 2.

2. Siehe II.A. AsylG 2005, II.B. FPG und III.L. AuslBG, insb § 2 Abs 4 Z 16 und 17 und § 24 FPG sowie §§ 1 und 5 AuslBG.

3. RV 952 XXII. GP

Abs. 1 definiert den Geltungsbereich des Gesetzes. Von der Erteilung, Versagung bzw. Entziehung von rechtsbegründenden (konstitutiven) Aufenthaltstiteln für Fremde, die sich länger als sechs Monate im Bundesgebiet aufhalten oder aufhalten wollen, ist die deklaratorische Dokumentation bereits bestehender gemeinschaftsrechtlicher Aufenthalts- und Niederlassungsrechte (sog. Freizügigkeitssachverhalte) zu unterscheiden. Somit fallen alle konstitutiven Berechtigungen für einen Aufenthalt unter sechs

§ 1

Monaten aus dem Geltungsbereich dieses Gesetzes heraus. Regelungen über das Einreiserecht (einschließlich Sichtvermerkspflicht) und das Aufenthaltsrecht bis sechs Monate finden sich im Fremdenpolizeigesetz. In Abs. 2 findet sich eine taxative Aufzählung, auf welche Fremden dieses Bundesgesetz nicht anzuwenden ist. Nicht anzuwenden ist dieses Bundesgesetz auf Personen,

- die nach dem Asylgesetz 2005 und bereits auf Grund der Bestimmungen der Asylgesetze von 1968, BGBl. Nr. 126/1968, von 1991, BGBl Nr. 8/1992, und von 1997, BGBl. I Nr. 76/1997, zum Aufenthalt berechtigt sind; das sind insbesondere Asylwerber, deren Antrag auf internationalen Schutz zugelassen ist bis zur Erlassung einer durchsetzbaren Entscheidung und Fremde, denen der Status eines Asylberechtigten oder eines subsidiär Schutzberechtigten zuerkannt worden ist;
- die nach § 95 Fremdenpolizeigesetz über eine Lichtbildausweis für Träger von Privilegien und Immunitäten verfügen. Das sind Angehörige jener Personengruppen, die in Österreich auf Grund eines völkerrechtlichen Vertrages oder auf Grund des Bundesgesetzes über die Einräumung von Privilegien und Immunitäten an internationale Organisationen, Privilegien und Immunitäten genießen, und
- die nach § 24 FPG zur Ausübung einer bloß vorübergehenden befristeten Erwerbstätigkeit berechtigt sind. Hier handelt es sich um Sonderfälle der Erteilung von Visa zu Erwerbszwecken, für die das Visum D+C („Aufenthalts-Reisevisum") mit sechsmonatiger Gültigkeit geöffnet wurde. Die Aufnahme einer bloß vorübergehenden selbständigen Erwerbstätigkeit, einer bloß vorübergehenden unselbständigen Tätigkeit und einer Tätigkeit, zu deren Ausübung eine Beschäftigungsbewilligung nach § 5 AuslBG Voraussetzung ist. Bloß vorübergehend ist eine Tätigkeit, wenn sie innerhalb von zwölf Monaten nicht länger als sechs Monate ausgeübt werden darf.

4. Anm: Nach den EB der RV (oben 3.) fallen alle konstitutiven Berechtigungen für einen Aufenthalt unter sechs Monaten nicht in den Geltungsbereich des NAG. Wird ein Aufenthalt von mehr als sechs Monate beabsichtigt, dann fällt dieser – auch für den Zeitraum der ersten sechs Monate – in den Geltungsbereich des NAG.

5. Anm: Das Regelungsregime im Bezug auf die Ausübung einer bloß vorübergehenden unselbständigen Erwerbstätigkeit nach § 24 FPG iVm § 5 AuslBG (Stichwort: Saisonniers und Erntehelfer) wurde durch die FPG- und AuslBG-Novelle BGBl I 2005/157 noch vor dem In-Kraft-Treten der ursprünglichen Bestimmungen neu gestaltet und gleichzeitig mit der Stammfassung mit 1. Jänner 2006 in Kraft gesetzt. Demnach müssen Drittstaatsangehörige, die zur sichtvermerksfreien Einreise in das Bundesgebiet berechtigt sind, für die Ausübung einer bloß vorübergehenden Erwerbstätigkeit innerhalb eines Kontingents nach § 5 AuslBG kein Aufenthalts-Reisevisum (Visum D+C) mehr beantragen. Der Arbeitgeber hat jedoch mit Zustimmung seines künftigen Arbeitnehmers eine fremdenpolizeiliche Unbedenklichkeitsbescheinigung zu beantragen, die bei Vorliegen keiner Einwände nach § 31 Abs 3 Voraussetzung für die Erteilung der

Beschäftigungsbewilligung durch das AMS ist (siehe § 31 Abs 2 FPG). Der rechtmäßige Aufenthalt gründet sich in diesem Fall auf § 31 Abs 1 Z 6 FPG. Gemäß § 5 Abs 3 AuslBG kann eine Beschäftigungsbewilligung für gemäß § 5 Abs 1 Z 1 befristet beschäftigte Ausländer um höchstens sechs Monate verlängert werden. Damit wird zwar eine Aufenthaltsdauer von mehr als sechs Monaten erreicht, die nach § 1 Abs 1 in den Geltungsbereich des NAG fallen würde, doch kann in Zusammenschau mit den relevanten Bestimmungen (§ 5 AuslBG, § 24 Abs 2 FPG und die Legaldefinition des § 2 Abs 1 Z 8) abgeleitet werden, dass dafür die Erteilung eines Aufenthaltstitels nach § 8 (insb Aufenthaltsbewilligung oder Niederlassungsbewilligung) nicht erforderlich ist, weil auch die verlängerte Beschäftigungsbewilligung selbst nur für maximal sechs Monate gültig ist und es sich im Hinblick auf die begrenzte Gültigkeitsdauer der Beschäftigungsbewilligung weiterhin um eine bloß vorübergehende unselbständige Erwerbstätigkeit iSd § 2 Abs 1 Z 8 1. Fall handelt.

Anders gestaltet sich die rechtliche Situation hingegen im Zusammenhang mit Drittstaatsangehörigen, die eine vom AuslBG ausgenommene unselbständige Tätigkeit (siehe § 1 Abs 2 bis 4 AuslBG) länger als sechs Monate ausüben wollen. Dafür ist die Erteilung einer Aufenthaltsbewilligung für Sonderfälle unselbständiger Erwerbstätigkeit nach § 62 erforderlich, die als „Anschluss-Stück" für die Regelung nach § 24 Abs 1 FPG zu sehen ist. Dauert die vom AuslBG ausgenommene Tätigkeit innerhalb von zwölf Monaten jedoch nicht länger als sechs Monate, bedarf es hiefür eines Visums D+C nach § 24 Abs 1 FPG.

Begriffsbestimmungen

§ 2. (1) Im Sinne dieses Bundesgesetzes ist
1. **Fremder: wer die österreichische Staatsbürgerschaft nicht besitzt;**
2. **Reisedokument: ein Reisepass, Passersatz oder ein sonstiges durch Bundesgesetz, Verordnung oder auf Grund zwischenstaatlicher Vereinbarungen für Reisen anerkanntes Dokument; ausländische Reisedokumente genießen den strafrechtlichen Schutz inländischer öffentlicher Urkunden nach §§ 224, 224a, 227 Abs. 1 und 231 des Strafgesetzbuches (StGB), BGBl. Nr. 60/1974;**
3. **ein Reisedokument gültig: wenn es von einem hiezu berechtigten Völkerrechtssubjekt ausgestellt wurde, die Identität des Inhabers zweifelsfrei wiedergibt, zeitlich gültig ist und sein Geltungsbereich die Republik Österreich umfasst; außer bei Konventionsreisepässen und Reisedokumenten, die für Staatenlose oder für Personen mit ungeklärter Staatsangehörigkeit ausgestellt werden, muss auch die Staatsangehörigkeit des Inhabers zweifelsfrei wiedergegeben werden; die Anbringung von Zusatzblättern im Reisedokument muss bescheinigt sein;**

4. EWR-Bürger: ein Fremder, der Staatsangehöriger einer Vertragspartei des Abkommens über den Europäischen Wirtschaftsraum (EWR-Abkommen) ist;
5. Mitgliedstaat: jeder Staat, der Vertragspartei des Vertrages über die Europäische Union in der Fassung BGBl. III Nr. 85/1999, geändert durch BGBl. III Nr. 4/2003 und BGBl. III Nr. 54/2004, ist;
6. Drittstaatsangehöriger: ein Fremder, der nicht EWR-Bürger ist;
7. eine bloß vorübergehende selbständige Erwerbstätigkeit: eine solche, die innerhalb von zwölf Monaten nicht länger als sechs Monate ausgeübt wird, wenn ein Wohnsitz im Drittstaat aufrecht erhalten wird, der weiterhin den Mittelpunkt der Lebensinteressen bildet, und es sich um keinen Fall der Pflichtversicherung des § 2 im Sinne des Gewerblichen Sozialversicherungsgesetzes (GSVG), BGBl. Nr. 560/1978, handelt;
8. eine bloß vorübergehende unselbständige Erwerbstätigkeit: eine solche, bei der eine Berechtigung oder sonstige Bestätigung nach dem Ausländerbeschäftigungsgesetz (AuslBG), BGBl. Nr. 218/1975, mit einer sechs Monate nicht übersteigenden Gültigkeit vorhanden ist oder innerhalb von zwölf Monaten nicht länger als sechs Monate eine unselbständige Erwerbstätigkeit auf Grund einer Ausnahme nach § 1 Abs. 2 bis 4 AuslBG ausgeübt wird;
9. Familienangehöriger: wer Ehegatte oder unverheiratetes minderjähriges Kind, einschließlich Adoptiv- oder Stiefkind, ist (Kernfamilie), wobei die Ehegatten, ausgenommen Ehegatten von Österreichern, EWR-Bürgern und Schweizer Bürgern, das 18. Lebensjahr bereits vollendet haben müssen; lebt im Fall einer Mehrfachehe bereits ein Ehegatte gemeinsam mit dem Zusammenführenden im Bundesgebiet, so sind die weiteren Ehegatten keine anspruchsberechtigten Familienangehörigen zur Erlangung eines Aufenthaltstitels;
10. Zusammenführender: ein Drittstaatsangehöriger, der sich rechtmäßig im Bundesgebiet aufhält oder von dem ein Recht im Sinne dieses Bundesgesetzes abgeleitet wird;
11. Verlängerungsantrag: der Antrag auf Verlängerung des gleichen oder Erteilung eines anderen Aufenthaltstitels (§ 24);
12. Zweckänderungsantrag: der Antrag auf Erteilung eines Aufenthaltstitels mit anderem Zweckumfang während der Geltung eines Aufenthaltstitels (§ 26);
13. Erstantrag: der Antrag, der nicht Verlängerungs- oder Zweckänderungsantrag (Z 11 und 12) ist;
14. Recht auf Freizügigkeit: das gemeinschaftsrechtliche Recht eines EWR-Bürgers, sich in Österreich niederzulassen;
15. Haftungserklärung: die von einem österreichischen Notar oder einem inländischen Gericht beglaubigte Erklärung Dritter mit mindestens fünfjähriger Gültigkeitsdauer, dass sie für die Erfordernisse einer alle Risken abdeckenden Krankenversicherung, einer Unterkunft und entsprechender Unterhaltsmittel

aufkommen und für den Ersatz jener Kosten haften, die einer Gebietskörperschaft bei der Durchsetzung eines Aufenthaltsverbotes, einer Ausweisung, einer Zurückschiebung oder der Vollziehung der Schubhaft, einschließlich der Aufwendungen für den Ersatz gelinderer Mittel, sowie aus dem Titel der Sozialhilfe oder eines Bundes- oder Landesgesetzes, das die Grundversorgungsvereinbarung nach Art. 15a B-VG, BGBl. I Nr. 80/2004, umsetzt, entstehen, und die Leistungsfähigkeit des Dritten zum Tragen der Kosten nachgewiesen wird, und

16. Berufsvertretungsbehörde: eine mit konsularischen Aufgaben und der berufsmäßigen Vertretung Österreichs im Ausland betraute Behörde.

(2) Niederlassung ist der tatsächliche oder zukünftig beabsichtigte Aufenthalt im Bundesgebiet zum Zweck

1. der Begründung eines Wohnsitzes, der länger als sechs Monate im Jahr tatsächlich besteht;
2. der Begründung eines Mittelpunktes der Lebensinteressen oder
3. der Aufnahme einer nicht bloß vorübergehenden Erwerbstätigkeit.

(3) Der rechtmäßige Aufenthalt eines Fremden auf Grund einer Aufenthaltsbewilligung (§ 8 Abs. 1 Z 5) gilt nicht als Niederlassung im Sinne des Abs. 2.

(4) Im Sinne dieses Bundesgesetzes ist

1. die Minderjährigkeit nach den Bestimmungen des Allgemeinen Bürgerlichen Gesetzbuches (ABGB), JGS Nr. 946/1811;
2. die Annahme an Kindesstatt, in deren Folge eine Aufenthaltsberechtigung nach diesem Bundesgesetz erteilt werden soll, ausschließlich nach den Bestimmungen des österreichischen Rechts und
3. ein Unterhaltsanspruch zum Nachweis der Unterhaltsmittel nicht nur nach dessen Rechtgrundlage, sondern auch nach der tatsächlichen Höhe und der tatsächlichen Leistung

zu beurteilen.

(5) Im Sinne dieses Bundesgesetzes sind erkennungsdienstliche Daten: Lichtbilder, Papillarlinienabdrücke der Finger, äußerliche körperliche Merkmale und die Unterschrift.

Übersicht:

1.	Hinweise auf europarechtliche Normen
2.-4.	Hinweise auf innerstaatliche Normen
5.-7.	Materialien
8.-15.	Anmerkungen

1. Zu Abs 1 Z 4: siehe EWR-Abkommen (oben 1. zu § 1); zu Abs 1 Z 9: siehe Art 4 Abs 1 FamZusRL, IV.B.5., und Freizügigkeitsabkommen EG-Schweiz, IV.C.5.; Zu Abs 1 Z 14: siehe unten 11.

2. Vgl den bisherigen § 1 FrG; auch § 2 AsylG 2005 und § 2 FPG.

3. Textauszug StGB
Siehe 3. zu § 2 FPG, II.B.

4. § 2 GSVG
Siehe 4. zu § 2 FPG, II.B.

5. RV 952 XXII. GP
Abs. 1 enthält Legaldefinitionen.

Z 1 entspricht § 1 Abs. 1 des Fremdengesetzes 1997 (FrG) und definiert, wer Fremder ist und somit überhaupt in den Anwendungsbereich dieses Bundesgesetzes fallen kann.

Z 2 entspricht im Wesentlichen § 1 Abs. 4 FrG; die Norm wird lediglich um die Straftatbestände des § 224a (Annahme, Weitergabe oder Besitz falscher oder verfälschter besonders geschützter Urkunden) und § 231 StGB (Gebrauch fremder Ausweise) ergänzt.

Z 3 entspricht § 1 Abs. 5 FrG. Ein Reisedokument hat Gültigkeit, wenn es von dem hiezu autorisierten Völkerrechtssubjekt ausgestellt wurde (im Regelfall der Herkunftsstaat), die Identität des Inhabers zweifelsfrei wiedergegeben wird, das Ablaufdatum des Dokumentes nicht überschritten wurde und die Republik Österreich vom Geltungsbereich des Dokuments nicht ausgeschlossen ist.

Z 4 entspricht § 1 Abs. 9 FrG und definiert, welcher Fremde EWR-Bürger ist und somit – das ergibt sich einerseits aus den EU-rechtlichen Vorgaben und andererseits aus dem Entwurf – im Hinblick auf die Niederlassungsfreiheit besonders privilegiert sein kann. Da der Begriff „EWR-Bürger" auf Fremde eingeschränkt ist, werden Österreicher, die auch EWR-Bürger sind, von dem in diesem Gesetz verwendeten Begriff jedoch nicht umfasst.

Z 5 definiert als „Mitgliedstaat" die – derzeit 25 – Mitgliedstaaten der Europäischen Union.

Z 6 entspricht der Definition des § 1 Abs. 10 FrG.

Z 7 definiert eine bloß vorübergehende selbständige Erwerbstätigkeit als solche, die binnen zwölf Monaten, beginnend ab erstmaliger Ausübung der besagten Erwerbstätigkeit – unabhängig vom Kalenderjahr – nicht länger als sechs Monate ausgeübt wird. Die sechsmonatige Erwerbstätigkeit muss nicht ununterbrochen ausgeübt werden. Weiters muss der Betroffene einen Wohnsitz im Ausland aufrechterhalten, der weiterhin Mittelpunkt seiner Lebensinteressen bildet, und darüber hinaus darf keine Versicherungspflicht im Sinne des § 2 des Gewerblichen Sozialversicherungsgesetzes (GSVG) entstehen. Durch diese strukturelle Voraussetzung sollen einerseits nicht als solche deklarierte Zuwanderungssachverhalte hintan gehalten werden und andererseits sollen transparente Rahmenbedingungen für jene internationale Dienstleistungserbringer (z.B. unter MODE 4 des GATS) geschaffen werden, die keinen nachhaltigen Zugang zum Bundesgebiet anstreben.

Z 8 definiert eine bloß vorübergehende unselbständige Erwerbstätigkeit als solche, bei der eine Berechtigung oder sonstige Bestätigung nach dem Ausländerbeschäftigungsgesetz vorhanden ist, mit der ein Aufenthaltsrecht verbunden ist oder die unselbständige Erwerbstätigkeit binnen zwölf Monaten, beginnend ab erstmaliger Ausübung der besagten Erwerbstätigkeit, unabhängig vom Kalenderjahr nicht länger als sechs Monate ausgeübt wird. Die sechsmonatige Erwerbstätigkeit muss nicht ununterbrochen ausgeübt werden und auf Grund einer Ausnahme nach § 1 Abs. 2 bis 4 und § 2 Abs. 2 lit. b AuslBG nicht unter das Regime des Ausländerbeschäftigungsgesetzes fallen.

Z 9: Die Definition des Kreises der Familienangehörigen – der sog. „Kernfamilie" – ergeht in Umsetzung des Art. 4 der Richtlinie 2003/86/EG betreffend das Recht auf Familienzusammenführung, ABl. Nr. L 251 vom 03.10.2003 S. 12, und umfasst den Ehegatten und das minderjährige unverheiratete Kind des Zusammenführenden (Z 10) und seines Ehegatten. Die Normierung des Mindestalters für Ehegatten von 18 Jahren basiert auf Art. 4 Abs. 5 der Richtlinie 2003/86/EG. Damit soll eine präventive Sicherungsmaßnahme gegen die Eingehung von sog. „Zwangsehen" unter Jugendlichen eingeführt werden. Mit Vollendung des 18. Lebensjahres wird gemäß § 1 Abs. 1 des Ehegesetzes die Ehemündigkeit erreicht. Der Kernfamilie muss die Einreise und der Aufenthalt gemäß der Richtlinie 2003/86/EG gestattet werden. Weiteren Angehörigen des Zusammenführenden (Art 4 Abs. 2 und 3) kann die Einreise bzw. der Aufenthalt gestattet werden (§ 51 Abs. 2). Es handelt sich hierbei um unterhaltsberechtigte Verwandte in gerader aufsteigender Linie ersten Grades des Zusammenführenden oder seines Ehegatten, das nicht selbsterhaltsfähige volljährige unverheiratete Kind des Zusammenführenden oder seines Ehegatten, den nichtehelichen Lebenspartner und sonstige Angehörige.

Z 10 definiert die Person des „Zusammenführenden" in Umsetzung des Art. 2 lit. c der Richtlinie 2003/86/EG. Der Zusammenführende muss sich rechtmäßig im Bundesgebiet aufhalten und im Besitz eines von einem Mitgliedstaat ausgestellten Aufenthaltstitels mit mindestens einjähriger Gültigkeit sein; nach diesem Bundesgesetz ist dies eine Niederlassungsbewilligung (§ 8 Abs. 1 Z 1).

Z 11 und 12 definieren die Begriffe des Verlängerungsantrages und des Zweckänderungsantrages. Diese sind vereinheitlichte Termini, die den Antragsarten der §§ 24 und 26 dieses Bundesgesetzes entsprechen.

Z 13: Diese Begriffsbestimmung dient lediglich der Klarstellung, dass jeder Antrag im Hinblick auf die Erteilung eines bestimmten Aufenthaltstitels, der nicht als Verlängerungs- oder Zweckänderungsantrag zu qualifizieren ist, ein Erstantrag ist. Die Definitionen der Z 11 bis 13 sind wesentlich, weil unterschiedliche Verfahrensnormen an die Qualität des Antrags geknüpft sind. Darüber hinaus werden für die Beantragung eines Aufenthaltstitels abschließend drei Verfahrensarten definiert.

Z 14 bildet das gemeinschaftsrechtlich garantierte Recht auf Freizügigkeit von Unionsbürgern bzw. EWR-Bürgern durch einen Verweis auf den gemeinschaftsrechtlichen Besitzstand ab. Wesentlich sind hier vor allem die Art. 18 und 43 des EG-Vertrages. Die Aufnahme dieses Begriffs in diesem Bundesgesetz ist durch die Umsetzung der Richtlinie 2004/38/EG über das Recht der Unionsbürger und ihrer Familienangehörigen, sich im Hoheitsgebiet der Mitgliedstaaten frei zu bewegen und aufhalten zu können, ABl. L 158 vom 30.4.2004 S. 77, bedingt. Zu verweisen ist auch auf unmittelbar anwendbares Gemeinschaftsrecht, insbesondere die Verordnung (EWG) Nr. 1612/68 über die Freizügigkeit der Arbeitnehmer innerhalb der Gemeinschaft, ABl. Nr. L 257 vom 19.10.1968 S. 2, zuletzt geändert durch Verordnung (EWG) Nr. 2434/92, ABl. Nr. L 245 vom 26.8.1992 S. 1.

Z 15 definiert die für mindestens fünf Jahre gültige Haftungserklärung. Diese löst die bisherige Verpflichtungserklärung ab, die im Bereich der Vollziehung des Fremdengesetzes 1997 praktisch relevant ist. Es handelt sich um eine von einem österreichischen Notar oder einem inländischen Gericht beglaubigte Erklärung von einem Dritten – nicht vom Fremden selbst –, dass dieser Dritte für alle Kosten, die den Gebietskörperschaften der Republik Österreich (Bund, Länder und Gemeinden) durch den Fremden entstehen aufkommt und dafür haftet. Darunter fällt – wenn eine alle Risiken abdeckende Krankenversicherung nicht vorhanden ist – die Kosten einer notwendigen Krankenversorgung, einer Unterkunft und entsprechende Unterhaltsmittel. Weiters umfasst ist der Ersatz jener Kosten, die einer Gebietskörperschaft bei der Durchsetzung eines Aufenthaltsverbotes, einer Ausweisung, einer Zurückschiebung oder der Vollziehung der Schubhaft, einschließlich der Aufwendungen für den Ersatz gelinderer Mittel, sowie aus dem Titel der Sozialhilfe oder eines Bundes- oder Landesgesetzes, das die Grundversorgungsvereinbarung nach Art. 15a B-VG umsetzt, entstehen. In der beglaubigten Haftungserklärung haben die entsprechenden Erfordernisse der Haftungserklärung nach Z 15 und die nachweisliche Zurkenntnisnahme des Inhalts durch den Dritten (durch Unterschrift) ausdrücklich hervor zu gehen. Die Dauer und der normierte Inhalt sowie deren Form zielen darauf ab, dass dem Dritten das Haftungsrisiko bewusst wird und Haftungserklärungen weder leichtfertig, noch aus Gefälligkeit abgegeben werden. Die Prüfung der Leistungsfähigkeit gewährleistet die Tragfähigkeit der Erklärung.

Z 16: Berufsvertretungsbehörden sind solche Behörden, die mit konsularischen Aufgaben und der berufsmäßigen diplomatischen oder konsularischen Vertretung Österreichs im Ausland betraut sind. Honorarkonsularische Vertretungen Österreichs im Ausland fallen jedenfalls nicht darunter.

Abs. 2 regelt, was als „Niederlassung" im Sinne dieses Bundesgesetzes gilt. Die Niederlassung ist eine qualifizierte Form des rechtmäßigen Aufenthalts und stellt auf den tatsächlichen oder zukünftig beabsichtigten Aufenthalt im Bundesgebiet zu einem bestimmten, näher definierten Zweck ab. Die drei taxativ aufgezählten und alternativ zu erfüllenden Zwecke zielen auf die Begründung eines länger als sechs Monate dauernden Wohnsitzes (Z 1), die Begründung eines Mittelpunktes der Lebensinteressen (Z 2) oder die Aufnahme einer nicht bloß vorübergehenden Erwerbstätigkeit ab (Z 3). Wesentlich bei diesen Zwecken ist die Dauerperspektive des Aufenthalts des Betreffenden, der – gesetzlich vorausgesetzt – jedenfalls zumindest sechs Monate betragen muss. Davon zu unterscheiden sind bloß vorübergehende Aufenthalte von Fremden bis zu sechs Monaten, die nach § 1 Abs. 1 1. Alternative aus dem Geltungsbereich dieses Gesetzes fallen. Hingegen sind in den Fällen des gemeinschaftsrechtlichen Aufenthalts- und Niederlassungsrechts Fremde, die sich länger als drei Monate im Bundesgebiet dokumentiert aufhalten (§ 9), zur Niederlassung berechtigt (vgl. §§ 51, 52 und 54). Die rechtmäßige Ausübung einer bloß vorübergehenden Erwerbstätigkeit bis zu sechs Monate (§ 2 Abs. 1

Z 7 und 8) ist ebenfalls nicht vom Geltungsbereich des NAG erfasst und gilt jedenfalls nicht als Niederlassung (§ 1 Abs. 2 Z 3). Für die behördliche Beurteilung wird zwar der Meldung iSd Meldegesetzes eine zentrale Bedeutung zukommen, jedoch wird diese Indizwirkung im Einzelfall durch andere Mittel präzisiert, relativiert oder auch widerlegt werden können.

Da auch eine Aufenthaltsbewilligung (§ 8 Abs. 1 Z 5) für eine Gültigkeitsdauer von bis zu zwölf Monaten erteilt werden kann (vorübergehender befristeter Aufenthalt zu einem bestimmten Zweck), im Regelfall aber beim Inhaber dieser Bewilligung keine Absicht auf dauernden Aufenthalt in Österreich im Sinne einer Niederlassung vorhanden sein wird, stellt Abs. 3 klar, dass der rechtmäßige Aufenthalt auf Grund einer Aufenthaltsbewilligung nicht als Niederlassung im Sinne des Abs. 1 gilt. Davon unberührt bleibt jedoch das Recht, nach Maßgabe dieses Bundesgesetzes anschließend eine Niederlassungsbewilligung zur erlangen, sofern die Voraussetzungen für eine Niederlassung (nachträglich) erfüllt werden (s. § 8 Abs. 5).

Abs. 4 normiert, dass sich die Minderjährigkeit (Z 1) nach den Bestimmungen des Allgemeinen Bürgerlichen Gesetzbuch (ABGB) bestimmt. Nach dessen § 21 Abs. 2 sind alle Personen, die das 18. Lebensjahr noch nicht vollendet haben, minderjährig.

Innerhalb des Anwendungsbereichs dieses Bundesgesetzes ist die Adoption eines Kindes (Annahme an Kindesstatt), – insbesondere im Hinblick auf die damit zusammenhängende Frage nach der Erteilung eines Aufenthaltstitels – ausschließlich nach den Bestimmungen des österreichischen Rechts zu beurteilen (Z 2). Hier kommen vor allem die Bestimmungen der §§ 179 ff. ABGB und des IPRG zur Anwendung.

Ein Unterhaltsanspruch eines unterhaltsberechtigten Fremden ist nicht nur hinsichtlich seines rechtlichen Bestehens, sondern auch hinsichtlich seines tatsächlichen Umfangs zu beurteilen (Z 3). Als von der Behörde zu berücksichtigende Beurteilungsmaßstäbe gelten dabei die tatsächliche Höhe des Unterhaltsanspruchs sowie die tatsächliche Leistung durch den jeweiligen Unterhaltsverpflichteten. Dadurch soll dem in der Praxis festgestellten Trend begegnet werden, dass unrealistische – aber trotzdem kaum widerlegbare – Behauptungen oder das schlichte Vorliegen eines Anspruchs zur Erlangung eines Aufenthaltsrechts führen können.

6. AB 1055 XXII. GP

In Abs. 5 erfolgt eine Legaldefinition der erkennungsdienstlichen Daten entsprechend § 2 Abs. 5 Z 4 FPG.

7. AB 1154 XXII. GP zu § 2 Abs. 1 Z 11

Siehe 2. zu § 24.

8. Anm: Zu Abs 1 Z 4: Vom Begriff der „EWR-Bürger" sind die Staatsangehörigen der anderen 24 Mitgliedstaaten der EU sowie die Staatsangehörigen von drei der vier EFTA-Staaten, namentlich Norwegen, Island und Liechtenstein, erfasst. Keine EWR-Bürger sind Schweizer Bürger, deren rechtliche Stellung jedoch an die Stellung der EWR-Bürger nach den Bestimmungen des NAG (§§ 47 und 57) angeglichen ist (siehe Freizügigkeitsabkommen EG-Schweiz, IV.C.5.).

9. Anm: Zu Abs 1 Z 6: „Drittstaatsangehöriger" nach gemeinschaftsrechtlicher Definition ist jede Person, die kein Unionsbürger im Sinne des Art 17 Abs 1 EG ist (siehe zB Art 1 Abs 2 lit b AufenthaltstitelVO, IV.A.5.). Nach dieser Definition sind auch Staatsangehörige von EFTA-Staaten Drittstaatsangehörige. Im Einklang mit den Bestimmungen des EWR-Abkommens über die Freizügigkeit und das Niederlassungsrecht (Art 28 ff) stellt das Regelungsregime des NAG jedoch Norweger, Isländer und Liechtensteiner mit EU-Bürgern gleich, soweit im NAG nicht ausdrücklich nur auf EU-Mitgliedstaaten Bezug genommen wird (zB §§ 49 f).

10. Anm: Zu Abs 1 Z 7 u 8: Siehe dazu auch § 2 Abs 4 Z 16 u 17 FPG sowie 5. zu § 1.
Zu Abs 1 Z 11: siehe 2. und 3. zu § 24.

11. Anm: Zu Abs 1 Z 14: Die hier verwendete Legaldefinition des „Rechts auf Freizügigkeit"– insbesondere betreffend die Worte „Freizügigkeit" und „niederzulassen" (siehe auch § 2 Abs 4 Z 15 FPG) – entspricht nicht vollkommen der vom primären und sekundären Gemeinschaftsrecht verwendeten Terminologie im Zusammenhang mit dem freien Personenverkehr innerhalb der Union und den dahinter stehenden differenzierten Begriffskonzepten.

Nach Art 18 EG (idF des Vertrages von Nizza) hat jeder Unionsbürger das grundsätzliche Recht, sich im Hoheitsgebiet der Mitgliedstaaten vorbehaltlich vorgesehener Beschränkungen und Bedingungen 1. frei zu bewegen und 2. aufzuhalten, und zwar unabhängig von einer wirtschaftlichen Tätigkeit (auch „allgemeines Bewegungs- und Aufenthaltsrecht", *Kolonovits* in *Mayer* [Hrsg], EU- und EG-Vertrag [2003 ff] Art 18 Rz 1). Diesem „Recht auf Freizügigkeit und Aufenthalt" (vgl Erwägungsgrund 3 zur UnionsbürgerRL sowie Art 45 Grundrechte-Charta) wohnt notwendigerweise auch das Recht auf freie Aus- und Einreise innerhalb der EU inne (*Kolonovits* in *Mayer* Art 18 Rz 13).

Dieses Recht auf Freizügigkeit und Aufenthalt knüpft lediglich an die Unionsbürgerschaft und damit an die Staatsangehörigkeit eines der EU-Mitgliedstaaten an (Art 17 EG) und ist nach der jüngeren Rspr des EuGH – wie die vier Grundfreiheiten – unmittelbar anwendbar (EuGH Rs C-413/99, Slg 2002, I-07091 und EuGH [Große Kammer] 07.09.2004, Rs C-456/02; mwN *Kolonovits* in *Mayer* Art 18 Rz 5 ff). Die nach Art 39, 43 und 49 EG garantierten Rechte gehen jedoch im konkreten Einzelfall dem Art 18 EG als *leges speciales* vor (*Kolonovits* in *Mayer* Art 18 Rz 9 und 15).

Das gemeinschaftsrechtliche „Recht auf Freizügigkeit" ieS war bislang stets „tätigkeits- und wirtschaftsbezogen" und umfasst nach der Konzeption des EG-Vertrages (Titel III) einerseits die Freizügigkeit der unselbständig Erwerbstätigen (sog Arbeitnehmerfreizügigkeit nach Art 39 EG) und das Niederlassungsrecht für selbständig Erwerbstätige (Niederlassungsfreiheit nach Art 43 EG). Beide formen zusammen mit bestimmten Aspekten der Dienstleistungsfreiheit (vgl Art 49 EG) den Kern des freien Personenverkehrs als einer der vier primärrechtlich garantierten Grundfreiheiten innerhalb der Union (vgl Art 3 Abs 1 lit c und d und Art 14 Abs 2 EG). Seit dem EU-Vertrag (insb seit der Fassung von Nizza) wird dieses Recht durch das allgemeine Recht auf Freizügigkeit und Aufenthalt aller Unionsbürger nach Art 18 EG komplettiert.

Die wichtigsten Durchführungsbestimmungen zur Ausübung dieses primärrechtlich garantierten Rechts auf Freizügigkeit und Aufenthalt liegen mit der Erlassung der UnionsbürgerRL (IV.B.8.) erstmals in kodifizierter Form vor, die die zahlreichen bislang geltenden Vorschriften zur Ausführung des Rechts auf Freizügigkeit (zB RL 64/221/EWG, 68/360/EWG, 90/364/EWG, 90/365/EWG, 93/96/EWG) ablöst und damit in begrüßenswerter Weise der diesbezüglichen sekundärrechtlichen Zersplitterung großteils ein Ende setzt. Wichtig im Hinblick auf die Rechte von Familienangehörigen eines Gemeinschaftsbürgers im Rahmen seiner Arbeitnehmerfreizügigkeit war und ist nach wie vor die – unmittelbar anwendbare – VO (EWG) 1612/68, deren zentrale Bestimmungen in Art 10 und 11 betreffend Familienangehörige aber mit Ende der Umsetzungsfrist der UnionsbürgerRL am 30. April 2006 außer Kraft getreten sind und von letzterer ersetzt werden. Das Recht auf Freizügigkeit und Aufenthalt im Bezug auf drittstaatsangehörige Familienangehörige eines EU- bzw EWR-Bürgers leitet sich jedoch nicht direkt aus Art 18 Abs 1 EG ab, sondern „nur" aus den einschlägigen Bestimmungen des Sekundärrechts, insb der UnionsbürgerRL (vgl aber Art 45 Abs 2 Grundrechte-Charta).

Das in Abs 1 Z 14 definierte „Recht auf Freizügigkeit" (auch § 2 Abs 4 Z 15 FPG) umfasst somit in materieller Hinsicht das allgemeine Recht auf Freizügigkeit und Aufenthalt iSd Art 18 und 39 ff EG und der UnionsbürgerRL, wobei diese Begriffsbestimmung im Hinblick auf die verschiedenen abgestuften Arten des Aufenthalts iSd UnionsbürgerRL und mit Rücksicht auf den Anwendungsbereich des NAG (§ 1 Abs 1 iVm §§ 51 ff) nur für einen Aufenthalt über drei Monaten und den Daueraufenthalt von EWR-Bürgern und deren Familienangehörigen von Relevanz ist (vgl Art 7 und 16 UnionsbürgerRL). Die innerstaatlichen Ausführungsbestimmungen über das Recht auf Aus- und Einreise von EWR-Bürgern und ihren Familienangehörigen (Art 4 und 5 UnionsbürgerRL) sowie den formalitäts- und voraussetzungsfreien Aufenthalt bis zu drei Monaten (Art 6 UnionsbürgerRL) finden sich hingegen im FPG (siehe § 30 Abs 1 und § 84 FPG).

Zur Frage des Vorliegens eines sog „Freizügigkeitssachverhalts" siehe unten 6. zu § 47.

12. Anm: Zu Abs 1 Z 15: Eine verpflichtende Abgabe einer Haftungserklärung ist in den Fällen der §§ 47 Abs 3, 56 Abs 1, 66 Abs 1 Z 4 und 68 Z 3 vorgesehen. In den Fällen der §§ 61 Z 1, 63 Abs 1 und 64 Abs 1 ist diese zulässig, aber nicht verpflichtend (vgl auch § 11 Abs 6).

Wer wusste oder wissen musste, dass er seinen Verpflichtungen auf Grund der Haftungserklärung nicht erfüllen kann, begeht eine Verwaltungsübertretung nach § 77 Abs 2 Z 2.

13. Anm: Zu Abs 2 und 3: Nach der terminologischen Systematik des NAG wird künftig klar zwischen dem „rechtmäßigen Aufenthalt" einerseits und der (rechtmäßigen) „Niederlassung" andererseits unterschieden. Beide Begriffe sind nicht in einem einander ausschließenden Sinn zu verstehen, sondern jeweils in einem weiteren oder engeren Sinn. So versteht man unter dem „rechtmäßigen Aufenthalt" iSd NAG den Aufenthalt eines Fremden im Bundesgebiet auf Grund einer gültigen Aufenthalts- oder Niederlassungsberechtigung gemäß §§ 8 oder 9 (Aufenthaltstitel oder Dokumentation). Rechtmäßig im Bundesgebiet aufhältig sind über den Geltungsbereich des NAG hinaus auch alle Fremden, die sich auf Grund von Aufenthaltsberechtigungen nach dem FPG oder dem AsylG 2005 und früheren asylgesetzlichen Bestimmungen in Österreich aufhalten.

Die „Niederlassung" ist vom Begriff „rechtmäßiger Aufenthalt" mitumfasst. Sie ist eine inhaltlich vor allem durch den Aspekt der Dauerhaftigkeit qualifizierte Form des rechtmäßigen Aufenthalts eines Fremden. Das NAG schließt expressis verbis jene Fremden, die sich auf Grund einer Aufenthaltsbewilligung im Bundesgebiet legal aufhalten, von der Niederlassung aus, da der Gesetzgeber davon ausgeht, dass diese Personen vorab schon beabsichtigen, nur vorübergehend befristet in Österreich aufhältig zu sein, ohne diesen die spätere Möglichkeit der Begründung einer Niederlassung vorzuenthalten.

Die sich aus den abschließend aufgezählten Aufenthaltstiteln ergebende Qualität der Aufenthaltsdauer unterscheidet auf der einen Seite zwischen einem sechs Monate übersteigenden und auf der anderen Seite einem fünf Jahre übersteigenden Aufenthalt. Der sechs Monate übersteigende Aufenthalt umfasst seinerseits den „vorübergehenden befristeten Aufenthalt" idR bis zwölf Monate auf Grund einer Aufenthaltsbewilligung und die „befristete Niederlassung" als längerfristiger Aufenthalt auf Grund einer Niederlassungsbewilligung oder eines Aufenthaltstitels „Familienangehöriger". Der fünf Jahre übersteigende Aufenthalt entspricht der unbefristeten Niederlassung auf Grund eines sog „Daueraufenthaltstitels" („Daueraufenthalt – EG" und „Daueraufenthalt – Familienangehöriger"). Aus diesem Grund spricht man bei der unbefristeten (= „dauerhaften") Niederlassung im Hinblick auf gemeinschaftsrechtliche Bestimmungen auch vom „Daueraufenthalt" (vgl Art 8 LangfrRL, IV.B.6.). Diese Unterscheidung ist vor allem für die Rechtsstellung der langfristig zum Aufenthalt berechtigten Drittstaatsangehörigen, insbesondere dem Recht auf Mobilität innerhalb der EU (vgl §§ 49 f), gemäß der LangfrRL von Bedeutung.

14. Anm: Zu Abs 5: Die Definition der erkennungsdienstlichen Daten ist als unmittelbare Folge einer Empfehlung des Datenschutzrates im Rahmen der Ausschussberatungen in den Gesetzestext eingefügt worden (vgl § 2 Abs 5 Z 4 FPG und § 2 Abs 2 AsylG 2005). Siehe auch § 19 Abs 4 und § 35 Abs 3.

Die zulässige Abnahme von Fingerabdrücken als Teil der erkennungsdienstlichen Behandlung im Rahmen des Verfahrens ist gemäß der Übergangsbestimmung des § 81 Abs 7 von der Erlassung eines unmittelbar anwendbaren Rechtsaktes der EU für den Anwendungsbereich dieses Gesetzes abhängig. Ein solcher Rechtsakt ist bislang nicht ergangen.

15. Anm: Zum Nachweis eines behaupteten Verwandtschaftsverhältnisses durch einen freiwilligen DNA-Test siehe § 29 Abs 2 und 3.

2. Hauptstück: Behördenzuständigkeiten

Sachliche Zuständigkeit

§ 3. (1) Behörde nach diesem Bundesgesetz ist der örtlich zuständige Landeshauptmann. Der Landeshauptmann kann, wenn dies im Interesse der Einfachheit, Zweckmäßigkeit oder Sparsamkeit der Verwaltung gelegen ist, die Bezirksverwaltungsbehörden mit Verordnung ermächtigen, alle oder bestimmte Fälle in seinem Namen zu entscheiden.

(2) Über Berufungen gegen die Entscheidungen des Landeshauptmannes entscheidet der Bundesminister für Inneres.

(3) Wird ein Antrag im Ausland gestellt (§ 22), ist die örtlich zuständige Berufsvertretungsbehörde zur Entgegennahme des Antrags zuständig. Über Anträge, die schon aus formalen Gründen (§ 22 Abs. 1 und 2) zurückzuweisen sind, entscheidet dann diese; gegen diese Entscheidung ist kein ordentliches Rechtsmittel zulässig.

(4) Strafbehörde erster Instanz in den Fällen des § 77 ist die örtlich zuständige Bezirksverwaltungsbehörde.

Übersicht:

1. Hinweise auf innerstaatliche Normen
2. Materialien
3.-6. Anmerkungen

1. Zur Zuständigkeit der Fremdenpolizeibehörden siehe § 3 Abs 1 FPG iVm § 4 SPG, II.B.

Siehe VII.B. Ermächtigungsverordnungen des LH (EVO) nach § 3 Abs 1: bgld LGBl 2005/100, ktn LGBl 2005/91, nö LGBl 4020/1-0 [2006], oö LGBl 2005/127, sbg LGBl 2005/97, stmk LGBl 2005/112, tir LGBl 2005/122 und vbg LGBl 2005/51.

2. RV 952 XXII. GP

Abs. 1 dieser Bestimmung regelt die sachliche Zuständigkeit der Aufenthalts- und Niederlassungsbehörden im Inland (bisher § 89 Abs. 1 FrG). Im Vergleich zu den bisherigen differenzierenden Regelungen über die sachliche Zuständigkeit im Zusammenhang mit Niederlassungsbewilligungen gemäß § 89 FrG kommt es durch die Regelung des § 3 Abs. 1 zu Vereinfachungen und einer einheitlichen Regelung der sachlichen Zuständigkeit bei Verfahren im Bereich des Aufenthalts- und Niederlassungsrechts bei einer einzigen Behörde; die Fremdenpolizeibehörden sollen ihre Zuständigkeit im Aufenthalts- und Niederlassungsbereich verlieren, um sich uneingeschränkt ihren fremdenpolizeilichen Aufgabenstellungen widmen zu können (s. FPG). Von praktischer Relevanz wird dies dort sein, wo eine Bundespolizeidirektion durch Verordnung der Bundesregierung errichtet ist. Damit wird überdies verdeutlicht, dass die Vollziehung in Angelegenheiten des Aufenthalts- und Niederlassungsrechts nicht in erster Linie als polizeiliche Handlung (im Sinn einer Gefahrenabwehr) aufzufas-

§ 3

sen ist. Der Landeshauptmann ist als Organ der mittelbaren Bundesverwaltung in Angelegenheiten dieses Bundesgesetzes sachlich zuständige Behörde erster Instanz (Art. 102 Abs. 1 B-VG). Er ist dabei an die Weisungen des Bundesministers für Inneres gebunden (Art. 103 Abs. 1 B-VG; vgl. § 87 FrG).

Wie schon bisher (§ 89 Abs. 1 FrG) kann der Landeshauptmann durch Verordnung die Bezirksverwaltungsbehörden ermächtigen, alle oder bestimmte Fälle in seinem Namen zu entscheiden (zwischenbehördliches Mandat). Alle Akte der Bezirksverwaltungsbehörden in diesen Angelegenheiten sind dem Landeshauptmann zuzurechnen und auch mit der Formel „Für den Landeshauptmann" zu fertigen, zumal eine solche Ermächtigung nicht so weit geht, die gesetzlich festgelegte Zuständigkeit des Landeshauptmannes abzuändern. Dem Landeshauptmann kommt dabei gegenüber den Bezirksverwaltungsbehörden selbstverständlich ein Weisungsrecht zu. Voraussetzung für die Rechtmäßigkeit einer solchen Ermächtigungsverordnung ist, dass deren Erlassung im Interesse der Einfachheit, Zweckmäßigkeit und Sparsamkeit gelegen ist. Das Vorliegen dieser Voraussetzungen ist vom Landeshauptmann zu beurteilen, der sich dabei aber an objektiven Kriterien zu orientieren hat (argum. „gelegen ist"); ein bloß subjektives „Erachten" des Landeshauptmannes reicht nicht aus.

Abs. 2 entspricht dem bisherigen § 94 Abs. 4 FrG. Der Bundesminister für Inneres entscheidet im Rahmen der mittelbaren Bundesverwaltung als sachlich zuständige Behörde zweiter Instanz über Berufungen gegen Entscheidungen des Landeshauptmannes oder der in dessen Namen auf Grund seiner Ermächtigung tätig gewordenen Bezirksverwaltungsbehörde (Art. 103 Abs. 4 B-VG).

Die Bestimmung des Abs. 3 regelt die sachliche Zuständigkeit für die Entgegennahme von Anträgen im Sinn dieses Bundesgesetzes im Ausland. Sachlich zuständig ist in diesen Fällen die Berufsvertretungsbehörde. Ihre Zuständigkeit umfasst über die bloße Entgegennahme hinaus auch die formale Prüfung dieser Anträge. Aus Gründen der Effizienz und der räumlichen Nähe zum Antragsteller hat bereits die zuständige Berufsvertretungsbehörde, bei der der Antrag eingebracht wurde, den Antrag ohne weiteres Verfahren formlos zurückzuweisen, wenn die formalen Voraussetzungen auch nach einen Verbesserungsauftrag (§ 22 Abs. 2) nicht gegeben sind.

Abs. 4 stellt klar, dass nicht der Landeshauptmann als Behörde im Sinne dieses Gesetzes, sondern die örtlich zuständigen Bezirksverwaltungsbehörden die Verwaltungsstrafverfahren nach § 77 durchzuführen haben (vgl. § 26 Abs. 1 VStG).

3. Anm: Mit Ausnahme des LH von Wien haben alle Landeshauptleute von der Verordnungsermächtigung des Abs 1 bereits Gebrauch gemacht. In Wien bleibt ausschließlich der LH selbst bzw der Magistrat Wien als dessen Hilfsorgan sachlich zuständig.

Hinsichtlich des materiellen Umfangs der Übertragungsermächtigung (einzelne oder alle Aufgaben des LH) und des Kreises der ermächtigten BVB (alle oder ausgewählte BH oder Statutarstädte) besteht im Vergleich unter den Ländern eine große Regelungsvielfalt:

II Kerngesetze: C Niederlassungs- und Aufenthaltsgesetz – NAG

Eine globale Übertragung aller Aufgaben im Namen des LH ist in Kärnten, Oberösterreich und Salzburg erfolgt. Die Entscheidung aller Fälle im Zusammenhang mit Aufenthaltstiteln und Dokumentationen ist im Burgenland, in der Steiermark, in Tirol und in Vorarlberg erfolgt. Im Burgenland und in Tirol sind die BVB auch zur Entscheidung nach § 76 (Vertriebene) ermächtigt. In Niederösterreich ist dem LH die Entscheidung im Zusammenhang mit Niederlassungsbewilligungen für Schlüsselkräfte und deren Familienangehörige, für Privatiers und deren Familienangehörige, für langfristig Aufenthaltsberechtigte aus anderen EU-Staaten im Rahmen der Mobilität, für Familienangehörige nach § 46 Abs 4 sowie für die Zweckänderung von Inhabern der „Niederlassungsbewilligung – Angehöriger" nach §§ 47 Abs 4 und 56 Abs 3 vorbehalten.

Zur Entscheidung ermächtigt sind im Burgenland, in Oberösterreich, Tirol und Vorarlberg alle BVB, einschließlich der Statutarstädte Eisenstadt, Rust, Linz, Wels, Steyr, Innsbruck. Nicht zur Entscheidung ermächtigt sind jedoch einzelne BVB, wie die Bürgermeister der Statutarstädte Graz, Klagenfurt und Villach. Die ktn EVO bestimmt als ermächtigte Behörden ausdrücklich nur die BH. In diesen Fällen verleibt die sachliche Zuständigkeit für den örtlichen Wirkungsbereich dieser Statutarstädte beim LH. In Niederösterreich sind für die nicht dem LH vorbehaltenen Entscheidungen alle BVB mit Ausnahme der Städte St. Pölten und Wr. Neustadt betraut. Die Ausnahme für diese beiden Städte gilt jedoch nur bis 31.12.2006; danach sind auch sie zur Entscheidung der den BVB übertragenen Angelegenheiten berufen.

4. Anm: Zu Abs 2: Berufungsentscheidungen des BMI kommen nur im Zusammenhang mit der Erteilung, Verlängerung, Änderung oder Versagung von Aufenthaltstiteln (§ 8) in Betracht. Für den Bereich der Dokumentationen des gemeinschaftsrechtlichen Aufenthalts- und Niederlassungsrechts (§ 9) kommt im Fall des Fehlens dieses Niederlassungsrechts die Regelung des § 55 zur Anwendung, wonach die Fremdenpolizeibehörde nach Befassung durch die Niederlassungs- und Aufenthaltsbehörde darüber zu entscheiden hat, ob bei Nichtvorliegen der Voraussetzungen oder des Nichterbringens der erforderlichen Nachweise eine aufenthaltsbeendende Maßnahme nach dem FPG ergriffen wird oder nicht.

5. Anm: Zu Abs 4: Unbeschadet des Abs 1 sind die nicht ermächtigten BVB (siehe oben 3.) jedenfalls für die Durchführung des Verwaltungsstrafverfahrens nach § 77 sachlich zuständig. Im örtlichen Wirkungsbereich einer BPD fungiert ebenfalls die dort jeweils zuständige BVB als Strafbehörde erster Instanz. In den Statutarstädten außer Wien, in denen sich die BPD befindet, und in der Freistadt Rust sind dies der Bürgermeister sowie für den Sprengel der BPD Leoben und der BPD Schwechat die BH Leoben bzw die BH Wien-Umgebung. In Wien ist Strafbehörde der Magistrat als BVB (vgl Art 109 B-VG).

6. Anm: Der BMI wird in folgenden Fällen als erst- und letztinstanzliche Behörde tätig: Besorgung der Aufgaben der nationalen Kontaktstelle (§ 6) und Zertifizierung von nichtschulischen Bildungseinrichtungen und Forschungseinrichtungen (§§ 70 und 71). Weiters muss der BMI im Verfahren zur Erteilung eines humanitären Aufenthaltstitels seine Zustimmung erteilen (§ 75) und kann gegen UVS-Entscheidungen eine Amtsbeschwerde beim VwGH erheben (§ 78).

Örtliche Zuständigkeit im Inland

§ 4. Die örtliche Zuständigkeit im Inland richtet sich nach dem Wohnsitz oder beabsichtigten Wohnsitz des Fremden. Ist der Fremde im Bundesgebiet nicht mehr tatsächlich aufhältig oder ist sein Aufenthalt unbekannt, richtet sich die Zuständigkeit nach der Behörde, die zuletzt eine Aufenthaltsberechtigung erteilt hat. Ist in diesem Fall diese Behörde nicht mehr nach diesem Bundesgesetz sachlich zuständig, so hat jene Behörde zu entscheiden, die nunmehr sachlich zuständig wäre.

Übersicht:
1. Hinweise auf innerstaatliche Normen
2. Materialien
3. Anmerkung

1. Textauszug MeldeG

Siehe 1. zu § 6 FPG, II.B.

2. RV 952 XXII. GP

Der Begriff des Wohnsitzes richtet sich nach § 1 Abs. 6 MeldeG. Das Vorliegen eines Hauptwohnsitzes iSd. Art. 6 Abs. 3 B-VG und § 1 Abs. 7 MeldeG ist nicht erforderlich, da gerade von Fremden, die sich nur kurzfristig in Österreich aufhalten (z.B. Inhaber einer Aufenthaltsbewilligung), die Absicht der Begründung des Mittelpunkts der Lebensbeziehungen in Österreich nicht angenommen werden kann.

Hält sich der Fremde nicht mehr im Bundesgebiet auf oder ist sein Aufenthalt unbekannt, richtet sich die Zuständigkeit nach der Behörde, die zuletzt eine Aufenthalts- oder Niederlassungsberechtigung erteilt hat.

3. Anm: Zum letzten Satz: Im Unterschied zum FrG sind die BPD nicht mehr sachlich zuständig. In den betreffenden Fällen hat der örtlich zuständige LH oder die von ihm gem § 3 Abs 1 ermächtigte BVB zu entscheiden.

Örtliche Zuständigkeit im Ausland

§ 5. (1) Die örtliche Zuständigkeit zur Vornahme von Amtshandlungen nach diesem Bundesgesetz richtet sich im Ausland nach dem Wohnsitz des Fremden. Auf Weisung des Bundesministers für auswärtige Angelegenheiten kann jede Berufsvertretungsbehörde tätig werden.

(2) Der Bundesminister für auswärtige Angelegenheiten kann im Einvernehmen mit dem Bundesminister für Inneres durch Verord-

nung Behörden, die nicht mit der berufsmäßigen Vertretung Österreichs im Ausland betraut sind, zur Vornahme von Amtshandlungen nach diesem Bundesgesetz bestimmen.

Übersicht:
1. Materialien
2. Anmerkung

1. RV 952 XXII. GP

Diese Regelung entspricht § 92 FrG, wobei die Wortfolge „sofern nichts anderes bestimmt ist" entfällt.

Mit dem Abs. 2 wurde eine Verordnungsermächtigung des Bundesministeriums für auswärtige Angelegenheiten im Einvernehmen mit dem Bundesminister für Inneres geschaffen, um Behörden, die nicht mit der berufsmäßigen Vertretung Österreichs im Ausland betraut sind, zur Vornahme von Amtshandlungen nach diesem Bundesgesetz bestimmen zu können. Derzeit sind mit der berufsmäßigen Vertretung Österreichs im Ausland lediglich die Berufsvertretungsbehörden, also Generalkonsulate und Botschaften betraut. Durch die Verordnung soll die Möglichkeit geschaffen werden auch Wahl- oder Honorarkonsulate mit dieser Funktion betrauen zu können, etwa wenn in einem Land weder ein Konsulat noch eine Botschaft vorhanden ist.

2. Anm: Eine VO nach Abs 2 ist bislang nicht ergangen.

Nationale Kontaktstelle

§ 6. Kontaktstelle im Sinne gemeinschaftsrechtlicher Vorschriften der Europäischen Union ist der Bundesminister für Inneres.

Übersicht:
1. Hinweise auf europarechtliche Normen
2. Materialien
3.-4. Anmerkungen

1. Siehe IV.B.6. LangfrRL, insb Art 25 sowie Art 9, 19, 22 und 23; auch Art 8 StudentenRL, IV.B.12.

2. RV 952 XXII. GP

Durch die Bestimmung benennt Österreich seine nationale Kontaktstelle iSd Art. 25 der Richtlinie 2003/109/EG betreffend die Rechtsstellung der langfristig aufenthaltsberechtigten Drittstaatsangehörigen.

Weiters ist der Bundesminister für Inneres auch zuständige Behörde im Sinn des Art. 8 der Richtlinie 2004/114/EG über die Bedingungen für die Zulassung von Drittstaatsangehörigen zur Absolvierung eines Studiums oder zur Teilnahme an einem Schüleraustausch, einer unbezahlten Ausbildungsmaßnahme oder einem Freiwilligendienst.

§ 7

Zu diesen derzeit zwei Anwendungsfällen können in Zukunft allenfalls weitere hinzukommen.

3. **Anm:** Die nationalen Kontaktstellen der einzelnen EU-Mitgliedstaaten („contact points") sind gemäß Art 25 LangfrRL für die Entgegennahme und Übermittlung von Informationen, die sich aus der Ausübung der sog Mobilität von langfristig aufenthaltsberechtigten Drittstaatsangehörigen mit dem Aufenthaltstitel „Daueraufenthalt – EG" innerhalb der EU ergeben, von oder an andere Kontaktstellen zuständig. Die RL unterscheidet dabei zwischen dem „ersten Mitgliedstaat" und dem „zweiten Mitgliedstaat". Erster Mitgliedstaat ist immer jener, der einem Drittstaatsangehörigen nach Erfüllung aller Voraussetzungen – hier vor allem nach einem 5-jährigen ununterbrochenen rechtmäßigen Aufenthalt – erstmals die Rechtsstellung eines langfristig Aufenthaltsberechtigten und damit den Aufenthaltstitel „Daueraufenthalt – EG" zuerkannt hat (Art 2 lit c LangfrRL). Zweiter Mitgliedstaat ist jeder vom ersten Mitgliedstaat verschiedene Mitgliedstaat, in dem der Inhaber eines vom ersten Mitgliedstaat erteilten Daueraufenthaltstitels sein Aufenthaltsrecht im Rahmen der sog „Mobilität" nach Kapitel III der LangfrRL ausübt (Art 2 lit d LangfrRL).

Diese Informationen betreffen im Konkreten die Mitteilung des zweiten Mitgliedstaates an den ersten Mitgliedstaat, dass dem Inhaber eines vom ersten Mitgliedstaat erteilten Aufenthaltstitels „Daueraufenthalt – EG" im zweiten Mitgliedstaat ein verlängerbarer Aufenthaltstitel erteilt oder entzogen worden ist (Art 19 Abs 2 und 22 Abs 2 LangfrRL).

Weiters hat der zweite Mitgliedstaat den ersten Mitgliedstaat davon zu verständigen, wenn der zweite Mitgliedstaat dem betreffenden langfristig Aufenthaltsberechtigten ebenfalls den Aufenthaltstitel „Daueraufenthalt – EG" erteilt hat (Art 23 Abs 1 LangfrRL). In diesem Fall verliert der Betreffende gemäß Art 9 Abs 4 LangfrRL den Status eines langfristig Aufenthaltsberechtigten des ersten Mitgliedstaates. Zur Gegenstandslosigkeit eines in Österreich erteilten Aufenthaltstitels „Daueraufenthalt – EG" siehe § 10 Abs 3 Z 3.

4. **Anm:** Zur Zulässigkeit der Übermittlung, des Empfangs und der Verarbeitung von Daten an bzw von anderen Kontaktstellen siehe § 38 Abs 3.

Dezentrale Informationszentren

§ 7. Der Bundesminister für auswärtige Angelegenheiten kann im Einvernehmen mit dem Bundesminister für Inneres durch Verordnung Berufsvertretungsbehörden mit bestimmten Aufgaben, insbesondere
1. **mit den Aufgaben einer Kontakt- und Informationsstelle für Fremde,**
2. **mit den Aufgaben einer Kontaktstelle für die die Verfahren führenden Behörden,**
3. **mit der Erfassung von Daten im Rahmen dieses Bundesgesetzes,**
4. **mit der Sammlung von regionalen Informationen, die für Entscheidungen nach diesem Bundesgesetz von Relevanz sind oder Migrationsanalysen ermöglichen,**

betrauen und als dezentrale Informationszentren bezeichnen.

Übersicht:
1. Materialien
2. Anmerkung

1. RV 952 XXII. GP

Mit § 7 wurde eine Verordnungsermächtigung des Bundesministeriums für auswärtige Angelegenheiten im Einvernehmen mit dem Bundesminister für Inneres geschaffen, um Berufsvertretungsbehörden mit bestimmten – über die allgemein bestehenden Aufgaben hinausgehenden – Aufgaben (Abs. 1 Z 1 bis 4) nach diesem Bundesgesetz betrauen zu können.

Die Berufsvertretungsbehörden sollen neben ihrem allgemein bestehenden Aufgabenbereich insbesondere als allgemeine Kontakt- und Informationsstellen für Fremde dienen; weiters als Kontaktstelle für andere verfahrensführenden Behörden zur Verfügung stehen, um verfahrensrelevante Auskünfte zu erteilen; auch sollen sämtliche Daten erfasst werden können, die einen Bezug zum jeweiligen verfahrensrelevanten Anliegen des Fremden haben; schließlich sollen regionale Informationen gesammelt werden, die einen verfahrensrelevanten Bezug aufweisen oder etwa für Migrationsanalysen von Bedeutung sind.

2. Anm: Eine derartige VO ist bislang nicht ergangen.

3. Hauptstück: Aufenthalts- und Niederlassungsberechtigungen

Übersicht:
1. Hinweise auf europarechtliche Normen
2. Hinweise auf innerstaatliche Normen
3. Materialien
4. Anmerkung

1. Siehe AufenthaltstitelVO, FamZusRL, LangfrRL, UnionsbürgerRL, OpferschutzRL, StudentenRL und ForscherRL (unten IV.).

2. Vgl §§ 2 Abs 1 Z 15, 8 Abs 4, 12 und 13 AsylG 2005, II.A.; § 2 Abs 4 Z 14, §§ 20 und 31 FPG, II.B.; §§ 3 Abs 5, 5 Abs 3, 18 Abs 3 und 12 AuslBG, III.L.

3. RV 952 XXII. GP

Zur Überschrift des 3. Hauptstückes:
Das 3. Hauptstück titelt „Aufenthalts- und Niederlassungsberechtigungen" als Überbegriff für alle konstitutiv zu erwerbenden Aufenthaltstitel von Drittstaatsangehörigen und alle sonstigen bestehenden Aufenthalts- und Niederlassungsrechte, die bereits durch europarechtliche Bestimmungen begründet sind und für die besondere Dokumente mit deklaratorischer Wirkung vorgesehen sind.

4. **Anm:** Unter dem in der Überschrift des Hauptstücks verwendeten Terminus „Aufenthalts- und Niederlassungsberechtigungen" fasst der Materiengesetzgeber sämtliche Rechtstitel zusammen, auf Grund derer der Aufenthalt eines Fremden in Österreich – unbeschadet der aufenthaltsrechtlichen Bestimmungen anderer Bundesgesetze, insbesondere des FPG (vgl § 31 FPG) und des AsylG 2005 – rechtmäßig ist.

Arten und Form der Aufenthaltstitel

§ 8. (1) Aufenthaltstitel werden erteilt als:
1. „Niederlassungsbewilligung" für eine nicht bloß vorübergehende befristete Niederlassung im Bundesgebiet zu einem bestimmten Zweck (Abs. 2) mit der Möglichkeit, anschließend einen Aufenthaltstitel „Daueraufenthalt – EG" (Z 3) zu erlangen;
2. Aufenthaltstitel „Familienangehöriger" für die befristete Niederlassung mit der Möglichkeit, anschließend einen Aufenthaltstitel „Daueraufenthalt – Familienangehöriger" (Z 4) zu erhalten;
3. Aufenthaltstitel „Daueraufenthalt – EG" für die Dokumentation des unbefristeten Niederlassungsrechts, unbeschadet der Gültigkeitsdauer des Dokuments;
4. Aufenthaltstitel „Daueraufenthalt – Familienangehöriger" für die Dokumentation des unbefristeten Niederlassungsrechts, unbeschadet der Gültigkeitsdauer des Dokuments;
5. „Aufenthaltsbewilligung" für einen vorübergehenden befristeten Aufenthalt im Bundesgebiet zu einem bestimmten Zweck (§§ 58 bis 69 und § 72) mit der Möglichkeit, anschließend eine Niederlassungsbewilligung zu erlangen, sofern dies in diesem Bundesgesetz vorgesehen ist.

(2) Niederlassungsbewilligungen gemäß Abs. 1 Z 1 werden erteilt als:
1. „Niederlassungsbewilligung – Schlüsselkraft", die zur befristeten Niederlassung und zur Ausübung einer Erwerbstätigkeit, für die eine schriftliche Mitteilung oder ein Gutachten nach §§ 12 Abs. 4 oder 24 AuslBG erstellt wurde, berechtigt;
2. „Niederlassungsbewilligung – ausgenommen Erwerbstätigkeit", die zur befristeten Niederlassung ohne Ausübung einer Erwerbstätigkeit berechtigt;
3. „Niederlassungsbewilligung – unbeschränkt", die zur befristeten Niederlassung und zur Ausübung einer selbständigen Erwerbstätigkeit und einer unselbständigen Erwerbstätigkeit gemäß § 17 AuslBG berechtigt;
4. „Niederlassungsbewilligung – beschränkt", die zur befristeten Niederlassung und zur Ausübung einer selbständigen und einer unselbständigen Erwerbstätigkeit, für die eine entsprechende Berechtigung nach dem Ausländerbeschäftigungsgesetz gilt, berechtigt;

5. „Niederlassungsbewilligung – Angehöriger", die zur befristeten Niederlassung ohne Ausübung einer Erwerbstätigkeit berechtigt; die Ausübung einer Erwerbstätigkeit ist nur auf Grund einer nachträglichen quotenpflichtigen Zweckänderung erlaubt.

(3) Der Bundesminister für Inneres legt das Aussehen und den Inhalt der Aufenthaltstitel nach Abs. 1 durch Verordnung fest. Die Aufenthaltstitel haben insbesondere Name, Vorname, Geburtsdatum, Lichtbild, ausstellende Behörde und Gültigkeitsdauer zu enthalten; sie gelten als Identitätsdokumente.

(4) Die Aufenthaltsbewilligung (Abs. 1 Z 5) von Ehegatten und minderjährigen unverheirateten Kindern hängt während der Frist nach § 27 Abs. 1 vom Bestehen der Aufenthaltsbewilligung des Zusammenführenden ab (§ 69).

(5) Inhaber einer Aufenthaltsbewilligung, ausgenommen Fälle von Sozialdienstleistenden (§ 66), dürfen während der Geltungsdauer dieser Bewilligung im Inland um eine Aufenthaltsbewilligung mit anderem Zweckumfang oder um eine Niederlassungsbewilligung ansuchen. Ein solcher Antrag schafft bis zur Zustellung der Entscheidung der Behörde erster Instanz ein über die Geltungsdauer der ursprünglichen Aufenthaltsbewilligung hinausgehendes Bleiberecht.

Übersicht:

1. Hinweise auf europarechtliche Normen
2. Hinweise auf innerstaatliche Normen
3. Materialien
4.-9. Anmerkungen

1. Art 1 Abs 2 lit a und Anhang AufenthaltstitelVO, IV.A.5.; Art 2 lit g VorlSchutzRL, IV.B.2.; Art 2 lit e FamZusRL, IV.B.5.; Art 8 Abs 3 LangfrRL, IV.B.6.; Art 2 lit e OpferschutzRL, IV.B.9.; Art 2 lit j StatusRL, IV.B.11.; Art 2 lit g StudentenRL, IV.B.12.; Art 2 lit e ForscherRL, IV.B.13.; Art 2 lit j Dublin II, IV.A.6.; Art 1 SDÜ, IV.C.2.

2. Zu Abs 3: siehe §§ 1 f und 11 NAG-DV, VI.D.

3. RV 952 XXII. GP

§ 8 regelt die Arten und die Form der Aufenthaltstitel. Unter einem „Aufenthaltstitel" ist nach Art. 2 lit. e der Richtlinie 2003/86/EG jede von den Behörden eines Mitgliedstaates ausgestellte Genehmigung zu verstehen, die einen Drittstaatsangehörigen zum rechtmäßigen Aufenthalt im Hoheitsgebiet dieses Mitgliedstaates berechtigt. Hinsichtlich der einheitlichen Gestaltung der Aufenthaltstitel für Drittstaatsangehörige gilt Art. 1 der – unmittelbar anwendbaren – Verordnung (EG) Nr. 1030/2002 zur einheitlichen Gestaltung des Aufenthaltstitels für Drittstaatenangehörige.

Nach Abs. 1 sind insgesamt fünf Arten von Aufenthaltstiteln vorgesehen. Neben dem bereits existierenden Aufenthaltstitel „Niederlassungsbewilligung" (s. Z 1) sind die übrigen Aufenthaltstitel neu und ergehen in

§ 8

Umsetzung mehrerer EG-Richtlinien: Aufenthaltstitel „Familienangehöriger" (s. § 47), Aufenthaltstitel „Daueraufenthalt – EG" (s. § 45), Aufenthaltstitel „Daueraufenthalt – Familienangehöriger" (s. § 48) und „Aufenthaltsbewilligung" (§§ 58 ff.). Die bisher im § 7 Abs. 1 Fremdengesetz vorgesehenen Aufenthaltstitel „Aufenthaltserlaubnis" und „Niederlassungsnachweis (langfristige Aufenthaltsberechtigung – EG)" entfallen.

Die einzelnen Aufenthaltstitel unterscheiden sich hinsichtlich der Aufenthaltsdauer (befristet oder unbefristet) und des Aufenthaltszwecks, der jeweils im Besonderen Teil näher bestimmt wird.

Abs. 2 zählt die fünf möglichen Arten einer Niederlassungsbewilligung auf, die sich durch ihren Aufenthaltszweck voneinander unterscheiden. Unterscheidungsmerkmale sind einerseits die Dauer der Niederlassungsbewilligung (für Schlüsselkräfte 18 Monate sonst zwölf) und andererseits die aufenthaltsrechtliche Ermöglichung der Ausübung einer Erwerbstätigkeit, wobei hier wiederum unterschieden werden muss, ob zusätzlich noch eine Berechtigung nach dem Ausländerbeschäftigungsgesetz erforderlich ist oder nicht.

Wie bisher in § 7 Abs. 5 Fremdengesetz 1997 wird im Abs. 3 dem Bundesminister für Inneres die gesetzliche Ermächtigung erteilt, durch Verordnung das Aussehen und den Inhalt der einzelnen Aufenthaltstitel festzulegen. Er hat dabei hinsichtlich Gestaltung und Inhalt der Aufenthaltstitel die unmittelbar anwendbaren Bestimmungen der Verordnung (EG) Nr. 1030/2002, insbesondere in deren Anhang, entsprechend zu berücksichtigen und auszuführen. Die einheitlich gestalteten Aufenthaltstitel sollen alle notwendigen Informationen enthalten und sehr hohen technischen Anforderungen, insbesondere an den Schutz vor Fälschungen und Verfälschungen genügen. Künftig sollen die Aufenthaltstitel nur noch in Kartenform ausgestellt werden. Dadurch soll vor allem zur Verhinderung und Bekämpfung der illegalen Einwanderung und des illegalen Aufenthalts beigetragen werden. Zudem soll der einheitliche Aufenthaltstitel zur Verwendung durch alle Mitgliedstaaten geeignet sein und von jedem erkennbare und mit bloßem Auge wahrnehmbare harmonisierte Sicherheitsmerkmale tragen (Erwägungsgrund Nr. 5 zur Verordnung (EG) Nr.1030/ 2002). In der Verordnung des Bundesministers für Inneres sind neben den allgemeinen Daten über den Titelinhaber, die ausstellende Behörde und die Gültigkeitsdauer zur Klarstellung und Abgrenzung des Inhalts der einzelnen Aufenthaltstitel auch ein Katalog über alle Aufenthaltszwecke und ein Katalog über weitere Informationen für die einzelnen Aufenthaltstitel, insbesondere über ihren Zugang zum Arbeitsmarkt, aufzunehmen.

Da Aufenthaltstitel in Kartenform auch als Identitätsdokumente gelten, genügen sie der Ausweispflicht, wenn sie diesen mit sich führen; sie brauchen nicht zusätzlich noch einen Reisepass mit sich führen (§ 32 Abs. 4 FPG).

Nach Abs. 4 haben im Fall einer Aufenthaltsbewilligung (vorübergehender befristeter Aufenthalt zu einem bestimmten Zweck) der Ehegatte und seine minderjährigen unverheirateten Kinder (Familienangehörige als Kernfamilie) ein vom Inhaber der Aufenthaltsbewilligung (Zusammenführenden) abgeleitetes Aufenthaltsrecht, das innerhalb der Fünf-Jahres-Frist (vgl. § 27 Abs. 1) ex lege mit dem Ende der Aufenthaltsbewilligung des Zusammenführenden endet und gegenstandslos wird (vgl. § 10 Abs. 3 Z 5). Hinsichtlich

der Voraussetzungen für die Erteilung einer abgeleiteten Aufenthaltsbewilligung für die Familienangehörigen des Zusammenführenden gilt § 69.
Die Bestimmung des Abs. 5 erlaubt Inhabern einer Aufenthaltsbewilligung, während deren Geltungsdauer im Inland eine neue Aufenthaltsbewilligung mit anderem Zweckumfang nach den §§ 58 ff. oder eine Niederlassungsbewilligung zu beantragen. Im Fall eines solchen Antrages hat der Fremde auch nach Ablauf der Geltungsdauer seiner ersten Aufenthaltsbewilligung bis zur erstinstanzlichen Entscheidung über den neu beantragten Aufenthaltstitel ein weiteres Bleiberecht. Zur Abgrenzung vom Begriff Aufenthaltsrecht verdeutlicht der Ausdruck Bleiberecht, dass der Berechtigungsumfang des bisherigen Aufenthaltsrechtes jedenfalls nicht schon durch ein Antragstellung einseitig ausgedehnt bzw. die Erteilung des neuen Aufenthaltstitels inhaltlich vorweggenommen werden kann.

4. Anm: Von den fünf gesetzlich vorgesehenen Aufenthaltstiteln sind die Niederlassungsbewilligung und die Aufenthaltsbewilligung für bestimmte Aufenthaltszwecke zu erteilen, während die übrigen drei Aufenthaltstitel nicht zusätzlich nach Aufenthaltszwecken unterschieden werden. Nach § 2 NAG-DV kann eine Niederlassungsbewilligung nur für fünf Aufenthaltszwecke und die Aufenthaltsbewilligung nur für insgesamt elf Aufenthaltszwecke erteilt werden.

5. Anm: In Durchführung der VO-Ermächtigung des Abs 3 ist in der Anlage A zur NAG-DV das der AufenthaltstitelVO entsprechende Muster für die in Kartenform auszustellenden Aufenthaltstitel bildlich dargestellt. Zur Unterscheidbarkeit von den ebenfalls in Kartenform auszustellenden Dokumentationen (Lichtbildausweis für EWR-Bürger und Daueraufenthaltskarte in grüner Farbe) sind die Aufenthaltstitelkarten mit rötlicher Hintergrundfarbe gestaltet. Die Aufenthaltstitelkarten haben den jeweiligen Aufenthaltszweck und eine Information über einen allfälligen Zugang zum Arbeitsmarkt zu enthalten (§ 2 Abs 3 NAG-DV). Bei Familienangehörigen, denen eine Aufenthaltsbewilligung „Familiengemeinschaft" erteilt wird, ist anstelle der Information über den Arbeitsmarktzugang ein Hinweis auf den Aufenthaltszweck der Aufenthaltsbewilligung des Zusammenführenden beizufügen (§ 2 Abs 4 NAG-DV).

6. Anm: Zur Weitergeltung von gültigen Aufenthalts- und Niederlassungsberechtigungen nach vorigen bundesgesetzlichen Bestimmungen siehe § 81 Abs 5 und die zwei Korrespondenztabellen in § 11 NAG-DV.

7. Anm: Zur Ermittlung der für die Personalisierung von Aufenthaltstiteln erforderlichen erkennungsdienstlichen Daten, die erkennungsdienstliche Behandlung durch die zuständige Inlands- oder Auslandsbehörde und die diesbezügliche Mitwirkung des Antragstellers siehe § 19 Abs 4 und 5 und § 35.

8. Anm: Zu Abs 4: Das vom Zusammenführenden abgeleitete Aufenthaltsrecht besteht jedenfalls innerhalb der ersten fünf Jahre des rechtmäßigen Aufenthalts des Familienangehörigen (§ 27 Abs 1). Es endet ex lege mit

§ 9

dem Erlöschen der Aufenthaltsbewilligung des Zusammenführenden. Im Einklang mit Art 15 Abs 1 FamZusRL ist dem Familienangehörigen nach fünf Jahren analog zu § 27 Abs 1 ein eigenes Aufenthaltsrecht in Form einer Aufenthaltsbewilligung einzuräumen.

9. Anm: Zu Abs 5: Ein solcher Antrag kann selbständig (als besonderes „Zweckänderungsverfahren" für Inhaber einer Aufenthaltsbewilligung; vgl § 26) oder im Wege eines sog „Umstiegsverfahrens" nach § 24 Abs 4 gestellt werden. Die Ausnahme der Sozialdienstleistenden nach § 66 ist nach Art 15 StudentenRL aus gemeinschaftsrechtlicher Sicht zulässig. Während des Bleiberechts (nach Ablauf der Gültigkeitsdauer der Aufenthaltsbewilligung) ist lediglich der fortdauernde Aufenthalt „geduldet", die Ausübung der entsprechenden Tätigkeit ist hingegen nicht mehr zulässig.

Dokumentation und Form des gemeinschaftsrechtlichen Aufenthalts- und Niederlassungsrechts

§ 9. (1) Zur Dokumentation eines gemeinschaftsrechtlichen Aufenthalts- und Niederlassungsrechts werden
1. für EWR-Bürger, die sich in Österreich niedergelassen haben, über Antrag eine „Anmeldebescheinigung" (§ 53) und
2. für Angehörige von EWR-Bürgern, die Drittstaatsangehörige sind, über Antrag eine „Daueraufenthaltskarte" (§ 54), wenn der EWR-Bürger das Recht auf Freizügigkeit in Anspruch genommen hat,
ausgestellt.
(2) Inhabern von Anmeldebescheinigungen kann auf Antrag ein „Lichtbildausweis für EWR-Bürger" ausgestellt werden. Der Lichtbildausweis für EWR-Bürger und die Daueraufenthaltskarte gelten als Identitätsdokument. Form und Inhalt der Anmeldebescheinigung, des Lichtbildausweises für EWR-Bürger und der Daueraufenthaltskarte legt der Bundesminister für Inneres durch Verordnung fest.

Übersicht:
1. Hinweise auf europarechtliche Normen
2. Hinweise auf innerstaatliche Normen
3. Materialien
4.-6. Anmerkungen
7. Judikatur

1. Art 12, 18, 39 ff und 43 ff EG; Art 28 ff und Anhang VIII EWR-Abkommen; VO (EWG) 1612/68 über die Freizügigkeit der Arbeitnehmer innerhalb der Gemeinschaft, ABl 1968 L 257 S 2; UnionsbürgerRL, IV.B.8.
Gemäß Art 38 UnionsbürgerRL sind folgende Rechtsvorschriften mit 30. April 2006 (= Ende der Umsetzungsfrist für die UnionsbürgerRL nach Art 40 leg cit) außer Kraft getreten:
- Art 10 und 11 der VO (EWG) 1612/68 und

- die RL 64/221/EWG, 68/360/EWG, 72/194/EWG, 73/148/EWG, 75/34/EWG, 75/35/EWG, 90/364/EWG, 90/365/EWG und 93/96/EWG.

2. § 31 Abs 1 Z 2 und § 32 Abs 4 FPG, II.B; §§ 3 bis 5 NAG-DV, VI.D.

3. RV 952 XXII. GP

Die zweite Kategorie der Aufenthalts- und Niederlassungsberechtigungen neben den konstitutiven Aufenthaltstiteln stellen die bereits bestehenden gemeinschaftsrechtlichen Aufenthalts- und Niederlassungsrechte von Unionsbürgern bzw. EWR-Bürgern und deren Angehörigen auf Grund des primären und sekundären Gemeinschaftsrechts dar. Das Aufenthalts- und Niederlassungsrecht in diesen Fällen ergibt sich somit nicht aus einer nationalen gesetzlichen Berechtigung, sondern Kraft unmittelbar anwendbaren Gemeinschaftsrechts („acquis communautaire"). Nach welchen Voraussetzungen ein gemeinschaftsrechtliches Aufenthalts- und Niederlassungsrecht besteht, richtet sich ausschließlich nach EU-Recht, im Speziellen nach der Verordnung (EWG) 1612/68 und der Richtlinie 2004/38/EG. Zu berücksichtigen ist ferner die Judikatur des Europäischen Gerichtshofes, die für die Verwirklichung von Freizügigkeitssachverhalten ein sog. „grenzüberschreitendes Element" verlangt und erklärt, dass Vorschriften über die Freizügigkeit nicht auf Sachverhalte anwendbar sind, die mit keinem Element über die Grenzen eines Mitgliedstaates hinausweisen (vgl. u.a. Urteile C-64/96, C-65/96, C-19/92, C-18/95).

Diese bereits bestehenden Rechte sind durch besondere Dokumente, sog. „Dokumentationen", nachzuweisen, denen lediglich deklaratorische Wirkung zukommt und die Existenz des bestehenden subjektiven Rechts an sich nicht betrifft. Durch die Dokumentation des jeweiligen gemeinschaftsrechtlichen Aufenthalts- und Niederlassungsrechts auf Grund eines Freizügigkeitssachverhaltes wird vom – weitestgehend undifferenziert an der EWR-Bürgerschaft orientierten – Ansatz der „Sichtvermerks- und Niederlassungsfreiheit" des FrG abgegangen. Das Erfordernis der Dokumentation ergibt sich europarechtlich aus der Richtlinie 2004/38/EG und wird durch diese Regelung innerstaatlich umgesetzt.

Zur Dokumentation des gemeinschaftsrechtlichen Aufenthalts- und Niederlassungsrechts sind in Abs. 1 zwei Dokumente vorgesehen: eine „Anmeldebescheinigung" (Z 1) und eine „Daueraufenthaltskarte" (Z 2). Nach Art. 8 der Richtlinie 2004/38/EG kann ein Mitgliedstaat verlangen, dass sich Unionsbürger – in weiterer Folge auf Grund des EWR-Abkommens auch EWR-Bürger – für Aufenthalte von über drei Monaten bei der zuständigen Behörde anmelden. Dabei ist ihnen und ihren Familienangehörigen, die selbst Unions- bzw. EWR-Bürger sind, eine „Anmeldebescheinigung" auszustellen. Dieses Erfordernis wird durch die Bestimmung der Z 1 umgesetzt. Im Einzelnen gilt hinsichtlich der Anmeldebescheinigung § 53.

Nach Art. 9 der Richtlinie 2004/38/EG ist Angehörigen von Unionsbürgern, die selbst Drittstaatsangehörige sind und den Unionsbürger begleiten oder ihm nachziehen, eine „Aufenthaltskarte" mit fünfjähriger Gültigkeitsdauer auszustellen, wenn sie sich länger als drei Monate in einem anderen Mitgliedstaat aufhalten. Im Fall eines sog. „Daueraufenthalts" von über fünf Jahren ist diesem nach Art. 20 der Richtlinie eine „Daueraufenthaltskarte" auszustellen, die alle zehn Jahre automatisch verlängerbar ist. Entsprechend dem Günstigkeitsprinzip bei der Richtlinienumsetzung (Art. 37 der Richtlinie) wird durch die alleinige Einführung der Daueraufenthaltskarte und dem Verzicht der Aufenthaltskarte insofern eine günstigere Regelung geschaffen, als Angehörige von EWR-Bürgern, die selbst Drittstaatsangehörige sind, nicht erst eine Aufenthaltskarte mit kürzerer Dauer beantragen müssen, sondern im Fall eines Antrages gleich die Daueraufenthaltskarte mit 10-jähriger Gültigkeitsdauer erhalten. Das Nähere über die Daueraufenthaltskarte ist in § 54 geregelt.

Abs. 2 sieht vor, dass EWR-Bürger wie bisher einen „Lichtbildausweis für EWR-Bürger" (§ 86 FrG) beantragen können, der ebenso wie die Daueraufenthaltskarte als Identitätsdokument gilt (vgl. § 32 Abs. 4 FPG). Kein Identitätsdokument ist hingegen die Anmeldebescheinigung. Eine Verpflichtung zur Beantragung des Lichtbildausweises besteht wie bisher jedoch nicht. Der Bundesminister für Inneres hat durch Verordnung die Form und den Inhalt der Anmeldebescheinigung, des Lichtbildausweises für EWR-Bürger und der Daueraufenthaltskarte festzulegen.

4. Anm: Zu Abs 2: Form und Inhalt der Anmeldebescheinigung, des Lichtbildausweises für EWR-Bürger und der Daueraufenthaltskarte sind gemäß §§ 3 bis 5 NAG-DV in deren Anlagen B, C und D festgelegt und bildlich dargestellt. Der Lichtbildausweis und die Daueraufenthaltskarte werden ebenso wie die Aufenthaltstitel in Kartenform ausgestellt. Zur leichteren Unterscheidbarkeit zu den roten Aufenthaltstiteln werden diese beiden Karten mit grüner Hintergrundfarbe hergestellt.

5. Anm: Schweizer Bürgern kann nur eine Anmeldebescheinigung, nicht aber ein Lichtbildausweis für EWR-Bürger ausgestellt werden, da Schweizer Bürger keine EWR-Bürger sind und § 57 nur auf die §§ 51 bis 56, nicht aber auf § 9 verweist.

6. Anm: Zur deklaratorischen Wirkung dieser Dokumentationen siehe bereits EuGH Rs C-85/96, Slg 1998, I-02691, Rz 53 (deutsche „Aufenthaltserlaubnis").

7. Jud: EuGH Rs C-64/96 und C-65/96, Slg 1997, I-03171; Rs C-19/92, Slg 1993, I-01663; weiters Rs C-85/96, Slg 1998, I-02691; Rs C-18/95, Slg 1999, I-00345; Rs C-370/90, Slg 1992, I-04265; RS C-109/01, Slg 2003, I-09607; Rs C-413/99, Slg 2002, I-07091; Große Kammer 07.09.2004, Rs C-456/02.

Ungültigkeit und Gegenstandslosigkeit von Aufenthaltstiteln und Dokumentationen des Aufenthalts- und Niederlassungsrechts

§ 10. (1) Aufenthaltstitel und Dokumentationen des Aufenthalts- und Niederlassungsrechts werden ungültig, wenn gegen Fremde ein Aufenthaltsverbot oder eine Ausweisung durchsetzbar oder rechtskräftig wird. Solche Fremde verlieren ihr Recht auf Aufenthalt. Ein

Aufenthaltstitel oder eine Dokumentation des Aufenthalts- oder Niederlassungsrechts lebt von Gesetzes wegen wieder auf, sofern innerhalb ihrer ursprünglichen Geltungsdauer das Aufenthaltsverbot anders als nach § 65 FPG oder die Ausweisung behoben wird.

(2) Aufenthaltstitel werden auch ungültig, wenn die Behörde mit Bescheid festgestellt hat, dass ein Drittstaatsangehöriger, ausgenommen Inhaber eines Aufenthaltstitels „Daueraufenthalt – EG" (§ 45) und „Daueraufenthalt – Familienangehöriger" (§ 48), nicht mehr in Österreich niedergelassen ist.

(3) Ein Aufenthaltstitel oder eine Dokumentation des Aufenthalts- oder Niederlassungsrechts wird gegenstandslos,
1. wenn dem Fremden eine weitere Aufenthalts- oder Niederlassungsberechtigung nach diesem Bundesgesetz mit überschneidender Gültigkeit erteilt wird;
2. wenn der Fremde Österreicher oder EWR-Bürger wird;
3. wenn dem Fremden ein Aufenthaltstitel „Daueraufenthalt – EG" eines anderen Mitgliedstaates erteilt wird;
4. wenn der Fremde im Besitz eines Aufenthaltstitels „Daueraufenthalt – EG" oder „Daueraufenthalt – Familienangehöriger" ist und seit sechs Jahren nicht mehr in Österreich niedergelassen ist oder
5. im Fall des § 8 Abs. 4.

(4) Die Ungültigkeit oder Gegenstandslosigkeit von im Reisedokument Fremder ersichtlich gemachter Aufenthaltstitel ist in diesen Reisedokumenten kenntlich zu machen. Hiezu ist jede Behörde ermächtigt, der ein Reisedokument anlässlich einer Amtshandlung nach einem Bundesgesetz vorliegt; Staatsbürgerschaftsbehörden sind hiezu verpflichtet.

(5) Ungültige oder gegenstandslose Dokumente sind der Behörde abzuliefern. Jede Behörde, die eine Amtshandlung nach einem Bundesgesetz führt, ist ermächtigt, abzuliefernde Dokumente einzuziehen; Staatsbürgerschaftsbehörden sind hiezu verpflichtet. Ebenso sind die Organe des öffentlichen Sicherheitsdienstes ermächtigt, abzuliefernde Dokumente einzuziehen; diese sind der Behörde unverzüglich vorzulegen.

Übersicht:

1. Hinweise auf europarechtliche Normen
2. Hinweise auf innerstaatliche Normen
3. Materialien
4.-7. Anmerkungen

1. Zu Abs 3 Z 3 und 4: Art 9 Abs 4 und Art 25 LangfrRL, IV.B.6.

2. Zu Abs 1: §§ 54 und 60 ff FPG, II.B.; vgl auch § 27 FPG.

3. RV 952 XXII. GP

Nach Abs. 1 werden Aufenthaltstitel und Dokumentationen des (ge-

§ 10

meinschaftsrechtlichen) Aufenthalts- und Niederlassungsrechts im Fall eines durchsetzbaren oder rechtskräftigen Aufenthaltsverbots (§§ 60 ff. FPG) oder einer Ausweisung (§ 54 FPG) ungültig, womit sie zugleich ihr Recht auf Aufenthalt in Österreich verlieren. Der Aufenthaltstitel oder die Dokumentation lebt aber wieder auf, wenn innerhalb der ursprünglich vorgesehenen Geltungsdauer das Aufenthaltsverbot anders als nach § 65 FPG oder die Ausweisung behoben wird. Anders als nach § 65 FPG wird ein Aufenthaltsverbot, das bereits durchsetzbar aber noch nicht rechtkräftig ist, behoben, wenn dieses im weiteren Rechtsweg (Berufungsverfahren oder Beschwerde beim VwGH) aufgehoben wird. Sowohl der Verlust als auch das Wiederaufleben nach Abs.1 finden ex lege statt.

Nach Abs. 2 werden Aufenthaltstitel auch ungültig, wenn die Behörde mit Bescheid festgestellt hat, dass der Drittstaatsangehörige nicht mehr in Österreich niedergelassen ist. Dies betrifft jedoch nicht Drittstaatsangehörige mit dem Recht auf Daueraufenthalt, das sind Inhaber eines Aufenthaltstitels „Daueraufenthalt – EG" (§ 45) oder „Daueraufenthalt – Familienangehöriger" (§ 48).

Abs. 3 regelt die Gründe für die Gegenstandslosigkeit eines Aufenthaltstitels oder einer Dokumentation. Nach Z 1 und 2 wirkt sich die Gegenstandslosigkeit insofern zugunsten des Fremden aus, als er eine weitere Aufenthalts- oder Niederlassungsberechtigung mit überschneidender Gültigkeit bekommt oder die Staatsbürgerschaft Österreichs oder eines anderen EWR-Staates erhält. Durch die Gegenstandslosigkeitsgründe der Ziffern 3 und 4 wird Art. 9 Abs. 4 der Richtlinie 2003/109/EG entsprechend umgesetzt. Durch den Verweis auf § 8 Abs. 4 in Z 5 wird klar gestellt, dass die vom Zusammenführenden abgeleitete Aufenthaltsbewilligung eines Familienangehörigen innerhalb von fünf Jahren (§ 27 Abs. 1) dann gegenstandlos wird, wenn die Aufenthaltsbewilligung des Zusammenführenden nicht mehr besteht.

Abs. 4 bestimmt, dass die Ungültigkeit oder die Gegenstandlosigkeit jedenfalls in jenem Reisedokument eingetragen werden muss, in dem auch der ungültig oder gegenstandlos gewordene Aufenthaltstitel ersichtlich war. Um Rechtsunsicherheit und Missbrauch zu verhindern, soll jede Behörde anlässlich einer Amtshandlung nach diesem Bundesgesetz zu einer derartigen Eintragung im Reisedokument befugt sein. Staatsbürgerschaftsbehörden sollen hingegen verpflichtet sein, um gerade in Fällen des Abs. 3 Z 2 verhindern zu können, dass der auf Grund der neu erworbenen Staatsbürgerschaft oder EWR-Bürgerschaft gegenstandlos gewordene Aufenthaltstitel missbräuchlich in andere Hände gelangen kann.

Hinsichtlich ungültiger oder gegenstandsloser Dokumente bestimmt Abs. 5, dass diese der Behörde abzuliefern sind. Ist das nicht der Fall, so sind die Behörde oder die einschreitenden Organe des öffentlichen Sicherheitsdienstes befugt, die Staatsbürgerschaftsbehörde jedoch verpflichtet, diese Dokumente einzuziehen. Die Organe des öffentlichen Sicherheitsdienstes haben diese Dokumente der zuständigen Behörde unverzüglich vorzulegen. Die Nichtablieferung eines solchen ungültigen oder gegenstandslosen Dokuments stellt eine Verwaltungsübertretung nach § 77 Abs. 1 Z. 3 dar und ist mit Geldstrafe bis 200 Euro zu bestrafen.

4. Anm: Zu Abs 3 Z 3: Der in Österreich erteilte Aufenthaltstitel „Daueraufenthalt – EG" (§ 45) wird mit dem Zeitpunkt gegenstandlos, in dem dem Fremden die Rechtsstellung als langfristig Aufenthaltsberechtiger eines anderen Mitgliedstaates erteilt worden ist (vgl Art 9 Abs 4 1. Satz LangfrRL). Jeder andere Mitgliedstaat, der dem Inhaber eines von österreichischen Behörden ausgestellten Aufenthaltstitels „Daueraufenthalt – EG" ebenfalls diese Rechtsstellung zuerkannt hat, hat von diesem Umstand im Wege seiner nationalen Kontaktstelle gemäß Art 25 iVm Art 23 Abs 1 LangfrRL das BMI als nationale Kontaktstelle Österreichs zu informieren (siehe auch 3. zu § 6).

5. Anm: Zu Abs 3 Z 4: Im Unterschied zur Regelung des Abs 3 Z 3 wird der von einer österreichischen Behörde ausgestellte Aufenthaltstitel „Daueraufenthalt – EG" auch ohne die Erteilung des Aufenthaltstitels „Daueraufenthalt – EG" eines anderen Mitgliedstaates gegenstandslos, wenn der Betroffene seit sechs Jahren nicht mehr in Österreich niedergelassen ist (vgl Art 9 Abs 4 2. Satz LangfrRL).

Nicht näher geregelt ist, ob diese Sechs-Jahres-Frist einen zusammenhängenden Zeitraum von mindestens 6 Jahren bzw 72 aneinander folgenden Monaten umfassen muss oder ob auch mehrere unterbrochene Zeiträume, die zusammengerechnet eine Zeitsumme von sechs Jahren ergeben, unter die Tatbestandsvoraussetzung der Frist fallen. Sowohl die Formulierung des Art 9 Abs 4 LangfrRL („sechs Jahre lang", „Zeitraum […] sechs Jahre überschreitet") als auch des Abs 3 Z 4 („seit sechs Jahren") lassen darauf schließen, dass es zur Erfüllung dieser Frist eines zusammenhängenden (nicht unterbrochenen) Zeitraums von sechs Jahren bedarf.

Ein Indiz für die Feststellung der zuständigen Behörde, ob die Sechs-Jahres-Frist erfüllt worden ist, kann darin bestehen, dass dem betroffenen langfristig Aufenthaltsberechtigten in Ausübung seines Rechts auf Mobilität in einem anderen Mitgliedstaat über sechs Jahre hindurch – ohne Unterbrechung des Gültigkeitszeitraums – ein Aufenthaltstitel erteilt und dieser verlängert wurde. Jeder Mitgliedstaat ist gemäß Art 25 iVm Art 19 Abs 2 LangfrRL verpflichtet, die Kontaktstelle jenes Mitgliedstaats, der dem Betroffenen den Status eines langfristig Aufenthaltsberechtigten zuerkannt hat (sog „erster Mitgliedstaat") – im Fall Österreichs das BMI (§ 6) –, von der Erteilung oder Verlängerung eines Aufenthaltstitels zu informieren.

6. Anm: Zu Abs 4: Die Ersichtlichmachung der Ungültigkeit oder Gegenstandslosigkeit hat lediglich deklaratorischen Charakter. Die Wirkungen der Ungültigkeit oder Gegenstandslosigkeit treten ex lege ein (Abs 1 bis 3).

7. Anm: Zu Abs 5: Die Nichtablieferung eines gegenstandslosen oder ungültigen Dokuments stellt eine Verwaltungsübertretung nach § 77 Abs 1 Z 3 dar.

4. Hauptstück: Allgemeine Voraussetzungen

Allgemeine Voraussetzungen für einen Aufenthaltstitel

§ 11. (1) Aufenthaltstitel dürfen einem Fremden nicht erteilt werden, wenn
1. gegen ihn ein aufrechtes Aufenthaltsverbot gemäß § 60 FPG besteht;
2. gegen ihn ein Aufenthaltsverbot eines anderen EWR-Staates besteht;
3. gegen ihn in den letzten zwölf Monaten eine Ausweisung gemäß § 54 FPG oder § 10 AsylG 2005 rechtskräftig erlassen wurde;
4. eine Aufenthaltsehe oder Aufenthaltsadoption (§ 30 Abs. 1 oder 2) vorliegt;
5. eine Überschreitung der Dauer des erlaubten sichtvermerksfreien Aufenthalts im Zusammenhang mit § 21 Abs. 4 vorliegt oder
6. er in den letzten zwölf Monaten wegen Umgehung der Grenzkontrolle oder nicht rechtmäßiger Einreise in das Bundesgebiet rechtskräftig bestraft wurde.

(2) Aufenthaltstitel dürfen einem Fremden nur erteilt werden, wenn
1. der Aufenthalt des Fremden nicht öffentlichen Interessen widerstreitet;
2. der Fremde einen Rechtsanspruch auf eine Unterkunft nachweist, die für eine vergleichbar große Familie als ortsüblich angesehen wird;
3. der Fremde über einen alle Risken abdeckenden Krankenversicherungsschutz verfügt und diese Versicherung in Österreich auch leistungspflichtig ist;
4. der Aufenthalt des Fremden zu keiner finanziellen Belastung einer Gebietskörperschaft führen könnte;
5. durch die Erteilung eines Aufenthaltstitels die Beziehungen der Republik Österreich zu einem anderen Staat oder einem anderen Völkerrechtssubjekt nicht wesentlich beeinträchtigt werden, und
6. der Fremde im Fall eines Verlängerungsantrages (§ 24) die Integrationsvereinbarung nach § 14 oder ein einzelnes Modul bereits erfüllt hat, soweit er bereits ein Jahr niedergelassen war und ihm kein Aufschub gemäß § 14 Abs. 8 gewährt wurde.

(3) Ein Aufenthaltstitel kann trotz Ermangelung einer Voraussetzung gemäß Abs. 2 Z 1 bis 6 erteilt werden, wenn dies zur Aufrechterhaltung des Privat- oder Familienlebens im Sinne des Art. 8 der Konvention zum Schutze der Menschenrechte und Grundfreiheiten (Europäische Menschenrechtskonvention – EMRK), BGBl. Nr. 210/1958, geboten ist.

(4) Der Aufenthalt eines Fremden widerstreitet dem öffentlichen Interesse (Abs. 2 Z 1), wenn
1. sein Aufenthalt die öffentliche Ordnung oder Sicherheit gefährden würde oder
2. der Fremde ein Naheverhältnis zu einer extremistischen oder

terroristischen Gruppierung hat und im Hinblick auf deren bestehende Strukturen oder auf zu gewärtigende Entwicklungen in deren Umfeld extremistische oder terroristische Aktivitäten derselben nicht ausgeschlossen werden können.

(5) Der Aufenthalt eines Fremden führt zu keiner finanziellen Belastung einer Gebietskörperschaft (Abs. 2 Z 4), wenn der Fremde feste und regelmäßige eigene Einkünfte hat, die ihm eine Lebensführung ohne Inanspruchnahme von Sozialhilfeleistungen der Gebietskörperschaften ermöglichen und der Höhe nach den Richtsätzen des § 293 des Allgemeinen Sozialversicherungsgesetzes (ASVG), BGBl. Nr. 189/1955, entsprechen. Bei Nachweis der Unterhaltsmittel durch Unterhaltsansprüche (§ 2 Abs. 4 Z 3) ist zur Berechnung der Leistungsfähigkeit des Verpflichteten dessen pfändungsfreies Existenzminimum gemäß § 291a der Exekutionsordnung (EO), RGBl. Nr. 79/1896, nicht zu berücksichtigen.

(6) Die Zulässigkeit, den Nachweis einer oder mehrerer Voraussetzungen des Abs. 2 Z 2 bis 4 mit einer Haftungserklärung (§ 2 Abs. 1 Z 15) erbringen zu können, muss ausdrücklich beim jeweiligen Aufenthaltszweck angeführt sein.

(7) Der Fremde hat bei der Erstantragstellung ein Gesundheitszeugnis vorzulegen, wenn er auch für die Erlangung eines Visums (§ 21 FPG) ein Gesundheitszeugnis gemäß § 23 FPG benötigen würde.

Übersicht:

1.	Hinweise auf europarechtliche Normen
2.	Hinweise auf völkerrechtliche Norm
3.-5.	Hinweise auf innerstaatliche Normen
6.-9.	Materialien
10.-13.	Anmerkungen
14.	Judikatur

1. Art 5 LangfrRL, IV.B.6.; Art 7 FamZusRL, IV.B.5.; Art 6 ff StudentenRL, IV.B.12.; Art 6 ForscherRL, IV.B.13.

2. Art 8 EMRK, V.C.

3. § 10 AsylG 2005, II.A.; §§ 21, 23, 54, 60 und 62 FPG, II.B.; § 293 ASVG; § 291a EO.

4. Textauszug § 293 ASVG (idF BGBl I 2005/132)

Richtsätze

§ 293. (1) Der Richtsatz beträgt unbeschadet des Abs. 2
  a) für Pensionsberechtigte aus eigener Pensionsversicherung,
    aa) wenn sie mit dem Ehegatten (der Ehegattin) im gemeinsamen Haushalt leben 1 030,23 Euro,
    bb) wenn die Voraussetzungen nach aa) nicht zutreffen 690,00 Euro,
  b) für Pensionsberechtigte auf Witwen(Witwer)pension 690,00 Euro,
  c) für Pensionsberechtigte auf Waisenpension:

aa) bis zur Vollendung des 24. Lebensjahres 247,61 Euro,
falls beide Elternteile verstorben sind 371,77 Euro,
bb) nach Vollendung des 24. Lebensjahres 439,98 Euro,
falls beide Elternteile verstorben sind 690,00 Euro.
Der Richtsatz nach lit. a erhöht sich um 70,56 Euro für jedes Kind (§ 252), dessen Nettoeinkommen den Richtsatz für einfach verwaiste Kinder bis zur Vollendung des 24. Lebensjahres nicht erreicht.

(2) An die Stelle der Richtsätze und der Richtsatzerhöhung gemäß Abs. 1 treten ab 1. Jänner eines jeden Jahres, erstmals ab 1. Jänner 2001, die unter Bedachtnahme auf § 108 Abs. 6 mit dem Anpassungsfaktor (§ 108f) vervielfachten Beträge.

(3) Hat eine Person Anspruch auf mehrere Pensionen aus einer Pensionsversicherung nach diesem oder einem anderen Bundesgesetz, so ist der höchste der in Betracht kommenden Richtsätze anzuwenden. In diesem Fall gebührt die Ausgleichszulage zu der Pension, zu der vor Anfall der weiteren Pension Anspruch auf Ausgleichszulage bestanden hat, sonst zur höheren Pension.

(4) Haben beide Ehegatten Anspruch auf eine Pension aus einer Pensionsversicherung nach diesem oder einem anderen Bundesgesetz und leben sie im gemeinsamen Haushalt, so besteht der Anspruch auf Ausgleichszulage bei der Pension, bei der er früher entstanden ist.

(5) (aufgehoben)

5. Textauszug § 291a EO

Unpfändbarer Freibetrag
("Existenzminimum")

§ 291a. *(1)* Beschränkt pfändbare Forderungen, bei denen der sich nach § 291 ergebende Betrag (Berechnungsgrundlage) bei monatlicher Leistung den Ausgleichszulagenrichtsatz für alleinstehende Personen (§ 293 Abs. 1 lit. a ASVG) nicht übersteigt, haben dem Verpflichteten zur Gänze zu verbleiben (allgemeiner Grundbetrag).

(2) Der Betrag nach Abs. 1 erhöht sich
1. um ein Sechstel, wenn der Verpflichtete keine Leistungen nach § 290b erhält (erhöhter allgemeiner Grundbetrag),
2. um 20% für jede Person, der der Verpflichtete gesetzlichen Unterhalt gewährt (Unterhaltsgrundbetrag); höchstens jedoch für fünf Personen.

(3) Übersteigt die Berechnungsgrundlage den sich aus Abs. 1 und 2 ergebenden Betrag, so verbleiben dem Verpflichteten neben diesem Betrag
1. 30% des Mehrbetrags (allgemeiner Steigerungsbetrag) und
2. 10% des Mehrbetrags für jede Person, der der Verpflichtete gesetzlichen Unterhalt gewährt; höchstens jedoch für fünf Personen (Unterhaltssteigerungsbetrag).

Der Teil der Berechnungsgrundlage, der das Vierfache des Ausgleichszulagenrichtsatzes (Höchstberechnungsgrundlage) übersteigt, ist jedenfalls zur Gänze pfändbar.

(4) Bei täglicher Leistung ist für die Ermittlung des unpfändbaren Freibetrags nach den vorhergehenden Absätzen der 30. Teil des Ausgleichs-

zulagenrichtsatzes, bei wöchentlicher Leistung das Siebenfache des täglichen Betrags heranzuziehen.

(5) Die Grundbeträge sind auf volle Euro abzurunden; der Betrag nach Abs. 3 letzter Satz ist nach § 291 Abs. 2 zu runden.

6. RV 952 XXII. GP

§ 11 normiert in Abs. 1, unter welchen Voraussetzungen einem Fremden ein Aufenthaltstitel nicht erteilt werden darf (absolute Versagungsgründe) und in Abs. 2 welche Voraussetzungen erfüllt sein müssen, um einem Fremden einen Aufenthaltstitel zu erteilen (relative Erteilungsvoraussetzungen). Nach § 24 Abs. 4 ist einem Fremden, der sich auch nach Ablauf der Gültigkeitsdauer seines Aufenthaltstitels in Österreich aufhält, ein weiterer Titel für den gleichen Aufenthaltszweck zu erteilen, wenn nicht mit einer Ausweisung oder einem Aufenthaltsverbot vorgegangen werden kann. Diese Regelung gilt auch in den Fällen des § 25 Abs. 3.

Die Versagungsgründe finden sich in Abs. 1 und stellen in den Z 1 bis 3 auf fremdenpolizeiliche Maßnahmen ab, die gegen den Fremden erlassen wurden, nämlich auf ein inländisches oder ausländisches Aufenthaltsverbot (§ 60 FPG) oder eine Ausweisung (§ 54 FPG), die in den letzten zwölf Monaten erteilt worden ist. Diese Maßnahmen rechtskräftig erlassen worden sein. Ein rechtskräftig durchgesetztes Rückkehrverbot eines Asylwerbers, d.h. wenn dieser bereits außer Landes gebracht wurde, gilt als Aufenthaltsverbot (§ 62 Abs. 4 FPG). Diese Bestimmungen gehen davon aus, dass ein Fremder, gegen den eine solche Maßnahme erlassen wurde, während der Zeit des Einreiseverbots – das sich bei der Ausweisung aus § 73 FPG ergibt, wenn dem Fremden keine besondere Bewilligung erteilt wird – ein Aufenthalt nur in Ausnahmefällen ermöglicht werden soll.

In Z 4 wird auf eine bestehende Scheinehe oder Scheinadoption abgestellt; während des Bestehens einer solchen Beziehung kann keine Niederlassung in Österreich begründet werden. Die Scheinehe und die Scheinadoption sind in § 30 näher determiniert; das fremdenpolizeiliche Anschlussstück findet sich in § 60 Abs. 2 Z 9 und 10 FPG. Diese Begriffe werden trotz einer gewissen Missverständlichkeit – Ehen und Adoptionen kommen zivilrechtlich nicht nur „scheinbar", sondern tatsächlich zu Stande – verwendet, da sie die Sachverhalte am besten beschreiben.

In Z 5 sollen jene Fälle erfasst werden, die zwar zur Inlandsantragstellung berechtigt sind, aber dann rechtswidrig länger im Bundesgebiet bleiben, um das Ergebnis des Niederlassungsverfahrens abzuwarten. Diese Fremden sollen nach der rechtmäßigen Inlandsantragstellung ausreisen und dann im Ausland ihr Verfahren abwarten. Es soll so – in Zusammenschau mit § 21 Abs. 4 – verhindert werden, dass Fremde ihren Aufenthalt im Bundesgebiet durch das Stellen eines Antrags nach diesem Bundesgesetz über den Zeitraum, der von der Sichtvermerkspflicht ausgenommen ist, hinaus legalisieren. Das Risiko einer nicht fristgerechten Entscheidung der Behörde soll, insbesondere bei später Antragstellung, beim Fremden liegen.

In Z 6 sollen solche Fremde von der Erteilung eines Aufenthaltstitels ausgeschlossen werden, die wegen Umgehung der Grenzkontrolle oder illegaler Einreise in das Bundesgebiet rechtskräftig bestraft worden sind.

§ 11

Die Erteilungsvoraussetzungen des Abs. 2 sollen positiv umschreiben, welche Voraussetzungen – neben dem Fehlen von absoluten Versagungsgründen nach Abs. 1 – erfüllt sein müssen, um einen Aufenthalt von Fremden gestatten zu können. Der Aufenthalt darf nicht öffentlichen Interessen – diese sind in Abs. 4 näher determiniert – widerstreiten, es muss ein ortsüblicher Wohnraum vorhanden sein, der Fremde muss über eine in Österreich leistungspflichtige Krankenversicherung verfügen, die alle Risiken abdeckt, die Niederlassung darf für Bund, Land und Gemeinde zu keiner finanziellen Belastung führen und die Erteilung des Aufenthaltstitels darf die Beziehungen zu einem anderen Staat oder einem anderen Völkerrechtssubjekt nicht wesentlich beeinträchtigen. Letzteres wird dann nicht der Fall sein, wenn die Niederlassung einer Verbesserung der Beziehungen entgegensteht, ohne dass es zu einer Verschlechterung kommt oder wenn die Beziehungen aus Gründen, die in den Beziehungen mit einem Staat mit demokratischer Grundhaltung unbeachtlich gewesen wären, zu keiner beachtlichen Belastung geführt hätten.

Z 6 des Abs. 2 stellt nur auf Verlängerungsanträge ab. Im Verlängerungsfall – frühestens aber nach einem Jahr – muss der Fremde zumindest ein Modul der Integrationsvereinbarung bereits erfüllt haben. Dies ist bei Fremden, die des Lesen und Schreibens mächtig sind, mit Vorlage eines Zeugnisses (siehe § 14 Abs. 5 Z 1) der Fall; andernfalls muss der Fremde im ersten Jahr, sofern ihm kein Aufschub gemäß § 14 Abs. 8 gewährt wurde, zumindest das Modul 1 – also das Erlernen des Lesen und Schreibens (Alphabetisierung) – erfüllen.

Abs. 3 stellt klar, dass ein Aufenthaltstitel zur gebotenen Aufrechterhaltung des Privat- und Familienlebens iSd Art. 8 EMRK auch dann erteilt werden kann, wenn eine Erteilungsvoraussetzung nicht gegeben ist. Diese Regel ist weiter als die §§ 24 f., die nur auf Verlängerungsanträge abstellen, aber es handelt sich hiebei um keinen humanitären Titel. Trotzdem wird nicht jeder Sachverhalt mit Familienbezug die Aufrechterhaltung der Niederlassung in Österreich automatisch geboten erscheinen lassen. Es sind vielmehr die Kriterien der Angemessenheit und Zumutbarkeit alternativer Möglichkeiten im konkreten Einzelfall mit einzubeziehen.

Abs. 4 verdeutlicht, wann der Aufenthalt eines Fremden dem öffentlichen Interesse entgegensteht. Das ist der Fall, wenn sein Aufenthalt eine Gefährdung der öffentlichen Ordnung und Sicherheit darstellen würde oder anzunehmen ist, dass er einerseits gegen die Wertvorstellungen eines europäischen, demokratischen Staaten und seiner Gesellschaft eingestellt ist und andererseits andere Menschen durch Kommunikation über Wort, Bild oder Schrift von diesen Einstellungen zu überzeugen suchen wird oder bereits hat oder aber Personen und Organisationen unterstützt, die diese Ziele verfolgen oder gutheißen. Die Wertvorstellungen eines europäischen demokratischen Staates sind wohl nur in einem Vergleich der gemeinsamen Vorstellungen zu finden. Hier ist vor allem an die Europäische Konvention der Menschenrechte samt Zusatzprotokollen zu denken aber auch an die Gleichstellung von Mann und Frau und damit zusammenhängende Rechtsstandards – etwa die Einehe oder die Strafbarkeit von Gewalt in der Familie – und an die demokratische Grundstruktur der Staaten sowie natürlich das Verbot der Todesstrafe und die ablehnende Einstellung zu totalitären Regimen wie dem Nationalsozialismus. Es wird immer nur im Einzelfall feststellbar sein, ob ein Mensch gegen die Wertvorstellungen eines demokratischen europäischen Staates eingestellt ist. Darüber hinaus muss aber auf Grund bestimmter Tatsachen anzunehmen sein, der Mensch werde diese Einstellung entweder selbst „unter das Volk" bringen wollen (Demagoge) oder eine Person oder Organisation unterstützen, die solche Ziele verfolgt. In § 31 werden grundsätzlich die Rahmenbedingungen für das Verhalten eines in Österreich befindlichen Fremden festgelegt. Eine Gefährdung der öffentlichen Ordnung – z.B. auf dem Gebiet eines geordneten Aufenthalts- und Niederlassungswesens – kann sich vor allem aus falschen oder unvollständigen Angaben im Zuge eines Verfahrens oder aus sonstigen Umgehungsversuchen der gesetzlichen Rahmenbedingungen ergeben.

Abs. 5 stellt klar, wann der Aufenthalt eines Fremden zu keiner finanziellen Belastung einer Gebietskörperschaft führt. Dabei sind Einkünfte in der Höhe nach den Richtsätzen des § 293 ASVG nachzuweisen, wobei bei Nachweis der Unterhaltsmittel durch Unterhaltsansprüche zur Berechnung der Leistungsfähigkeit des Verpflichteten dessen pfändungsfreies Existenzminimum nach § 291 EO nicht zu berücksichtigen ist.

In Abs. 6 wird für bestimmte Fälle die Möglichkeit der Abgabe einer Haftungserklärung eröffnet, wenn diese im Besonderen Teil des Gesetzes jeweils ausdrücklich für zulässig erklärt wird. Eine Haftungserklärung ist selbstverständlich nur dann geeignet, die Voraussetzungen zu erfüllen, wenn sie § 2 Abs. 1 Z 15 entspricht.

7. RV 952 XXII. GP zu § 13 (= § 11 Abs 7 idF AB 1055 XXII. GP)

§ 13 schlägt vor, vom bisherigen System des obligatorischen Gesundheitszeugnisses abzugehen. Das Erfordernis richtet sich nicht mehr nach der Dauer, sondern nach dem Gefährdungspotenzial. Ein Gesundheitszeugnis ist nur mehr notwendig, wenn der Fremde ein solches gemäß § 23 FPG bräuchte. Das ist dann der Fall, wenn sich der Fremde in den letzten sechs Monaten vor der Einreise in das Bundesgebiet – also mit Erteilung des Visums nach § 22 Abs. 2 – in einem Staat aufgehalten hat, für den eine Verordnung nach § 23 Abs. 1 FPG bestand. Das Gesundheitszeugnis umfasst Krankheiten, bei denen örtlich ein wesentlich erhöhtes Risiko der Ansteckung besteht.

Zur Erlassung der Verordnung ist der Bundesminister für Gesundheit und Frauen im Einzelfall unter Bezeichnung des jeweiligen Landes berufen.

Durch die Umstellung des Systems werden – unter gleichzeitiger Bedachtnahme auf § 23 FPG – alle bewilligungspflichtigen Einreisen aus Gebieten mit erhöhter Gefahr der Ansteckung mit gefährlichen Krankheiten erfasst und es kommt trotzdem zu einer Reduktion des Verwaltungsaufwands.

8. AB 1055 XXII. GP

In Abs. 1 erfolgt eine terminologische Anpassung an das FPG (§§ 109 ff. FPG).

In Abs. 4 erfolgt eine Anpassung der Z 2.

§ 11

Die bisherige Bestimmung des § 13 über das Gesundheitszeugnis wird als Abs. 7 in den § 11 integriert, da er eine allgemeine Voraussetzung darstellt.

9. AF 1055 XXII. GP

Zu § 11 Abs. 4 Z 1 NAG stellt der Ausschuss für innere Angelegenheiten fest, dass der Aufenthalt eines Fremden die öffentliche Ordnung oder Sicherheit auch gefährdet, wenn auf Grund bestimmter Tatsachen anzunehmen ist, dass er gegen die Wertvorstellungen eines europäischen, demokratischen Staates und seiner Gesellschaft eingestellt ist und andere Menschen von dieser Einstellung in Wort, Bild oder Schrift zu überzeugen versuchen wird oder versucht hat oder auf andere Weise eine natürliche Person oder Organisation unterstützt, die solche Ziele verfolgt oder gutheißt.

10. Anm: Die bei der Antragstellung erforderlichen Urkunden und Nachweise sind in den §§ 6 ff NAG-DV geregelt (siehe 8. zu § 19). Beruft sich der Antragsteller beim Nachweis der ortsüblichen Unterkunft, des ausreichenden Krankenversicherungsschutzes und des gesicherten Lebensunterhaltes auf die Leistung durch einen verpflichteten Dritten, dann hat er dessen Leistung entsprechend nachzuweisen (§ 7 Abs 2 NAG-DV).

11. Anm: Zu Abs 2 Z 3: Die von den Sozialversicherungsträgern ausgegebene „e-card" ist für sich allein weder ein Nachweis für ein bestehendes Versicherungsverhältnis noch für eine etwaige Anspruchsberechtigung (§ 2 Abs 2 der Musterkrankenordnung 2004 des Hauptverbandes der Sozialversicherungsträger). Um einen ausreichenden Krankenversicherungsschutz festzustellen, werden weiterhin Bestätigungen des jeweiligen Sozialversicherungsträgers erforderlich sein.

12. Anm: Zu Abs 2 Z 4 und Abs 5: Anders als nach der früheren Rechtslage des FrG bzw AufG (neun verschiedene Sozialhilferichtsätze der Länder) gilt nunmehr mit den Ausgleichszulagenrichtsätzen nach § 293 ASVG bundesweit ein einheitlicher und objektivierter Richtwert betreffend feste und regelmäßige Einkünfte. Bei der Beurteilung, ob keine finanzielle Belastung für eine Gebietskörperschaft vorliegt, hat die Behörde den konkreten Sachverhalt zu prüfen. Die geeigneten Nachweise des gesicherten Lebensunterhalts sind in § 7 Abs 1 Z 7 NAG-DV geregelt (insb Lohnzettel, Lohnbestätigungen, Dienstverträge, Pensions-, Renten- oder sonstige Versicherungsleistungen, Nachweis von Investitionskapital oder eigenen Vermögens in ausreichender Höhe).

Beim Nachweis der Unterhaltsmittel durch Unterhaltsansprüche ist das pfändungsfreie Existenzminimum des Unterhaltsverpflichteten (oben 5.) nicht zu berücksichtigen, dh dass nur das über seinem eigenen Existenzminimum liegende Einkommen zur weiteren Berechnung dieses Nachweises herangezogen werden kann. Darüber hinaus sind Unterhaltsansprüche nicht nur nach ihrer Rechtsgrundlage, sondern nach der tatsächlichen Höhe und Leistung zu beurteilen (vgl § 2 Abs 4 Z 3). Es muss somit nachgewiesen werden, welche Unterhaltsmittel in welcher Höhe konkret zwischen dem Unterhaltsverpflichteten und dem Unterhaltsempfänger geflossen sind.

Nach der Rspr des VwGH zu § 5 AufG bzw zu § 10 Abs 2 Z 1 FrG vermindern bestehende Kreditbelastungen zur Anschaffung einer Eigentumswohnung, Mietbelastungen und Pfändungen die zur Verfügung stehenden Unterhaltsmittel (VwGH 95/19/0491, 96/19/3172, 98/21/0516, 99/19/0094). Andererseits sind Naturalleistungen (zB freie Verpflegung), wenn sich diese aus Unterhaltsansprüchen ergeben (vgl VwGH 95/19/1183 und 95/19/1192), und Sonderzahlungen (Urlaubs- und Weihnachtsgeld; vgl VwGH 98/21/0516) zum Einkommen hinzuzuzählen. Unbeschadet der Darlegungspflicht des Antragstellers (vgl VwGH 95/19/1183) hat die Behörde bei Letzteren gegebenenfalls von Amts wegen zu ermitteln. Diese Rspr des VwGH wird auch für die künftige Berechnung des gesicherten Lebensunterhalts gelten.

Die Familienbeihilfe und das Kinderbetreuungsgeld können nur im Fall eines Verlängerungsantrages beim erforderlichen Einkommen hinzugezählt werden, da nach den ebenfalls im Rahmen des Fremdenrechtspakets 2005 novellierten §§ 2 und 3 FLAG und § 2 KBGG Familienbeihilfe und Kinderbetreuungsgeld grundsätzlich nur solchen Personen zusteht, die in Österreich bereits den Mittelpunkt ihrer Lebensinteressen haben. Ein rechtmäßiger Aufenthalt nach §§ 8 und 9 NAG des Anspruchsberechtigten und auch des Kindes wird dabei zwingend vorausgesetzt (§ 3 Abs 1 und 2 FLAG sowie § 2 Abs 1 Z 4 und 5 KBGG). Bei Erstanträgen kann es daher zur keiner Anrechnung der Familienbeihilfe und des Kinderbetreuungsgeldes kommen.

13. Anm: Zu Abs 6: Zu den zulässigen oder verpflichtenden Fällen einer Haftungserklärung siehe 12. zu § 2.

14. Jud: Zum AufG und FrG: VwGH 14.05.1996, 95/19/1192 (Unterhaltsansprüche); 19.09.1996, 95/19/1183 (Darlegungspflicht, Naturalverpflegung); 10.12.1996, 95/19/0491 (Mietaufwand); 03.12.1999, 99/19/0094 (Kreditbelastung); 25.08.2000, 96/19/3172 (Pfändungen); 15.10.2002, 98/21/0516 (Familienbeihilfe, Sonderzahlungen).

Quotenpflichtige Niederlassung

§ 12. (1) Den Regelungen über die Quotenpflicht unterliegen gemäß § 13:
1. **die erstmalige Erteilung einer Niederlassungsbewilligung und**
2. **die Zweckänderung eines gültigen Aufenthaltstitels, soweit die beantragte Niederlassungsbewilligung bei erstmaliger Erteilung quotenpflichtig wäre.**

(2) Anträge innerhalb eines Quotenjahres auf Erteilung einer der Quotenpflicht unterliegenden Niederlassungsbewilligung sind nach dem Datum des Einlangens bei der Behörde in ein nach Quotenjahren und Quotenarten zu führendes Register, das vom Landeshauptmann zu führen ist, aufzunehmen und diesem Quotenjahr zuzuordnen. Sofern der Landeshauptmann ein automationsunterstütztes

§ 12

Register für die Reihung der Anträge eingerichtet hat, gilt für am selben Tag einlangende Anträge als zusätzliches Reihungselement der genaue Zeitpunkt der Aufnahme in dieses. In einem Quotenjahr gestellte Anträge sind unbeschadet des Erledigungszeitpunktes auf dieses Quotenjahr so lange anzurechnen, wie Quotenplätze im Register vorhanden sind.

(3) Unbeschadet der sonstigen Voraussetzungen für die Erteilung der Niederlassungsbewilligung darf eine solche nur dann erteilt werden, wenn ein aus dem Register nach Abs. 2 zugeordneter Quotenplatz zur Verfügung steht. Die Erteilung einer Niederlassungsbewilligung verringert die im Register nach Abs. 2 vorhandene Anzahl von Plätzen. Die konkrete Zuteilung eines Quotenplatzes erfolgt mit Erteilung der Niederlassungsbewilligung und in den Fällen des § 23 Abs. 2 mit Beauftragung der zuständigen Berufsvertretungsbehörde.

(4) Steht zum Zeitpunkt der Antragstellung oder zum Zeitpunkt der Entscheidung über den Antrag in diesem Quotenjahr kein Quotenplatz im Register nach Abs. 2 mehr zur Verfügung, so ist – ausgenommen in Fällen der Familienzusammenführung nach § 46 Abs. 4 – der Antrag ohne weiteres Verfahren zurückzuweisen, wobei die Zurückweisungsentscheidung Angaben über die Reihung und die Gesamtzahl der bis zum Entscheidungszeitpunkt gestellten Anträge im Quotenjahr und der zur Verfügung stehenden Quotenplätze zu enthalten hat; gegen diese Entscheidung ist keine Berufung zulässig.

(5) Kann auf Grund der Reihung im Register nach Abs. 2 ein Antrag auf Erteilung einer Niederlassungsbewilligung weder abgewiesen noch zurückgewiesen werden, weil noch nicht alle verfügbaren Quotenplätze der betreffenden Quotenart rechtskräftig vergeben worden sind, ist die Erledigung dieses Antrages bis zum Freiwerden eines Quotenplatzes der betreffenden Quotenart oder bis zur Ausschöpfung der betreffenden Quotenart aufzuschieben. Der Aufschub hemmt den Ablauf der Fristen nach § 73 des Allgemeinen Verwaltungsverfahrensgesetzes 1991 (AVG), BGBl. Nr. 51.

(6) Wurde der Antrag auf Erteilung einer Niederlassungsbewilligung abgewiesen oder aus anderen Gründen als nach Abs. 4 zurückgewiesen und wurde dagegen Berufung erhoben, hat dies keinen Einfluss auf die Reihungen von anderen Anträgen im Register nach Abs. 2. Liegt eine abweisende oder zurückweisende Entscheidung der Berufungsbehörde vor, wird der betreffende Quotenplatz frei.

(7) Ist in Fällen der Familienzusammenführung gemäß § 46 Abs. 4 die Anzahl der Quotenplätze in einem Land ausgeschöpft, hat die Behörde die Entscheidung über den Antrag aufzuschieben, bis ein Quotenplatz vorhanden ist, sofern sie den Antrag nicht aus anderen Gründen zurückzuweisen oder abzuweisen hat. Ein solcher Aufschub hemmt den Ablauf der Fristen nach § 73 AVG und § 27 des Verwaltungsgerichtshofgesetzes 1985 (VwGG), BGBl. Nr. 10. Der Fremde oder der Zusammenführende hat zum Stichtag des Aufschubes einen Anspruch auf Mitteilung über den Platz in der Reihung des Registers. Die Mitteilung über die Reihung ist auf Antrag des Fremden einmalig in Bescheidform zu erteilen; dagegen ist keine Berufung zulässig.

Weitere Reihungsmitteilungen können auch in anderer technisch geeigneten Weise, die den Schutz personenbezogener Daten wahrt, ergehen. Drei Jahre nach Antragstellung ist ein weiterer Aufschub nicht mehr zulässig und die Quotenpflicht nach Abs. 1 erlischt.

(8) Niederlassungsbewilligungen für Kinder, denen gemäß § 30 Abs. 4 FPG Sichtvermerksfreiheit zukommt, und Fremde, denen gemäß § 7 Abs. 1 Z 3 AsylG 2005 der Status eines Asylberechtigten rechtskräftig aberkannt wurde und die weiterhin im Bundesgebiet niedergelassen sind, unterliegen nicht der Quotenpflicht. Dies gilt ebenso für Kinder, die im Zeitraum zwischen der Antragstellung der Mutter und der Erteilung der Niederlassungsbewilligung geboren wurden.

Übersicht:

1. Hinweise auf europarechtliche Normen
2. Hinweise auf innerstaatliche Normen
3.-4. Materialien
5.-10. Anmerkungen
11. Judikatur

1. Art 14 Abs 4 LangfrRL, IV.B.6; Art 8 FamZusRL, IV.B.5.

2. Siehe VI.F. NLV 2006; § 30 Abs 4 FPG, II.B.; § 73 AVG; § 27 VwGG.

3. RV 952 XXII. GP

§ 12 Abs. 1 legt fest, welche Aufenthaltstitel der Quotenpflicht nach den Regelungen des Niederlassungsverordnungsgesetzes (NLV-G) unterliegen. Dies sind vor allem erstmalig zu erteilende Niederlassungsbewilligungen bestimmter Quotenarten und alle Niederlassungsbewilligungen, die nach einer Zweckänderung erteilt werden und die beantragte Niederlassungsbewilligung bei erstmaliger Bewilligung quotenpflichtig gewesen wäre. Wie viele Quotenplätze in den einzelnen Quotenarten vorhanden sind, ergibt sich aus der Niederlassungsverordnung für das jeweilige Quotenjahr (§ 18 Abs. 1 NLV-G). Hinsichtlich der gemeinschaftsrechtlichen Zulässigkeit der Quotenregelung ist auf die Ermächtigung des Art. 14 Abs. 4 der Richtlinie 2003/109/EG hinzuweisen.

Abs. 2 bestimmt die objektive Reihung der für die Erteilung einer quotenpflichtigen Niederlassungsbewilligung eingebrachten Anträge nach dem Datum des Einlangens bei der Behörde. Die Festlegung der Reihungskriterien ist vor allem dann wesentlich, wenn mehr Anträge gestellt werden, als Quotenplätze vorhanden sind. Weiters sollen Vorreihungen auf Grund von Interventionen und anderen Beeinflussungen hintan gehalten werden. Damit soll dem Rechtsstaatsprinzip – auch im Hinblick auf das Erkenntnis des VfGH vom 8. 10. 2003 (G 119/03) –, das eine objektive Überprüfbarkeit der Kriterien für die Reihung verlangt, Genüge getan werden. Zwar hat sich das Erkenntnis auf Grund des Anlassfalls nur auf den Familiennachzug bezogen, jedoch ist – gerade bei der stärkeren Rechtsfolge der Zurückweisung in anderen Fällen – davon auszugehen, dass eine überprüfbare Reihung in allen Fällen notwendig sein wird.

§ 12

Behörde, bei der Anträge einlangen, ist grundsätzlich der Landeshauptmann, im Fall einer von ihm ermächtigten Bezirksverwaltungsbehörde nach § 3 Abs. 1 aber diese. Die Behörde hat die Anträge nach dem Datum ihres Einlangens in ein nach Quotenjahren und Quotenarten (s. § 18 Abs. 1 NLV-G) zu führendes Register aufzunehmen und diesem Quotenjahr zuzuordnen. Im Fall eines automationsunterstützten Registers tritt der genaue Zeitpunkt der Aufnahme in dieses als zusätzliches Reihungskriterium hinzu. Das Register hat die Reihung aller Anträge auf das gesamte Gebiet des Bundeslandes bezogen vorzunehmen. Ebenso sind alle Anträge, die bei den Bezirksverwaltungsbehörden eingebracht werden, ausschließlich im landesweiten Register, das vom Landeshauptmann zu führen ist, aufzunehmen. Langen mehrere Anträge am gleichen Tag zur gleichen Zeit bei der Behörde ein – etwa wenn eingegangene Anbringen im Postumlauf nur ein- oder zweimal pro Tag an die zuständigen Organisationseinheiten verteilt werden –, so können diese beispielsweise nach der Eingangszahl der Anbringen gereiht werden. Langen bei mehreren Bezirksverwaltungsbehörden am gleichen Tag mehrere Anträge ein, dann hat der Landeshauptmann auf andere Weise sicherzustellen, dass eine objektiv nachzuvollziehende Aufnahme dieser Anträge in das Register erfolgen kann, wenn dieses nicht automationsunterstützt geführt wird.

Der letzte Satz des Abs. 2 soll sicherstellen, dass Anträge unbeschadet ihres Erledigungszeitpunkts so lange für die Zuteilung eines Quotenplatzes zu berücksichtigen sind, wie Quotenplätze des betreffenden Quotenjahres laut Register frei sind. Bringt etwa ein Fremder im Dezember des betreffenden Quotenjahres einen Antrag ein und wird über diesen erst im Folgejahr entschieden, dann ist ihm jedenfalls noch ein Quotenplatz des vorigen Quotenjahres zuzuteilen, wenn die Quotenplätze der betreffenden Quotenart bis zum Ende des Quotenjahres nicht zur Gänze ausgeschöpft worden sind. Damit soll aber etwa auch der andere Fall geregelt sein, dass sich die Berufungsentscheidung über eine abweisende oder zurückweisende Entscheidung der erstinstanzlichen Behörde in ein neues Kalenderjahr und damit ein neues Quotenjahr hinein zieht und die Berufung letztlich zugunsten des Antragstellers entschieden wird. Diesfalls ist dem erfolgreichen Berufungswerber ein noch freier Quotenplatz des vorigen Quotenjahres zuzuteilen.

Abs. 3 stellt klar, dass neben den allgemeinen Voraussetzungen für die Erteilung einer Niederlassungsbewilligung auch ein Quotenplatz der betreffenden Quotenart frei sein muss. Jede erteilte quotenpflichtige Niederlassungsbewilligung verringert die Zahl der vorhandenen Quotenplätze. Dies muss im Register ersichtlich gemacht werden. Ein Quotenplatz gilt als vergeben, wenn die Niederlassungsbewilligung erteilt wird bzw. in den Fällen des § 23 Abs. 2 (Antragstellung aus dem Ausland) mit der Beauftragung der zuständigen Berufsvertretungsbehörde. Diese Vorgänge sind mit ihrem Erledigungsdatum im Register ersichtlich zu machen.

Abs. 4 bestimmt, dass im Fall der gänzlichen Ausschöpfung der Quotenplätze der beantragten Quotenart im Register zum Zeitpunkt der Antragstellung oder der Entscheidung über den Antrag die Behörde den Antrag ohne weiteres Verfahren zurückzuweisen hat. Dies gilt jedoch nicht für Fälle der Familienzusammenführung nach § 46 Abs. 4. Gegen diese

Zurückweisungsentscheidung ist kein ordentliches Rechtsmittel möglich, sondern es kann direkt Beschwerde beim VwGH oder VfGH geführt werden. Ein ordentliches Rechtsmittel erscheint hier nicht zweckmäßig, weil die Zurückweisungsentscheidung der Behörde allein auf der objektiven Feststellung der Ausschöpfung der verfügbaren Quotenplätze beruht. Die Zurückweisungsentscheidung hat die für die Zurückweisung maßgeblichen Angaben aus dem Register anzuführen.

Abs. 5 bezieht sich auf jene Fälle, in denen die Zahl der landesweit eingelangten Anträge die Zahl der vorhandenen Quotenplätze der jeweiligen Quotenart im betreffenden Bundesland übersteigt, aber noch nicht alle verfügbaren Quotenplätze – rechtskräftig – vergeben worden sind. Alle nach den verfügbaren Quotenplätzen gereihten Anträge – bei zehn zu vergebenden Quotenplätzen wären das der elfte Antrag usw. – sind im Register in einer Art „Warteposition". Diese Anträge sind so lange aufzuschieben, bis feststeht, ob die Quote zur Gänze ausgeschöpft ist oder ob nachträglich noch Quotenplätze frei geworden sind. Der Hinweis auf die Rechtskräftigkeit einer Quotenplatzerteilung bezieht sich auf jenen Fall, wo ein Antrag, dem grundsätzlich nach seiner Reihung im Register ein Quotenplatz zukommen würde, in erster Instanz abgewiesen oder zurückgewiesen wurde, und der Antragsteller gegen diese negative Entscheidung Berufung erhebt. Dieser ihm auf Grund der Reihung im Register vorerst zukommende Quotenplatz bleibt so lange erhalten, bis die Berufungsbehörde entschieden hat (s. Abs. 6). Damit keine Säumnisfolgen eintreten, ist die Entscheidungsfrist der Behörde nach § 73 AVG hinsichtlich der im Register in „Warteposition" befindlichen Anträge gehemmt.

Abs. 6 bestimmt, dass ein abgewiesener oder zurückgewiesener Antrag auf Erteilung einer Niederlassungsbewilligung im Fall einer Berufung gegen diese Entscheidung keinen Einfluss auf die Reihungen von anderen Anträgen im Register hat. Das bedeutet, dass der Berufungswerber den ihm auf Grund seiner Reihung im Register zustehenden Quotenplatz so lange für sich beanspruchen und für alle „wartenden" Anträge „blockieren" kann, bis die Berufungsbehörde entschieden hat. Das gilt auch für den Fall, dass die Entscheidung erst nach dem betreffenden Quotenjahr ergeht; diesbezüglich gilt die Regelung des Abs. 2 letzter Satz. Gibt die Berufungsbehörde dem Antrag statt, dann wird ihm dieser Quotenplatz endgültig (rechtskräftig) zugewiesen. Weist sie die Berufung hingegen ab, dann wird der „blockierte" Quotenplatz frei und der im Register erstgereihte Antrag in „Warteposition" (s. Abs. 5) erhält den frei gewordenen Quotenplatz zugewiesen, sofern auch die übrigen Erteilungsvoraussetzungen erfüllt sind.

Abs. 7 normiert eine davon differenzierte Vorgehensweise in Fällen der Familienzusammenführung. Kann einem Antrag nicht stattgegeben werden, weil im betreffenden Bundesland kein Quotenplatz der jeweiligen Quotenart mehr vorhanden ist, ist die Entscheidung aufzuschieben; der Aufschub hemmt den Ablauf der Entscheidungsfristen. Der antragstellende Fremde oder der Zusammenführende haben zum Stichtag des Aufschubes Anspruch auf Mitteilung über ihren Platz in der Reihung des Registers. Diese Mitteilung ist auf Antrag einmalig in Bescheidform zu erteilen; dagegen ist keine Berufung zulässig, sondern es kann direkt Beschwerde beim VwGH oder VfGH erhoben werden. Nach diesem Bescheid können weitere Reihungsmitteilungen auf technisch geeignete Weise – etwa durch eine Internetseite oder in Briefform – ergehen. Wesentlich ist hierbei der Schutz personenbezogener Daten. Drei Jahre nach der Antragstellung ist ein weiterer Aufschub nicht mehr zulässig und eine Bewilligung darf auch erteilt werden, wenn kein Quotenplatz mehr vorhanden ist. Hiermit soll einerseits die Richtlinie 2003/86/EG betreffend das Recht auf Familienzusammenführung umgesetzt und andererseits dem oben angeführten Erkenntnis des Verfassungsgerichtshofs Genüge getan werden. Ist eine Familienzusammenführung mangels Quotenplatz nicht möglich, aber nach Art. 8 EMRK geboten, so bietet die Regelung in § 73 Abs. 4 darüber hinaus explizit die Möglichkeit, einen Antrag auf Erteilung einer Niederlassungsbewilligung aus humanitären Gründen zu stellen.

Abs. 8 normiert, dass Kinder von rechtmäßig im Bundesgebiet niedergelassenen Fremden und Asylberechtigte, denen aus den Gründen des § 7 Abs. 1 Z 3 Asylgesetz 2005 der Status aberkannt worden ist, keinen Quotenplatz benötigen, wenn ihnen eine Niederlassungsbewilligung erteilt wird. Dies gilt auch für Kinder, die nach Antragstellung der Mutter geboren werden.

4. AB 1055 XXII. GP

Siehe unten 2. zu § 13.

5. Anm: Von der Quotenpflicht ausgenommen sind neben den Fällen des Abs 8 auch pensionierte Träger von Privilegien und Immunitäten, wenn sie eine „Niederlassungsbewilligung – ausgenommen Erwerbstätigkeit" beantragen (§ 42 Abs 2).

6. Anm: Wechselt der Antragsteller vor dem Abschluss des Erteilungsverfahrens innerhalb desselben Bundeslandes den Wohnsitz, dann wirkt sich dies auf die Reihung der Quoten nicht aus, zumal diese für das gesamte Bundesland gleichermaßen gilt. Im Fall des Wohnsitzwechsels in ein anderes Bundesland wird die ursprünglich örtlich zuständige Behörde in jeder Lage des Verfahrens ex lege unzuständig (vgl *Hengstschläger*, Verwaltungsverfahrensrecht[3] [2005] Rz 68), womit auch der ursprüngliche Reihungsplatz im Quotenregister des ersten Bundeslandes untergeht. Der Antragsteller hat in diesem Fall bei der nunmehr zuständigen Behörde des anderen Bundeslandes den Antrag erneut einzubringen, sofern die vorher zuständige Behörde ihre örtliche Unzuständigkeit von Amts wegen wahrgenommen und den Antragsteller an die nunmehr örtlich zuständige Behörde des anderen Bundeslandes weiterverwiesen und den Antrag nicht bereits selbst an diese weitergeleitet hat (vgl § 6 Abs 1 AVG). Über die Reihung des Antrages im Quotenregister des neuen Wohnsitzbundeslandes entscheidet wiederum das Datum des Einlangens des Antrages bei der nunmehr örtlich zuständigen Behörde (vgl Abs 2).

Damit werden auch Fälle eines missbräuchlichen „Quotentourismus" ausgeschlossen, wonach ein Fremder in einem Bundesland, wo die Quotenplätze erfahrungsgemäß weniger schnell oder gar nicht ausgeschöpft werden, nur einen sog „Scheinantrag" stellt, um dann mit dem zugeteilten Rang im Quotenregister dieses Bundeslandes unter Wahrung der Reihung in ein anderes Bundesland umzieht, das dann bei der Erteilung der Niederlassungsbewilligung an die Reihung im vorigen Bundesland gebunden wäre.

7. Anm: Als Zweckänderung iSd Abs 1 Z 2 gilt auch die im Zuge eines Verlängerungsverfahrens beantragte Zweckänderung nach § 24 Abs 4 idF der Novelle BGBl I 2005/157.

8. Anm: Art 14 Abs 4 LangfrRL erlaubt den Mitgliedstaaten, die Gesamtzahl der langfristig Aufenthaltsberechtigten eines anderen Mitgliedstaates, die im Rahmen der Mobilität in einen zweiten Mitgliedstaat kommen, zu begrenzen, sofern solche Begrenzungen bereits in den geltenden Rechtsvorschriften vorgesehen waren. Im Falle Österreichs trifft dies insofern zu, als Quotenregelungen bereits im FrG vorgesehen waren, nicht jedoch auf die neue Quotenart für Inhaber eines Aufenthaltstitels „Daueraufenthalt – EG" eines anderen Mitgliedstaates. Diese Ermächtigung umfasst aus gemeinschaftsrechtlicher Sicht lediglich die Zulässigkeit von sog „Mobilitätsquoten" (siehe § 13 Abs 2 Z 2), nicht jedoch die übrigen Quotenarten. Die europarechtliche Zulässigkeit der gesamten Quotenregelung pauschal auf Art 14 Abs 4 LangfrRL zu stützen, wie dies aus den EB zur RV hervorgeht, ist jedoch nicht treffend.

9. Anm: Die Drei-Jahres-Frist in Abs 7 steht im Einklang mit Art 8 LangfrRL, die eine maximale Wartefrist von drei Jahren zwischen der Stellung des Antrags auf Familienzusammenführung und der Ausstellung des Aufenthaltstitels zulässt.

10. Anm: In Abs 8 müsste das verwendete Zitat richtigerweise „§ 7 Abs 1 Z 2 AsylG 2005" heißen. Inhaltliche Vorgängerbestimmung dieser Norm war § 23 Abs 5 FrG iVm § 14 Abs 1 Z 1 oder 2 AsylG 1997 (vgl RV 686 XX. GP zu § 14 AsylG 1997). Die Aberkennung des Status des Asylberechtigten im Fall des § 7 Abs 1 Z 3 AsylG 2005 bei Vorliegen des Mittelpunkts der Lebensbeziehungen in einem anderen Staat (bisher § 14 Abs 1 Z 3 AsylG 1997) steht nämlich im unauflöslichen Widerspruch zur Voraussetzung des Abs 8, dass dieser Fremde „weiterhin im Bundesgebiet niedergelassen" ist, da entsprechend der Legaldefinition der Niederlassung nach § 2 Abs 2 Z 2 jedenfalls in Österreich der Mittelpunkt der Lebensbeziehung begründet werden muss.

11. Jud: Zu § 18 Abs 1 FrG (= § 13 Abs 1 NAG): VfGH G 119/03 ua, VfSlg 17.013.

Niederlassungsverordnung

§ 13. (1) **Die Bundesregierung erlässt über Vorschlag des Bundesministers für Inneres im Einvernehmen mit dem Hauptausschuss des Nationalrates eine Verordnung, mit der für jeweils ein Kalender-**

jahr die Anzahl der Niederlassungsbewilligungen und die Höchstzahl der Beschäftigungsbewilligungen für befristet beschäftigte Fremde festgelegt werden (Niederlassungsverordnung).

(2) In der Niederlassungsverordnung ist getrennt nach Quotenarten die Anzahl der Niederlassungsbewilligungen festzulegen, die
1. Schlüsselkräften (§§ 2 Abs. 5 und 12 Abs. 8 AuslBG und § 41) und deren Familienangehörigen (§ 46 Abs. 3);
2. Drittstaatsangehörigen, die im Besitz eines Aufenthaltstitels „Daueraufenthalt – EG" (§ 8 Abs. 1 Z 3) eines anderen Mitgliedstaates sind und zur Ausübung einer selbständigen oder unselbständigen Erwerbstätigkeit oder in den Fällen des § 49 Abs. 1 nach Österreich kommen wollen;
3. Familienangehörigen von Drittstaatsangehörigen in den Fällen des § 46 Abs. 4;
4. Drittstaatsangehörigen, die im Besitz einer „Niederlassungsbewilligung – Angehöriger" sind und eine Zweckänderung auf eine „Niederlassungsbewilligung – beschränkt" anstreben (§ 47 Abs. 4 und § 56 Abs. 3) und
5. Drittstaatsangehörigen und deren Familienangehörigen, die sich ohne Erwerbsabsicht (§§ 42 und 46 Abs. 1) auf Dauer in Österreich niederlassen dürfen,

in dem Kalenderjahr, für das die Verordnung erlassen wird (Quotenjahr), höchstens erteilt werden dürfen. Die Bundesregierung hat dabei die Entwicklung eines geordneten Arbeitsmarktes sicherzustellen und in der Niederlassungsverordnung die Niederlassungsbewilligungen so auf die Länder aufzuteilen, wie es deren Möglichkeiten und Erfordernissen entspricht.

(3) Vor Erlassung der Niederlassungsverordnung gemäß Abs. 2 sind die Wirtschaftskammer Österreich, die Bundesarbeitskammer, die Präsidentenkonferenz der Landwirtschaftskammern Österreichs, der Österreichische Gemeindebund, der Österreichische Städtebund, der Österreichische Gewerkschaftsbund, die Österreichische Industriellenvereinigung und das Österreichische Wirtschaftsforschungsinstitut zu hören. Den Ländern ist die Möglichkeit zu geben, konkrete Vorschläge für die Zahl der im jeweiligen Land benötigten Niederlassungsbewilligungen zu erstatten (Abs. 2 Z 1 bis 5); die Länder haben hiefür die bestehenden Möglichkeiten im Schul- und Gesundheitswesen sowie – nach Anhörung der maßgeblichen Gemeinden – die Entwicklung auf dem Wohnungsmarkt und – nach Anhörung der Interessenvertretungen der Arbeitgeber und der Arbeitnehmer auf Landesebene – die Lage und Entwicklung des Arbeitsmarktes zu berücksichtigen.

(4) In der Niederlassungsverordnung ist die Anzahl jener Fremden festzulegen, die innerhalb der Quoten gemäß Abs. 2 Z 1 zur Aufnahme einer selbständigen Erwerbstätigkeit als Schlüsselkraft ermächtigt sind.

(5) In der Niederlassungsverordnung hat die Bundesregierung weiters festzulegen:

1. die Höchstzahl der Beschäftigungsbewilligungen für befristet beschäftigte Fremde (§ 5 AuslBG), mit denen der Bundesminister für Wirtschaft und Arbeit mit Verordnung ein damit verbundenes Einreise- und Aufenthaltsrecht gemäß § 24 FPG einräumen darf, und
2. die Höchstzahl der Beschäftigungsbewilligungen für Erntehelfer (§ 5 AuslBG), mit denen der Bundesminister für Wirtschaft und Arbeit mit Verordnung ein damit verbundenes Einreise- und Aufenthaltsrecht gemäß § 24 FPG einräumen darf.

(6) (Verfassungsbestimmung) Die Bundesregierung hat bei Erlassung der Niederlassungsverordnung auf die Aufnahmefähigkeit des inländischen Arbeitsmarktes und die Vorschläge der Länder Bedacht zu nehmen; eine zahlenmäßige Überschreitung eines solchen Vorschlages ist nur mit Zustimmung des betroffenen Landes zulässig.

(7) Ist anzunehmen, dass das Angebot an Arbeitskräften auf dem inländischen Arbeitsmarkt während der Geltungsdauer der Niederlassungsverordnung die Nachfrage deutlich übersteigen wird, so ist bei Erlassung der Niederlassungsverordnung im Hinblick auf Erwerbstätige (Abs. 2 Z 1, 2 und 4, Abs. 4) nur auf die im Inland nicht verfügbaren Arbeitskräfte, deren Beschäftigung als Schlüsselkräfte (§§ 2 Abs. 5 und 12 Abs. 8 AuslBG) im Hinblick auf den damit verbundenen Transfer von Investitionskapital oder im Hinblick auf ihre besondere Ausbildung und ihre speziellen Kenntnisse im gesamtwirtschaftlichen Interesse liegt, und auf deren Familiennachzug Bedacht zu nehmen. Bei Erlassung der Niederlassungsverordnung hat die Bundesregierung hinsichtlich der Quotenarten nach Abs. 2 Z 2, 3 und 4 unter Bedachtnahme auf die Lage und Entwicklung des Arbeitsmarktes abzuwägen, in welchem Ausmaß bei Vorrang der Integration der ansässigen erwerbsbereiten Fremden in den Arbeitsmarkt weitere erwerbsbereite Fremde zu unselbständiger Erwerbstätigkeit zugelassen werden können. Hierbei kann die Bundesregierung Gruppen ansässiger Drittstaatsangehöriger bezeichnen, denen in Hinblick auf ihre fortgeschrittene Integration der Familiennachzug bevorzugt ermöglicht werden soll. Außerdem kann die Bundesregierung Gruppen von Familienangehörigen bezeichnen, denen auf Grund bestimmter, die Integration erleichternder Umstände, wie etwa der bevorstehende Eintritt der Schulpflicht, der Familiennachzug bevorzugt ermöglicht werden soll.

(8) Die Niederlassungsverordnung ist jeweils so rechtzeitig zu erlassen, dass sie mit Beginn des folgenden Kalenderjahres in Kraft treten kann. Wird sie nicht rechtzeitig erlassen, ist die im Vorjahr geltende Verordnung mit der Maßgabe anzuwenden, dass in jedem Monat höchstens ein Zwölftel der Anzahl der Niederlassungsbewilligungen erteilt werden darf.

(9) Sofern eine wesentliche Änderung der Umstände dies notwendig macht, hat die Bundesregierung die Niederlassungsverordnung auch während ihrer Geltungsdauer unter Beachtung der Abs. 2 und 6 abzuändern.

Übersicht:
1. Hinweise auf innerstaatliche Normen
2. Materialien
3.-6. Anmerkungen
7. Judikatur

1. Siehe VI.F. NLV 2006; weiters § 5 Abs 1 AuslBG, III.L., und § 24 FPG, II.B.

2. AB 1055 XXII. GP

Die im Fremdengesetz 1997 verbleibenden Bestimmungen über die Erlassung der Niederlassungsverordnung (§ 18 FrG) werden als § 13 in das NAG integriert, wodurch das Fremdengesetz 1997 zur Gänze aufgehoben werden kann. Die Regelung des § 12 über die quotenpflichtige Niederlassung steht in einem untrennbaren Zusammenhang mit den Bestimmungen über die Niederlassungsverordnung, weshalb eine Verankerung im NAG aus regelungstechnischen Gründen mehr als zweckmäßig erscheint. § 12 Abs. 1 wird entsprechend angepasst.

Die Übergangsbestimmung stellt einen reibungslosen Übergang auf die NLV 2006 sicher.

3. Anm: Die NLV 2006 sieht für das Jahr 2006 eine Beschränkung auf höchstens 7000 Niederlassungsbewilligungen vor. Die Höchstzahlen für Beschäftigungsbewilligungen für befristet beschäftigte Fremde und Erntehelfer gemäß § 5 AuslBG betragen 7500 bzw 7000.

4. Anm: Die einzelnen in der NLV 2006 angeführten Quotenarten ergeben sich aus der gesetzlichen Anordnung des § 13 NAG. In den Absätzen 1 bis 9 des § 3 NLV 2006 (jeweils Ziffern 1 bis 6) sind die jeweiligen Höchstzahlen der zulässigerweise zu erteilenden quotenpflichtigen Niederlassungsbewilligungen für jedes einzelne der neun Bundesländer festgelegt.

In der jeweiligen Z 1 ist die Höchstzahl für unselbständig erwerbstätige Schlüsselkräfte und für Familienangehörige (Kernfamilie) von selbständig oder unselbständig erwerbstätigen Schlüsselkräften festgelegt (§ 13 Abs 2 Z 1 NAG). Zu beachten ist, dass die Quote für unselbständig erwerbstätige Schlüsselkräfte daher auch für alle Familienangehörigen von Schlüsselkräften relevant ist, selbst wenn der Zusammenführende eine selbständige Schlüsselkraft ist. Die Quote für selbständig erwerbstätige Schlüsselkräfte ist von der unselbständigen Schlüsselkraftquote zu unterscheiden (siehe Z 2).

In der jeweiligen Z 2 ist die Höchstzahl von selbständigen Schlüsselkräften festgelegt (§ 13 Abs 4 NAG).

In der jeweiligen Z 3 ist die Höchstzahl der quotenpflichtigen Niederlassungsbewilligungen festgelegt, deren Zweck die Familienzusammenführung für Familienangehörige von Drittstaatsangehörigen ist (sog „Familienzusammenführungsquote"; § 13 Abs 2 Z 3 NAG).

In der jeweiligen Z 4 ist die Höchstzahl der quotenpflichtigen Niederlassungsbewilligungen für Drittstaatsangehörigen, die sich ohne Erwerbsabsicht in Österreich niederlassen wollen (sog „Privatiers"), festgelegt (§ 13 Abs 2 Z 5 NAG).

In der jeweiligen Z 5 ist die Höchstzahl der quotenpflichtigen Niederlassungsbewilligungen für Drittstaatsangehörige festgelegt, denen nach Maßgabe der LangfrRL in einem anderen Mitgliedstaat der Europäischen Union der Aufenthaltstitel „Daueraufenthalt – EG" zuerkannt wurde (sog „Mobilitätsquote"). Innerhalb dieser Quotenart wird – im Unterschied zu den übrigen Quotenarten – weiter unterschieden, ob einer unselbständigen, einer selbständigen oder keiner Beschäftigung nachgegangen werden soll (§ 13 Abs. 2 Z 2 iVm 49 NAG).

In der jeweiligen Z 6 ist die Höchstzahl der quotenpflichtigen Niederlassungsbewilligungen für Drittstaatsangehörige festgelegt, die eine Zweckänderung von einer „Niederlassungsbewilligung – Angehöriger" auf eine „Niederlassungsbewilligung – beschränkt" anstreben (sog „Zweckänderungsquote"; § 13 Abs 2 Z 4 NAG).

5. Anm: Zu Abs 6: Da die Bindung der BReg an Vorschläge der Länder gegen das Prinzip der Weisungsungebundenheit oberster Verwaltungsorgane (Art 19 B-VG) verstößt (vgl *Raschauer*, Allgemeines Verwaltungsrecht^2 [2003] Rz 133), wurde bereits der Stammtext des § 18 Abs 5 FrG als Verfassungsbestimmung beschlossen (siehe *Muzak* in *Muzak/Taucher/Aigner/Lobner*, Fremden- und Asylrecht [1999 ff] Anm 2 zu § 18 FrG).

6. Anm: In § 2 NLV 2006 wird der Höchstrahmen jener Beschäftigungsbewilligungen festgelegt, die für befristet beschäftigte Ausländer (ehemals Saisonarbeitskräfte) und Erntehelfer (sichtvermerksfreie Einreise in das Bundesgebiet und maximale Geltungsdauer von sechs Wochen) jeweils durch Verordnung des BMWA erteilt werden dürfen. Durch die Regelung des § 5 Abs. 1a AuslBG darf die in der gegenständlichen Verordnung festgelegte Höchstzahl im Jahresdurchschnitt nicht überschritten werden.

7. Jud: Siehe 11. zu § 12.

Integrationsvereinbarung

§ 14. (1) Die Integrationsvereinbarung dient der Integration rechtmäßig auf Dauer oder längerfristig niedergelassener Drittstaatsangehöriger. Sie bezweckt den Erwerb von Kenntnissen der deutschen Sprache, insbesondere der Fähigkeit des Lesens und Schreibens, zur Erlangung der Befähigung zur Teilnahme am gesellschaftlichen, wirtschaftlichen und kulturellen Leben in Österreich.

(2) Im Rahmen der Integrationsvereinbarung sind zwei aufeinander aufbauende Module zu erfüllen, wobei
1. das Modul 1 dem Erwerb der Fähigkeit des Lesens und Schreibens und
2. das Modul 2 dem Erwerb von Kenntnissen der deutschen Sprache und der Befähigung zur Teilnahme am gesellschaftlichen, wirtschaftlichen und kulturellen Leben in Österreich

dient.

(3) Drittstaatsangehörige sind mit Erteilung oder Verlängerung eines Aufenthaltstitels zur Erfüllung einer Integrationsvereinbarung

verpflichtet. Diese Pflicht ist dem Drittstaatsangehörigen nachweislich zur Kenntnis zu bringen. Keine Verpflichtung besteht, wenn er schriftlich erklärt, dass sein Aufenthalt die Dauer von zwölf Monaten innerhalb von 24 Monaten nicht überschreiten soll. Diese Erklärung beinhaltet den Verzicht auf die Stellung eines Verlängerungsantrages.

(4) Ausgenommen von der Erfüllung der Integrationsvereinbarung sind Drittstaatsangehörige,
1. die zum Zeitpunkt der Erfüllungspflicht (Abs. 8) unmündig sind oder sein werden,
2. denen auf Grund ihres hohen Alters oder Gesundheitszustandes die Erfüllung der Integrationsvereinbarung nicht zugemutet werden kann; Letzteres hat der Drittstaatsangehörige durch ein amtsärztliches Gutachten nachzuweisen.

(5) Die einzelnen Module der Integrationsvereinbarung sind erfüllt, wenn der Drittstaatsangehörige
1. einen Nachweis über Kenntnisse des Lesens und Schreibens vorlegt (für Modul 1);
2. einen Deutsch-Integrationskurs besucht und erfolgreich abschließt (für Modul 2);
3. einen mindestens fünfjährigen Besuch einer Pflichtschule in Österreich nachweist und das Unterrichtsfach „Deutsch" positiv abgeschlossen hat oder das Unterrichtsfach „Deutsch" auf dem Niveau der 9. Schulstufe positiv abgeschlossen hat (für Modul 2);
4. einen positiven Abschluss im Unterrichtsfach Deutsch an einer ausländischen Schule nachweist, in der die deutsche Sprache als Unterrichtsfach zumindest auf dem Niveau der 9. Schulstufe einer österreichischen Pflichtschule gelehrt wird (für Modul 2);
5. einen Nachweis über ausreichende Deutschkenntnisse vorlegt (für Modul 2);
6. über einen Schulabschluss verfügt, der der allgemeinen Universitätsreife im Sinne des § 64 Abs. 1 des Universitätsgesetzes 2002, BGBl. I Nr. 120, oder einem Abschluss in einer berufsbildenden mittleren Schule entspricht (für Modul 2);
7. über eine Lehrabschlussprüfung gemäß dem Berufsausbildungsgesetz, BGBl. Nr. 142/1969, verfügt (für Modul 2);
8. eine „Niederlassungsbewilligung – Schlüsselkraft" (§ 41) besitzt oder eine besondere Führungskraft im Sinne des § 2 Abs. 5a AuslBG ist; dies gilt auch für seine Familienangehörigen (für Modul 2).

Die Erfüllung des Moduls 2 beinhaltet das Modul 1.

(6) Nähere Bestimmungen über die Durchführung von Integrationskursen und Nachweisen hat der Bundesminister für Inneres durch Verordnung zu erlassen.

(7) Die Behörde kann mit dem Drittstaatsangehörigen Orientierungsgespräche führen, spezielle Integrationserfordernisse identifizieren und konkrete Schritte zur Integrationsverbesserung empfehlen.

(8) **Drittstaatsangehörige, die zur Erfüllung der Integrationsvereinbarung verpflichtet sind, haben diese binnen fünf Jahren ab Erteilung oder Verlängerung des Aufenthaltstitels zu erfüllen. Auf Antrag kann ihnen unter Bedachtnahme auf ihre persönlichen Lebensumstände zur Erfüllung ihrer Integrationsvereinbarung Aufschub gewährt werden. Dieser Aufschub darf die Dauer von jeweils zwei Jahren nicht überschreiten; er hemmt den Lauf der Fristen nach § 15.**

Übersicht:
1. Hinweise auf europarechtliche Normen
2.-4. Hinweise auf innerstaatliche Normen
5. Materialien
6.-15. Anmerkungen
16. Judikatur

1. Art 5 Abs 2 LangfrRL, IV.B.6.; Art 7 Abs 2 FamZusRL, IV.B.5.

2. Siehe VI.E. IV-V; § 64 Abs 1 Universitätsgesetz 2002, BGBl I 2002/120 idgF; Berufausbildungsgesetz, BGBl 1969/142 idgF; § 18 Schulpflichtgesetz 1985, BGBl 1985/76 idgF; §§ 117 ff Forstgesetz 1975, BGBl 1975/440 idgF; § 2 Abs 5a AuslBG, III.L.
Siehe auch § 54 Abs 3 und 4 FPG, II.B.

3. **Textauszug § 64 Universitätsgesetz 2002**

Allgemeine Universitätsreife

§ 64. (1) Die allgemeine Universitätsreife ist durch eine der folgenden Urkunden nachzuweisen:
1. *österreichisches Reifezeugnis einschließlich eines Zeugnisses über die Berufsreifeprüfung;*
2. *anderes österreichisches Zeugnis über die Zuerkennung der Studienberechtigung für ein bestimmtes Studium an einer Universität;*
3. *ausländisches Zeugnis, das einem dieser österreichischen Zeugnisse auf Grund einer völkerrechtlichen Vereinbarung oder auf Grund einer Nostrifikation oder auf Grund der Entscheidung des Rektorats im Einzelfall gleichwertig ist;*
4. *Urkunde über den Abschluss eines mindestens dreijährigen Studiums an einer anerkannten inländischen oder ausländischen postsekundären Bildungseinrichtung;*
5. *in den künstlerischen Studien die Bestätigung über die positiv beurteilte Zulassungsprüfung;*
6. *Urkunde über den Abschluss eines mindestens dreijährigen Lehrganges universitären Charakters.*

(2) Ist die Gleichwertigkeit ausländischer Zeugnisse im Hinblick auf die Inhalte und die Anforderungen einer österreichischen Reifeprüfung nicht gegeben, so sind vom Rektorat die Ergänzungsprüfungen vorzuschreiben, die für die Herstellung der Gleichwertigkeit mit einer inländischen Reifeprüfung erforderlich und vor der Zulassung abzulegen sind.

(3) Für die in Österreich ausgestellten Reifezeugnisse ist die Ablegung jener Zusatzprüfungen zur Reifeprüfung vorzuschreiben, die gemäß UBVO 1998 im Verlaufe des Studiums nachzuweisen sind.

(4) Der Nachweis der allgemeinen Universitätsreife für die Zulassung zu Doktoratsstudien gilt jedenfalls durch den Nachweis des Abschlusses eines fachlich in Frage kommenden Diplomstudiums oder Magisterstudiums, eines fachlich in Frage kommenden Fachhochschul-Diplomstudienganges oder Fachhochschul-Magisterstudienganges oder eines anderen gleichwertigen Studiums an einer anerkannten inländischen oder ausländischen postsekundären Bildungseinrichtung als erbracht. Wenn die Gleichwertigkeit grundsätzlich gegeben ist und nur einzelne Ergänzungen auf die volle Gleichwertigkeit fehlen, ist das Rektorat berechtigt, die Feststellung der Gleichwertigkeit mit der Auflage von Prüfungen zu verbinden, die während des jeweiligen Doktoratsstudiums abzulegen sind.

(5) Die Zulassung zu einem Magisterstudium setzt den Abschluss eines fachlich in Frage kommenden Bakkalaureatsstudiums oder eines fachlich in Frage kommenden Fachhochschul-Bakkalaureatsstudienganges oder eines anderen gleichwertigen Studiums an einer anerkannten inländischen oder ausländischen postsekundären Bildungseinrichtung voraus. Der Nachweis der allgemeinen Universitätsreife gilt durch den Nachweis dieser Zulassungsvoraussetzung jedenfalls als erbracht.

4. Textauszug § 18 Schulpflichtgesetz 1985

Weiterbesuch der Volks-, Haupt- oder Sonderschule im 9. Schuljahr

§ 18. Schüler, die nach Erfüllung der ersten acht Jahre der allgemeinen Schulpflicht das Lehrziel der Volks-, Haupt- oder Sonderschule nicht erreicht haben, sind berechtigt, ihre allgemeine Schulpflicht im 9. Schuljahr durch den Weiterbesuch der Volks-, Haupt- oder Sonderschule an Stelle des Besuches der Polytechnischen Schule zu erfüllen.

5. RV 952 XXII. GP

Durch die Fremdengesetznovelle 2002 wurde im Bereich der Zuwanderung die Integrationsvereinbarung, die dem Erwerb der deutschen Sprache dient, eingeführt.

Das System der Integrationsvereinbarung wird wesentlich umgestaltet und es wird vorgeschlagen, die Integrationsvereinbarung qualitativ und quantitativ auszuweiten. Das Erfordernis der Erfüllung der Integrationsvereinbarung stützt sich gemeinschaftsrechtlich auf Art. 7 Abs. 2 der Richtlinie 2003/86/EG sowie Art. 5 Abs. 2 und Art. 15 Abs. 3 der Richtlinie 2003/109/EG. Weiters zu erwähnen ist hier die Annahme der „Gemeinsamen Grundprinzipien für die Politik der Integration von Einwanderern in der Europäischen Union" des Rates vom 19.11.2004, denen zufolge eine grundlegende Kenntnis der Sprache, Geschichte und institutionellen Struktur des Aufnahmestaates ein unerlässliches Erfordernis einer erfolgreichen Integration von Immigranten darstellt (vgl. 4. Grundprinzip).

Unter Integration ist ein zweiseitiger und nachhaltiger Prozess zu verstehen, der viele Aspekte und Zuständigkeiten umfasst. Integration kann nicht nur im Bereich des Niederlassungswesens stattfinden; vielmehr handelt es sich um eine Querschnittsmaterie. Im Bereich des Niederlassungswesens gilt es aber wesentliche Grundsteine zu legen. Durch die Integrationsvereinbarung sollen nur solche Aspekte betroffen sein, die im Bereich des Niederlassungsrechts von Zuwanderern einerseits gefordert und andererseits auch unterstützt werden können. Zur Erreichung dieses Zwecks kam der Integrationsvereinbarung seit deren Einführung eine zentrale Rolle zu; es wurde vor allem Sprachkompetenz vermittelt, die den Grundstock für eine erfolgreiche Integration – im Sinne der Möglichkeit selbständig im österreichischen Kulturkreis leben zu können – darstellt. Zweck ist jedenfalls nicht ein „Zwang zur Assimilation", es gilt lediglich die Kommunikationsfähigkeit zu stärken und damit auch die Möglichkeit zur gesellschaftlichen, wirtschaftlichen und kulturellen Partizipation zu eröffnen oder zu verbessern. Integration wird vom Gesetzgeber gewünscht und ist Voraussetzung für die Erreichung eines höherwertigen Aufenthaltsrechts; auch soll damit die Erreichung des Ziels „Integration vor Neuzuzug" unterstützt werden.

Abs. 1 beschreibt den Zweck der Integrationsvereinbarung.

Abs. 2 normiert, dass die Integrationsvereinbarung in Zukunft aus zwei Modulen bestehen soll. Migranten soll – soweit die Fähigkeiten nicht schon vorhanden sind – im Modul 1 das Lesen und Schreiben (Alphabetisierung) und im Modul 2 die deutsche Sprache und die Befähigung zur Teilnahme am gesellschaftlichen, wirtschaftlichen und kulturellen Leben in Österreich vermittelt werden.

Abs. 3 stellt fest, dass es sich hierbei um eine öffentlich-rechtliche Verpflichtung handelt; diese muss daher nicht eingegangen werden, sie besteht – bei Vorliegen der Voraussetzungen – vielmehr ex lege. Allerdings hat der Drittstaatsangehörige das Zur-Kenntnis-Bringen dieser Pflicht mit seiner Unterschrift zu bestätigen. Damit soll erreicht werden, dass sich der Drittstaatsangehörige auch wirklich zu Erfüllung verpflichtet fühlt (psychologisches Element). Die Verpflichtung zur Erfüllung besteht nicht, wenn der Drittstaatsangehörige schriftlich erklärt, dass er sich nicht länger als zwölf Monate innerhalb von zwei Jahren in Österreich aufhalten will. Diesfalls kann der Drittstaatsangehörige allerdings keinen Verlängerungsantrag stellen.

Ausgenommen von der Erfüllung der Integrationsvereinbarung sind Drittstaatsangehörige, die beim Entstehen der Pflicht der Erfüllung der Integrationsvereinbarung, die binnen fünf Jahren zu erfüllen ist (Abs. 8), das 9. Lebensjahr noch nicht vollendet haben, und solche Drittstaatsangehörigen, denen auf Grund ihres hohen Alters oder schlechten Gesundheitszustandes die Erfüllung der Integrationsvereinbarung nicht zugemutet werden kann. Die Entscheidung trifft die Behörde, im Falle eines schlechten Gesundheitszustandes hat der Drittstaatsangehörige dies mit einem amtsärztlichen Gutachten nachzuweisen. Ein einmal ausgenommener Drittstaatsangehöriger untersteht der Pflicht auch nicht mehr, wenn sich sein Gesundheitszustand später bessert. Dem Drittstaatsangehörigen wird im Hinblick auf die weitreichenden Folgen der Anspruch auf die Erlassung eines Feststellungsbescheides auch ohne ausdrückliche gesetzliche Ermächtigung zustehen.

Abs. 5 normiert, wann die einzelnen Module jedenfalls erfüllt sind oder als erfüllt gelten; es handelt sich hierbei um typische Tatsachen, die mit dem Erreichen der Lernziele des Moduls einhergehen.

Für das Modul 1 (Alphabetisierung) reicht ein Nachweis über Kenntnisse des Lesen und Schreibens. Hier ist vor allem an Schulzeugnisse – auch aus dem Heimatstaat des Drittstaatsangehörigen – zu denken. Modul 1 setzt noch nicht die Kenntnis der deutschen Sprache voraus (vgl. Abs. 2).

Modul 2 wird vor allem durch den erfolgreichen Abschluss eines Deutsch-Integrationskurses – die Durchführung wird nach Abs. 6 und der Inhalt der entsprechenden Kursangebote nach § 16 geregelt – erfüllt werden. Darüber hinaus kann Modul 2 auch erfüllt werden, wenn der Drittstaatsangehörige mindestens fünf Jahre in Österreich die Pflichtschule besucht hat und das Unterrichtsfach „Deutsch" erfolgreich abgeschlossen hat oder das Unterrichtsfach „Deutsch" auf dem Niveau der 9. Schulstufe – unabhängig von der Dauer des Schulbesuchs – positiv abgeschlossen hat. Die allgemeine Schulpflicht kann gemäß § 5 Abs. 3 des Schulpflichtgesetzes 1985 ab dem 5. Schuljahr auch durch den Besuch (der Unterstufe) einer allgemein bildenden Schule, im 9. Schuljahr auch durch den Besuch einer berufsbildenden mittleren oder höheren Schule erfüllt werden. Bei diesen zur Schulpflichterfüllung geeigneten Schularten handelt es sich jedoch um keine allgemein bildenden Pflichtschulen, doch ist ihr Besuch dem Besuch einer „Pflichtschule" iSd Abs. 5 Z 3 gleichzuhalten. Das Unterrichtsfach „Deutsch" muss in der zuletzt besuchten Schulstufe positiv abgeschlossen sein. Hinsichtlich der zweiten in Z 3 angeführten Variante, ist die positive Jahresbeurteilung des Pflichtgegenstandes „Deutsch" auf dem Niveau der 9. Schulstufe erforderlich. Da die Erfüllung der neunjährigen Schulpflicht an sich von der Frage der Erreichung von Lehrzielen (nach Schulstufen) zu trennen ist, können etwa Schüler, die nach Erfüllung der ersten acht Jahre der Schulpflicht das Lehrziel etwa der Hauptschule erreicht haben, ihre allgemeine Schulpflicht im 9. Schuljahr durch den Weiterbesuch der Hauptschule anstelle der Polytechnischen Schule erfüllen (§ 18 Schulpflichtgesetz 1985), sodass die Absolvierung von Unterrichtsgegenständen auf der 9. Schulstufe unter dem Aspekt der ausschließlich neunjährigen Verpflichtung zum Schulbesuch nicht in Frage kommt.

Letzteres gilt analog für den positiven Abschluss an einer entsprechenden ausländischen Schule (Z 4). Auch soll ein sonstiger Nachweis über ausreichende Deutschkenntnisse für Modul 2, etwa durch anerkannte Sprachdiplome, genügen (Z 5).

Weiters wird das Modul 2 erfüllt, wenn jemand einen Schulabschluss verfügt, der der allgemeinen Universitätsreife iSd § 64 Abs. 1 UG 2002 oder einem Abschluss in einer berufsbildenden mittleren Schule entspricht (Z 6). Im Sinne der österreichischen Schulstruktur sind auf Basis des Art. 14a B-VG auch Forstfachschulen (§§ 117 ff. Forstgesetz 1975) und land- und forstwirtschaftliche Fachschulen (Bundesgrundsatzgesetz, BGBl. Nr. 320/1975) als berufsbildende mittlere Schulen einzustufen. Durch die Benennung der gesetzlich geregelten Schulartbezeichnung „berufsbildende mittlere Schule" ist der damit verbundene Schulabschluss inhaltlich hinlänglich konkretisiert. Ebenso ist das Modul 2 erfüllt, wenn der

Drittstaatsangehörige eine Lehrabschlussprüfung nach dem Berufsausbildungsgesetz erfolgreich abgelegt hat (Z 7).

Schließlich wird unwiderleglich vermutet, dass Drittstaatsangehörige, denen eine Niederlassungsbewilligung als Schlüsselkraft erteilt wurde oder die besondere Führungskräfte iSd § 2 Abs. 5a AuslBG sind, sowie ihre Familienangehörigen, die notwendigen Kenntnisse der deutschen Sprache und der Fähigkeiten zur Teilnahme am gesellschaftlichen, wirtschaftlichen und kulturellen Leben haben und bereits durch die Erteilung der Niederlassungsbewilligung die Integrationsvereinbarung erfüllen (Z 8).

Wer die Voraussetzungen für die Erfüllung des Moduls 2 erfüllt (Z 2 bis 8), hat damit auch das Modul 1 erfüllt.

Abs. 6 normiert eine Verordnungsermächtigung des Bundesministers für Inneres zur näheren Normierung über die Durchführung von Integrationskursen und der Nachweise.

Abs. 7 ermächtigt die Behörde dem Drittstaatsangehörigen mit Rat zur Seite zu stehen; die Nichtbefolgung von Empfehlungen der Behörde ist selbstverständlich sanktionslos. Dies soll z.B. dem Umstand Rechnung tragen, dass einige Bundesländer Integrationsleitbilder anwenden oder entwickeln und diesbezüglich eine sinnvolle Schnittstelle gefunden werden soll. Auch auf EU-Ebene wird dem Thema Integration inzwischen mehr Beachtung geschenkt, sodass hier auch für allfällige Entwicklungen in der Zukunft Vorsorge getroffen wird. Insoweit wird eine Ladung im Sinne des § 19 AVG nur für den Zweck dieses Gesprächs nicht zulässig sein.

Abs. 8 regelt, dass die Integrationsvereinbarung (Module 1 und 2) binnen fünf Jahren ab Erteilung oder Verlängerung des Aufenthaltstitels zu erfüllen ist. Auf Antrag des Verpflichteten kann in besonderen Fällen unter Bedachtnahme auf ihre persönlichen Lebensumstände ein Aufschub gewährt werden, der jedoch die Dauer von jeweils zwei Jahren nicht überschreiten darf. Das bedeutet, dass der Aufschub auch öfters hintereinander gewährt werden kann. Er hemmt den Fristenlauf nach § 15 betreffend den Kostenersatz.

6. Anm: Zusätzliche Integrationserfordernisse nach nationalem Recht, wie zB der Nachweis entsprechender Kenntnisse der Landessprache des Aufnahmestaates, sind im Hinblick auf gemeinschaftsrechtliche Ermächtigungsnormen zulässig (siehe oben 1.).

7. Anm: Abs 1 definiert die Integration von rechtmäßig auf Dauer oder längerfristig niedergelassenen Drittstaatsangehörigen als Zweck der IV. Wichtigste Voraussetzung dieser Integration ist der Erwerb von ausreichenden Deutschkenntnissen. Das in Abs 1 verwendete Wort „niedergelassener" ist im Hinblick auf Abs 3 sowie § 2 Abs 2 und 3 nicht vollkommen treffend. Richtigerweise müsste generell auf den rechtmäßigen Aufenthalt von Drittstaatsangehörigen abgestellt werden, da nach Abs 3 auch Inhaber einer Aufenthaltsbewilligung (§§ 58 ff) grundsätzlich zur Erfüllung der IV verpflichtet sind, sofern sie nicht vorab bereits eine Verzichtserklärung nach Abs 3 abgegeben haben.

Nach Abs 2 weist die IV nunmehr im Gegensatz zur bisherigen IV nach § 50a FrG einen bimodularen Aufbau auf. Während das Modul 1 der Alphabetisierung dient, zielt das Modul 2 auf den verstärkten Erwerb von Deutschkenntnissen und eine gesellschaftliche, wirtschaftliche und kulturelle Integration in Österreich ab. Die Voraussetzungen, unter denen diese beiden Module erfüllt werden können, sind in Abs 5 geregelt.

Als Alphabetisierung iSd Abs 2 Z 1 ist die Fähigkeit des Lesens und Schreibens in der lateinischen Schrift zu verstehen, zumal die Beherrschung der lateinischen Schrift Voraussetzung für die Teilnahme am anschließenden Deutsch-Integrationskurs (Modul 2) ist (siehe Rahmencurriculum für Alphabetisierungskurse, Anlage A zur IV-V, VI.E.). Bereits der OGH hat mit Berufung auf Art 8 B-VG (Deutsch als Staatssprache) festgehalten, dass die deutsche Sprache in Lateinschrift geschrieben und gedruckt wird, sodass sich niemand darauf berufen dürfe, dass er nur eine andere als die Lateinschrift schreiben oder lesen könne (OGH 08.09.1987, 10 Ob S 47/87 = ZAS 1989/3, 16; 10.03.1992, 10 Ob S 46/92 = SSV-NF 6/26 [1992]; dazu *Marko* in *Korinek/Holoubek* [Hrsg], Österreichisches Bundesverfassungsrecht – Kommentar [1999 ff] Art 8 Rz 10).

8. Anm: Abs 3 regelt den Kreis der Erfüllungspflichtigen. Zur Erfüllung der IV sind grundsätzlich alle Drittstaatsangehörigen (§ 2 Abs 1 Z 6) verpflichtet, die ab 1. Jänner 2006 die erstmalige Erteilung eines Aufenthaltstitels beantragen oder diesen dann verlängern. Nicht erfüllungspflichtig sind Inhaber einer Dokumentation des gemeinschaftsrechtlichen Aufenthalts- und Niederlassungsrechts nach § 9 (Anmeldebescheinigung oder Daueraufenthaltskarte), somit alle EWR- und Schweizer Bürger und deren begleitende oder nachziehende Familienangehörige, selbst wenn Letztere Angehörige eines Drittstaates sind.

Von den in § 8 Abs 1 fünf abschließend genannten Aufenthaltstiteln kommen als Aufenthaltstitel iSd Abs 3 nur die Niederlassungsbewilligung, der Aufenthaltstitel „Familienangehöriger" und die Aufenthaltsbewilligung in Frage. Für die Erteilung der Daueraufenthaltstitel „Daueraufenthalt – EG" oder „Daueraufenthalt – Familienangehöriger" ist die bereits erfüllte IV erforderlich (§ 45 Abs 1 Z 2 und § 48 Abs 1 Z 2).

Die bisherige Unterscheidung zwischen „Eingehung" und „Erfüllung" der IV nach § 50a FrG ist in § 14 nicht mehr vorgesehen, zumal die Erfüllungspflicht für den Erfüllungspflichtigen automatisch mit der Erteilung oder Verlängerung des Aufenthaltstitels wirksam wird. Der Antragsteller hat darüber keine Disposition in Form einer „Eingehung" als eigene Willenserklärung.

Der Terminus „Integrationsvereinbarung" ist insofern irreführend, als es sich hiebei nicht um eine zweiseitige privatautonome vertragliche Vereinbarung zwischen dem Antragsteller und der Behörde handelt, sondern um eine einseitige gesetzliche und damit öffentlich-rechtliche Pflicht des Antragstellers zur Erfüllung der IV (siehe bereits die RV, oben 4.). Die Behörde hat den Antragsteller auf diese Rechtspflicht nachweislich – etwa durch ein von ihm zu unterfertigendes Formular – zur Kenntnis zu bringen.

Mit der Rechtspflicht zur Erfüllung selbst sind weitere rechtliche Konsequenzen verbunden, insbesondere ob ein Aufenthaltstitel verlängert oder ein Daueraufenthaltstitel erteilt wird. Im Fall der nicht fristgerechten Erfüllung sind zur Durchsetzung dieser Rechtspflicht verschiedenen Sanktionen wie Verwaltungsstrafen oder als ultima ratio auch fremdenpolizeiliche Maßnahmen in Form einer Ausweisung vorgesehen (s § 77 Abs 1 Z 4; § 54 Abs 3 oder 4 FPG).

Keine Verpflichtung zur Erfüllung der IV besteht jedoch, wenn der Antragsteller schriftlich erklärt, dass er sich innerhalb von 24 Monaten nicht länger als zwölf Monate in Österreich aufhalten wird. Gleichzeitig mit dieser Erklärung wird die gesetzliche Vermutung des Verzichts auf die Stellung eines Verlängerungsantrages nach Ablauf des beantragten Aufenthaltstitels angeordnet. Die Behörde hat den Antragsteller über diese zusätzliche Rechtsfolge seiner Erklärung im Rahmen ihrer Manuduktionspflicht (§ 13a AVG) jedenfalls schon vor Abgabe der Erklärung zu informieren. Als Erklärungsform kommt hier die Aufnahme einer Niederschrift (§ 14 AVG) vor der Behörde in Frage. Beantragt der betreffende Fremde trotz dieses Verzichts die „Verlängerung" des Aufenthaltstitels, so kann dieser Antrag mit Berufung auf den „Legalverzicht" zurückgewiesen werden. Der Fremde hat in diesem Fall jedoch die Möglichkeit, wiederum einen Erstantrag zu stellen.

9. Anm: Zu Abs 4: Voraussetzung für die Ausnahme von der Erfüllungspflicht im ersten Fall ist die Tatsache, dass der minderjährige Antragsteller auch fünf Jahre nach der Erteilung des Aufenthaltstitels das 14. Lebensjahr noch nicht vollendet haben wird. Aus diesem Grund kommt dieser Ausnahmetatbestand nur bei Kindern bis zur Vollendung des 9. Lebensjahres in Frage.

Ein amtsärztliches Zeugnis ist nur über den Gesundheitszustand des Antragstellers, nicht aber über sein hohes Alter vorzulegen (argum „Letzteres", so auch die RV oben 4.). Ein anderes ärztliches Zeugnis – etwa eines praktischen Arztes – reicht dafür jedoch nicht aus. Die Unzumutbarkeit auf Grund des hohen Alters hat die Behörde selbst – ggf auch durch die amtswegige Einholung eines Sachverständigengutachtens im Rahmen des Ermittlungsverfahrens – festzustellen.

10. Anm: Zu Abs 5 Z 1: Als Nachweis über Kenntnisse des Lesens und Schreibens kommt alles in Frage, womit der Antragsteller der Behörde nachweist, dass er – unabhängig von der Sprache – des Schreibens und Lesens mächtig ist. Kann der Antragsteller die erforderliche Alphabetisierung (Modul 1) nicht nachweisen, dann ist er zum Besuch eines Alphabetisierungskurses bei einem vom ÖIF zertifizierten Kursträger verpflichtet. Der Alphabetisierungskurs ist in Abs 5 im Gegensatz zum Deutsch-Integrationskurs (Z 2) nicht ausdrücklich erwähnt, doch sieht § 16 Abs 1 Z 1 für das Modul 1 eigene Kurse vor. Alphabetisierungskurse sind im Ausmaß von 75 Unterrichtseinheiten à 45 Minuten anzubieten (§ 6 Abs 1 IV-V). Ziel des Alphabetisierungskurses ist der Erwerb der Fähigkeit des Lesens und Schreibens wie im Rahmencurriculum gemäß Anlage A zur IV-V beschrieben (§ 7 IV-V). Bei regelmäßiger Teilnahme und Erreichen des Kursziels hat der Kursträger dem Kursteilnehmer eine der Anlage C zur IV-V entsprechende „Kursbestätigung" auszustellen, die als Nachweis iSd Abs 5 Z 1 gilt (§ 7 Abs 2 bis 4).

Offen bleibt im Zusammenhang mit der vom Gesetzgeber geforderten Alphabetisierung, in welcher Schrift (lateinisch, kyrillisch, griechisch oder etwa chinesische Logogramme) der Fremde alphabetisiert sein muss. Im Hinblick auf die erforderliche Überprüfung durch die Behörde und den Zweck der Alphabetisierung als Vorstufe zum Spracherwerb im Modul 2 ist eine Alphabetisierung in der lateinischen Schrift erforderlich. Dies ist auch im Hinblick auf Art 8 Abs 1 B-VG (Deutsch als Staatssprache) geboten, zumal die lateinische Schrift das offizielle Schriftbild der deutschen Sprache ist (siehe auch oben 7.).

11. Anm: Zu Abs 5 Z 2: Im Gegensatz zum bisherigen IV-Lernziel der Erreichung des A1-Niveaus nach dem Gemeinsamen Europäischen Referenzrahmen für Sprachen ist nunmehr das höhere A2-Niveau neues Lernziel des Deutsch-Integrationskurses (§ 8 Abs 1 IV-V). Das A2-Niveau ist vor allem dadurch gekennzeichnet, dass man spontan mit ausreichendem Sprachrepertoire in Routinesituationen (zB Arbeit, Freizeit und Behörden) kommunizieren, Informationen aus authentischen Alltagstexten oder Gesprächsthemen herausfiltern sowie eine einfache Korrespondenz über alltägliche Aspekte des eigenen Umfelds schriftlich formulieren kann. Neben einer höheren allgemeinen Sprachkompetenz sollen demnach auch das Lese- und Hörverstehen sowie die Schreibkompetenz des Fremden stärker als bisher vermittelt werden.

Die zur Erreichung dieses Lernziels konkret geforderten Inhalte ergeben sich aus dem im Vergleich zur bisherigen IV-V auf Grundlage des FrG punktuell ausgeweiteten Rahmencurriculum für Deutsch-Integrationskurse gemäß Anlage B zur IV-V. Die Kurseinhalte haben sich in zwei statt bisher drei Teilbereiche (früher: „Module") zu gliedern: T1 „Alltag" und T2 „Staat und Verwaltung". Um Verwechslungen mit den Modulen 1 und 2 der „IV Neu" vorzubeugen, wurde der Begriff der Teilbereiche gewählt. Der Unterricht hat sich an den vorgegebenen Inhalten dieser Teilbereiche zu orientieren. Im Rahmen des verstärkten Spracherwerbs sollen dem Fremden schwerpunktmäßig Situationen des Alltags, die Grundlagen der öffentlichen Verwaltung Österreichs sowie Inhalte der Landeskunde näher gebracht werden. Die Teilnahme des Fremden am gesellschaftlichen, wirtschaftlichen und kulturellen Leben in Österreich soll dadurch wesentlich erleichtert werden (vgl Abs 1 und § 16 Abs 1 Z 2).

Voraussetzung für die erfolgreiche Vermittlung dieses höheren Anforderungsniveaus ist die deutliche Ausweitung von 100 auf 300 Unterrichtseinheiten à 45 Minuten. Bei Vorkenntnissen oder Vorqualifikationen in der deutschen Sprache kann auch eine geringere Zahl an Unterrichtseinheiten angeboten werden, um das Kursziel des Deutsch-Integrationskurses zu erreichen (§ 6 IV-V).

Der erfolgreiche Abschluss des Deutsch-Integrationskurses bildet – anders als beim Alphabetisierungskurs – die Absolvierung einer Abschlussprüfung auf dem A2-Niveau, die beim Kursträger von den jeweiligen Lehrkräften abzuhalten ist (§ 8 Abs 2 bis 5 IV-V). Im Unterschied zu Deutschprüfungen auf A2-Niveau anerkannter Sprachinstitute sind bei der Festlegung der Inhalte der Abschlussprüfungen die Besonderheiten der Spracherlernung der Kursteilnehmer und deren spezifische Lernvoraussetzungen zu berücksichtigen. Zur Sicherstellung dieser Vorgaben und der Einheitlichkeit der Prüfungsstandards im gesamten Bundesgebiet sind die Inhalte zentral vom ÖIF festzulegen. Dieser hat den Kursträgern auf Verlangen die Inhalte der beim jeweiligen Kursträger abzuhaltenden Abschlussprüfung zu übermitteln. Die Durchführung der Abschlussprüfungen obliegt den jeweiligen Lehrkräften, die auch in eigener Verantwortung die Korrektur und die Endbeurteilung vorzunehmen haben. Positive Abschlussprüfungen sind mit „Bestanden", negative mit „Nicht bestanden" zu beurteilen. Der Kursträger hat alle korrigierten Prüfungsarbeiten mit den einzelnen Prüfungsergebnissen des jeweiligen Kurses dem ÖIF gesammelt zu übermitteln (§ 8 Abs 2 IV-V). Der ÖIF hat diese stichprobenartig zu überprüfen, insbesondere im Hinblick auf die Einhaltung der von ihm entwickelten Prüfungsvorgaben und der Prüfungsstandards (§ 8 Abs 3 IV-V). Gesonderte Sanktionen bei festgestellten Mängeln sind nicht vorgesehen, jedoch kann der ÖIF im Rahmen der laufenden Qualitätskontrolle und des Zertifizierungsverfahrens geeignete Maßnahmen setzen, die im äußersten Fall bis zum Entzug der Zertifizierung des betroffenen Kursträgers führen können (vgl § 16 Abs 5).

Der ÖIF hat auf Grundlage der an ihn übermittelten Prüfungsergebnisse die „Kurszeugnisse" nach dem Muster der Anlage D zur IV-V in dreifacher Ausfertigung auszustellen und zwei Exemplare an den Kursträger zu übersenden. Ein Exemplar hat beim ÖIF zu verbleiben. Der Kursträger hat wiederum ein Exemplar des Kurszeugnisses an jene Teilnehmer, die den Kurs erfolgreich mit der Abschlussprüfung abgeschlossen haben, zu überreichen und ein Exemplar fünf Jahre lang aufzubewahren und anschließend zu vernichten (§ 8 Abs 4). Die von der „Kursbestätigung" für Alphabetisierungskurse bewusst unterschiedlich gewählte Bezeichnung „Kurszeugnis" soll zum Ausdruck bringen, dass Deutsch-Integrationskurse mit einer förmlichen Abschlussprüfung erfolgreich abgeschlossen werden.

Eine negativ beurteilte Abschlussprüfung kann innerhalb der Fünfjahresfrist zur Erfüllung der Integrationsvereinbarung nach Abs 8 beliebig oft wiederholt werden, und zwar auch bei einem anderen zertifizierten Kursträger. Auf die Durchführung von Wiederholungsprüfungen sind die Bestimmungen über die Abschlussprüfung sinngemäß anzuwenden (§ 8 Abs 5 IV-V).

12. Anm: Zu Abs 5 Z 3 und 4: Als Nachweis für den positiven Abschluss des Unterrichtsfachs „Deutsch" ist das jeweilige Jahreszeugnis der besuchten österreichischen Pflichtschule heranzuziehen. Als positive Noten kommen die Noten „Sehr gut" bis „Genügend" (1 bis 4) in Frage. Ein negativer Abschluss liegt bei der Note „Nicht genügend" (5) vor (vgl § 18 Abs 2 SchUG). Im Fall des Abschlusses an einer ausländischen Schule ist das entsprechende Originalzeugnis vorzulegen, wobei die Behörde bei der Beurteilung, ob ein positiver Abschluss vorliegt, das maßgebliche ausländische Recht heranzuziehen hat.

13. Anm: Zu Abs 5 Z 5: Das Nähere über diese „sonstigen Nachweise" ist in § 9 IV-V geregelt. Als derartige Nachweise gelten demnach allgemein anerkannte Sprachdiplome oder Kurszeugnisse. Als allgemein anerkannte

Einrichtungen, die solche Sprachdiplome oder Kurszeugnisse ausstellen, gelten insbesondere das „Österreichische Sprachdiplom Deutsch", das „Goethe-Institut e.v." sowie die „WBT Weiterbildungs-Testsysteme GmbH". Diese demonstrative Aufzählung in § 9 IV-V schließt jedoch nicht aus, dass auch Sprachdiplome oder Kurszeugnisse anderer allgemein anerkannter Einrichtungen als Nachweis über ausreichende Deutschkenntnisse in Frage kommen können. Jede Einrichtung – auch die demonstrativ genannten – hat in dem von ihr auszustellenden Sprachdiplom oder Kurszeugnis jedenfalls eine schriftliche Bestätigung über das Erreichen des A2-Niveaus des Gemeinsamen Europäischen Referenzrahmens für Sprachen aufzunehmen. Im Falle des Fehlens einer derartigen Bestätigung hat die Behörde den Nachweis als nicht erbracht zu werten. Anders als bisher kann die Behörde selbst nicht beurteilen, ob ausreichende Deutschkenntnisse vorhanden sind oder nicht.

14. Anm: Zu Abs 5 Z 6: Hier ist nicht erforderlich, dass an der ausländischen Schule Deutsch als Unterrichtsfach absolviert wurde. Jedenfalls hat der Antragsteller einen geeigneten Nachweis für den erforderlichen Schulabschluss, insbesondere ein ausländisches Reifeprüfungszeugnis oder ein dem österreichischen Reifeprüfungszeugnis gleichwertiges Zeugnis, vorzulegen. Ob der durch das vorgelegte Zeugnis bestätigte Schulabschluss letztlich der allgemeinen Universitätsreife entspricht, hat die Behörde nach Maßgabe des § 64 Abs 1 Universitätsgesetz 2002 zu beurteilen. Ebenso hat die Behörde selbst zu beurteilen, ob der Schulabschluss dem Abschluss einer österreichischen berufsbildenden mittleren Schule entspricht. Hat der Antragsteller nachweislich ein mindestens dreijähriges Universitätsstudium beendet (zB Bachelor- oder Master-Diplom einer postsekundären Bildungseinrichtung) – unbeachtlich in welcher Studienrichtung –, so reicht der Nachweis darüber jedenfalls aus.

15. Anm: Zur Überleitung der IV gem § 50a FrG in das Regelungsregime des NAG siehe die entsprechende ÜGB in § 81 Abs 5.

16. Jud: OGH 08.09.1987, 10 Ob S 47/87 = ZAS 1989/3, 16; 10.03.1992, 10 Ob S 46/92 = SSV-NF 6/26 (1992).

Kostenbeteiligungen

§ 15. (1) Der Bund ersetzt die Kurskosten bis zum Höchstsatz nach Abs. 3, wenn das Modul 1 spätestens binnen einem Jahr nach Beginn der Erfüllungspflicht erfolgreich abgeschlossen worden ist.

(2) Familienangehörigen nach § 47 Abs. 2 und Familienangehörigen von Drittstaatsangehörigen in den Fällen des § 46 Abs. 4 ersetzt der Bund 50 v.H. der Kurskosten des Moduls 2, sofern sie dieses spätestens binnen zwei Jahren, nachdem sie erfüllungspflichtig geworden sind, erfolgreich abgeschlossen haben. Die Zweijahresfrist beginnt mit Erfüllung des Moduls 1, jedenfalls aber zwölf Monate nach Beginn der Niederlassung zu laufen.

(3) Der Bundesminister für Inneres ist im Einvernehmen mit dem Bundesminister für Finanzen ermächtigt, durch Verordnung Höchstsätze festzulegen, die der Bund nach Abs. 1 und 2 ersetzt. Höchstsätze haben sich an den Kosten der zur Verfügung stehenden Integrationskurse zu orientieren.

(4) Für Kosten, die dem Anbieter eines Integrationskurses nicht vom Bund ersetzt werden, haftet der Verpflichtete aus einer Haftungserklärung solidarisch.

Übersicht:
1. Hinweise auf innerstaatliche Norm
2. Materialien
3.-4. Anmerkungen

1. § 10 IV-V, VI.E.

2. RV 952 XXII. GP

§ 15 Abs. 1 und 2 regeln die Beteiligung des Bundes den Kurskosten, die bei der Erfüllung der Integrationsvereinbarung anfallen.

Nach Abs. 1 ersetzt der Bund die Kosten für Alphabetisierungskurse (Modul 1), die innerhalb des 1. Jahres nach Zuwanderung erfolgreich abgeschlossen wurde, bis zu einem durch Verordnung festgesetzten Höchstsatz (Abs. 3). Wird das Modul 1 erst nach Ablauf des 1. Jahres erfüllt, werden keine Kosten mehr ersetzt.

Nach Abs. 2 erhalten Familienangehörige von Österreichern, EWR-Bürgern oder Schweizer Bürgern, die in Österreich dauernd wohnhaft sind und denen das Recht auf Freizügigkeit nicht zukommt (§ 47 Abs. 2), und Familienangehörige von Drittstaatsangehörigen in den Fällen des § 46 Abs. 4 vom Bund 50 % der Kurskosten des Moduls 2 ersetzt, wenn sie dieses spätestens binnen zwei Jahren nach Entstehen der Erfüllungspflicht erfolgreich abgeschlossen haben. Diese Zwei-Jahres-Frist beginnt mit dem Zeitpunkt der Erfüllung des Moduls 1, jedenfalls aber ein Jahr nach der Niederlassung zu laufen.

Abs. 3 ermächtigt den Bundesminister für Inneres im Einvernahmen mit dem Bundesminister für Finanzen durch Verordnung Kostenhöchstsätze für die Beteilung an den Kosten festzusetzen.

Abs. 4 stellt Regelungen zur Haftung für Kurskosten dar, die vom Bund nicht ersetzt werden. Demnach haftet der Verpflichtete aus einer Haftungserklärung solidarisch.

3. Anm: Die Höchstsätze für die Kostenbeteiligung des Bundes wurden in § 10 IV-V festgelegt. Für Alphabetisierungskurse (Modul 1) beträgt dieser 375 Euro und für Deutsch-Integrationskurse 750 Euro.

Der Kostenersatz an den Kursteilnehmer erfolgt erst nach erfolgreichem Abschluss des betreffenden Moduls. Dieser ist zur Gänze zu leisten, womit ein teilweiser Kostenersatz nicht möglich ist.

Im Fall einer Verkürzung der für Deutsch-Integrationskurse grundsätzlich vorgesehenen Anzahl von 300 Unterrichtseinheiten bei Vorkenntnissen oder Vorqualifikationen des Kursteilnehmers in der deutschen Sprache (§ 6 Abs 2 IV-V) wird der Höchstsatz von 750 Euro entsprechend vermindert (§ 10 Abs 3 IV-V). Bei einer Überschreitung der für das jeweilige Kursziel erforderlichen Lehrinhalte richtet sich der Kostenersatz nach den in der Kursbestätigung angegebenen Unterrichtseinheiten unbeschadet des betreffenden Höchstsatzes (§ 10 Abs 4 IV-V). Der Wortlaut des § 10 Abs 4 IV-V erwähnt auf Grund eines legistischen Versehens lediglich die „Kursbestätigung". Richtigerweise müsste hier zusätzlich auf das „Kurszeugnis" bei Deutsch-Integrationskursen Bezug genommen werden.

4. **Anm:** Die Abrechnung betreffend Kostenersatz des Bundes wurde bisher mit Gutscheinen durchgeführt, die an die IV-Pflichtigen ausgegeben wurden. Eine diesbezügliche gesetzliche Regelung war nicht gegeben. Da die Modalitäten für die Abrechnung bzw Kostenbeteiligung des Bundes weder im NAG noch in der IV-V geregelt sind, obliegt deren Festlegung auf Grund des § 15 – wie bisher – den vollziehenden Behörden einschließlich des ÖIF. Innerhalb des gesetzlichen Rahmens nach § 15 ist das „Gutschein-System" grundsätzlich auch für die Kostenbeteiligung zulässig.

Kursangebot

§ 16. **(1) Die angebotenen Kurse haben jedenfalls zu enthalten:**
1. **für das Modul 1 den Erwerb der Fähigkeit des Lesens und Schreibens und**
2. **für das Modul 2 Kenntnisse der deutschen Sprache zur Kommunikation und zum Lesen alltäglicher Texte sowie von Themen des Alltags mit staatsbürgerschaftlichen Elementen und Themen zur Vermittlung der europäischen und demokratischen Grundwerte, die eine Teilnahme am gesellschaftlichen, wirtschaftlichen und kulturellen Leben in Österreich ermöglichen.**
(2) Die Zertifizierung der Kurse und die Evaluierung der vermittelten Lehrinhalte werden vom Österreichischen Integrationsfonds vorgenommen. Die Kurse werden mit einer Gültigkeitsdauer von bis zu drei Jahren zertifiziert; die Zertifizierung kann auf Antrag um jeweils drei Jahre verlängert werden.
(3) Auf die Bereitschaft der Länder und Gemeinden, die schon vor In-Kraft-Treten dieses Bundesgesetzes Kurse im Sinne des Abs. 1 durchgeführt und finanziert haben und sich bereit erklären, diese weiterhin durchzuführen, ist bei der Zertifizierung Bedacht zu nehmen. Kostenbeteiligungen der Länder und Gemeinden vermindern Beiträge gemäß § 15 nicht.
(4) Die Inhalte der Kurse in Bezug auf Lernziele, Lehrmethode und Qualifikation des Lehrpersonals, die Anzahl der Unterrichtseinheiten sowie Form und Inhalt der Kursbestätigung werden durch Verordnung des Bundesministers für Inneres festgelegt.
(5) Der Österreichische Integrationsfonds kann die Zertifizierung während der Gültigkeit entziehen, wenn die Lernziele, die Lehr-

methode oder die Qualifikationen des Lehrpersonals nicht Abs. 1 entsprechen.

Übersicht:
1.   Hinweise auf innerstaatliche Normen
2.   Materialien
3.-6.   Anmerkungen

1. Siehe VI.E. IV-V, insb §§ 1 bis 5.; § 68 AsylG 2005, II.A.

2. RV 952 XXII. GP

Abs. 1 legt den Inhalt der Kurse in groben Zügen fest und bestimmt, dass die Drittstaatsangehörigen nach Erfüllung des Modul 1 Lesen und Schreiben können sollen und durch das Modul 2 befähigt werden sollen, einfache Texte zu lesen und sich auf Deutsch zu verständigen. Darüber hinaus sollen sie im Rahmen des Moduls 2 mit Inhalten der Staatsbürgerschaftskunde und mit Themen, die europäische, demokratische Grundwerte vermitteln, vertraut gemacht werden. Modul 1 wird mit ca. 75 Stunden und das Modul 2 mit ca. 300 Stunden anzusetzen sein. Durch das stundenmäßig ausgeweitete Modul 2 sollen Deutschkenntnisse nunmehr auf dem A2-Niveau des Gemeinsamen Europäischen Referenzrahmens für Sprache des Europarates erreicht werden.

Abs. 2 bestimmt, dass die angebotenen Kurse vom Österreichischen Integrationsfonds (ÖIF) mit einer Gültigkeitsdauer von drei Jahren zertifiziert werden, der auch die Evaluierung der vermittelten Lehrinhalte vornimmt.

Abs. 3 nimmt auf die vielfältigen Bemühungen der Länder in Hinblick auf die Integration Bedacht und normiert, dass die Kostenbeteiligung des Bundes durch Kostenbeteiligung der Länder und Gemeinden nicht verringert wird.

Nach Abs. 4 werden die Lehrinhalte, Lernziele, Qualifikation des Lehrpersonals, die Lehrmethoden, die Anzahl der Unterrichtseinheiten sowie der Inhalt der Kursbestätigung für die Module 1 und 2 vom Bundesminister für Inneres im Verordnungswege festgelegt. Dafür wird ein Rahmencurriculum entwickelt, das die Zielgruppe, deren Sprachkenntnisse, die Beschreibung der Sprachkenntnisse auf A2-Niveau anhand einer Globalskala beschreibt und auch auf die qualitativen Aspekte des mündlichen Sprachgebrauchs, das Leseverstehen allgemein, das Hörverstehen und auf die schriftliche Produktion allgemein Bedacht nimmt. Dies sei an einem Beispiel erläutert: Das Leseverstehen wird erfordern, dass der Drittstaatsangehörige ein begrenztes Repertoire an Wörtern und Wendungen hat, die sich auf Informationen zur Person und einzelne konkrete Situationen beziehen.

Abs. 5 ermöglicht den Entzug der Zertifizierung durch den ÖIF, wenn die Voraussetzungen nicht mehr den Erfordernissen des Abs. 1 entsprechen.

3. Anm: Zu Abs 4: Siehe oben 10. und 11. zu § 14. Zur Zertifizierung der Kursträger durch den ÖIF, der Qualifikation des Lehrpersonals und die Qualitätssicherung der Kurse siehe §§ 1 bis 3 IV-V.

4. Anm: Zum ÖIF siehe 3. zu § 68 AsylG 2005 (II.A.).

5. Anm: Fraglich ist die rechtliche Qualität der Zertifizierung oder die Entziehung derselben durch den ÖIF. Da es sich hiebei zweifellos um außenwirksame individuelle Entscheidungen im Rahmen der Hoheitsverwaltung handelt, die die subjektive Rechtssphäre eines Dritten berühren bzw in diese eingreifen, sind diese Akte als Bescheid zu qualifizieren. Der ÖIF ist kraft Gesetzes ausdrücklich für die Vornahme bzw Entziehung der Zertifizierung sachlich zuständig und wird in dieser Eigenschaft als beliehenes Organ funktionell für den Bund tätig. Das AVG ist dabei jedoch nicht anzuwenden (vgl Art II Abs 2 EGVG).

Da ein weiterer administrativer Instanzenzug gegen die Entziehung der Zertifizierung (Abs 5) nicht ausdrücklich vorgesehen ist, kann die Entziehung auf Grund der rechtsstaatlichen Rechtsschutzgewährleistung (vgl *Raschauer*, Allgemeines Verwaltungsrecht^2 Rz 853) direkt bei den Gerichtshöfen des öffentlichen Rechts (VwGH und VfGH) angefochten werden.

6. Anm: Da der ÖIF in Ausübung dieser ihm ausdrücklich durch Bundesgesetz übertragenen hoheitlichen Aufgabe funktionell als beliehenes Organ für den Bund tätig wird (oben 5.), unterliegt er nach Art 20 Abs 1 B-VG dem Weisungsrecht des BMI als zuständiges oberstes Organ der Bundesverwaltung (*Raschauer*, Allgemeines Verwaltungsrecht^2 Rz 376 mwN).

5. Hauptstück: Integrationsförderung und Beirat für Asyl- und Migrationsfragen

Integrationsförderung

§ 17. (1) Fremden, die zur Niederlassung berechtigt sind, kann – unbeschadet der Bestimmungen der §§ 14 bis 16 – Integrationsförderung gewährt werden; damit sollen ihre Einbeziehung in das gesellschaftliche, wirtschaftliche und kulturelle Leben in Österreich und die Chancengleichheit mit österreichischen Staatsbürgern in diesen Bereichen herbeigeführt werden.

(2) Maßnahmen der Integrationsförderung sind insbesondere
1. Sprachkurse;
2. Kurse zur Aus- und Weiterbildung;
3. Veranstaltungen zur Einführung in die österreichische Kultur und Geschichte;
4. gemeinsame Veranstaltungen mit österreichischen Staatsbürgern zur Förderung des gegenseitigen Verständnisses;
5. die Weitergabe von Informationen über den Wohnungsmarkt und
6. Leistungen des Österreichischen Integrationsfonds.

(3) Zur Durchführung der Integrationsförderung sind möglichst private, humanitäre und kirchliche Einrichtungen sowie Einrichtungen der freien Wohlfahrt oder der Gemeinden heranzuziehen. Die zu

erbringenden Leistungen sind in einem privatrechtlichen Vertrag festzulegen, der auch den Kostenersatz zu regeln hat.
(4) Soweit der Bundesminister für Inneres zum Abschluss von Ressortübereinkommen gemäß Art. 66 Abs. 2 B-VG ermächtigt ist, kann er die Mitwirkung an internationalen Organisationen vereinbaren, deren Zweck die Bewältigung von Problemen der Migration und der Integration Fremder in Europa ist.
(5) Die Ermittlung und Verarbeitung personenbezogener Daten sowie deren Übermittlung für Zwecke der Integration an Einrichtungen des Bundes und der Länder zur Durchführung der Integrationsförderung ist nach Maßgabe des § 37 zulässig.

Übersicht:
1. Hinweise auf innerstaatliche Normen
2. Materialien
3. Anmerkung

1. Textauszug B-VG

Siehe III.A. B-VG.

2. RV 952 XXII. GP

§ 17 entspricht inhaltlich § 51 Fremdengesetz 1997, der wiederum in seinen Abs. 1 bis 3 im Wesentlichen die Regelungen des § 11 Aufenthaltsgesetz (AufG) abbildet. Neu ist in Abs. 2 Z 6, der klarstellt, dass die Leistungen des Österreichischen Integrationsfonds auch als Maßnahmen der Integrationsförderung anzusehen sind.
Die Abs. 4 und 5 entsprechen dem bisherigen § 51 Abs. 4 und 5 Fremdengesetz 1997.

3. Anm: Siehe auch die Integrationshilfe für Asylberechtigte nach § 68 AsylG 2005 (II.A.).

Beirat für Asyl- und Migrationsfragen

§ 18. (1) Der Bundesminister für Inneres wird in Asyl- und Migrationsfragen vom Beirat für Asyl- und Migrationsfragen beraten. Dieser gibt über Antrag eines seiner Mitglieder Empfehlungen zu konkreten Asyl- und Migrationsfragen ab, insbesondere zur Durchführung und Finanzierung von Maßnahmen der Integrationsförderung (§ 17).
(2) Der Beirat für Asyl- und Migrationsfragen besteht aus 23 Mitgliedern, die ihre Funktion ehrenamtlich ausüben. Die Mitglieder des Beirates werden vom Bundesminister für Inneres für eine Funktionsdauer von fünf Jahren bestellt, und zwar
    1. je ein Mitglied auf Vorschlag des Bundesministers für auswärtige Angelegenheiten, des Bundesministers für Bildung, Wissenschaft und Kultur, des Bundesministers für Gesundheit und Frauen, des Bundesministers für soziale Sicherheit, Ge-

nerationen und Konsumentenschutz und des Bundesministers für Wirtschaft und Arbeit;
2. je ein Mitglied auf Vorschlag der Bundesarbeitskammer, der Wirtschaftskammer Österreich, des Österreichischen Gewerkschaftsbundes, der Österreichischen Industriellenvereinigung, der Präsidentenkonferenz der Landwirtschaftskammern Österreichs;
3. vier Mitglieder auf gemeinsamen Vorschlag der Länder;
4. je ein Mitglied auf Vorschlag des Österreichischen Gemeindebundes und des Österreichischen Städtebundes sowie
5. ein Vertreter des Österreichischen Integrationsfonds und je ein Vertreter von vier vom Bundesminister für Inneres bestimmten, ausschließlich humanitären oder kirchlichen Einrichtungen, die sich insbesondere der Integration oder Beratung Fremder widmen, sowie zwei Vertreter des Bundesministeriums für Inneres.

(3) Der Vertreter des Österreichischen Integrationsfonds führt im Beirat für Asyl- und Migrationsfragen den Vorsitz und hat bei Stimmengleichheit die entscheidende Stimme.

(4) Die Mitglieder des Beirates für Asyl- und Migrationsfragen unterliegen der Verpflichtung zur Wahrung des Amtsgeheimnisses.

(5) Der Bundesminister für Inneres stellt dem Beirat für Asyl- und Migrationsfragen die zur Bewältigung der administrativen Tätigkeit notwendigen Personal- und Sacherfordernisse zur Verfügung. Der Beirat für Asyl- und Migrationsfragen gibt sich eine Geschäftsordnung, in der auch die Befugnisse des Vorsitzenden und eine Vertretungsregelung bei Verhinderung eines Mitgliedes vorgesehen sind.

1. RV 952 XXII. GP

Die Regelungen des § 51a FrG wurden weitestgehend übernommen.

Die Zusammenlegung des Integrations- und Asylbeirates im Rahmen der Fremdengesetznovelle 2000 zum nunmehrigen „Beirat für Asyl- und Migrationsfragen" diente der Verwaltungsvereinfachung und hilft Synergien zu nutzen und geht nicht zuletzt auf eine Forderung der in den Beiräten vertretenen Nichtstaatlichen Organisationen zurück. Da sich der Beirat gemäß Abs. 3 eine Geschäftsordnung gegeben hat, wird in der Geschäftsordnung die Möglichkeit erhalten, dass der Beirat nicht immer im Plenum tagen muss, sondern bestimmten Problemen in anderen Strukturen (z.B.: Subbeirat) begegnet.

Die demonstrative Aufzählung in Abs. 1 wurde gekürzt und der Tätigkeit des Beirats in der Praxis angepasst.

Der bisherige Abs. 2 wurde auf 2 Absätze aufgeteilt und neu gegliedert. Hinsichtlich des von 22 auf 23 Mitglieder aufgestockten Mitgliederkreises ergeben sich zwei Änderungen: Erstens ist das Bundesministerium für Finanzen (BMF) im Beirat nicht mehr vertreten (vgl. Abs. 2 Z 1), weil die bestehenden Mitwirkungsrechte des BMF gemäß den einschlägigen haushaltsrechtlichen Vorschriften auch ohne Vertretung des BMF im Beirat, ausreichen. Dies betrifft insbesondere Fragen der Finanzierung von Maßnahmen der Integrationsförderung bzw. zur Gewährung von Rückkehrhilfen.

Zweitens werden der Vollständigkeit halber anders als nach der bisherigen Regelung die Vertreter des BMI (Abs. 2 Z 5) ausdrücklich erwähnt. Der Vorsitz im Beirat wird vom Bundesminister für Inneres auf den Vertreter des Österreichischen Integrationsfonds übertragen; dadurch soll vermieden werden, dass der Bundesminister für Inneres in einem Beirat, der ihn selbst beraten soll, den Vorsitz hat. Die Abs. 4 und 5 entsprechen den bisherigen Abs. 3 und 4.

6. Hauptstück: Verfahren

Allgemeine Verfahrensbestimmungen

§ 19. (1) Anträge auf Erteilung eines Aufenthaltstitels sind persönlich bei der Behörde zu stellen. Soweit der Antragsteller nicht selbst handlungsfähig ist, hat den Antrag sein gesetzlicher Vertreter einzubringen.

(2) Im Antrag ist der Grund des Aufenthalts bekannt zu geben; dieser ist genau zu bezeichnen. Nicht zulässig sind Anträge, aus denen sich verschiedene Aufenthaltszwecke ergeben, das gleichzeitige Stellen mehrerer Anträge und das Stellen weiterer Anträge während eines anhängigen Verfahrens nach diesem Bundesgesetz. Die für einen bestimmten Aufenthaltszweck erforderlichen Berechtigungen sind vor der Erteilung nachzuweisen. Besteht der Aufenthaltszweck in der Ausübung eines Gewerbes, so gilt die von der Gewerbebehörde ausgestellte Bescheinigung, dass die Voraussetzungen für die Gewerbeausübung mit Ausnahme des entsprechenden Aufenthaltstitels vorliegen, als Nachweis der erforderlichen Berechtigung. Der Fremde hat der Behörde die für die zweifelsfreie Feststellung seiner Identität und des Sachverhaltes erforderlichen Urkunden und Beweismittel vorzulegen.

(3) Der Bundesminister für Inneres ist ermächtigt, durch Verordnung festzulegen, welche Urkunden und Nachweise für den jeweiligen Aufenthaltszweck (Abs. 2) dem Antrag jedenfalls anzuschließen sind. Diese Verordnung kann auch Form und Art einer Antragstellung, einschließlich bestimmter, ausschließlich zu verwendender Antragsformulare, enthalten.

(4) Bei der Antragstellung hat der Fremde die erkennungsdienstlichen Daten, die zur Herstellung eines Aufenthaltstitels erforderlich sind, zur Verfügung zu stellen und gegebenenfalls an der Ermittlung und Überprüfung dieser nach Maßgabe des § 35 Abs. 3 mitzuwirken; andernfalls ist sein Antrag zurückzuweisen. Bei Verlängerungsanträgen sind erkennungsdienstliche Daten nur mehr insoweit zu ermitteln, als diese bei der Behörde nicht vorliegen oder zur Feststellung der Identität des Betroffenen erforderlich sind.

(5) Sofern bei der Erstantragstellung die Ermittlung der Daten, die zur Herstellung und Personalisierung eines Aufenthaltstitels erforderlich sind, nicht bereits bei Antragstellung bei der Berufsvertretungsbehörde erfolgte, hat dies durch die zuständige Inlandsbehörde zu erfolgen. Bei Verlängerungsanträgen erfolgt die Abnahme

§ 19

der Daten, die zur Herstellung und Personalisierung eines Aufenthaltstitels erforderlich sind, bei jeder Antragstellung jedenfalls durch die zuständige Inlandsbehörde. Wenn dies im Interesse der Einfachheit, Zweckmäßigkeit und Sparsamkeit gelegen ist, kann der Landeshauptmann mit Verordnung einzelne oder mehrere Bezirksverwaltungsbehörden in seinem Wirkungsbereich beauftragen, die Erfassung dieser Daten auch von örtlich nicht zuständigen Bezirksverwaltungsbehörden vornehmen zu lassen; deren Handlungen sind der sachlich und örtlich zuständigen Behörde zuzurechnen.

(6) Der Fremde hat der Behörde eine Zustelladresse und im Fall ihrer Änderung während des Verfahrens die neue Zustelladresse unverzüglich bekannt zu geben. Bei Erstanträgen, die im Ausland gestellt wurden, ist die Zustelladresse auch der Berufsvertretungsbehörde bekannt zu geben. Ist die persönliche Zustellung einer Ladung oder einer Verfahrensanordnung zum wiederholten Mal nicht möglich, kann das Verfahren eingestellt werden, wenn der Fremde bei Antragstellung über diesen Umstand belehrt wurde.

(7) Aufenthaltstitel dürfen Fremden, die das 14. Lebensjahr vollendet haben, nur persönlich ausgefolgt werden. Aufenthaltstitel für unmündige Minderjährige dürfen nur an dessen gesetzlichen Vertreter ausgefolgt werden.

Übersicht:
    1.-2.   Hinweise auf innerstaatliche Normen
    3.-4.   Materialien
    5.-8.   Anmerkungen

1. Art 11 Abs 2 B-VG; Art II Abs 2 Z 1 EGVG.

2. Textauszug § 14 GewO

§ 14. (1) Ausländische natürliche Personen dürfen, sofern dieses Bundesgesetz nicht anderes bestimmt, Gewerbe wie Inländer ausüben, wenn dies in Staatsverträgen festgelegt worden ist. Angehörige von Staaten, mit denen kein derartiger Staatsvertrag abgeschlossen wurde, Personen, denen Asyl gewährt wird, oder Staatenlose dürfen, sofern dieses Bundesgesetz nicht anderes bestimmt, Gewerbe wie Inländer ausüben, wenn sie sich nach den für sie in Betracht kommenden Rechtsvorschriften zur Ausübung einer Erwerbstätigkeit bereits in Österreich aufhalten dürfen. Für Drittstaatsangehörige, die noch nicht rechtmäßig aufhältig sind (Erstantragsteller) und in Österreich ein Gewerbe ausüben wollen, ist die Erteilung eines Aufenthaltstitels, der die Ausübung einer selbstständigen Erwerbstätigkeit zulässt, zur rechtmäßigen Ausübung dieses Gewerbes erforderlich.

(2) Juristische Personen und Personengesellschaften des Handelsrechts, die weder ihren Sitz noch eine Niederlassung im Inland haben, dürfen, soweit Staatsverträge nicht anderes vorsehen, Gewerbe nicht ausüben. § 10 gilt sinngemäß.

3. RV 952 XXII. GP

Auf Verfahren vor den Behörden der allgemeinen staatlichen Verwaltung – also auch auf die in mittelbarer Bundesverwaltung tätig werdenden Landeshauptmänner – ist gemäß Art. II Abs. 2 Z 1 EGVG das Allgemeine Verwaltungsverfahrensgesetz (AVG) und das Verwaltungsstrafgesetz (VStG) anzuwenden. Abweichungen von den allgemeinen Verfahrensgesetzen sind nur insoweit zulässig, als diese unbedingt erforderlich sind (Art. 11 Abs. 2 B-VG).

§ 19 regelt darüber hinaus die allgemeinen Verfahrensbestimmungen, die für alle drei Verfahrensarten – Erstantrags-, Verlängerungs- und Zweckänderungsverfahren – entsprechend Anwendung finden und zur geeigneten und effizienten Regelung dieser Verfahren erforderlich sind. Das Verfahren vor den Auslandsvertretungsbehörden – also den Botschaften und Konsulaten – wird in § 22 geregelt.

Die persönliche Antragstellung bei der zuständigen Behörde nach Abs. 1 ist unbedingt erforderlich, als dies der einzig verlässliche Weg ist, festzustellen, wo sich der Fremde zum Antragszeitpunkt gerade befindet – vor allem, ob der Fremde, soweit dies notwendig ist, wirklich im Ausland ist und sich nicht schon in Österreich befindet. Weiters wird die persönliche Anwesenheit zur Beibringung jener Daten unverzichtbar sein, die der künftigen Personifizierung des Aufenthaltstitels mittels Biometrie (Fingerabdruck, Lichtbild) dienen. Bei Minderjährigen und anderen Personen, denen ein gesetzlicher Vertreter beigegeben ist (z.B. besachwalterte Personen), muss natürlich auf den gesetzlichen Vertreter abgestellt werden.

Abs. 2 stellt klar, dass einerseits der Grund des beabsichtigten Aufenthalts und andererseits die Identität und nötige Unterlage der Behörde bekannt zu geben bzw. vorzulegen sind. Darüber hinaus wird normiert, dass immer nur ein eindeutiger, laufender Antrag gestellt werden soll; hier gilt § 13 Abs. 3 AVG uneingeschränkt. Dies soll verhindern, dass Fremde versuchen, auf irgendeinem Weg nach Österreich zu kommen und hiezu mehrere Anträge oder Eventualanträge stellen. Weiters wird klargestellt, dass die erforderlichen Berechtigungen vor der Erteilung eines Aufenthaltstitels vorhanden sein müssen. Im Falle der künftigen Ausübung eines Gewerbes muss der Fremde eine vorläufige Bescheinigung der Gewerbebehörde vorlegen, dass er alle Voraussetzungen für die Ausübung des betreffenden Gewerbes außer das Vorliegen eines Aufenthaltstitels erfüllt (vgl. § 14 Abs. 1 GewO).

In Abs. 3 wird dem Bundesminister für Inneres eine Verordnungsermächtigung eingeräumt, die diesem im Interesse der Verfahrensökonomie die Möglichkeit einräumt anzuordnen, welche Urkunden und Nachweise für bestimmte Aufenthaltszwecke jedenfalls vorzulegen sind; die Ausübung der Verordnungsermächtigung muss sich am Sinn des Gesetzes orientieren; der Bundesminister kann nur die Vorlage von Dokumenten vorschreiben, die in jedem Fall benötigt werden. Darüber hinaus soll die Verwendung bestimmter Antragsformulare vorgeschrieben werden können, die für die ökonomische Führung von Verfahren nach diesem Bundesgesetz unverzichtbar ist.

Zur klaren Identifizierung des Fremden ist es – auch im Hinblick auf die Übermittlungsbestimmungen des § 35 Abs. 1 – erforderlich, vom Antragsteller erkennungsdienstliche Daten festzustellen (Abs. 4). Nur so kann weitest möglich sichergestellt werden, dass der Fremde nicht mit einer anderen Identität bereits einen Antrag gestellt hat, der – etwa aus Gründen der Aufrechterhaltung der öffentlichen Ordnung und Sicherheit – abgewiesen wurde. Der Fremde hat an der Ermittlung der Daten mitzuwirken, andernfalls ist der Antrag nach entsprechender Belehrung zurückzuweisen. § 13 Abs. 3 AVG über Mängel bei schriftlichen Anbringen gilt selbstverständlich.

Die erkennungsdienstliche Behandlung kann entweder im Ausland bei der Berufsvertretungsbehörde oder bei der Inlandsbehörde vorgenommen werden (Abs. 5); sobald die sicherheits- und verwaltungstechnischen Voraussetzungen gegeben sind, ist der Abnahme von erkennungsdienstlichen Daten im Ausland jedenfalls der Vorzug zu geben, weil dadurch schon die Einreise von Fremden, die sich – etwa aus Gründen der öffentlichen Sicherheit – nicht im Bundesgebiet aufhalten sollen, verhindert werden kann. Bei Verlängerungsanträgen kann es ausnahmsweise nötig sein, erkennungsdienstliche Daten zu ermitteln; dies geschieht dann jedenfalls im Inland. Der Landeshauptmann kann die Erfassung dieser Daten – die eine besondere technische Infrastruktur benötigen – bei bestimmten Bezirkshauptmannschaften bündeln.

Abs. 6 stellt eine Verpflichtung des Fremden klar, immer eine aktuelle Zustelladresse bekannt gegeben zu haben und knüpft die Möglichkeit der Einstellung eines Verfahrens an die Verpflichtung an, wenn eine persönliche Zustellung an den Antragsteller oder seinen Zustellbevollmächtigten nicht möglich war.

Um sicherzustellen, dass Aufenthaltstitel nur dem Fremden zukommen, dem er ausgestellt werden soll, wird vorgeschlagen, zu normieren, dass Aufenthaltstitel nach diesem Bundesgesetz nur dem Fremden persönlich ausgefolgt werden, wenn dieser das 14. Lebensjahr vollendet hat. Bei unmündigen Minderjährigen sollen sie an dessen gesetzlichen Vertreter ausgefolgt werden. Die Bestimmung ergänzt die persönliche Antragstellung im Sinne des Abs. 1.

4. AB 1055 XXII. GP

Zu Abs. 1:
Bei der gesetzlichen Vertretung eines Antragstellers wird auf das Erfordernis der fehlenden Handlungsfähigkeit des Antragstellers abgestellt, die nach den allgemeinen Regelungen des Zivilrechts zu beurteilen ist. Damit wird eine umfassende Vertretungsmöglichkeit sichergestellt, auch dann wenn an das österreichische Rechtsinstitut der Sachwalterschaft nicht angeknüpft werden kann. Darüber hinaus erfolgt in Abs. 4 eine Abstimmung mit § 35 Abs. 4 sowie eine aus dem Verhältnismäßigkeitsgebot erfließende Beschränkung der Datenermittlung.

5. Anm: Verfahren nach dem NAG beginnen in der Regel durch einen Antrag (Erst-, Verlängerungs- oder Zweckänderungsantrag). Am Ende eines Antragsverfahrens betreffend Erteilung, Verlängerung oder Zweckänderung eines Aufenthaltstitels steht im positiven Fall die Ausstellung und körperliche Übergabe des Aufenthaltstitels in Kartenform und im negativen Fall eine bescheidmäßige Ab- oder Zurückweisung. Durch die

Übergabe der Aufenthaltstitelkarte an den Antragsteller wird der „Bescheidwille" der Behörde vollinhaltlich verkörpert, weshalb diese – unbeschadet ihrer urkundenartigen Form – einen positiven Erledigungsbescheid der Behörde darstellt (vgl Raschauer, Allgemeines Verwaltungsrecht[2] Rz 919).

Im Hinblick auf die Nachvollziehbarkeit einer positiven Entscheidung der Behörde (Erteilung oder Verlängerung des Aufenthaltstitels), insb im Hinblick auf die Beurteilung der Frage des Vorliegens der Erteilungsvoraussetzungen, wird mangels förmlicher Bescheidbegründung jedenfalls eine aktenmäßige Dokumentation der für diese Entscheidung maßgeblichen Umstände durch die Behörde – etwa mit Aktenvermerk - vorzunehmen sein.

6. Anm: Zu Abs 1: Nach dem Wortlaut sind nur Anträge auf Erteilung eines Aufenthaltstitels persönlich zu stellen. Eine Bezugnahme auf Anträge zur Ausstellung einer Dokumentation nach § 9 (Anmeldebescheinigung, Daueraufenthaltskarte, Lichtbildausweis für EWR-Bürger) fehlt hingegen. Mangels ausdrücklicher Normierung und mit Rücksicht auf Art 11 Abs 2 B-VG wird das Erfordernis der persönlichen Antragstellung für solche Fälle somit nicht gelten (vgl § 10 AVG).

7. Anm: Zu Abs 2 und 4: Die Bestimmung des letzten Satzes des Abs 2 normiert – neben § 29 Abs 1 (Mitwirkung am Verfahren) – die allgemeine verfahrensrechtliche Mitwirkungs-, Beibringungs- und Darlegungspflicht des Antragstellers. Abs 4 sieht eine spezielle Mitwirkungspflicht des Antragstellers bei der erkennungsdienstlichen Behandlung vor. Er ist hiezu von der Behörde beim ersten Mal formlos und bei Nichtentsprechung ein weiteres Mal schriftlich aufzufordern (§ 35 Abs 3). Kommt er auch dann dem Verlangen nicht nach, ist sein Antrag zurückzuweisen.

Das auf einem Redaktionsversehen beruhende Zitat der Stammfassung („§ 35 Abs. 4") wurde durch die Novelle BGBl I 2005/157 berichtigt.

Zur Feststellung eines behaupteten Verwandtschaftsverhältnisses durch einen freiwilligen DNA-Test siehe § 29 Abs 2 und 3.

8. Anm: Zu Abs 3: Auf Grundlage dieser VO-Ermächtigung sind die §§ 6 bis 9 NAG-DV erlassen worden, welche die der Behörde bzw Berufsvertretungsbehörde vorzulegenden Urkunden und Nachweise regeln. Bestimmte, ausschließlich zu verwendende Antragsformulare nach Abs 3 sind derzeit in der NAG-DV nicht festgelegt worden.

Nach § 6 Abs 1 NAG-DV sind der Behörde Urkunden und Nachweise jeweils im Original und zusätzlich in Kopie vorzulegen. So wird etwa im Fall der Auslandsantragstellung der Antragsteller seinen Reisepass und eine entsprechende Kopie bei der Berufsvertretungsbehörde vorlegen. Diese hat sodann die Kopie auf ihre Übereinstimmung mit dem vorgelegten Reisepass zu überprüfen. Der Reisepass verbleibt in diesem Fall beim Antragsteller, während die Kopie an die Inlandsbehörde übermittelt werden kann. Der Umstand der Überprüfung auf Übereinstimmung ist zu bestätigen, wobei ein Vermerk auf der Kopie (etwa mit Stempel und Kürzel des Durchführenden) zur Wahrung der Nachvollziehbarkeit genügen wird.

Beglaubigte Dokumente und Nachweise sowie Übersetzungen ins Deutsche sind nur auf Verlangen der Behörde oder Berufsvertretungsbehörde vorzulegen (§ 6 Abs 4 NAG-DV). Bei der Beglaubigung sind die jeweils gültigen Formvorschriften zu beachten. Wenn das Haager Beglaubigungsabkommen anzuwenden ist, genügt das vereinfachte Verfahren mittels Apostilie. Außerhalb des Abkommens sind die Regeln der „diplomatischen Beglaubigung" einzuhalten. Die Beglaubigung soll sicherstellen, dass – gerade in Staaten mit wenig entwickeltem Personenstands- oder Urkundenwesen – vorgelegte Unterlagen so weit wie möglich auf ihre Verlässlichkeit geprüft werden können. Da das Erfordernis der Beglaubigung vom ausdrücklichen Verlangen der Behörde abhängt, kann bei unbedenklichen Sachverhalten auch darauf verzichtet werden. Umgekehrt werden Informationen in Bezug auf den Umlauf von Fälschungen und Gefälligkeitsdokumenten ein konsequentes Bestehen auf das Beglaubigungserfordernis nach sich ziehen.

Die Aufzählung in § 7 NAG-DV bestimmt all jene Urkunden und Nachweise, die unabhängig von der Art des beantragten Aufenthaltstitels der Behörde vorzulegen sind, während die §§ 8 und 9 NAG-DV die für einzelne Aufenthaltszwecke einer Aufenthaltsbewilligung (§ 8) oder einer Niederlassungsbewilligung (§ 9) zusätzlichen zu den nach § 7 erforderlichen Urkunden und Nachweise regeln.

Gültigkeitsdauer von Aufenthaltstiteln

§ 20. (1) Sofern nicht anderes bestimmt ist, sind befristete Aufenthaltstitel für die Dauer von zwölf Monaten beginnend mit dem Ausstellungsdatum auszustellen, es sei denn, es wurde eine kürzere Dauer der Aufenthaltstitel beantragt oder die Gültigkeitsdauer des Reisedokuments weist nicht die entsprechende Gültigkeitsdauer auf.

(2) Die Gültigkeitsdauer eines Aufenthaltstitels beginnt mit dem Ausstellungsdatum, die Gültigkeitsdauer eines verlängerten Aufenthaltstitels mit dem auf den letzten Tag des letzten Aufenthaltstitels folgenden Tag.

(3) Inhaber eines Aufenthaltstitels „Daueraufenthalt – EG" (§ 45) oder „Daueraufenthalt – Familienangehöriger" (§ 48) sind in Österreich – unbeschadet der befristeten Gültigkeitsdauer des diesen Aufenthaltstiteln entsprechenden Dokuments – unbefristet niedergelassen. Dieses Dokument ist für einen Zeitraum von fünf Jahren auszustellen und, soweit keine Maßnahmen nach dem Fremdenpolizeigesetz 2005 durchsetzbar sind, nach Ablauf auf Antrag zu verlängern.

(4) Ein Aufenthaltstitel nach Abs. 3 erlischt, wenn sich der Fremde länger als zwölf Monate außerhalb des Gebietes des EWR aufhält. Aus besonders berücksichtigungswürdigen Gründen, wie einer schwerwiegenden Erkrankung, der Erfüllung einer sozialen Verpflichtung oder der Leistung eines der allgemeinen Wehrpflicht oder dem Zivildienst vergleichbaren Dienstes, kann sich der Fremde bis zu 24 Monaten außerhalb des Gebietes des EWR aufhalten, wenn er dies der Behörde vorher mitgeteilt hat.

Übersicht:
1. Hinweise auf europarechtliche Normen
2. Materialien
3.-5. Anmerkungen

1. Art 3 Abs 1, Art 13 Abs 2 und Art 15 Abs 4 FamZusRL, IV.B.5.; Art 8 Abs 2, Art 9 und Art 19 Abs 2 LangfrRL, IV.B. 6.; Art 12 bis 15 StudentenRL, IV.B.12.; Art 8 Abs 3 OpferschutzRL, IV.B.9.; Art 8 ForscherRL, IV.B.13.

2. RV 952 XXII. GP

Abs. 1 normiert die allgemeinen Regeln für die Dauer von befristeten Aufenthaltstiteln nach diesem Bundesgesetz. Diese werden für die Dauer von zwölf Monaten ausgestellt, sofern sich aus den übrigen Bestimmungen nicht ausdrücklich anderes ergibt und auch nicht eine kürzere Dauer beantragt wurde. Jedenfalls kann die Gültigkeitsdauer des Aufenthaltstitels nicht über die Gültigkeitsdauer des Reisedokuments des Antragstellers hinausgehen.

Abs. 2 normiert, mit welchem Datum der rechtmäßige Aufenthalt im Falle eines Erst- und eines Verlängerungsantrages beginnt (Ausstellungsdatum des Aufenthaltstitels). Diese gesetzliche Festlegung dient einerseits generell der Rechtssicherheit und andererseits der Vermeidung von Unterbrechungszeiträumen.

Abs. 3 entspricht Art. 8 der Richtlinie 2003/109/EG. Es wird damit klargestellt, dass zwar das den unbefristeten Aufenthaltstitel bestätigende Dokument befristet ist, aber nicht der Aufenthaltstitel selbst. Das Vorliegen der Erteilungsvoraussetzungen muss daher bei der Ausstellung eines neuen Dokumentes bei unbefristeten Titeln nicht überprüft werden, da dies dem Zweck eines unbefristeten Titels entgegenstünde.

Abs. 4 normiert das ex lege Erlöschen von unbefristeten Aufenthaltstiteln bei Aufenthalt von zwölf Monaten außerhalb des EWR entsprechend Art. 9 Abs. 1 lit. c der Richtlinie 2003/109/EG. Ob ein Aufenthaltstitel erloschen ist oder nicht, kann der Fremde auf Grund der Wichtigkeit des Umstands mit Antrag auf Erlassung eines Feststellungsbescheid – auch ohne ausdrückliche gesetzliche Ermächtigung – erfragen. Bei besonders berücksichtigungswürdigen Fällen, deren häufigste Erscheinungsformen Abs. 4 demonstrativ aufzählt, verlängert sich die Dauer der erlaubten Abwesenheit auf 24 Monate. Insofern wird eine nach Art. 9 Abs. 2 der Richtlinie vorgesehene günstigere Norm für den langfristig Aufenthaltsberechtigten geschaffen. Schon ein kurzfristiger Aufenthalt im Gebiet des EWR beendet jeglichen Fristenlauf nach diesem Absatz. Zur Erlangung einer verlängerten erlaubten Abwesenheit ist allerdings eine entsprechende Mitteilung an die Behörde erforderlich. Diese ist rechtzeitig, wenn sie die Behörde vor Erreichen der 12-Monatsgrenze erreicht hat.

3. Anm: Die maximale Regelgültigkeitsdauer beträgt zwölf Monate. Die Untergrenze der zulässigen Gültigkeitsdauer ergibt sich aus dem Anwendungsbereich nach § 1 Abs 1 und beträgt sechs Monate und einen Tag (argum „länger als sechs Monate").

§ 21

Die Gültigkeitsdauer des Dokuments (Aufenthaltstitelkarte) ist idR mit der Dauer des rechtmäßig erteilten Aufenthalts ident. Dies gilt jedoch nicht für Fälle der unbefristeten Niederlassung von Drittstaatsangehörigen („Daueraufenthalt"). Die befristete Ausstellung des Daueraufenthaltsdokuments (Daueraufenthaltstitel) für fünf Jahre nach Abs 3 ändert nichts am grundsätzlichen Recht der unbefristeten (= dauerhaften) Niederlassung.

4. Anm: Ausnahmen von der generellen Gültigkeitsdauer von zwölf Monaten iSd Abs 1 sind die erstmalige Erteilung einer „Niederlassungsbewilligung – Schlüsselkraft" und einer „Niederlassungsbewilligung – beschränkt" für Familienangehörige von Schlüsselkräften für jeweils 18 Monate (§§ 41 Abs 4 und 46 Abs 3) sowie die zweite und alle weiteren Verlängerungen des Aufenthaltstitels „Familienangehöriger" für jeweils 24 Monate (§ 47 Abs 2).

5. Anm: Zur Ungültigkeit und Gegenstandslosigkeit von Aufenthaltstiteln siehe § 10.

Verfahren bei Erstanträgen

§ 21. (1) Erstanträge sind vor der Einreise in das Bundesgebiet bei der örtlich zuständigen Berufsvertretungsbehörde im Ausland einzubringen. Die Entscheidung ist im Ausland abzuwarten.

(2) Abweichend von Abs. 1 sind zur Antragstellung im Inland berechtigt:
1. Familienangehörige von Österreichern, EWR-Bürgern und Schweizer Bürgern, die in Österreich dauernd wohnhaft sind und denen das Recht auf Freizügigkeit nicht zukommt, nach rechtmäßiger Einreise und während ihres rechtmäßigen Aufenthalts;
2. Fremde, die bisher rechtmäßig im Bundesgebiet niedergelassen waren, auch wenn sie zu dieser Niederlassung keine Bewilligung oder Dokumentation nach diesem Bundesgesetz benötigt haben;
3. Fremde, die bisher österreichische Staatsbürger oder EWR-Bürger waren;
4. Kinder im Fall des § 23 Abs. 4 binnen sechs Monaten nach der Geburt;
5. Fremde, die an sich zur sichtvermerksfreien Einreise berechtigt sind, während ihres erlaubten sichtvermerksfreien Aufenthalts, und
6. Fremde, die eine Aufenthaltsbewilligung als Forscher (§ 67) beantragen, und deren Familienangehörige.

(3) Der Bundesminister für Inneres ist ermächtigt, Staatsangehörige bestimmter Staaten durch Verordnung zur Inlandsantragsstellung zuzulassen, soweit Gegenseitigkeit gegeben ist oder dies im öffentlichen Interesse liegt.

(4) Eine Inlandsantragstellung nach Abs. 2 Z 1 und Z 4 bis 6 und Abs. 3 schafft kein über den erlaubten sichtvermerksfreien Aufenthalt hinausgehendes Bleiberecht.

Übersicht:
1. Hinweise auf europarechtliche Normen
2. Materialien
3. Anmerkung

1. Art 5 Abs 3 FamZusRL, IV.B.5.; Art 15 Abs 1 und Art 16 Abs 3 LangfrRL, IV.B.6.; Art 14 ForscherRL, IV.B.13.

2. RV 952 XXII. GP

Abs. 1 stellt klar, dass Erstanträge – also Anträge von in Österreich nicht oder nicht mehr aufhältigen Fremden – vom Ausland aus zu stellen sind und dass die Entscheidung im Ausland abzuwarten ist. Die Norm steht natürlich einer kurzfristigen, rechtmäßigen Einreise – etwa aus touristischen Zwecken – nicht entgegen, sofern diese Aufenthalte wieder rechtzeitig beendet werden. Die Antragstellung im Ausland gilt nach Art. 5 Abs. 3 der Richtlinie 2003/86/EG als Regelfall, wobei abweichend davon ein Mitgliedstaat in bestimmten Fälle eine Antragstellung im Inland zulassen kann, wenn sich die Familienangehörigen bereits in seinem Hoheitsgebiet befinden.

Abs. 2 regelt, welcher Fremde, entgegen der generellen Vorschrift des Abs. 1, zur Antragstellung im Inland berechtigt ist. Es handelt sich hierbei um Fremde, die sich entweder bisher oder auch weiterhin sichtvermerksfrei und rechtmäßig im Inland aufhalten dürfen; eine verpflichtende Auslandsantragsstellung wäre daher unsachlich. Abs. 2 Z 6 betrifft gemäß Art. 15 Abs. 1 der Richtlinie 2003/109/EG vor allem langfristig Aufenthaltsberechtigte.

Abs. 3 ermächtigt den Bundesminister für Inneres, die Inlandsantragstellung im Hinblick auf bestimmte Staatsangehörige durch Verordnung zu ermöglichen.

Abs. 4 stellt klar, dass alleine der Umstand der Antragstellung selbstverständlich nicht aus eigenem ein Aufenthalts- oder Bleiberecht schaffen kann und auch nicht will. Gegebenenfalls hat der Fremde auszureisen und die Adressänderung der Behörde bekannt zu geben.

3. Anm: Von der VO-Ermächtigung des Abs 3 ist bislang nicht Gebrauch gemacht worden.

Verfahren zur erstmaligen Erteilung eines Aufenthaltstitels bei Berufsvertretungsbehörden im Ausland

**§ 22. (1) Die örtlich zuständige Berufsvertretungsbehörde im Ausland hat auf die Richtigkeit und Vollständigkeit des Antrages hinzuwirken, die Antragsdaten zu erfassen und den Antrag dem zuständigen Landeshauptmann weiterzuleiten. Wird der Antrag bei einer örtlich unzuständigen Berufsvertretungsbehörde eingebracht, ist dieser von ihr ohne weiteres Verfahren zurückzuweisen und der Antragsteller an die zuständige Berufsvertretungsbehörde zu verweisen.

(2) Entspricht der Antrag nicht einer mit Verordnung gemäß § 19 Abs. 3 festgelegten Form und Art der Antragstellung, einschließlich der Verwendung bestimmter Formulare, so hat die Berufsvertretungsbehörde dem Antragsteller die Behebung des Mangels mit der Wirkung aufzutragen, dass das Anbringen nach fruchtlosem Ablauf einer gleichzeitig zu bestimmenden, angemessenen Frist ohne weiteres Verfahren eingestellt wird.

Übersicht:
1. Hinweise auf innerstaatliche Normen
2. Materialien
3.-5. Anmerkungen

1. Siehe VI.D. NAG-DV, insb § 6.

2. RV 952 XXII. GP

Abs. 1 stellt den Wirkungsbereich der Berufsvertretungsbehörden im Ausland dar; diese sollen einerseits die Anlaufstelle für Fremde sein, die ihren Antrag im Ausland stellen müssen, und sind andererseits für die Zurückweisung eines Antrags wegen mangelnder örtlicher Zuständigkeit zuständig.

Abs. 2 soll das Verfahren nach § 13 Abs. 3 AVG für die Berufsvertretungsbehörden sinngemäß nachbilden; leidet ein Antrag unter einem offensichtlichen, formalen Mangel, ist der Antragsteller unter Setzung einer Nachfrist aufzufordern, diesen Mangel zu beheben; nach fruchtlosen Verstreichen der Nachfrist ist der Antrag von der Berufsvertretungsbehörde zurückzuweisen.

3. Anm: Die Berufsvertretungsbehörden fungieren bei Fällen der Auslandsantragstellung als erste Anlaufstelle, deren Tätigkeit für das weitere Verfahren bei der Inlandsbehörde von erheblicher Bedeutung ist, da sie die formalen Voraussetzungen des Antrags zu prüfen und die erforderlichen Daten zu ermitteln haben. Zur Vorlage der erforderlichen Urkunden und Nachweise siehe § 6 NAG-DV. Die inhaltliche Prüfung eines formal korrekten Antrags obliegt hingegen der zuständigen Inlandsbehörde (§ 23 iVm § 3 Abs 1).

Die Zurückweisung bei Unzuständigkeit hat „ohne weiteres Verfahren" zu erfolgen. Der Antragsteller ist jedoch – mittels formloser Verfügung – an die zuständige Auslandsbehörde weiterzuverweisen (vgl auch § 6 AVG). Ein Zurückweisungsbescheid (nicht: Feststellungsbescheid) wird im Fall der Unzuständigkeit nur dann zu erlassen sein, wenn der Antragsteller auf die Zuständigkeit der Berufsvertretungsbehörde ausdrücklich beharrt (vgl zu § 6 AVG *Hengstschläger*, Verwaltungsverfahrensrecht[3] Rz 69; *Walter/Mayer*, Verwaltungsverfahrensrecht[8] [2003] Rz 83). Dieser Bescheid ist jedoch keinem ordentlichen Rechtsmittel zugänglich (§ 3 Abs 3).

Wird von einem Fremden ein Antrag bei einer österreichischen Auslandsbehörde eingebracht, obwohl er zur Inlandsantragstellung berechtigt wäre, so kann hier seitens der Berufsvertretungsbehörde ihre sachliche Unzuständigkeit nicht geltend gemacht werden, da die Inlandsantragstellung nach § 21 Abs 2 als Recht des Fremden, nicht aber als Pflicht ausgestaltet worden ist.

Die Einstellung des mit dem Anbringen begonnenen Verfahrens (nicht treffend ist in Abs 2 die Wendung, dass das „Anbringen" einzustellen wäre) hat nach einem erfolglosen Verbesserungsauftrag innerhalb angemessener Frist „ohne weiteres Verfahren" zu erfolgen. Die Einstellung wird mit Aktenvermerk zu dokumentieren sein. Die Möglichkeit, die Einstellung rechtlich zu bekämpfen, wäre erst durch einen Devolutionsantrag möglich, da keine bescheidmäßige Erledigung erfolgt.

4. Anm: Die Weiterleitung der Anträge hat nach Abs 1 ausdrücklich an den zuständigen LH (s § 4) zu erfolgen (vgl dazu § 6 AVG). Dies gilt auch für jene Fälle, wo durch eine EVO die BVB in seinem Namen tätig werden. Der LH hat in diesen Fällen die Anträge an die zuständige BVB weiterzuleiten.

5. Anm: Da derzeit von der VO-Ermächtigung des § 19 Abs 3 betreffend Festlegung ausschließlich zu verwendender und damit verbindlicher Antragsformulare nicht Gebrauch gemacht worden ist, wäre die Einstellung des Verfahrens bloß wegen Verwendung anderer oder mangelhaft ausgefüllter und nicht verbesserter Formulare nicht zulässig.

Verfahren zur erstmaligen Erteilung eines Aufenthaltstitels bei Inlandsbehörden

§ 23. (1) Ergibt sich auf Grund des Antrages oder im Ermittlungsverfahren, dass der Fremde einen anderen als den beantragten Aufenthaltstitel für seinen beabsichtigten Zweck benötigt, so ist er über diesen Umstand zu belehren; § 13 Abs. 3 AVG gilt.

(2) Die zuständige Behörde prüft den Antrag und erlässt die Entscheidung, wenn der Antrag im Ausland eingebracht wurde, im Wege der örtlich zuständigen Berufsvertretungsbehörde. Wird dem Antrag des Fremden, der sich im Ausland befindet, stattgegeben, so hat die Behörde die örtlich zuständige Berufsvertretungsbehörde mit der Ausstellung eines Visums (§ 21 FPG) für die einmalige Einreise zu beauftragen, soweit der Fremde dies zur Einreise benötigt. Dieser Auftrag wird gegenstandslos, wenn der Fremde nicht binnen drei Monaten ab Mitteilung das Visum beantragt und über diesen Umstand von der Berufsvertretungsbehörde belehrt worden ist; das Verfahren bei der Behörde ist ohne weiteres einzustellen.

(3) Wird der Aufenthaltstitel nicht binnen sechs Monaten ab Mitteilung (Abs. 2) bei der Behörde behoben, so ist das Verfahren ohne weiteres einzustellen. Allfällig vorher ergangene Erledigungen sind gegenstandslos.

(4) Handelt es sich um den erstmaligen Antrag eines Kindes (§ 2 Abs. 1 Z 9), richten sich die Art und die Dauer seines Aufenthalts-

titels nach dem Aufenthaltstitel der Mutter oder eines anderen Fremden, sofern diesem die Pflege und Erziehung des Kindes zukommt, bei Ableitung vom Vater aber nur dann, wenn diesem aus einem anderen Grund als wegen Verzichts der Mutter allein das Recht zur Pflege und Erziehung zukommt. Ist ein Elternteil ein im Bundesgebiet wohnhafter Österreicher, so ist dem Kind jedenfalls ein Aufenthaltstitel „Familienangehöriger" (§ 47 Abs. 2) zu erteilen; in allen anderen Fällen ist dem Kind ein Aufenthaltstitel mit dem Zweckumfang der Familienzusammenführung auszustellen.

Übersicht:
1. Hinweise auf innerstaatliche Normen
2. Materialien
3.-6. Anmerkungen

1. §§ 20, 21 und 24 Abs 3 FPG, II.B.; § 13 Abs 3 AVG.

2. RV 952 XXII. GP

Abs. 1 stellt eine Sonderform der Manuduktionspflicht dar; ergibt sich aus den im Antrag ersichtlichen Umständen, dass der Fremde nach dem beabsichtigten Aufenthaltszweck einen anderen Aufenthaltstitel als den beantragten benötigen würde – z.B. ein Fremder, der selbständig tätig sein will, beantragt eine Niederlassungsbewilligung als unselbständige Schlüsselkraft –, ist er über diesen Umstand zu belehren; nach der Belehrung hat die Behörde nach § 13 Abs. 3 AVG vorzugehen.

Abs. 2 stellt nur klar, dass eine Entscheidung, wenn es notwendig ist, über die Berufsvertretungsbehörde zuzustellen ist. Da auf Grund der in Zukunft zu verwendeten Karten als Nachweis für Berechtigungen nach diesem Bundesgesetz ein Verschicken dieser Karten zu lange dauern und dieses Verfahren auch nicht die nötige Sicherheit mit sich bringen würde, wird vorgeschlagen, dem Fremden im Ausland nur ein Visum, das die Botschaften selbst herstellen können, auszufolgen und die Karte dann durch die Inlandsbehörden auszufolgen.

Abs. 3 stellt die korrespondierende Bestimmung dar; wird die Karte nicht binnen sechs Monaten nach Entscheidung behoben, so ist das das bisherige Verfahren gegenstandslos und einzustellen. Bisher ergangene Erledigungen verlieren ihre Rechtswirkung.

Abs. 4 regelt, von welchem Fremden und in welchem Ausmaß das Aufenthaltsrecht eines Kindes abgeleitet wird; selbstverständlich kann dem Kind, wenn es seinen Aufenthaltstitel nicht als Familienangehöriger, sondern aus einem anderen Grund – zu denken wäre etwa an einen noch minderjährigen, aber hoch bezahlten Computerspezialisten – erteilt wird, ein von den Eltern unabhängiger Titel zuerkannt werden.

3. Anm: Ein allfälliger Verbesserungsauftrag der Inlandsbehörde nach Abs 1 ist in Fällen der Auslandsantragstellung im Wege der zuständigen Berufsvertretungsbehörde an den Antragsteller zu übermitteln (vgl § 19 Abs 6).

4. Anm: Nach Abs 2 ist für die Prüfung und inhaltliche Entscheidung eines Antrages immer die Inlandsbehörde zuständig (§§ 3 und 4). Die Inlandsbehörde bzw bei Auslandsanträgen die Berufsvertretungsbehörde hat den Antragsteller über die Entscheidung in Kenntnis zu setzen (vgl § 19 Abs 6). Im Fall der Auslandsantragstellung hat die Inlandsbehörde ihre Entscheidung der zuständigen Auslandsbehörde mitzuteilen, da der sichtvermerkspflichtige Antragsteller die inhaltliche Entscheidung im Ausland abwarten muss. Ist die Entscheidung positiv – dh alle Voraussetzungen für die Erteilung des Aufenthaltstitels sind erfüllt –, dann hat die Auslandsbehörde auf Grund eines entsprechenden – auflösend befristeten – Auftrages der Inlandsbehörde dem sichtvermerkspflichtigen Antragsteller zum Zweck der einmaligen Einreise in Österreich ein Aufenthaltsvisum („Visum D", § 20 Abs 1 Z 4 FPG) mit viermonatiger Gültigkeit auszustellen (§ 24 Abs 3 iVm § 21 FPG), wenn dies vom betreffenden Fremden beantragt wird.

Beantragt der Fremde die Ausstellung des Visums nicht innerhalb von drei Monaten ab dem Zeitpunkt der erfolgten Mitteilung der Inlandsbehörde an die Auslandsbehörde, dann erlischt der Auftrag eo ipso, wenn der Fremde vorher über diese Rechtsfolge belehrt worden ist. Die Belehrung ist von der Auslandsbehörde nachzuweisen, etwa durch eine Niederschrift oder eine andere schriftliche Bestätigung. Hier wird es auch zweckmäßig und notwendig sein, dass der Antragsteller von der Auslandsbehörde zeitgerecht, jedenfalls aber noch vor Ablauf der Drei-Monats-Frist über die positive Entscheidung der Inlandsbehörde informiert worden ist.

Die Auslandsbehörde wird die Inlandsbehörde über die Nichtbeantragung des Visums zu informieren haben, damit die Inlandsbehörde das laufende Verfahren ohne weiteres – mit Aktenvermerk – einstellen kann.

5. Anm: Zu Abs 3: Aufenthaltstitel dürfen nach § 19 Abs 7 nur persönlich bei der Inlandsbehörde ausgefolgt werden. Die Erteilung eines Aufenthaltstitels direkt durch die Auslandsbehörde ist nicht möglich.

Wird im Fall einer Auslandsantragstellung der Aufenthaltstitel vom Antragsteller, der mit einem von der Auslandsbehörde ausgestellten Einreisevisum nach Österreich gekommen ist, nicht innerhalb von sechs Monaten ab dem Zeitpunkt der erfolgten Mitteilung an die Auslandsbehörde nach Abs 2 persönlich behoben, so hat die Inlandsbehörde das laufende Verfahren ohne weiteres – mit Aktenvermerk – einzustellen. Die Sechs-Monats-Frist gilt nur im Zusammenhang mit Fällen der Auslandsantragstellung und beginnt nicht mit dem Zeitpunkt der Entscheidung der Inlandsbehörde, wie in den Materialien angenommen (vgl oben RV zu Abs 3).

Allfällige, vorher im Verfahren ergangene Erledigungen werden ex lege gegenstandslos und verlieren ihre Rechtswirkung, insb ihre rechtliche Verbindlichkeit.

6. Anm: Nach Abs 4 hat sich die Erteilung eines Aufenthaltstitels an minderjährige Kinder primär am Aufenthaltstitel der Mutter, eines anderen obsorgeberechtigten Fremden oder des Vaters zu orientieren. Ist die zusammenführende Person ein in Österreich wohnhafter Österreicher, dann ist jedenfalls ein Aufenthaltstitel „Familienangehöriger" zu erteilen. Im

Übrigen ist dem Kind ein Aufenthaltstitel mit dem Zweckumfang der Familienzusammenführung auszustellen.

Verlängerungsverfahren

§ 24. (1) Anträge auf Verlängerung eines Aufenthaltstitels (Verlängerungsanträge) sind vor Ablauf der Gültigkeitsdauer des Aufenthaltstitels bei der örtlich zuständigen Behörde im Inland einzubringen; § 23 gilt. Über die rechtzeitige Antragstellung kann dem Fremden auf begründeten Antrag eine einmalige Bestätigung im Reisedokument angebracht werden, die keine längere Gültigkeitsdauer als drei Monate aufweisen darf. Diese Bestätigung berechtigt zur sichtvermerksfreien Einreise in das Bundesgebiet. Der Bundesminister für Inneres ist ermächtigt, Form und Inhalt der Bestätigung durch Verordnung zu regeln.

(2) Anträge, die nach Ablauf des Aufenthaltstitels gestellt werden, gelten nur dann als Verlängerungsanträge, wenn der Antrag spätestens sechs Monate nach dem Ende der Gültigkeitsdauer des letzten Aufenthaltstitels gestellt wurde. Danach gelten Anträge als Erstanträge. Nach Stellung eines Verlängerungsantrages ist der Antragsteller, unbeschadet fremdenpolizeilicher Bestimmungen, bis zur rechtskräftigen Entscheidung über den Antrag weiterhin rechtmäßig im Bundesgebiet aufhältig.

(3) Fremden, die sich nach Ablauf der Gültigkeitsdauer ihres befristeten Aufenthaltstitels weiter im Bundesgebiet aufhalten, ist auf Antrag, soweit die Voraussetzungen weiterhin vorliegen, ein Aufenthaltstitel mit dem gleichen Aufenthaltszweck zu erteilen. Ihnen darf – außer im Fall eines Verzichts gemäß § 14 Abs. 3 – wegen eines Sachverhaltes, der keine Ausweisung oder kein Aufenthaltsverbot zulässt, ein weiterer Aufenthaltstitel für den gleichen Aufenthaltszweck nicht versagt werden. Ist eine Aufenthaltsbeendigung unzulässig, hat die Behörde den Aufenthaltstitel zu erteilen.

(4) Mit einem Verlängerungsantrag (Abs. 1) kann die Änderung des Aufenthaltszwecks des bisher innegehabten Aufenthaltstitels oder die Änderung des Aufenthaltstitels verbunden werden, wenn der beantragte andere Aufenthaltstitel nach den Bestimmungen dieses Bundesgesetzes im Anschluss an den bisherigen Aufenthaltstitel erteilt werden kann. Sind die Voraussetzungen für den anderen Aufenthaltszweck oder Aufenthaltstitel nicht erfüllt, so ist darüber gesondert mit Bescheid abzusprechen. Der bisherige Aufenthaltstitel ist mit dem gleichen Aufenthaltszweck zu verlängern, soweit die Voraussetzungen dafür weiterhin vorliegen.

Übersicht:

1.	Hinweise auf innerstaatliche Normen
2.-3.	Materialien
4.-10.	Anmerkungen

1. § 10 und Anlage E NAG-DV, VI.D.

2. RV 952 XXII. GP

Abs. 1 stellt klar, das alle Verlängerungsanträge im Inland zu stellen sind. § 23 gilt auch im Verlängerungsverfahren.

In einer Zusammenschau von Abs. 1 und 2 soll Vorsorge für Fälle getroffen werden, wenn das Ende des Aufenthaltsrechts nach Ablauf der Gültigkeitsdauer des Aufenthaltstitels und die Erledigung des Verlängerungsantrages auch bei rechtzeitiger Antragstellung zeitmäßig auseinander fallen können – sodass eine zeitliche Lücke im Aufenthaltsrecht bestehen würde. Es wird vorgeschlagen, zu normieren, dass der Fremde weiterhin rechtmäßig niedergelassen bleibt, bis über den Antrag entschieden oder – im Einzelfall – fremdenpolizeiliche Maßnahmen gesetzt wurden. Darüber kann dem Fremden im Einzelfall eine Bestätigung im Reisepass, die auch zur Einreise nach Österreich genützt werden kann, ausgestellt werden. Dies trägt dem praktischen Erfordernis nach Lösungen in sehr dringenden Fällen Rechnung, wenn die Produktion der Karte nicht abgewartet werden kann. Der Antrag auf diese Bestätigung muss begründet sein, ansonsten ist der Antrag aus formalen Gründen zurückzuweisen. Eine Abweisung wird dann möglich sein, wenn der Antrag auf diese Bestätigung mit praktisch nicht relevanten Gründen begründet wird.

Abs. 2 normiert darüber hinaus, dass Fremde dann keinen Verlängerungsantrag mehr stellen können, wenn zum Zeitpunkt der Antragstellung ihr Aufenthaltsrecht bereits sechs Monate beendet war.

Abs. 3 stellt klar, dass Fremden, die einen Verlängerungsantrag stellen jedenfalls – wenn keine Ausweisung oder kein Aufenthaltsverbot gegen sie erlassen werden kann – zumindest ein Aufenthaltstitel mit dem gleichen Aufenthaltszweck zu erteilen ist. Nur wenn ein Aufenthaltsverbot oder eine Ausweisung rechtskräftig verhängt werden, kann das Verfahren nach diesem Bundesgesetz nach § 25 Abs. 2 eingestellt werden. Wurde jedoch zur Vermeidung der Integrationsvereinbarung von vornherein auf eine Verlängerung bewusst verzichtet, wäre diese Verfestigungsbestimmung zu weitreichend.

3. AB 1154 XXII. GP zu § 24 Abs. 4

Diese Änderungen werden vorgeschlagen, um eine Regelungslücke im NAG zu schließen.

Das NAG sieht in mehreren Bestimmungen die Möglichkeit vor, dass im Anschluss an den bisher innegehabten Aufenthaltstitel ein anderer Aufenthaltstitel oder der gleiche Aufenthaltstitel mit einem anderen Aufenthaltszweck erteilt werden kann (z.B. § 8 Abs. 1 Z 1, 2 und 5).

So ist vorgesehen, dass dem Inhaber einer Niederlassungsbewilligung nach einem fünfjährigen rechtmäßigen und ununterbrochenen Aufenthalt in Österreich der Aufenthaltstitel „Daueraufenthalt – EG" erteilt werden kann (§ 45 Abs. 1 NAG). Dasselbe gilt für Inhaber eines Aufenthaltstitels „Familienangehöriger" im Bezug auf die Erteilung des Aufenthaltstitels „Daueraufenthalt – Familienangehöriger" (§ 48 Abs. 1 NAG).

Ebenfalls kann an Schlüsselkräfte nach 18 Monaten eine „Niederlassungsbewilligung – unbeschränkt" (§ 43 Z 1 NAG) sowie nach zwölf Monaten an Familienangehörige von Drittstaatsangehörigen und an Inhaber

§ 24

eines Aufenthaltstitels „Daueraufenthalt – EG" eines anderen EU-Mitgliedstaates im Rahmen der Mobilität eine „Niederlassungsbewilligung – unbeschränkt" erteilt werden (§ 46 Abs. 5 und § 49 Abs. 3 NAG).

Weiters kann im Rahmen eines Zweckänderungsverfahrens (§ 26 NAG) Inhabern einer aufrechten „Aufenthaltsbewilligung – Studierender" (§ 64 NAG) nach erfolgreichem Abschluss ihres Studiums eine „Niederlassungsbewilligung – Schlüsselkraft" erteilt werden (§ 41 Abs. 5 NAG).

Nach derzeitiger Rechtslage nicht eindeutig geregelt ist jedoch, welches Verfahren in solchen Fällen anzuwenden ist.

Das NAG sieht neben dem Erstantrags- nur noch ein Verlängerungs- und ein Zweckänderungsverfahren vor (§§ 21, 24 bzw. 26). Entsprechend der Formulierung des § 24 Abs. 1 wäre etwa der Umstieg von einer Niederlassungsbewilligung oder eines Aufenthaltstitels „Familienangehöriger" auf den jeweils vorgesehenen unbefristeten Daueraufenthaltstitel („Daueraufenthalt – EG" oder „Daueraufenthalt – Familienangehöriger") keine Verlängerung eines bereits erteilten Aufenthaltstitels im eigentlichen Sinn. Andererseits ist auch nicht eindeutig klar, ob der Umstieg von einer Art der Niederlassungsbewilligung auf die andere – z.B. vom Zweck „Schlüsselkraft" zu „unbeschränkt" – vom Regelungsinhalt dieser Bestimmung erfasst ist oder nicht.

Durch die vorgeschlagene Regelung soll im Rahmen des Verlängerungsverfahrens einerseits der Wechsel auf einen anderen Aufenthaltszweck des bereits bis dahin innegehabten Aufenthaltstitels (z.B. „Niederlassungsbewilligung – Schlüsselkraft" zu „Niederlassungsbewilligung – unbeschränkt") und andererseits der Umstieg auf einen anderen Aufenthaltstitel ermöglicht werden.

In formaler Hinsicht hat der betroffene Fremde einen Verlängerungsantrag auf Verlängerung des bisherigen Aufenthaltstitels zu stellen, mit dem er aber gleichzeitig einen Antrag auf Wechsel oder Umstieg auf einen anderen Aufenthaltszweck bzw. Aufenthaltstitel verbindet. Damit wird eine sachlich gerechtfertigte und im Hinblick auf eine verfahrensökonomische Vorgehensweise geeignete Ausnahme vom grundsätzlich normierten Doppelantragsverbot nach § 19 Abs. 2 NAG getroffen.

Sind die Voraussetzungen für die Erteilung des anderen Aufenthaltszwecks oder Aufenthaltstitels nicht oder nicht zur Gänze erfüllt, dann hat die zuständige Behörde darüber gesondert mit Bescheid abzusprechen. In diesem Fall hat sie den bisher erteilten Aufenthaltstitel mit dem gleichen Aufenthaltszweck zu verlängern, soweit die Voraussetzungen dafür auch weiterhin vorliegen. Im Übrigen gilt § 25.

4. Anm: Zur Legaldefinition des Verlängerungsantrages siehe § 2 Abs 1 Z 11. Die Anordnung in Abs 1, dass § 23 gilt, kann sich materiell nur auf die spezielle Manuduktionspflicht der Inlandsbehörde nach § 23 Abs 1 und auf die Bestimmung des § 23 Abs 4 beziehen, da auf Grund der verpflichtenden Stellung von Verlängerungsanträgen bei der Inlandsbehörde § 23 Abs 2 und 3 nicht zur Anwendung kommen können.

Eine Verlängerung iSd § 24 kommt lediglich bei befristeten Aufenthaltstiteln in Frage (zur Gültigkeitsdauer des zu verlängernden Aufenthaltstitels siehe § 20 Abs 1 und 2).

Unbefristete Daueraufenthaltstitel können schon ihrem Wesen nach nicht verlängert werden. Einer Verlängerung zugänglich ist lediglich das entsprechende, für eine Gültigkeitsdauer von fünf Jahren ausgestellte Dokument (Daueraufenthaltstitelkarte). Anträge auf Verlängerung dieser Dokumente nach § 20 Abs 3 sind daher keine „Verlängerungsanträge" iSd § 2 Abs 1 Z 11.

Ex lege ausgeschlossen ist eine Verlängerung im Fall einer Verzichtserklärung nach § 14 Abs 3 und im Fall einer Aufenthaltsbewilligung für Sozialdienstleistende gemäß § 66 Abs 2. Entsprechende Anträge müssten zurückgewiesen werden.

5. Anm: Die Bestätigung nach § 24 Abs 1 ist gemäß § 10 NAG-DV in Form einer im Reisepass anzubringenden Klebevignette nach dem Muster der Anlage E zur NAG-DV auszustellen. Sie dient als gültiger Einreisetitel ins Bundesgebiet innerhalb der dreimonatigen Gültigkeitsdauer. Die Ausstellung dieser Bestätigung ist allerdings nur einmal möglich.

6. Anm: Wird der Antrag auf Verlängerung sechs Monate nach dem Ende der Gültigkeitsdauer des letzten Aufenthaltstitels gestellt, dann gilt dieser Antrag nach Abs 2 ex lege als Erstantrag. Dies kann zur Folge haben, dass der betreffende Fremde neuerlich einen freien Quotenplatz braucht, wenn die Quotenpflicht für Erstanträge vorgesehen ist. Würde der Fremde im Fall eines Erstantrags grundsätzlich der Auslandsantragspflicht unterliegen, dann hat er den nach Ablauf der Sechs-Monats-Frist eingebrachten Antrag zwar nicht neuerlich im Ausland zu stellen (vgl § 21 Abs 1), er muss jedoch Österreich verlassen und die Entscheidung der Inlandsbehörde im Ausland abwarten, weil nach Abs 2 letzter Satz das Prinzip des fortdauernden rechtmäßigen Aufenthalts nur bei Verlängerungsanträgen, nicht aber bei Erstanträgen gilt. Für das weitere Verfahren gilt dann § 23.

Die Regelung des Abs 2, wonach der Antragsteller nach der Stellung eines Verlängerungsantrages bis zur rechtskräftigen Entscheidung über den Antrag weiterhin rechtmäßig im Bundesgebiet aufhältig ist, soll verhindern, dass eine Unterbrechung („Lücke", siehe oben 2. RV) des legalen Aufenthalts eintritt. Die Formulierung „unbeschadet fremdenpolizeilicher Bestimmungen" bezieht sich auf fremdenpolizeiliche Maßnahmen (Ausweisung und Aufenthaltsverbot).

Unklar bleibt im gegebenen Zusammenhang aber, wie der weitere Aufenthalt des Fremden im Bundesgebiet nach Ablauf der Gültigkeitsdauer seines bisherigen Aufenthaltstitels zu qualifizieren ist, wenn und solange er trotz Ablaufs der Gültigkeitsdauer noch keinen Verlängerungsantrag gestellt hat. Im Hinblick auf § 31 Abs 1 FPG ist dieser Aufenthalt wohl nicht rechtmäßig, womit die zuständige Fremdenpolizeibehörde auch entsprechende, für Fälle des unrechtmäßigen Aufenthalts vorgesehene Maßnahmen setzen könnte. Die Setzung oder Durchführung solcher fremdenpolizeilicher Maßnahmen wird aber schon dadurch unmöglich werden, dass der betreffende Fremde einen Verlängerungsantrag stellt. Ab dem Zeitpunkt, in dem der betreffende Fremde nämlich einen Verlängerungsantrag stellt, wird der Zeitraum zwischen Ablauf der Gültigkeitsdauer und der Stellung des Verlängerungsantrages eo ipso nachträglich als durchgehender rechtmäßiger Aufenthalt „geheilt". Für diese Interpretation der nachträglichen Konvalidation des kurzfristig unrechtmäßigen Aufenthalts in einen durchgehenden rechtmäßigen Aufenthalt spricht einerseits der Wortlaut des Abs 2 („*Nach* Stellung des Verlängerungsantrages [...] *weiterhin* rechtmäßig im Bundesgebiet aufhältig") und andererseits die Regelung in § 20 Abs 2, wonach der Beginn der Gültigkeitsdauer des verlängerten Aufenthaltstitels nahtlos an die Gültigkeitsdauer des vorigen Aufenthaltstitels anschließt, um keine Unterbrechungen des legalen Aufenthalts zu schaffen, was gerade im Hinblick auf die Erteilung eines Daueraufenthaltstitels nach fünf Jahren des durchgehenden rechtmäßigen Aufenthalts (Art 45 und 48) von großer Bedeutung ist.

7. Anm: Zu Abs 3: Erwächst die aufenthaltsbeendende Maßnahme (insb Ausweisung) in Rechtskraft, dann kann die Behörde das Verlängerungsverfahren formlos – mittels Aktenvermerk – einstellen (§ 25 Abs 2).
Zum Verzicht nach § 14 Abs 3 siehe 8. zu § 14.

8. Anm: Im unmittelbaren Zusammenhang mit dem durch die Novelle BGBl I 2005/157 eingefügten Abs 4 steht die entsprechend geänderte Legaldefinition des Verlängerungsantrages in § 2 Abs 1 Z 11.
Durch die Regelung des Abs 4 soll vor allem der „Umstieg" auf einen anderen Aufenthaltstitel, im Besonderen auf einen Daueraufenthaltstitel nach fünfjährigem Aufenthalt, ermöglicht werden.
Da es sich hiebei genau genommen nicht um eine Verlängerung des vorher innegehabten Aufenthaltstitels handelt, ist die Bezeichnung „Verlängerungsantrag" nicht wirklich treffend, doch soll dadurch vermieden werden, ein eigenes „Umstiegsverfahren" normieren zu müssen. Mit der nach Abs 4 vorzunehmenden inhaltlichen Umdeutung eines Verlängerungsantrages kann im Rahmen eines Verlängerungsverfahrens durch die Kombination von Verlängerungs- und Zweckänderungsverfahren ein solches „Umstiegsverfahren" durchgeführt werden.
Werden die Voraussetzungen für den beantragten anderen Aufenthaltszweck oder Aufenthaltstitel nicht erfüllt, dann hat die Behörde diesen Antrag mit Bescheid abzuweisen. Danach ist das Verlängerungsverfahren nach Abs 1 fortzuführen und der bisher innegehabte Aufenthaltstitel zu verlängern, wenn die Voraussetzungen dafür weiterhin vorliegen.

9. Anm: Verlängerungsanträge können nicht förmlich mit Bescheid abgewiesen werden. Das Verfahren ist jedoch formlos einzustellen, wenn die von der Fremdenpolizeibehörde verfügte Aufenthaltsbeendigung nach einem Verfahren gemäß § 25 Abs 1 in Rechtskraft erwächst (§ 25 Abs 2).

10. Anm: Wer mehr als einmal nach Ablauf des zuletzt erteilten Aufenthaltstitels einen Verlängerungsantrag einbringt, begeht eine Verwaltungsübertretung nach § 77 Abs 1 Z 2.

Verfahren im Fall des Fehlens von Erteilungsvoraussetzungen für die Verlängerung eines Aufenthaltstitels

§ 25. (1) Fehlen in einem Verfahren zur Verlängerung des Aufenthalts- oder Niederlassungsrechts Erteilungsvoraussetzungen (§ 11

Abs. 1 und 2), so hat die Behörde – gegebenenfalls nach Einholung einer fremdenpolizeilichen Stellungnahme – den Antragsteller davon in Kenntnis zu setzen und ihm mitzuteilen, dass eine Aufenthaltsbeendigung gemäß §§ 52 ff. FPG beabsichtigt ist und ihm darzulegen, warum dies unter Bedachtnahme auf den Schutz seines Privat- oder Familienlebens (§ 66 FPG) zulässig scheint. Außerdem hat sie ihn zu informieren, dass er das Recht hat, sich hiezu binnen einer gleichzeitig festzusetzenden, 14 Tage nicht unterschreitenden Frist zu äußern. Nach Ablauf dieser Frist hat die Behörde die zur Aufenthaltsbeendigung zuständige Fremdenpolizeibehörde – gegebenenfalls unter Anschluss der Stellungnahme des Fremden – zu verständigen. Während eines Verfahrens zur Aufenthaltsbeendigung ist der Ablauf der Frist gemäß § 73 AVG gehemmt.

(2) Erwächst eine Aufenthaltsbeendigung in Rechtskraft, ist das Verfahren über den Verlängerungsantrag auf Erteilung des Aufenthaltstitels formlos einzustellen. Das Verfahren ist im Fall der Aufhebung einer Aufenthaltsbeendigung auf Antrag des Fremden fortzusetzen, wenn nicht neuerlich eine aufenthaltsbeendende Maßnahme gesetzt wird.

(3) Abweichend von Abs. 1 und 2 gilt § 24 Abs. 3, wenn
1. kein Fall des § 11 Abs. 2 Z 6 vorliegt und er bereits vor In-Kraft-Treten dieses Bundesgesetzes niedergelassen war oder
2. der Fremde einen Verlängerungsantrag mit einem Zweckänderungsantrag verbindet.

Übersicht:
1. Hinweise auf innerstaatliche Normen
2. Materialien
3. Anmerkung

1. §§ 52 ff und 66 FPG, II.B.

2. RV 952 XXII. GP

§ 25 stellt das Verfahren bei Verlängerungsanträgen dar, wenn Erteilungsvoraussetzungen fehlen. Die Behörde hat den Antragsteller davon in Kenntnis zu setzen und ihn zu einer Äußerung aufzufordern. Nach Eingang der Äußerung oder fruchtlosem Ablauf der eingeräumten Frist ist der gesamte Akt der Fremdenpolizeibehörde vorzulegen. Diese prüft, ob gegen den Fremden ein Aufenthaltsverbot oder eine Ausweisung erlassen werden kann. Ist dies nicht der Fall, so gilt § 24 Abs. 3 – dem Fremden ist von der Niederlassungsbehörde ein Aufenthaltstitel mit dem gleichen Aufenthaltszweck zu erteilen.

Erwächst eine Ausweisung oder ein Aufenthaltsverbot in Rechtskraft, sind Verfahren nach diesem Bundesgesetz einzustellen.

Abweichend kommt die Verständigung der Fremdenpolizeibehörde gar nicht in Betracht, wenn der Fremde bereits vor In-Kraft-Treten dieses Bundesgesetzes niedergelassen war und lediglich seinen Pflichten aus der Integrationsvereinbarung nicht nachkommt oder er einen Verlängerungsantrag mit einem Zweckänderungsantrag verbindet, für den die Voraussetzungen fehlen. Dann ist dem Fremden, soweit nicht vom Verlängerungsantrag unabhängige Erteilungsvoraussetzungen nicht gegeben sind, die Verlängerung des zuletzt innegehabten Titels nicht zu versagen.

3. **Anm:** Vorgängerbestimmung dieser Regelung ist § 15 FrG. Wesentlich ist hiebei, dass ein Verlängerungsantrag per se nicht abgewiesen werden kann, sondern dass es bei Fehlen von Erteilungsvoraussetzungen einer Einbindung der Fremdenpolizeibehörde bedarf, die feststellen soll, ob die Voraussetzungen einer Aufenthaltsbeendigung im Hinblick auf den Schutz des Privat- oder Familienlebens gegeben sind oder nicht (siehe oben 9. zu § 24). Dem betroffenen Fremden wird hier nach erfolgter Mitteilung ein Äußerungsrecht zugesichert. Die Äußerungsfrist hat mindestens 14 Tage zu betragen und beginnt mit der Zustellung der Mitteilung durch die Aufenthaltsbehörde. Die Entscheidungsfrist der Aufenthaltsbehörde ist während des Verfahrens zur Aufenthaltsbeendigung durch die Fremdenpolizeibehörde gehemmt.

Ist die Aufenthaltsbeendigung nicht zulässig, dann hat die Aufenthaltsbehörde den Aufenthaltstitel mit dem gleichen Aufenthaltszweck zu verlängern (§ 24 Abs 3). Ist die Aufenthaltsbeendigung jedoch in Rechtskraft erwachsen, dann hat die Fremdenpolizeibehörde die Aufenthaltsbehörde darüber zu informieren, damit diese ihrerseits das Verlängerungsverfahren formlos einstellen kann (vgl oben 9. zu § 24).

Das Verfahren ist bei Aufhebung einer Aufenthaltsbeendigung nur auf Antrag des Fremden fortzusetzen (Abs 2).

Zweckänderungsverfahren

§ 26. Wenn der Fremde den Aufenthaltszweck während seines Aufenthalts in Österreich ändern will, hat er dies der Behörde im Inland unverzüglich bekannt zu geben. Eine Zweckänderung ist nur zulässig, wenn der Fremde die Voraussetzungen für den beantragten Aufenthaltstitel erfüllt und ein gegebenenfalls erforderlicher Quotenplatz zur Verfügung steht. Sind alle Voraussetzungen gegeben, hat der Fremde einen Rechtsanspruch auf Erteilung dieses Aufenthaltstitels. Liegen die Voraussetzungen nicht vor, ist der Antrag abzuweisen; die Abweisung hat keine Auswirkung auf das bestehende Aufenthaltsrecht.

Übersicht:
1. Materialien
2.-4. Anmerkungen

1. RV 952 XXII. GP

§ 26 eröffnet während der Geltungsdauer eines laufenden Aufenthaltstitels die Möglichkeit einer Zweckänderung. In diesem Fall hat der Fremde einen neuen Antrag zu stellen, der – wäre der Erstantrag quotenpflichtig – der Quotenpflicht unterliegt. Die Abweisung des Antrags hat keine Auswirkungen auf ein bestehendes Aufenthaltsrecht; sind alle Voraussetzungen erfüllt, ist dem Fremden der neue Aufenthaltstitel auszufolgen.

2. Anm: Zur Legaldefinition des Zweckänderungsantrages siehe § 2 Abs 1 Z 12. Die „unverzügliche Bekanntgabe" hat in Form eines Zweckänderungsantrages zu erfolgen, der spätestens bis zum Ablauf des derzeit innegehabten Aufenthaltstitels gestellt werden muss. Im Übrigen wäre aber jede andere Form einer der Behörde zugänglichen Bekanntgabe als Zweckänderungsantrag zu qualifizieren. Durch einen Zweckänderungsantrag wird – anders als beim Verlängerungsantrag (§ 24 Abs 2) – kein fortgesetzter rechtmäßiger Aufenthalt über die Gültigkeitsdauer des derzeitigen Aufenthaltstitels geschaffen. Ebenso wenig ist eine Bestätigung über die zeitgerechte Antragstellung wie bei Verlängerungsanträgen (vgl § 24 Abs 1) vorgesehen.

Im Gegensatz zum Verlängerungsantrag kann der Zweckänderungsantrag inhaltlich mit Bescheid abgewiesen werden. Dies hat jedoch keine Auswirkungen auf den bestehenden Aufenthaltstitel.

Der neue Aufenthaltstitel mit geändertem Aufenthaltszweck macht den bisherigen Aufenthaltstitel wegen überschneidender Gültigkeit nach § 10 Abs 3 Z 1 gegenstandslos. Der bisherige Aufenthaltstitel ist der Behörde zu übergeben (§ 10 Abs 5). Nur ausnahmsweise – etwa bei einer Entscheidung der Behörde nach Ablauf der Gültigkeitsdauer – wird die Gültigkeitsdauer des neu erteilten Aufenthaltstitels – wie bei Verlängerungen – auch an den bisherigen Aufenthaltstitel anschließen (§ 20 Abs 2).

Nach Ablauf der Gültigkeitsdauer des bisher innegehabten Aufenthaltstitels kann innerhalb der nächsten sechs Monate nur mehr ein Verlängerungsantrag, uU verbunden mit einer Änderung des Aufenthaltszwecks oder des Aufenthaltstitels, gestellt werden (§ 24 Abs 2 und 4), wenn die Behörde den Zweckänderungsantrag bereits vorher zurück- oder abgewiesen hat. Hier gilt nach § 19 Abs 2 das Verbot der Stellung eines weiteren Antrages während eines anhängigen Verfahrens. Das Risiko der rechtzeitigen Antragstellung („unverzügliche Bekanntgabe" oder Stellen eines Verlängerungsantrages) trifft somit den Fremden selbst. Ein nach Ablauf der Sechs-Monats-Frist gestellter Antrag ist nach § 24 Abs 2 als Erstantrag zu werten.

3. Anm: Ausdrücklich vorgesehen ist das Zweckänderungsverfahren für die Erteilung einer „Niederlassungsbewilligung – Schlüsselkraft" an Universitätsabsolventen, die bisher eine „Aufenthaltsbewilligung – Studierender" (§ 64) innehatten (§ 41 Abs 5). Hier handelt es sich eigentlich nicht um eine (echte) Zweckänderung, sondern um einen (weiteren) „Umstieg" auf einen anderen Aufenthaltstitel. Neben dem Zweckänderungsverfahren nach § 26 wird aber auch ein „Umstiegsverfahren" nach § 24 Abs 4 zulässig sein.

4. Anm: Gibt der Fremde die Änderung des Aufenthaltszwecks nicht unverzüglich, also ohne unnötigen Aufschub, der Behörde bekannt oder setzt er Handlungen, die vom Zweckumfang nicht erfasst sind, dann begeht er nach § 77 Abs 1 Z 1 eine Verwaltungsübertretung.

§ 27

Niederlassungs- und Bleiberecht von Familienangehörigen mit Niederlassungsbewilligungen

§ 27. (1) Familienangehörige mit einer Niederlassungsbewilligung haben bis zum Ablauf des fünften Jahres ein vom Zusammenführenden abgeleitetes Niederlassungsrecht. Das Recht, weiterhin niedergelassen zu sein, bleibt Familienangehörigen erhalten, wenn die Voraussetzungen für den Familiennachzug später als fünf Jahre nach Erteilung der ersten Niederlassungsbewilligung wegfallen. Mit Verlust der Niederlassungsbewilligung des Zusammenführenden in den ersten fünf Jahren geht das Niederlassungsrecht der Familienangehörigen von Gesetzes wegen unter.

(2) Abs. 1 gilt nicht, wenn der Familienangehörige aus eigenem in der Lage ist, die Erteilungsvoraussetzungen des § 11 Abs. 2 Z 2 bis 4 zu erfüllen. Die Behörde hat in diesen Fällen eine Niederlassungsbewilligung auszustellen, deren Aufenthaltszweck jedenfalls dem Aufenthaltszweck entspricht, der ursprünglich vom Zusammenführenden abgeleitet oder mittlerweile innegehabt wurde.

(3) Unbeschadet der Ableitung einer Niederlassungsbewilligung von Familienangehörigen innerhalb der Frist des Abs. 1 verliert der Familienangehörige die Voraussetzungen für den Aufenthaltszweck seiner Niederlassungsbewilligung nicht:
1. durch Tod des Ehegatten oder des Elternteils;
2. durch Scheidung wegen überwiegenden Verschuldens des anderen Ehegatten oder
3. aus besonders berücksichtigungswürdigen Gründen.

(4) Besonders berücksichtigungswürdige Gründe im Sinne des Abs. 3 Z 3 liegen insbesondere vor, wenn der Familienangehörige Opfer von Gewalt in der Familie wurde und gegen den Zusammenführenden eine einstweilige Verfügung nach § 382b EO erlassen wurde oder der Verlust der Niederlassungsbewilligung des Zusammenführenden die Folge einer fremdenpolizeilichen Maßnahme war, die auf Grund der rechtskräftigen Verurteilung des Zusammenführenden wegen vorsätzlicher Begehung einer gerichtlich strafbaren Handlung gesetzt wurde.

(5) Zur Wahrung dieses Rechts hat er diese Umstände der Behörde unverzüglich bekannt zu geben. Die Behörde hat in diesen Fällen eine Niederlassungsbewilligung auszustellen, deren Aufenthaltszweck jedenfalls dem Aufenthaltszweck entspricht, der ursprünglich vom Zusammenführenden abgeleitet wurde oder mittlerweile innegehabt wurde.

Übersicht:
1. Hinweise auf europarechtliche Normen
2. Hinweise auf innerstaatliche Norm
3. Materialien
4.-6. Anmerkungen

1. Art 13 bis 15 FamZusRL, IV.B.5.

2. Textauszug § 382b EO

Schutz vor Gewalt in der Familie

§ 382b. *(1) Das Gericht hat einer Person, die einem nahen Angehörigen durch einen körperlichen Angriff, eine Drohung mit einem solchen oder ein die psychische Gesundheit erheblich beeinträchtigendes Verhalten das weitere Zusammenleben unzumutbar macht, auf dessen Antrag*
1. *das Verlassen der Wohnung und deren unmittelbarer Umgebung aufzutragen und*
2. *die Rückkehr in die Wohnung und deren unmittelbare Umgebung zu verbieten,*

wenn die Wohnung der Befriedigung des dringenden Wohnbedürfnisses des Antragstellers dient.

(2) Das Gericht hat einer Person, die einem nahen Angehörigen durch einen körperlichen Angriff, eine Drohung mit einem solchen oder ein die psychische Gesundheit erheblich beeinträchtigendes Verhalten das weitere Zusammentreffen unzumutbar macht, auf dessen Antrag
1. *den Aufenthalt an bestimmt zu bezeichnenden Orten zu verbieten und*
2. *aufzutragen, das Zusammentreffen sowie die Kontaktaufnahme mit dem Antragsteller zu vermeiden,*

soweit dem nicht schwerwiegende Interessen des Antragsgegners zuwiderlaufen.

(3) Nahe Angehörige im Sinne der Abs. 1 und 2 sind jene Personen, die mit dem Antragsgegner in einer familiären oder familienähnlichen Gemeinschaft leben oder gelebt haben.

(4) Eine einstweilige Verfügung nach Abs. 1 oder 2 kann unabhängig vom Fortbestehen der häuslichen Gemeinschaft der Parteien und auch ohne Zusammenhang mit einem Verfahren auf Scheidung, Aufhebung oder Nichtigerklärung der Ehe, einem Verfahren über die Aufteilung des ehelichen Gebrauchsvermögens und der ehelichen Ersparnisse oder einem Verfahren zur Klärung der Benützungsberechtigung an der Wohnung erlassen werden, doch darf, solange ein solches Verfahren nicht anhängig ist, die Zeit, für die eine derartige Verfügung getroffen wird, insgesamt drei Monate nicht übersteigen.

3. RV 952 XXII. GP

Im Falle eines Familiennachzugs ist das Aufenthaltsrecht der nachgezogenen Familienangehörigen die ersten fünf Jahre vom Zusammenführenden abhängig. Nach dieser Zeit haben die bisherigen Familienangehörigen selbst ein originäres Niederlassungsrecht. Fällt das Niederlassungsrecht des Zusammenführenden in den ersten fünf Jahren weg, so geht das Recht der Angehörigen ex lege unter (Abs. 1). Sie können in der Folge lediglich einen Erstantrag stellen. In besonders berücksichtigungswürdigen Fällen hat die Behörde nach den §§ 72 ff. vorzugehen, um Härtefälle zu vermeiden.

Fallen die Voraussetzungen für die Familienzusammenführung weg, erfüllt der Familienangehörige jedoch die Voraussetzungen für die Erteilung eines Titels aus eigenem, so geht das Niederlassungsrecht ebenfalls

§ 27

nicht unter. Der bisherige Angehörige erhält den zuletzt inne gehabten Titel weiterhin (Abs. 2).

Abs. 3 bestimmt, dass der Familienangehörige seines Aufenthaltsrechts innerhalb der Fünf-Jahres-Frist nicht verlustig geht, wenn der Zusammenführende stirbt oder aus überwiegendem Verschulden des Zusammenführenden geschieden wird (Z 1 und 2) oder besonders berücksichtigungswürdige Gründe gegen den Verlust des Aufenthaltsrechts vorliegen (Z 3). Hier wird auch Art. 15 Abs. 3 der Richtlinie 2003/86/EG umgesetzt. Wenn diese Familienangehörigen bisher einen Aufenthaltstitel „Familienangehöriger" innehatten, kann diesen nach § 47 Abs. 5 eine „Niederlassungsbewilligung – unbeschränkt" erteilt werden.

Nach Abs. 4 sind solche besonders berücksichtigungswürdige Gründe vor allem dann gegeben, wenn der betreffende Familienangehörige (Ehegatte oder Kinder) Opfer von Gewalt in der Familie, die vom Zusammenführenden ausgegangen ist, wurde oder wenn der Zusammenführende auf Grund rechtskräftiger Verurteilung wegen Begehung von vorsätzlichen Straftaten ausgewiesen oder mit einem Aufenthaltsverbot belegt wird und dadurch sein Aufenthaltsrecht verliert. Diese demonstrative Aufzählung (argum. „insbesondere") schließt nicht aus, dass die Behörde im konkreten Einzelfall noch andere, schwerwiegende Sachverhalte als besonders berücksichtigungswürdig qualifiziert, die das Weiterbestehen des Aufenthaltsrechts der betroffenen Familienangehörigen ermöglicht.

Die Familienangehörigen sollen – ausgenommen sie begleiten den Zusammenführenden freiwillig außer Landes – nicht in die Lage versetzt werden, dass sie nur wegen ihrer familiären Bindung zum tätlich oder straffällig gewordenen Zusammenführenden ebenfalls das Aufenthaltsrecht verlieren. Dies wäre einer Form der „Sippenhaftung" oder „Kollektivstrafe" für unbeteiligte Familienangehörige gleichzusetzen. Unter Umständen wäre es nicht auszuschließen, dass die betroffenen Familienangehörigen auch im Ausland weiterhin Opfer einer derartigen Gewaltausübung sein könnten, wenn sie gezwungen sind, mit dem gewalttätigen Zusammenführenden Österreich zu verlassen. In solchen Fällen könnte somit die verpflichtende Ausreise auch der übrigen Familienangehörigen einem effektiven Schutz vor Gewalt durch den Zusammenführenden entgegenstehen. Durch diese Regelung soll auch im Niederlassungsrecht ein wesentlicher Beitrag zur Bekämpfung von Gewalt in der Familie geleistet werden, um auch das Weiterbestehen des Familienverbandes der betroffenen Familienangehörigen in Österreich zu garantieren.

Abs. 5 verlangt, dass zur Wahrung dieses Rechts diese Umstände der Behörde unverzüglich bekannt zu geben sind. Der bisherige Familienangehörige erhält die zuletzt inne gehabte Niederlassungsbewilligung, die ihrem Aufenthaltszweck nach jedenfalls dem Aufenthaltszweck der Niederlassungsbewilligungen des Zusammenführenden entspricht.

4. Anm: Zusammenführender iSd § 27 ist immer ein Drittstaatsangehöriger (§ 2 Abs 1 Z 10; vgl hingegen § 47 Abs 1).

Die Erteilung von Aufenthaltstiteln an Familienangehörige im Rahmen der Familienzusammenführung folgt grundsätzlich folgender Systematik: In den ersten zwölf Monaten ihres Aufenthalts erhalten Familienangehörige idR eine „Niederlassungsbewilligung – beschränkt", jene von sog „Privatiers" jedoch eine „Niederlassungsbewilligung – ausgenommen Erwerbstätigkeit" (§ 46 Abs 1 bis 4). Im Verlängerungsfall (nach zwölf Monaten) erhalten sie – außer solche von Privatiers – eine „Niederlassungsbewilligung – unbeschränkt" (§ 46 Abs 5).

In Zusammenschau der Abs 1, 2 und 3 können folgende Fallkonstellationen unterschieden werden:

– Sind Familienangehörige noch nicht fünf Jahre rechtmäßig in Österreich niedergelassen und erfüllen sie selbst die Voraussetzungen nach Abs 2 nicht (dh ortsübliche Unterkunft, ausreichende Krankenversicherung und gesicherter Lebensunterhalt), dann geht ihr Niederlassungsrecht gleichzeitig mit dem des Zusammenführenden ex lege unter (Abs 1).

– Sind sie zwar noch nicht fünf Jahre rechtmäßig in Österreich niedergelassen, erfüllen sie aber – nachweislich – aus eigenem die zusätzlich genannten Voraussetzungen, dann ist ihnen die zuletzt innegehabte Niederlassungsbewilligung zu erteilen (Abs 2).

– Fallen die Voraussetzungen für den Familiennachzug erst nach fünf Jahren rechtmäßiger Niederlassung weg, dann kommen sie – ohne die in Abs 2 genannten Voraussetzungen erfüllen zu müssen – in den „Genuss" eines eigenen („originären") Niederlassungsrechts (Abs 1). In diesem Fall bleibt die bisher innegehabte Niederlassungsbewilligung weiterhin gültig bzw ist nach ihrem Ablauf zu verlängern. Wenn der bisherige Familienangehörige inzwischen auch die Integrationsvereinbarung erfüllt hat, ist ihm der Aufenthaltstitel „Daueraufenthalt – EG" zu erteilen (§ 45 Abs 1 Z 2).

– Bei Vorliegen einer der alternativen Voraussetzungen des Abs 3 bleibt das bisherige Niederlassungsrecht mit entsprechendem Zweckumfang (beschränkt oder unbeschränkt) erhalten, wenn der betreffende Familienangehörige die Behörde von den relevanten Umständen unverzüglich informiert.

– Jedenfalls möglich ist die Erteilung einer humanitären Niederlassungsbewilligung (§ 73).

5. Anm: Zu den Tatbeständen des Abs 3 siehe Art 15 Abs 3 FamZusRL. Abs 4 stellt auf die besondere Schutzwürdigkeit eines von Gewalt in der Familie betroffenen Familienangehörigen und die Straffälligkeit des Zusammenführenden ab. Ob weitere besonders berücksichtigungswürdige Gründe (Art 15 Abs 3 FamZusRL: „besonders schwierige Umstände") vorliegen, obliegt der Prüfung und Entscheidung der Behörde im Einzelfall.

6. Anm: Zur Ableitung des Aufenthaltsrechts für Familienangehörige im Fall von Aufenthaltsbewilligungen siehe § 8 Abs 4 und § 69. Nach fünf Jahren rechtmäßigem Aufenthalt erhalten auch sie ein selbständiges Aufenthaltsrecht.

Rückstufung und Entziehung eines unbefristeten Niederlassungsrechts

§ 28. (1) Liegen gegen einen Inhaber eines Aufenthaltstitels „Daueraufenthalt – EG" (§ 45) oder „Daueraufenthalt – Familienangehöriger" (§ 48) die Voraussetzungen des § 54 FPG für die Erlassung einer Ausweisung oder die Voraussetzungen des § 60 FPG für die Erlassung eines Aufenthaltsverbots vor, können diese Maßnahmen aber im Hinblick auf § 66 FPG nicht verhängt werden, hat die Behörde das Ende des unbefristeten Niederlassungsrechts mit Bescheid festzustellen und von Amts wegen eine befristete „Niederlassungsbewilligung – unbeschränkt" (§ 8 Abs. 2 Z 3) auszustellen (Rückstufung).

(2) Drittstaatsangehörigen, die im Besitz eines Aufenthaltstitels sind, kann dieser entzogen werden, wenn gegen sie eine rechtskräftige, vollstreckbare Rückführungsentscheidung (Aufenthaltsverbot) eines anderen EWR-Mitgliedstaates vorliegt, der mit einer akuten Gefahr für die öffentliche Sicherheit und Ordnung oder nationale Sicherheit begründet wird und das Aufenthaltsverbot
1. auf der strafrechtlichen Verurteilung einer mit mindestens einjähriger Freiheitsstrafe bedrohten vorsätzlichen Straftat beruht;
2. erlassen wurde, weil ein begründeter Verdacht besteht, dass der Drittstaatsangehörige Straftaten nach Z 1 begangen habe oder konkrete Hinweise bestehen, dass er solche Straftaten im Hoheitsgebiet eines EWR-Mitgliedstaates plante, oder
3. erlassen wurde, weil der Drittstaatsangehörige gegen die Einreise- und Aufenthaltsbestimmungen des Entscheidungsstaates verstoßen hat.

(3) Die Entziehung des Aufenthaltstitels nach Abs. 2 ist unzulässig, wenn durch die Vollstreckung der Rückführungsentscheidung Art. 2 und 3 EMRK, das Protokoll Nr. 6 zur Konvention zum Schutze der Menschenrechte und Grundfreiheiten über die Abschaffung der Todesstrafe, BGBl. Nr. 138/1985, oder das Protokoll Nr. 13 zur Konvention zum Schutze der Menschenrechte und Grundfreiheiten über die vollständige Abschaffung der Todesstrafe, BGBl. III Nr. 22/2005, verletzt würde.

(4) Würde durch die Entziehung des Aufenthaltstitels nach Abs. 2 in das Privat- oder Familienleben des Fremden eingegriffen werden, so ist diese Entziehung nur zulässig, wenn dies zur Erreichung der im Art. 8 Abs. 2 EMRK genannten Ziele dringend geboten ist.

Übersicht:
1. Hinweise auf völkerrechtliche Normen
2. Hinweise auf europarechtliche Normen
3. Hinweise auf innerstaatliche Normen
4. Materialien
5.-7. Anmerkungen

1. Art 2, 3 und 8 EMRK, V.C.; 6. ZPEMRK, BGBl 1985/138; 13. ZPEMRK, BGBl III 2005/22.

2. Art 16 FamZusRL, IV.B.5.; Art 9 LangfrRL, IV.B.6.; Art 14 OpferschutzRL, IV.B.9.; Art 16 StudentenRL, IV.B.12.; Art 10 ForscherRL, IV.B.13, sowie IV.B.15. RückführungsRL.

3. §§ 54, 60 und 71 FPG, II.B.

4. RV 952 XXII. GP

Zweck der Bestimmung des Abs. 1 ist es, einem Fremden das Aufenthaltsrecht nicht gänzlich zu nehmen, sondern ihn lediglich seines privilegierten gemeinschaftsrechtlichen Status als unbefristet Niederlassungsberechtigter mit Daueraufenthalt zu entkleiden; ihm kommt trotz Entziehung dieses Daueraufenthaltsrechts in Zukunft ein befristetes Aufenthaltsrecht zu (sog. „Rückstufung"). Zur Anwendung kommt § 29 [Anm: § 28 idgF] nur, wenn der Fremde – vor allem im Hinblick auf Art. 8 EMRK – nicht ausgewiesen werden kann. Diesen Fremden muss zumindest das weitergehende Niederlassungsrecht, das im Mobilitätsfall nach der Richtlinie 2003/109/EG auch Rechtswirkungen auf alle anderen EU-Mitgliedstaaten hat, genommen werden können. Da der Fremde weiterhin niedergelassen bleiben darf, kann es zu keinem Eingriff in Art. 8 EMRK kommen. Durch die amtswegige Erteilung einer „Niederlassungsbewilligung – unbeschränkt" (§ 48) bleibt ihm hingegen der freie Zugang zum Arbeitsmarkt erhalten.

Mit dieser Bestimmung werden gemeinschaftsrechtliche Vorschriften entsprechend umgesetzt, insbesondere Art. 16 der Richtlinie 2003/86/EG, Art. 9 der Richtlinie 2003/109/EG, Art. 14 der Richtlinie 2004/81/EG und Art. 16 der Richtlinie 2004/114/EG.

Zweck der Bestimmung des Abs. 2 ist es, einem Drittstaatsangehörigen seinen Aufenthaltstitel entziehen zu können, wenn gegen ihn in einem anderen EWR-Mitgliedstaat eine rechtskräftige und vollstreckbare Rückführungsentscheidung (Aufenthaltsverbot) vorliegt, an die jedoch besonders strenge Voraussetzungen geknüpft sind. Grundlage dafür ist die Richtlinie 2001/40/EG über die gegenseitige Anerkennung von Entscheidungen über die Rückführung von Drittstaatsangehörigen. Die Fremdenpolizeibehörde hat ein entsprechendes Verfahren bei der zuständigen Behörde unter den Voraussetzungen des § 71 FPG einzuleiten.

Abs. 3 normiert absolute Unzulässigkeitsgründe der Entziehung nach Abs. 1 [Anm: Abs 2] im Hinblick auf menschenrechtliche Fundamentalgarantien.

Abs. 4 stellt klar, dass eine Entziehung nach Abs. 1 [Anm: Abs 2] eine Maßnahme darstellt, die im Hinblick auf Art. 8 EMRK jedenfalls verhältnismäßig sein muss.

5. Anm: Ein bestehendes Aufenthaltsverbot eines anderen EWR-Staates ist bereits ein Erteilungshindernis nach § 11 Abs 1 Z 2. Dies gilt natürlich auch im Fall eines Verlängerungsantrages (vgl auch § 24 Abs 2 und 3).

Zu den Mitteilungspflichten anderer Behörden im Hinblick auf das Vorliegen einer Rückführungsentscheidung siehe § 37 Abs 5.

6. Anm: Eine Rückstufung nach Abs 1 schließt eine Entziehung nach Abs 2 nicht aus, wenn eine Rückführungsentscheidung eines anderen EWR-Mitgliedstaates vorliegt und alle weiteren Voraussetzungen gegeben sind. Entgegen dem Wortlaut der Überschrift des § 28 bezieht sich die Entziehung nach Abs 2 auf jeden Aufenthaltstitel nach § 8 und damit sowohl auf unbefristete als auch auf befristete.

Sowohl die Rückstufung als auch die Entziehung sind jeweils mit Bescheid zu verfügen, gegen den der normale Rechtszug an den BMI offen steht. Auf die Ablieferung bzw „Einziehung" der Aufenthaltstitelkarte ist im Fall der Entziehung nach Abs 2 die Regelung des § 10 nicht anwendbar. Hier kommen „subsidiär" die Bestimmungen des Verwaltungsvollstreckungsgesetzes (VVG) zur Anwendung. Zu beachten ist hiebei die Zuständigkeit der BVB nach § 1 VVG.

Im Fall der Rückstufung nach Abs 1 ist unklar, ob eine Gegenstandslosigkeit im Bezug auf den Daueraufenthaltstitel wegen „überschneidender Gültigkeit" nach § 10 Abs 3 Z 1 eintritt oder nicht. Die Erläuterungen gehen davon aus, dass sich die „Überschneidung" der Gültigkeit primär zugunsten des Fremden auswirke (siehe oben 3. zu § 10). Legt man die beiden Termini „Gültigkeit" und „überschneidend" im Hinblick auf die Überschneidung der erteilten Gültigkeitsdauer nach § 20 aus, dann wird man eine mit dem Zeitpunkt der Erteilung der „Niederlassungsbewilligung – unbeschränkt" ex lege eintretende Gegenstandslosigkeit des Daueraufenthaltstitels wegen „zeitlicher Überschneidung" annehmen können, wodurch die Einziehung nach § 10 Abs 5 ermöglicht würde, wenn der betroffene Inhaber des Aufenthaltstitels diesen nicht bereits selbst bei der Behörde abgeliefert hat (vgl die Strafbestimmung des § 77 Abs 1 Z 3).

7. Anm: Von einer Rückführungsentscheidung nach Abs 2 nicht betroffen sind jedenfalls drittstaatsangehörige Familienangehörige eines EWR- oder Schweizer Bürgers im Rahmen der Freizügigkeit, da diese auch nicht im Besitz eines Aufenthaltstitels sind (vgl Art 1 Abs 3 RückführungsRL). Die in Abs 3 normierte absolute Bedachtnahme auf die menschenrechtlichen Fundamentalgarantien der EMRK und der ZPEMRK verlangt auch Art 3 Abs 2 RückführungsRL. Darüber hinaus ist die Entziehung eines Aufenthaltstitels auch auf ihre Rechtmäßigkeit nach Art 8 Abs 2 EMRK zu prüfen.

Mitwirkung des Fremden

§ 29. (1) Der Fremde hat am Verfahren mitzuwirken.

(2) Gelingt es dem Fremden nicht, ein behauptetes Verwandtschaftsverhältnis, auf das er sich nach diesem Bundesgesetz beruft, durch unbedenkliche Urkunden nachzuweisen, so hat ihm die Behörde auf sein Verlangen und auf seine Kosten die Vornahme einer DNA-Analyse zu ermöglichen. Der Fremde ist über diese Möglichkeit zu belehren. Das mangelnde Verlangen des Fremden auf Vornahme einer DNA-Analyse ist keine Weigerung des Fremden, an der Klärung

des Sachverhaltes mitzuwirken und hat keine Auswirkung auf die Beweiswürdigung.

(3) Im weiteren Verfahren darf nur die Information über das Verwandtschaftsverhältnis verarbeitet werden; allenfalls darüber hinaus gehende Daten sind zu löschen.

Übersicht:

1.-2. Materialien
3.-4. Anmerkungen

1. RV 952 XXII. GP

Abs. 1 stellt klar, dass der Fremde am Verfahren mitzuwirken hat.

Abs. 2 soll dem Fremden, der ein bestehendes Familienverhältnis nicht durch unbedenkliche Urkunden nachweisen kann, die Möglichkeit einer – wie etwa bei Vaterschaftstest eingesetzten – DNA-Analyse eröffnen, die er jedoch selbst zu bezahlen hat. Selbstverständlich ist dieses Instrument nur dann einzusetzen, wenn es der Fremde selbst wünscht, er ist jedoch über diese Möglichkeit zu informieren. Die DNA-Analyse darf von der Behörde nicht generell zur Überprüfung des belegten Angehörigenverhältnisses verlangt werden. Es wird auch klargestellt, dass das fehlende Verlangen des Fremden nach einer solchen Analyse oder das Nicht-Einbringen des Analyseergebnisses keine mangelnde Mitwirkung am Verfahren darstellt und dies auch keine Auswirkungen auf die Beweiswürdigung der Behörde, zum Vor- oder Nachteil des Fremden, haben darf. Diese hat in ihrer Entscheidung ohnehin nach den allgemeinen Beweiswürdigungsregeln in der Begründung darzulegen, auf Grund welcher Würdigung sie einen Sachverhalt für (nicht) vorliegend hält. Die Kostentragung für eine DNA-Untersuchung ergibt sich aus den §§ 75 ff. AVG.

2. AB 1055 XXII. GP

Mit den vorgesehenen Änderungen wird den Anregungen des Datenschutzrates gefolgt.

3. Anm: Zur Mitwirkung des Fremden siehe bereits § 19 Abs 2 letzter Satz (Feststellung der Identität und des Sachverhalts) und Abs 4 (Mitwirkung an der erkennungsdienstlichen Behandlung).

4. Anm: Wesentlich im Zusammenhang mit DNA-Tests ist, dass der Fremde keinesfalls zur Vornahme eines solchen verpflichtet werden kann. Die Behörde hat ihn aber über diese Möglichkeit zu belehren, wenn sie auf Grund der Bedenklichkeit der vorgelegten Urkunden (vgl § 7 Abs 1 Z 4 NAG-DV) beabsichtigt, den Antrag abzuweisen. Im Rahmen des Ermittlungsverfahrens darf das fehlende Verlangen des Fremden, sich einem DNA-Test zu unterziehen, allein nicht als nicht erbrachter Nachweis des behaupteten Verwandtschaftsverhältnisses gewertet werden. Die Behörde hat die Nichterbringung dieses Nachweises jedenfalls anhand anderer

Umstände – vor allem wegen der Bedenklichkeit der vorgelegten Urkunden – zu beurteilen.

Andererseits hat die Behörde im Fall des Vorliegens eines positiven DNA-Test-Ergebnisses dieses mit Rücksicht auf dessen Zuverlässigkeit und Objektivität ihrer Entscheidung über die Erbringung des Nachweises zugrunde zu legen. Auf Grund der Unbeschränktheit der Beweismittel im Verwaltungsverfahren und die freie Beweiswürdigung der Behörde (§§ 45 und 46 AVG) bestehen im Hinblick auf die Verwendung eines DNA-Test-Ergebnisses als Beweismittel für den Nachweis eines Verwandtschaftsverhältnisses auch keine weiteren Bedenken.

Das in Abs 2 normierte „Ermöglichen" durch die Behörde verlangt lediglich eine organisatorische Hilfestellung bei der Durchführung eines DNA-Tests. Die Kosten dafür hat jedoch der Fremde selbst zu tragen.

Die Bestimmung des Abs 3 verlangt, dass abgesehen vom vorgelegten Test-Ergebnis, ob ein Verwandtschaftsverhältnis vorliegt oder nicht, keine weiteren Daten dieses Tests (zB genetische Besonderheiten) verarbeitet werden dürfen. Sie sind – falls sie vorliegen – sofort zu löschen.

Aufenthaltsehe und Aufenthaltsadoption

§ 30. (1) Ehegatten, die ein gemeinsames Familienleben im Sinne des Art. 8 EMRK nicht führen, dürfen sich für die Erteilung und Beibehaltung von Aufenthaltstiteln nicht auf die Ehe berufen.

(2) An Kindes statt angenommene Fremde dürfen sich bei der Erteilung und Beibehaltung von Aufenthaltstiteln nur dann auf diese Adoption berufen, wenn die Erlangung und Beibehaltung des Aufenthaltstitels nicht der ausschließliche oder vorwiegende Grund für die Annahme an Kindes statt war.

Übersicht:

1. Hinweise auf europarechtliche Normen
2. Hinweise auf innerstaatliche Normen
3. Materialien
4.-5. Anmerkungen

1. ErwG 28 und Art 35 UnionsbürgerRL, IV.B.8.; Art 5 Abs 2 und Art 16 Abs 2 und 4 FamZusRL, IV.B.5.

2. §§ 109, 110, 117 und 118 sowie § 60 Abs 2 Z 9 und 10 FPG, II.B.

3. RV 952 XXII. GP

§ 30 stellt klar, dass sich Fremde auf eine Ehe (Abs. 1) oder eine Adoption (Abs. 2) nicht berufen dürfen, wenn ein gemeinsames Eheleben nicht geführt wird oder die Annahme an Kindes statt ausschließlich oder vorwiegend der Erlangung oder Beibehaltung eines Aufenthaltstitels dient. Damit soll verhindert werden, dass das Quotensystem bzw. das System der Niederlassung selbst durch das Eingehen von Ehen oder die Annahme von Kindes statt ausgehebelt wird; Fremde werden durch das Eingehen einer

Ehe mit einem Österreicher erheblich begünstigt, vor allem ist auf sie keine Quote mehr anzuwenden; daher muss ein Regulativ eingezogen werden, wo es nicht mehr gilt, ein Familienleben im Sinne des Art. 8 EMRK zu schützen oder zu ermöglichen (vgl. § 60 Abs. 2 Z 9 und 10 FPG).

Diese Bestimmung entspricht Art. 5 Abs. 2 der Richtlinie 2003/86/EG und Art. 35 der Richtlinie 2004/38/EG.

4. Anm: In unmittelbarem Zusammenhang mit dieser Bestimmung steht die Mitteilungspflicht der Aufenthaltsbehörde an die Fremdenpolizeibehörde nach § 37 Abs 4 (siehe dort), wenn sie bei der Vornahme einer Amtshandlung den begründeten Verdacht hat, dass eine Aufenthaltsehe oder Aufenthaltsadoption besteht. Teilt die Fremdenpolizeibehörde mit, dass keine Aufenthaltsehe oder Aufenthaltsadoption vorliegt, oder erfolgt die Mitteilung nicht binnen drei Monaten, dann hat die Behörde vom Vorliegen einer Ehe bzw Adoption auszugehen.

Die Anschlussbestimmung zu § 37 Abs 4 findet sich in § 110 FPG. Die Fremdenpolizeibehörde hat die Umstände zu erheben und der Niederlassungs- und Aufenthaltsbehörde innerhalb der Drei-Monats-Frist das Ergebnis ihrer Erhebungen mitzuteilen. Die Drei-Monats-Frist beginnt mit dem Zeitpunkt des Einlangens der Mitteilung bei der Fremdenpolizeibehörde.

5. Anm: Das Vorliegen einer Aufenthaltsehe oder Aufenthaltsadoption erfüllt nach § 60 Abs 2 Z 9 bzw 10 FPG die Voraussetzung einer „bestimmten Tatsache", die die Verhängung eines Aufenthaltsverbotes über den betreffenden Fremden rechtfertigt.

Das Eingehen oder Vermitteln von Aufenthaltsehen oder Aufenthaltsadoptionen ist nach §§ 117 und 118 FPG gerichtlich strafbar.

Rahmenbedingungen

§ 31. Das Verhalten eines in Österreich befindlichen Fremden hat sich am gesellschaftlichen, wirtschaftlichen und kulturellen Leben in Österreich sowie an den Grundwerten eines europäischen demokratischen Staates und seiner Gesellschaft zu orientieren.

Übersicht:
1. Materialien
2. Anmerkung

1. RV 952 XXII. GP

§ 31 ist eine Bestimmung, die das zu erwartende und gewünschte Verhalten der in Österreich befindlichen Fremden determinieren soll. Eine direkte Durchsetzungsmöglichkeit ist nicht vorgesehen; es handelt sich vielmehr um eine Zielbestimmung. Eine Bestrafung kann natürlich nur erfolgen, wenn der Fremde verwaltungsrechtliche oder strafrechtliche Normen übertritt; inwieweit ein Verhalten fremdenpolizeilich relevant ist, ergibt sich aus dem FPG, inwieweit das Verhalten eines Fremden für die –

allenfalls weitere – Niederlassung relevant ist, ergibt sich aus § 11 (insbesondere Abs. 4 Z 2) diese Entwurfs. Z 6 zielt darauf ab, den zeitlichen Überhang, der durch die unterschiedlichen Ausstellungszeitpunkte von Visum D+C und Beschäftigungsbewilligung entsteht, am Ende des sechsmonatigen Aufenthalts abzudecken. [Anm: Der letzte Satz steht in keinem Zusammenhang mit § 31 und stellt offensichtlich ein redaktionelles Versehen dar.]

2. Anm: Die rechtliche Bedeutung dieser Bestimmung wird – abgesehen von ihrer mangelnden Durchsetzbarkeit als „lex imperfecta" – zusätzlich durch die Verwendung zahlreicher unbestimmter und dadurch auslegungsbedürftiger Begriffe gemindert und reduziert sich somit auf eine programmatische, an Fremde gerichtete Bestimmung, wie sie sich in Österreich verhalten sollen.

Selbständige Erwerbstätigkeit

§ 32. Mit Ausnahme der Fälle des § 2 Abs. 1 Z 7 bedarf die Aufnahme einer selbständigen Erwerbstätigkeit – unbeschadet zusätzlicher Berechtigungen nach anderen Bundes- oder Landesgesetzen – der Ausstellung eines Aufenthaltstitels mit entsprechendem Zweckumfang.

Übersicht:
1. Hinweise auf innerstaatliche Normen
2. Materialien
3.-5. Anmerkungen

1. § 2 Abs 4 Z 16 und §§ 24 und 31 FPG, II.B.; §§ 17, 24 und 32a AuslBG, III.L.; § 11 NAG-DV, VI.D.

2. RV 952 XXII. GP

§ 32 stellt klar, dass eine selbständige Erwerbstätigkeit, wenn sie nicht eine bloß vorübergehende ist, neben der Erteilung eines Aufenthaltstitels mit entsprechendem Zweckumfang auch der Erfüllung der auch von einem Inländer zu erbringenden Voraussetzungen (z.B. Gewerbeanmeldung) bedarf. Eine solche erfordert zusätzlich zu den auch von einem Inländer zu erbringenden Voraussetzungen einen Einreisetitel nach dem FPG.

3. Anm: Als Aufenthaltstitel, die zur Aufnahme einer länger als sechs Monate dauernden selbständigen Erwerbstätigkeit berechtigen, kommen die „Niederlassungsbewilligung – Schlüsselkraft" (§ 8 Abs 2 Z 1), die „Niederlassungsbewilligung – unbeschränkt" (§ 8 Abs 2 Z 3), die „Niederlassungsbewilligung – beschränkt" (§ 8 Abs 2 Z 4), eine Aufenthaltsbewilligung mit entsprechendem Aufenthaltszweck (va §§ 60 und 61) sowie die Aufenthaltstitel „Familienangehöriger", „Daueraufenthalt – EG" und „Daueraufenthalt – Familienangehöriger" in Frage.

Freien Zugang zum Arbeitsmarkt haben EWR- und Schweizer Bürger, deren Familienangehörige sowie drittstaatsangehörige Familienangehörige von Österreichern (§ 1 Abs 2 lit l und m AuslBG). Hier ist jedoch die Übergangsbestimmung zur EU-Erweiterung 2004 nach § 32a AuslBG für Bürger der neuen EU-Mitgliedstaaten außer Malta und Zypern zu berücksichtigen.

Schließlich ermöglichen auch bereits nach früheren gesetzlichen Bestimmungen (zB FrG und AufG) erteilte und weiterhin gültige Aufenthalts- und Niederlassungsberechtigungen die Ausübung oder Aufnahme einer selbständigen Erwerbstätigkeit, sofern dies auch mit der entsprechenden Aufenthalts- oder Niederlassungsberechtigung nach dem NAG zulässig wäre (zur Weitergeltung von Aufenthalts- und Niederlassungsberechtigungen siehe § 81 Abs 2 und die Korrespondenztabellen in § 11 NAG-DV).

4. Anm: Die Ausübung einer bloß vorübergehenden (bis zu sechs Monaten dauernden) selbständigen Tätigkeit (§ 2 Abs 1 Z 7 und § 2 Abs 4 Z 16 FPG) ist nur mit einem Aufenthalts-Reisevisum (Visum D+C) nach § 24 FPG zulässig.

5. Anm: Für die Ausübung eines Gewerbes bedarf es nach § 19 Abs 2 vor der Erteilung des Aufenthaltstitels der Ausstellung einer Bescheinigung durch die Gewerbebehörde, dass alle Voraussetzungen für die Gewerbeausübung – mit Ausnahme der Erteilung des Aufenthaltstitels – vorliegen (vgl § 14 Abs 1 GewO).

Unselbständige Erwerbstätigkeit

§ 33. (1) Die Berechtigung zur Ausübung einer unselbständigen Erwerbstätigkeit richtet sich – unbeschadet einer entsprechenden Aufenthalts- oder Niederlassungsberechtigung nach diesem Bundesgesetz – nach den Bestimmungen des Ausländerbeschäftigungsgesetzes.

(2) Die Mitteilungen der regionalen Geschäftsstelle des Arbeitsmarktservice gemäß §§ 12 Abs. 9 und 17 Abs. 2 AuslBG sind gegebenenfalls von der Behörde von Amts wegen einzuholen.

Übersicht:

1. Hinweise auf innerstaatliche Normen
2. Materialien
3.-4. Anmerkungen

1. § 2 Abs 4 Z 17 und §§ 24 und 31 FPG, II.B.; siehe III.L. AuslBG, insb § 1 Abs 2 lit l und m sowie §§ 2, 3, 4 Abs 3 Z 7, 5, 11, 12, 14a, 15, 17, 18, 24 und 32a; § 11 NAG-DV, VI.B.

2. RV 952 XXII. GP

Abs. 1 stellt klar, dass, soweit sich aus diesem Bundesgesetz nichts anderes ergibt, es für die Aufnahme einer unselbständigen Erwerbstätigkeit einer entsprechenden Berechtigung nach dem Ausländerbeschäftigungsgesetz braucht, soweit die Tätigkeit oder der Fremde auch nicht aus dem Anwendungsbereich des Ausländerbeschäftigungsgesetzes ausgenommen ist.

Abs. 2 bestimmt, dass in Verfahren nach diesem Bundesgesetz, in denen eine Mitteilung der regionalen Geschäftsstelle des Arbeitsmarktservice einzuholen ist, dieses gegebenenfalls – wenn dies nicht bereits der Antragsteller getan hat – amtswegig zu befassen ist. Die Mitteilung des AMS nach § 12 Abs. 9 AuslBG betrifft die Feststellung, dass der Drittstaatsangehörige innerhalb der letzten 18 Monate zwölf Monate als Schlüsselkraft beschäftigt war (§ 43 Z 1). Die Mitteilung nach § 17 Abs. 2 AuslBG betrifft die für die Erteilung einer „Niederlassungsbewilligung – unbeschränkt" notwendige Feststellung (§ 49 Abs. 3), dass ein Drittstaatsangehöriger, der in einem anderen EWR-Mitgliedstaat den Aufenthaltstitel „Daueraufenthalt – EG" besitzt, in Österreich zwölf Monate durchgehend und rechtmäßig beschäftigt war.

Damit soll das Prinzip des „One-Stop-Shop" weitestgehend umgesetzt werden. Verfahrensführend bleibt die Niederlassungsbehörde, die vor ihrer Entscheidung das AMS befasst und dann in weiterer Folge – soweit es nicht zu einem abweisenden Bescheid und einem damit verbundenen Übergang der Zuständigkeit an das AMS kommt – auch entscheidet. Die Mitteilung des AMS ist eine notwendige Tatbestandsvoraussetzung für die Entscheidung der Niederlassungsbehörde. Eine allfällige Säumnis ist der Niederlassungsbehörde zuzurechnen.

3. Anm: Als Aufenthalts- oder Niederlassungsberechtigung, die zur Aufnahme einer länger als sechs Monate dauernden unselbständigen Erwerbstätigkeit berechtigt, kommen die „Niederlassungsbewilligung – Schlüsselkraft" (§ 8 Abs 2 Z 1), die „Niederlassungsbewilligung – unbeschränkt" (§ 8 Abs 2 Z 3), die „Niederlassungsbewilligung – beschränkt" (§ 8 Abs 2 Z 4), die Aufenthaltsbewilligung mit entsprechendem Aufenthaltszweck (nicht nach § 60) sowie die Aufenthaltstitel „Familienangehöriger", „Daueraufenthalt – EG" und „Daueraufenthalt – Familienangehöriger" in Frage.

Darüber hinaus haben EWR- und Schweizer Bürger, deren Familienangehörige sowie drittstaatsangehörige Familienangehörige von Österreichern freien Zugang zum Arbeitsmarkt (§ 1 Abs 2 lit l und m AuslBG). Zur Übergangsbestimmung betreffend die am 1. Mai 2004 beigetretenen EU-Mitgliedstaaten außer Malta und Zypern siehe § 32a AuslBG (auch oben 3. zu § 32).

Schließlich ermöglichen auch bereits nach früheren gesetzlichen Bestimmungen erteilte und weiterhin gültige Aufenthalts- und Niederlassungsberechtigungen die Ausübung oder Aufnahme einer unselbständigen Erwerbstätigkeit, sofern dies auch mit der entsprechenden Aufenthalts- oder Niederlassungsberechtigung nach dem NAG zulässig wäre (zur Weitergeltung von Aufenthalts- und Niederlassungsberechtigungen siehe § 81 Abs 2 und die Korrespondenztabellen in § 11 NAG-DV).

4. Anm: Die Ausübung einer bloß vorübergehenden (bis zu sechs Monaten dauernden) unselbständigen (Erwerbs-)Tätigkeit (§ 2 Abs 1 Z 8 und § 2 Abs 4 Z 17 FPG) ist – wie eine selbständige Erwerbstätigkeit – grundsätzlich nur mit einem Aufenthalts-Reisevisum (Visum D+C) nach § 24 FPG zulässig. Ausgenommen davon sind lediglich Fälle des § 5 AuslBG iVm §§ 24 Abs 2 und 31 Abs 2 FPG (Erteilung von Beschäftigungsbewilligungen an sichtvermerksfreie Saisonniers und Erntehelfer nach Ausstellung einer fremdenpolizeilichen Unbedenklichkeitsbescheinigung).

7. Hauptstück: Verwenden personenbezogener Daten

Allgemeines

§ 34. (1) Die Behörden nach diesem Bundesgesetz dürfen personenbezogene Daten nur verwenden, soweit dies zur Erfüllung der ihnen übertragenen Aufgaben erforderlich ist.

(2) Die Behörden nach diesem Bundesgesetz dürfen personenbezogene Daten Dritter und die Sozialversicherungsnummer nur verarbeiten, wenn deren Auswählbarkeit aus der Gesamtmenge der gespeicherten Daten nicht vorgesehen ist. Die Verfahrensdaten sind zu löschen, sobald sie nicht mehr benötigt werden, spätestens zehn Jahre nach Eintritt der Rechtskraft der Entscheidung.

Übersicht:
1. Hinweise auf innerstaatliche Normen
2.-3. Materialien

1. Vgl § 54 AsylG 2005, II.A.; § 98 FPG, II.B.; Art 1 § 1 DSG 2000 (Grundrecht auf Datenschutz).

2. RV 952 XXII. GP

Im 7. Hauptstück (§§ 34 bis 40) werden die Normen für die Ermittlung und Verarbeitung von personenbezogenen Daten im Rahmen dieses Bundesgesetzes festgelegt.

Abs. 1 stellt – den allgemeinen Grundsatz der Verhältnismäßigkeit folgend – dar, dass personenbezogene Daten – deren Verwendung berührt das verfassungsrechtlich gewährleistete Recht des § 1 DSG 2000 – durch die Behörden nur verwendet werden dürfen, soweit dies zur Erfüllung der ihnen übertragenen Aufgaben erforderlich ist.

Abs. 2 stellt klar, dass personenbezogene Daten und die Sozialversicherungsnummer zwar verarbeitet werden dürfen, diese jedoch nicht aus den gespeicherten Daten ausgewählt werden darf. Sozialversicherungsnummer und personenbezogene Daten Dritter dürfen also kein Suchkriterium sein, sondern werden nur ausgegeben, wenn der der Speicherung zu Grunde liegende Datensatz ausgewählt wird.

Abs. 3 regelt die Löschungsbestimmungen für nach diesem Bundesgesetz ermittelte Daten, die sich auch auf die erkennungsdienstlichen Daten beziehen.

3. AB 1055 XXII. GP

Zu den §§ 34 bis 36, 39 und 40 NAG:
Mit den vorgesehenen Änderungen wird den Anregungen des Datenschutzrates gefolgt.

Verwenden erkennungsdienstlicher Daten

§ 35. (1) Die nach diesem Bundesgesetz zuständigen Behörden und Berufsvertretungsbehörden sind ermächtigt, Fremde, die einen Aufenthaltstitel beantragen oder denen ein solcher ausgestellt werden soll, erkennungsdienstlich zu behandeln.
(2) Die §§ 64 und 65 Abs. 4 bis 6 sowie § 73 Abs. 7 des Sicherheitspolizeigesetzes (SPG), BGBl. Nr. 566/1991, gelten.
(3) Die Behörde hat einen Fremden, den sie einer erkennungsdienstlichen Behandlung zu unterziehen hat, unter Bekanntgabe des maßgeblichen Grundes formlos hiezu aufzufordern. Kommt der Betroffene der Aufforderung nicht nach, ist er schriftlich, unter Hinweis auf die Folgen einer mangelnden Mitwirkung, ein weiteres Mal zur Vornahme der erkennungsdienstlichen Behandlung aufzufordern.

Übersicht:
1.-2.   Hinweise auf innerstaatliche Normen
3.-4.   Materialien
5.   Anmerkung

1. Vgl § 55 AsylG 2005, II.A.; § 99 FPG, II.B.

2. Textauszug SPG: siehe 1. zu § 99 FPG.

3. RV 952 XXII. GP

Abs. 1 bestimmt, dass die Behörden nach diesem Bundesgesetz ermächtigt sind, Fremde, die einen Aufenthaltstitel beantragen, erkennungsdienstlich zu behandeln.
Abs. 2 bestimmt, dass erkennungsdienstliche Daten Fremder, die eine Sicherheitsbehörden rechtmäßig verarbeitet, von den Niederlassungsbehörden ermittelt und weiterverarbeitet werden dürfen. Der Fremde ist darüber entsprechend in Kenntnis zu setzen.
Abs. 3 übernimmt die bewährten Normen des Sicherheitspolizeigesetzes für den Erkennungsdienst. § 64 SPG stellt die Begriffsbestimmungen für den Erkennungsdienst dar. § 65 Abs. 4 SPG stellt klar, dass Fremde, die erkennungsdienstlich zu behandeln sind, an dieser Behandlung mitwirken müssen und Abs. 5, dass die Niederlassungsbehörden dabei gewisse Informationspflichten treffen. Die Anwendung des § 65 Abs. 6 SPG ermächtigt die Niederlassungsbehörden zur Ermittlung der für eine sinnvolle erkennungsdienstliche Behandlung nötigen Identifikationsdaten und zur Personenfeststellung. § 73 Abs. 7 enthält eine besondere Löschungsbestimmung, wenn die Löschung erkennungsdienstlicher Daten wirtschaftlich nur zu bestimmten Zeitpunkten wahrgenommen werden kann.

Abs. 4 regelt die Mitwirkungspflicht des Fremden bei der erkennungsdienstlichen Behandlung und die Pflicht der Behörde, bei Unterbleiben der Mitwirkung, die Aufforderung einmal zu wiederholen.

4. AB 1055 XXII. GP

Siehe oben 2. zu § 34.

5. Anm: Die Regelung des Abs 3 steht im Zusammenhang mit der Mitwirkungspflicht des Antragstellers bei der erkennungsdienstlichen Behandlung nach § 19 Abs 4: Bei zweimaligem Nichtentsprechen der Aufforderung durch die Behörde ist der Antrag zurückzuweisen.

Zentrale Verfahrensdatei; Informationsverbundsystem

§ 36. (1) Die Behörden nach diesem Bundesgesetz sind ermächtigt, die von ihnen ermittelten Verfahrensdaten, das sind Verfahrensinformationen über Anträge, Entscheidungen und Rechtsmittel, gemeinsam zu verarbeiten und zu benützen. Der Bundesminister für Inneres übt dabei für die Behörden sowohl die Funktion des Betreibers gemäß § 50 des Datenschutzgesetzes 2000 (DSG 2000), BGBl. I Nr. 165/1999, als auch des Dienstleisters im Sinne des § 4 Z 5 DSG 2000 aus.

(2) Die Behörden nach diesem Bundesgesetz sind ermächtigt, von Asyl- und von Fremdenpolizeibehörden verarbeitete Verfahrensdaten zu ermitteln, wenn dies zur Erfüllung ihrer Aufgaben unbedingt erforderlich ist.

(3) Abfragen aus der zentralen Verfahrensdatei sind nur zulässig, soweit dies zur Besorgung einer nach diesem Bundesgesetz übertragenen Aufgabe erforderlich ist und der Fremde zumindest nach dem Namen, einer ihm zugeordneten Zahl oder einem Papillarlinienabdruck bestimmt wird.

(4) Für in der zentralen Verfahrensdatei verarbeitete Daten gilt § 34 Abs. 2.

Übersicht:

1. Hinweise auf innerstaatliche Norm
2.-3. Materialien

1. Textauszug § 4 Z 5 und 8 sowie § 50 DSG 2000

Definitionen

§ 4. Im Sinne der folgenden Bestimmungen dieses Bundesgesetzes bedeuten die Begriffe: [...]
  5. „Dienstleister": natürliche oder juristische Personen, Personengemeinschaften oder Organe einer Gebietskörperschaft beziehungsweise die Geschäftsapparate solcher Organe, wenn sie Daten, die ihnen zur Herstellung eines aufgetragenen Werkes überlassen wurden, verwenden (Z 8); [...]

§ 36

8. *„Verwenden von Daten": jede Art der Handhabung von Daten einer Datenanwendung, also sowohl das Verarbeiten (Z 9) als auch das Übermitteln (Z 12) von Daten;*

Informationsverbundsysteme

§ 50. (1) Die Auftraggeber eines Informationsverbundsystems haben, soweit dies nicht bereits durch Gesetz geregelt ist, einen geeigneten Betreiber für das System zu bestellen. Name (Bezeichnung) und Anschrift des Betreibers sind in der Meldung zwecks Eintragung in das Datenverarbeitungsregister bekannt zu geben. Unbeschadet des Rechtes des Betroffenen auf Auskunft nach § 26 hat der Betreiber jedem Betroffenen auf Antrag binnen zwölf Wochen alle Auskünfte zu geben, die notwendig sind, um den für die Verarbeitung seiner Daten im System verantwortlichen Auftraggeber festzustellen; in Fällen, in welchen der Auftraggeber gemäß § 26 Abs. 5 vorzugehen hätte, hat der Betreiber mitzuteilen, daß kein der Pflicht zur Auskunftserteilung unterliegender Auftraggeber benannt werden kann. Die Unterstützungspflicht des Betreibers gilt auch bei Anfragen von Behörden. Den Betreiber trifft überdies die Verantwortung für die notwendigen Maßnahmen der Datensicherheit (§ 14) im Informationsverbundsystem. Von der Haftung für diese Verantwortung kann sich der Betreiber unter den gleichen Voraussetzungen, wie sie in § 33 Abs. 3 vorgesehen sind, befreien. Wird ein Informationsverbundsystem geführt, ohne daß eine entsprechende Meldung an die Datenschutzkommission unter Angabe eines Betreibers erfolgt ist, treffen jeden einzelnen Auftraggeber die Pflichten des Betreibers.

(2) Durch entsprechenden Rechtsakt können auch weitere Auftraggeberpflichten auf den Betreiber übertragen werden. Soweit dies nicht durch Gesetz geschehen ist, ist dieser Pflichtenübergang gegenüber den Betroffenen und den für die Vollziehung dieses Bundesgesetzes zuständigen Behörden nur wirksam, wenn er - auf Grund einer entsprechenden Meldung an die Datenschutzkommission - aus der Registrierung im Datenverarbeitungsregister ersichtlich ist.

(3) Die Bestimmungen der Abs. 1 und 2 gelten nicht, soweit infolge der besonderen, insbesondere internationalen Struktur eines bestimmten Informationsverbundsystems gesetzlich ausdrücklich anderes vorgesehen ist.

2. RV 952 XXII. GP

Es ist beabsichtigt, ein Zentrales Fremdenregister zu etablieren (siehe hierzu § 101 FPG). § 36 stellt das Anschlussstück im NAG dar. Die Niederlassungsbehörden sind ermächtigt, die von ihnen ermittelten Verfahrensdaten – sozusagen gegenseitig – gemeinsam zu benutzen und zu verarbeiten. Die Funktion des Betreibers und des Dienstleisters für diesen Informationsverbund kommt dabei dem Bundesminister für Inneres zu (Abs. 1).

Die Niederlassungsbehörden sind weiters ermächtigt, erforderlichenfalls auf Verfahrensdaten der Asyl- und Fremdenpolizeibehörden zu greifen (Abs. 2).

Nach Abs. 3 gilt auch für die in der Zentralen Verfahrensdatei befindlichen Daten die Löschungsbestimmung des § 34 Abs. 3.

3. AB 1055 XXII. GP

Siehe oben 2. zu § 34.

Mitteilungs- und Mitwirkungspflichten

§ 37. **(1) Die Behörden nach diesem Bundesgesetz sind verpflichtet, der nach dem Wohnsitz des Fremden zuständigen Fremdenpolizeibehörde die in § 102 Abs. 1 FPG genannten Daten zum Zweck der Weiterverarbeitung im Rahmen des Zentralen Fremdenregisters zu überlassen, soweit sie nicht selbst technisch in der Lage sind, Daten im Rahmen des Zentralen Fremdenregisters zu verarbeiten.**

(2) Die Staatsbürgerschaftsbehörden haben der nach diesem Bundesgesetz zuständigen Behörde die Verleihung der Staatsbürgerschaft an einen Fremden mitzuteilen.

(3) Die Strafgerichte haben Erhebungen von Anklagen wegen in die Zuständigkeit der Landesgerichte fallenden Vorsatztaten, rechtskräftige Verurteilungen unter Anschluss der Urteilsausfertigung, die Verhängung und Aufhebung der Untersuchungshaft und die Strafvollzugsanstalten und gerichtlichen Gefangenenhäuser den Antritt und das Ende einer Freiheitsstrafe von Fremden der nach diesem Bundesgesetz zuständigen Behörde erster Instanz mitzuteilen. Diese Mitteilungen hat die Behörde erster Instanz, soweit das Verfahren in 2. Instanz anhängig ist, der Berufungsbehörde zu übermitteln.

(4) Hat die Behörde bei Vornahme einer Amtshandlung nach diesem Bundesgesetz den begründeten Verdacht, dass in Bezug auf einen bestimmten Fremden eine Aufenthaltsehe oder eine Aufenthaltsadoption besteht, so hat sie der zuständigen Fremdenpolizeibehörde diesen Verdacht mitzuteilen. Teilt die Fremdenpolizeibehörde mit, dass keine Aufenthaltsehe oder Aufenthaltadoption besteht, oder erfolgt die Mitteilung der Fremdenpolizeibehörde nicht binnen drei Monaten (§ 110 FPG), hat die Behörde vom Vorliegen einer Ehe oder Adoption auszugehen.

(5) Die Behörden des Bundes, der Länder und Gemeinden, die Geschäftsstellen des Arbeitsmarktservice sowie die Träger der Sozialversicherung, die rechtmäßig über Daten verfügen, sind ermächtigt und auf Anfrage verpflichtet, der Behörde diese Daten zu übermitteln, sofern diese für ein Verfahren zur Erteilung eines Aufenthaltstitels benötigt werden. Eine Verweigerung der Auskunft ist nicht zulässig. Die Daten sind unverzüglich zu löschen, wenn sie für die Erfüllung des konkreten Zwecks nicht mehr benötigt werden.

Übersicht:

1. Hinweise auf innerstaatliche Normen
2. Materialien
3.-4. Anmerkungen

§ 37

1. §§ 102 Abs 1 und 110 FPG, II.B.

2. RV 952 XXII. GP

Die Behörden nach dem Niederlassungs- und Aufenthaltsgesetz haben bei der Erteilung oder Versagung von Aufenthaltstitel grundsätzliche fremdenpolizeiliche Interessen zu berücksichtigen, wie dies aber auch im umgekehrten Weg von Bedeutung ist. Dafür bedürfen sie einerseits des Zugriffes auf die Zentrale Informationssammlung, müssen aber andererseits auch dafür Sorge tragen, dass die nach dem Niederlassungs- und Aufenthaltsgesetz maßgeblichen Daten in der Zentralen Informationssammlung aufscheinen. Letzteres geschieht nun in der Form, dass die Behörden nach diesem Bundesgesetz Grunddatensätze von Fremden der Fremdenpolizeibehörden übermitteln, die diese wiederum in der Zentralen Informationssammlung verarbeiten. Da es erklärtes Ziel ist, dass auch die Niederlassungs- und Aufenthaltsbehörden Daten unmittelbar in der Zentralen Informationssammlung verarbeiten können, wurde diese Möglichkeit im § 102 FPG vorgesehen. Um jedoch auf die derzeit bestehende technische Hindernisse Rücksicht zu nehmen, wird Abs. 1 in der vorliegenden Form vorgeschlagen.

Um den aus diesem Gesetz resultierenden Verpflichtungen, wie etwa der Löschungspflicht erkennungsdienstlicher Daten im Fall der Verleihung der österreichischen Staatsbürgerschaft, nachkommen zu können, ist es von Bedeutung bestimmte Mitteilungspflichten vorzusehen.

Abs. 1 regelt die Überlassung von Daten an die Fremdenpolizeibehörde.

Abs. 2 verpflichtet Staatsbürgerschaftsbehörden, der zuständigen Niederlassungsbehörde die Verleihung der Staatsbürgerschaft an Fremden mitzuteilen. Diese Mitteilungspflicht steht im Verhältnis zur verpflichtenden Einziehung von ungültigen oder gegenstandslosen Aufenthaltstitel durch die Staatsbürgerschaftsbehörden (§ 10 Abs. 5).

Nach Abs. 3 haben die Personenstandsbehörden und Zivilgerichte den Niederlassungsbehörden Anträge auf Verehelichungen und Adoptionen von Fremden mitzuteilen. Hier sind auch die Bestimmungen des § 10 Abs. 4 und 5 zu berücksichtigen. [Anm: Diese in der RV vorgeschlagene Bestimmung wurde im endgültigen Gesetzestext nicht übernommen.]

Abs. 4 zielt auf eine Bekämpfung von Scheinehen und Scheinadoptionen (s. § 11 Abs. 1 Z 4 iVm § 30 Abs. 1 oder 2). Die Niederlassungsbehörden haben die Fremdenpolizeibehörden jeden begründeten Verdacht des Vorliegens einer Scheinehe oder Scheinadoption mitzuteilen. Letztere haben wiederum den Niederlassungsbehörden das Ergebnis ihrer diesbezüglichen Nachforschungen mitzuteilen. Um die Ausstellung eines Aufenthaltstitels nicht durch Erhebungstätigkeiten unverhältnismäßig zu verzögern, wird auch im Sinne der Verwaltungsökonomie für diesen Fall vorgesehen, dass, wenn aus welchen Gründen auch immer binnen drei Monaten keine Mitteilung erfolgt, von ergebnislosen Erhebungen und vom Vorliegen einer rechtmäßigen Ehe oder Adoption auszugehen.

Die Bestimmung des Abs. 5 ist wesentlich für Verfahren zum Entzug von Aufenthaltsberechtigungen. Es wird den Behörden des Bundes, der Länder, der Gemeinden, den Trägern der Sozialversicherung sowie den Geschäftsstellen des Arbeitsmarktservice eine umfassende Informationsermächtigung erteilt und eine Auskunftsverpflichtung auferlegt. Sämtliche Sachverhalte, die für die aufenthaltsrechtliche Stellung des Fremden von Bedeutung sein können, sind davon erfasst. Die Behörde darf allerdings nur anfragen, wenn die Auskunft zur Erfüllung der ihr übertragenen Aufgaben erforderlich ist. Der letzte Satz normiert eine entsprechende Löschungsverpflichtung.

Abs. 6 [Anm: jetzt Abs 3] regelt die Mitteilungspflicht der Strafgerichte an die nach diesem Bundesgesetz zuständigen Behörden, um bestimmte Daten, die im Zuständigkeitsbereich der Gerichte entstehen, für das Verfahren verwertbar zu machen. Natürlich soll es sich nur um solche Daten handeln, denen auch entsprechende Berücksichtigung im Verfahren nach diesem Bundesgesetz zukommen kann, wie etwa die rechtskräftige Verurteilung wegen einer in die Zuständigkeit der Landesgericht fallende Vorsatztat für die Frage der Beurteilung der allgemeinen Voraussetzungen zur Erteilung eines Aufenthaltstitels. Entsprechend dem Regelungsziel sind solche Daten auch der Berufungsbehörde zu übermitteln.

3. Anm: Zu Abs 4: Zur Mitteilungspflicht der Aufenthaltsbehörde an die Fremdenpolizeibehörde siehe § 30 sowie die Anschlussbestimmung in § 110 FPG.

4. Anm: Zu Abs 5: Voraussetzungen einer rechtmäßigen Übermittlung von entsprechenden Daten an die Aufenthaltsbehörde sind das Verfügen rechtmäßig verarbeiteter Daten bei der übermittelnden Behörde oder Stelle, die Erforderlichkeit dieser Daten ausschließlich für das Verfahren zur Erteilung eines Aufenthaltstitels durch die Aufenthaltsbehörde sowie für den Fall einer verpflichtenden Übermittlung eine entsprechende Anfrage seitens der Aufenthaltsbehörde.

In den Erläuterungen wird davon ausgegangen, dass die Datenübermittlung gerade für Verfahren zum Entzug von Aufenthaltsberechtigungen wesentlich sei. Für diesen Fall wird mit Rücksicht auf den Wortlaut des Abs 5 („Verfahren zur *Erteilung* eines Aufenthaltstitels") eine Datenübermittlung an die Aufenthaltsbehörde aber wohl nur dann zum Tragen kommen können, wenn ein allfälliges Entziehungsverfahren im Rahmen eines Verlängerungsverfahrens einzuleiten ist (vgl § 28 und § 24 Abs 2 und 3).

In Zusammenhang mit dem „Entzug" einer Aufenthaltsberechtigung ist hingegen auf den fast wortidenten § 106 FPG und die diesbezüglichen – ebenso fast wortgleichen – Erläuterungen in den Materialien zu verweisen (oben II.B.). Eine Übermittlung dieser Daten durch die ersuchte Behörde bzw Stelle im Fall des Entzugs einer Aufenthaltsberechtigung hat damit mit Rücksicht auf den Zweck der Übermittlung (Verfahren zum Entzug einer Aufenthaltsberechtigung und anschließende Setzung einer Maßnahme nach dem 5. bis 10. Hptst FPG) primär an die Fremdenpolizeibehörde (auf deren Anfrage) und nicht an die Aufenthaltsbehörde zu erfolgen.

Internationaler und gemeinschaftsrechtlicher Datenverkehr

§ 38. (1) Sofern die Bundesregierung zum Abschluss von Regierungsübereinkommen gemäß Art. 66 Abs. 2 B-VG ermächtigt ist,

kann sie zwischenstaatliche Vereinbarungen über das Übermitteln der gemäß § 35 verarbeiteten Daten von Fremden, die nicht Angehörige der Vertragsstaaten sind, an bestimmte Empfänger abschließen. Hiebei ist vorzusehen, dass Gegenseitigkeit gewährt wird und eine Löschung bei einem vertragsschließenden Staat binnen einem halben Jahr auch zu einer Löschung der dem anderen vertragsschließenden Staat übermittelten Daten führt.

(2) Personenbezogene Daten von Fremden, die auf Grund einer gemäß Abs. 1 abgeschlossenen Vereinbarung aus dem Ausland übermittelt wurden, dürfen in der Zentralen Informationssammlung verarbeitet werden.

(3) Die nationale Kontaktstelle (§ 6) ist ermächtigt, gemäß § 102 Abs. 1 Z 1 bis 11 FPG verarbeitete Daten von Fremden auf Grund gemeinschaftsrechtlicher Vorschriften an andere nationale Kontaktstellen zu übermitteln sowie entsprechende Daten von anderen nationalen Kontaktstellen zu empfangen und zu verarbeiten.

Übersicht:
1. Hinweise auf europarechtliche Normen
2. Hinweise auf innerstaatliche Normen
3. Materialien
4. Anmerkungen

1. Zu Abs 3: siehe Art 19, 22, 23 und 25 LangfrRL, IV.B.6.

2. Siehe § 102 Abs 1 FPG, II.B.

3. RV 952 XXII. GP

Die Regelung der Abs. 1 und 2 entspricht inhaltlich § 102 Abs. 1 FrG.

Abs. 3 stellt klar, dass das BMI als nationale Kontaktstelle iSd § 6 die verarbeiteten Daten von Fremden nach gemeinschaftsrechtlichen Vorschriften an andere nationale Kontaktstellen übermitteln sowie entsprechende Daten von anderen nationalen Kontaktstellen empfangen und verarbeiten darf. Solche gemeinschaftsrechtlichen Vorschriften finden sich vor allem in der Richtlinie 2003/109/EG, insbesondere in deren Art. 19 Abs. 2, Art. 22 Abs. 2 und Art. 23 Abs. 1. Nach Art. 25 dieser Richtlinie haben die Mitgliedstaaten für die erforderliche Zusammenarbeit beim Austausch von Informationen und Dokumentationen zu sorgen. Diese gegenseitigen Mitteilungspflichten sind im Hinblick auf das Recht auf Freizügigkeit von langfristig aufenthaltsberechtigten Drittstaatsangehörigen innerhalb der EU erforderlich.

4. Anm: Zur nationalen Kontaktstelle und ihren gemeinschaftsrechtlichen Mitteilungspflichten gegenüber den Kontaktstellen anderer Mitgliedstaaten siehe 3. zu § 6.

Zulässigkeit der Verwendung der Daten des zentralen Melderegisters

§ 39. Bei einer der nach diesem Bundesgesetz zuständigen Behörde nach dem Meldegesetz 1991, BGBl. Nr. 9/1992, eröffneten Abfrage im zentralen Melderegister kann die Auswählbarkeit aus der Gesamtmenge aller im zentralen Melderegister verarbeiteten Daten neben dem Namen auch nach der Wohnanschrift vorgesehen werden.

Übersicht:
1.-2. Hinweise auf innerstaatliche Normen
3.-4. Materialien

1. Siehe auch § 57 Abs 8 AsylG 2005, II.A. und § 107 FPG, II.B.; § 16a Abs 2 und 3 MeldeG.

2. Textauszug § 16a Abs 2 und 3 MeldeG

Zulässigkeit des Verwendens der Daten des Zentralen Melderegisters

§ 16a. (1) [...]

(2) Der Bundesminister für Inneres hat die ihm überlassenen Meldedaten weiter zu verarbeiten und deren Auswählbarkeit aus der gesamten Menge nach dem Namen der An- und Abgemeldeten vorzusehen. Hiebei bildet die Gesamtheit der Meldedaten eines bestimmten Menschen, mögen diese auch mehrere Unterkünfte betreffen, den Gesamtdatensatz.

(3) Für Zwecke der Sicherheitspolizei, Strafrechtspflege oder, soweit dies gesetzlich vorgesehen ist, kann die Auswählbarkeit aus der gesamten Menge aller im Zentralen Melderegister verarbeiteten Daten auch nach anderen als in Abs. 2 genannten Kriterien vorgesehen werden (Verknüpfungsanfrage).

3. RV 952 XXII. GP

§ 39 normiert die Zulässigkeit der Verwendung der Daten des ZMR durch die Niederlassungsbehörde. Gemäß § 16a Abs. 3 des Meldesetzes kann gesetzlich vorgesehen werden, die Auswählbarkeit aus der gesamten Menge aller im Zentralen Melderegister verarbeiteten Daten auch nach anderen Kriterien als dem Namen des An- oder Abgemeldeten vorzusehen. Eine solche Abfrage der Daten ist eine Verknüpfungsanfrage. Da eine derartige Abfrage auch für die Erfüllung niederlassungs- und aufenthaltsrechtlicher Belange von Bedeutung ist, wie etwa für die Frage des Rechtsanspruches einer ortsüblichen Unterkunft, wird dies nun auch für diese Zwecke vorgesehen.

4. AB 1055 XXII. GP

Siehe oben 2. zu § 34.

Niederlassungsregister

§ 40. (1) Der Bundesminister für Inneres hat ein automationsunterstütztes Register zu führen, in das unverzüglich alle im betreffenden Jahr erteilten und beantragten Aufenthaltstitel (§ 8) und Doku-

§ 40

mentationen von gemeinschaftsrechtlichen Aufenthalts- und Niederlassungsrechten (§ 9) jeweils getrennt nach Art und mit Angabe des Geschlechts, des Alters, der Staatsangehörigkeit, des Herkunftsstaats, des Zielstaats, des Familienstandes, der Schul- und Berufsausbildung des betroffenen Fremden sowie des Zweckes seines Aufenthaltes einzutragen sind. Die Behörde ist – unbeschadet anderer Ermittlungsermächtigungen – ermächtigt, diese Daten zu ermitteln. Die Daten sind unmittelbar nach der Ermittlung zu anonymisieren und dem Bundesminister für Inneres in dieser Form zu übermitteln. Nach der Übermittlung hat die Behörde die Daten zu löschen.

(1a) Gleichzeitig mit der Übermittlung der Daten gemäß Abs. 1 an den Bundesminister für Inneres haben die Behörden die Schul- und Berufsausbildung des betroffenen Fremden, verknüpft mit dessen Namen (Vor- und Zunamen), Geburtsdatum sowie Wohnadresse für Zwecke des Bildungsstandsregisters (§ 10 des Bildungsdokumentationsgesetzes) der Bundesanstalt Statistik Österreich (§ 22 Abs. 1 Bundesstatistikgesetz 2000) zu übermitteln. Nach der Übermittlung hat die Behörde die Daten zu löschen und die Bundesanstalt für die betreffenden Fremden bei der Stammzahlenregisterbehörde (§ 7 E-Government-Gesetz) das bereichsspezifische Personenkennzeichen für den Bereich der amtlichen Statistik (bPK-AS) zu beantragen und nach deren Erhalt unverzüglich die Daten der Betroffenen mit Ausnahme der Schul- und Berufsausbildung zu löschen.

(2) Die Behörden haben dem Bundesminister für Inneres unverzüglich und laufend im Wege der Datenfernübertragung über die von ihnen jeweils erteilten und bei ihnen beantragten Aufenthaltstitel (§ 8) und Dokumentationen von gemeinschaftsrechtlichen Aufenthalts- und Niederlassungsrechten (§ 9) im Sinne des Abs. 1 und darüber hinaus monatlich zahlenmäßig über die Erfüllung der Quotenpflicht zu informieren.

(3) Wurde die für dieses Jahr für ein Land oder das Bundesgebiet in der Niederlassungsverordnung (§ 12) festgelegte Anzahl von Aufenthaltstiteln erreicht, so hat der Bundesminister für Inneres hievon den Bundesminister für Wirtschaft und Arbeit zu verständigen.

Übersicht:

1.-3. Hinweise auf innerstaatliche Normen
4.-6. Materialien
7. Anmerkung

1. Textauszug § 10 Bildungsdokumentationsgesetz

Errichtung und Führung des Bildungsstandregisters

§ 10. (1) Die Bundesanstalt „Statistik Österreich" hat ein Register über den Bildungsstand der österreichischen Wohnbevölkerung (Bildungsstandregister) - regional gegliedert - zu führen. Dieses Register dient zur Erstellung von Verlaufsstatistiken über die Änderungen im Bildungsstand. Diese Statistik ist jährlich zu erstellen.

(2) Für Zwecke gemäß Abs. 1 hat die Bundesanstalt „Statistik Österreich" die im Rahmen der Bundesstatistik über das Bildungswesen gemäß

§ 9 Abs. 2 Z 1 lit. b, c und g erhobenen Daten heranzuziehen. Diese Daten haben weiters für Zwecke gemäß Abs. 1

1. die Prüfungsstellen der Landeskammern der Wirtschaftskammer Österreich und die Prüfungsstellen der Landwirtschaftskammern betreffend Personen, die im Zeitraum vom 1. Oktober des Vorjahres bis 30. September des Übermittlungsjahres eine Lehrabschlussprüfung, Facharbeiterprüfung, Meisterprüfung oder Befähigungsprüfung und Module dieser Prüfungen erfolgreich absolviert haben, und
2. der Bundesminister für soziale Sicherheit und Generationen betreffend Personen, die im Zeitraum vom 1. Oktober des Vorjahres bis 30. September des Übermittlungsjahres eine Diplomprüfung im kardiotechnischen Dienst erfolgreich absolviert haben,

bis zum 1. Dezember jeden Kalenderjahres der Bundesanstalt „Statistik Österreich" gemäß § 10 Abs. 2 Bundesstatistikgesetz 2000, BGBl. I Nr. 163/1999, zu übermitteln.

(3) Zur Ergänzung des Bildungsstandregisters mit Ausbildungen, die nicht bei einer Bildungseinrichtung gemäß § 2 Abs. 1 Z 1 und 2 absolviert worden sind, sind der Bundesanstalt „Statistik Österreich" bis zum 1. Dezember jeden Kalenderjahres gemäß § 10 Abs. 2 Bundesstatistikgesetz 2000, BGBl. I Nr. 163/1999, zu übermitteln:

1. vom Arbeitsmarktservice: die Sozialversicherungsnummer, das Geschlecht und die Ausbildung jener Personen, für die das Arbeitsmarktservice vom 1. Oktober des Vorjahres bis 30. September des Übermittlungsjahres Leistungen erbracht hat;
2. von den für die Nostrifizierung zuständigen Stellen: die Sozialversicherungsnummer, das Geschlecht und die Ausbildung jener Personen, deren ausländische Ausbildung im Zeitraum vom 1. Oktober des Vorjahres bis 30. September des Übermittlungsjahres nostrifiziert wurde; § 3 Abs. 6 findet sinngemäß Anwendung.

(4) Zur Erstellung der regionalen Gliederung des Bildungsstandes der österreichischen Wohnbevölkerung hat das Zentrale Melderegister im Dezember eines Kalenderjahres aus der Gleichsetzungstabelle gemäß § 16b Meldegesetz 1991, BGBl. Nr. 9/1992, auf Gemeindeebene des Hauptwohnsitzes gegliedert und unter Angabe der Staatsbürgerschaft, die Sozialversicherungsnummern der Gemeldeten gemäß § 10 Abs. 2 Bundesstatistikgesetz 2000, BGBl. I Nr. 163/1999, zu übermitteln.

(5) Nach Erstellung der Bildungsstandstatistik sind die Sozialversicherungsnummern von der Bundesanstalt „Statistik Österreich" gemäß § 15 Bundesstatistikgesetz 2000, BGBl. I Nr. 163/1999, zu verschlüsseln. Die Verschlüsselung darf außer aus den im § 15 Bundesstatistikgesetz 2000, BGBl. I Nr. 163/1999, vorgesehenen Gründen nur dann aufgehoben werden, wenn die Daten des Bildungsstandregisters für die Zusammenführung für die Erstellung einer gemäß § 4 Bundesstatistikgesetz 2000, BGBl. I Nr. 163/1999, angeordneten Statistik benötigt werden.

2. Textauszug § 22 Abs 1 Bundesstatistikgesetz 2000

§ 22. (1) Das Österreichische Statistische Zentralamt wird mit dem Inkrafttreten dieses Bundesgesetzes als Anstalt öffentlichen Rechts des Bundes mit dem Namen Bundesanstalt „Statistik Österreich" errichtet.

3. Textauszug § 7 E-GovG

Stammzahlenregisterbehörde

§ 7. *(1) Stammzahlenregisterbehörde ist die Datenschutzkommission, die diese Aufgabe im Wege des Datenverarbeitungsregisters wahrnimmt.*

(2) Die Stammzahlenregisterbehörde bedient sich bei der Führung des Ergänzungsregisters sowie bei der Errechnung von Stammzahlen und bei der Durchführung der in den §§ 4, 9 und 10 geregelten Verfahren des Bundesministeriums für Inneres als Dienstleister, soweit natürliche Personen Betroffene sind, und des Bundesministeriums für Finanzen hinsichtlich aller anderen Betroffenen. Die näheren Regelungen über die sich daraus ergebende Aufgabenverteilung zwischen der Datenschutzkommission als Registerbehörde und dem Bundesministerium für Inneres bzw. dem Bundesministerium für Finanzen als Dienstleister werden durch Verordnung des Bundeskanzlers nach Anhörung der Datenschutzkommission im Einvernehmen mit dem Bundesminister für Inneres bzw. dem Bundesminister für Finanzen geregelt.

4. RV 952 XXII. GP

Eine der Voraussetzungen einer gezielten Integrationsförderung ist das Vorhandensein strukturierter Aufzeichnungen über Fremde. Diese Aufzeichnungen werden im Niederlassungsregister zusammengefasst und vom Bundesminister für Inneres anonymisiert geführt. Darin sind nicht nur die in einem Kalenderjahr erteilten und beantragten Aufenthaltstitel und Dokumentationen gemeinschaftsrechtlicher Aufenthalts- und Niederlassungsrechten zu registrieren, sondern auch spezifische Merkmale jedes Fremden, um eine strukturierte Gesamtübersicht über das Niederlassungswesen zu erhalten. Diese Gesamtzusammenschau ist auch deshalb wichtig, um spezifische Erscheinungsformen von Migrationsströmen möglichst frühzeitig erkennen und entsprechend reagieren zu können.

Die zu ergründenden Parameter werden an die neu gestaltete Rechtslage angepasst und im Wesentlichen um den Herkunfts- und Zielstaat, den Familienstand sowie die Schul- und Berufsausbildung erweitert. Unter Zielstaat ist jener Staat zu verstehen, den der Fremde aufsucht, wenn er Österreich verlassen will, um sich wo anders niederzulassen. Die Erfragung der Schul- und Berufsausbildung und des Familienstandes dient im Wesentlichen dazu, europarechtlich zu erwartenden statistischen Vorgaben zu entsprechen, lässt aber auch innerstaatlich Rückschlüsse auf das Persönlichkeitsprofil zuwandernder Fremder zu. Europarechtlich besteht ein erhöhter Bedarf an der Regelung solcher statischer Verarbeitungen, um eine einheitliche Verarbeitung und Auswertung zu erreichen. Die Erfragung des Religionsbekenntnisses soll deshalb anonymisiert erfragt werden, um Migrationsströme möglichst real darstellen zu können.

Das Niederlassungsregister soll auch durch die Verarbeitung der Zahl der erteilten Aufenthaltstitel eine Hilfestellung zur „Quotenbewirtschaftung" sein.

Die Ergänzungen in Abs. 1 stellen unmissverständlich fest, dass es sich beim Niederlassungsregister um ein anonymisiertes, nicht personenbezogenes Register handelt, wofür auch eine spezielle Löschungsregelung vorgesehen ist. Dabei ist zu berücksichtigen, dass eine gesicherte

Ermittlung der Daten, die von Beginn an anonym erfolgt, nicht möglich ist; der Entwurf geht daher von einer überprüften Datenermittlung aus, die allerdings anschließend schnellstmöglich anonymisiert wird. Die Daten müssen daher unabhängig von den sonst benötigten Daten – etwa unter Zuhilfenahme eines eigenen Formulars – erhoben werden, um sicherzustellen, dass kein Rückschluss auf die betroffene Person möglich ist. Die Daten sind vor Übermittlung zu anonymisieren, das heißt, es sind alle Hinweise, die direkt auf die Person schließen lassen, zu löschen und in der Folge dem Bundesminister für Inneres zu übermitteln. Bei der Behörde dürfen diese Daten nach der Übermittlung nur noch vorhanden sein, wenn sie auf Grund anderer Datenermittlungsermächtigungen ermittelt wurden.

Die Abs. 2 und 3 regeln diesbezügliche Informations- und Mitteilungspflichten.

5. AB 1055 XXII. GP

Siehe oben 2. zu § 34.

6. AB 1247 XXII. GP

Da durch die internationalen Wanderungsverflechtungen vermehrt Drittstaatsangehörige und im Rahmen des Binnenmarkts auch vermehrt aus dem EU-Raum Fremde nach Österreich zuwandern, fehlen die Ausbildungen dieser Personen in der österreichischen Bildungsstatistik und somit auch bei Registerzählungen nach dem Registerzählungsgesetz. Durch die vorliegende Regelung soll die gesetzliche Grundlage geschaffen werden, damit die nach dem Niederlassungs- und Aufenthaltsgesetz zuständigen Behörden die für das Bildungsstandregister gemäß § 10 des Bildungsdokumentationsgesetzes notwendigen Daten der Fremden der Bundesanstalt übermitteln können. Dadurch wird die derzeit bestehende Lücke in der Bildungsstatistik geschlossen. Die Bildungsdaten der Fremden fließen gemäß § 4 Abs. 1 Z 3 Registerzählungsgesetz aus dem Bildungsstandregister in die Registerzählung ein. Da die Daten nach dem Registerzählungsgesetz der Bundesanstalt Statistik Österreich ohne Namen des Betroffenen, aber mit dem bereichsspezifischen Personenkennzeichen, zu übermitteln sind (siehe § 6 des Registerzählungsgesetzes) ist die vorgesehene Übermittlung des Namens, des Geburtsdatums sowie der Wohnadresse des Fremden ausschließlich deshalb notwendig, damit auf Verlangen der Bundesanstalt das bereichsspezifische Personenkennzeichen durch die bei der Datenschutzkommission eingerichtete Stammzahlenregisterbehörde erzeugt werden kann (siehe dazu auch die Erläuterungen zu § 6 des Registerzählungsgesetzes).

7. Anm:
Der Abs 1a wurde mit dem BG BGBl I 2006/31 eingefügt. Diese Bestimmung basiert auf einem selbständigen Antrag des NR-Verfassungsausschusses gem § 27 GOG im Rahmen der Ausschussberatungen über die RV betreffend ein Registerzählungsgesetz (RV 1193 XXII. GP). Mit einem Abänderungsantrag (AA-186 XXII. GP) wurde der Abs 1a rückwirkend ebenfalls bereits mit 1. Jänner 2006 in Kraft gesetzt.

2. TEIL: BESONDERER TEIL

1. RV 952 XXII. GP

Der 2. Teil titelt „Besonderer Teil" und umfasst die §§ 41 bis 76. Darin enthalten sind sämtliche Detailregelungen über die Aufenthaltstitel und Dokumentationen nach §§ 8 und 9. Der Aufbau des 2. Teiles orientiert sich an verschiedenen Fallgruppen des Aufenthalts: Das 1. Hauptstück regelt den aufenthaltsrechtlichen „Regelfall" der Niederlassung von Drittstaatsangehörigen einschließlich ihrer Familienangehörigen und die Erteilung der einzelnen Arten der Niederlassungsbewilligung (§§ 41 bis 46). Das 2. Hauptstück (§§ 47 und 48) regelt die Niederlassung von Familienangehörigen von sog. „dauernd in Österreich wohnhaften Zusammenführenden". Dabei handelt es sich naturgemäß zum größten Teil um Österreicher, doch stellen die Regelungen des 2. Hauptstückes nicht allein auf die österreichische Staatsbürgerschaft des Zusammenführenden ab, sondern auf die Tatsache des dauernden Wohnsitzes in Österreich. Aus diesem Grund sind diese Regelungen „staatsangehörigkeitsneutral" und beziehen sich in gleicher Weise auf andere EWR-Bürger und Schweizer Bürger, die in Österreich dauernd wohnhaft sind, bei denen aber – z.b. mangels grenzüberschreitendem Element – kein Freizügigkeitssachverhalt vorliegt. Im 3. Hauptstück (§§ 49 und 50) werden – bedingt durch die Umsetzung von Gemeinschaftsrecht – neue Regelungen über die Niederlassung von langfristig aufenthaltsberechtigten Drittstaatsangehörigen eines anderen EU-Mitgliedstaates und ihren Familienangehörigen in Österreich normiert. Dabei handelt es sich nicht um Freizügigkeitssachverhalte, aber jenen ähnliche Situationen für bestimmte Drittstaatsangehörige kraft Gemeinschaftsrecht (sog. „Mobilitätsfälle" innerhalb der EU). Zweck dieser Bestimmungen ist die Schaffung eines entsprechenden innerstaatlichen Regelungsrahmens, der die Mobilität von Drittstaatsangehörigen mit dem Recht auf Daueraufenthalt von einem Mitgliedstaat in alle anderen Mitgliedstaaten – somit auch nach Österreich – ermöglichen soll. Das 4. Hauptstück (§§ 51 bis 57) enthält ebenfalls in Umsetzung von Gemeinschaftsrecht Regelungen über die Niederlassung von EWR-Bürgern und ihren Angehörigen in Österreich. Im 5. Hauptstück (§§ 58 bis 69) werden die einzelnen Arten der Aufenthaltsbewilligung (vorübergehend befristeter Aufenthalt zu einem bestimmten Zweck) geregelt. Das 6. Hauptstück (§§ 70 und 71) bestimmt, unter welchen Voraussetzungen nichtschulische Bildungseinrichtungen und Forschungseinrichtungen zertifiziert werden können. Das 7. Hauptstück (§§ 72 bis 75) ist dem Aufenthaltsrecht aus humanitären Gründen und das 8. Hauptstück (§ 76) dem Aufenthaltsrecht für Vertriebene gewidmet.

1. Hauptstück: Niederlassung von Drittstaatsangehörigen

Niederlassungsbewilligung – Schlüsselkraft

§ 41. (1) Drittstaatsangehörigen kann eine „Niederlassungsbewilligung – Schlüsselkraft" erteilt werden, wenn

1. sie die Voraussetzungen des 1. Teiles erfüllen;
2. ein Quotenplatz vorhanden ist und
3. eine schriftliche Mitteilung der regionalen Geschäftsstelle oder ein Gutachten der Landesgeschäftsstelle des Arbeitsmarktservice gemäß §§ 12 Abs. 4 oder 24 AuslBG vorliegt.

(2) Entscheidungen über die Erteilung einer „Niederlassungsbewilligung – Schlüsselkraft" sind überdies von der zuständigen Behörde gemäß §§ 12 oder 24 AuslBG unverzüglich, längstens jedoch binnen sechs Wochen ab Einbringung des Antrages, zu treffen. Von der Einholung einer schriftlichen Mitteilung der regionalen Geschäftsstelle oder eines Gutachtens der Landesgeschäftsstelle des Arbeitsmarktservice ist abzusehen, wenn der Antrag
1. wegen eines Formmangels (§§ 21 bis 24) zurückzuweisen ist;
2. wegen zwingender Erteilungshindernisse (§ 11 Abs. 1) abzuweisen ist oder
3. mangels eines Quotenplatzes zurückzuweisen ist.

(3) Erwächst die negative Entscheidung der regionalen Geschäftsstelle des Arbeitsmarktservice über die Zulassung als unselbständige Schlüsselkraft (§ 12 AuslBG) in Rechtskraft, ist das Verfahren ohne weiteres einzustellen. Ist das Gutachten der Landesgeschäftsstelle des Arbeitsmarktservice in einem Verfahren über den Antrag zur Zulassung als selbständige Schlüsselkraft negativ (§ 24 AuslBG), ist der Antrag ohne weiteres abzuweisen.

(4) Die erstmalige Zulassung als Schlüsselkraft ist einem Fremden höchstens für die Dauer von 18 Monaten zu erteilen.

(5) Inhabern einer aufrechten Aufenthaltsbewilligung für Studierende (§ 64) kann im Rahmen eines Zweckänderungsverfahrens nach erfolgreichem Abschluss ihres Studiums an einer Universität, Fachhochschule oder akkreditieren Privatuniversität eine „Niederlassungsbewilligung – Schlüsselkraft" erteilt werden, wenn die Voraussetzungen nach Abs. 1 Z 1 und 3 erfüllt sind.

Übersicht:

1.	Hinweise auf innerstaatliche Normen
2.-3.	Materialien
4.-9.	Anmerkungen

1. §§ 2 Abs 5, 12 und 24 AuslBG, III.L.; § 2 Abs 3 und § 9 Z 1 und 2 NAG-DV, VI.D.; § 3 Abs 1 bis 9, jeweils Z 1 und 2 NLV 2006, VI.F.

2. RV 952 XXII. GP

§ 41 regelt die „Niederlassungsbewilligung – Schlüsselkraft" (§ 8 Abs. 2 Z 1). Sie berechtigt zur befristeten Niederlassung und zur Ausübung der Erwerbstätigkeit, für die eine schriftliche Mitteilung oder ein Gutachten des AMS (§§ 12 Abs. 4 und 24 AuslBG) erstellt wurde (§ 41 Abs. 1 Z 3). Diese Regelung entspricht im Wesentlichen dem bisherigen § 89 Abs. 1a FrG 1997 idF der FrG-Novelle 2002, BGBl. Nr. I 2002/126. Dadurch wurde in Bewilligungsverfahren für Schlüsselkräfte das „One-Stop-Shop"-Prinzip verwirklicht, da der Antragsteller neben der Niederlassungsbewilligung keine weitere beschäftigungsrechtliche Bewilligung oder Dokumentation über den Zugang zum Arbeitsmarkt benötigt.

Die kumulativ zu erfüllenden Voraussetzungen für die Erteilung einer „Niederlassungsbewilligung – Schlüsselkraft" sind in Abs. 1 geregelt. Die Voraussetzungen des 1. Teiles sind in den §§ 11 ff. geregelt (Z 1). Für das Vorhandensein eines Quotenplatzes für Schlüsselkräfte (Z 2) ist gemäß § 12 Abs. 1 die Niederlassungsverordnung (§ 18 Abs. 1 Z 1 NLV-G) ausschlaggebend. Die Regelungen über die Vergabe des Quotenplatzes sind in § 12 enthalten. Das Vorliegen einer schriftlichen Mitteilung der regionalen Geschäftsstelle oder ein Gutachten der Landesgeschäftsstelle des AMS nach §§ 12 Abs. 4 und 24 AuslBG (Z 3) gilt als notwendige Tatbestandsvoraussetzung, was jedoch nichts an der abschließenden Entscheidungskompetenz der Niederlassungsbehörde ändert (Abs. 2). Für das Verfahren gelten jedenfalls die allgemeinen Verfahrensbestimmungen nach §§ 19 ff. Der Antrag ist bei Vorliegen eines Formmangels nach den §§ 21 bis 24 zurückzuweisen, bei Vorliegen zwingender Erteilungshindernisse nach § 11 Abs. 1 abzuweisen oder mangels eines Schlüsselkraft-Quotenplatzes (vgl. § 12) zurückzuweisen (Abs. 2 Z 1 bis 3). In diesen Fällen ist von der Einholung einer Mitteilung oder eines Gutachtens des AMS abzusehen.

Erfolgt im Prüfungsverfahren durch die regionale Geschäftsstelle des AMS über die Zulassung als unselbständige Schlüsselkraft nach § 12 AuslBG eine negative Entscheidung, dann kann dieser Bescheid vom Antragsteller gemäß § 12 Abs. 7 AuslBG mit Berufung an die zuständige Landesgeschäftsstelle des AMS angefochten werden. Die negative Entscheidung erwächst in Rechtskraft, wenn auch die Berufung abgewiesen oder zurückgewiesen wird. Dann ist das Verfahren zur Erteilung der Niederlassungsbewilligung für eine unselbständige Schlüsselkraft ohne weiteres einzustellen. Der Antrag zur Zulassung als selbständige Schlüsselkraft ist von der Behörde ohne weiteres abzuweisen, wenn das Gutachten der Landesgeschäftsstelle des AMS nach § 24 AuslBG negativ ist (Abs. 3).

Die „Niederlassungsbewilligung – Schlüsselkraft" ist im Fall des Erstantrages höchstens für die Dauer von 18 Monaten (bisher zwölf Monate) zu erteilen (Abs. 4). Damit wird von der allgemeinen Gültigkeitsdauer für Aufenthaltstitel von zwölf Monaten abgewichen (vgl. § 20 Abs. 1). Im Verlängerungsfall gilt jedoch wieder die Befristung auf zwölf Monate.

Die Erteilung einer – ebenfalls quotenpflichtigen und 18 Monate gültigen – Niederlassungsbewilligung für Familienangehörige von Schlüsselkräften ist in § 46 Abs. 3 geregelt.

Durch die Erteilung einer „Niederlassungsbewilligung – Schlüsselkraft" gilt die Integrationsvereinbarung mit der Schlüsselkraft und ihren Familienangehörigen nach § 14 Abs. 5 Z 8 zur Gänze als erfüllt.

3. AB 1055 XXII. GP

Zu Abs. 5:
Mit dieser Bestimmung soll Drittstaatsangehörigen, die als Studierende an einer österreichischen Universität, Fachhochschule oder akkreditierten Privatuniversität ihr Studium erfolgreich abgeschlossen haben, die Mög-

lichkeit eröffnet werden, im Anschluss an ihr Studium in Österreich als Schlüsselkraft eine Tätigkeit aufzunehmen, sofern sie die dafür vorgesehenen Voraussetzungen erfüllen. Für die an österreichischen Hochschulen ausgebildeten Absolventen kann damit der weitere Verbleib in Österreich durch einen Zugang zum inländischen Arbeitsmarkt attraktiver gemacht werden und einer Abwanderung von hochqualifizierten und von der Wirtschaft benötigten Arbeitskräften ins Ausland entgegen gewirkt werden. Damit soll ein Beitrag zur Stärkung des Wirtschaftsstandortes Österreich geleistet werden.

4. Anm: Die Bestimmung, wonach Antragsteller „die Voraussetzungen des 1. Teiles erfüllen" müssen (Abs 1 Z 1), wird auch bei allen folgenden Aufenthaltstitelarten wiederholend aufgezählt. Die für alle Aufenthaltstitel geltenden Erteilungsvoraussetzungen bzw -hindernisse sind in § 11 und § 14 (IV-Erfüllung) geregelt. Das Erfordernis eines freien Quotenplatzes wird hingegen separat angeführt (Abs 1 Z 2), da die Quotenpflicht nicht bei allen Aufenthaltstiteln vorgesehen ist.

5. Anm: Im Gegensatz zur früheren Rechtslage erhalten unselbständige und selbständige Schlüsselkräfte die gleiche Niederlassungsbewilligung. Auf der Rückseite der auszustellenden Aufenthaltstitelkarte ist jedoch auf den jeweiligen beschäftigungsrechtlichen Status hinzuweisen (§ 2 Abs 3 NAG-DV).
Die vom Antragsteller vorzulegenden Urkunden und Nachweise (zB Arbeitgebererklärung) sind in § 9 Z 1 bzw 2 NAG-DV geregelt. Die Antragstellung und das Verfahren richten sich nach §§ 19, 20 Abs 1, 22 und 23. § 12 Abs 2 AuslBG wird damit gegenstandslos.
Die Quotenpflicht für Schlüsselkräfte und deren Familienangehörige als weitere Erteilungsvoraussetzung wird in § 13 Abs 2 Z 1 und Abs 4 geregelt. Die konkrete Anzahl der quotenpflichtigen Niederlassungsbewilligungen für ein bestimmtes Kalenderjahr wird in der jährlichen NLV festgelegt (siehe § 3 Abs 1 bis 9 jeweils Z 1 und 2 NLV 2006, VI.F.). Sind die vorgesehenen Quotenplätze bereits erschöpft, dann ist der Antrag ohne weiteres Verfahren zurückzuweisen (Abs 2 Z 3); dagegen ist keine Berufung zulässig (§ 12 Abs 4).

6. Anm: Das Schlüsselkraft-Verfahren hat im Vergleich zu den übrigen Aufenthaltstiteln einige Besonderheiten:
- Die IV gilt für Schlüsselkräfte und deren Familienangehörige bereits mit der Erteilung der Niederlassungsbewilligung ex lege als erfüllt (§ 14 Abs 5 Z 8).
- Die Erstniederlassungsbewilligung ist für 18 und nicht nur für zwölf Monate, wie bei den übrigen Aufenthaltstiteln (vgl § 20 Abs 1), zu erteilen.
- Abweichend von der allgemeinen Entscheidungspflicht hat die Aufenthaltsbehörde im Fall von Schlüsselkräften und deren Familienangehörigen innerhalb von sechs Wochen zu entscheiden (Abs 2).
- Bei einem Wechsel des Arbeitgebers innerhalb der ersten 18 Monate ist das gesamte Schlüsselkraftverfahren nach § 41 iVm § 12 AuslBG zu wiederholen (§ 12 Abs 6 AuslBG). Die Quotenpflicht gilt in diesem Fall jedoch nicht mehr.

- Im Fall eines in Rechtskraft erwachsenen negativen Bescheides der regionalen Geschäftsstelle des AMS nach § 12 Abs 5 hat die Aufenthaltsbehörde nach einer entsprechenden Übermittlung des Bescheides das Verfahren für die Erteilung der Niederlassungsbewilligung für eine unselbständige Schlüsselkraft ohne weiteres mit Aktenvermerk einzustellen (Abs 3). Die örtliche Zuständigkeit des AMS bestimmt sich nach dem Betriebssitz des künftigen Arbeitgebers (§ 12 Abs 3 AuslBG).
- Ist das Gutachten der AMS-Landesgeschäftsstelle betreffend eine selbständige Schlüsselkraft negativ, dann hat die Aufenthaltsbehörde den Antrag ohne weiteres – insb ohne weiteres Parteiengehör – abzuweisen (Abs 3).

7. Anm: Im Verlängerungsfall ist der Schlüsselkraft eine „Niederlassungsbewilligung – unbeschränkt" zu erteilen, wenn sie innerhalb der letzten 18 Monate zwölf Monate als Schlüsselkraft beschäftigt war (siehe § 45 Z 1 iVm § 12 Abs 9 AuslBG). Wird diese Voraussetzung nicht erfüllt, ist bei weiterem Vorliegen der übrigen Voraussetzungen die „Niederlassungsbewilligung – Schlüsselkraft" für zwölf Monate zu verlängern, da die 18-Monats-Regelung explizit nur für die erstmalige Erteilung dieser Niederlassungsbewilligung gilt (Abs 4). Einer Schlüsselkraft kann aber – zB wenn keine Mitteilung nach § 12 Abs 9 AuslBG vorliegt – auch eine quotenfreie „Niederlassungsbewilligung – beschränkt" erteilt werden, wenn eine Berechtigung nach dem AuslBG vorliegt (§ 44 Abs 1).

8. Anm: Familienangehörigen von Schlüsselkräften ist ebenfalls für die Dauer von 18 Monaten eine „Niederlassungsbewilligung – beschränkt" zu erteilen (§ 46 Abs 3).

9. Anm: Zu Abs 5: Siehe 3. zu § 26.

Niederlassungsbewilligung – ausgenommen Erwerbstätigkeit

§ 42. (1) Drittstaatsangehörigen kann eine „Niederlassungsbewilligung – ausgenommen Erwerbstätigkeit" erteilt werden, wenn
1. sie die Voraussetzungen des 1. Teiles erfüllen;
2. ein Quotenplatz vorhanden ist und
3. deren feste und regelmäßige monatliche Einkünfte der Höhe nach dem Zweifachen der Richtsätze des § 293 ASVG entsprechen.

(2) Drittstaatsangehörigen, die Träger von Privilegien und Immunitäten waren (§ 95 FPG), kann eine „Niederlassungsbewilligung – ausgenommen Erwerbstätigkeit" erteilt werden, wenn sie
1. die Voraussetzungen des 1. Teiles erfüllen und
2. in den Ruhestand versetzt worden sind.

Übersicht:
1. Hinweise auf innerstaatliche Normen
2. Materialien
3.-4. Anmerkungen

1. § 3 Abs 1 bis 9, jeweils Z 4 NLV 2006, VI.F.; § 95 FPG, II.B.; VI.D. NAG-DV, insb §§ 7 und 9 Z 3; § 4 Abs 3 Z 7 AuslBG, III.L.

2. RV 952 XXII. GP

§ 42 regelt die Erteilung einer „Niederlassungsbewilligung – ausgenommen Erwerbstätigkeit" an Drittstaatsangehörige (§ 8 Abs. 2 Z 2). Sie berechtigt zur befristeten Niederlassung ohne Ausübung einer Erwerbstätigkeit (vgl. bisher § 18 Abs. 4 FrG).

Die generellen Voraussetzungen für deren Erteilung sind die Erfüllung der Voraussetzungen des 1. Teiles (vgl. § 11 ff.), das Vorhandensein eines Quotenplatzes (vgl. § 12 iVm § 18 Abs. 1 Z 5) und feste und regelmäßige monatliche Einkünfte, die der Höhe nach dem Zweifachen der jeweils geltenden Richtsätze des § 293 ASVG entsprechen (Abs. 1). Das Abstellen auf regelmäßig und ausreichend verfügbare Unterhaltsmittel ist erforderlich, da eine eigene Erwerbstätigkeit im Inland nicht erfolgen darf. Die Höhe der Unterhaltsmittel bei diesen sog. „Privatiers" muss jedenfalls in einem ausreichenden Maß vorhanden sein. Es kommen hier z.b. auch in- oder ausländische Renten, im Ausland erwirtschaftete Unternehmergewinne, aber auch Erträge aus Vermögen, Spareinlagen oder Unternehmensbeteiligungen in Betracht.

Nach Abs. 2 haben auch pensionierte Träger von Privilegien und Immunitäten (§ 95 FPG) die Möglichkeit, eine derartige Niederlassungsbewilligung quotenfrei zu beantragen.

3. Anm: Inhaber einer „Niederlassungsbewilligung – ausgenommen Erwerbstätigkeit" (sog „Privatiers") dürfen – wie die Bezeichnung schon sagt – keiner Erwerbstätigkeit nachgehen (§ 8 Abs 2 Z 2 iVm § 4 Abs 3 Z 7 AuslBG). Nach fünf Jahren ununterbrochenem rechtmäßigen Aufenthalt können aber auch Inhaber dieser Niederlassungsbewilligung den Aufenthaltstitel „Daueraufenthalt – EG" beantragen (§ 45), mit dem auch sie freien Zugang zum Arbeitsmarkt erhalten (§ 17 Abs 1 Z 2 AuslBG).

Abgesehen von den allgemeinen Erteilungsvoraussetzungen nach § 11 Abs 2 muss der Antragsteller, der sich als sog „Privatier" in Österreich niederlassen will, feste und regelmäßige monatliche Einkünfte, die der Höhe nach dem Zweifachen der Richtsätze des § 293 ASVG entsprechen, nachweisen (Abs 1 Z 3; siehe oben 4. zu § 11). Bei einem Alleinstehenden wären das derzeit somit 1.380 Euro pro Monat.

Während die Niederlassungsbewilligung nach Abs 1 der Quotenpflicht unterliegt (§ 13 Abs 2 Z 5 und § 3 Abs 1 bis 9, jeweils Z 4 NLV 2006), erhalten pensionierte Träger von Privilegien und Immunitäten nach § 95 FPG diese Niederlassungsbewilligung quotenfrei.

Die der Behörde vorzulegenden Urkunden und Nachweise sind in § 7 und § 9 Z 3 NAG-DV geregelt.

4. Anm: Familienangehörigen von „Privatiers" ist ebenfalls eine „Niederlassungsbewilligung – ausgenommen Erwerbstätigkeit" zu erteilen (§ 46 Abs 1). Diese ist nach § 13 Abs 2 Z 5 quotenpflichtig, wenn sie Familienangehörige von „Privatiers" iSd Abs 1 sind. Sind sie Familienangehörige von pensionierten Trägern von Privilegien und Immunitäten nach Abs 2, dann ist auch ihre Niederlassungsbewilligung quotenfrei (siehe § 46 Abs 1 Z 2).

Niederlassungsbewilligung – unbeschränkt

§ 43. Die „Niederlassungsbewilligung – unbeschränkt" ist, wenn die Voraussetzungen des 1. Teiles erfüllt sind, zu erteilen:
1. **an Schlüsselkräfte frühestens nach einem Zeitraum von 18 Monaten nach Niederlassung, wenn eine Mitteilung gemäß § 12 Abs. 9 AuslBG vorliegt und**
2. **an Drittstaatsangehörige im Fall der Rückstufung gemäß § 28 Abs. 1.**

Übersicht:

1. Hinweise auf europarechtliche Normen
2. Hinweise auf innerstaatliche Normen
3. Materialien
4.-7. Anmerkungen

1. Zu Z 2: Art 9 Abs 7 LangfrRL, IV.B.6.

2. §§ 12 Abs 9 und 17 Abs 1 Z 3 AuslBG, III.L.

3. RV 952 XXII. GP

§ 43 regelt die Erteilung der „Niederlassungsbewilligung – unbeschränkt" (§ 8 Abs. 2 Z 3). Sie berechtigt zur befristeten Niederlassung und zur Ausübung einer selbständigen Erwerbstätigkeit und einer unselbständigen Erwerbstätigkeit nach § 17 Abs. 1 AuslBG. Eine „Niederlassungsbewilligung – unbeschränkt" ist an Schlüsselkräfte (§ 41) nach 18 Monaten dann zu erteilen, wenn der Behörde nach diesem Bundesgesetz eine Mitteilung der regionalen Geschäftsstelle des AMS gemäß § 12 Abs. 9 AuslBG darüber vorliegt, dass die betreffende Schlüsselkraft innerhalb der letzten 18 Monate zwölf Monate als Schlüsselkraft beschäftigt war (Z 1).

Weiters ist eine „Niederlassungsbewilligung – unbeschränkt" von Amts wegen an einen Drittstaatsangehörigen im Fall einer sog. „Rückstufung" nach § 28 Abs. 1 von einem Aufenthaltstitel für ein unbefristetes Niederlassungsrecht („Daueraufenthalt – EG" oder „Daueraufenthalt – Familienangehöriger") zu erteilen, wenn ihm gegenüber eine Aufenthaltsbeendigung aus Gründen des § 66 FPG nicht durchgesetzt werden kann. Die Ausstellung dieser Niederlassungsbewilligung hat gleichzeitig mit der bescheidmäßigen Feststellung des Endes des unbefristeten Niederlassungsrechts von Amts wegen zu erfolgen. Dadurch wird Art. 9 Abs. 7 der Richtlinie 2003/109/EG innerstaatlich umgesetzt.

4. Anm: Abgesehen von den Fällen der Z 1 (Schlüsselkraft-Verlängerung) und Z 2 (Rückstufung) wird die „Niederlassungsbewilligung – unbeschränkt" noch in weiteren Fällen erteilt:

- Im Fall der Mobilität eines langfristig Aufenthaltsberechtigten eines anderen EU-Mitgliedstaates nach zwölf Monaten, wenn eine AMS-Mitteilung nach § 17 Abs 2 AuslBG vorliegt (§ 49 Abs 3);
- Im Fall des § 46 Abs 5 an Familienangehörige nach zwölf Monaten;
- Im Fall des § 47 Abs 5 an bisherige Inhaber eines Aufenthaltstitels „Familienangehöriger" aus den Gründen des § 27 Abs 3.

5. Anm: Familienangehörigen von Inhabern einer „Niederlassungsbewilligung – unbeschränkt" ist für die ersten zwölf Monate eine „Niederlassungsbewilligung – beschränkt" (§ 46 Abs 4 Z 3 lit b) und danach ebenfalls eine „Niederlassungsbewilligung – unbeschränkt" zu erteilen (§ 46 Abs 5).

6. Anm: Ist der Antragsteller im Besitz eines Befreiungsscheins, dann ist der Ablauf der fünfjährigen Gültigkeitsdauer bis zur rechtskräftigen Entscheidung über den Antrag auf Erteilung einer „Niederlassungsbewilligung – unbeschränkt" gehemmt (§ 15 Abs 6 AuslBG). Dies gilt nicht für Schlüsselkräfte (§ 12 Abs 10 AuslBG).

7. Anm: Zur Erfüllung der Voraussetzungen des 1. Teiles siehe 4. zu § 41.

Niederlassungsbewilligung – beschränkt

§ 44. (1) Drittstaatsangehörigen mit einer „Niederlassungsbewilligung – Schlüsselkraft" kann quotenfrei eine „Niederlassungsbewilligung – beschränkt" erteilt werden, wenn
1. sie die Voraussetzungen des 1. Teiles erfüllen und
2. eine Berechtigung nach dem Ausländerbeschäftigungsgesetz vorliegt.

(2) Drittstaatsangehörige, denen auf Grund eines Rechtsaktes der Europäischen Union Niederlassungsfreiheit zukommt, kann für die Ausübung einer selbständigen Erwerbstätigkeit eine „Niederlassungsbewilligung – beschränkt" erteilt werden, wenn sie die Voraussetzungen des 1. Teiles erfüllen.

Übersicht:

1. Hinweise auf europarechtliche Normen
2. Hinweise auf innerstaatliche Normen
3. Materialien
4.-6. Anmerkungen

1. Europaabkommen zur Gründung einer Assoziation mit Rumänien, ABl 1994 L 357 S 2, insb Art 45 ff; Europaabkommen zur Gründung einer Assoziation mit Bulgarien, ABl 1994 L 358 S 3, insb Art 45 ff.

2. Zu Abs 2: § 9 Z 4 NAG-DV, VI.D.

3. RV 952 XXII. GP

§ 44 regelt die Erteilung der „Niederlassungsbewilligung – beschränkt" an Drittstaatsangehörige (§ 8 Abs. 2 Z 4). Sie berechtigt zur befristeten

Niederlassung und zur Ausübung einer selbständigen und einer unselbständigen Erwerbstätigkeit, für die eine entsprechende Berechtigung nach dem Ausländerbeschäftigungsgesetz gilt.
Abs. 1 regelt die Erteilung einer quotenfreien und auf zwölf Monate befristeten, verlängerbaren „Niederlassungsbewilligung – beschränkt" für Inhaber einer „Niederlassungsbewilligung – Schlüsselkraft" (§ 41). Darüber hinaus muss noch eine entsprechende Berechtigung nach dem Ausländerbeschäftigungsgesetz vorliegen. Der Hinweis „quotenfrei" soll klarstellen, dass zwar die „Niederlassungsbewilligung – Schlüsselkraft" quotenpflichtig ist, nicht aber das „Anschlussstück" einer „Niederlassungsbewilligung – beschränkt" nach Abs. 1.
Abs. 2 regelt die Erteilung einer quotenfreien und auf zwölf Monate befristeten, verlängerbaren „Niederlassungsbewilligung – beschränkt" für die Ausübung einer selbständigen Erwerbstätigkeit an Drittstaatsangehörige, denen auf Grund eines Rechtsaktes der Europäischen Union Niederlassungsfreiheit zukommt. Als solche Rechtsakte der Europäischen Union kommen vor allem spezielle Abkommen der Europäischen Union mit Drittstaaten, wie Rumänien und Bulgarien, über die selbständige Erwerbstätigkeit ihrer Staatsangehörigen innerhalb der EU in Frage.

4. Anm: Zur Erfüllung der Voraussetzungen des 1. Teiles siehe 4. zu § 41.

5. Anm: Liegt keine Mitteilung des AMS nach § 12 Abs 9 AuslBG vor und soll der betreffende Fremde aber weiterhin mit einer Beschäftigungsbewilligung beschäftigt werden, dann kann eine „Niederlassungsbewilligung – beschränkt" erteilt werden. Liegt eine solche Mitteilung vor, dann ist eine „Niederlassungsbewilligung – unbeschränkt" zu erteilen (§ 43 Z 1).

6. Anm: Zu Abs 2: Solche Rechtsakte der EU sind Abkommen zwischen der EU und Drittstaaten (sog „Europaabkommen"), wonach Angehörigen dieser Vertragsdrittstaaten in bestimmten Bereichen Niederlassungsfreiheit zukommt und ihnen die Ausübung einer selbständigen – nicht aber unselbständigen – Erwerbstätigkeit gestattet wird. Derzeit sind dies die Europaabkommen mit Rumänien und Bulgarien (oben 1.).
Die Feststellung, ob eine selbständige Tätigkeit vorliegt und als solche in den Anwendungsbereich eines Europaabkommens fällt, obliegt der Aufenthaltsbehörde. Ihr steht es im Rahmen der Amtshilfe jedoch offen, unbeschadet ihrer Zuständigkeit das AMS mit der Prüfung zu betrauen.
Familienangehörigen von Fremden, die auf Grund eines Europaabkommens eine selbständige Erwerbstätigkeit ausüben, kann eine „Niederlassungsbewilligung – ausgenommen Erwerbstätigkeit" erteilt werden (§ 46 Abs 2).

Aufenthaltstitel „Daueraufenthalt – EG"

§ 45. (1) Drittstaatsangehörigen, die in den letzten fünf Jahren ununterbrochen zur Niederlassung berechtigt waren, kann ein Aufenthaltstitel „Daueraufenthalt – EG" erteilt werden, wenn sie
  1. die Voraussetzungen des 1. Teiles erfüllen und

2. die Integrationsvereinbarung erfüllt haben.
(2) Die Fünfjahresfrist gemäß Abs. 1 wird durchbrochen, wenn sich der Drittstaatsangehörige innerhalb dieser Frist insgesamt länger als zehn Monate, oder durchgehend mehr als sechs Monate außerhalb des Bundesgebietes aufgehalten hat. In diesen Fällen beginnt die Frist ab der letzten rechtmäßigen Einreise neuerlich zu laufen.
(3) Aus besonders berücksichtigungswürdigen Gründen, wie einer schwerwiegenden Erkrankung, der Erfüllung einer sozialen Verpflichtung oder der Leistung eines der allgemeinen Wehrpflicht vergleichbaren Dienstes, kann sich der Drittstaatsangehörige innerhalb der Fünfjahresfrist bis zu 24 Monate außerhalb des Bundesgebietes aufhalten, ohne sie zu unterbrechen, wenn er dies der Behörde nachweislich mitgeteilt hat.
(4) Weiters wird die Fünfjahresfrist nicht unterbrochen, wenn sich der Drittstaatsangehörige im Rahmen seiner beruflichen Tätigkeit, insbesondere zur grenzüberschreitenden Erbringung von Dienstleistungen, außerhalb des Bundesgebietes aufhält.
(5) Liegt eine Verständigung der Asylbehörde gemäß § 7 Abs. 2 AsylG 2005 vor, ist dem betreffenden Fremden ein Aufenthaltstitel „Daueraufenthalt – EG" von Amts wegen zu erteilen, es sei denn, es liegt ein Fall des §§ 47 oder 48 vor; in diesem Fall ist ihm ein Aufenthaltstitel „Daueraufenthalt – Familienangehöriger" (§ 48) von Amts wegen zu erteilen. Diese Amtshandlungen unterliegen nicht der Gebührenpflicht. Die Asylbehörde ist von der rechtskräftigen Erteilung des Aufenthaltstitels zu verständigen.

Übersicht:

1. Hinweise auf europarechtliche Normen
2. Hinweise auf innerstaatliche Normen
3. Materialien
4.-9. Anmerkungen

1. Siehe IV.B.6. LangfrRL, insb Art 4 bis 11.

2. § 17 Abs 1 Z 2 AuslBG, III.L.; auch § 7 Abs 2 AsylG 2005, II.1.

3. RV 952 XXII. GP

Der Aufenthaltstitel „Daueraufenthalt – EG" ist den zum langfristigen Aufenthalt berechtigten Drittstaatsangehörigen nach Maßgabe der Richtlinie 2003/109/EG zu erteilen und ersetzt den bisherigen „Niederlassungsnachweis" (langfristige Aufenthaltsberechtigung – EG) im Sinn des § 24 FrG 1997. Dieser Aufenthaltstitel für langfristig aufenthaltsberechtigte Drittstaatsangehörige hat nach Art. 8 Abs. 3 der Richtlinie ausdrücklich die Bezeichnung „Daueraufenthalt – EG" zu führen. Voraussetzung für die Rechtsstellung eines langfristig Aufenthaltsberechtigten und für die Erteilung des Aufenthaltstitels „Daueraufenthalt – EG" ist ein ununterbrochener und rechtmäßiger Aufenthalt von mindestens fünf Jahren im Hoheitsgebiet

§ 45

des betreffenden Mitgliedstaates (Art. 4 Abs. 1 der Richtlinie 2003/109/EG). Die Dauer des Aufenthalts ist das Hauptkriterium für die Erlangung der Rechtsstellung eines langfristig Aufenthaltsberechtigten; der Aufenthalt sollte rechtmäßig und ununterbrochen sein, um die Verwurzelung des betreffenden Drittstaatsangehörigen in Österreich zu belegen (vgl. Erwägungsgrund 6 der Richtlinie).

Der Aufenthaltstitel „Daueraufenthalt – EG" ist nach § 20 Abs. 3 – unbeschadet des unbefristeten Niederlassungsrechts des langfristig Aufenthaltsberechtigten – für einen Zeitraum von fünf Jahren auszustellen und, soweit keine fremdenpolizeilichen Maßnahmen durchsetzbar sind, nach Ablauf auf Antrag zu verlängern. Die inhaltliche Prüfung wird sich in diesem Fall im Wesentlichen auf das Nichtvorliegen eines Erlöschenstatbestandes beschränken. Der Aufenthaltstitel erlischt unter den Voraussetzungen des § 20 Abs. 4, die in Einklang mit Art. 9 Abs. 1 lit. c und Abs. 2 der Richtlinie 2003/109/EG stehen und bei besonders berücksichtigungswürdigen Gründen günstigere innerstaatliche Bestimmungen darstellen.

Mit den Regelungen des § 45 werden die diesbezüglichen Bestimmungen der Richtlinie 2003/109/EG innerstaatlich umgesetzt. Das Erfordernis der Erfüllung der Integrationsvereinbarung (§ 14) durch den Drittstaatsangehörigen steht im Einklang mit Art. 5 Abs. 2 der Richtlinie 2003/109/EG, die es den Mitgliedstaaten ausdrücklich erlaubt, für die Zuerkennung der Rechtsstellung eines langfristig Aufenthalts von Drittstaatsangehörigen die Erfüllung von Integrationsanforderungen gemäß dem nationalen Recht zu verlangen.

Langfristig zum Aufenthalt berechtigte Drittstaatsangehörige sind mit der Erteilung des Aufenthaltstitels „Daueraufenthalt – EG" aufenthaltsverfestigte Ausländer nach § 17 Abs. 1 AuslBG und erhalten damit im gesamten Bundesgebiet unbeschränkten Arbeitsmarktzugang.

Hinsichtlich der Entziehung des Aufenthaltstitels „Daueraufenthalt – EG" und der Ausstellung einer „Niederlassungsbewilligung – unbeschränkt" gilt § 28 Abs. 1 (Rückstufung).

Nach Abs. 2 wird die in Abs. 1 genannte Fünfjahresfrist durchbrochen, wenn sich der ursprünglich langfristig aufenthaltsberechtigte Drittstaatsangehörige länger als zehn Monate oder durchgehend mehr als sechs Monate außerhalb Österreichs aufgehalten hat. Die Behörde hat von Amts wegen entsprechende Untersuchungen vorzunehmen. Gilt die Frist als durchbrochen, dann beginnt die Frist ab der letzten rechtmäßigen Einreise in das Bundesgebiet von neuem zu laufen. Diese Regelungen entsprechen Art. 4 Abs. 2 und 3 der Richtlinie 2003/109/EG.

Abs. 3 bestimmt, dass – abweichend von Abs. 2 – ein Aufenthalt außerhalb des Bundesgebietes von bis zu 24 Monaten innerhalb der Fünfjahresfrist diese nicht unterbricht, wenn bestimmte Gründe, wie schwerwiegende Erkrankung, Erfüllung einer sozialen Verpflichtung oder die Leistung eines der allgemeinen Wehrpflicht vergleichbaren Dienstes, vorliegen und er dies der Behörde nachweislich mitgeteilt hat. Die Zeiten, in denen sich der Drittstaatsangehörige nicht in Österreich aufgehalten hat, sind bei der Berechnung der Fünfjahresfrist nach Abs. 1 zu berücksichtigen, womit eine im Verhältnis zu Art. 4 Abs. 3 2. Unterabsatz der Richtlinie 2003/109/EG,

wo eine Nichtberücksichtigung dieser Zeiten bei der Berechnung der Gesamtdauer vorgesehen ist, günstigere Regelung geschaffen wird.
Mit der Bestimmung des Abs. 4 wird Art. 4 Abs. 3 3. Unterabsatz der Richtlinie umgesetzt.

Abs. 5 bestimmt, dass einem Fremden ein Aufenthaltstitel „Daueraufenthalt – EG" – in den Fällen der §§ 47 und 48 ein Aufenthaltstitel „Daueraufenthalt – Familienangehöriger" – von Amts wegen zu erteilen ist, wenn eine Verständigung der Asylbehörde gemäß § 7 Abs. 2 AsylG 2005 vorliegt. Diese von Amts wegen vorzunehmenden Amtshandlungen unterliegen nicht der Gebührenpflicht. Die Niederlassungsbehörde hat die Asylbehörde von der rechtskräftigen Erteilung des Aufenthaltstitels zu verständigen, woraufhin diese den Status eines Asylberechtigten aberkennen kann.

4. Anm: Zur Erfüllung der Voraussetzungen des 1. Teiles siehe 4. zu § 41. Zur Erfüllung der IV siehe § 14.

Dieser Daueraufenthaltstitel kann erst erteilt werden, wenn die IV zur Gänze erfolgreich erfüllt wurde. In den meisten Fällen wird dies mit dem Kurszeugnis über die erfolgreiche Abschlussprüfung des Deutsch-Integrationskurses (§ 8 und Anlage D IV-V) oder einen anderen Nachweis über ausreichende Deutschkenntnisse iSd § 14 Abs 5 Z 5 und § 9 IV-V belegt werden.

5. Anm: Zur Niederlassung berechtigt sind grundsätzlich alle Inhaber einer Niederlassungsbewilligung (vgl § 8 Abs 1 Z 1). Darüber hinaus sind nach § 2 Abs 2 auch Inhaber eines Aufenthaltstitels „Familienangehöriger" oder „Daueraufenthalt – Familienangehöriger" zur Niederlassung im Bundesgebiet berechtigt, womit sie bei Vorliegen der übrigen Voraussetzungen des § 45 auch die Erteilung eines Aufenthaltstitels „Daueraufenthalt – EG" beantragen könnten. Ebenso zur Niederlassung berechtigt sind bisherige Inhaber eines Aufenthaltstitels „Familienangehöriger" oder „Daueraufenthalt – Familienangehöriger", wenn sie nachträglich den Status als Familienangehöriger iSd § 2 Abs 1 Z 9 verlieren (siehe unten zu §§ 47 und 48).

Nicht zur Niederlassung berechtigt sind Inhaber einer Aufenthaltsbewilligung (§ 2 Abs 3). Die Aufenthaltszeiten auf Grund einer Aufenthaltsbewilligung sind damit nach dem Wortlaut des § 45 Abs 1 idR nicht anzurechnen (vgl Art 3 Abs 2 lit e LangfrRL: keine Anwendung der RL auf Drittstaatsangehörige „... deren Aufenthaltsgenehmigung förmlich begrenzt wurde"). Nach Art 4 Abs 2 LangfrRL besteht jedoch eine Ausnahme für solche Personen, die sich zwecks Studiums oder Berufsausbildung mit einer Aufenthaltsbewilligung für Studierende oder Schüler (§§ 63 und 64) in Österreich aufhalten oder aufgehalten haben und anschließend einen Aufenthaltstitel, der zur Niederlassung berechtigt, erhalten: Die Zeiten dieses Aufenthalts werden rückwirkend zur Hälfte in die Berechnung der fünf Jahre eingerechnet, zumal ihnen auch gemäß § 41 Abs 5 nach Abschluss des Studiums in Österreich eine quotenfreie „Niederlassungsbewilligung – Schlüsselkraft" erteilt werden kann (vgl Art 4 Abs 2 LangfrRL: „ein Aufenthaltstitel gewährt wurde, auf dessen Grundlage ihm die Rechtsstellung eines langfristig Aufenthaltsberechtigten zuerkannt werden kann"). Mangels ausdrücklicher Regelung im NAG wird diese Bestimmung des Art 4 Abs 2 letzter Satz LangfrRL unmittelbar anzuwenden sein.

Im Hinblick auf den Wortlaut des Art 4 Abs 1 LangfrRL („fünf Jahre lang ununterbrochen rechtmäßig ... aufgehalten haben") stellt sich aus gemeinschaftsrechtlicher Sicht jedoch überhaupt die Frage, ob die in § 45 getroffene Einschränkung auf die Zeiten einer Niederlassung iSd § 2 Abs 2 und 3 in der oben genannten Ausnahme nach Art 3 Abs 2 lit e eine entsprechende Deckung findet oder nicht. Verneint man dies, etwa weil der Ausnahmetatbestand der „förmlichen Begrenzung der Aufenthaltsgenehmigung" für die Aufenthaltsbewilligung nicht gilt, dann müsste man auch Aufenthaltszeiten auf Grund einer Aufenthaltsbewilligung, sofern sie nicht unterbrochen wurden, in die Fünfjahresfrist einrechnen. Da die Aufenthaltsbewilligung jedenfalls einen rechtmäßigen Aufenthalt verschafft, wird man mit Rücksicht auf eine richtlinienkonforme Auslegung des § 45 wohl davon ausgehen müssen, dass auch jemand, der über fünf Jahre hindurch „nur" eine Aufenthaltsbewilligung innegehabt und auch die IV erfüllt hat, die erforderliche Fünfjahresfrist für die Erteilung eines Aufenthaltstitels „Daueraufenthalt – EG" erfüllt.

6. Anm: Ein Antrag auf Erteilung des Aufenthaltstitels „Daueraufenthalt – EG" ist grundsätzlich mit Verlängerungsantrag in einem „Umstiegsverfahren" nach § 24 Abs 4 zu stellen.

7. Anm: Zu Abs 2 bis 4: Nach Abs 2 wird die Fünf-Jahres-Frist unterbrochen („durchbrochen") und beginnt mit dem ersten Tag der letzten rechtmäßigen Einreise in Österreich neuerlich von vorne zu laufen, wenn sich der Drittstaatsangehörige
– innerhalb der fünf Jahre in Summe – verteilt auf mehrere Aufenthalte – länger als zehn Monate oder
– in einem durchgehenden Zeitraum von mehr als sechs Monaten
außerhalb des Bundesgebietes aufgehalten hat.

Eine Unterbrechung liegt in diesen Fällen nur vor, wenn der Drittstaatsangehörige der Behörde keine besonders berücksichtigungswürdigen Gründe mitgeteilt hat.

Die Aufzählung von besonders berücksichtigungswürdigen Gründen in Abs 3 ist eine demonstrative. Die Behörde kann im Rahmen ihres Ermessens weitere Gründe als besonders berücksichtigungswürdig qualifizieren, wenn solche der Behörde gegenüber vom betroffenen Antragsteller nachweislich (etwa durch ein schriftliches Anbringen oder eine telefonische Mitteilung, die mit Aktenvermerk festgehalten wurde, oder in Form einer Niederschrift bei der Behörde) vorgebracht wurden. So wird ein solcher Grund auch dann vorliegen, wenn sich der Drittstaatsangehörige zu Zwecken der vorübergehenden Ausbildung (Schüleraustausch, Auslandsstudium im Rahmen eines europäischen Austauschprogramms) im Ausland aufhält.

Die zulässige Aufenthaltsdauer von 24 Monaten bei Vorliegen und Mitteilung von besonders berücksichtigungswürdigen Gründen kann entweder durchgehend oder verteilt auf mehrere Auslandsaufenthalte in Anspruch genommen werden, stellt jedoch die innerhalb der fünf Jahre in

Summe zulässige Höchstdauer des Aufenthalts außerhalb des Bundesgebietes dar. Wird dieser Zeitraum überschritten, liegt eine Unterbrechung iSd Abs 2 vor.

Nach Abs 4 besteht bei der Ausübung einer beruflichen Tätigkeit im Unterschied zu Abs 3 keine Mitteilungspflicht an die Behörde.

Bei Zweifeln über die ununterbrochene Aufenthaltsdauer von fünf Jahren hat die Behörde ein entsprechendes Ermittlungsverfahren durchzuführen und im Fall des Nichtvorliegens den Antrag – unbeschadet eines bestehenden Aufenthaltsrechts – mit entsprechender Begründung abzuweisen.

8. Anm: Zur Weitergeltung von Aufenthaltstiteln nach früheren gesetzlichen Bestimmungen als „Daueraufenthalt – EG" siehe § 81 Abs 2 und § 11 NAG-DV (VI.D.). Niederlassungsnachweise nach § 24 FrG gelten je nach Rechtsposition des Drittstaatsangehörigen als Aufenthaltstitel „Daueraufenthalt – EG", als „Daueraufenthalt – Familienangehöriger" oder als Daueraufenthaltskarte weiter (§ 11 Abs 1 lit C NAG-DV).

Für die Ausübung des sog Mobilitätsrechts nach Kapitel III der LangfrRL (siehe IV.B.6.) in anderen Mitgliedstaaten bedarf es jedoch der Ausstellung einer Aufenthaltstitelkarte gem § 1 NAG-DV, da nur diese als Nachweis des erforderlichen Status als langfristig Aufenthaltsberechtigter iSd LangfrRL gilt und von den anderen Mitgliedstaaten als solcher akzeptiert wird.

9. Anm: Der Aufenthaltstitel „Daueraufenthalt – EG" wird eo ipso gegenstandslos, wenn der Inhaber diesen Daueraufenthaltstitel in einem anderen Mitgliedstaat erhält oder seit sechs Jahren nicht mehr in Österreich niedergelassen ist (§ 10 Abs 3 Z 3 und 4).

Bestimmungen über die Familienzusammenführung

§ 46. (1) Familienangehörigen von Drittstaatsangehörigen nach § 42 kann eine „Niederlassungsbewilligung – ausgenommen Erwerbstätigkeit" erteilt werden, wenn
1. sie die Voraussetzungen des 1. Teiles erfüllen und
2. im Fall von Familienangehörigen von Drittstaatsangehörigen im Sinne des § 42 Abs. 1 ein Quotenplatz vorhanden ist.

(2) Familienangehörigen von Drittstaatsangehörigen nach § 44 Abs. 2 kann quotenfrei eine „Niederlassungsbewilligung – ausgenommen Erwerbstätigkeit" erteilt werden, wenn sie die Voraussetzungen des 1. Teiles erfüllen.

(3) Familienangehörigen von Schlüsselkräften (§ 41) kann eine „Niederlassungsbewilligung – beschränkt" für eine Dauer von höchstens 18 Monaten erteilt werden, wenn
1. sie die Voraussetzungen des 1. Teiles erfüllen und
2. ein Quotenplatz vorhanden ist.

(4) Familienangehörigen von Drittstaatsangehörigen ist eine „Niederlassungsbewilligung – beschränkt" zu erteilen, wenn
1. sie die Voraussetzungen des 1. Teiles erfüllen;
2. ein Quotenplatz vorhanden ist und

3. der Zusammenführende
   a) einen Aufenthaltstitel „Daueraufenthalt – EG" innehat;
   b) eine „Niederlassungsbewilligung – unbeschränkt" innehat;
   c) eine Niederlassungsbewilligung außer eine „Niederlassungsbewilligung – ausgenommen Erwerbstätigkeit" nach § 42 innehat und die Integrationsvereinbarung (§ 14) erfüllt hat oder
   d) Asylberechtigter ist und § 34 Abs. 2 AsylG 2005 nicht gilt.

(5) Familienangehörigen von Drittstaatsangehörigen ist in den Fällen des Abs. 4 Z 3 lit. a, b und d, wenn sie die Voraussetzungen des 1. Teiles weiterhin erfüllen, nach Ablauf von zwölf Monaten ab Niederlassung eine „Niederlassungsbewilligung – unbeschränkt" zu erteilen.

Übersicht:

1. Hinweise auf europarechtliche Normen
2. Hinweise auf innerstaatliche Normen
3. Materialien
4.-6. Anmerkungen

1. Siehe IV.B.5. FamZusRL, insb Art 3, 13 und 14.

2. § 34 Abs 2 AsylG 2005, II.A.; § 3 NLV 2006, VI.F.

3. RV 952 XXII. GP

§ 46 enthält Regelungen über die Familienzusammenführung hinsichtlich der Niederlassung von Drittstaatsangehörigen nach den §§ 41 bis 45. Für den Kreis der Familienangehörigen gilt § 2 Abs. 1 Z 9.

Nach Abs. 1 kann Familienangehörigen eines niedergelassenen „Privatiers" iSd § 42 Abs. 1 ebenfalls eine quotenpflichtige „Niederlassungsbewilligung – ausgenommen Erwerbstätigkeit" (§ 8 Abs. 2 Z 2) erteilt werden; zur Quotenpflicht siehe § 12 NAG iVm § 18 Abs. 1 Z 5 NLV-G. Familienangehörigen von „Privatiers" iSd § 42 Abs. 2 kann diese quotenfrei erteilt werden.

Nach Abs. 2 kann Familienangehörigen von Zusammenführenden, die eine „Niederlassungsbewilligung – beschränkt" nach § 44 Abs. 2 innehaben, quotenfrei eine „Niederlassungsbewilligung – ausgenommen Erwerbstätigkeit" erteilt werden.

In den Fällen der Abs. 1 und 2 werden die erforderlichen Unterhaltsmittel vom Zusammenführenden bereitgestellt.

Abs. 3 bestimmt, dass Familienangehörigen von Schlüsselkräften nach § 41 eine quotenpflichtige (§ 12 NAG iVm § 18 Abs. 1 Z 1 NLV-G) und für die Dauer von höchstens 18 Monate gültige „Niederlassungsbewilligung – beschränkt" erteilt werden kann. Dadurch soll die Dauer der Bewilligung an die des Zusammenführenden angeglichen werden.

Nach Abs. 4 haben Familienangehörige von Drittstaatsangehörigen bei Erfüllung der allgemeinen Voraussetzungen und bei Vorliegen eines freien Quotenplatzes (§ 12 NAG iVm § 18 Abs. 1 Z 3 NLV-G) einen Rechtsanspruch auf Erteilung einer „Niederlassungsbewilligung – beschränkt", wenn der Zusammenführende bereits in Österreich aufenthaltsverfestigt ist bzw. die Integrationsvereinbarung erfüllt hat (Z 3 lit. a bis c). Damit wird Art. 3 Abs. 1 der Richtlinie 2003/86/EG betreffend das Recht auf Familienzusammenführung innerstaatlich umgesetzt. Nach Z 3 lit. d sind von dieser Regelung auch Zusammenführende erfasst, die Asylberechtigte sind und für die § 34 Abs. 2 AsylG 2005 nicht gilt. § 34 Abs. 2 AsylG 2005 regelt die Zuerkennung des Status eines Aylberechtigten an Familienangehörige eines Asylberechtigten, wenn die Fortsetzung eines bestehenden Familienlebens iSd Art. 8 EMRK in einem anderen Staat nicht möglich ist. Wäre dies möglich, dann gilt folglich die Regelung des Abs. 4 Z 3 lit. d.

Die Einschränkung in Z 3 lit. c auf Niederlassungsbewilligungen außer nach § 42 verhindert, dass der Familienangehörige auf Grund seiner beschränkten Zulassung zum Arbeitsmarkt eine Niederlassungsbewilligung mit weiterem Zweckumfang erhält als sein Zusammenführender, der eine „Niederlassungsbewilligung – ausgenommen Erwerbstätigkeit" nach § 42 besitzt. Nach Art. 14 Abs. 1 lit. b der Richtlinie 2003/86/EG hat der Familienangehörige nämlich nur in gleicher Weise wie der Zusammenführende selbst das Recht auf Zugang zu einer Erwerbstätigkeit. Aus diesem Grund ist die Möglichkeit der Erteilung einer „Niederlassungsbewilligung – beschränkt" auf jene Fälle einzuschränken, in denen der Zusammenführende keine „Niederlassungsbewilligung – ausgenommen Erwerbstätigkeit", sondern – beschränkten oder unbeschränkten – Zugang zum Arbeitsmarkt hat.

Nach Art. 14 Abs. 2 der Richtlinie 2003/86/EG kann für solche Familienangehörige der Zugang zum Arbeitsmarkt innerhalb der ersten zwölf Monate ihres Aufenthalts eingeschränkt werden. Danach ist ihnen jedenfalls der Arbeitsmarktzugang zu gestatten. Unter welchen Voraussetzungen solche Familienangehörige unbeschränkten Zugang zum Arbeitsmarkt erhalten, bestimmt sich nach Abs. 5.

Abs. 5 bestimmt, dass Familienangehörigen eines bereits aufenthaltsverfestigten Zusammenführenden (§ 49 Abs. 6 Z 3 lit. a, b und d) nach zwölf Monaten eine „Niederlassungsbewilligung – unbeschränkt" zu erteilen ist, wodurch sie einen unbeschränkten Zugang zum Arbeitsmarkt erhalten (vgl. § 17 Abs. 1 AuslBG). Hinsichtlich des ungehinderten Arbeitsmarktzuganges dieser Familienangehörigen werden die Bestimmungen des Art. 14 Abs. 2 der Richtlinie 2003/86/EG innerstaatlich umgesetzt.

4. Anm: Zur Erfüllung der Voraussetzungen des 1. Teiles siehe 4. zu § 41.

5. Anm: Das vom Zusammenführenden abgeleitete Niederlassungsrecht wandelt sich nach fünf Jahren ununterbrochenem und rechtmäßigem Aufenthalt in ein originäres Niederlassungsrecht des Familienangehörigen (Art 15 Abs 1 FamZusRL; § 27).

Während dieser Zeit darf der Familienangehörige keinen Aufenthaltstitel mit weiterem Zweckumfang haben wie es dem Aufenthaltstitel des Zusammenführenden entspricht (vgl Art 14 FamZusRL). Aus diesem Grundsatz ergibt sich auch die Rechtfertigung für die Ausnahme der lit c des Abs 4 Z 3 in Abs 5.

6. Anm: Zur höchstens dreijährigen Aufschiebefrist bei Ausschöpfung der Familienzusammenführungsquote siehe § 12 Abs 7 (auch Art 8 FamZusRL).

2. Hauptstück: Familienangehörige und andere Angehörige von dauernd in Österreich wohnhaften Zusammenführenden

Aufenthaltstitel „Familienangehöriger" und „Niederlassungsbewilligung – Angehöriger"

§ 47. (1) Zusammenführende im Sinne der Abs. 2 bis 4 sind Österreicher oder EWR-Bürger oder Schweizer Bürger, die in Österreich dauernd wohnhaft sind und denen das Recht auf Freizügigkeit nicht zukommt.

(2) Drittstaatsangehörigen, die Familienangehörige von Zusammenführenden im Sinne des Abs. 1 sind, ist ein Aufenthaltstitel „Familienangehöriger" zu erteilen, wenn sie die Voraussetzungen des 1. Teiles erfüllen. Dieser Aufenthaltstitel ist bei Vorliegen der Voraussetzungen des 1. Teiles einmal um den Zeitraum von zwölf Monaten, danach jeweils um 24 Monate zu verlängern.

(3) Angehörigen von Zusammenführenden im Sinne des Abs. 1 kann auf Antrag eine quotenfreie „Niederlassungsbewilligung – Angehöriger" erteilt werden, wenn sie die Voraussetzungen des 1. Teiles erfüllen und
1. Verwandte des Zusammenführenden oder seines Ehegatten in gerader aufsteigender Linie sind, sofern ihnen von diesen tatsächlich Unterhalt geleistet wird;
2. Lebenspartner sind, die das Bestehen einer dauerhaften Beziehung im Herkunftsstaat nachweisen und ihnen tatsächlich Unterhalt geleistet wird; oder
3. sonstige Angehörige des Zusammenführenden sind,
   a) die vom Zusammenführenden bereits im Herkunftsstaat Unterhalt bezogen haben;
   b) die mit dem Zusammenführenden bereits im Herkunftsstaat in häuslicher Gemeinschaft gelebt haben und Unterhalt bezogen haben oder
   c) bei denen schwerwiegende gesundheitliche Gründe die persönliche Pflege durch den Zusammenführenden zwingend erforderlich machen.

Unbeschadet eigener Unterhaltsmittel hat der Zusammenführende jedenfalls auch eine Haftungserklärung abzugeben.

(4) Angehörigen von Zusammenführenden im Sinne des Abs. 1, die eine „Niederlassungsbewilligung – Angehöriger" besitzen (Abs. 3), kann eine „Niederlassungsbewilligung – beschränkt" erteilt werden, wenn
1. sie die Voraussetzungen des 1. Teiles erfüllen;
2. ein Quotenplatz vorhanden ist und
3. eine Berechtigung nach dem Ausländerbeschäftigungsgesetz vorliegt.

(5) In den Fällen des § 27 Abs. 3 kann, wenn die Voraussetzungen des 1. Teiles erfüllt sind, Drittstaatsangehörigen, die einen Aufenthaltstitel „Familienangehöriger" hatten, eine „Niederlassungsbewilligung – unbeschränkt" erteilt werden.

II Kerngesetze: C Niederlassungs- und Aufenthaltsgesetz – NAG

Übersicht:
1. Hinweise auf europarechtliche Normen
2. Hinweise auf innerstaatliche Normen
3.-4. Materialien
5.-10. Anmerkungen
11. Judikatur

1. Siehe IV.A.5. AufenthaltstitelVO, insb Anhang lit a Z 6.4.

2. § 1 Abs 2 lit m und § 15 Abs 1 Z 3 AuslBG, III.L.; VI.F. NLV 2006; §§ 6 und 7 NAG-DV, VI.D.

3. RV 952 XXII. GP

Abs. 1 stellt klar, dass im Sinne der Abs. 2 bis 4 Zusammenführender abweichend von der Definition des § 2 Abs. 1 Z 10 kein Drittstaatsangehöriger ist, sondern ein Österreicher, EWR-Bürger oder Schweizer Bürger, der in Österreicher dauernd wohnhaft ist und dem das Recht auf Freizügigkeit nicht zukommt. Zusammenführender („Ankerperson") in diesem Sinne wird in den meisten Fällen ein Österreicher sein, wenngleich darunter beispielsweise auch ein Deutscher, Italiener oder Schweizer zu verstehen ist, der in Österreich aufgewachsen und hier beheimatet ist und nicht erst aus einem anderen EWR-Land bzw. aus der Schweiz durch Inanspruchnahme des Rechts auf Freizügigkeit zugewandert ist. Ausschlaggebend für die Erteilung eines Aufenthaltstitels nach den Abs. 2 bis 4 ist somit nicht die Staatsbürgerschaft des Zusammenführenden (der Ankerperson) – also nicht nur Österreicher als Zusammenführende –, sondern das Kriterium der Nichtausübung des Rechts auf Freizügigkeit und des dauernden Wohnsitzes in Österreich (Hauptwohnsitz), mit anderen Worten das Fehlen eines Freizügigkeitssachverhaltes (zur diesbezüglichen Rechtsprechung des EuGH siehe oben zu § 9). Die Legaldefinition in Abs. 1 dient der regelungstechnischen Ökonomie bei der Ausformulierung der folgenden Absätze.

Für Drittstaatsangehörige, die Familienangehörige von Zusammenführenden iSd Abs. 1 sind, ist auf Grund gemeinschaftsrechtlicher Bestimmungen ein eigener Aufenthaltstitel „Familienangehöriger" auszustellen. Im Anhang zur Verordnung (EG) Nr. 1030/2002 zur einheitlichen Gestaltung des Aufenthaltstitels für Drittstaatsangehörige wird unter lit. a) bei „Art des Titels" bestimmt, dass auf dem Aufenthaltstitel für Familienangehörige von EU-Bürgern, die ihr Recht auf Freizügigkeit nicht ausgeübt haben, bei der Art des Titels „Familienangehöriger" anzugeben ist. Dies gilt jedoch nach Art. 5 der Verordnung ausdrücklich nicht für Familienangehörige von EU-Bürgern, die ihr Recht auf Freizügigkeit ausüben und sich in Österreich niederlassen (sog. „Freizügigkeitssachverhalte"). Diese Freizügigkeitsfälle sind vom Anwendungsbereich der Unionsbürger-Richtlinie 2004/38/EG erfasst, und es gelten die Bestimmungen über die Anmeldebescheinigung (§ 57) oder die Daueraufenthaltskarte (§ 58), je nachdem ob der Familienangehörige selbst EWR-Bürger oder Drittstaatsangehöriger ist. In beschäftigungsrechtlicher Hinsicht sind solche Familienangehörigen vom Anwendungsbereich des Ausländerbeschäftigungsgesetzes ausgenommen (§ 1 Abs. 2 lit. m AuslBG).

Abs. 2 regelt die Erteilung eines Aufenthaltstitels „Familienangehöriger" (§ 8 Abs. 1 Z 2) an Familienangehörige (Kernfamilie) eines Zusammenführenden iSd Abs. 1. Da Familienangehörigen und weiteren Angehörigen von Österreichern und anderen Zusammenführenden iSd Abs. 1 kein abgeleitetes gemeinschaftsrechtliches – und damit unmittelbar anwendbares – Recht auf Freizügigkeit zusteht (argum. Art. 3 der Richtlinie 2004/38/EG), wäre es nicht erforderlich, an den entsprechenden Bestimmungen über (Familien-)Angehörige von anderen EWR-Bürgern, die ihr Recht auf Freizügigkeit in Anspruch nehmen (siehe §§ 52 ff.), anzuknüpfen. Dennoch soll – soweit sinnvoll und angemessen – die Familiengemeinschaft für Zusammenführende iSd Abs. 1 analog an die Bestimmungen für EWR-Bürger und ihre Angehörigen angeglichen und inhaltlich dem unmittelbar anwendbaren Gemeinschaftsrecht nachgebildet werden. Dies wird dadurch erreicht, dass den begünstigten Familienangehörigen eines Zusammenführenden iSd Abs. 1 ein Rechtsanspruch auf eine inhaltlich unbeschränkte Niederlassungsbewilligung eingeräumt und dadurch eine innerstaatliche Rechtsgrundlage nach diesem Gesetzentwurf geschaffen wird. Außerdem werden Quotenfreiheit und die Möglichkeit zur Inlandsantragstellung nach § 21 Abs. 2 Z 2 festgeschrieben. Hinsichtlich allgemeiner Voraussetzungen und Integrationserfordernisse ist jedoch ein Abweichen sinnvoll und gerechtfertigt. Dieser Aufenthaltstitel ist im Erstantragsfall auf zwölf Monate, im Verlängerungsfall jeweils um 24 Monate zu befristen.

Sofern aber ein grenzüberschreitender Bezug vorliegt (Freizügigkeitssachverhalt), sind die Regeln über Angehörige von EWR-Bürgern, die ihr Recht auf Freizügigkeit ausüben (§ 54), auch für diese Familienangehörigen, die Drittstaatsangehörige sind, kraft Gemeinschaftsrecht unmittelbar anzuwenden.

Abs. 3: Bestimmten weiteren Angehörigen von Zusammenführenden iSd Abs. 1 kann eine quotenfreie „Niederlassungsbewilligung – Angehöriger" (§ 8 Abs. 2 Z 5) erteilt werden (Abs. 2). Diese Personen haben jedoch, anders als die Mitglieder der Kernfamilie, nach Abs. 2 keinen Rechtsanspruch auf die Erteilung der entsprechenden Niederlassungsbewilligung. Der Kreis dieser weiteren „Angehörigen" umfasst in Anlehnung an § 52 Z 3 bis 5 unterhaltsabhängige Verwandte des Zusammenführenden iSd Abs. 1 oder seines Ehegatten in gerader aufsteigender Linie, Lebenspartner bei Nachweis einer dauerhaften Beziehung im Herkunftsstaat und der tatsächlichen Unterhaltsleistung, sowie „sonstige Angehörige", denen der Österreicher Unterhalt geleistet hat und mit denen der Österreicher bereits im Herkunftsstaat in häuslicher Gemeinschaft gelebt hat oder bei denen schwerwiegende gesundheitliche Gründe die persönliche Pflege durch den Österreicher zwingend erforderlich machen (Abs. 3 Z 1 bis 3). Im Fall der Zusammenführung dieser Angehörigen hat der Zusammenführende eine Haftungserklärung nach § 2 Abs. 1 Z 15 abzugeben.

Nach Abs. 4 kann den in Abs. 3 genannten Angehörigen, die bereits eine „Niederlassungsbewilligung – Angehöriger" besitzen, im Rahmen einer Zweckänderung eine „Niederlassungsbewilligung – beschränkt" (§ 8 Abs. 2 Z 4) erteilt werden, wenn ein entsprechender Quotenplatz vorhan-

den ist (§ 12 NAG iVm § 18 Abs. 1 Z 4 NLV-G) und eine beschäftigungsrechtliche Bewilligung nach dem Ausländerbeschäftigungsgesetz erteilt worden ist.
Abs. 5 normiert, dass in den Fällen des § 27 Abs. 3 den betreffenden Familienangehörigen eine „Niederlassungsbewilligung – unbeschränkt" (§ 8 Abs. 2 Z 3) erteilt werden kann, wenn sie bisher einen Aufenthaltstitel „Familienangehöriger" iSd § 47 Abs. 2 innehatten.

4. AF 1055 XXII. GP

Zu § 47 NAG stellt der Ausschuss fest, dass es für die Anwendung dieser Bestimmung über den Aufenthaltstitel für Familienangehörige nicht wie im FrG 1997 auf die Staatsangehörigkeit des Zusammenführenden (Österreicher, EWR-Bürger oder Schweizer Bürger) ankommt, sondern lediglich auf die nachweisliche Tatsache, ob der Zusammenführende dauernd in Österreich wohnhaft ist und ihm auch im Hinblick auf die Rechtsprechung des EuGH betreffend das Fehlen eines Freizügigkeitssachverhaltes unter diesen Voraussetzungen kein gemeinschaftsrechtliches Recht auf Freizügigkeit zukommt. Zusammenführende, die die österreichische Staatsbürgerschaft besitzen, und solche, die EWR- oder Schweizer Bürger sind, werden somit gleich behandelt.

5. Anm: Zur Erfüllung der Voraussetzungen des 1. Teiles siehe 4. zu § 41. Zum Begriff des Familienangehörigen § 2 Abs 1 Z 9. Betreffend Urkunden und Nachweise gelten die §§ 6 und 7 NAG-DV.

Bei Vorliegen aller Voraussetzungen hat der Antragsteller einen Rechtsanspruch auf Erteilung des Aufenthaltstitels „Familienangehöriger".

6. Anm: § 47 steht im engen inhaltlichen Zusammenhang mit dem gemeinschaftsrechtlichen Aufenthaltsrecht entsprechend dem 4. Hptst (§§ 51 ff), da es für die Beurteilung der Frage, welche Bestimmung bei einer Familienzusammenführung eines Österreichers, anderen EWR- oder Schweizer Bürgers im konkreten Einzelfall zur Anwendung kommen muss, wesentlich ist, ob in der Person des Zusammenführenden iSd Abs 1 ein sog Freizügigkeitssachverhalt (oben 3. und 4.) vorliegt, dh ob der Zusammenführende das Recht auf Freizügigkeit und Aufenthalt auf Grund des Gemeinschaftsrechts (Art 18 oder 39 ff EG) ausgeübt hat oder nicht. Sind die Voraussetzungen des § 47 erfüllt, dann erhält der drittstaatsangehörige Familienangehörige das Recht auf Aufenthalt erst konstitutiv mit der Erteilung eines Aufenthaltstitels, während im Fall des § 54 das Recht auf Aufenthalt bereits auf Grund des europäischen Sekundärrechts (UnionsbürgerRL) begründet wird und dieses Recht durch die Ausstellung einer Daueraufenthaltskarte lediglich mit deklaratorischer Wirkung „dokumentiert" wird (vgl 11. zu § 2 und 6. zu § 9). Daher ist die Klärung dieser Frage für die Abgrenzung zum gemeinschaftsrechtlichen Aufenthaltsrecht von drittstaatsangehörigen Familienangehörigen (§ 54) von größter Bedeutung. Drittstaatsangehörige Familienangehörige, die einen Österreicher, anderen EWR- oder Schweizer Bürger, der das Recht auf Freizügigkeit in Anspruch nimmt und nach Österreich kommt, begleiten oder ihm nachzie-

§ 47

hen (Art 7 Abs 2 UnionsbürgerRL), kommen nur dann auch in den „Genuss" der (formalen) Begünstigungen auf Grund der UnionsbürgerRL und den in § 54 entsprechend umgesetzten innerstaatlichen Bestimmungen, wenn ein Freizügigkeitssachverhalt iSd Gemeinschaftsrechts vorliegt. Beantragt ein drittstaatsangehöriger Familienangehöriger die Ausstellung einer Daueraufenthaltskarte nach § 54, ohne dass ein Freizügigkeitssachverhalt vorliegt, muss der Antrag abgewiesen werden.

Die unterschiedliche innerstaatliche Regelung dieser beiden Sachverhalte (Vorliegen oder Nicht-Vorliegen eines Freizügigkeitssachverhaltes) stellt grundsätzlich keinen Widerspruch zum Gemeinschaftsrecht dar, weil die Vorschriften des EG-Vertrages über die Freizügigkeit und die zu ihrer Durchführung ergangenen Bestimmungen nicht auf Tätigkeiten anwendbar sind, die keinerlei Berührungspunkte mit irgendeinem der Sachverhalte aufweisen, auf die das Gemeinschaftsrecht abstellt, und die mit keinem Element über die Grenzen eines Mitgliedstaats hinausweisen. Etwaige Benachteiligungen, denen Staatsangehörige eines Mitgliedstaats aus der Sicht des Rechts dieses Staates ausgesetzt sein könnten, fallen in dessen Anwendungsbereich, so dass über sie ihm Rahmen des internen Rechtssystems dieses Staates zu entscheiden ist (EuGH Rs C-64/96 und C-65/96, Slg 1997, I-03171, insb Rz 23; siehe auch Anhang zur AufenthaltstitelVO, Punkt 6.4.).

Die beiden Voraussetzungen für die Anwendung des § 47 sind, dass der Zusammenführende iSd Abs 1 „in Österreich dauernd wohnhaft" ist und ihm „das Recht auf Freizügigkeit nicht zukommt".

„Dauernd wohnhaft" bedeutet primär, dass der Zusammenführende immer schon (zB seit seiner Geburt) oder seit einem längeren und ununterbrochenen Zeitraum (zB Zuwanderung als Kind oder Jugendlicher mit den Eltern aus dem Ausland) den Mittelpunkt seiner Lebensbeziehungen in Österreich hat, wofür insb der Hauptwohnsitz und die Dauer desselben ein wichtiges Indiz sein werden. Das Vorliegen eines Hauptwohnsitzes ist dabei aber nicht zwingend, sondern es reicht jeglicher Wohnsitz in Österreich aus, der die Voraussetzung der Dauerhaftigkeit erfüllt. Ein häufiger Wohnsitzwechsel innerhalb des Bundesgebietes ist dabei unbeachtlich und ändert nichts an der Dauerhaftigkeit des Wohnhaftseins.

Für die Beurteilung der Dauerhaftigkeit ist somit vor allem die Abgrenzung vom „vorübergehenden Wohnhaftsein" relevant. Ist der Betreffende unter Berücksichtigung der konkreten Dauer und der Kontinuität des Wohnhaftseins (regelmäßiger und wiederkehrender Aufenthalt innerhalb Österreichs) nicht nur vorübergehend in Österreich wohnhaft, dann wird man eine Dauerhaftigkeit iSd Abs 1 anzunehmen haben, selbst wenn er sich nicht ununterbrochen in Österreich aufgehalten hat. Eine ähnliche Abgrenzung trifft das NAG für die Unterscheidung des vorübergehenden befristeten Aufenthalts auf Grund einer Aufenthaltsbewilligung (Aufenthalt ohne sog Dauerperspektive) von der befristeten oder unbefristeten Niederlassung (vgl § 2 Abs 2 und 3 und § 8 Abs 1 Z 1 und 5).

Zeitliche Unterbrechungen schaden der Kontinuität der Dauerhaftigkeit nicht, wenn der Zusammenführende das Recht auf Freizügigkeit nur ausgeübt hat, um sich in einem anderem Mitgliedstaat bloß vorübergehend aufzuhalten, etwa aus privaten oder beruflichen Gründen (zB Urlaub, private Besuche, medizinische Behandlung, Geschäftsreise), und ohne seinen Lebensmittelpunkt und damit die Dauerhaftigkeit des Wohnens in Österreich aufzugeben. Die Begründung eines Wohnsitzes in einem anderen Mitgliedstaat ist so lange unbeachtlich, als der Zusammenführende in Österreich weiterhin einen Wohnsitz besitzt, an dem er sich regelmäßig oder wiederkehrend aufhält, und die Absicht hat, den Mittelpunkt seiner Lebensbeziehungen in Österreich zu belassen. Für das Weiterbestehen des Lebensmittelpunktes wird vor allem die Ausübung einer Erwerbstätigkeit in Österreich oder der Umstand sprechen, dass der Wohnsitz im anderen Mitgliedstaat nach kurzer Zeit wieder aufgeben wird und der Zusammenführende nach Österreich zurückkehrt.

Für das Vorliegen der Dauerhaftigkeit sind somit in jedem Einzelfall die objektiven (Dauer und Kontinuität des Wohnhaftseins) und die subjektiven Aspekte (fortgesetzter Wille des Lebensmittelpunkts in Österreich und Absicht des vorübergehenden Aufenthalts im Ausland) zu berücksichtigen.

Die Formulierung „das Recht auf Freizügigkeit nicht zukommt" erweckt auf den ersten Blick den Eindruck, dass einem Zusammenführenden iSd Abs 1 das nach dem Gemeinschaftsrecht garantierte Recht auf Freizügigkeit und Aufenthalt verwehrt würde (zur Definition des Rechts auf Freizügigkeit siehe 11. zu § 2). Im Hinblick auf die Anwendbarkeit des Gemeinschaftsrechts bedarf es jedoch für das Wirksamwerden dieses europarechtlich garantierten Rechts des Verwirklichens eines grenzüberschreitenden Sachverhalts. Folglich steht dieses Recht einem Unions- oder EWR-Bürger erst für den Fall zu, dass er davon auch tatsächlich Gebrauch macht, indem er den Aufenthaltsmitgliedstaat verlässt und in einen anderen Mitgliedstaat zieht.

Die Ausübung des Rechts auf Freizügigkeit für einen vorübergehenden Aufenthalt in einem anderen Mitgliedstaat (s.o.) stellt in Zusammenschau von § 51 und § 47 keine für die Anwendung des NAG relevante Ausübung des Rechts auf Freizügigkeit dar, das eine Familienzusammenführung aus dem Grund des § 54 ermöglichen würde. Kurzfristige, dh bis drei Monate dauernde Aufenthalte richten sich nach den Bestimmungen des §§ 84 und 85 FPG.

Ist der Zusammenführende hingegen erst aus einem anderen Mitgliedstaat, wo er dauernd und nicht nur vorübergehend wohnhaft und allenfalls auch berufstätig war, nach Österreich gezogen oder zurückgekehrt, dann hat man jedenfalls von einem Freizügigkeitssachverhalt auszugehen, selbst wenn er vorher bereits in Österreich gewohnt hat. Für das Vorliegen eines Freizügigkeitssachverhaltes spricht insbesondere auch der Umstand, dass der Zusammenführende nach Österreich kommt oder zurückkehrt, um hier eine unselbständige oder selbständige Erwerbstätigkeit aufzunehmen (Art 39 und 43 EG; vgl EuGH Rs C-370/90, Slg 1992, I-04265). Die (beabsichtigte) Aufnahme einer Erwerbstätigkeit ist jedoch im Hinblick auf das allgemeine Recht auf Freizügigkeit und Aufenthalt nach Art 18 Abs 1 EG für die Qualifikation des Vorliegens eines Freizügigkeitssachverhaltes iSd §§ 47 oder 51 nicht zwingend (siehe auch 11. zu § 2).

7. Anm: Zu Abs 5: Der Verweis auf § 27 Abs 3 bedeutet, dass dem bisherigen Inhaber des Aufenthaltstitels „Familienangehöriger" bei Vorliegen der

§ 47

Voraussetzungen des 1. Teiles eine „Niederlassungsbewilligung – unbeschränkt" (vgl § 8 Abs 2 Z 3 und § 17 AuslBG) erteilt werden kann, wenn der zusammenführende Ehegatte stirbt oder dieser das überwiegende Verschulden bei der Scheidung trägt (§ 60 EheG) oder andere besonders berücksichtigungswürdige Gründe vorliegen (siehe § 27 Abs 4, der vom Verweis auf § 27 Abs 3 mitumfasst ist).

Fraglich ist jedoch, ob in diesem Fall auch die Meldeverpflichtung gemäß § 27 Abs 5 gilt. Mangels ausdrücklichen Verweises darauf wird man das eher verneinen müssen.

8. Anm: Im Zusammenhang mit der Erteilung und Verlängerung eines Aufenthaltstitels „Familienangehöriger" (Abs 2) bleiben im NAG jene Fälle ohne ausdrückliche Regelung, in denen ein Familienangehöriger seine Eigenschaft als solcher iSd § 2 Abs 1 Z 9 nachträglich verliert, indem er entweder als Kind volljährig wird oder heiratet oder er sich als Ehegatte vom Zusammenführenden einvernehmlich scheiden lässt oder von diesem mit zumindest gleichem Verschulden geschieden wird (vgl § 60 EheG). Das Gleiche gilt, wenn der Zusammenführende iSd Abs 1 diese Eigenschaft nachträglich verliert, so zB wenn er durch die Annahme der Staatsangehörigkeit eines Drittstaates nicht mehr Österreicher, EWR- oder Schweizer Bürger ist.

Zu klären ist hier vor allem die Frage, wie im Fall eines Verlängerungsantrages vorzugehen ist. Dies ist insbesondere auch im Hinblick auf die Erteilung des anschließenden unbefristeten Aufenthaltstitels „Daueraufenthalt – Familienangehöriger" nach § 48 von wesentlicher Bedeutung (vgl § 8 Abs 1 Z 2).

Eine Regelung für Fälle, in denen das abgeleitete Niederlassungsrecht von Familienangehörigen trotz Wegfalls des Niederlassungsrechts des Zusammenführenden weiter besteht, enthält § 27 betreffend das Niederlassungs- und Bleiberecht von Familienangehörigen eines Drittstaatsangehörigen mit Niederlassungsbewilligungen. Da § 27 – außer dessen Abs 3 (und 4) gemäß § 47 Abs 5 (oben 7.) – seinem Wortlaut nach nicht für Familienangehörige von Zusammenführenden iSd § 47 Abs 1 gilt, muss geklärt werden, welche Folgen an den Verlust der Eigenschaft als Familienangehöriger oder als Zusammenführender iSd § 47 Abs 1 geknüpft sind und wie die betroffenen Familienangehörigen und die Behörde vorzugehen haben.

Mit Rücksicht darauf, dass ehemalige Familienangehörige von Österreichern, anderen EWR- oder Schweizer Bürgern im Verhältnis zu Familienangehörigen von Drittstaatsangehörigen, auf die § 27 explizit zugeschnitten ist, keinesfalls schlechter gestellt werden dürfen, und mit Rücksicht auf die gleichartige Situation der Ableitung des Aufenthaltsrechts von einer zusammenführenden Person, wäre auf Grund Fehlens ausdrücklicher Regelungen in systematischer Zusammenschau der relevanten Bestimmungen eine analoge Anwendung des § 27 eine geeignete Möglichkeit, diese vom Gesetzgeber wohl nicht beabsichtigte Regelungslücke system- und verfassungskonform zu schließen.

Grundsätzlich können dabei folgende Sachverhalte unterschieden werden:

1.) Liegt ein Fall des § 47 Abs 5 iVm § 27 Abs 3 vor (oben 7.), dann ist jedenfalls eine „Niederlassungsbewilligung – unbeschränkt" zu erteilen.

2.) Der Inhaber des Aufenthaltstitels „Familienangehöriger" wird volljährig, heiratet oder ist inzwischen vom Zusammenführenden iSd Abs 1 einvernehmlich oder mit zumindest gleichem Verschulden geschieden und stellt einen Verlängerungsantrag:
Dieser Antrag müsste mangels weiterer Familienangehörigeneigenschaft abgewiesen werden. Ist der Antragsteller jedoch aus eigenem in der Lage, die Erteilungsvoraussetzungen des § 11 Abs 2 Z 2 bis 4 zu erfüllen, dann hat ihm die Behörde in analoger Anwendung des § 27 Abs 2 eine „Niederlassungsbewilligung – unbeschränkt" zu erteilen, womit dieser weiterhin (Familienangehörige nach § 47 Abs 2 sind nach § 1 Abs 2 lit m AuslBG von dessen Anwendungsbereich ausgenommen) unbeschränkten Arbeitsmarktzugang hat (vgl § 46 Abs 5 und § 17 Abs 1 AuslBG).

Verliert er die Familienangehörigeneigenschaft jedoch innerhalb des ersten Jahres des Aufenthalts, dann ist ihm eine „Niederlassungsbewilligung – beschränkt" (vgl § 46 Abs 4) und vom AMS auf Antrag ein Befreiungsschein nach § 15 Abs 1 Z 3 AuslBG zu erteilen. Nach § 15 Abs 1 Z 3 AuslBG ist Ausländern, die noch keinen unbeschränkten Arbeitsmarktzugang nach § 17 AuslBG haben und bisher gemäß § 1 Abs 2 lit l und m nicht dem Geltungsbereich des AuslBG unterlegen, aber weiterhin rechtmäßig niedergelassen sind, auf Antrag ein Befreiungsschein mit fünfjähriger Gültigkeit auszustellen. Nach § 27 Abs 2 letzter Satz gilt der Grundsatz, dass eine Niederlassungsbewilligung auszustellen ist, deren Aufenthaltszweck jedenfalls dem Aufenthaltszweck entspricht, der ursprünglich vom Zusammenführenden abgeleitet oder mittlerweile innegehabt wurde.

Kann der bisherige Familienangehörige die Erteilungsvoraussetzungen selbst nicht erfüllen, dann hat die Behörde nach § 47 Abs 5 iVm § 27 Abs 3 vorzugehen, wenn besonders berücksichtigungswürdige Gründe vorliegen und er diese Umstände der Behörde nach § 27 Abs 5 auch unverzüglich bekannt gegeben hat. Liegen auch solche Gründe nicht vor, hat die Behörde von Amts wegen noch die Erteilung einer Aufenthaltsbewilligung oder Niederlassungsbewilligung aus humanitären Gründen (§§ 72 und 73) zu prüfen.

3.) Der Inhaber des Aufenthaltstitels „Familienangehöriger", der bereits fünf Jahre ununterbrochen rechtmäßig in Österreich niedergelassen ist, wird volljährig, heiratet, oder ist inzwischen vom Zusammenführenden iSd Abs 1 einvernehmlich oder mit zumindest gleichem Verschulden geschieden und stellt einen Antrag auf Erteilung des Aufenthaltstitels „Daueraufenthalt – Familienangehöriger" nach § 48:
Dieser Antrag müsste mangels Familienangehörigeneigenschaft abgewiesen werden. Ihm kann aber, wenn er die IV bereits erfüllt hat, ein Aufenthaltstitel „Daueraufenthalt – EG" nach § 45 erteilt werden, zumal der Aufenthalt auf Grund eines Aufenthaltstitels „Familienangehöriger" ebenfalls zur Niederlassung berechtigt (vgl § 2 Abs 2 und oben 5. zu § 45) und auch gemäß § 27 Abs 1 nach Ablauf von fünf Jahren das vom Zusammenführenden abgeleitete Niederlassungsrecht in ein originäres übergeht. Hat er die IV aber noch nicht erfüllt, dann ist ihm eine „Niederlassungsbewilligung – unbeschränkt" zu erteilen.

9. Anm: Für Angehörige iSd Abs 3, die diese Eigenschaft nachträglich verlieren, werden die Bestimmungen des § 27 ebenfalls sinngemäß anzuwenden sein, zumal sie Inhaber einer Niederlassungsbewilligung sind.

10. Anm: Zu den Fällen, in denen Inhaber des Aufenthaltstitels „Daueraufenthalt – Familienangehöriger" nachträglich durch den Eintritt der Volljährigkeit oder durch Scheidung die Familienangehörigeneigenschaft iSd § 2 Abs 1 Z 9 nicht mehr erfüllen, siehe unten 4. zu § 48.

11. Jud: Zur Rspr des EuGH zum Recht auf Freizügigkeit und Aufenthalt siehe oben 11. zu § 2 sowie 7. zu § 9.

Aufenthaltstitel „Daueraufenthalt – Familienangehöriger"

§ 48. (1) Familienangehörigen von Zusammenführenden im Sinne des § 47 Abs. 1, die bereits fünf Jahre ununterbrochen zur Niederlassung berechtigt waren, ist ein Aufenthaltstitel „Daueraufenthalt – Familienangehöriger" zu erteilen, wenn sie
1. die Voraussetzungen des 1. Teiles erfüllen,
2. die Integrationsvereinbarung erfüllt haben und
3. im Fall des Ehegatten seit mindestens zwei Jahren mit dem Zusammenführenden verheiratet sind.

(2) Hinsichtlich der Durchbrechung der Fünfjahresfrist gemäß Abs. 1 gelten die §§ 45 Abs. 2 bis 4.

Übersicht:

1. Hinweise auf innerstaatliche Normen
2. Materialien
3.-7. Anmerkungen

1. § 1 Abs 2 lit m AuslBG, III.L.

2. RV 952 XXII. GP

Nach Abs. 1 ist Familienangehörigen (Kernfamilie) von Zusammenführenden iSd § 47 Abs. 1, die sich bereits fünf Jahre ununterbrochen und rechtmäßig in Österreich niedergelassen haben, ein Aufenthaltstitel „Daueraufenthalt – Familienangehöriger" zu erteilen, wenn sie die Integrationsvereinbarung (§ 14) erfüllt haben und im Fall des Ehegatten seit mindestens zwei Jahren mit dem Zusammenführenden verheiratet sind. Dieser Aufenthaltstitel ersetzt bei Vorliegen des Daueraufenthalts des Familienangehörigen den Aufenthaltstitel „Familienangehöriger" nach § 47 Abs. 2. Sie haben freien Zugang zum Arbeitsmarkt im gesamten Bundesgebiet, weil sie in beschäftigungsrechtlicher Hinsicht vom Anwendungsbereich des Ausländerbeschäftigungsgesetzes ausgenommen sind (§ 1 Abs. 2 lit. m AuslBG).

Der Aufenthaltstitel „Daueraufenthalt – Familienangehöriger" ist nach § 20 Abs. 3 – unbeschadet des unbefristeten Niederlassungsrechts des Familienangehörigern – für einen Zeitraum von fünf Jahren auszustellen und, soweit keine fremdenpolizeilichen Maßnahmen durchsetzbar sind, nach Ablauf auf Antrag ohne weitere Prüfung zu verlängern. Der Aufenthaltstitel erlischt unter den Voraussetzungen des § 20 Abs. 4.

Hinsichtlich der Entziehung des Aufenthaltstitels „Daueraufenthalt – Familienangehöriger" und Rückstufung auf eine „Niederlassungsbewilligung – unbeschränkt" gilt § 28 Abs. 1.

Nach Abs. 2 gelten für die Durchbrechung der Fünfjahresfrist nach Abs. 1 die §§ 45 Abs. 2 bis 4.

3. Anm: Zur Erfüllung der Voraussetzungen des 1. Teiles siehe 4. zu § 41. Zur Erfüllung der IV siehe § 14.

Ein Antrag auf Erteilung des Aufenthaltstitels „Daueraufenthalt – Familienangehöriger" ist grundsätzlich mit Verlängerungsantrag in einem „Umstiegsverfahren" nach § 24 Abs 4 zu stellen.

4. Anm: Ebenso wie in den Fällen des § 47 betreffend den Aufenthaltstitel „Familienangehöriger" lässt das NAG jene Frage offen, wie vorzugehen ist, wenn Inhaber des Aufenthaltstitels „Daueraufenthalt – Familienangehöriger" nachträglich durch den Eintritt der Volljährigkeit, durch Heirat oder durch einvernehmliche Scheidung oder Verschuldensscheidung die Familienangehörigeneigenschaft iSd § 2 Abs 1 Z 9 nicht mehr erfüllen (oben 8. zu § 47). Dieses Problem stellt sich vor allem dann, wenn die betroffene Person – unbeschadet ihrer unbefristeten Niederlassung – gemäß § 20 Abs 3 nach fünf Jahren die Verlängerung des entsprechenden Dokuments beantragt.

Bisherigen Inhabern eines Aufenthaltstitels „Daueraufenthalt – Familienangehöriger", die die Familienangehörigeneigenschaft nachträglich verlieren und gemäß § 20 Abs 3 einen Antrag auf Verlängerung der Aufenthaltstitelkarte stellen, ist im Hinblick auf ihre unbefristete Niederlassung ein neuer Aufenthaltstitel „Daueraufenthalt – EG" nach § 45 auszustellen.

5. Anm: Dadurch, dass Inhaber eines Aufenthaltstitels „Familienangehöriger" auch die Erteilung eines Aufenthaltstitels „Daueraufenthalts – EG" beantragen können, mit dem ein Recht auf Mobilität innerhalb der EU verbunden ist, erscheint die Normierung eines eigenen Daueraufenthaltstitels für Familienangehörige eines Zusammenführenden iSd § 47 Abs 1 als sog „Anschlussaufenthaltstitel" nicht unbedingt notwendig (siehe oben 5. zu § 45).

6. Anm: Zur Unterbrechung der Fünf-Jahres-Frist und den gerechtfertigten Auslandsaufenthalten siehe oben 7. zu § 45.

7. Anm: Der Aufenthaltstitel „Daueraufenthalt – Familienangehöriger" wird eo ipso gegenstandslos, wenn der Inhaber dieses Titels seit sechs Jahren nicht mehr in Österreich niedergelassen ist (§ 10 Abs 3 Z 4).

3. Hauptstück: Niederlassung von langfristig aufenthaltsberechtigten Drittstaatsangehörigen aus anderen Mitgliedstaaten und ihren Familienangehörigen

Drittstaatsangehörige mit einem Aufenthaltstitel „Daueraufenthalt – EG" eines anderen Mitgliedstaates

§ 49. (1) Drittstaatsangehörigen, die einen Aufenthaltstitel „Daueraufenthalt – EG" eines anderen Mitgliedstaates besitzen, kann eine „Niederlassungsbewilligung – ausgenommen Erwerbstätigkeit" erteilt werden, wenn
1. sie die Voraussetzungen des 1. Teiles erfüllen und
2. ein Quotenplatz vorhanden ist.

(2) Drittstaatsangehörigen, die einen Aufenthaltstitel „Daueraufenthalt – EG" eines anderen Mitgliedstaates besitzen, kann für die Ausübung einer unselbständigen Erwerbstätigkeit eine „Niederlassungsbewilligung – beschränkt" erteilt werden, wenn
1. sie die Voraussetzungen des 1. Teiles erfüllen,
2. ein Quotenplatz vorhanden ist und
3. eine Berechtigung nach dem Ausländerbeschäftigungsgesetz vorliegt.

(3) Drittstaatsangehörigen nach Abs. 2 kann frühestens nach einem Zeitraum von zwölf Monaten eine „Niederlassungsbewilligung – unbeschränkt" erteilt werden, wenn
1. sie die Voraussetzungen des 1. Teiles erfüllen und
2. eine Mitteilung gemäß § 17 Abs. 2 AuslBG vorliegt.

(4) Drittstaatsangehörigen, die einen Aufenthaltstitel „Daueraufenthalt – EG" eines anderen Mitgliedstaates besitzen, kann für die Ausübung einer selbständigen Erwerbstätigkeit eine auf zwölf Monate befristete „Niederlassungsbewilligung – beschränkt" erteilt werden, wenn
1. sie die Voraussetzungen des 1. Teiles erfüllen und
2. ein Quotenplatz vorhanden ist.

(5) In den Fällen der Abs. 1, 2 und 4 ist der Antrag binnen einer Frist von drei Monaten ab der Einreise zu stellen. Dieser Antrag berechtigt nicht zu einem länger als drei Monate dauernden Aufenthalt ab der Einreise in das Bundesgebiet. In solchen Fällen hat die Behörde binnen einer Frist von vier Monaten zu entscheiden.

Übersicht:
1. Hinweise auf europarechtliche Normen
2. Hinweise auf innerstaatliche Normen
3. Materialien
4.-6. Anmerkungen

1. Kapitel III der LangfrRL (Art 14 ff), IV.B.6.

2. § 17 Abs 2 AuslBG, III.L.; § 3 Abs 1 bis 9, jeweils Z 5 NLV 2006, VI.F.

3. RV 952 XXII. GP

§ 49 regelt die Fälle, wenn Inhaber eines Aufenthaltstitels „Daueraufenthalt – EG" eines anderen EU-Mitgliedstaates im Rahmen der ihnen nach Kapitel III der Richtlinie 2003/109/EG zukommenden „Mobilität" nach Österreich kommen. Im Einklang mit Art. 21 Abs. 2 der Richtlinie 2003/109/EG kann für die ersten zwölf Monate ein eingeschränkter Zugang zum Arbeitsmarkt vorgesehen werden (s. Abs. 2 und 4).

Nach Abs. 1 kann solchen langfristig aufenthaltsberechtigten Drittstaatsangehörigen eine „Niederlassungsbewilligung – ausgenommen Erwerbstätigkeit" erteilt werden.

Abs. 2 und 4 regeln die Erteilung einer „Niederlassungsbewilligung – beschränkt" an Drittstaatsangehörige, die in einem anderen EU-Mitgliedstaat zum langfristigen Aufenthalt berechtigt sind (Mobilitätsfall bei „Daueraufenthalt – EG"). Die Anbindung an einen bestimmten Arbeitgeber und die Erfordernisse eines freien Quotenplatzes, des Vorliegens einer Berechtigung nach dem AuslBG und der Erfüllung der Integrationsvereinbarung gehen mit Art. 14 und 15 der Richtlinie 2003/109/EG konform. Die Ausübung einer selbständigen Erwerbstätigkeit im Fall der Mobilität eines Drittstaatsangehörigen nach Abs. 2 bedarf eines freien Quotenplatzes.

Die Erteilung einer Niederlassungsbewilligung für diese Drittstaatsangehörigen ist im Erstantragsfall nach Abs. 1, 2 und 4 quotenpflichtig (§ 12 NAG iVm § 18 Abs. 1 Z 2 NLV-G).

Nach Abs. 3 kann Drittstaatsangehörigen, die bereits nach Abs. 2 zum Aufenthalt und zur unselbständigen Erwerbstätigkeit berechtigt sind, frühestens nach zwölf Monaten eine „Niederlassungsbewilligung – unbeschränkt" erteilt werden, wenn eine Mitteilung der regionalen Geschäftsstelle des AMS gemäß § 17 Abs. 2 AuslBG vorliegt, dass der Drittstaatsangehörige zwölf Monate durchgehend rechtmäßig im Bundesgebiet beschäftigt war. Damit wird Art. 21 der Richtlinie 2003/109/EG umgesetzt, wonach im Mobilitätsfall solche in einem anderen EU-Mitgliedstaat zum langfristigen Aufenthalt berechtigten Drittstaatsangehörigen nach Ablauf von zwölf Monaten auch unbeschränkten Zugang zum Arbeitsmarkt des zweiten Mitgliedstaates erhalten.

Abs. 5 stellt klar, dass in Fällen der Mobilität eines in einem anderen Mitgliedstaat der EU langfristig Aufenthaltsberechtigten nach Abs. 1, 2 und 4 (ausgenommen Erwerbstätigkeit oder Aufnahme einer unselbständigen oder selbständigen Erwerbstätigkeit) der Antrag auf Erteilung einer Niederlassungsbewilligung binnen drei Monaten ab der Einreise zu stellen ist. Dieser Antrag berechtigt jedoch nicht zu einem längeren Aufenthalt in Österreich. Die nach diesem Bundesgesetz zuständige Behörde hat über einen solchen Antrag innerhalb von vier Monaten zu entscheiden. Diese genannten Erfordernisse entsprechen Art. 15 Abs. 1 und Art. 19 Abs. 1 der Richtlinie 2003/109/EG.

4. Anm: Zur Erfüllung der Voraussetzungen des 1. Teiles siehe 4. zu § 41.

5. Anm: Die Quotenpflicht für diese sog „Mobilitätsfälle" als weitere Erteilungsvoraussetzung (Abs 1 Z 2, 2 Z 2 und 4 Z 2) wird durch § 13 Abs 2 Z 2 festgelegt. Die konkrete Anzahl der quotenpflichtigen Niederlassungsbewilligungen für ein bestimmtes Kalenderjahr wird in der jährlichen NLV festgelegt, wobei innerhalb dieser Quote entsprechend dem Vorliegen oder Nichtvorliegen einer Erwerbsabsicht drei Unterquoten unterschieden werden (siehe § 3 Abs 1 bis 9 jeweils Z 5 lit a bis c NLV 2006, VI.F.).

Sind die vorgesehenen Quotenplätze bereits erschöpft, dann ist der Antrag ohne weiteres Verfahren zurückzuweisen (Abs 2 Z 3); dagegen ist keine Berufung zulässig (§ 12 Abs 4).

6. Anm: Gemäß Art 19 Abs 2 LangfrRL hat der BMI als nationale Kontaktstelle dem anderen – sog „ersten" – Mitgliedstaat die Erteilung und Verlängerung eines Aufenthaltstitels mitzuteilen.

Familienangehörige von Drittstaatsangehörigen mit einem Aufenthaltstitel „Daueraufenthalt – EG" eines anderen Mitgliedstaates

§ 50. (1) Familienangehörigen von Drittstaatsangehörigen mit einem Aufenthaltstitel „Daueraufenthalt – EG" eines anderen Mitgliedstaates kann in den Fällen des § 49 Abs. 1 eine „Niederlassungsbewilligung – ausgenommen Erwerbstätigkeit" und in den Fällen des § 49 Abs. 2 oder 4 eine „Niederlassungsbewilligung – beschränkt" erteilt werden, wenn
1. sie die Voraussetzungen des 1. Teiles erfüllen und
2. im Fall des Ehegatten zum Zeitpunkt der Niederlassung eine aufrechte Ehe mit dem Drittstaatsangehörigen besteht.

(2) In den Fällen der Abs. 1 ist der Antrag binnen einer Frist von drei Monaten ab der Einreise zu stellen. Dieser Antrag berechtigt nicht zu einem länger als drei Monate dauernden Aufenthalt ab der Einreise in das Bundesgebiet. In solchen Fällen hat die Behörde binnen einer Frist von vier Monaten zu entscheiden.

Übersicht:
1. Hinweise auf europarechtliche Normen
2. Materialien
3.-4. Anmerkungen

1. IV.B.6. LangfrRL, insb Art 16 und 19.

2. RV 952 XXII. GP

§ 50 regelt die Erteilung einer Niederlassungsbewilligung für Familienangehörige (Kernfamilie) des Drittstaatsangehörigen nach § 49. Als Regel gilt, dass dem Familienangehörigen keine Niederlassungsbewilligung mit weiterem Zweckumfang erteilt werden darf (Abs. 1).

Abs. 2 entspricht inhaltlich dem § 49 Abs. 5.

3. Anm: Zur Erfüllung der Voraussetzungen des 1. Teiles siehe 4. zu § 41.

4. Anm: Gemäß Art 16 LangfrRL ist es Familienangehörigen (§ 2 Abs 1 Z 9) des langfristig Aufenthaltsberechtigten eines anderen EU-Mitgliedstaates zu gestatten, diesen zu begleiten oder ihm nachzureisen, wenn die Familie (bzw die Ehe) bereits im ersten Mitgliedstaat bestanden hat. Im Fall, dass die Familie (bzw die Ehe) noch nicht im ersten Mitgliedstaat bestanden hat, kommen die Regelungen über die Familienzusammenführung nach der FamZusRL (V.B.5.) zur Anwendung (Art 16 Abs 5 LangfrRL). Innerstaatlich wird diesbezüglich § 46 Abs 4 anzuwenden sein.

Während die Erteilung eines Aufenthaltstitels an den zusammenführenden langfristig Aufenthaltsberechtigten der Quotenpflicht unterliegt (§ 49), ist die Erteilung eines Aufenthaltstitels an dessen begleitenden oder nachziehenden Familieangehörigen quotenfrei. Im Gegensatz dazu wäre die Familienzusammenführung nach § 46 Abs 4 quotenpflichtig (§ 13 Abs 2 Z 3).

4. Hauptstück: Gemeinschaftsrechtliches Niederlassungsrecht

1. Anm: Die Bezeichnung dieses Hptst mit „Gemeinschaftsrechtliches Niederlassungsrecht" ist im Hinblick auf die europarechtliche Terminologie nicht ganz treffend, zumal der EG-Vertrag den Begriff „Niederlassungsrecht" in einem engeren Sinn für die Garantie der Niederlassungsfreiheit von selbständig Erwerbstätigen und Unternehmen als Teilbereich des Rechts auf Freizügigkeit innerhalb des Binnenmarktes verwendet (Art 43 EG). Treffender wäre hier etwa die Bezeichnung „gemeinschaftsrechtliches Aufenthaltsrecht", die sich explizit an die vom EG-Vertrag und dem Sekundärrecht, insb der UnionsbürgerRL (IV.B.8.), verwendete Terminologie anlehnen würde. Bereits im EG-Vertrag werden die Begriffe „Aufenthalt" bzw „aufhalten" im Konnex mit dem aus dem freien Personenverkehr abgeleiteten subjektiven Recht auf Freizügigkeit und Aufenthalt gebraucht (Art 18 und 39 EG). Die UnionsbürgerRL unterscheidet neben dem Recht auf Aus- und Einreise (Art 4 und 5) das Recht auf Aufenthalt (Art 6 ff) und das Recht auf Daueraufenthalt nach fünf Jahren (Art 16 ff). Da auch die Niederlassung iSd NAG (§ 2 Abs 2 und 3) eine qualifizierte Form des Aufenthalts darstellt, wäre die Verwendung des vorgeschlagenen Begriffs auch mit der terminologischen Systematik des NAG vereinbar.

Siehe auch oben 11. zu § 2.

Niederlassungsrecht für EWR-Bürger

§ 51. EWR-Bürger, die ihr Recht auf Freizügigkeit in Anspruch nehmen und sich länger als drei Monate im Bundesgebiet aufhalten, sind zur Niederlassung berechtigt, wenn sie
1. in Österreich Arbeitnehmer oder Selbständige sind;
2. für sich und ihre Familienangehörigen über eine ausreichende Krankenversicherung verfügen und nachweisen, dass sie über ausreichende Existenzmittel zur Bestreitung ihres Lebensunterhalts verfügen, so dass sie während ihrer Niederlassung keine Sozialhilfeleistungen in Anspruch nehmen müssen, oder

3. eine Ausbildung bei einer rechtlich anerkannten öffentlichen oder privaten Schule oder Bildungseinrichtung absolvieren und die Voraussetzungen der Z 2 erfüllen.

Übersicht:
1. Hinweise auf europarechtliche Normen
2. Hinweise auf innerstaatliche Norm
3. Materialien
4.-8. Anmerkungen

1. Art 18, 39 und 43 EG sowie IV.B.8. UnionsbürgerRL, insb Art 7 und 16; siehe auch 1. zu § 9.

2. Siehe § 84 FPG, II.B.

3. RV 952 XXII. GP

Das Recht auf Freizügigkeit und das Recht auf Aufenthalt in einem anderen EWR-Staat sind in den entsprechenden Bestimmungen des primären und sekundären Gemeinschaftsrechts begründet.

In Umsetzung der Richtlinie 2004/38/EG regelt diese Bestimmung Fälle der Freizügigkeit von EWR-Bürgern aus anderen EWR-Staaten, die ihr Recht auf Freizügigkeit innerhalb der Grenzen des EWR in Anspruch nehmen und sich länger als drei Monate in Österreich aufhalten. Für einen Zeitraum von bis zu drei Monaten steht es allen EWR-Bürgern zu, sich ohne jegliche Bedingungen oder Formalitäten, außer der Pflicht, im Besitz eines gültigen Personalausweises oder Reisepasses zu sein, in einem anderen EWR-Staat aufzuhalten. Dies gilt auch für Familienangehörige, die keine EWR-Bürger sind und den EWR-Bürger begleiten oder ihm nachziehen (Art. 3 Abs. 1 der Richtlinie 2004/38/EG).

Mit den in Z 1 bis 3 genannten Voraussetzungen für das Niederlassungsrecht von EWR-Bürgern in Österreich werden die in Art. 7 Abs. 1 der Richtlinie aufgezählten Voraussetzungen entsprechend umgesetzt.

4. Anm: Zum Begriff „Niederlassungsrecht" siehe oben die Anm zum Titel des 4. Hptst.

Diese Personen müssen die IV nicht erfüllen (vgl § 14 Abs 3: „Erteilung oder Verlängerung eines Aufenthaltstitels").

5. Anm: Zum Kreis der Zusammenführenden iSd Abs 1 gehören gleichermaßen auch Österreicher, die das Recht auf Freizügigkeit in Anspruch nehmen. Dabei ist es unbeachtlich, ob sie nach längerer Absenz (zB auf Grund einer beruflichen Tätigkeit) nach Österreich zurückkehren (vgl EuGH Rs C-370/90, Slg 1992, I-04265; Rs C-18/95, Slg 1999, I-00345; Rs C-109/01, Slg 2003, I-09607) oder ob sie immer schon (zB seit ihrer Geburt) außerhalb Österreichs gelebt haben und nun erstmals nach Österreich kommen.

6. Anm: Zum Vorliegen eines Freizügigkeitssachverhaltes siehe oben 6. zu § 47.

7. Anm: Zum Aufenthalt eines EWR- oder Schweizer Bürgers bis zu drei Monaten siehe § 84 FPG.

8. Anm: Eine Aufenthaltsbeendigung (Ausweisung) ist nur nach Maßgabe des § 55 iVm § 86 FPG zulässig (vgl Art 14, 15 und 27 ff UnionsbürgerRL).

Niederlassungsrecht für Angehörige von EWR-Bürgern

§ 52. Angehörige von freizügigkeitsberechtigten EWR-Bürgern (§ 51), die selbst EWR-Bürger sind, sind zur Niederlassung berechtigt, wenn sie
1. Ehegatte sind;
2. Verwandter des EWR-Bürgers oder seines Ehegatten in gerader absteigender Linie bis zur Vollendung des 21. Lebensjahres und darüber hinaus sind, sofern ihnen von diesen Unterhalt tatsächlich gewährt wird;
3. Verwandter des EWR-Bürgers oder seines Ehegatten in gerader aufsteigender Linie sind, sofern ihnen von diesen Unterhalt tatsächlich gewährt wird;
4. Lebenspartner sind, der das Bestehen einer dauerhaften Beziehung im Herkunftsstaat nachweist, oder
5. sonstige Angehörige des EWR-Bürgers sind,
   a) die vom EWR-Bürger bereits im Herkunftsstaat Unterhalt tatsächlich bezogen haben,
   b) die mit dem EWR-Bürger bereits im Herkunftsstaat in häuslicher Gemeinschaft gelebt haben, oder
   c) bei denen schwerwiegende gesundheitliche Gründe die persönliche Pflege zwingend erforderlich machen,
und diesen begleiten oder zu ihm nachziehen.

Übersicht:

1. Hinweise auf europarechtliche Normen
2. Materialien
3.-6. Anmerkungen

1. Siehe oben 1. zu § 51 sowie im Speziellen Art 7 Abs 1 lit d, Art 16 sowie Art 2 Z 2, Art 3 Abs 2, Art 12 Abs 1 und Art 13 Abs 1 UnionsbürgerRL, IV.B.8.

2. RV 952 XXII. GP

Diese Bestimmung regelt das Recht auf Niederlassung von über drei Monaten in Österreich von Angehörigen eines EWR-Bürgers, die selbst EWR-Bürger sind und diesen begleiten oder ihm nachziehen. Damit wird Art. 7 Abs. 1 lit. d der Richtlinie 2004/38/EG umgesetzt. Der in Z 1 bis 5 definierte Kreis der begünstigten Angehörigen des freizügigkeitsberechtigten EWR-Bürgers entspricht den in Art. 2 Z 2 und auch in Art. 3 Abs. 2 der Richtlinie vorgesehenen Angehörigen. Die Angehörigen nach Z 1 bis 3 bilden entsprechend Art. 2 Z 2 lit. a, c und d den obligatorischen Kreis der Angehörigen des EWR-Bürgers. Die Lebenspartner nach Art. 2 Z 2 lit. b der Richtlinie sind nur dann vom obligatorischen Kreis der Angehörigen eingeschlossen, wenn eine eingetragene Partnerschaft im Aufnahmemitgliedstaat der Ehe gleichgestellt ist und die in den einschlägigen Rechtsvorschriften des Aufnahmemitgliedstaats vorgesehenen Bedingungen erfüllt sind. Nach Z 4 und 5 umfasst der Kreis der begünstigten Angehörigen unter den dort genannten Voraussetzungen aber auch die Lebenspartner und sonstige Angehörigen des EWR-Bürgers. Insofern wird im Einklang mit Art. 3 Abs. 2 der Richtlinie 2004/38/EG auch der Aufenthalt der dort erwähnten Angehörigen und Lebenspartner nach Maßgabe des innerstaatlichen Rechts erleichtert. Dadurch wird über den obligatorischen Kreis der Angehörigen hinaus innerstaatlich der Kreis der begünstigten Angehörigen erweitert. Allerdings gilt dies nur, wenn der Angehörige selbst auch EWR-Bürger ist.

3. Anm: Zum Begriff „Niederlassungsrecht" siehe oben die Anm zum Titel des 4. HptSt.
Diese Personen müssen die IV nicht erfüllen (vgl § 14 Abs 3: „Erteilung oder Verlängerung eines Aufenthaltstitels").

4. Anm: Das **Recht** auf Freizügigkeit und Aufenthalt dieser Personen ergibt sich bereits aus ihrer Eigenschaft als Unions- bzw EWR-Bürger und damit unmittelbar aus dem europäischen Primärrecht (Art 17 und 18 EG) bzw dem EWR-Abkommen.

5. Anm: Zur **Aufrechterhaltung** des Aufenthalts des Angehörigen im Fall des Todes oder Wegzugs des freizügigkeitsberechtigten EWR-Bürgers oder der Scheidung oder Aufhebung der Ehe mit ihm siehe Art 12 Abs 1 und Art 13 Abs 1 UnionsbürgerRL (IV.B.8.) sowie unten 8. zu § 54.

6. Anm: Eine **Aufenthaltsbeendigung** (Ausweisung) ist nur nach Maßgabe des § 55 iVm § 86 FPG zulässig (vgl Art 14, 15 und 27 ff UnionsbürgerRL).

Anmeldebescheinigung

§ 53. (1) EWR-Bürger, die ihr Recht auf Freizügigkeit in Anspruch nehmen, und deren Angehörige gemäß § 52 haben, wenn sie sich länger als drei Monate im Bundesgebiet aufhalten, spätestens nach Ablauf von drei Monaten ab ihrer Niederlassung diese der Behörde anzuzeigen. Bei Vorliegen der Voraussetzungen (§§ 51 oder 52) ist von der Behörde auf Antrag eine Anmeldebescheinigung auszustellen. Diese gilt zugleich als Dokument zur Bescheinigung des Daueraufenthalts des EWR-Bürgers.

(2) Zum Nachweis des Rechtes sind ein gültiger Personalausweis oder Reisepass sowie

1. nach § 51 Z 1 eine Bestätigung des Arbeitgebers oder ein Nachweis der Selbständigkeit;
2. nach § 51 Z 2 Nachweise über eine ausreichende Krankenversicherung und über ausreichende Existenzmittel;
3. nach § 51 Z 3 Nachweise über eine ausreichende Krankenversicherung und über die Zulassung zu einer Schule oder Bildungseinrichtung sowie eine Erklärung oder sonstige Dokumente über ausreichende Existenzmittel;
4. nach § 52 Z 1 ein urkundlicher Nachweis des Bestehens der Ehe;
5. nach § 52 Z 2 und 3 ein urkundlicher Nachweis über das Bestehen einer familiären Beziehung sowie bei Kindern ab Vollendung des 21. Lebensjahres und Verwandten des EWR-Bürgers oder seines Ehegatten in gerader aufsteigender Linie ein Nachweis über die tatsächliche Unterhaltsgewährung;
6. nach § 52 Z 4 ein Nachweis des Bestehens einer dauerhaften Beziehung mit dem EWR-Bürger im Herkunftsstaat;
7. nach § 52 Z 5 ein urkundlicher Nachweis einer zuständigen Behörde des Herkunftsstaates der Unterhaltsleistung des EWR-Bürgers oder des Lebens in häuslicher Gemeinschaft oder der Nachweis der schwerwiegenden gesundheitlichen Gründe, die die persönliche Pflege durch den EWR-Bürger zwingend erforderlich machen,

vorzulegen.

Übersicht:

1. Hinweise auf europarechtliche Norm
2. Hinweise auf innerstaatliche Normen
3. Materialien
4.-6. Anmerkungen

1. Art 8 UnionsbürgerRL, IV.B.8.

2. § 3 und Anhang B NAG-DV, VI.D.

3. RV 952 XXII. GP

EWR-Bürger, die ihr Recht auf Freizügigkeit in Anspruch nehmen und sich länger als drei Monate in Österreich aufhalten oder niederlassen wollen (§ 51), sowie ihre Angehörigen, die selbst EWR-Bürger sind und diese begleiten oder ihnen nachziehen (§ 52), haben spätestens nach Ablauf von drei Monaten ab dem Zeitpunkt ihrer Niederlassung diese der zuständigen Behörde anzuzeigen. Zeitpunkt der Niederlassung ist der Zeitpunkt der Einreise in Österreich. Die nicht fristgerechte Beantragung der Anmeldebescheinigung stellt nach § 77 Abs. 1 Z 5 eine Verwaltungsübertretung dar und ist entsprechend zu bestrafen. Gemäß Art. 8 Abs. 2 der Richtlinie 2004/38/EG kann die Nichterfüllung der Anmeldepflicht mit verhältnismäßigen und nicht diskriminierenden Sanktionen geahndet werden.

Die Behörde hat ihrerseits nach einer Prüfung der Voraussetzungen nach §§ 51 oder 52 unverzüglich nach der Antragstellung dem EWR-Bürger oder seinem Angehörigen, der ebenfalls EWR-Bürger ist, eine „Anmeldebescheinigung" (vgl. § 9 Abs. 1 Z 1) auszustellen (Abs. 1). Damit wird Art. 8 Abs. 1 und 2 der Richtlinie 2004/38/EG innerstaatlich umgesetzt.

Die Bestimmung, dass die Anmeldebescheinigung zugleich als Dokument zur Bescheinigung des Daueraufenthalts des EWR-Bürgers gilt, ist insofern erforderlich, als nach Art. 19 der Richtlinie 2004/38/EG den nach Ablauf von fünf Jahren zum Daueraufenthalt berechtigten EWR-Bürgern auf Antrag ein Dokument zur Bescheinigung ihres Daueraufenthalts auszustellen ist. Das Unterbleiben dieses Dokuments stellt jedoch eine günstigere innerstaatliche Regelung dar (Art. 37 der Richtlinie), weil der betreffende EWR-Bürger bereits mit der Niederlassung in Österreich eine Anmeldebescheinigung mit der zusätzlichen Wirkung eines Dokuments iSd Art. 19 der Richtlinie zur Bescheinigung des Daueraufenthalts erhält und nicht erst nach fünf Jahren die Ausstellung eines solchen Dokuments beantragen muss.

Die in Abs. 2 Z 1 bis 7 für die einzelnen Fälle der §§ 51 und 52 aufgezählten Nachweise (jedenfalls ein gültiger Personalausweis oder Reisepass) stehen im Einklang mit Art. 8 Abs. 3 bis 5 der Richtlinie 2004/38/EG.

Dem Inhaber einer Anmeldebescheinigung kann auf Antrag ein „Lichtbildausweis für EWR-Bürger" ausgestellt werden; dieser gilt als Identitätsdokument. Form und Inhalt werden durch Verordnung des Bundesministers für Inneres festgelegt (§ 9 Abs. 2).

4. Anm: Siehe auch oben § 9. Vor allem aus Gründen der Verwaltungsvereinfachung wurde auf die Einführung eines „Dokuments zur Bescheinigung des Daueraufenthalts" nach Art 19 UnionsbürgerRL verzichtet. Ab einem ununterbrochenen Aufenthalt von fünf Jahren bedarf es somit keines neuerlichen Antrages des EWR-Bürgers.

Die Anmeldebescheinigung hat dem Muster nach Anhang B zur NAG-DV zu entsprechen.

5. Anm: Die Anmeldung ist nur rechtzeitig, wenn sie spätestens am Tag nach Ablauf der ersten drei Monate ab der Einreise (mit dem Zweck eines länger als drei Monate dauernden Aufenthalts) erfolgt. Die nicht rechtzeitige Beantragung der Anmeldebescheinigung stellt eine Verwaltungsübertretung gemäß § 77 Abs 1 Z 5 dar und stützt sich auf Art 8 Abs 2 UnionsbürgerRL. Auf Grund der formalitäts- und voraussetzungsfreien Einreise und des ebenso formalitäts- und voraussetzungsfreien maximal dreimonatigen Aufenthalts eines EWR-Bürgers (vgl Art 5 und 6 UnionsbürgerRL; § 17 Abs 4 FPG) kann sich die Beurteilung der Rechtzeitigkeit der Anmeldung durch die Behörde durchaus schwierig gestalten, zumal dieser in den meisten Fällen ohne konkrete Angaben des betreffenden EWR-Bürgers und ohne genauere Nachforschungen ihm Rahmen eines Ermittlungsverfahrens keine Anhaltspunkte über den genauen Tag der Einreise vorliegen werden. Insofern wird sich der behördliche Nachweis der fehlenden Rechtzeitigkeit für die Verhängung einer Verwaltungsstrafe – ohne aufwändiges Ermittlungsverfahren – sehr schwierig gestalten.

6. Anm: EWR-Bürger, die bereits vor dem 1. Jänner 2006 in Österreich niedergelassen und nach dem MeldeG ordnungsgemäß gemeldet waren, brauchen keine Anmeldebescheinigung beantragen. Ihre Meldung nach dem MeldeG gilt ex lege als Anmeldebescheinigung (§ 81 Abs 4).

Daueraufenthaltskarten

§ 54. (1) Angehörige von freizügigkeitsberechtigten EWR-Bürgern (§ 51), die nicht EWR-Bürger sind und die die in § 52 Z 1 bis 3 genannten Voraussetzungen erfüllen, sind zur Niederlassung berechtigt. Ihnen ist auf Antrag eine Daueraufenthaltskarte für die Dauer von zehn Jahren auszustellen. Dieser Antrag ist spätestens nach Ablauf von drei Monaten ab ihrer Niederlassung zu stellen.

(2) Zum Nachweis des Rechts sind ein gültiger Personalausweis oder Reisepass sowie
1. nach § 52 Z 1 ein urkundlicher Nachweis des Bestehens der Ehe;
2. nach § 52 Z 2 und 3 ein urkundlicher Nachweis über das Bestehen einer familiären Beziehung sowie bei Kindern über 21 Jahren und Verwandten des EWR-Bürgers oder seines Ehegatten in gerader aufsteigender Linie ein Nachweis über die tatsächliche Unterhaltsgewährung

vorzulegen.

Übersicht:

1.	Hinweise auf europarechtliche Normen
2.	Hinweise auf innerstaatliche Normen
3.	Materialien
4.-9.	Anmerkungen
10.	Judikatur

1. Art 7 Abs 2 und Art 20 sowie Art 9 bis 11 UnionsbürgerRL, IV.B.8.

2. § 5 und Anhang D NAG-DV, VI.D.; § 85 FPG, II.B.

3. RV 952 XXII. GP

Das Recht auf Aufenthalt für mehr als drei Monate in einem anderen EWR-Staat steht nach Art. 7 Abs. 2 der Richtlinie 2004/38/EG neben EWR-Bürgern und ihren Angehörigen, die selbst EWR-Bürger sind, auch bestimmten Angehörigen von EWR-Bürgern, die Drittstaatsangehörige sind und den EWR-Bürger in den Aufnahmemitgliedstaat begleiten oder ihm nachziehen, zu. Durch die Bestimmung des § 54 wird dieses von der Richtlinie 2004/38/EG vorgesehene Recht ins innerstaatliche Recht umgesetzt.

Nach Abs. 1 ist solchen Angehörigen auf Antrag eine „Daueraufenthaltskarte" für die Dauer von zehn Jahren auszustellen (siehe § 9 Abs. 1 Z 2). Dadurch wird zulässigerweise eine im Vergleich zu den Bestimmungen der Richtlinie 2004/38/EG für den Drittstaatsangehörigen günstigere innerstaatliche Vorschrift geschaffen (Art. 37 der Richtlinie). Grundsätzlich sehen die Art. 9 bis 11 der Richtlinie die Ausstellung einer „Aufenthaltskarte für Familienangehörige eines Unionsbürgers" vor, die für fünf Jahre oder für die geplante Aufenthaltsdauer des Unionsbürgers gilt (Art. 11 Abs. 1 der Richtlinie). Nach Art. 20 ist einem solchen Angehörigen im Fall des Daueraufenthalts nach einer Niederlassung von fünf Jahren eine „Daueraufenthaltskarte" mit zehnjähriger Gültigkeit auszustellen, die automatisch alle zehn Jahre verlängerbar ist. Durch die alleinige Einführung der „Daueraufenthaltskarte" und den zulässigen Verzicht auf die „Aufenthaltskarte" kann neben Erleichterungen für den Antragsteller auch eine Verwaltungsvereinfachung durch die Entlastung der Behörden erzielt werden, zumal dem begünstigten Angehörigen bereits zum Beginn seiner Niederlassung auf seinen Antrag hin eine Daueraufenthaltskarte mit zehnjähriger Gültigkeit ausgestellt wird und dieser nicht bereits nach Ablauf von fünf Jahren im Fall des Daueraufenthalts erneut an die Behörde herantreten muss.

Der Kreis dieser begünstigten Angehörigen, die Drittstaatsangehörige sind, ist im Vergleich zu den Angehörigen, die selbst EWR-Bürger sind (§ 52 Z 1 bis 5), auf die in Z 1 bis 3 genannten Angehörigenverhältnisse beschränkt. Nicht erfasst sind davon die Lebenspartner und die sonstigen Angehörigen des EWR-Bürgers nach § 52 Z 4 und 5. Das eingeschränkte Niederlassungsrecht dieser Angehörigen des EWR-Bürgers, die Drittstaatsangehörige und Angehörige iSd § 52 Z 4 (Lebenspartner) und Z 5 („sonstige Angehörige") sind, bestimmt sich nach § 56 im Einklang mit Art. 3 Abs. 2 der Richtlinie 2004/38/EG.

Die Zulässigkeit dieser Einschränkung ergibt sich aus der Begriffsbestimmung der Familienangehörigen nach Art. 2 Z 2 und der Bestimmung des Art. 3 Abs. 2 der Richtlinie 2004/38/EG. Die Ausweitung des Kreises der begünstigten Angehörigen über die in Art. 2 Z 2 genannten Angehörigen hinaus kann gemäß Art. 3 Abs. 2 der Richtlinie nach Maßgabe der innerstaatlichen Rechtsvorschriften geregelt werden.

Der Antrag auf Ausstellung der Daueraufenthaltskarte ist vom Angehörigen spätestens nach Ablauf von drei Monaten ab seiner Niederlassung bei der zuständigen Behörde einzubringen (siehe Art. 9 Abs. 2 der Richtlinie 2004/38/EG). Zeitpunkt der Niederlassung ist der Zeitpunkt der Einreise in Österreich. Für diese Familienangehörigen gilt gemäß § 21 Abs. 2 Z 1 die Inlandsantragstellung. Die nicht fristgerechte Beantragung der Daueraufenthaltskarte stellt nach § 77 Abs. 1 Z 5 eine Verwaltungsübertretung dar und ist entsprechend zu bestrafen. Gemäß Art. 9 Abs. 3 bzw. Art. 20 Abs. 2 der Richtlinie 2004/38/EG kann die Nichterfüllung der Anmeldepflicht mit verhältnismäßigen und nicht diskriminierenden Sanktionen geahndet werden.

Die in Abs. 2 Z 1 bis 2 für die einzelnen Fälle des § 52 Z 1 bis 3 aufgezählten Nachweise (jedenfalls ein gültiger Personalausweis oder Reisepass) stehen im Einklang mit Art. 10 Abs. 2 der Richtlinie 2004/38/EG.

Die Daueraufenthaltskarte gilt nach § 9 Abs. 2 als Identitätsdokument. Form und Inhalt werden durch Verordnung des Bundesministers für Inneres festgelegt.

4. Anm: Ebenso wie bei der Anmeldebescheinigung wurde aus Gründen der Verwaltungsökonomie und im Einklang mit dem Günstigkeitsprinzip auf die in der UnionsbürgerRL vorgesehene Trennung zwischen Aufenthaltskarte und Daueraufenthaltskarte verzichtet.

5. Anm: Auch die Daueraufenthaltskarte ist nach drei Monaten Aufenthalt zu beantragen. Geschieht dies nicht, so begeht der den EWR- oder Schweizer Bürger begleitende oder nachziehende Drittstaatsangehörige eine Verwaltungsübertretung nach § 77 Abs 1 Z 5 (vgl Art 9 Abs 3 UnionsbürgerRL).

Nach Art 5 Abs 2 ist sichtvermerkspflichtigen Drittstaatsangehörigen in einem beschleunigten Verfahren unentgeltlich ein Einreisevisum auszustellen. Innerstaatlich wurden diese Verfahrensgarantien im FPG umgesetzt: Nach § 85 Abs 1 FPG sind Angehörige des EWR- oder Schweizer Bürgers begünstigte Drittstaatsangehörige nach § 2 Abs 4 Z 11 FPG. Als solche unterliegen sie zwar der Sichtvermerkspflicht, haben aber einen Rechtsanspruch auf Erteilung eines Visums. Die Erteilung des Visums ist nach § 85 Abs 2 FPG von den Stempelgebühren und Verwaltungsabgaben befreit.

6. Anm: Ein Drittstaatsangehöriger kann sich nur dann auf § 54 berufen, wenn er sich in dem Zeitpunkt rechtmäßig in einem anderen Mitgliedstaat aufhält, in dem er den zusammenführenden Österreicher, anderen EWR- oder Schweizer Bürger nach Österreich begleitet oder ihm nach Österreich nachzieht (vgl Art 7 Abs 2 UnionsbürgerRL). Hält sich der drittstaatsangehörige Familienangehörige hingegen nicht rechtmäßig im Hoheitsgebiet des anderen Mitgliedstaates auf, dann steht ihm das Recht auf Freizügigkeit nach der UnionsbürgerRL und § 54 jedoch nicht zu. In diesem Fall richtet sich die Familienzusammenführung nach § 47 (vgl EuGH Rs C-109/01, Slg 2003, I-09607).

Besteht zwischen einem Drittstaatsangehörigen und einem freizügigkeitsberechtigten Österreicher, EWR- oder Schweizer Bürger eine Ehe, die keine Aufenthaltsehe ist, so ist nach der Rspr des EuGH (s.o.) der Umstand, dass sich die Ehegatten in einem anderen Mitgliedstaat niedergelassen haben, um bei ihrer Rückkehr nach Österreich in den Genuss der vom Gemeinschaftsrecht verliehenen Rechte zu kommen, für die Beurteilung ihrer Rechtslage durch die zuständige Behörde unerheblich.

Liegt jedoch eine Aufenthaltsehe, die zur Umgehung der für Drittstaatsangehörige nach innerstaatlichem Recht geltenden Einreise- und Aufenthaltsbestimmungen geschlossen wurde, vor (vgl § 30 Abs 1, § 117 FPG), dann kommt § 54 nicht zur Anwendung (vgl EuGH wie oben).

Die örtliche Veränderung des Familienangehörigen – dh die Einreise und der Aufenthalt in Österreich – muss jedenfalls in unmittelbaren Zusammenhang mit der Ausübung des Rechts auf Freizügigkeit durch den Österreicher, anderen EWR- oder Schweizer Bürger stehen. Hält sich Letzterer nur vorübergehend in Österreich auf, dh ohne den Willen, sich hier für längere Zeit oder auf Dauer niederzulassen, dann kommt die Ausstellung einer Daueraufenthaltskarte für den Familienangehörigen nicht in Frage. Der Aufenthalt des Familienangehörigen richtet sich in diesem Fall nach den Sonderbestimmungen des § 85 FPG. Als vorübergehenden Aufenthalt wird man jeden Aufenthalt bis zu einer Dauer von drei Monaten (vgl Art 6 UnionsbürgerRL) ansehen können. Eine Daueraufenthaltskarte ist erst dann auszustellen, wenn sich die betreffende Ankerperson (§§ 51 und 57), die der Familienangehörige begleitet oder der er nachzieht, in Österreich angemeldet hat und bereits drei Monate in Österreich aufhält. Als „Anmeldung" kommt hier sowohl die Meldung eines Wohnsitzes nach dem MeldeG als auch die Ausstellung einer Anmeldebescheinigung nach § 53 in Frage. Diese Anmeldung kann nämlich als wesentliches Indiz dafür gewertet werden, dass sich die Ankerperson nicht nur vorübergehend in Österreich aufhalten will.

Im Übrigen siehe oben 6. zu § 47.

7. Anm: Im Unterschied zu Familienangehörigen von Drittstaatsangehörigen und Zusammenführenden iSd § 47 Abs 1 müssen Drittstaatsangehörige im Fall des § 54 die IV nicht erfüllen (vgl § 14 Abs 3: „Erteilung oder Verlängerung eines Aufenthaltstitels").

8. Anm: Im NAG nicht geregelt sind jene Fälle, in denen der freizügigkeitsberechtigte EWR-Bürger stirbt oder aus Österreich wegzieht oder die Ehe mit ihm geschieden oder sonst aufgehoben wird. Zu klären ist hier im Konkreten, inwiefern das Aufenthaltsrecht des Angehörigen, der selbst nicht EWR-Bürger ist, aufrechterhalten wird. Mangels ausdrücklicher innerstaatlicher Normen werden in diesen Fällen die einschlägigen Bestimmungen der UnionsbürgerRL (VI.B.8.) direkt anzuwenden sein, zumal diese auch hinreichend bestimmt sind (vgl *Öhlinger*, Verfassungsrecht[6] [2005] Rz 143).

Die UnionsbürgerRL unterscheidet bei der Aufrechterhaltung des Aufenthaltsrechts der Angehörigen einerseits, ob der Angehörige selbst EWR-Bürger oder Drittstaatsangehöriger ist, und andererseits, ob der Angehörige bereits das Recht auf Daueraufenthalt (idR nach fünf Jahren) erworben hat (Art 12 bis 14 und 16).

Da es sich bei den Angehörigen gemäß § 54 um Drittstaatsangehörige handelt, sind je nach Sachverhalt die folgenden Bestimmungen der UnionsbürgerRL direkt anzuwenden:

1.) Nach Art 12 Abs 2 führt der *Tod* des freizügigkeitsberechtigten EWR-Bürgers nicht zum Verlust des Aufenthaltsrechts des Angehörigen, wenn sich dieser bereits seit mindestens einem Jahr in Österreich aufgehalten hat und nachweisen kann, dass er
– Arbeitnehmer oder Selbständiger ist oder für sich und seine Familienangehörigen über ausreichende Existenzmittel verfügt, so dass er während seines Aufenthalts keine Sozialhilfeleistungen in Anspruch nehmen muss, oder
– über einen umfassenden Krankenversicherungsschutz in Österreich verfügt oder
– als Familienangehöriger einer Person gilt, die ihrerseits diese Voraussetzungen erfüllt.

Die betreffenden Angehörigen behalten ihr Aufenthaltsrecht ausschließlich auf persönlicher Grundlage.

2.) Zieht der freizügigkeitsberechtigte EWR-Bürger aus Österreich weg oder stirbt er, dann führt dies weder für seine Kinder noch für den Elternteil, der die elterliche Sorge für die Kinder tatsächlich wahrnimmt, *bis zum Abschluss der Ausbildung* zum Verlust des Aufenthaltsrechts, wenn sich die Kinder in Österreich aufhalten und in einer Bildungseinrichtung zu Ausbildungszwecken eingeschrieben sind (Art 12 Abs 3).

3.) Nach Art 13 Abs 2 führt die *Scheidung* oder *Aufhebung der Ehe* nicht zum Verlust des Aufenthaltsrechts des Angehörigen, wenn
- die Ehe bis zur Einleitung des gerichtlichen Scheidungs- oder Aufhebungsverfahrens mindestens drei Jahre und davon mindestens ein Jahr in Österreich bestanden hat oder
- dem Ehegatten das Sorgerecht für die Kinder übertragen wurde oder
- es auf Grund besonders schwieriger Umstände (zB Opfer von Gewalt in der Familie) erforderlich ist oder
- dem Ehegatten das Recht zum persönlichen Umgang mit dem minderjährigen Kind zugesprochen wird und das Gericht zur Auffassung gelangt sit, dass der Umgang – solange er für nötig erachtet wird – ausschließlich in Österreich erfolgen darf.

Zusätzlich zu einer dieser alternativen Voraussetzungen muss der betreffende Ehegatte die gleichen Nachweise wie Angehörige im Todesfall erbringen (Erwerbstätigkeit oder ausreichende Existenzmittel, Krankenversicherungsschutz).

4.) Haben diese Angehörigen bereits nach Art 16 oder 18 das *Recht auf Daueraufenthalt* erworben (dh nach mindestens fünf Jahren rechtmäßigem und ununterbrochenem Aufenthalt in Österreich), dann führt nur die Abwesenheit von Österreich von über zwei aufeinander folgenden Jahren zum Verlust des Aufenthaltsrechts in Österreich (Art 16 Abs 4). Für den Erwerb des Rechts auf Daueraufenthalt bereits vor Ablauf von fünf Jahren siehe Art 17.

9. Anm: Eine Aufenthaltsbeendigung (Ausweisung) ist nur nach Maßgabe des § 55 iVm § 86 FPG zulässig (vgl Art 14, 15 und 27 ff UnionsbürgerRL).

10. Jud: EuGH Rs C-370/90, Slg 1992, I-04265; Rs C-109/01, Slg 2003, I-09607.

Fehlen des Niederlassungsrechts

§ 55. (1) Besteht das gemäß §§ 51, 52 und 54 dokumentierte Niederlassungsrecht nicht, weil eine Gefährdung aus Gründen der öffentlichen Ordnung, Sicherheit oder Gesundheit vorliegt oder weil die Nachweise nach § 53 Abs. 2 oder § 54 Abs. 2 nicht erbracht werden, hat die Behörde den Antragsteller vom Nichtvorliegen der Voraussetzungen schriftlich in Kenntnis zu setzen und ihm mitzuteilen, dass die Fremdenpolizeibehörde hinsichtlich einer möglichen Aufenthaltsbeendigung befasst wurde. Die Fremdenpolizeibehörde ist unverzüglich, spätestens jedoch gleichzeitig mit der Mitteilung an den Antragsteller zu befassen.

(2) Unterbleibt eine Aufenthaltsbeendigung (§§ 53 und 54 FPG), hat die Fremdenpolizeibehörde dies der Behörde mitzuteilen. In diesem Fall hat die Behörde die Dokumentation des Aufenthalts- und Niederlassungsrechts unverzüglich vorzunehmen.
(3) Erwächst eine Aufenthaltsbeendigung in Rechtskraft, ist das Verfahren einzustellen. Das Verfahren ist im Fall der Aufhebung einer Aufenthaltsbeendigung fortzusetzen, wenn nicht neuerlich eine aufenthaltsbeendende Maßnahme gesetzt wird.

Übersicht:
1. Hinweise auf europarechtliche Normen
2. Hinweise auf innerstaatliche Norm
3. Materialien
4. Anmerkung

1. Art 14 und 15 sowie Art 27 bis 33 UnionsbürgerRL, IV.B.8.

2. § 86 FPG, II.B.

3. RV 952 XXII. GP

Nach Abs. 1 hat die Behörde den Antragsteller schriftlich davon in Kenntnis zu setzen, wenn eine Gefährdung aus Gründen der öffentlichen Ordnung, Sicherheit oder Gesundheit vorliegt oder die für die Ausstellung der Anmeldebescheinigung oder der Daueraufenthaltskarte vorgeschriebenen Nachweise (§ 53 Abs. 2 und § 54 Abs. 2) nicht erbracht werden. Die Behörde nach diesem Bundesgesetz hat unverzüglich, spätestens jedoch gleichzeitig mit dem Antragsteller, auch die nach dem Fremdenpolizeigesetz 2005 zuständige Sicherheitsbehörde vom Vorliegen eines solchen Umstands zu verständigen, damit diese im Hinblick auf eine mögliche Beendigung des Aufenthalts des betreffenden EWR-Bürgers oder dessen Angehörigen tätig werden kann. Die in Abs. 1 genannten Beschränkungen des gemeinschaftsrechtlichen Niederlassungsrechts von EWR-Bürgern und ihren Angehörigen aus Gründen der öffentlichen Ordnung, Sicherheit oder Gesundheit sind nach Art. 27 der Richtlinie 2004/38/EG zulässig.

Abs. 2 bestimmt, dass die zuständige Fremdenpolizeibehörde der Behörde nach diesem Bundesgesetz das Unterbleiben einer Aufenthaltsbeendigung mitzuteilen hat; diesfalls ist dem EWR-Bürger oder dessen Angehörigen von der Behörde unverzüglich die Anmeldebescheinigung bzw. die Daueraufenthaltskarte auszustellen.

Nach Abs. 3 ist das Verfahren zur Ausstellung einer Anmeldebescheinigung oder Daueraufenthaltskarte einzustellen, wenn eine Aufenthaltsbeendigung nach dem Fremdenpolizeigesetz 2005 in Rechtkraft erwächst, und fortzusetzen, wenn die Aufenthaltsbeendigung aufgehoben wird, sofern von der Fremdenpolizeibehörde nicht neuerlich eine aufenthaltsbeendende Maßnahme gesetzt wird.

4. Anm: Die fremdenpolizeiliche Anschlussbestimmung findet sich in § 86 FPG.

Sonderfälle der Niederlassung von Angehörigen von EWR-Bürgern

§ 56. (1) Angehörigen im Sinne des § 52 Z 4 und 5 von freizügigkeitsberechtigten EWR-Bürgern (§ 51), die selbst nicht EWR-Bürger sind, kann auf Antrag eine quotenfreie „Niederlassungsbewilligung – Angehöriger" erteilt werden, wenn sie die Voraussetzungen des 1. Teiles erfüllen. Unbeschadet eigener Unterhaltsmittel hat der zusammenführende EWR-Bürger jedenfalls auch eine Haftungserklärung abzugeben.

(2) Zum Nachweis des Rechts sind ein gültiger Personalausweis oder Reisepass sowie
1. nach § 52 Z 4 der Nachweis des Bestehens einer dauerhaften Beziehung mit dem EWR-Bürger im Herkunftsstaat;
2. nach § 52 Z 5 ein urkundlicher Nachweis einer zuständigen Behörde des Herkunftsstaates über die Unterhaltsleistung des EWR-Bürgers oder des Lebens in häuslicher Gemeinschaft oder der Nachweis der schwerwiegenden gesundheitlichen Gründe, die die persönliche Pflege durch den EWR-Bürger zwingend erforderlich machen,

vorzulegen.

(3) Angehörigen nach Abs. 1 kann eine „Niederlassungsbewilligung – beschränkt" erteilt werden, wenn
1. sie die Voraussetzungen des 1. Teiles erfüllt haben,
2. ein Quotenplatz vorhanden ist und
3. eine Berechtigung nach dem Ausländerbeschäftigungsgesetz vorliegt.

Übersicht:

1. Hinweise auf europarechtliche Norm
2. Hinweise auf innerstaatliche Normen
3. Materialien
4.-6. Anmerkungen

1. Art 3 Abs 2 UnionsbürgerRL, IV.B.8.

2. § 3 Abs 1 bis 9, jeweils Z 6 NLV 2006, VI.F.

3. RV 952 XXII. GP

Das Niederlassungsrecht von begünstigten Angehörigen von EWR-Bürgern, die Drittstaatsangehörige und Angehörige iSd § 52 Z 1 bis 3 sind, ist im Hinblick auf den nach Art. 2 Z 2 der Richtlinie 2004/38/EG definierten obligatorischen Kreis der Angehörigen eines EWR-Bürgers, der sein Recht auf Freizügigkeit in Anspruch genommen hat, in § 54 geregelt.

Ergänzend dazu regelt § 56 in Umsetzung des Art. 3 Abs. 2 der Richtlinie 2004/38/EG (Erleichterung nach Maßgabe des nationalen Rechts) das im Vergleich zu den erstgenannten Angehörigen eingeschränkte Niederlassungsrecht von Drittstaatsangehörigen, die Angehörige eines EWR-Bürgers iSd § 52 Z 4 (Lebenspartner) und Z 5 (sonstige Angehörige) sind.

Solchen Angehörigen kann nach Abs. 1 eine quotenfreie und auf zwölf Monate befristete „Niederlassungsbewilligung – Angehöriger" (§ 8 Abs. 2 Z 5) erteilt werden. Ein Rechtsanspruch darauf besteht nicht. Weiters sind sie nicht von der Möglichkeit einer Inlandsantragstellung erfasst. Der EWR-Bürger hat darüber hinaus neben eigenen Unterhaltsmitteln auch eine Haftungserklärung iSd § 2 Abs. 1 Z 15 abzugeben.
Abs. 2 regelt die nach den Vorgaben der Richtlinie 2004/38/EG vorgesehenen Nachweise (vgl. oben zu § 54 Abs. 2).
Nach Abs. 3 kann solchen Angehörigen eine „Niederlassungsbewilligung – beschränkt" (§ 8 Abs. 2 Z 4) erteilt werden, wenn zusätzlich eine Berechtigung nach dem Ausländerbeschäftigungsgesetz vorliegt und ein Quotenplatz frei ist (§ 12 NAG iVm § 18 Abs. 1 Z 4 NLV-G).

4. Anm: Die Quote für diese „Angehörigen-Zweckänderung" wird nach § 13 Abs 2 Z 4 in der jährlichen NLV geregelt (siehe § 3 Abs 1 bis 9, jeweils Z 6 NLV 2006). Vgl auch § 47 Abs 3 und 4.

5. Anm: Zur Erfüllung der Voraussetzungen des 1. Teiles siehe 4. zu § 41.

6. Anm: Geht das Aufenthaltsrecht des zusammenführenden EWR-Bürger unter, dann ist mangels ausdrücklicher Bestimmung für diese Angehörigen § 27 analog anzuwenden.

Schweizer Bürger und deren Angehörige sowie Angehörige von Österreichern

§ 57. Die Bestimmungen der §§ 51 bis 56 finden auch auf Schweizer Bürger, die ihr Recht auf Freizügigkeit in Anspruch genommen haben, und deren Angehörige sowie auf Angehörige von Österreichern, sofern diese ihr Recht auf Freizügigkeit in Anspruch genommen haben, Anwendung.

Übersicht:
1.	Hinweise auf europarechtliche Normen
2.	Materialien
3.-4.	Anmerkungen

1. Siehe IV.C.5. Freizügigkeitsabkommen EG-Schweiz.

2. RV 952 XXII. GP

§ 57 entspricht inhaltlich § 48a FrG 1997 und dient der Klarstellung, dass die Bestimmungen über das gemeinschaftsrechtliche Niederlassungsrecht von EWR-Bürgern und ihren Angehörigen gemäß §§ 51 bis 56 auch für Schweizer Bürger und ihre Angehörigen sowie für Angehörige von Österreichern, die ihr Recht auf Freizügigkeit in Anspruch genommen haben, gilt. Hier hat man sich etwa den Fall vorzustellen, dass ein Österreicher in Deutschland als Arbeitnehmer beschäftigt war und nunmehr mit seinen Angehörigen nach Österreich zurückkehrt.

3. Anm: Im Verhältnis zu § 48a FrG hinzugekommen sind Fälle von Angehörigen eines Österreichers, wenn Letzterer wie andere EWR-Bürger das Recht auf Freizügigkeit nach § 51 in Anspruch genommen hat. Im Hinblick auf die Legaldefinition des EWR-Bürgers nach § 2 Abs 1 Z 4, unter die Österreich nicht fallen (argum „Fremde"), und die gemeinschaftsrechtlich gebotene Gleichbehandlung der Sachverhalte war eine eigene Sonderbestimmung notwendig.

4. Anm: Zum Recht auf Freizügigkeit siehe § 2 Abs 1 Z 14.

Die Familienzusammenführung von Schweizer Bürgern, die dauernd in Österreich wohnhaft sind und das Recht auf Freizügigkeit nicht ausüben, bestimmt sich nach § 47.

5. Hauptstück: Aufenthaltsbewilligungen

Rotationsarbeitskräfte

§ 58. Drittstaatsangehörigen kann eine Aufenthaltsbewilligung als Rotationsarbeitskraft (§ 2 Abs. 10 AuslBG) ausgestellt werden, wenn
1. **sie die Voraussetzungen des 1. Teiles erfüllen und**
2. **eine Sicherungsbescheinigung oder eine Berechtigung für Rotationsarbeitskräfte nach dem Ausländerbeschäftigungsgesetz vorliegt.**

Übersicht:
1. Hinweise auf innerstaatliche Normen
2. Materialien
3.-5. Anmerkungen

1. § 2 Abs 10, § 11 sowie § 20b Abs 4 AuslBG, III.L.; § 8 Z 1 NAG-DV, VI.D.; vgl auch § 24 FPG, II.B.

2. RV 952 XXII. GP

Diese Bestimmung regelt den vorübergehenden Aufenthalt zur Ausübung einer Erwerbstätigkeit als Rotationsarbeitkraft nach § 2 Abs. 10 AuslBG ohne Niederlassungsabsicht. Generell sind Rotationsarbeitskräfte unselbständig erwerbstätig und haben einen Arbeitsvertrag mit einem international tätigen Dienstgeber. In Frage kommen etwa leitende Angestellte oder der Unternehmensleitung zugeteilte qualifizierte Mitarbeiter.

Um eine Aufenthaltsbewilligung als Rotationsarbeitskraft zu erhalten, ist es erforderlich, die Voraussetzungen des 1. Teiles zu erfüllen, die jedoch insbesondere im Hinblick auf die Integrationsvereinbarung zu relativieren sind. Demnach ist grundsätzlich gemäß § 14 Abs. 3 die Verpflichtung zur Erfüllung der Integrationsvereinbarung nur dann gegeben, wenn der Fremde erklärt, länger als zwölf Monate innerhalb von 24 Monaten in Österreich verbleiben zu wollen. Weiters soll es möglich sein, den Zweck des Aufenthaltstitels bei Erfüllung der jeweiligen Voraussetzungen zu ändern. Dies bedeutet, dass einer Rotationsarbeitskraft der Aufenthaltstitel „Niederlassungsbewilligung - Schlüsselkraft" erteilt werden kann, wenn sie die Erteilungsvoraussetzungen für letzteren erfüllt. Somit ist auch obige Regelung in Bezug auf die Integrationsvereinbarung dahingehend von Bedeutung, als dadurch solche Fälle jedenfalls nach einem Zeitraum von zwölf Monaten abgedeckt werden können.

Als unabdingbare Erteilungsvoraussetzung für die Erteilung einer Aufenthaltsbewilligung als Rotationsarbeitskraft ist eine Berechtigung nach dem Ausländerbeschäftigungsgesetz erforderlich.

3. Anm: Zur Erfüllung der Voraussetzungen des 1. Teiles siehe 4. zu § 41.

Dauert die Beschäftigung bis zu sechs Monate, dann unterliegt diese aus aufenthaltsrechtlicher Sicht dem FPG (vgl § 20 Abs 3 und § 24 FPG).

Nach § 20b Abs 4 AuslBG haben Rotationsarbeitskräfte die vorläufige Berechtigung zur Beschäftigungsaufnahme, wenn die Entscheidung über die Erteilung einer Beschäftigungsbewilligung nicht innerhalb der Sechs-Wochen-Frist (§ 20a AuslBG) zugestellt wird.

4. Anm: Nach § 8 Z 1 NAG-DV ist zusätzlich zu den allgemeine Urkunden und Nachweisen eine Sicherungsbescheinigung (§ 11 AuslBG) oder eine Beschäftigungsbewilligung als Rotationsarbeitskraft nachzuweisen.

5. Anm: Familienangehörigen (§ 2 Abs 1 Z 9) von Rotationsarbeitskräften kann nach § 69 Abs 1 eine vom Zusammenführenden abgeleitete Aufenthaltsbewilligung für Familiengemeinschaft erteilt werden.

Betriebsentsandte

§ 59. Drittstaatsangehörigen kann eine Aufenthaltsbewilligung als Betriebsentsandter (§ 18 Abs. 4 AuslBG) ausgestellt werden, wenn
1. **sie die Voraussetzungen des 1. Teiles erfüllen und**
2. **eine Sicherungsbescheinigung oder eine Beschäftigungsbewilligung als Betriebsentsandter vorliegt.**

Übersicht:
1.   Hinweise auf innerstaatliche Normen
2.   Materialien
3.-5. Anmerkungen

1. § 18 AuslBG, III.L.; vgl auch §§ 20 Abs 3 und 31 Abs 1 Z 6 FPG, II.B.; § 8 Z 2 NAG-DV, VI.D.

2. RV 952 XXII. GP

Die grundsätzlichen Bemerkungen über die Zweckänderung und die Integrationsvereinbarung bei den Rotationsarbeitskräften gilt auch im gleichen Umfang für die Personengruppe der Betriebsentsandten nach § 18 Abs. 4 AuslBG. Betriebsentsandte sind Arbeitskräfte eines ausländischen Arbeitgebers ohne Betriebssitz im Bundesgebiet, die zur Erfüllung einer vertraglichen Verpflichtung ihres Arbeitgebers zu einem österreichischen Auftraggeber entsandt werden. Wesentlich dabei ist, dass das Beschäftigungsverhältnis des Betriebsentsandten zu seinem ausländischen Arbeitgeber aufrecht bleibt und der Betriebsentsandte vom österreichischen Vertragspartner nicht für betriebseigene Tätigkeiten eingesetzt wird.

3. Anm: Zur Erfüllung der Voraussetzungen des 1. Teiles siehe 4. zu § 41.

Eine Aufenthaltsbewilligung für Betriebsentsandte ist nur dann auszustellen, wenn sich der betreffende Fremde länger als sechs Monate im Bundesgebiet aufhalten will (§ 1 Abs 1). Im Hinblick auf § 18 Abs 4 AuslBG ist hier jedenfalls eine Beschäftigungsbewilligung erforderlich, die vom Inhaber jenes Betriebes mit Sitz im Bundesgebiet beantragt werden muss, in dem der Fremde beschäftigt werden soll (§ 19 Abs 1 AuslBG).

Beschäftigungen als Betriebsentsandte bis zu sechs Monaten unterliegen neben den Bestimmungen des § 18 AuslBG (zB Anzeigebestätigung nach § 18 Abs 3, Beschäftigungs- oder Entsendebewilligung nach § 18 Abs 1) den Bestimmungen des FPG (s §§ 20 Abs 3 und 31 Abs 1 Z 6).

4. Anm: Nach § 8 Z 2 NAG-DV ist zusätzlich zu den allgemeine Urkunden und Nachweisen eine Sicherungsbescheinigung (§ 11 AuslBG) oder eine Beschäftigungsbewilligung für Betriebsentsandte (§ 18 Abs 4 AuslBG) nachzuweisen.

5. Anm: Ein Familiennachzug ist bei Betriebsentsandten nach § 69 Abs 2 ausdrücklich ausgeschlossen.

Selbständige

§ 60. (1) Drittstaatsangehörigen kann eine Aufenthaltsbewilligung als Selbständiger ausgestellt werden, wenn
1. **sie die Voraussetzungen des 1. Teiles erfüllen,**
2. **sie sich zur Durchführung einer bestimmten selbständigen Tätigkeit vertraglich verpflichtet haben und diese Verpflichtung länger als sechs Monate bestehen wird und**
3. **die zuständige Landesgeschäftstelle des Arbeitsmarktservice bei begründeten Zweifeln der Behörde am Vorliegen einer selbständigen Tätigkeit auf deren Anfrage festgestellt hat, dass auf Grund der vorgelegten Unterlagen eine selbständige Tätigkeit im Sinne der Z 2 vorliegt, die Bestimmungen des Ausländerbeschäftigungsgesetzes nicht verletzt werden und die Ausübung dieser Tätigkeit unter wirtschaftlichen und arbeitsmarktpolitischen Gesichtspunkten im Interesse Österreichs liegt.**

§ 2 Abs. 4 AuslBG bleibt unberührt.

(2) Nach Erteilung einer Aufenthaltsbewilligung nach Abs. 1 hat die Behörde die Bewilligungen und jeweils eine Kopie des Vertrages und der Feststellung der regionalen Geschäftsstelle des Arbeitsmarktservice dem für die Vollziehung des Ausländerbeschäftigungsgesetzes zuständigen Zollamt zu übermitteln, in dessen örtlichen

Zuständigkeitsbereich der Auftraggeber seinen Sitz hat. Hat der Auftraggeber keinen Sitz im Inland, sind diese dem nach dem Wohnsitz des Drittstaatsangehörigen zuständigen Zollamt zu übermitteln. Die Behörde hat den Drittstaatsangehörigen bei der Antragstellung von dieser Übermittlung nachweislich in Kenntnis zu setzen.

Übersicht:
1. Hinweise auf innerstaatliche Normen
2.-5. Materialien
6.-8. Anmerkungen

1. § 2 Abs 4 AuslBG, III.L.; § 8 Z 3 NAG-DV, VI.D.; vgl auch § 24 FPG, II.B.

2. RV 952 XXII. GP

Die Bestimmung des Abs. 1 soll gewährleisten, jenen Fremden, die eine selbständige Tätigkeit ausüben, aber keine Niederlassungsabsicht haben, unter der Voraussetzung, dass sie zu einer länger als sechs Monate dauernden selbständigen Tätigkeit vertraglich verpflichtet sind, den Aufenthalt zu ermöglichen. Da die Voraussetzungen des 1. Teiles erfüllt sein müssen, sei im Besonderen darauf hingewiesen, dass sie jedenfalls über einen Krankenversicherungsschutz bei einer Versicherung verfügen müssen, die in Österreich leistungspflichtig ist. Diese Voraussetzung wird bei Erreichen eines den Vorgaben des § 2 GSVG entsprechenden Einkommens jedenfalls vorliegen; wird dieses Einkommen der Höhe nach nicht erreicht, hat der Fremde selbst für einen entsprechenden Krankenversicherungsschutz zu sorgen.

Nach Abs. 2 hat die Niederlassungsbehörde dem zuständigen Zollamt die Bewilligungsdaten und eine Kopie des betreffenden Vertrages zu übermitteln. Sinn dieser Bestimmung ist es, Fälle von Scheinselbständigkeit besser nachverfolgen und aufdecken zu können. Die bei den Zollämtern eingerichteten Kontrollorgane („KIAB") sollen dadurch bei der Durchführung ihrer Aufgaben unterstützt werden. Die Zur-Kenntnis-Bringung dieser Übermittlung an die Zollämter gegenüber dem Antragsteller kann etwa mittels seiner Unterschrift (argum. „nachweislich") bestätigt werden. Dadurch soll sich der Antragsteller bereits bei Antragstellung im Klaren darüber sein, dass die von ihm in der Folge aufgenommene Tätigkeit von den zuständigen Kontrollorganen auf ihre Zulässigkeit hin überprüft werden kann.

3. AB 1055 XXII. GP

Durch die Einfügung der Z 3 in Abs. 1 soll sichergestellt werden, dass nicht jede selbständige Tätigkeit von der Erteilung dieser Aufenthaltsbewilligung umfasst ist, sondern nur eine solche, an der ein wirtschaftliches und arbeitsmarktpolitisches Interesse Österreichs nachgewiesen wird. Es wird daher Aufgabe des Antragstellers sein, die entsprechenden Unterlagen – im Sinne des § 19 Abs. 2 und 3 – beizubringen. Die nachprüfende Kontrolle durch die KIAB soll ein vorabprüfendes Anschlussstück erhalten. Damit wird Scheinselbständigkeit bestmöglich hintan gehalten.

4. AF 1055 XXII. GP

Zu § 60 NAG trifft der Ausschuss folgende Feststellung: Nach § 2 Abs. 3 NAG stellt der Aufenthalt eines Drittstaatsangehörigen auf Grund einer Aufenthaltsbewilligung keine Niederlassung im Sinne des NAG dar. Der Ausschuss hält dazu ausdrücklich fest, dass die Erteilung der Aufenthaltsbewilligung für Selbständige gemäß § 60 NAG nur dann in Frage kommt, wenn seitens des Antragstellers nachweislich keine Absicht zur Niederlassung besteht. Eine Absicht zur Niederlassung besteht dann, wenn etwa der Wohnsitz im Herkunftsstaat aufgegeben wird, zur Ausübung der Tätigkeit Betriebsmittel über das Ausmaß geringwertiger Wirtschaftsgüter benötigt werden oder Bestandsobjekte (wie etwa Büro- oder Lagerräume) angeschafft, gemietet oder gepachtet werden müssen. Auch die Notwendigkeit einer Berechtigung nach der Gewerbeordnung ist ein Indiz für die Niederlassung. Die Behörde hat bis zum Nachweis des Gegenteils durch den Antragsteller von der Niederlassung auszugehen und wird in diesen Fällen eine Aufenthaltsbewilligung für Selbständige nicht erteilen können.

5. AB 1154 XXII. GP zu § 60 Abs. 1 idgF

Diese Regelung soll eine möglichst verwaltungsökonomische Zulassung von Selbständigen gewährleisten. Dem würde die ursprünglich vorgesehene zwingende Einbindung des Arbeitsmarktservice auch in Fällen, in denen keine Zweifel am Vorliegen einer selbständigen Tätigkeit bestehen, zuwider laufen. Hat die Behörde keine Zweifel am Vorliegen der Selbständigkeit kann sie somit unmittelbar die Aufenthaltsbewilligung erteilen. Umgekehrt gilt, dass bei klaren Fällen einer Umgehungshandlung (vorliegen einer Scheinselbständigkeit) auch unmittelbar, d.h. ohne Befassung des AMS, eine abweisende Entscheidung getroffen werden kann.

Die Verweisung auf § 2 Abs. 4 AuslBG scheint in diesem Zusammenhang deshalb zweckmäßig, weil es in dieser Bestimmung heißt: „Für die Beurteilung, ob eine Beschäftigung im Sinne des Abs. 2 vorliegt, ist der wahre wirtschaftliche Gehalt und nicht die äußere Erscheinungsform des Sachverhaltes maßgebend."

6. Anm: Zur Erfüllung der Voraussetzungen des 1. Teiles siehe 4. zu § 41.

Die Ausübung einer bloß vorübergehenden selbständigen Erwerbstätigkeit (§ 2 Abs 1 Z 7) unterliegt in fremdenrechtlichen Hinsicht den Bestimmungen des FPG. In diesen Fällen ist gemäß § 24 Abs 1 Z 1 FPG die Erteilung eines Aufenthalts-Reisevisums (Visum D+C) erforderlich.

7. Anm: Nach § 8 Z 3 NAG-DV ist zusätzlich zu den allgemeine Urkunden und Nachweisen ein schriftlicher Werkvertrag über die Leistung einer bestimmten selbständigen Tätigkeit, die länger als sechs Monate bestehen wird, vorzulegen.

8. Anm: Ein Familiennachzug ist bei diesen Selbständigen nach § 69 Abs 2 ausdrücklich ausgeschlossen.

Künstler

§ 61. Drittstaatsangehörigen kann eine Aufenthaltsbewilligung als Künstler ausgestellt werden, wenn
1. deren Tätigkeit überwiegend durch Aufgaben der künstlerischen Gestaltung bestimmt ist, sofern ihr Unterhalt durch das Einkommen gedeckt wird, das sie aus ihrer künstlerischen Tätigkeit beziehen; eine Haftungserklärung ist zulässig;
2. sie die Voraussetzungen des 1. Teiles erfüllen und
3. im Fall der Unselbständigkeit eine Sicherungsbescheinigung oder eine Beschäftigungsbewilligung als Künstler nach dem Ausländerbeschäftigungsgesetz vorliegt.

Übersicht:
- 1. Hinweise auf innerstaatliche Normen
- 2. Materialien
- 3.-6. Anmerkungen

1. § 4a und § 3 Abs 4 AuslBG, III.L.; § 8 Z 4 NAG-DV, VI.D.; vgl auch § 24 FPG, II.B.

2. RV 952 XXII. GP

Bei der Zielgruppe der Künstler ist zu unterscheiden, ob es sich der Art nach um eine selbständige oder unselbständige Kunstausübung handelt, wobei im letzteren Fall eine Berechtigung nach dem Ausländerbeschäftigungsgesetz vorliegen muss. Kommt man nach den durch das Ausländerbeschäftigungsgesetz zu definierenden Kriterien zum Ergebnis, dass eine unselbständige künstlerische Tätigkeit ausgeübt wird, so darf sie dennoch nur dann angenommen werden, wenn diese Tätigkeit in quantitativer Hinsicht überwiegend ausgeübt wird. Von einer unselbständigen Tätigkeit kann somit nicht gesprochen werden, wenn der künstlerische Anteil der Tätigkeit nur eine untergeordnete Rolle spielt.

3. Anm: Bei der Art der Kunstausübung ist die Unterscheidung von selbständiger und unselbständiger künstlerischer Tätigkeit von größter Bedeutung. Im Fall der selbständigen Kunstausübung hat der Antragsteller einen entsprechenden schriftlichen „Künstlervertrag" vorzulegen. Unselbständige Künstler brauchen für die Ausübung eine Beschäftigungsbewilligung nach § 4a AuslBG. Die Kunstausübung bis zu sechs Monaten unterliegt dem FPG. Beschäftigungsrechtlich ist in diesen Fällen § 3 Abs 4 AuslBG anzuwenden (zB kurzfristige Auftritte oder Engagements).

4. Anm: Zur Erfüllung der Voraussetzungen des 1. Teiles siehe 4. zu § 41. Die Abgabe einer Haftungserklärung (§ 2 Abs 1 Z 15) ist zulässig, aber nicht verpflichtend.

5. Anm: Nach § 8 Z 4 NAG-DV sind zusätzlich zu den allgemeine Urkunden und Nachweisen weitere, je nach Art der Kunstausübung unterschiedliche Nachweise vorzulegen (s.o. 3.).

6. Anm: Familienangehörigen (§ 2 Abs 1 Z 9) von Künstlern kann nach § 69 Abs 1 eine vom Zusammenführenden abgeleitete Aufenthaltsbewilligung für Familiengemeinschaft erteilt werden.

Sonderfälle unselbständiger Erwerbstätigkeit

§ 62. Drittstaatsangehörigen kann eine Aufenthaltsbewilligung zur Ausübung einer unselbständigen Erwerbstätigkeit bei einem bestimmten Arbeitgeber ausgestellt werden, wenn
1. **sie die Voraussetzungen des 1. Teiles erfüllen und**
2. **eine Tätigkeit, die vom sachlichen Geltungsbereich des Ausländerbeschäftigungsgesetzes ausgenommen ist (§ 1 Abs. 2 bis 4 AuslBG), ausüben.**

Übersicht:

1. Hinweise auf innerstaatliche Normen
2.-3. Materialien
4.-9. Anmerkungen

1. § 1 Abs 2 bis 4 AuslBG, III.L.; weiters Ausländerbeschäftigungsverordnung (AuslBVO), BGBl 1990/469 idF BGBl II 2006/54; § 8 Z 5 NAG-DV, VI.D.; vgl auch § 24 FPG, II.B.

2. RV 952 XXII. GP

Diese Bestimmung ist im Konnex mit § 24 Fremdenpolizeigesetz zu sehen. Demnach kann einem Fremden zur Ausübung einer von den Bestimmungen des Ausländerbeschäftigungsgesetzes ausgenommenen unselbständigen Tätigkeit ein Aufenthalts-Reisevisum (Visum D+C) ausgestellt werden, wobei die Gültigkeit auf sechs Monate innerhalb eines Jahres beschränkt ist. Will nun ein Fremder eine solche Tätigkeit länger ausüben, hat er gegenständlich durch Erhalt einer Aufenthaltsbewilligung die Möglichkeit, wenn er die Voraussetzungen des 1. Teiles erfüllt. Auf Grund der Systematik wird somit auch derjenige, der zunächst diese Tätigkeit mit einem Aufenthalts-Reisevisum ausübt, zur Erlangung einer Aufenthaltsbewilligung inlandsantragsberechtigt sein, diese Tätigkeit aber nur dann länger als sechs Monate ausüben dürfen, wenn ihm die Aufenthaltsbewilligung erteilt wurde.

Vom Anwendungsbereich dieser Aufenthaltsbewilligung sind insbesondere Medienbedienstete und auch vom Ausländerbeschäftigungsgesetz ausgenommene Forscher, die nicht im Rahmen einer zertifizierten Forschungseinrichtung tätig sind (§ 67), erfasst.

§ 62

3. AB 1055 XXII. GP

Zu § 62 Z 2 NAG:
Diese Wortfolge kann im Hinblick auf Z 5 der RV zur Änderung des AuslBG, 948 d.B., entfallen.

4. Anm: Für die Erteilung dieser Aufenthaltsbewilligung für Sonderfälle unselbständiger Erwerbstätigkeit ist die länger als sechs Monate dauernde Ausübung einer vom AuslBG ausgenommenen Tätigkeit erforderlich (§ 1 Abs 1 und § 2 Abs 1 Z 8). Die bloß vorübergehende Ausübung solcher unselbständigen Tätigkeiten bis zu sechs Monaten unterliegt den Bestimmungen des FPG (§ 20 Abs 3 und § 24).

5. Anm: Vom sachlichen Geltungsbereich des AuslBG sind die in § 1 Abs 2 bis 4 AuslBG genannten Tätigkeiten ausgenommen. Auf Grund von § 1 Abs 4 AuslBG ist die AuslBVO (siehe oben 1.) ergangen, in der weitere Tätigkeiten vom Geltungsbereich des AuslBG ausgenommen werden. Zu diesen ausgenommenen unselbständigen Tätigkeiten zählen vor allem:
– seelsorgerische Tätigkeiten im Rahmen von gesetzlich anerkannten Kirchen und Religionsgemeinschaften (§ 1 Abs 2 lit d AuslBG), wobei hier ausschließliche oder überwiegende Lehrtätigkeiten (zB als Religionslehrer) auszunehmen sind;
– Tätigkeiten als Berichterstatter für ausländische Medien in Wort, Ton und Bild für die Dauer ihrer Akkreditierung als Auslandskorrespondenten beim BKA sowie Ausländer hinsichtlich ihrer für die Erfüllung der Aufgaben dieser Berichterstatter unbedingt erforderlichen Tätigkeiten für die Dauer ihrer Notifikation beim BKA (§ 1 Abs 2 lit g AuslBG);
– wissenschaftliche Tätigkeiten in der Forschung und Lehre, in der Entwicklung und der Erschließung der Künste sowie in der Lehre der Kunst (§ 1 Abs 2 lit i AuslBG);
– Tätigkeiten im Rahmen von Aus- und Weiterbildungs- oder Forschungsprogrammen der EU, wie zB Sokrates, Leonardo, Europäischer Freiwilligendienst (§ 1 Abs 2 lit j AuslBG);
– das ausländische Personal des auf Grund eines Übereinkommens zwischen den Vereinten Nationen und der Österreichischen Bundesregierung errichteten Europäischen Zentrums für Ausbildung und Forschung auf dem Gebiet der sozialen Wohlfahrt (BGBl 1982/31) hinsichtlich seiner wissenschaftlichen, pädagogischen, kulturellen und sozialen Tätigkeiten im Rahmen dieses Zentrums;
– das ausländische Lehrpersonal hinsichtlich seiner pädagogischen Tätigkeiten einschließlich der Betreuung der Vorschulstufen ab dem dritten Lebensjahr an der Internationalen Schule in Wien, an der Amerikanischen Internationalen Schule in Wien, an der Danube International School, an der Graz International and Bilingual School, an der Linz International School Auhof und an der American International School Salzburg;
– Ausländer hinsichtlich ihrer Tätigkeit als Austauschlehrer und Sprachassistenten an Unterrichtsanstalten und Universitäten im Rahmen zwischenstaatlicher Abkommen und Austauschprogramme;

- Ausländer hinsichtlich ihrer technischen Tätigkeiten im Rahmen zwischenstaatlicher Abkommen über den Luftverkehr;
- ausländische Studenten oder Absolventen im Rahmen eines auf Gegenseitigkeit beruhenden Austauschprogrammes, sofern der Austausch über Vereine, bei denen entweder eine österreichische Hochschule Mitglied ist oder welche in Zusammenarbeit mit einer österreichischen Hochschule tätig sind, abgewickelt wird;
- Ausländer hinsichtlich ihrer Lehr- oder Forschungstätigkeit an Einrichtungen zur Durchführung von Fachhochschul-Studiengängen gemäß dem Fachhochschulgesetz, BGBl 1993/340;
- Ausländer hinsichtlich ihrer militärfachlichen Tätigkeit an einer Dienststelle des BMLV;
- Ausländer hinsichtlich ihrer wissenschaftlichen oder pädagogischen Tätigkeit oder im Rahmen ihrer Ausbildung an der Diplomatischen Akademie und an der Sicherheitsakademie (§ 10a SPG);
- Ausländer zwischen 18 und 28 Jahren für eine sechs Monate dauernde Tätigkeit als Au-Pair-Kraft, sofern diese Tätigkeit von der Gastfamilie der zuständigen regionalen Geschäftsstelle des AMS zwei Wochen vor Beginn der Tätigkeit angezeigt wurde und die Geschäftsstelle eine Anzeigebestätigung ausgestellt hat.

6. Anm: Von den auf Grund dieser Aufenthaltsbewilligung tätigen Wissenschaftlern ist die Erteilung einer Aufenthaltsbewilligung für Forscher nach § 67 bei einer zertifizierten Forschungseinrichtung zu unterscheiden.

7. Anm: Zur Erfüllung der Voraussetzungen des 1. Teiles siehe 4. zu § 41.

8. Anm: Nach § 8 Z 5 NAG-DV sind zusätzlich zu den allgemeinen Urkunden und Nachweisen der dieser Tätigkeit zugrunde liegende Dienstvertrag und erforderlichenfalls die Anzeigebestätigung des AMS vorzulegen. Darüber hinaus wird die Behörde weitere Nachweise oder Bestätigungen verlangen können, sofern diese für die Beurteilung, ob eine Ausnahme vom AuslBG vorliegt oder nicht, erforderlich sind. Als solche kommen vor allem Nachweise über die künftige seelsorgerische Tätigkeit, die Akkreditierung oder Notifikation von ausländischen Berichterstattern oder im Fall von wissenschaftlichem Personal Nachweise über die wissenschaftliche Tätigkeit in der Forschung und Lehre in Frage.

9. Anm: Familienangehörigen (§ 2 Abs 1 Z 9) von Inhabern dieser Aufenthaltsbewilligung kann nach § 69 Abs 1 eine vom Zusammenführenden abgeleitete Aufenthaltsbewilligung für Familiengemeinschaft erteilt werden.

Schüler

§ 63. (1) Drittstaatsangehörigen kann eine Aufenthaltsbewilligung für Schüler ausgestellt werden, wenn sie
1. die Voraussetzungen des 1. Teiles erfüllen;
2. ordentliche Schüler einer öffentlichen Schule sind;

3. ordentliche Schüler einer Privatschule mit Öffentlichkeitsrecht sind;
4. Schüler einer Statutschule mit Öffentlichkeitsrecht nach § 14 Abs. 2 lit. b des Privatschulgesetzes, BGBl. Nr. 244/1962, sind oder
5. Schüler einer zertifizierten nichtschulischen Bildungseinrichtung sind (§ 70).

Eine Haftungserklärung ist zulässig.

(2) Die Ausübung einer Erwerbstätigkeit richtet sich nach dem Ausländerbeschäftigungsgesetz. Diese Erwerbstätigkeit darf das Erfordernis der Schulausbildung als ausschließlicher Aufenthaltszweck jedenfalls nicht beeinträchtigen.

(3) Dient der Aufenthalt des Drittstaatsangehörigen dem Besuch einer Schule im Sinne des Abs. 1, ist die Verlängerung einer Aufenthaltsbewilligung für diesen Zweck nur zulässig, wenn der Drittstaatsangehörige einen Nachweis über den Schulerfolg erbringt. Liegen Gründe vor, die der Einflusssphäre des Drittstaatsangehörigen entzogen, unabwendbar oder unvorhersehbar sind, kann trotz Fehlens des Schulerfolges eine Aufenthaltsbewilligung verlängert werden.

Übersicht:
1. Hinweise auf europarechtliche Normen
2.-3. Hinweise auf innerstaatliche Normen
4. Materialien
5.-9. Anmerkungen

1. Siehe IV.B.12. StudentenRL, insb Art 9 und 13.

2. § 8 Z 6 NAG-DV, VI.D.

3. Textauszug § 14 Abs 2 Privatschulgesetz

§ 14. (2) Privatschulen, die keiner öffentlichen Schulart entsprechen, ist das Öffentlichkeitsrecht zu verleihen, wenn
    a) die Voraussetzungen nach Abs. 1 lit. a vorliegen,
    b) die Organisation, der Lehrplan und die Ausstattung der Schule sowie die Lehrbefähigung des Leiters und der Lehrer mit einem vom Bundesminister für Unterricht und Kunst erlassenen oder genehmigten Organisationsstatut übereinstimmen und
    c) die Privatschule sich hinsichtlich ihrer Unterrichtserfolge bewährt hat.

4. RV 952 XXII. GP

Diese Bestimmung soll den Schülerbegriff dahingehend definieren, als es nach den dazu korrespondierenden schulrechtlichen Bestimmungen getroffenen schulischen Besonderheiten sinnvoll und zweckmäßig erscheint.

Demnach ist hinsichtlich des Schultypus zwischen öffentlichen Schulen, das sind etwa sämtliche im Schulorganisationsgesetz definierte Schulen, Privatschulen mit Öffentlichkeitsrecht und Statutschulen mit Öffentlichkeitsrecht im Sinne des Privatschulgesetzes zu unterscheiden. Solche Statutschulen sind Schulen, die von der öffentlichen Hand nicht angeboten werden und ein eigenes schulorganisatorisches und schulunterrichtliches Konzept verwirklichen (Musikschulen, Konservatorien oder Schulen für Altendienste und Pflegehilfe).

Es soll nun jenen Schülern eine Aufenthaltsbewilligung bei Erfüllung der Voraussetzungen des 1. Teiles erteilt werden, die ordentliche Schüler einer öffentlichen Schule oder einer Privatschule mit Öffentlichkeitsrecht sind, Schüler einer Statutschule mit Öffentlichkeitsrecht sind oder Schüler einer zertifizierten nichtschulischen Bildungseinrichtung (§ 70), wie etwa das Friedenszentrum Burg Schlaining, sind.

Die Abgabe einer Haftungserklärung (§ 2 Abs. 1 Z 15) ist zulässig.

In welchem Umfang Schüler berechtigt sind, einer Erwerbstätigkeit nachzugehen, richtet sich nach den Bestimmungen des Ausländerbeschäftigungsgesetzes (Abs. 2); jedenfalls darf durch eine derartige Erwerbstätigkeit die Schulausbildung nicht beeinträchtigt werden. Dies wird durch den Nachweis eines entsprechenden Schulerfolges nachzuweisen sein (s. Abs. 3).

Die erneute Erteilung einer Aufenthaltsbewilligung für Schüler ist nur zulässig, wenn der Antragsteller einen Schulerfolgsnachweis für das betreffende Schuljahr erbringt (Abs. 3).

5. Anm: Zur Erfüllung der Voraussetzungen des 1. Teiles siehe 4. zu § 41. Die Abgabe einer Haftungserklärung (§ 2 Abs 1 Z 15) ist zulässig, aber nicht verpflichtend.

6. Anm: Nach § 8 Z 6 NAG-DV sind zusätzlich zu den allgemeinen Urkunden und Nachweisen eine Aufnahmebestätigung der Schule, sofern diese keine Pflichtschule ist, der Nachweis über die Pflege und Erziehung des minderjährigen Schülers (vgl §§ 144 ff ABGB) durch eine volljährige, in Österreich wohnhafte natürliche Person (s Art 9 Abs 1 lit e StudentenRL) sowie im Verlängerungsfall ein Schulerfolgsnachweis vorzulegen.

Nach Art 6 Abs 1 lit d StudentenRL muss im Fall der Minderjährigkeit eine Erlaubnis der Eltern (dh wohl der Erziehungsberechtigten im Herkunftsstaat) für den geplanten Aufenthalt vorliegen. Dieser Nachweis wird von der NAG-DV nicht explizit verlangt, doch wird ihn die Behörde – neben dem Nachweis der Pflege und Erziehung in Österreich – im Einzelfall mit Berufung auf die StudentenRL verlangen können.

7. Anm: Nach Art 13 StudentenRL wird der Aufenthaltstitel für Schüler für die Dauer von höchstens einem Jahr ausgestellt. Die gemeinschaftsrechtliche Zulässigkeit der Verlängerungsmöglichkeit nach Abs 3 stützt sich auf die Günstigkeitsregelung nach Art 4 Abs 2 StudentenRL.

Dauert der beabsichtigte Schulbesuch höchstens sechs Monate, kann keine Aufenthaltsbewilligung für Schüler erteilt werden (§ 1 Abs 1). In diesem Fall ist ein Visum gemäß § 20 FPG zu beantragen. Dies gilt auch

§ 64

für Fälle des privaten Aufenthalts zu Ausbildungszwecken, die nicht in den Anwendungsbereich des § 63 fallen. Soll dieser private Ausbildungsaufenthalt länger als sechs Monate dauern, kommt für den betreffenden Fremden nur eine quotenpflichtige „Niederlassungsbewilligung – ausgenommen Erwerbstätigkeit" (§ 42) in Frage.

8. Anm: Für die Teilnahme an allfälligen Aufnahmeprüfungen oder die erforderliche persönliche Vornahme allenfalls vorgesehener Aufnahmeformalitäten bedarf es der Erteilung eines separaten Reisevisums (Visum C). Danach hat der Antragsteller in sein Herkunftsland zurückzukehren, weil er die Entscheidung über die Erteilung der Aufenthaltsbewilligung im Ausland abzuwarten hat (vgl § 21).

9. Anm: Ein Familiennachzug ist bei Schülern nach § 69 Abs 2 ausdrücklich ausgeschlossen.

Studierende

§ 64. (1) Drittstaatsangehörigen kann eine Aufenthaltsbewilligung für Studierende ausgestellt werden, wenn sie
1. die Voraussetzungen des 1. Teiles erfüllen und
2. ein ordentliches oder außerordentliches Studium an einer Universität, Fachhochschule oder akkreditierten Privatuniversität durchführen und im Fall eines Universitätslehrganges dieser nicht ausschließlich der Vermittlung einer Sprache dient.
Eine Haftungserklärung ist zulässig.
(2) Die Ausübung einer Erwerbstätigkeit richtet sich nach dem Ausländerbeschäftigungsgesetz. Diese Erwerbstätigkeit darf das Erfordernis des Studiums als ausschließlicher Aufenthaltszweck nicht beeinträchtigen.
(3) Dient der Aufenthalt des Drittstaatsangehörigen der Durchführung eines ordentlichen oder außerordentlichen Studiums, ist die Verlängerung einer Aufenthaltsbewilligung für diesen Zweck nur zulässig, wenn dieser nach den maßgeblichen studienrechtlichen Vorschriften einen Studienerfolgsnachweis der Universität, Fachhochschule oder akkreditierten Privatuniversität erbringt. Liegen Gründe vor, die der Einflusssphäre des Drittstaatsangehörigen entzogen, unabwendbar oder unvorhersehbar sind, kann trotz Fehlens des Studienerfolges eine Aufenthaltsbewilligung verlängert werden.

Übersicht:
1. Hinweise auf europarechtliche Normen
2.-3. Hinweise auf innerstaatliche Normen
4. Materialien
5.-10. Anmerkungen

1. Siehe IV.B.12. StudentenRL, insb Art 7, 8, 12 und 17.

2. § 8 Z 7 NAG-DV, VI.D.

3. Textauszug § 75 Abs 6 Universitätsgesetz 2002

§ 75. *(6) Die Universität hat einer oder einem ausländischen Studierenden ab dem zweiten Studienjahr auf Antrag der oder des Studierenden einen Studienerfolgsnachweis auszustellen, sofern sie oder er im vorausgegangenen Studienjahr positiv beurteilte Prüfungen im Umfang von mindestens 16 ECTS-Anrechnungspunkten (8 Semesterstunden) abgelegt hat.*

4. RV 952 XXII. GP

Mit dieser Bestimmung wird die Richtlinie 2004/114/EG umgesetzt. Sie soll es Studierenden, die über eine Zulassungs- oder Studienbestätigung für ein ordentliches oder außerordentliches Studium an einer Universität, Fachhochschule oder akkreditierten Privatuniversität verfügen oder die einen Universitätslehrgang mit Ausnahme eines Sprachlehrganges besuchen, ermöglichen, eine Aufenthaltsbewilligung bei Vorliegen der Voraussetzungen des 1. Teiles zu erhalten. Die Ausnahme von Universitätslehrgängen zur Sprachvermittlung soll den in der Praxis aufgetretenen Umgehungsversuchen vorbeugen.

Die Abgabe einer Haftungserklärung (§ 2 Abs. 1 Z 15) ist zulässig.

Der Umfang ihrer Berechtigung, ähnlich wie bei der Gruppe der Schüler einer Erwerbstätigkeit nachzugehen, richtet sich nach den Bestimmungen des Ausländerbeschäftigungsgesetzes; keinesfalls darf auch hier durch eine derartige Erwerbstätigkeit der Studienerfolg beeinträchtigt werden. Daher ist der Nachweis eines entsprechenden Studienerfolges zu erbringen (Abs. 2).

Die erneute Erteilung einer Aufenthaltsbewilligung für Studierende ist nur zulässig, wenn der Antragsteller einen Studienerfolgsnachweis über die von ihm betriebenen Studien erbringt (Abs. 3).

5. Anm: Zur Erfüllung der Voraussetzungen des 1. Teiles siehe 4. zu § 41. Die Abgabe einer Haftungserklärung (§ 2 Abs 1 Z 15) ist zulässig, aber nicht verpflichtend.

6. Anm: Nach § 8 Z 7 NAG-DV sind zusätzlich zu den allgemeinen Urkunden und Nachweisen eine Aufnahmebestätigung der Bildungseinrichtung und im Verlängerungsfall ein Studienerfolgsnachweis vorzulegen.

7. Anm: Nach Art 12 StudentenRL wird der Aufenthaltstitel für Studenten (entsprechend der österreichischen Terminologie hier „Studierende") für mindestens ein Jahr erteilt und kann verlängert werden.

Zur Ausübung einer Nebentätigkeit des Studierenden und die Beurteilung des Vorliegens des Studiums als ausschließlicher Aufenthaltszweck nach Abs 2 siehe auch Art 17 StudentenRL.

8. Anm: Für die Teilnahme an allfälligen Aufnahmeprüfungen oder die erforderliche persönliche Vornahme allenfalls vorgesehener Aufnahmeformalitäten bedarf es der Erteilung eines separaten Reisevisums (Visum

§ 65

C). Danach hat der Antragsteller in sein Herkunftsland zurückzukehren, weil er die Entscheidung über die Erteilung der Aufenthaltsbewilligung im Ausland abzuwarten hat (vgl § 21).

9. Anm: Familienangehörigen (§ 2 Abs 1 Z 9) von Inhabern dieser Aufenthaltsbewilligung kann nach § 69 Abs 1 eine vom Zusammenführenden abgeleitete Aufenthaltsbewilligung für Familiengemeinschaft erteilt werden.

10. Anm: Inhabern dieses Aufenthaltstitels kann nach erfolgreichem Abschluss ihres Studiums im Rahmen eines Zweckänderungsverfahrens eine quotenfreie „Niederlassungsbewilligung – Schlüsselkraft" erteilt werden (siehe § 41 Abs 5).

Inhaber eines Aufenthaltstitels „Daueraufenthalt – EG" eines anderen Mitgliedstaates

§ 65. Drittstaatsangehörigen, die einen Aufenthaltstitel „Daueraufenthalt – EG" eines anderen Mitgliedstaates besitzen, kann eine Aufenthaltsbewilligung zu Ausbildungszwecken (§ 63 oder 64) erteilt werden, wenn sie die Voraussetzungen der §§ 63 bis 64 erfüllen.

Übersicht:
1. Hinweise auf europarechtliche Normen
2. Materialien
3. Anmerkung

1. Art 3 Abs 2 lit d StudentenRL, IV.B.12. und Art 14 Abs 2 lit b LangfrRL, IV.B.6.

2. RV 952 XXII. GP

§ 65 stellt klar, dass Drittstaatsangehörigen eine Aufenthaltsbewilligung für Schüler oder Studierende nicht versagt werden darf, nur weil sie einen Aufenthaltstitel „Daueraufenthalt – EG" eines anderen Mitgliedstaates haben.

3. Anm: Nach Art 3 Abs 2 lit d der StudentenRL (IV.B.12.) findet diese RL keine Anwendung auf langfristig Aufenthaltsberechtigte nach der LangfrRL, die ihr Recht auf Aufenthalt in einem anderen Mitgliedstaat zur Absolvierung eines Studiums oder einer Berufsausbildung ausüben.

Mit der Bestimmung des § 65 wird jedoch in Umsetzung der nach Art 14 Abs 2 lit b LangfrRL garantierten Mobilität der langfristig Aufenthaltsberechtigten auch für die Absolvierung eines Studiums oder einer Berufsausbildung die Erteilung einer Aufenthaltsbewilligung für Schüler oder Studierende ausdrücklich ermöglicht.

Im Gegensatz zur Erteilung einer Niederlassungsbewilligung für Inhaber eines Aufenthaltstitels „Daueraufenthalt – EG" eines anderen EU-Mitgliedstaates (§ 49) ist die Erteilung einer Aufenthaltsbewilligung nicht quotenpflichtig.

Sozialdienstleistende

§ 66. (1) Drittstaatsangehörigen kann eine Aufenthaltsbewilligung für Sozialdienstleistende ausgestellt werden, wenn
1. sie die Voraussetzungen des 1. Teiles erfüllen;
2. der zu erbringende Dienst nicht dem Ausländerbeschäftigungsgesetz unterliegt und bei einer überparteilichen und gemeinnützigen Organisation erbracht wird, die selbst keine Erwerbszwecke verfolgt;
3. die Erbringung des Dienstes keine Erwerbszwecke verfolgt;
4. die Organisation, bei der sie ihren Dienst erbringen, eine Haftungserklärung abgegeben hat, und
5. ein Ausbildungs- oder Fortbildungscharakter der Tätigkeit nachgewiesen wird.

(2) Die Aufenthaltsbewilligung ist befristet für höchstens ein Jahr auszustellen; eine Verlängerung ist nicht möglich.

Übersicht:
1. Hinweise auf europarechtliche Normen
2. Hinweise auf innerstaatliche Normen
3. Materialien
4.-8. Anmerkungen

1. Siehe IV.B.12. StudentenRL, inbes Art 11 und 15.

2. § 8Z 8 NAG-DV, VI.D.

3. RV 952 XXII. GP

Durch diese Bestimmung wird der Richtlinie 2004/114/EG insofern Rechung getragen, als die darin vorgesehene Kategorie des Freiwilligendienstes aufgegriffen wird und nun in der vorgeschlagenen Form geregelt wird. Nach der bisherigen Rechtslage blieb die darunter zu subsumierende Personengruppe nicht unberücksichtigt, man musste sich jedoch, im Bewusstsein, dass dies letztlich nicht die Intention des Gesetzgebers war, mit einem Rückgriff auf die Gruppe der Auszubildenden oder auf jene ohne Erwerbsabsichten Aufhältigen helfen.

Die nun vorgeschlagene Aufenthaltsbewilligung ist an sehr stringente Voraussetzungen geknüpft; so müssen nicht nur die Voraussetzungen des 1. Teile[s] erfüllt sein, sondern dürfen keine Erwerbszwecke verfolgt werden, eine Haftungserklärung jener Organisation vorliegen, derer der Dienst zukommt, und ein Ausbildungs- und Fortbildungscharakter gegeben ist. Ebenfalls ist eine Verlängerung des Aufenthaltstitels in diesem Fall nicht möglich.

4. Anm: Zur Erfüllung der Voraussetzungen des 1. Teiles siehe 4. zu § 41. Die Abgabe einer Haftungserklärung (§ 2 Abs 1 Z 15) durch die Organisation ist verpflichtend (Abs 1 Z 4).

5. Anm: Nach § 8 Z 8 NAG-DV sind zusätzlich zu den allgemeinen Urkunden und Nachweisen besondere schriftliche Erklärungen der Organisation und des Antragstellers, eine Tätigkeitsbeschreibung und die Haftungserklärung der Organisation vorzulegen.

6. Anm: Zu Abs 2: Nach Art 15 der StudentenRL wird der Aufenthaltstitel für „Freiwillige" (hier: Sozialdienstleistende) nur für die Dauer von höchstens einem Jahr ausgestellt.

7. Anm: Inhaber einer Aufenthaltsbewilligung für Sozialdienstleistende dürfen gemäß § 8 Abs 5 während der Geltungsdauer im Inland weder um eine Aufenthaltsbewilligung mit anderem Zweckumfang noch um eine Niederlassungsbewilligung ansuchen.

8. Anm: Ein Familiennachzug ist bei Sozialdienstleistenden nach § 69 Abs 2 ausdrücklich ausgeschlossen.

Forscher

§ 67. (1) Drittstaatsangehörigen kann eine „Aufenthaltsbewilligung – Forscher" ausgestellt werden, wenn
1. **sie die Voraussetzungen des 1. Teiles erfüllen und**
2. **eine Tätigkeit, die vom sachlichen Geltungsbereich des Ausländerbeschäftigungsgesetzes ausgenommen ist, für eine Forschungseinrichtung ausüben.**

(2) Liegt eine Aufnahmevereinbarung einer zertifizierten Forschungseinrichtung mit einem Drittstaatsangehörigen vor (§ 68), ist ihm eine Aufenthaltsbewilligung als Forscher zu erteilen. In diesem Fall entfällt die Prüfung der Voraussetzungen des § 11 Abs. 2 Z 3 und 4.

Übersicht:

1.	Hinweise auf europarechtliche Normen
2.	Hinweise auf innerstaatliche Normen
3.	Materialien
4.-9.	Anmerkungen

1. Siehe IV.B.13. ForscherRL.

2. § 1 Abs 2 lit i AuslBG, III.L.; § 8 Z 9 NAG-DV, VI.D.

3. RV 952 XXII. GP

Wenn die Voraussetzungen des 1. Teiles erfüllt werden, soll es auch drittstaatsangehörigen Forschern möglich sein, eine Aufenthaltsbewilligung „Forscher" zu erhalten; die Bezeichnungspflicht dieses Aufenthaltstitels ergibt sich aus Art. 2 lit. e des Entwurfs einer EG-Richtlinie über ein besonderes Verfahren für die Zulassung von Drittstaatsangehörigen zum Zwecke der wissenschaftlichen Forschung vom 18. November 2004 (sog. „Forscher-RL"). Mit der Regelung des § 67 soll dieser Richtlinienentwurf, die zum gegenwärtigen Zeitpunkt noch nicht entsprechend im Amtsblatt der EU kundgemacht worden ist, bereits vorab umgesetzt werden.

Korrespondierend zu dieser Bestimmung ist die Möglichkeit, Forschungseinrichtungen zu zertifizieren, und die Möglichkeit der jeweiligen Forschungseinrichtung, eine Aufnahmevereinbarung abzuschließen, von Bedeutung (§ 71).

Für den Fall, dass eine zertifizierte Forschungseinrichtung eine Aufnahmevereinbarung mit dem jeweiligen Fremden abschließt, besteht ein Rechtsanspruch bei Vorliegen der Voraussetzungen des 1. Teiles, die Aufenthaltsbewilligung auszustellen. Die Erteilungsvoraussetzungen einer in Österreich leistungspflichtigen alle Risken abdeckenden Krankenversicherung sowie der Ausschluss der finanziellen Belastung einer Gebietskörperschaft müssen in diesem Fall nicht gegeben sein.

4. Anm: Fremde, die eine Aufenthaltsbewilligung als Forscher beantragen, sind nach § 21 Abs 2 Z 6 zur Inlandsantragstellung berechtigt.

5. Anm: Zur Erfüllung der Voraussetzungen des 1. Teiles siehe 4. zu § 41, wobei die Prüfung der Voraussetzungen nach § 11 Abs 2 Z 3 und 4 (Krankenversicherungsschutz und gesicherter Lebensunterhalt) entfällt, zumal die Forschungseinrichtung in der Aufnahmevereinbarung mit dem Forscher ohnehin eine Haftungserklärung gegenüber allen Gebietskörperschaften für Aufenthalts- und Rückführungskosten aufzunehmen hat (§ 68 Z 3).

Gemäß Art 2 lit e ForscherRL ist auf dem Aufenthaltstitel der besondere Vermerk „Forscher" aufzunehmen (s § 2 Abs 2 Z 9 und Abs 3 NAG-DV).

6. Anm: Die Tätigkeit als Forscher muss gemäß § 1 Abs 2 lit i AuslBG vom Geltungsbereich des AuslBG ausdrücklich ausgenommen sein. Eine gesonderte Prüfung, ob eine solche Tätigkeit vorliegt, hat die Behörde nicht vorzunehmen, da das BMI gemäß § 71 die Zertifizierung von Forschungseinrichtungen vornimmt und dabei auf Grund eines Gutachtens der Österreichischen Forschungsförderungs-GmbH das Vorliegen des Forschungszwecks der Einrichtung prüft.

7. Anm: Nach § 8 Z 9 NAG-DV ist zusätzlich zu den allgemeine Urkunden und Nachweisen die Aufnahmevereinbarung (§ 68) mit der zertifizierten Forschungseinrichtung vorzulegen.

8. Anm: Inhaber einer Aufenthaltsbewilligung „Forscher" haben nach Art 13 ForscherRL die Möglichkeit, im Rahmen der Mobilität einen Teil ihrer Forschungstätigkeit in einem anderen EU-Mitgliedstaat durchzuführen. Sofern diese Tätigkeit einen Zeitraum von drei Monaten nicht übersteigt, kann diese auf Grundlage der im ersten Mitgliedstaat geschlossenen Aufnahmevereinbarung durchgeführt werden. Wird dieser Zeitraum überschritten, dann kann der zweite Mitgliedstaat eine neue Aufnahmevereinbarung verlangen.

9. Anm: Familienangehörigen (§ 2 Abs 1 Z 9) von Inhabern dieser Aufenthaltsbewilligung kann nach § 69 Abs 1 eine vom zusammenführenden

Forscher abgeleitete Aufenthaltsbewilligung für Familiengemeinschaft erteilt werden. Diese Familienangehörigen sind wie der Forscher selbst nach § 21 Abs 2 Z 6 zur Inlandsantragstellung berechtigt.

Aufnahmevereinbarung

§ 68. Die Forschungseinrichtung hat vor Abschluss einer Aufnahmevereinbarung die Qualifikation des Forschers für das konkrete Forschungsprojekt zu prüfen. Diese hat jedenfalls zu enthalten:
1. die Vertragspartner;
2. den Zweck, die Dauer, den Umfang und die Finanzierung des konkreten Forschungsprojektes;
3. eine Haftungserklärung gegenüber allen Gebietskörperschaften für Aufenthalts- und Rückführungskosten; diese Haftung endet sechs Monate nach Auslaufen der Aufnahmevereinbarung, es sei denn, sie wurde erschlichen.

Übersicht:
1. Hinweise auf europarechtliche Norm
2. Hinweise auf innerstaatliche Norm
3. Materialien
4.-6. Anmerkungen

1. Siehe IV.B.13. ForscherRL, insb Art 6.

2. § 8 Z 9 NAG-DV, VI.D.

3. RV 952 XXII. GP

§ 68 regelt den Abschluss einer Aufnahmevereinbarung mit dem Forscher. Diesbezüglich wird Art. 5 des Entwurfs einer „Forscher-RL" umgesetzt.

4. Anm: Mit § 68 werden die Bestimmungen des Art 6 ForscherRL innerstaatlich umgesetzt.

5. Anm: Die Abgabe einer Haftungserklärung ist verpflichtend. Zu den Rückführungskosten siehe auch Art 5 Abs 3 ForscherRL. Fraglich ist, ob es sich hiebei um eine Haftungserklärung iSd § 2 Abs 1 Z 15 handelt, zumal durch die Bestimmung der Z 3 inhaltliche Abweichungen von der Legaldefinition vorgenommen werden, insb betreffend den Umfang der Haftung (Aufenthalts- und Rückführungskosten) und die Dauer derselben (bis sechs Monate nach Ablauf der Aufnahmevereinbarung). Bejaht man im Übrigen die Subsumtion unter die Legaldefinition – wogegen auf Grund des in Z 3 verwendeten Terminus „Haftungserklärung" auch nichts spricht –, dann wäre eine solche gerichtlich oder notariell zu beglaubigen.

6. Anm: Wer eine Aufnahmevereinbarung abschließt, ohne die erforderliche Qualifikation des Forschers ausreichend festgestellt zu haben, begeht eine Verwaltungsübertretung nach § 77 Abs 3.

Aufrechterhaltung der Familiengemeinschaft

§ 69. (1) Bestand im Herkunftsstaat des Drittstaatsangehörigen eine Familiengemeinschaft, so kann seinen Familienangehörigen und seinen nachgeborenen Kindern eine abgeleitete Aufenthaltsbewilligung erteilt werden, wenn sie die Voraussetzungen des 1. Teiles erfüllen. Die Geltungsdauer der Aufenthaltsbewilligung richtet sich nach der Geltungsdauer der Aufenthaltsbewilligung des Drittstaatsangehörigen.
(2) Abs. 1 gilt nicht für Familienangehörige von Drittstaatsangehörigen, denen eine Aufenthaltsbewilligung für Betriebsentsandte (§ 59), für Selbständige (§ 60), für Schüler (§ 63) oder Sozialdienstleistende (§ 66) erteilt wurde.

Übersicht:
1. Hinweise auf innerstaatliche Normen
2. Materialien
3.-6. Anmerkungen

1. §§ 2 Abs 4 und 8 Z 10 NAG-DV, VI.D.

2. RV 952 XXII. GP

Unbeschadet jener Fälle, in denen eine Familienzusammenführung unter Beachtung der Bestimmungen zur Richtlinie betreffend des Rechts auf Familienzusammenführung und zur Richtlinie über das Recht der Unionsbürger und deren Familienangehörigen erfolgt, soll Fremden mit einer Aufenthaltsbewilligung nur die Aufrechterhaltung einer Familiengemeinschaft ermöglicht werden, die im Herkunftsstaat bereits bestanden hat. Eine für einen solchen Familienangehörigen erteilte Aufenthaltsbewilligung richtet sich grundsätzlich hinsichtlich ihres Bestandes nach jener des Ankerfremden. Es soll jedoch auch für diesen Familienangehörigen die Möglichkeit bestehen, bei Erfüllung der jeweiligen Erteilungsvoraussetzungen eine Zweckänderung vornehmen zu können (Abs. 1).
Abs. 2 normiert Ausnahmen für bestimmte Drittstaatsangehörige (Betriebsentsandte, Selbständige, Schüler und Sozialdienstleistende).

3. Anm: Wird die Familiengemeinschaft erst während des Aufenthalts des Zusammenführenden in Österreich begründet (zB durch Heirat oder Adoption), dann kommt eine Familienzusammenführung nach § 69 nicht in Frage. Eine Ausnahme besteht lediglich für nachgeborene Kinder, sofern die Familiengemeinschaft bereits im Herkunftsstaat bestanden hat.

4. Anm: Auf der Aufenthaltstitelkarte ist an Stelle der Information über den Arbeitsmarktzugang ein Hinweis auf den Aufenthaltszweck der Aufenthaltsbewilligung des Zusammenführenden (dh Rotationsarbeitskräfte, Künstler, vom AuslBG ausgenommene Unselbständige, Studierende und Forscher) beizufügen (§ 2 Abs 4 NAG-DV). Nach § 8 Z 10 NAG-DV ist zusätzlich zu den allgemeinen Urkunden und Nachweisen der Nachweis des Bestehens der Familiengemeinschaft im Herkunftsstaat zu erbringen.

5. Anm: Innerhalb der Fünf-Jahres-Frist nach § 27 Abs 1 hängt die Aufenthaltsbewilligung für Familienangehörige vom Bestehen der Aufenthaltsbewilligung des Zusammenführenden ab (§ 8 Abs 4). Besteht die Aufenthaltsbewilligung des Zusammenführenden nicht mehr, dann wird innerhalb der Fünf-Jahres-Frist gleichzeitig die Aufenthaltsbewilligung des Familienangehörigen ex lege gegenstandslos (§ 10 Abs 3 Z 5).

6. Anm: Familienangehörige von Forschern sind wie der Forscher selbst zur Inlandsantragstellung berechtigt (§ 21 Abs 2 Z 6).

6. Hauptstück: Zertifizierung von Einrichtungen

Zertifizierte nichtschulische Bildungseinrichtung

§ 70. (1) Der Bundesminister für Inneres hat nichtschulischen Bildungseinrichtungen auf begründeten Antrag mit Bescheid ein Zertifikat mit einer Gültigkeitsdauer von fünf Jahren auszustellen, wenn diese den Aufgaben und dem Wesen einer Schule im Sinne des § 2 Abs. 1 des Schulorganisationsgesetzes, BGBl. Nr. 242/1962, und den Aufgaben nach Art und Umfang ihres Bestehens entsprechen. Zertifizierte nichtschulische Bildungseinrichtungen sind mindestens einmal jährlich in geeigneter Weise, insbesondere im Internet, zu veröffentlichen. Nichtschulische Bildungseinrichtungen, die von Rechtsträgern im Sinne des § 1 Abs. 1 des Amtshaftungsgesetzes (AHG), BGBl. Nr. 20/1949, betrieben werden, bedürfen keiner Zertifizierung.

(2) Eine Verlängerung des Zertifikates ist mit Bescheid zu verweigern und ein bestehendes Zertifikat ist zu entziehen, wenn die Voraussetzungen der Zertifizierung nicht oder nicht mehr vorliegen oder die Zertifizierung erschlichen wurde.

(3) Die Verlängerung des Zertifikates kann mit Bescheid verweigert oder ein bestehendes Zertifikat kann entzogen werden, wenn Verantwortliche einer nichtschulischen Bildungseinrichtung mehr als einmal wegen einer Verwaltungsübertretung nach § 77 Abs. 2 Z 1 oder 2 rechtskräftig bestraft wurden.

(4) Verantwortliche von zertifizierten nichtschulische Bildungseinrichtungen haben unverzüglich
   1. die örtlich zuständige Behörde über jeden in der Person eines Auszubildenden gelegenen Umstand, der die Fortsetzung seiner Ausbildung nicht erwarten lässt, oder innerhalb von zwei Monaten über den Abschluss einer Ausbildung eines Schülers und

2. **den Bundesminister für Inneres über jeden Umstand, der die Erfüllung der Aufgaben gemäß Abs. 1 unmöglich macht, in Kenntnis zu setzen.**

Übersicht:
1. Hinweise auf europarechtliche Norm
2.-3. Hinweise auf innerstaatliche Normen
4. Materialien
5. Anmerkung

1. Siehe IV.B.12. StudentenRL.

2. Textauszug § 2 Abs 1 Schulorganisationsgesetz

§ 2. Aufgabe der österreichischen Schule

(1) Die österreichische Schule hat die Aufgabe, an der Entwicklung der Anlagen der Jugend nach den sittlichen, religiösen und sozialen Werten sowie nach den Werten des Wahren, Guten und Schönen durch einen ihrer Entwicklungsstufe und ihrem Bildungsweg entsprechenden Unterricht mitzuwirken. Sie hat die Jugend mit dem für das Leben und den künftigen Beruf erforderlichen Wissen und Können auszustatten und zum selbsttätigen Bildungserwerb zu erziehen. Die jungen Menschen sollen zu gesunden, arbeitstüchtigen, pflichttreuen und verantwortungsbewußten Gliedern der Gesellschaft und Bürgern der demokratischen und bundesstaatlichen Republik Österreich herangebildet werden. Sie sollen zu selbständigem Urteil und sozialem Verständnis geführt, dem politischen und weltanschaulichen Denken anderer aufgeschlossen sowie befähigt werden, am Wirtschafts- und Kulturleben Österreichs, Europas und der Welt Anteil zu nehmen und in Freiheits- und Friedensliebe an den gemeinsamen Aufgaben der Menschheit mitzuwirken.

3. Textauszug § 1 Abs 1 Amtshaftungsgesetz (AHG)

§ 1. (1) Der Bund, die Länder, die Bezirke, die Gemeinden, sonstige Körperschaften des öffentlichen Rechts und die Träger der Sozialversicherung - im folgenden Rechtsträger genannt - haften nach den Bestimmungen des bürgerlichen Rechts für den Schaden am Vermögen oder an der Person, den die als ihre Organe handelnden Personen in Vollziehung der Gesetze durch ein rechtswidriges Verhalten wem immer schuldhaft zugefügt haben; dem Geschädigten haftet das Organ nicht. Der Schaden ist nur in Geld zu ersetzen.

4. RV 952 XXII. GP

Da es auf Grund des breiten Bildungsangebotes und der verstärkten Annahme des zweiten Bildungsweges eine Vielzahl von Möglichkeiten gibt, schulische oder schulähnliche Einrichtungen in Anspruch zu nehmen, stellt es aus dem Gesichtspunkt eines auf die Zuwanderung gerichteten Fremdenwesens eine besondere Herausforderung dar, jene nichtschulischen Bildungseinrichtungen zu bezeichnen, die einerseits den Aufgaben und dem Wesen einer österreichischen Schule nach dem Schulorganisationsgesetz entsprechen und anderseits deren Besuch auch einen gerechtfertigten Aufenthalt in Österreich vermitteln soll. Es wird daher vorgeschlagen, jene nichtschulischen Bildungseinrichtungen, die nicht schon auf Grund gesetzlicher Vorgaben diesem Standard gerecht werden, einem Zertifizierungsverfahren zu unterwerfen.

Demnach soll der Bundesminister für Inneres auf begründeten Antrag einer nichtschulischen Bildungseinrichtung mit Bescheid ein Zertifikat mit fünfjähriger Geltungsdauer ausstellen, wenn diese Bildungseinrichtung einerseits die in § 2 des Schulorganisationsgesetzes bestimmten Aufgaben erfüllt und dem Wesen einer solchen Schule entspricht sowie anderseits auch ihren Aufgaben nach Art und Umfang ihres Bestehens entspricht.

Um den Zertifizierungsstandard auch auf Dauer zu erhalten, werden begleitend Entzugsmöglichkeiten (Abs. 2 und 3), Meldeverpflichtungen (Abs. 4) und korrespondierend auch Strafbestimmungen vorgeschlagen (s. § 77 Abs. 2).

5. Anm: Zu Abs 3 und 4: Die Verletzung der Meldepflicht (Abs 4) stellt nach § 77 Abs 2 Z 1 eine Verwaltungsübertretung dar. Wurden die Verantwortlichen einer nichtschulischen Bildungseinrichtung mehr als einmal wegen dieser oder der Verwaltungsübertretung nach § 77 Abs 2 Z 2 betreffend Abgabe einer Haftungserklärung rechtskräftig bestraft, dann kann die Zertifizierung entzogen oder die Verlängerung versagt werden (Abs 3).

Zertifizierte Forschungseinrichtung

§ 71. (1) Der Bundesminister für Inneres hat auf begründeten Antrag mit Bescheid ein Zertifikat mit einer Gültigkeitsdauer von fünf Jahren auszustellen, wenn
1. der Forschungszweck der Einrichtung besteht;
2. die Haftung für Forscher auf Grund einzugehender Aufnahmevereinbarungen (§ 68) erklärt wurde;
3. die Mittel zum Abschluss von Aufnahmevereinbarungen (§ 68) nachgewiesen werden, und
4. die Voraussetzungen sonstiger bundes- oder landesgesetzlicher Vorschriften zum Betrieb der Forschungseinrichtung erfüllt sind.

Dem Antrag ist ein Gutachten der Österreichischen Forschungsförderungsgesellschaft mbH über den Forschungszweck der Einrichtung beizuschließen. Zertifizierte Forschungseinrichtungen sind mindestens einmal jährlich in geeigneter Weise, insbesondere im Internet, zu veröffentlichen. Forschungseinrichtungen, die von Rechtsträgern im Sinne des § 1 Abs. 1 AHG betrieben werden, bedürfen keiner Zertifizierung zum Abschluss von Aufnahmevereinbarungen.

(2) Eine Verlängerung des Zertifikates ist mit Bescheid zu verweigern und ein bestehendes Zertifikat ist zu entziehen, wenn die Voraussetzungen der Zertifizierung nicht oder nicht mehr vorliegen oder die Zertifizierung erschlichen wurde.

(3) Die Verlängerung des Zertifikates kann mit Bescheid verweigert oder ein bestehendes Zertifikat entzogen werden, wenn Verantwortliche einer Forschungseinrichtung mehr als einmal wegen einer Verwaltungsübertretung nach § 77 Abs. 2 Z 1 oder 2 rechtskräftig bestraft wurden.

(4) Verantwortliche einer zertifizierten Forschungseinrichtungen haben unverzüglich
1. die örtlich zuständige Behörde über jede vorzeitige Beendigung einer Aufnahmevereinbarung, über jeden in der Person des Forschers gelegenen Umstand, der seine weitere Mitwirkung im Rahmen des Forschungsprojektes nicht erwarten lässt, oder innerhalb von zwei Monaten über die Beendigung des Forschungsprojektes und die vereinbarte Beendigung der Aufnahmevereinbarung;
2. den Bundesminister für Inneres über jeden sonstigen Umstand, der die Durchführung des Forschungsprojektes verhindert;
in Kenntnis zu setzen.

Übersicht:
1. Hinweise auf europarechtliche Norm
2. Hinweise auf innerstaatliche Norm
3. Materialien
4.-5. Anmerkungen

1. Siehe IV.B.13. ForscherRL, insb Art 5.

2. Siehe auch das Österreichische Forschungsförderungsgesellschaft mbH-Errichtungsgesetz (FFG-G), BGBl I 2004/73.

3. RV 952 XXII. GP

Das Zertifizierungsverfahren nimmt im Wesentlichen auf die Vorgaben des Richtlinienentwurfs für die Zulassung von Drittstaatsangehörigen zum Zwecke der wissenschaftlichen Forschung Bezug (s. § 67). Demnach können Forschungseinrichtungen vom jeweiligen Mitgliedstaat zugelassen werden, um in weiterer Folge im Rahmen der Bestimmungen dieser Richtlinie Forscher aufnehmen zu können.

Es sei erwähnt, dass es unbeschadet dessen ausdrücklich jedem Mitgliedstaat frei steht, günstigere Bestimmungen für den gegenständlichen Regelungsbereich vorzusehen oder beizubehalten.

Die Zulassung einer Forschungseinrichtung soll auf begründeten Antrag durch den Bundesminister für Inneres für einen Mindestzeitraum von fünf Jahren erfolgen. Die Zertifizierung ist einer Forschungseinrichtung auszustellen, wenn ihr Forschungszweck erwiesener Maßen besteht und sie im Rahmen der mit dem jeweiligen Forscher geschlossenen Aufnahmevereinbarung eine Haftungserklärung für im Anlassfall anfallende Aufenthalts- und Rückführungskosten abgibt. Darüber hinaus muss sie die Mittel zum Abschluss einer Aufnahmevereinbarung, wie etwa die Finanzierungsmittel des Forschungsprojektes, nachweisen und sonstige bundes- oder landesgesetzliche Vorschriften, die für den Betrieb der Forschungseinrichtung maßgeblich sind, erfüllt sein (Abs. 1)

Bei der Antragstellung ist ein Gutachten der Österreichischen Forschungsförderungsgesellschaft mbH über das Vorliegen des Forschungszwecks der Einrichtung vorzulegen.

Um den Zertifizierungsstandard auch auf Dauer zu erhalten, werden begleitend Entzugsmöglichkeiten (Abs. 2 und 3), Meldeverpflichtungen (Abs. 4) und korrespondierend auch Strafbestimmungen vorgeschlagen (s. § 77 Abs. 2).

4. Anm: Zu Abs 3 und 4: Die Verletzung der Meldepflicht (Abs 4) stellt nach § 77 Abs 2 Z 1 eine Verwaltungsübertretung dar. Wurden die Verantwortlichen einer Forschungseinrichtung mehr als einmal wegen dieser oder der Verwaltungsübertretung nach § 77 Abs 2 Z 2 betreffend Abgabe einer Haftungserklärung rechtskräftig bestraft, dann kann die Zertifizierung entzogen oder die Verlängerung versagt werden (Abs 3).

5. Anm: Nach Art 5 Abs 5 ForscherRL hat das BMI als für die Zertifizierung von Forschungseinrichtungen zuständige Behörde (vgl 6. zu § 3) regelmäßig Listen der zertifizierten Forschungseinrichtungen zu veröffentlichen und zu aktualisieren.

7. Hauptstück: Aufenthaltstitel aus humanitären Gründen

Aufenthaltsbewilligung aus humanitären Gründen

§ 72. (1) Die Behörde kann im Bundesgebiet aufhältigen Drittstaatsangehörigen trotz Vorliegens eines Erteilungshindernisses (§ 11 Abs. 1), ausgenommen bei Vorliegen eines Aufenthaltsverbotes (§ 11 Abs. 1 Z 1 und 2), in besonders berücksichtigungswürdigen Fällen aus humanitären Gründen von Amts wegen eine Aufenthaltsbewilligung erteilen. Besonders berücksichtigungswürdige Gründe liegen insbesondere vor, wenn der Drittstaatsangehörige einer Gefahr gemäß § 50 FPG ausgesetzt ist. Drittstaatsangehörigen, die ihre Heimat als Opfer eines bewaffneten Konflikts verlassen haben, darf eine solche Aufenthaltsbewilligung nur für die voraussichtliche Dauer dieses Konfliktes, höchstens jedoch für drei Monate, erteilt werden.

(2) Zur Gewährleistung der Strafverfolgung von gerichtlich strafbaren Handlungen oder zur Geltendmachung und Durchsetzung von zivilrechtlichen Ansprüchen im Zusammenhang mit solchen Handlungen kann Drittstaatsangehörigen, insbesondere Zeugen oder Opfern von Menschenhandel oder grenzüberschreitendem Prostitutionshandel, eine Aufenthaltsbewilligung aus humanitären Gründen für die erforderliche Dauer, mindestens jedoch für sechs Monate, erteilt werden.

Übersicht:

1. Hinweise auf völkerrechtliche Normen
2. Hinweise auf europarechtliche Norm

3.-4. Hinweise auf innerstaatliche Normen
5. Materialien
6.-10. Anmerkungen
11. Judikatur

1. Siehe auch die – noch unverbindliche – Europarats-Konvention zur Bekämpfung des Menschenhandels, CETS Nr 197, die am 16. Mai 2005 von Österreich unterzeichnet wurde.

2. Siehe IV.B.9. OpferschutzRL.

3. § 50 FPG, II.B.; auch § 8 AsylG 2005, II.A.; § 2 Abs 2 Z 11 NAG-DV, VI.D.

4. Textauszug § 104a und 217 Strafgesetzbuch (StGB)

Menschenhandel

§ 104a. (1) Wer
1. eine minderjährige Person oder
2. eine volljährige Person unter Einsatz unlauterer Mittel (Abs. 2) gegen die Person

mit dem Vorsatz, dass sie sexuell, durch Organentnahme oder in ihrer Arbeitskraft ausgebeutet werde, anwirbt, beherbergt oder sonst aufnimmt, befördert oder einem anderen anbietet oder weitergibt, ist mit Freiheitsstrafe bis zu drei Jahren zu bestrafen.

(2) Unlautere Mittel sind die Täuschung über Tatsachen, die Ausnützung einer Autoritätsstellung, einer Zwangslage, einer Geisteskrankheit oder eines Zustands, der die Person wehrlos macht, die Einschüchterung und die Gewährung oder Annahme eines Vorteils für die Übergabe der Herrschaft über die Person.

(3) Mit Freiheitsstrafe von sechs Monaten bis zu fünf Jahren ist zu bestrafen, wer die Tat unter Einsatz von Gewalt oder gefährlicher Drohung begeht.

(4) Wer die Tat gegen eine unmündige Person, im Rahmen einer kriminellen Vereinigung, unter Anwendung schwerer Gewalt oder so begeht, dass durch die Tat das Leben der Person vorsätzlich oder grob fahrlässig gefährdet wird oder die Tat einen besonders schweren Nachteil für die Person zur Folge hat, ist mit Freiheitsstrafe von einem bis zu zehn Jahren zu bestrafen.

Grenzüberschreitender Prostitutionshandel

§ 217. (1) Wer eine Person, mag sie auch bereits der Prostitution nachgehen, der Prostitution in einem anderen Staat als in dem, dessen Staatsangehörigkeit sie besitzt oder in dem sie ihren gewöhnlichen Aufenthalt hat, zuführt oder sie hiefür anwirbt, ist mit Freiheitsstrafe von sechs Monaten bis zu fünf Jahren, wenn er die Tat jedoch gewerbsmäßig begeht, mit Freiheitsstrafe von einem bis zu zehn Jahren zu bestrafen.

(2) Wer eine Person (Abs. 1) mit dem Vorsatz, daß sie in einem anderen Staat als in dem, dessen Staatsangehörigkeit sie besitzt oder in dem sie ihren gewöhnlichen Aufenthalt hat, der Prostitution nachgehe, durch

§ 72

Täuschung über dieses Vorhaben verleitet oder mit Gewalt oder durch gefährliche Drohung nötigt, sich in einen anderen Staat zu begeben, oder sie mit Gewalt oder unter Ausnützung ihres Irrtums über dieses Vorhaben in einen anderen Staat befördert, ist mit Freiheitsstrafe von einem bis zu zehn Jahren zu bestrafen.

5. RV 952 XXII. GP

§ 72 entspricht inhaltlich geltender Rechtslage (§ 10 Abs. 4 FrG) und regelt die Möglichkeit der amtswegigen Erteilung einer Aufenthaltsbewilligung aus humanitären Gründen trotz Vorliegens bestimmter Erteilungshindernisse (§ 11 Abs. 1 Z 3 bis 6) mit Zustimmung des BMI (§ 75), nicht jedoch bei Vorliegen eines aufrechten Aufenthaltsverbotes gemäß § 60 FPG, also wenn auf Grund bestimmter Tatsachen die Annahme gerechtfertigt ist, dass der Aufenthalt des Drittstaatsangehörigen die öffentliche Ordnung und Sicherheit gefährdet oder anderen im Art. 8 Abs. 2 EMRK genannten öffentlichen Interesse zuwiderläuft. Weiters darf auch kein Aufenthaltsverbot eines anderen EWR-Staates bestehen; hierbei handelt es sich nur um Aufenthaltsverbote, die von einem anderen EWR-Staat verhängt wurden, weil der Drittstaatsangehörige auf Grund seines persönlichen Verhaltens die öffentliche Ordnung oder Sicherheit gefährdet. Die besondere Schutzbedürftigkeit bestimmter Personen saniert in diesen Fällen bestimmte Erteilungshindernisse wie das Nichtvorhandensein ausreichender eigener Mittel oder den illegalen Aufenthalt. Drittstaatsangehörigen, die ihre Heimat als Opfer eines bewaffneten Konfliktes verlassen haben, ist diese Aufenthaltsbewilligung nur für die Dauer von drei Monaten zu erteilen; auf § 8 AsylG [2005] sei verwiesen. Zum Refoulementverbot siehe § 50 FPG.

Das sicherheitspolitische Ziel in Abs. 2, Fremde, die in besonderem Maße Repressalien ausgesetzt sind, staatlich zu schützen, erstreckt sich im vorgeschlagenen Text nicht nur auf Menschen, die ihre Heimat als Opfer eines bewaffneten Konfliktes verlassen haben, sondern auch auf Opfer und Zeugen von Menschenhandel oder grenzüberschreitendem Prostitutionshandel im Sinn der §§ 104a und 217 StGB. Der Schutz, der durch eine Aufenthaltsbewilligung von Amts wegen unter Zustimmungsvorbehalt des Bundesministers für Inneres für die Zwecke der Strafverfolgung oder bei Opfern von Menschenhandel die Durchsetzung zivilrechtlicher Ansprüche gewährt wird, soll einerseits dazu dienen, Strafverfahren gegen Menschenhändler mit Unterstützung der Zeugen oder Opfer zu führen und die rechtlich gebotenen Sanktionen zu setzen, und andererseits den Opfern die Möglichkeit bieten, ihre zivilrechtlichen Ansprüche gegen die Täter geltend zu machen. Die Menschenhändler stürzen ihre Opfer zusätzlich zur physischen und psychischen Bedrohung oft noch in einen Schuldenkreislauf, der von den Betroffenen ohne zivilrechtliche (gerichtliche) Maßnahmen zu setzen, kaum durchbrochen werden kann.

Damit werden die Bestimmungen der Richtlinie 2004/81/EG über die Erteilung von Aufenthaltstiteln für Drittstaatsangehörige, die Opfer des Menschenhandels sind oder denen Beihilfe zur illegalen Einwanderung geleistet wurde und die mit den zuständigen Behörden kooperieren, entsprechend innerstaatlich umgesetzt.

6. Anm: Zuständig für die Erteilung dieser Aufenthaltsbewilligung ist zwar der örtlich zuständige LH (BVB), sie bedarf jedoch nach § 75 der vorherigen Zustimmung des BMI. Die Aufenthaltsbewilligung aus humanitären Gründen wird nicht auf Antrag, sondern nur von Amts wegen erteilt. Die Aufenthaltsbewilligung ist ausdrücklich mit dem Aufenthaltszweck „Humanitäre Gründe" zu erteilen (§ 2 Abs 2 Z 11 NAG-DV).

7. Anm: Die Stellung eines förmlichen Antrages ist wegen der ausdrücklich vorgesehenen Amtswegigkeit der Erteilung nicht zulässig. Ein entsprechender Antrag müsste daher mit Bescheid zurückgewiesen werden. Möglich, rechtlich jedoch unbedeutend, wäre hingegen eine formlose Anregung von außen auf Tätigwerden der Behörde (vgl VwGH 98/18/0129, VwSlg 14.888 A, zu § 10 Abs 4 FrG).

8. Anm: In Zusammenschau von § 11 Abs 2 und Abs 3 wird man wohl nicht nur bei Vorliegen eines absoluten Erteilungshindernisses nach § 11 Abs 1, sondern auch bei Fehlen einer (relativen) Erteilungsvoraussetzung nach § 11 Abs 2 eine Aufenthaltsbewilligung aus humanitären Gründen erteilen können, selbst wenn dies nicht ausdrücklich dem Wortlaut des § 72 Abs 1 zu entnehmen ist.

9. Anm: Die Mindestdauer von sechs Monaten ergibt sich aus Art 8 Abs 3 OpferschutzRL. Die Aufenthaltsbewilligung ist mit Rücksicht auf die erforderliche Dauer und bei weiterer Erfüllung der Voraussetzungen nach § 72 von Amts wegen zu verlängern, wobei auch in diesem Fall die vorherige Zustimmung des BMI (§ 75) einzuholen ist.

10. Anm: Eine Familienzusammenführung ist grundsätzlich nur durch die Erteilung einer Aufenthaltsbewilligung aus humanitären Gründen möglich.
Wurde ein Kind (§ 2 Abs 1 Z 9) in Österreich geboren, ist dieses nach § 21 Abs 2 Z 4 innerhalb der ersten sechs Monate nach der Geburt zur Inlandsantragstellung berechtigt. Ihm ist nach § 23 Abs 4 ein abgeleiteter Aufenthaltstitel (Aufenthaltsbewilligung) zu erteilen.

11. Jud: VfGH G 119/03, VfSlg 17.013; 13.12.2005, B 1159/04. VwGH 98/18/0129, VwSlg 14.888 A.

Niederlassungsbewilligung aus humanitären Gründen

§ 73. (1) Die Behörde kann Drittstaatsangehörigen bei Vorliegen der Voraussetzungen des § 72 eine „Niederlassungsbewilligung – beschränkt" oder eine „Niederlassungsbewilligung – ausgenommen Erwerbstätigkeit" erteilen. Die Bestimmungen über die Quotenpflicht finden keine Anwendung.

(2) Aus humanitären Gründen kann von Amts wegen eine „Niederlassungsbewilligung – beschränkt" erteilt werden, wenn
1. der Fremde die Integrationsvereinbarung (§ 14) erfüllt hat und
2. im Fall einer unselbständigen Erwerbstätigkeit eine Berechtigung nach dem Ausländerbeschäftigungsgesetz vorliegt.

§ 73

(3) Aus humanitären Gründen kann von Amts wegen eine „Niederlassungsbewilligung – ausgenommen Erwerbstätigkeit" erteilt werden, wenn der Fremde die Integrationsvereinbarung (§ 14) erfüllt hat.
(4) Soll aus humanitären Gründen eine „Niederlassungsbewilligung – beschränkt" im Fall einer Familienzusammenführung (§ 46 Abs. 4) erteilt werden, hat die Behörde auch über einen gesonderten Antrag als Vorfrage zur Prüfung humanitärer Gründe (§ 72) zu entscheiden und gesondert über diesen abzusprechen, wenn dem Antrag nicht Rechnung getragen wird. Ein solcher Antrag ist nur zulässig, wenn gleichzeitig ein Antrag in der Hauptfrage auf Familienzusammenführung eingebracht wird oder ein solcher bereits anhängig ist. Die Pflicht zur Erfüllung der Integrationsvereinbarung entfällt.

Übersicht:
1. Hinweise auf innerstaatliche Norm
2. Materialien
3.-5. Anmerkungen

1. Siehe § 2 Abs 1 NAG-DV, VI.D.

2. RV 952 XXII. GP

Erfüllt ein Fremder nicht alle Voraussetzungen zur Erteilung einer „Niederlassungsbewilligung – unbeschränkt" (§ 8 Abs. 2 Z 3) oder einer „Niederlassungsbewilligung – ausgenommen Erwerbstätigkeit" (§ 8 Abs. 2 Z 2), so soll mit dieser Bestimmung der Behörde von Amts wegen mit Zustimmung des BMI (§ 75) die Möglichkeit eingeräumt werden, in Einzelfällen aus denselben Gründen wie bereits unter § 72 beschrieben, eine Niederlassungsbewilligung aus humanitären Gründen erteilen zu können. In diesen Fällen bleiben die Bestimmungen über die Quotenpflicht unberücksichtigt (Abs. 1).

Die „Niederlassungsbewilligung – beschränkt" kann von der Behörde von Amts wegen erteilt werden, wenn der Fremde über eine Berechtigung nach dem Ausländerbeschäftigungsgesetz verfügt und die Integrationsvereinbarung erfüllt hat (Abs. 2). Die Erteilung der „Niederlassungsbewilligung – ausgenommen Erwerbstätigkeit" aus humanitären Gründen setzt neben den bereits erläuternden Gründen nach § 72 lediglich die Erfüllung der Integrationsvereinbarung voraus (Abs. 3).

Stellt der Fremde einen Antrag auf eine „Niederlassungsbewilligung – ausgenommen Erwerbstätigkeit" und gleichzeitig einen Antrag auf Familienzusammenführung so ist als Vorfrage abzuklären ob die Niederlassungsbewilligung aus humanitären Gründen erteilt werden kann. Bejahendenfalls erübrigt sich die Prüfung des Antrages auf Familienzusammenführung; die Bestimmungen der Quotenpflicht können unberücksichtigt bleiben. Weiters entfallen die Voraussetzungen der Erfüllung der Integrationsvereinbarung, nicht jedoch die Pflicht zur Erfüllung derselben (Abs. 4). Ist eine Familienzusammenführung also mangels Quotenplatz nicht möglich, aber nach Art. 8 EMRK geboten, so bietet die Regelung in Abs. 4 nun explizit die Möglichkeit, einen Antrag auf Erteilung einer Niederlassungsbewilligung aus humanitären Gründen zu stellen.

3. Anm: Zuständig für die Erteilung dieser Niederlassungsbewilligungen ist zwar der örtlich zuständige LH (BVB), sie bedarf jedoch nach § 75 der vorherigen Zustimmung des BMI. Die Niederlassungsbewilligung aus humanitären Gründen wird nicht auf Antrag, sondern nur von Amts wegen erteilt (siehe dazu 7. zu § 72).

4. Anm: Anders als die Aufenthaltsbewilligung aus humanitären Gründen (vgl § 2 Abs 2 Z 11 NAG-DV), wird die Niederlassungsbewilligung aus humanitären Gründen, deren Grundvoraussetzungen die gleichen sind wie bei der Aufenthaltsbewilligung aus humanitären Gründen nach § 72, nicht für einen Aufenthaltszweck „Humanitäre Gründe", sondern entweder als „Niederlassungsbewilligung – ausgenommen Erwerbstätigkeit" (§ 2 Abs 1 Z 2 NAG-DV) oder als „Niederlassungsbewilligung – beschränkt" (§ 2 Abs 1 Z 4 NAG-DV) – jeweils quotenfrei – erteilt (Abs 1). Zusätzlich muss der betreffende Fremde die IV (§ 14) bereits erfüllt haben.

Für die Erteilung einer „Niederlassungsbewilligung – beschränkt" bedarf es einer Berechtigung nach dem AuslBG (zB Beschäftigungsbewilligung).

5. Anm: Die Familienzusammenführung aus humanitären Gründen wird in Abs 4 gesondert geregelt. Im Gegensatz zu den Fällen der amtswegigen Erteilung nach Abs 2 und 3 ist hier ein Antrag auf Familienzusammenführung aus humanitären Gründen durch Erteilung einer „Niederlassungsbewilligung – beschränkt" zulässig, wenn gleichzeitig ein Antrag auf (normale) Familienzusammenführung eingebracht wird oder ein solcher bereits anhängig ist (vgl auch VwGH 30.03.2004, 2003/21/0077). Eine „Niederlassungsbewilligung – ausgenommen Erwerbstätigkeit" aus humanitären Gründen ist hingegen nicht antragsfähig.

Wird das Vorliegen von humanitären Gründen verneint, ist darüber als Vorfrage gesondert abzusprechen.

Wird die „Niederlassungsbewilligung – beschränkt" aus humanitären Gründen für den Fall einer Familienzusammenführung erteilt, dann ist die Erfüllung der IV anders als nach Abs 2 und 3 nicht erforderlich.

Inlandsantragstellung

§ 74. Die Behörde kann von Amts wegen die Inlandsantragstellung auf Erteilung eines Aufenthaltstitels oder die Heilung von sonstigen Verfahrensmängeln zulassen, wenn die Voraussetzungen des § 72 erfüllt werden.

Übersicht:
1. Materialien
2. Anmerkung

1. RV 952 XXII. GP

Liegen die Vorraussetzungen des § 72 vor (d.h. aufgrund seiner besonderen Schutzbedürftigkeit kann einem Fremden ein humanitärer Aufenthaltstitel erteilt werden), kann der Antrag auf Erteilung eines Aufenthaltstitels im Inland gestellt werden. Die Erteilung dieses Aufenthaltstitels ist an die Zustimmung des BMI gebunden (§ 75). Die Bestimmung ändert nichts an dem Grundsatz der Auslandsantragstellung vor der Einreise. Mit dieser Bestimmung soll der Behörde die Möglichkeit eröffnet werden, in ganz bestimmten Ausnahmefällen von Amts wegen von der Abweisung eines im Inland gestellten Antrags auf Erteilung eines Aufenthaltstitels Abstand zu nehmen.

2. Anm: Zusätzlich zur bisherigen Regelung des § 90 Abs 1 FrG kann von der Behörde mit vorheriger Zustimmung des BMI (§ 75) nicht nur die Inlandsantragstellung, sondern auch die „Heilung von sonstigen Verfahrensmängeln" von Amts wegen zugelassen werden. Insofern ist die Paragrafenüberschrift nicht vollkommen treffend.

Als solche sonstige Verfahrensmängel kommen zB Fälle der fehlenden Mitwirkung des Fremden vor, insb die Nichtvorlage erforderlicher Urkunden oder Nachweise (§ 19 Abs 3) oder das Unterlassen der unverzüglichen Bekanntgabe der Änderung der Zustelladresse (§ 19 Abs 6). Durch die Amtswegigkeit dieser Zulassung ist ein darauf gerichteter Antrag unzulässig und wäre zurückzuweisen, wenngleich es der Behörde unbenommen bleibt, einen solchen „Antrag" als Anregung für die amtswegige Prüfung zu werten (vgl 7. zu § 72).

Zustimmung zur Erteilung eines Aufenthaltstitels aus humanitären Gründen

§ 75. Die Erteilung eines Aufenthaltstitels aus humanitären Gründen nach §§ 72 bis 74 bedarf der Zustimmung des Bundesministers für Inneres.

Übersicht:
1. Materialien
2. Anmerkung

1. RV 952 XXII. GP

Diese Bestimmung legt fest, dass sowohl die Erteilung einer humanitären Aufenthaltsbewilligung als auch die Erteilung einer Niederlassungsbewilligung aus humanitären Gründen sowie die Inlandsantragstellung der Zustimmung des BMI bedürfen.

2. Anm: Die Zustimmung des BMI hat jedenfalls vor der Entscheidung der Behörde zu erfolgen.

8. Hauptstück: Aufenthaltsrecht für Vertriebene

Vertriebene

§ 76. (1) Für Zeiten eines bewaffneten Konfliktes oder sonstiger die Sicherheit ganzer Bevölkerungsgruppen gefährdender Umstände kann die Bundesregierung im Einvernehmen mit dem Hauptausschuss des Nationalrates mit Verordnung davon unmittelbar betroffenen Gruppen von Fremden, die anderweitig keinen Schutz finden (Vertriebene), ein vorübergehendes Aufenthaltsrecht im Bundesgebiet gewähren.

(2) In der Verordnung gemäß Abs. 1 sind Einreise und Dauer des Aufenthaltes der Fremden unter Berücksichtigung der Umstände des besonderen Falles zu regeln.

(3) Wird infolge der längeren Dauer der in Abs. 1 genannten Umstände eine dauernde Integration erforderlich, kann in der Verordnung festgelegt werden, dass bestimmte Gruppen der Aufenthaltsberechtigten einen Antrag auf Erteilung einer Niederlassungsbewilligung wirksam im Inland stellen können und dass ihnen die Niederlassungsbewilligung trotz Vorliegens eines Versagungsgrundes erteilt werden kann.

(4) Das durch die Verordnung eingeräumte Aufenthaltsrecht ist durch die Behörde im Reisedokument des Fremden zu bestätigen. Sofern er über kein Reisedokument verfügt, ist ihm ein Ausweis für Vertriebene von Amts wegen auszustellen.

(5) Der Ausweis ist als „Ausweis für Vertriebene" zu bezeichnen, kann verlängert werden und genügt zur Erfüllung der Passpflicht. Der Bundesminister für Inneres legt durch Verordnung die Form und den Inhalt des Ausweises sowie der Bestätigung gemäß Abs. 4 fest.

Übersicht:
1. Hinweis auf innerstaatliche Normen
2. Materialien

1. Siehe auch das Bundesgesetz, mit dem integrierten Vertriebenen aus Bosnien und Herzegowina das weitere Aufenthaltsrecht gesichert wird, BGBl I 1998/85, sowie die Verordnungen der BReg BGBl 1996/299 und BGBl II 1997/215. Betreffend kriegsvertriebene Kosovo-Albaner die VO der BReg BGBl II 1999/133 idF 1999/461.

2. RV 952 XXII. GP

§ 76 entspricht § 29 FrG und ermöglicht der Bundesregierung im Einvernehmen mit dem Hauptausschuss des Nationalrates, umgehend durch Erlassung einer Verordnung auf Krisen in anderen Ländern zu reagieren und Menschen bzw. ganzen Bevölkerungsgruppen ein vorübergehendes Aufenthaltsrecht in Österreich zu gewähren. Insoweit diese Fremden ein Aufenthaltsrecht im Bundesgebiet haben, unterliegen sie nicht der Sichtvermerkspflicht. Sie halten sich kraft dieses Aufenthaltsrechtes legal im Bundesgebiet auf.

Abs. 4 normiert, dass die Behörde das Aufenthaltsrecht im Reisedokument des Fremden zu bestätigen hat und erleichtert somit die Überprüfung, ob ein Fremder aufenthaltsberechtigt ist oder nicht. Die vorgeschlagene Regelung soll nunmehr sicherstellen, dass in all jenen Fällen, in denen der Fremde bei der Einreise über kein Reisedokument verfügt, ihm von Amts wegen ein Fremdenpass (§§ 88 ff. FPG) auszustellen ist.

Abs. 5 normiert, dass Fremde, die unter diese Bestimmung fallen und über kein Reisedokument verfügen (Abs. 4), einen Ausweis für Vertriebene zu erhalten haben. Dieser ist auch als ein solcher – ‚Ausweis für Vertriebene' – zu bezeichnen. Weiters wurde dem Bundesminister für Inneres eine Verordnungsermächtigung eingeräumt, um die genaue Form und den Inhalt des Ausweises festzulegen sowie auf welche Weise das eingeräumte Aufenthaltsrecht durch die Behörde im Reisedokument des Fremden zu bestätigen ist.

3. TEIL: STRAF-, SCHLUSS- UND ÜBERGANGSBESTIMMUNGEN

Strafbestimmungen

§ 77. (1) Wer
1. eine Änderung des Aufenthaltszweckes während der Gültigkeit des Aufenthaltstitels der Behörde nicht ohne unnötigen Aufschub bekannt gibt oder Handlungen setzt, die vom Zweckumfang nicht erfasst sind;
2. mehr als einmal nach Ablauf des zuletzt erteilten Aufenthaltstitels einen Verlängerungsantrag auf Erteilung dieses Aufenthaltstitels einbringt;
3. ein ungültiges oder gegenstandsloses Dokument nicht bei der Behörde abgibt;
4. zur Erfüllung der Integrationsvereinbarung verpflichtet ist und den Nachweis fünf Jahre nach Erteilung des Aufenthaltstitels nach diesem Bundesgesetz aus Gründen, die ausschließlich ihm zuzurechnen sind, nicht erbringt, es sei denn, ihm wurde ein Aufschub gemäß § 14 Abs. 8 gewährt oder
5. eine Anmeldebescheinigung oder eine Daueraufenthaltskarte nach §§ 53 und 54 nicht rechtzeitig beantragt,

begeht eine Verwaltungsübertretung und ist mit Geldstrafe bis zu 200 Euro zu bestrafen.

(2) Wer
1. der Meldeverpflichtung gemäß § 70 Abs. 4 und § 71 Abs. 4 nicht nachkommt oder
2. eine Haftungserklärung gemäß § 2 Abs. 1 Z 15 abgegeben hat, obwohl er wusste oder wissen musste, dass er seiner Verpflichtung aus der Haftungserklärung nicht nachkommen kann,

begeht eine Verwaltungsübertretung und ist mit Geldstrafe bis zu 1 500 Euro, im Fall ihrer Uneinbringlichkeit mit Freiheitsstrafe bis zu zwei Wochen, zu bestrafen.

(3) Wer eine Aufnahmevereinbarung (§ 68) abschließt, ohne im Einzelfall die erforderliche Qualifikation des Forschers ausreichend festgestellt zu haben, begeht eine Verwaltungsübertretung und ist mit einer Geldstrafe bis zu 3 000 Euro, im Fall ihrer Uneinbringlichkeit mit Freiheitsstrafe bis zu vier Wochen, zu bestrafen.

Übersicht:
1. Hinweise auf europarechtliche Normen
2. Materialien
3.-8. Anmerkungen

1. Art 8 Abs 2, 9 Abs 3 und 20 Abs 2 UnionsbürgerRL, IV.B.8.

§ 78

2. RV 952 XXII. GP

Im Hinblick auf die Trennung des Fremdengesetzes in ein Fremdenpolizeigesetz und ein Niederlassungs- und Aufenthaltsgesetz werden zielgerichtet auf die gegenständliche Systematik neue Verwaltungsstraftatbestände vorgeschlagen. Neu ist etwa die Strafbarkeit der nicht rechtzeitigen Bekanntgabe der Änderung des Aufenthaltszweckes, der nicht rechtzeitigen Ablieferung eines ungültigen oder gegenstandslosen Dokuments bei der Behörde oder der Nichterfüllung bestimmter Meldeverpflichtungen.
Strafbehörde ist nach § 3 Abs. 4 die örtlich zuständige Bezirksverwaltungsbehörde.

3. Anm: Zu den Strafbehörden siehe 5. zu § 3.

4. Anm: Zu Abs 1 Z 1: Diese Strafbestimmung steht im Zusammenhang mit der Verpflichtung des Fremden nach § 26, im Fall einer Zweckänderung diese der Behörde unverzüglich bekannt zu geben.

5. Anm: Zu Abs 1 Z 2: Verlängerungsanträge sind grundsätzlich immer vor Ablauf der Gültigkeitsdauer des bestehenden Aufenthaltstitels zu stellen (§ 24 Abs 1). Als Verlängerungsantrag gilt aber auch jeder bis zu sechs Monate nach Ablauf des vorigen Aufenthaltstitels gestellte Antrag (§ 24 Abs 2). Diese verspätete Antragstellung wird jedoch nur beim ersten Mal ausnahmsweise toleriert. Eine wiederholt verspätete Stellung eines Verlängerungsantrages innerhalb von sechs Monaten nach Ablauf des vorigen Aufenthaltstitels erfüllt den Tatbestand des Abs 1 Z 2.
Erfolgt die Antragstellung sechs Monate nach Ablauf der Gültigkeitsdauer des vorigen Aufenthaltstitels, ist ex lege von einem Erstantrag auszugehen (§ 24 Abs 2). Diesfalls ist die Erfüllung dieses Straftatbestandes ausgeschlossen.

6. Anm: Abs 1 Z 3 enthält die entsprechende Sanktionsnorm zur Abgabeverpflichtung nach § 10 Abs 5.

7. Anm: Im Hinblick auf die Übergangsbestimmung des § 81 Abs 6, wonach die Strafbestimmung des Abs 1 Z 4 nicht für bereits vor dem 1. Jänner 2006 niedergelassene Fremde gilt, kommen für die Erfüllung dieses Verwaltungsstraftatbestandes nur Sachverhalte in Frage, in denen der betreffende Fremde die Berechtigung zur Niederlassung in Österreich erst nach dem 31. Dezember 2005 erlangt hat.

8. Anm: Die Verwaltungsübertretung nach Abs 1 Z 5 steht im Einklang mit Art 8 Abs 2 und Art 20 Abs 2 UnionsbürgerRL, IV.B.8.

Amtsbeschwerde

§ 78. Der Bundesminister für Inneres ist berechtigt, gegen Entscheidungen der unabhängigen Verwaltungssenate über Verwaltungsübertretungen nach § 77 sowohl zugunsten als auch zum Nach-

teil des Betroffenen binnen sechs Wochen Beschwerde wegen Rechtswidrigkeit beim Verwaltungsgerichtshof zu erheben. Die Beschwerdefrist beginnt mit der Zustellung der Entscheidung an die Behörde.

Übersicht:
1. Hinweis auf innerstaatliche Norm
2. Materialien
3. Anmerkung

1. Art 131 Abs 2 B-VG.

2. RV 952 XXII. GP

Dem BMI steht ein Recht auf Amtsbeschwerde beim VwGH zu.

3. Anm: Voraussetzung für die praktische Ausübung des Amtsbeschwerderechts des BMI ist im Hinblick auf die kurze Sechs-Wochen-Frist ab Zustellung eine unverzügliche Mitteilung der erstinstanzlichen Strafbehörde (s 5. zu § 3) über die Berufungsentscheidung des UVS und die Übermittlung des relevanten UVS-Bescheides an das BMI.

Sprachliche Gleichbehandlung

§ 79. Soweit in diesem Bundesgesetz auf natürliche Personen bezogene Bezeichnungen nur in männlicher Form angeführt sind, beziehen sie sich auf Frauen und Männer in gleicher Weise. Bei der Anwendung der Bezeichnung auf bestimmte natürliche Personen ist die jeweils geschlechtsspezifische Form zu verwenden.

Verweisungen

§ 80. Soweit in diesem Bundesgesetz auf Bestimmungen anderer Bundesgesetze verwiesen wird, sind diese in ihrer jeweils geltenden Fassung anzuwenden.

Übergangsbestimmungen

§ 81. (1) Verfahren auf Erteilung von Aufenthalts- und Niederlassungsberechtigungen, die bei In-Kraft-Treten dieses Bundesgesetzes anhängig sind, sind nach den Bestimmungen dieses Bundesgesetzes zu Ende zu führen.

(2) Vor dem In-Kraft-Treten dieses Bundesgesetzes erteilte Aufenthalts- und Niederlassungsberechtigungen gelten innerhalb ihrer Gültigkeitsdauer und ihres Gültigkeitszweckes insoweit weiter, als sie nach dem Zweck des Aufenthaltes den Bestimmungen dieses Bundesgesetzes entsprechen. Das Recht zur Aufnahme einer Erwerbstätigkeit bedarf jedenfalls der Ausstellung eines Aufenthaltstitels nach diesem Bundesgesetz, sofern dies nicht bereits nach dem

§ 81

Fremdengesetz 1997 möglich war. Der Bundesminister für Inneres ist ermächtigt, durch Verordnung festzulegen, welche vor dem In-Kraft-Treten dieses Bundesgesetzes erteilten Aufenthalts- und Niederlassungsberechtigungen nach ihrem Aufenthaltszweck als entsprechende Aufenthalts- und Niederlassungsberechtigungen nach diesem Bundesgesetz und dem Fremdenpolizeigesetz weiter gelten.

(3) Vor dem In-Kraft-Treten dieses Bundesgesetzes erteilte Aufenthaltsberechtigungen, die, weil es sich um einen Fall einer bloß vorübergehenden Erwerbstätigkeit (§ 2 Abs. 1 Z 7 und 8) handelt, keinem Zweck des Aufenthaltes den Bestimmungen dieses Bundesgesetzes entsprechen, behalten ihre Gültigkeit bis zu ihrem Ablauf.

(4) Für EWR-Bürger, die bereits vor dem In-Kraft-Treten dieses Bundesgesetzes rechtmäßig im Bundesgebiet niedergelassen und nach dem Meldegesetz 1991 gemeldet sind, gilt ihre aufrechte Meldung nach dem Meldegesetz 1991 als Anmeldebescheinigung im Sinne des § 53.

(5) Die Erfüllung der Integrationsvereinbarung nach diesem Bundesgesetz gilt als erbracht, wenn Fremde zum Zeitpunkt des In-Kraft-Tretens die Integrationsvereinbarung gemäß § 50a FrG bereits erfüllt haben oder von der Erfüllung ausgenommen waren. Auf Fremde, die zum Eingehen der Integrationsvereinbarung gemäß § 50a FrG verpflichtet sind, finden die Bestimmungen über die Integrationsvereinbarung (§§ 14 ff.) keine Anwendung, wenn sie vor dem In-Kraft-Treten dieses Bundesgesetzes mit der Erfüllung der Integrationsvereinbarung begonnen haben und diese nach § 50a FrG bis längstens 31. Dezember 2006 erfüllen. Eine solche Erfüllung gilt als Erfüllung der Integrationsvereinbarung nach diesem Bundesgesetz.

(6) § 77 Abs. 1 Z 4 gilt nicht für Fremde, die bereits vor In-Kraft-Treten dieses Bundesgesetzes niedergelassen waren.

(7) Die erkennungsdienstliche Behandlung im Sinne des § 2 Abs. 5 umfasst erst dann Papillarlinienabdrücke der Finger, wenn dies auf Grund eines unmittelbar anwendbaren Rechtsaktes der Europäischen Union für den Anwendungsbereich dieses Bundesgesetzes vorgesehen ist.

Übersicht:

1. Hinweise auf innerstaatliche Normen
2. Materialien
3.-7. Anmerkungen

1. § 24 FPG, II.B.; §§ 50a ff FrG idF BGBl I 2002/126; IV-V, BGBl II 2002/338; §§ 11 und 12 NAG-DV, VI.D.

2. RV 952 XXII. GP

Nach Abs. 1 sind bereits anhängige Verfahren nach den Bestimmungen des NAG zu Ende zu führen. Zusätzliche Formalvoraussetzungen, deren Erfüllung im Fall eines Antrages nach den Bestimmungen des NAG erforderlich wäre, die aber zum Zeitpunkt der Einbringung des Antrages nach den Bestimmungen des Fremdengesetzes 1997 für dessen Gültigkeit nicht vorgesehen waren, dürfen jedenfalls von der nunmehr zuständigen Behörde nicht zu Ungunsten des Antragstellers zu einer Zurückweisung seines Antrags aus diesen formalen Gründen führen.

Abs. 2 stellt klar, dass die vor dem In-Kraft-Treten erteilten Aufenthalts- und Niederlassungsberechtigungen innerhalb ihrer Gültigkeit insoweit weiter gelten, als sie nach dem Zweck des Aufenthalts den Bestimmungen des NAG entsprechen. Zur diesbezüglichen Klärung ist der BMI ermächtigt, mit Verordnung die entsprechenden Berechtigungen und ihre Aufenthaltszwecke nach dem Fremdengesetz 1997 bzw. nach früheren gesetzlichen Regelungen, wie dem Aufenthaltsgesetz (AufG), und den Berechtigungen nach dem NAG in einer Art „Korrespondenztabelle" gegenüberzustellen.

Die Aufnahme einer Erwerbstätigkeit, die auf Grund des bisherigen Aufenthaltstitels nach dem FrG nicht möglich war, bedarf jedenfalls der Beantragung und Ausstellung eines Aufenthaltstitels nach dem NAG.

Abs. 3 dient der Klarstellung, dass erteilte Aufenthaltsberechtigungen für Fälle der bloß vorübergehenden Erwerbstätigkeit insofern bis zu ihrem Ablauf ihre Gültigkeit behalten, als sie keinem Aufenthaltszweck nach dem NAG entsprechen. Dies betrifft insbesondere Grenzgänger und Pendler.

Abs. 4 richtet sich an bereits niedergelassene und gemeldete EWR-Bürger. Wenn sie bereits nach dem Meldegesetz polizeilich gemeldet sind, gilt ihre Meldung ex lege als Anmeldebescheinigung iSd § 53.

Abs. 5 stellt klar, dass die Erfüllung der Integrationsvereinbarung nach §§ 14 ff. NAG ex lege als erbracht gilt, wenn der Fremde zum Zeitpunkt des In-Kraft-Tretens die Integrationsvereinbarung gemäß § 50a FrG bereits erfüllt hat oder von der Erfüllung ausgenommen war.

Darüber hinaus finden die Bestimmungen über die Integrationsvereinbarung nach §§ 14 ff. NAG auf Fremde dann keine Anwendung, wenn sie vor dem In-Kraft-Treten des NAG mit der Erfüllung der Integrationsvereinbarung nach § 50a FrG begonnen haben und diese bis spätestens 31. Dezember 2006 erfüllen. Haben sie die Integrationsvereinbarung nach § 50a FrG bis zu diesem Datum erfüllt, dann gilt diese Erfüllung ex lege als Erfüllung der Integrationsvereinbarung iSd §§ 14 ff. NAG. Erfüllen sie diese nicht bis zum 31. Dezember 2006, dann gilt die Erfüllung iSd §§ 14 ff. NAG als nicht erbracht und das neue Regelungsregime des NAG kommt für die Betroffenen voll zum Tragen, d.h. dass sie nunmehr zur Erfüllung der Integrationsvereinbarung nach §§ 14 ff. NAG verpflichtet sind.

Abs. 6 bestimmt, dass bereits vor In-Kraft-Treten des NAG niedergelassene Fremde nicht wegen Nichterfüllung der Integrationsvereinbarung gemäß § 81 Abs. 1 Z 4 bestraft werden können.

3. Anm: Zu Abs 1: In Orten, in denen bislang eine BPD nach § 88 Abs 1 FrG sachlich zuständig war, ist für die Beendigung der bei den BPD anhängigen Verfahren nach entsprechender Abtretung der örtlich zuständige LH zuständig, sofern nicht bereits mit Wirksamkeit ab 1. Jänner 2006 eine EVO gemäß § 3 Abs 1 ergangen ist, mit der die BVB zur Durchführung bzw Fortführung der Verfahren ermächtigt werden.

§ 81

Ist die Zuständigkeit wegen Säumnis der erstinstanzlichen Behörde nach dem FrG auf Grund eines Devolutionsantrages nach § 73 Abs 2 AVG auf die sachlich in Betracht kommende Oberbehörde (zB SID nach § 94 FrG) übergegangen und hat diese als Oberbehörde über diesen Antrag nicht bis 31. Dezember 2005 entschieden, dann hat sie ab 1. Jänner 2006 solche Devolutionsanträge wegen nunmehriger Unzuständigkeit als Oberbehörde gemäß § 6 Abs 1 AVG (keine „perpetuatio fori") an den BMI als nunmehr nach § 3 Abs 2 NAG zuständige Oberbehörde zur Entscheidung weiterzuleiten. Weist der BMI als nunmehrige Oberbehörde solche Devolutionsanträge zurück oder ab, dann ist dadurch nunmehr der örtliche zuständige LH zur Entscheidung als erstinstanzliche Behörde gemäß § 3 Abs 1 NAG berufen.

Hat die nach dem FrG noch zuständige Oberbehörde (zB SID) jedoch noch vor 1. Jänner 2006 eine Entscheidung in der Sache selbst getroffen, dann ist für Berufungen gegen solche Entscheidungen – sofern sie noch zulässig sind (zB Berufungsfrist) – der BMI zuständig.

Für die Fortführung anhängiger Verfahren bestimmt § 12 NAG-DV, dass auf bereits vor dem 1. Jänner 2006 anhängige, jedoch noch nicht rechtskräftig entschiedene Verfahren nach dem FrG von der Behörde die neuen Formerfordernisse der §§ 6 bis 9 NAG-DV, die in Durchführung des § 19 Abs 3 ergangen sind, nicht anzuwenden sind. Zweck der Bestimmung des § 12 NAG-DV ist, dass eine Zurückweisung durch die Behörde nicht erfolgt, wenn sie bloß aus dem Grund ergangen wäre, dass die nunmehr erforderlichen Urkunden, Nachweise oder Formulare nicht oder nicht richtig vorgelegt wurden.

4. Anm: Zu Abs 2 und 3: Die Regelungen betreffend die Weitergeltung früherer Aufenthalts- und Niederlassungsberechtigungen im Verhältnis zu den neuen Aufenthalts- und Niederlassungsberechtigungen nach dem NAG bzw dem FPG finden sich in § 11 NAG-DV.

In den zwei in den Abs 1 und 2 des § 11 NAG-DV enthaltenen Texttabellen werden die nach bisherigen bundesgesetzlichen Bestimmungen erteilten und im Rahmen ihrer Gültigkeitsdauer weiterhin gültigen Aufenthalts- und Niederlassungsberechtigungen entsprechend ihrem jeweiligen Aufenthaltszweck den neuen Aufenthalts- und Niederlassungsberechtigungen nach dem Niederlassungs- und Aufenthaltsgesetz bzw nach § 24 FPG gegenübergestellt („Korrespondenztabellen"). In § 11 Abs 1 NAG-DV ist die Weitergeltung der nach dem FrG idF vor dem 1. Jänner 2006 erteilten Berechtigungen geregelt, während in dessen Abs 2 die Weitergeltung der Berechtigung nach noch früheren Bestimmungen, namentlich dem FrG idF vor der FrG-Novelle 2002, dem Aufenthaltsgesetz, dem Fremdengesetz idF BGBl 1992/838 und dem Paßgesetz 1969, normiert ist.

Durch die tabellarische Gegenüberstellung soll einem reibungslosen Übergang in das neue Regelungsregime und einem Höchstmaß an Klarheit und Sicherheit der Gesetzesanwendung entsprochen werden.

Sofern eine frühere Aufenthaltsberechtigung nach der neuen Rechtslage mit keiner der neuen Aufenthalts- und Niederlassungsberechtigungen korrespondiert (zB Aufenthaltserlaubnis Grenzgänger, § 1 Abs 11 FrG), wird dieser der Vollständigkeit und Klarheit wegen mit dem erklärenden

Zusatz „*entfällt*" versehen. Diese Aufenthaltsberechtigungen gelten nach dem Zeitpunkt des In-Kraft-Tretens dieser Verordnung nur noch bis zum Ablauf ihrer ursprünglichen Geltungsdauer weiter. Die anschließende Verlängerungsmöglichkeit einer mit keiner neuen Berechtigung korrespondierenden Aufenthaltsberechtigung ist nicht mehr gegeben, sondern es ist gegebenenfalls eine neue Aufenthalts- oder Niederlassungsberechtigung nach dem NAG zu beantragen. Voraussetzung für die inhaltliche Weitergeltung einer nach früheren gesetzlichen Bestimmungen erteilten Aufenthalts- oder Niederlassungsberechtigung ist ihre aufrechte Gültigkeit.

§ 11 Abs 3 NAG-DV bestimmt ergänzend, dass die in den Z 1 und 2 des Abs 3 aufgezählten Aufenthalts- und Niederlassungsberechtigungen der zweiten Korrespondenztabelle nach Abs 2 (zB Niederlassungsbewilligung jeglicher Aufenthaltszweck sowie jeglicher Aufenthaltszweck ausgenommen unselbständiger Erwerb, Niederlassungsbewilligungen Familiengemeinschaft oder Privat sowie alle Bewilligungen oder Sichtvermerke nach dem AufG, dem FrG 1992 oder dem PaßG 1969) für den Fall, dass sie für eine unbefristete Geltungsdauer ausgestellt worden sind, inhaltlich künftig als unbefristete Daueraufenthaltstitel („Daueraufenthalt – EG" oder „Daueraufenthalt – Familienangehöriger") weiter gelten. Unbeschadet der innerstaatlichen Weitergeltung dieser Aufenthalts- und Niederlassungsberechtigungen als Daueraufenthaltstitel hat der Inhaber dieser korrespondierenden Berechtigung für die Inanspruchnahme und Ausübung des mit der Erteilung des Aufenthaltstitels „Daueraufenthalt – EG" verbundenen gemeinschaftsrechtlich vorgesehenen Rechts der Mobilität innerhalb der EU jedenfalls die Ausstellung einer Karte für den Aufenthaltstitel „Daueraufenthalt – EG" nach § 1 zu beantragen, die nach Art 8 Abs 3 LangfrRL (IV.B.6.) für die Ausübung der Mobilität nach Kapitel III dieser RL erforderlich ist.

5. Anm: Zu Abs 4: Bereits ordnungsgemäß in Österreich gemeldete EWR-Bürger bedürfen somit keiner Anmeldebescheinigung. Der Nachweis der Meldung (Meldezettel) bereits vor dem 1. Jänner 2006 niedergelassener und gemeldeter EWR-Bürger gilt ex lege als Anmeldebescheinigung nach § 53. EWR-Bürger, die bis Ende 2005 ihren Wohnsitz in Österreich nicht gemeldet haben, müssen hingegen eine Anmeldebescheinigung beantragen. Die Drei-Monats-Frist des § 53 Abs 1 beginnt in diesen Fällen – trotz vorheriger auch drei Monate übersteigender Niederlassung – erst mit 1. Jänner 2006 zu laufen, womit die Strafbestimmung des § 77 Abs 1 Z 5 mit Rücksicht auf das Zurückwirkungsverbot von Verwaltungsstrafen (§ 1 Abs 1 VStG, Art 7 Abs 1 EMRK) erst für das nach dem dritten Monat bestehende Unterlassen der Anmeldung zur Anwendung kommen kann.

Schweizer Bürger sind in der Übergangsbestimmung nicht ausdrücklich genannt, weshalb dem Wortlaut nach Schweizer Bürger, die vor dem 1. Jänner 2006 in Österreich niedergelassen und gemeldet waren, im Gegensatz zu EWR-Bürgern eine Anmeldebescheinigung beantragen müssen. Diese Differenzierung scheint jedoch ein legistisches Versehen darzustellen, da sie offensichtlich keinen besonderen Zweck verfolgt.

6. Anm: Zu Abs 5: Bis 31. Dezember 2006 sind betreffend die Erfüllung der IV nach dem FrG die Bestimmungen der §§ 50a bis 50d sowie die Bestimmungen der auf Grund § 50d FrG erlassenen IV-V, BGBl II 2002/338, weiterhin anzuwenden. Nach diesem Datum treten auch diese Bestimmungen materiell außer Kraft und sind daher nicht mehr anzuwenden. Einer formellen Aufhebung der IV-V, BGBl II 2002/338, bedarf es dabei nicht. Die Strafbestimmungen des § 108 Abs 1a und 1b sind durch die Aufhebung des FrG nicht mehr anwendbar.

Fremde, die die IV nach § 50a FrG eingegangen sind, aber mit der Erfüllung noch nicht begonnen haben, erhalten vom Gesetzgeber die Möglichkeit, diese bis spätestens Ende 2006 nach den vorigen Bestimmungen des FrG (§§ 50a ff) zu erfüllen, sofern sie noch vor dem 1. Jänner 2006 mit der Erfüllung der IV begonnen haben. Die Erfüllung gilt etwa dann als begonnen, wenn noch vor dem 1. Jänner 2006 nachweislich die erste Unterrichtseinheit des Integrationskurses abgehalten und besucht worden ist. Durch die bloße noch vor dem 1. Jänner 2006 vorgenommene Anmeldung für einen Integrationskurs, der jedoch erst nach dem 1. Jänner 2006 beginnt, wird diese Voraussetzung nicht erfüllt, weshalb der betreffende Fremde in diesen Fällen die ausgeweitete IV nach den neuen Bestimmungen der §§ 14 ff NAG erfüllen muss.

7. Anm: Zu Abs 7: Eine entsprechende unmittelbar anwendbare gemeinschaftsrechtliche Regelung ist bislang nicht ergangen.

In-Kraft-Treten

§ 82. (1) Dieses Bundesgesetz tritt mit 1. Jänner 2006 in Kraft.

(2) (Verfassungsbestimmung) § 13 Abs. 6 tritt mit 1. Jänner 2006 in Kraft.

(3) Verordnungen oder Regierungsübereinkommen auf Grund dieses Bundesgesetzes können bereits ab dem auf seine Kundmachung folgenden Tag erlassen oder abgeschlossen werden; sie dürfen jedoch frühestens mit dem In-Kraft-Treten dieses Bundesgesetzes in Kraft gesetzt werden.

(4) (Verfassungsbestimmung) Die Niederlassungsverordnung für das Jahr 2006 kann – nach Durchführung des in § 13 normierten Verfahrens – bereits ab dem auf seine Kundmachung folgenden Tag erlassen werden; sie darf jedoch frühestens mit dem In-Kraft-Treten dieses Bundesgesetzes in Kraft gesetzt werden.

(5) Die §§ 2 Abs. 1 Z 11, 11 Abs. 5, 19 Abs. 4, 24 Abs. 2 und 4, 37 Abs. 5 und 60 Abs. 1 in der Fassung des Bundesgesetzes BGBl. I Nr. 157/2005 treten mit 1. Jänner 2006 in Kraft.

(6) § 40 Abs. 1a in der Fassung des Bundesgesetzes BGBl. I Nr. 31/2006 tritt mit 1. Jänner 2006 in Kraft.

1. Anm: Die Abs 1 bis 4 entsprechen der Stammfassung. Abs 5 wurde durch die Novelle BGBl I 2005/157 eingefügt.

2. Anm: Verordnungen gemäß Abs 3 wurden bereits erlassen, es sind dies die NAG-DV (VI.D.) und die IV-V (VI.E.). Ebenso wurde die NLV 2006 (VI.F.) vor dem In-Kraft-Treten des NAG gemäß Abs 4 erlassen. Alle Verordnungen traten mit 1. Jänner 2006 in Kraft.

3. Anm: Die Erlassung der Abs 2 und 4 als Verfassungsbestimmungen war durch die Aufhebung des § 18 Abs 5 FrG und die neuerliche Erlassung des wortgleichen § 13 Abs 6 NAG im Verfassungsrang erforderlich (vgl Art 5 § 2 des Fremdenrechtspakets 2005, BGBl I 2005/100).

Vollziehung

§ 83. Mit der Vollziehung
1. der §§ 13, 38 Abs. 1 und 76 Abs. 1 ist die Bundesregierung;
2. der §§ 5 Abs. 2 und 7 der Bundesminister für auswärtige Angelegenheiten im Einvernehmen mit dem Bundesminister für Inneres;
3. des § 15 Abs. 4 der Bundesminister für Inneres im Einvernehmen mit dem Bundesminister für Finanzen und
4. der übrigen Bestimmungen der Bundesminister für Inneres betraut.

D Bundesgesetz, mit dem die Grundversorgung von Asylwerbern im Zulassungsverfahren und bestimmten anderen Fremden geregelt wird (Grundversorgungsgesetz - Bund 2005 - GVG-B 2005)

- BGBl 1991/405 (NR: GP XVIII RV 158 AB 215 S 36. BR: AB 4102 S 544.)
- BGBl 1994/314 (NR: GP XVIII RV 1469 AB 1556 S 161. BR: AB 4777 S 583.)
- BGBl I 2000/134 (NR: GP XXI IA 302/A AB 378 S 44. BR: 6249 AB 6261 S 670.)
- BGBl I 2001/98 (NR: GP XXI RV 621 AB 704 S 75. BR: 6398 AB 6424 S 679.)
- BGBl I 2003/101 (NR: GP XXII RV 120 AB 253 S 35. BR: 6870, 6871 AB 6885 S 702.)
- BGBl I 2004/32 (NR: GP XXII AB 449 S 55. BR: 7000 AB 7029 S 707.)
- BGBl I 2005/100 (NR: GP XXII RV 952 AB 1055 S 116. BR: AB 7338 S 724.)

Allgemeine Teile

Übersicht:
1. Hinweise auf europarechtliche Normen
2. Hinweise auf innerstaatliche Normen
3.-4. Materialien
5.-6. Anmerkungen

1. Siehe IV.D. AufnahmeRL.

2. Siehe II.E. GVV-Art 15a.

3. AB 449 XXII. GP

Mit der vorliegenden Novelle zum BundesbetreuungsG soll einerseits die Grundversorgungsvereinbarung – Art. 15a B-VG und andererseits die Richtlinie 2003/9/EG des Rates vom 27. Jänner 2003 zur Festlegung von Mindestnormen für die Aufnahme von Asylwerbern in den Mitgliedstaaten (in Folge: Richtlinie Mindestnormen Aufnahme) umgesetzt werden. Dazu ist jedenfalls eine hoheitliche Vollziehung notwendig.

Die vom VersorgungsG Bund betroffenen Fremden – Asylwerber und Fremde, deren Asylantrag zurückgewiesen oder als offensichtlich unbegründet abgewiesen wurde und die sich noch in der Betreuungseinrichtung befinden sind in einer besonderen Situation.

Die Asylwerber müssen sich in der Erstaufnahmestelle dem Zulassungsverfahren stellen, das den Großteil ihrer Zeit – sei es für Verfahrenshandlungen, sei es für Vorbereitungen – in Anspruch nimmt und ihnen ist der Zugang zum Arbeitsmarkt verwehrt. Die anderen vom Gesetz betroffenen Fremden befinden sich noch in der Erstaufnahmestelle oder einer anderen Betreuungseinrichtung des Bundes, obwohl über sie entweder die Schubhaft verhängt hätte werden können oder alsbald verhängt werden kann. Bei ersteren wird ein gelinderes Mittel verhängt worden sein, letztere haben faktisch keine Möglichkeit, in der Kürze der Zeit eine Unterkunft zu finden. Daher begründet sich die Zuständigkeit des Bundes zur Gesetzgebung und Vollziehung dieser Betreuung im unmittelbaren Konnex an das Asylverfahren an die gleichen kompetenzrechtlichen Tatbestände wie das AsylG selbst (Art. 10 Abs. 1 Z 3 und 7 B-VG). Aus diesem Grund leistet der Bund auch für nicht hilfsbedürftige Asylwerber Versorgung, diesen sind allerdings die Kosten der Versorgung vorzuschreiben.

Um die Richtlinie Mindestnormen Aufnahme zu erfüllen, muss in zweiter Instanz ein Gericht im europarechtlichen Sinne entscheiden; unter diesen Begriff fallen auch die Unabhängigen Verwaltungssenate in den Ländern; eine Befassung des Unabhängigen Bundesasylsenates war aus kompetenzrechtlichen Gründen nicht möglich. Da das vorgeschlagene VersorgungsG jedoch in unmittelbarer Bundesverwaltung vollzogen wird, bedarf es bezüglich der Befassung der UVS nicht der Zustimmung der Länder im Sinne des Art. 129a Abs. 2 B-VG.

Systematisch wird sich die Betreuung von Asylwerbern durch die Grundversorgungsvereinbarung entscheidend ändern; der Bund versorgt die Asylwerber nach Einbringung des Asylantrages solange ein Zulassungsverfahren geführt wird. Nach der Zulassung werden die Asylwerber – unter Beachtung des Art. 1 Abs 4 Grundversorgungsvereinbarung – einem Bundesland zur Versorgung zugeteilt, das Asylverfahren wird dann in einer Außenstelle des Bundesasylamtes geführt.

Nach Stellung und vor Einbringung des Antrages – der Zeitpunkt fällt nur auseinander, wenn der Antrag nicht in einer Erstaufnahmestelle gestellt wird – ist der Asylwerber von Organen des öffentlichen Sicherheitsdienstes gem. § 18 iVm § 34a AsylG festzunehmen und dem Bundesasylamt vorzuführen – es findet also die Anhalteordnung Anwendung, die die Versorgung aller Festgenommenen garantiert.

Sollte der Antrag des Asylwerber bereits in der Erstaufnahmestelle zurück- oder abgewiesen werden, die Schubhaft jedoch nicht möglich oder unverhältnismäßig sein, allerdings die Außer-Landes-Bringung in einem solchen zeitlichen Zusammenhang wahrscheinlich sein, die eine Zuteilung in die Länder aus Gründen der Sparsamkeit der Verwaltung nicht sinnvoll erscheinen lässt, so können diese Menschen weiterhin in der Betreuungseinrichtung versorgt werden – auch wenn sie, weil kein Rechtsmittel ergriffen wurde – keine Asylwerber mehr sind.

Da es sich bei vorgeschlagenen Gesetz um eine hoheitliche Erledigung von Bundesaufgaben handelt, haben Asylwerber und Fremde nach § 2 Abs. 1 einen Rechtsanspruch auf Versorgung durch den Bund – im Nichtgewährungsfall hat die Behörde einen Bescheid zu erlassen.

Das Gesetz sieht – gegenüber dem Bundesbetreuungsgesetz redimensionierte – Ausschluss- und Endigungsgründe vor, die aus Zweckmäßigkeitsüberlegungen zusammengefasst wurden, die medizinische Notversorgung ist jedoch immer zu garantieren.

Neu ist der Grundsatz, alle Asylwerber und Fremde gemäß § 2 Abs. 1 zu versorgen, da die Versorgung ja weit mehr als bisher dem Asyl- und Fremdenpolizeiverfahren dient. Da das Gemeinwesen jedoch nicht die Kosten der Versorgung von Menschen tragen soll, die selbst in der Lage sind, für ihren Lebensunterhalt zu sorgen, kennt der vorgeschlagene Entwurf eine Kostenersatzregelung; die Kosten der Betreuung sind diesen Menschen mit Bescheid vorzuschreiben. Die Praxis zeigt jedoch, dass diese Bestimmung auf den Großteil der Versorgten nicht anzuwenden sein wird.

Der Bundesminister für Inneres kann wie bisher das Betreten und Verweilen in Betreuungseinrichtungen verbieten, wenn dies aus Gründen der Aufrechterhaltung der Ordnung und Sicherheit notwendig ist. Neu ist die Verpflichtung der Betreuungsbehörde, für jede Betreuungseinrichtung eine Hausordnung festzuschreiben – damit soll klar sein, welches Verhalten von den Versorgten erwartet werden kann; gleichzeitig wird damit auch die Freiheit der Versorgten geschützt, da sie einen Verlust der Versorgung nur fürchten müssen, wenn sie grob gegen die Hausordnung verstoßen.

Wie schon in Art 1 Abs 4 Grundversorgungsvereinbarung mit den Ländern vereinbart, teilt die Koordinationsstelle die zugelassenen Asylwerber den Länder zur Betreuung zu. Die Zuteilung an die Länder erfolgt durch die Koordinationsstelle, die konkrete Auswahl der Betreuungseinrichtung im Einvernehmen mit dem betroffenen Bundesland, der Bund ermöglicht dem Asylwerber den Transport zur zukünftigen Betreuungsseinrichtung – wobei der Transport entweder durch den Bund durchgeführt oder organisiert werden kann.

Zur Umsetzung der Richtlinie Mindestnormen Aufnahme ist der Zugang von Asylwerbern zum Arbeitsmarkt zu regeln. Für den Bereich der unselbständigen Erwerbstätigkeit erfolgte dies im AuslBG, im vorliegenden Entwurf wird vorgeschlagen, eine analoge Regelung für den Bereich der selbständigen Erwerbstätigkeit aufzunehmen. Zur Feststellung eines allfälligen Kostenersatzes der Betreuung sieht der Entwurf Meldepflichten vor. Die Remunerantentätigkeit des bisherigen Bundesbetreuungsgesetzes wird weiterhin möglich sein.

Der Entwurf normiert den von der Grundversorgungsvereinbarung vorgesehenen Dateninformationsverbund und Datenschutzbestimmungen näher.

Auch werden zwei Verwaltungsübertretungen vorgesehen, nämlich die unbefugte selbständige Tätigkeit und das Betreten einer Betreuungseinrichtung, obwohl dies durch Verordnung verboten wurde.

Zuständige Behörde erster Instanz soll – in einer sachgerechten Verbindung von Asylverfahren und dazugehöriger Betreuung – das Bundesasylamt sein; eine Befassung des Unabhängigen Bundesasylsenates als Behörde zweiter Instanz war verfassungsrechtlich nicht möglich, da es sich bei der Betreuung – aus dem Gesichtspunkt der Versteinerungstheorie – nicht um eine Asylsache handelt. Um der Richtlinie Mindestnormen

Aufnahme genüge zu tun, werden daher die jeweils zuständigen UVS in den Ländern als Berufungsbehörde vorgeschlagen.

Der Entwurf sieht – wie auch schon bisher – die Schaffung von Vorsorgekapazitäten durch den Bundesminister für Inneres vor, er kann sich hiezu – im Einvernehmen mit dem Bundesminister für Landesverteidigung – auch Kasernen des Bundesheeres bedienen.

Wie bisher kann es auch in Zukunft Rückkehrberatung und Rückkehrhilfe durch den Bundesminister für Inneres oder beauftragte Organisationen geben.

Auch die Länder werden – für ihren Bereich – VersorgungsG erlassen oder die Sozialhilfegesetze entsprechend ändern müssen, um der Richtlinie Mindestnormen Aufnahme Genüge zu tun – vor allem ein Instanzenzug wird notwendig sein.

4. RV 952 XXII. GP

Die Bundesregierung hat sich entschlossen, vorzuschlagen, dass die örtliche Zuständigkeit der Unabhängigen Verwaltungssenate in den Ländern als Berufungsbehörde in diesem Bundesgesetz klargestellt wird.

Während der Novellierung des Bundesbetreuungsgesetzes zur Anpassung an die Grundversorgungsvereinbarung und zur Umsetzung der Richtlinie 2003/9/EG des Rates vom 27. Jänner 2003 zur Festlegung von Mindestnormen für die Aufnahme von Asylwerbern in den Mitgliedstaaten (in Folge: Richtlinie Mindestnormen Aufnahme) konnte aus formalen Gründen der Titel nicht angepasst werden. Dies geschieht nun.

Weiters werden Redaktionsversehen und falsche Verweise richtig gestellt; andere Verweise sind der vorgeschlagenen Rechtslage anzupassen.

Auch wird die Handlungsfähigkeit und Vertretung Minderjähriger dem System des AsylG angepasst, sodass Asylwerber und Behörde einen Ansprechpartner haben. Weiters wird näher determiniert, wie im Falle des Unterbleibens der Vorführung versorgt werden kann und dass die Versorgung auch kurze Zeit nach der Zulassung fortgesetzt werden kann, wenn sich über die Übernahme der Versorgung durch die Länder nicht sofort Einvernehmen erzielen lässt.

Es wird vorgeschlagen, festzustellen, dass die „Bezahlung" der Remunerantentätigkeit keiner Einkommensteuer- und Sozialversicherungspflicht unterliegt.

Besonderer Teil zum Titel

Um den neuen Charakter der Betreuung von Asylwerbern darzustellen, erscheint es sinnvoll, den Titel dieses Bundesgesetzes anzupassen. Dazu bietet sich der Titel der dem System der Versorgung von Asylwerbern zu Grunde liegenden Grundversorgungsvereinbarung als Vorbild an.

5. Anm:
Durch die Novelle zum Bundesbetreuungsgesetz 1991 in Art II des Bundesgesetzes BGBl I 2004/32 kam es zu einer gänzlichen Systemumstellung im Bundesbetreuungsbereich, die mit den Änderungen im Fremdenrechtspaket 2005 ihren Abschluss fand. Daher sind für das gel-

tende Gesetz grundsätzlich nur die Materialien zu diesen beiden Novellen interessant; es wird auf den Abdruck der früheren Materialien weitestgehend verzichtet. Lediglich die §§ 13 (vormals § 12a) und 13a entstammen der Fassung des Bundesbetreuungsgesetzes BGBl I 2003/101; sofern sich Materialien für diese Bestimmungen finden, werden sie bei § 13a wiedergegeben.

6. Anm: In wie weit die hoheitliche Vollziehung der Betreuung während des Zulassungsverfahrens kompetenzrechtlich zulässig ist, ist in der Literatur umstritten. Siehe im Übrigen 3. zu § 6.

Begriffsbestimmungen

§ 1. Im Sinne dieses Bundesgesetzes ist
1. **Asylwerber im Zulassungsverfahren:** ein Asylwerber, der einen Asylantrag eingebracht hat, über dessen Zulässigkeit noch nicht entschieden und dessen Verfahren nicht gemäß § 24 des Asylgesetzes 2005 – AsylG 2005, BGBl. I Nr. 100 eingestellt wurde;
2. **Grundversorgungsvereinbarung:** die Vereinbarung zwischen dem Bund und den Ländern gemäß Art. 15a B-VG über gemeinsame Maßnahmen zur vorübergehenden Grundversorgung für hilfs- und schutzbedürftige Fremde (Asylwerber, Asylberechtigte, Vertriebene und andere aus rechtlichen oder faktischen Gründen nicht abschiebbare Menschen) in Österreich in der geltenden Fassung;
3. **Versorgung:** die gemäß der Art. 6 und 7 der Grundversorgungsvereinbarung zu erbringenden Leistungen;
4. **eine Betreuungsstelle:** jede außerhalb einer Erstaufnahmestelle gelegene Unterbringung, in der die Versorgung der Grundbedürfnisse eines Asylwerbers faktisch gewährleistet wird;
5. **eine Betreuungseinrichtung:**
   a) jede Betreuungsstelle (Z 4)
   b) jede Erstaufnahmestelle soweit in dieser die Versorgung der Grundbedürfnisse von Asylwerbern, in deren Verfahren noch keine Zulassungsentscheidung getroffen wurde, faktisch gewährleistet wird.

Übersicht:
1. Hinweise auf innerstaatliche Normen
2.-3. Materialien

1. Siehe II.A. AsylG 2005; II.E. GVV-Art 15a.

2. AB 449 XXII. GP

§ 1 stellt die notwendigen Begriffsbestimmungen dar.

Die Versorgung ergibt sich aus den in Art. 6 und 7 Grundversorgungsvereinbarung beschriebenen Leistungen.

3. RV 952 XXII. GP

Zu Z 2 (§ 1 Z 1 bis 5), Z 3 (§ 2 Abs. 1), Z 5 (§ 2 Abs. 5), Z 9 (§ 5 Abs. 1 und 3), Z 12 (§ 7 Abs. 3) und Z 13 (§ 7 Abs. 4):
Einerseits werden Verweise dem vorgeschlagenen neuem AsylG 2005 angepasst, andererseits erscheint es thematisch passender, die neuen Begriffsbestimmungen im gegenständlichen Gesetz zu regeln. Zu keiner Änderung soll es im Bezug auf den Umstand kommen, dass in Erstaufnahmestellen untergebrachte Asylwerber auf die „Länderquote" nach der Grundversorgungsvereinbarung anzurechnen sind; dies ergibt sich schon aus Art. 1 Abs. 4 der Grundversorgungsvereinbarung. Diese Art 15a B-VG Vereinbarung hat ja den Zweck, Asylwerber und andere betreute Fremde gleichmäßig auf Österreich aufzuteilen – da kann es keinen Unterschied machen, ob der Asylwerber in einer Erstaufnahmestelle oder einer Betreuungseinrichtung eines Landes versorgt wird.

Gewährung der Versorgung

§ 2. (1) Der Bund leistet Asylwerbern im Zulassungsverfahren Versorgung in einer Betreuungseinrichtung des Bundes (§ 1 Z 5). Darüber hinaus sorgt der Bund im gleichen Ausmaß für Fremde, deren Asylantrag im Zulassungsverfahren
1. **zurückgewiesen oder**
2. **abgewiesen wurde, wenn der Berufung die aufschiebende Wirkung aberkannt wurde, solange ihr diese nicht wieder zuerkannt wird,**

bis diese das Bundesgebiet verlassen, solange sie in einer Betreuungseinrichtung des Bundes untergebracht sind.
(2) Asylwerbern und sonstigen Fremden nach Abs. 1 ist möglichst frühzeitig der Ort mitzuteilen, an welchem ihre Versorgung geleistet wird. Bei der Zuteilung ist auf bestehende familiäre Beziehungen, auf das besondere Schutzbedürfnis allein stehender Frauen und Minderjähriger und auf ethnische Besonderheiten Bedacht zu nehmen.
(3) Die Grundversorgung gemäß Abs. 1 ruht für die Dauer einer Anhaltung.
(4) Die Versorgung von Asylwerbern und sonstigen Fremden gemäß Abs. 1, die
1. **die Aufrechterhaltung der Ordnung durch grobe Verstöße gegen die Hausordnung der Betreuungseinrichtung (§ 5) fortgesetzt oder nachhaltig gefährden oder**
2. **gemäß § 38 a Sicherheitspolizeigesetz – SPG, BGBl. Nr. 566/1991 aus der Betreuungseinrichtung weggewiesen werden**

kann von der Behörde eingeschränkt, unter Auflagen gewährt oder entzogen werden. Diese Entscheidung darf jedoch nicht den Zugang zur medizinischen Notversorgung beschränken.

(5) Die Grundversorgung von Asylwerbern und sonstigen Fremden gemäß Abs. 1, die wegen einer gerichtlich strafbaren Handlung verurteilt worden sind, die einen Ausschlussgrund gemäß § 6 AsylG 2005 darstellen kann, kann eingeschränkt, unter Auflagen gewährt oder entzogen werden. Abs. 4 letzter Satz gilt.

(6) Der Entscheidung, die Versorgung nach Abs. 4 oder 5 einzuschränken oder zu entziehen, hat eine Anhörung des Betroffenen, soweit diese ohne Aufschub möglich ist, voranzugehen. Die Anhörung des Betroffenen ist insbesondere nicht möglich, wenn er zwar zur Anhörung geladen wurde, jedoch zu dieser nicht erscheint oder wenn sein Aufenthalt unbekannt ist.

(7) Die Handlungsfähigkeit und die Vertretung von Minderjährigen in Verfahren nach diesem Bundesgesetz richtet sich nach § 16 AsylG 2005.

Übersicht:
1.-2. Hinweise auf innerstaatliche Normen
3.-4. Materialien
5. Judikatur

1. Siehe II.A. AsylG 2005.

2. Textauszug SPG:

Wegweisung und Betretungsverbot bei Gewalt in Wohnungen

§ 38a. (1) Ist auf Grund bestimmter Tatsachen, insbesondere wegen eines vorangegangenen gefährlichen Angriffs, anzunehmen, es stehe ein gefährlicher Angriff auf Leben, Gesundheit oder Freiheit bevor, so sind die Organe des öffentlichen Sicherheitsdienstes ermächtigt, einen Menschen, von dem die Gefahr ausgeht, aus einer Wohnung, in der ein Gefährdeter wohnt, und deren unmittelbarer Umgebung wegzuweisen. Sie haben ihm zur Kenntnis zu bringen, auf welchen räumlichen Bereich sich die Wegweisung bezieht; dieser Bereich ist nach Maßgabe der Erfordernisse eines wirkungsvollen vorbeugenden Schutzes zu bestimmen.

(2) Unter den Voraussetzungen des Abs. 1 sind die Organe des öffentlichen Sicherheitsdienstes ermächtigt, einem Menschen das Betreten eines nach Abs. 1 festzulegenden Bereiches zu untersagen; die Ausübung von Zwangsgewalt zur Durchsetzung dieses Betretungsverbotes ist jedoch unzulässig. Bei einem Verbot, in die eigene Wohnung zurückzukehren, ist besonders darauf Bedacht zu nehmen, daß dieser Eingriff in das Privatleben des Betroffenen die Verhältnismäßigkeit (§ 29) wahrt. Die Organe des öffentlichen Sicherheitsdienstes sind ermächtigt, dem Betroffenen alle in seiner Gewahrsame befindlichen Schlüssel zur Wohnung abzunehmen; sie sind verpflichtet, ihm Gelegenheit zu geben, dringend benötigte Gegenstände des persönlichen Bedarfs mitzunehmen und sich darüber zu informieren, welche Möglichkeiten er hat, unterzukommen. Sofern sich die Notwendigkeit ergibt, daß der Betroffene die Wohnung, deren Betreten ihm untersagt ist, aufsucht, darf er dies nur in Gegenwart eines Organs des öffentlichen Sicherheitsdienstes tun.

(3) – (7) ...

3. AB 449 XXII. GP

§ 2 beschreibt das prinzipielle System des Gesetzesentwurfs. Asylwerbern und Fremden, deren Asylantrag zurückgewiesen oder als offensichtlich unbegründet abgewiesen wurde und die sich in einer Betreuungseinrichtung des Bundes befinden, wird Versorgung geleistet, solange sich dieser aufhalten. Es besteht – das Gesetz wird hoheitlich vollzogen – ein Rechtsanspruch auf die Leistung der Versorgung. Die Versorgung wird in der Betreuungsstelle des Bundes geleistet – wer sich aus dieser entfernt, hat keinen Anspruch auf Betreuung oder gar den finanziellen Ausgleich der nicht geleisteten Betreuung.

Bei der Versorgung ist auf besonders schützenswerte Menschen, wie allein stehende Frauen und Minderjährige besonders Rücksicht zu nehmen.

Für die Dauer einer Anhaltung richtet sich die Versorgung nach der Anhalteordnung oder den jeweiligen Vollzugsgesetzen, es besteht hier keine Notwendigkeit, auch durch das vorgeschlagene VersorgungsG Leistungen zu gewähren.

Abs. 4 bildet Art. 6 Abs. 3 Grundversorgungsvereinbarung nach; ein grober Verstoß gegen die Hausordnung der Betreuungsstellen des Bundes wird dann vorliegen, wenn der Verstoß geeignet ist, das Zusammenleben der Betreuten erheblich zu stören – wobei auch auf die besonderen Bedürfnisse von Kleinkindern oder Traumatisierten Rücksicht zu nehmen sein wird – oder sonst die Aufrechterhaltung der Ordnung in der Betreuungseinrichtung erheblich erschwert – wie etwa die mutwillige erhebliche Beschädigung eines Einzelzimmers durch den dort untergebrachten Betreuten.

Der vollkommene Entzug der Betreuung wird – auch im Hinblick auf die Ratio des Gesetzes – nur das letzte Mittel sein und vor allem bei Gewaltanwendung zur Anwendung kommen; vorher kann etwa das Taschengeld zurückgehalten werden. Jede Einschränkung und jeder Entzug der Versorgung bedarf eines Bescheides der Behörde erster Instanz.

Abs. 5 bildet Art. 2 Abs. 4 Grundversorgungsvereinbarung nach.

Abs. 6 normiert, dass vor einer Entscheidung über einen Ausschluss oder einer Einschränkung der Betroffenen zu hören ist, soweit eine Befragung ohne Aufschub möglich ist.

4. RV 952 XXII. GP

Zu Z 4 (§ 2 Abs. 4):
§ 2 Abs. 4 wird inhaltlich nicht geändert, sondern nur in eine verständlichere Form gebracht.

Zu Z 6 (§ 2 Abs. 6):
Es wird vorgeschlagen, einen Verweisfehler zu berichtigen.

Zu Z 7 (§ 2 Abs. 7):
Die vorgeschlagene Norm regelt die Vertretung Minderjähriger für Verfahren nach diesem Bundesgesetz. Es wird vorgeschlagen, diese Vertretung wie im AsylG zu regeln, was zu einer Bündelung der Vertretungsbe-

fugnis für den Bereich des Asylverfahrens führt und das Versorgungsverfahren sicherstellt. Davon ist zu erwarten, dass es zu Erleichterungen für den minderjährigen Asylwerber kommt, da dieser sich einerseits immer an die gleiche Institution wenden kann und andererseits diese für den Asylwerber auch leichter ansprechbar sind; vor allem werden die Rechtsberater diese Aufgabe zu übernehmen haben, die ja in der Erstaufnahmestelle die meiste Zeit anwesend sind.

5. **Jud:** Die bel Beh ist ihrer Pflicht gemäß § 37 AVG zur amtswegigen Ermittlung des für die Erledigung der Verwaltungssache maßgeblichen Sachverhalts nicht nachgekommen. Sie hat sich auf die wörtliche Wiedergabe eines der Behörde per E-Mail übermittelten Aktenvermerks der Polizeiinspektion , der bestenfalls als erste Meldung oder Anzeige eines möglicherweise gegen die – ebenfalls nicht aktenkundige – Hausordnung verstoßenden Vorwalls zu werden war, beschränkt. Die Beh hätte vielmehr im Interesse einer zuverlässigen Beweissicherung die beteiligten Personen einschließlich dem Bw unverzüglich an Ort und Stelle zur Sache vernehmen müssen, um diese Personen auf eine Aussage festzulegen und sich ein hinreichendes Bild von dem angezeigten Ergebnis machen zu können. (UVS OÖ 16.03.2006, VwSen-700002/6/Wie/An)

Ausschluss von der Versorgung und Kostenersatz

§ 3. (1) Von der Versorgung gemäß § 2 können ausgeschlossen werden:
1. **Staatsangehörige von Mitgliedsstaaten der Europäischen Union sowie Schweiz, Norwegen, Island und Liechtenstein;**
2. **Asylwerber und sonstige Fremde gemäß § 2 Abs. 1, die trotz Aufforderung nicht an der Feststellung ihrer Identität oder ihrer Hilfsbedürftigkeit mitwirken;**
3. **Asylwerber, die einen weiteren Asylantrag innerhalb von sechs Monaten nach rechtskräftigem Abschluss ihres früheren Asylverfahrens eingebracht haben und**
4. **Asylwerber, die nicht an der Feststellung des für die Asylverfahrensführung notwendigen Sachverhalts mitwirken.**
§ 2 Abs. 4 letzter Satz gilt.
(2) Asylwerber oder sonstige Fremde gemäß § 2 Abs. 1, die zum Zeitpunkt der Versorgung ihren Lebensunterhalt aus eigenen Mittel bestreiten können, ist von der Behörde der Ersatz der notwendigen Betreuungskosten vorzuschreiben.

Übersicht:
1. Materialien
2. Anmerkung

1. AB 449 XXII. GP

Von der Versorgung können gewisse Personen ausgeschlossen werden.

Die Richtlinie Mindestnormen Aufnahme gilt nur für Drittstaatsangehörige (vgl. Art. 2 lit. c der RL). Im Sinne dieser Zielsetzung werden Staatsangehörige von EU-Mitgliedsstaaten, sowie Schweiz, Norwegen, Island und Liechtenstein von der Versorgung ausgeschlossen.
Die Z 2 bis 4 des Abs 1 bilden die Richtlinie Mindestnormen Aufnahme nach (vgl. Art. 16 Abs. 1 lit a RL)
Abs. 2 entspricht der Systematik der RL Mindestnormen Aufnahme (vgl. Art. 13 Abs. 4 RL); es ist nicht daran gedacht, Asylwerber, die später – etwa nach Anerkennung als Flüchtling – zu eigenen Mitteln kommen, die alten Leistungen vorzuschreiben; von Abs. 2 sind nur Asylwerber betroffen, die bereits zum Versorgungszeitpunkt in der Lage sind für ihren Lebensunterhalt aufzukommen.

2. Anm: Eine nachträgliche Vorschreibung von Betreuungskosten ist im Falle, dass ein Asylwerber oder Fremder zu einem späteren Zeitpunkt über ausreichende eigene Mittel zur Bestreitung seines Lebensunterhaltes verfügt, nach Abs 2 nicht vorgesehen.

Durchführung der Versorgung

§ 4. (1) Zur Durchführung der Versorgung kann sich die Behörde, soweit dies nicht auf Grund Art. 3 Abs. 5 Grundversorgungsvereinbarung ausgeschlossen ist, humanitärer, kirchlicher oder privater Einrichtungen bedienen; diese werden für die Behörde tätig und haben dieser über Aufforderung oder bei sonstiger Notwendigkeit zu berichten und sind an die Weisungen der Behörde gebunden.
(2) Die beauftragten Einrichtungen haben die in Vollziehung dieses Gesetzes eingesetzten Bediensteten vertraglich zur Verschwiegenheit zu verpflichten.
(3) Wird vom Bundesasylamt gemäß § 45 Abs. 1 Z 2 AsylG 2005 angeordnet, dass die Vorführung zu unterbleiben hat, so kann eine Versorgung nach diesem Bundesgesetz unterbleiben, wenn die Versorgung anders sichergestellt ist.

Übersicht:
1. Hinweise auf innerstaatliche Normen
2.-3. Materialien
4. Anmerkung

1. Siehe II.A. AsylG 2005; II.E. GVV-Art 15a.

2. AB 449 XXII. GP

Wie schon in Art. 3 Abs. 5 Grundversorgungsvereinbarung normiert, kann sich der Bund für bestimmte Bereiche Privater bedienen; da es sich um hoheitliche Vollziehung handelt, werden Berichtspflichten und Weisungsrechte normiert; weiters sind Bedienstete – um den Standard der Verwaltung herzustellen – durch den Unternehmer zur Verschwiegenheit zu verpflichten.

§ 5

3. RV 952 XXII. GP

Zu Z 8 (§ 4 Abs. 3):
Im vorgeschlagenen AsylG 2005 ist die Möglichkeit normiert, dass die Vorführung für die Dauer fehlender Kapazitäten unterbleiben kann. Natürlich müssen die betroffenen Asylwerber auch während dieser Zeit versorgt werden. Denkbar wäre etwa - wenn es Einvernehmen mit einem Bundesland gibt – die Betreuung durch eine Betreuungseinrichtung eines Bundeslandes zu übernehmen.

4. Anm: Siehe II.A. AsylG 2005 § 46 Z 4.

Verhalten in und Betreten von Betreuungsstellen des Bundes

§ 5. (1) Der Bundesminister für Inneres ist ermächtigt, wenn dies zur Aufrechterhaltung der Ordnung in einer Betreuungseinrichtung (§ 1 Z 5) des Bundes oder zur Vorbeugung gefährlicher Angriffe (§ 16 Abs. 2 SPG) auf Leben, Gesundheit oder Freiheit von Menschen oder Eigentum von Betreuten oder zur Sicherung der Sachausstattung der Betreuungseinrichtung erforderlich ist, unbefugten Aufenthalt oder unbefugtes Betreten dieser Betreuungseinrichtung des Bundes durch Verordnung zu verbieten.
(2) Die Organe des öffentlichen Sicherheitsdienstes haben an der Vollziehung solcher Verordnungen mitzuwirken. Sie haben
1. die Organe der Betreuungseinrichtungen bei der Überwachung der Einhaltung der Verordnung zu unterstützen und
2. Maßnahmen zu treffen, die für die Einleitung oder Durchführung von Verwaltungsstrafverfahren erforderlich sind.
(3) Die Behörde erlässt zur Aufrechterhaltung der Ordnung und Sicherheit durch Verordnung für jede Betreuungseinrichtung des Bundes (§ 1 Z 5) eine Hausordnung. Diese ist in der betroffenen Erstaufnahmestelle an einer allgemein zugänglichen Stelle anzuschlagen und jedem Betreuten am Beginn der Versorgung, jedenfalls sobald wie möglich, in den wesentlichen Punkten nachweislich in einer ihm verständlichen Sprache zur Kenntnis zu bringen. Einer darüber hinausgehenden Kundmachung bedarf es nicht.

Übersicht:
1.-2. Hinweise auf innerstaatliche Normen
3. Materialien
4. Anmerkung

1. Siehe VI.G. BEBV 2005; VI.H. GVG-B 2005 Hausordnung.

2. Textauszug SPG

§ 16. (2) Ein gefährlicher Angriff ist die Bedrohung eines Rechtsgutes durch die rechtswidrige Verwirklichung des Tatbestandes einer gerichtlich strafbaren Handlung, die vorsätzlich begangen und nicht bloß auf Begehren eines Beteiligten verfolgt wird, sofern es sich um einen Straftatbestand

1. *nach dem Strafgesetzbuch (StGB), BGBl. Nr. 60/1974, ausgenommen die Tatbestände nach den §§ 278, 278a und 278b StGB, oder*
2. *nach dem Verbotsgesetz, StGBl. Nr. 13/1945,*
3. *nach dem Fremdenpolizeigesetz 2005 (FPG), BGBl. I Nr. 100, pder*
4. *nach dem Suchtmittelgesetz (SMG), BGBl. I Nr. 112/1997,*
handelt, es sei denn um den Erwerb oder Besitz eines Suchtmittels zum eigenen Gebrauch.

3. AB 449 XXII. GP

Wenn es aus den im Gesetz beschriebenen Gründen notwendig ist, kann das unbefugte Betreten einer Betreuungseinrichtung des Bundes durch Verordnung verboten werden; diese Verordnung kann sich nicht gegen Rechtsberater, in der Betreuungseinrichtung Versorgte, Rechtsvertreter, Familienmitglieder oder Bedienstete richten oder gegen andere Personen richten, die aus berechtigtem eigenem oder aus berechtigtem Interesse der Betreuten die Betreuungseinrichtung betreten müssen.

Die Behörde hat für jede Erstaufnahmestelle eine Hausordnung zu erlassen. Für das Zusammenleben von Menschen aus verschiedenen Teilen der Erde und mit zB verschiedenen religiösen Vorstellungen und Werthaltungen muss es klare Regeln geben; das auch vor allem deshalb, weil ein grober Verstoß gegen diese Regeln schwerwiegende Folgen haben kann. Daher sind die Betreuten auch am Beginn der Betreuung über die wesentlichen Punkte nachweislich zu informieren; auch bietet sich die Auflage eines Informationsblattes an.

4. Anm: Die nach Abs 3 zur Erlassung der Hausordnung zuständige Behörde ist das Bundesasylamt (§ 9 Abs 1).

Versorgung nach erfolgter Zulassung

§ 6. (1) Über den ersten Unterbringungsort nach erfolgter Zulassung entscheidet die Behörde im Einvernehmen mit der zuständigen Stelle des betroffenen Bundeslandes. Dem Asylwerber ist formlos mitzuteilen, in welcher Betreuungsstelle (§ 1 Z 4) ihm künftig die Grundversorgung gewährt wird und es ist ihm die kostenlose Anreise zu dieser zu ermöglichen.

(2) Bis zur Herstellung des Einvernehmens mit der zuständigen Stelle des betroffenen Bundeslandes kann der Asylwerber im unbedingt erforderlichen Ausmaß in der Betreuungsstelle des Bundes (§ 1 Z 4) weiter versorgt werden, jedoch nicht für einen 14 Tage übersteigenden Zeitraum.

Übersicht:

1.–2.	Materialien
3.	Anmerkung
4.	Judikatur

§ 6

1. AB 449 XXII. GP

Wie schon in der Grundversorgungsvereinbarung festgelegt, teilt die Koordinationsstelle Asylwerber nach erfolgter Zulassung einem Land zur Versorgung zu. Das Land nennt den Ort, an dem die Versorgung gewährt wird und die Koordinationsstelle kommuniziert dies dem Betroffenen; danach ist der Transport zum Ort der weiteren Versorgung zu ermöglichen – entweder wird er vom Bund durchgeführt oder organisiert und bezahlt. Die Transportkosten sind dann im Sinne der Grundversorgungsvereinbarung abzurechnen.

2. RV 952 XXII. GP

Der Verweis wäre dem vorgeschlagenen neuem AsylG 2005 anzupassen. Es gilt klarzustellen, dass die Versorgung bis zur Herstellung des Einvernehmens mit einem Land aufrecht erhalten werden kann; diese Möglichkeit kann allerdings nicht so weit gegeben sein, dass der Bund wieder die gesamte Bundesbetreuung übernimmt – dazu fehlt es jedenfalls an der nötigen Kompetenz nach dem B-VG. Daher wird vorgeschlagen, die Betreuung auf sieben Tage nach Zulassung zu beschränken. Wenn sich bis zu diesem Zeitpunkt kein Einvernehmen herstellen lässt, ist die Wahrscheinlichkeit, dass es später zu einem Einvernehmen kommt, praktisch nicht mehr gegeben. Dem Asylwerber bleibt es dann unbenommen, sich direkt an das Land, in dem er sich aufhält, um Gewährung von Sozialhilfe zu wenden.

3. Anm: Der (Bundes-)Gesetzgeber hat im Allgemeinen Teil der AB 449 XXII. GP dargelegt, in wie weit er für sich die kompetenzrechtlichen Grundlagen für die Versorgung von Asylwerbern für gegeben erachtet. Durch die Neuregelungen im Rahmen des Fremdenrechtspaketes 2005 wird der Anwendungsbereich des GVG-B noch weiter. Es können jedoch hier die gleichen kompetenzrechtlichen Grundlagen herangezogen werden, da die Versorgung noch immer durch die zeitlich vorgelagerten – der Fremdenpolizei dienenden – Maßnahmen notwendig ist (vgl *Marx*, Umsetzung der Aufnahmerichtlinie in Österreich, migraLex 2005, 82; *Diehsbacher*, Bundesbetreuungsrecht [2005] 11 f; *Marth*, Grundversorgungsvereinbarung und Betreuung von Asylwerbern, .SIAK-Journal 2005/2, 12; aA *Fessl*, Aktuelles zur Bundesbetreuung von Asylwerbern, ZUV 2004, 4; *ders*, Verstößt das Bundesbetreuungsgesetz gegen die Kompetenzverteilung des B-VG? ZUV 2004, 123; *Sieberer*, Verfassungsfragen zum neuen Bundesbetreuungsgesetz und zur Grundversorgung, ZfV 2005, 2).

Die beim VfGH eingebrachten Gesetzesprüfungsanträge der UVS OÖ und NÖ (G 41/05 ua) wurden von diesem – ohne inhaltliche Prüfung – mangels Präjudizialität mit B v 08.03.2006 zurückgewiesen.

4. Jud: VfGH 08.03.2006, G 41/05 ua.

Erwerbstätigkeit durch Asylwerber

§ 7. (1) Die Aufnahme einer unselbständigen Erwerbstätigkeit durch Asylwerber richtet sich nach dem Ausländerbeschäftigungsgesetz in der geltenden Fassung. Die Erteilung einer Beschäftigungsbewilligung ist von der zuständigen Geschäftsstelle des Arbeitsmarktservice der Behörde mitzuteilen.

(2) Die Ausübung einer selbständigen Erwerbstätigkeit ist in den ersten 3 Monaten nach Einbringung des Asylantrages unzulässig. Der Beginn und das Ende einer selbständigen Erwerbstätigkeit ist der Behörde mitzuteilen.

(3) Asylwerbern und Fremden nach § 2 Abs. 1, die in einer Betreuungseinrichtung (§ 1 Z 4) von Bund oder Ländern untergebracht sind, können mit ihrem Einverständnis
1. für Hilfstätigkeiten, die im unmittelbaren Zusammenhang mit ihrer Unterbringung stehen (zB Reinigung, Küchenbetrieb, Transporte, Instandhaltung) und
2. für gemeinnützige Hilfstätigkeiten für Bund, Land, Gemeinde (zB Landschaftspflege und -gestaltung, Betreuung von Park- und Sportanlagen, Unterstützung in der Administration)

herangezogen werden.

(4) Asylwerber, deren Verfahren gemäß § 28 AsylG 2005 in der geltenden Fassung zugelassen wurde, können mit ihrem Einverständnis zu Tätigkeiten im Sinne des Abs. 3 auch dann herangezogen werden, wenn sie von Dritten betreut werden.

(5) Werden solche Hilfstätigkeiten erbracht, ist dem Asylwerber ein Anerkennungsbeitrag zu gewähren. Dieser Anerkennungsbeitrag gilt nicht als Entgelt im Sinne der § 49 Abs. 1 und 2 des Bundesgesetzes vom 9. September 1955 über die Allgemeine Sozialversicherung, BGBl. Nr. 189/1955 und unterliegt nicht der Einkommensteuerpflicht.

(6) Durch Tätigkeiten nach Abs. 3 und 4 wird kein Dienstverhältnis begründet; es bedarf keiner ausländerbeschäftigungsrechtlichen Erlaubnis.

Übersicht:
1. Hinweise auf europarechtliche Normen
2.-3. Hinweise auf innerstaatliche Normen
4.-5. Materialien
6.-7. Anmerkungen

1. Siehe IV.D. Art 11 AufnahmeRL.

2. Siehe III.L. § 4 AuslBG.

3. Textauszug ASVG

Entgelt

§ 49. (1) Unter Entgelt sind die Geld- und Sachbezüge zu verstehen, *auf die der pflichtversicherte Dienstnehmer (Lehrling) aus dem Dienst(Lehr)-verhältnis Anspruch hat oder die er darüber hinaus auf Grund des Dienst(Lehr)verhältnisses vom Dienstgeber oder von einem Dritten erhält.*

(2) Sonderzahlungen, das sind Bezüge im Sinne des Abs. 1, die in größeren Zeiträumen als den Beitragszeiträumen gewährt werden, wie zum Beispiel ein 13. oder 14. Monatsbezug, Weihnachts- oder Urlaubsgeld, Gewinnanteile oder Bilanzgeld, sind als Entgelt nur nach Maßgabe der Bestimmungen des § 54 und der sonstigen Bestimmungen dieses Bundesgesetzes, in denen die Sonderzahlungen ausdrücklich erfaßt werden, zu berücksichtigen.

(3) – (7) ...

4. AB 449 XXII. GP

Die Meldepflicht der AMS in Abs. 1 soll eine Vollziehung von § 3 Abs. 2 ermöglichen, wenn der Asylwerber länger als drei Monate in einer Erstaufnahmestelle ist bzw. können diese Daten gemäß § 8 auch den Ländern zur Verfügung gestellt werden. Hier wird wieder dem Grundsatz gefolgt, dass nur hilfsbedürftige Menschen kostenlos versorgt werden sollen – gleichzeitig ermöglicht diese Regel die Versorgung von Menschen zB mit Wohnraum, die sich zwar eine Unterbringung im Rahmen der Grundversorgung leisten können, aber keine – meist weit teurere – Wohnung, etwa in einem Ballungszentrum.

Abs. 2 verbietet – zur Umsetzung von Art 11 Richtlinie Mindestnormen Aufnahme – in Anlehnung an das AusländerbeschäftigungsG die selbständige Erwerbstätigkeit in den ersten drei Monaten nach Antragseinbringung.

Die bisher sehr bewährte Remunerantentätigkeit wird im vollen Umfang beibehalten; es erscheint allerdings sachgerecht, in Abs. 5 die Ermessensbestimmung zu beseitigen – wer arbeitet soll auch entsprechenden Lohn erhalten. Der Gesetzgeber hat allerdings nicht daran gedacht, dass Asylwerber, die sich in einer Einrichtung befinden, deren Betreiber gewinnorientiert arbeitet – und damit die Betreuungskosten vom Bund ersetzt bekommt – die für sie erbrachten Leistungen auf die Entschädigung für eine Hilfstätigkeit aufrechnen lassen müssen, da es somit zu einer doppelten Verrechnung der Kosten kommt. Zu berücksichtigen werden also nur Leistungen sein, die dem Asylwerber von sozialen, nicht gewinnorientierten Organisationen zukommen. Für die jeweils erbrachten Hilfstätigkeiten ist der ortsübliche Lohn zu bezahlen – so wird ein Betreuer, der leichte Hilfsdienste im Garten erledigt weniger Entschädigung erhalten als ein solcher, der etwa eigenverantwortlich bei der Verwaltung der Betreuungseinrichtung mithilft.

5. RV 952 XXII. GP

Zu Z 14 (§ 7 Abs. 5):
Es gilt klarzustellen, dass es sich bei der „Bezahlung" der Remunerantentätigkeit um keine Leistung handelt, die Sozialversicherungs- oder Einkommenssteuerpflicht auslöst. Die bisherige Formulierung wurde hier nicht von allen Behörden – trotz dem klaren Willen des Gesetzgebers – in

diesem Sinne ausgelegt. Die noch klarere Formulierung soll diese Rechtsunsicherheit nun beseitigen.

6. Anm: Die wesentlichen Voraussetzungen für die Erlangung einer ausländerbeschäftigungsrechtlichen Erstbewilligung findet sich in § 4 AuslBG. Hinzuweisen ist vor allem auf dessen Abs 3 Z 7, der ein absolutes dreimonatiges Beschäftigungsverbot für Asylwerber normiert.

7. Anm: Die Gewährung des Anerkennungsbeitrags nach Abs 5 ergeht in Vollziehung des Gesetzes und hat somit durch die Behörde zu erfolgen. In wie weit die Kosten an eine Gemeinde weiterverrechnet werden können, ist im Verhältnis Behörde – Gemeinde zu klären und bedarf einer – nicht im GVG-B befindlichen – Rechtsgrundlage.

Betreuungsinformationssystem und Datenschutzbestimmungen

§ 8. (1) Die Behörden und der Bundesminister für Inneres sind ermächtigt sich für Zwecke der Gewährleistung der Versorgung nach diesem Bundesgesetz der automationsunterstützen [richtig: automationsunterstützten] Datenverarbeitung zu bedienen. Zu diesem Zweck dürfen sie auch Daten über zu versorgende Menschen in einem Informationsverbundsystem verwenden, die sich auf die für die Versorgung relevanten Umstände beziehen, wie insbesondere Namen, Geburtsdaten, persönliche Kennzeichen, Herkunftsland, Dokumentendaten, Berufausbildung, Religionsbekenntnis, Volksgruppe und Gesundheitszustand. Betreiber dieses Informationsverbundssystems ist der Bundesminister für Inneres, Auftraggeber sind die Behörde erster Instanz, der Bundesminister für Inneres und die zuständigen Organe der Länder.

(1a) Die Behörden sind ermächtigt, aus dem Zentralen Fremdenregister (§ 101 Fremdenpolizeigesetz 2005 – FPG, BGBl. I Nr. 100) die gemäß § 102 Abs. 1 Z 1 bis 11 FPG verarbeiteten Daten sowie von Asylbehörden gemäß § 56 Abs. 1 AsylG 2005 verarbeitete Verfahrensdaten zu ermitteln, soweit dies eine wesentliche Voraussetzung für die Erfüllung ihrer Aufgaben nach diesem Bundesgesetz darstellt.

(2) Darüber hinaus ist die Behörde und der Bundesminister für Inneres für Zwecke der Abrechnung gemäß Art. 10 f Grundversorgungsvereinbarung ermächtigt, Daten von Fremden gemäß Art. 2 Abs. 1 Grundversorgungsvereinbarung automationsunterstützt zu verwenden.

(3) Die Auftraggeber haben in ihrem Bereich die in § 14 Abs. 2 Datenschutzgesetz 2000 genannten Maßnahmen zu ergreifen. Darüber hinaus kann der Betreiber im Zusammenwirken mit dem jeweiligen Auftraggeber durch Stichproben überprüfen, ob die Verwendung der Daten nach Abs. 1 und 2 im dortigen Bereich den einschlägigen Bestimmungen entsprechend zum Zwecke der Vollziehung dieses Gesetzes, der Art. 6, 7, 8, 10 und 11 der Grundversorgungsvereinbarung oder der Vollziehung der diese Vereinbarung umsetzenden Landes-

gesetze erfolgt und die erforderlichen Datensicherheitsmaßnahmen ergriffen worden sind.

(4) Die Behörden dürfen Daten nach Abs. 1 an die mit der Versorgung von Fremden gemäß Art 2 Abs. 1 der Grundversorgungsvereinbarung betrauten Dienststellen und Beauftragte der Länder, an beauftragte Rechtsträger nach § 4, an das Arbeitsmarktservice, an die Sozialversicherungsträger, an die Sicherheitsbehörden, an die Jugendwohlfahrtsbehörden, an den Österreichischen Integrationsfonds, an den Vertreter des Hochkommissärs der Vereinten Nationen für die Flüchtlinge und an ausländische Asylbehörden übermitteln.

(5) Der Hauptverband und der jeweils zuständige österreichische Sozialversicherungsträger haben den Behörden Auskünfte über Versicherungsverhältnisse von bundesbetreuten Asylwerbern zu erteilen.

(6) Daten nach Abs. 1 und 2 sind 2 Jahre nach Ende der Betreuung zu löschen, soweit sie nicht in anhängigen Verfahren benötigt werden.

Übersicht:
1.-2. Hinweise auf innerstaatliche Normen
3.-4. Materialien
5. Anmerkung

1. Siehe II.A. AsylG 2005; II.B. FPG; II.E. GVV-Art 15a.

2. Textauszug DSG 2000

§ 14. (2) Insbesondere ist, soweit dies im Hinblick auf Abs. 1 letzter Satz erforderlich ist,
1. *die Aufgabenverteilung bei der Datenverwendung zwischen den Organisationseinheiten und zwischen den Mitarbeitern ausdrücklich festzulegen,*
2. *die Verwendung von Daten an das Vorliegen gültiger Aufträge der anordnungsbefugten Organisationseinheiten und Mitarbeiter zu binden,*
3. *jeder Mitarbeiter über seine nach diesem Bundesgesetz und nach innerorganisatorischen Datenschutzvorschriften einschließlich der Datensicherheitsvorschriften bestehenden Pflichten zu belehren,*
4. *die Zutrittsberechtigung zu den Räumlichkeiten des Auftraggebers oder Dienstleisters zu regeln,*
5. *die Zugriffsberechtigung auf Daten und Programme und der Schutz der Datenträger vor der Einsicht und Verwendung durch Unbefugte zu regeln,*
6. *die Berechtigung zum Betrieb der Datenverarbeitungsgeräte festzulegen und jedes Gerät durch Vorkehrungen bei den eingesetzten Maschinen oder Programmen gegen die unbefugte Inbetriebnahme abzusichern,*
7. *Protokoll zu führen, damit tatsächlich durchgeführte Verwendungsvorgänge, wie insbesondere Änderungen, Abfragen und Übermitt-*

lungen, im Hinblick auf ihre Zulässigkeit im notwendigen Ausmaß nachvollzogen werden können,
8. *eine Dokumentation über die nach Z 1 bis 7 getroffenen Maßnahmen zu führen, um die Kontrolle und Beweissicherung zu erleichtern.*

Diese Maßnahmen müssen unter Berücksichtigung des Standes der Technik und der bei der Durchführung erwachsenden Kosten ein Schutzniveau gewährleisten, das den von der Verwendung ausgehenden Risiken und der Art der zu schützenden Daten angemessen ist.

3. AB 449 XXII. GP

§ 8 führt zum einen die Bestimmungen zum Dateninformationsverbund aus und übernimmt zum anderen die bewährten Normen des § 11 BundesbetreuungsG. Die Regelungen zum Dateninformationsverbund werden näher determiniert, mit Abs. 3 werden die in der Hoheitsverwaltung üblichen, strengen Standards des § 14 DSG mit der zusätzlichen Möglichkeit einer stichprobenartigen Überprüfung eingeführt. Damit ist der Sicherheitsstandard etwa mit dem des Zentralen Melderegisters vergleichbar. Die strengen Sicherheitsmaßnahmen sind notwendig, da im Betreuungsinformationsverbund auch sensible Daten – nämlich Religionsbekenntnis, Volksgruppe und Gesundheitszustand – erfasst werden. Im Übrigen gelten alle einschlägigen Bestimmungen des DSG 2000.

Eine Übermittlung nach Abs. 3 setzt voraus, dass der Übermittlungsempfänger die Daten für Zwecke der Erfüllung der Aufgaben benötigt.

4. RV 952 XXII. GP

Zu Z 15 (§ 8 Abs. 1a):
§ 8 Abs. 1a soll den Behörden nach diesem Bundesgesetz die Möglichkeit eröffnen, lesend auf das Zentrale Fremdenregister zu greifen, soweit sie dies zur Erfüllung ihrer Aufgaben benötigen.

5. Anm:
Welche Organe seitens der Länder für die Vollziehung der GVV-Art 15a zuständig ist, ergibt sich entweder aus den die GVV-Art 15a umsetzenden Landesgesetzen oder aus den einschlägigen Organisationsnormen der Länder.

Behörden

§ 9. (1) Das Bundesasylamt ist Behörde erster Instanz.

(2) Über Berufungen gegen die Entscheidungen der Behörde erster Instanz entscheiden die Unabhängigen Verwaltungssenate in den Ländern.

(3) Hat die Behörde erster Instanz eine Entscheidung gemäß § 64 Abs. 2 AVG getroffen, können die Unabhängigen Verwaltungssenate in den Ländern der Berufung über Antrag die aufschiebende Wirkung zuerkennen.

(3a) Die örtliche Zuständigkeit der unabhängigen Verwaltungssenate richtet sich nach der Örtlichkeit, an der dem Betreuten zuletzt

§ 9

Grundversorgung im Sinne dieses Bundesgesetzes gewährt wurde. Wurde die Aufnahme in die Grundversorgung von Beginn an verweigert, ist für Berufungen der unabhängige Verwaltungssenat zuständig, in dessen Sprengel das Zulassungsverfahren nach den asylrechtlichen Vorschriften geführt wird oder wurde. Ansonsten richtet sich die Zuständigkeit nach dem Sitz der Behörde erster Instanz (Abs. 1). Die unabhängigen Verwaltungssenate entscheiden durch Einzelmitglied.

(3b) Der Bundesminister für Inneres kann Amtsbeschwerde wegen Rechtswidrigkeit sowohl zugunsten als auch zum Nachteil des Fremden binnen sechs Wochen nach Zustellung an die Behörde erster Instanz erheben.

(4) Zur Führung von Verwaltungsstrafverfahren gemäß § 10 ist die örtlich zuständige Bezirksverwaltungsbehörde berufen.

Übersicht:
1.-2. Materialien
3. Anmerkung

1. AB 449 XXII. GP

Zuständige Behörde erster Instanz soll – in einer sachgerechten Verbindung von Asylverfahren und dazugehöriger Betreuung – das Bundesasylamt sein; eine Befassung des Unabhängigen Bundesasylsenates als Behörde zweiter Instanz war verfassungsrechtlich nicht möglich, da es sich bei der Betreuung – aus dem Gesichtspunkt der Versteinerungstheorie – nicht um eine Asylsache handelt. Um der Richtlinie Mindestnormen Aufnahme genüge zu tun, werden daher die jeweils zuständigen UVS in den Ländern als Berufungsbehörde vorgeschlagen.

2. RV 952 XXII. GP

Die örtliche Zuständigkeit der UVS soll nun auch in diesem Gesetz ganz klar festgelegt werden. Die Zuständigkeit orientiert sich am sinnvollsten Kriterium – dem bisherigen Aufenthaltsort des Asylwerbers bzw. dem Ort, an dem der Asylwerber sich dem Verfahren nach dem AsylG zu stellen hat.

Um eine – in dieser für den Asylwerber wesentlichen Materie – schnellstmögliche Entscheidung herbeizuführen, soll normiert werden, dass die UVS durch Einzelmitglied entscheiden; somit entfällt die unter Umständen zeitintensive Terminfindung in einem Dreiersenat.

Des Weiteren wird das Recht des Bundesministers für Inneres zur Erhebung einer Amtsbeschwerde gegen die Entscheidungen des zuständigen UVS eingeführt.

3. Anm: Bezirksverwaltungsbehörden nach Abs 4 sind die Bezirkshauptmannschaften bzw in Städten mit eigenem Statut der Bürgermeister. Die örtliche Zuständigkeit richtet sich nach dem Sprengel, in dem die Verwaltungsübertretung begangen wurde (§ 27 Abs 1 VStG).

Verwaltungsübertretungen

§ 10. (1) Wer entgegen einer Verordnung gemäß § 5 Abs. 1 eine Betreuungseinrichtung des Bundes unbefugt betritt oder sich in dieser aufhält, ist mit Geldstrafe bis zu € 700, im Nichteinbringungsfall mit Freiheitsstrafe bis zu vier Wochen zu bestrafen.

(2) Wer als Asylwerber eine selbständige Erwerbstätigkeit aufnimmt, obwohl ihm das gemäß § 7 Abs. 2 verboten ist, begeht eine Verwaltungsübertretung und ist mit Geldstrafe bis zu € 300, im Nichteinbringungsfall mit Freiheitsstrafe bis zu zwei Wochen zu bestrafen.

(3) Ist eine Person einer Verwaltungsübertretung gemäß Abs. 1 schuldig, wegen der sie bereits einmal bestraft worden ist, so kann an Stelle der Geldstrafe eine Freiheitsstrafe im Ausmaß der für die betreffende Tat angedrohten Ersatzfreiheitsstrafe verhängt werden; ist eine solche Person bereits zweimal bestraft worden, so können Geld- und Freiheitsstrafe auch nebeneinander verhängt werden. Eine Freiheitsstrafe ist aber nur zulässig, wenn es ihrer bedarf, um die betreffende Person von weiteren Verwaltungsübertretungen der gleichen Art abzuhalten.

(4) Fällt eine Tat nach Abs. 1 oder 2 in die Zuständigkeit der Gerichte, liegt keine Verwaltungsübertretung vor.

1. AB 449 XXII. GP

§ 10 normiert die Strafen für die Verwaltungsübertretungen nach §§ 4 und 7.

2. RV 952 XXII. GP

Zu Z 17 (§ 10 Abs. 1):
Es wird vorgeschlagen, einen Verweisfehler zu berichtigen.

Zu Z 18 (§ 10 Abs. 3):
Es wird ein redaktionelles Versehen beseitigt und der Terminus „Arreststrafe" durch „Freiheitsstrafe" ersetzt, dies entspricht der heutigen Rechtssprache.

Schaffung von Vorsorgekapazitäten

§ 11. (1) Der Bundesminister für Inneres schafft Vorsorgekapazitäten für die Bewältigung von unvorhersehbaren und unabwendbaren Unterbringungsengpässen in den Ländern.

(2) Der Bundesminister für Inneres kann im Einvernehmen mit dem Bundesminister für Landesverteidigung Kasernen durch Verordnung zu einer Betreuungsstelle gemäß § 1 Z 4 erklären.

(3) Verordnungen gemäß Abs. 2 sind bei Ereignissen, die eine Verordnung nach § 29 FrG rechtfertigen, an der betroffenen Kaserne anzuschlagen; darüber hinaus muss diese Verordnung nicht kundgemacht werden.

Übersicht:
1. Hinweis auf innerstaatliche Norm
2. Materialien
3. Anmerkung

1. Siehe II.B. FPG.

2. AB 449 XXII. GP

Der Bund hat sich in der Grundversorgungsvereinbarung verpflichtet, für Notfälle Vorsorgekapazitäten zu schaffen; hier bleibt – auf Grund der strategischen und österreichweiten Bedeutung – weiterhin der Bundesminister für Inneres zuständig, wobei nach Aktivierung der Vorsorgekapazitäten dort weiterhin die Behörden nach § 10 einschreiten.

Der Bundesminister für Inneres kann sich – im Einvernehmen mit dem Bundesminister für Landesverteidigung – auch geeigneter Kasernen bedienen, diese werden mit Verordnung zu einer Betreuungseinrichtung erklärt. Diese Verordnung kann in besonderen Fällen – bei Massenfluchtbewegungen – einfacher – durch Anschlag an der Kaserne – kundgemacht werden.

3. Anm: Die Kundmachung nach Abs 3 ist eine lex specialis zu § 4 Abs 1 Z 2 BGBlG.

Rückkehrberatung und Rückkehrhilfe

§ 12. (1) Fremden, deren Asylantrag zurück- oder abgewiesen wurde, sowie Flüchtlingen im Sinne des Asylgesetzes, soweit diese Personen bedürftig und bereit sind, in ihren Heimatstaat oder – soweit sie staatenlos sind – Herkunftsstaat zurückzukehren, kann Rückkehrhilfe gewährt werden.

(2) Rückkehrhilfe umfasst jedenfalls die notwendigen Kosten der Rückreise.

(3) Der Bundesminister für Inneres kann Rückkehrberatungsstellen einrichten, die die in Abs. 1 bezeichneten Personen auf Rückkehrmöglichkeiten hinweisen und über alle damit zusammenhängenden Fragen beraten. Der Bundesminister für Inneres kann sich dazu auch einschlägiger Organisationen bedienen.

1. AB 449 XXII. GP

§ 12 behält die derzeit bewährte Form der Rückkehrberatung und -hilfe bei.

Sprachliche Gleichbehandlung

§ 13. Soweit in diesem Bundesgesetz auf natürliche Personen bezogene Bezeichnungen nur in der männlichen Form angeführt sind, beziehen sie sich auf Frauen und Männer in gleicher Weise. Bei der Anwendung der Bezeichnung auf bestimmte natürliche Personen ist die jeweils geschlechtsspezifische Form zu verwenden.

§ 13a. Mit Ausnahme von Verfahren, die am 14. Oktober 2003 gegen die Republik Österreich gerichtsanhängig sind, bestimmt sich der zeitliche Anwendungsbereich der Änderungen von § 1 Abs. 1 Satz 1 und Abs. 3 sowie § 2 Abs. 1 und Abs. 2 und § 2a des Bundesbetreuungsgesetzes BGBl. 405/1991 nach den Regelungen des § 8 ABGB.

Übersicht:
1. Materialien
2. Anmerkungen
3. Judikatur

1. AB 253 XXII. GP

Allgemeine Bemerkungen

1. In allerjüngster Zeit haben die zivilrechtlichen Dimensionen des Bundesbetreuungsgesetzes BGBl. 405/1991 in zahlreichen Verfahren die ordentlichen Gerichte beschäftigt. Ein Grossteil dieser Verfahren ist noch nicht rechtskräftig abgeschlossen. In Zukunft ist mit einer erheblichen Zunahme derartiger Verfahren zu rechnen.

Den Anstoß für diese Welle von Verfahren, die die zivilrechtlichen Dimensionen des Bundesbetreuungsgesetzes BGBl. 405/1991 betreffen, bilden vor allem die zwei Entscheidungen des OGH 1 Ob 272/02k vom 24.3.2003 und 9 Ob 71/03 vom 27.8.2003, in denen dieser im wesentlichen folgende Rechtsansicht vertritt:

Zwar enthält § 1 Abs. 3 des Bundesbetreuungsgesetzes BGBl. 405/1991 in der geltenden Fassung eine ausdrückliche Bestimmung, wonach auf die Bundesbetreuung kein Rechtsanspruch besteht, doch sei diese Bestimmung nicht mehr als ein „legistisches Feigenblatt", das eine Entblößung des jeweiligen Selbstbindungsgesetzes als Verletzung der Kompetenzartikel des B-VG vermeiden soll, diene doch gerade die Fiskalgeltung der Grundrechte im Privatrecht der Begründung klagbarer Leistungsansprüche gegen den Staat. Ausgehend von dieser Rechtsansicht gelangt der OGH dann zu der Auffassung, dass sehr wohl klagbare Ansprüche von Asylwerbern bestehen, die vor den ordentlichen Gerichten geltend gemacht werden können.

Aus dieser Rechtsansicht wird vom OGH weiters gefolgert, dass Dritte, die die Betreuung jener Asylwerber übernommen haben, die entgegen der Bestimmung der geltenden Fassung des Bundesbetreuungsgesetzes BGBl. 405/1991 nicht in die Bundesbetreuung aufgenommen oder aus dieser wieder entlassen wurden, trotz der Anrechnungsregel von § Abs. 1 Satz 2 des Bundesbetreuungsgesetzes BGBl. 405/1991 und gestützt auf § 1042 ABGB Ersatzansprüche gegen die Republik Österreich geltend machen können, und zwar rückwirkend für 30 Jahre.

2. Diese in den genannten Entscheidungen geäußerte Rechtsansicht des OGH sowie die durch sie zu besorgenden Folgewirkungen erscheinen dem Bundesgesetzgeber in mehrfacher Hinsicht nicht unproblematisch:

Zum einen laufen sie in entscheidenden Punkten jenen Intentionen zuwider, die vom Gesetzgeber des Bundesbetreuungsgesetzes BGBl.

405/1991 mit der Erlassung dieses Gesetzes verfolgt wurden und denen durch den Ausschuss eines Rechtsanspruches auf Bundesbetreuung in § 1 Abs. 3 leg. cit. Ausdruck verschafft werden sollte. Zum anderen bilden sie – wie die Summe der anhängigen und für die Zukunft zu erwartenden Verfahren belegt – aufgrund der damit verbundenen Folge- va Regressfragen die Quelle für massive Rechtsunsicherheit und können nicht zuletzt zu Belastungen des Staatshaushaltes in unabsehbarem Ausmaß führen.

All diese Aspekte lassen es nun erforderlich erscheinen, in Wahrnehmung der dem Bundesgesetzgeber diesbezüglich zukommenden Rechtssetzungsprärogative und im Wege einer authentischen Interpretation einige Klarstellungen innerhalb des Bundesbetreuungsgesetzes BGBl. 405/1991 vorzunehmen, um dadurch nicht zuletzt die wünschenswerte Rechtssicherheit rund um die zivilrechtlichen Dimensionen der Bundesbetreuung wiederherzustellen und eine Entlastung der ordentlichen Gerichte von einschlägigen Prozessen herbeizuführen.

Zu den einzelnen Bestimmungen

Wie schon im Allgemeinen Teil der Ausschussbemerkungen erwähnt, erblickt der OGH in seinen rezenten Beschluss im Ausschluss eines Rechtsanspruches auf Bundesbetreuung nur ein „verfassungsrechtliches Feigenblatt", das die Inanspruchnahme des Bundes vor den ordentlichen Gerichten durch Asylwerber und im Regressweg – karitativen Hilfsorganisationen nicht ausschließen soll.

Dieser Ansicht vermag der Bundesgesetzgeber anlässlich der nunmehr erfolgenden authentischen Interpretation des Bundesbetreuungsgesetzes BGBl. 405/1991 allerdings nur in jenem Umfang beizutreten, als die Zubilligung derart klagbarer Ansprüche zur Umsetzung des – auch verfassungsrechtlich fundierten und somit in gewisser Hinsicht als lex specialis auch zu den Kompetenztatbeständen des B-VG anzusehenden – Willkür- bzw. Diskriminierungsverbotes geboten erscheint.

Wie aus dem Allgemeinen Teil der Ausschussbemerkungen dieses Bundesgesetzes erhellt, stellen die von diesem Bundesgesetz vorgenommenen Änderungen des Bundesbetreuungsgesetzes BGBl. 405/1991 ihrem Wesen nach allesamt authentische Interpretationen dar, durch die dem wahren Willen des historischen Gesetzgebers gegenüber Akten von Rechtsanwendungsorganen, die sich zu diesem Widerspruch gesetzt haben, zum Durchbruch verholfen werden soll.

Diesem Umstand gilt es auch im Hinblick auf den zeitlichen Anwendungsbereich des Bundesgesetzes Rechnung zu tragen, und zwar durch die Festlegung dieses Anwendungsbereiches im Einklang mit den von § ABGB für authentische Interpretationen allgemein vorgesehenen Maßstäben. Dies führt im wesentlichen dazu, dass die von diesem Bundesgesetz vorgenommenen Klarstellungen des Bundesbetreuungsgesetzes BGBl. 405/1991 grundsätzlich auch für die Zeit vor dem Inkrafttreten dieses Bundesgesetzes Verbindlichkeit beanspruchen und vor allem auch in Verfahren, die zum Zeitpunkt von dessen Inkrafttreten noch nicht rechtskräftig beendet sind, Berücksichtigung zu finden haben (näher zu den in § 8 ABGB niedergelegten intertemporalen Grundsätzen *Vonkilch*, Das Intertemporale Privatrecht [1999] 289ff).

Dass mit einer derartigen „Rückwirkung" der von diesem Bundesgesetz verfügten Klarstellungen bestimmte Vertrauensenttäuschungen verbunden sein können, wird nicht verkannt. Doch muss dieser Umstand gegenüber den gerechtfertigten Interessen des Gesetzgebers, seinen ursprünglichen Regelungsintentionen gegenüber Akten der Rechtsanwendung, die sich zu diesen in Widerspruch setzen, zum Durchbruch zu verhelfen, zurücktreten. Zudem wird durch eine spezielle Kostenersatzregelung ohnedies sichergestellt, dass durch diese authentische Interpretation auch in laufenden Verfahren keine übermäßigen Vertrauensenttäuschungen ausgelöst werden, wie sie vor allem mit einer ausschließlich aufgrund dieses Gesetzes drohenden Kostenersatzpflicht verbunden wären.

Dem stehen auch keine verfassungsrechtlichen Hindernisse entgegen: Dass die authentische Interpretation eines Gesetzes ein legitimes Gestaltungsrecht des Gesetzgebers darstellt, beweist schon die Existenz von § 8 ABGB und lässt sich auch aus verfassungsrechtlichen Wertungen ableiten (vgl *Vonkilch*, Das Intertemporale Privatrecht [1999] 276ff). Auch hat der VfGH in VfSlg 15.231 vor kurzem eine authentische Interpretation ausdrücklich gebilligt. Nach diesem Erkenntnis ist der Gesetzgeber durchaus befugt, rechtspolitisch unerwünschten Konsequenzen der Rechtsprechung mit einem Gesetzgebungsakt allenfalls auch rückwirkend entgegenzutreten. Die Rechtssprechung eines Höchstgerichtes kann nach Ansicht des VfGH auch Vertrauensschutz nicht, vor allem nicht sofort, in demselben Ausmaß beanspruchen wie eine Maßnahme des Gesetzgebers. Dem Gesetzgeber ist nach Auffassung des VfGH außerdem in der Frage der Rückwirkung seiner die Rechtsprechung korrigierende Maßnahme ein umso größerer rechtspolitischer Spielraum zubilligen, je zeitlich näher diese Maßnahme erfolgt.

Im konkreten Fall erfolgten nun die Entscheidungen des OGH, die sich in erheblichem Ausmaß in Widerspruch zu den Regelungsintentionen des historischen Gesetzgebers des Bundesbetreuungsgesetzes BGBl. 405/1999 setzten, am 24.3.2003 und am 27.8.2003. Ein tatsächlich schutzwürdiges Vertrauen auf diese Rspr konnte sich schon deshalb nicht gebildet haben, weil einerseits das Verfahren, in dem die E vom 24.3.2003 ergangenen ist, noch nicht rechtskräftig beendet wurde, und andererseits die E vom 27.8.2003 in einem reinen Provisorialverfahren erging. Zudem wurden gegen diese E massive Einwände in der Lehre erhoben (vgl *Wilhelm*, Asylbetrieb an der Kippe – Der Rechtskampf um die Bundesbetreuung, ecolex 2003, 217). Schließlich erfolgte die Reaktion des Gesetzgebers auf diese E mit dem vorliegenden Bundesgesetz angesichts der zeitlichen Dimensionen des Prozesses der Bundesgesetzgebung in der kürzestmöglichen Frist, die sich in diesem Zusammenhang realistischerweise fordern lässt.

Zusammenfassend lassen es all die erwähnten Umstände durchaus gerechtfertigt erscheinen davon auszugehen, dass sich die von § 13 a Abs. 1 dieses Bundesgesetzes qua Verweis auf § 8 ABGB verfügte „Rückwirkung" der mit diesem Bundesgesetz vorgenommenen Klarstellungen des Bundesbetreuungsgesetzes BGBl. 405/1991 durchaus in dem dem Gesetzgeber von der Verfassungsrechtsordnung vorgegebenen Rahmen und dem damit verbundenen Gestaltungsspielraum hält.

2. Anm: § 13a wurde über Antrag der Wiener und der Oberösterreichischen Landesregierung einem Normprüfungsverfahren beim VfGH unterzogen (VfGH 15.10.2004, G 237/03 ua, 202 ff = ÖJZ 2005/1). Dabei wurde festgestellt, dass § 13a – als Reaktion des Gesetzgebers auf Jud des OGH (1 Ob 272/02k = JBl 2004, 384, und 27.08.2003, 9 Ob 71/03) – weder einen Verstoß gegen den Vertrauensgrundsatz noch eine Verletzung von Art 1 1. ZPEMRK darstellt. Die Anträge wurde dementsprechend zurück- bzw abgewiesen. Der OGH hat in einer nachfolgenden E (20.09.2005, 5 Ob 98/05f) festgestellt, dass die Normen, deren zeitlicher Anwendungsbereich durch § 13a geregelt wird, auch auf Sachverhalte anzuwenden sind, die vor dessen Kundmachung liegen (vgl dazu migraLex 2006, 32 mit Glosse *Vonkilch*). Im Konkreten ging es im gegenständlichen Verfahren um die Anwendung des § 2 Abs 1 2. Satz BBetrG in der Fassung BGBl I 2003/101. Diese Rechtsansicht hatte der OGH im Übrigen bereits vor dem Erk des VfGH vertreten (30.04.2004, 4 Ob 48/04v).

3. Jud: VfGH 15.10.2004, G 237/03 ua = ÖJZ 2005/1; OGH 24.03.2003, 1 Ob 272/02k = JBl 2004, 384; 27.08.2003, 9 Ob 71/03 ; 30.04.2004, 4 Ob 48/04v; 20.09.2005, 5 Ob 98/05f = migraLex 2006, 32 mit Glosse *Vonkilch*.

Verweisungen

§ 14. Verweisungen in diesem Bundesgesetz auf andere Bundesgesetze sind als Verweisungen auf die jeweils geltende Fassung zu verstehen.

Vollziehung

§ 15. Mit der Vollziehung dieses Bundesgesetzes ist der Bundesminister für Inneres, hinsichtlich des § 11 Abs. 2 im Einvernehmen mit dem Bundesminister für Landesverteidigung betraut.

§ 16. (1) (Verfassungsbestimmung) aufgehoben (BGBl I 2004/32)
(2) aufgehoben (BGBl I 2005/100)
(3) § 11 Abs. 1 in der Fassung des Bundesgesetzes BGBl. Nr. 314/1994 tritt mit 1. Juli 1994 in Kraft.
(4) § 13 tritt mit Ablauf des 31. Dezember 2000 außer Kraft.
(5) § 10 Z 3 in der Fassung des Bundesgesetzes BGBl. I Nr. 98/2001 tritt mit 1. Jänner 2002 in Kraft.
(6) § 2 Abs. 2 Z 2 in der Fassung des Bundesgesetzes BGBl. I Nr. 32/2004 tritt mit 1. Mai 2004 in Kraft.
(7) § 2 Abs. 2 in der Fassung des Art. I des Bundesgesetzes BGBl. I Nr. 32/2004 tritt mit 1. Mai 2004 in Kraft.
(8) § 8 tritt mit Ablauf des 30. April 2004 außer Kraft.
(9) (Verfassungsbestimmung) Der Entfall der §§ 9 und 14 Abs. 1 tritt mit 1. Mai 2004 in Kraft.
(10) Die §§ 1 bis 15 in der Fassung des Artikels II des Bundesgesetzes BGBl. I Nr. 32/2004 treten mit 1. Jänner 2005 in Kraft.

(11) Die Anwendung des § 13a in der Fassung des Bundesgesetzes BGBl. I Nr. 101/2003 auf Sachverhalte, die vor dem 22. November 2003 eingetreten sind, bleibt unberührt.
(12) Die §§ 1, 2, 4 Abs. 3, 5 Abs. 1 und 3, 6, 7 Abs. 3 bis 5, 10 Abs. 3 und 11 Abs. 2 in der Fassung des Bundesgesetzes BGBl. I Nr. 100/2005, treten am 1. Jänner 2006 in Kraft. Der Titel, Kurztitel und die Abkürzung, die §§ 9 Abs. 3a und 3b sowie 10 Abs. 1 in der Fassung des Bundesgesetzes BGBl. I Nr. 100/2005, treten mit Ablauf des Tages der Kundmachung in Kraft.

Übersicht:
1. Materialien
2.-3. Anmerkungen

1. RV 952 XXII. GP

Zu Z 20 (§ 16 Abs. 12):
Die Bestimmungen, die der Umstellung auf das vorgeschlagene neue System des Asyl- und GrundversorgungsG 2005 dienen, sind gleichzeitig mit dem AsylG in Kraft zu setzen; die anderen Bestimmungen sollen als Berichtigungen so schnell wie möglich in Kraft treten.

2. Anm: In Z 11 wird klargestellt, dass die mit BGBl I 2003/101 erfolgte, am 21.11.2003 kundgemachte und in Form einer authentischen Interpretation angeordnet Rückwirkung auch nach der Neufassung des BBetrG mit BGBl I 2004/32 gilt.

3. Anm: Der Titel, Kurztitel und die Abkürzung, die §§ 9 Abs 3a und 3b, 10 Abs 1 idF BGBl I 2005/100 sowie die nicht in Abs 12 genannten §§ 8 Abs 1a und 9 Abs 3 idF BGBl I 2005/100 (diese gem Art 49 Abs 1 B-VG und § 11 Abs 1 BGBlG) sind am 17.08.2005 in Kraft getreten.

E Vereinbarung zwischen dem Bund und den Ländern gemäß Art. 15a B-VG über gemeinsame Maßnahmen zur vorübergehenden Grundversorgung für hilfs- und schutzbedürftige Fremde (Asylwerber, Asylberechtigte, Vertriebene und andere aus rechtlichen oder faktischen Gründen nicht abschiebbare Menschen) in Österreich (Grundversorgungsvereinbarung-Art. 15a B-VG – GVV-Art 15a)

– BGBl I 2004/80

Allgemeine Teile

Übersicht:
1.-2. Materialien
3. Anmerkungen

1. RV 412 XXII. GP

Problem:
Aufgrund der von Bund und den Ländern gemeinsam durchgeführten Abwicklung der Fluchtbewegungen der neunziger Jahre und der daraus gewonnenen Erfahrungen hat sich gezeigt, dass eine Vereinheitlichung der Unterstützung für hilfs- und schutzbedürftige Fremde erforderlich ist, um eine möglichst einheitliche Versorgung der Menschen sowie Klarheit und Rechtssicherheit für diesen Personenkreis zu schaffen und unter Vermeidung regionaler Überbelastungen eine Verteilung der Menschen im Bundesgebiet zu erreichen.

Darüber hinaus war eine Regelung der Kostenteilung zwischen Bund und Länder für die Fälle der Schubhaft zur Sicherung einer Ausweisung nach einer Entscheidung der Asylbehörden gemäß der §§ 4 bis 6 AsylG nach der AsylG-Novelle 2003 zu treffen.

Ziele der Gesetzesinitiative:
Vereinheitlichung der vorübergehenden Grundversorgung für hilfs- und schutzbedürftige Fremde in Bund und Ländern. Mit Verwirklichung dieses Modells können Doppelgleisigkeiten und Parallelstrukturen vermieden werden und es kann auf regional bedingte Kostenentwicklungen und Gegebenheiten flexibel reagiert werden.

Inhalt:
Schaffung eines Grundversorgungsmodells für hilfs- und schutzbedürftige Fremde. Die in der Vereinbarung umschriebene Zielgruppe wird öster-

reichweit nach einheitlichen Grundsätzen versorgt. Aufteilung der Kostentragung nach einem Kostenschlüssel 60 zu 40 für Bund und Länder. Kostenaufteilung zwischen Bund und Ländern bei Schubhaftfällen, die zur Sicherung einer Ausweisung nach einer Entscheidung einer Asylbehörde nach den §§ 4 bis 6 des AsylG nach der AsylG-Nov 2003 erfolgt.

Alternativen:
Beibehaltung der gegenwärtigen Situation.

EU-Konformität:
Der Abschluss der Art. 15a B-VG Vereinbarung ist ein weiterer Schritt zur Umsetzung der Richtlinie 2003/9/EG des Rates vom 27. Jänner 2003 zur Festlegung von Mindestnormen für die Aufnahme von Asylwerbern in den Mitgliedsstaaten.

Besonderheiten des Normerzeugungsverfahrens:
keine

Auswirkungen auf den Beschäftigungsstandort Österreich:
Dieses Modell der Zusammenarbeit von Bund und Ländern zur Grundversorgung für hilfs- und schutzbedürftiger Fremder leistet einen Beitrag zur Sicherung der Grundbedürfnisse der Zielgruppe und trägt zur Vermeidung von Schwarzarbeit und Kriminalität bei.

Kosten:
Anmerkungen zur Berechnung
Beiliegende Kalkulation wurde unter folgenden Parametern erstellt:
Bei der Begutachtung des Entwurfes zu Art. 15a B-VG-Vereinbarung wurde eine Kalkulation für 10.000 täglich zu betreuenden Personen vorgenommen. Unter Berücksichtigung der geplanten und noch nicht in Kraft getretenen Verordnung der Bundesministerin für Gesundheit und Frauen betreffend die Durchführung der Krankenversicherung für die gem. § 9 ASVG in die Krankenversicherung einbezogenen Personen würden sich die Grundversorgungskosten von € 81,249.800,-- auf € 79,434.200,-- reduzieren.
Ausgehend von der oa. Kalkulation sowie auf Grund der vorliegenden Erfahrungswerte wurde nunmehr eine Berechnung für täglich durchschnittlich 16.000 zu betreuende Fremde vorgenommen. Hierbei würden sich die Grundversorgungskosten bezogen auf 1 Jahr auf € 125,675.660,-- belaufen.
Auf Grund der Tatsache, dass im gegenständlichen Fall eine Vielzahl von externen Faktoren wirken, sind die Gesamtkosten daher ständigen Schwankungen unterworfen.
Zudem geht das BM.I nach Inkrafttreten der AsylG-Novelle 2003 von einer maßgeblichen Verfahrensbeschleunigung aus; das Ausmaß der dadurch bewirkten Kostenminimierung im Grundversorgungsbereich kann derzeit nicht seriös abgeschätzt werden.
Bei der nun vorliegenden Kalkulation wurden auch die Schubhaftkosten für die Zielgruppe gem. Art. 2, Abs. 1 Ziffer 5, berücksichtigt (Ausgangsbasis: 2002, hochgerechnet für 2003). Die zur AsylG-Novelle 2003 getroffenen obigen Ausführungen treffen für diesen Bereich analog zu.
Grundversorgung für 16.000 AW und Schubhaftkosten ausgehend vom Erfolg 2002 (kein Abdruck der Tabellen)

Anmerkung: Die Installation eines Betreuungs- und Informationssystems ist im Gesetzentwurf vorgesehen. Über diese Absichtserklärung hinaus wäre nach ho. Ansicht hinsichtlich der Kostenteilung (Programmierung, Hardwarebetreuung, Benutzerverwaltung, allfällige Erweiterung der Applikation) eine Vereinbarung zu treffen.

Anmerkung: Für die Umsetzung des Grundversorgungsmodells werden 12 Personen benötigt, unter der Annahme, dass nur EINE Erstaufnahmestelle errichtet wird.

Erläuterungen:

Aufgrund der gemeinsamen Abwicklung der Fluchtbewegungen seit Beginn der neunziger Jahre durch Bund und Länder und der daraus gewonnenen Erfahrungen hat sich gezeigt, dass eine Vereinheitlichung der Unterstützung für hilfs- und schutzbedürftige Fremde erforderlich ist, um einerseits eine möglichst einheitliche Versorgung sowie Klarheit und Rechtssicherheit für diesen Personenkreis zu schaffen und andererseits eine Verteilung der Personen im Bundesgebiet zu erreichen, die regionale Überbelastungen vermeidet. Auch kommt es zu einer Aufteilung der Schubhaftkosten, wenn die Schubhaft zur Sicherung einer Ausweisung nach einer Entscheidung einer Asylbehörde nach den §§ 4 bis 6 Asylgesetz idF BGBl I Nr. 101/2003 erfolgt.

Zu diesem Zweck schließen Bund und Länder eine Vereinbarung gemäß Art. 15a B-VG ab, mit der die Grundversorgung hilfs- und schutzbedürftiger Fremder (Asylwerber, Vertriebene und andere aus rechtlichen oder tatsächlichen Gründen nicht abschiebbare Menschen, Asylberechtigte in den ersten vier Monaten) nach einheitlichen Grundsätzen normiert wird; hiebei wird auf die europarechtlichen Regelungen Bedacht genommen. Des Weiteren wird der Bereich der oben genannten Schubhaftkosten ebenfalls in die Kostenteilung mit einbezogen; in Schubhaft angehaltenen Fremden ist keine Grundversorgung im Rahmen dieser Vereinbarung zu gewähren, sie erhalten zum Beispiel kein Taschengeld. Die Versorgung im Rahmen der Anhaltung ist nicht Gegenstand der Vereinbarung, lediglich die Kosten der Schubhaft sollen aufgeteilt werden.

Zweck dieses Modells ist die gemeinsame Sorge für hilfs- und schutzbedürftige Fremde nach österreichweit einheitlichen Standards durch eine Grundversorgung, solange sich diese Menschen zumindest geduldet in Österreich aufhalten. Dies schließt auch eine gezielte Rückkehrberatung und gegebenenfalls Rückkehrunterstützung ein.

Ein weiteres Ziel dieser Zusammenarbeit zwischen Bund und Ländern ist es, Betreuungsmaßnahmen, asylrechtliche und fremdenpolizeiliche Aufgaben für denselben Personenkreis zu optimieren. Die Vereinbarung schafft keinen Rechtsanspruch für Dritte, sondern regelt die Aufgabenaufteilung zwischen Bund und Ländern. Diese Vereinbarung ist einerseits vom partnerschaftlichen Geist getragen und soll andererseits die Aufgaben zwischen dem Bund und den Ländern aufteilen. Auch werden die Kosten für die gesamte Gruppe von unterstützten Fremden sowie die Kosten der Schubhaft, die die Fremdenpolizeibehörde zur Sicherung einer Ausweisung auf Grund einer Entscheidung der Asylbehörde gemäß den §§ 4 bis 6 des Asylgesetzes nach der Asylgesetznovelle 2003 trifft, im

Verhältnis sechs zu vier zwischen Bund und den Ländern, sowie zwischen den Ländern im Verhältnis der Wohnbevölkerung der Länder zueinander aufgeteilt.

Mit Wirksamkeit der gegenständlichen Vereinbarung werden die Verordnungen, mit denen Aufgaben der Bundesbetreuung den Landeshauptmännern von Kärnten, Tirol und Vorarlberg (BGBl Nr. 71/1993), dem Landeshauptmann von Wien (BGBl Nr. 412/1992) und dem Landeshauptmann von Burgenland (BGBl Nr. 411/1992) übertragen worden sind, aufzuheben sein. Rechtzeitig vor dem 5. Februar 2005 werden die einschlägigen gesetzlichen Bestimmungen für den Bereich der Betreuung von Fremden der Zielgruppe – unter Bedachtnahme auf die einschlägigen, umzusetzenden europarechtlichen Normen – anzupassen sein.

Bei diesen Maßnahmen und der Umsetzung der Vereinbarung werden der Bund und die Länder partnerschaftlich vorgehen.

2. AB 448 XXII. GP

Aufgrund der gemeinsamen Abwicklung der Fluchtbewegungen seit Beginn der neunziger Jahre durch Bund und Länder und der daraus gewonnenen Erfahrungen hat sich gezeigt, dass eine Vereinheitlichung der Unterstützung für hilfs- und schutzbedürftige Fremde erforderlich ist, um einerseits eine möglichst einheitliche Versorgung sowie Klarheit und Rechtssicherheit für diesen Personenkreis zu schaffen und andererseits eine Verteilung der Personen im Bundesgebiet zu erreichen, die regionale Überbelastungen vermeidet. Auch kommt es zu einer Aufteilung der Schubhaftkosten, wenn die Schubhaft zur Sicherung einer Ausweisung nach einer Entscheidung einer Asylbehörde nach den §§ 4 bis 6 Asylgesetz idF BGBl I Nr. 101/2003 erfolgt.

Zu diesem Zweck schließen Bund und Länder eine Vereinbarung gemäß Art. 15a B-VG ab, mit der die Grundversorgung hilfs- und schutzbedürftiger Fremder (Asylwerber, Vertriebene und andere aus rechtlichen oder tatsächlichen Gründen nicht abschiebbare Menschen, Asylberechtigte in den ersten vier Monaten) nach einheitlichen Grundsätzen normiert wird; hiebei wird auf die europarechtlichen Regelungen Bedacht genommen. Des Weiteren wird der Bereich der oben genannten Schubhaftkosten ebenfalls in die Kostenteilung mit einbezogen; in Schubhaft angehaltenen Fremden ist keine Grundversorgung im Rahmen dieser Vereinbarung zu gewähren, sie erhalten zum Beispiel kein Taschengeld. Die Versorgung im Rahmen der Anhaltung ist nicht Gegenstand der Vereinbarung, lediglich die Kosten der Schubhaft sollen aufgeteilt werden.

Zweck dieses Modells ist die gemeinsame Sorge für hilfs- und schutzbedürftige Fremde nach österreichweit einheitlichen Standards durch eine Grundversorgung, solange sich diese Menschen zumindest geduldet in Österreich aufhalten. Dies schließt auch eine gezielte Rückkehrberatung und gegebenenfalls Rückkehrunterstützung ein.

Ein weiteres Ziel dieser Zusammenarbeit zwischen Bund und Ländern ist es, Betreuungsmaßnahmen, asylrechtliche und fremdenpolizeiliche Aufgaben für denselben Personenkreis zu optimieren. Die Vereinbarung schafft keinen Rechtsanspruch für Dritte, sondern regelt die Aufgabenaufteilung zwischen Bund und Ländern. Diese Vereinbarung ist einerseits vom partnerschaftlichen Geist getragen und soll andererseits die Aufgaben zwischen dem Bund und den Ländern aufteilen. Auch werden die Kosten für die gesamte Gruppe von unterstützten Fremden sowie die Kosten der Schubhaft, die die Fremdenpolizeibehörde zur Sicherung einer Ausweisung auf Grund einer Entscheidung der Asylbehörde gemäß den §§ 4 bis 6 des Asylgesetzes nach der Asylgesetznovelle 2003 trifft, im Verhältnis sechs zu vier zwischen Bund und den Ländern, sowie zwischen den Ländern im Verhältnis der Wohnbevölkerung der Länder zueinander aufgeteilt.

Mit Wirksamkeit der gegenständlichen Vereinbarung werden die Verordnungen, mit denen Aufgaben der Bundesbetreuung den Landeshauptmännern von Kärnten, Tirol und Vorarlberg (BGBl Nr. 71/1993), dem Landeshauptmann von Wien (BGBl Nr. 412/1992) und dem Landeshauptmann von Burgenland (BGBl Nr. 411/1992) übertragen worden sind, aufzuheben sein. Rechtzeitig vor dem 5. Februar 2005 werden die einschlägigen gesetzlichen Bestimmungen für den Bereich der Betreuung von Fremden der Zielgruppe – unter Bedachtnahme auf die einschlägigen, umzusetzenden europarechtlichen Normen – anzupassen sein.

Bei diesen Maßnahmen und der Umsetzung der Vereinbarung werden der Bund und die Länder partnerschaftlich vorgehen.

Der Ausschuss für innere Angelegenheiten hat die gegenständliche Vereinbarung in seiner Sitzung am 18. März 2004 in Verhandlung genommen. An der Debatte beteiligten sich außer dem Berichterstatter die Abgeordneten Mag. Walter Posch, Otto Pendl, Mag. Terezija Stoisits, Günter Kößl, Dr. Helene Partik- Pablé, Walter Murauer, Mag. Eduard Mainoni, Mag. Brigid Weinzinger, Ulrike Königsberger- Ludwig, Matthias Ellmauer, Dipl.-Ing. Mag. Roderich Regler, Kai Jan Krainer sowie der Bundesminister für innere Angelegenheiten Dr. Ernst Strasser und der Ausschussobmann Abgeordneter Rudolf Parnigoni.

Bei der Abstimmung wurde einstimmig beschlossen, dem Hohen Haus die Genehmigung des Abschlusses der Vereinbarung gem. Art. 15a B-VG zu empfehlen.

Als Ergebnis seiner Beratungen stellt der Ausschuss für innere Angelegenheiten somit den Antrag, der

Nationalrat wolle den Abschluss der Vereinbarung gemäß Art. 15a B-VG zwischen dem Bund und den

Ländern über gemeinsame Maßnahmen zur vorübergehenden Grundversorgung für hilfs- und schutzbedürftige

Fremde (Asylwerber, Asylberechtigte, Vertriebene und andere aus rechtlichen oder faktischen

Gründen nicht abschiebbare Menschen) in Österreich (412 der Beilagen) genehmigen.

3. Anm: Die GVV-Art 15a wurde vom Bund (siehe GVG-B 2005, II.D.) und von den Ländern Wien (Wr Grundversorgungsgesetz, LGBl 2004/46), Steiermark (Stmk Betreuungsgesetz, LGBl 2005/101), Tirol (Tir Grundsicherungsgesetz, LGBl 2006/20, und Tir Grundversorgungsgesetz, LGBl 2006/21) und Kärnten (K-GrvG, noch nicht kundgemacht) in eigenen Grundversorgungsgesetzen und von Vorarlberg im Rahmen des Sozialhilfegesetzes umgesetzt (siehe LGBl 2006/3). Die entsprechenden Landesgesetze sind unter VII.A. – teilweise auszugsweise - abgedruckt. In Oberösterreich wurde einerseits das Sozialhilfegesetz inhaltlich angepasst (LGBl 2006/9) und andererseits am 2. März 2006 ein Entwurf eines oö Grundversorgungsgesetzes 2006 zur Begutachtung ausgesendet. Keine Umsetzung ist zum Stand 15. März 2006 im Burgenland, in Niederösterreich und in Salzburg erfolgt. Im Burgenland ist das Begutachtungsverfahren betreffend ein bgld Landesbetreuungsgesetz bereits abgeschlossen. Ein entsprechender Beschluss des Landtages ist hingegen noch nicht erfolgt. In Salzburg und in Niederösterreich werden eigene Grundversorgungsgesetzes vorbereitet.

Der Bund, vertreten durch die Bundesregierung, und die Länder Burgenland, Kärnten, Niederösterreich, Oberösterreich, Salzburg, Steiermark, Tirol, Vorarlberg und Wien, jeweils vertreten durch den Landeshauptmann, - im folgenden Vertragspartner genannt – kommen überein, gemäß Artikel 15a B-VG die nachstehende Vereinbarung zu schließen:

Artikel 1: Zielsetzung

(1) Ziel der Vereinbarung ist die bundesweite Vereinheitlichung der Gewährleistung der vorübergehenden Grundversorgung für hilfs- und schutzbedürftige Fremde, die im Bundesgebiet sind, im Rahmen der bestehenden verfassungsrechtlichen Kompetenzbereiche. Die Grundversorgung soll bundesweit einheitlich sein, partnerschaftlich durchgeführt werden, eine regionale Überbelastung vermeiden und Rechtssicherheit für die betroffenen Fremden schaffen.

(2) Bei der Erreichung des Ziels gemäß Abs. 1 ist auf die europarechtlichen Normen, insbesondere auf die Richtlinie 2003/9/EG des Rates zur Festlegung von Mindestnormen für die Aufnahme von Asylwerbern in den Mitgliedstaaten und die Richtlinie 2001/55/EG des Rates vom 20. Juli 2001 über Mindestnormen für die Gewährung vorübergehenden Schutzes im Falle eines Massenzustroms von Vertriebenen und Maßnahmen zur Förderung einer ausgewogenen Verteilung der Belastungen, die mit der Aufnahme dieser Personen und den Folgen dieser Aufnahme verbunden sind, auf die Mitgliedstaaten, Bedacht zu nehmen.

(3) Die Vertragspartner errichten ein Betreuungsinformationssystem. Datenschutzrechtliche Auftraggeber des Betreuungsinformationssystems sind die jeweils zuständigen Organe der Vertragspartner. Das Betreuungsinformationssystem wird als Informationsverbundsystem (§§ 4 Z 13, 50 DSG 2000) geführt.

(4) Die durch diese Vereinbarung begünstigten Fremden werden im Sinne einer jährlichen Gesamtbetrachtung unter Bedachtnahme auf das Verhältnis der Wohnbevölkerung in den Bundesländern betreut. Wohnbevölkerung im Sinne dieser Vereinbarung ist die für den jeweiligen Finanzausgleich ermittelte Gesamtbevölkerung Öster-

reichs und die Bevölkerungszahl des jeweiligen Bundeslandes (zuletzt: Volkszählung 2001).
(5) Diese Vereinbarung begründet keinen Rechtsanspruch für Fremde gemäß Artikel 2.

Übersicht:
1. Hinweis auf europarechtliche Normen
2. Materialien
3. Anmerkungen

1. Siehe IV.B.4. AufnahmeRL.

2. RV 412 XXII. GP

Die Zielbestimmung normiert in Abs. 1 die bundesweite Vereinheitlichung der Gewährleistung der vorübergehenden Grundversorgung für hilfs- und schutzbedürftige Fremde. Ein wesentliches Element dieser Vereinheitlichung ist die Betonung der partnerschaftlichen Durchführung durch Bund und Länder.

Abs. 2 normiert die Bedachtnahme auf den europäischen Kontext und nimmt Bezug auf die am 6. 2. 2003 kundgemachte Richtlinie 2003/9/EG des Rates vom 27. Jänner 2003 zur Festlegung von Mindestnormen für die Aufnahme von Asylbewerbern in den Mitgliedsstaaten. Ein weiteres wesentliches Ziel ist die Errichtung und Betreibung eines Betreuungsinformationssystems, das als Informationsverbundsystem geführt werden wird.

Abs. 4 legt fest, in welchem Verhältnis die Fremden durch die Länder betreut werden. Die durch die Vereinbarung begünstigten Fremden werden unter Bedachtnahme auf das Verhältnis der Wohnbevölkerung in den Bundesländern betreut. Erste Basis für diese Berechnungen ist das Ergebnis der Volkszählung 2001.

Abs. 5 stellt klar, dass durch diese Vereinbarung kein Rechtsanspruch für begünstigte Fremde entsteht, da diese Vereinbarung lediglich das Verhältnis zwischen Bund und Ländern und den Ländern untereinander normiert.

3. **Anm:** Die GVV-Art 15a kann als Vereinbarung zwischen Bund und den Ländern mangels unmittelbarer Anwendbarkeit nicht in die Rechte von Dritten eingreifen und insoweit auch keine durchsetzbaren Rechte statuieren. Aus der AufnahmeRL, vor allem aus deren Art 16 und 21 ergibt sich, dass die Umsetzung der GVV-Art 15a grundsätzlich hoheitlich und nicht im Rahmen der Privatwirtschaftsverwaltung zu erfolgen hat.

Artikel 2: Begriffsbestimmungen/Zielgruppe

(1) Zielgruppe dieser Vereinbarung sind - unbeschadet der Bestimmungen des Bundesbetreuungsgesetzes, BGBl. I Nr. 101/2003 - hilfs- und schutzbedürftige Fremde, die unterstützungswürdig sind. Hilfsbedürftig ist, wer den Lebensbedarf für sich und die mit ihm im gemeinsamen Haushalt lebenden unterhaltsberechtigten Angehöri-

gen nicht oder nicht ausreichend aus eigenen Kräften und Mitteln beschaffen kann und ihn auch nicht oder nicht ausreichend von anderen Personen oder Einrichtungen erhält. Schutzbedürftig sind
1. Fremde, die einen Asylantrag gestellt haben (Asylwerber), über den noch nicht rechtskräftig abgesprochen ist,
2. Fremde ohne Aufenthaltsrecht, über deren Asylantrag rechtskräftig negativ abgesprochen wurde, die aus rechtlichen oder tatsächlichen Gründen nicht abschiebbar sind,
3. Fremde mit Aufenthaltsrecht gemäß § 8 iVm § 15 AsylG, § 10 Abs. 4 FrG oder einer Verordnung gemäß § 29 FrG,
4. Fremde ohne Aufenthaltsrecht, die aus rechtlichen oder tatsächlichen Gründen nicht abschiebbar sind,
5. Fremde, die aufgrund der §§ 4, 4a, 5, 5a und 6 der Asylgesetznovelle 2003, BGBl. I Nr. 101/2003, nach einer – wenn auch nicht rechtskräftigen - Entscheidung der Asylbehörde entweder in Schubhaft genommen werden können oder auf die die Bestimmungen des § 66 FrG anzuwenden sind oder deren vorübergehende Grundversorgung bis zur Effektuierung der Außerlandesbringung nach der Entscheidung der Asylbehörde von den Ländern sichergestellt ist und
6. Fremde, denen ab 1. Mai 2004 Asyl in Österreich gewährt wird (Asylberechtigte), während der ersten vier Monate nach Asylgewährung.

(2) Die Unterstützung für Fremde, die angehalten werden, ruht für die Dauer der Anhaltung.

(3) Die Unterstützung endet jedenfalls mit dem Verlassen des Bundesgebietes, soweit Österreich nicht durch internationale Normen zur Rückübernahme verpflichtet ist.

(4) Die Unterstützungswürdigkeit des Fremden kann unter Berücksichtigung von Art. 1 Abs. 2 eingeschränkt werden oder verloren gehen, wenn er wegen einer gerichtlich strafbaren Handlung verurteilt worden ist, die einen Ausschlussgrund gemäß § 13 AsylG darstellen kann.

Übersicht:

1. Materialien
2.-3. Anmerkungen

1. RV 412 XXII. GP

Abs. 1 definiert die Zielgruppe der zu betreuenden Fremden eigenständig und legt diese als einen größeren Personenkreis als den im Bundesbetreuungsgesetz, BGBl Nr. 405/1991 idF BGBl I Nr. 101/2003, fest. Die Grundvoraussetzung ist die Hilfs- und Schutzbedürftigkeit. In Abs. 1 wird definiert, dass hilfsbedürftig ist, wer den Lebensbedarf für sich und die mit ihm im gemeinsamen Haushalt lebenden unterhaltsberechtigten Angehörigen nicht aus Eigenem beschaffen kann und auch sonst nicht ausreichend unterstützt wird (z.B. von Angehörigen oder von Einrichtungen). Darüber hinaus ist es jedoch - um zur Begünstigtengruppe gezählt zu werden - erforderlich auch schutzbedürftig zu sein. Die Z 1 bis 6 des Abs. 1 legen fest, wer schutzbedürftig ist. Z 1 enthält die Personengruppe der Asylwerber im laufenden Verfahren, Z 2 sind Fremde ohne Aufenthaltsrecht nach rechtskräftigem negativem Abschluss des Asylverfahrens, die nicht abschiebbar sind. Hier ist an Fremde gedacht, die entweder einen Asylausschlussgrund gesetzt haben und denen deshalb auch trotz Refoulementschutz keine befristete Aufenthaltsberechtigung gemäß § 15 AsylG erteilt wird oder Fremde, die nicht abgeschoben werden können, weil etwa nicht bekannt ist, aus welchem Herkunftsstaat sie stammen. Gemäß Z 3 sind darüber hinaus Fremde erfasst, die ein befristetes Aufenthaltsrecht aufgrund Refoulementschutzes gemäß der §§ 8 iVm 15 AsylG oder eine Aufenthaltserlaubnis aus humanitären Gründen (§ 10 Abs. 4 FrG) haben oder Vertriebene nach einer Verordnung gemäß § 29 FrG sind. Z 4 soll all jenen Fremden die Grundversorgung zukommen lassen, die - ohne zuvor ein Asylverfahren durchlaufen zu haben - aus rechtlichen oder tatsächlichen Gründen nicht abschiebbar sind. Hier ist etwa an Fremde zu denken, die einen faktischen Abschiebschutz genießen, weil ihre Staatsangehörigkeit nicht geklärt ist. In Z 5 werden Fremde, die sich auf Grund einer Entscheidung der Asylbehörden nach den §§ 4 bis 6 AsylG in Schubhaft oder im gelinderen Mittel befinden, in die Vereinbarung aufgenommen, obwohl diesen Menschen keine Grundversorgung im Rahmen der Vereinbarung zu gewähren ist, sondern bereits auf Grund der aufrechten In-Gewahrsamnahme von der anhaltenden Gebietskörperschaft zu versorgen sind. Bei dieser Zielgruppe wird eine Kostenteilung der Schubhaftkosten – und damit indirekt auch der Lebenshaltungskosten – vereinbart.

In Z 6 werden Asylberechtigte in die Gruppe der schutzbedürftigen Fremden für die Dauer von vier Monaten nach der Asylgewährung aufgenommen.

Abs. 2 normiert, dass Fremde, die angehalten werden, keine darüber hinausgehende Grundversorgung erhalten. Trotzdem sind die Schubhaftkosten für Fremde, die unter Abs. 1 Z 5 fallen, zwischen den Vertragspartnern zu teilen.

Abs. 3 legt fest, dass die Unterstützung jedenfalls mit Verlassen des Bundesgebietes eingestellt wird. Ist Österreich zur Zurücknahme des Fremden durch internationale Normen verpflichtet (Stichwort: Dublin - Verfahren), lebt die Grundversorgung nach Rückstellung wieder auf.

Abs. 4 normiert die Möglichkeit der Einschränkung oder Einstellung der Grundversorgung, wenn der Fremde wegen einer gerichtlich strafbaren Handlung verurteilt worden ist, die einen Ausschlußgrund gemäß § 13 AsylG darstellen kann (z.B. rechtskräftige Verurteilung wegen eines besonders schweren Verbrechens).

Durch die abschließende Festlegung der Zielgruppe ist klargestellt, dass Asylberechtigte nach Ablauf von vier Monaten oder Fremde mit Einreise- oder Aufenthaltstitel nicht in die Gruppe gemäß Art. 2 fallen.

2. Anm: Nach In-Krafttreten des Fremdenrechtspakets sind die in Abs 1 Z 3 genannten Normen in § 8 AsylG 2005 (bzgl § 8 iVm § 15 AsylG), in § 72 NAG (bzgl § 10 Abs 4 FrG) und in § 76 NAG (bzgl § 29 FrG) zu finden. Die in Abs 1 Z 5 genannten Normen beziehen sich auf § 4 AsylG 2005 (bzgl §§ 4, 4a Asylgesetznovelle 2003 [Anm: richtig: AsylG 1997 idF AsylG-Nov 2003]), in § 5 AsylG 2005 (bzgl 5, 5a Asylgesetznovelle 2003), in § 77 FPG (bzgl § 66 FrG) und § 6 AsylG 2005 (bzgl § 13 AsylG). § 6 der Asylgesetznovelle 2003 behandelte die „offensichtlich unbegründeten Anträge" und hat keine Nachfolgebestimmung, da der Gesetzgeber diese Verfahrenserledigung explizit beseitigt hat.

3. **Anm:** Wie wohl gemäß Abs 1 Z 6 die Kosten für die Versorgung von Asylberechtigten – im Rahmen der Kostenhöchstsätze nach Art 9 – die ersten vier Monate gemäß Art 10 im Verhältnis 6 zu 4 zwischen Bund und Ländern zu teilen ist, sind diesen Personen im Hinblick auf Art 23 GFK (siehe V.A.) Inländern gleichzustellen und daher regelmäßig im Rahmen der Sozialhilfegesetze zu versorgen. Bei Abs 1 Z 6 handelt es sich somit lediglich um eine Verrechnungsnorm.

Artikel 3: Aufgaben des Bundes

(1) Der Bund führt Betreuungseinrichtungen (Betreuungsstellen, Erstaufnahmestellen) für Asylwerber. Der Bund stellt vor Neuerrichtung oder Schließung von Bundesbetreuungsstellen das Einvernehmen mit dem jeweiligen Bundesland her. Der Bund sorgt für die Erstaufnahme der Asylwerber.

(2) Der Bund richtet eine Koordinationsstelle ein. Deren Aufgaben sind:
1. **Zuteilung der Asylwerber auf die Länder unter Bedachtnahme auf den Aufteilungsschlüssel (Art. 1 Abs. 4),**
2. **Transporte (zu den Erstaufnahmestellen und von den Erstaufnahmestellen in die Länder),**
3. **An-, Ab- und Ummeldung bei der Krankenversicherung, soweit die betreuten Fremden durch den Bund aufgenommen werden oder sich in Betreuungseinrichtungen des Bundes befinden,**
4. **administrative Abwicklung, vierteljährliche Erstellung einer Übersicht über die finanziellen Aufwendungen aller Vertragspartner (gegliedert nach Vertragspartnern) sowie Verrechnung mit den Ländern,**
5. **bei Bedarf und über Ersuchen der Länder Unterstützung bei der Umverteilung von Fremden gemäß Art. 2 Abs. 1 Z 4 auf einzelne Bundesländer und**
6. **die Koordination und Durchführung von Maßnahmen betreffend Rückkehrprogramme.**

(3) Der Bund informiert die Länder laufend und zeitgerecht über asylverfahrensrelevante Verfügungen.

(4) Schaffung von Vorsorgekapazitäten für die Bewältigung von Unterbringungsengpässen in den Ländern.

(5) Der Bund kann sich zur Erfüllung seiner Aufgaben gemäß der Abs. 1 (ausgenommen die Erstaufnahmestelle), Abs. 2 Z 2, Z 3 und Z 6 hinsichtlich der Maßnahmen zur Durchführung der Rückkehrpro-

gramme sowie Abs. 4 humanitärer, kirchlicher oder privater Einrichtungen oder Institutionen der freien Wohlfahrtspflege bedienen.

Übersicht:
1. Hinweise auf innerstaatliche Normen
2. Materialien
3. Anmerkung

1. Siehe II.A., § 59 AsylG 2005; II.D., § 1 Z 4 f und § 11 GVG-B; VI.A., § 3 AsylG-DV 2005.

2. RV 412 XXII. GP

Da Bund und Länder diese Vereinbarung schließen, um die Aufgaben, die entweder dem Bund oder den Ländern zukommen, genau festzulegen, befassen sich die Art. 3 und 4 mit den Aufgaben des Bundes und der Länder.

Der Bund wird auch in Zukunft Betreuungseinrichtungen, das sind Betreuungsstellen und Erstaufnahmestellen für Asylwerber, führen (siehe § 37b AsylG), vor der Neuerrichtung oder Schließung von Betreuungsstellen wird mit dem betroffenen Bundesland das Einvernehmen hergestellt.

Gemäß Abs. 2 richtet der Bund eine Koordinationsstelle zur Führung der in Art. 3 genannten Aufgaben ein. Diese Koordinationsstelle hat für die dieser Vereinbarung entsprechende Aufteilung von Asylwerbern auf die Bundesländer zu sorgen, organisiert die nötigen Transporte, führt die notwendigen administrativen Schritte im Rahmen der Krankenversicherung für vom Bund betreute Fremde durch, führt die für eine vierteljährliche Verrechnung nötigen Aufzeichnungen und erstellt eine Übersicht, um die Verrechnung durchzuführen.

Um den Ländern die Entscheidung über eine allfällige Entlassung von betreuten Asylwerbern aus der Betreuung zu ermöglichen, müssen sie über getroffene asylverfahrensrelevante Verfügungen rechtzeitig informiert werden, daher wird der Bund zur Weitergabe dieser Informationen in Abs. 3 verpflichtet.

Der Bund sorgt vor, dass im Falle eines Unterbringungsengpasses in den Ländern weitere Unterbringungsmöglichkeiten vorhanden sind; dies wird vor allem dann der Fall sein, wenn Österreich Ziel einer Massenfluchtbewegung wird.

Abs. 5 normiert, zur Erfüllung welcher Aufgaben sich der Bund Privater und juristischer Personen bedienen kann; das sind die Unterbringung von Asylwerbern in Betreuungsstellen, die Organisation und die Durchführung von Transporten, die administrativen Tätigkeiten im Rahmen der Krankenversicherung und die Durchführung von Rückkehrprogrammen. Die Koordinierung von Rückkehrprogrammen hat die Koordinierungsstelle selbst vorzunehmen.

3. **Anm:** Betreuungseinrichtungen sind gem § 1 Z 5 GVG-B 2005 Betreuungsstellen und Erstaufnahmestellen, soweit in diesen Asylwerber, deren Verfahren noch nicht zugelassen ist, versorgt werden. Erstaufnahmestellen (EASt) sind durch VO des BMI einzurichten. Sie sind in organisatori-

scher Hinsicht Teil des Bundesasylamtes und dessen Direktor unterstellt (§ 59 AsylG 2005). Betreffend die Eröffnung oder die Schließung einer Erstaufnahmestelle kommt dem betroffenen Land kein Anspruch auf Einvernehmensherstellung zu. Nach § 3 AsylG-DV 2005 sind derzeit drei Erstaufnahmestellen („Ost" in Traiskirchen/NÖ, „West" in Thalham/OÖ und „Flughafen" in Schwechat/NÖ) eingerichtet. Darüber hinaus führt der Bund derzeit neben den EASt Traiskirchen und Talham zwei weitere Betreuungsstellen des Bundes in Reichenau und Bad Kreuzen. In diesen werden ausschließlich „Dublin-Out-Fälle" in Vollziehung des GVG-B 2005 betreut.

Artikel 4: Aufgaben der Länder

(1) Die Aufgaben der Länder sind:
1. Versorgung der von der Koordinationsstelle zugewiesenen Asylwerber,
2. Entscheidung über die Aufnahme Fremder gemäß Art. 2 Abs. 1 Z 2 bis 4 und 6 in die Betreuung,
3. Entscheidung über die Entlassung betreuter Fremder; bei Asylwerbern ist die Entscheidung im Einvernehmen mit dem Bundesasylamt zu treffen,
4. Schaffung und Erhaltung der zur Versorgung der Fremden erforderlichen Infrastruktur,
5. An-, Um- und Abmeldung bei der Krankenversicherung, soweit die betreuten Fremden von den Ländern aufgenommen werden oder von Einrichtungen des Landes betreut werden,
6. die Einbringung der aktuellen Daten über die Auslastung der Kapazitäten in den Informationsverbund zum ehestmöglichen Zeitpunkt,
7. Unterstützung des Bundesasylamtes bei Führung von Asylverfahren etwa durch Zustellung von Ladungen und Entscheidungen an den Asylwerber und Information und Erinnerung des Unterkunftgebers und des Asylwerbers an verfahrensrelevante Termine,
8. Verarbeitung von zur Durchführung von Rückkehraktionen erforderlichen personenbezogenen Daten von Asylwerbern über Ersuchen des Bundes und
9. die aktuelle Meldung über von der Koordinationsstelle zugeteilte Asylwerber, die sich dem Asylverfahren entzogen haben, an diese zum ehestmöglichen Zeitpunkt.

(2) Bei der Versorgung der in die Betreuung aufgenommenen Fremden und der Schaffung und Erhaltung der nötigen Infrastruktur gemäß Abs. 1 Z 4 können sich die Länder humanitärer, kirchlicher oder privater Einrichtungen oder Institutionen der freien Wohlfahrtspflege bedienen.

(3) Die Länder können im Einvernehmen mit der Koordinationsstelle bei unverhältnismäßiger Mehrbelastung einzelner Länder für die Übernahme einer Anzahl von Fremden durch ein anderes Land Sorge tragen. Sind hiefür Transporte erforderlich, sorgt das abgebende Land für den Transport.

1. RV 412 XXII. GP

Art. 4 ist die spiegelbildliche Bestimmung zu Art. 3 und normiert die Verpflichtungen der Länder. Die Länder versorgen die von der Koordinationsstelle zugewiesenen Asylwerber und entscheiden über die Aufnahme aller anderen Fremden – ausgenommen solcher, die in Schubhaft angehalten werden oder jener, die sich im gelinderen Mittel befinden – die der Zielgruppe unterfallen, in die Betreuung. Die Länder entscheiden ebenfalls über die Entlassung eines betreuten Fremden; ein Asylwerber wird allerdings nur im Einvernehmen mit dem Bundesasylamt aus der Betreuung entlassen, da sich gezeigt hat, dass durch eine Entlassung aus der Betreuung die Führung des Asylverfahrens mitunter erheblich erschwert werden kann. Darüber hinaus schaffen und erhalten die Länder die zur Versorgung der Fremden erforderliche Infrastruktur und erledigen die administrativen Tätigkeiten, um Fremde, die sich in ihrer Obhut befinden, entsprechend krankenzuversichern.

Darüber hinaus speisen die Länder - ebenso wie der Bund - das Informationsverbundsystem mit den relevanten Daten, also vor allem mit der Auslastung der Kapazitäten der Länder. Die aktuellen Daten müssen zwar nicht sofort, etwa bei Freiwerden von Betreuungseinrichtungen in den Nachtstunden, aber doch ehest möglich – also jedenfalls am nächsten Werktag – zur Verfügung gestellt werden, um der Koordinationsstelle die Erfüllung ihrer Aufgaben zu ermöglichen.

Des Weiteren unterstützen die Länder das Bundesasylamt nach Maßgabe der gesetzlichen Möglichkeiten (siehe etwa § 23 Abs 6 AsylG) bei der Führung der Asylverfahren, in dem sie etwa für die Zustellung von Ladungen oder Entscheidungen in ihren Unterkünften sorgen oder den Asylwerber über seine Termine bei der Asylbehörde informieren und ihn daran auch erinnern.

Aus verfahrensrechtlichen Gründen ist es notwendig (vgl. § 31 AsylG), dass die Länder der Koordinationsstelle mitteilen, wenn sich ein Fremder dem Asylverfahren entzogen hat, da die Länder über die Unterkunftgeber als erste über diese Information verfügen.

Die Länder können sich (ebenso wie der Bund: siehe Art. 3 Abs. 5) bei der Versorgung Privater bedienen (Abs. 2). Abs. 3 normiert, dass die Länder - bei einer unverhältnismäßigen Mehrbelastung einzelner Länder - im Einvernehmen mit der Koordinationsstelle die Verlegung einzelner Fremder in ein anderes Bundesland veranlassen können.

Artikel 5: Bund-Länder Koordinationsrat

(1) Der Koordinationsrat setzt sich aus den Vertretern der Vertragspartner zusammen, die sich partnerschaftlich und gleichberechtigt gegenüberstehen.

(2) Der Koordinationsrat tritt auf Verlangen eines Mitgliedes zusammen und widmet sich der partnerschaftlichen Lösung von Problemen, die sich aus aktuellen Anlassfällen, der Auslegung dieser Vereinbarung, der Kostenverrechnung und deren Prüfung sowie aufgrund außergewöhnlicher Ereignisse ergeben. Darüber hinaus tau-

schen die Partner im Koordinationsrat Informationen aus und tragen zu einem gemeinsamen Meinungsbildungsprozess bei.

(3) Der Koordinationsrat erarbeitet
1. notwendige Anpassungen betreffend die jeweiligen Kostenhöchstsätze;
2. periodische Analysen betreffend die Umsetzung dieser Vereinbarung, erstmals zum Stichtag 1. Mai 2005. Die Analyse ist jeweils längstens innerhalb von drei Monaten nach Stichtag den Vertragspartnern vorzulegen. Die Abstände, in denen die Analyse erfolgt, werden vom Koordinationsrat festgelegt.
3. Empfehlungen für Änderungen dieser Vereinbarung.

1. RV 412 XXII. GP

Der in Art. 5 normierte Koordinationsrat, der sich aus Vertretern des Bundes und der Länder zusammensetzt, soll gewährleisten, dass auftretende Probleme partnerschaftlich (siehe auch Art. 1 Abs. 1) gelöst werden. Der Koordinationsrat kann von jedem Mitglied einberufen werden und soll auch dem Informationsaustausch dienen. Im Koordinationsrat werden auch Auslegungsunterschiede dieser Vereinbarung oder Vollzugsprobleme im partnerschaftlichen Geist dieser Vereinbarung gelöst werden. Des Weiteren hat sich dieses Gremium der Kostenverrechnung und der Analyse dieser zu widmen.

Der Koordinationsrat ist als Anwender dieser Vereinbarung auch berufen, Anpassungen der Kostensätze vorzuschlagen, die Umsetzung der Vereinbarung zu analysieren und – auch auf Grund der Analyse ergebende – notwendige Änderungen vorzuschlagen.

Artikel 6: Grundversorgung

(1) Die Grundversorgung umfasst:
1. Unterbringung in geeigneten Unterkünften unter Achtung der Menschenwürde und unter Beachtung der Familieneinheit,
2. Versorgung mit angemessener Verpflegung,
3. Gewährung eines monatlichen Taschengeldes für Personen in organisierten Unterkünften und für unbegleitete minderjährige Fremde, ausgenommen bei individueller Unterbringung gemäß Art. 9 Z 2,
4. Durchführung einer medizinischen Untersuchung im Bedarfsfall bei der Erstaufnahme nach den Vorgaben der gesundheitsbehördlichen Aufsicht,
5. Sicherung der Krankenversorgung im Sinne des ASVG durch Bezahlung der Krankenversicherungsbeiträge,
6. Gewährung allenfalls darüber hinausgehender notwendiger, durch die Krankenversicherung nicht abgedeckter Leistungen nach Einzelfallprüfung,
7. Maßnahmen für pflegebedürftige Personen,
8. Information, Beratung und soziale Betreuung der Fremden durch geeignetes Personal unter Einbeziehung von Dolmet-

schern zu deren Orientierung in Österreich und zur freiwilligen Rückkehr,
9. Übernahme von Transportkosten bei Überstellungen und behördlichen Ladungen,
10. Übernahme der für den Schulbesuch erforderlichen Fahrtkosten und Bereitstellung des Schulbedarfs für Schüler,
11. Maßnahmen zur Strukturierung des Tagesablaufes im Bedarfsfall,
12. Gewährung von Sach- oder Geldleistungen zur Erlangung der notwendigen Bekleidung,
13. Kostenübernahme eines ortsüblichen Begräbnisses oder eines Rückführungsbetrages in derselben Höhe und
14. Gewährung von Rückkehrberatung, von Reisekosten sowie einer einmaligen Überbrückungshilfe bei freiwilliger Rückkehr in das Herkunftsland in besonderen Fällen.

(2) Die Grundversorgung kann, wenn damit die Bedürfnisse des Fremden ausreichend befriedigt werden, auch in Teilleistungen gewährt werden.

(3) Fremden, die die Aufrechterhaltung der Ordnung in einer Unterkunft durch ihr Verhalten fortgesetzt und nachhaltig gefährden, kann die Grundversorgung gemäß Abs. 1 unter Berücksichtigung von Art. 1 Abs. 2 eingeschränkt oder eingestellt werden. Das gleiche gilt im Anwendungsfall des § 38a SPG.

(4) Durch die Einschränkung oder Einstellung der Leistungen darf die medizinische Notversorgung des Fremden nicht gefährdet werden.

(5) Fremde gemäß Art. 2 Abs. 1 können mit ihrem Einverständnis zu Hilfstätigkeiten, die in unmittelbarem Zusammenhang mit der Unterbringung und Betreuung stehen, herangezogen werden.

Übersicht:
1. Hinweise auf innerstaatliche Normen
2. Materialien

1. Textauszug § 38a SPG siehe II.D., 2. zu § 2 GVG-B.

2. RV 412 XXII. GP

Art. 6 Abs. 1 normiert, welche Leistungen in welcher Form von der Grundversorgung umfasst sind. Es sind dies unter anderem die Unterbringung unter Beachtung der Familieneinheit (d.h. Familien sollen die Möglichkeit erhalten, gemeinsam untergebracht zu werden); die Versorgung mit angemessener Verpflegung (dies unter Berücksichtigung allfälliger religiöser Bedürfnisse oder Anforderungen); Sach- oder Geldleistungen für die notwendige Bekleidung; die Gewährung eines Taschengeldes für Fremde, die in organisierten Unterkünften untergebracht sind und für unbegleitete minderjährige Fremde; darüber hinaus eine medizinische Untersuchung bei Bedarf oder nach Maßgabe der gesundheitsbehördlichen Aufsicht; die Sicherung der Krankenversorgung durch Bezahlung der Krankenversicherungsbeiträge und allenfalls Gewährung darüber hinausgehender Leistungen (Einzelfallprüfung); Maßnahmen für pflegebedürftige Personen. Es werden auch die für den Schulbesuch erforderlichen Fahrtkosten übernommen werden.

Sollten die Bedürfnisse des Fremden teilweise durch Dritte gedeckt werden, kann die Grundversorgung auch durch Teilleistungen gewährt werden (Abs. 2).

Gefährden Fremde die Aufrechterhaltung der Ordnung in einer Unterkunft, kann die gewährte Versorgung eingeschränkt werden. Dies kann im Extremfall bis zur Einstellung der Grundversorgung gehen, dies allerdings mit der Maßgabe, dass die medizinische Notversorgung des Fremden nicht gefährdet werden darf (Abs. 3 und 4).

Abs. 5 normiert, dass die Fremden - wie bisher auch - zu freiwilligen Hilfstätigkeiten, die in unmittelbarem Zusammenhang mit der Betreuung stehen, herangezogen werden können (z.B. Küche, Garten usw); die Bestimmungen des § 7 Bundesbetreuungsgesetz werden von dieser Vereinbarung nicht berührt, da hier nur Hilfstätigkeiten im Rahmen der Unterbringung geregelt werden.

Artikel 7: Sonderbestimmungen für unbegleitete minderjährige Fremde

(1) Die Vertragspartner kommen überein, dass unbegleitete minderjährige Fremde einer über Art. 6 hinausgehenden Grundversorgung bedürfen. Diese werden durch Maßnahmen zur Erstabklärung und Stabilisierung unterstützt, die der psychischen Festigung und dem Schaffen einer Vertrauensbasis dienen sollen. Im Bedarfsfall ist darüber hinaus sozialpädagogische und psychologische Unterstützung zu gewähren. Die Unterbringung hat in einer Wohngruppe, einem Wohnheim, in einer sonstigen geeigneten organisierten Unterkunft, in betreutem Wohnen oder in individueller Unterbringung zu erfolgen.

(2) Wohngruppen sind für unbegleitete minderjährige Fremde mit besonders hohem Betreuungsbedarf einzurichten. Wohnheime sind für nicht selbstversorgungsfähige unbegleitete minderjährige Fremde einzurichten. Betreutes Wohnen ist für Betreute einzurichten, die in der Lage sind, sich unter Anleitung selbst zu versorgen.

(3) Darüber hinaus umfasst die Betreuung unbegleiteter minderjähriger Fremder
1. eine an deren Bedürfnisse angepasste Tagesstrukturierung (Bildung, Freizeit, Sport, Gruppen- und Einzelaktivitäten, Arbeit im Haushalt) und
2. die Bearbeitung von Fragen zu Alter, Identität, Herkunft und Aufenthalt der Familienangehörigen,
3. die Abklärung der Zukunftsperspektiven in Zusammenwirken mit den Behörden,
4. gegebenenfalls die Ermöglichung der Familienzusammenführung und
5. gegebenenfalls die Erarbeitung eines Integrationsplanes sowie Maßnahmen zur Durchführung von Schul-, Ausbildungs-

und Berufsvorbereitungsaktivitäten unter Nutzung der bestehenden Angebote mit dem Ziel der Selbsterhaltungsfähigkeit.

1. RV 412 XXII. GP

Unbegleitete Minderjährige bedürfen einer über Art. 6 hinausgehenden Grundversorgung. Sie sollen durch Maßnahmen zur Erstabklärung und Stabilisierung unterstützt werden, um sie somit psychisch zu festigen. Diese Maßnahmen sollen den Aufbau einer Vertrauensbasis fördern. Diese Minderjährigen sollen – ihrem Alter und Entwicklungsstand entsprechend – untergebracht werden. Es kann sich hierbei um eine Unterbringung in einer Wohngruppe, in einem Wohnheim, in einer sonstigen geeigneten organisierten Unterkunft, in betreutem Wohnen oder um individuelle Unterbringung handeln.

Abs. 2 normiert, welche Art der Unterkunft für welche Jugendlichen geeignet erscheint. In Abs. 3 werden die über die Grundversorgung des Art. 6 hinausgehenden Betreuungsmaßnahmen festgelegt, die auch in einer Abklärung der Zukunftsperspektiven und gegebenenfalls in der Erarbeitung eines Integrationsplanes (inkl. Maßnahmen zur Qualifizierung) bestehen kann. Ziel solcher Maßnahmen ist die Selbsterhaltungsfähigkeit der Jugendlichen.

Artikel 8: Sonderbestimmungen für Massenfluchtbewegungen

(1) Massenfluchtbewegungen sind Ereignisse, die eine Verordnung nach § 29 FrG rechtfertigen.

(2) Im Falle einer Massenfluchtbewegung obliegt die Abstimmung der zu treffenden Maßnahmen der Koordinationsstelle gemäß Art. 3. Diese entscheidet über die
1. Unterbringung der Fremden in den geführten Betreuungseinrichtungen der Vertragspartner, soweit Kapazitäten frei sind,
2. Bereitstellung von weiteren Unterkünften und die Unterbringung der Fremden in diesen.

(3) Die Koordinationsstelle arbeitet zur Erfüllung der Aufgaben nach diesem Artikel mit dem Koordinationsrat zusammen.

(4) Im Falle einer Massenfluchtbewegung kann die Grundversorgung dieser Fremden beschränkt werden. Die Befriedigung der Grundbedürfnisse darf nicht gefährdet sein, auf Art. 8 EMRK ist Bedacht zu nehmen.

Übersicht:
1. Hinweis auf völkerrechtliche Norm
2. Materialien
3. Anmerkung

1. Siehe V.C., Art 8 EMRK.

2. RV 412 XXII. GP

Art. 8 normiert Sonderbestimmungen im Falle von Massenfluchtbewegungen und soll ein flexibles und rasches Reagieren der Vertragspartner auf solche Ausnahmesituationen unterstützen. In diesem Fall kommen der Koordinationsstelle des Bundes (Art. 3) zusätzliche Aufgaben zu, um die geeignet erscheinenden Maßnahmen partnerschaftlich und rasch durchführen zu können; dabei hat die Koordinationsstelle den Koordinationsrat um Unterstützung zu ersuchen.

Wenn auf Grund der großen Anzahl hilfesuchender Fremder eine Gewährung der gesamten Grundversorgung für alle Hilfesuchenden – aus welchem Grund auch immer – nicht sofort möglich ist, so erscheint es sinnvoll, zuerst bei allen Betroffenen die Grundbedürfnisse zu befriedigen, bevor eine Vollversorgung hergestellt wird. Mit Abs. 4 wird diese Möglichkeit eröffnet.

3. Anm: Nachfolgebestimmung des § 29 FrG ist § 76 NAG.

Artikel 9: Kostenhöchstsätze

Die Kostenhöchstsätze für die Erfüllung der Aufgaben nach den Art. 6, 7 und 8 betragen inklusive aller Steuern und Abgaben:
1. **für die Unterbringung und Verpflegung in einer organisierten Unterkunft pro Person und Tag € 17,--**
2. **für die Verpflegung bei individueller Unterbringung pro Person und Monat**
   für Erwachsene € 180,--
   für Minderjährige € 80,--
   für unbegleitete Minderjährige € 180.--
3. **für die Miete bei individueller Unterbringung pro Monat**
   für eine Einzelperson € 110,--
   für Familien (ab zwei Personen) gesamt € 220,--
4. **für Taschengeld pro Person und Monat € 40,--**
5. **für Überbrückungshilfe bei Rückkehr, einmalig pro Person € 370,--**
6. **für die Sonderunterbringung für pflegebedürftige Personen, pro Person und Monat € 2480.--**
7. **für die Unterbringung, Verpflegung und Betreuung unbegleiteter minderjähriger Fremder pro Person und Tag**
   in Wohngruppen (mit Betreuungsschlüssel 1:10) € 75.--
   in Wohnheimen (mit Betreuungsschlüssel 1:15) € 60.--
   in betreutem Wohnen (mit Betreuungsschlüssel 1:20), oder in sonstigen geeigneten Unterkünften € 37,--
8. **für die Krankenversicherung maximal in Höhe des gemäß §§ 9 und 51 ASVG jeweils festgesetzten Beitragssatzes (derzeit 7,3% inklusive Zusatzbetrag).**
9. **für Information, Beratung und soziale Betreuung (exkl. Dolmetscherkosten) nach einem maximalen Betreuerschlüssel von 1:170**
10. **für die zum Schulbesuch erforderlichen Fahrtkosten - bis zu einer Kostentragung nach dem Familienlastenausgleichsgesetz (FLAG) – die Tarifsätze der jeweiligen Verkehrsunternehmen.**

11. für Schulbedarf pro Kind und Jahr € 200.--
12. für Freizeitaktivitäten in organisierten Quartieren pro Person/Monat € 10.--
13. für Deutschkurse für unbegleitete minderjährige Fremde mit maximal 200 Unterrichtseinheiten und pro Einheit pro Person € 3,63
14. für notwendige Bekleidungshilfe jährlich pro Person € 150.--
15. für Rückreise nach den Kostenhöchstsätzen der Internationalen Organisation für Migration (IOM) und
16. für Kosten gemäß Art. 2 Abs. 1 Z 5 pro Person und Tag maximal der gemäß § 10 Abs. 2 FrG-DV jeweils festgelegte Betrag.

Übersicht:

1. Materialien
2. Anmerkung

1. RV 412 XXII. GP

Bund und Länder sind übereingekommen, Kostenhöchstsätze für einzelnen Leistungen der Grundversorgung (Art. 6, 7 und 8) festzulegen. Diese sind in Art. 9 normiert. Die Kostenhöchstsätze verstehen sich inklusive aller Steuern und Abgaben und sind in den Punkten 1 bis 7 und 11 bis 14 in Höchstbeträgen angegeben. Eine Änderung dieser Beträge bedarf einer einvernehmlichen Abänderung der Vereinbarung.

Die Kosten für die Krankenversicherung entsprechen den Kosten der einschlägigen sozialrechtlichen Regeln und verweisen auf diese. Bei der Rückreise wird Bezug auf die Kostenhöchstsätze der – in der Praxis auch für die Rückreise meist in Anspruch genommenen – Internationalen Organisation für Migration (IOM) genommen, die Höchstkosten für den Vollzug der Schubhaft richten sich nach § 10 Abs 2 FrG-DV; es versteht sich von selbst, dass diese Kosten nur schlagend werden, soweit sie nicht vom Fremden, der im Besitz der nötigen Barmittel ist, selbst getragen werden können.

Organisierte Unterkünfte sind einerseits Unterkünfte, wo den betreuten Personen Vollversorgung in herbergsartigen Unterkünften gewährt wird und andererseits Unterkünfte, wo unter Anleitung Unterkunft und Versorgungsmittel zur Verfügung gestellt werden. Andere Unterkünfte sind individuelle Unterkünfte.

2. Anm: Die Nachfolgebestimmung von § 10 Abs 2 FrG-DV findet sich in § 10 Abs 2 FPG-DV (siehe VI.C.).

Artikel 10: Kosten

(1) Die Gesamtkosten die in Durchführung der Maßnahmen dieser Vereinbarung entstehen, werden zwischen Bund und Ländern im Verhältnis sechs zu vier aufgeteilt, ausgenommen die Kosten gemäß Art. 11 Abs. 4 erster Satz. Die Verrechnung erfolgt aufgrund der tat-

sächlich geleisteten Beträge, maximal jedoch bis zum Erreichen der in Art. 9 normierten Kostenhöchstsätze.

(2) Die auf die einzelnen Länder gemäß Abs. 1 entfallenden Kosten werden zwischen den Ländern nach der Wohnbevölkerung (Art. 1 Abs. 4) ausgeglichen.

(3) Die Vertragspartner legen entstehende Kosten aus und verrechnen vierteljährlich bis zum Ablauf des darauf folgenden Quartals nach den Abs. 1 und 2.

(4) Der Bund kann, über Ersuchen auch nur eines Landes, erwachsende Kosten bevorschussen. Die Verrechnung erfolgt gemäß Abs. 3.

(5) Die Vertragspartner stellen sich gegenseitig alle für die Kostenabrechnung relevanten Daten über Verlangen zur Verfügung.

(6) Nähere Durchführungsbestimmungen für die Abrechnung legen die Vertragspartner im Einvernehmen fest.

1. RV 412 XXII. GP

Art. 10 normiert den Kostenaufteilungsschlüssel, der in Durchführung der Maßnahmen dieser Vereinbarung erwachsenden Kosten mit sechs zu vier (60% Bund, 40% Länder) und normiert darüber hinaus die Art und Weise der Verrechnung (Abs. 1, 3, 4 und 5). Ausgenommen sind Kosten für die Unterbringung von Asylwerbern, wenn deren Verfahren länger dauert als in Art. 11 für die Grundversorgung vorgesehen ist. Von der Kostenteilung ebenfalls umfasst sind die Kosten der in Art. 2 Abs. 1 Z 5 genannten Fremden.

Abs. 3 regelt, bis zu welchem Zeitpunkt die Vertragspartner untereinander abrechnen sollen.

Abs. 4 regelt, dass der Bund einem Land erwachsende Kosten bevorschussen kann, diese Bevorschussung ist mit der nächsten Abrechnung gegenzurechnen.

Die Abs. 5 und 6 regeln, dass die Vertragspartner einander die für die Abrechnung relevanten Daten zur Verfügung stellen und dass sie die näheren Durchführungsbestimmungen über die Abrechnung einvernehmlich festlegen.

Artikel 11: Kostentragung bei Asylwerbern

(1) Die Kosten für die Grundversorgung von Asylwerbern (Art. 2 Abs. 1 Z 1), die ihren Asylantrag ab dem 1. Mai 2004 in erster Instanz beim Bundesasylamt (Erstaufnahmestelle) einbringen, werden für die Dauer des Verfahrens in erster und zweiter Instanz, längstens für 12 Monate gemäß Art. 10 zwischen Bund und Ländern aufgeteilt.

(2) Die Kosten für die Grundversorgung von Asylwerbern (Art. 2 Abs. 1 Z 1), deren Verfahren am 30. April 2004 in erster Instanz beim Bundesasylamt anhängig sind, werden für die Dauer des Verfahrens in erster und zweiter Instanz, längstens bis 30. April 2005 gemäß Art. 10 zwischen Bund und Ländern aufgeteilt.

(3) Die Kosten für die Grundversorgung von Asylwerbern (Art. 2 Abs. 1 Z 1), deren Verfahren am 30. April 2004 in zweiter Instanz beim

unabhängigen Bundesasylsenat anhängig sind, werden für die Dauer des Verfahrens, längstens bis 31. Oktober 2004 gemäß Art. 10 zwischen Bund und Ländern aufgeteilt.

(4) Die Kosten für die Grundversorgung Fremder gemäß der Abs. 1 bis 3, deren Asylverfahren bis zur rechtskräftigen materiellen Entscheidung länger als den oben genannten Zeitraum dauern, trägt der Bund alleine. Nach rechtskräftigem Abschluss des Asylverfahrens kommt die Kostentragung gemäß Art. 10 zur Anwendung.

Übersicht:
1. Materialien
2.-3. Anmerkungen

1. RV 412 XXII. GP

Art. 11 begrenzt den Zeitraum, während dessen die Kosten der Grundversorgung für einen Asylwerber geteilt werden. Es wird davon ausgegangen, dass die Asylbehörden – in einer Gesamtbetrachtung der beiden Instanzen gesehen – die Frist nach § 73 AVG einhalten. Daher sind die Grundversorgungskosten von Asylwerbern, die nach In-Kraft-Treten der Vereinbarung einen Asylantrag stellen, für die Dauer des Verfahrens, längstens jedoch für 12 Monate ab Einbringen des Antrags, zwischen Bund und Ländern zu teilen. Nach dieser Frist trägt der Bund die Kosten alleine.

Die Absätze 2 und 3 regeln die „Deckelung" der Kosten bei laufenden Verfahren und gehen von den selben Grundsätzen aus – Kosten für die Grundversorgung von Asylwerbern, deren Asylverfahren, am 1. Mai 2004 in erster Instanz anhängig sind sind 12 Monate, von Asylwerbern, deren Verfahren in 2. Instanz anhängig sind, 6 Monate im Sinne von Art. 10 zu teilen, danach hat der Bund die Kosten alleine zu tragen.

Gemäß Abs 4 hat der Bund die Kosten der Versorgung von Asylwerbern, deren Verfahren länger als in den Abs. 1 bis 3 normiert wurde, dauert, bis zur rechtskräftigen Entscheidung alleine zu tragen. Eine rechtskräftige Entscheidung ist entweder die Entscheidung des Bundesasylamtes, gegen die kein wirksames Rechtsmittel ergriffen wurde oder die Entscheidung des Unabhängigen Bundesasylsenates. Nach einer rechtskräftigen Entscheidung werden die Kosten zwischen den Vertragspartnern wieder gemäß Art. 10 geteilt.

2. Anm: Mit Erlassung des Bescheides durch den UBAS ist der betroffene Fremde kein Asylwerber mehr und fällt allenfalls in eine andere Gruppe gemäß Art 2 Abs 2 Z 2 bis 6. Auch mit Zuerkennung der aufschiebenden Wirkung durch den VwGH oder den VfGH wird der Fremde nicht wieder Asylwerber im Sinne der GVV-Art 15a. Von einem Asylwerber kann erst wieder nach Behebung des letztinstanzlichen Bescheides gesprochen werden. Diesfalls kommt die Kostentragungsregel des Art 11 allerdings nicht mehr zu tragen; die Kosten sind bis zum Ende des Verfahrens – allenfalls darüber hinaus – gemäß Art 10 zu teilen.

3. Anm: Nach Abs 1 sind Kosten für die Grundversorgung von Asylwerbern, die ihren Antrag ab dem 01.05.2004 beim BAA einbringen, für die Dauer des Verfahrens in erster und zweiter Instanz, längsten jedoch für 12 Monate aufzuteilen. Nach Art 10 Abs 1 erfolgt die Verrechung aufgrund der tatsächlich geleisteten Beträge (vgl auch den haushaltsrechtlichen Grundsatz der doppelten gesetzlichen Bedingtheit). Aufgeteilt werden können sohin lediglich Kosten, die auch tatsächlich angefallen sind. Anders als in den Abs 2 und 3 wird nicht auf absolute Fristen abgestellt. Abs 1 zielt offensichtlich unter Berücksichtigung der Fristen des § 73 Abs 1 AVG auf eine 100 %ige Kostentragung durch den Bund in jenen Fällen ab, in denen Asylwerber im Bundesgebiet aufhältig sind (und auch durchgängig während der Dauer von 12 Monaten aufhältig waren), grundversorgt werden oder mangels Hilfsbedürftigkeit – auch nur zeitweise - nicht zu versorgen sind und somit auch jederzeit für das Verfahren zur Verfügung stehen, die Asylbehörden erster und zweiter Instanz jedoch aus welchen Gründen immer das Verfahren nicht binnen längstens 12 Monaten zum Abschluss bringen. In jenen Fällen, in welchen Asylwerber sich jedoch den Verfahren zu entziehen suchen und diese daher eingestellt werden, hat eine Abmeldung aus der Grundversorgung zu erfolgen. Von einer Verfahrensführung kann diesfalls nicht mehr gesprochen werden. Nach einer Einstellung beginnen die Fristen des § 73 Abs 1 AVG - auf den Abs 1 abstellt - neu zu laufen. Daher beginnt nach einer Einstellung auch die Frist des Abs 1 neu zu laufen; jedenfalls kann nicht davon ausgegangen werden, dass die Frist des Abs 1 trotz Einstellung weiterläuft.

Artikel 12: Kostenverschiebungen durch legistische Maßnahmen, Abwicklung der Schülerfreifahrt

(1) Werden durch künftige Gesetze oder Verordnungen des Bundes trotz gegebenem Finanzierungsschlüssel von 60 : 40 faktische finanzielle Kostenverschiebungen zu Lasten der Länder mit speziellem Bezug auf den Regelungsbereich der vorliegenden Art. 15a B-VG Vereinbarung verursacht, so hat der Bund hiefür den Ländern vollen Kostenersatz zu leisten. Rechtsvorschriften, die zur Umsetzung des Rechtes der Europäischen Union zwingend erforderlich sind, sind von der Kostenersatzpflicht ausgenommen.

(2) Werden durch künftige Gesetze oder Verordnungen eines Landes trotz gegebenem Finanzierungsschlüssel von 60 : 40 faktische finanzielle Kostenverschiebungen zu Lasten des Bundes mit speziellem Bezug auf den Regelungsbereich der vorliegenden Art. 15a B-VG Vereinbarung verursacht, so hat das jeweilige Land dem Bund hiefür vollen Kostenersatz zu leisten. Rechtsvorschriften, die zur Umsetzung des Rechtes der Europäischen Union zwingend erforderlich sind, sind von der Kostenersatzpflicht ausgenommen.

(3) Erzielen sämtliche Vertragspartner eine Einigung über die Kostentragung, entfällt die Kostentragungspflicht gemäß Abs. 1 und 2.

(4) Der Bund übernimmt vorläufig die zentrale Abwicklung der Schülerfreifahrten. Die Kosten der Schülerfreifahrt unterliegen dem Kostenteilungsschlüssel gemäß Art. 10 Abs. 1 der genannten Vereinbarung.

1. RV 412 XXII. GP

In Abs. 1 und 2 wird normiert, dass ein Vertragspartner, wenn er durch einseitige – nicht einvernehmlich vorgenommene – legistische Maßnahmen eine faktische finanzielle Kostenverschiebung zu Lasten eines anderen Vertragspartners vornimmt, und sich eine solche legistische Maßnahme speziell, das heißt zum überwiegendsten Teil auf den Regelungsbereich der vorliegenden Vereinbarung bezieht, dem bzw den anderen Vertragspartner bzw Vertragspartnern vollen Kostenersatz, also das Ausmaß der Erhöhung der Kosten wie sie vor der legistischen Maßnahme angefallen sind, zu leisten hat.

Eine faktische finanzielle Kostenverschiebung liegt vor, wenn ein Vertragspartner die Kosten für die Gewährung der Grundversorgung erhöht und die Erhöhung zwar von allen Partnern – dem Kostenteilungsschlüssel entsprechend – getragen werden muss, der die Erhöhung verantwortende Partner jedoch alleine die durch die legistische Maßnahme erzielten zusätzlichen Einnahmen lukriert.

Die Formulierung „mit speziellem Bezug auf den Regelungsbereich der vorliegenden Art. 15a B-VG Vereinbarung" stellt klar, dass von dieser Kostenersatzregelung solche legistischen Maßnahmen nicht erfasst werden, die Kostenerhöhungen bzw Kostenverschiebungen implizieren, die nicht überwiegend auf die Zielgruppe bzw die Grundversorgungselemente der gegenständlichen Vereinbarung wirken, sondern diese lediglich unter anderem erfassen; so soll zum Beispiel eine allgemeine Beitragssatzerhöhung im Bereich der Krankenversicherung, allgemeine Steuersatzerhöhungen sowie solche Kostenverschiebungen, die im Zuge von allgemeinen Systemumstellungen eintreten, von Art 12 nicht erfasst werden.

Abs. 3 sieht vor, dass auch bei an sich gegebener Kostenersatzpflicht die Vertragspartner übereinkommen können, von dieser abzusehen.

Abs. 4 regelt die Abwicklung und Kostenteilung im Bereich der Schülerfreifahrt; dies soll nur bis zur angestrebten Änderung im Familienlastenausgleichsgesetz 1967, BGBl. Nr. 376/1967 idgF, gelten.

Artikel 13: Datenaustausch

Die Vertragspartner sowie von diesen beauftragte Organisationen erhalten Zugriff auf den zu schaffenden Informationsverbund. Bei jedem Zugriff muss nachvollziehbar sein, welcher Bedienstete auf Informationen zugegriffen hat. Der Zugriff ist nur zu Zwecken der Durchführung der Artikel 6, 7, 8, 10 und 11 zulässig. Die Vertragspartner schulen die Zugriffsberechtigten in geeigneter Weise.

Übersicht:
1. Hinweis auf innerstaatliche Norm
2. Materialien

1. Siehe II.D, § 8 GVG-B.

2. RV 412 XXII. GP

Art. 13 normiert den Datenaustausch zwischen Bund und Ländern.

Artikel 14: Sprachliche Gleichstellung

Soweit in dieser Vereinbarung auf natürliche Personen bezogene Bezeichnungen nur in der männlichen Form angeführt sind, beziehen sie sich auf Frauen und Männer in gleicher Weise. Bei der Anwendung der Bezeichnung auf bestimmte natürliche Personen ist die jeweils geschlechtsspezifische Form zu verwenden.

1. RV 412 XXII. GP

Diese Norm dient der sprachlichen Gleichstellung von Frau und Mann in der Vereinbarung.

Artikel 15: Dauer

(1) Diese Vereinbarung wird auf unbefristete Zeit abgeschlossen. Die Vertragspartner verzichten für die Dauer von zwei Jahren nach Inkrafttreten dieser Vereinbarung auf eine Kündigung.
(2) Sollte ein Vertragspartner nach Ablauf dieser Frist die Vereinbarung aufkündigen, wird diese Kündigung frühestens 18 Monate nach Zustellung der Kündigung an alle anderen Vertragspartner wirksam.
(3) Die Kündigung gemäß Abs. 2 hat schriftlich zu erfolgen.

Übersicht:
1. Materialien
2. Anmerkungen

1. RV 412 XXII. GP

Art. 14 regelt den Geltungsbereich und die Kündigungsmodalitäten dieser Vereinbarung.

2. Anm: Für die vorzeitige Beendigung (Kündigung) der GVV-Art 15a sind die Bestimmungen der Wiener Vertragsrechtskonvention (WVK) anzuwenden (vgl Art 15a Abs 3 B-VG). Neben der ausdrücklich in Art 15 verankerten Kündigungsmöglichkeit kommt ein Rücktritt gemäß Art 15a Abs 3 B-VG iVm Art 62 WVK in Betracht. Jedenfalls ist das Verfahren nach Art 65 WVK einzuhalten. Danach hat die Partei, die den Beendigungsgrund in Anspruch nehmen will, dies allen anderen Vertragsparteien schriftlich zu notifizieren (Art 67 WVK). Diese können binnen drei Monaten Einspruch erheben. Erfolgt ein Einspruch, so entfaltet dieser für alle anderen Vertragsparteien Wirksamkeit. Sie haben sich binnen zwölf Monaten um eine einvernehmliche Lösung zu bemühen (Art 66 WVK). Erst nach Ablauf dieser Frist ist ein Rücktritt ex nunc wirksam (vgl *Thienel* in *Korinek/Holoubek* [Hrsg], Österreichisches Bundesverfassungsrecht – Kommentar

[1999 ff] Art 15a B-VG, Rz 105). Soweit die GVV-Art 15a vom Landtag bzw Nationalrat als gesetzändernd genehmigt wurde, ist die Zustimmung des Landtags oder des Nationalrates auch für die Kündigung, also für den contrarius actus – bei sonstiger Rechtswidrigkeit – einzuholen (vgl *Öhlinger* in *Korinek/Holoubek*, Art 50 B-VG, Rz 35 ff). Die Feststellung, ob die Beendigung rechtswirksam war, kann – nach einem entsprechenden Antrag einer Vertragspartei – nach Art 138a B-VG nur der VfGH treffen (siehe *Öhlinger/Grabenwarter*, Der Rücktritt Kärntens von der Grundversorgungsvereinbarung, migraLex 2005, 38).

Artikel 16: Übergangsbestimmungen und Inkrafttreten

(1) Der Bund setzt Maßnahmen zur Beschleunigung von Asylverfahren und zur Aufenthaltsbeendigung von Fremden ohne Aufenthaltstitel, soweit dies rechtlich und faktisch möglich ist.

(2) Die Vertragspartner übernehmen mit In-Kraft-Treten dieser Vereinbarung die von ihnen jeweils betreuten und zur Zielgruppe gehörenden Personen in diese Grundversorgung.

(3) Diese Vereinbarung tritt am 1. Mai 2004 in Kraft.

Übersicht:
1. Materialien
2. Anmerkung

1. RV 412 XXII. GP

Abs. 1 normiert, dass der Bund Maßnahmen zur Beschleunigung von Asylverfahren – das wird vor allem die Umsetzung der Asylgesetznovelle 2003 sein – und zur Aufenthaltsbeendigung von Fremden ohne Aufenthaltstitel – hier ist die Fremdenpolizei gefordert – zu setzen hat, soweit dies rechtlich und faktisch möglich ist.

Abs. 2 normiert die Verpflichtung der Vertragspartner, mit In-Kraft-Treten der Verordnung die dann zu versorgenden Personen in die Grundversorgung aufzunehmen.

2. Anm: Die Erlassung des AsylG 2005 und des FPG diente unter anderem auch der Erfüllung der Verpflichtung des Bundes nach Abs 1.

F Bundesgesetz über den unabhängigen Bundesasylsenat (UBASG)

- BGBl I 1997/77 (NR: GP XX AB 756 S 77. BR: 5457 AB 5466 S 628.)
- BGBl I 1999/128 (NR: GP XX AB 1946 S 176. BR: AB 5991 S 656.)
- BGBl I 2003/101 (NR: GP XXII RV 120 AB 253 S 35. BR: 6870, 6871 AB 6885 S 702.)
- BGBl I 2005/100 (NR: GP XXII RV 952 AB 1055 S 116. BR: AB 7338 S 724.)

Allgemeine Teile

Übersicht:
1. Hinweis auf innerstaatliche Normen
2.-6. Materialien
7.-10. Anmerkungen
11. Judikatur

1. Siehe III.A. Art 129c B-VG.

2. AB 756 XX.GP

Der Verwaltungsgerichtshof ist durch Beschwerdesachen in Angelegenheiten des Aufenthalts-, des Fremden- und Asylgesetzes überlastet. Durch Änderung des Bundes-Verfassungsgesetzes soll die Einrichtung eines unabhängigen Bundesasylsenates als gerichtsähnliche Einrichtung (Tribunal) dem Verwaltungsgerichtshof vorgeschaltet werden und über Berufungen des Bundesasylamtes in Asylangelegenheiten entscheiden. Dadurch soll eine wesentliche Entlastung des Verwaltungsgerichtshofes in Asylangelegenheiten erreicht werden.

Durch das Bundesgesetz über den unabhängigen Bundesasylsenat sollen die diesbezüglich einschlägigen Bestimmungen des Bundes-Verfassungsgesetzes näher ausgeführt werden.

Das im Entwurf vorliegende Bundesgesetz stützt sich auf den Kompetenztatbestand „Einrichtung der Bundesbehörden und sonstigen Bundesämter, Dienstrecht und Personalvertretungsrecht der Bundesbediensteten" (Art. 10 Abs. 1 Z 16 B-VG) und auf die vorgesehene Neubestimmung des Art. 129c B-VG.

Besonderer Teil

Die in den §§ 2 bis 12 enthaltenen Regelungen entsprechen weitgehend vergleichbaren Bestimmungen der unabhängigen Verwaltungssenate in den Ländern und sollen eine größtmögliche Unabhängigkeit des unabhängigen Bundesasylsenates in den Entscheidungen des Asylgesetzes 1997 gewährleisten. Die Unabhängigkeit des Bundesasylsenates ist vor allem dadurch verstärkt, daß alle wichtigen personellen und organisatorischen Entscheidungen durch die Vollversammlung des Bundesasylsenates zu treffen sind.

Mit der Ernennung zum Mitglied des unabhängigen Bundesasylsenates wird ein definitives öffentlich-rechtliches Dienstverhältnis zum Bund begründet, soweit nicht bereits ein solches besteht (§ 13).

Grundsätzlich finden auf die Mitglieder des unabhängigen Bundesasylsenates die gesetzlichen Bestimmungen Anwendungen, die für die öffentlich-rechtlichen Bundesbediensteten des Allgemeinen Verwaltungsdienstes gelten. Dies sind vor allem die Bestimmungen des Beamten-Dienstrechtsgesetzes 1979 und des Gehaltsgesetzes 1956, mit den in den §§ 13 bis 16 UBASG vorgesehenen Abweichungen.

3. AB 1946 XX. GP

Durch den vorgeschlagenen Entwurf soll das Bundesgesetz über den unabhängigen Bundesasylsenat an die Regelungen des Art. 129c B-VG, der nach diesem Gesetz erlassen wurde, angepaßt und die Unabhängigkeit des Bundesasylsenates gestärkt werden.

4. RV 120 XXII. GP

Die Änderungen im Gesetz über den unabhängigen Bundesasylsenat gründen auf den Änderungen im Bundesministeriengesetz und der damit verbundenen Kompetenzverschiebung. Darüber hinaus wird eine Bestimmung über die sprachliche Gleichbehandlung eingefügt.

5. RV 952 XXII. GP

Der unabhängige Bundesasylsenat wurde gleichzeitig mit der entsprechenden Änderung des Bundes-Verfassungsgesetzes eingerichtet und ist nunmehr seit 1998 fixer Bestandteil der Vollziehung des österreichischen Asylrechts. Der Bundesasylsenat wurde in der Intention eingerichtet, den Verwaltungsgerichtshof in Beschwerdesachen in Angelegenheiten des Aufenthalts-, des Fremden- und Asylgesetzes zu entlasten. Dies sollte eben durch die Vorschaltung einer gerichtsähnlichen Einrichtung (Tribunal) erreicht werden.

Die Erfahrungen aus der mittlerweile 6-jährigen Tätigkeit des unabhängigen Bundesasylsenates haben gezeigt, dass es insbesondere in organisatorischer Hinsicht einige Punkte gibt, die einer gewissen Nachbesserung bedürfen. Die ursprüngliche Intention den Verwaltungsgerichtshof zu entlasten ging mit den Anliegen einher, für Betroffene Verfahren zu beschleunigen und sie nicht zu lange in Unklarheit über ihren aufenthaltsrechtlichen Status zu belassen. Nunmehr wird aber offenkundig, dass letzteres auf Grund des steigenden Arbeitsanfalls trotz einer erheblichen Steigerung des Outputs des unabhängigen Bundesasylsenates bei gleich bleibender Anzahl der Entscheider auf Grund des stark ansteigenden Arbeitsanfalls nur bedingt erreicht werden konnte. Darüber hinaus ist zu beobachten, dass – vor allem bei kurzen Verfahrensfristen und einer allenfalls notwendigen Verhandlung – das Fehlen einer Infrastruktur in den Bundesländern kontraproduktiv ist. Daher soll die Etablierung von Außenstellen des unabhängigen Bundesasylsenates ermöglicht werden.

Selbstverständlich wird nicht übersehen, dass die in letzter Zeit auftretenden Verlängerungen der Verfahrensdauer mit einem deutlichen Anstieg der Anzahl der Verfahren einherging. Dennoch scheint eine nicht unmaßgebliche Effektivitätssteigerung durch einige Ergänzungen im geltenden Bundesgesetz über den unabhängigen Bundesasylsenat möglich. Der Gesetzesvorschlag sieht daher neben Klarstellungen insbesondere Maßnahmen vor, die darauf abzielen die vorhandenen Ressourcen bestmöglich einzusetzen und Hilfestellungen dafür zu bieten. In keiner Weise soll damit in die Unabhängigkeit des Bundesasylsenates eingegriffen werden.

Im Interesse eines raschen Abbaus bestehender Rückstände soll in Ausführung der verfassungsgesetzlichen Ermächtigung – zeitlich beschränkt - eine befristete Ernennung von Mitgliedern des unabhängigen Bundesasylsenates vorgesehen werden, wobei vor dem Hintergrund des Art. 129b Abs. 1 zweiter Satz B-VG eine Amtsdauer von sechs Jahren nahe liegt.

6. AB 1055 XXII. GP

Um eine bessere Übersichtlichkeit sicher zu stellen, wurde Art. 8 zur Gänze neu in den Abänderungsantrag aufgenommen.

Zur Gewährleistung entsprechender Funktionalität und Aufarbeitung von Rückständen ist eine zusätzliche Personalausstattung des Bundesasylamtes und des unabhängigen Bundesasylsenates unabdingbar. Eine Flexibilisierung soll eine Umwandlung bzw. Übertragung der erforderlichen Anzahl von zusätzlichen Planstellen und Bediensteten ermöglichen. Die entsprechenden Bestimmungen sollen im derzeit in parlamentarischer Behandlung befindlichen zuständigen Materiengesetz (BFG) im Rahmen der weiteren parlamentarischen Behandlung Eingang finden.

Dem Bundesminister für Inneres bleibt es im Rahmen der Privatwirtschaftsverwaltung unbenommen, im finanzgesetzlichen Rahmen auch mit Richtern des Ruhestandes zum Zwecke der wissenschaftlichen Unterstützung des Unabhängigen Bundesasylsenates auf privatrechtlicher Basis Vereinbarungen zu schließen.

7. Anm:
Die verfassungsrechtliche Grundlage für die Einrichtung des UBAS findet sich in Art 129c B-VG (siehe III.A.), wonach es in die Kompetenz des einfachen Gesetzgebers fällt, für Asylsachen einen unabhängigen Verwaltungssenat des Bundes einzurichten. Dass dem UBAS nach seiner Einrichtung aber keine Bestandsgarantie zukommt, ist hL (siehe etwa *Aichlreiter* in *Rill/Schäfer*, Bundesverfassungsrecht, Art 129c B-VG, Rz 2). Es ist davon auszugehen, dass – bei bestehender Verfassungslage – dem einfachen Bundesgesetzgeber daher die Möglichkeit bleibt, sich des „normalen" administrativen Instanzenzuges bedienen, wonach 2. Instanz der Bundesminister für Inneres wäre, oder den UBAS einzurichten, da ein anderer Instanzenzug im Hinblick auf Art 11 Abs 2 B-VG nicht „unbedingt erforderlich" wäre. Darüber hinaus scheint Art 129c B-VG für den einfachen Gesetzgeber eine „Formenbindung" zu normieren – es bedarf zwar keines UBAS, wenn eine vom AVG abweichende Instanz eingerichtet wird, muss diese Art 129c B-VG genügen. Im Hinblick auf die europarechtliche Notwendigkeit einer gerichtlichen Berufungsinstanz (Art 15 u 39

der VerfahrensRL [siehe IV.B.14.]) und der verfassungsrechtlich vorgegebenen Möglichkeiten besteht somit de facto eine Bestandsgarantie für den UBAS.

Der UBAS ist ein „Gericht" im Sinne des Art 234 EGV (siehe *Köhler* in *Korinek/Holoubek*, Österreichisches Bundesverfassungsrecht, Art 129c, Rz 33).

8. Anm: Zur ressortmäßigen Ansiedelung des UBAS beim BMI: Korrespondierend zur Zuständigkeit des BMI für die Vollziehung des UBASG fallen die „Angelegenheiten des Unabhängigen Bundesasylsenates" gemäß Abschnitt F Z 1 des Teiles 2 der Anlage zu § 2 BMG (idF der Novelle BGBl I 2003/17) in die Zuständigkeit des BMI. Gegen die darauf fußenden Bescheide, mit denen festgestellt wurde, dass mit Wirksamkeit vom 01.05.2003 die Aufgaben betreffend des UBAS ausschließlich dem BMI übertragen worden seien, haben mehrere Mitglieder des UBAS Bescheidbeschwerde an den VfGH wegen Verletzung von verfassungsrechtlichen gewährleisteten Rechten erhoben. Dieser hat die Behandlung der Beschwerde mit Beschluss abgelehnt (VfGH 25.11.2003, B 804/03).

9. Anm: Zu den Bezug nehmenden Bestimmungen im BDG: Das BDG ist bis auf die in § 13 Abs 2 genannten Bestimmungen auch auf Mitglieder des UBAS anzuwenden. Darüber hinaus sind gemäß § 13 Abs 3 bis 5 bestimmte Normen des BDG modifiziert, gemäß § 15 Abs 2 dezidiert anzuwenden.

10. Anm: Zur beabsichtigten Schaffung eines Bundesasylgerichts: Am 07.07.2005 verabschiedete der NR im Rahmen der parlamentarischen Behandlung des Fremdenrechtspaketes 2005 folgende Entschließung betreffend Schaffung eines Asylgerichts (E 120-NR/XXII.GP): *„Die Bundesregierung wird ersucht, die Bestrebungen zur Schaffung eines Bundesasylgerichts als II. Instanz in Asylsachen fortzuführen, die Vor- und Nachteile der Schaffung eines solchen Gerichts, insbesondere im Hinblick auf die Dauer der Verfahren abzuwägen und dem Nationalrat im Falle eines positiven Ergebnisses so rasch wie möglich einen entsprechenden Gesetzesentwurf zuzuleiten."*

11. Jud: VfGH 25.11.2003, B 804/03.

§ 1

1. Abschnitt: Allgemeine Bestimmungen

Einrichtung; Außenstelle

§ 1. (1) Der unabhängige Bundesasylsenat wird beim Bundesministerium für Inneres mit Sitz in Wien eingerichtet (Hauptsitz).
(2) Der unabhängige Bundesasylsenat hat eine Außenstelle in Linz.

1. RV 952 XXII. GP

Durch eine Verordnung der Bundesregierung soll die Eröffnung von Außenstellen des unabhängigen Bundesasylsenates möglich sein, wenn dies im Interesse einer raschen, zweckmäßigen und wirtschaftlichen Erledigung der Aufgaben des Senates oder im Interesse der Verfahrensbeschleunigung geboten ist. Das ist dann der Fall, wenn etwa durch die Errichtung von Außenstellen Verfahren einfacher oder rascher geführt werden können oder wenn es zweckmäßig ist, auf Grund bestimmter, dauernder Umstände eine Außenstelle einzurichten, etwa weil nach einer bedeutenden Aufstockung des Senates ein brauchbares Gebäude in Wien nicht zu finden war oder in Anschaffung und Betrieb erheblich teurer ist, ein solches aber (für den Bereich der Außenstelle) in einer Landeshauptstadt zu einem angemessenen Preis zur Verfügung steht.

2. AB 1055 XXII. GP

Die Einrichtung einer Außenstelle soll nunmehr bundesgesetzlich normiert werden. Die Errichtung einer Außenstelle ist aus Gründen der Raschheit, Zweckmäßigkeit und Wirtschaftlichkeit der Erledigung der Aufgaben des UBAS erforderlich und im Interesse der Verfahrensbeschleunigung geboten.
Dies macht redaktionelle Anpassungen in Art 8 (§§ 2, 7 und 18) erforderlich.

2. Abschnitt: Organisation

Zusammensetzung, Ernennung der Mitglieder

§ 2. (1) Der unabhängige Bundesasylsenat besteht aus einem Vorsitzenden, einem Stellvertretenden Vorsitzenden und der erforderlichen Zahl von sonstigen Mitgliedern.

(2) Den Vorsitzenden, den Stellvertretenden Vorsitzenden und die übrigen Mitglieder ernennt der Bundespräsident auf Vorschlag der Bundesregierung nach vorausgegangener allgemeiner Bewerbung. Mitglieder können auch für die Außenstelle aufgenommen werden.

(3) Dem Vorschlag der Bundesregierung hat eine Ausschreibung zur allgemeinen Bewerbung voranzugehen. Sie ist im Amtsblatt zur Wiener Zeitung kundzumachen. Die Ausschreibung obliegt hinsichtlich des Vorsitzenden und des Stellvertretenden Vorsitzenden dem Bundesminister für Inneres, im übrigen dem Vorsitzenden des Bundesasylsenates.

(4) Die Ernennung der Mitglieder des unabhängigen Bundesasylsenates erfolgt unbefristet.

(5) Zum Mitglied des unabhängigen Bundesasylsenats kann bestellt werden, wer
1. die österreichische Staatsbürgerschaft besitzt und zur Ausübung des Amtes geeignet ist,
2. das rechtswissenschaftliche Studium vollendet hat und
3. über Erfahrung in einem Beruf verfügt, für den die Vollendung der rechtswissenschaftlichen Studien oder eine vergleichbare Ausbildung vorgeschrieben ist. Für Berufsstellungen im Bereich des Asyl-, des Fremden- oder des Ausländerbeschäftigungsrechtes muß diese Erfahrung mindestens zwei Jahre, für sonstige Berufsstellungen mindestens vier Jahre gedauert haben.

1. AB 1055 XXII. GP

Siehe oben 2. zu § 1.

Unvereinbarkeit

§ 3. (1) Mitglieder der Bundesregierung oder einer Landesregierung, Staatssekretäre, der Präsident des Rechnungshofes, Mitglieder der Volksanwaltschaft des Bundes, ein Landesvolksanwalt, Bürgermeister sowie Mitglieder eines allgemeinen Vertretungskörpers dürfen dem unabhängigen Bundesasylsenat nicht angehören. Zum Vorsitzenden oder Stellvertretenden Vorsitzenden des unabhängigen Bundesasylsenates darf überdies nicht bestellt werden, wer in den letzten vier Jahren Mitglied der Bundesregierung oder einer Landesregierung oder Staatssekretär gewesen ist.

(2) Die Mitglieder des unabhängigen Bundesasylsenates dürfen für die Dauer ihres Amtes keine Tätigkeit ausüben, die Zweifel an der unabhängigen Ausübung ihres Amtes hervorrufen könnte. Insbeson-

dere ist die Ausübung einer Tätigkeit unzulässig, die weisungsgebunden zu besorgen ist.

(3) Die Mitglieder dürfen weiters keine Tätigkeit ausüben die
1. sie an der Erfüllung ihrer dienstlichen Aufgaben behindert oder
2. die Vermutung einer Befangenheit hervorruft oder
3. sonstige wesentliche dienstliche Interessen gefährdet.

(4) Die Mitglieder des unabhängigen Bundesasylsenates sind verpflichtet, Tätigkeiten, die sie neben ihrem Amte ausüben, unverzüglich dem Vorsitzenden zur Kenntnis zu bringen.

(5) Die Mitglieder des unabhängigen Bundesasylsenates sind auf die Dauer des Vorliegens der Ausschließungsgründe gemäß Abs. 1 sowie für die Dauer der Funktion des Bundespräsidenten, Amtsführenden Präsidenten des Landesschulrates (Stadtschulrates für Wien), eines Mitgliedes des Europäischen Parlaments oder der Kommission der Europäischen Gemeinschaften sowie eines Mitgliedes des Verfassungsgerichtshofes gegen Entfall ihrer Bezüge außer Dienst gestellt. Während dieser Zeit ruht ihre Mitgliedschaft zum unabhängigen Bundesasylsenat.

1. AB 1946 XX. GP

Die Repräsentationsorgane der Gebietskörperschaften von Bund, Land und Gemeinden werden als ‚Allgemeine Vertretungskörper' bezeichnet (siehe VfSlg 1956 Anh. 3). Demnach ruht beispielsweise die Funktion des Mitgliedes des unabhängigen Bundesasylsenates für die Dauer der Ausübung eines Mandates im Nationalrat, im Bundesrat, in einem Landtag oder in einem Gemeinderat.

Unabhängigkeit, Ende des Amtes

§ 4. (1) Die Mitglieder des unabhängigen Bundesasylsenates sind bei der Besorgung aller ihnen nach den Bestimmungen des Asylgesetzes zukommenden Tätigkeiten weisungsfrei und unabhängig.

(2) Das Amt eines Mitgliedes des unabhängigen Bundesasylsenates endet
1. durch Versetzung oder Übertritt in den Ruhestand oder
2. mit Ende des öffentlich-rechtlichen Dienstverhältnisses oder
3. mit der Enthebung vom Amt.

(3) Ein Mitglied des unabhängigen Bundesasylsenates darf seines Amtes nur durch Beschluß der Vollversammlung enthoben werden. Es ist zu entheben, wenn es
1. sich Verfehlungen von solcher Art oder Schwere zu Schulden kommen läßt, daß die weitere Ausübung seines Amtes den Interessen des Amtes abträglich wäre,
2. schriftlich darum ansucht,
3. die österreichische Staatsbürgerschaft verliert,
4. infolge seiner körperlichen oder geistigen Verfassung seine Aufgaben als Mitglied nicht erfüllen kann (Amtsunfähigkeit)

und die Wiedererlangung der Amtsfähigkeit voraussichtlich ausgeschlossen ist,
5. infolge von Krankheit, Unfall oder Gebrechen länger als ein Jahr vom Dienst abwesend war und amtsunfähig ist oder
6. eine Tätigkeit ausübt, die Zweifel an der unabhängigen Ausübung seines Amtes hervorrufen könnte.

(4) Auf das Verfahren der Amtsenthebung nach Abs. 3 Z 1 findet § 13 Abs. 6 Anwendung.

1. AB 1946 XX. GP

Zu Z 2 (§ 4 Abs. 3 und 4):
Durch die vorgeschlagene Bestimmung wird der (neue) Art. 129a Abs. 4 B-VG ausgeführt.

Vollversammlung

§ 5. (1) Der Vorsitzende, der Stellvertretende Vorsitzende und die übrigen Mitglieder bilden die Vollversammlung.

(2) Der Vollversammlung obliegt die Beschlußfassung über
1. die Geschäftsverteilung einschließlich der Bildung der Senate (§ 7),
2. die Geschäftsordnung (§ 11),
3. den Tätigkeitsbericht (§ 12),
4. die Zustimmung zur Heranziehung von Mitgliedern zu den Geschäften der Evidenzstelle (§ 6 Abs. 4),
5. die Amtsenthebung (§ 4).

(3) Beratungen und Abstimmungen in der Vollversammlung sind nicht öffentlich. Die Vollversammlung wird vom Vorsitzenden einberufen und geleitet.

(4) Die Vollversammlung ist beschlußfähig, wenn mindestens die Hälfte aller Mitglieder anwesend ist. Im Falle der Amtsenthebung (§ 4) ist eine Mehrheit von zwei Dritteln, in allen anderen Fällen die einfache Mehrheit für das Zustandekommen des Beschlusses erforderlich. Eine Stimmenthaltung ist unzulässig. Bei Stimmengleichheit gibt die Stimme des Vorsitzenden den Ausschlag.

(5) Jedes Mitglied ist berechtigt, in der Vollversammlung Anträge zu stellen. Den übrigen Mitgliedern steht es frei, zu diesen Anträgen Gegenanträge und Änderungsanträge zu stellen. Alle Anträge sind zu begründen.

(6) Über die Beratung und Abstimmung ist ein Protokoll zu führen.

Leitung

§ 6. (1) Der Vorsitzende leitet den unabhängigen Bundesasylsenat. Ist er verhindert, so wird er vom Stellvertretenden Vorsitzenden, wenn auch dieser verhindert ist, von dem an Lebensjahren ältesten Mitglied des unabhängigen Bundesasylsenates vertreten. Dies gilt auch dann, wenn die Stelle des Vorsitzenden oder Stellvertretenden Vorsitzenden unbesetzt ist.

(2) Zur Leitung zählt insbesondere die Regelung des Dienstbetriebes und die Dienstaufsicht über das gesamte Personal. Der Vorsitzende kann in der Vollversammlung den Antrag stellen, daß im Rahmen der Geschäftsverteilung dem Stellvertretenden Vorsitzenden auch in Anwesenheit des Vorsitzenden Aufgaben der Leitung übertragen werden.

(3) Dem Vorsitzenden obliegt es auch, bei voller Wahrung der Unabhängigkeit der Mitglieder des unabhängigen Bundesasylsenates auf eine möglichst einheitliche Entscheidungspraxis hinzuwirken. Hiezu hat er eine Evidenzstelle einzurichten, die die Entscheidungen in einer übersichtlichen Art und Weise dokumentiert.

(4) Der Vorsitzende kann die Mitglieder des unabhängigen Bundesasylsenates mit ihrer Zustimmung zu den Geschäften der Evidenzstelle heranziehen, er kann nach Anhörung der Vollversammlung ein Mitglied mit dessen Zustimmung auf Dauer mit der Leitung der Evidenzstelle betrauen.

(5) Bei der Vorlage des Tätigkeitsberichtes (§ 12) hat der Vorsitzende dem Bundesminister für Inneres auch über personelle und sachliche Erfordernisse zu berichten.

Geschäftsverteilung

§ 7. (1) Die Vollversammlung hat die Mitglieder dem Hauptsitz oder der Außenstelle zuzuteilen. Sie hat danach zu trachten, in der Außenstelle zumindest vier Senate einzurichten. Des Weiteren bestimmt die Vollversammlung einen Leiter der Außenstelle. Dieser kann von der Vollversammlung jederzeit abberufen werden; ein solcher Beschluss bedarf einer Mehrheit von zwei Dritteln der abgegebenen Stimmen. Ein vor dem 1. Jänner 2006 ernanntes Mitglied darf nur mit seinem Einverständnis der Außenstelle zugeteilt werden. Ein nach dem 1. Jänner 2006 ernanntes Mitglied darf der Außenstelle auch ohne sein Einverständnis zugeteilt werden, wenn es für diese aufgenommen wurde; eine Verwendung am Hauptsitz ist an die Zustimmung dieses Mitglieds gebunden.

(2) Vor Ablauf jedes Jahres hat die Vollversammlung für die Dauer des nächsten Jahres
1. die Bildung aus drei Mitgliedern bestehender Senate zu beschließen und deren Vorsitzende und Mitglieder sowie die Ersatzmitglieder zu bestimmen und
1a. die Bildung von aus drei Senaten bestehenden großen Senaten und deren Vorsitzenden zu beschließen und
2. die Geschäftsverteilung für die Einzelmitglieder vorzunehmen.

(2a) Die Vollversammlung hat bei Beschlussfassung der Geschäftsverteilung auf eine möglichst effiziente und den Erfordernissen der Arbeitsabläufe des unabhängigen Bundesasylsenates entsprechende Organisation hinzuwirken. Es ist
1. auf § 20 des Asylgesetzes 2005 – AsylG 2005, BGBl. I Nr. 100, und

2. bei der Verteilung der Geschäfte auf die Mitglieder entsprechend ihrer Verwendung am Hauptsitz oder in der Außenstelle, auf geographische und verkehrstechnische Gegebenheiten Bedacht zu nehmen.

(3) Die Vollversammlung hat für den Rest des Jahres die Geschäftsverteilung zu ändern, wenn dies insbesondere wegen Veränderungen im Personalstand oder wegen erhöhter Belastung eines Senates oder einzelner Mitglieder für den ordnungsgemäßen Geschäftsgang notwendig ist.

(4) Hat die Vollversammlung bis zum Ende eines Kalenderjahres keine Geschäftsverteilung für das nächste Kalenderjahr erlassen, so gilt die bisherige Geschäftsverteilung bis zu Erlassung einer neuen für das betreffende Kalenderjahr weiter.

(5) Hat die Vollversammlung eine gemäß Abs. 3 notwendige Änderung der Geschäftsverteilung nicht innerhalb von sechs Wochen beschlossen, so ist vom Vorsitzenden die erforderliche Änderung der Geschäftsverteilung vorläufig vorzunehmen (vorläufige Geschäftsverteilung). In diesem Fall hat der Vorsitzende spätestens vier Wochen nach Erlassung der vorläufigen Geschäftsverteilung eine Sitzung der Vollversammlung zur Beschlußfassung über die endgültige Geschäftsverteilung einzuberufen. Bis zu dieser Beschlußfassung gilt die vorläufige Geschäftsverteilung.

(6) Die Geschäftsverteilung ist vom Vorsitzenden des unabhängigen Bundesasylsenates zur allgemeinen Einsicht aufzulegen.

Übersicht:
1. Hinweis auf innerstaatliche Normen
2.-4. Materialien

1. Siehe II.A. AsylG 2005.

2. AB 1946 XX. GP

Zu Z 4 (§ 7 Abs. 4, 5 und 6):
Die vorgesehenen Änderungen haben sich auf Grund der bisherigen Erfahrungen in der Praxis als notwendig erwiesen.

3. RV 952 XXII. GP

Zu Z 4 (§ 7 Abs. 1):
Die Vorschriften über die zur Entscheidungsfindung berufenen Organe im UBAS (Einzelrichter oder Senate), die sich bisher in § 7 Abs. 1 befunden haben, werden in das AsylG transferiert, um alle für die Durchführung des Verfahrens notwendigen Bestimmungen an einem Ort zu finden. Daher konnten die Bestimmungen entfallen. Es waren allerdings Regeln aufzustellen, wie vorzugehen ist, wenn eine Außenstelle eingerichtet ist. Die Vollversammlung hat die Mitglieder auf Hauptsitz und Außenstellen aufzuteilen, wobei die Regel gilt, dass Mitglieder ohne ihre Zustimmung nur an dem Ort verwendet werden können, für den sie aufgenommen

wurden. Bis zum 1. Jänner 2006 aufgenommene Mitglieder gelten als für den Hauptsitz aufgenommen. Nur wenn eine Außenstelle aufgelöst wird, müssen die Mitglieder, die für diese aufgenommen wurden, auch ohne ihre Zustimmung wo anders eingesetzt werden können. Dem Leiter einer Außenstelle obliegt etwa die Wahrnehmung des Hausrechtes, er hat jedoch keine Dienstaufsicht. Diese kommt nur dem Vorsitzenden zu.

Zu Z 5 (§ 7 Abs. 2 Z 1a)
Das Asylgesetz sieht Musterverfahren durch einen großen Senat vor; dessen Einrichtung ist daher zu ermöglichen.

Zu Z 6 (§ 7 Abs. 2a):
Bislang finden sich im Gesetz keine inhaltlichen Vorgaben für die Gestaltung der Geschäftsverteilung. Mit dem vorgeschlagenen § 7 Abs. 2a soll gewährleistet werden, das bei der Geschäftsverteilung dem Effizienzgebot der notwendige Stellenwert eingeräumt wird und dementsprechend die Organisation der Arbeitsabläufe gestaltet werden. Des weiteren wird klargestellt, dass in der Geschäftsverteilung auf das Recht von Berufungswerbern in bestimmten Fällen auf eine Einvernahme durch einen Entscheider, der dem gleichen Geschlecht wie der Berufungswerber angehört, zu bestehen. Besteht eine Außenstelle, so hat die Vollversammlung bei der Erstellung der Geschäftsverteilung auf diesen Umstand bedacht zu nehmen. Auf Grund der Verfassungsbestimmung des Art. 129c B-VG Abs. 3 können keine näheren Determinanten für die Festlegung der Geschäftsverteilung vorgenommen werden.

4. AB 1055 XXII. GP

Siehe oben 2. zu § 1.

Geschäftszuweisung

§ 8. (1) Der Vorsitzende des unabhängigen Bundesasylsenates weist die anfallenden Rechtssachen den nach der Geschäftsverteilung zuständigen Mitgliedern zu.
(2) Einem Mitglied dürfen Rechtssachen, für die es zuständig ist, nur im Falle seiner Behinderung durch Verfügung des Vorsitzenden des unabhängigen Bundesasylsenates abgenommen werden.

Aufgaben des Vorsitzenden eines Senates und des Berichters eines Senates

§ 9. (1) Der Vorsitzende des Senates entscheidet, ob eine mündliche Verhandlung anberaumt wird. Er eröffnet, leitet und schließt die mündliche Verhandlung. Er verkündet die Beschlüsse des Senates und unterfertigt die schriftlichen Ausfertigungen.
(2) Dem Berichter kommt die Führung des Verfahrens bis zur Verhandlung zu. Die dabei erforderlichen Verfahrensanordnungen bedürfen keines Senatsbeschlusses. Der Berichter hat den Erledigungsentwurf auszuarbeiten und den Beschlußantrag im Senat zu stellen. Entspricht der Beschluß des Senates dem Antrag des Berich-

ters, so hat der die Entscheidung auszuarbeiten. Beschließt der Senat den Antrag eines anderen Senatsmitgliedes, so obliegt diesem die Ausarbeitung der Entscheidung.

Beratung und Abstimmung

§ 10. (1) Der Senat ist beschlußfähig, wenn alle Mitglieder anwesend sind.

(2) Die Beratung und die Abstimmung ist nicht öffentlich. Sie wird vom Vorsitzenden des Senates geleitet.

(3) Jedes Mitglied des Senates ist berechtigt, in der Beratung Anträge zu stellen. Den übrigen Mitgliedern steht es frei, zu diesen Anträgen Gegen- und Änderungsanträge zu stellen. Alle Anträge sind zu begründen.

(4) Der Vorsitzende des Senates bestimmt die Reihenfolge, in der über die Anträge abgestimmt wird, und die Reihenfolge der Stimmabgabe.

(5) Ein Antrag gilt als angenommen, wenn die Mehrheit der abgegebenen Stimmen auf ihn entfällt. Eine Stimmenthaltung ist unzulässig.

(6) Über die Beratung und Abstimmung ist ein Protokoll zu führen.

Geschäftsordnung

§ 11. Die näheren Regelungen über die Geschäftsführung des Bundesasylsenates sind in der Geschäftsordnung vorzusehen. Die Geschäftsordnung ist von der Vollversammlung zu beschließen und vom Vorsitzenden zur allgemeinen Einsicht aufzulegen.

Übersicht:
1. Hinweis auf innerstaatliche Normen
2. Materialien

1. Siehe VI.L. UBAS-GO.

2. AB 1946 XX. GP

Durch die Änderung hat in Hinkunft gemäß § 53a Abs. 2 AVG der Vorsitzende über die Gebühren für die nichtamtlichen Sachverständigen zu entscheiden.

Tätigkeitsbericht, Controlling und Geschäftsausweise

§ 12. (1) Der unabhängige Bundesasylsenat hat alle zwei Jahre einen Bericht über seine Tätigkeit und die dabei gesammelten Erfahrungen zu verfassen. Der Tätigkeitsbericht ist vom Vorsitzenden dem Bundesminister für Inneres zu übermitteln und von diesem dem Nationalrat vorzulegen.

(2) Zur zweckentsprechenden Evaluierung der Arbeitsprozesse des unabhängigen Bundesasylsenates wird von der Vollversamm-

§ 12

lung ein Controllingausschuss für die Funktion eines begleitenden Controllings eingerichtet; die Vollversammlung ernennt die notwendige Anzahl von Ausschussmitgliedern. Der Aufgabenbereich des Controllingausschusses umfasst – bei voller Wahrung der Unabhängigkeit der Mitglieder des unabhängigen Bundesasylsenates – die Optimierung der Ressourcensteuerung im Bezug auf die Aufbau- und Ablauforganisation sowie den administrativen Dienstbetrieb. Der Controllingausschuss berichtet jährlich dem Vorsitzenden über die Ergebnisse seiner Tätigkeit und schlägt zur Optimierung der Ressourcensteuerung im Bezug auf die Aufbau- und Ablauforganisation sowie des administrativen Dienstbetriebes Maßnahmen vor; der Bericht und die vorgeschlagenen Maßnahmen sind dem Bundesminister für Inneres zur Kenntnis zu bringen.

(3) Der Vorsitzende hat dem Bundesminister für Inneres halbjährlich einen Bericht zu erstatten, in dem die Rechtssachen nach Dienststelle, Jahr der Berufungserhebung, Anzahl der am 1. Jänner und 1. Juli anhängigen Rechtssachen sowie Anzahl der im abgelaufenen Halbjahr erledigten Rechtssachen und Art der in diesen Rechtssachen getroffenen Erledigung aufzuschlüsseln sind.

(4) Die Mitglieder des unabhängigen Bundesasylsenates haben dem Vorsitzenden vierteljährlich über die Anzahl der in den letzten drei Monaten erledigten Rechtssachen und die Art der in diesen Rechtssachen getroffenen Erledigung zu berichten und nach Ablauf eines jeden Kalenderjahres alle am 1. Jänner anhängigen Rechtssachen auszuweisen (Geschäftsausweis). Ist in einer anhängigen Rechtssache die Zuständigkeit auf einen Senat übergegangen, ist auch dies auszuweisen. Der Vorsitzende hat dem Disziplinaranwalt auf dessen Verlangen Einsicht in die Geschäftsausweise zu ermöglichen und Abschriften aus diesen zu übermitteln. Im Einzelfall haben die Mitglieder dem Vorsitzenden auf begründetes Ersuchen gesondert zu berichten.

1. RV 952 XXII. GP

Wie es heute in jeder modernen Organisation bereits Standard ist, soll zur Optimierung der Arbeiten ein Controlling eingerichtet werden, das eine Hilfestellung im Bereich der Ressourcensteuerung im Bezug auf die Aufbau- und Ablauforganisation sowie den administrativen Dienstbetrieb bieten soll.

Dieses Instrument wird nicht nur der Dienstbehörde notwendigen Handlungsbedarf aufzeigen, sondern auch dem Bundesasylsenat selbst Anhaltspunkte dafür liefern können, wie mit den vorhandenen Ressourcen am effizientesten umgegangen werden kann. Es erscheint am sinnvollsten, diese Controllingaufgabe durch Mitglieder des UBAS – die ja den Arbeitsablauf in der Behörde kennen – erledigen zu lassen, zumal diese Lösung die kostengünstigste scheint.

§ 12 Abs. 3 soll dem Vorsitzenden ein Führungsinstrument an die Hand geben, das ihn in die Lage versetzt tatsächlich einen Überblick über anhängige Verfahren zu erhalten und erforderlichenfalls steuernd eingreifen zu können. Diese Übersicht ist dem – dem Nationalrat für die Vollziehung verantwortlichen – Bundesminister für Inneres zur Verfügung zu stellen. Auf das allfällige Bestehen von Außenstellen ist im Bericht Bedacht zu nehmen.

2. AB 1055 XXII. GP

Abs. 3 stellt keine inhaltliche Änderung gegen der Regierungsvorlage dar, sondern lediglich sprachlich verbessert.

Mit Abs. 4 wird die Vorlage von Geschäftsausweisen normiert; diese Regelung entspricht § 82 des Gerichtsorganisationsgesetzes.

3. Abschnitt: Dienst- und Besoldungsrecht

Allgemeines

§ 13. (1) Durch die Ernennung zum Mitglied des unabhängigen Bundesasylsenates wird ein definitives öffentlich-rechtliches Dienstverhältnis zum Bund begründet, soweit ein solches nicht bereits besteht.

(2) Die §§ 4 Abs. 1 Z 4 (Ernennungserfordernisse), 10 (provisorisches Dienstverhältnis), 11 und 12 (definitives Dienstverhältnis), §§ 24 bis 35 (Grundausbildung), 38 (Versetzung), 39 bis 41 (Dienstzuteilung und Verwendungsänderung), 41a bis 41f (Berufungskommission), 75b (Auswirkungen des Karenzurlaubes auf den Arbeitsplatz), 90 (Bericht über den provisorischen Beamten), 138 (Ausbildungsphase) und 139 (Verwendungszeiten und Grundausbildung) BDG 1979 sind auf die Mitglieder des Bundesasylsenates nicht anzuwenden.

(3) Die amtswegige Versetzung in den Ruhestand wegen Dienstunfähigkeit gemäß § 14 BDG 1979 ist unzulässig, solange das Mitglied nicht gemäß § 4 Abs. 3 Z 4 oder 5 seines Amtes enthoben worden ist.

(4) Die schriftliche Erklärung gemäß § 15 Abs. 1 BDG, aus dem Dienststand ausscheiden zu wollen, und der Austritt gemäß § 21 BDG 1979 sind gegenüber dem Vorsitzenden des unabhängigen Bundesasylsenates zu erklären.

(5) Amtstitel im Sinne des § 63 BDG 1979 sind die im § 2 Abs. 1 geregelten Funktionsbezeichnungen.

(6) Die §§ 91 bis 130 BDG 1979 gelten mit der Maßgabe, daß
1. der Disziplinaranwalt vom Bundesminister für Inneres bestellt wird und dieser Disziplinaranzeigen an die Vollversammlung erstatten kann, ihm steht gegen die Entscheidung der Vollversammlung eine Beschwerde an den Verwaltungsgerichtshof zu.
2. die Disziplinarkommission und der Disziplinarsenat die Vollversammlung des unabhängigen Bundesasylsenates ist und
3. gegen Entscheidungen der Vollversammlung kein ordentliches Rechtsmittel zulässig ist.

1. AB 1946 XX. GP

Soweit die Änderungen nicht legistischer Natur sind, dienen sie der Stärkung der Unabhängigkeit des Bundesasylsenates; insbesondere soll durch die Ernennung zum Mitglied des unabhängigen Bundesasylsenates ein definitives öffentlich-rechtliches Dienstverhältnis zum Bund begründet werden.

2. RV 952 XXII. GP

Im Hinblick darauf, dass die Vollversammlung die Disziplinarbehörde für den Unabhängigen Bundesasylsenat ist und der Vorsitzende deren Mitglied ist, scheint es zweckmäßig den Vorsitzenden insoweit von der

Doppelfunktion zu entlasten, als auch dem Disziplinaranwalt ein eigenes Anzeigerecht zuerkannt werden soll. Dem Vorsitzenden kommen nach derzeitiger Rechtslage die Funktionen zu, die Disziplinaranzeige zu erstatten, gleichzeitig ist er Dienstbehörde und wirkt schließlich in der Vollversammlung an der Entscheidung mit. Dies könnte mitunter zu Interessenskonflikten führen. Der Gesetzesvorschlag geht dabei nicht soweit, das Anzeigerecht des Vorsitzenden zu beschneiden, sondern soll nur für denkbare Sonderkonstellationen eine Alternative bieten, in denen es beim Vorsitzenden zu Interessenskonflikten kommen könnte.

Der Unabhängigkeit des Bundesasylsenates tut dies in keiner Weise einen Abbruch, da letztendlich die Entscheidung über disziplinarrechtliche Angelegenheiten weiterhin beim Senat selbst verbleibt.

Zur Sicherstellung einer rechtsrichtigen Entscheidung soll auch der Amtspartei Disziplinaranwalt die Möglichkeit der Anrufung des VwGH eingeräumt werden, ohne dass die Entscheidungskompetenz der Vollversammlung angetastet wird.

Dienstzeit

§ 13a. (1) Die Mitglieder des unabhängigen Bundesasylsenates sind an keine bestimmte Arbeitszeit gebunden. Sie dürfen ihre Aufgaben mit Zustimmung des Vorsitzenden auch außerhalb ihrer Dienststelle besorgen. Sind die Aufgaben in der Dienststelle wahrzunehmen, ist die Dauer der Anwesenheit vom Mitglied so zu wählen, dass es seinen Amtspflichten ordnungsgemäß nachkommen kann.

(2) Der Vorsitzende kann unter Berücksichtigung des sich aus Abs. 1 erster Satz ergebenden Grundsatzes der freien Arbeitszeit verpflichtende Anwesenheitszeiten, wie insbesondere einzuhaltende Amtsstunden an bestimmten Arbeitstagen, anordnen, soweit dies für den Verkehr zwischen den Mitgliedern des unabhängigen Bundesasylsenats und für den Verkehr mit den Parteien sowie deren Vertretern zweckmäßig erscheint.

(3) Die Mitglieder des unabhängigen Bundesasylsenates haben ihren Aufenthaltsort an den in Abs. 1 genannten Arbeitstagen so zu wählen, dass sie ihren Dienstpflichten ohne ungewöhnlichen Aufwand an Zeit und Mühe nachkommen und erforderlichenfalls in angemessener Zeit ihre Dienststelle aufsuchen können. Während des in Abs. 1 genannten Zeitraumes hat das Mitglied dafür zu sorgen, dass es von Mitteilungen seiner Dienststelle unverzüglich Kenntnis erlangen kann. Näheres hiezu kann der Vorsitzende anordnen.

(4) Werden Aufgaben außerhalb der Dienststelle besorgt, hat das Mitglied des unabhängigen Bundesasylsenates die für die Wahrung des Datenschutzes und der Amtsverschwiegenheit erforderlichen Vorkehrungen zu treffen. Über die aus der Dienststelle geschafften Akten ist eine Evidenz zu führen. Näheres hiezu hat der Vorsitzende anzuordnen.

(5) Für die Aufgabenbesorgung außerhalb der Dienststelle (Abs. 1) besteht weder ein Anspruch auf die Bereitstellung von Sachmitteln noch auf andere finanzielle Entschädigungen, noch auf den Ersatz der damit verbundenen Kosten.

§ 14

1. RV 952 XXII. GP

Im geltenden Gesetz finden sich keine Regelungen über die Dienstzeit. Die derzeit bestehende mehr oder weniger freie Zeiteinteilung der Mitglieder des Bundesasylsenates ist in Anlehnung an § 60 Richterdienstgesetz – wie es für die Richter der ordentlichen Gerichte gilt – offenkundig ein Ausfluss der diesen verfassungsgesetzlich zugesicherten Unabhängigkeit. Es ist jedoch davon auszugehen, dass Vorgaben, die dienstlichen Aufgaben normalerweise im Amt zu erledigen und – wenn dies aus den im Gesetz genannten Gründen notwendig ist – im Einzelfall im Amt anwesend zu sein, jedenfalls zulässig sind. Es ist darauf hinzuweisen, dass manche Länder weit strengere Dienstzeitregeln als die hier vorgeschlagenen haben.

Der Gesetzgeber ordnet – auch aus Gründen des Datenschutzes und der Amtsverschwiegenheit – an, dass die Aufgabenerledigung normalerweise in den Amtsräumen des UBAS zu erfolgen hat; der Vorsitzende kann [richtig: zustimmen], sofern die Aufgabenerfüllung gewährleistet ist, dass die Aufgaben auch außerhalb der Dienststelle besorgt werden.

Des Weiteren kann der Vorsitzende die Anwesenheit zu bestimmten Zeiten anordnen, um eine zweckmäßige und sparsame Durchführung von bestimmten Arbeitsabläufen zu ermöglichen. Zu denken wird hier vor allem an Sitzungen der Vollversammlung sein.

Die weiteren Absätze stellen klar, dass Mitglieder, die ihre Aufgaben außerhalb des Amtes erledigen, einerseits erforderlichenfalls in angemessener Zeit die Dienststelle aufsuchen können und andererseits für Wahrung von Datenschutz und Amtsverschwiegenheit verantwortlich sind; für die Erledigung der Aufgaben außerhalb der Dienststelle werden weder Sachmittel zur Verfügung gestellt noch eine finanzielle Entschädigung geleistet.

Dienstaufsicht

§ 14. Soweit das BDG 1979 dem Vorgesetzten oder Dienststellenleiter Aufgaben zuweist, sind sie vom Vorsitzenden des unabhängigen Bundesasylsenates wahrzunehmen. Im übrigen ist der Bundesminister für Inneres Dienstbehörde.

Leistungsfeststellung

§ 15. (1) Die Leistungsfeststellung ist von der Vollversammlung auf Grund des Berichtes des Vorsitzenden des unabhängigen Bundesasylsenates oder auf Antrag des Mitgliedes des unabhängigen Bundesasylsenates mit Bescheid zu treffen.

(2) Die Bestimmungen der §§ 81 bis 86 BDG 1979 sind anzuwenden.

(3) Gegen die Entscheidung der Vollversammlung ist kein ordentliches Rechtsmittel zulässig.

1. AB 1946 XX. GP

Siehe oben 1. zu § 13.

Besoldung

§ 16. (1) Für die Besoldung der Mitglieder des unabhängigen Bundesasylsenates gelten die Bestimmungen für Beamte des Allgemeinen Verwaltungsdienstes nach dem Gehaltsgesetz 1956, BGBl. Nr. 54.

(2) Es gebührt das Gehalt der Verwendungsgruppe A 1. Hinzu tritt
1. für das Mitglied die jeweilige Zulage der Funktionsgruppe 5,
2. für den Stellvertretenden Vorsitzenden die jeweilige Zulage der Funktionsgruppe 6.

(3) Dem Vorsitzenden gebührt ein Fixgehalt der Funktionsgruppe 7 der Verwendungsgruppe A 1 gemäß § 31 des Gehaltsgesetzes 1956.

(4) Für die Einstufung eines Mitgliedes des unabhängigen Bundesasylsenates in die Gehaltsstufe gelten die Bestimmungen über den Vorrückungsstichtag.

4. Abschnitt: Schlußbestimmungen

Verweisung auf andere Rechtsvorschriften

§ 17. Soweit in diesem Bundesgesetz auf andere Bundesgesetze verwiesen wird, bezieht sich dieser Verweis auf die jeweils geltende Fassung.

Sprachliche Gleichbehandlung

§ 17a. Soweit in diesem Bundesgesetz auf natürliche Personen bezogene Bezeichnungen nur in der männlichen Form angeführt sind, beziehen sie sich auf Frauen und Männer in gleicher Weise. Bei der Anwendung der Bezeichnung auf bestimmte natürliche Personen ist die jeweils geschlechtsspezifische Form zu verwenden.

Inkrafttreten

§ 18. (1) Dieses Bundesgesetz tritt mit 1. Jänner 1998 in Kraft.

(2) Die Maßnahmen, die für eine unverzügliche Aufnahme der Tätigkeit des unabhängigen Bundesasylsenates erforderlich sind, dürfen bereits von dem der Kundmachung dieses Bundesgesetzes folgenden Tag an getroffen werden.

(3) Die §§ 1, 2 Abs. 2, 7 Abs. 1, Abs. 2 Z 1a und Abs. 2a, 12, 13 Abs. 6 Z 1 und 13a in der Fassung des Bundesgesetzes BGBl. I Nr. 100/2005 treten mit 1. Jänner 2006 in Kraft.

1. RV 952 XXII. GP

Die Bestimmungen über die Möglichkeit der befristeten Ernennung von Mitgliedern des unabhängigen Verwaltungssenates sollen – entsprechend der verfassungsrechtlichen Bestimmung, die dies ermöglicht - bereits vor den übrigen Bestimmungen in Kraft treten.

2. AB 1055 XXII. GP

Siehe oben 2. zu § 1.

Vollziehung

§ 19. Mit der Vollziehung dieses Bundesgesetzes sind betraut:
1. Hinsichtlich des § 2 Abs. 2 die Bundesregierung und
2. im übrigen der Bundesminister für Inneres.

1. Anm: Zur Zuständigkeit des BMI siehe 8. zu AT.

G Bundesgesetz über die Durchführung von Personenkontrollen aus Anlaß des Grenzübertritts (Grenzkontrollgesetz - GrekoG)

- BGBl 1996/435 (NR: GP XX RV 114 AB 205 S 35. BR: 5217 AB 5240 S 616.)
- BGBl I 2001/98 (NR: GP XXI RV 621 AB 704 S 75. BR: 6398 AB 6424 S 679.)
- BGBl I 2004/26 (NR: GP XXII RV 405 AB 431 S 56. BR: AB 7018 S 707.)
- BGBl I 2004/151 (NR: GP XXII RV 643 AB 723 S 89. BR: 7156 AB 7164 S 717.)

Allgemeine Teile

Übersicht:
1. Hinweis auf europarechtliche Normen
2.-7. Materialien

1. Siehe IV.C.2. SDÜ (auszugsweise).

2. RV 114 XX. GP

Problem:
Durch die Teilnahme Österreichs am Europäischen Binnenmarkt im Rahmen des EWR und den mit 1. Jänner 1995 vollzogenen Beitritt zur Europäischen Union sind an den Binnengrenzen vorerst die Kontrollen im Warenverkehr zu einem Großteil weggefallen. Durch den Beitritt Österreichs zum Schengener Vertragswerk ist die Verpflichtung entstanden, die darin festgelegten Grundsätze – Binnenraum ohne Grenzkontrolle, rigorose Außengrenzkontrolle – innerstaatlich umzusetzen. Das Grenzkontrollgesetz 1969 entspricht diesen Anforderungen in vielen Bereichen nicht.

Ziel:
Schaffung eines Grenzkontrollgesetzes, das den Anforderungen des Schengener Vertragswerkes entspricht.

Inhalt:
Der Entwurf schafft die erforderlichen Begriffsbestimmungen, legt die für die Grenzkontrolle erforderliche Infrastruktur fest, regelt die Behördenzuständigkeit, die Einsetzbarkeit der für die Grenzkontrolle zur Verfügung stehenden Wachkörper sowie die Befugnisse der Organe des öffentlichen Sicherheitsdienstes und gibt den Rahmen für die aus Anlaß des Grenzübertrittes vorzunehmende Grenzkontrolle, einer routinemäßigen Überprüfung der Einhaltung der maßgeblichen Vorschriften der Sicherheitsverwaltung, vor.

Alternativen:
Punktuelle Anpassung der bisher geltenden Bestimmungen des Grenzkontrollgesetzes 1969.

Kosten:
Die Konzeption der Vollziehung dieses Bundesgesetzes folgt jener des geltenden Rechts. Mehraufwendungen in personeller Hinsicht sowie im Bereich des Sachaufwandes werden nicht durch den vorliegenden Entwurf verursacht, sondern durch die völkerrechtliche Verpflichtung Österreichs zur Umsetzung des Schengener Vertragswerkes.

EU-Konformität:
Der Entwurf entspricht den Anforderungen des Art 7a des Vertrages über die Europäische Gemeinschaft (EGV) und deren Umsetzung im Rahmen des Art K 7 des Vertrages über die Europäische Union (EUV) und des Art 134 des Schengener Durchführungsübereinkommens (SDÜ).

Allgemeines
Durch den Beitritt zum „Schengener Vertragswerk" hat Österreich die Verpflichtung übernommen, die darin festgelegten Grundsätze sowie die im Übereinkommen zur Durchführung des Übereinkommens von Schengen vom 14. Juni 1985 zwischen den Regierungen der Staaten der Benelux-Wirtschaftsunion, der Bundesrepublik Deutschland und der Französischen Republik betreffend den schrittweisen Abbau der Kontrolle an der gemeinsamen Grenze (Schengener Durchführungsübereinkommen – SDÜ) vorgegebenen Regelungen innerstaatlich umzusetzen.

Die wesentlichsten Regelungen mit Bezug auf die Regelung der Überwachung des Eintrittes in das Bundesgebiet und des Austrittes aus ihm sind in den Art. 2 bis 7 SDÜ enthalten und sind zusammengefaßt:
- die Binnengrenzen dürfen grundsätzlich an jeder Stelle ohne Personenkontrollen überschritten werden (Art. 2 Abs. 1);
- die Außengrenzen dürfen grundsätzlich nur an den Grenzübergangsstellen und während der festgesetzten Verkehrsstunden überschritten werden (Art. 3 Abs. 1);
- die Vertragsstaaten sind verpflichtet, das unbefugte Überschreiten der Außengrenzen außerhalb der zugelassenen Grenzübergangsstellen mit Sanktion zu belegen (Art. 3 Abs. 2);
- Reisende auf Flügen von und in Drittländer sowie das von ihnen mitgeführte Gepäck sind einer Kontrolle zu unterziehen; die Vertragsparteien haben die dafür erforderlichen Maßnahmen zu treffen (Art. 4 Abs. 1 und 2);
- der grenzüberschreitende Verkehr an den Außengrenzen unterliegt der Kontrolle durch die zuständigen Behörden; diese wird nach einheitlichen Grundsätzen unter Berücksichtigung der Interessen aller Vertragsparteien für das Hoheitsgebiet der Vertragsparteien durchgeführt (Art. 6 Abs. 1);
- auch außerhalb der Grenzübergangsstellen überwachen die zuständigen Behörden die Außengrenze durch Streifen (Art. 6 Abs. 3);
- die Vertragsparteien verpflichten sich, geeignete Kräfte in ausreichender Anzahl für die Durchführung der Kontrollen und die Überwachung der Außengrenze zur Verfügung zu stellen (Art. 6 Abs. 4).

Die innerstaatlichen Bestimmungen haben diesen Vorgaben zum Zeitpunkt des Inkraftsetzens des SDÜ im Verhältnis Österreichs zu jenen Mitgliedstaaten, die bereits in Kraft gesetzt haben, zu entsprechen.

Bei der „Überwachung des Eintrittes in das Bundesgebiet und des Austrittes aus ihm" (Grenzkontrolle) ist nunmehr zwischen deren Handhabung an den Binnengrenzen einerseits und an den Außengrenzen andererseits zu unterscheiden. Österreich ist an seinen Außengrenzen Wahrer der Interessen sämtlicher Schengener Vertragsstaaten.

Da die erforderlichen Anpassungen insgesamt umfangreich sind, scheint es der Rechtssicherheit förderlicher, das Grenzkontrollgesetz insgesamt neu zu fassen, womit einerseits die durch die Schengener Vorgaben erforderlichen Änderungen umgesetzt und andererseits systematische und semantische Differenzen ausgeräumt werden können.

Prinzipien des Gesetzentwurfes:

1. Straffung der Grenzkontroll-Infrastruktur (1. bis 3. Abschnitt).
2. Grenzkontrolle ist (ausschließlich) die aus Anlaß des Grenzübertritts erfolgende routinemäßige Überprüfung der Einhaltung der Bestimmungen der Sicherheitsverwaltung.
3. Wenn sich dabei Anhaltspunkte für die Nichteinhaltung sonstiger gesetzlicher Bestimmungen ergeben, hat das weitere Einschreiten – im Rahmen sachlicher Zuständigkeit – nach diesen Materiengesetzen zu erfolgen.

Der Entwurf geht – anders als der zur Begutachtung versandte Entwurf – davon aus, daß der Grenzkontrolldienst sowohl von Angehörigen der Bundesgendarmerie als auch von Zollorganen zu leisten ist. Hiebei soll der Grundsatz gelten, daß die Überwachung der grünen und der blauen Grenze ausschließlich durch die Angehörigen der Bundesgendarmerie erfolgt, während im übrigen die Aufteilung zwischen den beiden Wachkörpern danach erfolgen soll, ob das Schwergewicht mehr auf Belange der Sicherheitsverwaltung oder auf solche der Zollverwaltung zu legen ist oder ob eine gemeinsame Präsenz wünschenswert ist.

Die Grenzkontrolle nach diesem Bundesgesetz ist innerhalb eines Grenzkontrollbereiches handzuhaben. Der Grenzkontrollbereich ist primär an das Bestehen einer Grenzübergangsstelle gebunden. Außerhalb von Grenzübergangsstellen sollen Grenzkontrollen im Sinne des Bundesgesetzes nur an einem Ort zulässig sein, an dem ein Mensch angetroffen wird, der sich der Grenzkontrolle – direkt oder indirekt (illegaler Grenzübertritt) – zu entziehen sucht.

Zu den finanziellen Auswirkungen:

Ausschließlich auf den vorliegenden Gesetzentwurf gegründete finanzielle Auswirkungen sind nicht zu erwarten. Es ist aber davon auszugehen, daß durch die innerstaatliche Umsetzung des Schengener Vertragswerkes, zu der sich Österreich mit der Unterzeichnung des Beitrittsübereinkommens vom 28. April 1995 völkerrechtlich verpflichtet hat, beträchtliche finanzielle Mehraufwendungen (Personal- und Sachaufwand) notwendig werden. Hierüber wird im einzelnen im Rahmen des Ratifikationsverfahrens Aufschluß zu geben sein.

Zu den Kompetenzgrundlagen:
Art. 10 Abs. 1 Z 3 B-VG bestimmt, daß die Angelegenheiten der „Regelung und Überwachung des Eintrittes in das Bundesgebiet und des Austrittes aus ihm" in Gesetzgebung und Vollziehung Bundessache sind. Art. 78a ff B-VG nennt die Sicherheitsbehörden des Bundes, denen nach § 2 Sicherheitspolizeigesetz (SPG) die Sicherheitsverwaltung obliegt.

Die vorgeschlagenen Regelungen bleiben innerhalb des durch die Verfassung vorgegebenen Rahmens und bedürfen daher keiner Verfassungsbestimmung.

Zur EU-Konformität:
Der Entwurf ist so abgefaßt, daß er mit Inkraftsetzung des „Schengener Regimes" dessen Anforderungen entspricht. Da die Schengener Verträge eine Reaktion der Mitgliedstaaten auf Art. 7a EGV darstellen, gemäß Art. K 7 EUV der Titel VI des Unionsvertrages der Begründung oder Entwicklung einer engeren Zusammenarbeit zwischen mehreren Mitgliedstaaten nicht entgegensteht und gemäß Art. 134 SDÜ die Bestimmungen dieses Vertrages nur insoweit anwendbar sind, als sie mit dem Gemeinschaftsrecht vereinbar sind, ist EU-Konformität gegeben.

3. AB 205 XX. GP

Die gegenständliche Regierungsvorlage trägt dem Umstand Rechnung, daß durch die Teilnahme Österreichs am Europäischen Binnenmarkt im Rahmen des EWR und den mit 1. Jänner 1995 vollzogenen Beitritt zur Europäischen Union, an den Binnengrenzen vorerst die Kontrollen im Warenverkehr zu einem Großteil weggefallen sind. Durch den Beitritt Österreichs zum Schengener Vertragswerk ist die Verpflichtung entstanden, die darin festgelegten Grundsätze – Binnenraum ohne Grenzkontrolle, rigorose Außengrenzkontrolle – innerstaatlich umzusetzen. Das Grenzkontrollgesetz 1969 entspricht diesen Anforderungen in vielen Bereichen nicht mehr.

Der vorliegende Gesetzentwurf schafft daher die erforderlichen Begriffsbestimmungen, legt die für die Grenzkontrolle erforderliche Infrastruktur fest, regelt die Behördenzuständigkeit, die Einsetzbarkeit der für die Grenzkontrolle zur Verfügung stehenden Wachkörper sowie die Befugnisse der Organe des öffentlichen Sicherheitsdienstes und gibt den Rahmen für die aus Anlaß des Grenzübertrittes vorzunehmende Grenzkontrolle einer routinemäßigen Überprüfung der Einhaltung der maßgeblichen Vorschriften der Sicherheitsverwaltung vor.

Der Ausschuß für innere Angelegenheiten hat die gegenständliche Regierungsvorlage in seiner Sitzung am 20. Juni 1996 in Verhandlung genommen.

An der sich an die Ausführungen des Berichterstatters anschließenden Debatte beteiligten sich die Abgeordneten Franz Lafer, Dr. Volker Kier, Mag. Terezija Stoisits, Günther Platter, Mag. Karl Schweitzer und Dr. Helene Partik-Pablé sowie der Bundesminister für Inneres Dr. Caspar Einem. Im Zuge der Beratungen wurde von den Abgeordneten Anton Leikam und Paul Kiss sowie von den Abgeordneten Günther Platter und Anton Gaal ein Abänderungsantrag zur Regierungsvorlage eingebracht.

Bei der Abstimmung wurde der in der Regierungsvorlage enthaltene Gesetzentwurf unter Berücksichtigung der erwähnten Abänderungsanträge mit Stimmenmehrheit angenommen. Der vom Abgeordneten Dr. Volker Kier eingebrachte Abänderungsantrag fand nicht die erforderliche Mehrheit. Ferner wurden vom Ausschuß mit Stimmenmehrheit folgende Feststellungen getroffen: (Siehe unten Anm 2 zu § 8)
Zur Berichterstatterin für das Haus wurde Abgeordnete Ludmilla Parfuss gewählt.

Als Ergebnis seiner Beratungen stellt der Ausschuß für innere Angelegenheiten somit den Antrag, der Nationalrat wolle dem angeschlossenen Gesetzentwurf die verfassungsmäßige Zustimmung erteilen.

4. BR 5240

Durch die Teilnahme Österreichs am Europäischen Binnenmarkt im Rahmen des EWR und den mit 1. Jänner 1995 vollzogenen Beitritt zur Europäischen Union sind an den Binnengrenzen vorerst die Kontrollen im Warenverkehr zu einem Großteil weggefallen. Durch den Beitritt Österreichs zum Schengener Vertragswerk ist die Verpflichtung entstanden, die darin festgelegten Grundsätze - Binnenraum ohne Grenzkontrolle, rigorose Außengrenzkontrolle - innerstaatlich umzusetzen. Das Grenzkontrollgesetz 1969 entspricht diesen Anforderungen in vielen Bereichen nicht.

Ziel des vorliegenden Gesetzesbeschlusses ist die Schaffung eines Grenzkontrollgesetzes, das den Anforderungen des Schengener Vertragswerkes entspricht.

Mit dem gegenständlichen Beschluß sollen die erforderlichen Begriffsbestimmungen geschaffen, die Behördenzuständigkeit sowie die Einsetzbarkeit der für die Grenzkontrolle zur Verfügung stehenden Wachkörper und die Befugnisse der Organe des öffentlichen Sicherheitsdienstes geregelt werden. Weiters soll der Rahmen für die aus Anlaß des Grenzübertrittes vorzunehmende Grenzkontrolle einer routinemäßigen Überprüfung der Einhaltung der maßgeblichen Vorschriften der Sicherheitsverwaltung vorgegeben werden. Der Rechtsausschuß stellt nach Beratung der Vorlage am 23. Juli 1996 mit Stimmenmehrheit den Antrag, keinen Einspruch zu erheben.

5. RV 621 XXI. GP

Auf Grund der mit 1. Jänner 2002 wirksam werdenden Wirtschafts- und Währungsunion im Bereich der Europäischen Union besteht legistischer Handlungsbedarf im Zusammenhang mit der erforderlichen Umstellung von Schillingbeträgen auf Euroangaben im Bundesrecht. Mit dem vorliegenden Gesetzentwurf sollen nunmehr die erforderlichen Anpassungen vorgenommen werden. Aus gesetzesökonomischen Erwägungen sowie unter Bedachtnahme auf die Richtlinie 65 der Legistischen Richtlinien 1990 betreffend die Zulässigkeit einer „Sammelnovelle" ist beabsichtigt, diese Adaptierungen im Wege eines geschlossenen Gesetzentwurfes umzusetzen.

Diejenigen Umstellungsgesetze, die sich derzeit in Begutachtung befinden, sollen noch vor der Sommerpause in der Form eines 2. Euro-

Umstellungsgesetzes – Bund als Regierungsvorlage beschlossen und dem Nationalrat zur Beschlussfassung zugeleitet werden. Aus Gründen der Rechtssicherheit und der Rechtsklarheit sollen dabei alle Rechtsvorschriften mit 1. Jänner 2002 ausdrücklich auf Euro-Betragsangaben umgestellt werden. Den europarechtlichen Rahmen für die Einführung des Euro bilden neben dem Titel VII des EG-Vertrages die Verordnung (EG): Nr. 1103/97 des Rates vom 17. Juni 1997 über bestimmte Vorschriften im Zusammenhang mit der Einführung des Euro sowie die Verordnung (EG): Nr. 974/98 des Rates vom 3. Mai 1998 über die Einführung des Euro. Die EG-Verordnung Nr. 2866/98 des Rates vom 31. Dezember 1998 über die Umrechnungskurse zwischen dem Euro und den Währungen der Mitgliedstaaten, die den Euro einführen, ABl. Nr. L 359/1 vom 31. Dezember 1998, wurde dem Umrechnungskurs zugrunde gelegt. Die Schillingbeträge wurden mit dem festgesetzten Umrechnungskurs (1 Euro = 13,7603 Schilling): umgerechnet und gerundet. Insbesondere Strafbestimmungen werden aus Gründen der Verwaltungsökonomie geglättet, wobei darauf geachtet wurde, dass es dabei nicht zu betragsmäßigen Erhöhungen kommt.

6. RV 643 XXII. GP

An bestimmten Grenzübergangsstellen soll die Durchführung der Grenzkontrolle durch technische Ergänzungsmethoden wie Videomonitoring unterstützt werden und – nach Schweizer Vorbild – eine Effizienzsteigerung der Grenzkontrolle angestrebt werden. Die entsprechende gesetzliche Voraussetzung ist im Grenzkontrollgesetz unter besonderer Bedachtnahme auf Datenschutzstandards zu schaffen. Insbesondere ist der Rechtsschutzbeauftragte (§ 62a SPG) analog zum Einsatz von Bild- und Tonaufzeichnungsgeräten an öffentlichen Orten (§ 54 Abs. 6 SPG) einzubinden.

7. AB 723 XXII. GP

Schaffung der Möglichkeit des Einsatzes von Bild- und Tonaufzeichnungsgeräten zur Unterstützung bei der Durchführung der Grenzkontrolle.

1. Abschnitt: Begriffsbestimmungen

§ 1. (1) Grenzübertritt ist die Bewegung eines Menschen über die Bundesgrenze.
(2) Grenzkontrolle ist die aus Anlaß eines beabsichtigten oder bereits erfolgten Grenzübertritts vorgenommene Überprüfung der Einhaltung der die Sicherheitspolizei, das Paßwesen, die Fremdenpolizei sowie das Waffen-, Schieß- und Sprengmittelwesenregelnden bundesgesetzlichen Vorschriften.
(3) Grenzübergangsstelle ist eine zum Grenzübertritt bestimmte Stelle oder ein bestimmtes Gebiet während der Verkehrszeiten und im Umfang der Zweckbestimmung.
(4) Schengener Durchführungsübereinkommen (SDÜ) ist das Übereinkommen vom 19. Juni 1990 zur Durchführung des Übereinkommens von Schengen vom 14. Juni 1985 zwischen den Regierungen der Staaten der Benelux-Wirtschaftsunion, der Bundesrepublik Deutschland und der Französischen Republik betreffend den schrittweisen Abbau der Kontrollen an den gemeinsamen Grenzen.
(5) Beitrittsübereinkommen ist das Übereinkommen vom 28. April 1995 über den Beitritt Österreichs zum Schengener Durchführungsübereinkommen, dem die Italienische Republik, die Portugiesische Republik und das Königreich Spanien sowie die Griechische Republik mit den Übereinkommen vom 27. November 1990, vom 25. Juni 1991 und 6. November 1992 beigetreten sind.
(6) Vertragsstaat ist ein Staat, für den das Beitrittsübereinkommen in Kraft gesetzt ist.
(7) Binnenflug ist ein Flug mit Start oder Ziel im Bundesgebiet, der ohne Zwischenlandung außerhalb eines Vertragsstaates sein Ziel oder seinen Start innerhalb der Vertragsstaaten hat.
(8) Binnenschiffahrt sind regelmäßige Fährverbindungen ausschließlich von und nach dem Gebiet eines Vertragsstaates ohne Fahrtunterbrechung in Häfen von Staaten, die nicht Vertragsstaaten sind.
(9) Binnengrenzen sind die Grenzen Österreichs mit anderen Vertragsstaaten sowie die österreichischen Flugplätze für Binnenflüge und die österreichischen Häfen für Binnenschiffahrt.
(10) Außengrenzen sind die Grenzen Österreichs sowie die österreichischen Flugplätze und Häfen, soweit sie nicht Binnengrenzen sind.
(11) Internationale Gepflogenheiten sind die Regeln des Völkerrechtes, die allgemeine Staatenpraxis und die Regeln der internationalen Courtoisie.

Übersicht:
1. Hinweis auf europarechtliche Normen
2. Materialien
3. Anmerkung

II Kerngesetze: G Grenzkontrollgesetz - GrekoG

1. Siehe IV.C.2 SDÜ (auszugsweise).

2. RV 114 XX. GP

Allgemeines
Regelmäßig kommt Begriffsbestimmungen ein eigenständiger normativer Gehalt nicht zu. Dennoch wird im vorliegenden Fall mit den Begriffsbestimmungen in doppelter Hinsicht eine wesentliche Steuerung vorgenommen: Einerseits sind sie die Grundlage für den Übergang zum Schengener Regime, sodaß es keiner weiteren Bedachtnahme auf den Zeitpunkt dieses Überganges, insbesondere aber auch keiner weiteren legistischen Aktivität im Zusammenhang mit dem Inkraftsetzen des Schengener Durchführungsübereinkommens bedarf, andererseits wird durch die Definition der Grenzkontrolle, die auf die – im gegebenen Zusammenhang – wesentlichen Materien der Sicherheitsverwaltung zielt, der Rahmen abgesteckt, innerhalb dessen die Grenzkontrolle im engeren Sinn (§ 12 Abs. 4) für routinemäßige Absicherung zu sorgen hat. Dementsprechend weichen die Definitionen teilweise von jenen des Schengener Durchführungsübereinkommens ab, wobei noch hinzukommt, daß aus Gründen der Klarheit Bezüge auf Österreich als solche in die Definition aufgenommen wurden, sodaß nicht bloß von Österreich als einem Mitgliedstaat die Rede ist: Die Binnengrenzen werden daher als „Grenzen Österreichs" mit anderen Vertragsstaaten und nicht etwa als „Grenzen zwischen Vertragsstaaten" definiert.

Zu § 1 Abs. 1 (Grenzübertritt):
Anders als die Definition im geltenden Recht stellt der Entwurf lediglich auf die Bewegung eines Menschen über die Bundesgrenze ab. Die Bewegung von Sachen über die Grenze ist nur insofern von Bedeutung als sie gemeinsam mit einem Menschen erfolgt. Im übrigen ist sie unter dem Gesichtspunkt des Grenzkontrollgesetzes unbeachtlich.

Für den Fall, daß die bloße Bewegung einer Sache über die Grenze (Außengrenze) erfolgt und hier eine Kontrolle unter den Gesichtspunkten der Sicherheitsverwaltung vorgenommen werden soll, muß daher das jeweilige Materiengesetz (zB Waffengesetz, Kriegsmaterialgesetz oder Suchtgiftgesetz) eine entsprechende Regelung enthalten und sich das Einschreiten der Organe auf diese Gesetzesgrundlage stützen.

Zu § 1 Abs. 2 (Grenzkontrolle):
Die Definition der „Grenzkontrolle" folgt der Intention des Gesetzes, nämlich der Festlegung der Zulässigkeit und Verpflichtung zur Durchführung einer Personenkontrolle aus Anlaß eines (Außen)Grenzübertritts oder in Sonderfällen auch eines solchen über die Binnengrenze. Die einheitlichen Grundsätze sind Art. 6 Abs. 2 SDÜ zu entnehmen. Demnach umfaßt die Personenkontrolle nicht nur die Überprüfung der Grenzübertrittspapiere und der anderen Voraussetzungen für die Einreise, den Aufenthalt, die Arbeitsaufnahme und die Ausreise, sondern auch die fahndungstechnische Überprüfung sowie die Abwehr von Gefahren für die nationale Sicherheit und die öffentliche Ordnung der Vertragsparteien.

Der Verweis auf bundesgesetzliche Regelungen in einzelnen Materien der Sicherheitsverwaltung schafft die verwaltungspolizeilichen Anschlußstellen für die Grenzkontrolle: Diese hat – wie in § 12 Abs. 4 festgelegt,

§ 1

routinemäßig, also nicht durch konkrete Verdachtsgründe ausgelöst – aus einer Feststellung der Identität des Betroffenen und der Besichtigung des Fahrzeuges sowie mitgeführter Behältnisse zu bestehen. Kommen hiebei Tatsachen zu Tage, die als Einstiegsvoraussetzungen für Ermächtigungen in anderen Gesetzen der Sicherheitsverwaltung für die Aufgabenerfüllung in diesem Bereich zur Verfügung gestellt werden, dann kann der Umstieg in diese Ermächtigung (zB § 32 FrG oder § 40 Abs. 2 SPG) erfolgen. Die Ermächtigung zur Grenzkontrolle substituiert somit nicht die Eingriffsvoraussetzungen der materiengesetzlichen Ermächtigungen, sondern schafft nur die gesetzliche Grundlage für die routinemäßige Überprüfung. Maßnahmen in Handhabung etwa der Sicherheitspolizei oder der Fremdenpolizei können somit nicht in Vollziehung des Grenzkontrollgesetzes erfolgen, sondern sind auf SPG und FrG zu stützen.

Zu § 1 Abs. 3 (Grenzübergangsstelle):
Die Definition der „Grenzübergangsstelle" weicht von jener des Art. 1 SDÜ insofern ab, als nicht auf die Außengrenzen Bezug genommen wird. Dies ist deshalb erforderlich, weil aus besonderem Anlaß gemäß Art. 2 Abs. 2 SDÜ auch an der Binnengrenze Grenzkontrollen durchgeführt werden können. Organisatorisch scheint es nämlich in einem solchen Fall nicht möglich, Grenzkontrollen an jeder Stelle der Binnengrenze oder Teilen davon durchzuführen. Man wird demnach auch in einem solchen Fall bestimmte Stellen als zum Überschreiten der Grenze zulässige Stellen zu bezeichnen haben, um den Verkehr und somit auch die Grenzkontrollen auf diese Stellen zu konzentrieren.

Die Festlegung jeglicher Grenzübergangsstelle soll durch Verordnung des Bundesministers für Inneres (§ 3 Abs. 1) oder zwischenstaatlicher Übereinkommen (§ 14 Abs. 1 Z 2) erfolgen. Die Zeiten, zu denen eine solche Stelle als Grenzübergangsstelle benützt werden kann, können beschränkt werden. Ebenso kann der Umfang der Benützung etwa auf bestimmte Verkehrsarten oder Personen beschränkt werden. Nach der Definition müssen alle drei Voraussetzungen (Ort, Zeit und Art) kumulativ gegeben sein, damit es sich im Hinblick auf einen bestimmten Grenzübertritt um eine Grenzübergangsstelle im Sinne dieses Bundesgesetzes handelt. Andernfalls würde ein Grenzübertritt gesetzwidrig erfolgen. Außerhalb der festgelegten Verkehrszeiten sind solche Bereiche im Rahmen der Grenzüberwachung zu bestreifen.

Von der Aufnahme einer abstrakten Definition des Grenzkontrollbereiches wurde Abstand genommen, da ihr im Hinblick auf die Vielfalt der Sachverhalte (§ 7) keine Bedeutung zukäme.

Zu § 1 Abs. 5, 6 und 9 (Beitrittsübereinkommen, Vertragsstaat, Binnengrenzen):
Mit der Qualifikation eines Staates als Vertragsstaat sind wesentliche Konsequenzen verbunden. Maßgeblich ist dieser Begriff für die Beantwortung der Frage, ob in der Relation zwischen Österreich und einem anderen Staat das Schengener Durchführungsübereinkommen in Kraft gesetzt ist, ob also zwischen den beiden Staaten Binnengrenzen liegen oder nicht. Der Entwurf wurde für die Beantwortung dieser Frage so abgefaßt, daß es für das Wirksamwerden des Schengener Regimes – wann immer dies

geschieht – keiner Änderung des Grenzkontrollgesetzes mehr bedarf und stellt daher auf das Inkraftsetzen des Beitrittsvertrages ab. Dies rührt daher, daß es nach dem Schengener Vertragswerk neben der bloßen Unterzeichnung und innerstaatlichen Umsetzung eines völkerrechtlichen Vertrages („Vertragsstaat" und „Vertragspartei" nach Art. 2 Abs. 1 lit. g und h WVK) noch einen weiteren Schritt nämlich jenen der Inkraftsetzung durch einen entsprechenden Beschluß des Exekutivausschusses gibt, der dann gefaßt werden kann, wenn die Voraussetzungen für die Anwendung des SDÜ im betreffenden Staat gegeben sind und die Kontrollen an den Außengrenzen auch tatsächlich durchgeführt werden.

Nach der gemeinsamen Erklärung zur Schlußakte des österreichischen Beitrittsübereinkommens zum Schengener Vertragswerk wird das Beitrittsübereinkommen (und damit insbesondere das SDÜ) zwischen den Staaten, in denen das SDÜ bereits in Kraft gesetzt wurde und der Republik Österreich erst dann in Kraft gesetzt, wenn die Voraussetzungen der Anwendung des SDÜ in all diesen Staaten (= Österreich und die Staaten, für die das SDÜ bereits in Kraft gesetzt wurde) gegeben sind und die Kontrollen an den Außengrenzen dort tatsächlich durchgeführt werden. Dementsprechend ist etwa Deutschland derzeit noch kein Vertragsstaat, obwohl das SDÜ dort schon in Kraft gesetzt wurde, und ist ein Mitgliedstaat des Schengener Vertragswerkes kein Vertragsstaat, wenn bei ihm zum Zeitpunkt des Inkraftsetzens des Beitrittsvertrages das Schengener Durchführungsübereinkommen noch nicht in Kraft gesetzt worden ist; ein solcher Mitgliedstaat wird erst dann Vertragsstaat, wenn die Voraussetzungen der Anwendung des SDÜ dort gegeben sind und die Kontrollen an den Außengrenzen dort tatsächlich durchgeführt werden. Auch das Inkrafttreten des Beitrittsvertrages erfolgt durch Beschluß des Exekutivausschusses.

Durch das Abstellen auf „die Grenze Österreichs mit anderen Vertragsstaaten" wird klar, daß es eine Binnengrenze nur geben kann, wenn das Beitrittsübereinkommen im Verhältnis zu diesen anderen Vertragsstaaten durch einen entsprechenden Beschluß des Exekutivausschusses in Kraft gesetzt ist und Österreich somit selbst Vertragsstaat nach diesem Bundesgesetz ist.

Bei „Häfen für Binnenschiffahrt" ist grundsätzlich an solche am Bodensee, am Neusiedlersee aber auch an der Donau zu denken. Eine Konkretisierung dürfte aber nur für den Bereich des Bodensees in Frage kommen, weil nur hier Schiffsverbindungen aus Deutschland über das Gebiet eines Drittstaates (oder gemeinsamer Bereich) ohne Fahrtunterbrechung möglich sind.

Zu § 1 Abs. 10 (Außengrenze):
Die Definition der Außengrenze ergibt sich als logischer Gegenpol zu jener der Binnengrenze.

3. Anm: Auf Grund der Bezugnahme auf bundesgesetzliche sicherheitspolizeiliche Vorschriften dient die Grenzkontrolle nicht nur der Überwachung der Einhaltung der (allgemeinen) Sicherheitspolizei, sohin des SPG, sondern auch aller sonstigen auf Art 10 Abs 1 Z 7 B-VG gestützten sicherheitspolizeilichen Bestimmungen, wie etwa des LSG; vgl im Übrigen die Aufzählung bei *Hauer/Keplinger*, Kommentar[3] § 3 A.4.

2. Abschnitt: Räumliche Gliederung

Kennzeichnung der Grenzen

§ 2. An den Zufahrten zur Bundesgrenze sowie in den Flugplätzen und Häfen, sofern diese Bestandteil der Außengrenzen sind, ist in geeigneter Weise durch Schilder auf die Zugehörigkeit Österreichs, gegebenenfalls auch des Nachbarstaates zur Europäischen Union hinzuweisen.

1. RV 114 XX. GP

Mit dieser Bestimmung soll der Entschließung des Rates und der im Rat vereinigten Vertreter der Regierungen der Mitgliedstaaten vom 13. November 1986 betreffend das Anbringen geeigneter Schilder an der Außen- und Binnengrenze (86/C303/01) entsprochen werden, nach der die Mitgliedstaaten an den Zufahrten zu den Grenzübergangsstellen an den Binnengrenzen die Straßenschilder mit der Aufschrift „Zoll" durch Schilder ersetzen, die auf den EU-Nachbarstaat verweisen. An den Grenzübergängen zu Österreich (ohne Unterscheidung ob Binnen- oder Außengrenze), also auch in den Häfen und Flughäfen, sind Schilder (Z 3) aufzustellen, die auf die Grenze Österreichs hinweisen.

Grenzübergangsstelle

§ 3. (1) Grenzübergangsstellen sind vom Bundesminister für Inneres durch Verordnung festzulegen. In der Verordnung ist die Stelle oder das Gebiet zu bezeichnen; außerdem sind
1. die Verkehrszeiten und
2. der Benützungsumfang, insbesondere Beschränkungen der Zulässigkeit des Grenzübertritts auf bestimmte Menschen, Menschengruppen, Verkehrsarten oder örtliche Bereiche, wie Touristenzonen oder Wanderwege festzusetzen. Mit der Verordnung kann die Sicherheitsdirektion ermächtigt werden, bei Grenzübergangsstellen für den Verkehr zu Lande oder zu Wasser ihrerseits die Verkehrszeiten innerhalb eines vorgegebenen Rahmens mit Verordnung festzusetzen, soweit dies deshalb zweckmäßig ist, weil die Grenzübergangsstelle je nach Jahreszeit, Wochentag und Witterung unterschiedlich in Anspruch genommen wird.

(2) Sofern mit Verordnungen gemäß Abs. 1 Grenzübergangsstellen im Eisenbahn-, Schiffs- oder Luftverkehr festgelegt werden, bedürfen sie des Einvernehmens mit dem Bundesminister für Wissenschaft, Verkehr und Kunst.

(3) Die Sicherheitsdirektion ist ermächtigt, durch Verordnung vorübergehend Grenzübergangsstellen festzulegen, wenn dies für die zweckmäßige Durchführung kurz dauernder grenzüberschreitender Vorhaben, wie etwa Katastrophenübungen, Sportveranstaltungen, Verkehrsumleitungsmaßnahmen oder land- und forstwirtschaftliche Arbeiten erforderlich ist. Die Verkehrszeiten und der Benützungsum-

fang sind entsprechend dem Bedarf festzulegen. Soweit sich solche Verordnungen auf Flugplätze beziehen, ist ihre Geltung auf vier Wochen nach Inkrafttreten beschränkt.

(4) Außerdem ist die Sicherheitsdirektion ermächtigt, aus den in Abs. 3 genannten Gründen die Verkehrszeiten und den Benützungsumfang einer gemäß Abs. 1 festgelegten Grenzübergangsstelle mit Verordnung einzuschränken oder zu erweitern; Abs. 3 vorletzter und letzter Satz gilt. Solche Verordnungen dürfen nur mit Zustimmung des Bundesministers für Inneres kundgemacht werden.

(5) Bei Erlassung dieser Verordnungen (Abs. 1 bis 4) ist neben der Aufrechterhaltung der öffentlichen Ruhe, Ordnung und Sicherheit auf die wirtschaftliche und verkehrspolitische Bedeutung, die voraussichtliche Dichte des Grenzverkehrs sowie die Möglichkeit, mit den vorhandenen personellen Ressourcen den gebotenen Grenzkontrollstandard zu sichern, die Zulässigkeit des Grenzverkehrs nach zoll- oder luftfahrtrechtlichen Bestimmungen, die Interessen der militärischen Landesverteidigung, die Beziehungen zum Nachbarstaat sowie bestehende zwischenstaatliche Vereinbarungen Bedacht zu nehmen.

(6) Ist in Verordnungen nach Abs. 1 oder 3 sowie zwischenstaatlichen Vereinbarungen nach § 14 Abs. 1 der Grenzübertritt auf einen bestimmten örtlichen Bereich zu beschränken, so kann dieser auch dadurch festgelegt werden, daß in der Umschreibung auf Wegmarkierungen oder andere geeignete Zeichen im Gelände Bezug genommen wird.

Übersicht:

1. Hinweis auf innerstaatliche Normen
2. Materialien

1. Siehe V.H.1.-4. Grenzabkommen mit Ungarn, Slowenien, der Slowakei und Tschechien.

2. RV 114 XX. GP

Der Entwurf sieht vor, daß Grenzübergangsstellen durch Verordnung des Bundesministers für Inneres (Abs. 1), in Ausnahmefällen (Abs. 3) durch solche der Sicherheitsdirektion festgelegt werden. Die Verordnung hat jedenfalls eine entsprechende örtliche, zeitliche, allenfalls auch eine personelle oder sachliche Determinierung zu enthalten, wobei letztere regelmäßig Benützungsbeschränkungen bewirken. Nur innerhalb des damit festgesetzten Rahmens gilt die Stelle oder das Gebiet als Grenzübergangsstelle.

Bei der Festlegung der Grenzübergangsstellen ist überdies auf Abs. 5 Bedacht zu nehmen. Im Vordergrund stehen hiebei sicherheitspolizeiliche Zielsetzungen, aber auch wirtschaftliche und verkehrspolitische Aspekte. Die Rücksichtnahme auf zollrechtliche und luftfahrtrechtliche Aspekte ist erforderlich, weil über die Außengrenze auch der nach zollrechtlichen Vorschriften durchzuführende Warenverkehr stattfindet, und eine Grenzübergangsstelle (an der Außengrenze) ohne zollrechtliche Abfertigung wohl nicht möglich ist. Durch ein Abstellen auf die Frequenz und zwischenstaatliche Vereinbarungen soll sichergestellt werden, daß Grenzübergangsstellen im Umfang ihrer Zweckbestimmung und Verkehrszeit bilateralen Vereinbarungen entsprechen.

Primär ist für die Festlegung von Grenzübergangsstellen der Bundesminister für Inneres zuständig. Durch diese Konzentration soll einerseits die besondere Stellung von Außengrenzen im Schengener Raum hervorgehoben werden, andererseits muß im Hinblick auf den erforderlichen Kontrollstandard eine entsprechende personelle und technische (Mindest)Ausstattung gewährleistet sein.

Bei entsprechendem lokalen Bedarf (demonstrative Aufzählung in Abs. 3) soll vorübergehend die Festlegung einer Grenzübergangsstelle durch die Sicherheitsdirektion möglich sein. Eine zeitliche Befristung ist, mit Ausnahme von Flugplätzen, nicht vorgesehen, weil durch das Abstellen auf „kurz dauernde" Vorhaben ohnehin klargestellt wird, daß dadurch keine ständige Grenzübergangsstelle errichtet oder sonstige Dauerregelungen (zeitlichen oder sachlichen Charakters) geschaffen werden dürfen. Mit dieser Formulierung soll eine flexible Handhabung ermöglicht werden; Vorhaben, die länger als zwei Monate in Anspruch nehmen, werden allerdings kaum je als „kurz dauernde" anzusehen sein.

Die in Abs. 4 vorgesehene Möglichkeit der abändernden Festsetzung der Zeit oder des Benützungsumfanges einer Grenzübergangsstelle durch die Sicherheitsdirektion ist aus praktischen Überlegungen erforderlich. Sie scheint auch im Hinblick auf die in Abs. 3 beispielhaft angeführten Anlaßfälle und durch die Bindung der Kundmachung an die Zustimmung des Bundesministers für Inneres rechtsstaatlich unproblematisch.

Bei der in Abs. 6 normierten Möglichkeit des Abstellens auf Wegmarkierungen oder andere Zeichen im Gelände wird auf die Dauerhaftigkeit dieser Zeichen Bedacht zu nehmen sein: es sollte nicht im Belieben von Grundeigentümern stehen, den Inhalt genereller Rechtsakte zu verändern.

Kundmachung von Verordnungen

§ 4. (1) Verordnungen nach § 3 sind durch Anschlag an der Amtstafel der Behörde, die die Verordnung erlassen hat, Verordnungen gemäß § 3 Abs. 1 auch an der Amtstafel der Grenzübergangsstelle kundzumachen, sofern diese im Inland gelegen ist. Der Anschlag ist in allen Fällen vier Wochen, wenn die Grenzübergangsstelle jedoch vorher geschlossen wird, bis zum Zeitpunkt der Schließung auszuhängen.

(2) Soweit gemäß § 5 Hinweis- und Zusatztafeln anzubringen sind, gilt deren Anbringung als Kundmachung. Der Zeitpunkt der erfolgten Aufstellung ist in einem Aktenvermerk (§ 16 des Allgemeinen Verwaltungsverfahrensgesetzes 1991 - AVG, BGBl. Nr. 51) festzuhalten.

1. RV 114 XX. GP

Die Kundmachung der Verordnung soll alternativ auf die in Abs. 1 und 2 beschriebenen Arten erfolgen können. Bei der Kundmachung durch

Hinweis- oder Zusatztafeln werden die Probleme zu bedenken sein, die mit dem ungerechtfertigten Entfernen oder Aufstellen einer Hinweistafel auftreten können.

Kennzeichnung von Grenzübergangsstellen

§ 5. (1) Grenzübergangsstellen sind in ihrer unmittelbaren Nähe durch Hinweistafeln kenntlich zu machen. Diese haben die Staatsfarben, das Staatswappen und die Aufschrift „Grenzübergangsstelle" zu enthalten. Auf Zusatztafeln sind die Verkehrszeiten und allfällige Beschränkungen des Benützungsumfanges ersichtlich zu machen. Im übrigen sind die Beschaffenheit der Hinweis- und Zusatztafeln sowie die Art ihrer Anbringung durch Verordnung des Bundesministers für Inneres zu bestimmen.

(2) Keine Hinweis- oder Zusatztafeln müssen aufgestellt oder angebracht werden bei
1. Grenzübergangsstellen für den Verkehr auf Schiene oder zu Wasser;
2. Grenzübergangsstellen, an denen ein Grenzübertritt auf Grund internationaler Gepflogenheiten erfolgt;
3. Grenzübergangsstellen gemäß § 3 Abs. 3;
4. Grenzübergangsstellen, an denen der Grenzübertritt weniger als 100 namentlich bestimmten Menschen gestattet ist;
5. Grenzübergangsstellen, die lediglich der Bewirtschaftung über die Grenze reichender oder in Grenznähe gelegener Liegenschaften dienen;
6. Grenzübergangsstellen, die sich über einen mehr als 100 Meter langen Teil der Bundesgrenze erstrecken;
7. Grenzübergangsstellen im Verlauf von Straßen, Wegen oder sonstigen zum Grenzübertritt geeigneten Örtlichkeiten, welche mehrmals die Bundesgrenze schneiden, wenn die Kenntlichmachung einzelner dieser Schnittstellen auf Grund der örtlichen Gegebenheiten ausreichend ist.

(3) Die Eigentümer von Straßen, Wegen und sonstigen dem Grenzverkehr dienenden Grundflächen haben die Aufstellung der Hinweis- und Zusatztafeln zu dulden; ein Anspruch auf Entschädigung besteht nicht.

1. Übersicht:
1. Hinweis auf innerstaatliche Normen
2. Materialien

1. Siehe VI.O. Greko-KennzV.

2. RV 114 XX. GP

Da an die Qualifikation einer Stelle oder eines bestimmten Gebietes als Grenzübergangsstelle entsprechende Wirkungen geknüpft sind, ist eine entsprechende Publizität zu gewährleisten; dies gelingt durch entsprechende Tafeln wohl besser als durch bloßen Anschlag bei der zuständigen Behörde. Überdies sollen auf Zusatztafeln die relevanten Verkehrszeiten sowie allfällige Benützungsbeschränkungen ersichtlich und damit durchsetzbar gemacht werden. Nähere Bestimmungen über Beschaffenheit oder Anbringen solcher Tafeln sollen – abgesehen von dem im Gesetz vorgesehenen Mindeststandard – im Verordnungswege geregelt werden.

Durch das Aufstellen der Hinweistafeln wird keine Enteignung des Grundstückseigentümers bewirkt. Dennoch scheint es geboten, hier eine Regelung vorzusehen, die allfällige Ansprüche der Grundstückseigentümer ausschließt und diese umgekehrt verpflichtet, die Aufstellung der Tafeln zu dulden.

Gestaltung von Grenzübergangsstellen

§ 6. (1) Grenzübergangsstellen sind so zu gestalten, daß die Grenzkontrollen zweckmäßig, einfach und kostensparend durchgeführt werden können.

(2) Die Betreiber von Flugplätzen und Häfen haben durch entsprechende bauliche Einrichtungen oder organisatorische Maßnahmen dafür Sorge zu tragen, daß die Grenzkontrolle nach den Bestimmungen dieses Bundesgesetzes durchgeführt werden kann.

(3) Auf Flugplätzen sind - soweit nicht nur Binnenflüge abgefertigt werden – unterschiedliche Abfertigungseinrichtungen für Fluggäste von Binnenflügen und sonstigen Flügen zu schaffen. In Häfen sind – soweit im Rahmen regelmäßiger Fährverbindungen nicht ausschließlich Binnenschiffahrt abgewickelt wird – unterschiedliche Abfertigungseinrichtungen für Passagiere von Binnenfahrten und sonstigen Fahrten zu schaffen. Hiefür haben die Betreiber der Flugplätze und der Häfen selbst aufzukommen.

1. RV 114 XX. GP

Um die Grenzkontrolle zweckmäßig, einfach und kostensparend durchführen zu können, müssen – wie bisher – an den Grenzübergangsstellen die erforderliche Infrastruktur in baulicher Hinsicht geschaffen und der reibungslose Ablauf des Grenzverkehrs durch organisatorische Maßnahmen sichergestellt werden. An den hiefür maßgeblichen Kostentragungsregeln soll sich nichts ändern.

Nach den Bestimmungen des SDÜ ist allerdings bei der Ein- oder Ausreise zwischen Kontrollen von Staatsangehörigen eines der Mitgliedstaaten der Europäischen Union und solchen von Staatsangehörigen anderer Staaten zu unterscheiden. Diese Personengruppen sind der Grenzkontrolle nach unterschiedlichen Standards zu unterziehen. Dadurch werden zwangsläufig zusätzliche Einrichtungen erforderlich: Dies wird im Verkehr zur Straße oder im Eisenbahnverkehr leichter zu bewerkstelligen sein, als im Luftfahrt- oder Schiffsverkehr. In diesem Bereich müssen schon bei der Abfertigung der Passagiere entsprechende Leiteinrichtungen vorhanden sein. Deren Einrichtung haben – entsprechend dem bereits im „Flughafensicherheitsgesetz" (BGBl. Nr. 824/1992) entwickelten Grundsatz – nicht die Allgemeinheit, sondern der jeweilige Verursacher zu finanzieren.

Grenzkontrollbereich

§ 7. (1) Jeder Grenzübergangsstelle ist ein Grenzkontrollbereich zugeordnet; dies ist der im Inland gelegene Bereich innerhalb von 10 Kilometern im Umkreis der Grenzübergangsstelle.

(2) Im Eisenbahnverkehr umfaßt der Grenzkontrollbereich darüber hinaus die von der Grenzübergangsstelle in das Bundesgebiet verlaufenden Gleiskörper sowie die in ihrem Verlauf befindlichen sonstigen Eisenbahnanlagen (§ 10 des Eisenbahngesetzes 1957, BGBl. Nr. 60) in dem zur zweckmäßigen Abwicklung der Grenzkontrolle erforderlichen Ausmaß.

(3) Soweit Flugplätze oder Häfen Grenzübergangsstellen sind, umfaßt der Grenzkontrollbereich den gesamten Flugplatz oder Hafen.

(4) In Nachbarstaaten sind die nach den betreffenden zwischenstaatlichen Vereinbarungen zur Vornahme der österreichischen Grenzkontrolle bestimmten örtlichen Bereiche Grenzkontrollbereiche. Ein solcher Grenzkontrollbereich gilt, soweit dies nach den betreffenden zwischenstaatlichen Vereinbarungen zulässig ist, hinsichtlich der dort vorzunehmenden Amtshandlungen oder begangenen Verwaltungsübertretungen als im örtlichen Wirkungsbereich jener österreichischen Behörde gelegen, in deren örtlichen Wirkungsbereich sich die Grenzübergangsstelle befindet.

Übersicht:
1. Hinweis auf innerstaatliche Normen
2. Materialien

1. Textauszug EisbG

Eisenbahnanlagen

§ 10. Eisenbahnanlagen sind Bauten, ortsfeste eisenbahntechnische Einrichtungen und Grundstücke einer Eisenbahn, die ganz oder teilweise, unmittelbar oder mittelbar der Abwicklung oder Sicherung des Eisenbahnbetriebes oder Eisenbahnverkehrs dienen. Ein räumlicher Zusammenhang mit der Fahrbahn ist nicht erforderlich.

2. RV 114 XX. GP

Grenzkontrollbereich ist jener Bereich, innerhalb dessen Grenzübertritt und Grenzkontrolle stattfinden sollen. Durch die Festlegung des Bereiches durch Angabe einer Kilometeranzahl soll eine einfache und praktikable Handhabung ermöglicht und eine umständliche Aufzählung, ähnlich der derzeit geltenden Bestimmung, vermieden werden. Eine derartige Regelung scheint im Hinblick auf die ähnlich lautende – inhaltlich freilich weitergehende – Bestimmung des § 22 Zollrechts-Durchführungsgesetzes sinnvoll.

Für den Eisenbahn-, Luftfahrt- und Schiffsverkehr sind Sonderregelungen erforderlich. So sollen die „ambulanten Kontrollen" sowohl im Zug während der Fahrt, als auch auf und in sonstigen Eisenbahnanlagen (dazu § 10 Eisenbahngesetz 1957) im Zuge der Gleiskörper möglich sein. Für

§ 7

Flugplätze und Häfen reicht es, den Grenzkontrollbereich auf das Gelände des Flugplatzes und des Hafens zu beschränken. Für Grenzübergangsstellen, bei denen die Kontrollen auf Grund zwischenstaatlicher Vereinbarungen bereits auf dem Gebiet des Nachbarstaates durchgeführt werden, ist es erforderlich, die Grenzkontrollbereiche in dieser Vereinbarung festzulegen und die örtliche Zuständigkeit einer österreichischen Behörde zu begründen (gesetzlicher Richter).

3. Abschnitt: Behörden und Organe des öffentlichen Sicherheitsdienstes

Behördenzuständigkeit

§ 8. (1) Behörde im Sinne dieses Bundesgesetzes ist, sofern nicht anderes bestimmt ist, die Bezirksverwaltungsbehörde, im örtlichen Wirkungsbereich einer Bundespolizeidirektion diese. Der Bundesminister für Inneres und die Sicherheitsdirektionen sind ermächtigt, die Einhaltung der Bestimmungen des 4. Abschnittes zusätzlich zu überwachen.

(2) Die Sicherheitsdirektion kann die Überwachung der Einhaltung der Bestimmungen des 4. Abschnittes für einen bestimmten Zeitraum durch Verordnung von den nachgeordneten Behörden ganz oder teilweise an sich ziehen, solange dies aus besonderem sicherheitspolizeilichen Anlaß, insbesondere zur Verstärkung von Fahndungsmaßnahmen oder zur Vorbeugung gefährlicher Angriffe dringend geboten erscheint, und Maßnahmen gemäß Abs. 3 hiefür nicht genügen. Die Verordnung darf nur mit Zustimmung des Bundesministers für Inneres kundgemacht werden; hiefür gilt § 4.

(3) Den Sicherheitsdirektionen obliegt darüber hinaus die unverzügliche Information des zuständigen Militärkommandos im Falle militärischer Grenzverletzungen, die Koordinierung der Grenzkontrollbehörden im Lande sowie die Anordnung von Maßnahmen verstärkter Überwachung der Bundesgrenze, wie etwa von Schwerpunktaktionen. Soweit sich staatsvertraglich nichts anderes ergibt, obliegt den Sicherheitsdirektionen außerdem die Herstellung der Kontakte mit den Behörden von Nachbarstaaten in Grenzkontrollangelegenheiten und die Untersuchung von Grenzzwischenfällen im Zusammenwirken mit den Behörden des Nachbarstaates sowie die Veranlassung der notwendigen Maßnahmen.

1. RV 114 XX. GP

Die Struktur der „Grenzkontrollbehörden" entspricht jener der Behörden der Sicherheitsverwaltung (§ 2 SPG). In Anbetracht der zu setzenden Maßnahmen in personeller und technischer Hinsicht soll – um dem „Schengener Standard" zu entsprechen – dem Bundesminister für Inneres und den Sicherheitsdirektionen eine übergreifende Absicherung der Einhaltung der für den Grenzverkehr maßgeblichen Bestimmungen obliegen.

Darüber hinaus soll unter bestimmten Voraussetzungen (Abs. 2) – vergleichbar mit der derzeit geltenden Bestimmung des § 8 Abs. 5 Grenzkontrollgesetz 1969 – den Sicherheitsdirektionen die Möglichkeit eingeräumt werden, die Überwachung der Einhaltung der Bestimmungen des 4. Abschnittes (Handhabung der Grenzkontrolle) ganz oder teilweise durch Verordnung an sich zu ziehen. Neben den hier genannten materiellen Voraussetzungen (es muß aus sicherheitspolizeilichem Anlaß insbesondere zur Verstärkung von Fahndungsmaßnahmen zur Vorbeugung gefährlicher Angriffe dringend geboten erscheinen und zudem durch Maß-

§ 8

nahmen nach Abs. 3 nicht erfüllbar sein) darf eine solche Verordnung nur für einen eng begrenzten Zeitraum und nur mit Zustimmung des Bundesministers für Inneres erlassen (kundgemacht) werden. Die Interpretation der Voraussetzungen wird sich an einer praxisgerechten Problemlösung zu orientieren haben, gleichzeitig aber durch Anlegen eines restriktiven Maßstabes eine – auch nur partielle – Verschiebung der Behördenzuständigkeit zu verhindern haben.

Den Sicherheitsdirektionen soll betreffend die Vorgangsweisen der Behörden erster Instanz beim Vollzug dieses Bundesgesetzes eine Koordinierungsfunktion für den Bereich des jeweiligen Bundeslandes, aber auch die Herstellung und Aufrechterhaltung bilateraler Kontakte zukommen (Abs. 3). Klarzustellen ist, daß dadurch nicht in den inneren Dienst der Bundesgendarmerie (Grenzdienst) eingegriffen werden soll. Maßnahmen in diesem Bereich verbleiben im Zuständigkeitsbereich des Bundesministers für Inneres (Gendarmeriezentralkommando) – § 10 Abs. 1 SPG. Durch diese Regelung kommt es zu keiner Verschiebung der Behördenzuständigkeit, sondern es wird die fachliche Unterstellung der im örtlichen Wirkungsbereich einer Sicherheitsdirektion gelegenen Sicherheitsbehörden erster Instanz besonders in den genannten Bereichen betont und herausgestrichen (Abs. 1 letzter Satz).

2. AF 205 XX. GP

1. Zu den §§ 8 Abs. 1 und 9 Abs. 3:
Die mit dem Grenzkontrollgesetz und der Novelle zum Zollrechts-Durchführungsgesetz (131 der Beilagen zu den Sten.Prot. XX. GP) legistisch umgesetzte Konzeption des flexiblen Einsatzes der Grenzgendarmerie und der Zollwache für die Aufgaben der Grenzkontrolle einerseits und der Zollkontrolle andererseits bedingt, daß die Behörden – je nach den auf sie zukommenden Erfordernissen – mit den routinemäßig zur Verfügung stehenden Kräften das Auslangen finden oder zusätzliche Angehörige der jeweiligen Wachkörper einsetzen. Für den Fall, daß hinsichtlich eines bestimmten Grenzkontrollbereiches die Überwachung der Einhaltung der Bestimmungen des 4. Abschnittes durch Verordnung gemäß § 9 Abs. 3 ausschließlich von Zollorganen zu versehen ist, kann der Einsatz zusätzlicher Kräfte durch Einschreiten des Bundesministers für Inneres und/oder der Sicherheitsdirektion mit den diesen Grenzkontrollbehörden zur Verfügung stehenden Organen des öffentlichen Sicherheitsdienstes bewirkt werden.

2. Zu § 8 Abs. 3:
Die Anordnung von Maßnahmen nach § 8 Abs. 3 erfolgt unter einem funktionellen, nicht aber unter einem organisatorischen Gesichtspunkt. Der Sicherheitsdirektion sind nach dieser Bestimmung im wesentlichen koordinierende Befugnisse übertragen, die sie im Wege der zuständigen Behörden sowie mit den eigenen Organen des öffentlichen Sicherheitsdienstes umzusetzen hat. Keinesfalls wird damit eine Ingerenz in die den Landesgendarmerie- und Bezirksgendarmeriekommanden gemäß § 10 Abs. 2 SPG übertragene Selbständigkeit in Angelegenheiten des inneren Dienstes geschaffen.

Organe des öffentlichen Sicherheitsdienstes

§ 9. (1) Die für die Überwachung der Einhaltung der Bestimmungen des 4. Abschnittes zuständigen Behörden können hiefür die ihnen beigegebenen und zugeteilten, die Bezirksverwaltungsbehörden auch die ihnen unmittelbar unterstellten Organe des öffentlichen Sicherheitsdienstes einsetzen.

(2) Die Sicherheitsdirektion darf für die Überwachung der Einhaltung der Bestimmungen des 4. Abschnittes
1. unter besonderen Verhältnissen auch die ihr unmittelbar unterstellten Organe der Bundespolizei heranziehen;
2. in den Fällen des § 8 Abs. 2 alle für die nachgeordneten Behörden Exekutivdienst versehenden Organe des öffentlichen Sicherheitsdienstes, die ihr selbst beigegebenen oder zugeteilten Organe des öffentlichen Sicherheitsdienstes sowie die ihr unmittelbar unterstellten Organe der Bundespolizei heranziehen.

(3) Wenn ein Grenzkontrollbereich im örtlichen Wirkungsbereich mehrerer Behörden liegt, kann der Bundesminister für Inneres unter Bedachtnahme auf die möglichst zweckmäßige, einfache und kostensparende Gestaltung des Exekutivdienstes durch Verordnung die Organe des öffentlichen Sicherheitsdienstes einer der beteiligten Behörden zur Handhabung des Exekutivdienstes auch im örtlichen Wirkungsbereich anderer Behörden ermächtigen; sie werden dann als Organe der jeweils örtlich zuständigen Behörde tätig. Solche Verordnungen sind durch Anschlag an den Amtstafeln der beteiligten Behörden und der zugehörigen Grenzübergangsstelle kundzumachen, sofern diese im Inland gelegen ist. Der Anschlag ist vier Wochen auszuhängen.

(4) Die Organe des öffentlichen Sicherheitsdienstes dürfen in Wahrnehmung ihrer Aufgaben nach diesem Bundesgesetz zur Vornahme unaufschiebbarer Amtshandlungen die Grenze des örtlichen Wirkungsbereiches der zuständigen Behörde aus eigener Macht überschreiten. Sie werden hiebei als Organe der örtlich zuständigen Behörde tätig.

Übersicht:
1.-2. Materialien
3.-5. Anmerkungen

1. RV 405 XXII. GP

Da die Zollwache in das Bundesministerium für Inneres überführt wird, sind alle Absätze, die eine Übertragung der sicherheitsbehördlichen Grenzkontrolle regeln, mit Wirkung vom 1. Mai 2004 entbehrlich.

2. AF 205 XX. GP

Siehe 2. zu § 8.

3. Anm: Durch die Aufhebung des (alten) § 9 Abs 3 mit BGBl I 2004/26 ist die Grundlage für die V des BM f Inneres, mit der die Durchführung der Grenzkontrolle auf Zollorgane übertragen wird, BGBl II 1997/176, weggefallen. Der V wurde somit mit Ablauf des 30.4.2004 materiell derogiert.

4. Anm: Nach § 15 ZollR-DG sind die Organe des öffentlichen Sicherheitsdienstes befugt, an Geschäften der Zollverwaltung mitzuwirken. Sie gelten dabei als Organe des zuständigen Zollamtes.

5. Anm: Unter Organe des öffentlichen Sicherheitsdienstes sind Angehörige des Wachkörpers Bundespolizei (§ 5 Abs 2 Z 1 SPG) sowie zur Ausübung unmittelbarer Befehls- und Zwangsgewalt ermächtigte Angehörige des rechtskundigen Dienstes bei Sicherheitsbehörden (§ 5 Abs 2 Z 3 SPG) zu verstehen.

4. Abschnitt: Grenzverkehr

Grenzübertritt

§ 10. (1) Die Außengrenze darf, abgesehen von den Fällen, in denen anderes internationalen Gepflogenheiten oder zwischenstaatlichen Vereinbarungen entspricht, nur an Grenzübergangsstellen überschritten werden.

(2) Die Binnengrenze darf an jeder Stelle überschritten werden. Wenn es zur Aufrechterhaltung der öffentlichen Ruhe, Ordnung und Sicherheit geboten erscheint, ist der Bundesminister für Inneres im Rahmen zwischenstaatlicher Vereinbarungen jedoch ermächtigt, durch Verordnung zu bestimmen, daß für einen bestimmten Zeitraum auch bestimmte Abschnitte der Binnengrenze nur an Grenzübergangsstellen überschritten werden dürfen.

(3) Der Bundesminister für Inneres ist bei Gefahr im Verzug ermächtigt, in Erfüllung der aus der internationalen und europäischen Solidarität sowie dem Neutralitätsgesetz erwachsenden Verpflichtungen oder zur Aufrechterhaltung der öffentlichen Ruhe, Ordnung und Sicherheit den Grenzverkehr während der Dauer außerordentlicher Verhältnisse an bestimmten Grenzübergangsstellen oder Grenzabschnitten mit Verordnung ganz oder teilweise einzustellen. Hierüber ist binnen drei Tagen nach Erlassung dieser Verordnung das Einvernehmen mit dem Hauptausschuß des Nationalrates herzustellen. Die Einstellung des Grenzverkehrs sowie die Aufhebung dieser Maßnahme sind unverzüglich im „Amtsblatt zur Wiener Zeitung" kundzumachen.

Übersicht:
1. Hinweis auf europarechtliche Normen
2.-3. Materialien

1. Zu Abs 2 vgl IV.C.2., Art 2 Abs 1 SDÜ.

2. RV 114 XX. GP

Entsprechend den in den §§ 6 bis 9 SPG entwickelten Grundsätzen können die zur Überwachung der Einhaltung der Bestimmungen des 4. Abschnittes (Grenzverkehr) zuständigen Behörden die ihnen beigegebenen und zugeteilten – die Bezirksverwaltungsbehörden auch die ihnen unmittelbar unterstellten – Organe des öffentlichen Sicherheitsdienstes heranziehen.

Die personelle Ausstattung der Sicherheitsdirektionen ließe in den Sonderfällen des Abs. 2 eine Aufgabenerfüllung nicht zu, wenn nicht die Möglichkeit bestünde, auch die nicht von Abs. 1 erfaßten (beigegebene und zugeteilte) Organe einzusetzen. Die Regelung unterscheidet zwei Fälle:

Im ersten Fall sollen die Sicherheitsdirektionen unter besonderen Verhältnissen (denkbar sind hier zB die Feststellung verstärkter Schlepperaktivitäten in einem bestimmten Bereich der Grenze, der im Rahmen konventioneller Kontrollen und Überwachungen an der Grenze scheinbar nicht wirksam begegnet werden kann – § 8 Abs. 2 und 3) zur Ausübung ihres Aufsichts- und Überwachungsrechtes die ihnen unmittelbar unterstellten Organe der Bundesgendarmerie (Angehörige der Kriminalabteilungen) heranziehen können. Die Zuständigkeit der Behörde erster Instanz bleibt dadurch unberührt. Im zweiten Fall zieht die Sicherheitsdirektion bei Vorliegen der Voraussetzungen durch eine Verordnung die Überwachung des Grenzverkehrs an sich, womit die Behörde erster Instanz unzuständig wird. In diesem Fall können die für diese nun unzuständigen Behörden üblicherweise Exekutivdienst versehenden Organe des öffentlichen Sicherheitsdienstes von den Sicherheitsdirektionen zur Überwachung des Grenzverkehrs herangezogen werden.

So wie nach geltendem Recht werden auch künftig Zollorgane an der sicherheitsbehördlichen Überwachung der Grenze mitzuwirken haben. Dies soll im Einzelfall – also bezogen auf bestimmte Grenzkontrollbereiche – durch Verordnungen gemäß Abs. 3 bewirkt werden. Die Zollorgane können demnach für bestimmte Bereiche mit der ausschließlichen oder teilweisen Überwachung der Einhaltung der Bestimmung des 4. Abschnittes betraut werden. Die partielle Ermächtigung kann sich auf ein personelles (zB Lenker von Lkw), ein zeitliches (zB zwischen 8.00 und 18.00 Uhr) oder ein verkehrswegebezogenes (zB 2. und 3. Spur) Substrat beziehen. Unabhängig davon sollen aber die Zollorgane – so wie bisher gemäß § 1 des „Übertragungsgesetzes", BGBl. Nr. 220/1967 – die gesamte Palette sicherheitsbehördlicher Befugnisse handhaben dürfen (Abs. 4), wenn Organe des öffentlichen Sicherheitsdienstes nicht zur Verfügung stehen; dies gilt freilich nur für den Bereich, innerhalb dessen die Zollorgane auch sonst (Abs. 3) zur Mitwirkung eingesetzt werden können, also innerhalb des jeweiligen Grenzkontrollbereiches. In beiden Fällen kommen den Zollorganen Stellung und Ermächtigungsrahmen der Organe des öffentlichen Sicherheitsdienstes zu.

Die Tätigkeit der Organe des öffentlichen Sicherheitsdienstes/Zollorgane in Vollziehung des Grenzkontrollgesetzes zerfällt in zwei Bereiche: Neben der oben beschriebenen Tätigkeit der Überwachung der Einhaltung der Bestimmungen des 4. Teiles besteht jene des Einschreitens im Dienste der Verwaltungsstrafrechtspflege bei Verdacht einer Übertretung gemäß § 16 Abs. 1. Während die Organe im ersteren Fall für die jeweilige Überwachungsbehörde (BMI/Sicherheitsdirektion/Bezirksverwaltungsbehörde, Bundespolizeidirektion) einschreiten, geschieht dies im zweiteren Fall (Abs. 5) ausschließlich für die Bezirksverwaltungsbehörde/Bundespolizeidirektion als Trägerin des Verwaltungsstrafverfahrens.

Da es durch die Festlegung des Grenzkontrollbereiches (§ 7) zu Überschneidungen mit den Sprengeln mehrerer Grenzkontrollbehörden kommen kann, soll für solche Fälle durch den Bundesminister für Inneres bereits bei der Festlegung der Grenzübergangsstelle eine entsprechende Zuordnung zu einer einzigen Behörde vorgenommen werden können.

Abs. 5 ist die grenzpolizeispezifische Ausprägung des § 27a Abs. 3 VStG.

II   Kerngesetze: G Grenzkontrollgesetz - GrekoG

3. RV 405 XXII. GP

Siehe oben 1. zu § 9.

Grenzkontrollpflicht

§ 11. (1) Der Grenzübertritt an Grenzübergangsstellen sowie das Betreten des Bundesgebietes im Schiffs- oder Luftverkehr an anderer Stelle, als in dem Hafen oder an dem Flugplatz, die als Grenzübergangsstelle vorgesehen waren, verpflichten den Betroffenen, sich der Grenzkontrolle zu stellen (Grenzkontrollpflicht).

(2) Wer einen der Grenzkontrollpflicht unterliegenden Grenzübertritt vornehmen will oder vorgenommen hat, ist innerhalb des Grenzkontrollbereiches verpflichtet,
1. darüber Auskunft zu erteilen, ob er einen Grenzübertritt vorgenommen hat oder vornehmen will und
2. sich ohne unnötigen Aufschub und unter Einhaltung der vorgegebenen Verkehrswege an der dafür vorgesehenen Stelle innerhalb des Grenzkontrollbereiches, gegebenenfalls innerhalb des Transitraumes der Grenzkontrolle zu stellen und
3. die für die zweckmäßige und rasche Abwicklung der Grenzkontrolle getroffenen Anordnungen zu befolgen.

Übersicht:
1.   Hinweise auf europarechtliche Normen
2.   Materialien
3.   Judikatur

1. Siehe IV.C.2. SDÜ.

2. RV 114 XX. GP

Abs. 1 normiert den Kreis der von der Grenzkontrollpflicht erfaßten Menschen: Dieser besteht neben den Fällen des Grenzübertrittes an einer Grenzübergangsstelle auch aus jenen, die auf Grund der Notlandung eines Flugzeuges oder Schiffes einen „Grenzübertritt wider Willen" vornehmen.

Grundsätzlich erfolgt bei einem Aufenthalt in einem Transitraum für Transitreisende (§ 12 Abs. 1 FrG) keine Grenzkontrolle. Dennoch gibt es Fälle, in denen auch dann eine Grenzkontrolle vorzunehmen ist; dies wird jedenfalls immer dann der Fall sein, wenn die Zulässigkeit des Aufenthaltes in diesem Transitraum vom Vorhandensein einer Transiterlaubnis (§ 12 Abs. 2) abhängt.

3. Jud: Die Erfüllung der Grenzkontrollpflicht mit einem Kraftfahrzeug setzt nach § 11 Abs 1 iVm Abs 2 Z 2 voraus, dass der Lenker das Kraftfahrzeug innerhalb des Grenzkontrollbereiches unter Einhaltung der vorgegebenen Verkehrswege an der dafür vorgesehenen Stelle anhält, um die weiteren Anordnungen der Grenzkontrollorgane für die zweckmäßige und rasche Abwicklung der Grenzkontrolle zu befolgen. Das Durchfahren der Grenzkontrollstelle ist nur dann ein rechtmäßiger Grenzübertritt, wenn von den Dienst verrichtenden Kontrollorganen ein eindeutiges Signal zur freien Durchfahrt gegeben wird. Welche Geschwindigkeit beim Passieren der Grenzkontrollstelle - und der Dienst verrichtenden Kontrollorgane - eingehalten wird, ist irrelevant, da das Fahrzeug zum Stillstand gebracht werden muss. (UVS Stmk 4.7.2003, 30.7-139/2002)

Durchführung der Grenzkontrolle

§ 12. (1) Die Grenzkontrolle obliegt der Behörde. Sie ist – soweit sie durch die Ausübung unmittelbarer verwaltungsbehördlicher Befehls- und Zwangsgewalt zu besorgen ist – Organen des öffentlichen Sicherheitsdienstes vorbehalten. Amtshandlungen im Rahmen der Grenzkontrolle sind entsprechend den Erfordernissen der Zweckmäßigkeit, Einfachheit, Raschheit und Kostenersparnis innerhalb des Grenzkontrollbereiches möglichst an der Grenzübergangsstelle vorzunehmen.

(1a) Die Behörde ist ermächtigt, im Bereich von Grenzübergangsstellen zur Durchführung der Grenzkontrolle Bild- und Tonaufzeichnungsgeräte einzusetzen. Diese Maßnahme ist gut sichtbar anzukündigen. Die Behörde hat vom beabsichtigten Einsatz der Bild- und Tonaufzeichnungsgeräte unverzüglich den Bundesminister für Inneres zu verständigen. Dieser hat dem Rechtsschutzbeauftragten (§ 62a SPG) Gelegenheit zur Äußerung binnen drei Tagen zu geben. Mit dem Einsatz der Bild- und Tonaufzeichnungsgeräte darf erst nach Ablauf dieser Frist oder nach Vorliegen einer entsprechenden Äußerung des Rechtsschutzbeauftragten begonnen werden, es sei denn, es wären zur Abwehr schwerer Gefahr sofortige Ermittlungen erforderlich.

(2) Der Bundesminister für Inneres kann mit Rücksicht auf die geringe Frequenz und Bedeutung des Grenzverkehrs an einzelnen Grenzübergangsstellen innerhalb der Europäischen Union die Grenzkontrolle im Zuge des Streifendienstes an der Grenze durchführen lassen, wenn öffentliche Interessen oder völkerrechtliche Verpflichtungen dem nicht entgegenstehen.

(3) Die Organe des öffentlichen Sicherheitsdienstes sind ermächtigt, Menschen einer Grenzkontrolle zu unterziehen, sofern Grund zur Annahme besteht, daß diese grenzkontrollpflichtig sind oder daß sie den Grenzübertritt unbefugt außerhalb von Grenzübergangsstellen vornehmen wollen oder vorgenommen haben. Diese Ermächtigung besteht bei Grenzübertritten an Grenzübergangsstellen innerhalb des Grenzkontrollbereiches, sonst an jener Stelle, an der ein Grenzkontrollpflichtiger angetroffen wird; sie besteht auch an jener Stelle, an der ein Mensch, der den Grenzübertritt unbefugt außerhalb einer Grenzübergangsstelle vornehmen will oder vorgenommen hat, auf frischer Tat betreten wird.

(4) Die Organe des öffentlichen Sicherheitsdienstes sind ermächtigt, zum Zwecke der Grenzkontrolle die Identität der Betroffenen festzustellen, sowie deren Fahrzeuge und sonst mitgeführte Behältnisse von außen und innen zu besichtigen; sofern ein Zollorgan an-

wesend ist, haben die Organe des öffentlichen Sicherheitsdienstes diesem die Möglichkeit einzuräumen, eine Zollkontrolle zusammen mit diesem vorzunehmen. Jeder Betroffene ist verpflichtet, an der Identitätsfeststellung (§ 35 des Sicherheitspolizeigesetzes - SPG, BGBl. Nr. 566/1991) mitzuwirken und die unmittelbare Durchsetzung dieser Maßnahme zu dulden; er hat außerdem dafür zu sorgen, daß die Fahrzeuge und Behältnisse für die Besichtigung zugänglich sind. Die Organe des öffentlichen Sicherheitsdienstes sind ermächtigt, die von ihnen getroffenen Anordnungen - nach Maßgabe des § 50 Abs. 2 und 3 SPG – mit unmittelbarer Befehls- und Zwangsgewalt durchzusetzen.

(5) Die Organe des öffentlichen Sicherheitsdienstes sind ermächtigt, im Rahmen der Überwachung der Einhaltung der Bestimmungen des 4. Abschnittes und zur Durchführung der Grenzkontrolle Grundstücke zu betreten sowie vorhandene und dafür geeignete Wege zu befahren, sofern dies für die Durchführung dieser Maßnahmen erforderlich ist.

(6) An Grenzübergangsstellen, die nicht dem allgemeinen Grenzverkehr, sondern ausschließlich oder überwiegend den Interessen weniger dienen, ist die Grenzkontrolle von der Behörde mit Bescheid anzuordnen. Im übrigen gelten die §§ 5a und 5b SPG mit der Maßgabe, daß die Verpflichtung zur Entrichtung der Überwachungsgebühren jene trifft, deren Interessen die Grenzübergangsstelle dient.

Übersicht:

1. Hinweis auf europarechtliche Norm
2.-3. Hinweise auf innerstaatliche Normen
4.-6. Materialien
7.-13. Anmerkungen
14. Judikatur

1. Siehe IV.A.9. AbstempelVO.

2. Textauszüge SPG

Überwachungsgebühren

§ 5a. (1) Für besondere Überwachungsdienste durch Organe des öffentlichen Sicherheitsdienstes, die auf Grund der Verwaltungs-vorschriften für Vorhaben mit Bescheid angeordnet oder bewilligt werden, sind Überwachungsgebühren einzuheben, wenn es sich um die Überwachung von Vorhaben handelt, die – wenn auch nur mittelbar – Erwerbsinteressen dienen, oder um Vorhaben, für die die Zuseher oder Besucher ein Entgelt zu entrichten haben oder die nicht jedermann zur Teilnahme offenstehen.

(2) Die Bestimmungen des Abs. 1 finden auf Vorhaben der gesetzlich anerkannten Kirchen und Religionsgesellschaften, der politischen Parteien und der ausländischen in Österreich akkreditierten Vertretungsbehörden keine Anwendung. Dies gilt auch für Überwachungen, die dem vorbeugenden Schutz nach § 22 Abs. 1 Z 2 und 3 dienen

(3) Die Festsetzung der Gebührensätze erfolgt nach Maßgabe der durchschnittlichen Aufwendungen; hiebei ist auf das öffentliche Interesse an Vorhaben im Hinblick auf die Gesundheitsvorsorge Bedacht zu nehmen. Die Festsetzung erfolgt
1. *für den Bund (§ 5 Abs. 2 Z 1 und 3) durch Verordnung des Bundesministers für Inneres und*
2. *für die Länder und Gemeinden (§ 5 Abs. 2 Z 2 und 3) durch Verordnung der Landesregierung.*

Entrichtung der Überwachungsbebühren

§ 5b. (1) Die Überwachungsgebühren sind, wenn sie nicht ohne weiteres entrichtet werden, von jener Behörde vorzuschreiben, die die Überwachung anordnet oder bewilligt. Sie fließen der Gebietskörperschaft zu, die den Aufwand der mit der Überwachung betrauten Organe zu tragen hat.

(2) Der mit der Führung der Organe des öffentlichen Sicherheitsdienstes betrauten Behörde kommt im Verfahren gemäß Abs. 1 Parteistellung zu, sofeme sie nicht selbst zur Bescheiderlassung zuständig ist.

(3) Die Verpflichtung zur Entrichtung von Überwachungsgebühren trifft denjenigen, der das Vorhaben, dessen Überwachung bewilligt oder angeordnet wurde, durchführt. Wurde die Überwachung von einer anderen Person beantragt oder durch das Verschulden einer anderen Person verursacht, so sind die Überwachungsgebühren von dieser zu tragen. Treffen die Voraussetzungen auf mehrere Beteiligte zu, so trifft alle die Verpflichtung zur Entrichtung zu ungeteilter Hand.

Identitätsfeststellung

§ 35. (1) Die Organe des öffentlichen Sicherheitsdienstes sind zur Feststellung der Identität eines Menschen ermächtigt,
1. *wenn auf Grund bestimmter Tatsachen anzunehmen ist, er stehe im Zusammenhang mit einem gefährlichen Angriff oder könne über einen solchen Angriff Auskunft erteilen;*
2. *wenn der dringende Verdacht besteht, daß sich an seinem Aufenthaltsort*
   a) *mit beträchtlicher Strafe bedrohte Handlungen ereignen oder*
   b) *flüchtige Straftäter oder einer Straftat Verdächtige verbergen;*
3. *wenn er sich anscheinend im Zustand der Hilflosigkeit befindet und die Feststellung der Identität für die Hilfeleistung erforderlich scheint;*
4. *wenn der dringende Verdacht besteht, daß sich an seinem Aufenthaltsort Fremde befinden, die nicht zum Aufenthalt im Bundesgebiet berechtigt sind;*
5. *wenn auf Grund bestimmter Tatsachen anzunehmen ist, es handle sich*
   a) *um einen abgängigen Minderjährigen (§ 146b ABGB) oder*
   b) *um einen Menschen, der auf Grund einer psychischen Krankheit das Leben oder die Gesundheit anderer ernstlich und erheblich gefährdet oder*
   c) *um einen Untersuchungshäftling oder Strafgefangenen, der sich der Haft entzogen hat;*

6. *wenn nach den Umständen anzunehmen ist, der Betroffene habe im Zuge einer noch andauernden Reisebewegung die Binnengrenze überschritten oder werde sie überschreiten;*
7. *wenn der Betroffene entlang eines vom internationalen Durchzugsverkehr benützten Verkehrsweges unter Umständen angetroffen wird, die für grenzüberschreitend begangene gerichtlich strafbare Handlungen typisch sind;*
8. *wenn dies für die Verhängung eines Betretungsverbotes in einer Schutzzone und die Durchsetzung desselben (§ 36a Abs. 3 und 4) notwendig ist.*

(2) Die Feststellung der Identität ist das Erfassen der Namen, des Geburtsdatums und der Wohnanschrift eines Menschen in dessen Anwesenheit. Sie hat mit der vom Anlaß gebotenen Verläßlichkeit zu erfolgen.

(3) Die Organe des öffentlichen Sicherheitsdienstes haben Menschen, deren Identität festgestellt werden soll, hievon in Kenntnis zu setzen. Jeder Betroffene ist verpflichtet, an der Feststellung seiner Identität mitzuwirken und die unmittelbare Durchsetzung der Identitätsfeststellung zu dulden.

3. Abschnitt: Unmittelbare Zwangsgewalt

§ 50. (1) ...
(2) Die Organe des öffentlichen Sicherheitsdienstes haben anwesenden Betroffenen die Ausübung von unmittelbarer Zwangsgewalt anzudrohen und anzukündigen. Hievon kann in den Fällen der Notwehr oder der Beendigung gefährlicher Angriffe (§ 33) soweit abgesehen werden, als dies für die Verteidigung des angegriffenen Rechtsgutes unerläßlich erscheint.
(3) Für die Anwendung von unmittelbarer Zwangsgewalt gegen Menschen gelten die Bestimmungen des Waffengebrauchsgesetzes 1969.
(4) ...

Rechtsschutzbeauftragter

§ 91a. (Verfassungsbestimmung) (1) Zur Wahrnehmung des besonderen Rechtsschutzes im Ermittlungsdienst der Sicherheitsbehörden ist beim Bundesminister für Inneres ein Rechtsschutzbeauftragter mit zwei Stellvertretern eingerichtet, die bei der Besorgung der ihnen nach dem Sicherheitspolizeigesetz zukommenden Aufgaben unabhängig und weisungsfrei sind und der Amtsverschwiegenheit unterliegen.
(2) Der Rechtsschutzbeauftragte und seine Stellvertreter haben gleiche Rechte und Pflichten. Sie werden vom Bundespräsidenten auf Vorschlag der Bundesregierung nach Anhörung der Präsidenten des Nationalrates sowie der Präsidenten des Verfassungsgerichtshofes und des Verwaltungsgerichtshofes auf die Dauer von fünf Jahren bestellt. Wiederbestellungen sind zulässig.
(3) Eine Einschränkung seiner Befugnisse nach § 91c sowie seiner Rechte und Pflichten nach § 91d kann vom Nationalrat nur in Anwesenheit von mindestens der Hälfte der Mitglieder mit einer Mehrheit von zwei Dritteln der abgegebenen Stimmen beschlossen werden.

Organisation

§ 91b. (1) Der Rechtsschutzbeauftragte und seine Stellvertreter müs-

sen besondere Kenntnisse und Erfahrungen auf dem Gebiet der Grund- und Freiheitsrechte aufweisen und mindestens fünf Jahre in einem Beruf tätig gewesen sein, in dem der Abschluss des Studiums der Rechtswissenschaften Berufsvoraussetzung ist. Richter und Staatsanwälte des Dienststandes, Rechtsanwälte, die in die Liste der Rechtsanwälte eingetragen sind, und andere Personen, die vom Amt eines Geschworenen oder Schöffen ausgeschlossen oder zu diesem nicht zu berufen sind (§§ 2 und 3 des Geschworenen- und Schöffengesetzes 1990) dürfen nicht bestellt werden.

(2) Die Bestellung des Rechtsschutzbeauftragten und seiner Stellvertreter erlischt bei Verzicht, im Todesfall oder mit Wirksamkeit der Neu- oder Wiederbestellung. Wenn ein Grund besteht, die volle Unbefangenheit des Rechtsschutzbeauftragten oder eines Stellvertreters in Zweifel zu ziehen, hat sich dieser des Einschreitens in der Sache zu enthalten.

(3) Der Bundesminister für Inneres stellt dem Rechtsschutzbeauftragten die zur Bewältigung der administrativen Tätigkeit notwendigen Personal- und Sacherfordernisse zur Verfügung. Dem Rechtsschutzbeauftragten und seinen Stellvertretern gebührt für die Erfüllung ihrer Aufgaben eine Entschädigung. Der Bundesminister für Inneres ist ermächtigt, mit Verordnung Pauschalsätze für die Bemessung dieser Entschädigung festzusetzen.

Rechte und Pflichten des Rechtsschutzbeauftragten

§ 91d. (1) Die Sicherheitsbehörden haben dem Rechtsschutzbeauftragten bei der Wahrnehmung seiner Aufgaben jederzeit Einblick in alle erforderlichen Unterlagen und Aufzeichnungen zu gewähren, ihm auf Verlangen Abschriften (Ablichtungen) einzelner Aktenstücke unentgeltlich auszufolgen und alle erforderlichen Auskünfte zu erteilen; insofern kann ihm gegenüber Amtsverschwiegenheit nicht geltend gemacht werden. Dies gilt jedoch nicht für Auskünfte und Unterlagen über die Identität von Personen oder über Quellen, deren Bekannt werden die nationale Sicherheit oder die Sicherheit von Menschen gefährden würde, und für Abschriften (Ablichtungen), wenn das Bekannt werden der Information die nationale Sicherheit oder die Sicherheit von Menschen gefährden würde.

(2) Dem Rechtsschutzbeauftragten ist jederzeit Gelegenheit zu geben, die Durchführung der in § 91c genannten Maßnahmen zu überwachen und alle Räume zu betreten, in denen Aufnahmen oder sonstige Überwachungsergebnisse aufbewahrt werden. Darüber hinaus hat er im Rahmen seiner Aufgabenstellungen die Einhaltung der Pflicht zur Richtigstellung oder Löschung nach § 63 oder den besonderen Löschungsbestimmungen zu überwachen.

(3) Nimmt der Rechtsschutzbeauftragte wahr, dass durch Verwenden personenbezogener Daten Rechte von Betroffenen verletzt worden sind, die von dieser Datenverwendung keine Kenntnis haben, so ist er zu deren Information oder, sofern eine solche aus den Gründen des § 26 Abs. 2 des DSG 2000 nicht erfolgen kann, zur Erhebung einer Beschwerde an die Datenschutzkommission nach § 90 befugt.

(4) Der Rechtsschutzbeauftragte erstattet dem Bundesminister für Inneres jährlich bis spätestens 31. März einen Bericht über seine Tätigkeit und Wahrnehmungen im Rahmen seiner Aufgabenerfüllung. Diesen Be-

richt hat der Bundesminister für Inneres dem ständigen Unterausschuss des Ausschusses für innere Angelegenheiten zur Überprüfung von Maßnahmen zum Schutz der verfassungsmäßigen Einrichtungen und ihrer Handlungsfähigkeit auf dessen Verlangen im Rahmen des Auskunfts- und Einsichtsrechtes nach Art. 52a Abs. 2 B-VG zugänglich zu machen.

3. Textauszüge SGV

§ 1. (1) Die Überwachungsgebühr für Überwachungsdienste beträgt für ein Organ des öffentlichen Sicherheitsdienstes (§ 5 Abs. 2 Z 1 bis 3 und 5 SPG) 14,53 € je angefangene halbe Stunde, an Sonn- und Feiertagen sowie in der Zeit zwischen 22.00 und 6.00 Uhr 21,80 € je in dieser Zeit angefangene halbe Stunde.

(2) Ist zur Durchführung der Überwachung der Einsatz eines Dienstfahrzeuges erforderlich, gebühren pro Fahrzeug zusätzlich 10,90 € je angefangene halbe Stunde. Die Gebühr für den Einsatz eines Luftfahrzeuges einschließlich des Personalaufwandes beträgt einheitlich 21,80 € je Minute.

§ 3. Der Berechnung der Überwachungsgebühr ist nur die Dauer der Überwachung selbst, nicht aber der Zeitaufwand für den Hin- und Rückweg zum Ort des Vorhabens zugrunde zu legen.

4. RV 114 XX. GP

Soweit mit der Durchführung von Grenzkontrollen Akte unmittelbarer Befehls- und Zwangsgewalt gesetzt werden müssen, werden diese Amtshandlungen den Organen des öffentlichen Sicherheitsdienstes und damit auch den Zollorganen vorbehalten, sofern sie in Vollziehung dieses Bundesgesetzes einschreiten. Andere Organwalter der Behörde können somit wie bisher für die Grenzkontrolle eingesetzt werden, dürfen also keine unmittelbare Befehls- und Zwangsgewalt ausüben.

Grenzkontrollen sollen von den hiezu ermächtigten Organen des öffentlichen Sicherheitsdienstes primär innerhalb des Grenzkontrollbereiches durchgeführt werden. Nur in Ausnahmefällen, wenn der Betroffene selbst den Grenzkontrollbereich verläßt, um sich der Kontrolle zu entziehen, wenn ein Luftfahrzeug außerhalb des Flugplatzes landet oder wenn ein illegaler Grenzgänger auf frischer Tat betreten wird, sind Grenzkontrollen an anderer Stelle zulässig.

Primär werden Grenzkontrollen nach diesem Bundesgesetz wohl stationär durchgeführt werden. Dies bedeutet, daß es zur Festlegung und Errichtung von Grenzübergangsstellen samt der entsprechenden baulichen und technischen Infrastruktur kommen wird. Nur in bestimmten Ausnahmefällen soll auf Grund einer entsprechenden Verordnung des Bundesministers für Inneres eine Grenzkontrolle, räumlich losgelöst von einer Grenzübergangsstelle, im Zuge des Streifendienstes an der Grenze erfolgen (Abs. 2).

Korrespondierend zur Stellungspflicht des § 11 Abs. 2 Z 2 werden die Organe des öffentlichen Sicherheitsdienstes ermächtigt, die Grenzkontrollpflichtigen der Grenzkontrolle zu unterziehen und die Anordnungen mit unmittelbarer Befehls- und Zwangsgewalt durchzusetzen. Bei der in Abs. 4 enthaltenen Ermächtigung handelt es sich um das Herzstück der Grenzkontrolle, nämlich um die routinemäßige Ermächtigung zur Feststellung der Identität und zur Besichtigung des Fahrzeuges und sonst mitgeführter Behältnisse. Auf die Ausführungen hiezu bei den Erläuterungen zu § 1 Abs. 2 wird verwiesen. Das Grenzkontrollgesetz ermächtigt somit die Organe des öffentlichen Sicherheitsdienstes/Zollorgane im Rahmen der Grenzkontrolle ausschließlich zu diesen Routinemaßnahmen, der Rückgriff auf andere Ermächtigungen darf nur bei Vorliegen entsprechender Tatsachen (= Ergebnisse der Routinekontrolle) vorgenommen werden. Bei der Ermächtigung zur Besichtigung handelt es sich ausschließlich um eine auf die sicherheitsbehördliche Grenzkontrolle beschränkte Befugnis. Die Organe des öffentlichen Sicherheitsdienstes müssen daher in den Fällen, in denen bei der jeweiligen Grenzübergangsstelle auch ein Zollorgan anwesend ist, bei Vornahme einer Besichtigung dafür Sorge tragen, daß – unabhängig hievon – eine Zollkontrolle stattfinden kann. Zu diesem Zweck sind sie verpflichtet, dem Zollorgan die Möglichkeit einzuräumen, zusammen mit der Besichtigung oder – zuvor und unabhängig von dieser – eine Zollkontrolle vorzunehmen. Nur wenn das Zollorgan erklärt, im konkreten Fall auf eine Zollkontrolle zu verzichten, obliegt die Gestaltung des weiteren Ablaufs der Amtshandlung ausschließlich dem Organ des öffentlichen Sicherheitsdienstes.

Zur Überwachung der Einhaltung der Vorschriften über den Grenzverkehr werden die einschreitenden Organe ermächtigt, Grundstücke unabhängig von den Eigentums- und Verfügungsverhältnissen zu betreten oder vorhandene und dafür geeignete Wege zu befahren, sofern dies für die Durchführung der Maßnahme erforderlich ist. Es ist hier an Fälle im Rahmen des Grenzüberwachungsdienstes, aber auch im Bereich von Grenzübergangsstellen zu denken, wenn sich ein Betroffener der Grenzkontrolle entziehen möchte und deshalb auf ein angrenzendes, privates Grundstück ausweicht oder flüchtet. Um hier eine Verfolgung auch auf das private Grundstück zu ermöglichen, soll diese Bestimmung geschaffen werden. Vergleichbares gibt es im § 22 Zollrechts-Durchführungsgesetz.

Hinzu kommen noch jene Fälle, in denen Grenzübergangsstellen festgelegt werden, die im überwiegenden oder ausschließlichen Interesse einzelner Personen liegen. In solchen Fällen soll es möglich sein, weil die damit verbundenen Aufwendungen personeller Natur nicht der Allgemeinheit zugute kommen, diese in Form von Überwachungsgebühren auf den (die) ausschließlich Begünstigten zu überwälzen (Abs. 6).

5. BR 5217

Der erste Satz des § 12 Abs.4 des Bundesgesetzes über die Durchführung von Personenkontrollen aus Anlaß des Grenzübertritts (Grenzkontrollgesetz - GrekoG) lautet wie folgt:

„(4) Die Organe des öffentlichen Sicherheitsdienstes sind ermächtigt, zum Zwecke der Grenzkontrolle die Identität der Betroffenen festzustellen, sowie deren Fahrzeuge und sonst mitgeführten Behältnisse von außen und innen zu besichtigen; sofern ein Zollorgan anwesend ist, haben die

Organe des öffentlichen Sicherheitsdienstes diesem die Möglichkeit einzuräumen, eine Zollkontrolle zusammen mit diesem vorzunehmen."

6. RV 643 XXII. GP

Zur Unterstützung der Grenzkontrolle nach dem Grenzkontrollgesetz sollen – nach nationalem (vgl. § 7 Abs. 5 Zollrechts-Durchführungsgesetz, BGBl. I Nr. 659/1994) und internationalem Vorbild (vgl. die [schweizer] Verordnung über die Geländeüberwachung mit Videogeräten, AS 1994 2471) - auch Bild- und Tonaufzeichnungsgeräte eingesetzt werden können. Die Einbindung des Rechtsschutzbeauftragten und das Ankündigungsgebot sollen ebenso wie die grundsätzliche Regelung der Löschungsverpflichtung – sofern nicht die im Gesetz vorgesehenen Ausnahmen greifen – dem Grundsatz der Verhältnismäßigkeit Rechnung tragen. Damit wird den Behörden ein dem Stand der Technik entsprechendes Instrumentarium zur Unterstützung bei der Erfüllung ihrer Aufgaben nach dem Grenzkontrollgesetz zur Verfügung gestellt.

7. Anm: Der Einsatz von Bild- und Tonaufzeichnungsgeräten im Zuge von Grenzkontrollen gegenüber Mitgliedstaaten des SDÜ kommt nur in Frage, sofern eine V nach Art 2 Abs 2 SDÜ erlassen wurde.

8. Anm: Die Bestimmungen des GrekoG sind gegenüber dem SPG die spezielleren. Ein verdeckter Einsatz von Bild- und Tonaufzeichnungsgeräten wird daher im Bereich von Grenzübergangsstellen nicht zulässig sein (vgl *Andre/Vogl/Weiss*, Die Sicherheitspolizeigesetz-Novelle 2005, .SIAK-Journal 2/2005, 3).

9. Anm: Datenermittlungen nach 12 Abs 1a sind gut sichtbar, etwa durch Hinweistafeln in unmittelbarer Nähe der Grenzübergangsstelle, (zumindest) in deutscher Sprache anzukündigen (vgl *Andre/Vogl/Weiss*, .SIAK-Journal 2/2005, 3 mwN).

10. Anm: Die Feststellung der Identität umfasst nur die Erhebung des Namens, des Geburtsdatums und der Wohnanschrift eines Menschen in dessen Anwesenheit (vgl § 35 Abs 2 SPG).

11. Anm: Von Überwachungen nach § 1a Betroffene können sich an die Datenschutzkommission (§§ 30 und 31 DSG 2000) und nach Erschöpfung des innerstaatlichen Instanzenzuges an den EGMR (Art 34 EMRK) wenden.

12. Anm: Ein Abstellen auf das Element der schweren Gefahr (zu dem Begriff siehe *Vogl*, Der Rechtsschutzbeauftragte in Österreich [2004] 80 f mwN) wird bei einer Überwachung nach Abs 1a aus Gründen der Verhältnismäßigkeit kaum zulässig sein; in derartigen Fällen wird es der Grenzkontrollbehörde zumutbar sein, auf weniger eingreifende Mittel wie etwa auf einen verstärkten personellen Einsatz zurück zu greifen.

13. Anm: Das Institut des Rechtsschutzbeauftragten (RSB) wurde mit der SPG-Novelle BGBl I 2000/85 in den §§ 62a und 62b verankert. Mit der SPG-Novelle 2002 BGBl I 2002/104 wurden diese §§ um jeweils einen § nach vorne gerückt und trugen die §§-Bezeichnung 62 und 62a. Mit der SPG-Novelle 2006 BGBl I 2005/158 wurden die Regelungen über den RSB weitestgehend neu gestaltet und eine wesentliche Ausweitung seiner Rechte und Pflichten vorgesehen. Insbesondere wurde seine Weisungsfreiheit und Unabhängigkeit verfassungsrechtlich verankert. Die bisherigen § 62 und 62a sind entfallen. Der RSB ist nunmehr im 6. Teil des SPG betreffend Rechtsschutz als 3. Abschnitt in den §§ 91a bis d verankert. Dadurch kommt klarer als bisher zum Ausdruck, dass der RSB einerseits ein Rechtsschutzinstrument darstellt und andererseits sowohl Elemente des subjektiven als auch des objektiven Rechtsschutzes in sich vereint (vgl ausf *Andre/Vogl/Weiss*, Die SPG-Novelle 2006, .SIAK-Journal 1/2006 [in Druck]).

14. Jud: Durch die Anbringung des Stempels an der dafür im Reisepass vorgesehenen Stelle („Raum für amtliche Vermerke der Behörde") wird weder physischer Zwang angewendet noch ein Befehl mit unverzüglichem Befolgungsanspruch erteilt. Es liegt lediglich „schlichtes Polizeihandeln" vor, aus dem aber kein Eingriff in Rechte abgeleitet werden kann, weil durch die Anbringung des Stempels lediglich die durchgeführte Kontrolle und die damit verbundene Erlaubnis zum Grenzübertritt auf zweckmäßige, einfache, rasche und Kosten sparende Weise bestätigt und gleichzeitig der Grenzkontrollpflichtige in die Lage versetzt wird, seinen erlaubten Grenzübertritt innerhalb des Grenzkontrollbereiches jederzeit nachzuweisen. (UVS NÖ 2.9.1997, Senat-B-97-026)

Durchgangsverkehr

§ 13. (1) **Menschen, die die Bundesgrenze im Luftverkehr überqueren, unterliegen nicht der Grenzkontrollpflicht, wenn sie**
1. **das Bundesgebiet ohne Zwischenlandung wieder verlassen oder**
2. **nach der Landung auf einem Flugplatz ohne unnötigen Aufschub wieder zum Grenzübertritt abfliegen und in der Zwischenzeit das Luftfahrzeug nicht verlassen.**

(2) **Die Behörde hat Räume, die sich für den Aufenthalt Flugreisender während einer Zwischenlandung eignen, auf Antrag des Flugplatzhalters mit Bescheid zu Transiträumen für Transitreisende (§ 12 des Fremdengesetzes - FrG, BGBl. Nr. 838/1992) zu erklären, wenn**
1. **ein Bedarf für die Errichtung von Transiträumen besteht,**
2. **sich die Transiträume im Grenzkontrollbereich befinden und nach ihrer Lage und Einrichtung als solche geeignet sind und**
3. **die erforderliche Überwachung dieser Räume gewährleistet ist.**

(3) **Eine gemäß Abs. 2 ergangene Erklärung ist aufzuheben, wenn der Verfügungsberechtigte dies beantragt oder eine der sonstigen Voraussetzungen für den Bescheid nicht mehr vorliegt.**

(4) Über Berufungen gegen Bescheide der Behörde entscheidet die Sicherheitsdirektion in letzter Instanz.

(5) Der Durchgangsverkehr zu Wasser und zu Lande unterliegt diesem Bundesgesetz, soweit zwischenstaatliche Vereinbarungen nicht anderes bestimmen.

Übersicht:
1. Hinweis auf innerstaatliche Normen
2. Materialien
3.-4. Judikatur

1. Siehe VI.J. F-GÜV 1996.

2. RV 114 XX. GP

Von der Verpflichtung zur Durchführung von Grenzkontrollen bei Überschreiten der Außengrenze werden für den Internationalen Durchgangsverkehr – in Übereinstimmung mit dem SDÜ und den dazu ergangenen Beschlüssen des Exekutivausschusses – Ausnahmeregelungen geschaffen. So wird durch Z 1, nachdem die Bundesgrenze als gedachte Senkrechte auch in den nach aerodynamischen Grundsätzen zu nutzenden Luftraum reicht, klargelegt, daß Überflüge über das Bundesgebiet nicht der Grenzkontrolle unterliegen. Ebenso bei Zwischenlandungen, sofern formal das Gebiet der Republik Österreich nicht „betreten" wird.

Analog dazu soll durch die Schaffung von Transiträumen vermieden werden, daß Menschen im Falle eines logistisch erforderlichen Umsteigens von einem Binnen- oder Drittstaatsflug in einen Drittstaatsflug bei Wechsel des Luftfahrzeuges einer (neuerlichen) Grenzkontrolle unterzogen werden müssen. Die Genehmigung solcher Transiträume obliegt unter gesetzlich festgelegten Voraussetzungen den Bezirksverwaltungsbehörden. Die Erklärung zu Transiträumen hat auf Antrag des Flugplatzhalters zu erfolgen und ist durch einen „contrarius actus" bei Wegfall der Voraussetzungen aufzuheben.

3. Jud: Nach § 10 Abs 1 darf die Staatsgrenze nur an Grenzkontrollstellen überschritten werden. Nach § 13 [Abs 1 Z 1] unterliegen jedoch Menschen, die die Bundesgrenze im Luftverkehr überqueren, nicht der Grenzkontrollpflicht. Von einem Einflug und Ausflug kann im Falle des unbeabsichtigten Verlassens der Staatsgrenze am Luftweg und bei landungsloser Rückkehr nicht ausgegangen werden. (UVS OÖ 7.6.2000, VwSen-120052/2/Br/Bk)

4. Jud: Das Nichtverlassen des Grenzabfertigungsbereiches trotz Aufforderung und Abmahnung stellt eine Nichtbefolgung von Anordnungen eines Grenzabfertigungsorganes im Sinne des GrekoG dar. Die zu Recht oder zu Unrecht erfolgte Nichtbekanntgabe der Dienstnummer berechtigt nicht zum Verbleiben an der Grenzkontrollstelle, sondern ist im Wege einer Dienstaufsichtsbeschwerde bzw Richtlinienbeschwerde im Wege der vorgesetzten Dienststelle bekämpfbar. (UVS Sbg 4.11.1998, 5/10122/5-1998th)

Zwischenstaatliche Vereinbarungen

§ 14. (1) Sofern die Bundesregierung zum Abschluß von Regierungsübereinkommen gemäß Art. 66 Abs. 2 B-VG ermächtigt ist, kann sie unter Bedachtnahme auf die öffentlichen Interessen (§ 3 Abs. 5) zwischenstaatliche Vereinbarungen abschließen, durch die
1. Grenzübergangsstellen im Sinne des § 3 Abs. 1 geschaffen werden oder
2. der Grenzübertritt an einer bestimmten Außengrenze oder im Luftverkehr abweichend von § 10 Abs. 1 geregelt wird.

(2) Wenn eine zwischenstaatliche Vereinbarung über den Grenzübertritt oder über die Grenzkontrolle allgemein die Zuständigkeit österreichischer Sicherheitsbehörden vorsieht, ohne ausdrücklich eine bestimmte Instanz als zuständig zu bezeichnen, kommt die Zuständigkeit, sofern nicht anderes bestimmt ist, dem Bundesminister für Inneres zu.

(3) Der Bundesminister für Inneres hat die ihm gemäß Abs. 2 zukommende Zuständigkeit durch Verordnung ganz oder teilweise auf nachgeordnete Sicherheitsbehörden zu übertragen, wenn dies im Interesse der zweckmäßigen, einfachen und kostensparenden Durchführung der zwischenstaatlichen Vereinbarung gelegen ist.

(4) Eine Übertragung der Zuständigkeit gemäß Abs. 3 ist unzulässig, soweit diese Zuständigkeit die vertragliche Herbeiführung völkerrechtlicher Bindungen zum Gegenstand hat.

Übersicht:
1. Hinweis auf innerstaatliche Normen
2. Materialien

1. Textauszug B-VG

Artikel 66.

(2) Der Bundespräsident kann zum Abschluss bestimmter Kategorien von Staatsverträgen, die weder unter Art. 16 Abs. 1 noch unter Art. 50 fallen, die Bundesregierung oder die zuständigen Mitglieder der Bundesregierung ermächtigen; eine solche Ermächtigung erstreckt sich auch auf die Befugnis zur Anordnung, dass diese Staatsverträge durch Erlassung von Verordnungen zu erfüllen sind.

2. RV 114 XX. GP

In derartigen zwischenstaatlichen Vereinbarungen soll auch die Möglichkeit geschaffen werden können, den Grenzübertritt (... Bewegung über die Bundesgrenze) an einer bestimmten Außengrenze abweichend von der Bindung an Grenzübergangsstellen zu regeln. Dadurch wird etwa die Möglichkeit zur Errichtung von „Touristenzonen" geschaffen. In diesen Touristenzonen unterliegen Menschen unter bestimmten Voraussetzungen, die in der zwischenstaatlichen Vereinbarung unter Bedachtnahme auf das SDÜ und die entsprechenden Beschlüsse des Exekutivausschusses festgelegt sind, selbst wenn sie faktisch einen Grenzübertritt vornehmen oder vornehmen wollen, nicht der Grenzkontrolle, solange sie diese Zone nicht verlassen. Um zu verhindern, daß für die Handhabung der Grenzkontrolle oder der Überwachung des Grenzübertritts in zwischenstaatlichen Vereinbarungen keine zuständige Behörde (Instanz) vorgesehen ist, sieht Abs. 2 jedenfalls den Bundesminister für Inneres als zuständige Instanz an. Durch Abs. 3 wird in Ergänzung zu Abs. 2 dem Bundesminister für Inneres die Möglichkeit eingeräumt, die ihm dadurch zukommende Zuständigkeit – unter Berücksichtigung bestimmter Voraussetzungen und des Abs. 4 – auf nachgeordnete Sicherheitsbehörden zu übertragen.

Verwenden personenbezogener Daten

§ 15. **(1) Die Grenzkontrollbehörden sind ermächtigt, die im Zusammenhang mit der Grenzkontrolle ermittelten personenbezogenen Daten für Fahndungsabfragen im Rahmen der Sicherheitsverwaltung und der Tätigkeit der Sicherheitsbehörden im Dienste der Strafrechtspflege zu verwenden.**
(2) Sie sind weiters ermächtigt, diese personenbezogenen Daten (Abs. 1), soweit sie für die Einreise- und Aufenthaltsberechtigung des Betroffenen maßgeblich sind oder sein könnten, den Fremdenpolizeibehörden zum Zwecke der Verarbeitung im Rahmen der zentralen Informationssammlung (§ 75 FrG) zu übermitteln.
(3) Unbeschadet der Abs. 1 und 2 sind personenbezogene Daten, die gemäß § 12 Abs. 1a ermittelt wurden, längstens nach 48 Stunden zu löschen. Im Übrigen sind die Daten (Abs. 1) zu löschen, sobald sie für Zwecke der Grenzkontrolle nicht mehr benötigt werden.

Übersicht:

1. Hinweis auf innerstaatliche Normen
2.-3. Materialien
4.-5. Anmerkungen

1. Zu Abs 2 siehe II.B., §§ 101 ff FPG.

2. RV 114 XX. GP

Gemäß § 12 Abs. 4 des Entwurfes sind die Organe des öffentlichen Sicherheitsdienstes ermächtigt, im Rahmen der Grenzkontrolle die Identität der Betroffenen festzustellen. Die damit ermittelten Daten sollen im Rahmen der Grenzkontrolle umfassend für Fahndungsabfragen zur Verfügung stehen. Es sind dies Abfragen nach dem Sicherheitspolizeigesetz (§ 57 Abs. 3), nach dem Fremdengesetz (§ 75 Abs. 1) und nach der Strafprozeßordnung. Nur auf diese Weise kann datenschutzrechtlich sichergestellt werden, daß die Grenzkontrolle in dem Umfang durchgeführt werden kann, wie es den Vorgaben des SDÜ entspricht.
Für den Bereich des Fremdenrechts gilt überdies, daß Ermittlungen im Zusammenhang mit der Feststellung der Identität für die Einreise- und Aufenthaltsberechtigung eines Fremden maßgeblich sein können. In die-

sen Fällen soll – wie dies bereits in § 75 Abs. 1 FrG als Zweckbestimmung der Datenverarbeitung festgelegt ist – eine Verarbeitung im Rahmen der zentralen Informationssammlung zulässig sein (Abs. 2). Dieser Ermächtigung bedarf es neben jener des § 75 FrG deshalb, um der Grenzkontrollbehörde den Datentransfer an die Fremdenpolizeibehörde (= Übermittlung innerhalb zweier Aufgabengebiete) zu ermöglichen.

3. RV 643 XXII GP

Siehe oben 5. zu § 12.

4. Anm: Die Grenzkontrollbehörden sind nach Abs 1 ermächtigt, die auf diesem Weg ermittelten Daten für Fahndungsabfragen im Rahmen der Sicherheitsverwaltung und der Tätigkeit der Sicherheitsbehörden im Dienste der Strafrechtspflege zu verwenden. Zu diesen Zwecken wird ein automationsunterstützter Abgleich mit den in der Zentralen Informationssammlung nach § 57 SPG ermittelten Daten zulässig sein (vgl *Andre/Vogl/ Weiss*, .SIAK-Journal 2/2005, 3).

5. Anm: Jeder Verwendungsvorgang ist nach § 14 Abs 2 Z 7 DSG 2000 zu protokollieren.

5. Abschnitt: Straf-, Übergangs- und Schlußbestimmungen

Strafbestimmungen

§ 16. (1) Wer
1. eine der in § 5 vorgesehenen Tafeln unbefugt entfernt, verhüllt oder verändert oder
2. den Grenzübertritt entgegen der Vorschrift des § 10 vornimmt oder
3. sich als Grenzkontrollpflichtiger der Grenzkontrolle nicht stellt oder
4. einen der Grenzkontrolle unterliegenden Grenzübertritt vornehmen will oder vorgenommen hat und die für den Grenzübertritt vorgesehenen Verkehrswege nicht einhält oder
5. sich trotz Abmahnung weigert, darüber Auskunft zu erteilen, ob er einen Grenzübertritt vorgenommen hat oder vornehmen will oder diese Auskunft wahrheitswidrig erteilt oder
6. eine gemäß § 11 Abs. 2 Z 3 getroffene Anordnung trotz Abmahnung mißachtet und hierdurch eine Störung der Grenzkontrolle oder eine Verspätung eines nach Fahrplan verkehrenden Verkehrsmittels verschuldet,

begeht, sofern die Tat nicht den Tatbestand einer in die Zuständigkeit der Gerichte fallenden strafbaren Handlung bildet oder nach einer anderen Rechtsvorschrift mit einer strengeren oder gleichstrengen Strafe bedroht ist, eine Verwaltungsübertretung und ist von der Bezirksverwaltungsbehörde, im örtlichen Wirkungsbereich einer Bundespolizeibehörde von dieser, mit Geldstrafe bis zu 2 180 Euro oder mit Freiheitsstrafe bis zu sechs Wochen zu bestrafen. Der Versuch ist außer in den Fällen der Z 5 und 6 strafbar.

(2) Abs. 1 Z 5 gilt nicht, wenn der Auskunftspflichtige deswegen die Auskunft verweigert oder wahrheitswidrig erteilt, weil er sich sonst selbst einer strafbaren Handlung beschuldigen würde.

Übersicht:
1. -2. Materialien
3. -4. Judikatur

1. RV 114 XX. GP

Die Strafbestimmungen normieren in Abs. 1 in den Z 2 bis 6, korrespondierend zu den entsprechenden Ermächtigungen der einschreitenden Organe des öffentlichen Sicherheitsdienstes und den sich aus diesem Bundesgesetz ergebenden Verpflichtungen der Betroffenen, die Tatbestände, deren Verletzung mit Verwaltungsstrafsanktion bedroht sind. Mit der Bestimmung des Abs. 1 Z 1 wird ein Verhalten unter Strafdrohung gestellt, das in Ergänzung zu den Bestimmungen der §§ 125 f StGB einen Auffangtatbestand darstellt.

Grundsätzlich soll bei den Tatbeständen des Abs. 1 ein Versuch strafbar sein; in den Fällen der Z 5 und 6, die beide im Tatbestand auf eine erfolgte Abmahnung abstellen, würde die Strafbarkeit des Versuches zu einer überzogenen Strafbarkeit – bereits vor Abmahnung – führen. Durch Abs. 2 wird dem Verbot der Selbstbelastung, das auch für den Bereich des Verwaltungsstrafverfahrens Geltung besitzt, Rechnung getragen und ein entsprechender Entschuldigungsgrund geschaffen.

2. RV 621 XXI. GP

Bei diesen Bestimmungen werden Strafbestimmungen, entsprechend den Richtlinien des Bundesministeriums für Finanzen, umgestellt. In kompetenzrechtlicher Hinsicht stützen sich die Novellen auf Art. 10 Abs. 1 Z 7 B-VG.

3. Jud: Die Frage, ob jemand direkt aus dem Verfolgerstaat nach Österreich eingereist ist, ist von der Frage, ob die Einreise illegal erfolgt ist, zu trennen. Eine direkte Einreise aus dem Verfolgerstaat kann auf Grund des PassG bzw des GrekoG illegal gewesen sein, wobei allerdings in diesem Falle - entsprechend dem Art 31 Abs 1 GFK gem § 6 Abs 1 AsylG 1991 - der Betreffende Straffreiheit genießt und für ihn darüber hinaus von vornherein der Ausschließungsgrund des § 2 Abs 2 Z 3 AsylG 1991 nicht in Betracht kommt. Umgekehrt bedeutet aber eine Einreise nicht direkt aus dem Verfolgerstaat keinesfalls, dass es sich schon deshalb um eine illegale Einreise handelt. (VwGH 23.02.1994, 94/01/0022)

4. Jud: Übertretungen des PassG und GrekoG sind nicht als geringfügig zu werten. Vielmehr misst die Rechtsordnung der Beachtung der zwischenstaatlichen Regelungen über die Einhaltung passrechtlicher Vorschriften und die Zulässigkeit des Grenzübertrittes ein solches Gewicht bei, dass selbst bei Einmaligkeit von Verfehlungen gegen diese Normen ein schwerwiegender Verstoß gegen erhebliche öffentliche Interessen des österreichischen Staates vorliegt. (VwGH 02.03.1992, 92/18/0046; 20.02.1992, 91/19/0009, 91/19/0352; 17.02.1992, 91/19/0317; 30.09.1991, 91/19/0198; 02.08.1991, 91/19/0236; 20.06.1991, 91/19/0068; 08.10.1990, 90/19/0154; VwSlg 12.459 A)

Übergangsbestimmungen

§ 17. (1) Beschränkungen des Grenzverkehrs, die sich aus anderen Vorschriften, insbesondere aus Straßen-, Schiffs- und Luftverkehrsvorschriften ergeben, werden durch die Bestimmungen der §§ 3 und 5 nicht berührt.
(2) Grenzübergänge und Transiträume, die vor dem Inkrafttreten dieses Bundesgesetzes geöffnet waren, sind für die Zeit und im Umfang ihrer Zweckbestimmung künftig Grenzübergangsstellen und Transiträume im Sinne dieses Bundesgesetzes. Der Bundesminister für Inneres hat innerhalb des dem Inkrafttreten folgenden Jahres die Gesamtheit der offenen Grenzübergänge und Transiträume im Bundesgesetzblatt kundzumachen.
(3) Die im Abs. 2 genannten und die im Zeitpunkt des Inkrafttretens dieses Bundesgesetzes auf Grund zwischenstaatlicher Verein-

barungen bestehenden Grenzübergänge sind, soweit dies gemäß § 5 in Betracht kommt, innerhalb von zwei Jahren ab dem Inkrafttreten dieses Bundesgesetzes mit den hiefür vorgesehenen Tafeln zu kennzeichnen.

Übersicht:
1. Materialien
2. Anmerkung

1. RV 114 XX. GP

Durch die hier normierten Übergangsbestimmungen soll klargestellt werden, daß durch dieses Bundesgesetz Beschränkungen in anderen Materiengesetzen – bezogen auf die §§ 3 und 4 – nicht berührt werden.

Ebenso soll vermieden werden, daß auch die bisher bestehenden Grenzübergangsstellen durch eine entsprechende Verordnung des Bundesministers für Inneres (§ 3 Abs. 1) festgelegt werden müssen, was einen nur schwer zu rechtfertigenden verwaltungstechnischen Aufwand bedingen würde. Dies scheint mit den Grundsätzen der Verwaltung nicht vereinbar.

Für eine diesem Bundesgesetz entsprechende Kennzeichnung von Grenzübergangsstellen soll ein Übergangszeitraum von zwei Jahren geschaffen werden.

2. Anm: Eine V gem Abs 2 wurde binnen der vorgesehenen Jahresfrist nicht erlassen.

Inkrafttreten

§ 18. (1) Dieses Bundesgesetz tritt am 1. September 1996 in Kraft.

(1a) § 16 Abs. 1 in der Fassung des Bundesgesetzes BGBl. I Nr. 98/2001 tritt mit 1. Jänner 2002 in Kraft.

(1b) Die Aufhebung des § 9 Absätze 3, 4 und 5 tritt mit Ablauf des 30. April 2004 in Kraft.

(2) Verordnungen auf Grund der Bestimmungen dieses Bundesgesetzes können von dem der Kundmachung dieses Bundesgesetzes folgenden Tag erlassen werden; sie treten frühestens mit diesem Bundesgesetz in Kraft.

(3) Wird das Beitrittsübereinkommen für einen Staat in Kraft gesetzt, so hat der Bundesminister für Inneres dies unverzüglich im Bundesgesetzblatt kundzumachen.

(4) Die §§ 12 Abs. 1a und 15 Abs. 3 des BGBl. I Nr. 151/2004 treten mit 1. Jänner 2005 in Kraft.

Übersicht:
1. Hinweis auf innerstaatliche Normen
2. Materialien

1. Vgl die Kundmachungen BGBl III 1997/205 bezüglich der Staaten der Benelux-Wirtschaftsunion, der Bundesrepublik Deutschland, der Französischen Republik, des Königreichs Spanien, der Portugiesischen Republik, der Republik Italien und der Republik Österreich; BGBl III 1997/209 und BGBl III 1999/247 bezüglich der Griechischen Republik; BGBl III 2001/61 bezüglich des Königreichs Dänemark, des Königreichs Schweden, der Republik Finnland, der Republik Island und des Königreichs Norwegen.

2. RV 114 XX. GP

Da es sich beim Inkraftsetzen um einen Akt handelt, dem in Österreich nicht ohneweiters Publizität zukommt, der Wechsel vom Außengrenzsystem zum Binnengrenzsystem aber wichtige Konsequenzen mit sich bringt, soll der Bundesminister für Inneres durch Kundmachung im Bundesgesetzblatt für die notwendige Publizität sorgen.

Verweisungen

§ 19. Verweisungen in diesem Bundesgesetz auf andere Bundesgesetze sind als Verweisungen auf die jeweils geltende Fassung zu verstehen.

Außerkrafttreten

§ 20. Mit Inkrafttreten dieses Bundesgesetzes treten außer Kraft:
1. das Grenzkontrollgesetz 1969, BGBl. Nr. 423;
2. das Bundesgesetz betreffend die Übertragung der durch Sicherheitsorgane zu versehenden Grenzüberwachung und Grenzkontrolle auf Zollorgane, BGBl. Nr. 220/1967.

Vollziehung

§ 21. Mit der Vollziehung dieses Bundesgesetzes sind betraut:
1. soweit Angelegenheiten der Betrauung von Zollorganen berührt werden, der Bundesminister für Inneres im Einvernehmen mit dem Bundesminister für Finanzen;
2. soweit Angelegenheiten des Völkerrechtes oder internationale Gepflogenheiten berührt werden, der Bundesminister für Inneres im Einvernehmen mit dem Bundesminister für auswärtige Angelegenheiten;
3. soweit Angelegenheiten der militärischen Landesverteidigung berührt werden, der Bundesminister für Inneres im Einvernehmen mit dem Bundesminister für Landesverteidigung;
4. soweit auf das an der Eröffnung oder Schließung einer Grenzübergangsstelle im Eisenbahn-, Schiffs- oder Luftverkehr bestehende öffentliche Interesse Bedacht zu nehmen ist, der Bundesminister für Inneres im Einvernehmen mit dem Bundesminister für Wissenschaft, Verkehr und Kunst;
5. in Angelegenheiten der Durchlieferung der Bundesminister für Inneres im Einvernehmen mit dem Bundesminister für Justiz;
6. im übrigen der Bundesminister für Inneres.

III Nebengesetze

A Bundes-Verfassungsgesetz (B-VG)

(auszugsweise)

- BGBl 1930/1 idF BGBl I 2005/121

Artikel 10. (1) Bundessache ist die Gesetzgebung und die Vollziehung in folgenden Angelegenheiten:
1. Bundesverfassung, insbesondere Wahlen zum Nationalrat, Volksabstimmungen auf Grund der Bundesverfassung; Verfassungsgerichtsbarkeit;
2. äußere Angelegenheiten mit Einschluss der politischen und wirtschaftlichen Vertretung gegenüber dem Ausland, insbesondere Abschluss von Staatsverträgen, unbeschadet der Zuständigkeit der Länder nach Art. 16 Abs. 1; Grenzvermarkung; Waren- und Viehverkehr mit dem Ausland; Zollwesen;
3. Regelung und Überwachung des Eintrittes in das Bundesgebiet und des Austrittes aus ihm; Ein- und Auswanderungswesen; Passwesen; Abschiebung, Abschaffung, Ausweisung und Auslieferung sowie Durchlieferung;
4. Bundesfinanzen, insbesondere öffentliche Abgaben, die ausschließlich oder teilweise für den Bund einzuheben sind; Monopolwesen;
5. ...
6. Zivilrechtswesen einschließlich des wirtschaftlichen Assoziationswesens, jedoch mit Ausschluss von Regelungen, die den Grundstücksverkehr für Ausländer und den Verkehr mit bebauten oder zur Bebauung bestimmten Grundstücken verwaltungsbehördlichen Beschränkungen unterwerfen, einschließlich des Rechtserwerbes von Todes wegen durch Personen, die nicht zum Kreis der gesetzlichen Erben gehören; Privatstiftungswesen; Strafrechtswesen mit Ausschluss des Verwaltungsstrafrechtes und des Verwaltungsstrafverfahrens in Angelegenheiten, die in den selbständigen Wirkungsbereich der Länder fallen; Justizpflege; Einrichtungen zum Schutz der Gesellschaft gegen verbrecherische oder sonstige gefährliche Personen; Verwaltungsgerichtsbarkeit; Urheberrecht; Pressewesen; Enteignung, soweit sie nicht Angelegenheiten betrifft, die in den selbständigen Wirkungsbereich der Länder fallen; Angelegenheiten der Notare, der Rechtsanwälte und verwandter Berufe;
7. Aufrechterhaltung der öffentlichen Ruhe, Ordnung und Sicherheit einschließlich der ersten allgemeinen Hilfeleistung, jedoch mit Ausnahme der örtlichen Sicherheitspolizei; Vereins- und Versammlungsrecht; Personenstandsangelegenheiten einschließlich des Matrikenwesens und der Namensänderung; Fremdenpolizei

und Meldewesen; Waffen-, Munitions- und Sprengmittelwesen, Schießwesen;
8. – 10. ...
11. Arbeitsrecht, soweit es nicht unter Art. 12 fällt; Sozial- und Vertragsversicherungswesen; Kammern für Arbeiter und Angestellte, mit Ausnahme solcher auf land- und forstwirtschaftlichem Gebiet;
12. – 15. ...
16. Einrichtung der Bundesbehörden und sonstigen Bundesämter; Dienstrecht und Personalvertretungsrecht der Bundesbediensteten;
17. Bevölkerungspolitik, soweit sie die Gewährung von Kinderbeihilfen und die Schaffung eines Lastenausgleiches im Interesse der Familie zum Gegenstand hat;
18. ...
(2) – (3) ...

Artikel 11. (1) ...
(2) Soweit ein Bedürfnis nach Erlassung einheitlicher Vorschriften als vorhanden erachtet wird, werden das Verwaltungsverfahren, die allgemeinen Bestimmungen des Verwaltungsstrafrechtes, das Verwaltungsstrafverfahren und die Verwaltungsvollstreckung auch in den Angelegenheiten, in denen die Gesetzgebung den Ländern zusteht, insbesondere auch in den Angelegenheiten des Abgabenwesens, durch Bundesgesetz geregelt; abweichende Regelungen können in den die einzelnen Gebiete der Verwaltung regelnden Bundes- oder Landesgesetzen nur dann getroffen werden, wenn sie zur Regelung des Gegenstandes erforderlich sind.
(3) ...

Artikel 12. (1) Bundessache ist die Gesetzgebung über die Grundsätze, Landessache die Erlassung von Ausführungsgesetzen und die Vollziehung in folgenden Angelegenheiten:
1. Armenwesen; Bevölkerungspolitik, soweit sie nicht unter Art. 10 fällt; Volkspflegestätten, Mutterschafts-, Säuglings- und Jugendfürsorge; Heil- und Pflegeanstalten: vom gesundheitlichen Standpunkt aus an Kurorte sowie Kuranstalten und Kureinrichtungen zu stellende Anforderungen; natürliche Heilvorkommen;
2. – 6. ...
(2) – (4) ...

Artikel 13. (1) Die Zuständigkeiten des Bundes und der Länder auf dem Gebiet des Abgabenwesens werden durch ein eigenes Bundesverfassungsgesetz („Finanz-Verfassungsgesetz") geregelt.
(2) ...

Artikel 17. Durch die Bestimmungen der Art. 10 bis 15 über die Zuständigkeit in Gesetzgebung und Vollziehung wird die Stellung des Bundes und der Länder als Träger von Privatrechten in keiner Weise berührt.

Artikel 66. (1) ...
(2) Der Bundespräsident kann zum Abschluss bestimmter Kategorien von Staatsverträgen, die weder unter Art. 16 Abs. 1 noch unter Art. 50 fallen, die Bundesregierung oder die zuständigen Mitglieder der Bundesregierung ermächtigen; eine solche Ermächtigung erstreckt sich auch auf die Befugnis zur Anordnung, dass diese Staatsverträge durch Erlassung von Verordnungen zu erfüllen sind.
(Anm: siehe Entschließung des Bundespräsidenten, BGBl 1921/49)
(3) ...

Artikel 129c. (1) Durch Bundesgesetz kann ein weiterer unabhängiger Verwaltungssenat (unabhängiger Bundesasylsenat) eingerichtet werden. Dieser erkennt nach Erschöpfung des administrativen Instanzenzuges, sofern ein solcher in Betracht kommt,
1. über Beschwerden in Asylsachen und
2. über Beschwerden wegen Verletzung der Entscheidungspflicht in Angelegenheiten der Z 1.

(2) Der unabhängige Bundesasylsenat besteht aus einem Vorsitzenden, einem Stellvertretenden Vorsitzenden und der erforderlichen Zahl von sonstigen Mitgliedern. Die Mitglieder werden vom Bundespräsidenten auf Vorschlag der Bundesregierung ernannt. Die Ernennung ist eine solche auf unbestimmte Dauer.

(3) Die Mitglieder des unabhängigen Bundesasylsenates sind bei Besorgung der ihnen zukommenden Aufgaben an keine Weisungen gebunden. Die Geschäfte sind vom unabhängigen Bundesasylsenat als Kollegium auf die Mitglieder jährlich im voraus zu verteilen; eine nach dieser Einteilung einem Mitglied zufallende Sache darf ihm nur im Falle der Behinderung durch Verfügung des Vorsitzenden abgenommen werden.

(4) Durch Gesetz wird eine Altersgrenze bestimmt, nach deren Erreichung die Mitglieder des unabhängigen Bundesasylsenates in den Ruhestand treten. Im Übrigen dürfen sie nur in den gesetzlich bestimmten Fällen und nur auf Grund eines Beschlusses des unabhängigen Bundesasylsenates ihres Amtes enthoben werden.

(5) Die Mitglieder des unabhängigen Bundesasylsenates müssen rechtskundig sein. Sie dürfen während der Ausübung ihres Amtes keine Tätigkeit ausüben, die Zweifel an der unabhängigen Ausübung ihres Amtes hervorrufen könnte.

6) Art. 89 gilt sinngemäß auch für den unabhängigen Bundesasylsenat.

(7) Die näheren Bestimmungen werden durch Bundesgesetz getroffen. Darin wird insbesondere geregelt, in welchen Angelegenheiten der unabhängige Bundesasylsenat durch mehrere und in welchen Angelegenheiten er durch einzelne Mitglieder entscheidet.

Artikel 131. (1) ...
(2) Unter welchen Voraussetzungen auch in anderen als den in Abs. 1 angeführten Fällen Beschwerden gegen Bescheide von Verwaltungsbehörden wegen Rechtswidrigkeit zulässig sind, wird in den die einzelnen Gebiete der Verwaltung regelnden Bundes- oder Landesgesetzen bestimmt.
(3) ...

B Bundesverfassungsgesetz vom 29. November 1988 über den Schutz der persönlichen Freiheit (PersFrSchG)

- BGBl 1988/684

Artikel 1. (1) Jedermann hat das Recht auf Freiheit und Sicherheit (persönliche Freiheit).

(2) Niemand darf aus anderen als den in diesem Bundesverfassungsgesetz genannten Gründen oder auf eine andere als die gesetzlich vorgeschriebene Weise festgenommen oder angehalten werden.

(3) Der Entzug der persönlichen Freiheit darf nur gesetzlich vorgesehen werden, wenn dies nach dem Zweck der Maßnahme notwendig ist; die persönliche Freiheit darf jeweils nur entzogen werden, wenn und soweit dies nicht zum Zweck der Maßnahme außer Verhältnis steht.

(4) Wer festgenommen oder angehalten wird, ist unter Achtung der Menschenwürde und mit möglichster Schonung der Person zu behandeln und darf nur solchen Beschränkungen unterworfen werden, die dem Zweck der Anhaltung angemessen oder zur Wahrung von Sicherheit und Ordnung am Ort seiner Anhaltung notwendig sind.

Artikel 2. (1) Die persönliche Freiheit darf einem Menschen in folgenden Fällen auf die gesetzlich vorgeschriebene Weise entzogen werden:
1. wenn auf Grund einer mit Strafe bedrohten Handlung auf Freiheitsentzug erkannt worden ist;
2. wenn er einer bestimmten, mit gerichtlicher oder finanzbehördlicher Strafe bedrohten Handlung verdächtig ist,
   a) zum Zwecke der Beendigung des Angriffes oder zur sofortigen Feststellung des Sachverhalts, sofern der Verdacht im engen zeitlichen Zusammenhang mit der Tat oder dadurch entsteht, daß er einen bestimmten Gegenstand innehat,
   b) um ihn daran zu hindern, sich dem Verfahren zu entziehen oder Beweismittel zu beeinträchtigen, oder
   c) um ihn bei einer mit beträchtlicher Strafe bedrohten Handlung an der Begehung einer gleichartigen Handlung oder an der Ausführung zu hindern;
3. zum Zweck seiner Vorführung vor die zuständige Behörde wegen des Verdachtes einer Verwaltungsübertretung, bei der er auf frischer Tat betreten wird, sofern die Festnahme zur Sicherung der Strafverfolgung oder zur Verhinderung weiterer gleichartiger strafbaren Handelns erforderlich ist;
4. um die Befolgung einer rechtmäßigen Gerichtsentscheidung oder die Erfüllung einer durch das Gesetz vorgeschriebenen Verpflichtung zu erzwingen;
5. wenn Grund zur Annahme besteht, daß er eine Gefahrenquelle für die Ausbreitung ansteckender Krankheiten sei oder wegen psychischer Erkrankung sich oder andere gefährde;

6. zum Zweck notwendiger Erziehungsmaßnahmen bei einem Minderjährigen;
7. wenn dies notwendig ist, um eine beabsichtigte Ausweisung oder Auslieferung zu sichern.
(2) Niemand darf allein deshalb festgenommen oder angehalten werden, weil er nicht in der Lage ist, eine vertragliche Verpflichtung zu erfüllen.

Artikel 3. (1) Auf Grund einer mit Strafe bedrohten Handlung darf nur ein Gericht auf Freiheitsentzug erkennen.
(2) Die Verhängung einer Freiheitsstrafe und die Festsetzung von Ersatzfreiheitsstrafen durch Verwaltungsbehörden dürfen jedoch vorgesehen werden, wenn das Ausmaß des angedrohten Freiheitsentzuges je sechs Wochen, soweit die Entscheidung einer unabhängigen Behörde obliegt, je drei Monate nicht übersteigt.
(3) Wird eine Freiheitsstrafe nicht von einer unabhängigen Behörde verhängt oder eine Ersatzfreiheitsstrafe nicht von ihr festgesetzt, so muß die Anfechtung der Entscheidung bei einer solchen Behörde in vollem Umfang und mit aufschiebender Wirkung gewährleistet sein.

Artikel 4. (1) Eine Festnahme aus den Gründen des Art. 2 Abs. 1 Z 2 lit. b und c ist nur in Vollziehung eines begründeten richterlichen Befehls zulässig, der dem Betroffenen bei der Festnahme, spätestens aber innerhalb von 24 Stunden zuzustellen ist.
(2) Bei Gefahr im Verzug sowie im Fall des Art. 2 Abs. 1 Z 2 lit. a darf eine Person auch ohne richterlichen Befehl festgenommen werden. Sie ist freizulassen, sobald sich ergibt, daß kein Grund zu ihrer weiteren Anhaltung vorhanden sei, sonst ohne unnötigen Aufschub, spätestens aber vor Ablauf von 48 Stunden, dem zuständigen Gericht zu übergeben.
(3) Eine dem Gericht übergebene Person ist ohne Verzug vom Richter zur Sache und zu den Voraussetzungen der Anhaltung zu vernehmen.
(4) Eine Festnahme aus den Gründen des Art. 2 Abs. 1 Z 2 lit. b und c wegen des Verdachtes einer mit finanzbehördlicher Strafe bedrohten Handlung ist nur in Vollziehung einer begründeten Anordnung eines gesetzlich zur Ausübung richterlicher Funktionen ermächtigten Beamten zulässig. Jedoch darf bei Gefahr im Verzug sowie im Falle des Art. 2 Abs. 1 Z 2 lit. a eine Person auch ohne eine solche Anordnung festgenommen werden. Im übrigen gelten die Abs. 1 bis 3 mit der Maßgabe sinngemäß, daß der Festgenommene unverzüglich der zuständigen Finanzstrafbehörde zu übergeben ist.
(5) Ein aus dem Grund des Art. 2 Abs. 1 Z 3 Festgenommener ist, wenn der Grund für die Festnahme nicht schon vorher wegfällt, unverzüglich der zuständigen Behörde zu übergeben. Er darf keinesfalls länger als 24 Stunden angehalten werden.
(6) Jeder Festgenommene ist ehestens, womöglich bei seiner Festnahme, in einer ihm verständlichen Sprache über die Gründe seiner Festnahme und die gegen ihn erhobenen Anschuldigungen zu unterrichten. Den sprachlichen Minderheiten bundesgesetzlich eingeräumte Rechte bleiben unberührt.
(7) Jeder Festgenommene hat das Recht, daß auf sein Verlangen ohne unnötigen Aufschub und nach seiner Wahl ein Angehöriger und ein Rechtsbeistand von der Festnahme verständigt werden.

Artikel 5. (1) Wer auf Grund des Verdachtes einer mit gerichtlicher oder finanzbehördlicher Strafe bedrohten Handlung angehalten wird, hat das Recht auf Beendigung des Verfahrens, das wegen der gegen ihn erhobenen Anschuldigung eingeleitet worden ist, innerhalb angemessener Frist oder auf Freilassung während des Verfahrens.

(2) Wenn gelindere Mittel ausreichen, ist vom Freiheitsentzug abzusehen. Wer wegen einer nicht mit schwerer Strafe bedrohten Handlung angehalten wird, um ihn daran zu hindern, sich dem Verfahren zu entziehen, ist jedenfalls freizulassen, wenn er eine vom Gericht oder von den gesetzlich zur Ausübung richterlicher Funktionen ermächtigten Beamten unter Bedachtnahme auf das Gewicht der ihm zur Last gelegten strafbaren Handlung, seine persönlichen Verhältnisse und das Vermögen des die Sicherheit Leistenden festgesetzte Sicherheit beistellt; zusätzliche gelindere Mittel zur Sicherung des Verfahrens sind zulässig.

Artikel 6. (1) Jedermann, der festgenommen oder angehalten wird, hat das Recht auf ein Verfahren, in dem durch ein Gericht oder durch eine andere unabhängige Behörde über die Rechtmäßigkeit des Freiheitsentzuges entschieden und im Falle der Rechtswidrigkeit seine Freilassung angeordnet wird. Die Entscheidung hat binnen einer Woche zu ergehen, es sei denn, die Anhaltung hätte vorher geendet.

2) Im Fall einer Anhaltung von unbestimmter Dauer ist deren Notwendigkeit in angemessenen Abständen durch ein Gericht oder durch eine andere unabhängige Behörde zu überprüfen.

Artikel 7. Jedermann, der rechtswidrig festgenommen oder angehalten wurde, hat Anspruch auf volle Genugtuung einschließlich des Ersatzes nicht vermögensrechtlichen Schadens.

Artikel 8. (1) Dieses Bundesverfassungsgesetz tritt mit 1. Jänner 1991 in Kraft.

(2) Art. 8 des Staatsgrundgesetzes vom 21. Dezember 1867, RGBl. Nr. 142, über die allgemeinen Rechte der Staatsbürger für die im Reichsrate vertretenen Königreiche und Länder sowie das Gesetz vom 27. Oktober 1862, RGBl. Nr. 87, zum Schutze der persönlichen Freiheit sind, einschließlich ihrer Erwähnung in Art. 149 Abs. 1 B-VG, aufgehoben.

(3) Die Konvention zum Schutze der Menschenrechte und Grundfreiheiten, BGBl. Nr. 210/1958, bleibt unberührt.

(4) Im Zeitpunkt des Inkrafttretens dieses Bundesverfassungsgesetzes anhängige Verfahren, die in diesem Bundesverfassungsgesetz geregelte Angelegenheiten betreffen, sind nach der bisherigen Rechtslage zu Ende zu führen; dies gilt auch für Verfahren vor dem Verwaltungsgerichtshof und vor dem Verfassungsgerichtshof.

(5) Mit der Vollziehung dieses Bundesverfassungsgesetzes ist die Bundesregierung betraut.

C Bundesverfassungsgesetz vom 3. Juli 1973 zur Durchführung des Internationalen Übereinkommens über die Beseitigung aller Formen rassischer Diskriminierung (RassDiskrVerbG)

– BGBl 1973/390

Artikel I

(1) Jede Form rassischer Diskriminierung ist - auch soweit ihr nicht bereits Art. 7 des Bundes-Verfassungsgesetzes in der Fassung von 1929 und Art. 14 der Konvention zum Schutz der Menschenrechte und Grundfreiheiten, BGBl.Nr. 210/1958, entgegenstehen - verboten. Gesetzgebung und Vollziehung haben jede Unterscheidung aus dem alleinigen Grund der Rasse, der Hautfarbe, der Abstammung oder der nationalen oder ethnischen Herkunft zu unterlassen.

(2) Abs. 1 hindert nicht, österreichischen Staatsbürgern besondere Rechte einzuräumen oder besondere Verpflichtungen aufzuerlegen, soweit dem Art. 14 der Konvention zum Schutz der Menschenrechte und Grundfreiheiten nicht entgegensteht.

Artikel II

Das Gesetz vom 3. April 1919, StGBl.Nr. 209, betreffend die Landesverweisung und die Übernahme des Vermögens des Hauses Habsburg-Lothringen in der Fassung des Gesetzes vom 30. Oktober 1919, StGBl.Nr. 501, des Bundesverfassungsgesetzes vom 30. Juli 1925, BGBl.Nr. 292, des Bundesverfassungsgesetzes vom 26. Jänner 1928, BGBl.Nr. 30, und des Bundesverfassungsgesetzes vom 4. Juli 1963, BGBl.Nr. 172, und Art. 60 Abs. 3 des Bundes-Verfassungsgesetzes in der Fassung von 1929 bleiben unberührt.

Artikel III

Mit der Vollziehung dieses Bundesverfassungsgesetzes ist die Bundesregierung betraut.

D Gesetz vom 27. October 1862, zum Schutze des Hausrechtes (HausRSchG)

- RGBl 1862/88 idF BGBl 1920/1 und BGBl 1974/422

(Anm: Gilt gemäß Art 149 Abs 1 B-VG als Verfassungsgesetz)

Ueber Antrag beider Häuser Meines Reichsrathes finde Ich zum Schutze des Hausrechtes gegen Uebergriffe der Organe der öffentlichen Gewalt, Folgendes zu verordnen:

§. 1. Eine Hausdurchsuchung, das ist die Durchsuchung der Wohnung oder sonstiger zum Hauswesen gehörigen Räumlichkeiten darf in der Regel nur kraft eines mit Gründen versehenen richterlichen Befehles unternommen werden. Dieser Befehl ist den Betheiligten sogleich oder doch innerhalb der nächsten 24 Stunden zuzustellen.

§. 2. Zum Zwecke der Strafgerichtspflege kann bei Gefahr am Verzuge auch ohne richterlichen Befehl eine Hausdurchsuchung von Gerichtsbeamten, Beamten der Sicherheitsbehörden oder Gemeindevorstehern angeordnet werden. Der zur Vornahme Abgeordnete ist mit einer schriftlichen Ermächtigung zu versehen, welche er dem Betheiligten vorzuweisen hat.

Zu demselben Zwecke kann eine Hausdurchsuchung auch durch die Sicherheitsorgane aus eigener Macht vorgenommen werden, wenn gegen Jemanden ein Vorführungs- oder Verhaftbefehl erlassen, oder wenn Jemand auf der That betreten, durch öffentliche Nacheile oder öffentlichen Ruf einer strafbaren Handlung verdächtig bezeichnet oder im Besitze von Gegenständen betreten wird, welche auf die Betheiligung an einer solchen hinweisen.

In beiden Fällen ist dem Betheiligten auf sein Verlangen sogleich oder doch binnen der nächsten 24 Stunden die Bescheinigung über die Vornahme der Hausdurchsuchung und deren Gründe zuzustellen.

§. 3. Zum Behufe der polizeilichen und finanziellen Aufsicht dürfen von den Organen derselben Hausdurchsuchungen nur in den durch das Gesetz bestimmten Fällen vorgenommen werden. Jedoch gelten auch hier die Vorschriften des vorhergehenden Paragraphes bezüglich der Ermächtigung zur Hausdurchsuchung und der Bescheinigung über deren Vornahme.

§. 4. Jede in Ausübung des Amtes oder Dienstes gegen die vorstehenden Bestimmungen vorgenommene Hausdurchsuchung ist im Falle des bösen Vorsatzes als das Verbrechen des Mißbrauches der Amtsgewalt (§. 101 des Strafgesetzes), außer diesem Falle aber als Uebertretung gegen die Pflichten eines öffentlichen Amtes nach Vorschrift der §§. 331 und 332 des Strafgesetzes zu bestrafen.

§. 5. Die Hausdurchsuchungen zum Behufe der polizeilichen Aufsicht sind, so wie jene zum Zwecke der Strafgerichtspflege, nach den Vorschriften der Strafproceßordnung vorzunehmen.

Die Vornahme der Hausdurchsuchungen zum Behufe der finanziellen Aufsicht hat nach den Bestimmungen des Gefällsstrafgesetzes zu geschehen.

§. 6. Bei jeder Hausdurchsuchung, bei welcher nichts Verdächtiges ermittelt wurde, ist dem Betheiligten auf sein Verlangen eine Bestätigung hierüber zu ertheilen.

Der Leiter Meines Justizministeriums und die Minister der Polizei und der Finanzen sind mit dem Vollzuge dieses Gesetzes beauftragt.

E Gebührengesetz 1957 (GebG)

(auszugsweise)

- BGBl 1957/267 idF BGBl I 2006/44

§ 14. Tarife der festen Stempelgebühren für Schriften und Amtshandlungen.

Tarifpost 5 Beilagen

(1) Beilagen, das sind Schriften und Druckwerke aller Art, wenn sie einer gebührenpflichtigen Eingabe (einem Protokolle) beigelegt werden, von jedem Bogen feste Gebühr .... 3,60 Euro, jedoch nicht mehr als 21,80 Euro je Beilage.

(2) Die Beilagengebühr entfällt, wenn eine Schrift bei einer früheren Verwendung als Beilage bereits vorschriftsmäßig gestempelt wurde oder für sie eine Gebühr nach einer anderen Bestimmung dieses Bundesgesetzes entrichtet wurde oder festzusetzen ist oder mit einem Vermerk gemäß § 13 Abs. 4 versehen ist.

(3) Von der Beilagengebühr sind befreit
1. Armutszeugnisse;
2. die in- und ausländischen öffentlichen Kreditpapiere, deren Kupons und Talons und die geldvertretenden Papiere.

Tarifpost 6 Eingaben

(1) Eingaben von Privatpersonen (natürlichen und juristischen Personen) an Organe der Gebietskörperschaften in Angelegenheiten ihres öffentlich-rechtlichen Wirkungskreises, die die Privatinteressen der Einschreiter betreffen, feste Gebühr .... 13 Euro.
(2) ...
(3) (aufgehoben BGBl I 1999/88)
(4) Werden Eingaben in mehrfacher Ausfertigung überreicht, so unterliegen die zweite und jede weitere Gleichschrift nur der einfachen Eingabengebühr.
(5) Der Eingabengebühr unterliegen nicht
1. - 4. ...
5. Eingaben in konsularischen Angelegenheiten an österreichische Vertretungsbehörden im Ausland;
6. ...
7. Eingaben im Verwaltungsstrafverfahren.
8. - 11. ...
12. Eingaben von Personen, die nicht durch berufsmäßige Parteienvertreter vertreten sind, um Anleitung zur Vornahme von Verfahrenshandlungen während eines Verfahrens;
13. Eingaben von Zeugen und Auskunftspersonen zur Erlangung der gesetzlich vorgesehenen Zeugengebühren;
14. ...

15. Anfragen um Bekanntgabe, welches Organ einer Gebietskörperschaft für eine bestimmte Angelegenheit zuständig ist;
16. Anfragen über Ausbildungsmöglichkeiten;
17. Eingaben, mit welchen in einem anhängigen Verfahren zu einer vorangegangenen Eingabe eine ergänzende Begründung erstattet, eine Erledigung urgiert oder eine Eingabe zurückgezogen wird;
18. - 20. ...
21. Eingaben an die parlamentarischen Organe und Einrichtungen (die Präsidenten des Nationalrates, die Präsidenten des Bundesrates, die parlamentarischen Ausschüsse, die Ausschußobmänner sowie die Parlamentsdirektion);
22. - 24 ...
25. Anfragen über das Bestehen von Rechtsvorschriften oder deren Anwendung;
26. - 27. ...

Tarifpost 8 Einreise- und Aufenthaltstitel

(1) Erteilung eines Einreisetitels (Visum)
1. Durchreisevisum (Visum B) .... 35 Euro.
2. Reisevisum (Visum C) .... 35 Euro.
3. Sammelvisum
Durchreisevisum (Visum B) oder Reisevisum
(Visum C) für 5 bis 50 Personen .... 35 Euro
plus 1 Euro pro Person.
4. Aufenthaltsvisum (Visum D) .... 43 Euro.
5. Aufenthaltsvisum, das gleichzeitig als Visum für den kurzfristigen Aufenthalt Gültigkeit besitzt (Visum D + C) .... 75 Euro.

(2) 1. Die Erteilung von Einreisetiteln gemäß Abs. 1 sowie die Ausstellung von Diplomatenvisa und Dienstvisa, sind von den Verwaltungsabgaben des Bundes befreit;
2. Einreisetitel gemäß Abs. 1, wenn diese der Wahrung kultureller, außenpolitischer, entwicklungspolitischer, humanitärer oder sonstiger erheblicher öffentlicher Interessen dienen oder dafür eine völkerrechtliche Verpflichtung besteht, sowie Diplomatenvisa und Dienstvisa, sofern Gegenseitigkeit besteht, sind von den Gebühren befreit.

(3) Die Gebührenschuld für die Erteilung von Einreisetiteln gemäß Abs. 1 entsteht mit der Hinausgabe (Aushändigung) durch die Behörde. Gebührenschuldner ist derjenige, für den oder in dessen Interesse der Einreisetitel ausgestellt wird. Die Behörde darf den Einreisetitel nur nach erfolgter Entrichtung der Gebühr aushändigen.

(4) Erfolgt die Ausstellung des Einreisetitels gemäß Abs. 1 durch eine Behörde eines Landes oder einer Gemeinde, steht dieser Gebietskörperschaft je erteiltem Einreisetitel ein Pauschalbetrag von 2,10 Euro zu.

(5) Erteilung und Ausfolgung eines Aufenthaltstitels durch eine Behörde mit dem Sitz im Inland
1. befristeter Aufenthaltstitel (§ 8 Abs. 1 Z 1, 2 und 5 NAG) .... 100 Euro

2. unbefristeter Aufenthaltstitel (§ 8 Abs. 1 Z 3 und 4 NAG) .... 150 Euro.
(5a) Ausstellung
1. einer Anmeldebescheinigung (§ 9 Abs. 1 Z 1 NAG) .. 15 Euro
2. einer Daueraufenthaltskarte (§ 9 Abs. 1 Z 2 NAG) .... 56 Euro
3. eines Lichtbildausweises für EWR-Bürger (§ 9 Abs. 2 NAG) .... 56 Euro.
(5b) Abnahme der erkennungsdienstlichen Daten bei Antragstellung, die zur Herstellung eines Aufenthaltstitels erforderlich sind (§ 19 Abs. 4 NAG) .... 10 Euro.
Erfolgt die Abnahme dieser Daten durch eine Behörde eines Landes oder einer Gemeinde, steht dieser Gebietskörperschaft der Betrag zur Gänze zu.

(6) Die Erteilung von Aufenthaltstiteln gemäß Abs. 5 und die Dokumentationen gemeinschaftsrechtlicher Aufenthalts- und Niederlassungsrechte gemäß Abs. 5a sind von den Verwaltungsabgaben des Bundes befreit.

(7) Hinsichtlich des Entstehens der Gebührenschuld, des Gebührenschuldners sowie des Pauschalbetrages bei Aufenthaltstiteln gemäß Abs. 5 und bei Dokumentationen gemeinschaftsrechtlicher Aufenthalts- und Niederlassungsrechte gemäß Abs. 5a gelten die Abs. 3 und 4 sinngemäß mit der Maßgabe, dass der Pauschalbetrag im Falle des Abs. 5 Z 1 35 Euro, im Falle des Abs. 5 Z 2 50 Euro je erteiltem Aufenthaltstitel, im Falle des Abs. 5a Z 1 2 Euro und im Falle des Abs. 5a Z 2 und 3 35 Euro je ausgestellter Dokumentation gemeinschaftsrechtlichen Aufenthalts- und Niederlassungsrechtes, beträgt. Bei Abnahme der Daten nach Abs. 5b sind für das Entstehen der Gebührenschuld § 11 Abs. 1 Z 3 und für die Person des Gebührenschuldners § 13 Abs. 1 Z 3 anzuwenden. Die Behörde darf Aufenthaltstitel (Abs. 5) und Dokumentationen gemeinschaftsrechtlicher Aufenthalts- und Niederlassungsrechte (Abs. 5a) nur nach erfolgter Entrichtung der Gebühr aushändigen.

§ 37. (14) § 14 Tarifpost 8 Abs. 5, 5a, 5b, 6 und 7 in der Fassung des Bundesgesetzes BGBl. I Nr. 100/2005 treten mit 1. Jänner 2006 in Kraft und sind auf alle Sachverhalte anzuwenden, für welche die Gebührenschuld nach dem 31. Dezember 2005 entsteht. § 14 Tarifpost 8 Abs. 5, 6 und 7 in der Fassung vor dem Bundesgesetz BGBl. I Nr. 100/2005 sind letztmalig auf Sachverhalte anzuwenden, für welche die Gebührenschuld vor dem 1. Jänner 2006 entsteht.

F Konsulargebührengesetz 1992 (KGG 1992)

(auszugsweise)

- BGBl 1992/100 idF BGBl I 2004/180

Gegenstand

§ 1. (1) Für Amtshandlungen österreichischer Vertretungsbehörden in konsularischen Angelegenheiten sind Konsulargebühren gemäß diesem Bundesgesetz und dem einen Bestandteil dieses Bundesgesetzes bildenden Konsulargebührentarif (Anlage) zu entrichten.

(2) Auslagen, die den Vertretungsbehörden im Zusammenhang mit Amtshandlungen in konsularischen Angelegenheiten erwachsen, sind zu ersetzen, sofern sie über den allgemeinen Verwaltungsaufwand hinausgehen und nicht auf Grund besonderer gesetzlicher Vorschriften von Amts wegen zu tragen sind. Soweit nachstehend nicht anderes bestimmt ist, sind die für die Konsulargebühren geltenden Vorschriften auch auf die Auslagenersätze anzuwenden.

Befreiungen

§ 2. (1) Von den Konsulargebühren sind befreit:
1. Amtshandlungen, bei denen im Einzelfall die Erhebung einer Gebühr dem österreichischen öffentlichen Interesse erheblich zuwider liefe;
2. Amtshandlungen, die den Schutz österreichischer Staatsbürger oder die Wahrung ihrer Interessen bei völkerrechtswidrigem Verhalten ausländischer Behörden betreffen; dasselbe gilt bei einem Ausnahme- oder Notzustand;
3. Amtshandlungen im Zusammenhang mit den im Krieg 1939 bis 1945 vermißten österreichischen Staatsbürgern;
4. Amtshandlungen nach dem Asylgesetz 1991.

(2) Personen, denen ein Gericht oder eine Verwaltungsbehörde im In- oder Ausland für eine bestimmte Rechtssache Verfahrenshilfe bewilligt hat, sind von den damit zusammenhängenden Konsulargebühren befreit.

Entstehung des Abgabenanspruchs

§ 3. Der Abgabenanspruch entsteht mit dem Beginn der Amtshandlung. Eine Amtshandlung ist als begonnen anzusehen, sobald die Tätigkeit der Vertretungsbehörde tatsächlich einsetzt.

Abgabenschuldner

§ 4. (1) Zur Entrichtung der Konsulargebühren sind verpflichtet:
1. Personen, die eine Amtshandlung beantragen;

2. Personen, in deren Interesse eine Amtshandlung vorgenommen wird.

(2) Sind zur Entrichtung der Konsulargebühren mehrere Personen verpflichtet, so sind sie Gesamtschuldner.

Haftung

§ 5. Gegenstände, auf die sich eine Amtshandlung bezieht, haften ohne Rücksicht auf die Rechte Dritter für die Konsulargebühren.

Sicherheitsleistung

§ 6. (1) Wenn die Einhebung der Konsulargebühren gefährdet oder wesentlich erschwert erscheint, hat die Vertretungsbehörde die Durchführung der Amtshandlung von der Leistung einer entsprechenden Sicherheit abhängig zu machen, außer wenn dies einen nicht wiedergutzumachenden Schaden für den Abgabenschuldner zur Folge hätte.

(2) Österreichische Gerichte und Verwaltungsbehörden, die eine Vertretungsbehörde um die Vornahme einer abgabepflichtigen Amtshandlung ersuchen, haben vom Abgabenschuldner die Leistung einer entsprechenden Sicherheit für die zu entrichtenden Konsulargebühren und voraussichtlichen Auslagenersätze zu verlangen. Die Art und die Höhe der geleisteten Sicherheit sind im Ersuchschreiben anzugeben.

Bemessung der Konsulargebühren

§ 7. (1) Unter einem Bogen ist ein Papier zu verstehen, dessen Seitengröße das Ausmaß von zweimal 210 x 297 mm oder das im Empfangsstaat für einen Bogen übliche Ausmaß nicht überschreitet. Als ein Bogen gelten auch zwei Halbbogen (Blätter), wenn sie ihrem Inhalt nach als zusammengehörig anzusehen sind. Für Blätter, die das Ausmaß eines Bogens überschreiten, sind die Konsulargebühren im zweifachen Betrage zu entrichten.

(2) Besteht zwischen zwei oder mehreren Personen eine solche Rechtsgemeinschaft, daß sie in bezug auf den Gegenstand der abgabepflichtigen Amtshandlung als eine Person anzusehen sind, so sind die Konsulargebühren nur im einfachen Betrag zu entrichten.

Abstandnahme von der Erhebung

§ 9. Die Vertretungsbehörden sind ermächtigt, im Einzelfall von der Erhebung der Konsulargebühren gegenüber einem Abgabenschuldner ganz oder teilweise Abstand zu nehmen, wenn die volle Entrichtung in Anbetracht der wirtschaftlichen Verhältnisse des Abgabenschuldners für diesen eine erhebliche Härte bedeuten würde. Die Abstandnahme wirkt nicht gegenüber anderen Gesamtschuldnern.

Festsetzung

§ 10. (1) Die Konsulargebühren sind durch Abgabenbescheid festzusetzen. Der Abgabenbescheid kann mündlich erlassen werden, wenn der Abgabenschuldner damit einverstanden ist und einen Rechtsmittelverzicht abgegeben hat.
(2) Abweichend von Abs. 1 sind die Konsulargebühren gemäß Tarifpost 1 bis 8 der Anlage ohne abgabenbehördliche Festsetzung zu entrichten. Diesfalls ist ein Abgabenbescheid nur zu erlassen, wenn die Konsulargebühren nicht dem Gesetz entsprechend entrichtet worden sind.

Anlage zu § 1: Konsulargebühren - Bezeichnung der gebührenpflichtigen Amtshandlungen

TARIFPOST 7 Einreise- und Aufenthaltstitel

(1) Einbringung eines Antrages auf Erteilung eines Einreisetitels:
1. Flugtransitvisum (Visum für den Flughafentransit, Visum A) .... 35 Euro
2. Durchreisevisum (Visum B) .... 35 Euro
3. Reisevisum (Visum C) .... 35 Euro
4. Sammelvisum für den Flughafentransit, die Durchreise oder als Reisevisum für 5 bis 50 Personen .... 35 Euro
plus 1 Euro pro Person
5. Aufenthaltsvisum (Visum für den längerfristigen Aufenthalt, Visum D) .... 75 Euro
6. Aufenthaltsvisum, das gleichzeitig als Visum für den kurzfristigen Aufenthalt Gültigkeit besitzt (Visum D+C) ....75 Euro

(2) Gebührenfrei sind der Antrag auf und die Erteilung:
1. eines Visums für Dienstreisen in Diplomatenpässen oder eines Diplomatenvisums in gewöhnliche Reisepässe,
2. eines Visums in ein Laissez-passer der Vereinten Nationen oder eines Visums, das auf Grund einer völkerrechtlichen Verpflichtung kostenlos auszustellen ist,
3. eines Visums für Dienstreisen in Dienstpässe oder eines Dienstvisums in gewöhnliche Reisepässe,
4. eines Visums in Reisedokumente nach Art. 28 der Konvention über die Rechtsstellung der Flüchtlinge, BGBl. Nr. 55/1955,
5. eines Visums für Studenten und Stipendiaten an österreichischen Universitäten und Hochschulen sowie an der Diplomatischen Akademie für einen Studienaufenthalt bis zu sechs Monaten oder wenn ein Antrag auf Erteilung einer Aufenthaltserlaubnis bei einer Inlandsbehörde bereits eingebracht wurde,
6. eines Visums an Vortragende und Gastforscher an österreichischen Universitäten und Hochschulen sowie an der Diplomatischen Akademie, wenn ein Antrag auf Erteilung eines Aufenthaltstitels bei einer Inlandsbehörde bereits eingebracht wurde,
7. eines Visums für Teilnehmer an in Österreich stattfindenden religiösen, wissenschaftlichen, künstlerischen, kulturellen, politischen und sportlichen Veranstaltungen, wenn Gegenseitigkeit gewährleistet ist,
8. eines Visums für Teilnehmer an Austauschaktionen für Kinder einschließlich der Begleitpersonen,
9. eines Visums für Teilnehmer an Veranstaltungen zur Förderung der wirtschaftlichen Beziehungen mit dem Ausland und für Besucher solcher Veranstaltungen, wenn Gegenseitigkeit gewährleistet ist,
10. eines Visums für Angehörige von in Österreich beerdigten Kriegsopfern oder Opfern der politischen oder rassischen Verfolgung,

11. eines Visums für folgende Angehörige eines österreichischen Staatsbürgers oder eines in Österreich zum Aufenthalt berechtigten EWR-Bürgers, die selbst nicht österreichische Staatsbürger oder EWR-Bürger sind:
    a) für seinen Ehegatten sowie die Verwandten in absteigender Linie, die noch nicht 21 Jahre alt sind oder denen Unterhalt gewährt wird,
    b) für seine Verwandten und die Verwandten seines Ehegatten in aufsteigender Linie, denen er Unterhalt gewährt.

EWR-Bürger sind Fremde, die Staatsangehörige einer Vertragspartei des Abkommens über den Europäischen Wirtschaftsraum (EWR-Abkommen), BGBl. Nr. 909/1993 sind.

(3) Erteilung eines Aufenthaltstitels, soweit die Berufsvertretungsbehörden nach den einschlägigen Bestimmungen des Fremdengesetzes 1997, BGBl. I Nr. 75/1997 in der geltenden Fassung zur Erteilung ermächtigt sind .... 75 Euro

(4) Ausfolgung eines durch eine Behörde mit Sitz im Inland erteilten Aufenthaltstitels
  1. befristeter Aufenthaltstitel .... 75 Euro
  2. unbefristeter Aufenthaltstitel .... 130 Euro

(5) Gebührenfrei ist der Antrag auf und die Erteilung eines Aufenthaltstitels für Lehrer, Vortragende und Gastforscher für einen Aufenthalt bis zu sechs Monaten, wenn die Lehr-, Vortrags- oder Forschungstätigkeit von einem Rechtsträger im Sinne des § 1 Absatz 1 des Amtshaftungsgesetzes, BGBl. Nr. 20/1949, in der geltenden Fassung entgolten wird.

G Familienlastenausgleichsgesetz 1967 (FLAG)

(auszugsweise)

- BGBl 1967/376 idF BGBl I 2006/3

§ 2. (1) Anspruch auf Familienbeihilfe haben Personen, die im Bundesgebiet einen Wohnsitz oder ihren gewöhnlichen Aufenthalt haben,
a) bis i)...
(2) bis (7) ...
(8) Personen haben nur dann Anspruch auf Familienbeihilfe, wenn sie den Mittelpunkt der Lebensinteressen im Bundesgebiet haben. Eine Person hat den Mittelpunkt ihrer Lebensinteressen in dem Staat, zu dem sie die engeren persönlichen und wirtschaftlichen Beziehungen hat.

§ 3. (1) Personen, die nicht österreichische Staatsbürger sind, haben nur dann Anspruch auf Familienbeihilfe, wenn sie sich nach §§ 8 und 9 des Niederlassungs- und Aufenthaltsgesetzes (NAG), BGBl. I Nr. 100/2005, rechtmäßig in Österreich aufhalten.
(2) Anspruch auf Familienbeihilfe besteht für Kinder, die nicht österreichische Staatsbürger sind, sofern sie sich nach §§ 8 und 9 des Niederlassungs- und Aufenthaltsgesetzes rechtmäßig in Österreich aufhalten.
(3) Abweichend von Abs. 1 haben Personen, denen Asyl nach dem Asylgesetz 2005 (AsylG 2005), BGBl. I Nr. 100, gewährt wurde, Anspruch auf Familienbeihilfe. Anspruch besteht auch für Kinder, denen nach dem Asylgesetz 2005 Asyl gewährt wurde.

§ 4. (1) Personen, die Anspruch auf eine gleichartige ausländische Beihilfe haben, haben keinen Anspruch auf Familienbeihilfe.
(2) bis (7) ...

§ 38a. (1) Der Bundesminister für Umwelt, Jugend und Familie kann Familien sowie werdenden Müttern, die durch ein besonderes Ereignis unverschuldet in Not geraten sind, finanzielle Zuwendungen zur Milderung oder Beseitigung der Notsituation gewähren.
(2) Als Familien sind Eltern (Großeltern, Adoptiveltern, Pflegeeltern) oder Elternteile mit Kindern zu verstehen, für die ihnen Familienbeihilfe gewährt wird. Leben beide Elternteile mit den Kindern im gemeinsamen Haushalt, kann die Zuwendung ihnen gemeinsam gewährt werden. Zuwendungen können auch Kindern gewährt werden, die für sich selbst Anspruch auf Familienbeihilfe haben.
(3) Empfänger von Zuwendungen können nur österreichische Staatsbürger, Staatenlose mit ausschließlichem Wohnsitz im Bundesgebiet und Personen, denen Asyl nach dem Asylgesetz 1997 gewährt wurde, sein.

(4) Auf die Gewährung von Zuwendungen besteht kein Rechtsanspruch.

§ 55. Die §§ 2 Abs. 8 erster Satz und 3 in der Fassung des Bundesgesetzes BGBl. I Nr. 100/2005, treten mit 1. Jänner 2006, nach Maßgabe der Übergangsbestimmungen des Niederlassungs- und Aufenthaltsgesetzes (NAG), BGBl. I Nr. 100/2005, sowie des Asylgesetzes 2005 (AsylG 2005), BGBl. I Nr. 100, in Kraft.

H Kinderbetreuungsgeldgesetz (KBGG)

(auszugsweise)

- BGBl I 2001/103 idF BGBl I 2005/100

Anspruchsberechtigung

§ 2. (1) Anspruch auf Kinderbetreuungsgeld hat ein Elternteil (Adoptivelternteil, Pflegeelternteil) für sein Kind (Adoptivkind, Pflegekind), sofern
1. für dieses Kind Anspruch auf Familienbeihilfe nach dem Familienlastenausgleichsgesetz 1967, BGBl. Nr. 376, besteht oder für dieses Kind nur deswegen nicht besteht, weil Anspruch auf eine gleichartige ausländische Leistung besteht,
2. der Elternteil mit diesem Kind im gemeinsamen Haushalt lebt;
3. der maßgebliche Gesamtbetrag der Einkünfte (§ 8) des Elternteiles im Kalenderjahr den Grenzbetrag von 14 600 Euro nicht übersteigt.
4. der Elternteil und das Kind den Mittelpunkt der Lebensinteressen im Bundesgebiet haben und
5. der Elternteil und das Kind sich nach §§ 8 und 9 des Niederlassungs- und Aufenthaltsgesetzes (NAG), BGBl. I Nr. 100/2005, rechtmäßig in Österreich aufhalten, es sei denn, es handelt sich um österreichische Staatsbürger oder Personen, denen Asyl nach dem Asylgesetz 2005 (AsylG 2005), BGBl. I Nr. 100, gewährt wurde.

(2) bis (5) ...

In-Kraft-Treten

§ 49. (1) bis (8) ...
(9) Die §§ 2 Abs. 1 Z 2 bis 5, 2 Abs. 2 bis 5, 5 Abs. 6, 6 und 8 Abs. 2 in der Fassung des Bundesgesetzes BGBl. I Nr. 100/2005, treten mit 1. Jänner 2006, nach Maßgabe der Übergangsbestimmungen des Niederlassungs- und Aufenthaltsgesetzes (NAG), BGBl. I Nr. 100/2005, sowie des Asylgesetzes 2005 (AsylG 2005), BGBl. I Nr. 100, in Kraft.

I Tilgungsgesetz 1972 (TilgG)

(auszugsweise)

- BGBl 1972/268 idF BGBl I 2006/37

Beschränkung der Auskunft

§ 6. (1) Schon vor der Tilgung darf über Verurteilungen aus dem Strafregister bei Vorliegen der in den Abs. 2 und 3 genannten Voraussetzungen lediglich Auskunft erteilt werden
Z 1. bis Z 6. ...
Z 7. den Passbehörden, den Fremdenpolizeibehörden und den mit der Erteilung, Versagung und Entziehung von Aufenthaltstiteln befassten Behörden zur Durchführung von Verfahren nach dem Passgesetz 1992, dem Fremdenpolizeigesetz 2005 und dem Niederlassungs- und Aufenthaltsgesetz.

Inkrafttreten und Aufhebung von Rechtsvorschriften

§ 9 (1) bis (1b) ...
(1c) § 6 Abs. 1 Z 7 in der Fassung des Bundesgesetzes BGBl. I Nr. 100/2005 tritt mit 1. Jänner 2006 in Kraft.
(2) ...

J   Verfassungsgerichtshofgesetz 1953 (VfGG)

(auszugsweise)

BGBl 1953/85 (Wv) idF BGBl I Nr 2005/165

§ 85. (1) Die Beschwerde hat keine aufschiebende Wirkung. (2) Der Verfassungsgerichtshof hat der Beschwerde auf Antrag des Beschwerdeführers mit Beschluß aufschiebende Wirkung zuzuerkennen, insoweit dem nicht zwingende öffentliche Interessen entgegenstehen und nach Abwägung aller berührten Interessen mit dem Vollzug oder mit der Ausübung der mit Bescheid eingeräumten Berechtigung durch einen Dritten für den Beschwerdeführer ein unverhältnismäßiger Nachteil verbunden wäre. Wenn sich die Voraussetzungen, die für die Entscheidung über die aufschiebende Wirkung der Beschwerde maßgebend waren, wesentlich geändert haben, ist auf Antrag des Beschwerdeführers, der Behörde (§ 83 Abs. 1) oder eines etwa sonst Beteiligten neu zu entscheiden.

(3) Beschlüsse gemäß Abs. 2 sind dem Beschwerdeführer, der Behörde (§ 83 Abs. 1) und etwa sonst Beteiligten zuzustellen. Im Falle der Zuerkennung der aufschiebenden Wirkung hat die Behörde den Vollzug des angefochtenen Bescheides aufzuschieben und die hiezu erforderlichen Vorkehrungen zu treffen; der durch den angefochtenen Bescheid Berechtigte darf die Berechtigung nicht ausüben.

(4) Wenn der Verfassungsgerichtshof nicht versammelt ist, so sind Beschlüsse gemäß Abs. 2 auf Antrag des Referenten vom Präsidenten des Verfassungsgerichtshofes zu fassen.

K Verwaltungsgerichtshofgesetz 1985 (VwGG)

(auszugsweise)

– BGBl 1985/10 idF BGBl I 2004/89

Schriftsätze

§ 24. (1) – (2) ...
(3) Für Eingaben einschließlich der Beilagen ist nach Maßgabe der folgenden Bestimmungen eine Eingabengebühr zu entrichten:
1. Die Gebührenpflicht besteht
   a) für Beschwerden, Anträge auf Wiederaufnahme des Verfahrens und Anträge auf Wiedereinsetzung in den vorigen Stand;
   b) unbeschadet der Pflicht zur Entrichtung der Eingabengebühr gemäß § 17a des Verfassungsgerichtshofgesetzes 1953, BGBl. Nr. 85, für Beschwerden gemäß Art. 144 Abs. 1 B-VG, die dem Verwaltungsgerichtshof gemäß Art. 144 Abs. 3 B-VG zur Entscheidung abgetreten worden sind.
2. Die Gebühr beträgt 180 Euro. Der Bundeskanzler und der Bundesminister für Finanzen sind ermächtigt, die Eingabengebühr im Einvernehmen mit dem Hauptausschuss des Nationalrates durch Verordnung neu festzusetzen, sobald und soweit sich der von der Bundesanstalt „Statistik Österreich" verlautbarte Verbraucherpreisindex 1996 oder ein an dessen Stelle tretender Index gegenüber der für Jänner 1997 verlautbarten und in der Folge gegenüber der der letzten Festsetzung zugrunde gelegten Indexzahl um mehr als 10% geändert hat. Der neue Betrag ist aus dem im Abs. 1 genannten Betrag im Verhältnis der Veränderung der für Jänner 1997 verlautbarten Indexzahl zu der für die Neufestsetzung maßgebenden Indexzahl zu berechnen, jedoch auf ganze Euro abzurunden.
3. Gebietskörperschaften sind von der Entrichtung der Gebühr befreit.
4. Die Gebührenschuld entsteht im Fall der Z 1 lit. a im Zeitpunkt der Überreichung der Eingabe, im Fall der Z 1 lit. b im Zeitpunkt des Einlangens der Beschwerde beim Verwaltungsgerichtshof; die Gebühr wird mit diesen Zeitpunkten fällig.
5. Die Gebühr ist unter Angabe des Verwendungszwecks durch Überweisung auf ein entsprechendes Konto des Finanzamtes für Gebühren und Verkehrsteuern in Wien zu entrichten. Die Entrichtung der Gebühr ist durch einen von einem Postamt oder einem Kreditinstitut bestätigten Zahlungsbeleg in Urschrift nachzuweisen. Dieser Beleg ist im Fall der Z 1 lit. a der Eingabe anzuschließen, im Fall der Z 1 lit. b dem Verwaltungsgerichtshof gesondert vorzulegen. Die Einlaufstelle hat den Beleg dem Beschwerdeführer (Antragsteller) auf Verlangen zurückzustellen, zuvor darauf einen deutlichen Sichtvermerk anzubringen und auf der im Akt verblei-

benden Ausfertigung der Eingabe zu bestätigen, dass die Gebührenentrichtung durch Vorlage des Zahlungsbeleges nachgewiesen wurde. Für jede Eingabe ist die Vorlage eines gesonderten Beleges erforderlich. Rechtsanwälte (Wirtschaftsprüfer) können die Entrichtung der Gebühr auch durch einen schriftlichen Beleg des spätestens zugleich mit der Eingabe weiterzuleitenden Überweisungsauftrages nachweisen, wenn sie darauf mit Datum und Unterschrift bestätigen, dass der Überweisungsauftrag unter einem unwiderruflich erteilt wird.
6. Für die Erhebung der Gebühr ist das Finanzamt für Gebühren und Verkehrsteuern in Wien in erster Instanz zuständig.
7. Im Übrigen gelten für die Gebühr die Bestimmungen des Gebührengesetzes 1957, BGBl. Nr. 267, über Eingaben mit Ausnahme des § 11 Z 1 und des § 14 sowie die §§ 74, 203 und 241 Abs. 2 und 3 der Bundesabgabenordnung 1961, BGBl. Nr. 194.

Aufschiebende Wirkung

§ 30. (1) Den Beschwerden kommt eine aufschiebende Wirkung kraft Gesetzes nicht zu. Dasselbe gilt für einen Antrag auf Wiedereinsetzung in den vorigen Stand wegen Versäumung der Beschwerdefrist.

(2) Der Verwaltungsgerichtshof hat jedoch auf Antrag des Beschwerdeführers die aufschiebende Wirkung mit Beschluß zuzuerkennen, insoweit dem nicht zwingende öffentliche Interessen entgegenstehen und nach Abwägung aller berührten Interessen mit dem Vollzug oder mit der Ausübung der mit Bescheid eingeräumten Berechtigung durch einen Dritten für den Beschwerdeführer ein unverhältnismäßiger Nachteil verbunden wäre. Wenn sich die Voraussetzungen, die für die Entscheidung über die aufschiebende Wirkung der Beschwerde maßgebend waren, wesentlich geändert haben, ist auf Antrag einer Partei neu zu entscheiden. Die Zuerkennung der aufschiebenden Wirkung bedarf nur dann einer Begründung, wenn die Interessen Dritter berührt werden.

(3) Beschlüsse gemäß Abs. 2 sind allen Parteien zuzustellen. Im Falle der Zuerkennung der aufschiebenden Wirkung hat die Behörde den Vollzug des angefochtenen Bescheides aufzuschieben und die hiezu erforderlichen Verfügungen zu treffen; der durch den angefochtenen Bescheid Berechtigte darf die Berechtigung nicht ausüben.

L   Ausländerbeschäftigungsgesetz (AuslBG)

- BGBl 1975/218
- BGBl 1988/231
- BGBl 1988/429 (VfGH = VfSlg 11.737)
- BGBl 1989/253
- BGBl 1990/450 (NR: GP XVII IA 442/A AB 1462 S 152. BR: AB 3969 S 533.)
- BGBl 1991/36 (VfGH = VfSlg 12.506)
- BGBl 1991/684 (NR: GP XVIII IA 242/A AB 318 S 47. BR: AB 416 S 547.)
- BGBl 1992/475 (NR: GP XVIII RV 489 AB 634 S 78. BR: AB 4329 S 537.)
- BGBl 1993/19 (NR: GP XVIII IA 412/A und 416/A AB 913 S 99. BR: AB 4424 S 563.)
- BGBl 1993/463 (NR: GP XVIII RV 973 AB 1107 S 125. BR: AB 4560 S 572.)
- BGBl 1993/501 (NR: GP XVIII IA 512/A AB 1121 S 130. BR: AB 4615 S 573.)
- BGBl 1993/502 (NR: GP XVIII RV 1194 AB 1222 S 130. BR: AB 4617 S 573.)
- BGBl 1993/709 (VfGH = VfSlg 13.505)
- BGBl 1993/917
- BGBl 1994/314 (NR: GP XVIII RV 1469 AB 1556 S 161. BR: AB 4777 S 583.)
- BGBl 1994/450 (NR: GP XVIII RV 1590 AB 1671 S 166. BR: AB 4794 S 587.)
- BGBl 1995/257 (NR: GP XIX IA 151/A AB 127 S 23. BR: AB 4990 S 597.)
- BGBl 1995/895 (NR: GP XIX IA 437/A AB 382 S 57. BR: 5109 AB 5118 S 606.)
- BGBl 1996/201 (NR: GP XX RV 72 und Zu 72 AB 95 S 16. BR: 5161, 5162, 5163, 5164 und 5165 AB 5166 S 612.)
- BGBl 1996/776 (NR: GP XX RV 323 AB 463 und Zu 463 S 48. BR: AB 5343 S 619.)
- BGBl I 1997/78 (NR: GP XX RV 689 AB 717 S 77. BR: AB 5468 S 628.)
- BGBl I 1997/82 (DFB)
- BGBl I 1999/120 (NR: GP XX IA 1103/A AB 1970 S 174. BR: AB 5988 S 656.)
- BGBl I 1999/199 (VfGH = VfSlg 15.600)
- BGBl I 2001/115 (VfGH = VfSlg 16.214)
- BGBl I 2001/136 (NR: GP XXI RV 742 AB 824 S 81. BR: 6458 AB 6459 S 681.)
- BGBl I 2002/68 (NR: GP XXI RV 977 AB 1039 S 97. BR: 6610 AB 6625 S 686.)

III Nebengesetze: L Ausländerbeschäftigungsgesetz (AuslBG)

- BGBl I 2002/126 (NR: GP XXI RV 1172 AB 1244 S 109. BR: AB 6709 S 690.)
- BGBl I 2002/160 (VfGH = VfSlg 16.662)
- BGBl I 2003/133 (NR: GP XXII RV 313 AB 324 S 40. BR: 6921 AB 6935 S 704.)
- BGBl 2004/28 (NR: GP XXII RV 414 AB 437 S 55. BR: AB 7007 S 707.)
- BGBl I 2004/136 (NR: GP XXII RV 649 AB 657 S 82. BR: 7145 AB 7151 S 715.)
- BGBl I 2005/101 (NR: GP XXII RV 948 AB 1011 S 115. BR: 7328 AB 7347 S 724.)
- BGBl I 2005/103 (NR: GP XXII RV 992 AB 1037 S 116. BR: 7333 AB 7368 S 724.)
- BGBl I 2005/104 (NR: GP XXII RV 972 AB 1012 S 115. BR: AB 7348 S 724.)
- BGBl I 2005/157 (NR: GP XXII IA 685/A AB 1154 S 125. Einspr d BR: 1259. BR: AB 7418 S 728. NR: S 133.)

Abschnitt I: Allgemeine Bestimmungen

Geltungsbereich

§ 1. (1) Dieses Bundesgesetz regelt die Beschäftigung von Ausländern (§ 2) im Bundesgebiet.

(2) Die Bestimmungen dieses Bundesgesetzes sind nicht anzuwenden auf
   a) Ausländer, denen der Status eines Asylberechtigten zuerkannt wurde oder die seit mindestens einem Jahr den Status eines subsidiär Schutzberechtigten besitzen (§ 2 Z 15 und § 3 bzw. § 8 des Asylgesetzes 2005 – AsylG 2005, BGBl. I Nr. 100);
   b) Ausländer hinsichtlich ihrer wissenschaftlichen, pädagogischen, kulturellen und sozialen Tätigkeiten an Unterrichtsanstalten oder an Instituten wissenschaftlichen, kulturellen oder sozialen Charakters, die auf Grund eines zwischenstaatlichen Kulturabkommens errichtet wurden;
   c) Ausländer hinsichtlich ihrer Tätigkeiten in diplomatischen oder berufskonsularischen Vertretungen oder in mit diplomatischen Vorrechten ausgestatteten zwischenstaatlichen Organisationen oder in ständigen Vertretungen bei solchen Organisationen oder hinsichtlich ihrer Tätigkeiten als Bedienstete solcher Ausländer;
   d) Ausländer hinsichtlich ihrer seelsorgerischen Tätigkeiten im Rahmen von gesetzlich anerkannten Kirchen und Religionsgesellschaften;
   e) Ausländer hinsichtlich ihrer Tätigkeiten als Besatzungsmitglieder von See- und Binnenschiffen, es sei denn, sie üben eine Tätigkeit bei einem Unternehmen mit Sitz im Bundesgebiet aus;
   f) besondere Führungskräfte (§ 2 Abs. 5a), ihre drittstaatsangehörigen Ehegatten und Kinder (lit. l) sowie ihre ausländischen Bediensteten, die seit mindestens einem Jahr in einem direkten und

rechtmäßigen Arbeitsverhältnis zur besonderen Führungskraft stehen und deren Weiterbeschäftigung unter Einhaltung der geltenden Lohn- und Arbeitsbedingungen sowie der sozialversicherungsrechtlichen Vorschriften zur Unterstützung der Führungskraft erforderlich ist;
g) Ausländer hinsichtlich ihrer Tätigkeiten als Berichterstatter für ausländische Medien in Wort, Ton und Bild für die Dauer ihrer Akkreditierung als Auslandskorrespondenten beim Bundeskanzleramt sowie Ausländer hinsichtlich ihrer für die Erfüllung der Aufgaben dieser Berichterstatter unbedingt erforderlichen Tätigkeiten für die Dauer ihrer Notifikation beim Bundeskanzleramt;
h) (aufgehoben, BGBl I 1997/78)
i) Ausländer hinsichtlich ihrer wissenschaftlichen Tätigkeit in der Forschung und Lehre, in der Entwicklung und der Erschließung der Künste sowie in der Lehre der Kunst;
j) Ausländer hinsichtlich ihrer Tätigkeit im Rahmen von Aus- und Weiterbildungs- oder Forschungsprogrammen der Europäischen Union;
k) (aufgehoben, BGBl I 1997/78)
l) Freizügigkeitsberechtigte EWR-Bürger, deren drittstaatsangehörige Ehegatten und Kinder (einschließlich Adoptiv- und Stiefkinder), die noch nicht 21 Jahre alt sind oder denen der EWR-Bürger oder der Ehegatte Unterhalt gewährt, sowie drittstaatsangehörige Eltern des EWR-Bürgers und seines Ehegatten, denen der EWR-Bürger oder der Ehegatte Unterhalt gewährt, sofern sie zur Niederlassung nach dem Niederlassungs- und Aufenthaltsgesetz (NAG), BGBl. I Nr. 100/2005 berechtigt sind;
m) EWR-Bürger, die ihr Recht auf Freizügigkeit nicht in Anspruch nehmen, deren drittstaatsangehörige Ehegatten und Kinder (einschließlich Adoptiv- und Stiefkinder) sowie die drittstaatsangehörigen Ehegatten und Kinder österreichischer Staatsbürger, sofern der Ehegatte bzw. das Kind zur Niederlassung nach dem NAG berechtigt ist.

(3) Zwischenstaatliche Vereinbarungen über die Beschäftigung von Ausländern werden durch die Bestimmungen dieses Bundesgesetzes nicht berührt.

(4) Der Bundesminister für Arbeit, Gesundheit und Soziales kann nach Anhörung des Ausländerausschusses (§ 22) durch Verordnung weitere Ausnahmen vom Geltungsbereich dieses Bundesgesetzes festlegen, sofern es sich um Personengruppen handelt, deren Beschäftigung die allgemeine Lage und Entwicklung des Arbeitsmarktes unter besonderer Berücksichtigung der Schutzinteressen der betroffenen inländischen Arbeitnehmer zuläßt.

(5) Die Bundesregierung kann auf Vorschlag des Bundesministers für Wirtschaft und Arbeit durch Vereinbarungen mit Nachbarstaaten auf der Grundlage dieses Bundesgesetzes und auf Basis der Gegenseitigkeit Kontingente für die Beschäftigung von Schlüsselkräften (§ 2 Abs. 5) und Pendlern (§ 2 Abs. 8) festlegen. Sie hat dabei die Lage und Entwicklung des Arbeitsmarktes zu berücksichtigen und die Interessenvertretungen der

Arbeitgeber und der Arbeitnehmer anzuhören. Die Bundesländer können Vorschläge zum Abschluss solcher Vereinbarungen erstatten. Die in der Niederlassungsverordnung (§ 13 NAG) festgelegte Anzahl von Quotenplätzen wird durch derartige Vereinbarungen nicht berührt. Abs. 2 lit. l gilt ab dem 1. Juni 2004 sinngemäß auch für Staatsangehörige der Schweizerischen Eidgenossenschaft und für Arbeitgeber mit Betriebssitz in der Schweizerischen Eidgenossenschaft (vgl. § 32 Abs. 9).

Begriffsbestimmungen

§ 2. (1) Als Ausländer im Sinne dieses Bundesgesetzes gilt, wer nicht die österreichische Staatsbürgerschaft besitzt.

(2) Als Beschäftigung gilt die Verwendung
a) in einem Arbeitsverhältnis,
b) in einem arbeitnehmerähnlichen Verhältnis,
c) in einem Ausbildungsverhältnis, einschließlich der Tätigkeiten nach § 3 Abs. 5,
d) nach den Bestimmungen des § 18 oder
e) überlassener Arbeitskräfte im Sinne des § 3 Abs. 4 des Arbeitskräfteüberlassungsgesetzes, BGBl. Nr. 196/1988.

(3) Den Arbeitgebern gleichzuhalten sind
a) in den Fällen des Abs. 2 lit. b die inländischen Vertragspartner jener Personen, für deren Verwendung eine Beschäftigungsbewilligung erforderlich ist,
b) in den Fällen des Abs. 2 lit. c und d der Inhaber des Betriebes, in dem der Ausländer beschäftigt wird, sofern nicht lit. d gilt, oder der Veranstalter,
c) in den Fällen des Abs. 2 lit. e auch der Beschäftiger im Sinne des § 3 Abs. 3 des Arbeitskräfteüberlassungsgesetzes und
d) der ausländische Dienstleistungserbringer, dem eine EU-Entsendebestätigung nach Maßgabe des § 18 Abs. 12 bis 16 auszustellen ist.

(4) Für die Beurteilung, ob eine Beschäftigung im Sinne des Abs. 2 vorliegt, ist der wahre wirtschaftliche Gehalt und nicht die äußere Erscheinungsform des Sachverhaltes maßgebend. Eine Beschäftigung im Sinne des Abs. 2 liegt insbesondere auch dann vor, wenn
1. ein Gesellschafter einer Personengesellschaft zur Erreichung des gemeinsamen Gesellschaftszweckes oder
2. ein Gesellschafter einer Gesellschaft mit beschränkter Haftung mit einem Geschäftsanteil von weniger als 25% Arbeitsleistungen für die Gesellschaft erbringt, die typischerweise in einem Arbeitsverhältnis geleistet werden, es sei denn, die regionale Geschäftsstelle des Arbeitsmarktservice stellt auf Antrag binnen drei Monaten fest, daß ein wesentlicher Einfluß auf die Geschäftsführung der Gesellschaft durch den Gesellschafter tatsächlich persönlich ausgeübt wird. Den Nachweis hiefür hat der Antragsteller zu erbringen. Nach Ablauf dieser Frist darf die Tätigkeit auch ohne den erforderlichen Feststellungsbescheid aufgenommen werden. Wird der Antrag nach Ablauf der Frist abgewiesen, ist die bereits begonnene

§ 2

Tätigkeit umgehend, spätestens jedoch binnen einer Woche nach Zustellung des Bescheides, zu beenden.

(5) Als Schlüsselkräfte gelten Ausländer, die über eine besondere, am inländischen Arbeitsmarkt nachgefragte Ausbildung oder über spezielle Kenntnisse und Fertigkeiten mit entsprechender beruflicher Erfahrung verfügen und für die beabsichtigte Beschäftigung eine monatliche Bruttoentlohnung erhalten, die durchwegs mindestens 60 vH der Höchstbeitragsgrundlage gemäß § 108 Abs. 3 des Allgemeinen Sozialversicherungsgesetzes (ASVG) zuzüglich Sonderzahlungen zu betragen hat. Überdies muss mindestens eine der folgenden Voraussetzungen erfüllt sein:
1. die beabsichtigte Beschäftigung hat eine besondere, über das betriebsbezogene Interesse hinausgehende Bedeutung für die betroffene Region oder den betroffenen Teilarbeitsmarkt oder
2. die beabsichtigte Beschäftigung trägt zur Schaffung neuer Arbeitsplätze oder zur Sicherung bestehender Arbeitsplätze bei oder
3. der Ausländer übt einen maßgeblichen Einfluss auf die Führung des Betriebes (Führungskraft) aus oder
4. die beabsichtigte Beschäftigung hat einen Transfer von Investitionskapital nach Österreich zur Folge oder
5. der Ausländer verfügt über einen Abschluss einer Hochschul- oder Fachhochschulausbildung oder einer sonstigen fachlich besonders anerkannten Ausbildung.

(5a) Als besondere Führungskräfte gelten Ausländer, die leitende Positionen auf der Vorstands- oder Geschäftsleitungsebene in international tätigen Konzernen oder Unternehmen innehaben oder international anerkannte Forscher sind und deren Beschäftigung der Erschließung oder dem Ausbau nachhaltiger Wirtschaftsbeziehungen oder der Schaffung oder Sicherung qualifizierter Arbeitsplätze im Bundesgebiet dient und die eine monatliche Bruttoentlohnung von durchwegs mindestens 120 vH der Höchstbeitragsgrundlage gemäß § 108 Abs. 3 des Allgemeinen Sozialversicherungsgesetzes (ASVG) zuzüglich Sonderzahlungen erhalten.

(6) EWR-Bürger sind Ausländer, die Staatsangehörige einer Vertragspartei des Abkommens über den Europäischen Wirtschaftsraum (EWR-Abkommen) sind.

(7) Grenzgänger sind Ausländer, die ihren Wohnsitz in einem Nachbarstaat haben, in den sie täglich zurückkehren, und die sich zur Ausübung einer Erwerbstätigkeit in einem unmittelbar an diesen Staat grenzenden politischen Bezirk in Österreich oder in den Freistädten Eisenstadt oder Rust aufhalten.

(8) Pendler sind Ausländer, die einen Wohnsitz in einem Nachbarstaat haben, dessen Staatsangehörigkeit sie besitzen, in den sie zumindest einmal wöchentlich zurückkehren, und die sich zur Ausübung einer Erwerbstätigkeit in Österreich aufhalten.

(9) Drittstaaten sind Staaten, die nicht Vertragspartei des EWR-Abkommens sind. Drittstaatsangehörige sind Ausländer, die nicht EWR-Bürger sind.

(10) Als Rotationsarbeitskräfte gelten Ausländer, deren Arbeitsvertrag mit ihrem international tätigen Dienstgeber sie entweder

III Nebengesetze: L Ausländerbeschäftigungsgesetz (AuslBG)

1. als leitende Angestellte, denen maßgebliche Führungsaufgaben selbstverantwortlich übertragen sind, oder
2. als der Unternehmensleitung zugeteilte qualifizierte Mitarbeiter, die zur innerbetrieblichen Aus- oder Weiterbildung (Führungskräftenachwuchs) verpflichtet sind, oder
3. als Vertreter repräsentativer ausländischer Interessenvertretungen ausweist und Rotationen im Hinblick auf den Dienstort vorsieht.

Voraussetzungen für die Beschäftigung von Ausländern

§ 3. (1) Ein Arbeitgeber darf, soweit in diesem Bundesgesetz nicht anderes bestimmt ist, einen Ausländer nur beschäftigen, wenn ihm für diesen eine Beschäftigungsbewilligung, eine Zulassung als Schlüsselkraft oder eine Entsendebewilligung erteilt oder eine Anzeigebestätigung ausgestellt wurde oder wenn der Ausländer eine für diese Beschäftigung gültige Arbeitserlaubnis oder einen Befreiungsschein oder eine Niederlassungsbewilligung – unbeschränkt oder einen Aufenthaltstitel „Daueraufenthalt-EG" oder einen Niederlassungsnachweis besitzt.

(2) Ein Ausländer darf, soweit in diesem Bundesgesetz nicht anderes bestimmt ist, eine Beschäftigung nur antreten und ausüben, wenn für ihn eine Beschäftigungsbewilligung, eine Zulassung als Schlüsselkraft oder eine Entsendebewilligung erteilt oder eine Anzeigebestätigung ausgestellt wurde oder wenn er eine für diese Beschäftigung gültige Arbeitserlaubnis oder einen Befreiungsschein oder eine Niederlassungsbewilligung – unbeschränkt oder einen Aufenthaltstitel „Daueraufenthalt-EG" oder einen Niederlassungsnachweis besitzt.

(3) Bei Eintritt eines anderen Arbeitgebers in das Rechtsverhältnis nach § 2 Abs. 2 durch Übergang des Betriebes oder Änderung der Rechtsform gilt bei sonst unverändertem Fortbestand der Voraussetzungen die Beschäftigungsbewilligung als dem neuen Arbeitgeber erteilt.

(4) Ausländer, die Konzert- oder Bühnenkünstler oder Angehörige der Berufsgruppen Artisten, Film-, Rundfunk- und Fernsehschaffende oder Musiker sind, dürfen
 a) einen Tag oder
 b) vier Wochen im Rahmen einer künstlerischen Gesamtproduktion zur Sicherung eines Konzerts, einer Veranstaltung, einer Vorstellung, einer laufenden Filmproduktion, einer Rundfunk- oder Fernsehlivesendung ohne Beschäftigungsbewilligung beschäftigt werden. Die Beschäftigung ist vom Veranstalter bzw. Produzenten am Tag der Arbeitsaufnahme der zuständigen regionalen Geschäftsstelle des Arbeitsmarktservice anzuzeigen.

(5) Ausländer, die
 a) ausschließlich zum Zwecke der Erweiterung und Anwendung von Kenntnissen zum Erwerb von Fertigkeiten für die Praxis ohne Arbeitspflicht und ohne Entgeltanspruch (Volontäre) bis zu drei Monaten im Kalenderjahr oder
 b) als Ferial- oder Berufspraktikanten beschäftigt werden, bedürfen keiner Beschäftigungsbewilligung.

Verrichten Ausländer Hilfsarbeiten, einfache angelernte Tätigkeiten oder Arbeiten auf Baustellen, liegt kein Volontariat im Sinne dieses Bundesgesetzes vor. Als Ferial- oder Berufspraktikum im Sinne dieses Bundesgesetzes gilt nur eine Tätigkeit, welche Schülern eines geregelten Lehr- oder Studienganges an einer inländischen Bildungseinrichtung mit Öffentlichkeitsrecht vorgeschrieben ist. Die Beschäftigung eines ausländischen Volontärs oder Ferial- oder Berufspraktikanten ist vom Inhaber des Betriebs, in dem der/die Ausländer/in beschäftigt wird, spätestens zwei Wochen vor Beginn der zuständigen regionalen Geschäftsstelle des Arbeitsmarktservice und der zuständigen Zollbehörde anzuzeigen. Die zuständige regionale Geschäftsstelle des Arbeitsmarktservice hat binnen zweier Wochen eine Anzeigebestätigung auszustellen. Nach Ablauf dieser Frist darf die Beschäftigung aber auch vor Ausstellung der Anzeigebestätigung aufgenommen werden. Bei einer allfälligen Ablehnung der Anzeigebestätigung nach Ablauf dieser Frist ist die bereits begonnene Beschäftigung umgehend, spätestens jedoch binnen einer Woche nach Zustellung der Ablehnung, zu beenden. Die Anzeigebestätigung ist nur auszustellen, wenn die Gewähr gegeben ist, daß der wahre wirtschaftliche Gehalt der beabsichtigten Beschäftigung dem eines Volontariates oder Ferial- oder Berufspraktikums entspricht.

(6) Der Arbeitgeber hat die Beschäftigungsbewilligung, die Entsendebewilligung, die EU-Entsendebestätigung oder die Anzeigebestätigung gemäß Abs. 5 im Betrieb zur Einsichtnahme bereitzuhalten. Der Ausländer hat eine Ausfertigung der Beschäftigungsbewilligung, der Entsendebewilligung, der EU-Entsendebestätigung oder der Anzeigebestätigung gemäß Abs. 5 oder die Arbeitserlaubnis oder den Befreiungsschein oder die ihm gemäß Abs. 8 ausgestellte Bestätigung an seiner jeweiligen Arbeitsstelle zur Einsichtnahme bereitzuhalten.

(7) Ein Arbeitgeber darf einen Ausländer, auf den zum Zeitpunkt der Beschäftigungsaufnahme die Bestimmungen dieses Bundesgesetzes nicht anzuwenden waren, auch nach dem Wegfall der dafür maßgeblichen persönlichen Umstände des Ausländers bis zum Ende des Beschäftigungsverhältnisses weiter beschäftigen.

(8) Familienangehörigen gemäß § 1 Abs. 2 lit. l und m ist auf deren Antrag von der regionalen Geschäftsstelle des Arbeitsmarktservice eine Bestätigung auszustellen, dass sie vom Geltungsbereich dieses Bundesgesetzes ausgenommen sind.

(9) Die Beschäftigung eines Volontärs gemäß Abs. 5 kann auf bis zu zwölf Monate verlängert werden, wenn
    a)   der Volontär über eine Ausbildung verfügt, die einer österreichischen Reifeprüfung entspricht, und
    b)   die Ausbildung in Österreich zu einer beruflichen Qualifikation führen soll, die diesem Niveau entspricht, und
    c)   die Beschäftigung durch ein international tätiges Unternehmen erfolgt und
    d)   die Beschäftigung zur Sicherung des österreichischen Betriebsstandortes im Hinblick auf die Erschließung neuer Absatzgebiete oder Wirtschaftsstandorte im Herkunftsstaat des Volontärs notwendig ist und

e) vor Aufnahme der Beschäftigung ein betriebliches Schulungsprogramm vorgelegt wird, welches die zur Erreichung der in lit. b genannten Ziele erforderlichen Maßnahmen, die Dauer und den konkreten Einsatzort der einzelnen Programmschritte anführt, und
f) ein Nachweis des ausbildungsadäquaten Einsatzes im Herkunftsstaat nach Abschluß des Schulungsprogrammes erbracht wird und
g) eine Gefährdung der Beschäftigung und der Lohn- und Arbeitsbedingungen der übrigen im Unternehmen Beschäftigten ausgeschlossen ist und
h) eine Erklärung über die Verständigung des Betriebsrates oder der Personalvertretung von der Beschäftigung des Volontärs vorliegt.

(10) Die Anzeigebestätigung gemäß Abs. 5 ist zu widerrufen, wenn der Antragsteller anläßlich der Anzeige des Volontariates oder des Ferial- oder Berufspraktikums über wesentliche Tatsachen wissentlich falsche Angaben gemacht oder solche Tatsachen verschwiegen hat oder wenn der Ausländer Tätigkeiten verrichtet, die nicht einem Volontariat gemäß Abs. 5 oder Abs. 9 oder dem von der Bildungseinrichtung vorgeschriebenen Ferial- oder Berufspraktikum entsprechen.

Abschnitt II: Beschäftigungsbewilligung

Voraussetzungen

§ 4. (1) Die Beschäftigungsbewilligung ist, soweit im folgenden nicht anderes bestimmt ist, zu erteilen, wenn die Lage und Entwicklung des Arbeitsmarktes die Beschäftigung zuläßt und wichtige öffentliche oder gesamtwirtschaftliche Interessen nicht entgegenstehen.

(2) Die Beschäftigungsbewilligung für einen Lehrling ist zu erteilen, wenn die Lage auf dem Lehrstellenmarkt dies zuläßt und wichtige Gründe bezüglich der Lage und Entwicklung des übrigen Arbeitsmarktes nicht entgegenstehen.

(3) Die Beschäftigungsbewilligung darf weiters nur erteilt werden, wenn
1. der Arbeitgeber den Ausländer auf einem Arbeitsplatz seines Betriebes beschäftigen wird, wobei eine Zurverfügungstellung des Ausländers an Dritte unbeschadet des § 6 Abs. 2 nicht als Beschäftigung im eigenen Betrieb gilt;
2. (aufgehoben, BGBl I 1997/78)
3. (aufgehoben, BGBl I 1997/78)
4. die Gewähr gegeben erscheint, daß der Arbeitgeber die Lohn- und Arbeitsbedingungen einschließlich der sozialversicherungsrechtlichen Vorschriften einhält;
5. (aufgehoben, BGBl I 1997/78)
6. die Erklärung über die Verständigung des Betriebsrates oder der Personalvertretung von der beabsichtigten Einstellung des Ausländers vorliegt;
7. der Ausländer über ein Aufenthaltsrecht nach dem NAG oder dem Fremdenpolizeigesetz 2005 (FPG), BGBl. I Nr. 100, verfügt, das die Ausübung einer Beschäftigung nicht ausschließt, oder über den Status eines subsidiär Schutzberechtigten gemäß § 8 AsylG

§ 4

2005 verfügt oder einen Asylantrag eingebracht hat, über den seit drei Monaten nicht rechtskräftig abgesprochen wurde, und das Verfahren nicht eingestellt wurde (§ 24 AsylG 2005) oder auf Grund einer Verordnung gemäß § 76 NAG zum Aufenthalt im Bundesgebiet berechtigt ist oder Sichtvermerks- und Niederlassungsfreiheit genießt;

8. bei grenzüberschreitend überlassenen Arbeitskräften die Bewilligung zur grenzüberschreitenden Überlassung gemäß § 16 Abs. 4 des Arbeitskräfteüberlassungsgesetzes vorliegt;
9. die Vereinbarung über die beabsichtigte Beschäftigung (§ 2 Abs. 2) nicht auf Grund einer gemäß dem Arbeitsmarktförderungsgesetz, BGBl. Nr. 31/1969, unerlaubten Arbeitsvermittlung zustande gekommen ist und der Arbeitgeber dies wußte oder hätte wissen müssen;
10. keine wichtigen Gründe in der Person des Ausländers vorliegen, wie wiederholte Verstöße infolge Ausübung einer Beschäftigung ohne Beschäftigungsbewilligung während der letzten zwölf Monate;
11. die Beschäftigung, soweit in diesem Bundesgesetz nicht anderes bestimmt ist, nicht bereits begonnen hat;
12. der Arbeitgeber während der letzten zwölf Monate vor der Antragseinbringung nicht trotz Ablehnung eines Antrages oder ohne einen Antrag auf Beschäftigungsbewilligung eingebracht zu haben, wiederholt Ausländer beschäftigt hat;
13. (aufgehoben, BGBl I 2002/126)
14. (aufgehoben, BGBl I 1997/78)
15. der Arbeitgeber nicht wiederholt seine Meldeverpflichtung hinsichtlich des Beginns (§ 26 Abs. 5 Z 1) oder der Beendigung (§ 26 Abs. 5 Z 2) der Beschäftigung eines Ausländers oder seine Meldeverpflichtung gemäß § 14d Abs. 1 verletzt hat;
16. der Arbeitgeber nicht hinsichtlich dieses oder eines vergleichbaren Arbeitsplatzes innerhalb von sechs Monaten vor oder im Zuge der Antragstellung
    a) die Kündigung des Arbeitsverhältnisses eines Arbeitnehmers, der das 50. Lebensjahr vollendet hat, ausgesprochen hat oder
    b) die Einstellung eines für den konkreten Arbeitsplatz geeigneten Arbeitnehmers, der das 50. Lebensjahr vollendet hat, abgelehnt hat, es sei denn, der Arbeitgeber macht glaubhaft, daß die Kündigung oder die Ablehnung der Einstellung nicht aufgrund des Alters des Arbeitnehmers erfolgt ist.

(4) (aufgehoben, BGBl I 1997/78)
(5) (aufgehoben, BGBl I 2002/126)
(6) Nach Überschreitung festgelegter Landeshöchstzahlen gemäß § 13 dürfen weitere Beschäftigungsbewilligungen nur dann erteilt werden, wenn die Voraussetzungen der Abs. 1 bis 3 vorliegen und
1. der Regionalbeirat die Erteilung der Beschäftigungsbewilligung einhellig befürwortet oder
2. die Beschäftigung des Ausländers im Hinblick auf seine fortgeschrittene Integration geboten erscheint oder
3. die Beschäftigung im Rahmen eines Kontingents gemäß § 5 ausgeübt werden soll oder

4. der Ausländer die Voraussetzungen des § 2 Abs. 5 erfüllt oder
4a. der Ausländer Ehegatte oder unverheiratetes minderjähriges Kind (einschließlich Stief- und Adoptivkind) eines auf Dauer rechtmäßig niedergelassenen und beschäftigten Ausländers ist oder
5. die Beschäftigung auf Grund einer zwischenstaatlichen Vereinbarung ausgeübt werden soll oder
6. der Ausländer einer Personengruppe angehört, die auch nach Überziehung der Bundeshöchstzahl zu einer Beschäftigung zugelassen werden darf (§ 12a Abs. 2).

(7) Sofern der Bundesminister für Wirtschaft und Arbeit keine Verordnung zur Überziehung der Bundeshöchstzahl erlassen hat (§ 12a Abs. 2), dürfen nach Überziehung der Bundeshöchstzahl weitere Beschäftigungsbewilligungen nur mehr für Ausländer erteilt werden, die Anspruch auf Leistungen nach dem Arbeitslosenversicherungsgesetz 1977 (AlVG), BGBl. Nr. 609, haben oder auf Grund eines Bundesgesetzes, allgemein anerkannter Regeln des Völkerrechts oder sonstiger zwischenstaatlicher Vereinbarungen zu einer Beschäftigung in Österreich zuzulassen sind.

(8) Bei Anträgen für Ausländer, die Abs. 6 Z 4a erfüllen und bereits zwölf Monate rechtmäßig im Bundesgebiet niedergelassen sind, entfällt die Arbeitsmarktprüfung gemäß Abs. 1 und 2.

(9) Bei Vorliegen einer Bewilligung zur grenzüberschreitenden Überlassung gemäß § 16 Abs. 4 des Arbeitskräfteüberlassungsgesetzes entfallen die Prüfung der Voraussetzungen nach Abs. 1 und 6 und die Anhörung der kollektivvertragsfähigen Körperschaften der Arbeitgeber und der Arbeitnehmer, des Regionalbeirates und des Landesdirektoriums.

(10) Abs. 3 Z 4 ist hinsichtlich einer Beschäftigung im Sinne des § 2 Abs. 4 als erfüllt anzusehen, wenn die Beschäftigung keine Gefährdung der Lohn- und Arbeitsbedingungen der inländischen Arbeitnehmer mit sich bringt. Eine Gefährdung ist anzunehmen, wenn die Einkünfte des Gesellschafters, beginnend mit der Aufnahme seiner Tätigkeit, unter dem ortsüblichen Entgelt inländischer Arbeitnehmer liegen, die eine vergleichbare Tätigkeit ausüben.

(11) Der Bundesminister für Arbeit und Soziales kann durch Verordnung für bestimmte Regionen oder fachliche Bereiche, in denen sich der Teilarbeitsmarkt abweichend vom gesamten Arbeitsmarkt entwickelt, festlegen, daß Beschäftigungsbewilligungen für Ausländer nur für jenen fachlichen Bereich erteilt werden dürfen, für welchen die letzte Beschäftigungsbewilligung erteilt wurde. Dabei kann der über eine Niederlassungsbewilligung für jeglichen Aufenthaltszweck verfügende Personenkreis ausgenommen werden für den Fall, daß die Beschäftigung vom Arbeitsmarktservice vermittelt wird.

Ausländische Künstler

§ 4a. (1) Für einen Ausländer, dessen unselbständige Tätigkeit überwiegend durch Aufgaben der künstlerischen Gestaltung bestimmt ist, darf die Beschäftigungsbewilligung auch bei Fehlen der Voraussetzungen gemäß § 4 Abs. 1 bis 3 nur versagt werden, wenn die Beeinträchtigung der durch dieses Bundesgesetzes geschützten öffentlichen Interessen

unverhältnismäßig schwerer wiegt als die Beeinträchtigung der Freiheit der Kunst des Ausländers.
(2) Bei der Abwägung gemäß Abs. 1 ist insbesondere darauf Bedacht zu nehmen, daß durch die Versagung der Beschäftigungsbewilligung dem Ausländer eine zumutbare Ausübung der Kunst im Ergebnis nicht unmöglich gemacht wird. Dabei darf weder ein Urteil über den Wert der künstlerischen Tätigkeit, deren unselbständige Ausübung beantragt wurde, noch über die künstlerische Qualität des Künstlers, für den die Beschäftigungsbewilligung beantragt wurde, maßgebend sein.
(3) Die Voraussetzung der künstlerischen Tätigkeit des Ausländers im Sinne des Abs. 1 ist bei begründeten Zweifeln glaubhaft zu machen.

Prüfung der Arbeitsmarktlage

§ 4b. (1) Die Lage und Entwicklung des Arbeitsmarktes (§ 4 Abs. 1) lässt die Erteilung einer Beschäftigungsbewilligung zu, wenn für die vom beantragten Ausländer zu besetzende offene Stelle weder ein Inländer noch ein am Arbeitsmarkt verfügbarer Ausländer zur Verfügung steht, der bereit und fähig ist, die beantragte Beschäftigung zu den gesetzlich zulässigen Bedingungen auszuüben. Unter den verfügbaren Ausländern sind jene mit Anspruch auf Leistungen aus der Arbeitslosenversicherung, Inhaber einer Arbeitserlaubnis, eines Befreiungsscheines oder eines Niederlassungsnachweises sowie EWR-Bürger (§ 2 Abs. 6) und türkische Assoziationsarbeitnehmer zu bevorzugen. Der Prüfung ist das im Antrag auf Beschäftigungsbewilligung angegebene Anforderungsprofil, das in den betrieblichen Notwendigkeiten eine Deckung finden muss, zu Grunde zu legen. Den Nachweis über die zur Ausübung der Beschäftigung erforderliche Ausbildung oder sonstige besondere Qualifikationen hat der Arbeitgeber zu erbringen.
(2) Die Prüfung gemäß Abs. 1 entfällt, wenn dem Arbeitgeber eine Sicherungsbescheinigung für den beantragten Ausländer ausgestellt wurde.

Türkische Staatsangehörige

§ 4c. (1) Für türkische Staatsangehörige ist eine Beschäftigungsbewilligung von Amts wegen zu erteilen oder zu verlängern, wenn sie die Voraussetzungen nach Art. 6 Abs. 1 erster und zweiter Unterabsatz oder nach Art. 7 erster Unterabsatz oder nach Art. 7 letzter Satz oder nach Artikel 9 des Beschlusses des Assoziationsrates EWG-Türkei - ARB - Nr. 1/1980 erfüllen.
(2) Türkischen Staatsangehörigen ist von Amts wegen ein Befreiungsschein auszustellen oder zu verlängern, wenn sie die Voraussetzungen nach Art. 6 Abs. 1 dritter Unterabsatz oder nach Art. 7 zweiter Unterabsatz des ARB Nr. 1/1980 erfüllen.
(3) Die Rechte türkischer Staatsangehöriger auf Grund der sonstigen Bestimmungen dieses Bundesgesetzes bleiben unberührt. Für die Verfahrenszuständigkeit und die Durchführung der Verfahren gemäß Abs. 1 und 2 gelten, soweit dem nicht Bestimmungen des ARB Nr. 1/1980 entgegenstehen, die Bestimmungen dieses Bundesgesetzes.

III Nebengesetze: L Ausländerbeschäftigungsgesetz (AuslBG)

Kontingente für die befristete Zulassung von Ausländern

§ 5. (1) Im Falle eines vorübergehenden zusätzlichen Arbeitskräftebedarfs, der aus dem im Inland verfügbaren Arbeitskräftepotenzial nicht abgedeckt werden kann, ist der Bundesminister für Wirtschaft und Arbeit ermächtigt, innerhalb des hiefür nach der Niederlassungsverordnung (§ 13 NAG) vorgegebenen Rahmens jeweils mit Verordnung zahlenmäßige Kontingente
1. für eine zeitlich befristete Zulassung ausländischer Arbeitskräfte in einem bestimmten Wirtschaftszweig, in einer bestimmten Berufsgruppe oder Region oder
2. für die kurzfristige Zulassung ausländischer Erntehelfer, die zur sichtvermerksfreien Einreise in das Bundesgebiet berechtigt sind, festzulegen.

(1a) Die nach § 13 NAG festgelegte Höchstzahl für befristet zugelassene ausländische Arbeitskräfte darf im gewichteten Jahresdurchschnitt nicht überschritten werden; zeitlich begrenzte Überschreitungen dieser Höchstzahl sind zulässig, sofern der Jahresdurchschnitt insgesamt nicht überschritten wird.

(2) Den Ländern ist die Möglichkeit zu geben, bei der Festlegung von Kontingenten gemäß Abs. 1 Vorschläge über deren Höhe nach Anhörung der Interessenvertretungen der Arbeitgeber und der Arbeitnehmer auf Landesebene sowie unter Berücksichtigung der regionalen Lage und Entwicklung des Arbeitsmarktes zu erstatten. Der Bundesminister für Wirtschaft und Arbeit hat auf die Vorschläge der Länder Bedacht zu nehmen.

(3) Im Rahmen der gemäß Abs. 1 festgelegten Kontingente dürfen Beschäftigungsbewilligungen
1. für befristet beschäftigte Ausländer mit einer Geltungsdauer von höchstens sechs Monaten und
2. für Erntehelfer mit einer Geltungsdauer von höchstens sechs Wochen erteilt werden. Ausländer, die bereits über einen Aufenthaltstitel verfügen oder Niederlassungsfreiheit genießen, sind dabei zu bevorzugen. Der Bundesminister für Wirtschaft und Arbeit kann festlegen, dass Beschäftigungsbewilligungen für Ausländer gemäß Z 1 um höchstens sechs Monate verlängert werden dürfen, sofern der Arbeitskräftebedarf des Arbeitgebers weiter besteht und nicht anderweitig abgedeckt werden kann. Im Falle einer durchgehenden Beschäftigung bis zu einem Jahr darf eine neue Beschäftigungsbewilligung für denselben Ausländer jedoch frühestens zwei Monate nach Beendigung der letzten bewilligten Beschäftigung erteilt werden.

(4) Im Falle einer nicht durchgehenden Beschäftigung dürfen für einen Ausländer Beschäftigungsbewilligungen im Rahmen von Kontingenten gemäß Abs. 1 und 2 nur für eine Gesamtdauer von zwölf Monaten innerhalb von 14 Monaten erteilt werden.

(5) Für Ausländer, die über einen Aufenthaltstitel zum Zweck des Studiums oder einer Schulausbildung verfügen, dürfen Beschäftigungsbewilligungen im Rahmen von Kontingenten gemäß Abs. 1 und 2 nur für eine Gesamtdauer von höchstens drei Monaten pro Kalenderjahr erteilt werden.

(5a) Für Ausländer, die über keinen Aufenthaltstitel verfügen und keine

Niederlassungsfreiheit genießen, jedoch an sich zur sichtvermerksfreien Einreise berechtigt sind, dürfen Beschäftigungsbewilligungen im Rahmen eines Kontingents gemäß Abs. 1 nur nach Vorlage einer fremdenpolizeilichen Unbedenklichkeitsbescheinigung (§ 31 Abs. 2 FPG) erteilt werden. Mit der Vorlage dieser Bescheinigung gilt § 4 Abs. 3 Z 7 als erfüllt.

(6) Beschäftigungsbewilligungen mit einer Geltungsdauer von höchstens sechs Wochen, die für einen an sich zur sichtvermerksfreien Einreise berechtigten Ausländer erteilt werden, sind in dessen Reisedokument ersichtlich zu machen.

Geltungsbereich

§ 6. (1) Die Beschäftigungsbewilligung ist für einen Arbeitsplatz zu erteilen und gilt für den politischen Bezirk, in dem der Beschäftigungsort liegt. Der Arbeitsplatz ist durch die berufliche Tätigkeit und den Betrieb bestimmt. Der Geltungsbereich kann bei wechselndem Beschäftigungsort unter Bedachtnahme auf die Lage und Entwicklung der In Betracht kommenden Teilarbeitsmärkte auf mehrere Betriebe eines Arbeitgebers und auf den Bereich mehrerer politischer Bezirke, eines Bundeslandes, mehrerer Bundesländer oder das gesamte Bundesgebiet festgelegt werden.

(2) Eine Änderung der Beschäftigungsbewilligung ist nicht erforderlich, wenn der Ausländer für eine verhältnismäßig kurze, eine Woche nicht übersteigende Zeit auf einem anderen Arbeitsplatz beschäftigt wird. Für einen längeren Zeitraum ist eine neue Beschäftigungsbewilligung erforderlich.

(3) Wenn unter Aufrechterhaltung des Beschäftigungsverhältnisses Änderungen in Teilen der Beschäftigungsbewilligung eintreten, die sich nach Abs. 1 auf die berufliche Tätigkeit, den Betrieb oder den örtlichen Geltungsbereich beziehen, kann sich die Prüfung der Voraussetzungen für die Beschäftigungsbewilligung auf jene beschränken, die mit diesen Teilen in Zusammenhang stehen.

Geltungsdauer

§ 7. (1) Die Beschäftigungsbewilligung ist zu befristen; sie darf jeweils längstens für die Dauer eines Jahres erteilt werden.

(2) Für die Beschäftigung auf Arbeitsplätzen in Betrieben, die ihrer Art nach nur zu bestimmten Jahreszeiten arbeiten oder die regelmäßig zu gewissen Zeiten des Jahres erheblich verstärkt arbeiten (Saisonbetrieb), ist die Beschäftigungsbewilligung jeweils nur für die nach der Art der Beschäftigung erforderliche Dauer zu erteilen.

(3) Beschäftigungsbewilligungen, die im Rahmen von Kontingenten gemäß § 5 erteilt werden, dürfen die in der jeweiligen Verordnung festgelegte Geltungsdauer nicht überschreiten.

(4) Lehrlingen ist die Beschäftigungsbewilligung oder die Arbeitserlaubnis für die Dauer der Lehrzeit und der gesetzlichen oder kollektivvertraglichen Verpflichtung zur Weiterverwendung zu erteilen.

(5) § 11 des Mutterschutzgesetzes 1979, BGBl. Nr. 221, und § 7 Abs. 2 des Väter-Karenzgesetzes, BGBl. Nr. 651/1989 bleiben unberührt.

(6) Die Beschäftigungsbewilligung erlischt

1. mit Beendigung der Beschäftigung des Ausländers;
2. wenn binnen sechs Wochen nach Laufzeitbeginn der Beschäftigungsbewilligung eine Beschäftigung nicht aufgenommen wird.

(7) Wird ein Antrag auf Verlängerung einer Beschäftigungsbewilligung oder auf Ausstellung einer Arbeitserlaubnis oder eines Befreiungsscheines vor Ablauf der Beschäftigungsbewilligung eingebracht, so gilt diese bis zur rechtskräftigen Entscheidung über den Antrag als verlängert.

(8) Liegen die Voraussetzungen für die Verlängerung einer Beschäftigungsbewilligung nicht vor, so treten die Wirkungen der Nichtverlängerung erst mit jenem Zeitpunkt ein, der sich aus die Rechte des Ausländers sichernden gesetzlichen Bestimmungen und Normen der kollektiven Rechtsgestaltung ergibt.

Auflagen

§ 8. (1) Die Beschäftigungsbewilligung ist mit der Auflage zu verbinden, daß der Ausländer nicht zu schlechteren Lohn- und Arbeitsbedingungen beschäftigt wird, als sie für die Mehrzahl der bezüglich der Leistung und Qualifikation vergleichbaren inländischen Arbeitnehmer des Betriebes gelten.

(2) Die für einen Ausländer erstmals erteilte Beschäftigungsbewilligung ist weiters mit der Auflage zu verbinden, dass zur Erhaltung der Arbeitsplätze inländischer Arbeitnehmer im Falle

a) der Verringerung der Anzahl der Arbeitsplätze die Beschäftigungsverhältnisse der Ausländer vor jenen der inländischen Arbeitnehmer zu lösen sind;

b) von Kurzarbeit im Sinne des Arbeitsmarktförderungsgesetzes vor deren Einführung die Beschäftigungsverhältnisse der Ausländer zu lösen sind, wenn dadurch Kurzarbeit auf längere Sicht verhindert werden könnte.

Von einer beabsichtigten Maßnahme im Sinne der lit. a hat der Arbeitgeber die regionale Geschäftsstelle des Arbeitsmarktservice zu verständigen, wenn die Verringerung der Anzahl der Arbeitsplätze im Verhältnis zur Gesamtzahl der im Betrieb Beschäftigten ein erhebliches Ausmaß erreichen würde.

(3) Die Beschäftigungsbewilligung kann, sofern es im Hinblick auf die Lage und Entwicklung des Arbeitsmarktes oder wichtige öffentliche oder gesamtwirtschaftliche Interessen zweckdienlich ist, mit weiteren Auflagen, insbesondere zur Durchführung und Unterstützung von Maßnahmen arbeitsmarktpolitischer oder berufsfördernder Art, verbunden werden.

Widerruf

§ 9. (1) Die Beschäftigungsbewilligung ist zu widerrufen, wenn der Antragsteller im Antrag auf Erteilung der Beschäftigungsbewilligung über wesentliche Tatsachen wissentlich falsche Angaben gemacht oder solche Tatsachen verschwiegen hat.

(2) Die Beschäftigungsbewilligung kann widerrufen werden, wenn

a) die Voraussetzungen, unter denen sie erteilt wurde (§ 4 Abs. 1, 3 und 6), sich wesentlich geändert haben oder die im Sinne des § 4 Abs. 3 erklärten Umstände nicht mehr zutreffen,
b) sonstige wichtige Gründe in der Person des Ausländers vorliegen oder
c) die bei ihrer Erteilung festgesetzten Auflagen (§ 8) nicht erfüllt werden.

(3) Im Rahmen eines Widerrufsverfahrens wegen Nichterfüllung der Voraussetzungen nach § 8 Abs. 2 ist darauf Bedacht zu nehmen, daß die Bedeckung des Arbeitskräftebedarfes des Betriebes gesichert bleibt.

(4) Bei Widerruf der Beschäftigungsbewilligung gilt § 7 Abs. 8 sinngemäß.

(5) Die Absätze 1 bis 4 gelten für den Widerruf der Entsendebewilligung (§ 18) sinngemäß.

Streik und Aussperrung

§ 10. Für die Beschäftigung auf Arbeitsplätzen in einem von Streik oder Aussperrung betroffenen Betrieb dürfen Beschäftigungsbewilligungen nicht erteilt werden.

Sicherungsbescheinigung

§ 11. (1) Beabsichtigt ein Arbeitgeber, einen Ausländer zu beschäftigen, der über kein Aufenthaltsrecht gemäß § 4 Abs. 3 Z 7 verfügt, so ist ihm auf Antrag eine Sicherungsbescheinigung auszustellen. Sie hat zu enthalten, für welche Ausländer oder welche Anzahl von Ausländern bei Vorliegen der Voraussetzungen die Erteilung von Beschäftigungsbewilligungen in Aussicht gestellt wird. Für die Anwerbung von Schlüsselkräften im Ausland gelten die Sonderbestimmungen für die Neuzulassung von Schlüsselkräften (§ 12).

(2) Die Sicherungsbescheinigung darf nur ausgestellt werden, wenn die Voraussetzungen gemäß § 4 Abs. 1, 2 und 6 und Abs. 3 Z 1, 4, 6, 8 und 12 vorliegen und, sofern die Zulassung quotenpflichtig (§ 12 NAG) ist oder im Rahmen eines Kontingents gemäß § 5 erfolgen soll, die Quote bzw. das Kontingent noch nicht ausgeschöpft ist.

(3) Die Geltungsdauer der Sicherungsbescheinigung ist mit längstens 26 Wochen zu befristen. Dabei ist auf die voraussichtliche Dauer der Einreise und Aufenthaltsnahme des Ausländers Bedacht zu nehmen. Wurde die Sicherungsbescheinigung für eine kürzere Geltungsdauer ausgestellt, ist eine Verlängerung bis zur Gesamtdauer von 26 Wochen zulässig. In begründeten Fällen ist eine Verlängerung bis zu einer Gesamtdauer von 36 Wochen zulässig.

(4) Wird dem Antrag nicht oder nicht zur Gänze stattgegeben, ist darüber mit Bescheid abzusprechen.

(5) Die Sicherungsbescheinigung kann widerrufen werden, wenn sich die nach § 4 Abs. 1, 2 oder 6 oder Abs. 3 Z 4 zu würdigenden Umständen wesentlich ändern.

(6) § 4 Abs. 7 gilt für die Ausstellung von Sicherungsbescheinigungen sinngemäß.

Abschnitt IIa: Sonderbestimmungen für die Neuzulassung von Schlüsselkräften

§ 12. (1) Ausländer, die über keine Niederlassungsbewilligung verfügen, werden zu einer Beschäftigung als Schlüsselkraft zugelassen, wenn
1. die Voraussetzungen der §§ 2 Abs. 5, 4 Abs. 1 und 3 (mit Ausnahme der Z 7) und 4b vorliegen,
2. keine fremdenrechtlichen Bedenken gegen die Niederlassung bestehen und
3. das in der Niederlassungsverordnung vorgesehene Länderkontingent für Schlüsselkräfte noch nicht ausgeschöpft ist.

(2) Die Zulassung als Schlüsselkraft ist vom Ausländer zu beantragen. Der Antrag hat auch die begründete Zustimmung des Arbeitgebers zu enthalten (Abs. 1 Z 1). Der Antrag ist vom Arbeitgeber für den Ausländer bei dem nach dem beabsichtigten Wohnsitz des Ausländers zuständigen Landeshauptmann einzubringen.

(3) Der Landeshauptmann hat den Antrag, sofern dieser nicht gemäß § 41 Abs. 2 Z 2 NAG abzuweisen oder gemäß § 22 Abs. 2 Z 1 und 3 NAG zurückzuweisen ist, unverzüglich an die nach dem Betriebssitz des Arbeitgebers zuständige regionale Geschäftsstelle des Arbeitsmarktservice zur Prüfung der in Abs. 1 Z 1 genannten Voraussetzungen zu übermitteln.

(4) Die regionale Geschäftsstelle des Arbeitsmarktservice hat den Regionalbeirat anzuhören und dem Landeshauptmann binnen drei Wochen das Vorliegen der Voraussetzungen gemäß Abs. 1 Z 1 schriftlich mitzuteilen. Der Landeshauptmann hat dem Ausländer, sofern alle Voraussetzungen für die Niederlassung erfüllt sind, eine „Niederlassungsbewilligung – Schlüsselkraft" (§ 41 NAG) zu erteilen, aus der hervorgeht, dass dieser gleichzeitig zur Beschäftigung als Schlüsselkraft berechtigt ist. Weiters hat er dem Arbeitgeber eine diesbezügliche Mitteilung zuzustellen, die regionale Geschäftsstelle des Arbeitsmarktservice über die erfolgte Zulassung zu verständigen und diese Informationen auch an die nach dem NAG zuständige Behörde im Rahmen der zentralen Informationssammlung zu übermitteln. Die regionale Geschäftsstelle des Arbeitsmarktservice hat unverzüglich nach Beginn der Beschäftigung die Anmeldung der Schlüsselkraft zur Sozialversicherung zu überprüfen. Entspricht die Anmeldung zur Sozialversicherung nicht den im Antrag angegebenen Lohn- und Arbeitsbedingungen, ist die zuständige Fremdenpolizeibehörde zu verständigen (§ 54 FPG).

(5) Bei Nichtvorliegen der Voraussetzungen gemäß Abs. 1 Z 1 hat die regionale Geschäftsstelle des Arbeitsmarktservice die Zulassung zu versagen und den diesbezüglichen Bescheid unverzüglich dem Landeshauptmann zur Zustellung an den Arbeitgeber und den Ausländer zu übermitteln.

(6) Die Zulassung als Schlüsselkraft ist dem Ausländer längstens für die Dauer von 18 Monaten zu erteilen. Sie gilt für einen bestimmten Arbeitgeber im gesamten Bundesgebiet. Bei Wechsel des Arbeitgebers während der ersten 18 Monate sind die Abs. 1 bis 5 sinngemäß anzuwenden.

(7) Über die Berufung gegen die Ablehnung der Zulassung durch den Landeshauptmann entscheidet der Bundesminister für Inneres. Über die Berufung gegen den Bescheid der regionalen Geschäftsstelle des Arbeitsmarktservice entscheidet die Landesgeschäftsstelle des Arbeitsmarktservice nach Anhörung des Landesdirektoriums. Eine weitere Berufung ist nicht zulässig.

(8) Die Zulassung von selbständigen Schlüsselkräften erfolgt gemäß den Vorschriften des § 41 NAG und des § 24.

(9) Schlüsselkräften ist eine „Niederlassungsbewilligung – unbeschränkt" (§ 8 Abs. 2 Z 3 NAG) zu erteilen, wenn sie innerhalb der letzten 18 Monate zwölf Monate als Schlüsselkraft beschäftigt waren. Die regionalen Geschäftsstellen des Arbeitsmarktservice haben den nach dem NAG zuständigen Behörden das Vorliegen dieser Voraussetzung mitzuteilen (§ 43 Abs. 1 NAG).

(10) Die Abschnitte II c und III finden auf Schlüsselkräfte keine Anwendung.

Abschnitt IIb: Höchstzahlen

Bundeshöchstzahl

§ 12a. (1) Die Gesamtzahl der unselbständig beschäftigten und arbeitslosen Ausländer darf den Anteil von 8 vH am österreichischen Arbeitskräftepotential (Gesamtzahl der unselbständig beschäftigten und arbeitslosen Inländer und Ausländer) nicht übersteigen. Diese Gesamtzahl hat der Bundesminister für Arbeit und Soziales jährlich kundzumachen.

(2) Über die Gesamtzahl gemäß Abs. 1 hinaus dürfen Sicherungsbescheinigungen und Beschäftigungsbewilligungen bis zu einem Höchstausmaß von 9 vH am österreichischen Arbeitskräftepotential erteilt werden, wenn dies der Bundesminister für Arbeit und Soziales durch Verordnung für einzelne Personengruppen, an deren Beschäftigung öffentliche oder gesamtwirtschaftliche Interessen bestehen, festlegt. Die Verordnung kann eine bestimmte Geltungsdauer der Beschäftigungsbewilligungen, ein Höchstausmaß für alle Überziehungsfälle zusammengerechnet oder bestimmte zahlenmäßige Höchstrahmen für einzelne Gruppen vorsehen.

(3) Für die Festsetzung der Gesamtzahl gemäß Abs. 1 (Bundeshöchstzahl) ist das durchschnittliche österreichische Arbeitskräftepotential (gemäß Abs. 1) der vorangegangenen zwölf Monate heranzuziehen. Auf die Gesamtzahl sind alle sichergestellten Ausländer (§ 11), alle rechtmäßig beschäftigten Schlüsselkräfte (§ 12), alle auf Grund einer gültigen Beschäftigungsbewilligung, einer Arbeitserlaubnis, eines Befreiungsscheines, einer Niederlassungsbewilligung – unbeschränkt, eines Aufenthaltstitels „Daueraufenthalt-EG" oder eines Niederlassungsnachweises beschäftigten Ausländer sowie alle bei den Geschäftsstellen des Arbeitsmarktservice arbeitslos vorgemerkten Ausländer mit Ausnahme der arbeitslosen Staatsangehörigen eines EWR-Mitgliedstaates und der arbeitslosen Konventionsflüchtlinge gemäß § 1 Abs. 2 lit. a anzurechnen. Von der Anrechnung ausgenommen sind die auf Grund einer Entsendebewilligung gemäß § 18 Abs. 1 und 7, einer EU-Entsendebestätigung gemäß § 18 Abs. 12 und einer Anzeigebestätigung gemäß den §§ 3 Abs. 5 und 18 Abs. 3 be-

schäftigten Ausländer sowie die sichergestellten oder auf Grund einer Beschäftigungsbewilligung gemäß § 4a beschäftigten ausländischen Künstler. Für die Berechnung des Ausschöpfungs- und Überziehungsgrades der Bundeshöchstzahl sind die vom Arbeitsmarktservice Österreich monatlich veröffentlichten Statistiken über die Arbeitsmarktdaten und über die bewilligungspflichtig beschäftigten Ausländer und Ausländerinnen heranzuziehen.

Landeshöchstzahlen

§ 13. (1) Der Bundesminister für Wirtschaft und Arbeit ist ermächtigt,
1. auf gemeinsamen Vorschlag der Interessenvertretungen der Arbeitgeber und der Arbeitnehmer,
2. auf Antrag eines Bundeslandes oder
3. zur Sicherung der Bundeshöchstzahl gemäß § 12a

durch Verordnung für einzelne Bundesländer Höchstzahlen für die beschäftigten und arbeitslosen Ausländer bis spätestens 30. November für das nächstfolgende Jahr festzusetzen. Er hat dabei auf die regionale Lage und Entwicklung des Arbeitsmarktes und auf die Anzahl der im betreffenden Bundesland beschäftigten und arbeitslosen Ausländer im Durchschnitt der vorangegangenen zwölf Monate Bedacht zu nehmen. Auf Landeshöchstzahlen sind beschäftigte und arbeitslose Ausländer nach Maßgabe des § 12a Abs. 3 anzurechnen.

(2) Die sich aus der Festsetzung von Höchstzahlen gemäß den §§ 12a und 13 ergebenden Beschränkungen gelten nicht für die Erteilung von Beschäftigungsbewilligungen für ausländische Künstler (§ 4a) und türkische Staatsangehörige (§ 4c), für die Erteilung von Entsendebewilligungen (§ 18 Abs. 1) und EU-Entsendebestätigungen (§ 18 Abs. 12 bis 16) und die Ausstellung von Anzeigebestätigungen (§§ 3 Abs. 5, 18 Abs. 3).

Abschnitt IIc: Arbeitserlaubnis

Voraussetzungen und Geltungsbereich

§ 14a. (1) Einem Ausländer ist auf Antrag eine Arbeitserlaubnis auszustellen, wenn er
1. in den letzten 14 Monaten insgesamt 52 Wochen im Bundesgebiet im Sinne des § 2 Abs. 2 mit einer dem Geltungsbereich dieses Bundesgesetzes unterliegenden Tätigkeit erlaubt beschäftigt war und rechtmäßig niedergelassen ist oder
2. Ehegatte oder unverheiratetes minderjähriges Kind (einschließlich Stief- und Adoptivkind) eines Ausländers gemäß Z 1 und bereits zwölf Monate rechtmäßig im Bundesgebiet niedergelassen ist.

(1a) Zeiten einer Beschäftigung
1. gemäß § 3 Abs. 5 oder
2. gemäß § 18 oder
3. im Rahmen eines Kontingents gemäß § 5 oder
4. als Grenzgänger (§ 2 Abs. 7) oder

5. auf Grund einer Beschäftigungsbewilligung für Künstler gemäß § 4a werden nicht als Beschäftigungszeiten gemäß Abs. 1 Z 1 berücksichtigt.

(2) Die Arbeitserlaubnis berechtigt den Ausländer zur Aufnahme einer Beschäftigung im Sinne des § 2 Abs. 2 in jenem Bundesland, für welches die Arbeitserlaubnis ausgestellt wurde, es sei denn, der Geltungsbereich ist durch eine Verordnung gemäß § 14b eingeschränkt. Der örtliche Geltungsbereich der Arbeitserlaubnis erfaßt bei wechselnden Beschäftigungsorten bei einem Arbeitgeber alle betroffenen Bundesländer.

(3) Die Arbeitserlaubnis ist für den Bereich jenes Bundeslandes auszustellen, in welchem die letzte Beschäftigungsbewilligung erteilt oder die erlaubte Beschäftigung zuletzt ausgeübt wurde. Der örtliche Geltungsbereich kann bei saisonal bedingten unterschiedlichen Beschäftigungsorten auf den Bereich mehrerer Bundesländer ausgedehnt werden.

(4) Die Arbeitserlaubnis darf für höchstens zwei Jahre ausgestellt werden. Der Ablauf der Arbeitserlaubnis wird während der Dauer eines Lehrverhältnisses und der gesetzlichen oder kollektivvertraglichen Verpflichtung zur Weiterverwendung gehemmt. § 7 Abs. 5 gilt entsprechend.

Einschränkung des Geltungsbereiches

§ 14b. (1) Der Bundesminister für Arbeit und Soziales kann nach Anhörung des Ausländerausschusses durch Verordnung festlegen, daß die Arbeitserlaubnis auf bestimmte fachliche Bereiche eingeschränkt werden kann oder bestimmte fachliche Bereiche nicht umfassen darf, wenn die Lage und Entwicklung des Arbeitsmarktes oder die Sicherung der gegebenen Lohn- und Arbeitsbedingungen dies erfordern. Die Einschränkung des Geltungsbereiches ist in der Arbeitserlaubnis festzuhalten.

(2) Die Einschränkung des Geltungsbereiches gilt nicht für Arbeitsverhältnisse und Arbeitserlaubnisse, welche bereits vor Inkrafttreten der entsprechenden Verordnung bestanden haben.

Voraussetzungen der Beschäftigungsaufnahme mit Arbeitserlaubnis

§ 14c. Ein Arbeitgeber darf einen Ausländer mit Arbeitserlaubnis
1. nur zu den geltenden Lohn- und Arbeitsbedingungen einschließlich der sozialversicherungsrechtlichen Vorschriften beschäftigen und
2. nicht zu schlechteren Lohn- und Arbeitsbedingungen beschäftigen, als sie für die Mehrzahl der bezüglich der Leistung und Qualifikation vergleichbaren inländischen Arbeitnehmer des Betriebes gelten.

Beschäftigungsmeldung bei Arbeitserlaubnis

§ 14d. (1) Der Arbeitgeber ist verpflichtet, der örtlichen zuständigen regionalen Geschäftsstelle des Arbeitsmarktservice
1. innerhalb von drei Tagen den Beginn der Beschäftigung anzuzeigen,

2. die wesentlichen Lohn- und Arbeitsbedingungen mit Gegenzeichnung des Ausländers mitzuteilen und
3. innerhalb von drei Tagen die Beendigung der Beschäftigung zu melden.

(2) Die regionale Geschäftsstelle des Arbeitsmarktservice hat dem Regionalbeirat laufend die Beschäftigungsaufnahme von Ausländern mit Arbeitserlaubnis zur Kenntnis zu bringen. Folgende Datenarten sind in diesem Zusammenhang den Ausschußmitgliedern zu übermitteln:
1. Name, Adresse und Art des Betriebes;
2. Name, Geburtsdatum und berufliche Tätigkeit des Ausländers;
3. das Datum der Beschäftigungsaufnahme.

Verlängerung der Arbeitserlaubnis

§ 14e. (1) Die Arbeitserlaubnis gemäß § 14a ist zu verlängern, wenn
1. die Anspruchsvoraussetzungen nach § 14a gegeben sind oder
2. der Ausländer während der letzten zwei Jahre mindestens 18 Monate nach diesem Bundesgesetz beschäftigt war und rechtmäßig niedergelassen ist.
(2) § 7 Abs. 7 und 8 gilt entsprechend.

Widerruf der Arbeitserlaubnis

§ 14f. (1) Die Arbeitserlaubnis ist zu widerrufen, wenn
1. der Ausländer im Antrag auf Ausstellung der Arbeitserlaubnis über wesentliche Tatsachen wissentlich falsche Angaben gemacht oder solche Tatsachen verschwiegen hat, oder
2. der Ausländer während der Geltungsdauer der Arbeitserlaubnis seinen Aufenthalt im Bundesgebiet länger als sechs Monate im Kalenderjahr unterbricht, es sei denn, daß die Voraussetzungen für die Ausstellung einer Arbeitserlaubnis gemäß § 14a Abs. 1 vorliegen.
(2) § 7 Abs. 8 gilt entsprechend.
(3) Die widerrufene Arbeitserlaubnis ist der zuständigen regionalen Geschäftsstelle des Arbeitsmarktservice unverzüglich zurückzustellen.

Untersagung der Beschäftigung

§ 14g. (1) Dem Arbeitgeber, welcher einen Ausländer auf Grund einer Arbeitserlaubnis beschäftigt, ist die Beschäftigung zu untersagen,
1. wenn die Lohn- und Arbeitsbedingungen einschließlich der sozialversicherungsrechtlichen Vorschriften nicht eingehalten werden,
2. wenn der Betrieb einem örtlichen oder fachlichen Bereich zuzuordnen ist, für den die Arbeitserlaubnis nicht gilt.
(2) § 7 Abs. 8 gilt entsprechend.
(3) Der Ausländer, dessen Arbeitsverhältnis wegen Untersagung der Beschäftigung gemäß Abs. 1 endet, hat Anspruch auf Schadenersatz wie auf Grund eines berechtigten vorzeitigen Austritts.

Abschnitt III: Befreiungsschein

Voraussetzungen

§ 15. (1) Einem Ausländer, der noch keinen unbeschränkten Zugang zum Arbeitsmarkt hat (§ 17), ist auf Antrag ein Befreiungsschein auszustellen, wenn er
1. während der letzten acht Jahre mindestens fünf Jahre im Bundesgebiet mit einer dem Geltungsbereich dieses Bundesgesetzes unterliegenden Tätigkeit erlaubt beschäftigt war und rechtmäßig niedergelassen ist oder
2. das letzte volle Schuljahr vor Beendigung seiner Schulpflicht gemäß dem Schulpflichtgesetz 1985, BGBl. Nr. 76, in Österreich absolviert hat, rechtmäßig niedergelassen ist und wenigstens ein niedergelassener Elternteil während der letzten fünf Jahre mindestens drei Jahre im Bundesgebiet erwerbstätig war oder
3. bisher gemäß § 1 Abs. 2 lit. l und m nicht dem Geltungsbereich dieses Bundesgesetzes unterlegen und weiterhin rechtmäßig niedergelassen ist oder
4. Ehegatte oder unverheiratetes minderjähriges Kind (einschließlich Stief- und Adoptivkind) eines Ausländers gemäß Z 1 bis 3 und bereits zwölf Monate rechtmäßig im Bundesgebiet niedergelassen ist.

(2) Der Lauf von Fristen nach Abs. 1 wird durch Zeiten, in denen der Ausländer in seinem Heimatstaat den Wehrdienst oder den Wehrersatzdienst abgeleistet hat, gehemmt.

(3) Die Voraussetzung der fünfjährigen Ehedauer gemäß Abs. 1 Z 2 und der dreijährigen Erwerbstätigkeit eines Elternteils gemäß Abs. 1 Z 3 entfällt, wenn der Ehegatte bzw. der erwerbstätige Elternteil verstorben ist.

(4) (aufgehoben, BGBl I 2005/101)

(5) Der Befreiungsschein ist für fünf Jahre auszustellen.

(6) Der Ablauf des Befreiungsscheines wird während der Dauer eines Lehrverhältnisses, während der gesetzlichen oder kollektivvertraglichen Verpflichtung zur Weiterverwendung oder bis zur rechtskräftigen Entscheidung über einen Antrag auf Erteilung eines Niederlassungsbewilligung – unbeschränkt oder eines Aufenthaltstitels „Daueraufenthalt-EG" gehemmt.

Verlängerung

§ 15a. (1) Der Befreiungsschein ist zu verlängern, wenn die Anspruchsvoraussetzungen gemäß § 15 Abs. 1 vorliegen oder der Ausländer während der letzten fünf Jahre mindestens zweieinhalb Jahre im Bundesgebiet gemäß diesem Bundesgesetz beschäftigt (§ 2 Abs. 2) war und rechtmäßig niedergelassen ist. Es gelten die Hemmungsgründe des § 15 Abs. 2.

(2) Wird ein Antrag auf Verlängerung eines Befreiungsscheines vor dessen Ablauf eingebracht, gilt dieser bis zur rechtskräftigen Entscheidung über den Antrag als verlängert.

Widerruf

§ 16. (1) Der Befreiungsschein ist zu widerrufen, wenn der Ausländer im Antrag auf Ausstellung eines Befreiungsscheines über wesentliche Tatsachen wissentlich falsche Angaben gemacht oder solche Tatsachen verschwiegen hat.
(2) § 7 Abs. 8 gilt sinngemäß.
(3) Der widerrufene Befreiungsschein ist der zuständigen regionalen Geschäftsstelle des Arbeitsmarktservice unverzüglich zurückzustellen.

Abschnitt IIIa: Aufenthaltsverfestigte Ausländer

Unbeschränkter Zugang zum Arbeitsmarkt

§ 17. (1) Ausländer, die
1. über einen Niederlassungsnachweis (§ 24 FrG 1997) oder
2. über einen Aufenthaltstitel „Daueraufenthalt-EG" (§ 45 NAG) oder
3. über eine „Niederlassungsbewilligung – unbeschränkt" (§ 8 Abs. 2 Z 3 NAG)

verfügen, sind zur Ausübung einer Beschäftigung im gesamten Bundesgebiet berechtigt.
(2) Bei Ausländern gemäß § 49 Abs. 3 NAG hat das Arbeitsmarktservice der nach dem NAG zuständigen Behörde vor Erteilung der „Niederlassungsbewilligung – unbeschränkt" eine durchgehende Zulassung zu einer unselbständigen Erwerbstätigkeit von zwölf Monaten zu bestätigen.

Abschnitt IV: Betriebsentsandte Ausländer

Voraussetzungen für die Beschäftigung; Entsendebewilligung

§ 18. (1) Ausländer, die von einem ausländischen Arbeitgeber ohne einen im Bundesgebiet vorhandenen Betriebssitz im Inland beschäftigt werden, bedürfen, soweit im folgenden nicht anderes bestimmt ist, einer Beschäftigungsbewilligung. Dauern diese Arbeiten nicht länger als sechs Monate, bedürfen Ausländer einer Entsendebewilligung, welche längstens für die Dauer von vier Monaten erteilt werden darf.
(2) Für Ausländer nach Abs. 1, die ausschließlich im Zusammenhang mit kurzfristigen Arbeitsleistungen, für die ihrer Art nach inländische Arbeitskräfte nicht herangezogen werden, wie geschäftliche Besprechungen, Besuche von Messeveranstaltungen und Kongressen und dergleichen, beschäftigt werden, ist eine Beschäftigungsbewilligung oder Entsendebewilligung nicht erforderlich.
(3) Für Ausländer, die
1. von ihrem ausländischen Arbeitgeber im Rahmen eines Joint Venture und auf der Grundlage eines betrieblichen Schulungsprogramms nicht länger als sechs Monate zur betrieblichen Einschulung in einen Betrieb mit Betriebssitz im Bundesgebiet oder
2. im Rahmen eines international tätigen Konzerns auf Basis eines

qualifizierten konzerninternen Aus- und Weiterbildungsprogramms von einem ausländischen Konzernunternehmen nicht länger als 50 Wochen in das Headquarter im Bundesgebiet entsandt werden, ist keine Entsendebewilligung oder Beschäftigungsbewilligung erforderlich. Die Schulungs- bzw. Aus- und Weiterbildungsmaßnahme ist spätestens zwei Wochen vor Beginn vom Inhaber des inländischen Schulungsbetriebes (Z 1) bzw. vom Headquarter (Z 2) der zuständigen regionalen Geschäftsstelle des Arbeitsmarktservice unter Nachweis des Joint Venture-Vertrages und des Schulungsprogramms bzw. des Aus- und Weiterbildungsprogramms, in dem Zielsetzungen, Maßnahmen und Dauer der Schulung bzw. Ausbildung angegeben sind, anzuzeigen. Die regionale Geschäftsstelle hat binnen zwei Wochen eine Anzeigebestätigung auszustellen. Die Einschulung bzw. Aus- und Weiterbildung darf erst nach Vorliegen der Anzeigebestätigung begonnen werden.

(4) Dauert die im Abs. 1 genannte Beschäftigung länger als vier Monate, so ist eine Beschäftigungsbewilligung erforderlich. Der Antrag auf Erteilung der Beschäftigungsbewilligung ist jedenfalls noch vor Ablauf des vierten Monates nach Aufnahme der Arbeitsleistung vom Inhaber des Betriebes, in dem der Ausländer beschäftigt wird, bei der zuständigen regionalen Geschäftsstelle des Arbeitsmarktservice einzubringen. Im Falle der Ablehnung der Beschäftigungsbewilligung ist die Beschäftigung spätestens zwei Wochen nach Zustellung der Entscheidung zu beenden.

(5) Für Ausländer nach Abs. 1, die im Rahmen zwischenstaatlicher Kulturabkommen beschäftigt werden, ist eine Entsendebewilligung nicht erforderlich. Die Beschäftigung ist von der Einrichtung, in der die Arbeitsleistungen erbracht werden, bzw. vom Veranstalter spätestens am Tage der Arbeitsaufnahme der zuständigen regionalen Geschäftsstelle des Arbeitsmarktservice anzuzeigen.

(6) Für Ausländer nach Abs. 1, die bei Ensemblegastspielen im Theater beschäftigt werden, ist eine Entsendebewilligung nicht erforderlich, wenn die Beschäftigung nicht länger als eine Woche dauert. Die Beschäftigung ist vom Veranstalter spätestens am Tage der Arbeitsaufnahme der zuständigen regionalen Geschäftsstelle des Arbeitsmarktservice anzuzeigen.

(7) Dauert die Beschäftigung nach Abs. 6 länger als eine Woche, so ist der Antrag auf Erteilung der Entsendebewilligung ab Kenntnis dieses Umstandes, jedenfalls jedoch vor Ablauf einer Woche nach Aufnahme der Beschäftigung, vom Veranstalter bei der zuständigen regionalen Geschäftsstelle des Arbeitsmarktservice einzubringen.

(8) Bei Erteilung einer Entsendebewilligung oder einer Beschäftigungsbewilligung für einen betriebsentsandten Ausländer kann für den Fall, daß es sich um Arbeitsleistungen handelt, die von Inländern nicht erbracht werden können, von der Prüfung, ob die Lage und Entwicklung des Arbeitsmarktes die Beschäftigung zuläßt, abgesehen werden.

(9) Die Dauer der Arbeitsleistungen bzw. der Beschäftigung ist unabhängig von der Dauer des Einsatzes des einzelnen Ausländers bei diesen Arbeitsleistungen bzw. Beschäftigungen festzustellen.

(10) Die Lohn- und Arbeitsbedingungen bezüglich § 4 Abs. 3 Z 4 und § 8 Abs. 1 sind als erfüllt anzusehen, wenn die Beschäftigung keine Ge-

fährdung der Lohn- und Arbeitsbedingungen der inländischen Arbeitnehmer mit sich bringt.

(11) Für Arbeiten, die im Bundesgebiet üblicherweise von Betrieben der Wirtschaftsklassen Hoch- und Tiefbau, Bauinstallation, sonstiges Baugewerbe und Vermietung von Baumaschinen und Baugeräten mit Bedienungspersonal gemäß der Systematik der ÖNACE erbracht werden, kann eine Entsendebewilligung nicht erteilt werden.

(12) Für Ausländer, die von einem Arbeitgeber mit Betriebssitz in einem Mitgliedstaat der Europäischen Union zur Erbringung einer vorübergehenden Dienstleistung in das Bundesgebiet entsandt werden, ist keine Entsendebewilligung erforderlich. Die beabsichtigte Entsendung ist jedoch vom Ausländer oder von dessen Arbeitgeber oder vom inländischen Auftraggeber des Arbeitgebers vor der Arbeitsaufnahme bei der regionalen Geschäftsstelle des Arbeitsmarktservice, in deren Sprengel die Arbeitsleistungen erbracht werden, anzuzeigen. Die zuständige regionale Geschäftsstelle des Arbeitsmarktservice hat die Anzeige binnen zwei Wochen zu bestätigen (EU-Entsendebestätigung). Sie hat die Entsendung zu untersagen, wenn
1. der Ausländer im Staat des Betriebssitzes nicht ordnungsgemäß und dauerhaft seit mindestens einem Jahr in einem direkten Arbeitsverhältnis zum entsendenden Arbeitgeber steht oder mit diesem keinen unbefristeten Arbeitsvertrag abgeschlossen hat oder nicht über die entsprechenden Bewilligungen des Entsendestaates für die Beschäftigung von Drittstaatsangehörigen verfügt oder
2. die österreichischen Lohn- und Arbeitsbedingungen, insbesondere gemäß § 7b Abs. 1 und 2 des Arbeitsvertragsrechts-Anpassungsgesetzes (AVRAG), BGBl. Nr. 459/1993, oder die sozialversicherungsrechtlichen Bestimmungen nicht eingehalten werden.

(13) bis (16) (aufgehoben, BGBl I 2005/101)

Abschnitt V: Verfahren

Antragseinbringung

§ 19. (1) Der Antrag auf Ausstellung einer Sicherungsbescheinigung bzw. Erteilung einer Beschäftigungsbewilligung oder Entsendebewilligung ist unbeschadet der Abs. 2 und 3 und des § 18 vom Arbeitgeber bei der regionalen Geschäftsstelle des Arbeitsmarktservice einzubringen, in deren Sprengel der in Aussicht genommene Beschäftigungsort liegt, bei wechselndem Beschäftigungsort bei der nach dem Sitz des Betriebes zuständigen regionalen Geschäftsstelle des Arbeitsmarktservice.

(2) Wird der Ausländer über den im § 6 Abs. 2 genannten Zeitraum hinaus im Betrieb eines anderen Arbeitgebers beschäftigt, ist die Beschäftigungsbewilligung oder Entsendebewilligung von diesem Arbeitgeber zu beantragen.

(3) Ist kein Arbeitgeber im Bundesgebiet vorhanden, ist der Antrag nach Abs. 1 für den Fall, daß eine Person im Sinne des § 2 Abs. 3 vorhanden ist, von dieser, in allen anderen Fällen vom Ausländer zu beantragen. Der Antrag ist bei der regionalen Geschäftsstelle des Arbeitsmarkt-

service einzubringen, in deren Sprengel die Arbeitsleistungen bzw. Beschäftigungen erbracht werden.

(4) Der Antrag auf Ausstellung einer Arbeitserlaubnis oder eines Befreiungsscheines ist vom Ausländer bei der nach seinem Wohnsitz, in Ermangelung eines solchen bei der nach seinem gewöhnlichen Aufenthalt zuständigen regionalen Geschäftsstelle des Arbeitsmarktservice einzubringen.

(5) Der Antrag auf Ausstellung einer Sicherungsbescheinigung ist vor der Einreise des Ausländers, der Antrag auf Erteilung einer Beschäftigungsbewilligung oder Entsendebewilligung vor Aufnahme der Beschäftigung einzubringen. Der Antrag auf Verlängerung einer Beschäftigungsbewilligung, einer Arbeitserlaubnis oder eines Befreiungsscheines ist vor Ablauf der jeweiligen Geltungsdauer einzubringen. Läuft die Geltungsdauer einer Arbeitserlaubnis oder eines Befreiungsscheines während eines Auslandsaufenthaltes gemäß § 15 Abs. 2 ab, so ist der Antrag auf Verlängerung spätestens drei Monate nach Ende dieser Zeiten einzubringen.

(6) Wurde eine Sicherungsbescheinigung ausgestellt, sind die für die Erteilung der Beschäftigungsbewilligung erforderlichen Voraussetzungen bereits vor Einbringung des Antrages auf Erteilung der Beschäftigungsbewilligung zu prüfen.

(7) Bei einer Vermittlung durch die regionale Geschäftsstelle des Arbeitsmarktservice ist bei Vorliegen der Voraussetzungen von Amts wegen die Beschäftigungsbewilligung zu erteilen oder die Arbeitserlaubnis oder der Befreiungsschein auszustellen.

(8) Bei Anträgen, die auf geringfügige Änderungen des Inhaltes oder die Verlängerung einer Sicherungsbescheinigung, einer Beschäftigungsbewilligung, einer Arbeitserlaubnis oder eines Befreiungsscheines gerichtet sind, kann sich die Prüfung der Voraussetzungen auf jene beschränken, die sich ändern.

(9) Anträge gemäß Abs. 1, 2, 3, 4, 5 und 8 sind unter Verwendung der bei den Geschäftsstellen des Arbeitsmarktservice aufliegenden Antragsformulare schriftlich einzubringen.

(10) Die fachliche Zuständigkeit der Geschäftsstellen des Arbeitsmarktservice richtet sich nach der Arbeitsmarktsprengelverordnung, BGBl. Nr. 928/1994, in der jeweils geltenden Fassung.

Entscheidung und Rechtsmittel

§ 20. (1) Über die Anträge nach diesem Bundesgesetz, über den Widerruf der Sicherungsbescheinigung, der Beschäftigungsbewilligung oder Entsendebewilligung, der Arbeitserlaubnis und des Befreiungsscheines sowie über die Untersagung der Beschäftigung hat, soweit nicht anderes bestimmt ist, die nach § 19 Abs. 1, 3 und 4 zuständige regionale Geschäftsstelle des Arbeitsmarktservice zu entscheiden.

(2) Soweit in diesem Bundesgesetz nicht anderes bestimmt ist, sind vor der Entscheidung über die Ausstellung einer Sicherungsbescheinigung, über die Erteilung einer Beschäftigungsbewilligung und Entsendebewilligung, sofern nicht eine Sicherungsbescheinigung ausgestellt wurde, über den Widerruf einer Beschäftigungsbewilligung, über den Widerruf eines

Befreiungsscheines und über die Untersagung der Beschäftigung die zuständigen kollektivvertragsfähigen Körperschaften der Arbeitgeber und der Arbeitnehmer und bei Kontingentüberziehung und bei Überschreitung festgelegter Landeshöchstzahlen der Regionalbeirat anzuhören. Eine allfällige Äußerung im Rahmen der Anhörung ist binnen einer Woche abzugeben. Die zuständigen kollektivvertragsfähigen Körperschaften, der Regionalbeirat und das Landesdirektorium können festlegen, dass die Ausstellung von Sicherungsbescheinigungen und die Erteilung von Beschäftigungsbewilligungen und Entsendebewilligungen insbesondere bei Vorliegen einer bestimmten Arbeitsmarktlage oder bestimmter persönlicher Umstände der Ausländer als befürwortet gilt. Eine derartige Festlegung kann von der zuständigen kollektivvertragsfähigen Körperschaft der Arbeitgeber und der Arbeitnehmer oder von einem Mitglied des Regionalbeirates und des Landesdirektoriums angeregt werden.

(3) Über Berufungen gegen Bescheide der regionalen Geschäftsstelle des Arbeitsmarktservice entscheidet die Landesgeschäftsstelle des Arbeitsmarktservice nach Anhörung des Landesdirektoriums. Eine weitere Berufung ist nicht zulässig.

(4) (aufgehoben, Art I Z 7 BGBl 1991/684)

(5) Die Berufung gegen den Widerruf der Sicherungsbescheinigung, der Beschäftigungsbewilligung, der Entsendebewilligung, der Arbeitserlaubnis und des Befreiungsscheines hat keine aufschiebende Wirkung. Der Berufung gegen den Widerruf der Beschäftigungsbewilligung, der Arbeitserlaubnis oder des Befreiungsscheines kann aufschiebende Wirkung zuerkannt werden.

(6) Im Verfahren nach den Abschnitten II und IV dieses Bundesgesetzes ist eine Bescheidausfertigung über die Beschäftigungsbewilligung bzw. über den Widerruf einer solchen auch dem Ausländer unabhängig von seiner Stellung im Verfahren (§ 21) zuzustellen. Gleiches gilt für die Anzeigebestätigung nach § 3 Abs. 5 und für die Entsendebewilligung nach § 18.

(7) Die Ausfertigungen der nach diesem Bundesgesetz vorgesehenen Bescheide und Bescheinigungen, die im Wege elektronischer Datenverarbeitungsanlagen oder in einem ähnlichen Verfahren hergestellt werden, bedürfen weder einer Unterschrift noch einer Beglaubigung.

Verfahrensdauer

§ 20a. Über Anträge auf Beschäftigungsbewilligungen und Sicherungsbescheinigungen ist von der regionalen Geschäftsstelle des Arbeitsmarktservice binnen sechs Wochen zu entscheiden. Im Berufungsverfahren gilt dieselbe Frist wie im erstinstanzlichen Verfahren.

Vorläufige Berechtigung zur Beschäftigungsaufnahme

§ 20b. (1) Wird dem Antragsteller die Entscheidung über den Antrag auf Beschäftigungsbewilligung nicht innerhalb der im § 20a genannten Fristen zugestellt, kann der Arbeitgeber den Ausländer beschäftigen und hat Anspruch auf eine diesbezügliche Bescheinigung, es sei denn, daß diese Frist durch eine Mitteilung der regionalen Geschäftsstelle des Arbeitsmarktservice an den Arbeitgeber wegen einer durch diesen verursachten Verzögerung gehemmt wird. Diese Berechtigung zur Beschäftigungsaufnahme endet mit der Zustellung der Entscheidung, frühestens jedoch vier Wochen nach diesem Zeitpunkt.

(2) Die zuständige regionale Geschäftsstelle des Arbeitsmarktservice oder Landesgeschäftsstelle des Arbeitsmarktservice hat dem Arbeitgeber zu bescheinigen, daß die Voraussetzungen für eine Arbeitsaufnahme nach Abs. 1 gegeben sind.

(3) Der Ausländer, dessen Arbeitsverhältnis wegen Ablehnung des Antrages auf Beschäftigungsbewilligung endet, hat Anspruch auf Schadenersatz wie auf Grund eines berechtigten vorzeitigen Austritts, sofern die Ablehnung aus Gründen erfolgte, die auf einem Verschulden des Arbeitgebers beruhen.

(4) Die Berechtigung gemäß Abs. 1 entsteht nur, wenn der Ausländer rechtmäßig im Bundesgebiet niedergelassen oder Rotationsarbeitskraft ist.

Stellung des Ausländers im Verfahren

§ 21. Der Ausländer hat in allen Verfahren, in denen seine persönlichen Umstände maßgeblich für die Entscheidung sind, sowie in jenen Fällen, in denen keine Person im Sinne des § 2 Abs. 3 vorhanden ist, Parteistellung. In allen anderen Verfahren hat der Ausländer die Stellung eines Beteiligten.

Ausländerausschuß

§ 22. (1) In den in diesem Bundesgesetz vorgesehenen und allen anderen Angelegenheiten von grundsätzlicher Bedeutung ist der Ausländerausschuß anzuhören

(2) Der Ausländerausschuß ist ein Ausschuß des Verwaltungsrates des Arbeitsmarktservice, dem je zwei Vertreter der Bundeskammer für Arbeiter und Angestellte, des Österreichischen Gewerkschaftsbundes und der Bundeskammer der gewerblichen Wirtschaft sowie je ein Vertreter der Vereinigung Österreichischer Industrieller und der Präsidentenkonferenz der Landwirtschaftskammern Österreichs angehören.

Ausländerausschüsse der Landesdirektorien

§ 23. (1) Die Ausländerausschüsse der Landesdirektorien. haben, abgesehen von den ihnen nach anderen gesetzlichen Vorschriften übertragenen Aufgaben, bei der Erfüllung der den Landesgeschäftsstellen des Arbeitsmarktservice obliegenden Aufgaben soweit dies in diesem Bundesgesetz vorgesehen ist, mitzuwirken.

(2) Dem Ausländerausschuß des Landesdirektoriums des Arbeitsmarktservice müssen aus dem Stande der Arbeitgebervertreter zwei Mitglieder auf Grund eines Vorschlages der Kammer der gewerblichen Wirtschaft und aus dem Stande der Arbeitnehmervertreter zwei Mitglieder auf Grund eines Vorschlages der Kammer für Arbeiter und Angestellte angehören.

Abschnitt VI: Gemeinsame Bestimmungen

Erstellung von Gutachten für selbständige Schlüsselkräfte

§ 24. Die nach der beabsichtigten Niederlassung der selbständigen Schlüsselkraft zuständige Landesgeschäftsstelle des Arbeitsmarktservice hat binnen drei Wochen das im Rahmen des fremdenrechtlichen Zulassungsverfahrens gemäß § 41 NAG erforderliche Gutachten über den gesamtwirtschaftlichen Nutzen der Erwerbstätigkeit, insbesondere hinsichtlich des damit verbunden Transfers von Investitionskapital und/oder der Schaffung und Sicherung von Arbeitsplätzen zu erstellen. Vor der Erstellung dieses Gutachtens ist das Landesdirektorium anzuhören.

Verhältnis zur Aufenthaltsberechtigung

§ 25. Die Sicherungsbescheinigung, die Beschäftigungsbewilligung oder Entsendebewilligung, die Arbeitserlaubnis bzw. der Befreiungsschein enthebt den Ausländer nicht der Verpflichtung, den jeweils geltenden Vorschriften über die Einreise und den Aufenthalt von Ausländern nachzukommen.

Überwachung, Auskunfts- und Meldepflicht

§ 26. (1) Die Arbeitgeber sind verpflichtet, den Landesgeschäftsstellen des Arbeitsmarktservice und den regionalen Geschäftsstellen des Arbeitsmarktservice sowie den Trägern der Krankenversicherung und den Abgabenbehörden auf deren Verlangen Anzahl und Namen der im Betrieb beschäftigten Ausländer bekanntzugeben. Die Arbeitgeber und die Ausländer sind auf Verlangen verpflichtet, den vorerwähnten Behörden und den Trägern der Krankenversicherung und den Abgabenbehörden die zur Durchführung dieses Bundesgesetzes notwendigen Auskünfte zu erteilen und in die erforderlichen Unterlagen Einsicht zu gewähren. Die Arbeitgeber haben dafür zu sorgen, daß bei ihrer Abwesenheit von der Betriebsstätte oder Arbeitsstelle eine dort anwesende Person den genannten Behörden und Rechtsträgern die erforderlichen Auskünfte erteilt und Einsicht in die erforderlichen Unterlagen gewährt.

(2) Die im Abs. 1 genannten Behörden und Organe der Abgabenbehörden sowie die Organe der Träger der Krankenversicherung sind zur Durchführung ihrer Aufgaben berechtigt, die Betriebsstätten, Betriebsräume und auswärtigen Arbeitsstätten sowie die Aufenthaltsräume der Arbeitnehmer zu betreten und Wege zu befahren, auch wenn dies sonst der Allgemeinheit untersagt ist.

(3) Die im Abs. 1 genannten Behörden und Organe der Abgabenbehörden und die Träger der Krankenversicherung haben bei Betreten des Betriebes den Arbeitgeber, in jenen Fällen, in denen der Arbeitgeber Arbeitsleistungen bei einem Auftraggeber erbringen läßt, auch diesen, oder deren Bevollmächtigte und den Betriebsrat von ihrer Anwesenheit zu verständigen; hiedurch darf der Beginn der Betriebskontrolle nicht unnötig verzögert werden. Vor Beginn der Betriebskontrolle ist in Betrieben, die der Aufsicht der Bergbehörden unterliegen, jedenfalls der Bergbauberechtigte oder ein von ihm namhaft gemachter Vertreter zu verständigen. Auf

Verlangen haben sich die einschreitenden Organe durch einen Dienstausweis auszuweisen. Dem Arbeitgeber, dessen Auftraggeber oder deren Bevollmächtigen sowie dem Betriebsrat steht es frei, die einschreitenden Organe bei der Amtshandlung im Betrieb zu begleiten; auf Verlangen der einschreitenden Organe sind der Arbeitgeber, dessen Auftraggeber oder deren Bevollmächtigte hiezu verpflichtet. Die Betriebskontrolle hat tunlichst ohne Störung des Betriebsablaufes zu erfolgen.

(4) Die Organe der Abgabenbehörden sind im Rahmen ihrer Kontrolltätigkeit nach diesem Bundesgesetz befugt, die Identität von Personen festzustellen sowie Fahrzeuge und sonstige Beförderungsmittel anzuhalten und zu überprüfen, wenn Grund zur Annahme besteht, dass es sich bei diesen Personen um ausländische Arbeitskräfte handelt, die beschäftigt werden oder zu Arbeitsleistungen herangezogen werden. Die Organe der Abgabenbehörden sind, wenn wegen Gefahr im Verzug das Einschreiten von Organen des öffentlichen Sicherheitsdienstes nicht abgewartet werden kann, auch ermächtigt, Ausländer für die Fremdenpolizeibehörde festzunehmen, wenn Grund zur Annahme besteht, dass diese Ausländer im Bundesgebiet eine Erwerbstätigkeit ausüben oder ausüben wollen, ohne dazu berechtigt zu sein, und sich nicht rechtmäßig im Bundesgebiet aufhalten. Den Organen der Abgabenbehörden kommen dabei die im § 35 VStG geregelten Befugnisse der Organe des öffentlichen Sicherheitsdienstes zu. Die Ausländer sind unverzüglich der Fremdenpolizeibehörde oder der nächstgelegenen Sicherheitsdienststelle zu übergeben.

(4a) Die Feststellung der Identität ist das Erfassen der Namen, des Geburtsdatums und der Wohnanschrift eines Menschen in dessen Anwesenheit. Sie hat mit der vom Anlass gebotenen Verlässlichkeit zu erfolgen. Menschen, deren Identität festgestellt werden soll, sind hievon in Kenntnis zu setzen. Jeder Betroffene ist verpflichtet, an der Feststellung seiner Identität mitzuwirken und die unmittelbare Durchsetzung der Identitätsfeststellung zu dulden.

(5) Der Arbeitgeber ist verpflichtet,
1. den Beginn der Beschäftigung eines Ausländers, für den eine Beschäftigungsbewilligung oder Zulassung als Schlüsselkraft erteilt oder ein Befreiungsschein ausgestellt wurde, und
2. die Beendigung der Beschäftigung eines Ausländers, für den eine Beschäftigungsbewilligung oder Zulassung als Schlüsselkraft erteilt oder ein Befreiungsschein ausgestellt wurde, innerhalb von drei Tagen der zuständigen regionalen Geschäftsstelle des Arbeitsmarktservice zu melden.

Rechtshilfe und Verständigungspflicht

§ 27. (1) Alle Behörden und Ämter, die Bauarbeiter-Urlaubs- und Abfertigungskasse, die Träger der Sozialversicherung und der Hauptverband der Sozialversicherungsträger haben im Rahmen ihres Wirkungsbereiches die Abgabenbehörden, die regionalen Geschäftsstellen und die Landesgeschäftsstellen des Arbeitsmarktservice bei der Erfüllung ihrer Aufgaben nach diesem Bundesgesetz zu unterstützen. Die Träger der Sozialversicherung und der Hauptverband der österreichischen Sozialversicherungsträger sind verpflichtet, gespeicherte Daten über die Versicherungszeiten auf automationsunterstütztem Weg der zentralen Koordinationsstelle für die Kontrolle der illegalen Beschäftigung nach diesem Bundesgesetz und dem Arbeitsvertragsrechts-Anpassungsgesetz des Bundesministeriums für Finanzen den regionalen Geschäftsstellen und den Landesgeschäftsstellen des Arbeitsmarktservice zu übermitteln, die für diese Stellen eine wesentliche Voraussetzung zur Durchführung ihrer Aufgaben nach diesem Bundesgesetz bilden.

(2) Die Geschäftsstellen des Arbeitsmarktservice und die Abgabenbehörden haben die zuständigen Behörden zu verständigen, wenn sie im Rahmen ihrer Tätigkeit zu dem begründeten Verdacht gelangen, dass eine Übertretung arbeitsrechtlicher, sozialversicherungsrechtlicher, gesundheits- und umweltschutzrechtlicher, abgabenrechtlicher oder gewerberechtlicher Vorschriften vorliegt

(3) Die Organe des öffentlichen Sicherheitsdienstes haben den nach diesem Bundesgesetz zuständigen Behörden und Organen über deren Ersuchen zur Sicherung der Ausübung der Überwachungsbefugnisse im Rahmen ihres gesetzmäßigen Wirkungsbereiches Hilfe zu leisten.

(4) Die Geschäftsstellen des Arbeitsmarktservice haben die für die Erfüllung der Aufgaben nach dem NAG und dem FPG zuständigen Behörden☐über erteilte Beschäftigungsbewilligungen und hinsichtlich der im Rahmen von Kontingenten gemäß § 5 beschäftigten Ausländer zusätzlich über die vom Arbeitgeber gemeldete Beendigung der Beschäftigung (§ 26 Abs. 5 Z 2) in Kenntnis zu setzen.

(5) Gelangen Behörden, Träger der Sozialversicherung, der Hauptverband der Sozialversicherungsträger oder Geschäftsstellen des Arbeitsmarktservice im Rahmen ihrer Tätigkeit zu dem begründeten Verdacht, daß eine Übertretung nach diesem Bundesgesetz vorliegt, so sind sie verpflichtet, die zuständigen Geschäftsstellen des Arbeitsmarktservice und die zuständige Zollbehörde zu verständigen.

(6) Die regionalen Geschäftsstellen des Arbeitsmarktservice haben die Bauarbeiter- Urlaubs- und Abfertigungskasse über Beschäftigungsbewilligungen und EU-Entsendebestätigungen gemäß § 18, welche für die Beschäftigung von Ausländern im Bauwesen erteilt wurden, in Kenntnis zu setzen.

Datenübermittlung

§ 27a. (1) Die Geschäftsstellen des Arbeitsmarktservice sind verpflichtet, der zentralen Koordinationsstelle für die Kontrolle der illegalen Beschäftigung nach diesem Bundesgesetz und dem Arbeitsvertragsrechts-Anpassungsgesetz des Bundesministeriums für Finanzen alle zur Wahrnehmung der in den §§ 26, 27 und 28a AuslBG übertragenen Aufgaben notwendigen persönlichen, auf das Arbeits- und Beschäftigungsverhältnis bezogenen Daten von ausländischen Arbeitnehmern und deren Arbeitgebern automationsunterstützt in einer für die zentrale Koordinationsstelle für die Kontrolle der illegalen Beschäftigung nach diesem Bundesgesetz und dem Arbeitsvertragsrechts-Anpassungsgesetz des Bundesministeriums für Finanzen technisch geeigneten Form kostenlos zu übermitteln.

(2) Die zentrale Koordinationsstelle für die Kontrolle der illegalen Beschäftigung nach diesem Bundesgesetz und dem Arbeitsvertragsrechts-Anpassungsgesetz des Bundesministeriums für Finanzen ist verpflichtet, den Geschäftsstellen des Arbeitsmarktservice alle zur Wahrnehmung der nach diesem Bundesgesetz übertragenen Aufgaben notwendigen Daten, die sie im Rahmen von Kontrollen oder bei der Führung der zentralen Verwaltungsstrafevidenz erhoben hat, in einer für das Arbeitsmarktservice technisch geeigneten Form zur Verfügung zu stellen.

(3) Die nach dem NAG zuständige Behörde hat der Landesgeschäftsstelle des Arbeitsmarktservice zum Zweck der Ermittlung der Höchstzahlen nach diesem Bundesgesetz jeweils bis zum 15. eines Monats über jene Ausländer, die im Vormonat eine „Niederlassungsbewilligung – unbeschränkt" oder einen Aufenthaltstitel „Daueraufenthalt-EG" erhalten haben, automationsunterstützt in einer für das Arbeitsmarktservice technisch geeigneten Form folgende Daten kostenlos zu übermitteln:
1. Namen, Geburtsdatum, Geschlecht und Staatsangehörigkeit des Ausländers oder
2. die Sozialversicherungsnummer des Ausländers und
3. das Ausstellungsdatum der „Niederlassungsbewilligung – unbeschränkt" oder des Aufenthaltstitels „Daueraufenthalt-EG".

Strafbestimmungen

§ 28. (1) Sofern die Tat nicht den Tatbestand einer in die Zuständigkeit der Gerichte fallenden strafbaren Handlung bildet, begeht eine Verwaltungsübertretung und ist von der Bezirksverwaltungsbehörde zu bestrafen
1. wer,
   a) entgegen § 3 einen Ausländer beschäftigt, für den weder eine Beschäftigungsbewilligung (§§ 4 und 4c) oder Zulassung als Schlüsselkraft (§ 12) erteilt noch eine Anzeigebestätigung (§ 3 Abs. 5) oder eine Arbeitserlaubnis (§ 14a) oder ein Befreiungsschein (§§ 15 und 4c) oder eine Niederlassungsbewilligung – unbeschränkt (§ 8 Abs. 2 Z 3 NAG) oder ein Aufenthaltstitel „Daueraufenthalt-EG" (§ 45 NAG) oder ein Niederlassungsnachweis (§ 24 FrG 1997) ausgestellt wurde, oder
   b) entgegen dem § 18 die Arbeitsleistungen eines Ausländers, der von einem ausländischen Arbeitgeber ohne einen im Bundesgebiet vorhandenen Betriebssitz im Inland beschäftigt wird, in Anspruch nimmt, ohne dass für den Ausländer eine Beschäftigungsbewilligung oder Entsendebewilligung oder Anzeigebestätigung erteilt wurde, oder
   c) entgegen der Untersagung der Beschäftigung eines Inhabers einer Arbeitserlaubnis (§ 14g) diesen beschäftigt, bei unberechtigter Beschäftigung von höchstens drei Ausländern für jeden unberechtigt beschäftigten Ausländer mit Geldstrafe von 1 000 Euro bis zu 10 000 Euro, im Falle der erstmaligen und weiteren Wiederholung von 2 000 Euro bis zu 20 000 Euro, bei unberechtigter Beschäftigung von mehr als drei Ausländern für jeden unberechtigt beschäftigten Ausländer mit

Geldstrafe von 2 000 Euro bis zu 20 000 Euro, im Falle der erstmaligen und weiteren Wiederholung von 4 000 Euro bis zu 50 000 Euro;
2. wer,
   a) entgegen § 3 Abs. 4 einen Ausländer beschäftigt, ohne die Beschäftigung der zuständigen regionalen Geschäftsstelle des Arbeitsmarktservice anzuzeigen,
   b) entgegen dem § 18 Abs. 5 und 6 die Arbeitsleistungen eines Ausländers in Anspruch nimmt, ohne die Beschäftigung der zuständigen regionalen Geschäftsstelle des Arbeitsmarktservice rechtzeitig anzuzeigen,
   c) seinen Verpflichtungen gemäß § 26 Abs. 1 nicht nachkommt oder
   d) entgegen § 26 Abs. 2 den im § 26 Abs. 1 genannten Behörden und Rechtsträgern den Zutritt zu den Betriebsstätten, Betriebsräumen, auswärtigen Arbeitsstellen und Aufenthaltsräumen der Arbeitnehmer oder das Befahren von Privatstraßen nicht gewährt,
   e) entgegen dem § 26 Abs. 3 die Durchführung der Amtshandlung beeinträchtigt, oder
   f) entgegen dem § 26 Abs. 4 und 4a die Durchführung der Amtshandlungen beeinträchtigt mit Geldstrafe von 150 Euro bis 5 000 Euro, im Fall der lit. c bis f mit Geldstrafe von 2 500 Euro bis 8 000 Euro;
3. wer die im § 14d Abs. 1 vorgesehenen Meldungen nicht erstattet, mit Geldstrafe von 400 Euro bis 2 500 Euro;
4. wer
   a) entgegen § 3 Abs. 6 einen Ausländer beschäftigt, ohne den Bescheid über die für seine Beschäftigung erteilte Beschäftigungsbewilligung oder Entsendebewilligung oder ohne die Anzeigebestätigung gemäß § 3 Abs. 5 oder ohne die EU-Entsendebestätigung gemäß § 18 Abs. 12 am Arbeitsplatz zur Einsichtnahme bereitzuhalten, oder
   b) entgegen § 14f Abs. 3 eine Arbeitserlaubnis oder entgegen dem § 16 Abs. 3 einen Befreiungsschein (§ 15) nicht zurückstellt, oder c) die im § 26 Abs. 5 vorgesehenen Meldungen nicht erstattet, mit Geldstrafe bis zu 2 000 Euro;
5. wer
   a) entgegen § 18 Abs. 12 bis 16 als Arbeitgeber mit Betriebssitz in einem Mitgliedstaat der Europäischen Union einen Ausländer ohne Staatsangehörigkeit eines Mitgliedstaates des EWR ohne EU-Entsendebestätigung im Inland beschäftigt, oder
   b) entgegen § 18 Abs. 12 Arbeitsleistungen eines Ausländers ohne Staatsangehörigkeit eines Mitgliedstaates des EWR in Anspruch nimmt, der von seinem Arbeitgeber mit Betriebssitz in einem Mitgliedstaat der Europäischen Union zur Arbeitsleistung nach Österreich entsandt wird, ohne dass für diesen eine EU-Entsendebestätigung ausgestellt wurde, mit Geldstrafe bis zu 2 400 Euro;

6. wer entgegen dem § 32a Abs. 4 einen EU-Bürger, dessen Ehegatten oder Kind ohne Bestätigung gemäß § 32a Abs. 2 oder 3 beschäftigt, mit Geldstrafe bis zu 1 000 Euro.
(2) Die Verjährungsfrist (§ 31 Abs. 2 des Verwaltungsstrafgesetzes VStG 1950, BGBl. Nr. 172) für Verwaltungsübertretungen gemäß Abs. 1 beträgt ein Jahr.
(3) Die Eingänge aus den gemäß Abs. 1 verhängten Geldstrafen fließen dem Arbeitsmarktservice zu.
(4) Abs. 1 ist nicht anzuwenden, wenn die Zuwiderhandlung vom Organ einer Gebietskörperschaft begangen worden ist. Besteht bei einer Bezirksverwaltungsbehörde der Verdacht einer Zuwiderhandlung durch ein solches Organ, so hat sie, wenn es sich um ein Organ des Bundes oder eines Landes handelt, eine Anzeige an das oberste Organ, dem das der Zuwiderhandlung verdächtige Organ untersteht (Art. 20 Abs. 1 erster Satz B-VG), zu erstatten, in allen anderen Fällen aber an die Aufsichtsbehörde.
(5) Die Bezirksverwaltungsbehörde hat bei Übertretungen nach Abs. 1 Z 1 die unberechtigte Beschäftigung eines Ausländers zu schlechteren Lohn- und Arbeitsbedingungen als sie die jeweils anzuwendenden Normen der kollektiven Rechtsgestaltung vorsehen, bei der Strafbemessung als besonders erschwerend zu berücksichtigen.
(6) Gemäß Abs. 1 Z 1 ist neben dem Beschäftiger (Auftragnehmer) auch sein Auftraggeber (Generalunternehmer) zu bestrafen, sofern der Auftrag im Rahmen der Tätigkeit des Auftraggebers als Unternehmer erfolgt und der Auftraggeber (Generalunternehmer)
1. (aufgehoben, BGBl I 2002/160 [VfGH= VfSlg 16.662])
2. (aufgehoben, BGBl I 2002/160 [VfGH = VfSlg 16.662])
3. die Verletzung der Bestimmungen dieses Bundesgesetzes durch den Auftragnehmer bei der Vertragserfüllung wissentlich geduldet hat.
(7) Wird ein Ausländer in Betriebsräumen, an Arbeitsplätzen oder auf auswärtigen Arbeitsstellen eines Unternehmens angetroffen, die im allgemeinen Betriebsfremden nicht zugänglich sind, ist das Vorliegen einer nach diesem Bundesgesetz unberechtigten Beschäftigung von der Bezirksverwaltungsbehörde ohne weiteres anzunehmen, wenn der Beschäftiger nicht glaubhaft macht, daß eine unberechtigte Beschäftigung nicht vorliegt.

Beteiligung am Verwaltungsstrafverfahren und Bestellung von verantwortlichen Beauftragten

§ 28a. (1) Die Abgabenbehörde hat in Verwaltungsstrafverfahren nach § 28 Abs. 1 Z 1, nach § 28 Abs. 1 Z 2 lit. c bis f dann, wenn die Übertretung die Überwachung der Einhaltung der Bestimmungen dieses Bundesgesetzes durch die Abgabenbehörde betrifft, Parteistellung und ist berechtigt, Berufung gegen Bescheide sowie Einspruch gegen Strafverfügungen zu erheben. Der Bundesminister für Wirtschaft und Arbeit und der Bundesminister für Finanzen sind berechtigt, gegen Entscheidungen der Unabhängigen Verwaltungssenate in den Ländern Beschwerde an den Verwaltungsgerichtshof zu erheben. Die unabhängigen Verwaltungssenate haben Ausfertigungen solcher Bescheide unverzüglich dem Bundesministerium für Wirtschaft und Arbeit zu übermitteln.

(2) Stellt die Abgabenbehörde eine Übertretung fest, die nach
1. § 28 Abs. 1 Z 1,
2. § 28 Abs. 1 Z 2 lit. c bis f

zu bestrafen ist, hat die Abgabenbehörde Strafanzeige an die zuständige Verwaltungsstrafbehörde zu erstatten, im Fall der Z 2 nur dann, wenn die Übertretung die Überwachung der Einhaltung der Bestimmungen dieses Bundesgesetzes durch die Abgabenbehörde betrifft. Mit der Anzeige ist ein bestimmtes Strafausmaß zu beantragen.

(3) Die Bestellung von verantwortlichen Beauftragten gemäß § 9 Abs. 2 und 3 des Verwaltungsstrafgesetzes 1991 – VStG, BGBl. Nr. 52, in der jeweils geltenden Fassung, für die Einhaltung dieses Bundesgesetzes wird erst rechtswirksam, nachdem bei der zuständigen Abgabenbehörde eine schriftliche Mitteilung über die Bestellung samt einem Nachweis der Zustimmung des Bestellten eingelangt ist. Dies gilt nicht für die Bestellung von verantwortlichen Beauftragten auf Verlangen der Behörde gemäß § 9 Abs. 2 VStG.

(4) Der Arbeitgeber hat den Widerruf der Bestellung und das Ausscheiden von verantwortlichen Beauftragten nach Abs. 3 der zuständigen Abgabenbehörde unverzüglich schriftlich mitzuteilen.

Zentrale Verwaltungsstrafevidenz

§ 28b. (1) Der Bundesminister für Finanzen hat öffentlichen Auftraggebern für die Zwecke der Auftragsvergabe auf Verlangen binnen zwei Wochen Auskunft darüber zu geben, ob dem im Auskunftsersuchen genannten Unternehmen (Bewerber, Bieter, Subunternehmer) eine rechtskräftige Bestrafung gemäß § 28 Abs. 1 Z 1 zuzurechnen ist. In dieser Auskunft ist entweder die Anzahl der nach Abs. 2 zu berücksichtigenden Bestrafungen einschließlich der maßgeblichen Daten der Strafbescheide (Strafbehörde, Aktenzahl, Bescheid- und Rechtskraftdatum, Name und Geburtsdatum des Bestraften, Tatzeit, Zahl der beschäftigten Ausländer, verhängte Geldstrafen) anzugeben oder festzustellen, daß keine zu berücksichtigende Bestrafung vorliegt.

(2) Eine Bestrafung gemäß § 28 Abs. 1 Z 1 ist dem im Auskunftsersuchen genannten Unternehmen zuzurechnen, wenn diese Bestrafung entweder gegen den Bewerber, Bieter oder Subunternehmer selbst oder gegen ein verantwortliches Organ (§ 9 Abs. 1 VStG) oder einen verantwortlichen Beauftragten (§ 9 Abs. 2 oder 3 VStG) rechtskräftig verhängt wurde. Die erste registrierte rechtskräftige Bestrafung ist dabei nicht zu berücksichtigen. Die zweite Bestrafung ist nach Ablauf eines Jahres nach Eintritt der Rechtskraft, jede weitere jeweils nach Ablauf von zwei Jahren nach Eintritt der Rechtskraft nicht mehr zu berücksichtigen. Rechtskräftige Bestrafungen wegen unberechtigter Beschäftigung mehrerer Ausländer zählen als eine Bestrafung, wenn diese Ausländer gleichzeitig oder in zeitlichem Zusammenhang am selben Ort beschäftigt wurden.

(3) Für Zwecke der Erteilung von Auskünften nach Abs. 1 und § 30 Abs. 3 sowie für Zwecke der Beurteilung der Bewilligungsvoraussetzungen nach § 4 Abs. 3 Z 11 und 12 hat das Bundesministerium für Finanzen eine zentrale Evidenz verwaltungsbehördlicher Strafverfahren gemäß § 28 Abs. 1 Z 1 zu führen. Diese kann automationsunterstützt geführt werden.

(4) Die Verwaltungsstrafbehörden und die unabhängigen Verwaltungssenate haben Ausfertigungen rechtskräftiger Bescheide, die sie in Strafverfahren gemäß § 28 Abs. 1 Z 1 erlassen haben, unverzüglich dem Bundesministerium für Finanzen zu übermitteln. Desgleichen haben sie Ausfertigungen rechtskräftiger Bescheide, mit denen eine Strafe gemäß § 28 Abs. 1 Z 1 gegen verantwortliche Beauftragte im Sinne von § 9 Abs. 2 letzter Satz und 3 VStG verhängt wurde, jenem Unternehmen zuzustellen, dem diese Bestrafung gemäß Abs. 2 zuzurechnen ist. In den Strafbescheid ist ein Hinweis darauf aufzunehmen, daß mit der rechtskräftigen Bestrafung die Eintragung des Beschuldigten und jenes Unternehmens, dem die Bestrafung zuzurechnen ist, in die Verwaltungsstrafevidenz verbunden ist.

Ansprüche des Ausländers

§ 29. (1) Einem Ausländer, der entgegen den Vorschriften dieses Bundesgesetzes ohne Beschäftigungsbewilligung beschäftigt wird, stehen gegenüber dem ihn beschäftigenden Betriebsinhaber für die Dauer der Beschäftigung die gleichen Ansprüche wie auf Grund eines gültigen Arbeitsvertrages zu.

(2) Beruht das Fehlen der Beschäftigungsbewilligung jedoch auf einem Verschulden des Betriebsinhabers, dann ist der Ausländer auch bezüglich der Ansprüche aus der Beendigung des Beschäftigungsverhältnisses so zu stellen, als ob er auf Grund eines gültigen Arbeitsvertrages beschäftigt gewesen wäre. Auf die Bestimmungen des besonderen Kündigungs- und Entlassungsschutzes ist jedoch nicht Bedacht zu nehmen.

(3) Der Ausländer, dessen Arbeitsverhältnis wegen Wegfalls der Beschäftigungsbewilligung endet, hat Anspruch auf Schadenersatz wie auf Grund eines berechtigten vorzeitigen Austritts, wenn der Wegfall der Beschäftigungsbewilligung auf einem Verschulden des Arbeitgebers beruht. Bei Bemessung des Schadenersatzanspruches ist auf die Bestimmungen des besonderen Kündigungs- und Entlassungsschutzes jedoch nicht Bedacht zu nehmen.

Untersagung der Beschäftigung

§ 30. (1) Die Bezirksverwaltungsbehörde kann dem Arbeitgeber auf Antrag der nach dem Betriebssitz zuständigen Landesgeschäftsstelle des Arbeitsmarktservice, der Abgabenbehörde oder der sonst zur Wahrnehmung des Arbeitnehmerschutzes berufenen Behörde die Beschäftigung von Ausländern für die Dauer von längstens einem Jahr untersagen, wenn der Arbeitgeber innerhalb der letzten zwei Jahre vom Zeitpunkt der Antragstellung zurückgerechnet mindestens dreimal gemäß § 28 Abs. 1 Z 1 rechtskräftig bestraft wurde. Vor der Untersagung sind die in Betracht kommenden gesetzlichen Interessenvertretungen der Arbeitgeber und der Arbeitnehmer anzuhören. Im Untersagungsverfahren hat die Abgabenbehörde Parteistellung und ist berechtigt, Berufung gegen Bescheide zu erheben. Der Bundesminister für Arbeit und Soziales ist berechtigt, gegen Bescheide, die in letzter Instanz ergangen sind, Beschwerde an den Verwaltungsgerichtshof zu erheben. Die zuständigen Behörden haben Ausfertigungen solcher Bescheide unverzüglich dem Bundesministerium für Wirtschaft und Arbeit zu übermitteln.

(2) Die zum Zeitpunkt der Untersagung nach diesem Bundesgesetz erlaubte laufende Beschäftigung von Ausländern sowie die Beschäftigungsaufnahme von Ausländern mit einem gültigen Befreiungsschein werden von einer Untersagung nicht berührt.

(3) Den Bezirksverwaltungsbehörden sind die über den Arbeitgeber in der zentralen Verwaltungsstrafevidenz (§ 28b) gespeicherten und für die Untersagung relevanten Daten über rechtskräftige Bestrafungen gemäß § 28 Abs. 1 Z 1 zur Verfügung zu stellen.

Einleitung des Verfahrens zur Entziehung der Gewerbeberechtigung

§ 30a. Die Abgabenbehörde kann die Entziehung der Gewerbeberechtigung wegen wiederholter unerlaubter Beschäftigung von Ausländern beantragen. Das Arbeitsinspektorat hat im Verfahren Parteistellung und ist berechtigt, Berufung gegen Bescheide zu erheben. Der Bundesminister für Arbeit und Soziales ist berechtigt, gegen Bescheide, die in letzter Instanz ergangen sind, Beschwerde an den Verwaltungsgerichtshof zu erheben. Die zuständigen Behörden haben Ausfertigungen solcher Bescheide unverzüglich dem Bundesministerium für Wirtschaft und Arbeit zu übermitteln.

Abschnitt VII: Abgabenrechtliche Bestimmung

§ 31. Befreiungsscheine, die erstmals für Jugendliche im Sinne des § 15 Abs. 1 Z 3 gemäß § 19 Abs. 7 von Amts wegen ausgestellt werden, sind von den Stempelgebühren befreit.

Abschnitt VIII

Übergangsbestimmungen

§ 32. (1) Die Nichtanrechnung von Beschäftigungszeiten gemäß dem zweiten Satz des § 14a Abs. 1 gilt nicht für Beschäftigungsverhältnisse, die vor dem 1. Juni 1996 aufgenommen wurden.

(2) Die vom Arbeitsmarktservice in unmittelbarer Anwendung des ARB Nr. 1/1980 ausgestellten Feststellungsbescheide verlieren mit 1. Jänner 1999 ihre Gültigkeit. Sie sind bis zu diesem Zeitpunkt auf die Höchstzahlen nach diesem Bundesgesetz anzurechnen. Auf Grund eines Feststellungsbescheides vor dem 1. Jänner 1999 eingegangene Arbeitsverhältnisse bleiben unberührt.

(3) Die Nichtanrechnung von Beschäftigungszeiten als Künstler gemäß § 14a Abs. 1 Z 5 gilt nicht für Beschäftigungsverhältnisse, die vor dem 1. Jänner 1998 eingegangen wurden.

(4) Der Bundesminister für Wirtschaft und Arbeit hat dem Bundesminister für Finanzen die auf der Grundlage des § 28b in seinen vor dem In-Kraft-Treten des Bundesgesetzes BGBl. I Nr. 68/2002 geltenden Fassungen evident gehaltenen Daten, Bescheide und sonstige Erledigungen zum Zweck der Erteilung von Auskünften nach § 28b Abs. 1 und § 30 Abs. 3 sowie zum Zweck der Beurteilung der Bewilligungsvoraussetzungen nach § 4 Abs. 3 Z 11 und 12 spätestens mit In-Kraft-Treten dieses Bundesgesetzes in automationsunterstützter Form zur Verfügung zu stellen.

(5) Zugleich mit der Übertragung der Aufgaben nach diesem Bundesgesetz an den Bundesminister für Finanzen gehen die für die Besorgung dieser Aufgaben vorgesehenen Planstellen aus dem Planstellenbereich des Bundesministeriums für Wirtschaft und Arbeit in den Planstellenbereich des Bundesministers für Finanzen über. Bedienstete, die ausschließlich oder überwiegend Aufgaben besorgen, die ab 1. Juli 2002 in den Wirkungsbereich des Bundesministeriums für Finanzen fallen, sind in den Planstellenbereich des Bundesministeriums für Finanzen zu übernehmen. Der Bundesminister für Wirtschaft und Arbeit hat nach Anhörung des zuständigen Zentralausschusses mit Bescheid festzustellen, welche Beamten des Bundesministeriums für Wirtschaft und Arbeit (Zentralleitung und Arbeitsinspektorate) ausschließlich oder überwiegend Aufgaben besorgen, die ab 1. Juli 2002 in den Wirkungsbereich des Bundesministeriums für Finanzen fallen. Für vertraglich Bedienstete tritt an die Stelle des Bescheides eine Dienstgebererklärung.

(6) Befreiungsscheine, die vor dem 1. Jänner 2003 nach diesem Bundesgesetz ausgestellt wurden, bleiben bis zum Ablauf ihrer jeweiligen Geltungsdauer gültig.

(7) Verordnungen, die vor dem 1. Jänner 2003 auf Grund des § 9 FrG erlassen wurden, gelten als Verordnungen gemäß § 5 weiter.

(8) Beschäftigungsbewilligungen, die vor dem 1. Jänner 2003 gemäß § 9 FrG erteilt wurden, sind Beschäftigungsbewilligungen gemäß § 5 gleichzuhalten.

(9) § 1 Abs. 2 lit. l und § 18 Abs. 12 bis 16 gelten ab dem 1. Juni 2004 sinngemäß auch für Staatsangehörige der Schweizerischen Eidgenossenschaft und für Arbeitgeber mit Betriebssitz in der Schweizerischen Eidgenossenschaft.

Übergangsbestimmungen zur EU-Erweiterung

§ 32a. (1) § 1 Abs. 2 lit. l und m gilt – mit Ausnahme der Staatsangehörigen der Republik Malta und der Republik Zypern – nicht für Staatsangehörige jener Mitgliedstaaten der Europäischen Union, die am 1. Mai 2004 aufgrund des Vertrages über den Beitritt der Tschechischen Republik, der Republik Estland, der Republik Zypern, der Republik Lettland, der Republik Litauen, der Republik Ungarn, der Republik Malta, der Republik Polen, der Republik Slowenien und der Slowakischen Republik zur Europäischen Union (Beitrittsvertrag), Amtsblatt der Europäischen Union Nr. L 236 vom

23. September 2003, Seite 17 und Nr. C 227 E vom 23. September 2003, der Europäischen Union beigetreten sind, es sei denn, sie sind Ehegatten, Kinder, Eltern oder Schwiegereltern eines freizügigkeitsberechtigten Staatsangehörigen eines anderen Mitgliedstaates des Europäischen Wirtschaftsraumes (EWR), der bereits vor In-Kraft-Treten des Beitrittsvertrages dem EWR angehörte, oder sie sind Ehegatten oder Kinder eines österreichischen Staatsbürgers oder eines Staatsangehörigen eines anderen EWR-Mitgliedstaates, der sein Recht auf Freizügigkeit nicht in Anspruch nimmt.

(2) Den EU-Bürgern gemäß Abs. 1 ist vom Arbeitsmarktservice das Recht auf Zugang zum Arbeitsmarkt schriftlich zu bestätigen, wenn sie
1. am Tag des Beitritts oder nach dem Beitritt rechtmäßig im Bundesgebiet beschäftigt sind und ununterbrochen mindestens zwölf Monate zum Arbeitsmarkt zugelassen waren oder
2. die Voraussetzungen für einen Befreiungsschein (§ 15) erfüllen oder
3. seit fünf Jahren im Bundesgebiet dauernd niedergelassen sind und über ein regelmäßiges Einkommen aus erlaubter Erwerbstätigkeit verfügen.

(3) Ehegatten und Kindern (§ 1 Abs. 2 lit. l) von EU-Bürgern gemäß Abs. 2 ist vom Arbeitsmarktservice das Recht auf Zugang zum Arbeitsmarkt schriftlich zu bestätigen, wenn sie mit diesem am Tag des Beitritts oder, sofern sie erst später nachziehen, mindestens 18 Monate einen gemeinsamen rechtmäßigen Wohnsitz im Bundesgebiet haben. Ab dem 1. Mai 2006 ist diesen Ehegatten und Kindern die Bestätigung unabhängig von der Dauer des Aufenthaltes im Bundesgebiet auszustellen.

(4) Bestätigungen gemäß Abs. 2 und 3 sind vor Beginn der Beschäftigung einzuholen. Der Arbeitgeber hat eine Ausfertigung der Bestätigung im Betrieb zur Einsichtnahme bereitzuhalten. Die Bestätigungen erlöschen bei Ausreise aus dem Bundesgebiet aus einem nicht nur vorübergehenden Grunde.

(5) Alle auf Grund einer Beschäftigungsbewilligung, einer Arbeitserlaubnis, eines Befreiungsscheines, eines Niederlassungsnachweises oder einer Bestätigung gemäß Abs. 2 oder 3 beschäftigten und alle arbeitslos vorgemerkten EU-Bürger gemäß Abs. 1 sind auf die Bundeshöchstzahl (§ 12a) und auf die Landeshöchstzahlen (§ 13) anzurechnen. Gleiches gilt für deren Ehegatten und Kinder.

(6) Für die Beschäftigung von EU-Bürgern gemäß Abs. 1 oder von Drittstaatsangehörigen, die von einem Arbeitgeber mit Betriebssitz in der Tschechischen Republik, in der Republik Estland, in der Republik Lettland, in der Republik Litauen, in der Republik Ungarn, in der Republik Polen, in der Republik Slowenien oder in der Slowakischen Republik zur vorübergehenden Erbringung von Dienstleistungen in einem Dienstleistungssektor, für den nach Nr. 13 des Übergangsarrangements zum Kapitel Freizügigkeit im Beitrittsvertrag (Liste nach Art. 24 der Beitrittsakte in den Anhängen V und VI, VIII bis X sowie XII bis XIV) Einschränkungen der Dienstleistungsfreiheit gemäß Art. 49 EGV zulässig sind, in das Bundesgebiet entsandt werden, ist § 18 Abs. 1 bis 11 anzuwenden. In einem

Dienstleistungssektor, in dem Einschränkungen nicht zulässig sind, ist § 18 Abs. 12 anzuwenden.

(7) Für die Beschäftigung von EU-Bürgern gemäß Abs. 1, die von einem Arbeitgeber mit Betriebssitz in einem nicht in Abs. 6 genannten EWR-Mitgliedstaat zur vorübergehenden Erbringung von Dienstleistungen in das Bundesgebiet entsandt werden, ist § 18 Abs. 12 anzuwenden.

(8) Arbeitgebern, die EU-Bürger gemäß Abs. 1 als Schlüsselkräfte beschäftigen wollen, ist auf Antrag eine Beschäftigungsbewilligung zu erteilen, wenn die Voraussetzungen der §§ 2 Abs. 5, 4 Abs. 1 und 3 (mit Ausnahme der Z 7) und 4b vorliegen.

(9) EU-Bürgern gemäß Abs. 1 sowie deren Ehegatten und Kindern erteilte Berechtigungen zur Arbeitsaufnahme bleiben – unbeschadet der Abs. 2 bis 4 – bis zum Ablauf ihrer jeweiligen Geltungsdauer gültig.

Schlußbestimmungen

Aufhebung von Rechtsvorschriften

§ 33. Mit dem Inkrafttreten dieses Bundesgesetzes treten die Verordnung über ausländische Arbeitnehmer vom 23. Jänner 1933, deutsches RGBl. I S. 26, und die hiezu ergangenen Durchführungsvorschriften sowie die Bestimmung des § 258 des Gesetzes über Arbeitsvermittlung und Arbeitslosenversicherung vom 16. Juli 1927, deutsches RGBl. I S. 187, außer Kraft.

Verweisungen

§ 33a. Soweit in diesem Bundesgesetz auf Bestimmungen anderer Bundesgesetze verwiesen wird, sind diese in ihrer jeweils geltenden Fassung anzuwenden.

Sprachliche Gleichbehandlung

§ 33b. Soweit in diesem Bundesgesetz auf natürliche Personen bezogene Bezeichnungen nur in männlicher Form angeführt sind, beziehen sie sich auf Frauen und Männer in gleicher Weise. Bei der Anwendung der Bezeichnung auf bestimmte natürliche Personen ist die jeweils geschlechtsspezifische Form zu verwenden.

Wirksamkeitsbeginn

§ 34. (1) § 32 Abs. 1 tritt mit 1. August 1990, die übrigen Bestimmungen (Anm.: in der Fassung des Bundesgesetzes BGBl. Nr. 450/1990) treten mit 1. Oktober 1990 in Kraft.

(2) Verordnungen und Bescheide auf Grund dieses Bundesgesetzes (Anm.: BGBl. Nr. 450/1990) können bereits von dem seiner Kundmachung folgenden Tag an erlassen werden; sie dürfen jedoch erst mit dem im Abs. 1 bezeichneten Zeitpunkt in Kraft treten.

(3) § 27 Abs. 4 in der Fassung des Bundesgesetzes BGBl. Nr. 501/1993 tritt mit 1. Juli 1993 in Kraft.
(4) § 4 Abs. 3 Z 7, § 26 Abs. 5, § 28 Abs. 1 Z 4 lit. c (Anm.: in der Fassung des Bundesgesetzes BGBl. Nr. 684/1991) treten mit Ablauf des 31. Dezember 1992 außer Kraft.
(5) § 1 Abs. 2 lit. l, § 3 Abs. 7, § 14a Abs. 1 und 3, § 15 Abs. 1, 3 und 4, § 15a Abs. 3 und § 16 Abs. 1 in der Fassung des Bundesgesetzes BGBl. Nr. 475/1992 treten gleichzeitig mit dem Abkommen über den Europäischen Wirtschaftsraum in Kraft.
(6) § 4 Abs. 3 Z 7, § 4b, § 20b Abs. 4, § 27 Abs. 4 und § 31a in der Fassung des Bundesgesetzes BGBl. Nr. 475/1992 treten mit 1. Juli 1993 in Kraft.
(7) § 4 Abs. 3 Z 15, § 14d Abs. 1, § 26 Abs. 5 und § 28 Abs. 1 Z 4 lit. c in der Fassung des Bundesgesetzes BGBl. Nr. 19/1993 treten mit 1. Jänner 1993 in Kraft.
(8) (aufgehoben, Art III Z 4 BGBl 1993/502)
(9) § 28b in der Fassung des Bundesgesetzes BGBl. Nr. 463/1993 tritt mit 1. Juli 1993 in Kraft.
(10) § 1 Abs. 2 lit. m in der Fassung des Bundesgesetzes BGBl. Nr. 501/1993 tritt gleichzeitig mit dem EWR-Abkommen *1) in Kraft.
(11) § 2 Abs. 4 und § 4 Abs. 10 in der Fassung des Bundesgesetzes BGBl. Nr. 502/1993 treten mit 1. August 1993 in Kraft.
(12) § 4 Abs. 3 Z 16 in der Fassung des Bundesgesetzes BGBl. Nr. 502/1993 tritt mit 1. August 1993 in Kraft und ist auf Sachverhalte anzuwenden, die sich nach dem 1. August 1993 ereignen.
(13) Die §§ 2 Abs. 4, 3 Abs. 3, 4 und 5, 4 Abs. 6 Z 1 und Abs. 9, 4b Abs. 2 Z 2, 5 Abs. 3, 6 Abs. 1 und 3, 8 Abs. 2, 14 Abs. 2, 14d Abs. 1 und 2, 14f Abs. 3, 15 Abs. 4, 16 Abs. 3, 18 Abs. 3, 4, 5, 6 und 7, 19 Abs. 1, 3, 4 und 7, 20, 20a, 20b, 22, 23, 26 Abs. 1 und 5, 27, 28 Abs. 1 Z 2 und Abs. 3, 28a, 30 und 30a in der Fassung des Bundesgesetzes BGBl. Nr. 314/1994 treten mit 1. Juli 1994 in Kraft. Bis zum Inkrafttreten einer entsprechenden Verordnung des Bundesministers für Arbeit und Soziales gemäß § 74 Abs. 1 des Arbeitsmarktservicegesetzes, BGBl. Nr. 313/1994, obliegen die Aufgaben und Befugnisse der Arbeitsinspektorate und des Bundesministers für Arbeit und Soziales gemäß §§ 28a, 30 und 30a den jeweiligen Landesgeschäftsstellen des Arbeitsmarktservice und die Aufgaben und Befugnisse der Arbeitsinspektorate gemäß §§ 26, 27 und 28 den jeweiligen regionalen Geschäftsstellen des Arbeitsmarktservice.
(14) § 18 Abs. 14 in der Fassung des Bundesgesetzes BGBl. Nr 450/1994 tritt mit 1. Juli 1994 in Kraft.
(15) § 1 Abs. 2 lit. e und l, § 14a Abs. 2 und 3, § 27 Abs. 2 und 5, § 27a, § 28 Abs. 1 Z 1 letzter Halbsatz, § 28 Abs. 1 Z 2 lit. d und f, § 28 Abs. 1 Z 2 letzter Halbsatz, § 28 Abs. 5 bis 7, § 28a und § 28b sowie § 30a in der Fassung des Bundesgesetzes BGBl. Nr. 895/1995 treten mit 1. Jänner 1996 in Kraft.
(16) § 1 Abs. 2 lit. f, § 2 Abs. 2 lit. c, § 3 Abs. 1, 2, 5, 6 und 8, § 9 Abs. 5, § 13b Abs. 2, § 18 Abs. 1 und Abs. 3 bis 8 sowie 11 bis 14 (Anm.: in der Aufzählung fehlt die Überschrift zu § 18), § 19 Abs. 1, 2 und 5, § 20 Abs. 1 und 6, § 25, § 28 Abs. 1 Z 1 lit. a und b sowie § 28 Abs. 1 Z 2 lit. a und b

in der Fassung des Bundesgesetzes BGBl. Nr. 895/1995 treten mit 1. Juni 1996 in Kraft.

(17) § 1 Abs. 2 lit. I, § 3 Abs. 5, § 4 Abs. 6 Z 4 und Abs. 11, § 4b Abs. 2, § 14a Abs. 1, § 18 Abs. 2 und 11, § 20 Abs. 5, § 27 Abs. 5, § 28a Abs. 1, § 31a und § 32 in der Fassung des Bundesgesetzes BGBl. Nr. 201/1996 treten mit 2. Juni 1996 in Kraft.

(18) § 28b in der Fassung des Bundesgesetzes BGBl. Nr. 776/1996 tritt mit 1. Jänner 1997 in Kraft.

(19) § 1 Abs. 2 und 4, § 2 Abs. 3 lit. b, c und d, § 3 Abs. 1, 2, 3, 5, 6, 9 und 10, § 4 Abs. 3, 4, 5, 6 und 11, § 4b Abs. 1, 3 und 4, § 4c, § 5, § 11 Abs. 3, § 12, § 12a Abs. 3, § 13b Abs. 1 und 2, § 14a Abs. 1 Z 3, 4 und 5, § 18 Abs. 3, 4 und 12 bis 16, § 19 Abs. 9, § 20 Abs. 2, § 20a, § 20b Abs. 4, § 24, § 27 Abs. 4, § 27a Abs. 2, § 28 Abs. 1 Z 1, 2, 4 und 5 sowie Abs. 6, § 32 und § 35 in der Fassung des Bundesgesetzes BGBl. I Nr. 78/1997 treten mit 1. Jänner 1998 in Kraft.

(20) Die §§ 4b Abs. 1 Z 9, 11 Abs. 2, 18 Abs. 13 Z 2, 26 Abs. 1 und 4, 28 Abs. 1 Z 2 lit. c und f und 28b in der Fassung des Bundesgesetzes BGBl. I Nr. 120/1999 treten mit 1. Jänner 2000 in Kraft und sind auf Sachverhalte anzuwenden, die sich nach dem 31. Dezember 1999 ereignen.

(21) § 28 Abs. 1 in der Fassung des Bundesgesetzes BGBl. I Nr. 136/2001 tritt mit 1. Jänner 2002 in Kraft.

(22) Die §§ 3 Abs. 5, 14c, 26 Abs. 1 bis 4a, 27 Abs. 1, 2, 4 und 5 samt Überschrift, 27a, 28 Abs. 1, 28a Abs. 1 bis 4, 28b Abs. 1, 3 und 4, 30 Abs. 1, 30a, 32 Abs. 4 und 5 sowie § 35 in der Fassung des Bundesgesetzes BGBl. I Nr. 68/2002 treten mit 1. Juli 2002 in Kraft.

(23) Die §§ 1 Abs. 2 lit. a, l und m und Abs. 5, 2 Abs. 5 bis 9, 3 Abs. 1, 2, 4 und 8, 4 Abs. 3 und 5 bis 8, 4b, 5, 7 Abs. 3 und 5, 11 Abs. 1 und 6, 12, 12a Abs. 3, 13, 13a, 13b, 14, 14a Abs. 1 Z 3 und 4, 15, 15a, 17, 18, 19 Abs. 10, 24, 26 Abs. 5, 27a Abs. 3, 28 Abs. 1, 32 Abs. 6 bis 8, 33b, und 35 Z 5 sowie die Abschnittsbezeichnungen IIa, IIb, IIc und IIIa in der Fassung des Bundesgesetzes BGBl. I Nr. 126/2002 treten mit 1. Jänner 2003 in Kraft und sind auf Sachverhalte anzuwenden, die sich nach dem 31. Dezember 2002 ereignen.

(24) Die §§ 1 Abs. 2 lit. f, 2 Abs. 5a und 4 Abs. 6 Z 4a in der Fassung des Bundesgesetzes BGBl. I Nr. 133/2003 treten mit 1. Jänner 2004 in Kraft und sind auf Sachverhalte anzuwenden, die sich nach dem 31. Dezember 2003 ereignen.

(25) Die §§ 4 Abs. 3 Z 7, 4b, 5 Abs. 3, 18 Abs. 12, 28 Abs. 1 und 32a in der Fassung des Bundesgesetzes BGBl. I Nr. 28/2004 treten mit 1. Mai 2004 in Kraft und sind auf Sachverhalte anzuwenden, die sich nach dem 30. April 2004 ereignen.

(26) § 32 Abs. 9 in der Fassung des Bundesgesetzes BGBl. I Nr. 28/2004 tritt mit 1. Juni 2004 in Kraft.

(27) § 18 Abs. 3 in der Fassung des Bundesgesetzes BGBl. I Nr. 136/2004 tritt mit 1. Jänner 2005 in Kraft und ist auf Sachverhalte anzuwenden, die sich nach dem 31. Dezember 2004 ereignen.

(28) Die §§ 1 Abs. 2 lit. a, i, l und m und Abs. 5, 2 Abs. 2 lit. b, 4 und 10, 3 Abs. 1, 2 und 8, 4 Abs. 3 Z 7, Abs. 6 Z 4a und Abs. 8, 5 Abs. 1, 1a und 5a, 8 Abs. 2, 11 Abs. 1 und 2, 12 Abs. 3, 4, 5, 6, 8, 9 und 10, 12a Abs. 3,

III Nebengesetze: L Ausländerbeschäftigungsgesetz (AuslBG)

14a Abs. 1 und 1a, 14e Abs. 1 Z 2, 15 Abs. 1, 4 und 6, 15a, 17, 18 Abs. 12 bis 16, 20b Abs. 4, 24, 26 Abs. 4, 27 Abs. 4, 27a Abs. 3, 28 Abs. 1 Z 1 lit. a und Z 5 lit. a und b und 32a Abs. 1, 6 und 7 in der Fassung des Bundesgesetzes BGBl. I Nr. 101/2005 treten mit 1. Jänner 2006 in Kraft.

(29) § 27 Abs. 6 in der Fassung des Bundesgesetzes BGBl. I Nr. 104/2005 tritt mit 1. September 2005 in Kraft.

(30) § 26, § 28, § 28a, § 30, § 30a und § 35 in der Fassung des Bundesgesetzes BGBl. I Nr. 103/2005 treten mit 1. Jänner 2006 in Kraft.

(31) § 1 Abs. 5 und § 5 Abs. 1, 1a und 5a in der Fassung des Bundesgesetzes BGBl. I Nr. 157/2005 treten mit 1. Jänner 2006 in Kraft.

Vollziehung

§ 35. Mit der Vollziehung dieses Bundesgesetzes sind betraut:
1. hinsichtlich des § 1 Abs. 2 lit. g der Bundeskanzler;
2. hinsichtlich des § 27 Abs. 3 der Bundesminister für Inneres;
3. hinsichtlich der §§ 3, 26, 27, 27a, 28a, 28b, 30 und 30a soweit Abgabenbehörden oder deren Organe betroffen sind, der Bundesminister für Finanzen, sonst der Bundesminister für Wirtschaft und Arbeit;
4. hinsichtlich der übrigen Bestimmungen der Bundesminister für Wirtschaft und Arbeit;
5. hinsichtlich des § 12, soweit der Landeshauptmann betroffen ist, und hinsichtlich des § 27a Abs. 3 der Bundesminister für Inneres.

Artikel II: Übergangsbestimmungen

(Anm: zu BGBl 1975/218)

(1) Einem jugendlichen Ausländer bis zur Vollendung des 19. Lebensjahres ist eine Beschäftigungsbewilligung ohne Prüfung der Voraussetzungen des § 4 Abs. 1, 2 und 6 zu erteilen, wenn
1. nicht außergewöhnliche Verhältnisse auf lokalen Arbeitsmärkten entgegenstehen,
2. sich der jugendliche Ausländer zum Zeitpunkt des Inkrafttretens dieser Bestimmung seit mindestens drei Jahren rechtmäßig im Bundesgebiet aufhält und
3. sich wenigstens ein Elternteil seit mindestens fünf Jahren rechtmäßig im Bundesgebiet aufhält. § 15 Abs. 4 gilt sinngemäß.

(2) Nach Vollendung des 19. Lebensjahres des Ausländers ist Abs. 1 weiterhin anzuwenden, wenn der Ausländer bereits vorher die Voraussetzungen des Abs. 1 erfüllt hat und sich mit Ausnahme von jeweils höchstens drei Monaten im Kalenderjahr ununterbrochen rechtmäßig im Bundesgebiet aufhält. § 15 Abs. 5 gilt sinngemäß.

(3) Anträge auf Ausstellung eines Befreiungsscheines, die in der Zeit zwischen der Verlautbarung im Bundesgesetzblatt und dem Inkrafttreten dieses Bundesgesetzes gestellt werden, gelten als im Zeitpunkt des Inkrafttretens eingebracht, es sei denn, es besteht nach der bis dahin geltenden Rechtslage ein Anspruch auf Ausstellung eines Befreiungsscheines.

VI Verordnungen

A Verordnung der Bundesministerin für Inneres zur Durchführung des Asylgesetzes 2005 (Asylgesetz-Durchführungsverordnung 2005 - AsylG-DV 2005)

– BGBl II 2005/448

Auf Grund der §§ 35 Abs. 3, 50 Abs. 2, 51 Abs. 3, 52 Abs. 2, 59 und 60 Abs. 6 des Asylgesetzes 2005, BGBl. I Nr. 100/2005, wird - hinsichtlich des § 35 Abs. 3 nach Anhörung des Hochkommissärs der Vereinten Nationen für Flüchtlinge und im Einvernehmen mit der Bundesministerin für auswärtige Angelegenheiten sowie hinsichtlich des § 60 Abs. 6 im Einvernehmen mit dem Bundesminister für Finanzen – verordnet:

Übersicht:
1. Hinweis auf innerstaatliche Normen
2. Materialien

1. Siehe II.A. AsylG 2005.

2. EB zum ME BMI-LR1330/0002-III/1/c/2005

Die Asylgesetz-Durchführungsverordnung 2005 (AsylG-DV 2005) trifft die zur Umsetzung des Asylgesetzes 2005 (BGBl. I Nr. 100/2005) notwendigen Regelungen, abgesehen von der Geschäftsordnung des Beirates für die Führung der Staatendokumentation. Es wird ein Formblatt für die Antragstellung im Familienverfahren im Ausland geschaffen (§ 1), das Aussehen der einzelnen, im AsylG genannten Karten wird festgelegt (§ 2), es werden drei Erstaufnahmestellen eingerichtet (§ 3) und es werden die Verwaltungsabgaben für die Auskunftserteilung aus der Staatendokumentation festgelegt [Anm: diese finden sich in § 4].

Antrags- und Befragungsformular im Familienverfahren bei Berufsvertretungsbehörden

§ 1. (1) Das Antrags- und Befragungsformular im Familienverfahren bei Berufsvertretungsbehörden hat hinsichtlich Gestaltung und Text der Anlage A zu entsprechen. Es ist jeweils zweisprachig, und zwar mit Ausfüllhilfe, Leittexten und Erklärungen in Deutsch und jedenfalls einer der in Abs. 2 genannten Sprachen, aufzulegen.

(2) Das Antrags- und Befragungsformular ist jedenfalls in Albanisch, Arabisch, Armenisch, Englisch, Farsi, Französisch, Georgisch, Kurdisch, Pashtu, Portugiesisch, Punjabi, Russisch, Serbisch, Somalisch, Spanisch, Türkisch und Urdu bereitzuhalten.

1. EB zum ME BMI-LR1330/0002-III/1/c/2005

In § 1 und der Anlage A wird das Antrags- und Befragungsformular im Familienverfahren normiert. Das Formular wird zweisprachig zumindest in den in Abs 2 genannten Sprachen aufgelegt werden; ergibt sich die Notwendigkeit, das Formular auch in anderen Sprachen aufzulegen, ist dies auch ohne Änderung der Verordnung vorzunehmen.

Mit dem Formular sollen die notwendigen Daten des Antragstellers sowie des Asylberechtigten oder subsidiär Schutzberechtigten erhoben werden, dessen Familienangehöriger der Antragsteller ist.

Im Gegensatz zur AsylG-DV 2004 werden in Abs. 2 weniger Sprachen festgelegt, in die das Antrags- und Befragungsformular obligatorisch zu übersetzen ist, da die Praxis gezeigt hat, dass im wesentlichen nur die genannten Sprachen im Familienverfahren – und nur für solche wird das Formular zum Einsatz kommen – praktisch relevant sind. So wurden von Jänner bis Juli 2005 keine Anträge im Familienverfahren gestellt, bei denen ein Antrags- und Befragungsformular in Amharisch, Bengalisch, Hindi, Tamilisch, Vietnamesisch gestellt wurde. Daher wird – im Hinblick auf die Sparsamkeit der Verwaltung – die obligatorische Übersetzung des Antrags- und Befragungsformulars nur noch in den genannten Sprachen angeordnet. Selbstverständlich ist das Antrags- und Befragungsformular im Anlassfall ad hoc zu übersetzen.

Verfahrenskarte, Aufenthaltsberechtigungskarte und Karte für subsidiär Schutzberechtigte

§ 2. (1) Verfahrenskarten werden als Karten auf Kunststoffbasis nach den Mustern der Anlage B ausgestellt. Die Verfahrenskarten enthalten neben den in § 50 AsylG 2005 bezeichneten Daten die Aktenzahl des jeweiligen Asylverfahrens (AIS-Zahl), die Staatsangehörigkeit sowie die Unterschrift des jeweiligen Inhabers. Ist der Inhaber nur örtlich beschränkt geduldet, ist das Gebiet, in dem er geduldet ist, auf der Karte zu vermerken. Allfällige weitere Auflagen nach § 62 Abs. 5 FPG sind auf der Rückseite ersichtlich zu machen.

(2) Aufenthaltsberechtigungskarten werden als Karten auf Kunststoffbasis nach dem Muster der Anlage C ausgestellt. Die Aufenthaltsberechtigungskarten enthalten neben den in § 51 AsylG 2005 bezeichneten Daten die Aktenzahl des jeweiligen Asylverfahrens (AIS-Zahl).

(3) Karten für subsidiär Schutzberechtigte werden als Karten auf Kunststoffbasis nach dem Muster der Anlage D ausgestellt. Die Karten für subsidiär Schutzberechtigte enthalten neben den in § 52 AsylG 2005 bezeichneten Daten die Aktenzahl des jeweiligen Asylverfahrens (AIS-Zahl). Darüber hinaus ist auf der Karte das Datum einzutragen, an dem die Aufenthaltsberechtigung des Karteninhabers nach § 8 Abs. 4 AsylG 2005 endet.

(4) Die Karten gemäß Abs. 1 bis 3 sind 86 x 54 mm groß. Auf der Rückseite der Karten nach Abs. 1 bis 3 ist eine Kartennummer, die sich aus der AIS-Zahl, einer die Dokumentenart bezeichnende Num-

mer, einer die jeweilige Karte individualisierenden Zahl und einer Kontrollzahl zusammensetzt, anzubringen.

Übersicht:
1. Hinweise auf innerstaatliche Normen
2. Materialien

1. Siehe II.B. FPG.

2. EB zum ME BMI-LR1330/0002-III/1/c/2005

In § 2 und den Anlagen wir das Aussehen der Karten gemäß der §§ 50 bis 52 festgelegt. Es wurden die bisher verwendeten Farben beibehalten, um den Organen des öffentlichen Sicherheitsdienstes die fremdenrechtlichen Kontrollen nicht durch eine neue Farbgebung zu erschweren. Durch die aufgedruckte AIS-Zahl samt der Kartennummer kann das Organ mittels einer Anfrage vor Ort kontrollieren, ob die jeweilige Karte gültig ist. Die Kartennummer ermöglicht das gezielte Ausschreiben verlorener oder vorgeblich verlorener Karten. Überdies scheint es zweckmäßig, die Unterschrift des Asylwerbers als weiteres Identifikationsmerkmal vor zu sehen.

Um die Verfahrenskarte optimal im Verfahren und - unter Umständen - auch in der Betreuungseinrichtung nützen zu können, gibt die Verordnung die Möglichkeit, auf der Rückseite einen Barcode, der elektronisch eingelesen werden kann, aufzudrucken. Wenn es etwa in einer Betreuungseinrichtung die technische Möglichkeit gibt, die Essensausgabe mit Hilfe von Barcode-Lesegeräten zu koordinieren, soll damit eine Erleichterung des Ablaufes ermöglicht werden.

Sowohl die Verfahrenskarte als auch die Aufenthaltsberechtigungskarte enthalten kein Ende der Gültigkeitsdauer, bei einer Kontrolle ist durch eine Anfrage festzustellen, ob die Karten noch gültig sind. Abgelaufene Aufenthaltsberechtigungskarten dürfen von den Sicherheitsorganen gemäß § 48 AsylG 2005 abgenommen und dem Bundesasylamt übermittelt werden. Im Gegensatz zum Regime des AsylG 1997 weist die Aufenthaltsberechtigungskarte nur noch die Verfahrensidentität nach, erst die Karte für subsidiär Schutzberechtigte ist ein Identitätsdokument.

Für Asylwerber, gegen die ein Rückkehrverbot samt Beschränkungen des Aufenthalts nach § 65 Abs. 5 FPG erlassen wurde, ist ein entsprechender Vermerk auf der Verfahrenskarte vorgesehen.

Erstaufnahmestellen

§ 3. (1) Es sind zwei Erstaufnahmestellen gemäß § 29 Abs. 1 AsylG 2005 und eine Erstaufnahmestelle am Flughafen gemäß § 31 Abs. 1 AsylG 2005 eingerichtet. Am Eingang der jeweiligen Erstaufnahmestellen ist die Bezeichnung „Bundesasylamt - Erstaufnahmestelle" anzubringen.

(2) Die Erstaufnahmestelle „Ost" ist in Niederösterreich in der Gemeinde Traiskirchen (Postleitzahl 2514), Otto-Glöckelstraße 22-24 (Betreuungsstelle des Bundes), eingerichtet.

(3) Die Erstaufnahmestelle „West" ist in Oberösterreich in der Gemeinde St. Georgen im Attergau (Postleitzahl 4880), Thalham 80 (Betreuungsstelle des Bundes), eingerichtet.

(4) Die Erstaufnahmestelle „Flughafen" ist in Niederösterreich in der Stadtgemeinde Schwechat, am Gebiet des Flughafens Wien-Schwechat, Nordstraße, Objekt 800, eingerichtet.

Übersicht:
1. Materialien
2. Anmerkungen

1. EB zum ME BMI-LR1330/0002-III/1/c/2005

Die bislang eingerichteten Erstaufnahmestellen werden in bewährter Weise weitergeführt.

2. Anm: Im Gegensatz zum AsylG unterscheidet das AsylG 2005 zwischen „normalen" Erstaufnahmestellen und Erstaufnahmestellen am Flughafen. Lediglich in letzterer können Flughafenverfahren nach § 31 ff AsylG 2005 geführt werden.

Verwaltungsabgaben für die Auskunftserteilung aus der Staatendokumentation

§ 4. (1) Die Auskunftserteilung aus der Staatendokumentation an andere als die in § 60 Abs. 6 AsylG 2005 genannte Behörden oder Personen, die die Auskunftserteilung aus der Staatendokumentation in Anspruch nehmen wollen, erfolgt im Datenfernverkehr. Für die Möglichkeit der Auskunftserteilung wird pauschal pro Halbjahr und bekannt gegebenem Benützer als Verwaltungsabgabe ein Betrag von 60 Euro festgesetzt.

(2) Das Bundesasylamt hat mit anderen als den in § 60 Abs. 6 AsylG 2005 genannten Behörden oder Personen, die die Auskunftserteilung aus der Staatendokumentation in Anspruch nehmen wollen, einen Nutzungsvertrag abzuschließen, in dem jedenfalls festzuhalten ist, dass nur die nach Abs. 1 bekannt gegebenen Benutzer Zugriffe auf die Daten der Dokumentation vornehmen dürfen.

1. EB zum ME BMI-LR1330/0002-III/1/c/2005

Die gegenständliche Norm legt die Verwaltungsabgabe pro User fest, dem ein Online-Zugriff auf die Daten der Staatendokumentation ermöglicht werden soll. Ausgenommen von der Pflicht, Verwaltungsabgaben abzuführen, sind selbstverständlich die in § 60 Abs. 6 AsylG 2005 genannten Einrichtungen. Weiters wird festgelegt, dass ein Nutzungsvertrag abzuschließen ist, der jedenfalls das Verbot der Weitergabe der Berechtigung an andere User enthalten muss.

Mangels jeglicher Erfahrung in diesem Bereich orientiert sich der Betrag in erster Linie an den Kosten, die von Privaten in Deutschland zu begleichen sind, wenn sie Zugang zum dortigen System „ASYLIS" eingeräumt bekommen. Der Zugang zu diesem System kostet pro Monat 25 € für bis zu drei User bei einer Mindestlaufzeit von 12 Monaten.

Sprachliche Gleichbehandlung

§ 5. Soweit in dieser Verordnung auf natürliche Personen bezogene Bezeichnungen nur in männlicher Form angeführt sind, beziehen sie sich auf Frauen und Männer in gleicher Weise. Bei der Anwendung der Bezeichnung auf bestimmte natürliche Personen ist die jeweils geschlechtsspezifische Form zu verwenden.

In-Kraft-Treten

§ 6. **(1) Diese Verordnung tritt mit 1. Jänner 2006 in Kraft.**

(2) Die Verordnung des Bundesministers für Inneres zur Durchführung des Asylgesetzes 2004 (Asylgesetz-Durchführungsverordnung 2004 - AsylG-DV 2004), BGBl. II Nr. 162/2004, tritt mit Ablauf des 31. Dezember 2005 außer Kraft.

Anlagen (nicht abgedruckt)

B Verordnung der Bundesministerin für Inneres über den Beirat für die Führung der Staatendokumentation (Staatendokumentationsbeirat-Verordnung)

- BGBl II 2005/413

Auf Grund des § 60 Abs. 4 des Asylgesetzes 2005, BGBl I Nr. 100/2005, wird verordnet:

Übersicht:
1. Hinweis auf innerstaatliche Normen
2. Materialien

1. Siehe II.A. AsylG 2005.

2. EB zum ME BMI-LR1330/0001-III/1/c/2005

Gemäß § 60 AsylG 2005 hat das Bundesasylamt – primär zur Verwendung in Asylverfahren – eine Staatendokumentation zu führen; diese soll insbesondere den Asylbehörden und den Höchstgerichte dienen, aber auch andere Behörden, die im Rahmen ihrer Tätigkeit eine Information über ein bestimmtes Land benötigen. Auch Privaten ist es – gegen Entrichtung von Verwaltungsabgaben – möglich, auf die Staatendokumentation zu greifen. Die Kosten für den Zugriff auf die Staatendokumentation werden in § 4 AsylG-DV 2005 geregelt.

Um die Qualität der Staatendokumentation sicherzustellen wird dem Bundesminister für Inneres – als Oberbehörde des Bundesasylamts – gemäß § 60 Abs. 4 AsylG 2005 ein Beirat für die Führung der Staatendokumentation (im Folgenden: „Beirat") zur Verfügung gestellt.

In der Verordnung ist die Geschäftsordnung des Beirats festzulegen, das AsylG 2005 nennt in § 60 Abs. 4 den zwingend notwendigen Verordnungsinhalt und zwar, dass dem Vorsitzenden im Falle des Stimmengleichheit die entscheidende Stimme zukommt, sowie Regelungen über die Einberufung, die Willensbildung und Kriterien für das Vorliegen einer qualifizierten Mindermeinung.

Der vorliegende Entwurf stellt darüber hinaus die Aufgaben und die Zusammensetzung des Beirats dar, es werden Regelungen über die Funktionsperiode und die Abberufung der Mitglieder aufgestellt; weiters werden die Abhaltung von Sitzungen, die Einsetzung von Arbeitsgruppen und die Zuziehung von Experten geregelt.

Die Verordnung sieht auch vor, dass sich der Beirat für die Führung des Tagesgeschäftes erforderliche, die Verordnung ergänzende Richtlinien geben darf.

VI Verordnungen: B Staatendokumentationsbeirat-Verordnung

Aufgaben

§ 1. (1) Dem Beirat für die Führung der Staatendokumentation (im Folgenden „Beirat") obliegt insbesondere die Beratung des Direktors des Bundesasylamtes (im Folgenden „Direktor") im Bezug auf die Führung der Staatendokumentation und der damit verbundenen Tätigkeiten, wie insbesondere der Sammlung der relevanten Tatsachen und der Bewertung der verwendeten Quellen sowie das Erstellen der Analyse.

(2) Der Beirat kann Empfehlungen an den Bundesminister für Inneres erstatten, insbesondere:
1. zu der methodischen, inhaltlichen und systematische Gestaltung und Gliederung der Staatendokumentation;
2. zu Maßnahmen zur Sicherstellung der zeitnahen Aktualisierung der Staatendokumentation nach relevanten Änderungen und deren Dokumentation;
3. bezüglich der Förderung der Kooperation mit nationalen und internationalen staatlichen Stellen, privaten Institutionen, Forschungseinrichtungen, die sich mit relevanten Themen befassen;
4. welche Sach-, Personal- und Geldmittel dem Direktor für die Führung der Staatendokumentation zur Verfügung gestellt werden sollen.

Übersicht:
1. Materialien
2. Anmerkungen

1. EB zum ME BMI-LR1330/0001-III/1/c/2005

Um seiner Aufgabe – der Sicherstellung der Qualität der Staatendokumentation – nachzukommen, stehen dem Beirat abgestufte Mittel zur Verfügung; einerseits berät er informell („informelle Beratung") den Direktor des Bundesasylamtes (im Folgenden: „Direktor"). Andererseits kann er dem Bundesminister für Inneres formell Empfehlungen („formelle Beratung") geben.

Abs. 2 nennt demonstrativ die für den Bundesminister für Inneres wichtigsten Gegenstände, bei denen es vordringlich zu einer Beratung durch den Beirat kommen soll.

...

2. Anm: Der Begutachtungsentwurf enthielt noch Anhörungsrechte des Beirats vor bestimmten Entscheidungen des Bundesministers für Inneres. Diese wurde in der Begutachtung zum Teil als verfassungswidrig kritisiert und sind daher entfallen.

Mitglieder

§ 2. (1) Mit Ausnahme des Direktors werden der Vorsitzende, der Stellvertreter und die weiteren Mitglieder für fünf Jahre ernannt. Die

Wiederbestellung ist möglich. Die Mitglieder (Vorsitzender, Stellvertreter, weitere Mitglieder, Direktor) und gegebenenfalls der Vertreter des Direktors sind bezüglich der Angelegenheiten des Beirats zur Verschwiegenheit verpflichtet.

(2) Der Bundesminister für Inneres kann ernannte Mitglieder wegen Verzichts, längerfristiger Verhinderung oder schwerer Verletzung ihrer Pflichten als Mitglieder des Beirats abberufen. Diesfalls ist die vakante Stelle ehestens zu besetzen.

(3) Als schwere Pflichtverletzung kommt insbesondere in Betracht:
1. eine Verletzung der Verschwiegenheitspflichten,
2. eine beharrliche Verweigerung der Teilnahme an Sitzungen und Arbeitsgruppen des Beirats oder
3. eine beharrliche Weigerung einer Stimmabgabe entgegen § 5 Abs. 1.

Übersicht:
1. Materialien
2. Anmerkungen

1. EB zum ME BMI-LR1330/0001-III/1/c/2005

Die Funktionsdauer ergibt sich schon aus § 60 Abs. 4 AsylG 2005, dass die Wiederbestellung möglich ist, schließt das Gesetz nicht aus; dies wird nun klargestellt.

Abs. 2 regelt die Abberufung eines Beiratsmitglieds, die Normen orientieren sich an denen ähnlicher Verordnungen, etwa der SIAK-Beiratsverordnung.

2. Anm: Abs 3 wurde erst nach der Begutachtung aufgenommen. Wiewohl die Aufzählung demonstrativ ist, wird im Falle einer Abberufung wegen „schwerer Verletzungen ihrer Pflichten als Mitglied", die im Übrigen bescheidmäßig zu erfolgen hat, zu begründen sein, dass die festgestellten Verletzungen in ihre Intensität und in ihrer Beeinträchtigung der Arbeit des Beirats den in Abs 3 genannten Pflichtverletzungen gleichzuhalten sind.

Arbeitsgruppen und Beiziehung von Experten

§ 3. (1) Der Beirat kann zur Vorbereitung seiner Beschlüsse Arbeitsgruppen mit Beschluss einsetzen und zur Erfüllung seiner Aufgaben Experten beiziehen. Wenn sich das Bundesasylamt bei der Führung der Staatendokumentation Dritter bedient, kann insbesondere ein Vertreter des Dritten als ständiger Experte beigezogen werden.

(2) Ein Beschluss nach Abs. 1 hat die wesentlichen Aufgaben und Zielsetzungen der Arbeitsgruppe zu enthalten.

Übersicht:
1. Materialien
2. Anmerkungen

1. EB zum ME BMI-LR1330/0001-III/1/c/2005

Um dem Beirat die entsprechende Aufbereitung von wichtigen Angelegenheiten zu ermöglichen, kann der Beirat Arbeitsgruppen einsetzen oder zu Sitzungen oder in Arbeitsgruppen Experten beiziehen. ...

Die Einsetzung von Arbeitsgruppen erfolgt durch Beschluss der Vollversammlung; in diesem sind jedenfalls die wesentlichen Aufgaben und Zielsetzungen der Arbeitsgruppe darzustellen. Selbstverständlich kann der Beschluss auch weiter sein und etwa zeitliche Vorgaben tätigen.

Zwar können sich die Mitglieder – vom Direktor abgesehen – im Beirat nicht vertreten lassen, der Begleitung durch zuarbeitenden Mitarbeiter – deren Reisekosten nicht ersetzt werden – steht nichts entgegen, es sei denn, dass gegebenenfalls erlassende Richtlinien des Beirats etwas anderes bestimmen.

2. Anm:
Der im ME noch vorgesehene Reisekostenersatz für Experten musste – mangels gesetzlicher Grundlage – entfallen.

Sitzungen

§ 4. (1) Der Beirat ist vom Vorsitzenden mindestens einmal im Kalenderhalbjahr einzuberufen. Die Einladung hat mindestens zwei Wochen vorher schriftlich mit dem Entwurf einer Tagesordnung zu erfolgen.

(2) Der Vorsitzende hat den Beirat binnen eines Monats einzuberufen, wenn dies schriftlich mit dem Entwurf einer Tagesordnung von einem Drittel seiner Mitglieder, vom Bundesminister für Inneres oder vom Direktor verlangt wird.

(3) Die Mitglieder haben das Recht, Anträge zu stellen.

(4) Der Vorsitzende oder sein Stellvertreter leitet die Sitzung und sorgt für die Protokollführung. Bei Verhinderung der Genannten leitet das an Jahren älteste Mitglied des Beirats die Sitzung.

(5) Zu Beginn jeder Sitzung ist die Tagesordnung zu beschließen. Der Vorsitzende hat den Beirat über die seit der letzten Sitzung angefallenen Geschäftsstücke zu informieren. Dazu gehören insbesondere im Zusammenhang mit der Staatendokumentation stehende Erlässe des Bundesministers für Inneres, Zuschriften an den Vorsitzenden oder den Beirat und die Ergebnisse von Abstimmungen im Umlaufweg. Der Direktor hat über Aufforderung des Beirates in der darauf folgenden Sitzung über relevante Entwicklungen zu berichten.

1. EB zum ME BMI-LR1330/0001-III/1/c/2005

Um eine notwendige Kontinuität sicherzustellen, hat der Beirat mindestens jedes halbe Jahr, also einmal zwischen 1. Jänner und 30. Juni und einmal zwischen 1. Juli und 31. Dezember, zu tagen.

Weitere Sitzungen sind einzuberufen, wenn ein Drittel der Mitglieder, der Bundesminister für Inneres oder der Direktor dies verlangen. Darüber hinaus steht es dem Vorsitzenden zu, den Beirat aus eigenem – wenn etwa der Geschäftsgang dies erforderlich machen würde – einzuberufen.

Zu Sitzungen sind die Mitglieder einzuladen, der Einladung ist der Entwurf einer Tagesordnung beizufügen. Die Leitung der Sitzung obliegt dem Vorsitzenden, in seiner Abwesenheit dem Stellvertreter.

Zu Beginn der Sitzung ist eine Tagesordnung zu beschließen; als Grundlage ist die versendete Tagesordnung zu verwenden, von der selbstverständlich abgegangen werden kann. Anschließend hat der Vorsitzende – in seiner Abwesenheit der Stellvertreter – über die seit der letzen Sitzung angefallenen Geschäftsstücke zu informieren.

In der Sitzung können Mitglieder Anträge stellen. Über diese ist abzustimmen.

Willensbildung

§ 5. (1) Der Beirat fasst Beschlüsse in Anwesenheit des Vorsitzenden oder – bei dessen Abwesenheit – seines Stellvertreters und mindestens fünf weiteren Mitgliedern. Ist der Vorsitzende anwesend, gilt sein Stellvertreter als weiteres Mitglied. Beschlüsse werden mit einfacher Mehrheit gefasst. Der Vorsitzende stimmt als Letzter ab. Stimmenthaltungen oder eine Übertragung des Stimmrechts an ein anderes Beiratsmitglied sind unzulässig. Bei Stimmengleichheit entscheidet der Vorsitzende.

(2) Sofern nichts anderes beschlossen wird, ist offen abzustimmen.

(3) Der Vorsitzende kann eine Abstimmung im Umlaufweg verfügen, wenn die Entscheidungsfindung entweder keiner Beratung bedarf oder infolge ihrer Dringlichkeit vor der nächsten Sitzung abgeschlossen werden muss. Das Umlaufstück hat einen begründeten Antrag zu enthalten, der so gefasst ist, dass mit „dafür" oder „dagegen" gestimmt werden kann.

(4) Wird ein Antrag abgelehnt, so ist dieser als „qualifizierte Mindermeinung" dem Bundesminister für Inneres zur Kenntnis zu bringen, wenn wenigstens mehr als ein Drittel der abgegebenen Stimmen auf diesen entfallen sind.

Übersicht:

1. Materialien
2. Anmerkungen

1. EB zum ME BMI-LR1330/0001-III/1/c/2005

Es werden die Präsenz- und Beschlussquoren festgesetzt. Um beschlussfähig zu sein, müssen neben dem geschäftsführenden Vorsitzenden – also dem Vorsitzenden, seinem ernannten Stellvertreter oder einem bestimmtem Sitzungsleiter (vgl. § 5 Abs. 4) [siehe 2.] – fünf weitere Mitglieder anwesend sein. Zu den weiteren Mitgliedern gehört bei Anwesenheit des Vorsitzenden auch der Stellvertreter. Beschlüsse werden mit einfacher Mehrheit gefasst, bei denen eine Stimmenthaltung unzulässig ist.

Abstimmungen erfolgen offen, es sei denn, dass vor der konkreten Abstimmung der Beschluss gefasst wurde, geheim abzustimmen. Dieser Beschluss ist jedenfalls offen.

Als letzter stimmt immer der Vorsitzende, dessen Stimme bei Stimmengleichheit die Entscheidung bringt. Stimmenthaltungen anwesender Mitglieder sind unzulässig.

Dringende Angelegenheiten können in Form von Umlaufbeschlüssen erfolgen. Auf Grund der systematischen Stellung sind die allgemeinen Regeln des Abs. 1 für solche Abstimmungen anzuwenden.

Abs. 4 regelt, wann eine qualifizierte Mindermeinung vorliegt und dass diese dem Bundesminister für Inneres zur Kenntnis zu bringen ist. Bei der geringsten Anzahl anwesender Mitglieder, bei der der Beirat beschlussfähig ist, also bei sechs Mitgliedern liegt eine qualifizierte Mindermeinung bei drei Stimmen vor, ab 9 anwesenden Mitgliedern werden vier Stimmen für eine qualifizierte Mindermeinung benötigt.

2. Anm: Im ME wurde der Sitzungsleiter bei Abwesenheit des Vorsitzenden und des Stellvertreters noch vom Bundesminister für Inneres bestimmt. Die – einfacheren – Regeln für den Fall der Abwesenheit beider finden sich nun in § 4 Abs 4.

Protokolle

§ 6. (1) Über die Sitzungen des Beirats sind Resümeeprotokolle zu erstellen. Diese haben jedenfalls die Anwesenden, die Tagesordnung sowie die Anträge und Beschlüsse zu enthalten. Dies gilt sinngemäß auch für Beschlüsse im Umlaufweg.

(2) Die Protokolle samt Beilagen sind dem Bundesminister für Inneres sowie jedem Mitglied des Beirats binnen sechs Wochen zu übermitteln.

1. EB zum ME BMI-LR1330/0001-III/1/c/2005

Der geschäftsführende Vorsitzende hat für eine Protokollierung in Form eines Resümeeprotokolls zu sorgen und dieses den Mitgliedern binnen sechs Wochen nach der Sitzung zukommen zu lassen.

Geschäftsführung

§ 7. (1) Der Direktor führt die Geschäfte des Beirats. Hiezu sind ihm vom Bundesminister für Inneres das erforderliche Personal und die Sachmittel zur Verfügung zu stellen.

(2) Soweit für die Führung der Geschäfte des Beirats nähere Bestimmungen („Richtlinien") notwendig sind, kann der Beirat solche Richtlinien beschließen.

1. EB zum ME BMI-LR1330/0001-III/1/c/2005

Zwischen den Sitzungen führt der Vorsitzende mit Unterstützung der vom Bundesminister für Inneres zur Verfügung zu stellenden Geschäftsstelle das Tagesgeschäft.

Für die Führung des Tagesgeschäfts kann der Beirat Richtlinien erlassen.

2. Anm: In der 1. Sitzung des Staatendokumentationsbeirates am 17.01.2006 wurden folgende Richtlinien gem Abs 2 einstimmig beschlossen:

Geschäftsordnung des Staatendokumentationsbeirates

Aufgabe

§ 1. (1) Gemäß § 1 Abs.1 der Verordnung der Bundesministerin für Inneres über den Beirat für die Führung der Staatendokumentation (Staatendokumentationsbeirat-Verordnung) berät der Staatendokumentationsbeirat (im folgenden: Beirat) den Direktor des Bundesasylamts im Bezug auf die Führung der Staatendokumentation und der damit verbundenen Tätigkeiten, wie insbesondere der Sammlung der relevanten Tatsachen und der Bewertung der verwendeten Quellen, sowie das Erstellen der Analyse.

(2) Der Beirat gibt Empfehlungen zu den in § 1 Abs. 2 der Staatendokumentationsbeirat-Verordnung genannten Punkten ab und zwar bezüglich

1. *der methodischen, inhaltlichen und systematischen Gestaltung und Gliederung der Staatendokumentation.*
2. *der Sicherstellung der zeitnahen Aktualisierung der Staatendokumentation nach relevanten Änderungen und deren Dokumentation.*
3. *der Kooperation mit nationalen und internationalen staatlichen Stellen, privaten Institutionen, Forschungseinrichtungen, die sich mit relevanten Themen befassen.*
4. *der erforderlichen Sach-, Personal- und Geldmittel, welche dem Direktor für die Führung der Staatendokumentation zur Verfügung gestellt werden sollen.*

Aufgabenerfüllung

§ 2 (1) Der Beirat erfüllt seine Aufgaben in Plenarsitzungen und in Arbeitsgruppen.

(2) Beiratsmitglieder können im Rahmen der Aufgabenerfüllung die Staatendokumentation bei Anfragen jederzeit kontaktieren und es steht auch der Geschäftsstelle offen, die Beiratsmitglieder bei Bedarf zu kontaktieren. Hierbei ist dem informellen E-Mail Verkehr der Vorzug zu geben.

Empfehlungen

§ 3 Die Empfehlungen haben insbesondere folgende Punkte zu enthalten:
1. *Anlass der Empfehlung mit Hintergrundinformation.*
2. *Text der Empfehlung.*
3. *Begründung.*
4. *Vorgeschlagener zeitlicher und sachlicher Umsetzungsrahmen.*

Arbeitsgruppen

§ 4. (1) Die Arbeitsgruppen werden auf Beschluss des Beirates (Einrichtungsbeschluss) zur Vorbereitung, Beratung und Bearbeitung einzelner Angelegenheiten aus dem Kreis der Mitglieder gebildet und bestehen samt dem Arbeitsgruppenvorsitz aus höchstens acht Personen. Über

Beschluss des Beirates (abgesondert oder im Einrichtungbeschluss) können externe Experten beigezogen werden. Im Falle der Beiziehung von Experten muss die finanzielle Bedeckung allfälliger Kosten bereits mit dem Einrichtungsbeschluss gegeben sein. Der Einrichtungsbeschluss zur Bildung einer Arbeitsgruppe hat jedenfalls zu enthalten:
1. Arbeitsauftrag mit Zielsetzung.
2. Mitglieder der Arbeitsgruppe einschließlich des Vorsitzes und dessen Stellvertretung.
3. Termin für die Vorlage des Endberichtes.

(2) Die Abwicklung der Arbeitsgruppe obliegt dem Vorsitzenden.

(3) Der Endbericht jeder Arbeitsgruppe ist spätestens in der dem Vorlagetermin nächstfolgenden Beiratssitzung zu präsentieren; über Beschluss der Arbeitsgruppe oder des Beirates sind Zwischenergebnisse dem Beirat schon früher zu berichten.

(4) Für Arbeitsgruppen gilt, sofern nicht ausdrücklich anderes angeordnet ist, § 5 Abs. 3.

Mitglieder

§ 5. (1) Gemäß § 2 (1) der Staatendokumentationsbeirat-Verordnung werden mit Ausnahme des Direktors, der Vorsitzende und die weiteren Mitglieder für 5 Jahre ernannt, wobei eine Wiederbestellung möglich ist.

(2) Die Mitglieder des Beirates üben ihre Funktion ehrenamtlich aus; ein Anspruch auf Aufwandsentschädigung an den Bund besteht nicht. Reisekosten werden gemäß § 66 Abs. 4 AsylG 2005 vergütet.

(3) Die Mitglieder haben über Tatsachen, die ihnen ausschließlich kraft der Mitgliedschaft zum Beirat bekannt geworden sind, Stillschweigen zu bewahren.

Sitzungen

§ 6. (1) Gemäß § 4 der Staatendokumentationsbeirat-Verordnung beruft der Vorsitz den Beirat mindestens einmal im Kalenderhalbjahr zu ordentlichen Sitzungen ein; er hat den Beirat unverzüglich zu einer Sitzung einzuberufen, wenn dies schriftlich mit dem Entwurf einer Tagesordnung von einem Drittel seiner Mitglieder, vom Bundesminister für Inneres oder vom Direktor verlangt wird.

(2) Von den Sitzungen sind alle Mitglieder in Kenntnis zu setzen. Die Verständigung von der Sitzung erfolgt schriftlich und ist mindestens zwei Wochen vor der Sitzung abzufertigen; hierbei sind Termin und Ort der Sitzung bekannt zu geben und der Vorschlag der Tagesordnung beizufügen.

Sitzungsleitung

§ 7. (1) Der Vorsitz eröffnet, leitet und schließt die Beiratssitzungen und achtet auf die Einhaltung der Geschäftsordnung. Er stellt die Beschlussfähigkeit fest, erteilt das Wort, bringt Anträge zur Abstimmung und verkündet deren Ergebnis. Am Ende jeder Sitzung gibt er eine Übersicht über die Beschlüsse, kündigt den Termin der nächsten Sitzung an und gibt einen Ausblick auf die für diese Sitzung absehbaren Tagesordnungspunkte.

(2) Der Vorsitz hat die Wortmeldungen in der Reihenfolge ihres Einlangens aufzurufen. Er kann je Tagesordnungspunkt eine Redezeitbegren-

zung für die einzelnen Wortmeldungen festlegen und – wenn die Angelegenheit nach Meinung der Mehrheit ausreichend erörtert wurde – die Liste der Wortmeldungen schließen.

(3) Der Vorsitz kann eine Sitzung des Beirates unterbrechen. Eine Vertagung der Sitzung bedarf eines Beschlusses des Beirates. Kann der Termin für die Wiederaufnahme der vertagten Sitzung bereits zum Zeitpunkt des Vertagungsbeschlusses bestimmt werden, so bedarf es keiner gesonderten Einladung zu dieser Sitzung.

Tagesordnung der Sitzungen

§ 8. (1) Der Vorschlag der Tagesordnung enthält
1. *einen Bericht des Direktors des Bundesasylamts über getroffene Maßnahmen bezüglich der in vorherigen Sitzungen beschlossenen Empfehlungen zur Führung der Staatendokumentation.*
2. *jeden Gegenstand, dessen Aufnahme in die Tagesordnung der Beirat auf früheren Sitzungen beschlossen hat;*
3. *jeden vom Vorsitzenden des Beirates vorgeschlagenen Gegenstand;*
4. *jeden von einem Stimmberechtigten vorgeschlagenen Gegenstand. Dieser wäre der Geschäftsstelle rechtzeitig zu übermitteln.*

(2) Bei Beginn jeder Sitzung des Beirates können die Stimmberechtigten weitere Gegenstände zur Tagesordnung vorschlagen; anschließend ist die Tagesordnung zu beschließen.

(3) Während einer Sitzung kann der Beirat die Tagesordnung ändern und, soweit erforderlich, Gegenstände zurückstellen oder absetzen. Unter „Allfälliges" sollen nur Angelegenheiten von geringer Bedeutung oder Anregungen für Tagesordnungspunkte der nächsten Sitzung vorgebracht werden.

Anträge

§ 9. Anträge können Beiratsmitglieder jederzeit während einer Sitzung stellen. Sofern sich solche Anträge auf die Geschäftsbehandlung beziehen, ist darüber – allenfalls nach kurzer Debatte – sofort abzustimmen; über andere Anträge ist nach Schluss der Liste der Wortmeldungen abzustimmen. Anträge auf Beschluss einer Empfehlung dürfen erst am Schluss der Debatte eingebracht werden.

Willensbildung

§ 10. (1) Der Beirat ist gemäß § 5 Abs. 1 der Staatendokumentationsbeirat-Verordnung in Anwesenheit des Vorsitzenden oder – wenn der Vorsitzende nicht anwesend ist – seines Stellvertreters und mindestens fünf weiteren Mitgliedern beschlussfähig. Ist der Vorsitzende anwesend, gilt sein Stellvertreter als weiteres Mitglied. Beschlüsse werden mit einfacher Mehrheit gefasst. Der Vorsitzende stimmt als Letzter ab. Stimmenthaltungen oder eine Übertragung des Stimmrechts an ein anderes Beiratsmitglied sind unzulässig. Bei Stimmengleichheit entscheidet der Vorsitzende.

(2) Sofern nichts anderes beschlossen wird, ist offen abzustimmen.

(3) Der Vorsitzende kann eine Abstimmung im Umlaufweg verfügen, wenn die Entscheidungsfindung entweder keiner Beratung bedarf oder

infolge ihrer Dringlichkeit vor der nächsten Sitzung abgeschlossen werden muss. Das Umlaufstück hat einen begründeten Antrag zu enthalten, der so gefasst ist, dass mit „dafür" oder „dagegen" gestimmt werden kann.

(4) Wird ein Antrag abgelehnt, so ist dieser als „qualifizierte Mindermeinung" dem Bundesminister für Inneres zur Kenntnis zu bringen, wenn wenigsten mehr als ein Drittel der abgegebenen Stimmen auf diesen entfallen sind.

(5) Die Geschäftsordnung sowie eine Änderung der Geschäftsordnung können nur in Anwesenheit des Vorsitzenden, sowie 7 weiteren Stimmberechtigten mit Zustimmung von mindestens 6 Stimmberechtigten beschlossen werden.

Protokollierung

§ 11. (1) Über die Ergebnisse der Beratungen des Beirates und der Arbeitsgruppen sind Protokolle zu erstellen, die jedenfalls die Anwesenden, die Tagesordnung, sowie die Anträge und Beschlüsse zu enthalten haben. Die Verwendung von Schallträgern zur Tonaufzeichnung ist zulässig. Auf Verlangen eines Mitgliedes während dessen Wortmeldung ist diese in das Protokoll aufzunehmen. Das Protokoll ist vom Vorsitz zu genehmigen.

(2) Das Protokoll wird den Mitgliedern des Beirates binnen sechs Wochen zugesandt und spätestens am Beginn der folgenden Sitzung beschlossen. Der Beschluss des Protokolls ist dem Bundesminister für Inneres zu übermitteln.

(3) Die Aufzeichnung kann nach dem Beschluss des Protokolls durch den Beirat oder die Arbeitsgruppe gelöscht werden.

Geschäftsführung

§ 12. (1) Gemäß § 7 Abs. 1 der Staatendokumentationsbeirats-VO führt der Direktor des Bundesasylamts die Geschäfte des Beirates.
(2) Dem Direktor obliegt hierbei insbesondere:
1. die Vorbereitung der Sitzungen in administrativer Hinsicht.
2. die Beschaffung von relevanten Unterlagen.
3. die Aussendung des Protokolls und der Tagesordnung.
4. der allgemeine Schriftverkehr in Belangen des Beirates.
5. die Vorlage des Jahresberichts.

Jahresbericht

§ 13. (1) Der Beirat erstellt jährlich einen Bericht über seine Tätigkeit.
(2) Der Jahresbericht ist in der ersten Beiratssitzung des Jahres vom Direktor des Bundesasylamts vorzulegen und zur Abstimmung zu bringen. Nach Beschlussfassung ist der Bericht dem Bundesminister für Inneres vorzulegen.
(3) Der Jahresbericht hat zu enthalten:
1. die Empfehlungen des Beirates an den Bundesminister für Inneres
2. eine Darstellung, ob die Empfehlungen umgesetzt wurden.
3. eine Allgemeine Tätigkeitsbeschreibung.

Inkrafttreten

§ 14. Diese Geschäftsordnung tritt mit 17.01.2006 in Kraft.

Sprachliche Gleichbehandlung

§ 8. Soweit in dieser Verordnung auf natürliche Personen bezogene Bezeichnungen nur in männlicher Form angeführt sind, beziehen sie sich auf Frauen und Männer in gleicher Weise. Bei der Anwendung der Bezeichnung auf bestimmte natürliche Personen ist die jeweils geschlechtsspezifische Form zu verwenden.

In-Kraft-Treten

§ 9. Diese Verordnung tritt mit 1. Jänner 2006 in Kraft.

C Verordnung der Bundesministerin für Inneres zur Durchführung des Fremdenpolizeigesetzes 2005 (Fremdenpolizeigesetz-Durchführungsverordnung – FPG-DV)

– BGBl II 2005/450

Auf Grund des Fremdenpolizeigesetzes 2005, BGBl. I Nr. 100, wird - hinsichtlich der §§ 17 Abs. 3, 28 Abs. 2 und 30 Abs. 3 im Einvernehmen mit der Bundesministerin für auswärtige Angelegenheiten - verordnet:

Übersicht:
1. Materialien
2. Anmerkung

1. EB zum ME BMI-LR1320/0001-III/1/c/2005

Die Fremdenpolizeigesetz-Durchführungsverordnung 2005 (FPG-DV 2005) trifft die zur Umsetzung des Fremdenpolizeigesetzes 2005 (BGBl I Nr. 100/2005) notwendigen Regelungen.

Es wird vorgeschlagen, zu normieren, an welchen Grenzübergangsstellen Visa ausgestellt werden können, unter welchen Umständen die Passpflicht eingeschränkt ist, wie die äußere Form der Visa, der Fremdenpässe, der Rückkehrausweise für EWR-Staatsbürger und Schweizer Bürger sowie der Reisedokumente für die Rückführung von Drittstaatsangehörigen zu sein hat, welche Staatsangehörige ein Flugtransitvisum benötigen, wann Fremde von der Sichtvermerkspflicht ausgenommen sind und welche Kosten nach § 113 FPG insbesondere relevant sind.

Als Vorbild dienen die fremdenpolizeilichen Bestimmungen der FrG-DV, von denen nicht wesentlich abgegangen wird.

2. Anm: Europarechtlich waren folgende Normen zu beachten:
– Beschluss des Rates vom 30. November 1994 über die vom Rat aufgrund von Artikel K. 3 Absatz 2 Buchstabe b) des Vertrages über die Europäische Union beschlossene gemeinsame Maßnahme über Reiseerleichterungen für Schüler von Drittstaaten mit Wohnsitz in einem Mitgliedstaat (94/795/JI – ABl 1994 L 327 S 1, s Textauszug unten 3.),
– IV.C.7. RückkehrausweisB,
– IV.C.6. RückführungsE,
– Beschluss des Rates 2004/803/GASP vom 25. November 2004 über die Einleitung der militärischen Operation der Europäischen Union in Bosnien und Herzegowina (ABl 2004 L 353 S 21, s Textauszug unten 4.).
– IV.A.2. VisapflichtVO.

3. Textauszug ABl 1994 L 327 S 1

Artikel 1

(1) Ein Mitgliedstaat verlangt von einem Schüler mit gesetzmäßigem Wohnsitz in einem anderen Mitgliedstaat, der nicht die Staatsangehörigkeit eines Mitgliedstaats hat und entweder fuer einen Kurzaufenthalt oder fuer die Durchreise die Einreise in sein Hoheitsgebiet beantragt, kein Visum, wenn
- a) *der Schüler als Mitglied einer Schülergruppe einer allgemeinbildenden Schule im Rahmen eines Schulausfluges reist,*
- b) *die Gruppe von einem Lehrer der betreffenden Schule begleitet wird, der eine von dieser Schule auf dem gemeinsamen Formular des Anhangs ausgestellte Liste der mitreisenden Schüler vorweisen kann,*
  - *anhand deren sich alle mitreisenden Schüler identifizieren lassen,*
  - *die den Zweck und die Umstände des beabsichtigten Aufenthalts oder der Durchreise belegt, und*
- c) *der Schüler außer in den Fällen des Artikels 2 ein fuer den Grenzübertritt gültiges Reisedokument vorzeigt.*

(2) Ein Mitgliedstaat kann jedem Schüler die Einreise verweigern, wenn er nicht die übrigen nationalen Einreisebedingungen erfüllt.

Artikel 2

Die Liste, die gemäß Artikel 1 Absatz 1 Buchstabe b) beim Grenzübertritt mitzuführen ist, wird in allen Mitgliedstaaten als gültiges Reisedokument im Sinne von Artikel 1 Absatz 1 Buchstabe c) anerkannt, wenn
- *auf der Liste fuer jeden der dort genannten Schüler ein aktuelles Lichtbild angebracht ist, sofern er sich nicht durch einen eigenen Lichtbildausweis ausweisen kann,*
- *die zuständige Behörde des betreffenden Mitgliedstaates bestätigt, dass der Schüler in diesem Staat wohnhaft und zur Wiedereinreise berechtigt ist, und versichert, dass das Dokument entsprechend beglaubigt ist,*
- *der Mitgliedstaat, in dem die Schüler wohnhaft sind, den anderen Mitgliedstaaten notifiziert, dass dieser Artikel fuer seine eigenen Listen gelten soll.*

Artikel 3

Die Mitgliedstaaten sind sich darin einig, die Schüler, die als Drittstaatsangehörige mit Wohnsitz im Inland auf der Grundlage dieser gemeinsamen Maßnahme in einen anderen Mitgliedstaat eingereist sind, ohne Formalitäten zurückzunehmen.

Artikel 4

Muss ein Mitgliedstaat ausnahmsweise aus zwingenden Gründen der nationalen Sicherheit die in Artikel K.2 Absatz 2 des Vertrages über die Europäische Union vorgesehenen Möglichkeiten in Anspruch nehmen, so kann er von Artikel 1 dieses Beschlusses abweichen, wenn er dabei die Interessen der anderen Mitgliedstaaten berücksichtigt. Der betreffende

Mitgliedstaat setzt die übrigen Mitgliedstaaten hiervon in geeigneter Weise in Kenntnis. Diese Maßnahmen dürfen in dem Umfang und so lange Anwendung finden, wie dies zur Erreichung des Ziels zwingend erforderlich ist.

4. Textauszug ABI 2004 L 353 S 21

Artikel 1

Die militärische Operation der Europaeischen Union in Bosnien und Herzegowina - ALTHEA - wird am 2. Dezember 2004 eingeleitet.

Artikel 2

Der EU-Operation Commander wird mit sofortiger Wirkung ermächtigt, den Aktivierungsbefehl (ACTORD) zu erteilen, um die Verlegung der Truppen durchzuführen, bevor nach ihrem Eintreffen im Operationsgebiet der Wechsel des Unterstellungsverhältnisses erfolgt, und die Ausführung der Mission am 2. Dezember 2004 zu beginnen.

Artikel 3

Unbeschadet des Artikels 17 der Gemeinsamen Aktion 2004/570/GASP bleibt dieser Beschluss in Kraft, bis der Rat beschließt, die militärische Operation der EU in Bosnien und Herzegowina zu beenden.

Ermächtigung zur Erteilung von Visa bei bestimmten Grenzübergangsstellen

§ 1. Die jeweils örtlich zuständigen Behörden sind zur Erteilung von Visa bei folgenden Grenzübergangsstellen ermächtigt:
1. **Berg**
2. **Deutschkreutz**
3. **Drasenhofen**
4. **Gmünd-Bahn**
5. **Gmünd-Böhmzeil**
6. **Gmünd-Nagelberg**
7. **Flughafen Graz**
8. **Heiligenkreuz im Lafnitztal**
9. **Höchst**
10. **Hohenau-Eisenbahn**
11. **Flugfeld Hohenems-Dornbirn**
12. **Flughafen Innsbruck**
13. **Karawankentunnel**
14. **Kittsee-Petrzalka**
15. **Flughafen Klagenfurt**
16. **Kleinhaugsdorf**
17. **Klingenbach**
18. **Flughafen Linz**
19. **Loibltunnel**
20. **Nickelsdorf-Autobahn**
21. **Nickelsdorf-Eisenbahn**
22. **Rosenbach-Bahn**

23. **Flughafen Salzburg**
24. **Spielfeld-Autobahn**
25. **Spielfeld-Bahn**
26. **Tisis**
27. **Wien-Praterkai**
28. **Flughafen Wien-Schwechat und**
29. **Wullowitz**

1. EB zum ME BMI-LR1320/0001-III/1/c/2005

Inhaltlich entspricht § 1 dem ehemaligen § 9 FrG-DV, es kommt allerdings zu einer Einschränkung der zur Erteilung von Visa ermächtigten Grenzübergangsstellen. Voraussichtlich wird es Mitte 2007 keine Grenzkontrolle (Schengen) zu den neuen EU-Mitgliedstaaten mehr geben und somit werden auch die betroffenen Grenzkontrollübergangsstellen nur mehr anlaßbezogen aktiviert werden. Für die Zeit von etwa eineinhalb Jahren wäre die Ausstattung jeder Grenzkontrollübergangsstelle mit der Infrastruktur zur Visaerteilung nicht verwaltungsökonomisch; es kommt an kleineren Grenzübergangsstellen pro Jahr oftmals zu nicht mehr als 5 Visaerteilungen.

Einschränkung der Passpflicht

§ 2. Teilnehmer an Schulreisen mit Wohnsitz in einem anderen Mitgliedstaat der Europäischen Union benötigen für einen Kurzaufenthalt im oder für die Durchreise durch das Hoheitsgebiet keinen Reisepass, wenn
1. **der Schüler als Mitglied einer Schülergruppe einer allgemein bildenden Schule im Rahmen eines Schulausfluges reist und**
2. **der Schüler von einem Lehrer der betreffenden Schule begleitet wird, der eine von dieser Schule ausgestellte Liste der mitreisenden Schüler vorweisen kann, die den Zweck und die Umstände des beabsichtigten Aufenthalts oder der Durchreise belegt und die Identität des Schülers entweder durch ein aktuelles Foto in dieser Liste oder durch einen eigenen Lichtbildausweis festgestellt werden kann und**
3. **die zuständige Behörde des betreffenden Mitgliedstaates bestätigt, dass der Schüler in diesem Staat wohnhaft und zur Wiedereinreise berechtigt ist, und versichert, dass das Dokument beglaubigt ist.**

Übersicht:
1. Materialien
2. Anmerkung

1. EB zum ME BMI-LR1320/0001-III/1/c/2005

Durch den Beschluss des Rates vom 30. November 1994 über die vom Rat aufgrund von Artikel K. 3 Absatz 2 Buchstabe b) des Vertrages über die Europäische Union beschlossene gemeinsame Maßnahme über Reiseerleichterungen für Schüler von Drittstaaten mit Wohnsitz in einem Mitgliedstaat (94/795/JI – Amtsblatt Nr. L 327 vom 19. 12. 1994) war die Normierung von Reiseerleichterungen im Bezug auf die Passpflicht in § 2 Abs. 1 und 2 notwendig. Die Gewährung von Reiseerleichterungen für Schüler, die ihren gesetzmäßigen Wohnsitz in der Europaeischen Union haben, ist Ausdruck einer Politik der Mitgliedstaaten zur besseren Integration von in der Europäischen Union niedergelassener Drittstaatsangehöriger.

In Abs. 1 [Anm: Der nunmehrige § 2 entspricht § 2 Abs 1 des ME] wird der europäischen Forderungen nach der Gewährung einer Reiseerleichterung für Schüler Folge geleistet und von der Passpflicht abgesehen. Die angesprochene Liste, ist beim Grenzübertritt mitzuführen und wird als gültiges Reisedokument anerkannt, wenn die Voraussetzungen des Art. II des genannten Ratsbeschlusses erfüllt sind. Diese sind:

1. auf der Liste für jeden der dort genannten Schüler ein aktuelles Lichtbild angebracht ist, sofern er sich nicht durch einen eigenen Lichtbildausweis ausweisen kann,
2. die zuständige Behörde des betreffenden Mitgliedstaates bestätigt, dass der Schüler in diesem Staat wohnhaft und zur Wiedereinreise berechtigt ist, und versichert, dass das Dokument entsprechend beglaubigt ist,
3. der Mitgliedstaat, in dem die Schüler wohnhaft sind, den anderen Mitgliedstaaten notifiziert, dass dieser Artikel für seine eigenen Listen gelten soll.
...

2. Anm: Die in der FrG-DV (und noch im ME) vorgesehene Einschränkung der Passpflicht für ausländische Truppen ergibt sich schon aus dem TrAufG; dessen § 3 schließt die Anwendbarkeit des FrG – in einer systematischen Interpretation also auch die Anwendbarkeit des FPG – aus, daher sind ausländische Truppen, soweit deren Aufenthalt im Regime des TrAufG erfolgt, von der Verordnungsermächtigung des FPG nicht erfasst.

Äußere Form der Visa

§ 3. Visa werden in Form einer Visummarke gemäß der Verordnung (EG) Nr. 1683/95 über eine einheitliche Visagestaltung, Amtsblatt der Europäischen Gemeinschaften Nr. L 164/1995, erteilt.

Übersicht:
1.   Hinweise auf europarechtliche Normen
2.   Materialien

1. Siehe IV.A.7. VisaVO; IV.A.10. VisagestaltungsVO.

2. EB zum ME BMI-LR1320/0001-III/1/c/2005:

Nach Artikel 14 des Vertrags zur Gründung der Europäischen Gemeinschaft umfasst der Binnenmarkt einen Raum ohne Binnengrenzen, in dem der freie Personenverkehr gemäß den Bestimmungen dieses Vertrags gewährleistet ist. Diese Maßnahme bildet zusammen mit den Maßnahmen nach Titel VI des Vertrags über die Europäische Union ein zusammenhängendes Maßnahmenbündel.

Es ist wesentlich, dass die einheitliche Visummarke alle notwendigen Informationen enthält und hohen technischen Anforderungen, insbesondere hinsichtlich des Schutzes vor Fälschung und Verfälschung, genügt. Sie muss zudem zur Verwendung durch alle Mitgliedstaaten geeignet ein und von jedermann erkennbare und mit bloßem Auge wahrnehmbare Sicherheitsmerkmale tragen.

Im Sinne dieser Verordnung gilt als „Visum" eine ausgestellte Genehmigung, die für die Einreise nach Österreich erforderlich ist im Hinblick auf
– einen beabsichtigten Aufenthalt mit einer Gesamtdauer von höchstens drei Monaten oder
– die Durchreise durch Österreich oder andere Mitgliedstaaten der europäischen Union oder die Transitzone eines Flughafens.

Die Verordnung (EG) Nr. 1683/95 des Rates vom 29. Mai 1995 sieht im Anhang Spezifikationen für eine einheitliche Visummarke vor, die eingehalten werden müssen.

Flugtransitvisum

§ 4. (1) Staatsangehörige der folgenden Staaten sowie Drittstaatsangehörige, deren Reisedokument von einem dieser Staaten ausgestellt wurde, brauchen für den Transit über einen österreichischen Flugplatz ein Flugtransitvisum, sofern sie nicht bereits im Besitz eines anderen Visums oder eines Aufenthaltstitels sind:
1. Äthiopien
2. Afghanistan
3. Bangladesch
4. Eritrea
5. Ghana
6. Irak
7. Iran
8. Liberia
9. Nigeria
10. Pakistan
11. Somalia
12. Sri Lanka
13. Demokratische Republik Kongo

(2) Drittstaatsangehörige gemäß Abs. 1 benötigen kein Flugtransitvisum, sofern sie für die Dauer des Transitaufenthaltes im Besitz
1. eines Aufenthaltstitels von Andorra, Japan, Kanada, Monaco, San Marino, Schweiz, des Staates der Vatikanstadt oder der USA sind, der ein absolutes Rückkehrrecht gewährleistet,

2. eines Visums oder Aufenthaltstitels eines Vertragsstaates (§ 2 Abs. 4 Z 7 FPG) oder
3. eines Aufenthaltstitels eines EWR-Mitgliedstaates sind.

1. EB zum ME BMI-LR1320/0001-III/1/c/2005

§ 4 entspricht wörtlich dem derzeitigen § 5 FrG-DV.

Ausnahmen von der Sichtvermerkspflicht im öffentlichen Interesse

§ 5. (1) Von der Sichtvermerkspflicht sind Drittstaatsangehörige, die Inhaber eines Diplomaten-, Dienst- oder sonstigen amtlichen Passes im Sinne des Art. 4 Abs. 1 lit. a der Verordnung 539/01/EG, ABl. Nr. L 081 vom 21.03.2001 S. 1, sind, für die Dauer einer Reise ausgenommen,
1. zu der sie vom Bundespräsidenten, einem Präsidenten des Nationalrates, dem Präsidenten des Bundesrates, der Bundesregierung, einem Mitglied der Bundesregierung oder einem Landeshauptmann eingeladen wurden oder
2. während der sie eine nach Z 1 eingeladene Person begleiten.

(2) Von der Sichtvermerkspflicht sind Drittstaatsangehörige für die Dauer der Durchreise ausgenommen, die
1. als Flug- und Begleitpersonal eines Hilfs- oder Rettungsflugs mitwirken sowie sonstige Helfer bei Katastrophen- und Unglücksfällen oder
2. als Schiffspersonal auf Schiffen eines Unternehmens mit Sitz im Ausland durchreisen, wenn sie im Besitz eines Donauschifferausweises sind und in die Besatzungsliste eingetragen sind und das Schiff oder den Hafen (§ 2 Z 20 des Schifffahrtsgesetzes, BGBl. I Nr. 62/1997 in der Fassung des Bundesgesetzes BGBl. I Nr. 41/2005) nicht verlassen.

(3) Teilnehmer an Schulreisen mit Wohnsitz in einem anderen Mitgliedstaat der Europäischen Union benötigen für einen Kurzaufenthalt im oder für die Durchreise durch das Hoheitsgebiet keinen Sichtvermerk, wenn
1. die Voraussetzungen nach § 2 vorliegen oder
2. die Voraussetzungen nach § 2 Z 1 und 2 vorliegen und der Betreffende ein Reisedokument vorweisen kann.

(4) Von der Sichtvermerkspflicht sind weiters ausgenommen:
1. Inhaber von Diplomaten- oder Dienstpässen des Heiligen Stuhls;
2. Inhaber eines Laissez-passer der Vereinten Nationen;
3. Inhaber von Ausweisen der Europäischen Gemeinschaften;
4. Inhaber von türkischen Spezialpässen und
5. Inhaber von Diplomatenpässen des Souveränen Malteser Ritterordens.

Übersicht:
1. Hinweise auf europarechtliche Normen

2. Hinweise auf innerstaatliche Normen
3. Materialien
4. Anmerkung

1. Siehe IV.A.2. VisapflichtVO.

2. Textauszug SchFG

§ 2. *Im Sinne dieses Bundesgesetzes gelten als*
...
20. *„Hafen": Schifffahrtsanlage, die aus mindestens einem Becken besteht und mit Einrichtungen zum Festmachen von Fahrzeugen zum Zweck des Umschlages, der Versorgung oder des Schutzes ausgestattet ist;*
...

3. EB zum ME BMI-LR1320/0001-III/1/c/2005

Abs. 1 des § 5 entspricht wörtlich dem derzeitigen § 1 Abs. 1 FrG-DV.
Abs. 2 entspricht – soweit Artikel 4 der Verordnung (EG) Nr. 539/2001 des Rates vom 15. März 2001 zur Aufstellung der Liste der Drittländer, deren Staatsangehörige beim Überschreiten der Außengrenzen im Besitz eines Visums sein müssen, sowie der Liste der Drittländer, deren Staatsangehörige von dieser Visumpflicht befreit sind, dies zugelassen hat – dem derzeitigen § 1 Abs. 3 FrG-DV. Die derzeitige Z 2 (Ausnahme von der Sichtvermerkspflicht für Sportveranstaltungen) kann nicht mehr unter die europarechtlichen Vorgaben subsumiert werden, da die zitierte gemeinschaftsrechtliche Norm abschließenden Charakter hat und diese Art der Befreiung von der Sichtvermerkspflicht nicht vorgesehen ist.
Abs. 5 nimmt von der Sichtvermerkspflicht die Gruppen aus, die Einschränkungen von der Passpflicht nach § 2 erfahren.
Im Abs. 6 und 7 werden weitere Personengruppen genannt, die von der Sichtvermerkspflicht befreit sind.

4. Anm: Weitere Ausnahmen von der Sichtvermerkspflicht ergeben sich aus der VisapflichtVO. Dem nationalen Gesetzgeber steht nur jener Regelungsbereich zur Verfügung, der nicht von der VisapflichtVO erfasst ist; dabei handelt es sich vor allem um Diplomaten-, Dienst- oder sonstige amtliche Pässe.

Form und Inhalt von Fremdenpässen

§ 6. Fremdenpässe werden gemäß der Verordnung des Bundesministers für Inneres betreffend Form und Inhalt der Reisepässe und Passersätze, BGBl. Nr. 861/1995 in der Fassung der Verordnung BGBl. II Nr. 6/2002, gestaltet. Abweichend vom Reisepass führt der Fremdenpass den Titel ‚Fremdenpass' und zusätzlich wird der Titel am Umschlag in englischer und französischer Sprache angeführt; die Farbe des Einbandes ist braun.

Übersicht:
1. Hinweise auf innerstaatliche Normen
2. Materialien

1. Siehe VI.N. Passform-Verordnung.

2. EB zum ME BMI-LR1320/0001-III/1/c/2005

Die Gestaltung der Fremdenpässe entspricht im Wesentlichen der Anlage A der Passgesetz-Durchführungsverordnung. Durch 3 Merkmale unterscheidet sich die Fremdenpass vom Reisepass. Die Farbe des Fremdenpasses wird – wie bisher - mit braun festgelegt, der Titel wird in ‚FREMDENPASS – REPUBLIK ÖSTERREICH' umbenannt sowie wird der Titel am Umschlag auch in englischer (ALIEN'S PASSPORT – REPUBLIC OF AUSTRIA) und französischer Sprache (PASSEPORT POUR ETRANGERS – REPUBLIQUE D'AUTRICHE) angeführt.

Äußere Form des Rückkehrausweises für Staatsbürger eines Mitgliedstaates der Europäischen Union

§ 7. Rückkehrausweise werden entsprechend den Regelungen des Beschlusses der im Rat vereinigten Vertreter der Regierungen der Mitgliedstaaten vom 25. Juni 1996 zur Ausarbeitung eines Rückkehrausweises (96/409/GASP), ABl. Nr. L 168 vom 6.7.1996 S. 4, ausgestellt.

Übersicht:
1. Hinweise auf europarechtliche Normen
2. Materialien

1. Siehe IV.C.7. RückkehrausweisB.

2. EB zum ME BMI-LR1320/0001-III/1/c/2005

Der Rückkehrausweis ist ein Reisedokument, das für eine einzige Reise in den Mitgliedstaat, dessen Staatsangehörigkeit der Antragsteller besitzt, in das Land seines ständigen Wohnsitzes oder ausnahmsweise an einen anderen Zielort ausgestellt werden kann.

Mit dem Beschluss des Rates Vereinigter Vertreter der Regierungen der Mitgliedstaaten vom 25. Juni 1996 zur Ausarbeitung eines Rückkehrausweises (96/409/GASP) wurden im Anhang III die Sicherheitsvorkehrungen zur Einhaltung festgelegt.

Äußere Form des Reisedokuments für die Rückführung von Drittstaatsangehörigen

§ 8. Reisedokumente für die Rückführung von Drittstaatsangehörigen werden nach dem Muster der Empfehlung des Rates vom

30. November 1994 bezüglich der Einführung eines Standardreisedokuments für die Rückführung von Staatsangehörigen dritter Länder, ABl. Nr. C 274 vom 19.9.1996 S. 18, ausgestellt.

Übersicht:
1. Hinweise auf europarechtliche Normen
2. Materialien

1. Siehe IV.C.6. RückführungsE.

2. EB zum ME BMI-LR1320/0001-III/1/c/2005

Unter Berücksichtigung der Empfehlung des Rates vom 30. November 1994 bezüglich der Einführung eines Standardreisedokuments für die Rückführung von Staatsangehörigen dritter Länder wurde gegenständliche Bestimmung eingefügt.

Beim Reisdokument für die Rückführung von Drittstaatsangehörigen handelt es sich um ein Standardreisedokument, dass nur für eine einmalige Reise verwendet werden kann.

Pflichten und Information der Beförderungsunternehmer

§ 9. (1) Die vom Beförderungsunternehmer bekannt zu gebenden Daten (§ 111 Abs. 2 FPG) können in Form von Fotokopien der Dokumente oder unter Verwendung eines dem Beförderungsunternehmer zur Verfügung gestellten Formulars übermittelt werden.

(2) Der Bundesminister für Inneres gibt einem Beförderungsunternehmer auf Anfrage jene Staaten bekannt, deren Staatsangehörige für die Einreise nach Österreich ein Visum benötigen.

(3) Die Behörde hat über Verlangen des Beförderungsunternehmers über die Zurückweisung eines Fremden den internationalen Gepflogenheiten entsprechend ein Dokument auszustellen und dem Beförderungsunternehmer zu übergeben.

1. EB zum ME BMI-LR1320/0001-III/1/c/2005

Im § 9 werden die derzeitigen §§ 6 und 7 FrG-DV („Pflichten der Beförderungsunternehmer zur Sicherung der Zurückweisung' und ‚Information der Beförderungsunternehmer') zusammengefasst. Lediglich der Abs. 1 des derzeitigen § 6 FrG-DV ist – durch die bereits erfolgte Normierung im Gesetz (§ 111 Abs. 2 FPG) – obsolet geworden und wird daher nicht mehr in die Durchführungsverordnung aufgenommen.

Kosten

§ 10. (1) Als Kosten, die der Behörde oder dem Bund bei der Durchsetzung eines Aufenthaltsverbotes, einer Ausweisung oder Zurückschiebung oder bei der Vollziehung der Schubhaft entstehen (§ 113 Abs. 1 FPG), kommen insbesondere in Betracht:

1. Kosten für die Benützung von Verkehrsmittel (zB Bahn-, Bus- oder Flugticket);
2. Kosten für die Begleitung durch Organe des öffentlichen Sicherheitsdienstes;
3. Kosten für medizinische Versorgung während der Schubhaft und
4. Kosten für Sachaufwendungen (zB Verpflegung).

(2) Als Beitrag zu Kosten des Vollzuges der Schubhaft (§ 113 Abs. 1 FPG) ist für jeden angefangenen Tag jener Betrag zu entrichten, den Verwaltungsverwahrungshäftlinge für den Vollzug von Verwaltungsfreiheitsstrafen zu entrichten haben. Als Beitrag zu den Kosten der Unterkunft in von der Behörde bestimmten Räumen ist für jeden angefangenen Tag jener Betrag zu entrichten, den die Behörde hiefür aufzuwenden hat.

(3) Für die Kosten einer Durchbeförderung ist das jeweils anzuwendende Durchbeförderungsabkommen maßgeblich.

Übersicht:
1. Hinweise auf innerstaatliche Normen
2. Materialien
3. Anmerkung

1. Siehe II.B. § 113 FPG.

2. EB zum ME BMI-LR1320/0001-III/1/c/2005

In § 10 Abs. 1 werden taxativ jene Kosten aufgelistet, die bei der Durchsetzung eines Aufenthaltsverbotes, einer Ausweisung oder einer Zurückweisung entstehen oder die als Kosten bei der Vollziehung der Schubhaft anfallen können.

In der Z 3 des Abs. 1 wurde das Wort ‚ambulante' gestrichen, als mittlerweile auch die Kosten der stationären medizinische Versorgung während der Schubhaft als „Kosten, die während der Vollziehung der Schubhaft anfallen können" für die Behörde in Betracht kommen.

3. Anm: Die Bestimmung stellt lediglich auf die von den in § 113 FPG genannten Personen zu ersetzenden Kosten ab; es lassen sich – in der neuen Formulierung des § 10 jedenfalls – keine Schlüsse darauf ziehen, ob es sich bei den Kosten um Kosten der Schubhaft oder andere Kosten der Vollziehung des FPG handelt und ob diese daher durch den Bund oder die Gebietskörperschaft zu tragen sind, deren Behörde die Schubhaft verhängt hat.

Sprachliche Gleichbehandlung

§ 11. Soweit in dieser Verordnung auf natürliche Personen bezogene Bezeichnungen nur in männlicher Form angeführt sind, beziehen sie sich auf Frauen und Männer in gleicher Weise. Bei der Anwendung der Bezeichnung auf bestimmte natürliche Personen ist die jeweils geschlechtsspezifische Form zu verwenden.

Verweise

§ 12. Soweit in dieser Verordnung auf Bundesgesetze oder Rechtsakte der Europäischen Gemeinschaften verwiesen wird, ist die zum Zeitpunkt der Erlassung der Verordnung geltende Fassung maßgeblich.

Schlussbestimmung

§ 13. (1) Diese Verordnung tritt mit 1. Jänner 2006 in Kraft.

(2) Mit Ablauf des 31. Dezember 2005 treten
1. die Verordnung des Bundesministers für Inneres zur Durchführung des Fremdengesetzes, BGBl. II Nr. 418/1997, zuletzt geändert durch die Verordnung BGBl. II Nr. 364/2002;
2. die Verordnung des Bundesministers für Inneres über die Ausnahme von der Sichtvermerkspflicht, BGBl. Nr. 827a/1995, und
3. die Verordnung des Bundesministers für Inneres über eine Ausnahme von der Sichtvermerkspflicht, BGBl. Nr. 409/1995, außer Kraft.

D Verordnung der Bundesministerin für Inneres zur Durchführung des Niederlassungs- und Aufenthaltsgesetzes (Niederlassungs- und Aufenthaltsgesetz-Durchführungsverordnung – NAG-DV)

– BGBl II 2005/451

Auf Grund der §§ 8 Abs. 3, 9 Abs. 2, 19 Abs. 3, 24 Abs. 1 und 81 Abs. 2 des Niederlassungs- und Aufenthaltsgesetzes (NAG), BGBl. I Nr. 100/2005, wird verordnet:

1. Abschnitt: Zu § 8 Abs. 3 NAG

Aussehen und Inhalt der Aufenthaltstitel

§ 1. Aufenthaltstitel (§ 8 Abs. 1 NAG) werden als Karte entsprechend der Verordnung (EG) Nr .1030/2002 zur einheitlichen Gestaltung des Aufenthaltstitels für Drittstaatsangehörige, ABl. Nr. L 157 vom 15.06.2002 S. 1, erteilt und sind nach dem Muster der Anlage A auszustellen.

1. EB zum ME BMI-LR1310/0013-III/1/2005

Abs. 1 zählt in Wiederholung des § 8 Abs. 1 NAG die nunmehr fünf Aufenthaltstitel auf.
Abs. 2 legt fest, dass künftig alle Aufenthaltstitel als Dokumente im Scheckkartenformat entsprechend unmittelbar anwendbarer gemeinschaftsrechtlicher Vorgaben ausgestellt werden. In der Anlage A ist das entsprechende Leermuster abgebildet. Die Aufenthaltstitelkarten sind in rotem Farbton gehalten, während die in Kartenform auszustellenden Dokumentationen des gemeinschaftsrechtlichen Aufenthalts- und Niederlassungsrechts (Lichtbildausweis für EWR-Bürger und Daueraufenthaltskarte) zur optischen Unterscheidung in grün gehalten sind.

2. Anm: Im Übrigen siehe II.C. zu § 8 NAG.

Aufenthaltszwecke

§ 2. (1) Eine Niederlassungsbewilligung kann nur für folgende Aufenthaltszwecke erteilt werden:
1. „Schlüsselkraft" (§ 8 Abs. 2 Z 1 NAG);
2. „ausgenommen Erwerbstätigkeit" (§ 8 Abs. 2 Z 2 NAG);
3. „unbeschränkt" (§ 8 Abs. 2 Z 3 NAG);
4. „beschränkt" (§ 8 Abs. 2 Z 4 NAG);
5. „Angehöriger" (§ 8 Abs. 2 Z 5 NAG).

(2) Eine Aufenthaltsbewilligung kann nur für folgende Aufenthaltszwecke erteilt werden:
1. „Rotationsarbeitskraft" (§ 58 NAG);
2. „Betriebsentsandter" (§ 59 NAG);
3. „Selbständiger" (§ 60 NAG);
4. „Künstler" (§ 61 NAG);
5. „Sonderfälle unselbständiger Erwerbstätigkeit" (§ 62 NAG);
6. „Schüler" (§ 63 NAG);
7. „Studierender" (§ 64 NAG);
8. „Sozialdienstleistender" (§ 66 NAG);
9. „Forscher" (§ 67 NAG);
10. „Familiengemeinschaft" (§ 69 NAG);
11. „Humanitäre Gründe" (§ 72 NAG).

(3) Der Bezeichnung der Aufenthaltstitel „Niederlassungsbewilligung" und „Aufenthaltsbewilligung" sind der jeweilige Aufenthaltszweck (Abs. 1 oder 2) und eine diesem entsprechende Information über den Zugang zum Arbeitsmarkt beizufügen.

(4) Der Bezeichnung der Aufenthaltsbewilligung „Familiengemeinschaft" ist an Stelle der Information über den Zugang zum Arbeitsmarkt ein Hinweis auf den Aufenthaltszweck der Aufenthaltsbewilligung des Drittstaatsangehörigen, von der die Aufenthaltsbewilligung „Familiengemeinschaft" abgeleitet wird (§ 69 NAG), beizufügen.

1. EB zum ME BMI-LR1310/0013-III/1/2005

§ 2 enthält in einer abschließenden Aufzählung die Aufenthaltszwecke, für die eine Niederlassungsbewilligung (Abs. 1) oder eine Aufenthaltsbewilligung (Abs. 2) erteilt werden kann.

Abs. 3 bestimmt weiters, dass auf der Aufenthaltstitelkarte neben der Bezeichnung der Art des Aufenthaltstitels (siehe § 1 Abs. 1) der jeweilige Aufenthaltszweck und eine diesem entsprechende Information über den Arbeitsmarktzugang einzutragen sind.

Bei Aufenthaltsbewilligungen mit dem Aufenthaltszweck „Familiengemeinschaft" (§ 69 NAG) ist ein Hinweis auf den Aufenthaltszweck des Zusammenführenden beizufügen (Abs. 4).

2. Anm: Im Übrigen siehe II.C. zu § 8 NAG.

2. Abschnitt: Zu § 9 Abs. 2 NAG

Form und Inhalt der Anmeldebescheinigung

§ 3. Anmeldebescheinigungen für freizügigkeitsberechtigte EWR-Bürger und Schweizer Bürger (§§ 53 und 57 NAG) sind nach dem Muster der Anlage B auszustellen.

1. EB zum ME BMI-LR1310/0013-III/1/2005 (zu §§ 3 bis 5)

Die Anmeldebescheinigung ist – anders als der „Lichtbildausweis für

EWR-Bürger" und die „Daueraufenthaltskarte" – kein Identitätsdokument (vgl. § 9 Abs. 2 NAG) und hat dem Muster der Anlage B zu entsprechen. Hingegen sind der „Lichtbildausweis für EWR-Bürger" und die „Daueraufenthaltskarte" – ebenso wie die Aufenthaltstitel – im Scheckkartenformat herzustellen und haben den Mustern der Anlagen C bzw. D zu entsprechen. Zur Unterscheidung von den Aufenthaltstiteln (§ 1) sind diese beiden Karten grün.

2. Anm: Im Übrigen siehe II.C. zu § 9 NAG.

Form und Inhalt des Lichtbildausweises für EWR-Bürger

§ 4. Lichtbildausweise für EWR-Bürger (§ 9 Abs. 2 NAG) sind als Karten nach dem Muster der Anlage C auszustellen.

1. EB zum ME BMI-LR1310/0013-III/1/2005

Siehe oben 1. zu § 3.

2. Anm: Im Übrigen siehe II.C. zu § 9 NAG.

Form und Inhalt der Daueraufenthaltskarte

§ 5. Daueraufenthaltskarten (§ 54 NAG) sind als Karten nach dem Muster der Anlage D auszustellen.

1. EB zum ME BMI-LR1310/0013-III/1/2005

Siehe oben 1. zu § 3.

2. Anm: Im Übrigen siehe II.C. zu § 9 NAG.

3. Abschnitt: Zu § 19 Abs. 3 NAG

Form der Urkunden und Nachweise

§ 6. (1) Die nach den §§ 7 bis 9 bei der Antragstellung erforderlichen Urkunden und Nachweise sind der Behörde oder Berufsvertretungsbehörde jeweils im Original und in Kopie vorzulegen.

(2) Die Behörde oder Berufsvertretungsbehörde prüft die vorgelegten, dem Antrag anzuschließenden Kopien auf ihre vollständige Übereinstimmung mit dem Original und bestätigt dies mit einem Vermerk auf der Kopie.

(3) Urkunden und Nachweise, die nicht in deutscher Sprache verfasst sind, sind auf Verlangen der Behörde oder Berufsvertretungsbehörde zusätzlich in einer Übersetzung ins Deutsche vorzulegen.

(4) Urkunden und Nachweise sind auf Verlangen der Behörde nach den jeweils geltenden Vorschriften in beglaubigter Form vorzulegen.

1. EB zum ME BMI-LR1310/0013-III/1/2005

Urkunden und Nachweise sind der Behörde jeweils im Original und zusätzlich in Kopie vorzulegen. So wird etwa im Fall der Auslandsantragstellung der Antragsteller seinen Reisepass und eine entsprechende Kopie bei der Berufsvertretungsbehörde vorlegen. Diese hat sodann die Kopie auf ihre Übereinstimmung mit dem vorgelegten Reisepass zu überprüfen. Der Reisepass verbleibt in diesem Fall beim Antragsteller, während die Kopie an die Inlandsbehörde übermittelt werden kann. Der Umstand der Überprüfung auf Übereinstimmung ist zu bestätigen, wobei ein Vermerk auf der Kopie (etwa mit Stempel und Kürzel des Durchführenden) zur Wahrung der Nachvollziehbarkeit genügen wird.

Beglaubigte Dokumente und Nachweise sowie Übersetzungen ins Deutsche sind nur auf Verlangen der Behörde vorzulegen. Bei der Beglaubigung sind die jeweils gültigen Formvorschriften zu beachten. Wenn das Haager Beglaubigungsabkommen anzuwenden ist, genügt das vereinfachte Verfahren mittels Apostille. Außerhalb des Abkommens sind die Regeln der „diplomatischen Beglaubigung" einzuhalten. Die Beglaubigung soll sicherstellen, dass – gerade in Staaten mit wenig entwickeltem Personenstands- oder Urkundenwesen – vorgelegte Unterlagen so weit wie möglich auf ihre Verlässlichkeit geprüft werden können. Da das Erfordernis der Beglaubigung vom ausdrücklichen Verlangen der Behörde abhängt, kann bei unbedenklichen Sachverhalten auch darauf verzichtet werden. Umgekehrt werden Informationen in Bezug auf den Umlauf von Fälschungen und Gefälligkeitsdokumenten ein konsequentes Bestehen auf das Beglaubigungserfordernis nach sich ziehen.

2. Anm: Im Übrigen siehe II.C. zu § 19 NAG.

Urkunden und Nachweise für alle Aufenthaltstitel

§ 7. (1) Dem Antrag auf Ausstellung eines Aufenthaltstitels (§ 1 Abs. 1) sind – unbeschadet weiterer Urkunden und Nachweise nach den §§ 8 und 9 – folgende Urkunden und Nachweise anzuschließen:
1. Kopie des gültigen Reisedokuments (§ 2 Abs. 1 Z 2 und 3 NAG);
2. **Geburtsurkunde oder ein dieser gleichzuhaltendes Dokument** (nur bei Erstanträgen);
3. **aktuelles Lichtbild des Antragstellers (von 3,5 x 4,5 cm bis 4,0 x 5,0 cm);**
4. **erforderlichenfalls Heiratsurkunde, Urkunde über die Ehescheidung, Urkunde über die Annahme an Kindesstatt, Nachweis oder Urkunde über das Verwandtschaftsverhältnis, Sterbeurkunde;**
5. **Nachweis des Rechtsanspruchs auf eine ortsübliche Unterkunft, insbesondere Miet- oder Untermietverträge, bestandrechtliche Vorverträge oder Eigentumsnachweise;**
6. **Nachweis über einen in Österreich leistungspflichtigen und alle Risken abdeckenden Krankenversicherungsschutz, insbesondere durch eine entsprechende Versicherungspolizze,**

sofern kein Fall der gesetzlichen Pflichtversicherung besteht wird oder besteht (§ 11 Abs. 2 Z 3 NAG);
7. Nachweis des gesicherten Lebensunterhalts, insbesondere Lohnzettel, Lohnbestätigungen, Dienstverträge, arbeitsrechtliche Vorverträge, Bestätigungen über Pensions-, Renten- oder sonstige Versicherungsleistungen, Nachweise über das Investitionskapital, Nachweis eigenen Vermögens in ausreichender Höhe oder in den bundesgesetzlich vorgesehenen Fällen eine Haftungserklärung.

(2) Beruft sich der Antragsteller betreffend Abs. 1 Z 5, 6 oder 7 auf Leistungen eines verpflichteten Dritten, so ist jeweils ein Nachweis dieser Leistung durch den Dritten anzuschließen.

1. EB zum ME BMI-LR1310/0013-III/1/2005

Die Aufzählung in § 7 bestimmt jene Urkunden und Nachweise, die unabhängig von der Art des beantragten Aufenthaltstitels der Behörde vorzulegen sind.

2. Anm: Im Übrigen siehe II.C. zu §§ 11 und 19 NAG.

Weitere Urkunden und Nachweise für Aufenthaltsbewilligungen

§ 8. Zusätzlich zu den in § 7 genannten Urkunden und Nachweisen sind dem Antrag auf Erteilung einer Aufenthaltsbewilligung weitere Urkunden und Nachweise anzuschließen:
1. für eine „Aufenthaltsbewilligung – Rotationsarbeitskraft": Sicherungsbescheinigung oder Beschäftigungsbewilligung als Rotationsarbeitskraft;
2. für eine „Aufenthaltsbewilligung – Betriebsentsandter": Sicherungsbescheinigung oder Beschäftigungsbewilligung als Betriebsentsandter;
3. für eine „Aufenthaltsbewilligung – Selbständiger": schriftlicher Werkvertrag über die Leistung einer bestimmten selbständigen Tätigkeit, die länger als sechs Monate bestehen wird;
4. für eine „Aufenthaltsbewilligung – Künstler":
    a) im Fall einer unselbständigen künstlerischen Tätigkeit: Sicherungsbescheinigung oder Beschäftigungsbewilligung als Künstler;
    b) im Fall einer selbständigen künstlerischen Tätigkeit: der dieser Tätigkeit zugrunde liegende schriftliche Vertrag;
    c) Nachweis über die künstlerische Ausbildung oder Beschreibung der bisherigen künstlerischen Tätigkeit;
5. für eine „Aufenthaltsbewilligung – Sonderfälle unselbständiger Erwerbstätigkeit":
    a) der dieser Tätigkeit zugrunde liegende Dienstvertrag;
    b) erforderlichenfalls die Anzeigebestätigung des Arbeitsmarktservice nach dem Ausländerbeschäftigungsgesetz;
6. für eine „Aufenthaltsbewilligung – Schüler":

- a) schriftliche Bestätigung der Schule oder der nichtschulischen Bildungseinrichtung über die Aufnahme des Schülers, sofern der Schüler nicht eine Pflichtschule besucht;
- b) bei minderjährigen Schülern ein Nachweis über die Pflege und Erziehung des Schülers durch eine volljährige, in Österreich wohnhafte natürliche Person;
- c) im Fall eines Verlängerungsantrages ein schriftlicher Nachweis der Schule oder der nichtschulischen Bildungseinrichtung über den Schulerfolg im vorangegangenen Schuljahr;

7. für eine „Aufenthaltsbewilligung – Studierender":
- a) Aufnahmebestätigung der Universität, der Fachhochschule, der akkreditierten Privatuniversität oder des Universitätslehrganges;
- b) im Fall eines Verlängerungsantrages ein schriftlicher Nachweis der Universität, Fachhochschule, akkreditierten Privatuniversität oder des Universitätslehrganges über den Studienerfolg im vorangegangenen Studienjahr, insbesondere ein Studienerfolgsnachweis gemäß § 75 Abs. 6 des Universitätsgesetzes 2002, BGBl. I Nr. 120;

8. für eine „Aufenthaltsbewilligung – Sozialdienstleistender":
- a) schriftliche Erklärung der Organisation über ihre Überparteilichkeit und Gemeinnützigkeit;
- b) schriftliche Erklärung des Antragstellers, dass der zu erbringende Dienst nicht dem Ausländerbeschäftigungsgesetz unterliegt und bei einer überparteilichen und gemeinnützigen Organisation erbracht wird, die selbst keine Erwerbszwecke verfolgt;
- c) Beschreibung der vom Antragsteller zu erbringenden Tätigkeit;
- d) Haftungserklärung der Organisation.

9. für eine „Aufenthaltsbewilligung – Forscher": Aufnahmevereinbarung der zertifizierten Forschungseinrichtung;

10. für eine „Aufenthaltsbewilligung – Familiengemeinschaft": Nachweis des Bestehens der Familiengemeinschaft im Herkunftsstaat.

1. EB zum ME BMI-LR1310/0013-III/1/2005 (zu §§ 8 und 9)

Diese Bestimmungen regeln für einzelne Aufenthaltszwecke einer Aufenthaltsbewilligung (§ 8) oder einer Niederlassungsbewilligung (§ 9) die zusätzlichen zu den nach § 7 erforderlichen Urkunden und Nachweise.

2. Anm: Im Übrigen siehe II.C. NAG zu den einzelnen Aufenthaltsbewilligungen.

Weitere Urkunden und Nachweise für Niederlassungsbewilligungen

§ 9. Zusätzlich zu den in § 7 genannten Urkunden und Nachweisen sind dem Antrag auf Erteilung einer Niederlassungsbewilligung weitere Urkunden und Nachweise anzuschließen:
1. für eine „Niederlassungsbewilligung – Schlüsselkraft" im Fall einer unselbständigen Schlüsselkraft: Arbeitergebererklärung nach dem Ausländerbeschäftigungsgesetz;
2. für eine „Niederlassungsbewilligung – Schlüsselkraft" im Fall einer selbständigen Schüsselkraft:
   a) Nachweis des Transfers von Investitionskapital oder der Schaffung und Sicherung von Arbeitsplätzen;
   b) Beschreibung und Ziele der beabsichtigten unternehmerischen Tätigkeit („Businessplan");
3. für eine „Niederlassungsbewilligung – ausgenommen Erwerbstätigkeit" im Fall des § 42 Abs. 2 NAG:
   a) Nachweis über die frühere Eigenschaft als Träger von Privilegien und Immunitäten nach § 95 FPG;
   b) Nachweis über die Versetzung in den Ruhestand.
4. für eine „Niederlassungsbewilligung – beschränkt" in den Fällen der §§ 44 Abs. 2 und 49 Abs. 4:
   a) Nachweis über die selbständige Erwerbstätigkeit;
   b) Beschreibung und Ziele der beabsichtigten unternehmerischen Tätigkeit („Businessplan");
5. für eine „Niederlassungsbewilligung – Angehöriger":
   a) Haftungserklärung des Zusammenführenden;
   b) im Fall des § 47 Abs. 3 Z 1 NAG: schriftliche Erklärung des Zusammenführenden über die Art und den Umfang der Unterhaltsleistung;
   c) im Fall des § 47 Abs. 3 Z 2 NAG: Nachweis des Bestehens einer dauerhaften Beziehung mit dem Zusammenführenden im Herkunftsstaat und schriftliche Erklärung des Zusammenführenden über die Art und den Umfang der Unterhaltsleistung;
   d) im Fall des § 47 Abs. 3 Z 3 lit. a NAG: schriftliche Erklärung des Zusammenführenden über die Art und den Umfang sowie den Zeitraum des bereits geleisteten Unterhalts;
   e) im Fall des § 47 Abs. 3 Z 3 lit. b NAG: Nachweis über die häusliche Gemeinschaft im Herkunftsstaat und schriftliche Erklärung des Zusammenführenden über die Art, den Umfang und den Zeitraum des bereits geleisteten Unterhalts;
   f) im Fall des § 47 Abs. 3 Z 3 lit. c NAG: Nachweis der schwerwiegenden gesundheitlichen Gründe und schriftliche Erklärung des Zusammenführenden über die zwingende Erforderlichkeit der persönlichen Pflege durch den Zusammenführenden.

VI Verordnungen: D NAG-DV

1. EB zum ME BMI-LR1310/0013-III/1/2005 (zu §§ 8 und 9)

Siehe oben 1. zu § 8.

2. Anm: Im Übrigen siehe II.C. NAG zu den einzelnen Niederlassungsbewilligungen.

4. Abschnitt: Zu § 24 Abs. 1 NAG

Form und Inhalt der Bestätigung über die rechtzeitige Stellung eines Verlängerungsantrages

§ 10. Bestätigungen über die rechtzeitige Stellung eines Verlängerungsantrages sind nach dem Muster der Anlage E in Form einer Vignette auszustellen.

1. EB zum ME BMI-LR1310/0013-III/1/2005

Anders als die Aufenthaltstitel ist die Bestätigung nach § 24 Abs. 1 NAG nicht in Kartenform, sondern in Form einer im Reisedokument anzubringenden Vignette auszustellen.

2. Anm: Im Übrigen siehe II.C. zu § 24 NAG.

5. Abschnitt: Zu § 81 Abs. 2 NAG

Weitergeltung von Aufenthalts- und Niederlassungsberechtigungen

§ 11. (1) Die vor dem In-Kraft-Treten des Niederlassungs- und Aufenthaltsgesetzes erteilten Aufenthalts- und Niederlassungsberechtigungen nach dem Fremdengesetz 1997, BGBl. I Nr. 75 in der Fassung der FrG-Novelle 2002, BGBl. I Nr. 126 und zuletzt geändert durch das Bundesgesetz BGBl. I Nr. 100/2005, gelten nach ihrem Aufenthaltszweck als entsprechende Aufenthalts- und Niederlassungsberechtigungen nach dem Niederlassungs- und Aufenthaltsgesetz oder als Berechtigungen nach dem Fremdenpolizeigesetz 2005 (FPG), BGBl. I Nr. 100, wie folgt weiter:

Aufenthalts- und Niederlassungsberechtigungen nach dem Fremdengesetz 1997 (FrG)	Aufenthalts- und Niederlassungsberechtigung nach dem Niederlassungs- und Aufenthaltsgesetz (NAG) und Berechtigungen nach dem Fremdenpolizeigesetz 2005 (FPG)
A. Niederlassungsbewilligungen nach dem FrG	
1. Niederlassungsbewilligung jeglicher Aufenthaltszweck, § 13 Abs. 2 FrG	„Niederlassungsbewilligung – beschränkt"

Niederlassungs- und Aufenthaltsgesetz-Durchführungsverordnung – NAG-DV: § 11

2. Niederlassungsbewilligung begünstigter Drittstaat – EWR, § 47 Abs. 3 FrG	Dokumentation „Daueraufenthaltskarte"
3. Niederlassungsbewilligung begünstigter Drittstaat – Ö, § 49 Abs. 1 FrG	a) Ehegatten und Kinder bis 18 Jahre: Aufenthaltstitel „Familienangehöriger" b) Kinder über 18 Jahre: „Niederlassungsbewilligung – unbeschränkt" c) Angehörige in aufsteigender Linie mit aufrechtem Zugang zum Arbeitsmarkt: „Niederlassungsbewilligung – beschränkt" d) Angehörige in aufsteigender Linie ohne aufrechten Zugang zum Arbeitsmarkt: „Niederlassungsbewilligung – Angehöriger" e) bei Freizügigkeitssachverhalten nach § 57 NAG: Dokumentation „Daueraufenthaltskarte"
4. Niederlassungsbewilligung Selbständig, § 30 Abs. 2 FrG	„Niederlassungsbewilligung – beschränkt"
5. Niederlassungsbewilligung Familiengemeinschaft, § 20 Abs. 1 FrG	„Niederlassungsbewilligung – beschränkt"
6. Niederlassungsbewilligung Privat – quotenpflichtig, § 18 Abs. 4 FrG	„Niederlassungsbewilligung – ausgenommen Erwerbstätigkeit"
7. Niederlassungsbewilligung Medienbediensteter, § 19 Abs. 2 Z 1 FrG	„Aufenthaltsbewilligung – Sonderfälle unselbständiger Erwerbstätigkeit"
8. Niederlassungsbewilligung Künstler, § 19 Abs. 2 Z 2 FrG	„Aufenthaltsbewilligung – Künstler"
9. Niederlassungsbewilligung für vom AuslBG ausgenommen unselbständig Erwerbstätige § 19 Abs. 2 Z 3 FrG	„Aufenthaltsbewilligung – Sonderfälle unselbständiger Erwerbstätigkeit"
10. Niederlassungsbewilligung begünstigter Drittstaat – CH, § 48a FrG	bei drittstaatsangehörigen Familienangehörigen von freizügigkeitsberechtigten Schweizer Bürgern: Dokumentation „Daueraufenthaltskarte"

11. Niederlassungsbewilligung Schlüsselkraft – selbständig, § 18 Abs. 1 Z 1 FrG	„Niederlassungsbewilligung – Schlüsselkraft"
12. Niederlassungsbewilligung Schlüsselkraft – unselbständig, § 18 Abs. 1 Z 1 FrG	„Niederlassungsbewilligung – Schlüsselkraft"
13. Niederlassungsbewilligung Familiengemeinschaft mit selbständiger Schlüsselkraft, § 18 Abs. 1 Z 1 FrG	„Niederlassungsbewilligung – beschränkt"
14. Niederlassungsbewilligung Familiengemeinschaft mit unselbständiger Schlüsselkraft, § 18 Abs. 1 Z 1 FrG	„Niederlassungsbewilligung – beschränkt"
15. Niederlassungsbewilligung Privat – quotenfrei, § 19 Abs. 5 FrG	a) bei Familienangehörigen von Begünstigten nach dem FrG: „Niederlassungsbewilligung – Angehöriger" b) bei Familienangehörigen von Künstlern, Medienbediensteten und vom AuslBG ausgenommenen unselbständig Erwerbstätigen: „Aufenthaltsbewilligung – Familiengemeinschaft"
16. Niederlassungsbewilligung Schlüsselkraft – Abkommen, § 1 Abs. 5 AuslBG	entfällt
B. Aufenthaltserlaubnisse nach dem FrG	
1. Aufenthaltserlaubnis Ausbildung, § 7 Abs. 4 Z 1 FrG	a) „Aufenthaltsbewilligung – Schüler" oder b) „Aufenthaltsbewilligung – Studierender"
2. Aufenthaltserlaubnis Familiengemeinschaft mit Ausbildung, § 7 Abs. 4 Z 3 FrG	„Aufenthaltsbewilligung – Familiengemeinschaft"
3. Aufenthaltserlaubnis Rotationskraft, § 7 Abs. 4 Z 2 FrG	„Aufenthaltsbewilligung – Rotationsarbeitskraft"
4. Aufenthaltserlaubnis Familiengemeinschaft mit Rotationskraft, § 7 Abs. 4 Z 3 FrG	„Aufenthaltsbewilligung – Familiengemeinschaft"
5. Aufenthaltserlaubnis Volontär, § 12 Abs. 2 FrG	Aufenthalts-Reisevisum (Visum D+C, § 24 FPG)
6. Aufenthaltserlaubnis Grenzgänger, § 1 Abs. 11 FrG	entfällt

Niederlassungs- und Aufenthaltsgesetz-Durchführungsverordnung – NAG-DV: § 11

7. Aufenthaltserlaubnis Pendler, §§ 1 Abs. 12, 113 Abs. 3 FrG	entfällt
8. Aufenthaltserlaubnis befristete Beschäftigung, § 12 Abs. 2 FrG	Aufenthalts-Reisevisum (Visum D+C, § 24 FPG)
9. Aufenthaltserlaubnis Betriebsentsandter, § 12 Abs. 2 FrG	Aufenthalts-Reisevisum (Visum D+C, § 24 FPG)
10. Aufenthaltserlaubnis Selbständig, § 7 Abs. 4 Z 4 FrG	Aufenthalts-Reisevisum (Visum D+C, § 24 FPG)
11. Aufenthaltserlaubnis Aufenthalt aus humanitären Gründen, § 10 Abs. 4 FrG	„Aufenthaltsbewilligung – Humanitäre Gründe"
12. Aufenthaltserlaubnis kurzfristig Kunstausübende selbständig, § 90 Abs. 4 FrG	Aufenthalts-Reisevisum (Visum D+C, § 24 FPG)
13. Aufenthaltserlaubnis kurzfristig Kunstausübende unselbständig, § 12 Abs. 2 FrG	Aufenthalts-Reisevisum (Visum D+C, § 24 FPG)
14. Aufenthaltserlaubnis für vom AuslBG ausgenommen unselbständig Erwerbstätige, § 1 Abs. 2 und 4 AuslBG	Aufenthalts-Reisevisum (Visum D+C, § 24 FPG)
15. Aufenthaltserlaubnis Praktikant, § 12 Abs. 2 FrG	Aufenthalts-Reisevisum (Visum D+C, § 24 FPG
16. Aufenthaltserlaubnis bewilligungsfrei nach AuslBG, § 18 Abs. 2 AuslBG	Aufenthalts-Reisevisum (Visum D+C, § 24 FPG)
17. Pendler-Abkommen, § 1 Abs. 5 AuslBG	entfällt
C. Niederlassungsnachweis	
Niederlassungsnachweis	a) bei Familienangehörigen von dauernd in Österreich wohnhaften Zusammenführenden: Aufenthaltstitel „Daueraufenthalt – Familienangehöriger" b) bei allen anderen: Aufenthaltstitel „Daueraufenthalt – EG" c) bei Freizügigkeitssachverhalten nach § 57 NAG: Dokumentation „Daueraufenthaltskarte"

(2) Die vor dem In-Kraft-Treten des Niederlassungs- und Aufenthaltsgesetzes erteilten Aufenthalts- und Niederlassungsberechtigungen

VI Verordnungen: D NAG-DV

1. nach dem Fremdengesetz 1997 (FrG), BGBl. I Nr. 75/1997, in der Fassung vor der FrG-Novelle 2002, BGBl. I Nr. 126/2002,
2. nach dem Aufenthaltsgesetz (AufG), BGBl. Nr. 466/1992,
3. nach dem Fremdengesetz (FrG), BGBl. Nr. 838/1992, und
4. nach dem Paßgesetz 1969, BGBl. Nr. 422,

gelten nach ihrem Aufenthaltszweck als entsprechende Aufenthalts- und Niederlassungsberechtigungen nach dem Niederlassungs- und Aufenthaltsgesetz oder als Berechtigungen nach dem Fremdenpolizeigesetz 2005 wie folgt weiter:

Aufenthalts- und Niederlassungsberechtigungen nach dem Fremdengesetz 1997 (FrG) in der Fassung vor der FrG-Novelle 2002, nach dem Fremdengesetz, dem Aufenthaltsgesetz und dem Paßgesetz 1969	Aufenthalts- und Niederlassungsberechtigung nach dem Niederlassungs- und Aufenthaltsgesetz (NAG) und Berechtigungen nach dem Fremdenpolizeigesetz 2005 (FPG)
A. Fremdengesetz 1997 (FrG) in der Rechtslage vor 1.1.2003	
1. Niederlassungsbewilligung jeglicher Aufenthaltsweck	„Niederlassungsbewilligung – beschränkt"
2. Niederlassungsbewilligung Familiengemeinschaft mit EWR-Bürger	Dokumentation „Daueraufenthaltskarte"
3. Niederlassungsbewilligung Familiengemeinschaft mit Österreicher	a) Ehegatten und Kinder bis 18 Jahre: Aufenthaltstitel „Familienangehöriger" b) Kinder über 18 Jahre: „Niederlassungsbewilligung – unbeschränkt" c) Angehörige in aufsteigender Linie mit aufrechtem Zugang zum Arbeitsmarkt: „Niederlassungsbewilligung – beschränkt" d) Angehörige in aufsteigender Linie ohne aufrechten Zugang zum Arbeitsmarkt: „Niederlassungsbewilligung – Angehöriger" e) Bei Freizügigkeitssachverhalten nach § 57 NAG: Dokumentation „Daueraufenthaltskarte"
4. Niederlassungsbewilligung jeglicher Aufenthaltszweck ausgenommen unselbständiger Erwerb	„Niederlassungsbewilligung – beschränkt"

5. Niederlassungsbewilligung Familiengemeinschaft – ausgenommen unselbständiger Erwerb	„Niederlassungsbewilligung – beschränkt"
6. Niederlassungsbewilligung Familiengemeinschaft – ausgenommen Erwerbstätigkeit	„Niederlassungsbewilligung – beschränkt"
7. Niederlassungsbewilligung Privat	„Niederlassungsbewilligung – ausgenommen Erwerbstätigkeit"
8. Niederlassungsbewilligung Medienbediensteter eines ausländischen Informationsmediums	„Aufenthaltsbewilligung – Sonderfälle unselbständiger Erwerbstätigkeit"
9. Niederlassungsbewilligung Künstler	„Aufenthaltsbewilligung – Künstler"
10. Niederlassungsbewilligung vom AuslBG ausgenommen unselbständiger Erwerb	„Aufenthaltsbewilligung – Sonderfälle unselbständiger Erwerbstätigkeit"
11. Aufenthaltserlaubnis Student	„Aufenthaltsbewilligung – Studierender"
12. Aufenthaltserlaubnis Familiengemeinschaft mit Student	„Aufenthaltsbewilligung – Familiengemeinschaft"
13. Aufenthaltserlaubnis Schüler	„Aufenthaltsbewilligung – Schüler"
14. Aufenthaltserlaubnis Familiengemeinschaft mit Schüler	„Aufenthaltsbewilligung – Familiengemeinschaft"
15. Aufenthaltserlaubnis Rotationskraft	„Aufenthaltsbewilligung – Rotationsarbeitskraft"
16. Aufenthaltserlaubnis Familiengemeinschaft mit Rotationskraft	„Aufenthaltsbewilligung – Familiengemeinschaft"
17. Aufenthaltserlaubnis Volontär	Aufenthalts-Reisevisum (Visum D+C, § 24 FPG)
18. Aufenthaltserlaubnis Grenzgänger	entfällt
19. Aufenthaltserlaubnis Pendler	entfällt
20. Aufenthaltserlaubnis Saisonarbeitskraft	Aufenthalts-Reisevisum (Visum D+C, § 24 FPG)
21. Aufenthaltserlaubnis Betriebsentsandter	a) bis zu sechs Monaten: Aufenthalts-Reisevisum (Visum D+C, § 24 FPG) b) ab sechs Monaten: „Aufent-

	haltsbewilligung – Betriebsentsandter"
22. Aufenthaltserlaubnis Selbständiger ohne Niederlassung	a) bis zu sechs Monaten: Aufenthalts-Reisevisum (Visum D+C, § 24 FPG) b) ab sechs Monaten: „Aufenthaltsbewilligung – Selbständiger"
23. Aufenthaltserlaubnis Aufenthalt aus humanitären Gründen	„Aufenthaltsbewilligung – Humanitäre Gründe"
24. Aufenthaltserlaubnis Künstler	Aufenthalts-Reisevisum (Visum D+C, § 24 FPG
25. Aufenthaltserlaubnis für vom AuslBG ausgenommen unselbständiger Erwerb	Aufenthalts-Reisevisum (Visum D+C, § 24 FPG)
26. Praktikant	Aufenthalts-Reisevisum (Visum D+C, § 24 FPG)
B. Aufenthaltsgesetz (AufG), BGBl. Nr. 466/1992, Rechtslage vor 1.1.1998	
Aufenthaltsbewilligungen	„Niederlassungsbewilligung – unbeschränkt"
C. Fremdengesetz (FrG), BGBl. Nr. 838/1992, Rechtslage vor 1.1.1998	
gewöhnliche Sichtvermerke gem. § 6 Abs. 1 Z1	„Niederlassungsbewilligung – unbeschränkt"
D. Paßgesetz 1969, BGBl. Nr. 422	
Sichtvermerke gem. § 24 Paßgesetz 1969	„Niederlassungsbewilligung – unbeschränkt"

(3) Sofern die folgenden Aufenthalts- und Niederlassungsberechtigungen nach Abs. 2 vor dem In-Kraft-Treten des Niederlassungs- und Aufenthaltsgesetzes unbefristet erteilt worden sind, gelten sie wie folgt weiter:
1. Aufenthalts- und Niederlassungsberechtigungen nach lit. A Z 1, 4, 5, 6 und 7 sowie nach lit. B, C und D als Aufenthaltstitel „Daueraufenthalt – EG";
2. die Niederlassungsbewilligung Familiengemeinschaft mit Österreicher (lit. A Z 3)
   a) bei Ehegatten und Kindern bis 18 Jahre als Aufenthaltstitel „Daueraufenthalt – Familienangehöriger" und
   b) bei Kindern über 18 Jahre und bei Angehörigen in aufsteigender Linie als Aufenthaltstitel „Daueraufenthalt – EG".

Niederlassungs- und Aufenthaltsgesetz-Durchführungsverordnung – NAG-DV: § 12

1. EB zum ME BMI-LR1310/0013-III/1/2005

In den zwei in Abs. 1 und 2 enthaltenen Texttabellen werden die nach bisherigen bundesgesetzlichen Bestimmungen erteilten und im Rahmen ihrer Gültigkeitsdauer weiterhin gültigen Aufenthalts- und Niederlassungsberechtigungen entsprechend ihrem jeweiligen Aufenthaltszweck den neuen Aufenthalts- und Niederlassungsberechtigungen nach dem Niederlassungs- und Aufenthaltsgesetz bzw. dem Fremdenpolizeigesetz 2005 (FPG) gegenübergestellt („Korrespondenztabellen"). Dadurch soll einem reibungslosen Übergang in das neue Regelungsregime und einem Höchstmaß an Klarheit und Sicherheit der Gesetzesanwendung entsprochen werden.

Sofern eine frühere Aufenthaltsberechtigung nach der neuen Rechtslage mit keiner der neuen Aufenthalts- und Niederlassungsberechtigungen korrespondiert (z.B. Aufenthaltserlaubnis Grenzgänger, § 1 Abs. 11 FrG), wird dieser der Vollständigkeit und Klarheit wegen mit dem erklärenden Zusatz „*entfällt*" versehen. Diese Aufenthaltsberechtigungen gelten nach dem Zeitpunkt des In-Kraft-Tretens dieser Verordnung nur noch bis zum Ablauf ihrer ursprünglichen Geltungsdauer weiter (vgl. § 81 Abs. 3 NAG). Die anschließende Verlängerungsmöglichkeit einer mit keiner neuen Berechtigung korrespondierenden Aufenthaltsberechtigung ist nicht mehr gegeben, sondern es ist gegebenenfalls eine neue Aufenthalts- oder Niederlassungsberechtigung nach dem Niederlassungs- und Aufenthaltsgesetz zu beantragen.

Voraussetzung für die inhaltliche Weitergeltung einer nach früheren gesetzlichen Bestimmungen erteilten Aufenthalts- oder Niederlassungsberechtigung ist neben ihrer aufrechten Gültigkeit der tatsächliche Aufenthalt des Fremden im Bundesgebiet vor und nach dem Zeitpunkt des In-Kraft-Tretens des Niederlassungs- und Aufenthaltsgesetzes.

In der Korrespondenztabelle des Abs. 1 sind die Niederlassungsbewilligungen, Aufenthaltserlaubnisse und der Niederlassungsnachweis nach dem Fremdengesetz 1997 i.d.F. der FrG-Novelle 2002, BGBl I Nr. 126/2002, angeführt.

In der Korrespondenztabelle des Abs. 2 sind die verschiedenen Arten von Aufenthalts- und Niederlassungsberechtigungen nach früheren und bereits außer Kraft getretenen bundesgesetzlichen Bestimmungen (Fremdengesetz 1997 i.d.F vor der FrG-Novelle 2002, Aufenthaltsgesetz, Fremdengesetz 1992 und Paßgesetz 1969) angeführt.

2. Anm: Im Übrigen siehe II.C. zu § 81 NAG.

6. Abschnitt: Schlussbestimmungen

§ 12. Die §§ 6 bis 9 sind auf Verfahren, die vor dem In-Kraft-Treten dieser Verordnung bereits anhängig waren, aber noch nicht rechtskräftig entschieden worden sind, nicht anzuwenden.

1. EB zum ME BMI-LR1310/0013-III/1/2005

Nach dieser Bestimmung sind auf jene Verfahren nach dem Fremdengesetz 1997 (FrG), die vor dem In-Kraft-Treten (1. Jänner 2006) anhängig waren, aber noch nicht rechtskräftig erledigt wurden, die Formerfordernisse der §§ 6 bis 9 dieses Verordnungsentwurfs nicht anzuwenden. Zweck dieser Bestimmung ist, dass eine Zurückweisung nicht erfolgt, wenn sie bloß aus dem Grund ergangen wäre, dass die nunmehr erforderlichen Urkunden, Nachweise oder Formulare nicht oder nicht richtig vorgelegt wurden.

§ 13. Diese Verordnung tritt am 1. Jänner 2006 in Kraft.

1. EB zum ME BMI-LR1310/0013-III/1/2005

Das Datum des In-Kraft-Tretens stützt sich auf § 82 Abs. 3 NAG, wonach die Verordnung frühestens mit dem In-Kraft-Treten des Niederlassungs- und Aufenthaltsgesetzes in Kraft gesetzt werden darf.

Anlagen A – E (nicht abgedruckt)

E Verordnung der Bundesministerin für Inneres über die Integrationsvereinbarung (Integrationsvereinbarungs-Verordnung – IV-V)

– BGBl II 2005/449

Auf Grund der §§ 14 Abs. 6, 15 Abs. 3 und 16 Abs. 4 des Niederlassungs- und Aufenthaltsgesetzes (NAG), BGBl. I Nr. 100/2005, wird – hinsichtlich des § 10 im Einvernehmen mit dem Bundesminister für Finanzen – verordnet:

Kursträger

§ 1. (1) Vom Österreichischen Integrationsfonds (ÖIF) können nachstehende Institutionen auf Antrag als Kursträger für Alphabetisierungskurse und Deutsch-Integrationskurse zertifiziert werden:
1. Institutionen der Erwachsenenbildung, die Unterricht in „Deutsch als Fremdsprache" (DaF) in bioder multilingualen Klassen jedenfalls seit zwei Jahren durchführen;
2. Institutionen der Erwachsenenbildung, die gemäß dem Bundesgesetz über die Förderung der Erwachsenenbildung und des Volksbüchereiwesens aus Bundesmitteln, BGBl. Nr. 171/1973, als förderungswürdige Einrichtungen anerkannt sind;
3. Institutionen der Erwachsenenbildung, die gemäß Z 2 förderungswürdig sind und jedenfalls seit zwei Jahren auch mit der Beratung, Unterstützung und Betreuung von Fremden befasst sind und aus Mitteln des Bundes, des Landes oder der Gemeinde gefördert werden;
4. private oder humanitäre Einrichtungen, die jedenfalls seit fünf Jahren mit der Beratung, Unterstützung und Betreuung von Fremden befasst sind und deren Aufgabenbereich auch die Vermittlung der deutschen Sprache umfassen kann;
5. Einrichtungen gesetzlich anerkannter Kirchen und Religionsgesellschaften, die mit der Beratung, Unterstützung und Betreuung von Fremden befasst sind.

(2) Dem Antrag auf Zertifizierung hat der Kursträger jedenfalls die rechtlichen Grundlagen der Institution, Lehrmaterialien, Kurszeiten, Stundenpläne und ein Raumkonzept für die beabsichtigten Kurse anzuschließen.

(3) Der Kursträger ist mit dem Zeitpunkt der Zertifizierung verpflichtet, bei der Planung und Abhaltung der Alphabetisierungskurse und der Deutsch-Integrationskurse die Vorgaben der jeweiligen Rahmencurricula (Anlagen A und B) zu beachten und für begleitende Maßnahmen zur Qualitätssicherung des jeweiligen Kurses Sorge zu tragen und diese zu dokumentieren. Begleitende Maßnahmen sind

insbesondere Gespräche mit den Lehrenden und den Kursteilnehmern zur Evaluierung des Unterrichts und der vermittelten Lehrinhalte in Hinblick auf das Ziel der Kurse (§ 16 Abs. 1 NAG).

(4) Der Kursträger ist verpflichtet, Anwesenheitslisten zu führen.

(5) Dokumentationen über die begleitenden Maßnahmen zur Qualitätssicherung der Kurse (Abs. 3), Anwesenheitslisten (Abs. 4) und die vom Lehrenden nach Abschluss des Kurses übergebenen Dokumentationen über die Ergebnisse der Lernerfolgskontrollen sind vom Kursträger fünf Jahre ab Ende des Kurses aufzubewahren und anschließend zu vernichten.

(6) Kopien der Anwesenheitsliste und der Dokumentationen über die Ergebnisse der Lernerfolgskontrollen (§ 2 Abs. 2) sind einem Kursteilnehmer, soweit diese ihn betreffen, gegen Kostenersatz zu übergeben. Personenbezogene Daten von anderen Kursteilnehmern sind vor der Übergabe unkenntlich zu machen.

(7) Kopien der Dokumentationen über die begleitenden Maßnahmen zur Qualitätssicherung der Kurse (Abs. 3) sind auf Verlangen dem ÖIF zu übermitteln. Wenn sich die rechtlichen Grundlagen des Kursträgers, die Lehrmaterialien, Kurszeiten, Stundenpläne und das Raumkonzept für die Kurse nach dem Zeitpunkt des Antrages auf Zertifizierung ändern, ist dieser Umstand jedenfalls dem ÖIF unverzüglich zu melden.

(8) Der Kursträger ist verpflichtet, die Unterlagen gemäß Abs. 5 bereitzuhalten und dem ÖIF jederzeit Einsicht in diese zu gewähren. Darüber hinaus sind Mitarbeiter des ÖIF berechtigt, an den abgehaltenen Kursen zum Zwecke der Evaluierung teilzunehmen.

1. EB zum ME BMI-LR1310/0003-III/1/2005

Diese Bestimmung entspricht im Wesentlichen dem bisherigen § 1 der Integrationsvereinbarungs-Verordnung (IV-V), BGBl. II Nr. 38/2002. Die Zertifizierung eines Kursträgers erstreckt sich künftig jedoch nicht nur auf die Durchführung von Deutsch-Integrationskursen, sondern auch auf die Durchführung von Alphabetisierungskursen (Abs. 1). Die Zertifizierung erlaubt somit gleichermaßen die Durchführung beider Kurse.

Die bisher vierjährige Frist zur Aufbewahrung von Dokumentationen über die begleitenden Maßnahmen zur Qualitätssicherung der Kurse, von Anwesenheitslisten und von Dokumentationen über die Ergebnisse der Lernerfolgskontrollen wird in Anpassung an die künftige Frist von fünf Jahren zur Erfüllung der Integrationsvereinbarung (§ 14 Abs. 8 NAG) auf fünf Jahre ausgedehnt (Abs. 5).

Im Übrigen regelt § 1 die Pflichten und Aufgaben der Kursträger.

2. Anm: Im Übrigen siehe II.C. zu § 16 NAG.

Lehrpersonal

§ 2. (1) Der Kursträger hat für die Abhaltung von Alphabetisierungskursen und Deutsch-Integrationskursen ausschließlich Lehrkräfte einzusetzen, die
1. eine Ausbildung für „Deutsch als Fremdsprache" (DaF) oder für „Deutsch als Zweitsprache" (DaZ) abgeschlossen haben und mindestens ein Jahr Unterrichtserfahrung mit Erwachsenen in bi- oder multilingualen Gruppen nachweisen;
2. die Ausbildung an einer Pädagogischen Akademie zur Erlangung der Lehrberechtigung in Deutsch abgeschlossen haben und mindestens ein Jahr Unterrichtserfahrung in bi- oder multilingualen Gruppen nachweisen;
3. das Studium der Germanistik oder das Studium einer lebenden Fremdsprache abgeschlossen haben und mindestens ein Jahr Unterrichtserfahrung in Deutsch in bi- oder multilingualen Gruppen nachweisen oder
4. zehnjährige Unterrichtserfahrung in bi- oder multilingualen Gruppen an öffentlichen oder mit dem Öffentlichkeitsrecht ausgestatteten Schulen haben.

(2) Die Lehrenden haben regelmäßig Lernerfolgskontrollen über den vermittelten Lehrstoff durchzuführen, diese zu dokumentieren und die Kursteilnehmer über die Ergebnisse dieser Lernerfolgskontrollen zu informieren sowie im Fall von Deutsch-Integrationskursen die Abschlussprüfung (§ 8 Abs. 2) abzunehmen Die Dokumentation über die Lernerfolgskontrollen und die Ergebnisse der Abschlussprüfungen sind nach Abschluss des Kurses dem Kursträger zur Aufbewahrung zu übergeben.

(3) Die Lehrenden orientieren sich bei der Material- und Methodenwahl im Unterricht an der zu unterrichtenden Gruppe und verpflichten sich, die im jeweiligen Rahmencurriculum entwickelten Inhalte (Anlage A oder B) im Unterricht in der ihnen geeignet scheinenden Art und Weise vorzutragen und zu vermitteln. Sie richten ihr pädagogisches Handeln darauf aus, durch die Vermittlung von Sprachkenntnissen einen entscheidenden Beitrag zur Integration der auf Dauer in Österreich niedergelassenen Fremden zu leisten.

1. EB zum ME BMI-LR1310/0003-III/1/2005

Diese Bestimmung entspricht im Wesentlichen dem bisherigen § 2 IV-V, BGBl. II Nr. 38/2002. Die Kursträger haben künftig auch für die Abhaltung von Alphabetisierungskursen nur entsprechend qualifizierte Lehrkräfte einzusetzen (Abs. 1). Lehrkräfte in Deutsch-Integrationskursen haben darüber hinaus als zusätzliche Aufgabe die Abschlussprüfung abzunehmen und zu bewerten (Abs. 2).

2. Anm: Im Übrigen siehe II.C. zu § 16 NAG.

Qualitätsstandards für den Unterricht

§ 3. (1) Der Unterricht orientiert sich an den in § 16 Abs. 1 NAG und in den Rahmencurricula für Alphabetisierungskurse und Deutsch-Integrationskurse (Anlagen A und B) festgelegten Inhalten und Zielen.

(2) Der Unterricht stellt die personenzentrierte Sprachkompetenzförderung der Kursteilnehmer in den Vordergrund, soll persönlich bedeutsames Lernen ermöglichen und versteht Lehren und Lernen als Kontaktprozess zur Umwelt.

(3) Der Unterricht hat durch seine Methodik der Vielfalt der Lerntypen gerecht zu werden und unter Bedachtnahme auf die Binnendifferenzierung Raum für die Kursteilnehmer zu schaffen, damit sich diese durch den Unterricht persönliche Interessensprofile und Handlungsspielräume erarbeiten können.

1. EB zum ME BMI-LR1310/0003-III/1/2005

Die Qualitätsstandards für den Unterricht haben sich an den in § 16 Abs. 1 NAG festgelegten allgemeinen Inhalten und Zielen zu orientieren. Diese werden durch die in den Anlagen A und B enthaltenen Rahmencurricula für Alphabetisierungskurse und Deutsch-Integrationskurse näher definiert. Im Übrigen entspricht § 3 dem bisherigen § 4 IV-V.

2. Anm: Im Übrigen siehe II.C. zu § 16 NAG.

Unterrichtsmaterial

§ 4. (1) Bei der Erstellung des Unterrichtsmaterials ist auf die Inhalte des jeweiligen Rahmencurriculums, im Rahmen des Deutsch-Integrationskurses insbesondere auf die Gliederung in Alltag, Verwaltung und Landes- und Staatsbürgerschaftskunde Bedacht zu nehmen.

(2) Das Unterrichtsmaterial ist in zweckmäßiger und kostengünstiger Form zu erstellen.

1. EB zum ME BMI-LR1310/0003-III/1/2005

Entspricht im Wesentlichen dem bisherigen § 5 IV-V und gilt nunmehr gleichermaßen für Alphabetisierungskurse.

2. Anm: Im Übrigen siehe II.C. zu § 16 NAG.

Kurszeiten

§ 5. Der Kursträger hat die Kurszeiten unter Berücksichtigung der Bedürfnisse der Kursteilnehmer festzusetzen. Dabei sind insbesondere die verkehrstechnische Erreichbarkeit sowie die Arbeitszeiten und familiären Verpflichtungen der Kursteilnehmer zu berücksichtigen.

1. EB zum ME BMI-LR1310/0003-III/1/2005

Entspricht dem bisherigen § 6 IV-V.

2. Anm: Im Übrigen siehe II.C. zu § 16 NAG.

Unterrichtseinheiten

§ 6. (1) Der Alphabetisierungskurs umfasst 75 und der Deutsch-Integrationskurs 300 Unterrichtseinheiten zu je 45 Minuten.

(2) Haben Kursteilnehmer Vorkenntnisse oder Vorqualifikationen in der deutschen Sprache, können auch Deutsch-Integrationskurse mit einer geringeren Stundenanzahl angeboten werden, um das Kursziel (§ 8 Abs. 1) zu erreichen.

1. EB zum ME BMI-LR1310/0003-III/1/2005

§ 6 Abs. 1 legt das erforderliche Höchstausmaß der Unterrichtseinheiten für Alphabetisierungskurse (75) und Deutsch-Integrationskurse (300) fest. Bei Vorkenntnissen oder Vorqualifikationen in der deutschen Sprache können Deutsch-Integrationskurse auch mit einer geringeren Stundenanzahl angeboten werden, wenn dadurch das Kursziel nach § 8 Abs. 1 erreicht wird (Abs. 2).

2. Anm: Im Übrigen siehe II.C. zu § 16 NAG.

Alphabetisierungskurs (Modul 1)

§ 7. (1) Ziel eines Alphabetisierungskurses ist der Erwerb der Fähigkeit des Lesens und Schreibens (Modul 1 der Integrationsvereinbarung), wie im Rahmencurriculum für Alphabetisierungskurse (Anlage A) beschrieben.

(2) Der Kursträger ist verpflichtet, eine Kursbestätigung auszustellen, wenn der Kursteilnehmer das Kursziel nach Abs. 1 nachweislich erreicht hat.

(3) Die Kursbestätigung hat bei einer anderen Anzahl der Unterrichtseinheiten (§ 6 Abs. 2) unter Nennung der Anzahl darauf hinzuweisen. Gehen die vermittelten Lehrinhalte über das Kursziel nach Abs. 1 hinaus, hat der Kursträger in der Kursbestätigung anzuführen, wie viele Unterrichtseinheiten zur Erreichung des Kursziels erforderlich waren.

(4) Die Kursbestätigung für Alphabetisierungskurse hat dem Muster der Anlage C zu entsprechen und wird in dreifacher Ausfertigung ausgestellt, wobei je ein Exemplar dem Kursteilnehmer und dem ÖIF übermittelt wird. Die dritte Ausfertigung verbleibt beim Kursträger und ist nach Abschluss des jeweiligen Kurses fünf Jahre lang aufzubewahren und danach zu vernichten.

1. EB zum ME BMI-LR1310/0003-III/1/2005 (zu § 7 und Anlage A)

§ 7 enthält die Bestimmungen über die Alphabetisierungskurse zur Erfüllung des Moduls 1 der Integrationsvereinbarung (§ 14 Abs. 5 Z 1 NAG). Nach Abs. 1 haben die Inhalte des Alphabetisierungskurses den im Rahmencurriculum für Alphabetisierungskurse (Anlage A) festgelegten Inhalten und Zielen zu entsprechen. Der Kursteilnehmer soll am Ende des Kurses (nach 75 Unterrichtseinheiten, siehe § 6) über ausreichende Fertigkeiten des Lesens, Hörens, Schreibens und Sprechens verfügen. Der Erwerb der Lese- und Schreib- bzw. Schriftkompetenz ist Voraussetzung für die Teilnahme am darauf aufbauenden Sprachkurs.

Wenn der Kursteilnehmer das Kursziel nachweislich erreicht hat (regelmäßige Anwesenheit, laufende Lernerfolgskontrolle), hat der Kursträger dem Kursteilnehmer eine „Kursbestätigung" über die erfolgreiche Teilnahme am Alphabetisierungskurs auszustellen (Abs. 2). Abweichungen betreffend die Anzahl der Unterrichtseinheiten bzw. des Überschreitens der vermittelten Lehrinhalte sind in der Kursbestätigung gesondert anzuführen (Abs. 3). Die Kursbestätigung ist als Dokument nach dem Muster der Anlage C in dreifacher Ausfertigung auszustellen, wobei je ein Exemplar an den Kursteilnehmer und an den ÖIF zu übermitteln ist. Das dritte Exemplar hat beim Kursträger zu verbleiben, der dieses nunmehr fünf statt vier Jahre lang aufzubewahren und anschließend zu vernichten hat (Abs. 4).

2. Anm: Im Übrigen siehe II.C. zu §§ 14 und 16 NAG.

Deutsch-Integrationskurs (Modul 2)

§ 8. (1) Ziel des Deutsch-Integrationskurses (Modul 2 der Integrationsvereinbarung) ist die Erreichung des A2-Niveaus des Gemeinsamen Europäischen Referenzrahmens für Sprache, wie im Rahmencurriculum für Deutsch-Integrationskurse (Anlage B) beschrieben.

(2) Den Abschluss des Kurses bildet eine Abschlussprüfung auf dem A2-Niveau (Abs. 1), die die Besonderheiten der Spracherlernung der Kursteilnehmer sowie deren spezifische Lernvoraussetzungen berücksichtigt. Der ÖIF hat die Inhalte der Abschlussprüfung des Kurses festzulegen und den Kursträgern zu übermitteln. Die Abschlussprüfung ist von den Lehrkräften in den Kursen durchzuführen, zu korrigieren und mit „Bestanden" oder „Nicht bestanden" zu bewerten. Danach haben die Kursträger die korrigierten Prüfungsarbeiten und die Prüfungsergebnisse des betreffenden Kurses dem ÖIF gesammelt zu übermitteln.

(3) Der ÖIF hat die übermittelten Prüfungsarbeiten und die Prüfungsergebnisse stichprobenartig zu überprüfen.

(4) Der ÖIF hat die Kurszeugnisse, die den erfolgreichen Abschluss des Deutsch-Integrationskurses der Kursteilnehmer dokumentieren, auf Grund der an ihn übermittelten Prüfungsergebnisse in dreifacher Ausfertigung auszustellen, wobei ein Exemplar beim ÖIF verbleibt. Die beiden übrigen Exemplare sind dem Kursträger zu übermitteln, der wiederum ein Exemplar dem betreffenden Kursteil-

Integrationsvereinbarungs-Verordnung – IV-V: § 8

nehmer zu übergeben hat. Die dritte Ausfertigung verbleibt beim Kursträger und ist nach Abschluss des jeweiligen Kurses fünf Jahre lang aufzubewahren und danach zu vernichten. Das Kurszeugnis für Deutsch-Integrationskurse hat dem Muster der Anlage D zu entsprechen.

(5) Wiederholungen einer negativ beurteilten Abschlussprüfung sind innerhalb der Frist gemäß § 14 Abs. 8 NAG zulässig; Abs. 2 bis 4 gelten sinngemäß.

1. EB zum ME BMI-LR1310/0003-III/1/2005 (zu § 8 und Anlage B)

§ 8 regelt die Durchführung der Deutsch-Integrationskurse, mit denen das Modul 2 der Integrationsvereinbarung erfüllt wird (§ 14 Abs. 5 Z 2 NAG). Im Gegensatz zum bisherigen Lernziel der Erreichung des A1-Niveaus nach dem Gemeinsamen Europäischen Referenzrahmen für Sprachen des Europarates ist nunmehr das höhere A2-Niveau neues Lernziel des Deutsch-Integrationskurses (Abs. 1). Die zur Erreichung dieses Lernziels geforderten Inhalte ergeben sich aus dem punktuell ausgeweiteten Rahmencurriculum für Deutsch-Integrationskurse (Anlage B). Neben einer höheren allgemeinen Sprachkompetenz, sollen auch das Lese- und Hörverstehen sowie die Schreibkompetenz des Fremden stärker als bisher vermittelt werden. Im Rahmen des verstärkten Spracherwerbs sollen dem Fremden schwerpunktmäßig Situationen des Alltags, die Grundlagen der öffentlichen Verwaltung Österreichs sowie Inhalte der Staatsbürgerschafts- und Landeskunde näher gebracht werden. Die Teilnahme des Fremden am gesellschaftlichen, wirtschaftlichen und kulturellen Leben in Österreich wird dadurch wesentlich erleichtert und stellt einen bedeutsamen Beitrag zu einer effektiven Integrationspolitik dar. Voraussetzung für die erfolgreiche Vermittlung dieses höheren Anforderungsniveaus ist die deutliche Ausweitung der notwendigen Unterrichtseinheiten von 100 auf 300 (siehe § 6).

Der erfolgreiche Abschluss des Deutsch-Integrationskurses bildet – anders als beim Alphabetisierungskurs – die Absolvierung einer Abschlussprüfung auf dem A2-Niveau, die beim Kursträger von den jeweiligen Lehrkräften abzuhalten ist. Im Unterschied zu bekannten Deutschprüfungen auf A2-Niveau anerkannter Sprachinstitute sind bei der Festlegung der Inhalte der Abschlussprüfungen die Besonderheiten der Spracherlernung der Kursteilnehmer und deren spezifische Lernvoraussetzungen zu berücksichtigen. Zur Sicherstellung dieser Vorgaben und der Einheitlichkeit der Prüfungsstandards im gesamten Bundesgebiet sind die Inhalte zentral vom ÖIF festzulegen. Dieser hat den Kursträgern auf Verlangen die Inhalte der beim jeweiligen Kursträger abzuhaltenden Abschlussprüfung zu übermitteln. Die Durchführung der Abschlussprüfungen obliegt den jeweiligen Lehrkräften, die auch in eigener Verantwortung die Korrektur und die Endbeurteilung vorzunehmen haben. Positive Abschlussprüfungen sind mit „Bestanden", negative mit „Nicht bestanden" zu beurteilen (Abs. 2).

Der Kursträger hat alle korrigierten Prüfungsarbeiten mit den einzelnen Prüfungsergebnissen des jeweiligen Kurses dem ÖIF gesammelt zu übermitteln. Der ÖIF hat diese stichprobenartig zu überprüfen, insbesondere im Hinblick auf die Einhaltung der von ihm entwickelten Prüfungsvorgaben und der Prüfungsstandards (Abs. 3). Gesonderte Sanktionen bei festgestellten Mängeln sind in diesem Entwurf nicht vorgesehen, jedoch kann der ÖIF im Rahmen der laufenden Qualitätskontrolle und des Zertifizierungsverfahrens geeignete Maßnahmen setzen, die im äußersten Fall bis zum Entzug der Zertifizierung des betroffenen Kursträgers führen können (vgl. § 16 Abs. 5 NAG).

Der ÖIF hat auf Grundlage der an ihn übermittelten Prüfungsergebnisse die „Kurszeugnisse" nach dem Muster der Anlage D in dreifacher Ausfertigung auszustellen und zwei Exemplare an den Kursträger zu übersenden. Ein Exemplar hat beim ÖIF zu verbleiben. Der Kursträger hat wiederum ein Exemplar des Kurszeugnisses an jene Teilnehmer, die den Kurs erfolgreich mit der Abschlussprüfung abgeschlossen haben, zu überreichen und ein Exemplar fünf Jahre lang aufzubewahren und anschließend zu vernichten (Abs. 4). Die von der „Kursbestätigung" für Alphabetisierungskurse bewusst unterschiedlich gewählte Bezeichnung „Kurszeugnis" soll zum Ausdruck bringen, dass Deutsch-Integrationskurse mit einer förmlichen Abschlussprüfung erfolgreich abgeschlossen werden.

Eine negativ beurteilte Abschlussprüfung kann innerhalb der Fünfjahresfrist zur Erfüllung der Integrationsvereinbarung nach § 14 Abs. 8 NAG beliebig oft wiederholt werden. Auf die Durchführung von Wiederholungsprüfungen sind die Bestimmungen über die Abschlussprüfung (Abs. 2 bis 4) sinngemäß anzuwenden (Abs. 5).

2. Anm: Im Übrigen siehe II.C. zu §§ 14 und 16 NAG.

Nachweis über ausreichende Deutschkenntnisse

§ 9. (1) Als Nachweis über ausreichende Deutschkenntnisse im Sinne des § 14 Abs. 5 Z 5 NAG gelten allgemein anerkannte Sprachdiplome oder Kurszeugnisse, insbesondere von folgenden Einrichtungen:
1. **Österreichisches Sprachdiplom Deutsch;**
2. **Goethe-Institut e.V.;**
3. **WBT Weiterbildungs-Testsysteme GmbH.**

(2) Jede Einrichtung hat in dem von ihr auszustellenden Sprachdiplom oder Kurszeugnis schriftlich zu bestätigen, dass der betreffende Fremde über Kenntnisse der deutschen Sprache zumindest auf A2- Niveau des Gemeinsamen Europäischen Referenzrahmens für Sprachen verfügt.

(3) Fehlt eine Bestätigung nach Abs. 2, dann gilt der Nachweis über ausreichende Deutschkenntnisse als nicht erbracht.

1. EB zum ME BMI-LR1310/0003-III/1/2005

Die Möglichkeit, einen Nachweis über ausreichende Deutschkenntnisse zu erbringen, sieht § 14 Abs. 5 Z 5 NAG vor. Als derartige Nachweise gelten allgemein anerkannte Sprachdiplome oder Kurszeugnisse. Als allgemein anerkannte Einrichtungen, die solche Sprachdiplome oder Kurszeugnisse ausstellen, gelten insbesondere das „Österreichische Sprachdiplom Deutsch", das „Goethe-Institut e.V." sowie die „WBT Weiterbildungs-Testsysteme GmbH" (Abs. 1). Diese Aufzählung schließt jedoch nicht aus, dass auch Sprachdiplome oder Kurszeugnisse anderer allgemein anerkannter Einrichtungen als Nachweis über ausreichende Deutschkenntnisse in Frage kommen können.

Jede Einrichtung – auch die unter Abs. 1 demonstrativ genannten – hat in dem von ihr auszustellenden Sprachdiplom oder Kurszeugnis jedenfalls eine ausdrückliche Bestätigung über das Erreichen des A2-Niveaus des Gemeinsamen Europäischen Referenzrahmens für Sprachen aufzunehmen (Abs. 2). Im Falle des Fehlens einer derartigen Bestätigung hat die Behörde den Nachweis als nicht erbracht zu werten (Abs. 3).

2. Anm: Im Übrigen siehe II.C. zu § 14 NAG.

Kostenbeteiligungen

§ 10. (1) Der Höchstsatz für die Kostenbeteiligung des Bundes nach § 15 Abs. 1 NAG für Alphabetisierungskurse (Modul 1) im Ausmaß von 75 Unterrichtseinheiten beträgt pro Kursteilnehmer 375 Euro.

(2) Der Höchstsatz für die Kostenbeteiligung des Bundes nach § 15 Abs. 2 NAG für Deutsch-Integrationskurse (Modul 2) im Ausmaß von 300 Unterrichtseinheiten beträgt pro Kursteilnehmer 750 Euro.

(3) Wird die Anzahl der Unterrichtseinheiten gemäß § 6 Abs. 2 verkürzt, vermindert sich der Höchstsatz für die Kostenbeteiligung nach Abs. 2 entsprechend.

(4) Gehen die vermittelten Lehrinhalte über das jeweilige Kursziel hinaus, richtet sich die Kostenbeteiligung des Bundes nach den in der Kursbestätigung zur Erreichung des jeweiligen Kursziels angegebenen Unterrichtseinheiten; Abs. 1 und 2 gelten.

1. EB zum ME BMI-LR1310/0003-III/1/2005

§ 10 regelt die Höchstsätze für die Kostenbeteiligung des Bundes für Alphabetisierungskurse und Deutsch-Integrationskurse nach § 15 Abs. 1 und 2 NAG.

2. Anm: Im Übrigen siehe II.C. zu § 15 NAG.

In-Kraft-Treten

§ 11. Diese Verordnung tritt am 1. Jänner 2006 in Kraft.

1. EB zum ME BMI-LR1310/0003-III/1/2005

Das Datum des In-Kraft-Tretens stützt sich auf § 82 Abs. 3 NAG, wonach die Verordnung frühestens mit dem In-Kraft-Treten des Niederlassungs- und Aufenthaltsgesetzes in Kraft gesetzt werden darf.

2. Anm: Im Übrigen siehe II.C. § 81 Abs 5 NAG.

Anlage A

Alphabetisierungskurse

Rahmencurriculum

Vorwort

Dieses Rahmencurriculum dient als Leitfaden für die inhaltliche und methodische Vermittlung der Lese- und Schreibfähigkeit in Alphabetisierungskursen (Modul 1 der Integrationsvereinbarung).

Das Hauptaugenmerk dieses Kurses liegt auf der Erarbeitung der Fertigkeiten Lesen (rezeptiv) und Schreiben (produktiv), wobei der Lehrperson die Wahl der verwendeten Methode frei überlassen bleibt. Es wird die Druckschrift (und nicht Block- oder Schreibbuchstaben) unterrichtet, dies sollte auch bei der Erstellung von eigenen Lehrmaterialien berücksichtigt werden.

Lernziel des Kurses ist die Beherrschung der Schriftsprache. Der Erwerb der Lese- und Schreib- bzw. Schriftkompetenz ist Voraussetzung zur Teilnahme am anschließenden Deutschkurs.

Kurs

1. Kursinhalte

Ausgehend von der Erarbeitung von Phonemen (Lauten) und der graphomotorischen Erarbeitung der dazu gehörenden Grapheme (Buchstaben) wird das Lesen und Schreiben einfacher Wörter geübt.

Bei der Wahl der Reihenfolge der zu erlernenden Buchstaben ist darauf zu achten, dass zu Beginn im Sprachgebrauch häufig vorkommende Buchstaben (wie z.B. die Vokale a, e, i, o, u, sowie häufig auftretende Konsonanten wie m, n, s,...) gewählt werden, da dies die Wortschatzarbeit begünstigt. Außerdem ist zu beachten, dass Verschlusslaute (p, b, t, d, k, g) beim Lesen schwieriger zusammenzulauten sind und daher, ebenso wie Konsonantenhäufungen (z.B.: „Strumpf"), eine große Herausforderung für die Lernenden darstellen.

Grundsätzlich wird immer am „Laut" und nicht am „Buchstaben" gearbeitet, daher besitzt die Lautschulung neben der graphomotorischen Erarbeitung der Buchstaben einen sehr hohen Stellenwert.

Mit dem Aufbau eines Schreibwortschatzes geht ebenso die Vergrößerung des sprachlichen Wortschatzes einher. Als Hilfsmittel hat sich hierbei der Einsatz von Bildern oder realen Gegenständen bewährt. Die schriftlich erarbeiteten neuen Wörter müssen beständig memorisiert und wiederholt werden.

Mit einher geht das Vertraut werden mit der Handhabung der im Kurs verwendeten Unterrichts- und Lernmaterialien (z.B. Arbeitsblätter, Hefte, Schreibutensilien, Radiergummi, Schere, Klebstoff usw.). Die Teilnehmer und Teilnehmerinnen haben zu Ende des Kurses einen Überblick über ihre Unterlagen und sind in der Lage, in diesen Inhalte wieder zu finden und bei Bedarf nachzuschlagen.

Es sollen Strategien zum autonomen Lernen vermittelt werden, die auch als Rüstzeug für nachfolgende Kurse dienen.

2. Beschreibung der Lernziele

Folgende Ziele sollen von den Teilnehmern und Teilnehmerinnen erreicht werden, um in Folge an einem Deutsch-Intensivkurs teilnehmen zu können:

2.1. Fertigkeit Lesen

Einfache schriftliche Inhalte können gelesen und nach mehrmaligem Lesen auch sinngemäß erfasst werden. Texte auf einfachstem Niveau, die in Zusammenhang mit dem Lebensalltag der Teilnehmer und Teilnehmerinnen stehen, können mit Hilfe von visueller Aufbereitung inhaltlich erfasst werden.

2.2. Fertigkeit Hören

Dieser Fertigkeit kommt beim Erlernen der Schrift eine große Bedeutung zu. Die Lautgestalt von Wörtern wird in einzelne Bestandteile (Laute) zerlegt. Anschließend müssen die gehörten Laute in Buchstaben transkribiert werden. Zu beachten ist hierbei, dass der gleiche Laut in Verbindung mit unterschiedlichen Buchstaben anders klingt. Daher ist die Lautschulung eine der Säulen im Alphabetisierungsprozess und es geht immer darum, den Laut und nicht den Buchstaben richtig zu hören.

2.3. Fertigkeit Schreiben

Stufen des Schreiblernprozesses:
1. Logographische Stufe: Symbole können Inhalten zugeordnet werden.
2. Alphabetische Stufe: Wörter können lauttreu verschriftlicht werden.
3. Orthographische Stufe: Bei der Verschriftlichung werden orthographische Regeln berücksichtigt.

Die Teilnehmer und Teilnehmerinnen sollen mit Ende des Kurses zumindest Stufe 2 erreichen. Einzelne Wörter sollen nach Diktat lautgetreu verschriftlicht werden können. Darüber hinaus wird das Schreiben der Ziffern von
0 bis 9 erlernt und das Zuordnen von Ziffern zu entsprechenden Mengen trainiert. Dieser Prozess beinhaltet die Schulung des Vorstellungsvermögens von Ziffern als abstrakte Abbildung einer Menge. Einfachste Rechenoperationen mit Beispielen aus dem Lebensalltag der Kursteilnehmer und Kursteilnehmerinnen werden durchgeführt, wobei mit Hilfe von konkreten Gegenständen (z.B.: Münzen, Bleistifte, Würfel usw.) das abstrakte Verständnis für Ziffern hergestellt wird.

2.4. Fertigkeit Sprechen

Kurze Sätze werden memorisiert, um das phonematische Bewusstsein der Teilnehmer und Teilnehmerinnen für Satzkonstruktionen zu schärfen. Das beinhaltet das Unterscheiden von Lauten, Buchstaben, Silben, Wörtern und Sätzen. Dazu eignen sich beispielsweise rhythmische Übungen wie klatschen oder stampfen.

3. Materialien

Die Unterrichtsmaterialien sollen erwachsenengerecht sein und auf die Lebens- und Arbeitsrealität der Lernenden bezogen sein.

Anlage B

Deutsch-Integrationskurse

Rahmencurriculum

Vorwort

Dieses Rahmencurriculum dient als Leitlinie für Anhaltspunkte und Orientierungen inhaltlicher und methodischer Vorgaben zur Vermittlung von „Deutsch als Fremdsprache" (DaF) für Deutsch-Integrationskurse (Modul 2 der Integrationsvereinbarung).

Beim Erlernen einer Sprache steht der Mensch im Mittelpunkt. Mit Kenntnissen der Sprache sind in der Regel besseres Verständnis für kulturelle Hintergründe und Einstellungen verbunden. Sprache kann – speziell im Falle eines Integrationskurses – nicht als reine Abstraktion vermittelt werden, sondern ist an das dahinter stehende Leben und den dahinter stehenden Lebensraum gekoppelt.

Das Rahmencurriculum wird für die Lebensbereiche, in denen die Zielgruppe sozial und beruflich interagiert oder interagieren wird (Lebensraum Österreich) entwickelt. Darüber hinaus wird dargelegt, welche sprachlichen Anforderungen an die Kursteilnehmer gestellt werden.

Der Gemeinsame europäische Referenzrahmen für Sprachen des Europarates („Common European Framework of Reference for Languages: Learning, Teaching, Assessment")[1] bietet die Grundlage zur Anlehnung an europaweite Standards für die curricularen Richtlinien.

Lernziel des Kurses sind die Kenntnisse des A2-Niveaus.

I. Kurs

I.1. Aufgaben der Lehrenden und Lernenden

Die Lernenden sollen nach Abschluss des Kurses in Alltagssituationen situations-adäquat agieren und reagieren können. Darüber hinaus sollen sie in der Lage sein, eigene Bedürfnisse und Meinungen zu vertrauten Themen zu äußern.

Die Lernenden sollen in der Lage sein, über vertraute Themen mit ausreichendem Wortschatz zu kommunizieren, Auskünfte zur eigenen Person (z.B. Herkunft, Ausbildung usw.) zu geben und von Kommunikationspartnern und -partnerinnen einzuholen. Sie sollen über ihr direktes Umfeld und Mitmenschen Auskunft geben können, Vorlieben und Abneigungen ausdrücken und erklären können, um Hilfe bitten und über Vergangenes

---

[1] Gemeinsamer europäischer Referenzrahmen für Sprachen: lernen, lehren, beurteilen, Berlin ua., 2001, Langenscheidt.

sprechen können. Sie sollen in der Lage sein, deutlich artikulierter Standardsprache in normalem Sprechtempo zu folgen.

Die Lernenden sind fähig, einige einfache memorisierte Wendungen und Strukturen, wenn auch fehlerhaft aber insgesamt verständlich, anzuwenden und situationsgerecht einzusetzen.

Die Materialien sind so aufzubereiten, dass die Lernenden befähigt sind, nach Abschluss des Kurses eigenverantwortlich weiterzulernen.

I.2. Zielgruppe

Im Zentrum stehen Drittstaatenangehörige, denen es ermöglicht werden soll, profunde Basiskenntnisse der deutschen Sprache zu erwerben, um sich sprachlich in ihrem neuen Lebens- und Arbeitsraum zurechtfinden zu können. Um ihnen die Integration in Österreich zu erleichtern und das Zusammenleben aller in Österreich lebenden Menschen harmonisch zu gestalten, ist es erforderlich, authentische Situationen aus dem Alltags- und Berufsleben zu projizieren.

Es ist anzunehmen, dass sich auf Grund der Herkunft, des sozialen Umfelds und der schulischen Vorbildung der Lernenden keine homogenen Voraussetzungen für den Aufbau eines Kurses finden werden (Personen ohne, mit geringen oder mit fortgeschrittenen Deutschkenntnissen). Dieser Umstand ist in der Planung in Hinblick auf größtmögliche Flexibilität bei der Auswahl der Inhalte und Erstellung der Kursmaterialien zu berücksichtigen.

Primär wird die Verwendung von authentischen Texten empfohlen, da sie die sprachliche Realität repräsentieren, inhaltlich interessant und aktuell sind, die notwendige sprachliche Komplexität aufweisen und vor allem auf die Bedürfnisse der Kursteilnehmer genau abgestimmt werden können.

Unterlagen für die deutsche Grammatik auf A2-Niveau sind in reichem Ausmaß auf dem DaF-Markt vorhanden und können bei individuellem Bedarf in den Unterricht eingebaut werden.

I.3. Beschreibung der Sprachkenntnisse auf A2-Niveau

Bei der Kursplanung (Lehrinhalte und Materialien) ist das sprachliche Niveau A2, auf das die Kursteilnehmer gebracht werden sollen, festzulegen.

I.3.1. Sprachkompetenz allgemein

A2: Kann spontan mit ausreichendem Repertoire an Wörtern und Wendungen mit Verwendung einfacher Strukturen in Routinesituationen (z.B. Arbeit, Freizeit usw.) kommunizieren (mitunter noch fehlerhaft, aber insgesamt verständlich); kann Wünsche, Bedürfnisse und Meinungen äußern und situations-adäquat agieren und reagieren; beherrscht die üblichen Höflichkeitsformeln und ist in der Lage, in Dialogform Informationen zu vertrauten Themen auszutauschen, ein kurzes Gespräch zu beginnen, zu erhalten und zu beenden und kann memorierte Wendungen selbständig kombinieren.

I.3.2. Leseverstehen allgemein

A2: Kann Informationen aus authentischen Alltagstexten (Anzeigen, Prospekte, Anleitungen, Formulare, Fahrpläne, Schilder, einfache und klar formulierte Zeitungsartikel) herausfiltern.

I.3.3. Hörverstehen allgemein

A2: Kann Gesprächsthemen identifizieren, die essentiellen Informationen aus deutlichen Tonaufnahmen von vertrauten alltäglichen Themen herausfiltern und wiedergeben; kann kurze auditive Texte (öffentliche Durchsagen, Diskussionen, Telefongespräche usw.) global verstehen und wiedergeben.

I.3.4. Schreibkompetenz allgemein

A2: Beherrscht einfache Korrespondenz über alltägliche Aspekte des eigenen Umfelds und kann persönliche Erfahrungen, Ereignisse, vergangene Erlebnisse und Handlungen in Form einfacher Notizen, Mitteilungen und persönlicher Briefe formulieren.

I.4. Materialien

Die Materialien sollen, basierend auf dem Europäischen Referenzrahmen/Profile Deutsch (Niveau A2), aufgebaut werden, wobei auch auf bereits vorhandene Ressourcen zurückgegriffen werden kann.

Da den Texten Praxisnähe abverlangt wird, könnten diese aus Zeitungstexten und Gebrauchstexten (z.B. Formulare, Schilder, Konsumenteninformationen) ausgewählt werden.

Die Authentizität und unbedingt erforderliche Praxisnähe der Texte (Idiome, umgangssprachliche Wendungen) zielt darauf ab, die Kommunikationsfähigkeit der Kursteilnehmer und Kursteilnehmerinnen in Alltagssituationen zu festigen.

Texte, in denen vor allem frequente Alltags- oder Berufssprache vorkommt, sollen gut genug verstanden werden, um konkrete Informationsbedürfnisse zu befriedigen.

Einzelne Wörter und Sätze und sehr häufig verwendeter Wortschatz sollen so geläufig sein, dass sie mit den in II.1. beschriebenen Themenkreisen in Zusammenhang gebracht werden können.

I.5. Prüfung

Den Abschluss des Kurses bildet eine Abschlussprüfung auf dem A2-Niveau, die jedoch die Besonderheiten des Sprachenlernens von Migranten sowie deren spezifische Lernvoraussetzungen berücksichtigt. Die hiefür vom Österreichischen Integrationsfonds entwickelte Prüfung ist von den Lehrkräften in den Kursen durchzuführen, zu bewerten und an den ÖIF weiterzuleiten. Dieser hat die Validität der Bewertung stichprobenartig zu überprüfen und die Kurszeugnisse, die den erfolgreichen Abschluss des Integrationskurses dokumentieren, an das Kursinstitut zur Weitergabe an die Kursteilnehmer zu übermitteln. Negativ beurteilte Prüfungen können innerhalb der Erfüllungsfrist für die Integrationsvereinbarung wiederholt werden.

I.6. Kursplanung

Die Planung des Kurses hat das Erreichen des Ziels, den Lernenden die Integration zu erleichtern und Ihnen die Möglichkeit zu geben, sich im österreichischen Alltag schnell und gut zurechtzufinden, zu berücksichtigen.

- Die Lernenden sollen in der Lage sein, ihre Lebenssituation in Österreich einzuschätzen, das heißt, sich in Alltags, -Berufswelt und der österreichischen Gesellschaft zurecht zu finden.
- Die Lernenden sollen sich in der österreichischen Gesellschaft unter Wahrung ihrer eigenen Identität integrieren können.
- Die Lernenden sollen mit der deutschen Sprache durch einen hohen authentischen Input vertraut gemacht werden, was ihnen die Möglichkeit einer grundlegenden Entwicklung ihrer sprachlichen Kompetenz geben soll.

II. Gliederung der Inhalte in zwei Teilbereiche:

II.1. Teilbereiche

II.1.1. Alltag (T1)

- Eigene Identität
- Wohnen (Wohnformen)
- Ernährung (Lebensmittel, alltägliche Versorgung, Geld)
- Gesundheit (Arztbesuch, Krankenhausaufenthalt)
- Verkehr (Verkehrsmittel, Orientierung)
- Ausbildung (Schule, Fortbildung)
- Arbeit und Beruf (Wirtschaft, spezifische Berufsbereiche)
- Freizeit (kulturelle Aktivitäten, Sport)

II.1.2. Staat und Verwaltung (T2)

- Grundwerte einer europäischen demokratischen Gesellschaft
- Staatsform
- Politische Institutionen
- Bundesländer
- Bürokratiebewältigung
- Sozialsystem in Österreich
- Verträge

II.2. Arbeiten mit den Teilbereichen

Für „T1" und „T2" empfiehlt sich die Ausarbeitung von Arbeitsblättern, Kopiervorlagen und Folien, was eine große Flexibilität (Stichwort: inhomogene Gruppen) gewährleistet und den Unterrichtenden die Möglichkeit bietet, besser auf die individuellen Situationen der Lernenden einzugehen.

Beim Unterricht wird es erforderlich sein, sich am Informationsbedarf der Lernenden zu orientieren; z.B. mit welchem Modul begonnen wird.

Die Alltagssituationen und die Umwelt sind im urbanen Bereich anders als im ländlichen Raum. Dieser Umstand ist bei der Ausarbeitung der Arbeitsunterlagen zu berücksichtigen, um eine möglichst große Effektivität zu erzielen.

Anlagen C – D (nicht abgedruckt)

F Verordnung der Bundesregierung, mit der die Anzahl der quotenpflichtigen Niederlassungsbewilligungen und die Höchstzahlen der Beschäftigungsbewilligungen für befristet beschäftigte Fremde für das Jahr 2006 festgelegt werden (Niederlassungsverordnung 2006 – NLV 2006)

– BGBl II 2005/426

Auf Grund des § 13 des Niederlassungs- und Aufenthaltsgesetzes (NAG), BGBl. I Nr. 100/2005, wird im Einvernehmen mit dem Hauptausschuss des Nationalrates verordnet:

Quotenpflichtige Niederlassungsbewilligungen

§ 1. Im Jahr 2006 dürfen höchstens 7 000 quotenpflichtige Niederlassungsbewilligungen gemäß § 13 Abs. 2 und 4 NAG erteilt werden.

1. EB zum ME BMI-LR1310/0001-III/1/c/2005

In § 1 wird die Gesamtzahl der Niederlassungsbewilligungen gemäß § 3 festgelegt.

2. Anm: Im Übrigen siehe II.C. zu §§ 12 und 13 NAG.

Befristet beschäftigte Fremde und Erntehelfer

§ 2. (1) Im Jahr 2006 dürfen auf Grund von Verordnungen des Bundesministers für Wirtschaft und Arbeit gemäß § 5 Abs. 1 Z 1 und 1a des Ausländerbeschäftigungsgesetzes (AuslBG), BGBl. Nr. 218/1975, zuletzt geändert durch BGBl. I Nr. 104/2005, bis zu 7 500 Beschäftigungsbewilligungen für befristet beschäftigte Fremde erteilt werden, mit denen ein damit verbundenes Einreise- und Aufenthaltsrecht gemäß § 24 des Fremdenpolizeigesetzes 2005 (FPG), BGBl. I Nr. 100, eingeräumt werden darf (§ 13 Abs. 5 Z 1 NAG).

(2) Im Jahr 2006 dürfen auf Grund von Verordnungen des Bundesministers für Wirtschaft und Arbeit gemäß § 5 Abs. 1 Z 2 und 1a AuslBG bis zu 7 000 Beschäftigungsbewilligungen für Erntehelfer erteilt werden, mit denen ein damit verbundenes Einreise- und Aufenthaltsrecht gemäß § 24 FPG eingeräumt werden darf (§ 13 Abs. 5 Z 2 NAG).

1. EB zum ME BMI-LR1310/0001-III/1/c/2005

Zu Abs. 1: Mit dieser Bestimmung wird der Höchstrahmen jener Beschäftigungsbewilligungen festgelegt, die für befristet beschäftigte Ausländer (ehem. Saisonarbeitskräfte) jeweils durch Verordnung des Bundesministers für Wirtschaft und Arbeit erteilt werden dürfen. Durch die Regelung des § 5 Abs. 1a AuslBG darf die in der gegenständlichen Verordnung festgelegte Höchstzahl im Jahresdurchschnitt nicht überschritten werden.

Zu Abs. 2: In dieser Bestimmung wird der Höchstrahmen jener Beschäftigungsbewilligungen festgelegt, die für Erntehelfer (sichtvermerksfreie Einreise in das Bundesgebiet und maximale Geltungsdauer von sechs Wochen) ausgestellt werden dürfen. Auch dabei handelt es sich um einen Höchstrahmen für Verordnungen des Bundesministers für Wirtschaft und Arbeit. § 5 Abs. 1 a AuslBG gilt auch in diesem Bereich.

2. Anm: Im Übrigen siehe III.N. AuslBG.

Quotenpflichtige Niederlassungsbewilligungen

§ 3. (1) Im Jahr 2006 dürfen im *Burgenland* höchstens 155 quotenpflichtige Niederlassungsbewilligungen erteilt werden, hievon
1. 20 Niederlassungsbewilligungen für unselbständig erwerbstätige Schlüsselkräfte sowie für Familienangehörige von unselbständig oder selbständig erwerbstätigen Schlüsselkräften (§ 13 Abs. 2 Z 1 NAG);
2. 5 Niederlassungsbewilligungen für selbständig erwerbstätige Schlüsselkräfte (§ 13 Abs. 4 NAG);
3. 60 Niederlassungsbewilligungen für Familienangehörige von Drittstaatsangehörigen zum Zweck der Familienzusammenführung in den Fällen des § 46 Abs. 4 NAG (§ 13 Abs. 2 Z 3 NAG);
4. 5 Niederlassungsbewilligungen für Drittstaatsangehörige und deren Familienangehörige, die sich ohne Erwerbsabsicht auf Dauer in Österreich niederlassen dürfen (§ 13 Abs. 2 Z 5 NAG);
5. 20 Niederlassungsbewilligungen für Drittstaatsangehörige, die im Besitz eines Aufenthaltstitels „Daueraufenthalt – EG" eines anderen Mitgliedstaates der Europäischen Union sind und nach Österreich kommen wollen (§ 13 Abs. 2 Z 2 NAG), hievon
   a) 10 Niederlassungsbewilligungen zur Ausübung einer unselbständigen Erwerbstätigkeit (§ 49 Abs. 2 NAG);
   b) 5 Niederlassungsbewilligungen zur Ausübung einer selbständigen Erwerbstätigkeit (§ 49 Abs. 4 NAG) und
   c) 5 Niederlassungsbewilligungen ohne Ausübung einer Erwerbstätigkeit (§ 49 Abs. 1 NAG).
6. 45 Niederlassungsbewilligungen für Drittstaatsangehörige, die im Besitz einer „Niederlassungsbewilligung – Angehöriger" sind und eine Zweckänderung auf eine „Niederlassungsbewilligung – beschränkt" anstreben (§ 13 Abs. 2 Z 4 NAG).

(2) Im Jahr 2006 dürfen in *Kärnten* höchstens 220 quotenpflichtige Niederlassungsbewilligungen erteilt werden, hievon

1. 70 Niederlassungsbewilligungen für unselbständig erwerbstätige Schlüsselkräfte sowie für Familienangehörige von unselbständig oder selbständig erwerbstätigen Schlüsselkräften (§ 13 Abs. 2 Z 1 NAG);
2. 5 Niederlassungsbewilligungen für selbständig erwerbstätige Schlüsselkräfte (§ 13 Abs. 4 NAG);
3. 70 Niederlassungsbewilligungen für Familienangehörige von Drittstaatsangehörigen zum Zweck der Familienzusammenführung in den Fällen des § 46 Abs. 4 NAG (§ 13 Abs. 2 Z 3 NAG);
4. 5 Niederlassungsbewilligungen für Drittstaatsangehörige und deren Familienangehörige, die sich ohne Erwerbsabsicht auf Dauer in Österreich niederlassen dürfen (§ 13 Abs. 2 Z 5 NAG);
5. 20 Niederlassungsbewilligungen für Drittstaatsangehörige, die im Besitz eines Aufenthaltstitels „Daueraufenthalt – EG" eines anderen Mitgliedstaates der Europäischen Union sind und nach Österreich kommen wollen (§ 13 Abs. 2 Z 2 NAG), hievon
   a) 10 Niederlassungsbewilligungen zur Ausübung einer unselbständigen Erwerbstätigkeit (§ 49 Abs. 2 NAG);
   b) 5 Niederlassungsbewilligungen zur Ausübung einer selbständigen Erwerbstätigkeit (§ 49 Abs. 4 NAG) und
   c) 5 Niederlassungsbewilligungen ohne Ausübung einer Erwerbstätigkeit (§ 49 Abs. 1 NAG).
6. 50 Niederlassungsbewilligungen für Drittstaatsangehörige, die im Besitz einer „Niederlassungsbewilligung – Angehöriger" sind und eine Zweckänderung auf eine „Niederlassungsbewilligung – beschränkt" anstreben (§ 13 Abs. 2 Z 4 NAG).

(3) Im Jahr 2006 dürfen in *Niederösterreich* höchstens 945 quotenpflichtige Niederlassungsbewilligungen erteilt werden, hievon
1. 150 Niederlassungsbewilligungen für unselbständig erwerbstätige Schlüsselkräfte sowie für Familienangehörige von unselbständig oder selbständig erwerbstätigen Schlüsselkräften (§ 13 Abs. 2 Z 1 NAG);
2. 25 Niederlassungsbewilligungen für selbständig erwerbstätige Schlüsselkräfte (§ 13 Abs. 4 NAG);
3. 570 Niederlassungsbewilligungen für Familienangehörige von Drittstaatsangehörigen zum Zweck der Familienzusammenführung in den Fällen des § 46 Abs. 4 NAG (§ 13 Abs. 2 Z 3 NAG);
4. 60 Niederlassungsbewilligungen für Drittstaatsangehörige und deren Familienangehörige, die sich ohne Erwerbsabsicht auf Dauer in Österreich niederlassen dürfen (§ 13 Abs. 2 Z 5 NAG);
5. 40 Niederlassungsbewilligungen für Drittstaatsangehörige, die im Besitz eines Aufenthaltstitels „Daueraufenthalt – EG" eines anderen Mitgliedstaates der Europäischen Union sind und nach Österreich kommen wollen (§ 13 Abs. 2 Z 2 NAG), hievon
   a) 25 Niederlassungsbewilligungen zur Ausübung einer unselbständigen Erwerbstätigkeit (§ 49 Abs. 2 NAG);

b) 10 Niederlassungsbewilligungen zur Ausübung einer selbständigen Erwerbstätigkeit (§ 49 Abs. 4 NAG) und
c) 5 Niederlassungsbewilligungen ohne Ausübung einer Erwerbstätigkeit (§ 49 Abs. 1 NAG).
6. 100 Niederlassungsbewilligungen für Drittstaatsangehörige, die im Besitz einer „Niederlassungsbewilligung – Angehöriger" sind und eine Zweckänderung auf eine „Niederlassungsbewilligung – beschränkt" anstreben (§ 13 Abs. 2 Z 4 NAG).

(4) Im Jahr 2006 dürfen in *Oberösterreich* höchstens 670 quotenpflichtige Niederlassungsbewilligungen erteilt werden, hievon
1. 115 Niederlassungsbewilligungen für unselbständig erwerbstätige Schlüsselkräfte sowie für Familienangehörige von unselbständig oder selbständig erwerbstätigen Schlüsselkräften (§ 13 Abs. 2 Z 1 NAG);
2. 10 Niederlassungsbewilligungen für selbständig erwerbstätige Schlüsselkräfte (§ 13 Abs. 4 NAG);
3. 470 Niederlassungsbewilligungen für Familienangehörige von Drittstaatsangehörigen zum Zweck der Familienzusammenführung in den Fällen des § 46 Abs. 4 NAG (§ 13 Abs. 2 Z 3 NAG);
4. 15 Niederlassungsbewilligungen für Drittstaatsangehörige und deren Familienangehörige, die sich ohne Erwerbsabsicht auf Dauer in Österreich niederlassen dürfen (§ 13 Abs. 2 Z 5 NAG);
5. 30 Niederlassungsbewilligungen für Drittstaatsangehörige, die im Besitz eines Aufenthaltstitels „Daueraufenthalt – EG" eines anderen Mitgliedstaates der Europäischen Union sind und nach Österreich kommen wollen (§ 13 Abs. 2 Z 2 NAG), hievon
   a) 20 Niederlassungsbewilligungen zur Ausübung einer unselbständigen Erwerbstätigkeit (§ 49 Abs. 2 NAG);
   b) 5 Niederlassungsbewilligungen zur Ausübung einer selbständigen Erwerbstätigkeit (§ 49 Abs. 4 NAG) und
   c) 5 Niederlassungsbewilligungen ohne Ausübung einer Erwerbstätigkeit (§ 49 Abs. 1 NAG).
6. 30 Niederlassungsbewilligungen für Drittstaatsangehörige, die im Besitz einer „Niederlassungsbewilligung – Angehöriger" sind und eine Zweckänderung auf eine „Niederlassungsbewilligung – beschränkt" anstreben (§ 13 Abs. 2 Z 4 NAG).

(5) Im Jahr 2006 dürfen in *Salzburg* höchstens 365 quotenpflichtige Niederlassungsbewilligungen erteilt werden, hievon
1. 50 Niederlassungsbewilligungen für unselbständig erwerbstätige Schlüsselkräfte sowie für Familienangehörige von unselbständig oder selbständig erwerbstätigen Schlüsselkräften (§ 13 Abs. 2 Z 1 NAG);
2. 10 Niederlassungsbewilligungen für selbständig erwerbstätige Schlüsselkräfte (§ 13 Abs. 4 NAG);
3. 230 Niederlassungsbewilligungen für Familienangehörige von Drittstaatsangehörigen zum Zweck der Familienzusammenführung in den Fällen des § 46 Abs. 4 NAG (§ 13 Abs. 2 Z 3 NAG);

4. 15 Niederlassungsbewilligungen für Drittstaatsangehörige und deren Familienangehörige, die sich ohne Erwerbsabsicht auf Dauer in Österreich niederlassen dürfen (§ 13 Abs. 2 Z 5 NAG);
5. 20 Niederlassungsbewilligungen für Drittstaatsangehörige, die im Besitz eines Aufenthaltstitels „Daueraufenthalt – EG" eines anderen Mitgliedstaates der Europäischen Union sind und nach Österreich kommen wollen (§ 13 Abs. 2 Z 2 NAG), hievon
   a) 10 Niederlassungsbewilligungen zur Ausübung einer unselbständigen Erwerbstätigkeit (§ 49 Abs. 2 NAG);
   b) 5 Niederlassungsbewilligungen zur Ausübung einer selbständigen Erwerbstätigkeit (§ 49 Abs. 4 NAG) und
   c) 5 Niederlassungsbewilligungen ohne Ausübung einer Erwerbstätigkeit (§ 49 Abs. 1 NAG).
6. 40 Niederlassungsbewilligungen für Drittstaatsangehörige, die im Besitz einer „Niederlassungsbewilligung – Angehöriger" sind und eine Zweckänderung auf eine „Niederlassungsbewilligung – beschränkt" anstreben (§ 13 Abs. 2 Z 4 NAG).

(6) Im Jahr 2006 dürfen in der *Steiermark* höchstens 665 quotenpflichtige Niederlassungsbewilligungen erteilt werden, hievon
1. 130 Niederlassungsbewilligungen für unselbständig erwerbstätige Schlüsselkräfte sowie für Familienangehörige von unselbständig oder selbständig erwerbstätigen Schlüsselkräften (§ 13 Abs. 2 Z 1 NAG);
2. 10 Niederlassungsbewilligungen für selbständig erwerbstätige Schlüsselkräfte (§ 13 Abs. 4 NAG);
3. 400 Niederlassungsbewilligungen für Familienangehörige von Drittstaatsangehörigen zum Zweck der Familienzusammenführung in den Fällen des § 46 Abs. 4 NAG (§ 13 Abs. 2 Z 3 NAG);
4. 30 Niederlassungsbewilligungen für Drittstaatsangehörige und deren Familienangehörige, die sich ohne Erwerbsabsicht auf Dauer in Österreich niederlassen dürfen (§ 13 Abs. 2 Z 5 NAG);
5. 35 Niederlassungsbewilligungen für Drittstaatsangehörige, die im Besitz eines Aufenthaltstitels „Daueraufenthalt – EG" eines anderen Mitgliedstaates der Europäischen Union sind und nach Österreich kommen wollen (§ 13 Abs. 2 Z 2 NAG), hievon
   a) 20 Niederlassungsbewilligungen zur Ausübung einer unselbständigen Erwerbstätigkeit (§ 49 Abs. 2 NAG);
   b) 10 Niederlassungsbewilligungen zur Ausübung einer selbständigen Erwerbstätigkeit (§ 49 Abs. 4 NAG) und
   c) 5 Niederlassungsbewilligungen ohne Ausübung einer Erwerbstätigkeit (§ 49 Abs. 1 NAG).
6. 60 Niederlassungsbewilligungen für Drittstaatsangehörige, die im Besitz einer „Niederlassungsbewilligung – Angehöriger" sind und eine Zweckänderung auf eine „Niederlassungsbewilligung – beschränkt" anstreben (§ 13 Abs. 2 Z 4 NAG).

(7) Im Jahr 2006 dürfen in *Tirol* höchstens 495 quotenpflichtige Niederlassungsbewilligungen erteilt werden, hievon
1. 50 Niederlassungsbewilligungen für unselbständig erwerbstätige Schlüsselkräfte sowie für Familienangehörige von unselbständig oder selbständig erwerbstätigen Schlüsselkräften (§ 13 Abs. 2 Z 1 NAG);
2. 10 Niederlassungsbewilligungen für selbständig erwerbstätige Schlüsselkräfte (§ 13 Abs. 4 NAG);
3. 385 Niederlassungsbewilligungen für Familienangehörige von Drittstaatsangehörigen zum Zweck der Familienzusammenführung in den Fällen des § 46 Abs. 4 NAG (§ 13 Abs. 2 Z 3 NAG);
4. 15 Niederlassungsbewilligungen für Drittstaatsangehörige und deren Familienangehörige, die sich ohne Erwerbsabsicht auf Dauer in Österreich niederlassen dürfen (§ 13 Abs. 2 Z 5 NAG);
5. 20 Niederlassungsbewilligungen für Drittstaatsangehörige, die im Besitz eines Aufenthaltstitels „Daueraufenthalt – EG" eines anderen Mitgliedstaates der Europäischen Union sind und nach Österreich kommen wollen (§ 13 Abs. 2 Z 2 NAG), hievon
    a) 10 Niederlassungsbewilligungen zur Ausübung einer unselbständigen Erwerbstätigkeit (§ 49 Abs. 2 NAG);
    b) 5 Niederlassungsbewilligungen zur Ausübung einer selbständigen Erwerbstätigkeit (§ 49 Abs. 4 NAG) und
    c) 5 Niederlassungsbewilligungen ohne Ausübung einer Erwerbstätigkeit (§ 49 Abs. 1 NAG).
6. 15 Niederlassungsbewilligungen für Drittstaatsangehörige, die im Besitz einer „Niederlassungsbewilligung – Angehöriger" sind und eine Zweckänderung auf eine „Niederlassungsbewilligung – beschränkt" anstreben (§ 13 Abs. 2 Z 4 NAG).

(8) Im Jahr 2006 dürfen in *Vorarlberg* höchstens 275 quotenpflichtige Niederlassungsbewilligungen erteilt werden, hievon
1. 50 Niederlassungsbewilligungen für unselbständig erwerbstätige Schlüsselkräfte sowie für Familienangehörige von unselbständig oder selbständig erwerbstätigen Schlüsselkräften (§ 13 Abs. 2 Z 1 NAG);
2. 5 Niederlassungsbewilligungen für selbständig erwerbstätige Schlüsselkräfte (§ 13 Abs. 4 NAG);
3. 195 Niederlassungsbewilligungen für Familienangehörige von Drittstaatsangehörigen zum Zweck der Familienzusammenführung in den Fällen des § 46 Abs. 4 NAG (§ 13 Abs. 2 Z 3 NAG);
4. 5 Niederlassungsbewilligungen für Drittstaatsangehörige und deren Familienangehörige, die sich ohne Erwerbsabsicht auf Dauer in Österreich niederlassen dürfen (§ 13 Abs. 2 Z 5 NAG);
5. 15 Niederlassungsbewilligungen für Drittstaatsangehörige, die im Besitz eines Aufenthaltstitels „Daueraufenthalt – EG" eines anderen Mitgliedstaates der Europäischen Union sind

und nach Österreich kommen wollen (§ 13 Abs. 2 Z 2 NAG), hievon
a) 5 Niederlassungsbewilligungen zur Ausübung einer unselbständigen Erwerbstätigkeit (§ 49 Abs. 2 NAG);
b) 5 Niederlassungsbewilligungen zur Ausübung einer selbständigen Erwerbstätigkeit (§ 49 Abs. 4 NAG) und
c) 5 Niederlassungsbewilligungen ohne Ausübung einer Erwerbstätigkeit (§ 49 Abs. 1 NAG).
6. 5 Niederlassungsbewilligungen für Drittstaatsangehörige, die im Besitz einer „Niederlassungsbewilligung – Angehöriger" sind und eine Zweckänderung auf eine „Niederlassungsbewilligung – beschränkt" anstreben (§ 13 Abs. 2 Z 4 NAG).

(9) Im Jahr 2006 dürfen in *Wien* höchstens 3 210 quotenpflichtige Niederlassungsbewilligungen erteilt werden, hievon
1. 490 Niederlassungsbewilligungen für unselbständig erwerbstätige Schlüsselkräfte sowie für Familienangehörige von unselbständig oder selbständig erwerbstätigen Schlüsselkräften (§ 13 Abs. 2 Z 1 NAG);
2. 60 Niederlassungsbewilligungen für selbständig erwerbstätige Schlüsselkräfte (§ 13 Abs. 4 NAG);
3. 2 100 Niederlassungsbewilligungen für Familienangehörige von Drittstaatsangehörigen zum Zweck der Familienzusammenführung in den Fällen des § 46 Abs. 4 NAG (§ 13 Abs. 2 Z 3 NAG);
4. 110 Niederlassungsbewilligungen für Drittstaatsangehörige und deren Familienangehörige, die sich ohne Erwerbsabsicht auf Dauer in Österreich niederlassen dürfen (§ 13 Abs. 2 Z 5 NAG);
5. 150 Niederlassungsbewilligungen für Drittstaatsangehörige, die im Besitz eines Aufenthaltstitels „Daueraufenthalt – EG" eines anderen Mitgliedstaates der Europäischen Union sind und nach Österreich kommen wollen (§ 13 Abs. 2 Z 2 NAG), hievon
a) 90 Niederlassungsbewilligungen zur Ausübung einer unselbständigen Erwerbstätigkeit (§ 49 Abs. 2 NAG);
b) 30 Niederlassungsbewilligungen zur Ausübung einer selbständigen Erwerbstätigkeit (§ 49 Abs. 4 NAG) und
c) 30 Niederlassungsbewilligungen ohne Ausübung einer Erwerbstätigkeit (§ 49 Abs. 1 NAG).
6. 300 Niederlassungsbewilligungen für Drittstaatsangehörige, die im Besitz einer „Niederlassungsbewilligung – Angehöriger" sind und eine Zweckänderung auf eine „Niederlassungsbewilligung – beschränkt" anstreben (§ 13 Abs. 2 Z 4 NAG).

1. EB zum ME BMI-LR1310/0001-III/1/c/2005

In den Absätzen 1 bis 9 sind die jeweiligen Höchstzahlen der zulässigerweise zu erteilenden quotenpflichtigen Niederlassungsbewilligungen für jedes Bundesland festgelegt. Die einzelnen Quotenarten in den Ziffern 1 bis 6 ergeben sich aus der Ermächtigung gemäß § 13 NAG.

In der jeweiligen Z 1 ist die Höchstzahl für unselbständig erwerbstätige Schlüsselkräfte und für Familienangehörige (Kernfamilie) von selbständig oder unselbständig erwerbstätigen Schlüsselkräften festgelegt (§ 13 Abs. 2 Z 1 NAG).

In der jeweiligen Z 2 ist die Höchstzahl von selbständigen Schlüsselkräften festgelegt. Deren Familienangehörige (Kernfamilie) sind jedoch in der Z 1 enthalten (§ 13 Abs. 4 NAG).

In der jeweiligen Z 3 ist die Höchstzahl der quotenpflichtigen Niederlassungsbewilligungen festgelegt, deren Zweck die Familienzusammenführung für Familienangehörige von Drittstaatsangehörigen ist (§ 13 Abs. 2 Z 3 NAG).

In der jeweiligen Z 4 ist die Höchstzahl der quotenpflichtigen Niederlassungsbewilligungen für Drittstaatsangehörigen, die sich ohne Erwerbsabsicht in Österreich niederlassen wollen (sog. „Private"), festgelegt (§ 13 Abs. 2 Z 5 NAG).

In der jeweiligen Z 5 ist die Höchstzahl der quotenpflichtigen Niederlassungsbewilligungen für Drittstaatsangehörige festgelegt, denen nach Maßgabe der Richtlinie 2003/109/EG betreffend die Rechtsstellung der langfristig aufenthaltsberechtigten Drittstaatsangehörigen, ABl. Nr. L 16 vom 23.01.2004 S. 44, in einem anderen Mitgliedstaat der Europäischen Union der Aufenthaltstitel „Daueraufenthalt – EG" zuerkannt wurde. Innerhalb dieser Quotenart wird weiter unterschieden, ob einer unselbständigen, einer selbständigen oder keiner Beschäftigung nachgegangen werden soll (§ 13 Abs. 2 Z 2 NAG).

In der jeweiligen Z 6 ist die Höchstzahl der quotenpflichtigen Niederlassungsbewilligungen für Drittstaatsangehörige festgelegt, die eine Zweckänderung von einer „Niederlassungsbewilligung – Angehöriger" auf eine „Niederlassungsbewilligung – beschränkt" anstreben, festgelegt (§ 13 Abs. 2 Z 4 NAG).

2. Anm: Im Übrigen siehe II.C. zu § 13 NAG.

In-Kraft-Treten

§ 4. Diese Verordnung tritt am 1. Jänner 2006 in Kraft.

G Verordnung der Bundesministerin für Inneres, mit der das unbefugte Betreten und der unbefugte Aufenthalt in den Betreuungseinrichtungen des Bundes verboten wird 2005 (Betreuungseinrichtungen-BetretungsV 2005 – BEBV 2005)

– BGBl II 2005/2

Auf Grund des § 5 Abs. 1 des Bundesbetreuungsgesetzes, BGBl Nr. 405/1991, zuletzt geändert durch das Bundesgesetz BGBl. I Nr. 32/2004, wird verordnet:

Übersicht:
1. Hinweis auf innerstaatliche Normen
2. Materialien
3. Anmerkungen

1. Siehe II.D. GVG-B 2005.

2. EB zum ME BMI-76201/1001-III/1/c/04/TM

Mit dieser Verordnung wird das unbefugte Betreten und der unbefugte Aufenthalt in den genannten Betreuungseinrichtungen verboten und ein Verstoß gegen dieses Verbot zur Verwaltungsübertretung erklärt.

Die Praxis hat gezeigt, dass gerade die Betreuungseinrichtungen immer wieder von Menschen, die nicht in dieser Betreuungseinrichtung betreut werden – manchmal sogar durch Überklettern von Zäunen – betreten werden, um in der Betreuungseinrichtung unbefugt zu nächtigen oder anderen, in Betreuungsstellen nicht erwünschten Tätigkeiten – etwa die Vermittlung an Schlepper zur Weiterreise – nachzugehen. Durch Menschen, die – ohne Kenntnis der Verantwortlichen – in der Betreuungseinrichtung nächtigen, kommt es immer wieder zu einer unkalkulierbare Mehrbelastung der Betreuungsstellen, die auch zu Spannungen und mit unter zu tätlichen Auseinandersetzungen führt.

Tagtäglich müssen die Betreuer – beschränkt auf das privatrechtliche Hausrecht – mit ansehen, wie Menschen, die keine Asylwerber sind, die Umzäunungen der Betreuungseinrichtungen überklettern und in die Einrichtungen eindringen. Unter diesen Voraussetzungen ist jedoch die Aufrechterhaltung der Ordnung und Sicherheit in den Betreuungseinrichtungen nicht zu gewährleisten.

Durch die Verordnung sollen jedoch keinesfalls Menschen, die aus berechtigtem Interesse, wie etwa Rechtsanwälte oder Rechtsberater in Ausübung ihrer Tätigkeit, nicht vom Betreten der Betreuungseinrichtung ausgeschlossen werden. Vertreter des UNHCR können jederzeit mit Betreuten Kontakt aufnehmen.

3. Anm: Der Titel des Bundesbetreuungsgesetzes wurde im Rahmen des Fremdenrechtspakets 2005 auf Grundversorgungsgesetz – Bund 2005 geändert (siehe Art 6 BGBl I 2005/100).
Die Verordnung ist gemäß Art 49 Abs 1 B-VG am 4. Jänner 2005 in Kraft getreten.

§ 1. (1) Zur Aufrechterhaltung der Ordnung in den Betreuungseinrichtungen und zur Vorbeugung gefährlicher Angriffe auf Leben, Gesundheit oder Freiheit von Menschen und zur Sicherung der Sachausstattung der Betreuungseinrichtungen wird der unbefugte Aufenthalt und das unbefugte Betreten der Betreuungseinrichtungen
1. „Traiskirchen" – Gemeinde Traiskirchen (Postleitzahl 2514), Otto Glöckel-Strasse 24 – 26;
2. „Thalham" – Gemeinde St. Georgen im Attergau (Postleitzahl 4880), Thalham 80;
3. „Schwechat" – Stadtgemeinde Schwechat, am Gebiet des Flughafens Wien-Schwechat, Nordstraße, Objekt 800;
4. „Bad Kreuzen" – Gemeinde Bad Kreuzen, (Postleitzahl 4362), Neuaigen 24;
5. „Reichenau" – Gemeinde Reichenau/Rax (Postleitzahl 2651), Kurhauspromenade 4

verboten.

(2) Unbefugt ist das Betreten und der Aufenthalt, wenn der Betretende oder ein in der Betreuungseinrichtung Betreuter kein berechtigtes Interesse am Betreten oder am Aufenthalt hat. Das Betreten oder der Aufenthalt ist jedenfalls unbefugt, wenn der Betretende die Betreuungseinrichtung nicht durch einen dafür vorgesehenen Eingang betritt. Das Betreten von Betreuungseinrichtungen durch Organe des UNHCR ist niemals unbefugt.

(3) Ein berechtigtes Interesse liegt insbesondere dann vor, wenn
1. die Betreuungseinrichtung die Arbeitsstelle des Betroffenen ist;
2. er als Organ oder Vertreter einer mit Aufgaben der Betreuung beauftragten Organisation diese Betreuungseinrichtung zur Erfüllung der Aufgaben betreten muss;
3. er als ausgewiesener, berufsmäßiger Parteienvertreter die Betreuungseinrichtung zur Erfüllung von Aufgaben oder Anbahnung von Mandaten betritt;
4. er diese als Bevollmächtigter eines in der Betreuungseinrichtung betreuten Asylwerbers zur Wahrnehmung seiner Vollmacht betritt;
5. er als Familienangehöriger von einem in der Betreuungseinrichtung betreuten Asylwerber zu einem Besuch eingeladen worden ist und dieser Besuch nicht nur vorgeschoben wird, um in der Einrichtung vorwiegend einer anderen Tätigkeit nachzugehen oder Unterkunft zu nehmen;
6. er von der Leitung der Betreuungsstelle oder deren Vertretung die Erlaubnis zum Betreten der Betreuungseinrichtung erhalten hat.

(4) Die Leitung der Betreuungsstelle oder deren Vertretung kann – wenn dies zur Kontrolle des Betretens oder des Aufenthalts notwendig ist – für die jeweilige Person, der das Betreten der Betreuungseinrichtung erlaubt wurde, Passierscheine ausstellen.

Übersicht:
1. Materialien
2. Anmerkungen

1. EB zum ME BMI-76201/1001-III/1/c/04/TM

In Abs. 1 werden die Betreuungseinrichtungen genannt, die sich im örtlichen Naheverhältnis zu einer Erstaufnahmestelle befinden und wo das Verbot des unbefugten Betretens und des unbefugten Aufenthalts der Aufrechterhaltung der Ordnung in der jeweiligen Erstaufnahmestelle sowie der Vorbeugung gefährlicher Angriffe auf Leben, Gesundheit oder Freiheit von Menschen und zur Sicherung der Sachausstattung der Betreuungseinrichtung dient.

In Abs. 2 [Anm: Abs 1 und 2 des ME wurden zusammengezogen] werden jene Betreuungseinrichtungen genannt, die kein örtliches Nahverhältnis zu einer Erstaufnahmestelle haben; hier dient das Verbot des unbefugten Betretens und unbefugten Aufenthalts der Aufrechterhaltung der Ordnung in den Betreuungsstellen und der Vorbeugung gefährlicher Angriffe auf Leben, Gesundheit oder Freiheit von Menschen und zur Sicherung der Sachausstattung der Betreuungseinrichtung. Diese Unterscheidung ergibt sich auf Grund der Formulierung der Verordnungsermächtigung des § 6 Abs. 2 Bundesbetreuungsgesetz.

In Abs. 3 [Anm: Abs 3 des ME entspricht inhaltlich Abs 2] wird das unbefugte Betreten bzw. der unbefugte Aufenthalt näher geregelt. Es sind somit Ermessengrundsätze aufgestellt, die die Erlaubtheit des Betretens einer Betreuungseinrichtung klar regeln, ohne Einzelfälle, in denen das Betreten ebenfalls nicht unberechtigt ist – etwa durch eine zu Hilfe gerufene Hebamme oder durch zu einem Einsatz eilende Exekutivbeamte – auszuschließen. Wird das Betreten der Betreuungseinrichtung von einem Verantwortlichen gestattet, so kann es sich schon auf Grund der Formulierung nicht um ein verbotenes Betreten handeln. Damit besteht die Möglichkeit, etwa angemeldete Gäste – ob nun Vertreter von Medien oder NGO's – jedenfalls das Betreten der Betreuungseinrichtungen zu ermöglichen. Ebenso nicht verboten werden Besuche von Familienangehörigen – ausgenommen diese werden nur vorgeschoben, um einer anderen Tätigkeit in der Betreuungseinrichtung, wie etwa Vermittlung an Schlepper oder Geschäftsanbahnungen, nachzugehen – und Besuche der Betreuungseinrichtung durch Organe des UNHCR.

2. Anm: Die Abs 1 und 2 des ME wurde zusammengezogen, der Abs 3 des ME entspricht inhaltlich Abs 2 der V. Die Möglichkeit, Passierscheine auszustellen, wurde – als Ergebnis des Begutachtungsverfahrens – nach dem ME in die V aufgenommen.

Die korrespondierende Strafbestimmung findet sich in § 10 GVG-B.

§ 2. Soweit in dieser Verordnung auf natürliche Personen bezogene Bezeichnungen nur in männlicher Form angeführt sind, beziehen sie sich auf Frauen und Männer in gleicher Weise. Bei der Anwendung der Bezeichnung auf bestimmte natürliche Personen ist die jeweils geschlechtsspezifische Form zu verwenden.

Übersicht:
1. Materialien
2. Anmerkungen

1. EB zum ME BMI-76201/1001-III/1/c/04/TM

§ 3 normiert die sprachliche Gleichbehandlung.

2. Anm: § 2 des ME entfiel, daher entsprechen die EB zu § 3 des ME dem Inhalt von § 2.

H Hausordnung für die Betreuungseinrichtungen des Bundes („GVG-B 2005 Hausordnung")

- Gemäß § 5 Abs. 3 GVG-B 2005 BGBl 405/1991 idF BGBl I Nr. 100/2005

Die Betreuungseinrichtung dient der Unterbringung von Asylwerbern und ist organisatorisch dem Bundesministerium für Inneres eingegliedert. Die Aufgaben der Unterbringung, Betreuung und Verpflegung werden durch die Firma European Homecare (EHC) im Auftrag des Bundes wahrgenommen.

Die Bestimmungen dieser Hausordnung gelten für alle Bewohner der Betreuungseinrichtung sowie für Personen, die sich aus welchem Grund auch immer auf dem Areal der Betreuungseinrichtung aufhalten.

1. Allgemeines: Der Aufenthalt in der Betreuungseinrichtung erfordert von allen Bewohnern im gemeinsamen Interesse ein großes Maß an gegenseitiger Rücksichtnahme. Jedes störende oder anderen unzumutbare Verhalten ist zu unterlassen. Jede Handlung, die zu einer Gefährdung der Sicherheit anderer führt, ist untersagt; fremdes Eigentum ist zu respektieren und pfleglich zu behandeln. Ein korrekter Umgangston getragen von gegenseitigem Respekt wird erwartet. Den zur Aufrechterhaltung des Betriebs notwendigen Anweisungen des Personals der Betreuungseinrichtung ist Folge zu leisten. Bei Störung des Hausfriedens ist das Personal der Betreuungseinrichtung befugt, geeignete Maßnahmen zur Wiederherstellung der Ordnung und Sicherheit zu treffen.

Insbesondere ist zu beachten:

2. Haftung: Bei Beschädigung oder grober Verunreinigung von zur Verfügung gestellten Gegenständen und Räumlichkeiten ist Schadenersatz zu leisten.

3. Wohnraum: Jedem Bewohner wird ein bestimmter Unterkunftsplatz zugewiesen. Ein Anspruch auf ein bestimmtes Zimmer besteht nicht. Der eigenmächtige Wechsel des zugewiesenen Unterkunftsplatzes ist untersagt.
Aus Gründen der Sicherheit, der Ordnung und der Hygiene ist dem Betreuungspersonal sowie Behördenvertretern Zutritt zu den Räumlichkeiten zu gewähren.
Die zur Verfügung gestellten Einrichtungsgegenstände sind pfleglich zu behandeln. Ihr eigenmächtiger Austausch ist untersagt. Die Einrichtung und Möblierung des Wohnraumes darf nicht verändert werden, die Aufstellung eigener Möbel ist nicht erlaubt. Das Bekleben und Bemalen der Wände und Türen, sowie das Einschlagen von Nägeln ist nicht gestattet.

Das Lagern von Gegenständen auf den Fensterbrettern oder Mauervorsprüngen ist unzulässig.

4. Sauberkeit und Hygiene: Für die Sauberkeit in den Wohnräumen sind die Bewohner selbst verantwortlich. Gemeinschaftlich genutzte Räume, Gänge und Sanitäranlagen sind sauber zu halten. Zur täglichen Entsorgung von Hausmüll, Abfällen, Essensresten etc stehen die dafür vorgesehenen Behälter unter Bedachtnahme auf Mülltrennung zur Verfügung. Zeiten und Ort des Bettwäschewechsels und die Waschzeiten für private Wäsche erfragen Sie am Info-Point.

5. Essensausgabe: Die Essensausgabe für die Bewohner erfolgt ausnahmslos zu den beim Info-Point angegebenen Zeiten im Speisesaal. Die Einnahme des Essens ist für Bewohner der Betreuungseinrichtung nur im Speisesaal gestattet, die Mitnahme von Speisen und Geschirr aus dem Speisesaal ist verboten. Ausnahmen erteilt die Leitung der Betreuung.

6. Kinderaufsicht: Die Aufsichtspflicht über die Kinder obliegt den Eltern. Die Benutzung der Sport– und Spielgeräte erfolgt auf eigene Gefahr. Gemeinschaftsräume und Spielplätze sind für alle Bewohner der Betreuungseinrichtung zugänglich. Inventar und Spielgeräte sind schonend zu behandeln.

7. Postempfang: Die Bewohner werden bezüglich Postzustellungen und der Modalität der Abholung von EHC benachrichtigt.

8. Nachtruhe: In der Zeit von 22:00 Uhr bis 06.00 Uhr ist die Nachtruhe einzuhalten. Jede Art von Lärm oder für andere Personen unzumutbares Verhalten ist zu vermeiden.

9. Standeskontrolle: Bei angekündigten Standeskontrollen haben alle Bewohner in ihren Unterkünften anwesend zu sein. Ein unentschuldigtes Fernbleiben führt allenfalls zur Entlassung aus der Bundesbetreuung. Gleiches gilt für eine mehr als 24 Stunden dauernde unentschuldigte Abwesenheit von der Betreuungsstelle.

10. Besuche: Hausfremde Personen benötigen zum Betreten der Betreuungseinrichtung eine Genehmigung der Leitung der Betreuung. Diese wird ausschließlich in der Zeit von 08:00 Uhr bis 17:30 Uhr erteilt. Der Besuch ist vom Bewohner am Torposten (Zugangskontrolle) zu empfangen. Das unbefugte Betreten und der unbefugte Aufenthalt in den Betreuungseinrichtungen des Bundes sind verboten und nach der Betreuungseinrichtungen-Betretungsverordnung – BEBV strafbar.

11. Betreten und Befahren der Betreuungsstelle: Die Betreuungseinrichtung darf nur bei den offiziellen Eingängen betreten und verlassen werden. Das Befahren des Areals der Betreuungseinrichtung mit Kraftfahrzeugen ist ohne Einstellgenehmigung nicht gestattet. Für das Abstellen des KFZ sind nur die vorhandenen Parkplätze zu nutzen. Die StVO gilt.

12. Sicherheit: Feuerlöscher und andere der Sicherheit dienende Einrichtungen sind an den jeweils gekennzeichneten Stellen angebracht. Diese sowie die Brandmeldeanlagen dürfen nur im Notfall betätigt werden. Die Fluchtwege sind freizuhalten. Bei Ertönen des Alarmsignals (Sirene) ist das Haus sofort zu verlassen (gekennzeichnete Fluchtwege). Den Anweisungen des Personals ist unbedingt Folge zu leisten.

Aus Sicherheitsgründen ist für die Bewohner weiters untersagt:
- das Benutzen von eigenen Elektrogeräten, wie Kochplatten, Gaskochern, Tauchsiedern, Heizstrahlern, usw. Diese Geräte werden eingezogen und in Verwahrung genommen und erst bei Verlassen der Betreuungsstelle wieder ausgehändigt. Ausnahmen können im Einzelfall durch die Leitung der Betreuung erteilt werden.
- Veränderungen an Strom-, Gas- oder Wasserleitungen vorzunehmen;
- brennbare Stoffe und Flüssigkeiten zu lagern oder offenes Feuer zu entfachen!
- Die Lagerung von Fahrräder, Reifen oder ähnlich sperrigen Gütern in den Unterkünften;
- Abstellen von Gegenständen auf den Gängen;
- der Betrieb von Rundfunk- und Fernsehgeräten sowie Kühlschränken ohne Bewilligung der Leitung der Betreuung;
- Tiere jeglicher Art in die Unterkunftsgebäude mitzubringen, dort zu halten, zu schlachten oder geschlachtete Tiere zu verarbeiten;
- **der Besitz, Konsum und Vertrieb von Alkohol und Suchtgift am gesamten Areal**
- **Hieb-, Stich- und Schusswaffen oder als Waffe verwendbare Gegenstände zu tragen oder zu besitzen**
- jegliche politische Tätigkeit
- das Anbieten von Waren und Dienstleistungen aller Art und jegliche kommerzielle Werbung

13. Rauchen: ist innerhalb der Unterkunftsgebäude nur in den hiefür vorgesehenen Örtlichkeiten gestattet.

14. Wegweisung: Ist auf Grund bestimmter Tatsachen, insbesondere wegen eines vorangegangenen gefährlichen Angriffs, anzunehmen, es stehe ein gefährlicher Angriff auf Leben, Gesundheit und Freiheit bevor, so kann bezüglich dieser Person, von der die Gefahr ausgeht, die Wegweisung aus der Betreuungseinrichtung angeordnet werden (§ 38a SPG).

15. Informationsverpflichtung: Mängel und Defekte, Gefahrenquellen sowie sonstige wichtige Vorkommnisse sind unverzüglich dem Betreuungspersonal zu melden. Weiters zu melden sind: Brände und Feuergefahr, ansteckende Krankheiten, Auftreten von Ungeziefer.

16. Beendigung der Bundesbetreuung: Bei Beendigung der Bundesbetreuung oder am Tag der Verlegung in ein anderes Quartier sind Schlüssel und Inventargegenstände abzugeben, die Abmeldeformalitäten sind am Info-Point zu erledigen.

Unabhängig von diesen Bestimmungen wird auf die Einhaltung der Gesetze und Verordnungen der Republik Österreich hingewiesen!

Personen, die die Aufrechterhaltung der Ordnung durch grobe Verstöße gegen die Hausordnung fortgesetzt und nachhaltig gefährden, kann die Versorgung eingeschränkt oder entzogen werden. Das gleiche gilt im Anwendungsfall des § 38a SPG. Es wird ausdrücklich auf § 2 Abs. 4 bis 6 GVG-B 2005, BGBl I Nr 405/1991 idF 100/2005, hingewiesen.

Dies gilt für alle in der Betreuungseinrichtung untergebrachte Personen.

I Verordnung des Bundesministers für Inneres, mit der Richtlinien für das Einschreiten der Organe des öffentlichen Sicherheitsdienstes erlassen werden (Richtlinien-Verordnung - RLV)

– BGBl 1993/266

Übersicht:
1. Hinweis auf innerstaatliche Normen
2. Anmerkungen

1. Siehe II.A., §§ 44 Abs 6, 58 Abs 7 AsylG 2005.

2. Anm: Gemäß § 44 Abs 6 AsylG 2005 ist die RLV auch auf Organe des Bundesasylamtes, die gemäß § 58 Abs 7 AsylG 2005 zur Ausübung von Befehls- und Zwangsgewalt nach § 44 Abs 2 bis 5 AsylG 2005 ermächtigt sind, während der Ausübung dieser Befugnisse anzuwenden. Für Organe des öffentlichen Sicherheitsdienstes ist die RLV selbstverständlich auch bei der Ausübung von Befugnissen nach dem AsylG 2005 verbindlich.

Auf Grund des § 31 des Sicherheitspolizeigesetzes (SPG), BGBl. Nr. 566/1991, wird im Einvernehmen mit den Bundesministern für Justiz und für öffentliche Wirtschaft und Verkehr verordnet:

Aufgabenerfüllung

§ 1. (1) Die Organe des öffentlichen Sicherheitsdienstes haben innerhalb der Sicherheitsverwaltung (§ 2 Abs. 2 SPG) jene Aufgaben zu erfüllen, die im Rahmen des Exekutivdienstes, insbesondere durch die Ausübung verwaltungsbehördlicher Befehls- und Zwangsgewalt zu besorgen sind. In anderen Bereichen der Verwaltung haben die Organe des öffentlichen Sicherheitsdienstes solche Aufgaben auf Grund besonderer gesetzlicher Anordnung zu erfüllen.

(2) Die Organe des öffentlichen Sicherheitsdienstes haben im Dienst ihre Aufgaben zu erfüllen, soweit dies auf Grund ihres Ausbildungsstandes und ihrer beruflichen Erfahrung von ihnen erwartet werden kann. Insoweit die Aufgabenerfüllung eine besondere Ausbildung erfordert (zB im Falle einer Geiselnahme, eines Gefahrengütertransportes oder einer Bedrohung mit Sprengstoff) und ein entsprechend ausgebildetes Organ nicht zur Stelle ist, haben andere Organe des öffentlichen Sicherheitsdienstes nur einzuschreiten, wenn die erwarteten Vorteile sofortigen Handelns die Gefahren einer nicht sachgerechten Aufgabenerfüllung auf Grund besonderer Umstände überwiegen.

(3) Außerhalb des Dienstes haben die Organe des öffentlichen Sicherheitsdienstes zur Erfüllung ihrer Aufgaben nur dann einzuschreiten, wenn sie erkennen, daß dies zur Abwehr einer gegenwärtigen oder unmittelbar drohenden Gefahr für Leben, Gesundheit, Freiheit von Menschen oder für fremdes Eigentum in großem Ausmaß erforderlich und wenn ihnen dies nach den eigenen Umständen zumutbar ist. Im übrigen haben sie in Fällen, in denen Einschreiten durch Ausübung sicherheitsbehördlicher Befehls- und Zwangsgewalt dringend geboten erscheint, die Sicherheitsbehörde hievon zu verständigen.

Übersicht:
1. Hinweis auf innerstaatliche Normen
2.-3. Anmerkungen

1. Textauszug SPG:

Organisation der Sicherheitsverwaltung Besorgung der Sicherheitsverwaltung

§ 2. (1) ...
(2) Die Sicherheitsverwaltung besteht aus der Sicherheitspolizei, dem Paß- und dem Meldewesen, der Fremdenpolizei, der Überwachung des Eintrittes in das Bundesgebiet und des Austrittes aus ihm, dem Waffen-, Munitions-, Schieß- und Sprengmittelwesen sowie aus dem Pressewesen und den Vereins- und Versammlungsangelegenheiten.

2. Anm: Die Aufgaben der Organe des öffentlichen Sicherheitsdienstes bei der Vollziehung des AsylG 2005 dienen – zumindest teilweise – der Fremdenpolizei im Sinne des § 2 Abs 2 SPG.

3. Anm: Das Verständnis der RLV als „Berufspflichtenkodex" und die gesetzliche Determinierung derselben als Katalog zur „Sicherstellung wirkungsvollen einheitlichen Vorgehens" zeigen, dass nicht jede Rechtsverletzung erfasst werden soll. Durch die Richtlinien werden dem von einem Einschreiten Betroffenen keine subjektiven Rechte eingeräumt, sondern bloß objektiv-rechtliche Anordnungen an die Organe erlassen, wie sie sich zuvor in verwaltungsinternen Erlässen befanden (vgl RV 148 XVIII. GP, 38, abgedruckt etwa bei *Thanner/Vogl*, Sicherheitspolizeigesetz [2005] 217 f). Würde man jedes Organverhalten als von § 1 Abs 1 erfasst ansehen, so würde dies in weiten Bereichen zu einer Konterkarierung des Systems (in vielen Fällen wären gerade dann subjektive Rechte Gegenstand der RLV) und zu einen Verdoppelung des Rechtsschutzes (Beschwerden wären nach §§ 88 und 89 SPG zulässig) führen. Die Frage einer allfälligen Verletzung von Richtlinien ist daher ausschließlich an Hand der konkreten Einzelanordnungen der RLV zu beantworten (vgl VwGH 07.09.2000, 99/01/0429 = ZfVB 2003/1549).

Führung

§ 2. Organe des öffentlichen Sicherheitsdienstes in Vorgesetztenfunktion haben, soweit sie Amtshandlungen unmittelbar wahrnehmen, darauf zu achten, daß ihre Mitarbeiter diese Richtlinien bei der Erfüllung ihrer Aufgaben einhalten.

1. Anm: § 2 ist – soweit die RLV von Organen des Bundesasylamtes, die keine Organe des öffentlichen Sicherheitsdienstes sind, zu beachten ist – sinngemäß auf deren Vorgesetzte anzuwenden.

Eigensicherung

§ 3. Die Organe des öffentlichen Sicherheitsdienstes haben auf die Vermeidung von Gefahren für sich selbst zu achten, die zur Aufgabenerfüllung nicht erforderlich oder unverhältnismäßig sind. Sie sind nicht verpflichtet, zum Schutze von Rechtsgütern anderer einzuschreiten, wenn die drohende Gefahr offenkundig und erheblich weniger schwer wiegt als die Gefährdung der eigenen körperlichen Sicherheit, die in Kauf zu nehmen wäre.

Übersicht:
1. Hinweis auf innerstaatliche Normen
2. Anmerkungen

1. Siehe II.A., § 49 Abs 2 AsylG 2005.

2. Anm: Das AsylG 2005 hat die Erzwingung von zulässigen Maßnahmen der Befehlsgewalt durch die Anwendung von Zwangsgewalt gemäß § 49 Abs 2 AsylG 2005 – ausgenommen wird lediglich Notwehr sein – den Organen des öffentlichen Sicherheitsdienstes übertragen. Die Durchsetzung einer Maßnahme gegen den – auch passiven – Widerstand des Betroffenen durch Organe des Bundesasylamtes, die keine Sicherheitsorgane sind, wird daher jedenfalls rechtswidrig sein.

Freiwillige Mitwirkung oder Duldung

§ 4. Soll ein Mensch an einer Amtshandlung freiwillig mitwirken oder sie freiwillig dulden, so dürfen die Organe des öffentlichen Sicherheitsdienstes diese Freiwilligkeit nur in Anspruch nehmen, wenn nach den Umständen des Falles kein Zweifel daran besteht, daß der Betroffene sich der Freiwilligkeit bewußt ist.

Achtung der Menschenwürde

§ 5. (1) Die Organe des öffentlichen Sicherheitsdienstes haben bei der Erfüllung ihrer Aufgaben alles zu unterlassen, das geeignet ist, den Eindruck von Voreingenommenheit zu erwecken oder als Diskriminierung auf Grund des Geschlechtes, der Rasse oder Hautfarbe, der nationalen oder ethnischen Herkunft, des religiösen Bekenntnisses, der politischen Auffassung oder der sexuellen Orientierung empfunden zu werden.

(2) Die Organe des öffentlichen Sicherheitsdienstes haben alle Menschen, bei denen dies dem üblichen Umgang entspricht oder die es verlangen, mit „Sie" anzusprechen.

(3) Die Organe des öffentlichen Sicherheitsdienstes haben dafür zu sorgen, daß die Durchsuchung eines Menschen (Durchsuchung der Kleidung und Besichtigung des Körpers) nur von jemandem desselben Geschlechtes oder von einem Arzt vorgenommen wird; dies gilt nicht, soweit ein hiezu erforderlicher Aufschub der Durchsuchung deren Zweck gefährden würde. Hievon ist die Durchsuchung von Kleidungsstücken ausgenommen, die nach den Umständen ohne Verletzung des Anstandes und ohne Verletzung anderer schutzwürdiger Interessen des Betroffenen abgelegt werden können.

1. Anm: Das für Organe des öffentlichen Sicherheitsdienstes sowie für gem § 58 Abs 7 AsylG 2005 ermächtigte Bedienstete des BAA geltende Sachlichkeitsgebot ergibt sich bereits aus ihrer Stellung als öffentliche Bedienstete (zu diesem Begriff vgl *Kucsko-Stadlmayer,* Das Disziplinarrecht der Beamten[3] [2003] 15 FN 1 mwN). Gem Abs 1 kommt es darauf an, dass der Bedienstete nicht bloß unvoreingenommen ist, sondern auch den Schein der Voreingenommenheit vermeidet (vgl VwGH 17.09.2002, 2000/01/0138 = ZfVB 2003/1555; 29.06.2000, 96/01/1233 = ÖJZ 2001/88 A; 24.06.1998, 98/01/0084 = ZfVB 2000/745). Ob er tatsächlich voreingenommen war, ist nicht maßgeblich, vielmehr ist ihm eine Handlung zuzurechnen, die objektiv auf seine Voreingenommenheit hinweist.

2. Anm: Abgesehen von der Schwierigkeit, ein bestimmtes Empfinden mit objektiven Maßstäben zu bewerten, übersteigt ein in einem als aggressiv, unfreundlich, rüpelhaft, herrisch, streitsüchtig oder provokant empfundenen Tonfall ausgesprochener Befehl zwar den iZm der Erteilung einer zu befolgenden Anordnung üblichen zwischenmenschlichen Umgangston, ein solches Verhalten ist aber nicht so gravierend, dass daraus eine Verletzung des § 5 resultiert (vgl VwGH 24.06.1998, 98/01/0084 = ZfVB 2000/745. Auch eine als abfällig empfundene Handbewegung bzw ein als sarkastisches gewertetes Lächeln sind nicht geeignet, den Eindruck von Voreingenommenheit in objektiv nachvollziehbarer Form zu erwecken (vgl VwGH 29.06.2000, 96/01/1233 = ÖJZ 2001/88 A).

3. Anm: In Österreich entspricht es dem üblichen Umgang, Erwachsene mit „Sie" anzureden. Daher haben sich Organe bei der Erfüllung ihrer Aufgaben im Umgang mit erwachsenen Personen ohne Unterschied, ob es sich um Inländer oder Fremde handelt, dieser Anrede zu bedienen, ohne dass es hierfür einer ausdrücklichen Anordnung bedürfte (vgl VwGH 22.04.1998, 97/01/0630 = ÖJZ 1999/34 A = ZfVB 1999/1429).

Umgang mit Betroffenen

§ 6. (1) Wird ein Mensch von der Amtshandlung eines Organs des öffentlichen Sicherheitsdienstes betroffen, so gelten hiefür, sofern gesetzlich nicht anderes vorgesehen ist, folgende Richtlinien:
1. Dem Betroffenen ist bei der Ausübung von Befehls- und Zwangsgewalt auf Verlangen mitzuteilen, welche Rechte ihm in dieser Eigenschaft jeweils zukommen; dies gilt nicht, solange dadurch die Erfüllung der Aufgabe gefährdet wäre. Soll eine Mitwirkungsverpflichtung des Betroffenen in Anspruch genommen werden, so ist er von deren Bestehen in Kenntnis zu setzen.
2. Dem Betroffenen ist der Zweck des Einschreitens bekanntzugeben, es sei denn, dieser wäre offensichtlich oder die Bekanntgabe würde die Aufgabenerfüllung gefährden.
3. Opfer von Straftaten sowie Menschen, die aus physischen oder psychischen Gründen nicht in der Lage sind, die Umstände der Amtshandlung zu erkennen oder sich diesen entsprechend zu verhalten, sind mit besonderer Rücksicht zu behandeln.

(2) Für Befragungen und Vernehmungen gilt zusätzlich:
1. Dem Betroffenen ist nach Möglichkeit zu gestatten, sich niederzusetzen.
2. Eine Frau, die sich über ein Geschehen aus ihrem privaten Lebensbereich äußern soll, im Zuge dessen sie von einem Mann mißhandelt oder schwer genötigt worden ist, ist von einer Frau zu befragen oder zu vernehmen, es sei denn, daß sie dies nach entsprechender Information nicht wünscht oder daß dies aufgrund besonderer Umstände die Aufgabenerfüllung gefährden würde. Sie ist vor der Befragung oder Vernehmung darauf hinzuweisen, daß auf ihren Wunsch der Befragung oder Vernehmung eine Person ihres Vertrauens beigezogen werde, es sei denn, daß dies aufgrund besonderer Umstände die Aufgabenerfüllung gefährden würde.
3. Unmündige sind von hiefür besonders geschulten Beamten oder sonst besonders geeigneten Menschen zu befragen oder zu vernehmen, es sei denn, daß dies nach dem Anlaß verzichtbar erscheint oder die Aufgabenerfüllung gefährden würde.

(3) Für Vernehmungen während einer Anhaltung gilt überdies:
1. Vernehmungen sind, außer bei Lokalaugenscheinen, in Diensträumen durchzuführen. Hievon kann eine Ausnahme gemacht werden, wenn dies zur Erreichung des Zwecks der Vernehmung erforderlich ist.
2. Länger andauernde Vernehmungen sind in angemessenen Zeiträumen für Pausen zu unterbrechen.
3. Über die Vernehmung ist eine Niederschrift anzufertigen, die auch die Namen (Dienstnummern) aller Anwesenden, die Zeiten der Vernehmungen und der Unterbrechungen sowie jeweils den Ort (Dienstraum), an dem die Vernehmung stattge-

funden hat, enthalten muß. Soweit der Betroffene zustimmt, können dessen Aussagen statt durch Niederschrift oder zusätzlich mit einem Bild- oder Schallträger aufgezeichnet werden.

Übersicht:
1. Hinweis auf innerstaatliche Normen
2. Anmerkung

1. Siehe II.A., §§ 19 Abs 1, 20 AsylG 2005.

2. Anm: § 6 Abs 2 Z 2 bedeutet für Befragungen nach § 19 AsylG 2005, dass dort, wo auch Asylwerber in der ersten Befragung zum Grund des Verlassens des Herkunftsstaates Eingriffe in die sexuelle Selbstbestimmung vorbringen, eine – zu § 20 AsylG 2005 analoge - Wahlmöglichkeit in der Befragung von Organe des gleichen Geschlechts besteht. Da sich jedoch Befragungen nach § 19 AsylG 2005 jedenfalls nicht auf die näheren Fluchtgründe zu beziehen haben, wird in diesbezüglichen Fallkonstellationen ohnehin eine weitere Befragung nicht zu erfolgen haben.

Ausübung von Zwangsgewalt

§ 7. (1) **Wenn absehbar ist, daß es im Zuge einer Amtshandlung zur Ausübung verwaltungsbehördlicher Zwangsgewalt kommen wird, und zu befürchten ist, daß dadurch Unbeteiligte gefährdet werden, haben die Organe des öffentlichen Sicherheitsdienstes diese davon in Kenntnis zu setzen, es sei denn, die Mitteilung würde die Erfüllung der Aufgabe gefährden.**
(2) **Die Organe des öffentlichen Sicherheitsdienstes haben dafür zu sorgen, daß Menschen, in deren Rechte durch Zwangsgewalt eingegriffen wurde und die diesen Eingriff nicht unmittelbar wahrgenommen haben, hievon verständigt werden.**
3) **Einer Verständigung gemäß Abs. 2 bedarf es nicht, wenn der Eingriff für den Betroffenen folgenlos geblieben ist, es sei denn, es handelt sich um das Betreten oder die Durchsuchung von Räumen oder es wäre gesetzlich anderes angeordnet.**

Informationspflichten

§ 8. (1) **Sofern das Gesetz einem Menschen ein Recht auf Verständigung oder Beiziehung einer Vertrauensperson oder eines Rechtsbeistandes einräumt, haben ihn die Organe des öffentlichen Sicherheitsdienstes von diesem Recht in Kenntnis zu setzen**
   1. **bei Festnahmen, Hausdurchsuchungen und Durchsuchungen nach § 40 Abs. 4 SPG;**
   2. **sobald abzusehen ist, daß die Amtshandlung länger als eine Stunde dauern wird.**
(2) **Ist der Betroffene nicht in der Lage, selbst eine Verständigung der Vertrauensperson oder des Rechtsbeistandes zu veranlassen, so**

ist er auch davon in Kenntnis zu setzen, daß er die Verständigung durch die Behörde verlangen kann.

(3) Die Organe des öffentlichen Sicherheitsdienstes haben einen Angehaltenen, der von einem von der Behörde beauftragten Arzt untersucht werden soll, davon in Kenntnis zu setzen, daß es ihm freisteht, zu dieser Untersuchung auf seine Kosten einen Arzt seiner Wahl beizuziehen, sofern dies ohne wesentliche Verzögerungen der Untersuchung bewirkt werden kann.

Bekanntgabe der Dienstnummer

§ 9. (1) Die Organe des öffentlichen Sicherheitsdienstes haben von einer Amtshandlung Betroffenen auf deren Verlangen ihre Dienstnummer bekanntzugeben. Dies gilt nicht, solange dadurch die Erfüllung der Aufgabe gefährdet wäre. Die Bekanntgabe der Dienstnummer aus anderen Anlässen ist dem Organ freigestellt.

(2) Die Dienstnummer ist in der Regel durch Aushändigung einer mit der Dienstnummer, der Bezeichnung der Dienststelle und deren Telefonnummer versehenen Karte bekanntzugeben. Sofern gewährleistet ist, daß dem Betroffenen die Dienstnummer auf andere Weise unverzüglich zur Kenntnis gelangt, kann diese auch auf andere zweckmäßige Weise bekanntgegeben werden. Die zusätzliche Nennung seines Namens ist dem Organ des öffentlichen Sicherheitsdienstes freigestellt.

(3) Im Falle des gleichzeitigen Einschreitens mehrerer Organe des öffentlichen Sicherheitsdienstes oder einer geschlossenen Einheit kann die Auskunft (Abs. 1) auch der Kommandant erteilen. Er kann den Betroffenen, sofern er ihm seine eigene Karte aushändigt, hinsichtlich jener Organe, die gegen ihn eingeschritten sind, auf eine schriftliche Anfrage verweisen. Das einzelne Organ kommt seiner Verpflichtung (Abs. 1) auch dann nach, wenn es den Betroffenen an den Kommandanten verweist.

Dokumentation

§ 10. (1) Üben die Organe des öffentlichen Sicherheitsdienstes verwaltungsbehördliche Befehls- und Zwangsgewalt aus oder nehmen sie Freiwilligkeit in Anspruch (§ 4), so haben sie dafür zu sorgen, daß die für ihr Einschreiten maßgeblichen Umstände später nachvollzogen werden können. Soweit dies hiezu erforderlich ist, sind die Organe des öffentlichen Sicherheitsdienstes auch ermächtigt, Namen und Adressen von Menschen zu ermitteln, die über das Einschreiten Auskunft geben können.

(2) Im Falle des gleichzeitigen Einschreitens mehrerer Organe des öffentlichen Sicherheitsdienstes oder einer geschlossenen Einheit hat der Kommandant angemessene Vorkehrungen dafür zu treffen, daß nach Möglichkeit festgestellt werden kann, welches Organ im Einzelfall eingeschritten ist.

(3) Die bloß für Zwecke der Dokumentation vorgenommenen Aufzeichnungen über eine Amtshandlung sind nach sechs Monaten zu löschen. Kommt es innerhalb dieser Frist wegen der Amtshandlung zu Rechtsschutzverfahren, so sind die Aufzeichnungen erst nach Abschluß dieser Verfahren zu löschen. Regelungen, denen zufolge bestimmte Daten länger aufzubewahren sind, bleiben unberührt.

Inkrafttreten

§ 11. Diese Verordnung tritt mit 1. Mai 1993 in Kraft.

J Verordnung des Bundesministers für Verkehr, Innovation und Technologie über die zulässigen Ein- und Ausflüge nach und von Flugfeldern (Flugfelder-Grenzüberflugsverordnung 1996 - F-GÜV 1996)

- BGBl 1996/372
- BGBl II 1999/127
- BGBl II 2002/237

Auf Grund des § 8 Abs. 1 des Luftfahrtgesetzes, BGBl. Nr. 253/1957, in der Fassung des Bundesgesetzes BGBl. Nr. 656/1994 wird verordnet:

§ 1. (1) Nach und von allen auf österreichischem Bundesgebiet befindlichen Flugfeldern sind Einflüge aus Mitgliedsstaaten der Europäischen Union in das Bundesgebiet und Ausflüge aus demselben nach Mitgliedsstaaten der Europäischen Union zulässig.

(2) Nach und von den Flugfeldern Dobersberg, Feldkirchen-Ossiacher See, Ferlach-Glainach, Freistadt, Friesach-Hirt, Fürstenfeld, Gmunden, Goldeck Talstation, Hofkirchen, Hohenems-Dornbirn, Hubschrauberplatz Glock Ferlach, Kapfenberg, Krems-Langenlois, Kufstein-Langkampfen, Lanzen-Turnau, Leoben-Timmersdorf, Lienz-Nikolsdorf, Mariazell, Mauterndorf, Mayerhofen, Niederöblarn, Nötsch im Gailtal, Pinkafeld, Pöchlarn-Wörth, Punitz-Güssing, Reutte-Höfen, Ried-Kirchheim, St. Andrä im Lavanttal, St. Donat - Mairist, St. Georgen am Ybbsfeld, St. Johann/Tirol, Scharnstein, Schärding-Suben, Seitenstetten, Spitzerberg, Stockerau, Trieben, Völtendorf, Vöslau, Weiz-Unterfladnitz, Wels, Wiener Neustadt/Ost, Wolfsberg, Zell am See und Hubschrauberflugplatz Zwatzhof sind Einflüge aus Staaten, die Nichtmitglieder der Europäischen Union sind, in das Bundesgebiet und Ausflüge aus demselben nach Staaten, die Nichtmitglieder der Europäischen Union sind, unter Bedachtnahme auf die zoll- und grenzkontrollrechtlichen Vorschriften zulässig.

§ 2. (1) Bei Einflügen in das Bundesgebiet bzw. bei Ausflügen aus demselben nach und von allen auf österreichischem Bundesgebiet befindlichen Flugfeldern hat der verantwortliche Pilot dem Halter des Flugfeldes spätestens eine Stunde vor dem Einflug in das Bundesgebiet bzw. spätestens eine Stunde vor dem Abflug folgende Daten zu übermitteln:
    1. das Kennzeichen und die Type des Luftfahrzeuges,

2. den unmittelbar vor dem Einflug in das österreichische Bundesgebiet benützten bzw. den unmittelbar nach dem Ausflug aus demselben zur Landung vorgesehenen Flugplatz,
3. die voraussichtliche Lande- bzw. Abflugzeit,
4. die Namen und die Staatsangehörigkeit des verantwortlichen Piloten und der Passagiere.

(2) Der Halter des Flugfeldes hat die in Abs. 1 Ziffer 1 bis 4 angeführten Daten unverzüglich mittels Fernkopierer der örtlich zuständigen Meldestelle für Flugverkehrsdienste und der für die Paßkontrolle örtlich zuständigen Sicherheitsdienststelle bekanntzugeben.

(3) Abs. 1 und Abs. 2 gelten, ausgenommen im Falle einer Verordnung gemäß § 10 Abs. 2 Grenzkontrollgesetz , BGBl. Nr. 435/1996, nicht für Einflüge in das und Ausflüge aus dem Bundesgebiet von und nach Staaten, die Vertragspartei der am 19. Juni 1990 in Schengen unterzeichneten Übereinkommen zur Durchführung des Übereinkommens von Schengen vom 14. Juni 1985 zwischen den Regierungen der Staaten der Benelux-Wirtschaftsunion, der Bundesrepublik Deutschland und der Französischen Republik betreffend den schrittweisen Abbau der Kontrollen an den gemeinsamen Grenzen sind, das Übereinkommen in Kraft gesetzt und die Grenzkontrollen an den Binnengrenzen vollständig abgebaut haben.

(4) Die Bestimmungen des österreichischen und europäischen Zollrechtes (§ 22 des Zollrechts-Durchführungsgesetzes, BGBl. Nr. 659/1994) in der jeweils geltenden Fassung bleiben unberührt.

(5) Die Bestimmungen des Bundesgesetzes über die Durchführung von Personenkontrollen aus Anlaß des Grenzübertrittes (Grenzkontrollgesetz - GrekoG), BGBl. Nr. 435/1996, in der jeweils geltenden Fassung bleiben unberührt.

(6) Die Vorschriften über den Flugplan in der Verordnung des Bundesministeriums für Verkehr und verstaatlichte Unternehmungen vom 15. Februar 1967 betreffend die Regelung des Luftverkehrs (Luftverkehrsregeln 1967), BGBl. Nr. 56/1967, in der jeweils geltenden Fassung bleiben unberührt.

1. Siehe II.G. GrekoG und IV.C.2., Art 2 Abs 1 SDÜ.

2. Textauszug ZollR-DG

Allgemeine Maßnahmen der Zollaufsicht

§ 22. *(1) Die Zollorgane sind zur Ausübung der Zollaufsicht befugt, an Orten, die nicht mehr als 15 Kilometer von der Zollgrenze entfernt sind, Wege, Grundstücke und Baulichkeiten jederzeit ungehindert zu betreten oder auf vorhandenen dafür geeigneten Wegen zu befahren, auch wenn dies sonst der Allgemeinheit untersagt ist; im Fall der Verfolgung einer vorschriftsmäßig angerufenen Person ist das Verlassen dieser Wege zulässig. Diese Berechtigung gilt auch für eingefriedete, nicht in unmittelbarer Verbindung mit Wohngebäuden stehende Grundstücke, wie umzäunte Fluren und Wildparke, sowie zum Hauswesen gehörige, jedoch nicht geschlossene Räumlichkeiten oder eingefriedete Grundstücke, wie offene Höfe und Lagerplätze. Den Zollorganen ist ohne Zustimmung des Besitzers das Betreten von Wohngebäuden und den mit ihnen in unmittelbarer Verbindung stehenden geschlossenen Räumen oder eingefriedeten Grundstücken sowie der zum Hauswesen gehörigen, jedoch mit Wohngebäuden nicht unmittelbar verbundenen geschlossenen Räumlichkeiten, wie Keller, Scheunen u. dgl., untersagt.*

(2) In den in Abs. 1 genannten Gebietsteilen sowie an Verkehrswegen, in Verkehrseinrichtungen (Bahnhöfe, Flugplätze, Schiffsanlegeplätze) und Umschlagseinrichtungen, wo Grund zur Annahme besteht, daß Waren vorhanden sind, die der zollamtlichen Überwachung unterliegen, sind die Zollorgane weiters befugt, zur Ausübung der Zollaufsicht Personen anzuhalten und körperlich zu durchsuchen, Beförderungsmittel anzuhalten und zu durchsuchen sowie Behältnisse und Waren zu untersuchen.

(3) Die im Abs. 2 genannten Befugnisse stehen den Zollorganen im übrigen Anwendungsgebiet zu, wenn auf Grund bestimmter Tatsachen anzunehmen ist, daß Waren vorhanden sind; die der zollamtlichen Überwachung unterliegen. Die körperliche Durchsuchung von Personen und deren Bekleidung ist jedoch nur dann zulässig, wenn begründeter Verdacht besteht, daß die zu durchsuchende Person Gegenstände am Körper verbirgt, die der zollamtlichen Überwachung unterliegen.

(4) Ist die Ausübung der Befugnis nach Abs. 2 oder 3 an Ort und Stelle nicht tunlich, so hat sie bei der nächstgelegenen der Zollverwaltung zur Verfügung stehenden Einrichtung zu erfolgen, welche die dafür erforderlichen Voraussetzungen bietet. Dies gilt für körperliche Durchsuchungen auch dann, wenn es die angehaltene Person verlangt. Bei der Durchsuchung von Personen sind § 31 Abs. 2 Z 6 und § 40 Abs. 4 des Sicherheitspolizeigesetzes sinngemäß anzuwenden.

3. Textauszug SPG

§ 31. (2) ...
6. die Durchsuchung eines Menschen außer in Notfällen durch eine Person desselben Geschlechts vorzunehmen ist; ...

§ 40. (4) Bei Durchsuchungen ... haben sich die Organe ... auf eine Durchsuchung der Kleidung und eine Besichtigung des Körpers zu beschränken, es sei denn, es wäre auf Grund bestimmter Tatsachen anzunehmen, der Betroffene habe einen Gegenstand in seinem Körper versteckt; in solchen Fällen ist mit der Durchsuchung ein Arzt zu betrauen.

§ 3. Die Halter der Flugfelder haben Aufzeichnungen über sämtliche gemäß § 2 Abs. 1 Ziffer 1 bis 4 übermittelten Daten zu führen. Diese Aufzeichnungen sind ein Jahr lang aufzubewahren.

§ 4. (1) Auf Ein- und Ausflüge nach und von allen auf österreichischem Bundesgebiet befindlichen Flugfeldern nach und von Staaten, die Mitglieder der Europäischen Union sind (§ 1 Abs. 1), ist die Grenzüberflugsverordnung (GÜV), BGBl. Nr. 249/1987, in der jeweils geltenden Fassung, ausgenommen die auf Flugfelder bezüglichen Bestimmungen des § 3 Abs. 1 lit. a, anzuwenden.

(2) Auf Ein- und Ausflüge nach und von auf österreichischem Bundesgebiet befindlichen Flugfeldern, die in § 1 Abs. 2 angeführt sind, nach und von Staaten, die nicht Mitglieder der Europäischen Union sind, ist die Grenzüberflugsverordnung (GÜV), BGBl. Nr. 249/1987, in der jeweils geltenden Fassung, ausgenommen die auf Flugfelder bezüglichen Bestimmungen des § 3 Abs. 1 lit. a, anzuwenden.

(3) Auf Ein- und Ausflüge nach und von auf österreichischem Bundesgebiet befindlichen Flugfeldern, die nicht in § 1 Abs. 2 angeführt sind, nach und von Staaten, die nicht Mitglieder der Europäischen Union sind, ist die Grenzüberflugsverordnung (GÜV), BGBl. Nr. 249/1987, in der jeweils geltenden Fassung anzuwenden.

1. Siehe VI.K. GÜV.

§ 5. (1) Diese Verordnung tritt mit 1. August 1996 in Kraft.

(2) Die Verordnung des Bundesministers für öffentliche Wirtschaft und Verkehr über die zulässigen Ein- und Ausflüge nach und von Flugfeldern (Flugfelder-Grenzüberflugsverordnung - F-GÜV), BGBl. Nr. 393/1994, tritt mit Ablauf des 31. Juli 1996 außer Kraft.

(3) § 1 Abs. 2 und § 2 Abs. 2, 3, 4, 5 und 6 in der Fassung BGBl. II Nr. 127/1999 treten mit 1. Mai 1999 in Kraft.

(4) § 1 Abs. 2 in der Fassung BGBl. II Nr. 237/2002 tritt mit 1. Juli 2002 in Kraft.

K Verordnung des Bundesministers für öffentliche Wirtschaft und Verkehr vom 29. Mai 1987 betreffend das Überfliegen der Bundesgrenze (Grenzüberflugsverordnung - GÜV)

- BGBl 1987/249
- BGBl 1992/103

Auf Grund des § 8 Abs. 2 des Luftfahrtgesetzes, BGBl. Nr. 253/1957, wird im Einvernehmen mit den Bundesministern für Inneres, für Finanzen und für Landesverteidigung verordnet:

Einflug, Ausflug und landungsloser Überflug ausländischer Privatluftfahrzeuge im nichtgewerbsmäßigen Verkehr

§ 1. (1) Für den Einflug, den Ausflug und den landungslosen Überflug eines ausländischen Privatluftfahrzeuges (Art. 3 des Abkommens über die Internationale Zivilluftfahrt, BGBl. Nr. 97/1949) im nichtgewerbsmäßigen Verkehr ist eine Bewilligung des Bundesamtes für Zivilluftfahrt erforderlich, wenn der Staat, in dem das Luftfahrzeug registriert ist, nicht Mitglied der Internationalen Zivilluftfahrt-Organisation (ICAO) ist. Als nichtgewerbsmäßig gilt auch eine Landung, die bei einem gewerbsmäßigen Flug lediglich aus betriebstechnischen Gründen, zum Beispiel zur Aufnahme von Treibstoff, erfolgt.

(1a) Privatluftfahrzeuge, die in der Republik Slowenien bzw. der Republik Kroatien registriert sind, sind im Sinne dieser Verordnung so zu behandeln wie Luftfahrzeuge, die im Luftfahrzeugregister eines Mitgliedstaates der Internationalen Zivilluftfahrtorganisation eingetragen sind.

(2) Anträge auf Erteilung einer Bewilligung gemäß Abs. 1 sind vom Halter des Luftfahrzeuges einzubringen. Wenn solche Anträge nicht für den Halter des Luftfahrzeuges von der Regierung jenes Staates, in dem das Luftfahrzeug registriert ist, spätestens drei Tage vor Beginn des Fluges auf diplomatischem Wege übermittelt werden, sind sie zurückzuweisen. Eine Unterschreitung der dreitägigen Frist ist nur zulässig, wenn hiefür wichtige Gründe glaubhaft gemacht werden. Im Antrag sind anzugeben:
    a)   das Eintragungszeichen, die Art und das Muster des Luftfahrzeuges;
    b)   der Name, die Staatsangehörigkeit und der Wohnsitz des Eigentümers des Luftfahrzeuges;
    c)   der Flugweg, das Flugziel, die Grenzüberflugstellen und die geplanten Zwischenlandungen;

d) der voraussichtliche Zeitpunkt der Ankunft und des Abfluges auf dem, beziehungweise von dem in Aussicht genommenen Flughafen;
e) die Anzahl der Fluggäste und der Besatzungsmitglieder;
f) die Bordfunkausrüstung und die verfügbaren Frequenzen;
g) die Versicherung gegen die Haftung für Schäden, die sich aus dem Betrieb des Luftfahrzeuges ergeben können.

(3) Eine Bewilligung gemäß Abs. 1 ist zu erteilen, wenn und insoweit öffentliche Interessen nicht entgegenstehen.

1. Textauszug Abkommen über die Internationale Zivilluftfahrt

Artikel 3: Privat- und Staatsluftfahrzeuge

a) Dieses Abkommen findet nur auf Privatluftfahrzeuge Anwendung und ist auf Staatsluftfahrzeuge nicht anwendbar.

b) Luftfahrzeuge, die im Militär-, Zoll- und Polizeidienst verwendet werden, gelten als Staatsluftfahrzeuge.

c) Ein Staatsluftfahrzeug eines Vertragsstaates darf das Hoheitsgebiet eines anderen Staates nur überfliegen oder dort landen, wenn es eine Bewilligung durch besondere Vereinbarung oder auf andere Weise erhalten hat und nur gemäß den in dieser Bewilligung festgesetzten Bedingungen.

d) Die Vertragsstaaten verpflichten sich, beim Erlassen von Vorschriften für ihre Staatsluftfahrzeuge auf die Sicherheit des Verkehrs der Privatluftfahrzeuge gebührend Rücksicht zu nehmen.

Einflug, Ausflug und landungsloser Überflug ausländischer Staatsluftfahrzeuge

§ 2. (1) Der Einflug, der Ausflug und der landungslose Überflug ausländischer Staatsluftfahrzeuge (Art. 3 des Abkommens über die Internationale Zivilluftfahrt) bedürfen in jedem Falle einer Bewilligung des Bundesamtes für Zivilluftfahrt. Wenn es sich um ein ausländisches Militärluftfahrzeug handelt, darf die Bewilligung nur mit Zustimmung des Bundesministeriums für Landesverteidigung, bei anderen Staatsluftfahrzeugen nur mit Zustimmung des Bundesministeriums für Inneres erteilt werden.

(2) Der Antrag auf Erteilung einer Bewilligung gemäß Abs. 1 ist rechtzeitig vor Beginn des Fluges auf diplomatischem Wege einzubringen. Darin sind anzugeben:
a) das Eintragungszeichen, die Art und das Muster des Luftfahrzeuges;
b) der Staat, in dem das Luftfahrzeug registriert ist;
c) welcher Behörde oder sonstigen staatlichen Einrichtung (zum Beispiel Polizei-, Zollbehörde, Luftwaffe, Heer, Marine usw.) das Luftfahrzeug dient;
d) der Name des verantwortlichen Piloten und die Anzahl der übrigen Besatzungsmitglieder sowie allfälliger Fluggäste, sofern es sich jedoch nicht bloß um einen Überflug handelt, die Namen sämtlicher Besatzungsmitglieder und Fluggäste;

e) der Flugweg, das Flugziel, die Grenzüberflugstellen und die geplanten Zwischenlandungen;
f) der voraussichtliche Zeitpunkt der Ankunft und des Abfluges auf dem, beziehungsweise von dem in Aussicht genommenen Flughafen;
g) der Zweck des Fluges;
h) die Bordfunkausrüstung und die verfügbaren Frequenzen.

(3) Eine Bewilligung gemäß Abs. 1 ist zu erteilen, wenn und insoweit öffentliche Interessen nicht entgegenstehen.

1. Siehe 1. zu § 1.

Ausnahmebewilligungen gemäß § 8 Abs. 2 lit. b des Luftfahrtgesetzes

§ 3. (1) Das Bundesamt für Zivilluftfahrt hat abweichend von den Bestimmungen im § 8 Abs. 1 erster Satz des Luftfahrtgesetzes zu bewilligen (Ausnahmebewilligungen):
a) auf Antrag des Flugplatzhalters, des Luftfahrzeughalters oder des Veranstalters einer Luftfahrtveranstaltung, daß Luftfahrzeuge nach ihrem Einflug in das Bundesgebiet unmittelbar auf einem Flugfeld oder auf einem Militärflugplatz landen, beziehungsweise von einem Flugfeld oder von einem Militärflugplatz unmittelbar in das Ausland ausfliegen, wenn die Einhaltung der Vorschriften über den Grenzübertritt sichergestellt ist;
b) bei gemäß § 9 Abs. 2 oder 5 des Luftfahrtgesetzes bewilligten oder bei gemäß § 10 Abs. 1 lit. c des Luftfahrtgesetzes zulässigen Außenlandungen und Außenabflügen auf Antrag des Luftfahrzeughalters, daß Luftfahrzeuge nach ihrem Einflug in das Bundesgebiet unmittelbar auf einem Außenlandeplatz landen, beziehungsweise von einem Außenabflugplatz unmittelbar in das Ausland ausfliegen, wenn die Einhaltung der Vorschriften über den Grenzübertritt sichergestellt ist;
c) auf Antrag des Halters eines notgelandeten (§ 10 Abs. 1 lit. a des Luftfahrtgesetzes) Luftfahrzeuges, daß Luftfahrzeuge unmittelbar in das Ausland ausfliegen, wenn die Einhaltung der Vorschriften über den Grenzübertritt sichergestellt ist;
d) daß Luftfahrzeuge, die ausschließlich zur Hilfeleistung im Zuge von Rettungs- oder Katastropheneinsätzen oder bei Flugunfalluntersuchungen (§ 10 Abs. 1 lit. b des Luftfahrtgesetzes) in das Bundesgebiet einfliegen, unmittelbar am Ort des geplanten Einsatzes oder auf dem nächstgelegenen geeigneten Außenlandeplatz landen; für den unmittelbaren Ausflug in das Ausland nach Durchführung des Einsatzes bedarf es keiner weiteren Bewilligung.

(2) Ausnahmebewilligungen gemäß Abs. 1 sind nur zulässig, wenn dadurch weder die Sicherheit der Luftfahrt noch sonstige öffentliche Interessen beeinträchtigt werden. Sie sind insoweit mit Befristungen,

Bedingungen, Auflagen und Widerrufsvorbehalten zu erteilen, als dies zur Wahrung dieser Interessen erforderlich ist.

(3) Das Bundesamt für Zivilluftfahrt hat vor Erteilung von Ausnahmebewilligungen gemäß Abs. 1 lit. a bis c die Zustimmung der örtlich zuständigen Sicherheits- und Finanzlandesdirektionen einzuholen und diese von der Erteilung von Ausnahmebewilligungen unverzüglich in Kenntnis zu setzen.

(4) Ausnahmebewilligungen gemäß Abs. 1 sind zu widerrufen, wenn sie zur Umgehung der Vorschriften über den Grenzübertritt erwirkt wurden.

1. Textauszug LFG

Außenlandungen und Außenabflüge.

§ 9. (1) ...

(2) Abflüge und Landungen außerhalb eines Flugplatzes (Außenabflüge und Außenlandungen) dürfen, soweit es sich um Zivilluftfahrzeuge handelt, nur mit Bewilligung des Landeshauptmannes durchgeführt werden. Die Bewilligung ist zu erteilen, wenn öffentliche Interessen nicht entgegenstehen oder ein am Außenabflug oder an der Außenlandung bestehendes öffentliches Interesse ein allenfalls entgegenstehendes öffentliches Interesse überwiegt. Die Bewilligung ist befristet und, insoweit dies zur Wahrung der öffentlichen Interessen erforderlich ist, mit Bedingungen und Auflagen zu erteilen. Sie ist unverzüglich zu widerrufen, wenn eine der Voraussetzungen, die zu ihrer Erteilung geführt haben, nicht oder nicht mehr vorliegt oder gegen Auflagen verstoßen wurde.

(3) – (4) ...

(5) Für Fallschirmabsprünge außerhalb von Flugplätzen gelten die Bestimmungen der Abs. 2 bis 4. Zivile Fallschirmabsprünge dürfen nur von Luftfahrzeugen aus einer Mindestflughöhe von 600 m über Grund durchgeführt werden.

Nichtbewilligungspflichtige Außenlandungen und Außenabflüge.

§ 10. (1) Die Bestimmungen des § 9 gelten nicht
a) für unvorhergesehene, aus Sicherheitsgründen erforderliche oder durch Mangel an Triebkraft oder Auftriebskraft erzwungene Außenlandungen (Notlandungen) und für der Eigenrettung dienende Fallschirmabsprünge,
b) für Landungen und Abflüge im Zuge von Rettungs- oder Katastropheneinsätzen sowie bei Unfallsuntersuchungen gemäß § 137 Abs. 1,
c) für Außenlandungen von Segelflugzeugen, Hänge- und Paragleitern und Freiballonen.

Außerkrafttreten älterer Vorschriften

§ 4. Mit dem Inkrafttreten dieser Verordnung tritt die Grenzüberflugsverordnung, BGBl. Nr. 111/1958, in der Fassung BGBl. Nr. 518/1985 außer Kraft.

L Geschäftsordnung des Unabhängigen Bundesasylsenats („UBAS-GO")

- Zl 100.000/1-Präs/2006
  Stand: Jänner 2006

Artikel 1: Leitung

A.

Der Vorsitzende leitet den Unabhängigen Bundesasylsenat und vertritt ihn in allen dienst- und organisationsrechtlichen Angelegenheiten sowie in medialer Hinsicht nach außen.

Ist er verhindert, so wird er vom Stellvertretenden Vorsitzenden, wenn auch dieser verhindert ist, von dem an Lebensjahren ältesten Mitglied des Unabhängigen Bundesasylsenats vertreten. Dies gilt auch dann, wenn die Stelle des Vorsitzenden oder des Stellvertretenden Vorsitzenden unbesetzt ist.

Zur Leitung zählen insbesondere die Wahrnehmung der dienstbehördlichen Zuständigkeiten, einschließlich des Abschlusses von Dienstverträgen, sowie die Regelung des Dienstbetriebes und die Dienstaufsicht über das gesamte Personal sowie die dem Vorgesetzten oder Dienststellenleiter gemäß den Bestimmungen des BDG 1979 darüber hinaus zugewiesenen Aufgaben und die Überwachung der Geschäftsführung des Unabhängigen Bundesasylsenats, hinsichtlich der Mitglieder des Unabhängigen Bundesasylsenats jedoch unter Bedachtnahme auf ihre weisungsungebundene Stellung im Sinne des Art. 129c Abs. 3 B-VG.

Der Stellvertretende Vorsitzende kann sich in fortlaufender Kenntnis der gesamten Geschäftsführung des Unabhängigen Bundesasylsenats halten und zu diesem Zweck in alle Akten und Protokolle Einsicht nehmen.

Der Vorsitzende kann in der Vollversammlung den Antrag stellen, dass dem Stellvertretenden Vorsitzenden auch in Anwesenheit des Vorsitzenden Aufgaben der Leitung übertragen werden.

Der Vorsitzende beruft die Vollversammlung ein, leitet sie und vollzieht ihre Beschlüsse.

B.

Im Bereich der Außenstelle nimmt der von der Vollversammlung gemäß § 7 Abs. 1 UBASG idFd. BG, BGBl. I Nr. 100/2005, bestimmte Außenstellenleiter die Regelung des Dienstbetriebes und die Dienstaufsicht über das gesamte Personal der Außenstelle und die Überwachung der Geschäftsführung des Unabhängigen Bundesasylsenats im Bereich der Außenstelle unter der Verantwortung des Vorsitzenden wahr.

Insoweit ihm vom Vorsitzenden diesbezügliche Aufgaben zur selbständigen Wahrnehmung übertragen worden sind, zeichnet er diese „für den Vorsitzenden".

Ist der Außenstellenleiter verhindert, wird er von dem an Lebensjahren ältesten der Außenstelle gemäß der Geschäftsverteilung zugeteilten Mitglied des Unabhängigen Bundesasylsenats vertreten. Das gilt auch dann, wenn die Stelle des Außenstellenleiters unbesetzt ist.

C.

Der Vorsitzende des Unabhängigen Bundesasylsenats kann Mitglieder des Unabhängigen Bundesasylsenats mit deren - jederzeit widerrufbaren – Zustimmung zu seiner beratenden Unterstützung hinsichtlich der Besorgung der Leitungsgeschäfte heranziehen und in diesem Zusammenhang insbesondere in Arbeitsgruppen, Beiräte oder Kommissionen entsenden.

Artikel 2: Mitglieder

1. Auswahlverfahren

Für den Vorschlag der Bundesregierung betreffend die Ernennung von Mitgliedern des Unabhängigen Bundesasylsenats durch den Bundespräsidenten erstattet der Vorsitzende des Unabhängigen Bundesasylsenats auf Basis der aufgrund einer Ausschreibung eingelangten Bewerbungen und eines an den Erfordernissen für die Funktion eines Senatsmitglieds orientierten - von ihm im Einvernehmen mit dem Stellvertretenden Vorsitzenden durchzuführenden - Auswahlverfahrens sowie nach vorheriger Anhörung der Vollversammlung seinerseits einen begründeten Vorschlag.

2. Dienstzeit

Die Mitglieder des Unabhängigen Bundesasylsenats sind an keine bestimmte Arbeitszeit gebunden. Sie dürfen ihre Aufgaben mit Zustimmung des Vorsitzenden auch außerhalb ihrer Dienststelle besorgen. Sind die Aufgaben in der Dienststelle wahrzunehmen, ist die Dauer der Anwesenheit vom Mitglied so zu wählen, dass es seinen Amtspflichten ordnungsgemäß nachkommen kann.

Der Vorsitzende kann unter Berücksichtigung des Grundsatzes der freien Arbeitszeit verpflichtende Anwesenheitszeiten, wie insbesondere einzuhaltende Amtsstunden an bestimmten Arbeitstagen, nach Anhörung der Vollversammlung anordnen, soweit dies für den Verkehr zwischen den Mitgliedern des unabhängigen Bundesasylsenats und für den Verkehr mit den Parteien sowie deren Vertretern zweckmäßig erscheint.

Die Mitglieder des Unabhängigen Bundesasylsenats haben ihren Aufenthaltsort an den in Abs. 1 genannten Arbeitstagen so zu wählen, dass sie ihren Dienstpflichten ohne ungewöhnlichen Aufwand an Zeit und Mühe nachkommen und erforderlichenfalls in angemessener Zeit ihre Dienststelle aufsuchen können. Während des in Abs. 1 genannten Zeitraumes hat das Mitglied dafür zu sorgen, dass es von Mitteilungen seiner Dienststelle unverzüglich Kenntnis erlangen kann. Näheres hiezu kann der Vorsitzende anordnen.

Werden Aufgaben außerhalb der Dienststelle besorgt, hat das Mitglied des Unabhängigen Bundesasylsenats die für die Wahrung des Datenschutzes und der Amtsverschwiegenheit erforderlichen Vorkehrungen zu treffen. Über die aus der Dienststelle geschafften Akten ist eine Evidenz zu führen. Näheres hiezu hat der Vorsitzende anzuordnen.

Zur Erfüllung ihrer Aufgaben ist den Senatsmitgliedern der jederzeitige Zutritt zu den Amtsgebäuden des Unabhängigen Bundesasylsenats zu gewährleisten.

Artikel 3: Vollversammlung

1. Zusammensetzung und Beratungen

Der Vorsitzende, der Stellvertretende Vorsitzende und die übrigen Mitglieder des Unabhängigen Bundesasylsenats bilden die Vollversammlung. Die Vollversammlung wird vom Vorsitzenden einberufen und geleitet.

Er übermittelt den Mitgliedern die Einladung zur Vollversammlung mindestens 1 Woche vor dem Termin, zusammen mit den zu beratenden Anträgen oder Beschlussentwürfen. Ein Unterschreiten dieser Frist ist zulässig, wenn die Vollversammlung dies beschließt und nicht mindestens fünf Mitglieder dagegen stimmen.

Der Vorsitzende hat die Vollversammlung jedenfalls auf Antrag von mindestens fünf Mitgliedern, in Angelegenheiten der Geschäftsverteilung auf Antrag eines, in dienstrechtlichen Angelegenheiten des betroffenen Mitgliedes des Unabhängigen Bundesasylsenats, unter Bekanntgabe der Tagesordnung - gleichfalls zusammen mit den zu beratenden Anträgen oder Beschlussentwürfen, die der Antrag auf Einberufung der Vollversammlung zu enthalten hat - nach Maßgabe der Dringlichkeit, spätestens aber innerhalb von 3 Wochen einzuberufen.

Die Vollversammlung ist beschlussfähig, wenn mindestens die Hälfte aller Mitglieder anwesend ist. Im Falle einer Amtsenthebung (§ 4 UBASG) oder der Abberufung des Außenstellenleiters (im Sinne des § 7 Abs. 1 UBASG idFd. BG, BGBl. I Nr. 100/2005) ist eine Mehrheit von zwei Dritteln, in allen anderen Fällen die einfache Mehrheit für das Zustandekommen des Beschlusses erforderlich. Eine Stimmenthaltung ist unzulässig. Bei Stimmengleichheit gibt die Stimme des Vorsitzenden den Ausschlag.

Jedes Mitglied ist berechtigt, in der Vollversammlung Anträge zu stellen. Den übrigen Mitgliedern steht es frei, zu diesen Anträgen Gegenanträge und Abänderungsanträge zu stellen. Alle Anträge sind zu begründen. Derartige Anträge sind vom Vorsitzenden nicht zur Abstimmung zu bringen, wenn dies mindestens fünf Mitglieder verlangen.

Die Beratungen und Abstimmungen in der Vollversammlung sind nicht öffentlich.

2. Protokoll

Über die Beratung und Abstimmung ist ein Protokoll zu führen.

Der Vorsitzende hat zu diesem Zweck für die Vollversammlung einen Schriftführer zu bestimmen und bei dessen Verhinderung für eine Vertretung zu sorgen.

Im Protokoll sind die Namen der anwesenden Personen sowie der wesentliche Inhalt der Beratungen festzuhalten; insbesondere sind alle bis zum Schluss der Beratung aufrechten Anträge und alle Beschlüsse zu verzeichnen. Es hat überdies die zur Abstimmung gebrachten Fragen in der Reihenfolge, in der sie gestellt wurden, und das Ergebnis der Abstimmung zu enthalten.

Das Protokoll ist nach der Unterschrift durch den Schriftführer vom Vorsitzenden zu prüfen, nötigenfalls zu verbessern, und mitzufertigen. Begehrt ein Mitglied Einsicht in das Protokoll, ist ihm dieses zusammen mit allenfalls dazu gehörenden Protokollrügen zu übermitteln.

3. Disziplinar- und Amtsenthebungsverfahren

Die anwendbaren gesetzlichen Bestimmungen über das Verfahren in Disziplinarangelegenheiten bleiben von den Bestimmungen des Art. 3 unberührt.

Auf die Verfahren betreffend die Amtsenthebung eines Mitgliedes des Unabhängigen Bundesasylsenats (§ 4 UBASG) sind die Bestimmungen des Allgemeinen Verwaltungsverfahrensgesetzes 1991 sinngemäß anzuwenden.

Die Vollversammlung kann zur Führung von Disziplinarverfahren und Verfahren zur Amtsenthebung und zur Vorbereitung der Beratungen einen Berichter sowie zur Vorbereitung der Beratungen einen oder mehrere Mitberichter bestellen.

4. Ausschüsse

a. Controllingausschuss

Zur zweckentsprechenden Evaluierung der Arbeitsprozesse des Unabhängigen Bundesasylsenats wird von der Vollversammlung ein Controllingausschuss für die Funktion eines begleitenden Controllings eingerichtet.

Die Vollversammlung ernennt dazu einen aus einem Ausschussvorsitzenden und 6 weiteren Mitgliedern bestehenden Ausschuss für die Dauer von 3 Jahren. Der Ausschussvorsitzende wird im Falle seiner Verhinderung von dem an Lebensjahren ältesten Ausschussmitglied vertreten. Der Vorsitzende des Unabhängigen Bundesasylsenats nimmt an den Sitzungen des Controllingausschusses mit beratender Stimme teil. Sofern dies für die Behandlung einer Angelegenheit erforderlich erachtet wird, können durch Beschluss des Ausschusses diesem auch weitere Senatsmitglieder sowie auch der Stellvertretende Vorsitzende des Unabhängigen Bundesasylsenats und der Außenstellenleiter mit beratender Stimme beigezogen werden.

Die Ausschussmitgliedschaft von Senatsmitgliedern bedarf ihrer jeweiligen - jederzeit widerrufbaren - Zustimmung. Im Übrigen können die Ausschussmitglieder nur auf Beschluss der Vollversammlung von ihrer Funktion abberufen werden.

Die Ausschussmitglieder bleiben nach Ablauf der Funktionsdauer bis zur Bestellung eines neuen Ausschusses im Amt.

b. Aufgaben

Der Aufgabenbereich des Controllingausschusses umfasst – bei voller Wahrung der Unabhängigkeit der Mitglieder des Unabhängigen Bundesasylsenats – die Optimierung der Ressourcensteuerung im Bezug auf die Aufbau- und Ablauforganisation sowie den administrativen Dienstbetrieb.

Der Controllingausschuss berichtet jährlich dem Vorsitzenden über die Ergebnisse seiner Tätigkeit und schlägt zur Optimierung der Ressourcensteuerung im Bezug auf die Aufbau- und Ablauforganisation sowie des administrativen Dienstbetriebes Maßnahmen vor.

Die Beschlussfassung des Berichts und der vorgeschlagenen Maßnahmen erfolgt nach vorheriger Anhörung des Vorsitzenden des Unabhängigen Bundesasylsenats sowie – gegebenenfalls unter Einbeziehung einer Stellungnahme des Vorsitzenden – nach Anhörung der Vollversammlung.

Der Bericht und die vorgeschlagenen Maßnahmen sind vom Vorsitzenden des Unabhängigen Bundesasylsenats dem Bundesminister für Inneres zur Kenntnis zu bringen.

c. weitere Angelegenheiten

Die Vollversammlung kann die Beratung allgemeiner Fragen und die Vorbereitung von Entscheidungen weiteren Ausschüssen übertragen.

Die Anzahl der Mitglieder sowie die Dauer der Einrichtung eines solchen Ausschusses ergibt sich aus dem Beschluss der Vollversammlung.

Ausschussvorsitzender ist der Vorsitzende des Unabhängigen Bundesasylsenats. Ist er verhindert, wird er vom Stellvertretenden Vorsitzenden des Unabhängigen Bundesasylsenats, wenn auch dieser verhindert ist, von dem an Lebensjahren ältesten Ausschussmitglied vertreten.

Im Übrigen gelten für einen solchen Ausschuss die Bestimmungen der lit. a sinngemäß.

d. Beratungen

Der Ausschussvorsitzende hat bei Bedarf sowie gegebenenfalls auf Antrag mindestens eines Ausschussmitgliedes den Ausschuss einzuberufen.

Insofern Entscheidungen der Vollversammlung vorbereitet werden, sind die Ergebnisse der Ausschussberatungen vom Ausschussvorsitzenden in die Beratungen der Vollversammlung einzubringen. Darüber hinaus kann ein Ausschuss auch Empfehlungen für Beschlüsse der Vollversammlung abgeben oder Beschlussanträge formulieren.

Ein Ausschuss ist beschlussfähig, wenn nicht mehr als ein Drittel der Mitglieder verhindert ist. Für das Zustandekommen eines Beschlusses ist die einfache Mehrheit erforderlich.

Die Bestimmungen des Abs. 3 gelten auch für die Beschlussfassung über den jährlichen Bericht des Controllingausschusses (gemäß § 12 Abs. 2 UBASG) im Sinne der lit. b, Abs. 2.

Darüber hinaus hat sich der Ausschuss mit einer in seine Zuständigkeit fallenden Angelegenheit zu befassen, sofern dies von mindestens 5 Senatsmitgliedern, die dem Ausschuss nicht angehören, angeregt wird.

Im Übrigen gelten die Bestimmungen über die Vollversammlung, insbesondere über die Nichtöffentlichkeit der Beratungen und Abstimmungen, sinngemäß.

Artikel 4: Berichte

1. Tätigkeitsbericht

Der Unabhängige Bundesasylsenat hat alle zwei Jahre einen Bericht über seine Tätigkeit und die dabei gesammelten Erfahrungen zu verfassen. Der Tätigkeitsbericht ist vom Vorsitzenden dem Bundesminister für Inneres zu übermitteln.

Die Mitglieder des Unabhängigen Bundesasylsenats können dem Vorsitzenden laufend Wahrnehmungen bekannt geben, die für den Tätigkeitsbericht des Unabhängigen Bundesasylsenats in Betracht kommen.

Der Vorsitzende hat diese Mitteilungen zu sammeln und bei den Beratungen zum Tätigkeitsbericht mit dem Entwurf zu diesem der Vollversammlung vorzulegen.

2. sonstige Berichte

Die Mitglieder des Unabhängigen Bundesasylsenats haben dem Vorsitzenden vierteljährlich über die Anzahl der in den letzten drei Monaten erledigten Rechtssachen und die Art der in diesen Rechtssachen getroffenen Erledigung zu berichten und nach Ablauf eines jeden Kalenderjahres alle am 1. Jänner anhängigen Rechtssachen auszuweisen (Geschäftsausweis).

Die Form der Quartalsberichte und Geschäftsausweise legt der Vorsitzende des Unabhängigen Bundesasylsenats nach Anhörung der Vollversammlung fest.

Artikel 5: Geschäftsstelle

Zur Unterstützung der ordnungsgemäßen Geschäftsführung des Unabhängigen Bundesasylsenats ist eine Geschäftsstelle eingerichtet.
Zu ihren Aufgaben gehört insbesondere,
1. den Vorsitzenden des Unabhängigen Bundesasylsenats bei der Vollziehung der Bestimmungen der Geschäftsverteilung zu unterstützen,
2. die Unterstützung der Senatsmitglieder insbesondere im Hinblick auf die konzeptive Vorbereitung von Entscheidungen sowie auch die Erarbeitung von Entscheidungsgrundlagen und die inhaltliche Vorbereitung mündlicher Verhandlungen,
3. alle für die Mitglieder des Unabhängigen Bundesasylsenats entscheidungsrelevanten Informationen über Herkunftsländer von Asylwerbern zu erschließen – einschließlich der Umsetzung der an die beim Bundesasylamt eingerichteten Staatendokumentation gerichteten Anfragen – sowie übersichtlich zu sammeln und – soweit wie möglich und erforderlich in Zusammenarbeit mit der beim Bundesasylamt eingerichteten Staatendokumentation – in einer für alle Mitglieder zugänglichen Form zu dokumentieren,
4. die Unterstützung der Senate und ihrer Mitglieder, vor allem hinsichtlich der formalrechtlichen Prüfung einlangender Geschäftsfälle und der Aufbereitung der Akten (inkl. der für die Entscheidung

erforderlichen Informationen und Unterlagen) sowie des Schrift- und Aktenverkehrs, beispielsweise mit dem UNHCR, anderen Behörden oder den Gerichtshöfen des öffentlichen Rechts,
5. die Unterstützung des Vorsitzenden des Unabhängigen Bundesasylsenats bei seinen Leitungsaufgaben, insbesondere im Bereich der Personalverwaltung, einschließlich der Dienstaufsicht über das Personal der Geschäftsstelle, und des Budgetvollzugs, inklusive der gebührenrechtlichen sowie der Angelegenheiten der aus höchstgerichtlichen Erkenntnissen resultierenden Aufwandersatzansprüche, sowie der Bewirtschaftung und des Kanzleiwesens, einschließlich der Umsetzung des Schriftverkehrs bzw. sonstiger Schreibarbeiten im Wege der Schreibkräfte.

Vom Vorsitzenden des Unabhängigen Bundesasylsenats können der Geschäftsstelle bei Bedarf weitere Aufgaben übertragen werden.

Den Mitgliedern des Unabhängigen Bundesasylsenats kommt, was die den einzelnen Senaten bzw. ihren Zuständigkeitsbereichen zugeteilten Mitarbeiterinnen und Mitarbeiter der Geschäftsstelle betrifft, hinsichtlich der in den Z. 2 bis 4 sowie in Z. 5 in Bezug auf die Umsetzung des Schriftverkehrs bzw. sonstiger Schreibarbeiten genannten Aufgaben die Funktion eines Fachvorgesetzten zu.

Die Regelung des Personaleinsatzes obliegt dem Vorsitzenden des Unabhängigen Bundesasylsenats. Sofern eine beabsichtigte Änderung im Personaleinsatz den Fachaufsichtsbereich von Mitgliedern des Unabhängigen Bundesasylsenats betrifft, sind diese Senatsmitglieder dazu zu hören.

Hinsichtlich der unter Z. 5 sowie der Geschäftsstelle gemäß Abs. 3 übertragenen Geschäftsbereiche kann der Vorsitzende des Unabhängigen Bundesasylsenats Bedienstete der Geschäftsstelle mit Leitungs- und Koordinationsaufgaben betrauen. Diese Betrauungen sind jederzeit widerrufbar.

Eine Weitergabe von Daten oder Dokumenten aus der Länderdokumentation (Z. 3) an Dritte ist nur unter Bedachtnahme auf die Rechte von Asylverfahrensparteien möglich. Die Erteilung genereller Zugriffsberechtigungen obliegt dem Vorsitzenden des Unabhängigen Bundesasylsenats und bedarf darüber hinaus der vorherigen Anhörung der für Verfahren der betreffenden Länderbereiche zuständigen Senatsmitglieder.

Für Geschäfte oft vorkommender Art können vom Vorsitzenden des Unabhängigen Bundesasylsenats nach Anhörung des Controlling-Ausschusses Formblätter aufgelegt und in einer Sammlung zusammengefasst werden. Die so aufgelegten Formblätter sind zu verwenden, wenn sie im Interesse eines einheitlichen Erscheinungsbildes des Unabhängigen Bundesasylsenats oder ihrer automationsunterstützten Verarbeitung oder der Vereinfachung des Schreibwerkes und der Arbeitsabläufe aufgelegt worden sind.

Die darüber hinaus für das Kanzleiwesen des Unabhängigen Bundesasylsenats – insbesondere die kanzleitechnische Aktenführung, einschließlich des Eingangs und der Protokollierung sowie der Abfertigung von Geschäftsstücken – erforderlichen Regelungen trifft der Vorsitzende des Unabhängigen Bundesasylsenats.

Artikel 6: Evidenzstelle

Dem Vorsitzenden des Unabhängigen Bundesasylsenats obliegt es, bei voller Wahrung der Unabhängigkeit der Mitglieder des Unabhängigen Bundesasylsenats, auf eine möglichst einheitliche Entscheidungspraxis hinzuwirken. Hiezu hat er eine Evidenzstelle einzurichten.

Die Evidenzstelle hat insbesondere die Entscheidungen des Unabhängigen Bundesasylsenats sowie die einschlägigen Entscheidungen der Gerichtshöfe des öffentlichen Rechts zu erfassen und in übersichtlicher und einer für alle Mitglieder des Unabhängigen Bundesasylsenats zugänglichen Weise zu dokumentieren.

Der Vorsitzende kann die Mitglieder des Unabhängigen Bundesasylsenats mit ihrer Zustimmung zu den Geschäften der Evidenzstelle heranziehen, er kann nach Anhörung der Vollversammlung ein Mitglied mit dessen Zustimmung auf Dauer mit der fachlichen Leitung der Evidenzstelle betrauen.

Der Vorsitzende oder das mit der fachlichen Leitung der Evidenzstelle betraute Mitglied des Unabhängigen Bundesasylsenats kann Entscheidungen des Unabhängigen Bundesasylsenats im Rechtsinformationssystem des Bundes (RIS) veröffentlichen, sofern das verfahrensführende Senatsmitglied dem nicht ausdrücklich widerspricht.

Wird in der Begründung einer Entscheidung des Unabhängigen Bundesasylsenats auf die Begründung einer früheren, nicht veröffentlichten Entscheidung verwiesen, so ist den Parteien eine schriftliche Ausfertigung des bezogenen Bescheides zuzustellen, wenn sie dies binnen zwei Wochen nach der Zustellung des Bescheides in ihrem eigenen Verfahren verlangen.

Eine darüber hinausgehende Weitergabe von Daten aus der Evidenz des Unabhängigen Bundesasylsenats bedarf der Zustimmung des jeweiligen verfahrensführenden Senatsmitglieds. Gesetzliche Bestimmungen über behördliche Auskunfts- oder Informationspflichten bleiben davon unberührt.

Artikel 7: Senatsentscheidungen

1. Aufgaben und Funktionen innerhalb der Senate

Jeder 3-er Senat besteht aus einem Vorsitzenden, einem Berichter und einem Beisitzer.

Berichter ist jenes Mitglied, dem eine Rechtssache nach der Geschäftsverteilung des Unabhängigen Bundesasylsenats zufällt.

Vorsitzender ist das in der (nach der höchsten wieder bei der niedrigsten Ziffer beginnenden) Zahlenreihe nächste Mitglied des jeweiligen Senats.

Dem so verbleibenden Mitglied kommt die Funktion des Beisitzers zu.

2. Beratung und Abstimmung

Dem Berichter kommt die Führung des Verfahrens zu. Er hat über entscheidungsreife Rechtssachen einen Erledigungsentwurf auszuarbeiten und samt seinem Beschlussantrag sowie den einschlägigen Akten im

Geschäftsordnung des Unabhängigen Bundesasylsenats („UBAS-GO"): Artikel 7

Wege des (nach den Grundsätzen der Aufgabenverteilung innerhalb eines Senats festgelegten) Beisitzers dem (gleichfalls nach den Grundsätzen der Aufgabenverteilung innerhalb eines Senats festgelegten) Vorsitzenden seines zuständigen Senats zuzuleiten.

Bis zur Beratung steht es jedem Mitglied des betreffenden Senates frei, dem Bericht eine schriftliche Äußerung beizulegen.

Nach vorausgegangener Beratung wird abgestimmt. Die Abstimmung umfasst sowohl den Spruch, als auch die Begründung des zu erlassenden Bescheides.

Der Senat ist beschlussfähig, wenn alle Mitglieder anwesend sind. Er kann darüber hinaus nur dann Beschlüsse fassen, wenn seine Mitglieder an der ganzen Beratung, einschließlich einer allfälligen mündlichen Verhandlung teilgenommen haben.

Die Beratung und die Abstimmung sind nicht öffentlich. Sie wird vom Vorsitzenden des jeweiligen Senates geleitet.

Jedes Mitglied eines Senates ist berechtigt, in der Beratung Anträge zu stellen. Den übrigen Mitgliedern steht es frei, zu diesen Anträgen Gegen- und Abänderungsanträge zu stellen. Alle Anträge sind zu begründen.

Der Vorsitzende eines Senates bestimmt die Reihenfolge, in der über die Reihenfolge der Anträge abgestimmt wird, und die Reihenfolge der Stimmabgabe.

Der über eine Frage gefasste Beschluss bindet bei der weiteren Beratung und Abstimmung alle Mitglieder des jeweiligen Senates. Kein Senatsmitglied ist berechtigt, die abgegebene Stimme zu widerrufen, doch kann der betreffende Senat, solange der Bescheid noch nicht abgefertigt ist, die Wiederholung der Abstimmung beschließen. Kommt es zu einer Wiederholung der Abstimmung, kann jeder Stimmführer seine Stimme auch in anderem Sinn als bei der ersten Abstimmung abgeben.

Ein Antrag gilt als angenommen, wenn die Mehrheit der abgegebenen Stimmen auf ihn entfällt. Eine Stimmenthaltung ist unzulässig.

Das Abstimmungs- und Beratungsprotokoll hat neben der Anführung der Anwesenden alle gestellten Anträge mit ihrer wesentlichen Begründung sowie eine resümeehafte Zusammenfassung der Beratung zu enthalten und - sofern nicht Stimmeneinhelligkeit offenkundig ist - namentlich festzuhalten, wer für oder gegen einen Antrag gestimmt hat.

Jeder Stimmführer kann verlangen, dass seine Ausführungen im wesentlichen Teil wörtlich ins Protokoll aufgenommen werden. Er kann auch eine schriftliche Darstellung seiner Ausführungen dem Protokoll anschließen.

Das Protokoll ist nach der Unterschrift durch den Schriftführer vom Vorsitzenden zu prüfen, nötigenfalls zu verbessern, und mitzufertigen.

Der Vorsitzende eines Senates kann die Beratung und Beschlussfassung im Senat in Fällen, in denen die Abfassung einer in ihren Grundzügen bereits beschlossenen Begründung näher festgelegt werden soll, durch Einholung der Zustimmung der anderen Stimmführer im Umlaufweg ersetzen.

Entspricht der Beschluss eines Senates dem Antrag des Berichters, so hat der Berichter die Entscheidung auszuarbeiten. Beschließt der Senat den Antrag eines anderen Senatsmitgliedes, so obliegt diesem auf Antrag des Berichters die Ausarbeitung der Entscheidung.

Der Bescheid wird vom Senatsvorsitzenden unterfertigt.

In Verfahren vor den Gerichtshöfen des öffentlichen Rechts ist analog vorzugehen, sofern der betroffene Senat nicht beschließt, dass die Abgabe einer Stellungnahme, Gegenschrift oder dergleichen dem Berichter zukommt.

3. großer Senat

Ein großer Senat (gemäß § 7 Abs. 2, Z. 1a UBASG idFd. BG, BGBl. I Nr. 100/2005 iVm § 42 AsylG 2005) besteht aus einem Vorsitzenden, einem Berichter und sieben Beisitzern.

Berichter ist jenes Mitglied, dem eine Rechtssache nach der Geschäftsverteilung des Unabhängigen Bundesasylsenats zufällt.

Vorsitzender ist der Vorsitzende des Unabhängigen Bundesasylsenats.

Den verbleibenden Mitgliedern kommt die Funktion von Beisitzern zu.

Im Übrigen gelten die Bestimmungen der Z. 2 sowie des Art. 8 für den großen Senat sinngemäß.

Die im großen Senat getroffenen Entscheidungen werden vom Vorsitzenden des Unabhängigen Bundesasylsenats in anonymisierter Form veröffentlicht.

Artikel 8: ergänzende Bestimmungen für mündliche Verhandlungen

a. Senatsentscheidungen:

Dem Berichter kommt die Führung des Verfahrens bis zur Verhandlung zu. Er hat die mündliche Verhandlung vorzubereiten und unter Vorlage der einschlägigen Akten dem Vorsitzenden des Senates im Wege des Beisitzers die Verhandlungsreife anzuzeigen sowie anzugeben, welche Parteien, Beteiligten, Zeugen oder Sachverständige bzw. zu wessen Handen sie zur Verhandlung zu laden sind.

Der Vorsitzende eines Senates entscheidet, ob eine mündliche Verhandlung anberaumt wird.

Er legt im Einvernehmen mit dem Vorsitzenden des Unabhängigen Bundesasylsenats im Wege der Geschäftsstelle des Unabhängigen Bundesasylsenats den Verhandlungstag und die Verhandlungszeit fest, veranlasst die Ladung der vom Berichter angegebenen Personen, unterfertigt die Ladungen und leitet die Akten im Wege des Beisitzers an den Berichter zurück.

Er eröffnet, leitet und schließt die mündliche Verhandlung, verkündet die Beschlüsse des Senates und unterfertigt die schriftlichen Ausfertigungen.

Ihm obliegt in der mündlichen Verhandlung insbesondere die Verhängung von Ordnungs- und Mutwillensstrafen im Sinne der einschlägigen Bestimmungen des AVG sowie die Erstattung von Anzeigen an Disziplinarbehörden.

b. mündliche Verhandlungen vor Einzelmitgliedern:

Das Einzelmitglied entscheidet, ob eine mündliche Verhandlung anberaumt wird.

Es legt im Einvernehmen mit dem Vorsitzenden des Unabhängigen Bundesasylsenats im Wege der Geschäftsstelle des Unabhängigen Bundesasylsenats den Verhandlungstag und die Verhandlungszeit fest.

c. Durchführung öffentlicher mündlicher Verhandlungen

Verhandlungen finden ausschließlich an Arbeitstagen und in den dafür vorgesehen Verhandlungssälen statt. Der Vorsitzende kann im Einzelfall für konkrete Geschäftsfälle wegen in der Person des Berufungswerbers gelegener Gründe erforderlichenfalls Ausnahmen genehmigen.

Für die Durchführung öffentlicher mündlicher Verhandlungen kann der Vorsitzende des Unabhängigen Bundesasylsenats einen zeitlichen Rahmen festlegen, der die Zeit zwischen 08.00 – 18.00 Uhr jedenfalls zu umfassen hat.

Artikel 9: sprachliche Gleichbehandlung

Soweit in dieser Geschäftsordnung auf natürliche Personen bezogene Bezeichnungen nur in der männlichen Form angeführt sind, beziehen sich diese auf Frauen und Männer in gleicher Weise. Bei der Anwendung der Bezeichnung auf bestimmte natürliche Personen ist die jeweils geschlechtsspezifische Form zu verwenden.

Artikel 10: Inkrafttreten

Die Geschäftsordnung tritt mit 25. Jänner 2006 in Kraft.

Gleichzeitig treten die Bestimmungen der bisherigen Geschäftsordnung des Unabhängigen Bundesasylsenats, Zl. 100.000/15-Ubas/98, außer Kraft.

M Verordnung des Bundeskanzlers über die Pauschalierung der Aufwandersätze im Verfahren vor dem Verwaltungsgerichtshof (VwGH-Aufwandersatzverordnung 2003)

– BGBl II 2003/333

Auf Grund des § 49 Abs. 1, 2 und 4, des § 54 Abs. 2, des § 55 Abs. 1 und des § 56 des Verwaltungsgerichtshofgesetzes 1985, BGBl. Nr. 10, zuletzt geändert durch das Bundesgesetz BGBl. I Nr. 124/2002, wird im Einvernehmen mit dem Hauptausschuss des Nationalrates verordnet:

§ 1. Die Höhe der nach § 48 Abs. 1 bis 3, § 54 Abs. 1 Z 1, § 55 Abs. 1 und § 56 des Verwaltungsgerichtshofgesetzes 1985 als Aufwandersatz zu leistenden Pauschbeträge wird wie folgt festgestellt:
1. Zu § 48 Abs. 1 Z 2 und 4, § 55 Abs. 1 und § 56 des Verwaltungsgerichtshofgesetzes 1985:
   a) Ersatz des Aufwandes, der für den Beschwerdeführer als obsiegende Partei mit der Einbringung der Beschwerde verbunden war (Schriftsatzaufwand).................. 991,20 €
   In Fällen einer Säumnisbeschwerde, sofern die Voraussetzungen nach § 55 Abs. 1 zweiter Satz des Verwaltungsgerichtshofgesetzes 1985 zutreffen, jedoch nur.... 495,60 €
   b) Ersatz des sonstigen Aufwandes, der für den Beschwerdeführer als obsiegende Partei mit der Wahrnehmung seiner Parteirechte in Verhandlungen vor dem Verwaltungsgerichtshof verbunden war (Verhandlungsaufwand)... 1 239,00 €
   c) Ersatz des Schriftsatzaufwandes in Fällen der Klaglosstellung, sofern die Voraussetzungen nach § 56 zweiter Satz des Verwaltungsgerichtshofgesetzes 1985 ... 743,40 €
2. Zu § 48 Abs. 2 Z 1, 2 und 4 des Verwaltungsgerichtshofgesetzes 1985:
   a) Ersatz des Aufwandes, der für die belangte Behörde als obsiegende Partei mit der Vorlage ihrer Akten an den Verwaltungsgerichtshof verbunden war (Vorlageaufwand)... 51,50 €
   b) Ersatz des Aufwandes, der für die belangte Behörde als obsiegende Partei mit der Einbringung der Gegenschrift verbunden war (Schriftsatzaufwand)....................... 330,40 €
   c) Ersatz des sonstigen Aufwandes, der für die belangte Behörde als obsiegende Partei mit der Wahrnehmung ihrer Parteirechte in Verhandlungen vor dem Verwaltungs-

gerichtshof verbunden war (Verhandlungsaufwand).. 413,00 €
3. Zu § 48 Abs. 3 Z 2 und 4 des Verwaltungsgerichtshofgesetzes 1985:
    a) Ersatz des Aufwandes, der für einen Mitbeteiligten als obsiegende Partei mit der Einbringung einer schriftlichen Äußerung zur Beschwerde verbunden war (Schriftsatzaufwand).. 991,20 €
    b) Ersatz des sonstigen Aufwandes, der für einen Mitbeteiligten als obsiegende Partei mit der Wahrnehmung seiner Parteirechte in Verhandlungen vor dem Verwaltungsgerichtshof verbunden war (Verhandlungsaufwand).. 1 239,00 €
4. Zu § 54 Abs. 1 Z 1 des Verwaltungsgerichtshofgesetzes 1985: Ersatz des Aufwandes, der für die Partei in den Fällen des § 54 Abs. 1 Z 1 des Verwaltungsgerichtshofgesetzes 1985 mit dem Antrag auf Wiederaufnahme des Verfahrens verbunden war (Schriftsatzaufwand)......................... 495,60 €

§ 2. Die Höhe der nach § 49 Abs. 4 des Verwaltungsgerichtshofgesetzes 1985 als Aufenthaltskosten zu ersetzenden Pauschbeträge wird wie folgt festgestellt:
Der Beschwerdeführer, die belangte Behörde und ein Mitbeteiligter haben als obsiegende Parteien zur Deckung der mit dem Aufenthalt am Sitz des Verwaltungsgerichtshofes notwendig verbundenen zusätzlichen Kosten für Verpflegung und Unterkunft (Aufenthaltskosten) Anspruch auf ein Verpflegskostenpauschale, dessen Höhe für je 24 Stunden einheitlich mit 23,60 € und auf ein Nächtigungspauschale, dessen Höhe einheitlich mit 39,70 € festgestellt wird. Übersteigt die Dauer des Aufenthaltes am Sitz des Verwaltungsgerichtshofes einschließlich der Dauer der Reise acht Stunden nicht, besteht der Anspruch auf Verpflegskostenpauschale nur in halber Höhe; unterschreitet sie fünf Stunden, besteht kein Anspruch auf ein Verpflegskostenpauschale.

§ 3. (1) Diese Verordnung tritt mit Ablauf des letzten Tages des Monats ihrer Kundmachung in Kraft; zugleich tritt die VwGH-Aufwandersatzverordnung 2001, BGBl. II Nr. 501, außer Kraft.
(2) In den beim Verwaltungsgerichtshof anhängigen Verfahren, in denen bis zum In-Kraft-Treten dieser Verordnung noch keine Entscheidung gefällt worden ist, sind die Kosten nach den sich aus dieser Verordnung ergebenden Pauschbeträgen zu berechnen.

N Verordnung des Bundesministers für Inneres betreffend Form und Inhalt der Reisepässe und Paßersätze (Passform-Verordnung)

- BGBl 1995/861 idF
- BGBl 1996/708
- BGBl II 1997/380
- BGBl II 2002/6
- BGBl II 2004/497

Auf Grund der §§ 3 Abs. 2 und 25 Abs. 2 Paßgesetz 1992, BGBl. Nr. 839, zuletzt geändert durch das Bundesgesetz BGBl. Nr. 507/1995, wird im Einvernehmen mit dem Hauptausschuß des Nationalrates und - hinsichtlich des § 4 auch im Einvernehmen mit dem Bundesminister für auswärtige Angelegenheiten - verordnet:

§ 1. Gewöhnliche Reisepässe werden nach dem Muster der Anlage A ausgestellt; das Format wird mit 8,8 cm x 12,5 cm festgelegt. Die Farbe des Einbandes ist purpurrot, der Paß umfaßt 36 Seiten. Zwischen den Seiten 2 und 3 ist eine Plastikfolie angebracht, die nach dem Bedrucken der Seite 2 (Personaldaten und maschinenlesbare Zone) mit dieser verschweiß wird. Die maschinenlesbare Zone erstreckt sich mit einer Höhe von 2,1 cm entlang des unteren, 12,5 cm langen Randes der Seite 2.

§ 2. (1) Gewöhnliche Reisepässe für bestimmte Anlaßfälle (§ 4a Paßgesetz 1992) werden - solange vorrätig und längstens bis zum 31. Dezember 2006 - nach dem Muster der Anlage B, anschließend nach dem Muster der Anlage C ausgestellt.

(2) Die Reisepässe nach Anlage C entsprechen jenen der Anlage A, die Farbe des Einbandes ist jedoch grün und zwischen den Seiten 2 und 3 ist keine Plastikfolie angebracht.

§ 3. Dienstpässe werden nach dem Muster der Anlage D ausgestellt; das Format wird mit 8,8 cm x 12,5 cm festgelegt. Die Farbe des Einbandes ist mittelblau, der Paß umfaßt 36 Seiten. Zwischen den Seiten 2 und 3 ist eine Plastikfolie angebracht, die nach dem Bedrucken der Seite 2 (Personaldaten und maschinenlesbare Zone) mit dieser verschweißt wird. Die maschinenlesbare Zone erstreckt sich mit einer Höhe von 2,1 cm entlang des unteren, 12,5 cm langen Randes der Seite 2.

§ 4. Diplomatenpässe werden nach dem Muster der Anlage E (Anm.: Anlage nicht darstellbar) ausgestellt; das Format wird mit

8,8 cm x 12,5 cm festgelegt. Die Farbe des Einbandes ist hellrot, der Paß umfaßt 36 Seiten.

Zwischen den Seiten 2 und 3 ist eine Plastikfolie angebracht, die nach dem Bedrucken der Seite 2 (Personaldaten und maschinenlesbare Zone) mit dieser verschweißt wird. Die maschinenlesbare Zone erstreckt sich mit einer Höhe von 2,1 cm entlang des unteren, 12,5 cm langen Randes der Seite 2.

§ 5. Personalausweise werden als Karte auf Kunststoffbasis nach Wahl des Antragstellers mit oder ohne Datenträger (§ 3 Abs. 4 Passgesetz 1992) nach den Mustern der Anlage F ausgestellt. Für die Herstellung des Dokumentes sind Verfahren zu wählen, wie sie in der Europäischen Union für die fälschungssichere Gestaltung von Dokumenten vorgesehen sind.

§ 6. Sammelreisepässe werden nach dem Muster der Anlage G ausgestellt.

§ 7. Diese Verordnung tritt mit 1. Jänner 1996 in Kraft.

Anlagen (nicht abgedruckt)

O Verordnung des Bundesministers für Inneres vom 12. November 1971 über die Ermächtigung von Grenzkontrollstellen zur Ausstellung von Dokumenten, die österreichischen Staatsbürgern die Ausreise in grenznahe Gebiete von Nachbarstaaten der Republik Österreich und die Wiedereinreise aus diesen erleichtern (GrenzübertrittskartenV)

- BGBl 1971/425 idF
- BGBl 1974/105
- BGBl 1978/381
- BGBl 1980/92
- BGBl 1980/452
- BGBl 1983/265
- BGBl 1987/166
- BGBl 1988/162

Auf Grund des § 36 Abs. 2 des Paßgesetzes 1969, BGBl. Nr. 422, wird verordnet:

1. Anm: Die gesetzliche Grundlage ist nunmehr § 17 FPG.

1. Zur Ausstellung von Grenzübertrittskarten für österreichische Staatsbürger auf Grund des Abkommens zwischen der Republik Österreich und der Sozialistischen Föderativen Republik Jugoslawien über den Kleinen Grenzverkehr, BGBl. Nr. 379/1968, werden folgende Grenzkontrollstellen ermächtigt:
Arnfels
Berghausen
Bleiburg-Bahnhof
Ehrenhausen
Grablach
Goritz
Großwalz
Gruisla
Kalch
Laaken
Langegg
Leifling
Loibltunnel
Minihof-Liebau
Mureck

Oberhaag
Pölten
Rabenstein
Radkersburg
Radlpaß
Raunjak
Rosenbach
St. Anna
Seebergsattel
Sicheldorf
Spielfeld-Bahn
Spielfeld-Straße
Soboth
Schloßberg
Sulztal
Tauka
Weitersfeld
Wurzenpaß
Zelting

2. Zur Ausstellung von Ausflugsscheinen für österreichische Staatsbürger auf Grund des Abkommens zwischen der Regierung der Republik Österreich und der Regierung der Bundesrepublik Deutschland über den Kleinen Grenzverkehr und den Ausflugsverkehr vom 18. März 1986 werden folgende Grenzkontrollstellen ermächtigt:
Achenwald
Achleiten
Angerhäuser
Bachwirt
Balderschwang
Bayrischzell
Braunau am Inn
Burghausen - Alte Brücke
Burghausen - Neue Brücke
Dürrnberg
Ehrwald - Bahn
Ehrwald - Schanz
Erl
Ettenau
Fallmühle
Felsen - Hütt
Frauenstein
Großgmain
Hafen Bregenz
Hafen Hard
Haibach
Hangendenstein
Hinterschiffel

Hörbranz - Autobahn
Hohenems - Dornbirn/Flugfeld
Hohenweiler
Innsbruck - Kranebitten/Flughafen
Jochenstein
Kiefersfelden - Autobahn
Kössen
Kufstein
Kufstein - Bahn
Langen
Leutasch - Schanz
Lindau
Linz/Flughafen
Mariahilf
Neuhaus am Inn
Neustift
Niederndorf
Oberhochsteg
Oberkappel
Obernberg
Oberndorf
Obernzell
Oberreute
Passau - Bahnhof
Passau - Donaulände
Passau - Voglau
Plansee - Ammerwald
Pinswang
Reit im Winkel
Reutte - Höfen/Flugplatz
Saalbrücke
Saming
St. Johann i. T./Flugfeld
Schärding
Schärding - Suben/Flugfeld
Scharnitz - Bahn
Scharnitz - Straße
Schattwald
Schönbichl
Schwaigen
Schwarzenberg
Simbach - Bahnhof
Simbach - Innbrücke
Siezenheim
Springen
Steinpaß
Suben - Autobahn
Unterhochsteg
Visl - Bahn

**Vorderriß
Walserberg - Autobahn
Walserberg - Bundesstraße
Wegscheid
Weienried
Wels/Flugfeld
Wildbichl
Zell am See/Flugfeld
Zugspitze - Stollendurchgang**

P Verordnung des Bundesministers für Inneres vom 27. Feber 1970 über die Kennzeichnung von Grenzübergängen und Grenzkontrollstellen (Greko-KennzV)

– BGBl 1970/105

Auf Grund der §§ 5 Abs. 1 und 12 Abs. 4 des Grenzkontrollgesetzes 1969, BGBl. Nr. 423, wird verordnet:

1. **Anm:** Die gesetzliche Grundlage findet sich nunmehr in § 5 Abs 1 GrekoG.

§ 1. (1) Grenzübergänge, ausgenommen die im § 5 Abs. 3 des Grenzkontrollgesetzes 1969 [Anm: nunmehr § 5 Abs 2 GrekoG] genannten Grenzübergänge, sind in unmittelbarer Nähe der Bundesgrenze durch Hinweistafeln kenntlich zu machen, welche die Staatsfarben, das Staatswappen sowie die Aufschrift „Republik Österreich Grenzübergang" nach dem Muster der Anlage 1 aufzuweisen haben.

(2) Die Hinweistafeln sind aus form- und witterungsbeständigem Material herzustellen, dessen Farbwerte den Bedingungen der Straßenverkehrszeichenverordnung, BGBl. Nr. 83/1966, entsprechen müssen.

(3) Die Größe der Hinweistafeln hat zu betragen
a) bei Grenzübergängen im Verlaufe einer Autobahn 160 X 250 cm,
b) bei Grenzübergängen im Verlaufe einer Bundes- oder Landesstraße 96 X 120 cm,
c) bei sonstigen Grenzübergängen im Verlaufe von Straßen 63 X 96 cm,
d) bei Grenzübergängen im Verlaufe von Fußwegen 47 X 63 cm.

(4) Die Hinweistafeln sind auf Standsäulen aus form- und witterungsbeständigem Material anzubringen. Der Bodenabstand des unteren Randes der Hinweistafel hat bei Autobahnen 220 cm, bei sonstigen Straßen und bei Fußwegen 180 cm zu betragen; eine Abweichung ist insoweit zulässig, als sie nach den örtlichen Umständen der besseren Sichtbarkeit einer Tafel dient.

(5) Im Zuge der im Abs. 3 lit. a bis c genannten Verkehrswege sind Hinweistafeln sowohl für den Einreise- als auch für den Ausreiseverkehr in der Verkehrsrichtung gesehen jeweils an der rechten Seite der Straße aufzustellen. In den Fällen des Abs. 3 lit. d ist nur eine Hinweistafel mit beiderseitigem Bild am Wegrand anzubringen.

(6) Soweit bei der Eröffnung eines Grenzüberganges eine Hinweistafel in einer den Bestimmungen dieser Verordnung entsprechenden Beschaffenheit nicht rechtzeitig hergestellt werden kann, ist die vorübergehende Verwendung einer Hinweistafel möglichst ähnlicher

Beschaffenheit zulässig. Dies gilt sinngemäß auch für die Art der Anbringung und Aufstellung von Hinweistafeln.

§ 2. (1) Wenn die Zeit oder der Umfang der Benützung eines durch eine Hinweistafel zu kennzeichnenden Grenzüberganges beschränkt ist, ist dies auf einer weißen Zusatztafel in schwarzer Schrift ersichtlich zu machen.

(2) Zusatztafeln sind aus form- und witterungsbeständigem Material herzustellen, dessen Farbwerte den Bedingungen der Straßenverkehrszeichenverordnung entsprechen müssen.

(3) Das Schriftbild von Zusatztafeln hat den Abbildungen 97 und 98 des Anhanges 2 der Straßenverkehrszeichenverordnung nach Maßgabe des § 7 der Straßenverkehrszeichenverordnung zu entsprechen, wobei der Schriftgröße eine Seitenlänge der in diesen Abbildungen verwendeten Rasterquadrate von mindestens 0,3 cm und höchstens 1,5 cm zugrunde zu legen ist; innerhalb dieser Grenzen ist die Schriftgröße so zu bemessen, daß der Text für die Teilnehmer des Grenzverkehrs nach den örtlichen Umständen deutlich lesbar ist.

(4) Zusatztafeln sind in rechteckiger Form herzustellen. Ihre Größe hat sich nach dem Umfang des Textes zu richten, mindestens aber 15 X 31 cm zu betragen.

(5) Soweit bei der Änderung der Zeit oder des Umfanges der Benützung eines Grenzüberganges oder bei der Eröffnung eines Grenzüberganges eine Zusatztafel in einer Abs. 2 bis 4 entsprechenden Beschaffenheit nicht rechtzeitig hergestellt werden kann, ist die vorübergehende Verwendung einer Zusatztafel möglichst ähnlicher Beschaffenheit zulässig.

(6) Soweit dies im Hinblick auf die Verkehrsbedürfnisse zur Information der einen Grenzübergang benützenden Personen zweckmäßig ist, kann überdies eine Übersetzung des Textes der Zusatztafeln in der Sprache des Nachbarstaates angebracht werden.

(7) Zusatztafeln sind an den Standsäulen unterhalb der Hinweistafeln in einer die deutliche Sichtbarkeit und Lesbarkeit gewährleistenden Höhe anzubringen.

§ 3. (1) Im Inland gelegene Grenzkontrollstellen sind durch eine Tafel mit dem Staatswappen sowie der Bezeichnung der für die Durchführung der Grenzkontrolle zuständigen Behörde und der Aufschrift „Grenzkontrollstelle" unter Beifügung ihrer örtlichen Bezeichnung nach dem Muster der Anlage 2 zu kennzeichnen. Im Ausland gelegene Grenzkontrollstellen sind, soweit dies nach den betreffenden Staatsverträgen zulässig ist, durch eine Tafel mit dem Staatswappen und der Aufschrift „Republik Österreich Grenzkontrollstelle" unter Beifügung ihrer örtlichen Bezeichnung nach dem Muster der Anlage 3 zu kennzeichnen; befindet sich eine Grenzkontrollstelle im fremdsprachigen Ausland, so ist eine gleichartige Tafel in der Sprache des Nachbarstaates zusätzlich anzubringen.

(2) Die Tafeln sind aus form- und witterungsbeständigem Material mit 2.1 cm breiter, rotweiß-roter Umrandung im Format 60 X 50 cm

herzustellen; eine Größenabweichung ist zulässig, soweit der Umfang des Textes, sein optischer Eindruck, die Lesbarkeit des Schriftbildes oder der zur Anbringung der Tafel zur Verfügung stehende Platz dies erfordern. Im Zeitpunkt des Inkrafttretens dieser Verordnung bereits vorhandene, den Bestimmungen dieses Absatzes nicht entsprechende Tafeln dürfen bis zum 1. April 1975 weiter verwendet werden.

§ 4. Diese Verordnung tritt am 1. April 1970 in Kraft.

Anlagen (nicht abgedruckt)

VII Landesrechtliche Normen

A Grundversorgungsgesetze

1 Gesetz vom 5. Juli 2005, mit dem die Landesbetreuung von hilfs- und schutzbedürftigen Fremden geregelt wird (Steiermärkisches Betreuungsgesetz – StBetrG)

– LGBl 2005/101

Zielsetzung

§ 1. Ziel ist die Gewährung der vorübergehenden Grundversorgung für hilfs- und schutzbedürftige Fremde, soweit diese nicht einen Rechtsanspruch auf derartige Hilfeleistungen nach bundesrechtlichen Vorschriften haben.

Begriffsbestimmungen

§ 2.
1. Betreuungseinrichtung des Landes: Einrichtung, die das Land selbst betreibt, und Einrichtungen gemäß §§ 6 und 8;
2. Organisierte Unterkunft: Unterkunft der Einrichtungen gemäß Z.1;
3. Individuelle Unterkunft: Wohnraum, der von Fremden gemäß § 3 Abs. 1 selbst gemietet wird.

Zielgruppe

§ 3. (1) Hilfsbedürftig sind Fremde, die den Lebens bedarf für sich und ihre mit ihnen im gemeinsamen Haushalt lebenden unterhaltsberechtigten Angehörigen nicht oder nicht ausreichend aus eigenen Kräften und Mitteln beschaffen können und ihn auch nicht oder nicht ausreichend von anderen Personen oder Einrichtungen er halten.
Schutzbedürftig sind
1. Fremde, die einen Asylantrag gestellt haben (Asylwerber), über den noch nicht rechtskräftig abgesprochen ist,
2. Fremde ohne Aufenthaltsrecht, über deren Asylantrag rechtskräftig negativ abgesprochen wurde, die aus rechtlichen oder tatsächlichen Gründen nicht abschiebbar sind,
3. Fremde mit Aufenthaltsrecht gemäß § 8 in Verbindung mit § 15 AsylG in der Fassung BGBl. I Nr. 32/2004, § 10 Abs. 4 FrG oder einer Verordnung gemäß § 29 FrG,
4. Fremde ohne Aufenthaltsrecht, die aus rechtlichen oder tatsächlichen Gründen nicht abschiebbar sind,

5. Fremde, deren Grundversorgung das Land bis zur Effektuierung der Außerlandesbringung auf Grund einer Entscheidung der Asylbehörde gemäß §§ 4, 4 a, 5, 5 a und 6 der Asylgesetznovelle 2003 sicherstellt, und
6. Fremde, denen Asyl gewährt wird (Asylberechtigte), während der ersten zwölf Monate nach Asylgewährung.

(2) Die Unterstützung für Fremde, die angehalten werden, ruht für die Dauer der Anhaltung.

(3) Die Unterstützung endet jedenfalls mit dem Verlassen des Landesgebietes, soweit Österreich nicht durch internationale Normen zur Rückübernahme verpflichtet ist.

Umfang der Grundversorgung

§ 4. (1) Die Grundversorgung umfasst:
1. Unterbringung in geeigneten Unterkünften unter Achtung der Menschenwürde und unter Beachtung der Familieneinheit,
2. Versorgung mit angemessener Verpflegung,
3. Gewährung eines monatlichen Taschengeldes für Personen in organisierten Unterkünften und für unbegleitete minderjährige Fremde, ausgenommen bei individueller Unterbringung,
4. Sicherung der Krankenversorgung durch Bezahlung der Krankenversicherungsbeiträge nach dem ASVG,
5. Gewährung allenfalls darüber hinausgehender notwendiger, durch die Krankenversicherung nicht abgedeckter Leistungen nach Einzelfallprüfung,
6. Maßnahmen für pflegebedürftige Personen,
7. Information, Beratung und soziale Betreuung der Fremden durch geeignetes Personal unter Einbeziehung von Dolmetschern zu deren Orientierung in Österreich und zur freiwilligen Rückkehr,
8. Übernahme von Transportkosten bei Überstellungen und behördlichen Ladungen,
9. Übernahme der für den Schulbesuch erforderlichen Fahrtkosten und Bereitstellung des Schulbedarfs für Schüler,
10. Maßnahmen zur Strukturierung des Tagesablaufes im Bedarfsfall,
11. Gewährung von Sach- oder Geldleistungen zur Erlangung der notwendigen Bekleidung,
12. Kostenübernahme eines ortsüblichen Begräbnisses oder eines Rückführungsbetrages in derselben Höhe,
13. Gewährung von Rückkehrberatung, von Reisekosten sowie einer einmaligen Überbrückungshilfe bei freiwilliger Rückkehr in das Herkunftsland in besonderen Fällen.

(2) Die Grundversorgung kann, wenn damit die Bedürfnisse des Fremden ausreichend befriedigt werden, auch eingeschränkt oder in Teilleistungen gewährt werden.

(3) Die Grundversorgung kann eingeschränkt oder entzogen werden, wenn Fremde
1. die Aufrechterhaltung der Ordnung in der Betreuungseinrichtung durch grobe Verstöße gegen die Hausordnung (§ 7 Abs. 3) fortge-

setzt und nachhaltig gefährden oder
2. gemäß § 38 a SPG weggewiesen werden oder
3. wegen einer gerichtlich strafbaren Handlung verurteilt worden sind, die einen Ausschlussgrund gemäß § 13 AsylG darstellen kann.

(4) Der Entscheidung, die Versorgung nach Abs. 2 oder 3 einzuschränken oder zu entziehen, hat eine Anhörung des Betroffenen, soweit diese ohne Aufschub möglich ist, voranzugehen.

(5) Durch die Einschränkung oder Einstellung der Leistungen darf die medizinische Notversorgung der Fremden nicht gefährdet werden.

(6) Fremde, die in einer Betreuungseinrichtung des Landes untergebracht sind, können mit ihrem Einverständnis
1. für Hilfstätigkeiten, die im unmittelbaren Zusammenhang mit ihrer Unterbringung stehen (z. B. Reinigung, Küchenbetrieb, Transporte, Instandhaltung), und
2. für gemeinnützige Hilfstätigkeiten für das Land oder eine Gemeinde (z. B. Landschaftspflege und -gestaltung, Betreuung von Park- und Sportanlagen, Unterstützung in der Administration, Remunerantentätigkeiten) herangezogen werden. Für solche Hilfstätigkeiten ist eine angemessene Entschädigung unter Berücksichtigung der Leistungen zu gewähren.

(7) Fremde gemäß § 3 Abs. 1 können mit ihrem Einverständnis zu Tätigkeiten im Sinne des Abs. 6 auch dann herangezogen werden, wenn sie von Dritten betreut werden.

(8) Durch die Tätigkeiten nach Abs. 6 und 7 wird kein Dienstverhältnis begründet.

Ausschluss von der Versorgung und Kostenersatz

§ 5. (1) Von der Versorgung gemäß § 4 können ausgeschlossen werden:
1. Fremde gemäß § 3 Abs. 1, die trotz Aufforderung nicht an der Feststellung ihrer Identität oder ihrer Hilfsbedürftigkeit mitwirken,
2. Asylwerber, die einen weiteren Asylantrag innerhalb von sechs Monaten nach rechtskräftigem Abschluss ihres früheren Asylverfahrens eingebracht haben, und
3. Asylwerber, die nicht an der Feststellung des für die Asylverfahrensführung notwendigen Sachverhalts mitwirken.

(2) Staatsangehörige von Mitgliedstaaten der Europäischen Union sowie Schweiz, Norwegen, Island und Liechtenstein können von der Versorgung gemäß § 4 ausgeschlossen werden.

(3) Fremde gemäß § 3 Abs. 1 haben jede Änderung der Vermögens- und Einkommensverhältnisse, auf Grund welcher Art und Ausmaß der Hilfe neu zu bestimmen oder die Hilfe einzustellen wäre, unverzüglich anzuzeigen.

(4) Die durch Verletzung der im Abs. 3 bestimmten Anzeigepflicht zu Unrecht empfangenen Leistungen sind vom Hilfeempfänger rückzuerstatten.

(5) Für die Rückerstattung können Teilzahlungen bewilligt werden. Sie kann ganz oder teilweise nachgesehen werden, wenn die Ziele dieses Gesetzes gefährdet würden.

(6) Über die Bestimmungen der Abs. 3 und 4 ist der Hilfeempfänger oder dessen Vertreter anlässlich der Hilfegewährung zu informieren.

Durchführung der Versorgung

§ 6. (1) Zur Durchführung der Versorgung kann sich das Land, soweit dies nicht auf Grund des Artikels 3 Abs. 5 Grundversorgungsvereinbarung, LGBl. Nr. 39/2004, ausgeschlossen ist, humanitärer, kirchlicher oder privater Einrichtungen bedienen; diese werden für das Land tätig und haben diesem über Aufforderung oder bei sonstiger Notwendigkeit zu berichten und sind an die Weisungen der Behörde gebunden.

(2) Die beauftragten Einrichtungen haben die für die Erbringung der Leistungen nach diesem Gesetz eingesetzten Bediensteten vertraglich zur Verschwiegenheit zu verpflichten.

Verhalten in und Betreten von Betreuungsstellen des Landes

§ 7. (1) Die Landesregierung ist ermächtigt, wenn dies zur Aufrechterhaltung der Ordnung in einer Betreuungseinrichtung des Landes oder zur Vorbeugung gefährlicher Angriffe auf Leben, Gesundheit oder Freiheit von Menschen oder Eigentum von Betreuten oder zur Sicherung der Sachausstattung der Betreuungseinrichtung erforderlich ist, unbefugten Aufenthalt oder unbefugtes Betreten durch Verordnung zu verbieten.

(2) Die Organe des öffentlichen Sicherheitsdienstes haben an der Vollziehung solcher Verordnungen mitzuwirken. Sie haben
1. die Organe der Betreuungseinrichtungen bei der Überwachung der Einhaltung der Verordnung zu unterstützen und
2. Maßnahmen zu treffen, die für die Einleitung oder Durchführung von Verwaltungsstrafverfahren erforderlich sind.

(3) Die Behörde kann zur Aufrechterhaltung der Ordnung und Sicherheit mit Verordnung für jede Betreuungseinrichtung des Landes eine Hausordnung erlassen. Diese ist an einer allgemein zugänglichen Stelle anzuschlagen und jedem Betreuten am Beginn der Versorgung in den wesentlichen Punkten nachweislich zur Kenntnis zu bringen. Einer darüber hinausgehenden Kundmachung bedarf es nicht.

Sonderbestimmungen für unbegleitete minderjährige Fremde

§ 8. (1) Unbegleitete minderjährige Fremde sind, unbeschadet der Bestimmungen des Steiermärkischen Jugendwohlfahrtsgesetzes, über die Grundversorgung des § 4 hinausgehend durch Maßnahmen zur Stabilisierung zu unterstützen. Diese Maßnahmen dienen der psychischen Festigung und der Schaffung einer Vertrauensbasis. Im Bedarfsfall ist darüber hinaus sozialpädagogische und psychologische Unterstützung zu gewähren. Die Unterbringung der unbegleiteten minderjährigen Fremden hat in einer Wohngruppe, einem Wohnheim, in einer sonstigen geeigneten organisierten Unterkunft, in betreutem Wohnen oder in individueller Unterbringung zu erfolgen.

(2) Wohngruppen sind für unbegleitete minderjährige Fremde mit besonders hohem Betreuungsbedarf einzurichten. Wohnheime sind für nicht selbstversorgungsfähige unbegleitete minderjährige Fremde einzurichten. Betreutes Wohnen ist für Betreute einzurichten, die in der Lage sind, sich unter Anleitung selbst zu versorgen.

(3) Darüber hinaus umfasst die Betreuung unbegleiteter minderjähriger Fremder
1. eine an deren Bedürfnisse angepasste Tagesstrukturierung (Bildung, Freizeit, Sport, Gruppen- und Einzelaktivitäten, Arbeit im Haushalt),
2. die Bearbeitung von Fragen zu Alter, Identität, Herkunft und Aufenthalt der Familienangehörigen,
3. die Abklärung der Zukunftsperspektiven in Zusammenwirken mit den Behörden,
4. gegebenenfalls die Ermöglichung der Familienzusammenführung und
5. gegebenenfalls die Erarbeitung eines Integrationsplanes sowie Maßnahmen zur Durchführung von Schul-, Ausbildungs- und Berufsvorbereitungsaktivitäten unter Nutzung der bestehenden Angebote mit dem Ziel der Selbsterhaltungsfähigkeit.

Sonderbestimmungen für Massenfluchtbewegungen

§ 9. Im Falle einer Massenfluchtbewegung (§ 29 FrG) kann die Grundversorgung für diese Personen beschränkt werden. Die Befriedigung der Grundbedürfnisse darf dadurch nicht gefährdet werden.

Kostenhöchstsätze

§ 10. Es gelten die in Artikel 9 der Grundversorgungsvereinbarung festgelegten Kostenhöchstsätze.

Zusätzliche Leistungen

§ 11. Das Land kann in begründeten Fällen, wie in sozialen Härtefällen, oder wenn dies der Integration dient,
1. Leistungen gewähren, welche die Höchstsätze gemäß § 10 überschreiten, oder
2. über § 4 hinausgehende Leistungen gewähren.
Die Höhe der zusätzlichen Leistung darf den Sozialhilferichtsatz für alleinstehend Unterstützte nicht überschreiten.

Betreuungsinformationssystem und Datenschutzbestimmungen

§ 12. (1) Die Behörden sind ermächtigt, sich für Zwecke der Gewährleistung der Versorgung nach diesem Gesetz der automationsunterstützten Datenverarbeitung zu bedienen. Zu diesem Zweck dürfen sie auch Daten über zu versorgende Menschen in einem Informationsverbundsystem verwenden, die sich auf die für die Versorgung relevanten Umstände beziehen, wie insbesondere Namen, Geburtsdaten, persönliche Kennzeichen, Herkunftsland, Dokumentendaten, Berufausbildung, Religionsbekenntnis, Volksgruppe und Gesundheitszustand.

(2) Darüber hinaus ist die Behörde für Zwecke der Abrechnung gemäß Artikel 10 f Grundversorgungsvereinbarung ermächtigt, Daten von Fremden gemäß § 3 Abs. 1 automationsunterstützt zu verwenden.

(3) Die Behörden dürfen Daten nach Abs. 1 an
1. die mit der Versorgung von Fremden betrauten Dienststellen und Beauftragten der Länder und des Bundes,
2. beauftragte Rechtsträger nach § 6,
3. das Arbeitsmarktservice,
4. die Sozialversicherungsträger,
5. die Sicherheitsbehörden,
6. die Jugendwohlfahrtsbehörden,
7. den Österreichischen Integrationsfond,
8. den Vertreter des Hochkommissärs der Vereinten Nationen für die Flüchtlinge übermitteln.

(4) Der Hauptverband und der jeweils zuständige österreichische Sozialversicherungsträger haben den Behörden Auskünfte über Versicherungsverhältnisse von Fremden gemäß § 3 Abs. 1 zu erteilen.

(5) Daten nach Abs. 1 und 2 sind zwei Jahre nach Ende der Betreuung zu löschen, soweit sie nicht in anhängigen Verfahren benötigt werden.

Verwaltungsübertretungen

§ 13. (1) Wer entgegen einer Verordnung gemäß § 7 Abs. 1 eine Betreuungseinrichtung des Landes unbefugt betritt oder sich in dieser aufhält, ist von der Bezirksverwaltungsbehörde mit Geldstrafe bis zu 1 700,–, im Nichteinbringungsfall mit Freiheitsstrafe bis zu vier Wochen zu bestrafen.

(2) Ist eine Person einer Verwaltungsübertretung gemäß Abs. 1 schuldig, derentwegen sie bereits einmal bestraft worden ist, so kann an Stelle der Geldstrafe eine Freiheitsstrafe im Ausmaß der für die betreffende Tat angedrohten Ersatzfreiheitsstrafe verhängt werden; ist eine solche Person bereits zweimal bestraft worden, so können Geld- und Freiheitsstrafe auch nebeneinander verhängt werden. Eine Freiheitsstrafe ist aber nur zu lässig, wenn es ihrer bedarf, um die betreffende Person von weiteren Verwaltungsübertretungen der gleichen Art abzuhalten.

(3) Fällt eine Tat nach Abs. 1 in die Zuständigkeit der Gerichte, liegt keine Verwaltungsübertretung vor.

(4) Geldstrafen fließen dem Land zu und sind für Maßnahmen der Landesbetreuung von hilfs- und schutzbedürftigen Fremden zu verwenden.

Verfahren

§ 14. (1) Die Landesregierung ist, soweit in diesem Gesetz nicht anderes bestimmt ist, Behörde erster Instanz.

(2) Über Berufungen gegen Bescheide der ersten Instanz entscheidet der Unabhängige Verwaltungssenat.

(3) Über Verlangen des Betroffenen ist von der Landesregierung ein schriftlicher Bescheid aus zufolgen.

(4) Beantragt ein Betroffener eine bestimmte Maßnahme und wird diese nicht gewährt, ist darüber bescheidmäßig abzusprechen.

(5) Die Unterstützung erfolgt entweder durch Geldleistung, durch Betreuung in einer Einrichtung des Landes oder, sofern die Betreuung durch eine Einrichtung gemäß §§ 6 und 8 erfolgt, durch Direktverrechnung mit dieser.

Gemeinschaftsrecht

§ 15. Mit diesem Gesetz werden folgende Richtlinien umgesetzt:
1. Richtlinie des Rates vom 27. Januar 2003 zur Festlegung von Mindestnormen für die Aufnahme von Asylwerbern in den Mitgliedstaaten 2003/9/EG, Abl. L 031 vom 6. Februar 2003, S. 0018 bis 0025;
2. Richtlinie des Rates vom 20. Juli 2001 über Mindestnormen für die Gewährung vorübergehenden Schutzes im Falle eines Massenzustroms von Vertriebenen und Maßnahmen zur Förderung einer ausgewogenen Verteilung der Belastungen, die mit der Aufnahme dieser Personen und den Folgen dieser Aufnahme verbunden sind, auf die Mitgliedstaaten, 2001/55/EG, Abl. L 212 vom 7. August 2001, S. 0012 bis 0023;
3. Richtlinie des Rates vom 29. April 2004 über Mindestnormen für die Anerkennung und den Status von Drittstaatsangehörigen oder Staatenlosen als Flüchtlinge oder als Personen, die anderweitig internationalen Schutz benötigen, und über den Inhalt des zu gewährenden Schutzes, 2004/83/EG, Abl. L 304 vom 30. September 2004, S. 0012 bis 0023.

Inkrafttreten

§ 16. Dieses Gesetz tritt mit dem der Kundmachung folgenden Tag, das ist der 19. Oktober 2005, in Kraft.

2 Gesetz vom 15. Dezember 2005, mit dem die Grundsicherung in Tirol geregelt wird (Tiroler Grundsicherungsgesetz – TGSG)

(auszugsweise)
- LGBl 2006/20

I. Abschnitt: Allgemeine Bestimmungen

Allgemeines

§ 1. (1) Die Grundsicherung ist die öffentliche Hilfe zur Führung eines menschenwürdigen Lebens.

(2) Die Grundsicherung ist nach diesem Gesetz Personen zu gewähren, die sich in einer Notlage befinden.

(3) In einer Notlage im Sinn dieses Gesetzes befindet sich, wer
a) den Lebensunterhalt für sich nicht oder nicht in ausreichendem Ausmaß aus eigenen Kräften und Mitteln beschaffen kann und ihn auch nicht von Dritten erhält oder
b) außergewöhnliche Schwierigkeiten in seinen persönlichen, familiären oder sozialen Verhältnissen – im Folgenden besondere Lebenslage genannt – nicht oder nicht in ausreichendem Ausmaß selbst oder mit Hilfe Dritter bewältigen kann.

(4) Bei der Beurteilung der Notlage im Sinn des Abs. 3 sind Hilfeleistungen, die nach anderen landesrechtlichen oder bundesrechtlichen Vorschriften in Anspruch genommen werden können, zu berücksichtigen.

Grundsätze für die Gewährung der Grundsicherung

§ 2. (1) Die Grundsicherung ist auf Antrag oder, wenn den für die Gewährung der Grundsicherung zuständigen Organen Umstände bekannt werden, die eine Hilfeleistung erfordern, auch von Amts wegen zu gewähren.

(2) Die Grundsicherung ist auch bei drohender Notlage zu gewähren, wenn der Eintritt der Notlage dadurch abgewendet werden kann.

(3) Die Grundsicherung ist überdies auch nach der Beseitigung der Notlage zu gewähren, wenn dies erforderlich ist, um die Wirksamkeit der zuvor geleisteten Grundsicherung bestmöglich zu sichern.

(4) Bei der Gewährung der Grundsicherung ist darauf Bedacht zu nehmen, dass bei möglichst geringer Einflussnahme auf die Lebensverhältnisse des Hilfesuchenden und seiner Familienangehörigen sowie bei möglichst sparsamem, wirtschaftlichem und zweckmäßigem Aufwand der Hilfesuchende zur Selbsthilfe befähigt wird und eine gründliche und dauerhafte Beseitigung der Notlage zu erwarten ist.

(5) Die Gewährung der Grundsicherung hat die Bereitschaft des Hilfesuchenden, nach seinen Möglichkeiten in angemessener und zumutbarer Weise zur Abwendung, Bewältigung oder Beseitigung der Notlage beizutragen, zur Voraussetzung. Als ein solcher Beitrag gelten insbesondere:
a) der Einsatz der eigenen Kräfte (§ 3 Abs. 3),

b) der Einsatz der eigenen Mittel (§ 3 Abs. 4),
c) die Bereitschaft zur Annahme angemessener fachlicher Beratung und Betreuung und
d) außer im Fall der Aussichtslosigkeit oder der Unzumutbarkeit für den Hilfesuchenden die Durchsetzung von Ansprüchen gegen Dritte, bei deren Leistung Grundsicherung nicht oder nur in einem geringeren Ausmaß zu gewähren wäre, soweit dies dem Hilfesuchenden ohne unverhältnismäßigen Aufwand möglich ist.

(6) Ansprüche auf Leistungen der Grundsicherung dürfen weder gepfändet noch verpfändet werden.

(7) Auf Leistungen der Grundsicherung, die das Land Tirol, die Gemeinden und der Grundsicherungsfonds als Träger von Privatrechten zu erbringen haben, besteht kein Rechtsanspruch.

Formen und Ausmaß der Grundsicherung

§ 3. (1) Die Grundsicherung wird in Form von Geldleistungen oder Sachleistungen gewährt.

(2) Das Ausmaß der Grundsicherung ist im Einzelfall unter Berücksichtigung eines zumutbaren Einsatzes der eigenen Kräfte und Mittel nach Maßgabe der Abs. 3 und 4 zu bestimmen.

(3) Bei der Beurteilung der Zumutbarkeit des Einsatzes der eigenen Kräfte ist auf die persönlichen Verhältnisse des Hilfesuchenden, insbesondere auf den Gesundheitszustand, das Lebensalter, die berufliche Eignung und Vorbildung sowie auf die geordnete Pflege und Erziehung der Kinder, die Führung eines Haushaltes und die Pflege von Angehörigen Bedacht zu nehmen.

(4) Vor der Gewährung der Grundsicherung hat der Hilfesuchende seine eigenen Mittel, zu denen sein gesamtes Einkommen und Vermögen gehören, einzusetzen. Ist dem Hilfesuchenden die Verwertung von Vermögen vorerst nicht zumutbar, weil dies mit dem Zweck der Grundsicherung unvereinbar wäre oder für den Hilfesuchenden oder seine Familienangehörigen eine besondere Härte bedeuten würde, so ist die Grundsicherung nur zu gewähren, wenn sich der Hilfesuchende zum Ersatz der für ihn aufgewendeten Kosten nach der Beseitigung der Notlage verpflichtet und dafür eine Sicherstellung anbietet.

(5) Führt ein Hilfesuchender seine Notlage vorsätzlich oder grob fahrlässig herbei oder geht er trotz Belehrung und Ermahnung mit den eigenen oder den ihm zur Verfügung gestellten Mitteln nicht sparsam um, so ist die Grundsicherung unter Berücksichtigung der hierfür maßgeblichen Gründe auf das unerlässliche Mindestmaß einzuschränken.

(6) Die Landesregierung hat durch Verordnung nähere Bestimmungen über Arten, Formen und Ausmaß der Grundsicherung zu erlassen. Hierbei sind unter Berücksichtigung der Lebenshaltungskosten in Tirol für die Bemessung des Lebensunterhaltes Richtsätze festzusetzen. Weiters hat die Landesregierung durch Verordnung näher zu bestimmen, inwieweit das Einkommen und das Vermögen des Hilfesuchenden unter Bedachtnahme auf den Zweck der Grundsicherung sowie darauf, dass für den Hilfesuchenden und seine Familienangehörigen keine besondere Härte entsteht, für die Bemessung des Ausmaßes der Grundsicherung sowie für

den Ersatz der für ihn aufgewendeten Kosten nicht zu berücksichtigen sind.

Persönlicher Anwendungsbereich

§ 4. (1) Grundsicherung wird österreichischen Staatsbürgern gewährt, die sich in Tirol aufhalten.

(2) Österreichischen Staatsbürgern sind folgende Personen gleichgestellt, sofern sie sich nach den fremdenrechtlichen Vorschriften rechtmäßig in Tirol aufhalten:
a) Unionsbürger und Staatsangehörige anderer Vertragsparteien des EWR-Abkommens und der Schweiz sowie ihre Angehörigen, das sind ihre Ehegatten, ihre Verwandten in absteigender Linie bis zur Vollendung des 21. Lebensjahres und, sofern sie ihnen Unterhalt gewähren, darüber hinaus, sowie ihre Verwandten und die Verwandten ihrer Ehegatten in aufsteigender Linie, sofern sie ihnen Unterhalt gewähren,
b) Fremde, soweit sie aufgrund von anderen Staatsverträgen österreichischen Staatsbürgern gleichgestellt sind,
c) Fremde, die Angehörige im Sinn der lit. a von österreichischen Staatsbürgern sind,
d) Fremde, wenn mit ihrem Heimatstaat aufgrund tatsächlicher Übung Gegenseitigkeit besteht, insoweit sie dadurch nicht besser gestellt sind als österreichische Staatsbürger im betreffenden Staat,
e) Fremde, die nach § 2 Abs. 1 des Asylgesetzes, BGBl. Nr. 126/1968, als Flüchtlinge anerkannt wurden und zum unbefristeten Aufenthalt in Österreich berechtigt sind, Fremde, denen nach dem Asylgesetz 1991, BGBl. Nr. 8/1992, in der Fassung des Gesetzes BGBl. Nr. 838/1992 bzw. nach dem Asylgesetz 1997, BGBl. I Nr. 76, zuletzt geändert durch das Gesetz BGBl. I Nr. 101/2003, Asyl gewährt wurde, sowie Fremde, denen nach dem Asylgesetz 2005, BGBl. I Nr. 100, der Status des Asylberechtigten zuerkannt wurde, und
f) Fremde, deren Aufenthalt nach § 55 des Fremdenpolizeigesetzes 2005, BGBl. I Nr. 100, verfestigt ist; im Fall der Aufenthaltsverfestigung von Fremden nach § 55 Abs. 1 des Fremdenpolizeigesetzes 2005 jedoch nur so lange, als ihr Bemühen, die Mittel zu ihrem Unterhalt durch den Einsatz eigener Kräfte zu sichern, nicht aussichtslos scheint.

(3) Fremden, die nicht nach Abs. 2 österreichischen Staatsbürgern gleichgestellt sind und die sich in Tirol aufhalten, können, sofern auf sie nicht das Tiroler Grundversorgungsgesetz, LGBl. Nr. 21/2006, anzuwenden ist, vom Land Tirol als Träger von Privatrechten die Leistungen zur Sicherung des Lebensunterhaltes (§ 6 Abs. 1), der Krankenhilfe (§ 7 Abs. 1 lit. a), der Hilfe für werdende Mütter und Wöchnerinnen (§ 7 Abs. 1 lit. b) und der Übernahme der Bestattungskosten (§ 8) gewährt werden, wenn es aufgrund ihrer persönlichen, familiären oder wirtschaftlichen Verhältnisse zur Vermeidung einer besonderen Härte erforderlich ist.

II. Abschnitt: Arten der Grundsicherung

Arten der Grundsicherung

§ 5. Die Grundsicherung umfasst:
a) die Hilfe zur Sicherung des Lebensunterhaltes,
b) die Hilfe in besonderen Lebenslagen,
c) die Übernahme der Bestattungskosten und
d) die Hilfe zur Arbeit.

Lebensunterhalt

§ 6. (1) Der Lebensunterhalt umfasst den Aufwand für die allgemeinen Grundbedürfnisse, wie Unterkunft, Nahrung, Bekleidung, Körperpflege und Hausrat, sowie den Aufwand für die besonderen persönlichen Bedürfnisse. Zu den besonderen persönlichen Bedürfnissen gehört auch die Pflege der Beziehungen zum sozialen Umfeld und die Teilnahme am kulturellen Leben in angemessenem Ausmaß.

(2) Bei der Unterkunft besteht die Grundsicherung in der Übernahme der Miet-, Betriebs- und Heizkosten, sofern sie den Grundsätzen der Sparsamkeit und Wirtschaftlichkeit entsprechen, mit folgender Maßgabe:
a) die Miet- und Betriebskosten sind bei einem Einpersonenhaushalt bis zu einer Nutzfläche von höchstens 40 m² und bei einem Zweipersonenhaushalt bis zu einer Nutzfläche von höchstens 60 m² zu übernehmen; bei mehr als zwei Personen in einem Haushalt erhöht sich die Höchstnutzfläche für jede weitere Person um jeweils 10 m², höchstens jedoch bis zu einer Nutzfläche von insgesamt 110 m²,
b) bei größeren Nutzflächen als jenen nach lit. a sind die Miet- und Betriebskosten zu übernehmen, wenn diese nicht höher sind als jene, die für eine Höchstnutzfläche nach lit. a, die der Haushaltsgröße des Hilfesuchenden entsprechen würde, zu übernehmen wären,
c) in besonders begründeten Fällen können zur Vermeidung einer besonderen Härte die Miet- und Betriebskosten von Unterkünften mit größeren Nutzflächen als jenen nach lit. a unabhängig von der weiteren Voraussetzung nach lit. b übernommen werden, sofern sie den Grundsätzen der Sparsamkeit und Wirtschaftlichkeit entsprechen.

(3) Als Nutzfläche einer Unterkunft gilt die Gesamtbodenfläche der Wohnung abzüglich der Wandstärken. Auf das Höchstausmaß sind auch Küchen, Garderoben, Bäder und sonstige Anlagen, Vorzimmer, Dielen und Nischen anzurechnen. Stiegenhäuser, Treppen, offene Balkone und Terrassen sowie Keller und Dachbodenräume, die nicht Wohnzwecken dienen, sind bei der Berechnung der Nutzfläche nicht zu berücksichtigen.

(4) Über die Gewährung der Hilfe zur Sicherung des Lebensunterhaltes mit Ausnahme der Hilfe nach Abs. 2 lit. c ist im Verwaltungsweg zu entscheiden, soweit im § 4 Abs. 3 nichts anderes bestimmt ist. Die Gewährung der Hilfe nach Abs. 2 lit. c obliegt dem Land Tirol als Träger von Privatrechten.

Hilfe in besonderen Lebenslagen

§ 7. (1) Die Hilfe in besonderen Lebenslagen umfasst Maßnahmen zur Beseitigung der im § 1 Abs. 3 lit. b genannten außergewöhnlichen Schwierigkeiten. Hierzu gehören insbesondere:
a) die Krankenhilfe,
b) die Hilfe für werdende Mütter und Wöchnerinnen,
c) die Hilfe zur Erziehung und Erwerbsbefähigung,
d) die Hilfe für pflegebedürftige Personen,
e) die vorbeugende Gesundheitshilfe,
f) die Hilfe zur Überbrückung außergewöhnlicher Notstände,
g) die Hilfe für alte Personen,
h) die Familienhilfe,
i) die Erstellung eines Hilfeplans und
j) die persönliche Hilfe.
...

(11) Die Hilfe in besonderen Lebenslagen kann unabhängig von der Hilfe zur Sicherung des Lebensunterhaltes gewährt werden.

(12) Über die Gewährung der Krankenhilfe, der Hilfe für werdende Mütter und Wöchnerinnen und der Hilfe zur Erziehung und Erwerbsbefähigung ist im Verwaltungsweg zu entscheiden, soweit im § 4 Abs. 3 nichts anderes bestimmt ist. Die Gewährung der Hilfe für pflegebedürftige Personen, der vorbeugenden Gesundheitshilfe und der persönlichen Hilfe sowie die Erstellung eines Hilfeplans obliegen dem Land Tirol als Träger von Privatrechten. Die Gewährung der Hilfe zur Überbrückung außergewöhnlicher Notstände obliegt dem Grundsicherungsfonds (§ 31).

(13) Darüber hinaus kann das Land Tirol als Träger von Privatrechten Hilfe in besonderen Lebenslagen in Form von Sachleistungen, Darlehen oder einmaligen, nicht rückzahlungspflichtigen Beihilfen in all jenen Fällen im Ausmaß von höchstens 20 v. H. des Richtsatzes für Alleinstehende je Monat oder bei einmaligen Unterstützungen von höchstens 240 v. H. des Richtsatzes für Alleinstehende pro Jahr gewähren, wenn der besondere Bedarf durch eine im Verwaltungsweg zu gewährende Leistung nicht ausreichend abgedeckt werden kann und die Gewährung der Hilfe aufgrund der Besonderheiten des Einzelfalls erforderlich ist.

(14) Die Gewährung der Hilfe für alte Personen und der Familienhilfe obliegt den Gemeinden als Träger von Privatrechten.
...

Hilfe zur Arbeit

§ 9. (1) Die Hilfe zur Arbeit soll Empfänger von Grundsicherung bei der Erlangung eines sozialversicherungspflichtigen Beschäftigungsverhältnisses unterstützen, wenn und soweit dies von dritter Seite nicht möglich ist.

(2) Die Hilfe zur Arbeit darf nur jenen Empfängern von Grundsicherung gewährt werden, die seit mehr als sechs Monaten eine Leistung der Grundsicherung beziehen und die arbeitsfähig, arbeitswillig und seit mehr als zwölf Monaten arbeitslos sind.
...

(5) Die Gewährung der Hilfe zur Arbeit obliegt dem Land Tirol als Träger von Privatrechten.

III. Abschnitt: Kostentragung

Kostenersatz durch den Empfänger der Grundsicherung

§ 10. (1) Der Empfänger der Grundsicherung ist zum Ersatz der für ihn aufgewendeten Kosten verpflichtet, wenn bzw. soweit
a) er zu hinreichendem Einkommen oder Vermögen gelangt,
b) nachträglich bekannt wird, dass er zur Zeit der Gewährung der Grundsicherung hinreichendes Einkommen oder Vermögen hatte,
c) er sich zur Rückzahlung verpflichtet hat,
d) ihm die nach § 21 Abs. 2 vorläufig erbrachte Leistung nach dem rechtskräftigen Abschluss des Verfahrens nicht oder nur in einem geringeren Ausmaß zuerkannt wurde oder
e) im Fall der Gewährung der Hilfe für pflegebedürftige Personen und der Altenhilfe ihm für denselben Zeitraum Leistungen nach dem Bundespflegegeldgesetz oder dem Tiroler Pflegegeldgesetz oder gleichartige Leistungen nach anderen Landesgesetzen gebühren; die Ersatzpflicht besteht jedoch nur insoweit, als diese Leistungen nach ihrer Zweckbestimmung gleichartige Aufwendungen abdecken wie die entsprechende Leistung der Grundsicherung.

(2) Durch die Erfüllung der Ersatzpflicht darf der Erfolg der Grundsicherung nicht gefährdet werden. Die Festsetzung von Raten ist zulässig.

(3) Die Kosten folgender Leistungen müssen vom Empfänger der Grundsicherung nicht ersetzt werden:
a) Leistungen, die ihm vor Erreichung der Volljährigkeit gewährt wurden,
b) die Hilfe für werdende Mütter und Wöchnerinnen,
c) die Hilfe zur Erziehung und Erwerbsbefähigung,
d) Leistungen anlässlich einer Erkrankung an einer ansteckenden Krankheit im Sinn des Epidemiegesetzes 1950, BGBl. Nr. 186, zuletzt geändert durch das Gesetz BGBl. I Nr. 65/2002,
e) die Hilfe zur Arbeit.

(4) Im Fall des Abs. 1 lit. d kann der Kostenersatz in einem angemessenen Ausmaß auch durch Anrechnung auf laufende Leistungen erfolgen.

(5) Die Verpflichtung zum Ersatz der Kosten nach Abs. 1 geht gleich einer anderen Schuld auf den Nachlass des Empfängers der Grundsicherung über.

Kostenersatz durch Unterhaltspflichtige

§ 11. (1) Personen, die gesetzlich zum Unterhalt des Empfängers der Grundsicherung verpflichtet sind, haben die Kosten der Grundsicherung in dem durch Verordnung der Landesregierung festzusetzenden Ausmaß zu ersetzen. Dieses Ausmaß darf höchstens bis zur Höhe der Unterhaltspflicht festgesetzt werden.

(2) Bei der Geltendmachung von Ersatzansprüchen gegenüber Unterhaltspflichtigen ist auf deren wirtschaftliche Verhältnisse und ihre sonstigen Sorgepflichten Bedacht zu nehmen.

(3) Großeltern und Enkel sind nicht zum Kostenersatz verpflichtet.

Geltendmachung von Ersatzansprüchen

§ 12. (1) Ersatzansprüche nach den §§ 10 und 11 können, soweit sie nicht grundbücherlich sichergestellt sind, nicht mehr geltend gemacht werden, wenn seit dem Ablauf des Kalenderjahres, in dem die Grundsicherung gewährt worden ist, mehr als drei Jahre vergangen sind.

(2) Über den Ersatz der Kosten für Leistungen nach § 6, § 7 Abs. 1 lit. a, b und c und § 8 Abs. 1, mit Ausnahme des Ersatzes der Kosten für Leistungen an Fremde nach § 4 Abs. 3, ist im Verwaltungsweg zu entscheiden. Im Übrigen sind zur Entscheidung über den Kostenersatz die ordentlichen Gerichte zuständig.

Übergang von Rechtsansprüchen

§ 13. (1) Hat ein Empfänger der Grundsicherung für die Zeit, für die ihm die Grundsicherung gewährt wird, gegen einen Dritten einen öffentlich-rechtlichen oder privatrechtlichen Anspruch auf Deckung von Bedürfnissen, wie sie durch Leistungen der Grundsicherung befriedigt werden, so kann das für die Gewährung der Grundsicherung zuständige Organ, sofern sich aus § 29 nichts anderes ergibt, durch schriftliche Anzeige an den Dritten bewirken, dass dieser Anspruch bis zur Höhe der Aufwendungen für die Grundsicherung auf seinen Rechtsträger übergeht.

(2) Die schriftliche Anzeige bewirkt mit ihrem Einlangen beim Dritten den Übergang des Anspruches für die Aufwendungen, die in der Zeit zwischen dem Einsetzen der Grundsicherung und deren Beendigung entstanden sind bzw. entstehen.

Ersatzansprüche Dritter

§ 14. (1) Musste einem Hilfesuchenden eine der Grundsicherung entsprechende Hilfe so dringend gewährt werden, dass das für die Gewährung der betreffenden Leistung der Grundsicherung zuständige Organ nicht vorher benachrichtigt werden konnte, so sind demjenigen, der die Hilfe geleistet hat, die Kosten hierfür zu ersetzen.

(2) Zu ersetzen sind nur die Kosten, die innerhalb von sechs Monaten vor ihrer Geltendmachung entstanden sind. Nach diesem Zeitpunkt entstandene Kosten sind nur insoweit zu ersetzen, als sie noch vor der Entscheidung über die Gewährung der Grundsicherung aufgewendet wurden.

(3) Der Anspruch nach Abs. 1 ist der Höhe nach bei niedergelassenen Ärzten und bei privaten Krankenanstalten mit jenen Kosten begrenzt, die in diesem Fall von der allgemeinen Krankenversicherung bezahlt worden wären, und bei öffentlichen Krankenanstalten mit jenen Kosten, die den für sie geltenden Gebühren nach den krankenanstaltenrechtlichen Vorschriften entsprechen. Im Übrigen sind die Kosten nach Abs. 1 nur bis zur Höhe

jenes Betrages zu ersetzen, der aufgelaufen wäre, wenn der betreffende Rechtsträger Grundsicherung hätte gewähren müssen.
(4) Über den Ersatz der Kosten nach Abs. 1 ist im Verwaltungsweg zu entscheiden.

Kostentragungspflicht im Allgemeinen

§ 15. (1) Die Kosten der Grundsicherung sind nach Maßgabe der folgenden Absätze vom Land Tirol, von den Gemeinden und vom Grundsicherungsfonds zu tragen.
(2) Zu den Kosten der Grundsicherung gehören der gesamte sich aus der Besorgung der in diesem Gesetz vorgesehenen Aufgaben ergebende Zweckaufwand und der Aufwand, der vom Land Tirol aufgrund von Vereinbarungen nach Art. 15a B-VG für Leistungen der Grundsicherung zu tragen ist. Zu den Kosten der Grundsicherung gehören auch die Kosten, die aufgrund anderer Rechtsvorschriften nach den Vorschriften über die öffentliche Fürsorge zu tragen sind.
...

IV. Abschnitt: Organisatorische Bestimmungen

Zuständigkeit

§ 16. (1) Die Zuerkennung der vom Land Tirol zu gewährenden Leistungen der Grundsicherung, über die im Verwaltungsweg zu entscheiden ist, obliegt den Bezirksverwaltungsbehörden.
(2) Die Zuerkennung der vom Land Tirol als Träger von Privatrechten zu gewährenden Leistungen der Grundsicherung obliegt den Bezirksverwaltungsbehörden, soweit im Abs. 3 nichts anderes bestimmt ist.
(3) Die Gewährung der Hilfe für pflegebedürftige Personen (§ 7 Abs. 5) obliegt der Landesregierung.
(4) Die im Verwaltungsweg zu treffenden Entscheidungen nach § 12 Abs. 2, § 14 Abs. 4 und § 23 Abs. 3 obliegen den Bezirksverwaltungsbehörden.
(5) Die örtliche Zuständigkeit der Bezirksverwaltungsbehörden richtet sich
  a) in den Angelegenheiten der Ersatzansprüche nach § 14 nach dem Ort, an dem die Notwendigkeit zur Hilfeleistung eingetreten ist, und
  b) in den übrigen Angelegenheiten nach dem Hauptwohnsitz des Hilfesuchenden oder Empfängers der Grundsicherung, mangels eines Hauptwohnsitzes in Tirol nach seinem Aufenthalt und mangels eines Aufenthaltes in Tirol nach dem letzten Hauptwohnsitz in Tirol, wenn aber keiner dieser Zuständigkeitsgründe in Betracht kommt oder Gefahr im Verzug ist, nach dem Anlass zum Einschreiten.
...

V. Abschnitt: Verfahrensbestimmungen, Rückerstattungspflicht

Informations- und Mitwirkungspflicht

§ 18. (1) Die für die Gewährung der Grundsicherung zuständigen Organe haben die Hilfesuchenden über die Leistungen der Grundsicherung, die in Anspruch genommen werden können, zu informieren, zu beraten und hinsichtlich ihrer Rechte, einschließlich der Rechtsfolgen allfälliger Handlungen und Unterlassungen, entsprechend anzuleiten.

(2) Die Hilfesuchenden haben an der Feststellung des für die Zuerkennung von Leistungen der Grundsicherung maßgebenden Sachverhaltes mitzuwirken. Sie haben die hierfür erforderlichen Angaben zu machen und die entsprechenden Urkunden und Unterlagen beizubringen sowie sich den allenfalls erforderlichen Untersuchungen zu unterziehen.

Anträge

§ 19. (1) Anträge auf Gewährung von Grundsicherung sind bei der Gemeinde, in der der Hilfesuchende seinen Hauptwohnsitz hat, oder, mangels eines solchen, bei der Gemeinde, in der sich der Hilfesuchende aufhält, oder unmittelbar bei dem für die Gewährung der betreffenden Leistung der Grundsicherung zuständigen Organ einzubringen.

(2) Die Gemeinde hat die bei ihr eingebrachten Anträge mit ihrer Stellungnahme unverzüglich an das für die Gewährung der betreffenden Leistung der Grundsicherung zuständige Organ weiterzuleiten.

(3) Bei unmittelbar bei der zuständigen Bezirksverwaltungsbehörde eingebrachten Anträgen ist der Gemeinde, in der der Hilfesuchende seinen Hauptwohnsitz bzw. seinen Aufenthalt hat, Gelegenheit zur unverzüglichen Stellungnahme zu geben.

Bescheide, Neufestsetzung von Leistungen

§ 20. (1) Bescheide nach diesem Gesetz sind schriftlich zu erlassen.

(2) Bescheide können befristet, mit Auflagen oder unter Bedingungen erlassen werden, soweit dies zur Erreichung der Ziele und zur Durchsetzung der Grundsätze dieses Gesetzes erforderlich ist.

(3) Ändert sich eine für die Bemessung des Ausmaßes einer Leistung der Grundsicherung wesentliche Voraussetzung, so ist die Leistung neu festzusetzen.

(4) Ist aufgrund einer Änderung der Verordnung nach § 3 Abs. 6 das Ausmaß einer Leistung der Grundsicherung neu zu bemessen, so ist ein Bescheid nur zu erlassen, wenn es der Antragsteller bzw. der Empfänger der Grundsicherung ausdrücklich verlangt.

Berufung

§ 21. (1) In Verfahren über die Gewährung von Leistungen der Grundsicherung ist ein Berufungsverzicht nicht zulässig.

(2) Auch im Fall der Berufung ist die in erster Instanz zuerkannte Leistung vorläufig zu erbringen.

Anzeigepflicht

§ 22. Der Empfänger der Grundsicherung hat jede Änderung in den für die Weitergewährung der Grundsicherung maßgebenden Verhältnissen binnen zwei Wochen dem für die Gewährung der betreffenden Leistung der Grundsicherung zuständigen Organ anzuzeigen.

Rückerstattungspflicht

§ 23 (1) Die durch die Verletzung der Anzeigepflicht nach § 22 zu Unrecht empfangenen Geldleistungen hat der Empfänger rückzuerstatten.

(2) Die Rückerstattung kann in angemessenen Teilbeträgen bewilligt werden, wenn eine andere Art der Rückerstattung dem Verpflichteten nicht zumutbar ist. Die Rückerstattung kann auch durch Anrechnung auf laufende Leistungen erfolgen. In besonders begründeten Fällen kann die Rückerstattung auch zur Gänze nachgesehen werden, wenn durch sie der Erfolg der Grundsicherung gefährdet wäre.

(3) Über die Pflicht zur Rückerstattung ist, soweit es sich um zu Unrecht empfangene Geldleistungen nach § 6 und § 7 Abs. 1 lit. a, b und c, mit Ausnahme der Leistungen an Fremde nach § 4 Abs. 3, handelt, im Verwaltungsweg zu entscheiden. Im Übrigen sind zur Entscheidung über die Pflicht zur Rückerstattung die ordentlichen Gerichte zuständig.

Mitwirkung der Gemeinden

§ 24. Die Gemeinden sind zur Entgegennahme von Anträgen, zur Durchführung von Erhebungen und zur Mitwirkung bei der Gewährung von Leistungen der Grundsicherung verpflichtet.

Auskunftspflicht

§ 25. (1) Die Bundes- und Landesbehörden sowie die Träger der Sozialversicherung und das Arbeitsmarktservice haben den für die Gewährung von Leistungen der Grundsicherung zuständigen Organen Amtshilfe zu leisten.

(2) Die Finanzbehörden haben den für die Gewährung von Leistungen der Grundsicherung zuständigen Organen Auskunft zu erteilen über jene Verhältnisse des Hilfesuchenden und der zu seinem Unterhalt verpflichteten Personen, die unmittelbar die Abgabenfestsetzung beeinflusst haben, sofern diese Daten nicht aus Abgabenbescheiden, die diesen Organen zugänglich sind, entnommen werden können.

(3) Die Dienstgeber haben den für die Gewährung von Leistungen der Grundsicherung zuständigen Organen über alle Umstände, die das Beschäftigungsverhältnis des Hilfesuchenden und der zu seinem Unterhalt verpflichteten Personen betreffen, Auskunft zu erteilen.

...

Verwendung personenbezogener Daten

§ 30. (1) Das Amt der Landesregierung, die Bezirksverwaltungsbehörden, der Grundsicherungsfonds und die Gemeinden dürfen folgende Daten verarbeiten:
a) zum Zweck der Prüfung der Hilfsbedürftigkeit des Hilfesuchenden, der Gewährung der Grundsicherung und der Durchführung des Kostenersatzes:
   1. vom Hilfesuchenden: Identifikationsdaten, Adressdaten, Erreichbarkeitsdaten, Unterkunftsdaten, Daten zu Sozialversicherungsverhältnissen, Familienstand, Daten zu den wirtschaftlichen Verhältnissen, Bankverbindungen, Angaben über eine bestehende Sachwalterschaft und Gesundheitsdaten,
   2. von gegenüber dem Hilfesuchenden Unterhaltspflichtigen und Unterhaltsberechtigten sowie anderen neben dem Hilfesuchenden unterhaltsberechtigten Personen: Identifikationsdaten, Adressdaten, Erreichbarkeitsdaten, Familienstand, Daten zu den wirtschaftlichen Verhältnissen und Angaben über eine bestehende Sachwalterschaft,
   3. von Dienstgebern der in den Z. 1 und 2 genannten Personen: Identifikationsdaten und Adressdaten,
   4. von Unterkunftsgebern bzw. den Hausverwaltungen: Identifikationsdaten, Adressdaten, Unterkunftsdaten, Erreichbarkeitsdaten und Bankverbindungen,
b) zum Zweck der Leistungsabrechnung:
   1. von Personen bzw. von Einrichtungen der freien Wohlfahrtspflege und anderen Einrichtungen, die Leistungen der Grundsicherung erbringen: Identifikationsdaten, Adressdaten, Erreichbarkeitsdaten, Leistungsdaten, Vertragsdaten und Bankverbindungen,
   2. von den Ansprechpersonen nach Z. 1: Identifikationsdaten, Adressdaten und Erreichbarkeitsdaten.

(2) Das Amt der Landesregierung, die Bezirksverwaltungsbehörden, der Grundsicherungsfonds und die Gemeinden dürfen Daten nach Abs. 1 sowie Daten über Art und Ausmaß der Grundsicherungsleistung übermitteln an:
a) das Arbeitsmarktservice, die Sozialversicherungsträger, die für die Besorgung der Aufgaben der öffentlichen Jugendwohlfahrt zuständigen Organe, die Sozialhilfe- bzw. Grundsicherungsträger und die Finanzbehörden, sofern diese Daten jeweils wesentliche Voraussetzung für die Erfüllung der diesen Einrichtungen bzw. Organen obliegenden Aufgaben sind,
b) zur Erstellung eines Hilfeplans nach § 7 Abs. 9 herangezogene Personen und Einrichtungen, sofern diese Daten jeweils wesentliche Voraussetzung für ihre Mitwirkung sind,
c) im Abs. 1 lit. a Z. 3 und 4 genannte Personen und andere Personen und Einrichtungen, die an der Prüfung der Hilfsbedürftigkeit des Hilfesuchenden, der Gewährung der Grundsicherung oder der Durchführung des Kostenersatzes beteiligt sind, sofern für sie diese Daten erforderlich sind.

(3) Das Amt der Landesregierung, die Bezirksverwaltungsbehörden, der Grundsicherungsfonds und die Gemeinden dürfen folgende Daten des Hilfesuchenden an Einrichtungen im Sinn des § 27 übermitteln, sofern dies wesentliche Voraussetzung für die Erfüllung der diesen Einrichtungen übertragenen Aufgaben ist: Identifikationsdaten, Adressdaten, Erreichbarkeitsdaten, Daten über den Familienstand, Angaben über eine bestehende Sachwalterschaft, Gesundheitsdaten und Daten über die Berufsausbildung und -ausübung.

(4) Der Hauptverband der österreichischen Sozialversicherungsträger, der jeweils zuständige österreichische Sozialversicherungsträger und das Arbeitsmarktservice haben auf Ersuchen der für die Gewährung der Grundsicherung zuständigen Organe im Rahmen ihres gesetzlichen Wirkungsbereiches Auskunft über Versicherungsverhältnisse des Hilfesuchenden zu erteilen.

(5) Das Amt der Landesregierung, die Bezirksverwaltungsbehörden, der Grundsicherungsfonds und die Gemeinden haben zum Schutz der Geheimhaltungsinteressen der Betroffenen jedenfalls die im § 14 Abs. 2 des Datenschutzgesetzes 2000, BGBl. I Nr. 165/1999, zuletzt geändert durch das Gesetz BGBl. I Nr. 13/2005, genannten Maßnahmen zu treffen.

(6) Daten nach Abs. 1 lit. a Z. 1, 2 und 3 sind längstens vier Jahre nach Beendigung der Grundsicherung zu löschen, soweit sie nicht in anhängigen Verfahren benötigt werden. Daten nach Abs. 1 lit. a Z. 4 sowie Abs. 1 lit. b sind unmittelbar nach dem Abschluss des Verfahrens zu löschen.
...

Strafbestimmungen

§ 35. (1) Wer
a) der Anzeigepflicht nach § 22 oder der Auskunftspflicht nach § 25 Abs. 3 nicht oder nicht rechtzeitig nachkommt oder
b) vorsätzlich durch unwahre Angaben oder durch Verschweigen wesentlicher Umstände Grundsicherung zu Unrecht in Anspruch nimmt, begeht, sofern die Tat nicht den Tatbestand einer in die Zuständigkeit der Gerichte fallenden strafbaren Handlung bildet, eine Verwaltungsübertretung und ist von der Bezirksverwaltungsbehörde mit einer Geldstrafe bis zu 500,– Euro zu bestrafen.

(2) Der Versuch ist strafbar.
...

Umsetzung von Gemeinschaftsrecht

§ 38. Durch dieses Gesetz wird folgende EG-Richtlinie umgesetzt:
Richtlinie 2004/83/EG des Rates über Mindestnormen für die Anerkennung und den Status von Drittstaatsangehörigen und Staatenlosen als Flüchtlinge oder als Personen, die anderweitig internationalen Schutz benötigen, und über den Inhalt des zu gewährenden Schutzes, ABl. 2004, Nr. L 304, S. 12.

In-Kraft-Treten

§ 39. (1) Dieses Gesetz tritt mit 1. März 2006 in Kraft. Gleichzeitig tritt das Tiroler Sozialhilfegesetz, LGBl. Nr. 105/1973, zuletzt geändert durch das Gesetz LGBl. Nr. 27/2004, außer Kraft.

(2) § 15 tritt mit dem Ablauf des 31. Dezember 2009 außer Kraft.

(3) Verordnungen aufgrund dieses Gesetzes dürfen bereits von dem seiner Kundmachung folgenden Tag an erlassen werden. Sie dürfen jedoch frühestens mit dem im Abs. 1 genannten Zeitpunkt in Kraft gesetzt werden.

3 Gesetz vom 15. Dezember 2005, mit dem das Tiroler Grundversorgungsgesetz erlassen wird

– LGBl 2006/21

Begriffsbestimmungen

§ 1. Im Sinn dieses Gesetzes gelten als:
a) Fremde die im § 4 genannten Personen,
b) Betreuungseinrichtung eine Einrichtung zur Betreuung von Fremden, die das Land Tirol, eine Gemeinde, ein Gemeindeverband, eine zur Mitarbeit herangezogene humanitäre, kirchliche oder private Einrichtung oder eine Institution der freien Wohlfahrtspflege betreibt, und eine Einrichtung im Sinn des § 7 Abs. 1 dritter Satz,
c) organisierte Unterkunft die Unterkunft in einer Betreuungseinrichtung nach lit. b,
d) individuelle Unterkunft ein Wohnraum, der von Fremden selbst in Bestand genommen wird,
e) unbegleitete Minderjährige Fremde unter 18 Jahren, die ohne Begleitung eines für sie nach dem Gesetz oder dem Gewohnheitsrecht verantwortlichen Erwachsenen in Österreich eingereist sind, solange sie sich nicht tatsächlich in der Obhut eines solchen Erwachsenen befinden; hierzu gehören auch Minderjährige, die nach der Einreise in Österreich ohne Begleitung zurückgelassen worden sind,
f) Notlage, wenn die eigenen Mittel und Kräfte des Fremden zur Abdeckung seiner Grundbedürfnisse nicht ausreichen und er diese Mittel auch nicht von anderen Personen oder Einrichtungen erhält,
g) hinreichendes Einkommen ein Einkommen, das nach Abzug der Kosten für die Unterkunft mehr als das Eineinhalbfache des nach den grundsicherungsrechtlichen Vorschriften für die Lebenssituation des Fremden vorgesehenen Richtsatzes beträgt.

Allgemeine Grundsätze

§ 2. (1) Die Grundversorgung wird auf Antrag oder von Amts wegen gewährt.

(2) Die Grundversorgung erfolgt in Form von Geld- oder Sachleistungen. Die Unterbringung hat, soweit verfügbar, bevorzugt in organisierten Unterkünften zu erfolgen.

(3) Die Grundversorgung wird Fremden gewährt, die sich in Tirol aufhalten, soweit im Abs. 9 nichts anderes bestimmt ist.

(4) Bei der Beurteilung der Notlage sind Hilfeleistungen, die nach anderen landesrechtlichen oder bundesrechtlichen Vorschriften in Anspruch genommen werden können, zu berücksichtigen.

(5) Auf die Gewährung von Leistungen der Grundversorgung besteht kein Rechtsanspruch, soweit im Abs. 6 nichts anderes bestimmt ist.

(6) Auf Leistungen der Grundversorgung nach § 5 Abs. 1 lit. a, b, c, d und k sowie nach § 7 Abs. 1 und 3 besteht für Fremde nach § 4 lit. c ein

Rechtsanspruch. Über die Gewährung dieser Leistungen und deren Einschränkung und Einstellung sowie über den Ausschluss von diesen ist im Verwaltungsweg zu entscheiden.

(7) Die Gewährung von Leistungen der Grundversorgung, auf die kein Rechtsanspruch besteht, deren Einschränkung und Einstellung sowie der Ausschluss von diesen haben im Rahmen der unter Bedachtnahme auf die Grundversorgungsvereinbarung – Art. 15a B-VG, LGBl. Nr. 59/2004, von der Landesregierung zu erlassenden Richtlinien im Weg der Privatwirtschaftsverwaltung zu erfolgen.

(8) Die Grundversorgung für Fremde, die angehalten werden, ruht für die Dauer der Anhaltung.

(9) Die Grundversorgung endet jedenfalls mit dem nicht nur kurzfristigen Verlassen des Landesgebietes, es sei denn, das Verlassen des Landesgebietes ist zur Durchführung der Grundversorgung erforderlich oder es sprechen besonders berücksichtigungswürdige Umstände gegen die Einstellung der Grundversorgung oder Österreich ist durch internationale Normen zur Rückübernahme verpflichtet.

Heranziehung von Einrichtungen zur Mitarbeit

§ 3. Bei der Versorgung der in die Betreuung aufgenommenen Fremden und bei der Schaffung und Erhaltung der nötigen Infrastruktur kann das Land Tirol humanitäre, kirchliche oder private Einrichtungen oder Einrichtungen der freien Wohlfahrtspflege durch schriftliche Vereinbarung zur Mitarbeit heranziehen. In dieser Vereinbarung ist vorzusehen, dass die genannten Einrichtungen die zur Aufgabenerfüllung eingesetzten Bediensteten vertraglich zur Verschwiegenheit verpflichten.

Anspruchsberechtigte

§ 4. Die Grundversorgung wird folgenden Personen gewährt, sofern sie sich in einer Notlage befinden:
a) Fremden mit Aufenthaltsrecht nach § 8 des Asylgesetzes 2005, BGBl. I Nr. 100, mit einem Aufenthaltstitel aus humanitären Gründen nach den §§ 72 und 73 des Niederlassungs- und Aufenthaltsgesetzes, BGBl. I Nr. 100/2005, oder mit einem vorübergehenden Aufenthaltsrecht aufgrund einer Verordnung nach § 76 des Niederlassungs- und Aufenthaltsgesetzes,
b) Fremden ohne Aufenthaltsrecht, die aus rechtlichen oder tatsächlichen Gründen nicht abschiebbar sind,
c) Fremden, die einen Asylantrag gestellt haben (Asylwerber), über den noch nicht rechtskräftig abgesprochen wurde, deren Ehegatten sowie deren unverheirateten minderjährigen Kindern, sofern die Familie bereits im Herkunftsland bestanden hat. Das Vorliegen einer Notlage wird bei diesen Personen bis zum Beweis des Gegenteils vermutet.

Umfang der Grundversorgung

§ 5. (1) Die Grundversorgung umfasst folgende Leistungen:
a) die Unterbringung in geeigneten Unterkünften unter Achtung der Menschenwürde und unter Beachtung der Familieneinheit,
b) die Versorgung mit angemessener Verpflegung,
c) die Gewährung eines monatlichen Taschengeldes für Fremde in organisierten Unterkünften und für unbegleitete Minderjährige, ausgenommen bei individueller Unterbringung,
d) die Sicherung der Krankenversorgung durch Bezahlung der Krankenversicherungsbeiträge nach dem ASVG, BGBl. Nr. 189/1955, zuletzt geändert durch das Gesetz BGBl. I Nr. 88/2005,
e) die Gewährung allenfalls darüber hinausgehender notwendiger, durch die Krankenversicherung nicht abgedeckter medizinischer Leistungen nach Prüfung im Einzelfall,
f) Maßnahmen für pflegebedürftige Personen,
g) die Information, Beratung und soziale Betreuung der Fremden durch geeignetes Personal unter Einbeziehung von Dolmetschern zu deren Orientierung in Österreich und zur freiwilligen Rückkehr,
h) die Übernahme von Transportkosten bei Überstellungen und behördlichen Ladungen,
i) die Übernahme der für den Schulbesuch erforderlichen Fahrtkosten und die Bereitstellung des Schulbedarfs für Schüler,
j) Maßnahmen zur Strukturierung des Tagesablaufes im Bedarfsfall,
k) die Gewährung der notwendigen Bekleidung,
l) die Übernahme der Kosten eines ortsüblichen Begräbnisses oder eines Rückführungsbetrages in derselben Höhe,
m) die Gewährung von Rückkehrberatung, von Reisekosten sowie einer einmaligen Überbrückungshilfe bei freiwilliger Rückkehr in das Herkunftsland in besonderen Fällen.

(2) Die Grundversorgung kann, wenn damit die Bedürfnisse des Fremden ausreichend befriedigt werden, auch eingeschränkt oder in Teilleistungen gewährt werden.

(3) Die Grundversorgung kann eingeschränkt oder eingestellt werden, wenn der Fremde
a) die Aufrechterhaltung der Ordnung in einer Unterkunft durch sein Verhalten fortgesetzt und nachhaltig gefährdet,
b) sich grob gewalttätig verhält,
c) nach § 38a des Sicherheitspolizeigesetzes, BGBl. Nr. 566/1991, zuletzt geändert durch das Gesetz BGBl. I Nr. 100/2005, weggewiesen wird oder
d) wegen einer gerichtlich strafbaren Handlung verurteilt worden ist, die einen Ausschlussgrund nach § 6 des Asylgesetzes 2005 darstellen kann.

(4) Durch die Einschränkung oder Einstellung der Grundversorgung darf die medizinische Notversorgung des Fremden nicht gefährdet werden.

Ausschluss von der Grundversorgung

§ 6. (1) Von der Grundversorgung können ausgeschlossen werden:

a) Fremde, die trotz Aufforderung nicht an der Feststellung ihrer Identität oder, falls erforderlich, ihrer Notlage mitwirken,
b) Asylwerber, die ohne Änderung der Sach- oder Rechtslage innerhalb von sechs Monaten nach dem rechtskräftigen Abschluss ihres früheren Asylverfahrens einen weiteren Asylantrag eingebracht haben, und
c) Asylwerber, die nicht an der Feststellung des notwendigen Sachverhalts für die Führung des Asylverfahrens mitwirken.

(2) In besonders begründeten Fällen kann die Grundversorgung davon abhängig gemacht werden, dass der Fremde seinen Aufenthalt an einem bestimmten Ort nimmt.

(3) Durch den Ausschluss von der Grundversorgung darf die medizinische Notversorgung des Fremden nicht gefährdet werden.

Sonderbestimmungen für unbegleitete Minderjährige

§ 7. (1) Unbegleitete Minderjährige sind unbeschadet der Bestimmungen des Tiroler Jugendwohlfahrtsgesetzes 2002, LGBl. Nr. 51, in der jeweils geltenden Fassung über die Leistungen der Grundversorgung nach § 5 hinaus zur psychischen Festigung und zur Schaffung einer Vertrauensbasis durch Maßnahmen zur Stabilisierung zu unterstützen. Im Bedarfsfall kann darüber hinaus sozialpädagogische und psychologische Unterstützung gewährt werden. Die Unterbringung der unbegleiteten Minderjährigen kann zu diesem Zweck in einer Wohngruppe, in einem Wohnheim, in einer sonstigen geeigneten organisierten Unterkunft, in einer Einrichtung für betreutes Wohnen oder durch individuelle Unterbringung erfolgen.

(2) Wohngruppen können für unbegleitete Minderjährige mit besonders hohem Betreuungsbedarf eingerichtet werden. Wohnheime können für nicht selbstversorgungsfähige unbegleitete Minderjährige eingerichtet werden. Einrichtungen für betreutes Wohnen können für unbegleitete Minderjährige eingerichtet werden, die in der Lage sind, sich unter Anleitung selbst zu versorgen.

(3) Darüber hinaus kann die Betreuung unbegleiteter Minderjähriger folgende zusätzliche Leistungen der Grundversorgung umfassen:
a) eine an deren Bedürfnisse angepasste Tagesstrukturierung (Bildung, Freizeit, Sport, Gruppen- und Einzelaktivitäten, Arbeit im Haushalt),
b) die Bearbeitung von Fragen zu Alter, Identität, Herkunft und Aufenthalt der Familienangehörigen,
c) die Abklärung der Zukunftsperspektiven im Zusammenwirken mit den Behörden,
d) gegebenenfalls die Ermöglichung der Familienzusammenführung,
e) gegebenenfalls die Erarbeitung eines Integrationsplanes sowie Maßnahmen zur Durchführung von Schul-, Ausbildungs- und Berufsvorbereitungsaktivitäten unter Nutzung der bestehenden Angebote mit dem Ziel der Selbsterhaltungsfähigkeit.

(4) Auf die Einschränkung oder Einstellung und den Ausschluss von Leistungen der Grundversorgung nach den Abs. 1 und 3 sind § 5 Abs. 2 und 3 und § 6 Abs. 1 und 2 sinngemäß anzuwenden.

Sonderbestimmungen für Massenfluchtbewegungen

§ 8. Bei Vorliegen einer Verordnung nach § 76 des Niederlassungs- und Aufenthaltsgesetzes aufgrund einer Massenfluchtbewegung kann die Grundversorgung eingeschränkt werden. Die Befriedigung der Grundbedürfnisse muss jedoch gewährleistet sein.

Kostenhöchstsätze

§ 9. Für die Gewährung der Grundversorgung gelten die im Art. 9 der Grundversorgungsvereinbarung – Art. 15a B VG festgelegten Kostenhöchstsätze. Diese können in begründeten Einzelfällen zur Vermeidung besonderer sozialer Härten im gebotenen Ausmaß, höchstens jedoch bis zur Höhe der für gleichartige Leistungen aufgrund des Tiroler Grundsicherungsgesetzes, LGBl. Nr. 20/2006, in der jeweils geltenden Fassung erlassenen Richtsätze überschritten werden. Auf die Überschreitung der Kostenhöchstsätze besteht kein Rechtsanspruch.

Kostenersatz durch den Empfänger der Grundversorgung

§ 10. (1) Der Empfänger der Grundversorgung ist zum Ersatz der für ihn aufgewendeten Kosten verpflichtet, wenn
a) er zu hinreichendem Einkommen oder Vermögen gelangt oder
b) nachträglich bekannt wird, dass er zur Zeit der Gewährung der Grundversorgung hinreichendes Einkommen oder Vermögen hatte.
Die Festsetzung von Raten ist zulässig.
(2) Die Verpflichtung zum Ersatz der Kosten nach Abs. 1 geht gleich einer anderen Schuld auf den Nachlass des Empfängers der Grundversorgung über.
(3) Vom Empfänger der Grundversorgung sind die Kosten der Grundversorgung, die ihm vor Erreichung der Volljährigkeit gewährt wurden, nicht zu ersetzen.

Kostenersatz durch Unterhaltspflichtige

§ 11. (1) Personen, die gesetzlich zum Unterhalt des Empfängers der Grundversorgung verpflichtet sind, haben die Kosten der Grundversorgung in dem durch Verordnung der Landesregierung festzusetzenden Ausmaß zu ersetzen. Dieses Ausmaß darf höchstens bis zur Höhe der Unterhaltspflicht festgesetzt werden.
(2) Bei der Geltendmachung von Ersatzansprüchen gegenüber Unterhaltspflichtigen ist auf deren wirtschaftliche Verhältnisse und ihre sonstigen Sorgepflichten Bedacht zu nehmen.
(3) Großeltern und Enkel sind nicht zum Kostenersatz verpflichtet.

Geltendmachung von Ersatzansprüchen

§ 12. (1) Ersatzansprüche nach den §§ 10 und 11 können nicht mehr geltend gemacht werden, wenn seit dem Ablauf des Kalenderjahres, in dem die Grundversorgung gewährt worden ist, mehr als drei Jahre vergangen sind.

(2) Über den Ersatz der Kosten für Leistungen der Grundversorgung, auf die ein Rechtsanspruch besteht, ist im Verwaltungsweg zu entscheiden. Im Übrigen sind zur Entscheidung über den Kostenersatz die ordentlichen Gerichte zuständig.

Übergang von Rechtsansprüchen

§ 13. (1) Hat ein Empfänger der Grundversorgung für die Zeit, für die ihm die Grundversorgung gewährt wird, gegen einen Dritten einen öffentlich-rechtlichen oder privatrechtlichen Anspruch auf Deckung von Bedürfnissen, wie sie durch Leistungen der Grundversorgung befriedigt werden, so kann die Landesregierung, sofern sich aus Abs. 3 nichts anderes ergibt, durch schriftliche Anzeige an den Dritten bewirken, dass der Anspruch bis zur Höhe der Aufwendungen für die Grundversorgung auf das Land Tirol übergeht.

(2) Die schriftliche Anzeige bewirkt mit ihrem Einlangen beim Dritten den Übergang des Anspruches für die Aufwendungen, die in der Zeit zwischen dem Einsetzen der Grundversorgung und deren Beendigung entstanden sind bzw. entstehen.

(3) Für die Beziehungen des Landes Tirol zu den Trägern der Sozialversicherung gelten die sozialversicherungsrechtlichen Vorschriften über die Beziehungen der Versicherungsträger zu den Trägern der Sozialhilfe einschließlich der darauf Bezug nehmenden Verfahrensvorschriften.

Ersatzansprüche Dritter

§ 14. (1) Musste ein Anspruchsberechtigter nach diesem Gesetz, der nicht krankenversichert ist, so dringend durch einen niedergelassenen Arzt oder in einer Krankenanstalt behandelt werden, dass die Landesregierung nicht vorher benachrichtigt werden konnte, so sind dem Arzt bzw. dem Krankenanstaltenträger die Kosten der unbedingt notwendigen ärztlichen Hilfe und darüber hinaus dem Träger öffentlicher Krankenanstalten die Kosten für die Behandlung eines unabweisbaren Patienten nach Maßgabe des Abs. 2 zu ersetzen.

(2) Zu ersetzen sind nur die Kosten, die innerhalb von sechs Monaten vor ihrer Geltendmachung entstanden sind. Dieser Anspruch ist der Höhe nach bei niedergelassenen Ärzten und bei privaten Krankenanstalten mit jenen Kosten begrenzt, die in diesem Fall von der allgemeinen Krankenversicherung bezahlt worden wären, und bei öffentlichen Krankenanstalten mit jenen Kosten, die den für sie geltenden Gebühren nach den krankenanstaltenrechtlichen Vorschriften entsprechen.

(3) Über den Ersatz der Kosten nach Abs. 1 ist im Verwaltungsweg zu entscheiden.

Kostentragung

§ 15. Die Gemeinden haben dem Land Tirol jährlich 35 v.H. der Kosten zu ersetzen, die das Land Tirol für die Grundversorgung nach Verrechnung mit dem Bund zu tragen hat. Dieser Kostenbeitrag ist von der Landesregierung auf alle Gemeinden des Landes aufzuteilen. Der Beitrag der einzelnen Gemeinden ist nach ihrer Finanzkraft von der Landesregierung festzusetzen. Die Finanzkraft wird für jede Gemeinde ermittelt durch die Bildung der Summe aus:
a) dem Aufkommen an Grundsteuer von den land- und forstwirtschaftlichen Betrieben unter Zugrundelegung eines Hebesatzes von 360 v. H.,
b) dem Aufkommen an Grundsteuer von den Grundstücken unter Zugrundelegung eines Hebesatzes von 360 v. H.,
c) 39 v. H. der Erträge an Kommunalsteuer und Lohnsummensteuer,
d) dem Aufkommen an Abgabenertragsanteilen mit Ausnahme des Getränkesteuerausgleiches und an Bedarfszuweisungen nach § 23 Abs. 3 Z. 2 und 3 des Finanzausgleichsgesetzes 2005, BGBl. I Nr. 156/2004, zuletzt geändert durch das Gesetz BGBl. I Nr. 105/2005,
e) der Hälfte des Aufkommens an Getränke- und Speiseeissteuer und an Getränkesteuerausgleich jeweils des zweitvorangegangenen Jahres.

Anzeigepflicht

§ 16. Der Empfänger der Grundversorgung hat jede Änderung in den für die Weitergewährung der Grundversorgung maßgebenden Verhältnissen binnen zwei Wochen der Landesregierung anzuzeigen.

Auskunftspflicht

§ 17. Die Dienstgeber haben der Landesregierung über alle Umstände, die das Beschäftigungsverhältnis des Empfängers der Grundversorgung und der zu seinem Unterhalt verpflichteten Personen betreffen, Auskunft zu erteilen.

Verwendung personenbezogener Daten

§ 18. (1) Das Amt der Landesregierung darf zum Zweck der Prüfung der Leistungsvoraussetzungen, der Gewährung der Grundversorgung und der Durchführung des Kostenersatzes von folgenden Betroffenen die angeführten Datenarten verarbeiten und im Rahmen des aufgrund des Art. 1 Abs. 3 der Grundversorgungsvereinbarung – Art. 15a B-VG errichteten Betreuungsinformationssystems (eines Informationsverbundsystems im Sinn des § 50 des Datenschutzgesetzes 2000, BGBl. I Nr. 165/1999, zuletzt geändert durch das Gesetz BGBl. I Nr. 13/2005) verwenden:
a) vom Fremden: Identifikationsdaten, Adressdaten, Staatsangehörigkeit, Lichtbild, Familienstand, Verwandtschaftsdaten, Asyl- und Aufenthaltsverfahrensdaten, Grundversorgungszahl, Sozialver-

VII Landesrechtliche Normen: A Grundversorgungsgesetze

  sicherungsnummer, Versorgungsinformationen, Ausbildungsdaten, Dokumentendaten, Betreuungsdaten, Unterkunftsdaten, Leistungsdaten sowie Religionsbekenntnis, Volksgruppenzugehörigkeit und Gesundheitsdaten,
- b) von den Betreuungseinrichtungen und ihren Ansprechpersonen: Identifikationsdaten, Adressdaten und Erreichbarkeitsdaten,
- c) von den herangezogenen Einrichtungen nach § 3 und ihren Ansprechpersonen: Identifikationsdaten, Adressdaten, Erreichbarkeitsdaten, Vertragsdaten und Unterkunftsdaten,
- d) von Dienstgebern der Fremden: Identifikationsdaten und Adressdaten,
- e) von Unterkunftsgebern: Identifikationsdaten, Adressdaten, Erreichbarkeitsdaten und Unterkunftsdaten.

(2) Darüber hinaus darf das Amt der Landesregierung folgende Daten außerhalb des Betreuungsinformationssystems verarbeiten:
- a) von Empfängern der Grundversorgung zum Zweck der Kostenverrechnung mit dem Bund nach der Grundversorgungsvereinbarung – Art. 15a B-VG: Identifikationsdaten, Adressdaten, Grundversorgungszahl, Unterkunftsdaten und Leistungsdaten,
- b) von gegenüber dem Fremden Unterhaltspflichtigen und Unterhaltsberechtigten sowie anderen neben dem Fremden unterhaltsberechtigten Personen zum Zweck der Prüfung der Leistungsvoraussetzungen und der Durchführung des Kostenersatzes: Identifikationsdaten, Adressdaten, Erreichbarkeitsdaten, Familienstand, Daten zu den wirtschaftlichen Verhältnissen und Angaben über eine bestehende Sachwalterschaft.

(3) Das Amt der Landesregierung darf Daten nach Abs. 1 und 2 lit. b und Leistungsdaten übermitteln an:
- a) die mit der Grundversorgung von Fremden betrauten Dienststellen und Beauftragten der Länder und des Bundes, das Arbeitsmarktservice, die Sozialversicherungsträger, die Sicherheitsbehörden, die für die Besorgung der Aufgaben der öffentlichen Jugendwohlfahrt und der Sozialhilfe bzw. Grundsicherung zuständigen Organe, den Österreichischen Integrationsfonds, den Vertreter des Hochkommissärs der Vereinten Nationen für die Flüchtlinge, Asylbehörden in Mitgliedstaaten der Europäischen Union und beauftragte Beförderungsunternehmer, sofern diese Daten jeweils wesentliche Voraussetzung für die Erfüllung der diesen obliegenden Aufgaben sind,
- b) die im Abs. 1 genannten Personen und Einrichtungen, die an der Prüfung der Leistungsvoraussetzungen, der Gewährung der Grundversorgung oder der Durchführung des Kostenersatzes beteiligt sind, sofern für sie diese Daten erforderlich sind.

(4) Das Amt der Landesregierung darf Daten nach Abs. 2 lit. a an die anderen Vertragspartner der Grundversorgungsvereinbarung - Art. 15a B-VG zum Zweck der Dokumentation übermitteln.

(5) Der Hauptverband der österreichischen Sozialversicherungsträger, der jeweils zuständige österreichische Sozialversicherungsträger und das Arbeitsmarktservice haben dem Amt der Landesregierung auf Ersuchen

im Rahmen ihres gesetzlichen Wirkungsbereiches Auskünfte über Versicherungsverhältnisse von Fremden zu erteilen.
(6) Das Amt der Landesregierung hat zum Schutz der Geheimhaltungsinteressen der Betroffenen jedenfalls die im § 14 Abs. 2 des Datenschutzgesetzes 2000 genannten Maßnahmen zu ergreifen.
(7) Daten nach Abs. 1 und Abs. 2 lit. b sind längstens zwei Jahre nach dem Ende der Grundversorgung zu löschen, soweit sie nicht in anhängigen Verfahren benötigt werden. Daten nach Abs. 2 lit. a sind längstens sieben Jahre nach dem Ende der Grundversorgung zu löschen, soweit sie nicht in anhängigen Verfahren benötigt werden.

Strafbestimmungen

§ 19. (1) Wer
a) der Anzeigepflicht nach § 16 oder der Auskunftspflicht nach § 17 nicht oder nicht rechtzeitig nachkommt oder
b) vorsätzlich durch unwahre Angaben oder durch Verschweigen wesentlicher Umstände Grundversorgung zu Unrecht in Anspruch nimmt, begeht, sofern die Tat nicht den Tatbestand einer in die Zuständigkeit der Gerichte fallenden strafbaren Handlung bildet, eine Verwaltungsübertretung und ist von der Bezirksverwaltungsbehörde mit einer Geldstrafe bis zu 500,– Euro zu bestrafen.
(2) Der Versuch ist strafbar.

Zuständigkeit

§ 20. (1) Der Landesregierung obliegen:
a) alle nach diesem Gesetz im Verwaltungsweg zu treffenden Entscheidungen und
b) die Gewährung der vom Land Tirol als Träger von Privatrechten zu gewährenden Leistungen der Grundversorgung, deren Einschränkung und Einstellung sowie der Ausschluss von diesen.
(2) Gegen Bescheide der Landesregierung nach diesem Gesetz ist die Berufung an den unabhängigen Verwaltungssenat zulässig. Der unabhängige Verwaltungssenat entscheidet durch eines seiner Mitglieder.

Verfahren

§ 21. (1) Vor der Einschränkung oder Einstellung von Leistungen der Grundversorgung nach § 5 Abs. 2 und 3 bzw. vor dem Ausschluss von diesen nach § 6, auf die ein Rechtsanspruch besteht, sind die betroffenen Fremden nach § 4 lit. c zu hören, soweit dies ohne Aufschub möglich ist.
(2) Ist über die Gewährung von Leistungen der Grundversorgung im Verwaltungsweg zu entscheiden, so ist ein Bescheid nur zu erlassen, wenn
a) die Leistung nicht oder nicht vollständig gewährt wird oder
b) dies der Antragsteller begehrt.
Der Bescheid ist schriftlich zu erlassen.

Umsetzung von Gemeinschaftsrecht

§ 22. Durch dieses Gesetz werden folgende EG-Richtlinien umgesetzt:
1. Richtlinie 2001/55/EG des Rates über Mindestnormen für die Gewährung vorübergehenden Schutzes im Falle eines Massenzustroms von Vertriebenen und Maßnahmen zur Förderung einer ausgewogenen Verteilung der Belastungen, die mit der Aufnahme dieser Personen und den Folgen dieser Aufnahme verbunden sind, auf die Mitgliedstaaten, ABl. 2001, Nr. L 212, S. 12,
2. Richtlinie 2003/9/EG des Rates zur Festlegung von Mindestnormen für die Aufnahme von Asylwerbern in den Mitgliedstaaten, ABl. 2003, Nr. L 031, S. 18,
3. Richtlinie 2004/83/EG des Rates über Mindestnormen für die Anerkennung und den Status von Drittstaatsangehörigen und Staatenlosen als Flüchtlinge oder als Personen, die anderweitig internationalen Schutz benötigen, und über den Inhalt des zu gewährenden Schutzes, ABl. 2004, Nr. L 304, S. 12.

In-Kraft-Treten

§ 23. (1) Dieses Gesetz tritt mit 1. März 2006 in Kraft.

(2) § 15 tritt mit dem Ablauf des 31. Dezember 2009 außer Kraft.

(3) Fremden, denen vor dem In-Kraft-Treten dieses Gesetzes Leistungen aufgrund des § 2a Abs. 3 des Tiroler Sozialhilfegesetzes, LGBl. Nr. 105/1973, in der jeweils geltenden Fassung gewährt wurden, sind diese Leistungen im bisher festgesetzten Ausmaß weiter zu gewähren. Eine Neufestsetzung dieser Leistungen nach diesem Gesetz hat nur bei einer Änderung der Sachlage zu erfolgen.

4 (Vbg) Gesetz über die Sozialhilfe (Sozialhilfegesetz – SHG)

(auszugsweise)
- LGBl 1998/1 idF LGBl 2006/3*

Personenkreis und Umfang der Sozialhilfe

§ 3. (1) Sozialhilfe ist hilfsbedürftigen Inländern in vollem Umfang zu gewähren.
(2) Den Inländern sind gleichgestellt:
a) ...
e) unbeschadet der lit. a bis d Flüchtlinge, denen aufgrund bundesgesetzlicher Vorschriften Asyl gewährt wird.
...
(4) Hilfs- und schutzbedürftigen Fremden, die zur Zielgruppe der Grundversorgungsvereinbarung zählen und nicht unter Abs. 2 lit. e fallen, sind für die Dauer ihres Aufenthaltes in Vorarlberg Leistungen nach § 7a zu gewähren.
...

Arten der Sozialhilfe

§ 4. ...
(2) Über die Gewährung des ausreichenden Lebensunterhaltes (§ 5), der Krankenhilfe (§ 6 Abs. 2), der Hilfe für werdende Mütter und Wöchnerinnen (§ 6 Abs. 4) sowie über die Übernahme der Bestattungskosten (§ 7) ist im Verwaltungsweg zu entscheiden; im Übrigen obliegt die Gewährung von Sozialhilfe dem Land als Träger von Privatrechten. Für die Gewährung von Sozialhilfe an Personen nach § 3 Abs. 4 gilt § 7a Abs. 6.

Leistungen für hilfs- und schutzbedürftige Fremde

§ 7a. (1) Hilfs- und schutzbedürftige Fremde nach § 3 Abs. 4 haben Anspruch auf die in den Art. 6 und 7 der Grundversorgungsvereinbarung vorgesehenen Leistungen. Für die Dauer einer Anhaltung ruht der Anspruch.
(2) Im Falle einer Massenfluchtbewegung ist eine Beschränkung der Leistungen nach Abs. 1 insoweit zulässig, als die Befriedigung der Grundbedürfnisse nicht gefährdet ist und auf Art. 8 EMRK Bedacht genommen wird.
(3) Bei der Versorgung, vor allem der medizinischen, ist auf ethnische Besonderheiten und individuelle Bedürfnisse der Betreuten sowie die spezielle Situation von besonders schutzbedürftigen Personen Bedacht zu nehmen. Als besonders schutzbedürftig gelten insbesondere allein ste-

---
* Dieses Gesetz dient der Umsetzung der Richtlinien 2001/55/EG, 2003/9/EG, 2004/81/EG und 2004/83/EG.

hende Frauen und Minderjährige, ältere Menschen, Menschen mit Behinderung oder solche, die Folter, Vergewaltigung oder sonstige schwere Formen psychischer, physischer oder sexueller Gewalt erlitten haben.

(4) Sofern die Unterbringung als Sachleistung gewährt wird, sind das Privat- und Familienleben sowie die Einheit der Familie zu schützen, vor allem sind Minderjährige nach Möglichkeit zusammen mit ihren Eltern oder anderen Familienmitgliedern unterzubringen. Personen in Unterbringungseinrichtungen ist der Kontakt zu Verwandten, Rechtsbeiständen, Vertretern des Amtes des Hohen Flüchtlingskommissars der Vereinten Nationen (UNHCR) und anderen Nichtregierungsorganisationen, die sich um Fremde, insbesondere Asylwerber, kümmern, zu ermöglichen. Insbesondere darf den genannten Personen bzw. den Vertretern der genannten Organisationen der Zugang zu den Unterbringungseinrichtungen nicht verwehrt werden.

(5) Leistungen nach Abs. 1, ausgenommen die medizinische Notversorgung und die unbedingt erforderliche Behandlung von Krankheiten, können unter Auflagen gewährt, abgelehnt, herabgesetzt oder entzogen werden, wenn die betreffende Person
a) ihrer Mitwirkungspflicht nach § 35 Abs. 3 und 4 nicht nachkommt,
b) die Aufrechterhaltung der Ordnung oder das Zusammenleben in einer Unterbringungseinrichtung fortgesetzt und nachhaltig gefährdet oder gegen diese eine Wegweisung wegen Gewalt in Wohnungen ausgesprochen wurde oder
c) wegen einer in Art. 2 Abs. 4 Grundversorgungsvereinbarung angeführten gerichtlich strafbaren Handlung verurteilt wurde.

(6) Die Gewährung von Leistungen für Personen nach Abs. 1 obliegt dem Land als Träger von Privatrechten; das Land hat sich dabei einer gemeinnützigen Einrichtung der freien Wohlfahrtspflege (§ 17 Abs. 1) zu bedienen. Im Verwaltungsweg ist nur dann zu entscheiden, wenn
a) Leistungen nicht oder nicht in vollem Umfang gewährt werden, weil eine Hilfs- oder Schutzbedürftigkeit nicht oder nicht in vollem Umfang gegeben ist,
b) Leistungen aufgrund von Abs. 5 unter Auflagen gewährt, abgelehnt, herabgesetzt oder entzogen werden oder
c) dies von der betreffenden Person beantragt wird.

Ersatz durch den Empfänger der Sozialhilfe

§ 9. (1) Der Empfänger der Sozialhilfe hat die hiefür aufgewendeten Kosten einschließlich der Kosten im Sinne des § 13 Abs. 3 zu ersetzen,
a) wenn er ein ausreichendes Einkommen oder Vermögen erhält,
b) wenn er ein Einkommen oder Vermögen besitzt, das zum Zeitpunkt der Gewährung der Sozialhilfeleistung der zuständigen Stelle (§ 15) nicht bekannt war oder
c) wenn die Kosten deshalb entstanden sind, weil er seine eigenen Kräfte und Mittel nicht eingesetzt hat.

(2) Der Ersatz der Kosten nach Abs. 1 darf insoweit nicht verlangt werden, als dadurch der Erfolg der Sozialhilfe gefährdet würde.

(3) Die Verbindlichkeit zum Ersatz der Kosten nach Abs. 1 und 2 geht gleich einer anderen Schuld auf den Nachlass des Empfängers der Sozialhilfe über.

Ersatzansprüche Dritter

§ 13. (1) Musste einem Hilfsbedürftigen so dringend Hilfe gewährt werden, dass die Bezirkshauptmannschaft (§ 15) nicht vorher benachrichtigt werden konnte, so sind demjenigen, der die Hilfe geleistet hat, die Kosten zu ersetzen.

(2) Ersatzfähig sind nur die Kosten, die innerhalb von fünf Monaten vor ihrer Geltendmachung entstanden sind. Nach diesem Zeitpunkt aufgewendete Kosten sind nur insoweit ersatzfähig, als sie noch vor der Entscheidung über die Gewährung der Sozialhilfe aufgewendet wurden.

(3) Kosten nach Abs. 2 sind nur bis zu jenem Betrag zu ersetzen, der aufgelaufen wäre, wenn die Bezirkshauptmannschaft (§ 15) Sozialhilfe hätte leisten müssen.

(4) Über den Kostenersatz ist im Verwaltungsweg zu entscheiden.

Bezirkshauptmannschaft, Landesregierung

§ 15. (1) Die zur Durchführung dieses Gesetzes erforderlichen Verordnungen sind von der Landesregierung nach Anhörung des Sozialfonds zu erlassen. Im Übrigen ist für behördliche Maßnahmen aufgrund dieses Gesetzes, soweit nichts anderes bestimmt ist, die Bezirkshauptmannschaft sachlich zuständig.

(2) Für andere als behördliche Maßnahmen des Landes ist, soweit es sich um die Gewährung von Hilfe in besonderen Lebenslagen (ausgenommen jene für Personen nach § 3 Abs. 4), den Abschluss von Vergleichen nach § 11 Abs. 2, die Geltendmachung der nach § 12 auf das Land übergegangenen Rechtsansprüche, die Geltendmachung der Rechte des Landes nach den Vorschriften im Sinne des § 34 und die Geltendmachung von Kostenersatzansprüchen aufgrund von staatsrechtlichen Vereinbarungen mit anderen Ländern handelt, die Bezirkshauptmannschaft, ansonsten die Landesregierung sachlich zuständig.

(3) Die örtliche Zuständigkeit der Bezirkshauptmannschaft richtet sich
a) in den Angelegenheiten der Ersatzansprüche nach § 13 nach dem Ort, an dem die Notwendigkeit zur Gewährung von Hilfe eingetreten ist,
b) in den übrigen Angelegenheiten zunächst nach dem Hauptwohnsitz des Hilfsbedürftigen oder Empfängers der Sozialhilfe, dann nach seinem Aufenthalt, schließlich nach seinem letzten Hauptwohnsitz, mangels eines solchen nach dem letzten Aufenthalt, in Vorarlberg.

(4) Die nach Abs. 3 lit. a zuständige Bezirkshauptmannschaft kann, wenn dies im Interesse der Zweckmäßigkeit, Raschheit und Einfachheit gelegen ist, ihre Zuständigkeit im Einzelfall der nach Abs. 3 lit. b zuständigen Bezirkshauptmannschaft übertragen.

(5) Bei Gefahr im Verzug hat jede Bezirkshauptmannschaft die in ihrem Bereich notwendigen und unaufschiebbaren Maßnahmen zu treffen und sodann das Verfahren zur Weiterführung der nach Abs. 3 zuständigen Bezirkshauptmannschaft abzutreten, wenn das Verfahren aber bereits abgeschlossen ist, die getroffenen Maßnahmen mitzuteilen.

(6) Die Landesregierung kann durch Verordnung alle oder einzelne Gemeinden damit betrauen, nach Abs. 1 und 2 in die Zuständigkeit der Bezirkshauptmannschaft fallende Angelegenheiten, ausgenommen die Geltendmachung von Kostenersatzansprüchen aufgrund von staatsrechtlichen Vereinbarungen mit anderen Ländern, im Namen der Bezirkshauptmannschaft zu besorgen, wenn dies im Interesse der Zweckmäßigkeit, Raschheit, Einfachheit und Kostenersparnis gelegen ist. Die Betrauung einer Gemeinde ist überdies nur zulässig, wenn sie zur Besorgung der betreffenden Angelegenheiten bereit ist und über fachlich geeignetes Personal in der erforderlichen Anzahl und die erforderliche sachliche Ausstattung verfügt.

(7) Die Bestimmungen des Verwaltungsstrafgesetzes 1991 über die örtliche Zuständigkeit werden durch die Abs. 3 bis 5 nicht berührt.

(8) Zur Entscheidung über Berufungen gegen Bescheide der Bezirkshauptmannschaft ist, soweit es sich nicht um Entscheidungen über Leistungen für hilfs- und schutzbedürftige Fremde nach § 7a oder die Geltendmachung von Ersatzansprüchen nach § 10 handelt, die Landesregierung zuständig.

Einrichtungen der freien Wohlfahrtspflege

§ 17. (1) Das Land als Träger von Privatrechten hat die Einrichtungen der freien Wohlfahrtspflege und andere Einrichtungen zur Mitarbeit in der Sozialhilfe heranzuziehen, soweit sie dazu geeignet und bereit sind und ihre Heranziehung der Erreichung des damit angestrebten Zweckes förderlich erscheint.

(2) Die nach Abs. 1 herangezogenen Einrichtungen haben sich bei ihrer Tätigkeit entsprechend geeigneter Personen zu bedienen und diese vertraglich zur Verschwiegenheit zu verpflichten.

(3) Das Land und die Gemeinden als Träger von Privatrechten und der Sozialfonds können Einrichtungen der freien Wohlfahrtspflege, die regelmäßig zur Mitarbeit herangezogen werden, nach Maßgabe der zur Verfügung stehenden Haushaltsmittel fördern.

(4) Falls bei Einrichtungen der freien Wohlfahrtspflege Missstände auftreten, hat die Landesregierung für deren Beseitigung zu sorgen und erforderlichenfalls den Betrieb einzustellen. Bei Einrichtungen der freien Wohlfahrtspflege, die regelmäßig zur Mitarbeit herangezogen werden, hat die Landesregierung überdies die zweckentsprechende Verwendung der Förderungsmittel (Abs. 3) zu prüfen und sich in geeigneten Abständen davon zu überzeugen, ob die Einrichtungen eine fachgerechte Sozialhilfe ermöglichen. Die Organe der Behörde sind berechtigt, fremde Grundstücke und Räume zu betreten. Die Anwendung unmittelbaren Zwanges ohne vorausgegangenes Verfahren ist zulässig.

(5) ...

Kostentragung

§ 22. (1) Zu den Kosten der Sozialhilfe gehört der gesamte sich aus der Besorgung der in diesem Gesetz geregelten Aufgaben ergebende Zweckaufwand einschließlich der Förderungen nach § 17 Abs. 3 und des Aufwandes, der aufgrund von Verordnungen nach § 32, aufgrund von Verpflichtungen nach den durch dieses Gesetz außer Kraft getretenen fürsorgerechtlichen Bestimmungen und im Rahmen der Rechtsnachfolge nach den Bezirksfürsorgeverbänden (§ 40) zu tragen ist. Zu den Kosten der Sozialhilfe gehören auch die Kosten, die aufgrund anderer Rechtsvorschriften nach den Vorschriften über die öffentliche Fürsorge oder aufgrund der Grundversorgungsvereinbarung zu tragen sind.
(2) ...
(3) Leistungen, die das Land aufgrund der §§ 9, 10 und 12, der Vorschriften im Sinne des § 34, aufgrund von staatsrechtlichen Vereinbarungen im Sinne des § 32 oder aufgrund der Grundversorgungsvereinbarung erhalten hat, sowie sonstige für Zwecke der Sozialhilfe oder der öffentlichen Fürsorge bestimmte Einnahmen des Landes sind in der durchlaufenden Gebarung dem Sozialfonds zu überweisen.
(4) Das Land und die Gemeinden haben die Kosten ihrer Förderungstätigkeit (§ 17 Abs. 3) zu tragen. Die Gemeinden haben außerdem, soweit nicht Förderungen des Sozialfonds geleistet werden, die sich aus der Besorgung der in § 18 Abs. 1 und 2 geregelten Aufgaben ergebenden Kosten zu tragen.

Informationspflicht, Mitwirkungspflicht

§ 35. (1) Die Bezirkshauptmannschaft hat die antragstellende Person der jeweiligen Sachlage entsprechend über mögliche Leistungen nach dem 2. Abschnitt zu informieren, zu beraten und anzuleiten, soweit dies zur Erfüllung der Aufgabe der Sozialhilfe notwendig ist.
(2) Personen nach § 3 Abs. 4 sind bei ihrer Übernahme in die Betreuung über die ihnen zustehenden Leistungen sowie die sie treffenden Verpflichtungen zu informieren; es ist ihnen mitzuteilen, wo sie betreut werden, medizinische Versorgung in Anspruch nehmen können und welche Organisationen oder Personengruppen ihnen einen spezifischen Rechtsbeistand gewähren oder ihnen sonst behilflich sind. Nach Möglichkeit haben alle Informationen schriftlich und in einer der betreffenden Person verständlichen Sprache zu erfolgen.
(3) Der Hilfsbedürftige ist verpflichtet, an der Feststellung des maßgeblichen Sachverhaltes mitzuwirken. Im Rahmen der Mitwirkungspflicht sind die zur Durchführung des Verfahrens unerlässlichen Angaben zu machen und die dafür erforderlichen Urkunden oder Unterlagen beizubringen. Weiters hat sich der Hilfsbedürftige den für die Entscheidungsfindung unerlässlichen Untersuchungen zu unterziehen.
(4) Kommt der Hilfsbedürftige seiner Mitwirkungspflicht ohne triftigen Grund nicht nach, können die Sozialhilfeleistungen, ausgenommen die medizinische Notversorgung und die unbedingt erforderliche Behandlung von Krankheiten, abgelehnt, herabgesetzt oder entzogen werden, nach-

dem er auf die Folgen seines Verhaltens nachweislich aufmerksam gemacht worden ist.

Anzeigepflicht, Auskunftspflicht

§ 36. (1) Der Empfänger von Sozialhilfe ist verpflichtet, jede Änderung in den für die Weitergewährung der Sozialhilfe maßgebenden Verhältnissen der Bezirkshauptmannschaft (§ 15) binnen zwei Wochen anzuzeigen.
(2) ...

Verwenden von Daten

§ 37. (1) Die Landesregierung, die Bezirkshauptmannschaften und die Organe der Gemeinden sind ermächtigt, bei der Vollziehung dieses Gesetzes Daten der Hilfsbedürftigen, der mit ihnen im gemeinsamen Haushalt lebenden Personen und der ihnen gegenüber zum Unterhalt verpflichteten Angehörigen betreffend Personalien, Versicherungsnummer, Einkommen und Vermögen sowie sonstige in den persönlichen Umständen gelegene Tatsachen, die für die ihnen gesetzlich übertragenen Aufgaben wesentlich sind, automationsunterstützt zu verwenden.
(2) Die Übermittlung von gemäß Abs. 1 verwendeten Daten an den Bund, die Sozialversicherungsträger sowie Einrichtungen der freien Wohlfahrtspflege und an andere Einrichtungen, die zur Mitarbeit in der Sozialhilfe herangezogen werden, ist zulässig, soweit die Daten unabdingbare Voraussetzung für die Erfüllung der diesen übertragenen Einrichtungen sind.

Strafbestimmungen

§ 38. (1) Eine Verwaltungsübertretung begeht, wer
a) Organen des Landes in Vollziehung des § 17 Abs. 4 das Betreten fremder Grundstücke und Räume verweigert,
b) der Anzeigepflicht oder der Auskunftspflicht (§ 36) nicht oder nicht rechtzeitig nachkommt,
c) vorsätzlich durch unwahre Angaben oder durch Verschweigen wesentlicher Umstände Sozialhilfe in Anspruch nimmt.
(2) Der Versuch ist strafbar.
(3) Verwaltungsübertretungen sind mit einer Geldstrafe bis zu 700 Euro oder mit Freiheitsstrafe bis zu zwei Wochen zu ahnden, wenn das Verhalten nicht den Tatbestand einer in die Zuständigkeit der Gerichte fallenden strafbaren Handlung bildet.

5 Gesetz über Maßnahmen zur vorübergehenden Grundversorgung für hilfs- und schutzbedürftige Fremde (Asylwerber, Asylberechtigte, Vertriebene und andere aus rechtlichen oder faktischen Gründen nicht abschiebbare Menschen) in Wien (Wiener Grundversorgungsgesetz – WGVG)

– LGBl 2004/46

§ 1. (1) Leistungen nach diesem Gesetz werden an hilfs- und schutzbedürftige Fremde erbracht.

(2) Hilfsbedürftig ist, wer den Lebensbedarf für sich und die mit ihm im gemeinsamen Haushalt lebenden unterhaltsberechtigten Angehörigen nicht oder nicht ausreichend aus eigenen Kräften und Mitteln beschaffen kann und ihn auch nicht oder nicht ausreichend von anderen Personen oder Einrichtungen erhält.

(3) Schutzbedürftig sind:
1. Fremde, die nach den Bestimmungen des Bundesgesetzes über die Gewährung von Asyl (Asylgesetz 1997 . AsylG), BGBl. I Nr. 76, einen Asylantrag gestellt haben (Asylwerber) bis zum rechtskräftigen Abschluss des Verfahrens,
2. Fremde ohne Aufenthaltsrecht, die nach den Bestimmungen des Asylgesetzes 1997 einen Asylantrag gestellt haben, nach dem rechtskräftigen negativen Abschluss des Verfahrens, wenn sie aus rechtlichen oder tatsächlichen Gründen nicht abschiebbar sind,
3. Fremde mit Aufenthaltsrecht gemäß § 8 in Verbindung mit § 15 Asylgesetz 1997, § 10 Abs. 4 Bundesgesetz über die Einreise, den Aufenthalt und die Niederlassung von Fremden (Fremdengesetz 1997 . FrG), BGBl. I Nr. 75, oder einer Verordnung gemäß § 29 Fremdengesetz 1997,
4. Fremde ohne Aufenthaltsrecht, die aus rechtlichen oder tatsächlichen Gründen nicht abschiebbar sind,
5. Fremde, denen ab 1. Mai 2004 nach den Bestimmungen des Asylgesetzes 1997 Asyl in Österreich gewährt wird (Asylberechtigte), während der ersten vier Monate nach Asylgewährung.

(4) Die Unterstützung für einen Fremden, der angehalten wird, ruht für die Dauer der Anhaltung.

(5) Die Unterstützung für einen Fremden kann unter Berücksichtigung von Art. 1 Abs. 2 der Vereinbarung zwischen dem Bund und den Ländern gemäß Art. 15a B-VG über gemeinsame Maßnahmen zur vorübergehenden Grundversorgung für hilfs- und schutzbedürftige Fremde (Asylwerber, Asylberechtigte, Vertriebene und andere aus rechtlichen oder faktischen Gründen nicht abschiebbare Menschen) in Österreich (Grundversorgungsvereinbarung . Art. 15a B-VG), LGBl. für Wien Nr. 13/2004, eingeschränkt oder abgelehnt werden, wenn er wegen einer gerichtlich straf-

baren Handlung verurteilt worden ist, die einen Ausschlussgrund gemäß § 13 Asylgesetz 1997 darstellen kann.

§ 2. (1) Leistungen der Grundversorgung nach diesem Gesetz können einem hilfs- und schutzbedürftigen Fremden gewährt werden, der seinen Hauptwohnsitz oder mangels eines solchen seinen Aufenthalt in Wien hat.

(2) Bei der Versorgung der in die Betreuung nach diesem Gesetz aufgenommenen Fremden und der Schaffung und Erhaltung der nötigen Infrastruktur kann das Land Wien humanitäre, kirchliche oder private Einrichtungen oder Institutionen der freien Wohlfahrtspflege zur Mitarbeit heranziehen.

§ 3. (1) Die Grundversorgung umfasst:
1. Unterbringung in geeigneten Unterkünften unter Achtung der Menschenwürde und unter Beachtung der Familieneinheit,
2. Versorgung mit angemessener Verpflegung,
3. Gewährung eines monatlichen Taschengeldes für Personen in organisierten Unterkünften und für unbegleitete minderjährige Fremde, ausgenommen bei individueller Unterbringung,
4. Durchführung einer medizinischen Untersuchung im Bedarfsfall bei der Erstaufnahme nach den Vorgaben der gesundheitsbehördlichen Aufsicht,
5. Sicherung der Krankenversorgung im Sinne des Allgemeinen Sozialversicherungsgesetzes (ASVG), BGBl. Nr. 189/1955, durch Bezahlung der Krankenversicherungsbeiträge,
6. Gewährung allenfalls über die Krankenversorgung gemäß Z 5 hinausgehender notwendiger, durch die Krankenversicherung nicht abgedeckter Leistungen nach Einzelfallprüfung,
7. Maßnahmen für pflegebedürftige Personen,
8. Information, Beratung und soziale Betreuung des Fremden durch geeignetes Personal unter Einbeziehung von Dolmetschern zu dessen Orientierung in Österreich und zur Möglichkeit der freiwilligen Rückkehr,
9. Übernahme von Beförderungskosten bei Überstellungen und behördlichen Ladungen,
10. Übernahme der für den Schulbesuch erforderlichen Fahrtkosten und Bereitstellung des Schulbedarfs für Schüler,
11. Maßnahmen zur Strukturierung des Tagesablaufes im Bedarfsfall,
12. Gewährung von Sach- oder Geldleistungen zur Erlangung der notwendigen Bekleidung,
13. Kostenübernahme eines ortsüblichen Begräbnisses oder eines Rückführungsbetrages in derselben Höhe und
14. Gewährung von Rückkehrberatung, von Reisekosten sowie einer einmaligen Überbrückungshilfe bei freiwilliger Rückkehr in das Herkunftsland in besonderen Fällen.

(2) Die Grundversorgung kann, wenn damit die Bedürfnisse des Fremden ausreichend befriedigt werden, auch in Teilleistungen gewährt werden.

(3) Einem Fremden, der die Aufrechterhaltung der Ordnung in einer Unterkunft durch sein Verhalten fortgesetzt und nachhaltig gefährdet, kann

die Grundversorgung gemäß Abs. 1 eingeschränkt oder eingestellt werden. Das Gleiche gilt im Anwendungsfall des § 38a Sicherheitspolizeigesetz (SPG), BGBl. Nr. 566/1991.

(4) Durch die Einschränkung oder Einstellung der Leistungen darf die medizinische Notversorgung des Fremden nicht gefährdet werden.

(5) Ein Fremder gemäß § 1 Abs. 1 kann mit seinem Einverständnis zu Hilfstätigkeiten, die in unmittelbarem Zusammenhang mit der Unterbringung und Betreuung stehen, herangezogen werden.

§ 4. (1) Das Land Wien darf zur Beurteilung der Hilfs- und Schutzbedürftigkeit Daten von Fremden der Zielgruppe gemäß § 1 Abs. 1 automationsunterstützt ermitteln, verarbeiten und an den zwischen dem Bund und den Ländern bestehenden Informationsverbund übermitteln und erhält Zugriff auf den Informationsverbund gemäß Art. 13 der Grundversorgungsvereinbarung . Art. 15a B-VG, LGBl für Wien Nr. 13/2004. Der Zugriff ist zur Beurteilung der Hilfs- und Schutzbedürftigkeit nach § 1 Abs. 1 sowie zur Beurteilung der Anspruchsberechtigung nach dem Wiener Sozialhilfegesetz, LGBl. für Wien Nr. 11/1973 und zum Zweck der Jugendfürsorge nach dem Wiener Jugendwohlfahrtsgesetz 1990, LGBl. für Wien Nr. 36, zulässig.

(2) Die humanitären, kirchlichen oder privaten Einrichtungen oder Institutionen der freien Wohlfahrtspflege (§ 2 Abs. 2), die mit der Grundversorgung beauftragt sind, erhalten Zugriff auf die im Abs. 1 genannten Daten, einschließlich sensibler Daten, soweit sich diese auf die von ihnen betreuten Personen beziehen.

(3) Das Land Wien darf Daten nach Abs. 1, ausgenommen sensible Daten, an die mit der Versorgung von Fremden gemäß § 1 betrauten Dienststellen und Beauftragten des Bundes und der Länder, an beauftragte Rechtsträger nach § 2 Abs. 2, an das Arbeitsmarktservice, an die Sozialversicherungsträger, an die Sicherheitsbehörden, an die Jugendwohlfahrtsbehörden, an den Österreichischen Integrationsfonds, an den Vertreter des Hochkommissärs der Vereinten Nationen für die Flüchtlinge und an ausländische Asylbehörden übermitteln, sofern es sich um für deren gesetzliche Zweckerfüllung erforderliche Daten handelt.

(4) Der Hauptverband der Sozialversicherungsträger und der jeweils zuständige österreichische Sozialversicherungsträger haben dem Land Wien Auskünfte über die Versicherungsverhältnisse von betreuten Asylwerbern zu erteilen.

(5) Zur Sicherung der Zwecke nach den Absätzen 1 bis 3 haben die in den Absätzen 1 bis 3 genannten Einrichtungen Vorkehrungen zu treffen, die den Schutz der Geheimhaltungsinteressen der Betroffenen im Sinne des § 1 Abs. 2 Datenschutzgesetz 2000, BGBl. I Nr. 165/1999 in der Fassung BGBl. I Nr. 136/2001, sicherstellen. Als Vorkehrungen sind insbesondere vorzusehen:

1. Schutz der Daten vor unbefugtem Zugriff,
2. Protokollierung der Zugriffe auf die Daten,
3. Verschlüsselung der Daten bei deren Übermittlung in offene Netze.

§ 5. Soweit in diesem Gesetz auf natürliche Personen bezogene Bezeichnungen nur in der männlichen Form angeführt sind, beziehen sie sich auf Frauen und Männer in gleicher Weise. Bei der Anwendung der Bezeichnung auf bestimmte natürliche Personen ist die jeweils geschlechtsspezifische Form zu verwenden.

§ 6. Soweit in diesem Gesetz auf Bundesgesetze verwiesen wird, sind diese in der am 1. Mai 2004 geltenden Fassung anzuwenden. Wiener Landesgesetze sind in der jeweils geltenden Fassung anzuwenden.

6 Gesetz vom 4.4.2006 über Maßnahmen zur vorübergehenden Grundversorgung für hilfs- und schutzbedürftige Fremde (Asylwerber, Asylberechtigte, Vertriebene und andere aus rechtlichen oder faktischen Gründen nicht abschiebbare Menschen) in Kärnten (Kärntner Grundversorgungsgesetz – K-GrvG)

– Zu Ldtgs Zl 83-11/29

Zielsetzung

§ 1. (1) Ziel dieses Gesetzes ist es, die vorübergehende Grundversorgung für hilfs- und schutzbedürftige Fremde, die sich in Kärnten aufhalten, zu gewährliestien, regionale Ausgewogenheiten bei der Unterbringung anzustreben und Rechtsicherheit für die betroffenen Fremden zu schaffen.

(2) Die Versorgung der hilfs- und schutzbedürftigen Fremden in Kärnten erfolgt unter Bedachtnahme auf das Verhältnis der Wohnbevölkerung Kärntens (Art. 1 Abs. 4 Grundversorgungsvereinbarung – Art. 15a B-VG, LGBl. Nr. 38/2004) zu den anderen Ländern, wobei die vom Bund zu schaffenden Vorsorgekapazitäten für die Überbrückung von Engpässen zu berücksichtigen sind. In diesem Verhältnis erfolgt die Versorgung
  a) von Personen nach § 2 Abs. 3 lit. A, die von dfer Koordinationsstelle zugewiesen sind und
  b) von Personen nach § 2 Abs. 3 lit. B bis f, soweit Kärnten die Aufnahme dieser Personen beschlossen hat.

(3) Bei der Erreichung der Ziele nach Abs. 1 ist auf die europarechtlichen Normen, insbesondere auf die Richtlinie 2003/9/EG des Rates zur Festlegung von Mindestnormen für die Aufnahme von Asylwerbern in den Mitgliedstaaten und die Richtlinie 2001/55/EG des Rates vom 20. Juli 2001 über Mindestnormen für die Gewährung vorübergehenden Schutzes im Falle eines Massenzustroms von Vertriebenen und Maßnahmen zur Förderung einer ausgewogenen Verteilung der Belastung, die mit der Aufnahme der Personen und den Folgenden dieser Aufnahme verbunden sind, auf die Mitgliedstaaten, Bedacht zu nehmen.

Zielgruppe

§ 2. (1) Auf Leistungen nach diesem Gesetz (§§ 3 bis 5) haben – unbeschadet der Bestimmungen des Grundversorgungsgesetzes –Bund 2005 – hilfs- und schutzbedürftige Fremde Anspruch, die unterstützungswürdig sind und die ihren Hauptwohnsitz in Kärnten haben oder sich in Kärnten aufhalten.

(2) Hilfsbedürftig ist, wer den Lebensbedarf für sich und die mit ihm im gemeinsamen Haushalt lebenden unterhaltsberechtigten Angehörigen nicht oder nicht ausreichend aus eigenen Kräften und Mitteln beschaffen

kann ihn auch nicht oder nicht ausreichend von anderen Personen oder Einrichtungen erhält.

(3) Schutzbedürftig sind
a) Fremde, die einen Asylantrag oder einen Antrag auf internationalen Schutz gestellt haben (Asylwerber), über den noch nicht rechtskräftig gesprochen ist;
b) Fremde ohne Aufenthaltsrecht, über deren Asylantrag oder Antrag auf internationalen Schutz rechtskräftig negativ abgesprochen wurde, die aus rechtlichen oder tatsächlichen Gründen nicht abschiebbar sind;
c) Fremde mit Aufenthaltsrecht gemäß § 8 in Verbindung mit § 15 Asylgesetz 1997, § 8 Asylgesetz 2005, § 10 Abs. 4 Fremdengesetz 1997 oder § 72 Niederlassungs- und Aufenthaltsgesetz oder einer Verordnung gemäß § 76 Niederlassungs- und Aufenthaltsgesetz;
d) Fremde ohne Aufenthaltsrecht, die aus rechtlichen oder tatsächlichen Gründen nicht abschiebbar sind;
e) Fremde, die auf Grund der §§ 4, $a, 5, 5a, und 6 der Asylgesetz-Novelle 2003, BGBl. I Nr. 101/2003, oder auf Grund der §§ 4, 5 und 10 des Asylgesetzes 2005 nach einer – wenn auch nicht rechtskräftigen – Entscheidung der Asylbehörde entweder in Schubhaft genommen werden können oder auf die die Bestimmungen des § 66 Fremdengesetzes 1997 bzw. des § 77 Fremdenpolizeigesetzes 2005 anzuwenden sind oder deren vorübergehende Grundversorgung bis zur Effektuierung der Außerlandesbringung nach der Entscheidung der Asylbehörde von Kärnten sichergestellt ist;
f) Fremde, denen ab 1. Mai 2004 Asyl in Österreich gewährt wird (Asylberechtigte), während der ersten vier Monate nach Asylgewährung.

(4) Die Unterstützung für Fremde, die angehalten werden, ruht für die Dauer der behördlichen oder gerichtlichen Anhaltung.

(5) Die Unterstützung eines Fremden darf unter Berücksichtigung des § 1 Abs. 3 eingeschränkt, eingestellt oder abgelehnt werden, wenn er wegen einer gerichtlichen strafbaren Handlung verurteilt worden ist, die einen Ausschlussgrund gemäß § 13 Asylgesetz 1997 oder § 6 Abs. 1 Z 4 Asylgesetz 2005 darstellt.

(6) Die Unterstützung endet jedenfalls mit dem Verlassen des Landesgebietes, soweit Österreich nicht durch internationale Normen zur Rücknahme verpflichtet ist

(7) Das Land darf sich bei der Versorgung der hilfs- und schutzbedürftigen Fremden (Abs. 2 lit. A und b) und der Schaffung und Erhaltung der nötigen Infrastruktur humanitärer, kirchlicher oder privater Einrichtungen oder Institutionen der freien Wohlfahrtspflege bedienen. Diese werden für die Landesregierung tätig und haben ihr über Aufforderung oder bei sonstiger Notwendigkeit zu berichten. Sie sind an die Weisung der Landesregierung gebunden. Die beauftragten Einrichtungen haben die bei der Erfüllung der übertragenen Aufgaben eingesetzten Dienstnehmer vertraglich zur Verschwiegenheit zu verpflichten.

(8) Die Handlungsfähigkeit und die Vertretung von Minderjährigen in Verfahren nach diesem Gesetz richtet sich nach § 16 Asylgesetz 2005.

Grundversorgung

§ 3. (1) Die Grundversorgung umfasst:
a) Unterbringung in geeigneten Unterkünften unter Achtung der Menschenwürde und unter Beachtung der Familieneinheit,
b) Versorgung mit angemessener Verpflegung,
c) Gewährung eines monatlichen Taschengeldes für Personen in organisierten Unterkünften und für unbegleitete minderjährige Fremde, ausgenommen bei individueller Unterbringung gemäß § 6 Abs. 1 lit. B,
d) Durchführung einer medizinischen Untersuchung im Bedarfsfall bei der Ersteinnahme nach den Vorgaben der gesundheitsbehördlichen Aufsicht,
e) Sicherung der Krankenversorgung im Sinne des ASVG durch Bezahlung der Krankenversicherungsbeiträge,
f) Gewährung allenfalls darüber hinausgehender notwendiger, durch die Krankenversicherung nicht abgedeckter Leistungen nach Einzelfallprüfung,
g) Maßnahmen für pflegebedürftige Personen,
h) Information, Beartung und soziale Betreuung der Fremden durch geeignetes Personal unter Einbeziehung von Dolmetschern zu deren Orientierung in Österreich und zur freiwilligen Rückkehr,
i) Übernahme von Transportkosten bei Überstellung und behördlichen Ladungen,
j) Übernahme der für den Schulbesuch erforderlichen Fahrtkosten und Bereitstellung des Schulbedarfs für Schüler,
k) Maßnahmen zur Strukturierung des Tagesablaufes im Bedarfsfall,
l) Gewährung von Sach- und Geldleistungen zur Erlangung der notwendigen Bekleidung,
m) Kostenübernahme eines ortsüblichen Begräbnisses oder eines Rückführungsbetrages in derselben Höhe und
n) Gewährung von Rückkehrberatung, von Reisekosten sowie einer einmaligen Überbrückungshilfe bei freiwilliger Rückkehr in das Herkunftsland in besonderen Fällen.

(2) Die Grundversorgung darf, wenn damit die Bedürfnisse des Fremden ausreichend befriedigt werden, auch eingeschränkt oder in Teilleistungen gewährt werden.

(3) Fremden, die die Aufrechterhaltung der Ordnung in einer Unterkunft durch ihr Verhalten fortgesetzt und nachhaltig gefährden, darf in Grundversorgung gemäß Abs. 1 unter Berücksichtigung von § 1 Abs. 3 eingeschränkt oder eingestellt werden. Das gleiche gilt im Anwendungsfall des § 38a Sicherheitspolizeigesetzes 1991 oder im Falle der Verurteilung wegen einer gerichtlichen strafbaren Handlung, die einen Ausschlussgrund gemäß § 13 Asylgesetz 1997 oder § 6 Abs. 1 Z 4 Asylgesetz 2005 darstellt.

(4) Durch die Einschränkung oder Einstellung der Leistungen darf die medizinische Notversorgung des Fremden nicht gefährdet werden.

(5) Fremde gemäß § 2 Abs. 1, denen Grundversorgung gewährt wird, haben ihre Vermögens- und Einkommensverhältnisse sowie jede Änderung derselben, auf Grund welcher Art und Ausmaß der Hilfe neu zu bestimmen oder die Hilfe einzustellen wäre, unverzüglich anzuzeigen.

(6) Die durch Verletzung der Anzeigepflicht zu Unrecht empfangenen Leistungen sind vom Hilfeempfänger rückzuerstatten. Für die Rückerstattung dürfen Teilzahlungen bewilligt werden; sie darf ganz oder teilweise nachgesehen werden, wenn die Ziele dieses Gesetztes gefährdet würden.

(7) Über die Bestimmungen des Abs. 5 sind die Fremden gemäß § 2 Abs. 1 anlässlich der Gewährung der Hilfe zu informieren.

(8) Fremde gemäß § 2 Abs. 1 dürfen mit ihrem Einverständnis zu Hilfstätigkeiten, die in unmittelbarem Zusammenhang mit ihrer Unterbringung und Betreuung stehen, herangezogen werden. Für solche Hilfstätigkeiten ist eine angemessene Entschädigung unter Berücksichtigung der Leistungen der Betreuung zu gewähren.

Sonderbestimmungen für unbegleitete minderjährige Fremde

§ 4. (1) Unbegleitete minderjährige Fremde bedürfen einer über § 3 hinausgehenden Grundversorgung; sie sind durch Maßnahmen zur Erstabklärung und Stabilisierung zu unterstützen, die der psychischen Festigung und dem Schaffen einer Vertrauensbasis dienen sollen. Im Bedarfsfall ist darüber hinaus sozialpädagogische und psychologische Unterstützung zu gewähren. Die Unterbringung hat in einer Wohngruppe, einem Wohnheim, in einer sonstigen geeigneten organisierten Unterkunft, in betreutem Wohnen oder in individueller Unterbringung zu erfolgen.

(2) Wohngruppen sind für unbegleitete minderjährige Fremde mit besonders hohem Betreuungsbedarf einzurichten. Wohnheime sind für nicht selbstversorgungsfähige unbegleitete minderjährige Fremden einzurichten. Betreutes Wohnen ist für Betreute einzurichten, die in der Lage sind, sich unter Anleitung selbst zu versorgen.

(3) Darüber hinaus umfasst die Betreuung unbegleiteter minderjähriger Fremder:
a) eine an deren Bedürfnisse angepasste Tagesstruktur (Bildung, Freizeit, Sport, Gruppen- und Einzelaktivitäten, Arbeit im Haushalt),
b) die Bearbeitung von Fragen zu Alter, Identität, Herkunft und Aufenthalt der Familienangehörigen,
c) die Abklärung der Zukunftsperspektiven im Zusammenwirken mit den Behörden,
d) gegebenenfalls die Ermöglichung der Familienzusammenführung und
e) gegebenenfalls die Erarbeitung eines Integrationsplanes sowie Maßnahmen zur Durchführung von Schul-, Ausbildungs- und Berufsvorbereitungsaktivitäten unter Nutzung der bestehenden Angebote mit dem Ziel der Selbsterhaltungsfähigkeit.

Kärntner Grundversorgungsgesetz – K-GrvG: § 5

Sonderbestimmungen für Massenfluchtbewegungen

§ 5. (1) Massenfluchtbewegungen sind Ereignisse, die eine Verordnung nach § 76 Niederlassungs- und Aufenthaltsgesetz rechtfertigen.

(2) Im Falle einer Massenfluchtbewegung darf die Grundversorgung der betroffenen Fremden beschränkt werden. Die Befriedigung der Grundbedürfnisse darf jedoch nicht gefährdet sein; Art. 8 EMRK bleibt unberührt.

Kostenhöchstsätze

§ 6. (1) Die Kostenhöchstsätze für die Gewährung von Leistungen im Rahmen der §§ 3 bis 5 betragen inklusive aller Steuern und Abgaben:
 a) für die Unterbringung und Verpflegung in einer organisierten Unterkunft pro Person und Tag 17,-- Euro;
 b) für die Verpflegung bei individueller Unterbringung pro Person und Monat für Erwachsene 180,-- Euro, für Minderjährige 80,-- Euro, für unbegleitete Minderjährige 180,-- Euro;
 c) für die Miete bei individueller Unterbringung pro Monat für die Einzelperson 110,-- Euro, für Familie (ab zwei Personen) gesamt 220,-- Euro;
 d) für Taschengeld pro Person und Monat 40,-- Euro;
 e) für Überbrückungshilfe bei Rückkehr, einmalig pro Person 370,--Euro;
 f) für die Sonderunterbringung für pflegebedürftige Personen, pro Person und Monat 2.480,-- Euro;
 g) für die Unterbringung, Verpflegung und Betreuung unbegleiteter Minderjähriger Fremder pro Person und Tag in Wohngruppen (mit Betreuungsschlüssel 1:10) 75,-- Euro, in Wohnheimen (mit Betreuungsschlüssel 1:15) 60,-- Euro, in betreutem Wohnen (mit Betreuungsschlüssel 1:20) oder in sonstigen geeigneten Unterkünften 37,-- Euro.
 h) für die Krankenversicherung maximal in der Höhe des Beitrages nach § 5 der Verordnung über die Durchführung der Krankenversicherung für die gemäß § 9 ASVG in die Krankenversicherung einbezogenen Personen;
 i) für Information, Beratung und soziale Betreuung (exkl. Dolmetscherkosten) nach einem maximalen Betreuungsschlüssel von 1:170;
 j) für die zum Schulbesuch erforderlichen Fahrtkosten – bis zu einer Kostentragung nach dem Familienlastenausgleichgesetz (FLAG) – die Tarifsätze der jeweiligen Verkehrsunternehmen;
 k) für Schulbedarf pro Kind und Jahr 200,-- Euro;
 l) für Freizeitaktivitäten in organisierten Quartieren pro Person/Monat 10,-- Euro
 m) für Deutschkurse für unbegleitete minderjährige Fremden mit maximal 200 Unterrichtseinheiten und pro Einheit/Person 3,63 Euro;
 n) für notwendige Bekleidungshilfe jährlich pro Person 150,-- Euro;
 o) für Rückreise nach den Kostenhöchstsätzen der Internationalen Organisation für Migration (IOM) und

p) für Kosten gemäß § 2 Abs. 3 lit. e pro Person und Tag maximal der gemäß § 19 Abs. 2 FrG-DV oder einer Durchführungsverordnung zu § 113 Abs. 1 Fremdenpolizeigesetz 2005 festgelegte Betrag.
(2) Die sich aus Abs. 1 lit. o ergebenden Höchstsätze dürfen im Einzelfall überschritten werden, wenn hiedurch auf Grund der persönlichen, familiären oder wirtschaftlichen Verhältnisse eine Rückreise zu einem früheren Zeitpunkt ermöglicht wird.

Kostenaufteilung, Kostentragung bei Asylwerber, Kostenverschiebungen

§ 7. Die Rechte und Pflichten des Landes Zusammenhang mit der Kostenaufteilung, der Kostentragung bei Asylwerbern und den Kostenverschiebungen für die Erfüllung der Aufgaben nach §§ 3 bis 5 richten sich nach Art. 10 bis 12 der Grundversorgungsvereinbarung – Art. 15a B-VG. Die Kosten, die über die Kostenhöchstsätze (§ 6 Abs. 1) hinausgehen, sind zur Gänze vom Land zu tragen.

Informationsverbund, Datenaustausch

§ 8. (1) Das Land darf zur Beurteilung der Hilfs- und Schutzbedürftigkeit folgende relevante Daten von Fremden der Zielgruppe gemäß § 2 automationsunterstützt ermitteln, verarbeiten und an das zwischen dem Bund und den Längern errichtete Betreuungsinformationssystem (Informationsverbundsystem gemäß § 4 Z 13 und § 15 Datenschutzgesetz 2000) übermitteln:
a) Vor- und Familienname, Geschlecht, Geburtsdaten, persönliche Kennzeichen;
b) Adresse im Herkunfts- bzw. Heimatland, laufende Aufenthaltsadresse;
c) Staatsangehörigkeit, Volksgruppe, Religionsbekenntnis, Lichtbild;
d) Familienstand, Verwandtschaftsverhältnisse, bei Minderjährigen auch Angabe, ob es sich um einen unbegleiteten minderjährigen Flüchtling handelt;
e) aufenthaltsrechtlicher Status;
f) für die Grundversorgung relevante Daten des Asylverfahrens;
g) EDV-Zahl aus dem Asylwerberinformationssystem, Grundversorgungszahl, Sozialversicherungsnummer; allfällige Erwerbstätigkeit;
h) besondere Bedürfnisse des Betroffenen;
i) Angaben zur Bedürftigkeit;
k) Ausbildungsdaten;
l) Daten zu Erkrankungen, Art von benötigten Arzneimitteln und Heilbehelfen, allfällige Krankenanstalten- und Pflegeanstaltenaufenthalte inkl. Bezeichnung und Art der Krankenanstalten und Pflegeanstalten sowie Zeitraum der Kranken- und Heilbehandlungen und des Aufenthaltes in Krankenanstalten und Pflegeanstalten;
m) Dokumentendaten;

n) Betreuungseinrichtungen, die den Betroffenen betreut haben, sowie Zeitraum der Betreuung;
o) Unterkunftsgeber, Zeitraum des Aufenthaltes in einer Unterkunft, Status der Unterkunft;
p) durch eine Betreuungseinrichtung erbrachte Leistungen gemäß §§ 3 bis 5, Leitungszeitraum und Anzahl der Tage der Leitungserbringung, Genehmigungsdaten für die Verrechnung der erbrachten Leistungen.

(2) Die Landesregierung und die nach § 8 Bundesbetreuungsgesetz zuständigen Behröden erhalten Zugriff auf das Betreuungsinformationssystem (Abs. 1). Der Zugriff ist nur zu Zwecken der Durchführung der Grundversorgung (§ 3), der Sonderbestimmungen für unbegleitete minderjährige Fremde (§ 4), der Sonderbestimmungen für Massenfluchtbewegungen (§ 5), der Kostentragung (§ 7) sowie der Kostentragung bei Asylwerbern (§ 7) zulässig. Für das Land Kärnten ist der Zugriff auch zur Beurteilung einer Anspruchsberechtigung nach dem Kärntner Sozialhilfegesetz und zum Zweck der Jugendfürsorge nach dem Kärntner Jugendwohlfahrtsgesetz zulässig. Soweit dies zur Erfüllung der ihnen nach § 4 der Grundversorgungsvereinbarung – Art. 15a B-VG oder § 2 Abs 7 dieses Gesetzes oder vergleichbarer Gesetze anderer Länder übertragenen Aufgaben erforderlich ist, hat die Landesregierung diesen beauftragten humanitären, kirchlichen oder privaten Einrichtungen oder Institutionen der freien Wohlfahrtspflege die erforderlichen Daten nach Abs. 1 zu übermitteln.

(3) Bei jedem Zugriff muss nachvollziehbar sein, wer für welchen Rechtsträger und für welchen Zweck auf die Information zugegriffen hat.

(4) Daten nach Abs. 1 sind zwei Jahre nach Ende der Betreuung zu löschen, soweit sie nicht in anhängigen Verfahren nach diesem Gesetz oder nach Bundesgesetzen noch erforderlich sind.

Verfahren

§ 9. (1) Über die Gewährung von Hilfen gemäß §§ 3 bis 5 sowie über Maßnahmen nach § 2 Abs. 5 und § 3 Abs. 3 hat die Landesregierung zu entscheiden.

(2) Die Unterstützung erfolgt durch Direktverrechnung mit der Landesregierung.

(3) Über Verlangen des Betroffenen ist ein schriftlicher Bescheid zu erlassen.

(4) Beantragt ein Betroffener eine bestimmte Maßnahme und wird diese nicht oder nicht in vollem Umfang gewährt, oder wird eine Maßnahme eingeschränkt oder eingestellt (§ 3 Abs. 2 und 3), ist darüber mit einem schriftlichen Bescheid abzusprechen.

(5) Über Berufungen gegen Bescheide der Landesregierung entscheidet der unabhängige Verwaltungssenat.

Sonstige Aufgaben des Landes

§10. (1) Das Land hat für die Schaffung und Erhaltung der zur Versorgung der Fremden (§ 2) erforderlichen Infrastruktur zu sorgen.

(2) Das Land hat die Fremden (§ 2), die vom Land aufgenommen oder von Einrichtungen des Landes betreut werden, bei der Krankenversicherung an- und abzumelden, soweit dies nicht bereits von Bundesbehörden durchzuführen ist.

(3) Das Land hat alle aktuellen Daten über die Auslastung der Kapazitäten zur Betreuung zum ehestmöglichen Zeitpunkt in den Informationsverbund einzubringen.

(4) Das Land hat das Bundesasylamt bei der Führung von Asylverfahren zu unterstützen, wie etwa durch die Zustellung von Ladungen und Entscheidungen an den Asylwerber und Information und Erinnerung des Unterkunftsgebers und des Asylwerbers an verfahrensrelevante Termine.

(5) Das Land hat über Ersuchen des Bundes die zur Durchführung von Rückkehraktionen erforderlichen personenbezogenen Daten von Asylwerbern zu verarbeiten.

(6) Das Land hat der Koordinationsstelle (Art. 3 Abs. 2 Grundversorgungsvereinbarung – Art. 15a B-VG) Asylwerbern, die sich dem Asylverfahren entzogen haben, zum ehestmöglichen Zeitpunkt zu melden.

(7) Soweit das Land gemäß § 4 der Grundversorgungsvereinbarung – Art. 15a B-VG für die Übernahme von Fremden durch ein anderes Land Sorge trägt, hat es für allenfalls erforderliche Transporte zu sorgen.

Verweise

§ 11. (1) Soweit in diesem Gesetz auf Landesgesetze verwiesen wird, sind sie als Verweise auf die jeweils gültige Fassung zu verstehen.

(2) Verweise in diesem Gesetz auf Bundesrecht sind als Verweise auf folgende Fassungen zu verstehen:
- a) Bundesbetreuungsgesetz, BGBl. Nr. 405/1991, zuletzt geändert durch BGBl. I Nr. 100/2005 (Grundversorgungsgesetz – Bund 2005);
- b) Asylgesetz 1997, BGBl. I Nr. 76/1997, zuletzt geändert durch BGBl. I Nr. 129/2004;
- c) Asylgesetz 2005, BGBl. I Nr. 100/2005;
- d) Fremdengesetz 1997, BGBl. I Nr. 75/1997, zuletzt geändert durch BGBl. I Nr. 134/2002;
- e) Fremdenpolizeigesetzgesetz 2005, BGBl. I Nr. 100/2005;
- f) Niederlassungs- und Aufenthaltsgesetz, BGBl. I Nr. 100/205;
- g) Sicherheitspolizeigesetz 1991, BGBl. Nr. 566/1991, zuletzt geändert durch BGBl. I Nr. 100/2005;
- h) Allgemeines Sozialversicherungsgesetz, BGBl. Nr. 189/1955, zuletzt geändert durch BGBl. I Nr. 71/2005;
- i) Fremdengesetz-Durchführungsverordnung, BGBl. II Nr. 418/1997, zuletzt geändert durch BGBl. II Nr. 364/2002;
- j) Familienlastenausgleichsgesetz, BGBl. Nr. 376/1967, zuletzt geändert durch BGBl. I Nr. 100/2005;
- k) Datenschutzgesetz, BGBl. I Nr. 165/1999, zuletzt geändert durch BGBl. I Nr. 13/2005;
- l) Verordnung über die Durchführung der Krankenversicherung für die gemäß § 9 ASVG in die Krankenversicherung einbezogenen Personen, BGBl. Nr. 420/1969 zuletzt geändert durch BGBl. II Nr. 165/2004.

Umsetzung von EU-Recht

§ 12. Durch dieses Gesetz werden die Richtlinie des Rates 2003/9/EWG vom 27. Jänner 2003 zur Festlegung von Mindestnormen für die Aufnahme von Asylwerbern in den Mitgliedstaaten 2003/9/EWG, ABl. L 931 vom 6. Februar 2003, S. 0018 bis 0025, und die Richtlinie des Rates 2001/55/EG vom 20. Juli 2001 über Mindestnormen für die Gewährung vorübergehenden Schutzes im Falle eines Massenzustroms von Vertriebenen und Maßnahmen zur Förderung einer ausgewogenen Verteilung der Belastungen, die mit der Aufnahme dieser Personen und den Folgen dieser Aufnahme verbunden sind, auf die Mitgliedstaaten, ABl. L 212 vom 7. August 2001, S. 0012 bis 0023 umgesetzt.

Inkrafttreten

§ 13. Dieses Gesetz tritt an dem der Kundmachung folgenden Tag in Kraft.

B Ermächtigungsverordnungen (EVO) nach § 3 Abs 1 NAG

1 Verordnung des Landeshauptmannes von Burgenland vom 23. Dezember 2005, mit der die Bezirksverwaltungsbehörden ermächtigt werden in Angelegenheiten des Niederlassungs- und Aufenthaltsgesetzes im Namen des Landeshauptmannes zu entscheiden (EVO Burgenland)

- LGBl 2005/100

Auf Grund des § 3 Abs. 1 des Niederlassungs- und Aufenthaltsgesetzes (NAG), BGBl. I Nr. 100/2005, wird verordnet:

§ 1. Die Bezirksverwaltungsbehörden im Burgenland werden ermächtigt, alle in die sachliche Zuständigkeit des Landeshauptmannes in erster Instanz fallenden Entscheidungen im Namen des Landeshauptmannes im Zusammenhang mit
1. Aufenthaltstiteln,
2. der Dokumentation des gemeinschaftsrechtlichen Aufenthalts- und Niederlassungsrechtes (Anmeldebescheinigung nach § 53 NAG, Daueraufenthaltskarte nach § 54 NAG und Lichtbildausweis für EWR-Bürger nach § 9 Abs. 2 NAG) und
3. dem vorübergehenden Aufenthaltsrecht für Vertriebene nach § 76 NAG

zu treffen.

§ 2. Diese Verordnung tritt am 1. Jänner 2006 in Kraft. Gleichzeitig tritt die Verordnung über die Vollziehung des Fremdengesetzes 1997, LGBl. Nr. 2/2003, außer Kraft.

2 Verordnung des Landeshauptmannes von Kärnten vom 22. November 2005, Zl. 1WFrG-1/279-2005, über die Ermächtigung der Bezirkshauptmannschaften zur Entscheidung nach dem Bundesgesetz über die Niederlassung und den Aufenthalt in Österreich (EVO Kärnten)

– LGBl 2005/91

Auf Grund des § 3 Abs. 1 des Bundesgesetzes über die Niederlassung und den Aufenthalt in Österreich (Niederlassungs- und Aufenthaltsgesetz – NAG), BGBl. I Nr. 100/2005, wird verordnet:

§ 1. Die Bezirkshauptmannschaften werden ermächtigt, alle Fälle nach dem Niederlassungs- und Aufenthaltsgesetz – NAG im Namen des Landeshauptmannes zu entscheiden.

§ 2. Diese Verordnung tritt am 1. Jänner 2006 in Kraft. Die Verordnung des Landeshauptmannes vom 17. Dezember 2002, LGBl. Nr. 87/2002, tritt mit 31. Dezember 2005 außer Kraft.

3 Verordnung über die Vollziehung des Niederlassungs- und Aufenthaltsgesetzes (EVO Niederösterreich)

– LGBl 4020/1-0 (2006)

Der Landeshauptmann von Niederösterreich hat am 21. Dezember 2005 auf Grund des § 3 Abs. 1 des Bundesgesetzes über die Niederlassung und den Aufenthalt in Österreich (Niederlassungs- und Aufenthaltsgesetz - NAG), BGBl. I Nr. 100/2005, verordnet:

Aufenthalts- und Niederlassungsbewilligungen

§ 1. (1) Die Bezirksverwaltungsbehörden des Landes Niederösterreich werden ermächtigt, alle in die sachliche Zuständigkeit des Landeshauptmannes in erster Instanz fallenden Entscheidungen im Namen des Landeshauptmannes im Zusammenhang mit
a) Aufenthaltstiteln (§ 8 NAG),
b) der Dokumentation des gemeinschaftsrechtlichen Aufenthalts- und Niederlassungsrechtes (§ 9 NAG) und
c) dem vorübergehenden Aufenthaltsrecht für Vertriebene (§ 76 NAG) zu treffen.

(2) Abs. 1 gilt nicht für:
a) Niederlassungsbewilligungen von Schlüsselkräften (§ 41 NAG) und deren Familienangehörigen (§ 46 Abs. 3 NAG),
b) Niederlassungsbewilligungen zur Ausübung einer selbständigen Erwerbstätigkeit (§ 49 Abs. 4 NAG) und zur Ausübung einer unselbständigen Erwerbstätigkeit (§ 49 Abs. 2 NAG) und in den Fällen des § 49 Abs. 1 NAG,
c) Niederlassungsbewilligungen für Familienangehörige von Drittstaatsangehörigen in den Fällen des § 46 Abs. 4 NAG,
d) Niederlassungsbewilligungen in den Fällen der §§ 47 Abs. 4 und 56 Abs. 3 NAG und
e) Niederlassungsbewilligungen in den Fällen der §§ 42 Abs. 1 und § 46 Abs. 1 in Verbindung mit § 42 Abs. 1 NAG.

(3) Abs. 1 und Abs. 2 gelten nicht für die Magistrate der Landeshauptstadt St. Pölten und der Stadt Wr. Neustadt.

In-Kraft-Treten

§ 2. (1) Mit In-Kraft-Treten dieser Verordnung tritt die Verordnung über die Vollziehung des Fremdengesetzes 1997, LGBl. 4020/1-1, außer Kraft.

(2) § 1 Abs. 3 dieser Verordnung tritt am 31. Dezember 2006 außer Kraft.

4 Verordnung des Landeshauptmanns von Oberösterreich über die Ermächtigung der Bezirksverwaltungsbehörden zur Entscheidung nach dem Niederlassungs- und Aufenthaltsgesetz – NAG (EVO Oberösterreich)

– LGBl 2005/127

Auf Grund des § 3 Abs. 1 des Niederlassungs- und Aufenthaltsgesetzes - NAG, BGBl. I Nr. 100/2005, wird verordnet:

§ 1. Die Bezirksverwaltungsbehörden im Land Oberösterreich sind ermächtigt, alle in die Zuständigkeit des Landeshauptmanns fallenden niederlassungs- und aufenthaltsrechtlichen Entscheidungen in seinem Namen zu treffen.

§ 2. Die örtliche Zuständigkeit der Bezirksverwaltungsbehörden bestimmt sich nach § 4 NAG.

§ 3. Diese Verordnung tritt mit 1. Jänner 2006 in Kraft. Gleichzeitig tritt die Verordnung LGBl. Nr. 130/2002 außer Kraft.

5 Verordnung der Landeshauptfrau von Salzburg vom 22. Dezember 2005 über die Ermächtigung der Bezirksverwaltungsbehörden zu allen Entscheidungen im Zusammenhang mit der Erteilung, Versagung und Entziehung von Aufenthaltstiteln sowie mit der Dokumentation von bestehenden Aufenthalts- und Niederlassungs- rechten nach dem Niederlassungs- und Aufenthaltsgesetz (NAG-Ermächtigungsverordnung 2006)

– LGBl 2005/97

Auf Grund des § 3 Abs 1 des Niederlassungs- und Aufenthaltsgesetzes – NAG, BGBl I Nr 100/2005, in der geltenden Fassung wird verordnet:

§ 1. Die Bezirksverwaltungsbehörden des Landes Salzburg werden ermächtigt, alle in die sachliche Zuständigkeit des Landeshauptmannes fallenden Entscheidungen im Zusammenhang mit der Erteilung, Versagung und Entziehung von Aufenthaltstiteln sowie mit der Dokumentation von bestehenden Aufenthalts – und Niederlassungsrechten in erster Instanz im Namen des Landeshauptmannes zu treffen.

§ 2. (1) Diese Verordnung tritt mit 1. Jänner 2006 in Kraft.

(2) Gleichzeitig tritt die Fremdengesetz-Ermächtigungsverordnung 2003, LGBl Nr 4, außer Kraft.

6 Verordnung des Landeshauptmannes von Steiermark vom 21. Oktober 2005 betreffend die Ermächtigung von Bezirksverwaltungsbehörden zur Entscheidung über Aufenthaltstitel und Dokumentationen des gemeinschaftsrechtlichen Aufenthalts- und Niederlassungsrechts (EVO Steiermark)

– LGBl 2005/112

Auf Grund des § 3 Abs. 1 des Niederlassungs- und Aufenthaltsgesetzes (NAG), BGBl. I Nr. 100/2005, wird verordnet:

Zuständigkeit der Bezirksverwaltungsbehörden

§ 1. Die Bezirksverwaltungsbehörden des Landes Steiermark mit Ausnahme der Landeshauptstadt Graz werden ermächtigt, Entscheidungen über Aufenthaltstitel (§ 8 Abs. 1 NAG) und über Dokumentationen des gemeinschaftsrechtlichen Aufenthalts und Niederlassungsrechts (§ 9 Abs. 1 NAG), für die gemäß § 3 Abs. 1 NAG der Landeshauptmann zuständig ist, in seinem Namen zu treffen.

Örtliche Zuständigkeit

§ 2. Die örtliche Zuständigkeit der Bezirksverwaltungsbehörden richtet sich nach dem Wohnsitz oder beabsichtigten Wohnsitz des Fremden. Ist der Fremde im Bundesgebiet nicht mehr tatsächlich aufhältig oder ist sein Aufenthalt unbekannt, ist die Behörde zuständig, die zuletzt eine Aufenthaltsberechtigung erteilt hat.

Inkrafttreten

§ 3. Diese Verordnung tritt mit 1. Jänner 2006 in Kraft.

Außerkrafttreten

§ 4. Mit Inkrafttreten dieser Verordnung treten folgende Verordnungen des Landeshauptmannes der Steiermark außer Kraft:
1. Verordnung des Landeshauptmannes der Steiermark vom 12. Februar 2003 betreffend die Ermächtigung von Bezirksverwaltungsbehörden über Niederlassungsbewilligungen und Niederlassungsnachweise zu entscheiden, LGBl. Nr. 7/2003.
2. Verordnung des Landeshauptmannes der Steiermark vom 29. Jänner 2003 betreffend die Ermächtigung von Bezirksverwaltungsbehörden über Niederlassungsbewilligungen für Schlüsselkräfte zu entscheiden, LGBl. Nr. 2/2003, in der Fassung LGBl. Nr. 12/2003.

7 Verordnung des Landeshauptmannes vom 16. Dezember 2005 über die Ermächtigung der Bezirksverwaltungsbehörden zur Entscheidung nach dem Niederlassungs- und Aufenthaltsgesetz (EVO Tirol)

– LGBl 2005/122

Aufgrund des § 3 Abs. 1 des Niederlassungs- und Aufenthaltsgesetzes (NAG), BGBl. I Nr. 100/2005, wird verordnet:

§ 1. Die nach § 4 NAG örtlich zuständigen Bezirksverwaltungsbehörden werden ermächtigt, alle in die sachliche Zuständigkeit des Landeshauptmannes in erster Instanz fallenden Entscheidungen im Zusammenhang mit
a) Aufenthaltstiteln,
b) der Dokumentation des gemeinschaftlichen Aufenthalts- und Niederlassungsrechtes (Anmeldebescheinigung nach § 53 NAG, Daueraufenthaltskarte nach § 54 NAG und Lichtbildausweis für EWR-Bürger nach § 9 Abs. 2 NAG) und
c) dem vorübergehenden Aufenthaltsrecht für Vertriebene nach § 76 NAG
im Namen des Landeshauptmannes zu treffen.

§ 2. (1) Diese Verordnung tritt mit 1. Jänner 2006 in Kraft.
(2) Gleichzeitig tritt die Verordnung über die Ermächtigung der Bezirksverwaltungsbehörden zur Entscheidung nach dem Fremdengesetz 1997, LGBl. Nr. 122/2002, außer Kraft.

8 Verordnung des Landeshauptmannes über die Ermächtigung der Bezirkshauptmannschaften zur Entscheidung nach dem Niederlassungs- und Aufenthaltsgesetz (EVO Vorarlberg)

- LGBl 2005/51

Auf Grund der §§ 3 Abs. 1 und 19 Abs. 5 des Niederlassungs- und Aufenthaltsgesetzes, BGBl. I Nr. 100/2005, wird verordnet:

§ 1. Die Bezirkshauptmannschaften sind ermächtigt, im Namen des Landeshauptmannes
a) Entscheidungen im Zusammenhang mit Aufenthaltstiteln zu treffen,
b) die Dokumentation von Aufenthalts- und Niederlassungsrechten vorzunehmen sowie
c) die Ermittlung und Abnahme von Daten, die zur Herstellung und Personalisierung eines Aufenthaltstitels erforderlich sind, durchzuführen.

§ 2. Diese Verordnung tritt am 1. Jänner 2006 in Kraft.

Paragrafenspiegel AsylG – AsylG 2005

AsylG		AsylG 2005	Überschrift/Inhalt
§ 1		§ 2	Begriffsbestimmungen
§ 2			Umfang des Schutzes
	Abs 1	§ 1, § 2/1/15	Asyl in Österreich
	Abs 2	§ 1, § 2/1/16	Subsidiärer Schutz in Österreich
	Abs 3	§ 1, § 2/1/22, §§ 34 f	Familienangehörige
§ 3			Asylantrag
	Abs 1	§ 2/1/13	Asylantrag
	Abs 2	§ 17/1	Wann Asylantrag gestellt
	Abs 3	§ 17/2-3, 6	Wann Asylantrag eingebracht
§ 4		§ 4	Unzulässige Asylanträge wegen Drittstaatsicherheit
	Abs 1		
	Abs 2		
	Abs 3		
§ 4a		§ 4	
	Abs 1		
	Abs 2		
	Abs 3		
§ 5		§ 5	Unzulässige Asylanträge wegen vertraglicher Unzuständigkeit oder wegen Unzuständigkeit auf Grund eines unmittelbar anwendbaren Rechtsakt der Europäischen Union
	Abs 1		
	Abs 2		
§ 5a			Gemeinsame Bestimmungen für unzulässige Asylanträge
	Abs 1	§ 10/1/1	Verbindung mit Ausweisung
	Abs 2	§ 4/5	Aufhebung der Ausweisung und § 4 nach 2 Monaten
	Abs 3	Entfallen	Aufhebung der Ausweisung und § 5, wenn nicht möglich
	Abs 4	§10/4	Gilt als Feststellung der Zulässigkeit der Abschiebung
§ 6		Entfallen	Offensichtlich unbegründete Asylanträge
	Abs 1		Wann offensichtlich unbegründet
	Abs 2		Sichere HKS
	Abs 3		Verbindung mit Ausweisung
§ 7		§ 3	Asyl auf Grund Asylantrag
§ 8			Subsidiärer Schutz
	Abs 1	§ 8/1, 2	Abweisung mit amtswegiger Überprüfung verbinden

AsylG	AsylG 2005	Überschrift/Inhalt
Abs 2	§ 10/1/2	Verbindung mit Ausweisung
Abs 3	§ 8/4	Subsidiärer Schutz
Abs 4	§ 9	Wegfall des subsidiären Schutzes
§ 9	§ 3/4	Asyl von Amts wegen
§ 10		Familienverfahren
Abs 1	§ 2/1/22, § 34/1	Familienbegriff
Abs 2	§ 34/2, § 35/1, 3, 4	Erstreckung Asylberechtigter
Abs 3	§ 34/3	Erstreckung subsidiär Schutzberechtigter
Abs 4	§ 35/2-4	Erstreckung subsidiär Schutzberechtigter/Ausland
Abs 5	§ 34/4	Verbindung Asylverfahren
§ 11	Entfallen	(entfällt)
§ 12	§ 3/5	Flüchtlingseigenschaft
§ 13		Ausschluss von der Asylgewährung
Abs 1	§ 6/1/2	Ausschluss Art 1 Abschn F GFK
Abs 2	§ 6/1	Ausschluss – andere Gründe
§ 13a	Entfallen	Asylverzicht
§ 14		Verlust von Amts wegen
Abs 1	§ 7/1	Aberkennungsgründe
Abs 2	§ 7/3	Verbindung mit Feststellung, dass kein Flüchtling mehr
Abs 3	§ 8/1/2	Verbindung mit Feststellung, ob abschiebbar
Abs 4	§ 7/2	Aberkennung nach 5 Jahren nicht mehr zulässig
Abs 5	§ 7/1/3	Erwerb StA EU-MS
§ 15		Befristete Aufenthaltsberechtigung
Abs 1	§ 8/4	Verlängerung durch BAA
Abs 2	§ 8/4	Dauer AB, Widerruf AB
Abs 3	§ 8/5	Gleiche Dauer im Fam. Verf
Abs 4	§ 10/1/4	Verbindung mit Ausweisung
§ 16		Anträge im Familienverfahren bei Berufsvertretungsbehörden
Abs 1	§ 35/1, 4	Antrag von Fam.-Ang. Asylberechtigter
Abs 2	§ 35/3	Antrags- und Befragungsformular, V-Erm., Sonstiges Verf vor Berufsvertretungsbehörden
Abs 3	§ 35/4	Visumerteilung
Abs 4	Entfallen	Antrag bei GreKo
§ 17	Entfallen	Zurückweisung an der Grenze
§ 18		Vorführung zur Erstaufnahmestelle durch Organe des öffentlichen Sicherheitsdienstes

AsylG	AsylG 2005	Überschrift/Inhalt
Abs 1	§ 45/1,2, § 46	Vorführung, Verweisung an EASt, wenn keine Vorführung
Abs 2	§ 32/1, 3, § 47/4	Sicherung der Zurückweisung
Abs 3	§ 4/2, 3, 5	Durchsuchung, Erkennungsdienst
Abs 4	§ 44/4	Sicherstellung
Abs 5	§ 45/3, § 19/1, § 44/1	Aufgriffsbericht
§ 19		Aufenthalt im Bundesgebiet während des Asylverfahrens
Abs 1	§ 12	Faktischer Abschiebeschutz
Abs 2	§ 13	Aufenthaltsrecht
Abs 3	§ 14	Wiedereinreise, nachfolgender Verweis an BAA
§ 20		Dauernd und befristet Aufenthaltsberechtigte
Abs 1	FPG	Anwendung FrG auf Flüchtlinge
Abs 2	§12, § 13, FPG	Durchsetzbarkeit AV
§ 21		Schutz vor Aufenthaltsbeendigung
Abs 1	FPG	Anwendbarkeit FrG während Asylverfahren
Abs 2	§ 12/1, § 13, § 36/4, § 37/1, § 38/1	Zurückschiebung während Verfahren, Daten an HKS während Verfahren
§ 22	§22/4, § 36/5	Verständigung der Sicherheitsbehörden
§ 23		Verfahrensrecht
Abs 1	EGVG	AVG
Abs 2	§ 15/1/4, § 15/2	Bekanntgabe Änderung Zustelladresse
Abs 3	§ 25/2	Zurückziehung Asylantrag
Abs 4	§ 22/5	RL vorübergehender Schutz
Abs 5	§ 17/7	Neuer Antrag während Berufung,
Abs 6	entfallen	Unterkunftgeber als Zustellorgan
§ 24		Einbringen von Anträgen
Abs 1	§ 2/1/13, § 17/1, 3	Formloses Stellen von Anträgen
Abs 2	§ 17/3, § 25/1/4	Schriftliche Anträge
Abs 3	§ 17/2, § 29/1	Einbringen von Anträgen, Orientierungs- und Erstinformation
Abs 4	§ 44/2-4, § 28/4	Durchsuchung in EASt, Sicherstellung, Ärztliche Untersuchung
Abs 5	§ 29/2 (für die Erstbefragung)	Maßnahmen nach Abs 4 unterbleiben, wenn bereits gesetzt
Abs 6	§ 19/6	Vorführung aus Schubhaft
Abs 7	§ 17/3	Asylanträge nachgeborener Kinder

AsylG		AsylG 2005	Überschrift/Inhalt
§ 24a			Zulassungsverfahren in der ESt
	Abs 1	§ 29/1	Zulassungsverfahren am Beginn und in EASt
	Abs 2	§ 29/2	Ersteinvernahme in 72 St., verstärkte Glaubwürdigkeit
	Abs 3	§ 29/3	Mitteilung über beabsichtigte Entscheidung
	Abs 4	§ 29/3/1	Zulassung wenn positive Mitteilung, Zuweisung Betreuungseinrichtung
	Abs 5	§ 29/4	Verfahren bei negativer Entscheidungsabsicht, weitere Einvernahmen, vorher Rechtsberatung, Zugang Rechtsberater zu relevanten Aktenteilen
	Abs 6	§ 33, § 64/4	Zulassungsverfahren im Flughafenverfahren
	Abs 7	§ 29/5	Neuerliche Einvernahme (Anwesenheit Rechtsberater, Ablauf)
	Abs 8	§ 28/2	20-Tages Frist, Abweisung ersetzt Zulassungsentscheidung
	Abs 9	§ 23/1	EASt ist Abgabestelle, Ladungen im Zulassungsverfahren
§ 24b			Folteropfer und Traumatisierte
	Abs 1	§ 30	Zulassung von Traumatisierten
	Abs 2	§ 20/1	Sexuelle Gewalt = gleichgeschlechtliche Einvernahme
	Abs 2a	§ 20/2	Abs 2 für UBAS
	Abs 3	Entfallen	Abs 1 wenn Asylverfahren von Fam.-Mitgliedern in anderem EU-Staat geführt werden
§ 25			Handlungsfähigkeit
	Abs 1	§ 16/1	Volljährigkeit nach österreichischem Recht
	Abs 2	§ 16/3, 4	Unbegleitete Mündige MJ
	Abs 3	§ 16/5	Unbegleitete unmündige Minderjährige
	Abs 4	§ 16/2	Jeder Elternteil zur Vertretung befugt
§ 26			Belehrung
	Abs 1	§ 17/9	Merkblatt für AW
	Abs 2	§ 17/9	Besondere Normen für Merkblatt für AW
§ 27			Vernehmung
	Abs 1	§ 19/2-4	Entscheidung und EV durch einen Organwalter

AsylG		AsylG 2005	Überschrift/Inhalt
	Abs 2	§ 19/5	Begleitung Vertrauensperson, MJ nur im Beisein gesetzlicher Vertreter einzuvernehmen
§ 28		§ 18/1	Ermittlungspflichten
§ 29			Bescheide
	Abs 1	§ 22/1	Bescheide in verständlicher Sprache
	Abs 2	§ 22/2	Bescheinigung bei Bescheiden nach §§ 4, 4a
§ 30			Einstellung
	Abs 1	§ 24/1-4	Einstellung im Zulassungsverfahren, Ungerechtfertigtes Entfernen
	Abs 2	§ 24/1-4	Einstellung nach Zulassung
	Abs 3	§ 24/1-4	Einstellung ohne Abgabestelle
	Abs 4	§ 24/2	Fortsetzung nach Einstellung
§ 31			Gegenstandslosigkeit
	Abs 1	§ 25/1/1	Einreise im Fam.-Verfahren nicht gewährt
	Abs 2	§ 25/2	Anträge auf Zurückziehung gegenstandslos ablegen
	Abs 3	§ 25/1/3	Heimreise nach Rückkehrhilfe
§ 32			Berufungen
	Abs 1	§ 40/1	Neuerungsverbot
	Abs 2	§ 36	Berufungen gegen § 5
	Abs 3	§ 36/1-3	Berufungen gegen §§ 4, 4a und 6, Zuerkennung der aufschiebenden Wirkung
	Abs 4	§ 36/4	Wartefrist von 7 Tagen, Verständigungspflichten des UBAS
	Abs 4a	§ 37/2, § 38/2	Wann Zuerkennung der aufschiebenden Wirkung
	Abs 5	§ 17/7	Folgeantrag in Rechtsmittelfrist
	Abs 6	§ 41/4	Keine Verhandlung bei § 5-Verf
	Abs 7	§ 36/3	Wirkung der Berufung im Fam.-Verfahren
	Abs 8	§ 36/1, 2	Berufungen gegen § 68 AVG
	Abs 9	§ 33/3, § 32/3	Berufungsfrist im Flughafenverfahren, Zulässigkeit der weiteren Sicherung der Zurückweisung
§ 32a			
	Abs 1	§ 36/1, 2, § 37	Berufungen gegen Zurückweisungen-Entscheidung
	Abs 2	Entfallen	Berufungen gegen § 6 - Entscheidung
	Abs 3	§ 33/5	Berufungen im Flughafenverfahren
§ 33		§ 22/3, § 37/8	Entscheidungspflicht – Devolution an UBAS
§ 34		§ 70	Stempelgebühren

AsylG		AsylG 2005	Überschrift/Inhalt
§ 34a			Befugnisse der Organe des öffentlichen Sicherheitsdienstes
	Abs 1	§ 47	Festnahmebefugnis (auch für FrePo)
	Abs 2	§ 44/2, 3	Durchsuchung
	Abs 3	§ 44/4	Sicherstellung
	Abs 4	§ 44/6	Befugnisse auch für Organe des BAA
	Abs 5	§ 48	Abnahme Aufenthaltsberechtigungskarten
	Abs 6	§ 49/1	Ankündigung der Anwendung Zwangsgewalt
§ 34b			Schubhaft
	Abs 1	FPG	Wann Schubhaft
	Abs 2	FPG	Dann FrG gesamt anzuwenden
§ 35			Erkennungsdienst
	Abs 1	§ 55/1-4	Wer, Personsfeststellung, auch durch SiO
	Abs 2	§ 55/5, 6	Aufforderung zur Mitwirkung, Durchsetzung
§ 36			Ermittlungsdienst
	Abs 1	§ 54/1, 2	Verwendungsermächtigung
	Abs 2	§ 102 FPG	Welche Daten
	Abs 3	§ 57/1, 2	Übermittlung an wem
	Abs 4	§ 57/4	Sicherheitsbehörden gleicher Mensch ↔ andere Daten
	Abs 4a	§ 57/8	Verknüpfungsanfrage MeldeG
	Abs 5	§ 57/9	Löschungsbestimmung
	Abs 6		Abschluss von Staatsverträgen
§ 36a			Verfahrenskarte
	Abs 1	§ 50/1	Wer Verfahrenskarte, wozu
	Abs 2	§ 50/2	Gestaltung Verfahrenskarte, V-Erm
§ 36b			Aufenthaltsberechtigungskarte
	Abs 1	§ 51/1	Wer AB-Karte
	Abs 2	§ 51/2	Nachweis Identität und Rechtmäßigkeit des Aufenthalts, Zurückstellung an BAA
	Abs 3	§ 51/3	Gestaltung Verfahrenskarte, V-Erm
§ 36c			Karte für subsidiär Schutzberechtigte (§ 15)
	Abs 1	§ 52/1	Wer Karte für subsidiär Schutzberechtigte
	Abs 2	§ 52/2	Gestaltung Verfahrenskarte, V-Erm
§ 37			Bundesasylamt
	Abs 1	§ 58/1, 2	Einrichtung BAA, Dublin-Behörde

AsylG		AsylG 2005	Überschrift/Inhalt
	Abs 2	§ 58/1	Leiter
	Abs 3	§ 58/3	Einrichtung Organisationseinheiten, Geschäftseinteilung
	Abs 4	§ 58/4	Einrichtung Außenstellen
	Abs 5	§ 58/5	Ausbildung
	Abs 6	§ 58/6	Beigebung SiO,
	Abs 7	§ 58/7	Ermächtigung Zwangsgewalt nicht SiO
§ 37a		§ 59	Erstaufnahmestellen
§ 37b			Betreuungseinrichtungen, Betreuungsstellen
	Abs 1	GVG-B	Betreuungseinrichtungen
	Abs 2	GVG-B	Betreuungsstellen
	Abs 3	GVV, Entfallen	Asylwerber in EASt sind Gesamtzahl im Bundesland zuzurechnen
§ 38			Unabhängiger Bundesasylsenat
	Abs 1	§ 61	Einrichtung UBAS, Entscheidung, Mitglieder
	Abs 2	UBASG	Geschäftsverteilung, Abnahme
	Abs 3	UBASG	Enthebung Mitglied
	Abs 4	UBASG	Voraussetzungen Mitglied
	Abs 5	§ 62	Amtsbeschwerde
	Abs 6	UBASG	Entscheidung durch Einzelmitglied
	Abs 7	UBASG	Wann Senatsentscheidung
	Abs 8	UBASG	Einheitliche Spruchpraxis
	Abs 9	UBASG	Sachliche und personelle Erfordernisse
§ 39			Internationaler Schutz der Asylwerber und Flüchtlinge
	Abs 1	§ 63/1	Asylwerber an UNHCR
	Abs 2	§ 63/2	Verständigung UNHCR von Verfahren
	Abs 3	§ 32/2	Mitwirkung Flughafenverfahren
	Abs 4	§ 63/3	Akteneinsicht durch UNHCR
	Abs 5	§ 63/4	Verwaltungsvorschriften an UNHCR
§ 39a			Rechtsberatung in der Erstaufnahmestelle
	Abs 1	§ 64/1	Einrichtung Rechtsberater
	Abs 2	§ 64/4	Aufgabe Rechtsberater
	Abs 3	§ 64/5, § 16/3-5	Gesetzlicher Vertreter bei UMF
	Abs 4	§ 29/4	Flughafenverfahren
	Abs 5	§ 23/2	Verständigung von Rechtsanwalt durch RB
§ 39b			Anforderungsprofil für Rechtsberater
	Abs 1	§ 65/1	Anforderungsprofil

AsylG		AsylG 2005	Überschrift/Inhalt
	Abs 2	§ 65/2	Bestellung durch BMI, Bedachtnahme auf Vorschläge
	Abs 3	§ 65/3-5	Vertragsdauer, Auflösung des Vertrages bei Pflichtverletzungen
	Abs 4	& 64/3	Kosten trägt Bund
§ 40			Flüchtlingsberater
	Abs 1	§ 66/1	Einrichtung FB
	Abs 2	§ 66/2	Pflichten FB
	Abs 3	§ 66/3	Bestellung durch BMI, Bedachtnahme auf Vorschläge
	Abs 4	§ 66/4	Reisekosten
§ 40a			Rückkehrhilfe
	Abs 1	§ 67/1	Rückkehrberatung
	Abs 2	§ 67/2	Rückkehrhilfe bei Heimkehr
§ 41			Integrationshilfe
	Abs 1	§ 68/1	Integrationshilfe an Flüchtlinge
	Abs 2	§ 68/2	Was ist IGH
	Abs 3	§ 68/3	Wer macht IGH
§ 42		§ 73/1-3	Zeitlicher Geltungsbereich
§ 42a		§ 73/4	Verordnungen vorher
§ 43		§ 74	Verhältnis zur GFK
§ 44		§ 75	Übergangsbestimmung
§ 44a		§ 69	Sprachliche Gleichbehandlung
§ 45		§ 71	Verweisungen
§ 46		§ 72	Vollziehung

Paragrafenspiegel FrG – FPG bzw NAG

(Hinweis: Bestimmungen ohne Gesetzesangabe in der Spalte „FPG bzw NAG" sind jeweils solche des FPG)

FrG		FPG bzw NAG	Überschrift/Inhalt
§ 1	Abs 1-10	§ 2, § 2 NAG	Begriffsbestimmungen
	Abs 11 u 12	Entfallen	
§ 2			Notwendigkeit eines gültigen Reisedokuments
	Abs 1	§ 15/1	Voraussetzung für die rechtmäßige Einreise in das Bundesgebiet
	Abs 2	§ 16/1	Allgemeine Bestimmungen zur Passpflicht
	Abs 3	§ 16/2	miteingetragene Fremde
	Abs 4	§ 16/3	Ausnahme bei Sammelreisepässen
	Abs 5	§ 18/1	Ausnahmen von der Passpflicht
	Abs 6	Entfallen	
§ 3			Einschränkung der Passpflicht
	Abs 1	§ 17/1	Einschränkung der Passpflicht bei Regierungsübereinkommen
	Abs 2	§ 17/2	Aufenthalt in grenznahen Gebieten
	Abs 3	§ 17/3	Einreise auf Grund anderer Dokumente
	Abs 4	§ 18/2	Einreise von Asylberechtigten und subsidiär Schutzberechtigten
§ 4			Übernahmserklärung
	Abs 1	§ 19/1	
	Abs 2	§ 19/2	
	Abs 3	§ 19/3	
	Abs 4	§ 19/4	
§ 5			Erfüllung der Sichtvermerkspflicht
	Abs 1 u 2	§ 15/2	
§ 6			Einreisetitel (Visa)
	Abs 1-7	§ 20/1-7	Form und Wirkung der Visa
§ 7			Aufenthaltstitel
	Abs 1	§ 8/1 NAG	
	Abs 2	§ 15/2, § 31/1/2	Berechtigung der Einreise und des Aufenthalts
	Abs 3	§ 2/2 NAG	Niederlassung
	Abs 4	Entfallen	
	Abs 5	§ 8/3 NAG	Aussehen und Inhalt der Aufenthaltstitel

FrG	FPG bzw NAG	Überschrift/Inhalt
§ 8		Erteilung der Einreise- und Aufenthaltstitel
Abs 1	§ 21/1-3	
Abs 2	Entfallen	
Abs 3	§ 21/4	Interessensabwägung
Abs 4	§ 30/1 NAG	Aufenthaltsehe
Abs 4a	§ 30/2 NAG	Aufenthaltsadoption
Abs 5	§ 11/2/2 NAG	Nachweis der Unterkunft
Abs 6	§ 23, § 11/7 NAG	Gesundheitszeugnis
Abs 7	§ 23	
§ 9		Aufenthaltserlaubnisse für befristet beschäftigte Fremde
Abs 1 u 2	§ 24/1 u 2	Visa zu Erwerbszwecken; Beschäftigungsbewilligung nach § 5 AuslBG
§ 10		Versagung eines Einreise- oder Aufenthaltstitels
Abs 1	§ 21/7, § 25/7, § 11/1 NAG	absolute Versagungsgründe
Abs 2	§ 21/5, § 11/4 NAG	Gefährdung öffentlicher Interessen
Abs 3	§ 21/6, § 11/6 NAG	Verpflichtungserklärung; Haftungserklärung
Abs 4	§ 72 NAG	Aufenthaltsbewilligung aus humanitären Gründen
§ 11		Versagung eines Visums
Abs 1	§ 21/7	
Abs 2 u 3	§ 22/1 u 2	Humanitäre Visa
§ 12		Versagung eines Aufenthaltstitels
Abs 1	§ 11/2/2 NAG	Nachweis der ortsüblichen Unterkunft
Abs 1a	§ 11/2/6 NAG	Verlängerungsantrag; Erfüllung der Integrationsvereinbarung
Abs 2	§ 24/1; §§ 2/3, 58, 59 u 61 NAG	Aufenthaltsbewilligung für Rotationsarbeitskräfte, Betriebsentsandte und Künstler; keine Niederlassung
Abs 2a	§§ 63/2 u 64/2 NAG	Aufenthaltsbewilligung für Schüler und Studierende; Erwerbstätigkeit
Abs 2b	§ 64/3 NAG	Verlängerung einer Aufenthaltsbewilligung für Studierende; Erfolgsnachweis
Abs 3	§ 24/3 NAG	Verlängerung des Aufenthaltstitels

FrG	FPG bzw NAG	Überschrift/Inhalt
§ 13		Aufenthaltszweck und Änderung des Aufenthaltszwecks
Abs 1	§ 19/2 NAG	Nachweis der Berechtigungen vor Erteilung des Aufenthaltstitels
Abs 2	Entfallen	
Abs 3	§ 26 NAG	Zweckänderungsverfahren
§ 14		Verfahren bei der Erteilung der Einreise- und Aufenthaltstitel
Abs 1	§ 25/3, § 19/1 u 7 NAG	Antragstellung minderjähriger Fremder
Abs 2	§ 21/1 u 2 NAG	Verfahren bei Erstanträgen; Auslands- und Inlandsantragstellung
Abs 2a	Entfallen	
Abs 2b	Entfallen	
Abs 2c	Entfallen	
Abs 3	§ 25/2, § 19/2-6 NAG	Mitwirkung am Verfahren
Abs 3a	§ 14/3 NAG	Verpflichtung zur Erfüllung der Integrationsvereinbarung
Abs 3b	Entfallen	
Abs 4	§ 25/6	Ersichtlichmachung des Einreisetitels im Reisedokument
Abs 4a	§ 8/2/1 NAG	Niederlassungsbewilligung – Schlüsselkraft; One-Stop-Shop
Abs 5	§ 22/3	Erteilung humanitärer Visa auf einem Formblatt
Abs 6	§ 23/1 NAG	anderer Aufenthaltszweck; Belehrung
Abs 7	§ 25/5	Befreiung von Verwaltungsabgaben
§ 15		Verfahren im Falle von Versagungsgründen für einen weiteren Aufenthaltstitel
Abs 1 u 2	§ 25/1 u 2 NAG	Verfahren im Fall des Fehlens von Erteilungsvoraussetzungen für die Verlängerung eines Aufenthaltstitels
Abs 3	§ 25/3 NAG	formlose Einstellung bei Rechtskraft der Aufenthaltsbeendigung
§ 16		Ungültigkeit und Gegenstandslosigkeit eines Einreise- oder Aufenthaltstitels
Abs 1 u 1a	§ 26/1 u 2	Ungültigerklärung von Visa

FrG	FPG bzw NAG	Überschrift/Inhalt
Abs 1b	§ 10/2 NAG	Ungültigkeit bei fehlender Niederlassung
Abs 2	§ 27/1, § 10/1 NAG	Ungültigkeit bei Durchsetzbarkeit oder Rechtskraft eines Aufenthaltsverbots oder einer Ausweisung
Abs 3	§ 27/2, § 10/3 NAG	Gegenstandslosigkeit von Visa
Abs 4	§ 27/3, § 10/4 NAG	Ersichtlichmachung der Ungültigkeit oder Gegenstandslosigkeit im Reisedokument
§ 17	Entfallen	Allgemeines betreffend Niederlassungsbewilligungen
§ 18	§ 13 NAG	Niederlassungsverordnung
§ 19		
Abs 1	§ 12 Abs 1 NAG	Quotenpflichtige Niederlassung
Abs 2 Z 1 u 3	§ 62 NAG	Sonderfälle unselbständiger Erwerbstätigkeit
Abs 2 Z 2	§ 61 NAG	Künstler
Abs 3	§ 33 NAG	unselbständige Erwerbstätigkeit
Abs 4	Entfallen	
Abs 5	§ 8/2/2 NAG	Niederlassungsbewilligung - ausgenommen Erwerbstätigkeit
Abs 6	§ 20/1 NAG	Gültigkeitsdauer von Aufenthaltstiteln
§ 20		Familiennachzug für auf Dauer niedergelassene Fremde
Abs 1	§§ 27/1 u 46 NAG	Familienzusammenführung; abgeleitetes Niederlassungsrecht
Abs 2	§ 2/4/1 NAG	Beurteilung der Minderjährigkeit
§ 21		Familiennachzug im Rahmen der Quotenpflicht
Abs 1	§ 11/2/2 u § 13/2/3 NAG	Rechtsanspruch für ortsübliche Unterkunft; Quotenpflicht der Familienzusammenführung
Abs 1a u 2	§ 46/1 u 3 NAG	Familienangehörige von Schlüsselkräften und Privatiers
Abs 3	Entfallen	
Abs 4	§ 46/4 NAG	Niederlassungsbewilligung für nachziehende Familienangehörige
Abs 5	Entfallen	
§ 22		Beachtung der Quotenpflicht
Abs 1	§ 12/2-8	Quotenpflichtige Niederlassung
Abs 2	Entfallen	

FrG	FPG bzw NAG	Überschrift/Inhalt
§ 23		Erteilung weiterer Niederlassungsbewilligungen
Abs 1	§§ 24 u 20/2 NAG	Verlängerung der Niederlassungsbewilligung; Gültigkeitsdauer
Abs 2	Entfallen	
Abs 3	Entfallen	
Abs 4	Entfallen	
Abs 5	Entfallen	
Abs 6	Entfallen	
Abs 6a	§ 27/3 NAG	aufrechte Niederlassung
Abs 7	§ 45/5 NAG	Verständigung der Asylbehörde; Daueraufenthalt – EG für bisherige Asylberechtigte
§ 24		„Niederlassungsnachweis (langfristige Aufenthaltsberechtigung-EG)
Abs 1-3	§ 45/1-4 NAG	Aufenthaltstitel „Daueraufenthalt – EG"
§ 25	Entfallen	Sonderbestimmung für Pendler
§ 26		Transitreisende
Abs 1 u 2	§ 28/1 u 2	
§ 27	§ 29	Träger von Privilegien und Immunitäten
§ 28		Sonstige Ausnahmen von der Sichtvermerkspflicht
Abs 1	§ 73/1 u 2	Besondere Bewilligung nach Zurückweisung, Zurückschiebung und Ausweisung
Abs 2	§ 30/4	Befreiung für Kinder
Abs 3	§ 30/3	Ausnahme auf Grund öffentlichen Interesses
Abs 4	§ 21/3 NAG	Inlandsantragstellung bei Gegenseitigkeit
Abs 5	§ 30/5	Sichtvermerksfreiheit für Asylberechtigte und subsidiär Schutzberechtigte
§ 29	§ 76 NAG	Vertriebene
§ 30		Sichtvermerksfreiheit, Niederlassungsfreiheit und Bleiberecht
Abs 1	§ 30	Sichtvermerksfreiheit auf Grund höherrangigen Rechts
Abs 2	§ 21/8	Rechtsanspruch auf Visa
Abs 3	§ 24 NAG	Verlängerung des Aufenthaltstitels
§ 31		Rechtmäßiger Aufenthalt

FrG	FPG bzw NAG	Überschrift/Inhalt
	Abs 1	§ 31/1, § 15/3 u 4	
	Abs 2	§ 15/3 u 4/4, § 31/1/5	Rechtmäßige Einreise
	Abs 3	Entfallen	
	Abs 4	§ 24/2 NAG	fortgesetztes Aufenthaltsrecht nach Ablauf des Aufenthaltstitels
§ 32			Nachweis der Aufenthaltsberechtigung
	Abs 1	§ 32/1	
	Abs 2	§ 32/2	
	Abs 3	§ 32/4	Aufenthaltstitel und Dokumentationen als Identitätsdokumente
§ 33			Ausweisung Fremder ohne Aufenthaltstitel
	Abs 1	§ 53/1	Bescheidmäßige Ausweisung
	Abs 2	§ 53/2	Ausweisungsgründe
	Abs 3	§ 67/1	Durchsetzbarkeit der Ausweisung
	Abs 4	§ 53/3	Betretung wegen unzulässiger Beschäftigung nach dem AuslBG
§ 34			Ausweisung Fremder mit Aufenthaltstitel
	Abs 1	§ 54/1	
	Abs 2	§ 54/2	
	Abs 2a	§ 54/3	
	Abs 2b	§ 54/4	
	Abs 3	§ 54/5	
	Abs 4	Entfallen	
§ 34a		§ 71	Vollstreckung von Aufenthaltsverboten von EWR-Staaten
§ 35		§ 55	Aufenthaltsverfestigung bei Fremden mit Niederlassungsbewilligung
§ 36			Aufenthaltsverbot
	Abs 1	§ 60/1	
	Abs 2	§ 60/2	
	Abs 3	§ 60/3	
	Abs 4	§ 60/5	
§ 37			Schutz des Privat- und Familienlebens
	Abs 1	§ 66/1	
	Abs 2	§ 66/2	
§ 38			Unzulässigkeit eines Aufenthaltsverbotes
	Abs 1 Z 1	§ 61 Z 1	

FrG	FPG bzw NAG	Überschrift/Inhalt
Abs 1 Z 2	§ 61 Z 2	
Abs 1 Z 3	§ 61 Z 3	
Abs 1 Z 4	§ 61 Z 4	
Abs 2	Entfallen	
§ 39		Gültigkeitsdauer des Aufenhaltsverbotes
Abs 1	§ 63/1	
Abs 2	§ 63/2	
§ 40		Ausreiseverpflichtung und Durchsetzungsaufschub
Abs 1	§ 67/1	
Abs 2	§ 67/2	
Abs 3	§ 59/2	
§ 41		Wiedereinreise
Abs 1	§ 72/1	
Abs 2	§ 72/2	
Abs 3	§ 72/4	
§ 42		Auflagen für den Durchsetzungsaufschub und die Wiedeeinreisebewilligung
Abs 1	§ 68/1	
Abs 2	§ 68/2	
Abs 3	§ 68/3	
§ 43		Widerruf des Durchsetzungsaufschubes und der Wiedereinreisebewilligung
Abs 1	§ 69 Z 1 u 2, § 72/5	Widerruf des Durchsetzungsaufschubes
Abs 2	§ 69 Z 3	
Abs 3	§ 72/5/1 u 2	
Abs 4	§ 72/6	Ungültigerklärung im Reisedokument
§ 44	§ 65/1-4	Aufhebung des Aufenthaltsverbotes
§ 45		Besondere Verfahrensbestimmungen
Abs 1	§ 106	Mitwirkungspflichten
Abs 2	§ 70	Persönliches Erscheinen vor der Behörde
Abs 3	§ 58	Aberkennung der aufschiebenden Wirkung einer Berufung
Abs 4	§ 64	
Abs 5	§ 70	Ersichtlichmachung im Reisedokument

Paragrafenspiegel FrG – FPG bzw NAG

FrG		FPG bzw NAG	Überschrift/Inhalt
§ 46			Sichtvermerksfreiheit und Aufenthaltsberechtigung von EWR-Bürgern
	Abs 1	§ 30/1, § 84	
	Abs 2	§§ 51 u 52 NAG	Niederlassungsrecht für EWR-Bürger
§ 47			Aufenthaltsberechtigung begünstigter Drittstaatsangehöriger
	Abs 1	§ 85/1	
	Abs 2	§ 54 NAG	Niederlassungsrecht für drittstaatsangehörige Angehörige des EWR-Bürgers
	Abs 3	§ 2/4/11, §§ 54 iVm 52 NAG	Begünstigte Drittstaatsangehörige
	Abs 4	Entfallen	
	Abs 5	Entfallen	
§ 48			Sonderbestimmungen für den Entzug der Aufenthaltsberechtigung und für verfahrensfreie Maßnahmen
	Abs 1	§ 86/1	
	Abs 2	§ 86/2	
	Abs 3	§ 86/3	
	Abs 4	§ 86/4	
	Abs 5	§ 86/6	
§ 48a		§§ 84-87, § 57 NAG	Sonderbestimmungen für Angehörige von Schweizer Staatsbürgern
§ 49			Angehörige von Österreichern
	Abs 1	§ 87, § 47 NAG	Niederlassungsrecht für Familienangehörige
	Abs 2	§ 48 NAG	Aufenthaltstitel „Daueraufenthalt – Familienangehöriger"
§ 50			Niederlassungsregister
	Abs 1	§ 40/1 NAG	
	Abs 2	§ 40/2 NAG	
§ 50a			Integrationsvereinbarung
	Abs 1	§ 14/3 NAG	Erfüllungspflichtige
	Abs 2	§ 14/1 NAG	Zweck der IV
§ 50b			Ausnahmen von der Integrationsvereinbarung
	Abs 1	§ 14/4 u 5 NAG	Ausnahmen und Erfüllungsmöglichkeiten
	Abs 2	Entfallen	
§ 50c			Nachweis der Erfüllung der Integrationsvereinbarung
	Abs 1	§ 14/8 NAG	Erfüllungszeitraum

FrG	FPG bzw NAG	Überschrift/Inhalt
Abs 2	§ 14/8 NAG	Aufschubgewährung
Abs 3-6	§ 15/1-4 NAG	Kostenbeteiligungen des Bundes
§ 50d		Kursangebot
Abs 1	§ 16/1 NAG	Kursinhalte
Abs 2	§ 16/2 NAG	Zertifizierung der Kurse
Abs 3	§ 16/3 NAG	
Abs 4	§ 16/4 NAG	Ermächtigung für die Integrations-vereinbarungs-Verordnung (IV-V)
Abs 5	§ 16/5 NAG	Entziehung der Zertifizierung
§ 51	§ 17 NAG	Integrationsförderung
§ 51a		Beirat für Asyl- und Migrationsfragen
Abs 1	§ 18/1 NAG	
Abs 2	§ 18/2 NAG	
Abs 3	§ 18/4 NAG	
Abs 4	§ 18/5 NAG	
§ 52		Zurückweisung
Abs 1	§ 41/2	
Abs 2 Z 1	§ 41/2/2	
Abs 2 Z 2	§ 41/2/3	
Abs 2 Z 3	§ 41/2/4	
Abs 2 Z 4	§ 41/2/5	
Abs 2 Z 5	§ 41/2/6	
Abs 3	§ 41/3	
§ 53		Sicherung der Zurückweisung
Abs 1	§ 42/1	
Abs 2	§ 42/2	
Abs 3	§ 111/1	Pflichten der Beförderungsunternehmer
Abs 3a	§ 111/3	Kostenlose Datenübermittlung
Abs 4	§ 42/3	
§ 54		Transitsicherung
Abs 1	§ 43/1	
Abs 2	§ 43/2	
§ 55		Zurückschiebung
Abs 1	§ 45/1	
Abs 1 Z 1 u 1a	§ 45/1/1	
Abs 1 Z 2	§ 45/1/2	
Abs 2	§ 45/3	

FrG	FPG bzw NAG	Überschrift/Inhalt
§ 56		Abschiebung
Abs 1	§ 46/1	
Abs 2	§ 46/3	
Abs 3	§ 46/4	
Abs 4	§ 46/5	
§ 57		Verbot der Abschiebung, Zurückschiebung und Zurückweisung
Abs 1	§ 50/1	Drohende Verletzung der Fundamentalgarantien
Abs 2	§ 50/2	Drohende Verletzung nach Art 33 Z 1 GFK
Abs 3	§ 50/3	Darlegungsrecht
Abs 4	§ 50/4	Zulässigkeit nach Art 33 Z 2 GFK
Abs 5	§ 50/5	Bescheidmäßige Feststellung
Abs 6	§ 50/6	Vorläufige Maßnahme des EGMR
Abs 7	§ 50/7	Mitteilung an das BAA
§ 58		Durchbeförderung
Abs 1	§ 48/1	
Abs 2	§ 48/2	
§ 59		Durchbeförderungsabkommen
Abs 1	§ 49/1	
Abs 2	§ 49/2	
§ 60		Ausübung von Befehls- und Zwangsgewalt
Abs 1 u 1a	§ 13/3	
Abs 2	§§ 41/3, 43/3, 45/3, 46/5	Streichung der Ersichtlichmachung im Reisedokument
§ 61		Schubhaft
Abs 1	§ 76/1	Zweck der Schubhaft
Abs 2	§ 76/3	Anordnung mit Bescheid
Abs 3	§ 76/4	Zustellung
Abs 4	§ 76/7	Anfechtung der Schubhaft
§ 62		Festnahmeauftrag
Abs 1	§ 74/1	
Abs 2	§ 74/2	
Abs 3	§ 74/4	
§ 63		Festnahme
Abs 1	§ 39/2	
Abs 2	§ 39/4	Unterbleiben der Festnahme
Abs 3	§ 39/6	
§ 64		Einschaltung der Behörde
Abs 1	§ 39/5	
Abs 2	§ 39/6	
§ 65		Rechte des Festgenommenen
Abs 1	§ 40/1	

FrG	FPG bzw NAG	Überschrift/Inhalt
	Abs 1 u 2	§ 40/2	
§ 66		Gelinderes Mittel
	Abs 1	§ 77/1	
	Abs 2	§ 77/2 u 3	
	Abs 3	§ 77/3	
	Abs 4	§ 77/4	
	Abs 5	§ 77/5	
§ 67		Vollzug der Schubhaft
	Abs 1	§ 78/1	Hafträume
	Abs 2	§ 78/2	
	Abs 3	§ 78/3	
	Abs 4	§ 78/4	
	Abs 5	§ 78/5	
	Abs 6	§ 78/8	Kostenersatz
§ 68		Durchführung der Schubhaft
	Abs 1	§ 79/1	
	Abs 2	§ 79/2	Fremde unter 16 Jahren
	Abs 3	§ 79/3	
	Abs 4	§ 79/4	Hausordnung
§ 69		Dauer der Schubhaft
	Abs 1	§ 80/1	
	Abs 2	§ 80/2	
	Abs 3	§ 76/5	Durchsetzbarkeit eines Aufenthaltsverbots oder einer Ausweisung
	Abs 4 Z 1	§ 80/3	
	Abs 4 Z 2-4	§ 80/4/1-3	
	Abs 5	§ 80/7	
	Abs 6	§ 80/5	
§ 70		Aufhebung der Schubhaft
	Abs 1-3	§ 81/1-3	
§ 71		Betreten von Räumlichkeiten
	Abs 1	§ 36/1	
	Abs 2	§ 36/1	
	Abs 3	§ 36/2	
	Abs 4	§ 36/3	
	Abs 5	§ 36/1	
§ 72		Beschwerde an den unabhängigen Verwaltungssenat
	Abs 1-4	§ 82/1-4	
§ 73		Entscheidung durch den unabhängigen Verwaltungssenat
	Abs 1-4	§ 83/1-4	
§ 74		§ 10	Amtsbeschwerde

Paragrafenspiegel FrG – FPG bzw NAG

FrG	FPG bzw NAG		Überschrift/Inhalt
§ 75			Feststellung der Unzulässigkeit der Abschiebung in einen bestimmten Staat
	Abs 1-5	§ 51/1-5	
§ 76			Ausstellung von Fremdenpässen
	Abs 1	§ 88/1	
	Abs 2	§ 88/2	Gestaltung der Fremdenpässe
§ 77			Fremdenpässe für Minderjährige
	Abs 1-3	§ 89/1-3	
§ 78		Entfallen	Miteintragungen in Fremdenpässe
§ 79			Gültigkeitsdauer der Fremdenpässe
	Abs 1	§ 90/1	
	Abs 2	§ 90/3	Verlängerung
§ 80			Geltungsbereich der Fremdenpässe
	Abs 1-2	§ 91/1-2	
§ 81			Versagung eines Fremdenpasses
	Abs 1 Z 1	§ 92/1/1	
	Abs 1 Z 2	§ 92/1/2	
	Abs 1 Z 3	§ 92/1/3	
	Abs 1 Z 4	§ 92/1/5	
	Abs 2	§ 92/2	
§ 82			Entziehung eines Fremdenpasses
	Abs 1-3	§ 93/1-3	
§ 83			Konventionsreisepässe
	Abs 1-5	§ 94/1-5	
§ 84		§ 95	Lichtbildausweis für Träger von Privilegien und Immunitäten
§ 85		Entfallen	Lichtbildausweis für Fremde
§ 86			Lichtbildausweis für EWR-Bürger
	Abs 1	§ 9/2 NAG	
	Abs 2	§ 9/2 NAG	
	Abs 3	Entfallen	
	Abs 4	Entfallen	
	Abs 5	Entfallen	
§ 87			Rückkehrausweis für Staatsbürger eines Mitgliedstaates der Europäischen Union
	Abs 1-3	§ 96/1-3	
§ 87a			Reisedokument für die Rückführung von Drittstaatsangehörigen
	Abs 1-2	§ 97/1-2	

FrG		FPG bzw NAG	Überschrift/Inhalt
§ 88			Sachliche Zuständigkeit
	Abs 1	§ 3/1, § 5/1	Fremdenpolizeibehörden, Organe des öffentlichen Sicherheitsdienstes
	Abs 2	§ 7	Sachliche Zuständigkeit im Ausland
	Abs 3	§ 5/4	Dienst- und Diplomatenvisa
	Abs 4	§ 5/2	Grenzübergangsstellen
	Abs 4a	§ 5/3	Ungültigerklärung von Visa an Grenzübergangsstellen
	Abs 5	§ 5/5	
	Abs 6	§ 5/6	
§ 89			Sachliche Zuständigkeit im Zusammenhang mit Niederlassungsbewilligungen
	Abs 1-2	§ 3/1 NAG	Sachliche Zuständigkeit im Niederlassungs- und Aufenthaltswesen
§ 90			Besondere sachliche Zuständigkeiten
	Abs 1	§ 75 NAG	Zustimmung des BMI bei humanitären Aufenthaltstiteln
	Abs 2	§ 6/8	Übernahmeauftrag (SID)
	Abs 3 u 3a	§ 3/3 NAG	Antragstellung im Ausland bei der österr Berufsvertretungsbehörde
	Abs 4	Entfallen	
§ 91			Örtliche Zuständigkeit im Inland
	Abs 1	§ 6/1 u 2, § 4 NAG	
	Abs 2	§ 6/4	Ungültigerklärung eines Visums
	Abs 3	§ 6/5	Aufhebung eines Aufenthaltsverbotes
	Abs 4	§ 6/9, § 3/4 NAG	Verwaltungsstrafbehörde
	Abs 5	§ 6/3	Erteilung eines Visums bei einer Grenzübergangsstelle
	Abs 6	§ 6/7	Reisebewegung in einem öffentlichen Beförderungsmittel
§ 92		§ 8/1 u 2, § 5/1 u 2 NAG	Örtliche Zuständigkeit im Ausland
§ 93			Verfahren vor österreichischen Vertretungsbehörden
	Abs 1	§ 11/1, § 22/1 NAG	
	Abs 2	§ 11/2	
	Abs 3	§ 11/3	

FrG	FPG bzw NAG	Überschrift/Inhalt
Abs 4	§ 11/5	
Abs 5	§ 11/6	
§ 94		Instanzenzug
Abs 1	§ 9/1, § 3/2 NAG	Instanzenzug in der Fremdenpolizei und im Niederlassungs- und Aufenthaltswesen
Abs 2	§ 9/3	Keine Berufung gegen Entscheidungen betreffend Visa
Abs 3 u 3a	Entfallen	
Abs 4	§ 3/2 NAG	
Abs 4a	§ 19/7 NAG	Persönliche Zustellung des Aufenthaltstitels
Abs 5	§ 9/2	Keine Berufung gegen Entscheidungen betr. Durchsetzungsaufschub
Abs 6	§ 9/5	Berufung gegen Entscheidungen der Vertretungsbehörden
Abs 7	§ 9/6	Berufung gegen Sanktionen gegen Beförderungsunternehmer und gegen Kostenbescheide
§ 95		Sonderbestimmungen für Minderjährige
Abs 1	§ 12/1	
Abs 2	§ 12/2	
Abs 3	§ 12/3	
Abs 4	Entfallen	
Abs 5	§ 12/4	
§ 96		Verwenden erkennungsdienstlicher Daten
Abs 1	§ 99/1	
Abs 2	§§ 101-104, § 98/2	Gemeinsame Verarbeitung und Benützung von Daten; Informationsverbundsystem
Abs 3	§ 102/4	Übermittlung an andere Behörden
Abs 4	§ 99/3	Löschung
Abs 5	§ 99/4	Anwendung des SPG
§ 97	§ 100/1-3	Verfahren im Erkennungsdienst
§ 98		Allgemeines über das Verwenden personenbezogener Daten
Abs 1 u 2	§ 98/1 u 2	
§ 99		Zentrale Informationssammlung; Ermittlung, Verarbeitung und Übermittlung
Abs 1	§ 102/1 u 3	

FrG	FPG bzw NAG	Überschrift/Inhalt
	Abs 2	§ 104/1 u 2, § 102/4	
	Abs 3	Entfallen	
§ 100			Zentrale Informationssammlung; Sperren des Zugriffs und Löschung
	Abs 1	§ 103/1	
	Abs 2	§ 103/2	
§ 101			Besondere Übermittlungen
	Abs 1	§ 37/1 NAG	Überlassung von Daten der Aufenthaltsbehörde
	Abs 2	§ 105/3	Mitteilung an Staatsbürgerschaftsbehörden
§ 102			Internationaler Datenverkehr
	Abs 1-3	§ 108/1-3	
§ 103			Kosten
	Abs 1	§ 113/1	
	Abs 2	§ 113/2	
	Abs 3	§ 113/4	
	Abs 4	§ 113/6	
§ 104			Schlepperei
	Abs 1	§ 114/1	
	Abs 2	§ 114/3	
	Abs 3	§ 114/4 u 5	
	Abs 4	§ 114/4	
	Abs 5	Entfallen	
	Abs 6	§ 114/6	
	Abs 7	§ 114/7	
	Abs 8	§ 114/8	
§ 105			Ausbeutung eines Fremden
	Abs 1-3	§ 116/1-3	
§ 106			Vermittlung von Scheinehen
	Abs 1	§ 117/3	Gewerbsmäßiges Vermitteln
	Abs 2	§ 117/4	
§ 106a			Vermittlung von Adoptionen eigenberechtigter Fremder
	Abs 1	§ 118/3	
	Abs 2	§ 118/4	
§ 107			Unbefugter Aufenthalt
	Abs 1	§ 120/1	
	Abs 2	§ 120/3/1 u 2	
	Abs 3	§ 120/4	
	Abs 4	§ 120/3/4	
§ 107a			Entgeltliche Beihilfe zu unbefugtem Aufenthalt
	Abs 1	§ 115/1 u 2	Beihilfe zu unbefugtem Aufenthalt

FrG	FPG bzw NAG		Überschrift/Inhalt
	Abs 2	Entfallen	
	Abs 3	§ 115/4	
	Abs 4	Entfallen	
§ 108			Sonstige Übertretungen
	Abs 1 Z 1-3	§ 121/2/1-3	
	Abs 1 Z 4	§ 77/1/1 NAG	Nichtmeldung der Änderung des Aufenthaltszwecks
	Abs 1a	§ 77/1/4 NAG	Nichterfüllung der IV
	Abs 1b	Entfallen	
	Abs 2	§ 121/3	
§ 109		§ 122	Subsidiarität
§ 110			
	Abs 1	§ 3/2	Organe des öffentlichen Sicherheitsdienstes
	Abs 2	§ 4	Gemeindewachkörper
	Abs 3	§ 39/1	Festnahme durch Organe des öffentlichen Sicherheitsdienstes
	Abs 4	§ 3/3	Sprengelüberschreitendes Handeln
	Abs 5	§ 121/4	Verwaltungsstrafevidenz der SID
§ 110a		§ 123	Sprachliche Gleichbehandlung
§§ 111-115		Entfallen	Zeitlicher Geltungsbereich und Übergangsbestimmungen im FrG
§ 116		§ 124	Verweisungen
§ 117		§ 127	Vollziehung

Judikaturverzeichnis

VwGH 21.03.2002, 99/20/0401-8

Asylgesetz 2005

§ 5
VfGH 17.06.2005, B 336/05
VwGH 19.02.2004, 99/20/0573
VwGH 31.03.2005, 2002/20/0582

§ 6
VwGH 10.06.1999, 99/01/0288
VwGH 06.02.1996, 95/20/0079
VwGH 15.12.1993, 93/01/0900

§ 8
VwGH 19.02.2004, 99/20/0573

§ 10
VfGH 17.03.2005, G 78/04 ua
VwGH 30.06.2005, 2005/20/0108

§ 12
EGMR, *Udayanan und Sivakumaran*, EuGRZ 1987, 335
EGMR, *Paramanathan*, DR 51, 237
EGMR, *Aygün*, DR 63, 195

§ 15
EGMR 24.09.1992, *Herczegfalvy/Österreich*, EuGRZ 1992, 535 = ÖJZ 1993, 96

§ 16
VfGH 09.03.2005, B 1477/04, B 1290/04
VwGH 12.04.2005, 2004/01/0460
OGH 25.09.2002, 7 Ob 144/02f

§ 20
VwGH 03.12.2003, 2001/01/0402

§ 21
VfGH 15.10.2004, G 237, 238/03

§ 23
VwGH 31.06.2006, 2005/05/0309
VwGH 26.01.2006, 2004/06/0170

§ 29
VfSlg 15.529

§ 32
OGH 15.03.2005, 1 Ob 250/04b

§§ 36, 38, 39, 40, 47
VfGH 15.10.2004, G 237, 238/03 ua

§ 41
VwGH 19.05.1994, 93/07/0167

§ 44
VfGH 15.10.2004, G 237, 238/03 ua
VwGH 05.06.1996, 96/20/0041
VwGH 21.05.2001, 2001/17/0022
VwGH 16.06.1999, 98/01/0477
VwGH 24.06.1998, 96/01/0609 = ZfVB 2000/246
VwGH 17.09.2002, 2000/01/0138 = ZfVB 2003/1555

§ 57
VwGH 27.01.2000, 99/20/0488

§ 58
VwGH 24.03.1999 98/01/0386

§ 61
VfGH 15.06.2001, G 138/00, G 15/01, G 39/01
VwGH 23.07.1998, 98/20/0175

§ 62
VwGH 18.03.2003, 2002/11/0007

§63
VwGH 15.12.1993, 93/01/0285

Fremdenpolizeigesetz

§ 1
VfSlg 10.086

§ 2
VwGH 17.03.2000, 99/19/0214

§ 3
UVS Vorarlberg 09.12.1992, 1-147/91

§ 6
VwGH 30.05.2001, 98/21/0511
VwGH 15.12.2004, 2001/18/0230

§ 9
EuGH 02.06.2005, Rs C-136/03 (*Dörr und Ünal*)
VfGH VfSlg 13.942

§ 11
VwGH 05.10.1988, 88/01/0140
VwGH 11.12.2003, 2003/21/0092

§ 12
EGMR 24.09.1992, Herczegfalvy/Österreich, EUGRZ 1992, 535 = ÖJZ
1993, 96

§ 13
VfSlg 11.878
VwGH 29.07.1998, 97/01/0448
VwGH 25.06.1997, 95/01/0600
VwGH 23.03.2004, 2002/01/0542

§ 15
VwGH 19.10.2004, 2004/21/0181

§ 31
VwGH 05.04.2005, 2005/18/0093

§ 32
VfSlg 17.017

§ 34
VwGH 29.07.1998, 97/01/0448

§ 36
VfSlg 14.864

§ 39
VwGH 19.12.2003, 2001/02/0022

§ 40
VwGH 12.04.2005, 2003/01/0490

§ 41
VwGH 09.11.2004, 2004/01/0125

§ 53
VwGH 05.09.2002, 99/21/0210
VwGH 03.08.2000, 98/18/0281

§ 54
VwGH 15.11.2005, 2003/18/0263

§ 55
VwGH 17.11.2005, 2004/21/0148

§ 58
VwGH 16.01.1985, 84/11/0234

§ 60
EGMR 05.10.2000, Maaouia, RJD 2000-X = ÖJZ 2002/109
VwGH 10.02.1994, 93/18/0567
VwGH 17.04.1997, 97/18/0055
VwGH 23.10.1997, 97/18/0510
VwGH 04.12.1997, 97/18/0544
VwGH 04.12.1997, 97/18/0563
VwGH 15.10.1998, 98/18/0231

VwGH 26.03.1999, 98/18/0344
VwGH 17.02.2000, 99/18/0252
VwGH 14.03.2000, 99/18/0269
VwGH 21.09.2000, 2000/18/0095
VwGH 30.01.2001, 2000/18/0001
VwGH 30.01.2001, 2000/18/0002
VwGH 26.02.2001, 2001/21/0034
VwGH 27.06.2001, 2001/18/0110
VwGH 08.11.2001, 2000/21/0229
VwGH 27.02.2003, 2002/18/0248
VwGH 18.03.2003, 98/18/0364
VwGH 09.05.2003, 2003/18/0075
VwGH 17.06.2003, 99/21/0020
VwGH 17.06.2003, 2000/21/0100
VwGH 25.09.2003, 2003/18/0216
VwGH 18.05.2004, 2001/21/0107
VwGH 19.05.2004, 2001/18/0074
VwGH 19.10.2004, 2004/21/0243
VwGH 30.06.2005, 2005/18/0176
VwGH 30.06.2005, 2005/18/0177
VwGH 27.09.2005, 2003/18/0277
VwGH 30.11.2005, 2005/18/0643
OGH 19.05.1998, 1 Ob 73/98m = EvBl 1998/188
OGH 24.06.1999, 12 Os 63/99 = EvBl 2000/9

§ 61
VwGH 30.01.1997, 97/18/0013
VwGH 05.04.2005 2005/18/0094

§ 63
VwGH 26.11.2003, 2000/18/0063

§ 66
VwGH 26.11.2003, 2000/18/0063

§ 67
VwGH 09.09.1999, 99/21/0203
VwGH 09.09.1999, 99/21/0243

§ 72
VwGH 15.12.2005, 2004/18/0388

§ 75
VfSlg 9922
VfSlg 10.420
VfSlg 10.848

§ 76
VwGH 20.10.2000, 99/20/0406
VwGH 23.02.2001, 98/02/0276
VwGH 14.09.2001, 2000/02/0319
VwGH 28.06.2002, 2002/02/0138

VwGH 30.01.2004, 2003/02/0148
VwGH 21.12.2004, 2004/21/0145
VwGH 08.09.2005, 2005/21/0301

§ 77
VwGH 17.12.1999, 99/02/0294
VwGH 26.01.2001, 2000/02/340
VwGH 22.03.2002, 99/02/0237

§ 78
VwGH 19.02.2004, 2003/20/0502

§ 80
EGMR, 15.11.1996, CHAHAL/UK, ÖJZ 1997/20
VfSlg 13.660
VwGH 09.05.2002, 2001/02/0209

§ 82
VfGH 12.03.1992, G 356 ua/91, 92
VwGH 27.01.1995, 94/02/0334
VwGH 23.02.2001, 98/02/0276
VwGH 17.05.2002, 99/02/0266

§ 83
VfSlg 13.893
VwGH 11.04.1984, 82/11/0358
VwGH 30.05.1995, 95/18/0120
VwGH 26.04.2002, 99/02/0034

§ 86
EuGH 27.10.1977, Rs 30/77 (*Boucherau*)
VwGH 16.06.2000, 2000/21/0064
VwGH 09.06.2005, 2005/21/0057

§ 99
DSK 06.07.2004, K120.893/0007-DSK/2004

Grenzkontrollgesetz

§ 11
UVS Stmk 4.7.2003, 30.7-139/2002

§ 12
UVS NÖ 2.9.1997, Senat-B-97-026

§ 13
UVS OÖ 7.6.2000, VwSen-120052/2/Br/Bk
UVS Sbg 4.11.1998, 5/10122/5-1998th

§ 16
VwGH 23.02.1994, 94/01/0022
VwGH 02.03.1992, 92/18/0046; 20.02.1992, 91/19/0009, 91/19/0352;
    17.02.1992, 91/19/0317; 30.09.1991, 91/19/0198; 02.08.1991,
    91/19/0236; 20.06.1991, 91/19/0068; 08.10.1990, 90/19/0154
VwSlg 12.459 A

Grundversorgungsgesetz - Bund 2005

§ 2
UVS OÖ 16.03.2006, VwSen-700002/6/Wie/An

§ 6
VfGH

§ 13a
VfGH 15.10.2004, G 237/03 ua = ÖJZ 2005/1
OGH 24.03.2003, 1 Ob 272/02k = JBl 2004, 384
OGH 27.08.2003, 9 Ob 71/03
OGH 30.04.2004, 4 Ob 48/04v
OGH 20.09.2005, 5 Ob 98/05f = migraLex 2006, 32 mit Glosse *Vonkilch*

Niederlassungs- und Aufenthaltsgesetz

§ 2
EuGH Rs C-413/99, Slg 2002, I-07091
EuGH 07.09.2004, Rs C-456/02 (Große Kammer)

§ 9
EuGH, Rs C-64/96 und C-65/96, Slg 1997, I-03171
EuGH Rs C-19/92, Slg 1993, I-01663
EuGH Rs C-85/96, Slg 1998, I-02691
EuGH Rs C-18/95, Slg 1999, I-00345
EuGH Rs C-370/90, Slg 1992, I-04265
EuGH RS C-109/01, Slg 2003, I-09607
EuGH Rs C-413/99, Slg 2002, I-07091
EuGH 07.09.2004, Rs C-456/02 (Große Kammer)

§ 11
VwGH 14.05.1996, 95/19/1192
VwGH19.09.1996, 95/19/1183
VwGH10.12.1996, 95/19/0491
VwGH 03.12.1999, 99/19/0094
VwGH 25.08.2000, 96/19/3172
VwGH 15.10.2002, 98/21/0516

§ 12:
VfSlg 17.013

§ 14:
OGH 08.09.1987, 10 Ob S 47/87 = ZAS 1989/3, 16
OGH 10.03.1992, 10 Ob S 46/92 = SSV-NF 6/26 (1992)

§ 54:
EuGH Rs C-370/90, Slg 1992, I-04265
EuGH Rs C-109/01, Slg 2003, I-09607

§ 72:
VfGH VfSlg 17.013
VwGH VwSlg 14.888 A

Richtlinienverordnung

§ 1
VwGH 07.09.2000, 99/01/0429 = ZfVB 2003/1549

§ 5
VwGH 17.09.2002, 2000/01/0138 = ZfVB 2003/1555
VwGH 29.06.2000, 96/01/1233 = ÖJZ 2001/88 A
VwGH 24.06.1998, 98/01/0084 = ZfVB 2000/745
VwGH 22.04.1998, 97/01/0630 = ÖJZ 1999/34 A = ZfVB 1999/1429

UBASG

VfGH 25.11.2003, B 804/03

Literaturverzeichnis

Aichlreiter in Rill/Schäfer, Bundesverfassungsrecht, Art 129c B-VG

Akyürek, Das Assoziationsabkommen EWG – Türkei, Aufenthalt und Beschäftigung von türkischen Staatsangehörigen in Österreich (2005)

Andre/Vogl/Weiss, Die Sicherheitspolizeigesetz-Novelle 2005, .SIAK-Journal 2/2005, 3

Andre/Vogl/Weiss, Die SPG-Novelle 2006, .SIAK-Journal 2/2006 (in Druck)

Diehsbacher, Bundesbetreuungsrecht (2005)

Fessl, Aktuelles zur Bundesbetreuung von Asylwerbern, ZUV 2004, 4

Fessl, Anmerkungen zu Ausweisung nach dem AsylG 2005 und zum sogenannten Ausweisungsverfahren, ZUV 2005, 137

Fessl, Verstößt das Bundesbetreuungsgesetz gegen die Kompetenzverteilung des B-VG? ZUV 2004, 123

Friedmann/Hofmann/Lueger-Schuster/Steinbauer/Vyssoki (Hrsg) Psychotrauma – die Posttraumatische Belastungsstörung (2004)

Grabenwarter/Öhlinger, Der Rücktritt Kärntens von der Grundversorgungsvereinbarung, migraLex 2005, 38

Hauer/Keplinger, Sicherheitspolizeigesetz Kommentar[3] (2005) [Kommentar[3]]

Hengstschläger, Verwaltungsverfahrensrecht[3] (2005)

Kälin, Grundriss des Asylverfahrens (1990)

Köhler in Korinek/Holoubek, Österreichisches Bundesverfassungsrecht (1999 ff) Art 129c B-VG

Köhler in Mayer, EU- und EG-Vertrag (2004) Art 310 EG

Kolonovits in Mayer (Hrsg), EU- und EG-Vertrag (2003 ff) Art 18

Kucsko-Stadlmayer, Das Disziplinarrecht der Beamten[3] (2003)

Marko in Korinek/Holoubek (Hrsg), Österreichisches Bundesverfassungsrecht (1999 ff) Art 8 B-VG

Marth, Grundversorgungsvereinbarung und Betreuung von Asylwerbern, .SIAK-Journal 2/2005, 12

Marx, Umsetzung der Aufnahmerichtlinie in Österreich, migraLex 2005, 82

Muzak/Taucher/Aigner/Lobner, Fremden- und Asylrecht (1999 ff)

Öhlinger, in Korinek/Holoubek (Hrsg), Österreichisches Bundesverfassungsrecht (1999 ff) Art 50 B-VG

Öhlinger, Verfassungsrecht[6] (2005)

Raschauer, Allgemeines Verwaltungsrecht[2] (2003)

Rohrböck, Das Bundesgesetz über die Gewährung von Asyl (1999)

Sieberer, Verfassungsfragen zum neuen Bundesbetreuungsgesetz und zur Grundversorgung, ZfV 2005, 2

Thanner/Vogl, Sicherheitspolizeigesetz (2005)

Thienel, in Korinek/Holoubek (Hrsg), Österreichisches Bundesverfassungsrecht (1999 ff) Art 15a B-VG

Vogl in Schriftenreihe des BMI (Hrsg), Verfassung – Reform – Rechtsschutz (3. Rechtsschutztag des BMI), Bd in Druck

Vogl, in Schriftenreihe der Österreichischen Verwaltungswissenschaftlichen Gesellschaft (Hrsg), EU-Rechtsumsetzung in Österreich – Die Perspektive des Bundes, Bd in Druck

Vogl, Der Rechtsschutzbeauftragte in Österreich (2004)

Vonkilch, Das Intertemporale Privatrecht (1999)

Walter/Mayer, Verwaltungsverfahrensrecht[8] (2003)

Wilhelm, Asylbetrieb an der Kippe – Der Rechtskampf um die Bundesbetreuung, ecolex 2003, 217

Zellenberg in *Korinek/Holoubek* (Hrsg), Österreichisches Bundesverfassungsrecht (1999 ff) Art 138/1 B-VG

Stichwortverzeichnis

Im Index wird auf die Seitenzahlen in gegenständlichem Werk verwiesen. Sind die Seitenzahlen noch zusätzlich mit der Zeichenfolge cd- versehen, beziehen sie sich auf Stellen, die auf der CD-ROM zu finden sind.

6. ZPEMRK cd-497
11. ZPEMRK cd-500
13. ZPEMRK cd-503

A

A2-Niveau 896
Abgaben 772
Abschaffung der Todesstrafe cd-497, cd-503
Abschiebung 147, 328
- Unzulässigkeit 336
- Verbot 333
Abschiebungsaufschub 328
Abschluss von Staatsverträgen 773
Achtung der Menschenwürde 925
Adoption 466
Alphabetisierungskurs 895, 900, 902
Altersfeststellung 265
Amtsbeschwerde 215, 261, 649, 675, 836
Amtspartei 835
Amtsverschwiegenheit 756
Angehörige von Österreichern 615
Anhaltung 122, 314, 775
Anhörung 663
Anhörungsrecht 505, 814, 821, 829
Anmeldebescheinigung 485, 605, 651, 876
Anreise über einen Flughafen 137
Antrag
- Abweisung im Flughafenverfahren 141
- auf internationalen Schutz 56, 385
- Einbringen 100
- Gegenstandslosigkeit 120
- im Familienverfahren bei Berufsvertretungsbehörden 144, 845
- im Familienverfahren im Inland 143
- im Inland 533, 644
- Stattgebung 131
- Stellen 100
- Zurückziehen 121
Anwendungsbereich 55, 236
Arbeitserlaubnis 820

- Beschäftigungsmeldung 821
- Einschränkung des Geltungsbereiches 821
- Untersagung der Beschäftigung 822
- Verlängerung 822
- Voraussetzungen der Beschäftigungsaufnahme 821
- Widerruf 822
ärztliche Untersuchung 128
Assoziationsabkommen
- Schweiz cd-422
- Türkei cd-311
Assoziationsrat EWG -Türkei cd-311
Assoziationstürken 813
Asylausschlussgrund 64
Asyldatenabkommen cd-793
Asylgesetz-Durchführungsverordnung 2005 845
Asylwerber 57
- Erwerbstätigkeit 670
- im Zulassungsverfahren 661
Aufenthalt
- rechtmäßiger 299, 466
- unbefugter 450, cd-130, cd-326
Aufenthaltsadaption 555
Aufenthaltsadoption 447
Aufenthaltsbeendigung 544
Aufenthaltsberechtigung 239, 302
- befristete 79
- Entzug 82
- Weitergeltung 882
Aufenthaltsberechtigungskarte 128, 131, 193, 846
Aufenthaltsbewilligung 481
- Betriebsentsandte 617
- Forscher 631
- humanitäre 639
- Künstler 621
- Rotationsarbeitskräfte 616
- Schüler 624
- Selbständige 618
- Sozialdienstleistende 630
- Studierende 627
- unselbständige Erwerbstätigkeit 622
- zu Ausbildungszwecken 629

1055

Stichwortverzeichnis

Aufenthaltsehe 433, 555
— Eingehen und Vermittlung 445
Aufenthaltsrecht 90
— für Vertriebene 646, cd-113
Aufenthalts-Reisevisum 279
Aufenthaltstitel
— Aissehen und Inhalt 875
— allgemeine Voraussetzungen 491
— Arten und Form 481
— Daueraufenthalt - EG 581
— Daueraufenthalt - Familienangehöriger 597
— einheitliche Gestaltung cd-43
— Entziehung 551
— erstmalige Erteilung 534, 536
— Familienangehöriger 537, 589
— Gebühren 784
— Gegenstandslosigkeit 488
— Gültigkeitsdauer 531
— Rückstufung 551
— Ungültigkeit 487
— Verlängerung 539, 882
— VO (EG) 1030/2002 cd-43
— Zweckänderung 545
Aufenthaltsverbot 407
— Aufhebung und außer Kraft treten 372
— Gültigkeitsdauer 370
— Unzulässigkeit 366
— Voraussetzungen 352
Aufenthaltsverfestigung 346, 350, 824
Aufenthaltsvisum 279
Aufenthaltszwecke 875
Aufgabenerfüllung 923
AufnahmeRL cd-133
Aufnahmevereinbarung 633
aufschiebende Wirkung 146, 158, 351, 799, 802
— Aberkennung 371
aufschiebende Wirkung 153, 155
Aufsichtsbeschwerde 183
Aufwandersatz VwGH 951
Ausbeutung eines Fremden 444
Ausbildungsmaßnahme, unbezahlte cd-247
Ausflugsscheine 956
Auskunftsverlangen 305, cd-743
Ausländer 806
Ausländerausschuss 829
— Landesdirektorium 829
Ausländerbeschäftigung 804, 806
— Ansprüche des Ausländers 837
— Antragseinbringung 826

— Auskunfts- und Meldepflichten 830
— Behörden 827
— Rechtshilfe 831
— Stellung des Ausländers im Verfahren 829
— Überwachung 830
— Untersagung 837
— Verfahrensdauer 828
— Verhältnis zur Aufenthaltsberechtigung 830
— Voraussetzungen 808
Ausreise 238
Ausreiseentscheidung 239
Ausreiseverpflichtung 83, 375
Ausschluss
— Status des Asylberechtigten 74
— von der Versorgung 665
Außengrenze 240, 735
Ausweis für Vertriebene 646
Ausweisung 79, 83, 350, 407
— Aufschub 83
— Einleitung des Verfahrens 125
— Einstellung des Verfahrens 125
— Fremder mit Aufenthaltstitel 343
— Fremder ohne Aufenthaltstitel 340
— Gegenstandslosigkeit 352
— Rückführungsentscheidungen von EWR-Staaten 378
— Unzulässigkeit 83
authentische Interpretation 678
automationsunterstützte Datenverarbeitung 199
automatisierter Abruf cd-733

B

Befangenheit 219
Befehls- und Zwangsgewalt 267, 753, 754
Beförderungsunternehmer 434, 435, 437
— Pflichten und Information 872
— RL 2004/82/EG cd-218
BefördRL cd-218
Befragung 105, 131, 182, 927
Befreiungsschein 823
— Gebührenbefreiung 838
— Verlängerung 823
— Widerruf 824
Befristet beschäftigte Fremde 907
Begriffsbestimmungen 55, 238, 464, 661, 689, 735, 806
begünstigte Drittstaatsangehörige 406

1056

Stichwortverzeichnis

Beihilfe zum unbefugten Aufenthalt 443
BeihilfeRB cd-326
BeihilfeRL cd-130
Beilagengebühr 783
Beirat
– für Asyl- und Migrationsfragen 524
– für die Führung der Staatendokumentation 211, 851
Beitrittsübereinkommen 735
Bekämpfung des unbefugten Aufenthalts cd-326
Bekanntgabe der Dienstnummer 929
belastungsabhängige krankheitswertige psychische Störung 134
Belehrung 92, 94, 536, 544
Bericht des Rechtsschutzbeauftragten 757
Berufsvertretungsbehörde 466
Berufung 101, 256
– Aberkennung der aufschiebenden Wirkung 371
– aufschiebende Wirkung 146, 153, 155, 158, 351, 674
– Frist im Flughafenverfahren 141
– im Familienverfahren 147
– Vorbringen 175
Berufungsergänzung 101
Beschäftigung von Ausländern
 Siehe *Ausländerbeschäftigung*
Beschäftigungsbewilligung
– Auflagen 816
– Betriebsentsandte 824
– Geltungsbereich 815
– Geltungsdauer 815
– Kontingente 814
– Künstler 812
– Prüfung der Arbeitsmarktlage 813
– Streik und Aussperrung 817
– türkische Staatsangehörige 813
– Voraussetzungen 810
– vorläufige Berechtigung zur Beschäftigungsaufnahme 828
– Widerruf 816
Bescheid 113
Bescheinigung 309
beschleunigte Verfahren 113, 125, 126
Beschluss 1/80 cd-311
Beschränkung der Auskunft 797
Beschwerde 401, 799, 802
– an den Verwaltungsgerichtshof 773
– an die Datenschutzkommission 757
– wegen Richtlinienverletzung 183
 besondere Bewilligung 381
 besonderer Rechtsschutz im Ermittlungsdienst 756
Bestätigung 313, 383, 400
Bestellung des Rechtsschutzbeauftragten 756, 757
Betreten
– von Betreuungsstellen 667
– von Betriebsstätten, Betriebsräumen, Arbeitsstätten und Aufenthaltsräumen 830
– von Grundstücken, Betriebsstellen, Arbeitsstellen, Räumen und Fahrzeugen 309
Betreuungseinrichtung 661, 692
Betreuungsinformationssystem 672, 688
Betreuungsstelle 661, 692
Betriebsentsandte 617
Beweismittel 112, 313
Bild- und Tonaufzeichnung 753
Binnenflug 735
Binnengrenze 240, 735
Binnenschiffahrt 735
Bleiberecht 482, 547
Bundesasylamt 207
Bundeshöchstzahl 819

D

daktyloskopische Daten cd-704
Daten
– Abkommen Ö - CH/FL cd-793
– erkennungsdienstliche 57, 240, 417, 466, 561
– Ermitteln 200, 420, 524, 672
– internationaler Verkehr 431, 566
– Löschung 92, 196, 197, 417, 560, 673, 764, cd-739
– nicht-automatisierte Übermittlung cd-740
– Übermittlung 202, 673, 764, 832, cd-701, cd-708, cd-713, cd-715
– Verarbeiten 196, 417, 524, 560, 694, cd-738
– Verwenden 196, 197, 417, 423, 560, 672, 764
– Zweckbindung cd-736
Datenaustausch cd-793
Datenschutzniveau cd-734

1057

Stichwortverzeichnis

Daueraufenthaltskarte 485, 608, 877
Deutsch-Integrationskurs 896
dezentrale Informationszentren 479
Dienstaufsichtsbehörde 183
Dienstnummer 929
Dienstpass 953
Dienstvisum 279
Diplomatenpass 953
Diplomatenvisum 279
DNA-Analyse 553
DNA-Analyse-Dateien cd-695
– automatisierter Abgleich cd-700
– automatisierter Abruf cd-698
Dokument für den erleichterten Transit cd-410, cd-416
Dokumentation 485, 929
– Gegenstandslosigkeit 488
– Ungültigkeit 487
Dokumente für Fremde 238
Dokumentenberater cd-719
Drittstaat 57, 239, 807
Drittstaatsangehöriger 239, 465
– begünstigter 239, 485
– Reisedokument 416
– RL 2003/109/EG cd-160
Drittstaatsicherheit 66
Dublin - Verordnung 56
– EG - Dänemark cd-457
Dublin II - Durchführungsverordnung cd-80
Dublin II - Verordnung cd-52
Dublin Übereinkommen 56
Dublin Verordnung
– EG - Island/Norwegen cd-447
– Island/Norwegen - Dänemark cd-466
Dublinabsprache
– Slowakei cd-675
– Slowenien cd-671
– Tschechien cd-680
– Ungarn cd-667
Duldung 925
Durchbeförderung 331
Durchbeförderung im Luftweg cd-178
Durchführungsvereinbarungen cd-747
Durchgangsverkehr 761
Durchreisevisum 279
Durchsetzungsaufschub 375, 407
– Auflagen 377
– Widerruf 377
Durchsuchung 182, 311
Durchsuchungsauftrag 383

E
effektive Umsetzung des Gemeinschaftrechts 153
Eigensicherung 925
Eingabengebühren 801
einheitliche Verfahrensvorschriften 772
Einreise 137, 145, 238, 272
– Hinderung 320
Einreisetitel 238
– Gebühren 784
Einsatz von Dienstwaffen, Munition und Ausrüstungsgegenständen cd-730
Einschränkung der Befugnisse des Rechtsschutzbeauftragten 756
Einstellung des Verfahrens 118
Einvernahme 105, 927
– von Opfern bei Eingriffen in die sexuelle Selbstbestimmung 110
– zur Wahrung des Parteiengehörs 132
Einziehung 488
EMRK 56, cd-493
Entschädigung des Rechtsschutzbeauftragten 757
Entscheidungen 113
Entscheidungsfrist 118, 153, 177
Entsendebewilligung 824
Entziehung der Gewerbeberechtigung 838
Erkennungsdienst 198
erkennungsdienstliche Behandlung 197, 198, 292, 417
erkennungsdienstliche Identitätsdaten 198
erkennungsdienstliche Maßnahmen
– Definition 198
Ermächtigungsverordnung
– Burgenland 1013
– Kärnten 1014
– Niederösterreich 1015
– Oberösterreich 1016
– Salzburg 1017
– Steiermark 1018
– Tirol 1019
– Vorarlberg 1020
Ermittlungsverfahren 104
Erntehelfer 907
Erschleichung eines Einreise- oder Aufenthaltstitels 448
Erstantrag 465, 533, 539
Erstaufnahmestellen 209, 692, 847
Erwerbstätigkeit 670

Stichwortverzeichnis

- bloß vorübergehende selbständige 239, 465
- bloß vorübergehende unselbständige 239, 465
- selbständige 557
- unselbständige 558
EurodacVO cd-1
EU-Vertrag 56
Evidenzstelle 717
EWR-Bürger 57, 239, 276, 302, 406, 465, 485, 488, 533, 589, 602, 614, 651, 807

F

Fahrzeugregister cd-709
faktischer Abschiebeschutz 88, 91
Familienangehörige von Österreichern 533
Familienangehöriger 239, 409, 465
Familienbeihilfe 793
Familiengemeinschaft 634
Familienverfahren 142
- Antrags- und Befragungsformular 845
Familienzusammenführung 537, 586
- RL 2003/86/EG cd-147
FamZusRL cd-147
Festnahme 188, 314, 775, 831
Festnahmeauftrag 122, 381
Finanz-Verfassungsgesetz 772
Fingerabdruck 198
Fingerabdruckvergleich cd-1
Flüchtlingsberater 220
Flugfelder-Grenzüberflugsverordnung 1996 931
Flughafenverfahren 137
- besondere Verfahrensregeln 141
- Mitwirkung von UNHCR cd-789
Flugsicherheitsbegleiter cd-716
Flugtransitvisum 279, 292, 868
Folgeantrag 57, 64
Forscher 631
ForscherRL cd-259
freiwillige Mitwirkung 925
Freiwilligendienst cd-247
Freizügigkeit 239, cd-311, cd-422
Fremdenpass
- Ausstellung 410
- Entziehung 413
- Form und Inhalt 870
- für Minderjährige 411
- Geltungsbereich 412
- Gültigkeitsdauer 412
- Versagung 413

Fremdenpolizei 238
Fremdenpolizeibehörde 246
- Aufgaben 339
Fremder 238, 464
Fristenlauf
- Beginn 116, 118
- Hemmung 114, 128, 499, 510, 544
Führung 925
Führungskraft, besondere 807

G

Gebietsbeschränkung 88, 329
Gebühren 224, 787, 801
gebührenpflichtige Eingabe 783
Gefahr im Verzug 246, 309
gelinderes Mittel 377, 389, 777
Geltungsbereich 462
Gemeindwachkörper 249
gemeinsame Einsatzformen cd-725
gemeinsame konsularische Instruktionen 291
gemeinschaftsrechtliches Aufenthalts- und Niederlassungsrecht 485
Genfer Flüchtlingskonvention 55, cd-471
- Protokoll cd-489
Geschäftsausweis 721
Geschäftsordnung 720
- UBAS 939
Geschäftsverteilung 717
Geschäftszuteilung 719
Gesundheitszeugnis 288, 492
Gewährung der Versorgung 662
Gewalt gegen Sachen 267
Glaubwürdigkeit 104, 105
Grenzabkommen
- Slowakei cd-779
- Slowenien cd-768
- Tschechien cd-785
- Ungarn cd-757
Grenzgänger 807
Grenzkontrollbereich 744
Grenzkontrolle 735
- Durchführung 753
Grenzkontrollpflicht 752
Grenzüberflüge 931, 935
Grenzüberflugsverordnung 935
Grenzübergangsstelle 735, 739
- Gestaltung 743
- Kennzeichnung 742, 959
grenzüberschreitende Zusammenarbeit cd-693
Grenzübertritt 735, 750

1059

Grenzübertrittskarten 955
Grundsicherung
– Tirol 970
Grundversorgung
– Aufgaben der Länder 694
– Aufgaben des Bundes 692
– Bund 657
– Dauer der Vereinbarung 706
– Kärnten 1003
– Kostenhöchstsätze 700
– Kostentragung bei Asylwerbern 702
– Kostenverrechnung 701
– Kostenverschiebungen 704
– Schülerfreifahrt 704
– Steiermark 963
– Tirol 970, 983
– Umfang 696
– unbegleitete Minderjährige 698
– Wien 999
– Zielgruppe 689
– Zielsetzung 688
Grundversorgungsvereinbarung 56, 661
– RL 2003/9/EG cd-133
Gutachten 574

H

Haftprüfung 398, 777
Haftung cd-731
Haftungserklärung 465, 492, 520, 589, 614, 625, 627
Handlungsfähigkeit 98, 663
Hausdurchsuchung 781
Hausrecht 781
Herkunftsstaat 57
– sicherer 157
Hilfeleistung cd-727
Hilfstätigkeiten 670
Hochkommissär der Vereinten Nationen für Flüchtlinge 215
humanitäre
– Aufenthaltsbewilligung 639
– Niederlassungsbewilligung 642
– Visa 287

I

Identitätsdokument 485
Identitätsfeststellung 306, 753, 831
Informationsaustausch cd-693
Informationsblatt 92, 94, 197, 420
Informationspflicht 509, 928
– erkennungsdienstlicher Behandelter 198

Informationsverbund 200, 421, 426, 562, 688, 705
Informationsverbundsystem 672
Ingtegrationsvereinbarung
– Lehrpersonal 893
– Zertifizierung 891
Inlandsantrag 533, 644
innerstaatliche Fluchtalternative 64, 85, 333
Integrationsförderung 523, 524
Integrationshilfe 222
Integrationsvereinbarung 344, 508, 651
– Kostenbeteiligung 519
– Kursangebot 521
– Kurszeiten 894
– Nachweis über ausreichende Deutschkenntnisse 898
– Qualitätsstandards 894
– Unterrichtseinheiten 895
– Unterrichtsmaterial 894
internationale Gepflogenheiten 735
Internationaler Schutz 215

K

Karte
– Abnahme 190
– Entzug 194
– für subsidiär Schutzberechtigte 194, 846
Kennzeichnung cd-733
– der Grenze 739
Kennzeichnung von Grenzübergangsstellen 959
Kinderbetreuungsgeld 795
Klaglosstellung 183
Kleiner Grenzverkehr 955
Kompetenzbestimmungen 771
Konsulargebühren 787
Kontrollmechanismus cd-500
Konventionsreisepass 414
Koordinationsrat 695
Koordinationsstelle 692
Kostenbeteiligung 519, 899
Kostenersatz 392, 437, 665, 872
Kündigung der Grundversorgungsvereinbarung 706
Kundmachung 741
Künstler 621, 812
Kursangebot 521
Kurszeiten 894

L

Landeshöchstzahl 820
LangfrRL cd-160

Stichwortverzeichnis

Leitentscheidung 179
Lichtbildausweis für EWR-Bürger 485, 877
LuftDB-RL cd-178

M

Massenfluchtbewegungen 699
Massenzustrom cd-113
Maßnahmen bei gegenwärtiger Gefahr cd-726
Memorandum Ungarn cd-666
Menschenwürde 925
Merkblatt 101
Minderjährige 265
Minderjährigkeit 466
Mindestnormen cd-133, cd-271
Ministerkomitee cd-747
Miteintragungen 275
Mitführen von Dienstwaffen, Munition und Ausrüstungsgegenständen cd-718
Mitgliedstaat 57, 465
Mitteilungspflicht 183, 662
Mitwirkungspflichten 93, 197, 302, 420, 430, 434, 509, 526, 547, 553, 561, 564, 753
Mundehöhlenabstrich 198
mündliche Verhandlung 177

N

Nachfluchtgründe 64
Nachweis über ausreichende Deutschkenntnisse 898
Nachweise 877
nationale Kontaktstelle 478, cd-702, cd-708, cd-714, cd-719, cd-721
Neuerungsverbot 175
Niederlassungs- und Bleiberecht 547
Niederlassungsberechtigung 882
Niederlassungsbewilligung 481
– Angehöriger 589, 614
– ausgenommen Erwerbstätigkeit 577, 586, 599, 601, 642
– beschränkt 580, 586, 589, 599, 601, 614, 642
– humanitäre 642
– Quote 907
– Schlüsselkraft 573
– unbeschränkt 579, 587, 589, 599
Niederlassungsrecht
– fehlendes 612
– für Angehörige von EWR-Bürgern 604
– für EWR-Bürger 602

Niederlassungsregister 568
Niederlassungsverordnung 504, 907

O

Opfer von Gewalt 134
– RL 2004/81/EG cd-209
OpferschutzRL cd-209
Organe des öffentlichen Sicherheitsdienstes 246, 748
Österreicher 537, 589
Österreichischer Integrationsfonds 223, 521, 523, 525, 891

P

Papillarlinienabdruck 198
Passpflicht 272, 275
– Ausnahmen 277
– Einschränkung 276, 866
Pauschbeträge VwGH 951
Pendler 807
Personalausweis
– Form 954
persönliche Freiheit 775
Personsfeststellung 197, 198, 418
Pflichten des Rechtsschutzbeauftragen 757
Privatwirtschaftsverwaltung 772
Protokoll GFK cd-489
Protokoll Nr. 6 56
Protokoll Nr. 11 56
Protokoll Nr. 13 56
Prümer Vertrag cd-685
– räumlicher Geltungsbereich cd-748

Q

Qualitätsstandards 894
Quellenschutz 757
Quotenpflicht 498, 589, 599, 614, 907
Quotenregister 498

R

Rahmenbedingungen 556
rassische Diskriminierung 779
Rechte des Festgenommenen 318
Rechte des Rechtsschutzbeauftragen 757
Rechte und Pflichten des Rechtsschutzbeauftragten 756
Rechtsberater 105, 132, 217, 219
Rechtsberatung 132, 217
Rechtsschutzbeauftragter 753, 756

Stichwortverzeichnis

- Beschwerde an die Datenschutzkommission 757
- Bestellungsvoraussetzungen 757
- Rechte und Pflichten 757
- ständiger Unterausschuss des Ausschusses für innere Angelegenheiten 758

Refoulementverbot 333
Reisedokument 238, 464
- für die Rückführung von Drittstaatsangehörigen cd-439
- für Rückführungen 871
- systematisches Abstempeln cd-100

Reisepass 953
Reisevisum 279
Remuneranten 670
Richtlinien-Verordnung 183, 923
Rotationsarbeitskräfte 616, 807
Rückführungsentscheidungen von EWR-Staaten 378
Rückführungs-Richtlinie cd-305
Rückkehrausweis 415, cd-441
- Form 871
Rückkehrberatung 677
Rückkehrhilfe 221, 677
Rückkehrverbot
- Aufhebung und außer Kraft treten 372
- Gültigkeitsdauer 370
- Voraussetzungen 368
Rückübernahmeabkommen
- Belgien cd-507
- Bulgarien cd-513
- Deutschland cd-520
- Estland cd-525
- Frankreich cd-532
- Italien cd-549
- Kroatien cd-555
- Lettland cd-558
- Liechtenstein cd-605
- Litauen cd-565
- Luxemburg cd-507
- Macau cd-572
- Niederlande cd-507
- Polen cd-586
- Rumänien cd-593
- Schweiz cd-605
- Serbien und Montenegro cd-611
- Slowakei cd-622
- Slowenien cd-629
- Sri Lanka cd-632
- Tschechien cd-647
- Tunesien cd-661
- Ungarn cd-663

Rückübernahmeakommen
- Hongkong cd-536
Rückwirkung 678

S

Saisonier 907
Sammelreisepass 275
- Form 954
Sammelvisa 282
Sanktionen gegen Beförderungsunternehmen 435
Schadenersatz 777, cd-743
Schengener Durchführungsübereinkommen 238, 735, cd-313
- RL 2001/51/EG cd-109
Schlepperei 438
Schlüsselkraft 807
- Gutachten 830
- Neuzulassung 818
Schubabkommen Siehe Rückübernahmeabkommen
Schubhaft 384
- Aufhebung 400
- Dauer 397
- Durchführung 395
- Vollzug 391
Schüler 624
Schüleraustausch cd-247
Schutz des Privat- und Familienlebens 344, 373
Schweizer Bürger 276, 302, 406, 533, 589, 615
schwere Gefahr 350
SDÜ cd-313
SDÜ-ErgRL cd-109
Selbständige 618
Sichere Herkunftsstaaten 157
Sicherstellung 112, 182, 313
Sicherung der Zurückweisung 139
Sicherungsbescheinigung 817
Sichtvermerkspflicht 272, 279
- Ausnahmen 295, 869
Sozialdienstleistende 630
Sperrung cd-733
sprachliche Gleichbehandlung 224, 454, 650, 677, 706, 841
Sprengelüberschreitung 246
Staatendokumentation 210, 851
- Verwaltungsabgaben 848
Staatsangehöriger 57
ständiger Unterausschuss des Ausschusses für innere Angelegenheiten 758

Status
- des Asylberechtigten 57, 64, 77
- des subsidiär Schutzberechtigten 57, 79, 81
Statusrichtlinie 56, cd-224
Stempelgebühren 783
Strafbestimmungen 438, 648, 766, 833
Strafregisterauskunft 797
StudentenRL cd-247
Studierende 627
- RL 2004/114/EG cd-247
Subsidiarität 453

T

Tilgung 797
Träger von Privilegien und Immunitäten 296
- Lichtbildausweis 414
Transitraum 761
Transitreisende 295
Transitsicherung 324
Traumatisierung 134

U

Übergangsbestimmungen 225, 454, 650, 707, 767, 838, 839, 844
Übermittlung nicht personenbezogener Informationen cd-712
Übermittlung von DNA-Profil cd-703
Übernahmeauftrag 381
Übernahmserklärung 278
Überprüfung der Rechtmäßigkeit der Einreise und des Aufenthalts 308
Übertretungen 451
Überwachung durch den Rechtsschutzbeauftragten 757
Umgang mit Betroffenen 927
Umgestaltung des Kontrollmechanismus cd-500
unabhängiger Bundesasylsenat 213, 773
- Aufgaben im Senat 719
- Außenstelle 713
- Besoldung 726
- Controllingausschuss 721
- Dienstaufsicht 725
- Dienstzeit 724
- Einrichtung 713
- Enthebung 715
- Entscheidungsfrist 141, 153, 177
- Entscheidungspflicht 177
- Evidenzstelle 717
- Geschäftsausweis 721
- Geschäftsordnung 720, 939
- Geschäftsverteilung 717
- Geschäftszuteilung 719
- großer Senat 179
- Leistungsfeststellung 725
- Leitung 716
- Mitglieder 714
- Tätigkeitsbericht 720
- Unabhängigkeit 715
- Unvereinbarkeit 714
- Vollversammlung 716
- Willensbildung 720
- Zuerkennung der aufschiebenden Wirkung 153
- Zusammensetzung 714
unabhängiger Verwaltungssenat 183, 398, 403
Unabhängigkeit 715
unbeschränkter Zugang zum Arbeitsmarkt 824
ungerechtfertigtes Entfernen aus der Erstaufnahmestelle 119
UnionsbürgerRL cd-185
Unterhaltsanspruch 466
Unterrichtseinheiten 895
Unterrichtsmaterial 894
Unterstützung bei Rückführungen cd-721
Unvereinbarkeit 714
Urkunden 877

V

verantwortlicher Beauftragter 836
Verarbeitung personenbezogener Daten cd-733
Verbesserungsauftrag 535, 536
Verbot der Abschiebung, Zurückschiebung und Zurückweisung 333
Verbot der rassischen Diskriminierung 779
Verfahren
- allgemeine Bestimmungen 526
- bei Erstanträgen 533
- bei Minderjährigen 265
- in der Erstaufnahmestelle 131
- in zweiter Instanz 177
- vor den österreichischen Vertretungsbehörden 262
Verfahrensablauf 100
Verfahrensanordnung 132
Verfahrenseinstellung 118
Verfahrensentziehung 118
Verfahrensfortsetzung 118
Verfahrensidentität 92, 193

Verfahrenskarte 101, 192, 846
VerfahrensRL cd-271
Verfassungsbestimmung 256, 455, 506
Verfolgung 56, 64
Verfolgungsgrund 56
Verhalten in Betreuungsstellen 667
Verhältnismäßigkeit 267, 397, 775
Verlängerungsantrag 465, 539, 882
Verlängerungsverfahren 539
Verordnungsermächtigung
- Bundesasylamt 667
- Bundesminister für Gesundheit und Frauen 288
- Bundesminister für Inneres 192, 193, 194, 209, 211, 250, 280, 410, 416, 482, 485, 509, 521, 526, 533, 539, 651, 667, 739, 742, 748, 750, 763
- Bundesminister für Wirtschaft und Arbeit 805, 812, 814, 819, 820, 821
- Bundesregierung 158
- Direktor des Bundesasylamtes 207
- einvernehmliche 212, 479, 504, 520, 646, 676, 739, 750
- Landeshauptmann 474, 527
- Sicherheitsdirektor 249, 739, 746
Verpflichtungserklärung 283
Versorgung 661
- Ausschluss 665
- Durchführung 666
- Einschränkung 662
- Gewährung 662
- nach Zulassung 668
- RL 2003/9/EG cd-133
- Ruhen 662
Verständigungspflicht 77, 101, 114, 122, 126, 139, 147, 181, 269, 314, 428, 433, 544, 564, 746
Vertragsstaat 239, 735
Vertrauensperson 105
Vertreter 105
Vertretungsbehörde 240
Vertriebene 646
- RL 2001/55/EG cd-113
Verwaltungsabgaben 292
Verwaltungsübertretungen 676
Verweisungen 224, 454, 650, 681, 769
Visa 279
- einheitliche Gestaltung cd-105, cd-394, cd-398

- Erteilung 281, 865
- Form 867
- Gegenstandslosigkeit 294
- humanitäre 287
- Ungültigerklärung 293
- Ungültigkeit 294
- Verfahren bei der Erteilung 291
- Versagung 283
- VO (EG) 1683/95 cd-394
- VO (EG) 334/2002 cd-398
- VO 1091/2001 cd-36
- VO 333/2002 cd-39
- VO 415/2003 cd-71
- VO 539/2001 cd-19
- zu Erwerbszwecken 290
VisaformVO cd-39
VisalängerfrAE-VO cd-36
VisapflichtVO cd-19
VisaVO cd-71
Visum 145
Vollversammlung 716
Vollziehung 224, 267, 455, 656, 681, 769, 844
Vorführung 106, 137, 181, 186, 187
VorlSchutzRL cd-113
Vorsorgekapazitäten 676
vorübergehender Schutz cd-113

W

Weitergeltung von Aufenthalts- und Niederlassungsberechtigungen 882
Wiedereinreise 92, 177, 379
Wiedereinsetzung 802
wissenschaftliche Forschung cd-259

Z

zeitlicher Geltungsbereich 225
Zentrale Verfahrensdatei 200, 426, 562
Zentrale Verwaltungsstrafevidenz 836
Zentrales Fremdenregister 421
- Datenverwendung 423
- Sperren des Zugriffes und Löschung 425
Zentrales Melderegister 430, 568
Zertifizierung 521, 635, 637, 891
Zivilperson 57
Zulassungsverfahren 101, 128, cd-259
Zurückschiebung 147, 326
- Verbot 333
Zurückweisung 141, 320, 325, 407

Stichwortverzeichnis

- Sicherung 322
- Verbot 333
Zusammenarbeit auf Ersuchen
  cd-728
Zusammenführender 465, 589
Zuständigkeit 246, 746, 763
- eines anderen Staates 70
- örtliche 251, 255, 477, 674
- sachliche 250, 255, 474, 674
Zustellbevollmächtigter 116

Zustellung 92, 116
Zwangsgewalt 191, 267, 928
Zweckänderung 545, 574
Zweckänderungsantrag 465
Zweckbindung cd-736
zwischenstaatliche Vereinbarungen
  203, 250, 276, 278, 296, 332,
  431, 524, 567, 763, 773, 805
Zwölftelregelung 506

1065

Die Autoren

Referatsleiter MMag. Dr. René **Bruckner**, Leiter des Referates für Fremdenlegistik im Bundesministerium für Inneres, zuvor Universitätsassistent am Institut für österreichisches, europäisches und vergleichendes öffentliches Recht der Karl-Franzens-Universität Graz

Mag. Hans Peter **Doskozil**, Leiter der verwaltungspolizeilichen Abteilung der Sicherheitsdirektion Burgenland, zuvor Legist im Bundesministerium für Inneres, Exekutivausbildung

Mag. Thomas **Marth**, Mitglied des Unabhängigen Bundesasylsenates, zuvor Leiter des Referates für Fremdenlegistik im Bundesministerium für Inneres, Exekutivausbildung

Direktor Mag. Wolfgang **Taucher**, seit 1996 Leiter des Bundesasylamtes, Lektor am Institut für Völkerrecht der Universität Graz, vormals Universitätsassistent

Sektionschef Mag. Dr. Mathias **Vogl**, Leiter der Rechtssektion des Bundesministeriums für Inneres, Leopold-Kunschak-Preisträger 2005, langjährige Tätigkeit als Legist im BMI, Offiziersausbildung und kriminalpolizeiliche Ausbildung beim FBI in Quantico/Virginia

Neuer Wissenschaftlicher Verlag
A-1040 Wien, Argentinierstr. 42/6
Telefon: ++43 1 535 61 03-24
Telefax: ++43 1 535 61 03-25
e-mail: office@nwv.at
Internet: www.nwv.at

Christian Schmid / Christian Filzwieser

Dublin II-Verordnung

Das Europäische Asylzuständigkeitssystem

In den 25 Mitgliedstaaten der Europäischen Union werden jährlich über 350.000 neue Asylanträge gestellt. Die Anteile der Mitgliedstaaten an diesen Asylanträgen ist divergierend. Während manche Mitgliedstaaten nur einige hundert Anträge von Asylwerbern zu bearbeiten haben, müssen andere Mitgliedstaaten über 50.000 Asylanträge pro Jahr registrieren. Als Reaktion auf diese Situation hat die Europäische Union in partieller Ablöse des Dubliner Übereinkommens die Dublin II-Verordnung erlassen, die in den Mitgliedstaaten seit 1.9.2003 bzw für die neuen Mitgliedstaaten seit 1.5.2004 in Anwendung steht.

In diesem Buch wird sowohl die Dublin II-Verordnung als auch deren Durchführungsverordnung eingehend kommentiert und werden insbesondere die Neuerungen bzw Abweichungen zum Dubliner Übereinkommen dargestellt und bewertet. Gemeinsam mit dem umfangreichen Anhang an europäischen Rechtsvorschriften stellt dieses Werk die zur Zeit umfassendste Darstellung des europäischen Asylzuständigkeitssystems im deutschsprachigen Raum der Europäischen Union dar.

2004, 3-7083-0244-3, 312 S., broschiert, € 42,80

Bestellungen:
AMEDIA GnbR
A-1141 Wien, Sturzgasse 1a
Telefon: ++43 1 982 13 22
Telefax: ++43 1 982 13 22-311
e-mail: office@amedia.co.at

Neuer Wissenschaftlicher Verlag
A-1040 Wien, Argentinierstr. 42/6
Telefon: ++43 1 535 61 03-24
Telefax: ++43 1 535 61 03-25
e-mail: office@nwv.at
Internet: www.nwv.at

Neuer Wissenschaftlicher Verlag
A-1040 Wien, Argentinierstr. 42/6
Telefon: ++43 1 535 61 03-24
Telefax: ++43 1 535 61 03-25
e-mail: office@nwv.at
Internet: www.nwv.at

Theodor Thanner / Mathias Vogl

Polizeirecht I und II

Band I enthält folgende Sicherheitsverwaltungsmaterien:
Grenzkontrollgesetz • Kriegsmaterialgesetz • Meldegesetz 1991 • Passgesetz 1992 • Pyrotechnikgesetz 1974 • Schieß und Sprengmittelgesetz • Schützenabkommen Deutschland • Vereinsgesetz 2002 • Versammlungsgesetz 1953 • Waffengesetz 1996

Band II enthält folgende (sicherheitspolizeilichen) Nebengesetze zur Gänze:
Abzeichengesetz 1960 • Anlagenrechtsbereinigungs-Gesetz 2005 • Bundeskriminalamt-Gesetz • Luftfahrtsicherheitsgesetz • Parteiengesetz • Polizeibefugnis-Entschädigungsgesetz • Polizei-Kooperationsgesetz • Strafregistergesetz 1968 • Uniformverbotsgesetz • Unterbringungsgesetz • Waffengebrauchsgesetz 1969

Darüber hinaus finden sich in Band II Normen aus folgenden Materien auszugsweise:
Bankwesengesetz • Börsegesetz 1989 • Einführungsgesetz zu den Verwaltungsverfahrensgesetzen 1991 • Sicherheitskontrollgesetz 1991 • Wertpapieraufsichtsgesetz

Band 1: 2006, 3-7083-0361-X, ca. 960 S., gebunden
Band 2: 2006, 3-7083-0362-8, ca. 480 S., gebunden

Bestellungen:
AMEDIA GnbR
A-1141 Wien, Sturzgasse 1a
Telefon: ++43 1 982 13 22
Telefax: ++43 1 982 13 22-311
e-mail: office@amedia.co.at oder www.nwv.at

Neuer Wissenschaftlicher Verlag
A-1040 Wien, Argentinierstr. 42/6
Telefon: ++43 1 535 61 03-24
Telefax: ++43 1 535 61 03-25
e-mail: office@nwv.at
Internet: www.nwv.at

Theodor Thanner / Mathias Vogl

SPG – Sicherheitspolizeigesetz

Sonderausgabe auf Basis des Kommentars
2., überarbeitete Auflage
Stand: 01.01.2006

- Gesetzestext des Sicherheitspolizeigesetzes in der zum 1. Jänner 2006 geltenden Fassung
- Gesetzestexte, auf die in Bestimmungen des SPG verwiesen wird
- alle wesentlichen zum SPG erlassenen Verordnungen
- wesentliche Erläuternde Bemerkungen zur Stammfassung und allen Novellen
- umfangreiches Abkürzungsverzeichnis
- umfangreiches Stichwortverzeichnis

2006, 3-7083-0358-X, 288 S., broschiert, € 19,80

Von den Autoren **Thanner / Vogl** ist zum **SPG – Sicherheitspolizeigesetz** auch der **Kommentar** erschienen:

Stand: 01.07.2005

2005, 3-7083-0226-5, 900 S., gebunden, € 98,00

Bestellungen:
AMEDIA GnbR
A-1141 Wien, Sturzgasse 1a
Telefon: ++43 1 982 13 22
Telefax: ++43 1 982 13 22-311
e-mail: office@amedia.co.at

Neuer Wissenschaftlicher Verlag
A-1040 Wien, Argentinierstr. 42/6
Telefon: ++43 1 535 61 03-24
Telefax: ++43 1 535 61 03-25
e-mail: office@nwv.at
Internet: www.nwv.at

Neuer Wissenschaftlicher Verlag
A-1040 Wien, Argentinierstr. 42/6
Telefon: ++43 1 535 61 03-24
Telefax: ++43 1 535 61 03-25
e-mail: office@nwv.at
Internet: www.nwv.at

René Bruckner / Hans-Peter Doskozil / Thomas Marth / Wolfgang Taucher / Mathias Vogl

Fremdenrechtspaket

Asylgesetz 2005, Fremdenpolizeigesetz 2005, Niederlassungs- und Aufenthaltsgesetz

Sonderausgabe

Mit 1. Jänner 2006 ist das Fremdenrechtspaket 2005 in Kraft getreten. Die Autoren haben aus diesem Anlass eine Sonderausgabe zu den Kerntexten des Pakets – Asylgesetz 2005, Fremdenpolizeigesetz 2005, Niederlassungs- und Aufenthaltsgesetz – herausgegeben.

Diese soll Praktikern, Exekutivbeamten und Rechtsanwendern auf Bundes-, Landes- und Gemeindeebene helfen, sich im Bereich dieser Materien zurechtzufinden und einen ersten Überblick ermöglichen.

Die Sonderausgabe enthält neben den oben genannten Gesetzestexten auch die wesentlichen Erläuternden Bemerkungen (Regierungsvorlage, Ausschussbericht, Ausschussfeststellungen).

2005, 3-7083-0305-9, 427 S., broschiert, € 28,80

Bestellungen:
AMEDIA GnbR
A-1141 Wien, Sturzgasse 1a
Telefon: ++43 1 982 13 22
Telefax: ++43 1 982 13 22-311
e-mail: office@amedia.co.at

Neuer Wissenschaftlicher Verlag
A-1040 Wien, Argentinierstr. 42/6
Telefon: ++43 1 535 61 03-24
Telefax: ++43 1 535 61 03-25
e-mail: office@nwv.at
Internet: www.nwv.at

SCHRIFTENREIHE BM.I

Neuer Wissenschaftlicher Verlag
A-1040 Wien, Argentinierstr. 42/6
Telefon: ++43 1 535 61 03-24
Telefax: ++43 1 535 61 03-25
e-mail: office@nwv.at
Internet: www.nwv.at

Norbert Schoibl (Hg.)   Band 1
Rechtsschutz und Verfahrensgarantien
2003, 3-7083-0177-3, 71 S., broschiert, € 24,80

Bundesministerium für Inneres (Hg.)   Band 2
Der Rechtsschutzbeauftragte
2004, 3-7083-0204-4, 115 S., broschiert, € 32,80

Bundesministerium für Inneres (Hg.)   Band 3
Videoüberwachung zu sicherheits- und kriminalpolizeilichen Zwecken
2004, 3-7083-0245-1, 68 S., broschiert, € 24,80

Bundesministerium für Inneres (Hg.)   Band 4
Terror – Prävention – Rechtsschutz
2005, 3-7083-0282-6, 137 S., broschiert, € 36,80

Bundesministerium für Inneres (Hg.)   Band 5
50 Jahre Genfer Flüchtlingskonvention in Österreich
2005, 3-7083-0328-8, 157 S., broschiert, € 38,80

Bestellungen:
AMEDIA GnbR
A-1141 Wien, Sturzgasse 1a
Telefon: ++43 1 982 13 22
Telefax: ++43 1 982 13 22-311
e-mail: office@amedia.co.at oder **www.nwv.at**